2017

GANZHOU NIANJIAN

赣州年鉴

赣州市地方志办公室
《赣州年鉴》编辑委员会 编

U0884590

顾　　问	李炳军
主　　编	曾文明
副 主 编	高　峰
	郭素芳
	杨雍谨
	黄　法
	邓　明
执行副主编	陈昌保

国家图书馆出版社

图书在版编目（CIP）数据

赣州年鉴.2017/赣州市地方志办公室，《赣州年鉴》编辑委员会编.--北京:国家图书馆出版社，2017.10

ISBN 978-7-5013-6280-6

Ⅰ.①赣… Ⅱ.①赣… ②赣… Ⅲ.①赣州－2017－年鉴
Ⅳ.①Z525.63

中国版本图书馆CIP数据核字(2017)第244429号

国家图书馆出版社官方微信

书　　名	赣州年鉴（2017）
著　　者	赣州市地方志办公室　《赣州年鉴》编辑委员会　编
责任编辑	于春媚
特邀编审	夏红兵
出　　版	国家图书馆出版社（100034　北京市西城区文津街7号） （原书目文献出版社　北京图书馆出版社）
发　　行	010-66114536　66126153　66151313　66175620 66121706（传真）　66126156（门市部）
E-mail	nlcpress@nlc.cn（邮购）
Website	www.nlcpress.com →投稿中心
经　　销	新华书店
印　　装	赣州华印印刷有限公司
版　　次	2017年10月第1版　2017年10月第1次印刷
开　　本	889×1194（毫米）　1/16
印　　张	30
字　　数	1284千字
书　　号	ISBN 978-7-5013-6280-6
定　　价	360.00元

《赣州年鉴》编辑委员会

顾　　　问	李炳军
主 任 委 员	曾文明
第一副主任委员	高　峰　郭素芳
副 主 任 委 员	杨雍谨　黄　法　邓　明　陈昌保
委　　　员	黄明哲　陈水连　肖志东　余　炜　卢永基　黄丽红
	陈　沐　苏传辉　邓海鹰　廖光斌　张龙彪　朱洪波
	吴至海　钟永浩　薛有长　肖作信　赖俊贤　廖　伟
	朱　敏　杨中茂　卢述银　袁华英　仲先东　龚建明
	谢定强　高志坚　刘群英　温建荣　王业有　李晓春
	刘荣军　吴汉江　刘　葵　李诒芸　赖亮光　谢芳桂
	徐忠堂　连天浪　何善锦　张景霖　黄　蕙　钟旭辉
	余业伟　邱　凌　肖斐杰　邱建军　温扬汉　吴建平
	陈　黎　刘定辉　陈阳山　赖联春　余学明　杨永飞
	尹　忠
主　　　编	曾文明
副　主　编	高　峰　郭素芳　杨雍谨　黄　法　邓　明
执行副主编	陈昌保

《赣州年鉴》总编室

总 编 辑	陈昌保
副总编辑	廖伟东　朱　俊　徐井生
编辑部主任	徐文菁
编　　辑	赖建明　徐文菁　王　宇　赖　芳
彩页编辑	徐文菁

编辑说明

一、《赣州年鉴》是由中共赣州市委领导、赣州市人民政府主办、赣州市地方志办公室承办，国内外公开发行，按年度连续出版的资料性文献。

二、《赣州年鉴》以马克思列宁主义、毛泽东思想、邓小平理论、“三个代表”重要思想、科学发展观、习近平新时代中国特色社会主义思想为指导，坚持辩证唯物主义和历史唯物主义的立场、观点和方法，客观记述赣州市在“打好攻坚战，同步奔小康”进程中的新变化、新进展、新成效。充分发挥年鉴存史、资政、育人功能，为国内外各界人士了解、研究、投资赣州提供服务。同时为续修地方志储备资料。

三、《赣州年鉴（2017）》采用分类编辑法，按类目、分目、条目三个层次设置。条目为基本记述单位，用黑体字加“【 】”标示。全书设特载、专记、年度特辑、大事记、地情、中共赣州市委员会、纪检 监察、赣州市人大常委会、赣州市人民政府、政协赣州市委员会、民主党派 工商联、人民团体、法治、人民武装、经济综合管理、农林 水利、工业 企业选介、国有投资控股企业、园区经济、供电 供气 供水、城建 环保、交通运输、邮政 通信业、商贸、进出口管理、旅游业、财政 税务、银行业、保险业 证券业、教育、科学技术、文化 传媒、档案 地方志、卫生计生 体育、民政 扶贫移民、县（市、区）概况、人物 荣誉录、附录、索引40个类目，283个分目，1714个条目，128万字。除内文外，设置彩页栏目，以增加直观感，力求做到图文并茂。

四、《赣州年鉴（2017）》收录范围，以赣州市现有行政区划为界，以2016年1月1日至12月31日为限。同时，为完整反映某件事物的全貌，在彩页和个别条目中略有突破。

五、《赣州年鉴（2017）》初稿由市直各部门（单位），各县（市、区），赣州、龙南、瑞金经济技术开发区和有关中央、省属驻市单位提供，并经各自单位领导审核。撰稿人、审稿人和责任编辑署名于条目、分目或类目之后“（ ）”内。未提供稿件单位缺载。

六、书中正高级专业技术职称资格人员名单由赣州市人力资源和社会保障局职称科提供；荣誉录由各供稿单位提供，未提供资料或依据者缺载。

七、书中所记“若干意见”均为《国务院关于支持赣南等原中央苏区振兴发展的若干意见》的简称；对“比上年增长”或“比上年同期增长”的表述简化为“增长”或“同比增长”。

八、书中所列数据，除统计部门正式公布的外，均由各有关部门和行业提供，并经供稿单位审核。由于来源、统计方法或使用角度不同，不同部门提供的同项数据可能不尽一致，采用时请予以注意。

中国共产党赣州市第五次代表大会

2016年9月24日，中国共产党赣州市第五次代表大会在赣州召开。省委常委、市委书记李炳军在开幕大会上作题为《打好攻坚战，同步奔小康，让赣南老区人民过上富裕幸福的生活》的报告　　（刘凯 摄）

市委副书记曾文明主持大会　　（郭芷汇 摄）

会议现场　　（刘凯 摄）

赣州市第五届人民代表大会第一次会议

2016 年 10 月 31 日，赣州市五届人大一次会议在赣州召开。市委副书记、代市长曾文明在会上作政府工作报告　　（郭芷汇 摄）

大会主席团常务主席陈晓春主持会议　　（刘凯 摄）

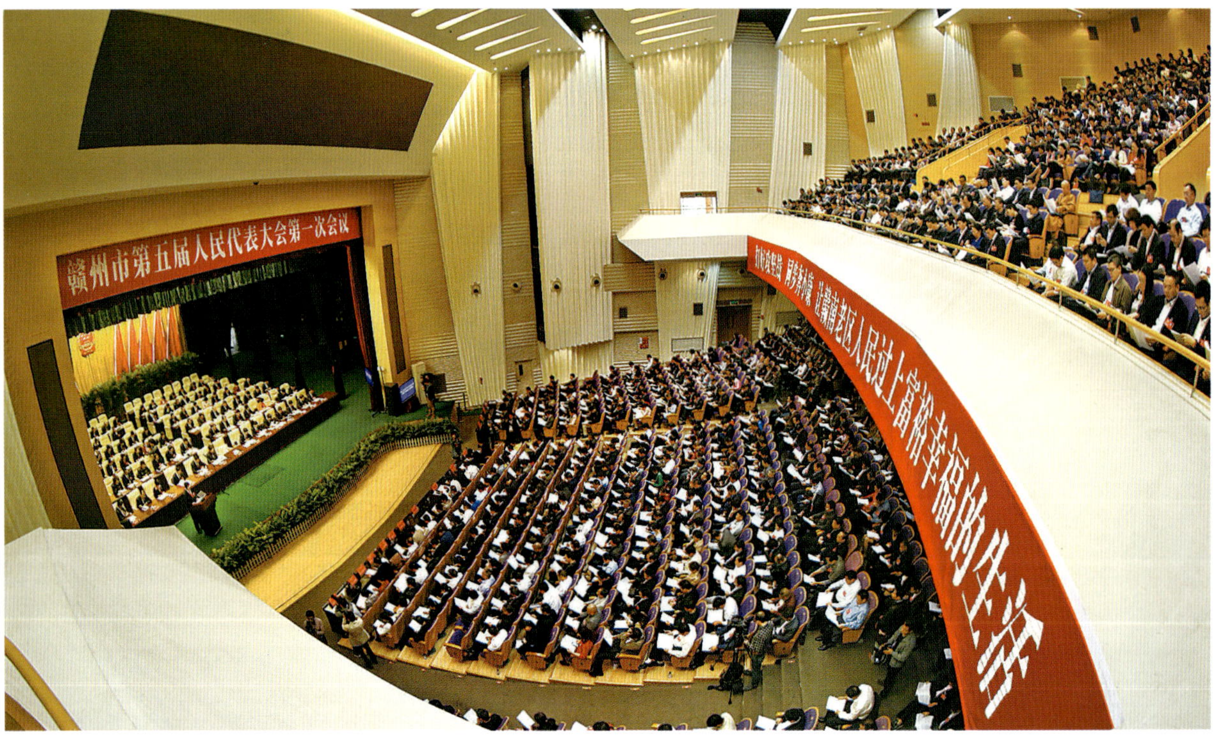

会议现场　　（谢东琳 摄）

中国人民政治协商会议赣州市第五届委员会第一次会议

2016年10月30日，赣州市政协五届一次会议在赣州召开。省委常委、市委书记李炳军到会祝贺并发表讲话　　（刘凯 摄）

会议由市政协五届一次会议主席团常务主席刘建平主持　　（刘凯 摄）

会议现场　　（刘凯 摄）

2016年3月1日，省委常委、市委书记李炳军（中）在会昌县“六大攻坚战”指挥部调研

（刘凯 摄）

2016年5月28日，省委常委、市委书记李炳军（中）到挂点的龙南经济技术开发区走访联系企业，调研企业发展情况，出席“降低企业成本、优化发展环境”专项行动政策宣讲会

（刘凯 摄）

2016年11月6日，省委常委、市委书记李炳军（前左一）在赣州毅德商贸物流园调研

（刘凯 摄）

2016年10月23日，市委副书记、代市长曾文明在章贡区、赣县等地实地调研交通基础设施重点项目。图为曾文明（左二）在蓉江一路调研

（郭芷汇 摄）

2016年11月6日，市委副书记、市长曾文明（中）在青峰药业二期项目调研

（郭芷汇 摄）

2016年12月3日，市委副书记、市长曾文明（右三）在赣县“中国稀金谷”调研

（郭芷汇 摄）

2016年，全市上下坚持解放思想、内外兼修、北上南下，突出打好“主攻工业、精准脱贫、新型城镇化、现代农业、现代服务业、基础设施建设”六大攻坚战，推动经济社会保持平稳健康发展，开创赣南苏区振兴发展新局面，实现“十三五”良好开局。

赣州市全力打好主攻工业攻坚战，围绕特色优势产业，引进培育一批带动性强的龙头项目，全面启动“两城两谷一带”（新能源汽车科技城、现代家居城、“中国稀金谷”、“青峰药谷”、赣粤电子信息产业带）项目建设。总投资60亿元的赣州昶洧新能源汽车整车项目落户赣州新能源汽车科技城。图为嘉宾在该公司参观向全球发布的纯电动汽车样车

孚能科技（赣州）有限公司投资6亿元建设的年产3G瓦时动力锂离子电池项目，可实现年产值60亿元，满足5万辆纯电动车的需求。孚能科技动力锂电池出货量上升至国内前三

抚州至瑞金红都500千伏线路等输变电工程建成，实现500千伏电力输入“双通道”、220千伏变电站县县“全覆盖”的历史性突破。图为安远车头220千伏变电站一角

天然气利用步伐加快，西气东输三线赣州段工程实现进气投产，全市实现“双气源供气”。图为瑞金段工程现场

国省道升级改造、农村公路升级改造加快实施，县乡道路更加通达。图为入选全省最美乡村公路的石城县乡村旅游公路

生态制度逐步完善。全面落实主体功能区规划，大余、上犹、崇义、石城等9县纳入国家重点生态功能区转移支付范围，宁都县获批全国水土保持科技示范园，石城县、瑞金市、上犹县列入全省第二批生态文明先行示范县，陡水湖国家森林公园等8个单位列为省生态文明示范基地。图为国家森林公园陡水湖湖泊

2016年10月19日，赣粤两省签署《东江流域上下游横向生态补偿协议》，东江流域上下游横向生态补偿正式落地。图为清新赣江源

生态新城　绿色崛起

目 录

特 载

专 记

年度特辑

大事记

地 情

中共赣州市委员会

纪检　监察

赣州市人大常委会

赣州市人民政府

政协赣州市委员会

民主党派　工商联

人民团体

法 治

人民武装

经济综合管理

农林　水利

工业　企业选介

国有投资控股企业

园区经济

供电　供气　供水

城建　环保

交通运输

邮政 通信业

商 贸

进出口管理

旅游业

财政 税务

银行业

保险业 证券业

教 育

科学技术

文化　传媒

档案　地方志

卫生计生 体育

民政　扶贫移民

县（市、区）概况

人物　荣誉录

附　录

索　引

特 载

打好攻坚战 同步奔小康
让赣南老区人民过上富裕幸福的生活

——在中国共产党赣州市第五次代表大会上的报告

省委常委、市委书记 李炳军

（2016年9月24日）

同志们：

现在，我代表中共赣州市第四届委员会向大会作报告。

中国共产党赣州市第五次代表大会，是在赣州市决胜同步全面小康阶段召开的一次重要会议。大会的主题是：打好攻坚战，同步奔小康，让赣南老区人民过上富裕幸福的生活。

一、过去五年的工作回顾

市第四次党代会以来，市委团结带领全市人民，认真贯彻落实中央和省委决策部署，扎实推进赣南苏区振兴发展，经济、政治、文化、社会、生态文明建设和党的建设取得新成绩。"十二五"主要目标任务总体实现，"十三五"开局良好。

综合实力不断增强。主要经济指标增速高于全国、全省平均水平。财政总收入、一般公共预算收入、规模以上工业增加值、固定资产投资、出口总额实现翻番，经济总量接近2000亿元，人均生产总值超过3000美元。稀土钨、家具产业主营业务收入均突破千亿元，新能源汽车科技城、"中国稀金谷"、电子信息产业科技城等重大项目开工建设。农业提质增效，粮食生产"十二连丰"，"赣南脐橙"品牌价值达657.84亿元，居全国同类产品价值榜榜首。

振兴发展取得实效。争取国务院出台《关于支持赣南等原中央苏区振兴发展的若干意见》，赣南苏区振兴发展取得可喜成绩。全面执行西部大开发政策，162项具体政策得到落实。对口支援工作成效明显。龙南、瑞金经开区及赣州高新区升格为国家级园区，赣州综合保税区、进境木材国检监管区建成运行，赣州成为江西乃至全国拥有国家级平台最多的设区市之一。农村危旧土坯房改造、安全饮水、电网改造升级、中小学薄弱学校改造等突出民生问题加快解决，"若干意见"提出的中期目标基本实现。

城乡面貌明显变化。南康撤市设区，中心城区建成区面积扩大到141平方千米。全市常住人口城镇化率达45.5%。交通、能源、信息等基础设施建设加速推进，高铁建设和动车运营实现零的突破，实现县县通高速、县县有220千伏输变电站，4G网络覆盖所有城区、乡镇及80%以上行政村。环境质量持续改善，生态优势得到巩固，成为全国首批生态文明典范城市。

改革开放步伐加快。重点领域和关键环节改革取得阶段性成效。简政放权力度持续加大，行政审批事项大幅减少，“六单一网”建设全面推开。商事制度、农业农村、不动产统一登记等改革进展顺利。城乡建设用地增减挂钩、农民住房财产权抵押贷款、部省共建教育改革发展试验区、“救急难”等68项省级以上试点扎实推进。金融改革创新取得突破，服务实体经济的水平得到提升。“赣商回归、赣人兴赣”工程深入推进，招商引资成果丰硕，对外开放水平明显提高。

民生福祉显著提升。扶贫攻坚成效明显，减少贫困人口145.22万人，贫困发生率下降20.6个百分点。保障性住房建设、棚户区改造和“菜篮子”工程等民生实事有效落实。教育、卫生、体育等各项社会事业加快发展，文化惠民活动深入开展。城乡居民人均可支配收入接近翻番。覆盖城乡的社会保障体系更加完善。社会治理水平明显提高，法治赣州建设迈出新步伐，社会保持和谐稳定。连续三届获评综治“长安杯”“全国双拥模范城”，连续五届荣获“全国综治工作优秀市”。

党的建设全面加强。深入学习贯彻中共中央总书记习近平系列重要讲话精神，扎实开展党的群众路线教育实践活动、“三严三实”专题教育、“两学一做”学习教育以及解放思想主题教育活动，党员干部思想政治素质和党性修养进一步提高，基层党建工作得到加强。牢牢把握正确舆论导向，唱响“赣州好声音”，宣传思想文化阵地巩固壮大。认真落实党风廉政建设党委主体责任，保持惩治腐败高压态势，在全省率先探索市县巡察工作，党风政风行风持续向好，政治生态明显改善。民主政治建设全面推进，统一战线事业不断发展，党管武装工作再上新台阶。群团、民族宗教、外事侨务、对台、老干部等工作取得新成绩。

五年的成绩来之不易。这是党中央、国务院深切关怀、国家部委倾情支持和省委、省政府正确领导的结果，是全市各级党组织、广大党员干部群众奋力拼搏的结果，是历届市委打下坚实基础和社会各界关心支持的结果。在此，我代表中共赣州市委，向全市广大党员干部群众，各民主党派、工商联和无党派人士，离退休老干部，驻市解放军指战员、武警官兵，以及关心支持赣州发展的同志们、朋友们，表示衷心的感谢和崇高的敬意！

回顾五年的发展历程，我们深深体会到：解放思想是推动事业发展的前提。必须始终立足赣州实际，坚持向改革开放要动力、向创新创业要活力、向特色优势要竞争力，走出革命老区改革开放的新路子。加快发展是解决一切问题的关键。必须紧紧扭住发展这个第一要务，坚持争取外部支持与激发内生动力相结合，北上争取政策与南下扩大开放相促进，壮大经济总量，提升发展质量，增强综合实力。绿色生态是我们必须坚守的底线。必须倍加珍惜赣州得天独厚的生态资源，加快转变发展方式，切实把生态优势转化为经济优势、发展优势。让人民群众过上富裕幸福生活是我们的奋斗目标。必须坚持以人民为中心的发展思想，着力解决民生诉求，加快补齐民生短板，提升人民群众获得感。依法治市是社会文明进步的重要标志。必须全面落实依法治国方略，建设法治赣州，让改革发展稳定各项工作在法治轨道上持续健康推进。加强党的领导是事业发展的根本保证。必须充分发挥各级党组织的领导核心作用，以管党治党的新成效、从严治党的好风气，凝聚起振兴发展的强大力量。这些经验与启示，弥足珍贵，务必长期坚持、不断完善。

在肯定成绩的同时，我们也要清醒地看到发展中存在的困难和问题。主要表现为：发展底子薄，经济总量小、人均水平低；科技创新能力不强，产业结构不优；县域经济较为薄弱，工业化和城镇化水平不高；制约发展的体制机制问题仍然不少；人民群众生活水平亟待进一步提高；基层党组织建设存在薄弱环节，少数党员干部的工作作风、能力素质与形势发展要求不够适应；等等。这些问题，务必在今后的工作中切实加以解决。

二、未来五年的发展思路和总体目标

未来五年，是赣州市脱贫攻坚、全面建成小康社会的决胜期，也是大有作为的重要战略机遇期。从全局看，我国经济发展长期向好的基本面没有改变，新一轮科技创新和工业革命蓄势待发，“一带一路”等国家战略深入推进，为赣州发展提供了广阔空间；从外部条件看，随着“若干意见”深入实施，中央和省扶持力度持续加大，政策红利不断释放，为赣州发展提供了重要支撑；从内生动力看，随着“六大攻坚战”的深入推进，广大干部群众干事创业激情迸发，谋发展、促振兴、奔小康的氛围浓厚，为赣州发展汇聚了强大正能量；从发展基础看，随着重大基础设施和重大平台加快完善，赣州跨越发展的条件已经具备。同时，我们也面临脱贫攻坚与同步小康时间紧，新常态下加快发展和转型升级压力大，供给侧结构性改革任务重，区域竞争更为激烈等挑战。但综合来看，机遇大于挑战，实现赣州的跨越发展，其时已至，其势已成。我们一定要深入贯彻落实中共中央总书记习近平对江西工作提出的“新的希望、三个着力、四个坚持”的总体要求和国务院总理李克强在赣州考察时的指示精神，抓住难得机遇，坚定发展信心，保持战略定力，务求决战决胜！

未来五年工作的总体要求是：高举中国特色社会主义伟大旗帜，以邓小平理论、“三个代表”重要思想、科学发展观为指导，深入学习贯彻中共中央总书记习近平系列重要讲话精神，协调推进“四个全面”战略布局，牢固树立五大发展理念，深入实施“若干意见”，解放思想，内外兼修，北上南下，坚决打好主攻工业、精准扶贫、新型城镇化、现代农业、现代服务业、基础设施建设“六大攻坚战”，统筹抓好经济、政治、文化、社会、生态文明等各项工作，着力加强党的建设，加快赣南苏区振兴发展，实现与全国同步全面建成小康社会。

未来五年，全市经济社会发展的总体目标是：地区生产总值、财政总收入、城乡居民人均可支配收入年均增长10%左右；现代产业体系基本建立，工业实现“三年翻番”，产业结构进一步优化，科技创新对经济增长的贡献率明显提高；城乡基础设施更加完善，区域性现代化中心城市基本形成，统筹城乡发展加快推进；重要领域和关键环节改革取得突破，开放广度和深度不断拓展，成为内陆开放型经济新高地；资源节约集约利用率不断提高，单位生产总值能耗明显下降，我国南方地区重要的生态屏障基本建成；脱贫攻坚任务三年完成，覆盖城乡的社会保障体系基本完善，社会事业更加繁荣，基本公共服务水平接近或达到全国平均水平；民主法治建设和精神文明建设取得新进展；党的建设进一步加强，党群干群关系更加密切，各级党组织的凝聚力、战斗力、号召力不断增强。

确立这样的思路目标，是加快振兴发展、同步全面小康的必然要求，是960万赣南人民的迫切愿望。我们要咬定青山不放松，一张蓝图绘到底，以不甘落后的行动自觉、舍我其谁的使命担当，奋力开创无愧于历史、无愧于时代、无愧于人民的新业绩，共同谱写革命老区振兴发展的新篇章！

三、打好“六大攻坚战”，增强经济实力

打好“六大攻坚战”，是今后五年工作的重中之重，是同步全面小康的关键举措。我们要坚定不移抓项目，集中精力攻难关，推动赣州经济年年都有新变化、三年迈上新台阶、五年实现新跨越。

——打好主攻工业攻坚战，加快新型工业化步伐。工业是强市之本、富民之源，是赣州加快发展必须补齐的短板。要全面落实工业发展规划，做大总量、提升质量，力争2020年规模以上工业主营业务收入突破8000亿元。

完善工业布局。按照“区域一体、各具特色”的原则，优化生产力布局，促进资源有效整合、要素优化配置、产业集聚延伸。依托赣州都市核心区建设，重点发展稀土钨新材料及应用、新能源汽车及配套、生物制药、家具、高端装备等产业，打造中部核心增长板块；依托瑞兴于经济振兴试验区建设，带动周边县重点发展现代轻纺、食品药品、氟盐化工、新型建材等产业，打造东部增长板块；依托“三南”加工贸易重点承接地建设，推动相关区域紧密协作，重点发展电子信息、稀土钨深加工、食品加工等产业，打造南部增长板块。支持各县（市、区）立足自身优势，发展各具特色的首位产业。

壮大产业集群。围绕特色优势产业，引进培育一批带动性强的龙头项目，打造若干个千亿元支柱产业集群和一批百亿元新兴产业集群。建设新能源汽车科技城，加快引进整车生产企业，完善电机、电池、电控等产业配套，推动新能源汽车产业集聚发展；建设“中国稀金谷”，打造全国知名的稀土稀有金属高新技术产业集聚区，推动稀土、钨等资源型产业向高端新材料及应用升级；建设现代家居城，推动传统家具向智能家具、定制家具、生态家具升级；建设电子信息产业带，承接珠三角电子信息产业转移，合理分工布局，打造“赣粤高铁”沿线电子信息产业集群；建设“青峰药谷”，打造具有国内领先水平的集药材种植加工、药品研发制造、医药健康旅游为一体的产业

基地。促进服装、食品、烟草等消费性产业，向品牌化、个性化定制转型；推动“互联网+”协同制造，加快培育高端装备制造、高档数控机床、新一代信息技术、生物制药、节能环保、新能源等新兴产业。

加快园区升级。园区是主攻工业的主战场，是产业集聚的平台。要加快园区基础设施及配套建设，提高项目入园率、土地利用率、投入产出率。把赣州、龙南、瑞金3个国家级经开区和赣州高新区打造成为工业发展的排头兵；推动综合保税区在保税加工物流、跨境电子商务等方面加速突破；促进其他省级工业园区突出主业、错位发展，分别打造1—2个特色产业，实现良性互动、竞合发展。

企业是经济的基本细胞。企业兴则经济兴。要全力帮扶企业保存量，深入开展降成本、优环境行动，实施企业培育“双百”工程[①]，落实帮扶政策，鼓励企业通过技术改造、兼并重组、靠大联强，转型升级、提质增效。要招大引强扩增量，千方百计引进一批世界500强、央企和大型民营企业，落户一批总部型、旗舰型大企业、大集团，带动发展“专精特新”中小企业，促进工业经济规模壮大、实力提升。

——打好精准扶贫攻坚战，全面完成脱贫任务。脱贫攻坚是党中央做出的重大战略部署，是必须如期完成的重大政治任务。我们要坚决打赢这场硬仗，确保2018年现行标准下贫困人口全面脱贫，贫困县全部摘帽。

按照中央“六个精准”“五个一批”的要求，打好精准脱贫组合拳，有效解决“有人扶”“有钱扶”“怎么扶”的问题，确保实现“两不愁三保障”。突出抓好产业脱贫。通过选准一个产业、打造一个龙头、建立一套利益联结机制、扶持一笔资金、培育一套服务体系，因地制宜发展优势特色产业，促进贫困群众就业创业增收。扎实推进搬迁脱贫。引导深山区、库区和地质灾害频发区的贫困人口，向县城、工业园区、中心镇或者中心村搬迁转移，做到搬得出、稳得住、能致富。大力实施兜底脱贫。对丧失劳动力、没有经济来源的贫困群众，实行低保政策和扶贫政策衔接，做到应保尽保；对因病、因残的贫困群众，筑牢居民基本医疗保险（新农合）、大病保险、疾病医疗商业补充保险和医疗救助“四道保障线”，坚决遏制“因病致贫、因病返贫”。积极探索旅游扶贫、光伏扶贫、电商扶贫、资产收益扶贫等新路子。认真落实生态、教育、就业等扶贫政策，拓宽贫困群众增收渠道。实施整村推进，加快贫困户危房改造和农村保障房建设，改善贫困地区基础设施条件，提升公共服务水平，推动农村旧貌换新颜。

脱贫攻坚是全社会的共同责任。要完善扶贫机制，坚持市、县、乡、村四级书记抓扶贫，单位驻村扶贫、干部结对帮扶全覆盖，广泛动员社会力量共同参与扶贫工作。激发贫困群众脱贫的积极性，使帮扶与内生动力有机结合起来。统筹整合财政资金，用活“扶贫信贷通”等金融扶贫政策，加大扶贫投入。实行贫困人口动态管理和低收入人群滚动帮扶，持续巩固脱贫攻坚成果，确保脱贫不返贫，绝不让一个贫困群众在全面小康路上掉队。

——打好新型城镇化攻坚战，加快城乡一体化进程。城市是人类文明进程的重要标志，城镇化是经济社会发展的强大引擎。要加快推进以人为核心的新型城镇化，形成以工促农、以城带乡、城乡融合、共同繁荣的发展格局。

科学构建城镇体系。优化城镇空间布局，形成以中心城市为龙头，瑞金、龙南次中心城市和周边卫星城市为依托，京九、厦蓉、济广交通廊道为轴带，县城和特色中心镇为支点的赣南城镇体系。加快建设以市辖区为主体，覆盖上犹、信丰、于都、崇义、大余和兴国的赣州都市区。高标准建设蓉江新区，完善提升河套老城区、章江新区，推进赣州经开区产城融合发展，加速南康和赣县融入主城区步伐，建成赣粤闽湘四省通衢的区域性现代化中心城市。推进西客站交通枢纽等项目建设，加快构建“四横六纵一环”[②]快速路网，规划建设城市轨道交通，实现各区之间快速通达、紧密相连、互动发展。做精做美县城，建设人口集中、产业集聚、土地集约，宜居宜游宜业的秀美城市。推进龙南撤县设市。加强示范镇、中心镇建设，打造一批各具特色的工业强镇、农业大镇、商贸重镇、文化名镇、旅游旺镇。

提升城市品质。科学制定和严格执行城市规划，推进全域规划编制，实现“多规合一”。优化城市设计，明确城市基本色调和建筑风格，提升城市文化内涵；增加绿地面积，降低容积率和建筑密度，建设海绵城市，把更多的城市空间留给市民、最好的视觉资源留给百姓，打造优美精致的城市形象。坚持地上地下统筹、硬件软件并重、保护开发并举，提升建设水平，延续历史文脉，做足显山露水文章，塑造各具特色的城市风貌。完善市政和公共服务设施配套，使市民走出家门步行10分钟，就能到达休闲健身、买菜购物、上学就医等场所。创新城市管理方式，构建网格化、智能化、法治化、精细化管理的长效机制，深入开展市容环境综合整治，严厉打击违法违章建设，打造整洁有序、和谐宜居的城市家园。

统筹城乡协调发展。通过改革户籍管理制度、保障进城农民合法权益、推进城镇常住人口基本公共服务均等化等措施，加快农业转移人口市民化。大力开展新农村建设，促进基础设施向农村延伸、公共服务向农村覆盖、生产要素向农村流动、城市文明向农村传播。深入推进农村人居环境综合整治，加大对传统村落民居和历史文化名村名镇的保护力度，建设和谐秀美新农村。

——打好现代农业攻坚战，着力建设农业强市。发展现代农业是实现农民持续增收的根本保证。要坚持用工业化理念引领农业发展，加快转变农业发展方式，促进一二三产业融合发展。

提高粮食综合生产能力，推进优势特色产业提质提效。实施脐橙产业发展升级行动计划，加强柑橘黄龙病等病虫害防控，推进生态化、机械化标准果园建设，改善品种结构，优化栽培模式，稳定种植面积，发展精深加工，提升脐橙产业附加值。推进油茶产业“三个中心、三个基地”③建设，打响赣南油茶品牌，提高集约化、产业化水平。着力发展大棚蔬菜、绿色有机蔬菜，提高蔬菜自给率，建成供港、供深重要蔬菜基地。推动生猪、家禽、水产、白莲、烟叶、茶叶、刺葡萄、甜叶菊、花卉苗木、毛竹等特色产业向优势产区集聚，打造富硒农产品等特色品牌，建设全国重要的特色农产品、有机食品生产与加工基地。发展适度规模经营，培育新型经营主体和新型职业农民，构建现代农业经营体系，实现生产、加工、物流、营销等一体化发展。积极发展休闲观光农业、分享农业、定制农业、创意农业、养生农业，让农民在产业链的增值中获得更多财富。

加强农田水利等基础设施和基层农技推广体系建设，提高农业机械化、科技化、信息化、标准化水平，建设一批现代农业示范园区，让农业成为有奔头的产业，农民成为体面的职业，农村成为安居乐业的美丽家园。

——打好现代服务业攻坚战，培育新的经济增长点。现代服务业是拉动经济增长的重要力量。要推动生产性服务业与制造业融合发展、生活性服务业与扩大居民消费相互促进，打造全国服务业发展示范基地。

做大现代金融业，积极引进各类金融机构，发展地方法人金融机构，创新金融产品和服务，完善现代金融体系，建设赣粤闽湘四省边际区域性金融中心。做旺文化旅游业，把握高铁时代旅游业“井喷式”发展的机遇，树立全域旅游理念，加快“一核三区”④建设，建成一批综合性龙头项目，打响红色故都、江南宋城、客家摇篮、绿色家园、两江源头等旅游品牌，建设全国著名的红色旅游目的地、区域性文化旅游中心城市和东南沿海地区休闲度假后花园。做强现代物流业，加快综合物流中心、专业物流市场建设，创建国家现代物流创新发展、现代物流技术应用和共同配送综合试点城市，打造连接东南沿海与中西部地区的区域性物流中心。做实电子商务，加快电子商务进农村，打造跨境电商、稀有金属、家具、脐橙电商交易平台，建设一批国家级、省级电商示范基地和电商产业聚集区。推进医养结合，规划建设一批养生养老中心和健康产业项目，打造国内知名的养生养老基地。着力培育研发设计、信息技术、服务外包等新业态、新模式，抢占未来服务业发展先机。

——打好基础设施建设攻坚战，夯实加快发展支撑。经济社会要发展，基础设施要先行。要实施一批打基础、利长远的重大基础设施项目，形成比较完备的支撑体系。

加快建设昌赣客专、赣深客专、渝长厦铁路等项目，构建“一纵一横”高速铁路网⑤和“两纵两横”普速铁路网⑥；建成兴赣、宁安、安定等高速公路，构建“三纵三横六联”高速公路网⑦；推动国省道升级改造，提升农村公路通行能力，完善外通内连的城乡公路网；完成黄金机场改扩建，新建瑞金支线机场，开通国际口岸，构建通达港澳台和国内枢纽城市的航空网络；提升水运通航能力，实现赣州至南昌三级通航。推进华能瑞金电厂二期等电源点建设，加强城乡电网建设，完善油气管网对接覆盖，增强能源供应保障能力。

积极推进“光网城市”“宽带乡村”工程，规划建设赣州大数据中心、云计算中心及公共信息资源数据库，构建高速、移动、安全、泛在的先进信息网络。加强城镇防洪工程建设，促进民生水利新发展，增强水利保障和防灾减灾能力。

打好“六大攻坚战”，是赣南人民的共同事业，是符合赣州发展实际的有效举措，必须凝聚一切力量、调动一切积极因素为之共同奋斗。只要全市干部群众拧成一股绳，同心同向、同行同力，就一定能攻出实效、攻出成果，为全面小康奠定坚实基础。

四、深化改革开放，激发创新创业活力

实现跨越式发展，必须要有良好的发展环境。要围绕打造全省乃至全国审批程序最少、办事效率最高、服务质量最好的发展环境，以思想大解放推动事业大发展，为经济社会发展提供不竭动力。

持续解放思想。解放思想永无止境。要坚持把解放思想贯穿发展全过程，深入开展解放思想主题教育，在全市上下形成敢闯新路、勇于担当、争创一流的浓厚氛围。要把解放思想落实到创新理念上，学习借鉴其他地区的先进经验和做法，打破路径依赖和思维定势，破除狭隘思想和本位意识，以新理念、新思路、新方法推动各项工作。要把解放思想落实到解决问题上，善于发现问题，敢于直面问题，认真研究问题，彻底解决问题。要把解放思想落实到实际行动、实绩实效上，倡导不甘落后、奋勇争先精神，为加快发展奠定思想基础。

全面深化改革。全面落实“三去一降一补”任务，推进供给侧结构性改革，提高供给体系质量和效率，培育发展新动能。持续推进简政放权、放管结合、优化服务，接好中央和省下放的审批事项，把该放的权力放下去、该管的事项管到位。完善“六单一网”[8]建设，实施行政权责清单动态管理，做到法无授权不可为、法定职责必须为。建好用好行政服务中心，建设网上办事大厅，打造“政务超市”，切实解决“办证多”“办事难”等问题。加强资本、土地、人力资源、技术等要素市场建设，健全金融资产、农村综合产权交易中心等平台，完善现代市场体系。用好国家优先支持贫困地区发展资本市场政策，大力推进企业上市、发行债券，发展壮大产业投资、股权投资基金，打造资本市场的赣州板块。深化扩权强县改革，促进县域经济发展壮大。统筹推进国资国企、投融资等其他领域改革，做大做强做优国有企业，推广政府和社会资本合作模式，激活民间投资。充分发挥对口支援优势，争取国家把更多改革试点布局赣州，在农业农村、财税金融、教育文化、医疗卫生、健康养老等领域开展先行先试。

提升开放水平。主动融入“一带一路”、长江经济带等国家战略，全面对接长珠闽等沿海发达地区，推动赣粤、赣闽产业合作区建设，努力形成全方位、多层次、宽领域的开放合作格局，建设江西对外开放“南大门”，打造对外开放“桥头堡”。拓展赣州港功能，建设临港经济区；完善公路、铁路口岸作业区和电子口岸建设，构建对外开放的大通关体系。积极发展多式联运和无水港，畅通对外开放的大通道。大力实施“赣商回归，赣人兴赣”工程，坚持“引资、引技、引智”相结合，充分发挥商会纽带作用，开展以商招商，力争招大招强取得新突破。

推动创新创业。以科技创新为核心促进全面创新，建设创新型赣州。强化企业创新主体地位，引导人才、资本、技术等创新要素向企业聚集，支持企业与高校、科研院所组建产业创新联盟，构建产学研用协同创新体系，促进创新链、产业链、资金链精准对接。完善创新平台，建设一批科技企业孵化器、工程中心和生产力促进中心。围绕重点产业发展，实施一批重大科技专项行动计划，突破一批关键技术，提升产业核心竞争力。完善政府科技投入机制，推动创新成果转化为现实生产力。激发大众创业万众创新活力，大力发展众创、众包、众扶、众筹空间，打造各类孵化基地，鼓励科技创新人员、大学生、返乡农民工等重点人群创新创业。进一步放宽政策、放开市场、放活主体，促进民营经济更好更快发展。

人才是生产力中最具决定性的因素，是发展的第一资源。要深入实施人才强市战略，建立有效的人才激励和保障机制，加强校地合作，培育壮大高素质人才队伍。积极引进优秀人才，特别是引进一批经济建设急需的金融、商贸、流通、电子信息等方面的人才。建设赣州特色新型智库。着力营造吸引人才、留住人才、用好人才，有利于人才脱颖而出的良好环境，让各类人才的创新创造活力充分迸发，使各方面人才在赣南大地各

得其所、各展其长。

五、推动绿色发展，建设生态家园

环境就是民生，青山就是美丽，蓝天也是幸福。我们要像保护眼睛一样保护生态环境，像对待生命一样对待生态环境，建设天蓝、地绿、水净的美好家园，争当全省生态文明试验区建设排头兵。

坚决守护绿水青山。围绕建设我国南方地区重要的生态屏障，严格管控生态保护红线。强化重点区域保护与生态修复，加强水土保持和水土流失综合治理。深入开展“净空、净水、净土”行动。加快城镇和工业园区污水处理设施及配套管网建设，开展流域综合治理。加强农村环境连片整治和农业面源污染防控，推进城乡垃圾无害化、减量化、资源化处理。强化重点区域和流域重金属污染治理，抓好废弃矿山复垦复绿。开展园林城市、森林城市、生态文明县乡村创建，建设绿色机关、绿色学校、绿色社区、绿色企业和绿色家庭，切实加强群众身边的生态环境改造，让人民群众畅享“生态福利”。

大力发展绿色产业。牢固树立“生态 +”理念，坚持生态效益与经济效益相结合，转变发展方式。实施低质低效林改造工程，利用10年时间，改造1000万亩，改善林分结构，提高森林质量和效益。大力发展生态旅游、生态农业、林下经济、节能环保等绿色产业，提升绿色矿业发展水平。积极开发利用太阳能、风能、地热能、生物质能等可再生能源，加快企业、园区循环化发展和传统产业绿色转型升级，建设国家低碳城市试点、新能源示范城市。

完善生态文明制度。健全源头严防、过程控制、损害赔偿、责任追究的生态文明制度体系，用最严格的制度保护生态环境。建立领导干部任期生态文明建设问责制，实行生态环境损害责任终身追究、领导干部自然资源资产和环境责任离任审计制度。创新和完善公众参与环境监督保护的机制，加强环境监察和执法能力建设，推进环境污染第三方治理。全面推行“河长制”，建立水陆共治、部门联治、全民群治的河湖保护管理长效机制，实现河畅、水清、岸绿、景美。

赣州的绿水青山是大自然的馈赠，是全市人民赖以生存的家园，也是必须世代相传的宝贵财富。我们决不能牺牲环境来换取经济的发展！任何破坏生态环境的“任性”行为，都将付出沉重代价！

六、发展社会事业，增进人民福祉

让赣南人民过上富裕幸福的生活，是中共中央总书记习近平的殷切嘱托。我们要把人民拥护不拥护、赞成不赞成、高兴不高兴、答应不答应作为衡量一切工作得失的根本标准，进一步解决好群众关心的社会民生问题，努力使全市人民物质生活殷实富足、文化生活丰富多彩、精神面貌昂扬向上。

保障衣食住行。衣食住行是最基本的民生。要加快完善统一权威的食品安全治理体系，切实保障群众“舌尖上的安全”。完善住房保障和供应体系，加快棚户区改造，规范保障性住房准入、使用、退出机制，促进房地产市场平稳健康发展，满足各类群体住房需求。优化城市公交体系，扩大农村客运，加强城市停车场建设，规范停车管理，切实解决交通拥堵、停车难问题，让群众出行方便快捷。

关爱生老病死。生老病死是自然规律，也是民生保障的热点。要推进健康赣州建设。加快医药卫生体制改革，完善惠及城乡居民的基本医疗卫生制度。办好综合性三甲医院、县级医院和特色专科医院，建设区域性医疗卫生中心。加强乡镇卫生院、社区卫生服务中心和村卫生所规范化建设，确保人人享有基本医疗卫生服务。坚持计划生育基本国策，提高出生人口素质。广泛开展全民健身活动，促进体育事业健康发展。要完善社会保障体系。以基本养老、基本医疗、最低生活保障为重点，推动社会保障扩面提标、城乡一体。整合城乡居民基本医疗保险，全面实施城乡居民大病保险，完善被征地农民养老保险政策。大力发展居家养老、社区养老、机构养老，健全社会养老服务体系。进一步完善殡葬改革。推进“救急难”综合试点，提高扶老、助残、救孤、济困、救灾水平，关爱留守儿童、留守妇女、留守老人，鼓励支持慈善事业发展。

促进安居乐业。稳定的工作、满意的收入、安全的环境，是群众的迫切期盼和美好追求。要深化平安赣州建设，加快构建立体化社会治安防控体系，严密防范和依法打击各种违法犯罪活动，确保人民生命财产安全。完善公共安全监管机制、安全生产责任体系，强化重点领域安全专项治理，坚决遏制重特大安全事故发生。健全应急管理体制机制，提高危机和风险管理能力。完善就业服务体系，重点做好高校毕业生、农村转移劳动力、城镇就业困难人员的就业工作。建立和谐劳动关系，依法保障职工基本权益。建立机关企事业单位职工工资正常增长机制，健全农民工工资支付保障体系。加大收入分配调节力度，提高居民转移性收入，增加低收入劳动者收入，促进共同富裕。

提升教育文化。精神富有是民生幸福的更高追求。要大力推进赣州教育改革发展试验区建设，办好各级各类教育。改善薄弱学校基本办学条件，推进教育信息化，加快解决城区学校大班额、农民工子女平等入学问题。建好赣州职教园区。加强教师队伍建设，不断提高教育质量和水平。要以创建全国文明城市为抓手，广泛开展群众性精神文明创建活动，践行社会主义核心价值观，构筑共有精神家园。培育“好人文化”，推动诚信建设和志愿服务制度化，加强未成年人思想道德建设，提升社会文明程度。巩固网上宣传文化阵地，让网络空间更加清朗、网络正能量更加充沛。深入推进国家公共文化服务体系示范区建设，积极开展“文化惠民”“文化下乡”“全民读书”等活动，不断满足人民群众日益增长的精神文化需求。加快红色文化传承创新区、客家文化（赣南）生态保护实验区建设，振兴赣南采茶戏，培育宋城文化、理学文化、阳明文化等品牌，繁荣赣南特色文化。

人民群众的事情就是我们的牵挂。我们要时刻把百姓的冷暖安危放在心上，尽心尽力惠民生，一心一意谋福祉，让全市人民群众在经济社会发展中有更多获得感！

七、坚持依法治市，促进社会和谐稳定

法治是改革的“压舱石”、发展的“定心丸”。要大力弘扬社会主义法治精神，将法治理念贯穿各项工作始终，用法治思维和法治方式推进赣州各项事业发展。

全面落实依法治国方略。推进科学立法、严格执法、公正司法、全民守法，坚决维护宪法和法律的权威，保证有法必依、执法必严、违法必究。建立健全立法工作机制，加快城乡建设与管理、环境保护、历史文化保护等重点领域立法。深化司法体制改革，构建开放、动态、透明、便民的阳光司法机制，让人民群众在每一个司法案件中感受到公平正义。深入开展普法工作，使学法遵法守法用法成为全体人民的共同追求和自觉行动。

深入推进依法行政。坚持将法治思维和法治方式贯穿政府工作全过程，加快建设职能科学、权责法定、执法严明、廉洁高效的法治政府。完善行政决策机制，健全决策公开、决策咨询、决策失误责任追究等制度，提升依法决策水平。严格依照法定权限和法定程序行使权力、履行职责，建立执法全过程记录制度，切实做到严格、规范、公正、文明执法。强化对行政权力的制约和监督，完善监督体系，严密监督程序，增强监督实效。

提高社会治理法治化水平。坚持系统治理、依法治理、综合治理、源头治理相结合，形成党委领导、政府主导、社会协同、公众参与、法治保障的社会治理体系。推动以法治方式预防和化解社会矛盾纠纷，通过调解、仲裁、行政裁决、行政复议、诉讼等多元化机制调处矛盾、定分止争。坚持用法治手段有效规范信访秩序，化解信访问题，依法维护人民群众合法权益。积极推进政务诚信、商务诚信、社会诚信和司法公信建设，完善守法诚信褒奖和违法失信惩戒机制，让守信者处处受益、失信者寸步难行。

法律的利剑如影随形，正义的天平就会无处不在。我们要坚定不移推进依法治市，让法治的力量浸润人心，让群众感受到公平正义，生活得更有尊严、更有安全感。

八、加强党的领导，为同步全面小康提供坚强保证

决胜同步全面小康，必须坚持党的领导，发挥党的领导核心作用。要坚持党要管党、从严治党，切实提高党的建设科学化水平，为全面建成小康社会提供坚强保证。

强化思想理论武装。坚持把思想政治建设摆在党的建设的首要位置，深化中国特色社会主义理论体系和中共中央总书记习近平系列重要讲话精神的学习教育，强化党性修养，筑牢信仰之基、补足精神之钙、把稳思想之舵，坚定道路自信、理论自信、制度自信、文化自信。严守政治纪律和政治规矩，牢固树立政治意识、大局意识、核心意识、看齐意识，对党绝对忠诚，确保政令畅通，始终在思想上政治上行动上同以习近平同志为总书记的党中央保持高度一致，坚决维护党中央的权威，坚决维护中共中央总书记习近平的权威。传承红色基因，弘扬苏区精神，教育引导党员干部做“四讲四有”合格党员，争当先锋模范。

加强宣传思想工作，严格落实党委（党组）意识形态工作责任制，坚定主心骨、坚持主旋律、坚守主战场，牢牢掌握意识形态工作的领导权和主动权。

压实管党治党责任。分层次分领域制定党建责任清单，强化主体责任，落实“一岗双责”，推动各级党组织和党员领导干部切实担负起管党治党的政治责任。制定党员分类管理制度，增强党员为党分忧、为党担责、为党尽责意识。严格落实“三会一课”、党员领导干部参加双重组织生活、民主评议党员等制度，开展批评和自我批评，严肃党内政治生活。坚持和完善党建工作述职评议制度，提高党建工作在领导班子和领导干部考核中的权重，以严格考核问责倒逼责任落实。

夯实基层战斗堡垒。选优配强村（社区）“两委”班子和带头人队伍，强化村（社区）干部教育培训，增强基层组织凝聚力、向心力。拓展基层干部发展空间，加大从“三类人员”⑨中选拔乡镇领导班子成员工作力度。实行收入水平与工作实绩挂钩，大幅提高村（社区）干部经济待遇。全面完成村（社区）组织活动场所建设，健全完善乡镇公共服务综合平台，建立全程代理、一站式服务机制，提升基层组织服务功能。统筹抓好农村、社区、学校、非公有制经济组织、社会组织等领域基层党建工作，创新基层党组织设置形式，实现党的组织和党的工作全覆盖。优化基层党建工作载体，用好用活“党建+”模式，推动党建工作与中心工作深度融合、互相促进。充分运用现代信息技术，加快实现党建工作的信息化、标准化、现代化管理。

打造过硬干部队伍。坚持正确的选人用人导向，注重在“六大攻坚战”和为民服务一线考察识别干部，重视培养选拔优秀年轻干部、女干部、党外干部，合理使用各年龄段干部，推进干部跨条块跨领域交流，畅通能上能下渠道，增强干部队伍活力。实施能力提升工程，强化干部教育培训和实践锻炼，发挥各级党校和瑞金干部学院干部教育培训的主阵地作用，提升各级干部在新常态下发展经济、管理社会、依法行政、服务群众的能力。坚持从严管理与关心激励相结合，建立容错减责免责、常态化明察暗访、干部提拔重用“负面清单”和作风效率投诉举报查处等机制，推动全市广大党员干部保持干事创业的激情、弘扬马上就办的作风、坚定一抓到底的决心、树立一心为民的情怀，努力争创新时期“第一等工作”。

加强党风廉政建设。坚持把纪律挺在前面，认真贯彻《廉洁自律准则》《纪律处分条例》，以“六大纪律”⑩为尺子，运用监督执纪“四种形态”⑪，坚决维护党规党纪的严肃性。不断巩固落实中央八项规定，加强对重点领域、关键环节、权重部门、盲点地带的监督，健全改进作风常态化、长效化制度，坚持不懈纠正“四风”。坚定不移惩治腐败，对腐败问题发现一起查处一起，决不手软。构建决策科学、执行坚决、监督有力的权力运行体系，把权力关进制度的笼子。强化党内监督，推进派驻监督和巡察监督全覆盖。深入实施《中国共产党问责条例》，坚持“一案双查”，让失责必问、问责必严成为常态。严格落实基层党风廉政建设责任制，把压力传导、责任压实到基层，深入查处发生在群众身边的腐败问题和不正之风。

凝聚发展强大合力。加强市委常委会自身建设，充分发挥总揽全局、协调各方的领导核心作用，凝聚各方力量，进一步巩固和发展团结干事的良好局面。完善各级党委议事和决策规则，严格执行民主集中制，不断提高决策的科学化、民主化水平。支持人大及其常委会依法行使立法、监督、决定、任免等职权，强化立法工作组织协调，加强对“一府两院”的监督，努力改进代表工作，充分发挥地方国家权力机关作用。加强协商民主建设，把协商民主建设贯穿于各领域，创新密切联系各界别群众机制，进一步提高人民政协协商民主制度化、规范化、程序化水平。加强统一战线建设，认真做好民族、宗教、对台、外事、侨务等工作，积极为各民主党派、工商联、无党派人士、新社会阶层人士发挥作用搭建平台。关心关爱老党员、老干部。加强和改进群团工作，推动群团组织深化改革、与时俱进。坚持党管武装，加强国防教育、国防动员和后备力量建设，深入开展“双拥”工作，推动军民融合深度发展。

同志们，同步小康催人奋进，伟大征程任重道远。在这项宏伟事业的决战决胜阶段，人人都是参与者，人人都是战斗员。做好今后五年的工作，必须紧盯发展目标，以时不我待的紧迫感，只争朝夕抓落实；必须抓重点促全局，充分调动各方面积极性，聚力攻坚抓落实；必须发扬钉钉子精神，踏石留印、抓铁有痕，务实担当抓落实。我们坚信，只要我们不忘初心、不辱使命、真情为民，我们就一定会得到人民群众的支持和拥护，我们的事业就一定能无往而不胜！

同志们，让我们更加紧密团结在以习近平同志为总书记的党中央周围，在党中央和省委的坚强领导下，带领全市广大党员干部群众，锐意进取、奋力拼搏，真抓实干、开拓创新，为实现与全国同步全面建成小康社会、让赣南老区人民过上富裕幸福的生活而努力奋斗！

注释：

①企业培育“双百”工程：力争到2018年，培育100户主营业务收入超10亿元的龙头企业，100户在境内外上市及“新三板”挂牌企业。

②“四横六纵一环”快速路网：四横，飞翔路—迎宾大道—厦蓉高速快速路、城西大道—武陵大道—东江源大道快速路、赣南大道快速路，绕城快速路；六纵，南康机场快速路、蓉江七路快速路、蓉江三路—黄金大道快速路、东江源大道—沙石大道快速路、迎宾大道—文明大道—沙河大道快速路、虔东路快速路；“一环”，在赣州城市外围形成一个高速交通闭环。

③油茶产业“三个中心、三个基地”：三个中心，油茶国家地方联合研究中心、油茶产品检测中心、油茶产品电子商务交易中心；三个基地，油茶良种繁育基地、油茶高产种植基地、油茶产业加工基地。

④“一核三区”：以章贡区、南康区、赣县为主体的宋城文化旅游核心区，以瑞金、兴国、于都、宁都、会昌为主体的红色旅游区，以上犹、崇义、大余为主体的生态休闲度假区，以龙南、定南、全南为主体的客家文化旅游区。

⑤“一纵一横”高速铁路网：一纵，昌赣深客运专线；一横，渝长厦快速铁路。

⑥“两纵两横”普速铁路网：两纵，京九铁路、鹰瑞梅铁路；两横，韶（郴）赣龙铁路、兴泉铁路。

⑦“三纵三横六联”高速公路网：三纵，济广高速、宁定高速、大广高速；三横，泉南高速、厦蓉高速、寻全高速（含西延至韶关曲江）；六联，南昌至韶关高速（含兴赣高速及北延、绕城高速、康大高速）、广昌至吉安高速（宁都段）、龙南至河源高速、宁定高速定南联络线、寻乌南桥至广东龙川高速、厦蓉高速和济广高速会昌联络线。

⑧“六单一网”：市、县两级政府部门权力清单、责任清单，市本级行政事业收费、前置审批事项、行政审批中介服务事项、便民服务事项目录清单，江西政务服务网市县分厅。

⑨“三类人员”：优秀乡镇事业编制干部、优秀村干部和大学生村官。

⑩“六大纪律”：政治纪律、组织纪律、廉洁纪律、群众纪律、工作纪律、生活纪律。

⑪“四种形态”：指党内关系要正常化，批评和自我批评要经常开展，让咬耳扯袖、红脸出汗成为常态；党纪轻处分和组织处理要成为大多数；对严重违纪的重处分、做出重大职务调整应当是少数；而严重违纪涉嫌违法立案审查的只能是极极少数。

政府工作报告

——在赣州市第五届人民代表大会第一次会议上的报告

市委副书记、代市长 曾文明

（2016年10月31日）

各位代表：

现在，我代表市人民政府，向大会报告政府工作，请予审议，并请政协委员和列席会议的同志提出意见。

一、过去五年工作回顾

市四届人大一次会议以来，在省委、省政府和市委的坚强领导下，市人民政府团结依靠全市人民，深入贯彻落实中央和省、市委决策部署，抢抓机遇、砥砺奋进，实现了“十二五”圆满收官、“十三五”良好开局。

五年来，赣南苏区振兴发展卓有成效，综合实力显著增强。争取出台《国务院关于支持赣南等原中央苏区振兴发展的若干意见》，赣南苏区振兴发展上升为国家战略。国家层面支持赣南苏区政策文件125个。全面执行西部大开发政策，162项具体政策得到落实。对口支援工作成效明显。2012—2015年，上级下达赣州各类补助资金1375亿元，年均增长20.2%。获批全国加工贸易承接转移示范地等国家级重大平台8个，龙南、瑞金经开区和赣州高新区升格为国家级园区，赣州综合保税区、进境木材国检监管区建成运营，赣州铁路国际集装箱场站获批国家临时口岸对外永久开放，全国内陆口岸首个国检监管试验区挂牌成立，赣州成为全国拥有国家级平台最多的设区市之一。突出民生问题加快解决，完成农村危旧土坯房改造69.5万户、低电压改造54万户，解决300万农村人口饮水安全问题，新建改造农村公路1.4万千米、桥梁556座，新（改、扩）建校舍401万平方米，D级校舍危房全面消除。主要经济指标增速高于全国、全省平均水平，人均水平与全国、全省差距进一步缩小。地区生产总值接近2000亿元，年均增长10.9%。人均生产总值突破3000美元。财政总收入、一般公共预算收入、规模以上工业增加值、固定资产投资总额实现翻番。固定资产投资增速连续四年全省第一，农村居民人均可支配收入增速连续三年全省第一。“若干意见”提出的中期目标基本实现。

五年来，产业转型升级步伐加快，发展质效不断提高。工业加快发展。规模以上工业主营业务收入突破3000亿元，稀土钨、家具产业集群主营业务收入均突破千亿元，战略性新兴产业主营业务收入突破400亿元。中国南方稀土集团组建运营。新能源汽车科技城、“中国稀金谷”等一批项目启动。新增高新技术企业126家，2项科技成果获国家科技进步二等奖，科技进步贡献率55%。农业增产增效。建成高标准农田135万亩，粮食生产“十二连丰”。赣南脐橙品牌价值居全国初级农产品类价值榜榜首。赣南茶油获批国家地理标志保护产品。蔬菜、生猪等产业加快发展。赣县、信丰被认定为国家现代农业示范区。服务业量质齐升。金融业增加值占GDP比重5.2%。旅游接待总人数、总收入年均分别增长28%和32.6%。瑞金列为国家历史文化名城，共和国摇篮景区晋升国家AAAAA级景区。赣州获批粤赣皖苏四省物流大通道节点城市。电商交易额连续三年翻番。服务业增加值占 GDP 比重提高 4.2 个百分点。

五年来，基础设施明显改善，城乡面貌深刻变化。全市常住人口城镇化率 45.5%，提高近 8 个百分点。南康撤市设区，中心城区建成区面积 141 平方千米，人口 141 万人。赣县撤县设区获批。蓉江新区启动建设。赣南大道、南门口下穿隧道及黄金、沙石、武陵、客家四座大桥建成通车，完成文清路、厚德路、健康路商业街改造提升，灶儿巷、郁孤台——八境台历史文化街区整治修缮。黄金机场改扩建加快推进。赣韶铁路、赣龙铁路复线建成通车，昌赣客专开工建设，赣深客专、兴泉铁路正式获批，铁路运营总里程达 555 千米。瑞寻、隘瑞、赣崇、龙杨、昌宁、寻全等 6 条高速公路建成通车，实现县县通高速，高速公路总里程达 1116 千米。升级改造国省道 2884 千米，实现县县通国道。赣州 500 千伏电网与江西主电网形成双通道，220 千伏变电站实现县县全覆盖，全市供电能力实现翻番。4 G 网络覆盖所有城区、乡镇和 80% 以上行政村。植树造林 337 万亩，森林覆盖率稳定在 76.2% 以上。“河长制”启动实施。县县建成城镇生活污水处理厂。节能减排规划目标全面完成。中心城区环境空气质量优良率 90% 以上，全市重要水功能区水质达标率 96.5%，城市集中式饮用水源地水质达标率 100%。荣获全国首批生态文明典范城市。

五年来，改革开放不断深化，内生动力更加强劲。部省共建教育改革发展试验区、城乡建设用地增减挂钩、农民住房财产权抵押贷款、“救急难”等 68 项省级以上试点扎实推进。农村土地承包经营权确权登记颁证基本完成。颁发全国第一本林权类不动产权证。企业注册资本登记、“三证合一、一照一码”① 等商事制度改革全面实施。金融改革创新取得突破，在全国首创险资支农支小模式，组建金盛源担保公司、金融资产交易中心，设立全国第一家私募基金呼叫中心，全市各类金融机构 167 家，赣州成为周边四省九市金融机构聚集度领先、门类最齐全的城市。成功争取建立东江流域上下游横向生态补偿机制，组建全省首家环境能源交易所，成立林业产权交易中心。国资国企、教育文化、医疗卫生、社会治理等重点领域和关键环节改革扎实推进。央企、民企入赣成果丰硕，“赣商回归、赣人兴赣”工程扎实推进，引进省外资金、实际利用外资年均分别增长 20.8%、11.4%，外贸企业由不到 800 家增加到 2000 余家，出口总额实现翻番。

五年来，民生民计持续改善，发展成果普惠共享。民生类财政支出超过 1300 亿元，年均增长 24%。脱贫攻坚富有成效，减少贫困人口 145.2 万人，贫困发生率下降 20.6 个百分点。五大社会保险扩面提标。城乡低保、农村五保户集中分散供养、企业离退休人员养老金、失业保险金月均发放标准累计增幅均达 50% 以上。累计新增城镇就业 50 万人，城镇登记失业率控制在 3.3% 以内。完成各类棚户区改造 7.4 万户，建设保障性住房 11.6 万套，解决 66.4 万名中低收入群众住房困难问题，住房保障面积提高到人均 15 平方米以上。学前教育快速发展，义务教育普及成果有效巩固，高中阶段教育质量稳步提高。赣南教育学院升格为赣州师范高等专科学校，赣南卫生健康职业学院获批设立，赣州职教园区启动建设。县级公立医院综合改革全面推开。市人民医院新院投入使用。开通中心城区至龙南、瑞金、上犹、崇义 4 条城际公交快线。“菜篮子”工程加快实施。公共文化服务标准化建设成效明显，城乡文化惠民工程扎实推进。全民健身活动深入开展，成功承办第十四届省运会、举办第四届市运会。安全生产和食品药品安全形势稳中向好。平安赣州、法治赣州建设深入推进，获评全国法治宣传教育先进城市，连获三届“全国双拥模范城”、综治“长安杯”，蝉联五届“全国综治工作优秀市”。

五年来，政府自身建设得到加强，行政效能进一步提升。扎实开展政府系统党的群众路线教育实践活动、“三严三实”专题教育和“两学一做”学习教育，认真落实中央八项规定精神和省、市若干规定，政府作风进一步好转。法治政府建设深入推进。新一轮政府机构改革和职能调整顺利完成。绩效管理考核全面实施。“放管服”改革不断深化，市本级行政审批事项精简为 122 项，非行政许可审批事项全部精简到位。“六单一网”② 建设扎实推进。自觉接受市人大法律监督和市政协民主监督，建议和提案办结率、满意和基本满意率均为100%。强化监督执纪问责，政府廉政建设不断加强。

各位代表！奋斗充满艰辛，成绩来之不易。这主要得益于党中央、国务院的深切关怀，国家部委的倾情支援；得益于省委、省政府和市委的正确领导，市人大、市政协和社会各界的监督支持；得益于各级各部门和全市人民的团结奋斗、顽强拼搏。在此，我代表市人民政府，向全市广大干部群众，向各位人大代表、政协委员和离退休老干部，向各民主党派、工商联、无党派、人民团体和社会各界人士，向驻市解放军指战员、武警官兵，向所有关心支持赣州发展的海内外朋友，表示崇高的敬意和衷心的感谢！

回顾五年奋斗历程，我们深切体会到，办好赣州的事情，必须坚持解放思想不停步，以新理念引领发展行动，不断向改革开放要动力，向创新创业要活力，向特色优势要竞争力；必须咬住发展不放松，以"跳起来摘桃子"的勇气担当，苦干实干，打好"六大攻坚战"，实现经济社会发展新跨越；必须坚定绿色发展不偏移，不以牺牲环境为代价换取一时的经济增长，坚持走可持续发展之路；必须致力改善民生不动摇，把群众的安危冷暖时刻放在心上、扛在肩上，让赣南人民有更多的获得感和幸福感。

我们也清醒地认识到，赣州经济社会发展还面临不少困难和问题。主要是：经济总量、均量仍然偏小；工业基础薄弱，服务业规模较小，产业结构不优，创新能力不强；城乡发展不平衡，基本公共服务水平较低，脱贫攻坚任务依然艰巨；政府法治建设、作风建设、廉政建设需进一步加强，等等。对此，我们将采取有力措施，切实加以解决。

二、今后五年目标思路

今后五年，是实施"十三五"规划、实现同步全面小康的决胜期，也是大有作为的重要战略机遇期。尽管宏观经济形势复杂多变，但我国经济发展长期向好的基本面没有变。"若干意见"政策红利加速释放，全省"龙头昂起、两翼齐飞、苏区振兴、绿色崛起"发展格局进一步提升，赣州的战略地位和后发优势日益突显。市第五次党代会绘就的宏伟发展蓝图，"六大攻坚战"激发的干事创业热情，汇聚了全市上下共谋发展、齐促振兴、同奔小康的强大正能量。我们要因势而谋、因势而动、因势而进，推动赣州经济社会发展年年都有新变化、三年迈上新台阶、五年实现新跨越！

今后五年工作的总体思路是：高举中国特色社会主义伟大旗帜，以邓小平理论、"三个代表"重要思想、科学发展观为指导，深入学习贯彻中共中央总书记习近平系列重要讲话精神，协调推进"四个全面"战略布局，牢固树立五大发展理念，深入实施"若干意见"，解放思想，内外兼修，北上南下，坚决打好主攻工业、精准扶贫、新型城镇化、现代农业、现代服务业、基础设施建设"六大攻坚战"，统筹抓好改革开放、生态文明、社会民生等各项工作，着力加强政府自身建设，加快赣南苏区振兴发展，实现与全国同步全面建成小康社会。

今后五年，全市经济社会发展的总体目标是：

——综合经济实力实现新跃升。经济保持中高速增长，地区生产总值、财政总收入年均增长10%左右，地区生产总值突破3000亿元，财政总收入突破500亿元，人均主要经济指标与全国、全省平均水平的差距明显缩小，成为全省最具潜力、支撑江西协调发展的重要增长板块。

——发展协调性显著增强。工业实现"三年翻番"[③]，到2020年，规模以上工业主营业务收入达8000亿元，工业固定资产投资达1500亿元，服务业增加值超1500亿元。产业结构进一步优化，现代产业体系基本建立，科技进步贡献率提高到60%。统筹城乡发展加快推进，城乡基础设施更加完善，区域性现代化中心城市基本形成。

——改革开放取得新突破。先行先试成效显著，重要领域和关键环节改革取得决定性成果，若干领域改革走在全国、全省前列。对内对外开放广度和深度不断拓展，新型内陆口岸基本建成，成为内陆开放型经济新高地。

——生态优势充分彰显。资源节约集约利用率不断提高，可持续产业结构、生产方式和消费模式基本形成，单位生产总值能耗明显下降，城市空气质量持续改善，城镇生活污水集中处理率、城镇生活垃圾无害化处理率提高到85%，森林覆盖率稳定提升，我国南方地区重要的生态屏障基本建成。

——人民生活更加幸福美好。城镇居民人均可支配收入年均增长10%，农村居民人均可支配收入年均增长11%，城乡居民收入差距进一步缩小。脱贫攻坚任务三年完成。覆盖城乡的社会保障体系更加完善，社会事业更加繁荣，基本公共服务水平接近或达到全国平均水平。民主法治建设和精神文明建设取得新进步。社会治理体系和治理能力现代化取得新进展，人民群众安全感和幸福指数明显提升。

各位代表！目标引领未来，实干成就梦想。只要我们团结一心、众志成城、接力奋斗，振兴发展时代荣光一定会闪耀赣南大地，同步全面小康梦想一定会变为美好现实！

三、今后五年工作重点

深入推进赣南苏区振兴发展战略，举全市之力打好“六大攻坚战”，狠抓项目带动，集聚发展新动能，厚植发展新优势。

（一）突出打好主攻工业攻坚战

加快构建特色鲜明、集约高效、环境友好、市场竞争力强的新型工业体系，以工业崛起撑起振兴发展脊梁。

打造三大增长板块。依托赣州都市核心区建设，重点发展稀土钨新材料及应用、新能源汽车及配套、生物制药、家具、高端装备等产业，打造中部核心增长板块；依托瑞兴于经济振兴试验区建设，带动周边县重点发展现代轻纺、食品药品、氟盐化工、新型建材等产业，打造东部增长板块；依托“三南”加工贸易重点承接地建设，推动相关区域紧密协作，重点发展电子信息、稀土钨深加工、食品加工等产业，打造南部增长板块。支持各工业园区发展首位产业，加快完善园区基础设施、配套设施和公共服务平台，推动园区向产城融合新区转型，把园区建成宜业宜居的绿色工业新城。

加快产业集群发展。建设新能源汽车科技城，打造国内重要的新能源汽车产业基地。建设“中国稀金谷”，打造国内知名的稀土稀有金属高新技术产业集聚区。建设电子信息产业科技城，承接珠三角电子信息产业转移，打造“赣粤高铁”沿线电子信息产业带。建设“青峰药谷”，打造具有国内领先水平的集药材种植加工、药品研发制造、医药健康旅游为一体的产业基地。建设现代家居城，推动家具产业向智能化、定制化、生态化升级。改造提升传统优势产业，促进纺织服装、食品加工等产业向品牌化、个性化转型。推动“互联网+”协同制造，加快培育发展新一代信息技术、生物制药、节能环保、新能源等新兴产业。培育形成稀土新材料及应用、钨新材料及应用、新能源汽车及配套、电子信息、铜铝有色金属和以家具为主的现代轻纺等6个主营业务收入超千亿元的主导产业，形成生物制药、氟盐化工和新型建材等3个主营业务收入超200亿元的产业集群，形成若干个主营业务收入超100亿元的新兴产业集群。

帮扶企业发展壮大。实施重点企业培育工程，打造中国南方稀土集团、青峰药业等一批主营业务收入过百亿元的“企业航母”，培育100户主营业务收入超10亿元的龙头企业、100户境内外上市或新三板挂牌企业。加大对“专精特新”中小微企业支持力度，创建小型微型创业创新示范基地，大力扶持创新型、成长型企业发展。实施质量强市战略，培育一批拥有自主知识产权、具有核心竞争力的知名品牌和优势企业。加快培育成千上万扎根赣州的本土企业，形成“大企业顶天立地、小企业铺天盖地”的生动局面。

（二）决战决胜精准扶贫攻坚战

把脱贫攻坚作为重大政治任务，立下愚公志，啃下硬骨头，确保2018年现行标准下贫困人口全面脱贫、贫困县全部摘帽。

打好脱贫攻坚组合拳。落实产业扶贫“五个一”机制④，因地制宜发展特色扶贫产业，充分吸纳贫困户参与产业链脱贫。统筹易地搬迁、农村危房改造、农村保障房建设等政策，改善贫困家庭居住条件，三年完成易地搬迁扶贫15万人。实施健康扶贫工程，筑牢居民基本医疗保险（新农合）、大病保险、疾病医疗商业补充保险、医疗救助等“四道保障线”，坚决遏制因病致贫、因病返贫。优先支持贫困村教育发展，阻断贫困代际传递。统筹就业、金融、旅游、电商、生态、光伏等多种有效扶贫模式，探索创新社会扶贫方式。实施社会保障政策性兜底脱贫工程，推进扶贫政策与低保政策有效衔接，实现应保尽保、应扶尽扶，不让一个贫困户在全面小康路上掉队！

推进整村扶贫开发。整合资源，精准投入，

全方位扶持贫困村发展，实现932个贫困村旧貌换新颜。推进“一村一品”建设，每个贫困村培育1个以上龙头企业或合作社。统筹推进贫困村基础设施建设，深入开展危旧空心房整治、生活垃圾和污水治理。积极争取央企、大型民企结对帮扶贫困村，设立产业投资基金、扶贫公益基金，支持贫困村发展产业、改善生产生活条件。完善村民活动室、卫生计生室、农家书屋及体育健身场所功能，确保2020年贫困村基本公共服务主要领域指标接近全市平均水平。

完善扶贫工作机制。健全市、县、乡、村四级扶贫责任体系，完善单位驻村扶贫、干部结对帮扶全覆盖工作机制，全面压实脱贫攻坚责任。构建完善社会扶贫信息服务平台，实现社会扶贫资源精准化配置。健全扶贫开发投入稳定增长机制，支持贫困县开展统筹整合使用财政涉农资金试点。强化扶贫政策、项目、资金专项审计巡视。完善贫困对象精准识别、动态管理、精准退出、减贫脱贫考核等机制，对低收入人群实施滚动帮扶，确保脱贫不返贫。

（三）精心组织新型城镇化攻坚战

构建以中心城市为龙头，瑞金、龙南次中心城市和周边卫星城市为依托，县城和特色中心镇为支点的赣南城镇体系，加快推进以人为核心的新型城镇化。

做大做强中心城市。建成赣州西站交通枢纽、迎宾大道—文明大道快速路、赣南大道快速路、东江源快速路、武陵大道、蓉江三路、红旗大道东延、客家大道西延、赣储路等项目，实施城区快速公交工程，推进蓉江新区跨江桥梁、红旗大桥、南河大桥改造、全球通大桥改造、水西穿赣江至水东隧道等项目建设，研究启动城市地铁建设，加快构建以“四横六纵一环”快速路网⑤、“八纵十一横”主干路网⑥、城市轨道交通为主的现代都市交通体系。高标准建设蓉江新区，打造现代化新城和新型产业聚集区。推进赣州经开区产城融合发展，建设高端产业聚集区。加速南康、赣县融入主城区步伐，建设产业升级与承接转移示范区、高新技术产业基地。完善提升河套老城区，繁荣章江新区，焕发赣州历史名城和现代新城魅力。

提升城市建管水平。实施欧潭湿地公园、生态林地公园、蓉江新区中心公园、狮形岭湿地公园、三江口地区环境景观改造等项目，推动公园广场、居住小区升级改造，完善市政和公共服务设施，打造“10分钟便民生活圈”。树立“精明增长、紧凑城市”理念，推进空间规划编制和“多规合一”，划定保护范围和建设控制带，降低容积率和建筑密度，增加绿地面积。优化城市设计，注重控制和引导城市空间形态、景观视廊、公共空间和建筑风格，塑造赣州城市个性特色。推动绿色建筑、装配式建筑发展，提升建筑质量和品质。统筹推进城市排水防涝设施、地下综合管廊和海绵城市建设。改革城市管理执法体制，建设和完善数字城管指挥平台。深入开展市容环境综合整治，严厉打击违法违章建设。鼓励企业和市民积极参与城市建设和管理，实现城市共治共管、共建共享。

促进城乡统筹发展。做强做优县城，提升县城规模等级、集聚能力、承载功能和宜居环境，建设人口集中、产业集聚、土地集约的“小县大城”。推进龙南撤县设市，把龙南建成赣深高铁沿线工业强、旅游旺、生态美的开放型城市。推进瑞金市省直管县体制改革试点，把瑞金建成宜居宜业宜游、更具活力实力魅力的赣闽边际区域性中心城市。统筹推进户籍管理、土地管理、社会保障等配套改革，加快农业转移人口市民化。以示范镇、中心镇为重点，打造一批特色工业强镇、农业大镇、商贸重镇、文化名镇、旅游旺镇。完善村庄规划体系，规范农民建房管理，加快完善基础设施，推进人居环境整治，提升公共服务功能，加强传统村落和历史文化名镇名村保护，建设和谐秀美新农村，让农村成为望山见水忆乡愁的好去处。

（四）深入实施现代农业攻坚战

推动一二三产业融合发展，加快农业大市向农业强市转变，努力实现农业强、农民富、农村美。

优化农业产业结构。实施“藏粮于地、藏粮于技”战略，提高粮食综合生产能力。实施脐橙产业发展升级行动计划，建设中国供销·赣南脐橙交易中心，建成具有国际影响的优质脐橙产业基地。推进油茶“三个中心、三个基地”⑦建设，提升赣南茶油品牌影响力，形成年产值超百亿元的油茶产业。打造105、323国道沿线蔬菜产业带，建成供深港重要蔬菜基地，打造南方重要蔬菜集散地。稳定提升生猪产业，加快发展牛羊规模养殖，推动家禽、水产、白莲、烟叶、茶叶、毛竹、刺葡萄、甜叶菊、花卉苗木等区域特色产业发展。

推进农业接二连三。实施农业产业集群培育工程，发展壮大集群核心企业，规划建设现代农产品加工区，培育销售收入100亿元以上产业集群3个，销售收入过50亿元的农产品加工园区3个，主要农产品加工率达60%以上，建成全国重要的特色农产品、有机食品生产加工基地。重点围绕畜禽养殖、园艺生产、大田种植等，建设一批农业物联网技术应用示范点。大力发展农村电子商务，拓展农村二三产业增收空间。大力发展休闲观光、分享、定制、创意、养生农业，让农业成为有奔头的产业。

强化农业支撑保障。坚持最严格的耕地保护制度,全面划定永久基本农田。大力开展土地整治,加快高标准农田建设，推进农业机械化。完善乡镇农业服务中心管理运行机制，推广优势特色产业关键技术。推进“百县百园”建设,每个县（市、区）建成1个初具规模、产业融合度高、示范带动作用强的现代农业示范园。加快发展智慧农业,推进农业信息进村入户。加强农产品质量安全监管能力建设，建立主要农产品质量安全追溯体系。推进农业适度规模经营，加快农村土地有序流转，培育新型经营和服务主体，构建完善现代农业产业体系、生产体系和经营体系。

（五）全力推进现代服务业攻坚战

推动现代服务业提质增效，建成赣粤闽湘四省边际区域性金融、物流、电商、文化旅游和健康养老中心，打造全国服务业发展示范基地。

培育壮大现代金融业。规划建设金融商务核心区、金融虚拟产业园和金融后援服务中心。大力引进各类金融机构，发展地方法人金融机构。推动要素市场建设，充分利用资本市场扶贫政策，推动企业上市挂牌、并购重组、发行债券。发展各类基金、互联网金融、金融中介机构和金融外包产业，建设赣州金融后台中心。推进大数据和区块链技术运用，完善社会信用体系建设。开展大宗农林产品、特色农业保险、农业巨灾保险等新业务，完善农村担保服务体系，推进城乡小额贷款保证保险试点，实现政府融资担保机构县域全覆盖。

加快发展文化旅游业。围绕建设“一核三区”[8]，大力发展全域旅游，推动旅游产业转型升级。建成中心城区“三江六岸”水上旅游观光带等一批龙头项目。积极创建国家AAAAA、AAAA级旅游景区，国家级、省级旅游度假区和生态旅游示范区。发展提升红色旅游、休闲度假旅游和乡村旅游，打造周边四省九市自驾游集散中心。深入挖掘赣州特色文化资源，推动文旅融合发展，创新开发旅游演艺、旅游体验、旅游参与等旅游产品，打响红色故都、江南宋城、客家摇篮、绿色家园、两江源头等旅游品牌，建成全国著名的红色旅游目的地、东南沿海地区休闲度假后花园。

集聚发展现代物流、电商等服务业。创建国家现代物流创新发展、技术应用试点城市，推进国家级物流园区、货运枢纽等试点项目建设。建立全市统筹的区域电商平台和物流快递信息化平台，打造稀有金属、家具、脐橙和跨境电商交易平台，建成一批国家级、省级电商示范基地和电商产业集聚区。积极培育研发设计、信息技术、服务外包等新业态。建设医养结合示范城市，大力发展旅居、生态、休闲、温泉、观光等产业，打造国内知名的养生养老示范基地。

（六）全面展开基础设施建设攻坚战

坚持统筹兼顾、合理布局、适度超前，强力推进基础设施建设，加快构建功能完善、安全高效的现代化基础设施体系，全面提升振兴发展的支撑保障能力。

完善综合交通网络。建成昌赣客专、赣深客专、兴泉铁路，建设长赣铁路、瑞梅铁路，争取开工建设赣郴永兴铁路、南丰至瑞金城际铁路、赣韶铁路扩能改造等项目，构建“一纵一横”高速铁路网[9]和“两纵两横”普速铁路网[10]，基本实现县县通铁路。建成兴赣、宁安、安定等高速公路，建设广吉高速宁都段、大广高速南康南互通、兴赣高速北延、大广高速复线等项目，构建“三纵三横六联”高速公路网[11]，形成通达长珠闽“4小时高速经济圈”。提升水运通航能力，实现赣州至南昌三级通航。完成黄金机场改扩建，开通国际航线，新建瑞金支线机场，启动龙南、宁都通用机场前期工作，构建通达港澳台和国内枢纽城市的航空网络，建成全国重要的区域性综合交通枢纽。

提升能源保障和信息网络水平。推进华能瑞金电厂二期、信丰火电等电源点建设。实施特高压电网建设，加快赣州西500千伏输变电等主电网、100千伏及以下配电网、农村电网升级改造工程建设。完善油气管网对接覆盖，推进省天然气管网（赣州段）工程建设，实现长输管道天然气利用全覆盖。推进“宽带中国”示范城市建设，实施“光网城市”“无线城市”“宽带乡村”工程，加快智慧城市建设，规划建设云计算大数据中心和公共信息资源数据库，构建高速、移动、安全、泛在的新一代信息基础设施。

加快水利基础设施建设。推进284个城镇防洪工程建设，确保中心城区和县城以及重点乡镇达到国家规定防洪标准。开展病险山塘、水库、水闸、圩堤除险加固，基本消除水利工程安全隐患。加强主要支流和中小河流重要河段治理。新建一批中小型水库和抗旱应急水源工程，完成19个城市应急水源工程、上犹江饮水工程一期暨龙华水厂建设。加强农田水利基础设施建设，持续开展大、中小型灌区续建配套与节水改造，实施节水灌溉增效示范项目、“五小”水利工程、小水电增效扩容技改项目，提高水利设施保障能力。

（七）着力深化改革开放

加速释放改革红利，提升对外开放水平，努力在新一轮改革开放中走在前列。

深化重点领域改革。深化商事制度改革，加强事中事后监管，推进信用监督、警示和惩戒机制建设。深化农村集体产权制度改革，构建完善农村产权交易平台，加大确权赋能力度，不断激发农村活力。深化财税体制改革，实施跨年度预算平衡机制和中期财政规划管理，扩大财政专项资金竞争性分配改革试点。深化投融资体制改革，大力推行政府和社会资本合作（PPP）模式，激活民间投资。深化价格体制机制改革，促进资本、技术、土地、人力资源等要素市场发展。深化国资国企改革，健全国资监管体制，发展混合所有制经济，推进国有企业市场化战略重组，做大做强做优国有企业。深化扩权强县改革，促进县域经济发展。充分发挥对口支援优势，争取国家部委更多改革试点布局赣州。

激发创新创业活力。实施创新驱动“1122”工程⑫，建设创新型赣州。实施重大科技专项行动计划，重点围绕稀土钨新材料、新能源汽车、生物制药、电子信息等战略性新兴产业，加快关键核心技术突破和产品创新，加速创新成果转化和产业化。强化企业创新主体地位，支持企业与高校、科研院所组建产业创新联盟，构建产学研用协同创新体系。实施人才强市战略，坚持自主培养和外部引进并举，集聚一批产业创新领军人才。实施知识产权入园强企工程，推进重点产业专利导航⑬。鼓励支持科技创新人员、大学生、返乡农民工等重点人群创新创业，创建一批众创空间、创业咖啡、创新工场，让赣州成为实现梦想的创新乐土、创业家园。

打造内陆开放高地。全面对接长珠闽等沿海发达地区，建设赣粤、赣闽产业合作区。积极“南下”招商引资，突出驻点招商、专业招商、以商招商，推进“引资、引技、引智”三位一体招商。深入实施“赣商回归、赣人兴赣”工程，引进一批总部型、旗舰型大企业、大集团。推进黄金机场设立航空口岸，申报建设龙南保税物流中心，建设瑞金口岸作业区，完善赣州铁路国际集装箱场站功能，不断拓展多式联运通道。以设立国家临时对外开放口岸、国家级国检监管试验区为契机，规划建设临港经济区。努力把赣州建成“一带一路”的重要支点，内陆地区物流成本最低、产业服务体系最优的双向开放高地。

（八）持续加强生态文明建设

推动绿色发展，建设生态家园，争当全省生态文明试验区建设排头兵，打造美丽中国“赣州样板”。

加强生态环境保护和治理。严格落实生态保护管控红线，提升区域生态屏障功能和可持续发展能力。实施大气污染防治行动计划，加快重点行业脱硫、脱硝和除尘改造，积极推行清洁生产。实施低质低效林改造工程，10年改造完成1000万亩。实施水、土壤污染整治行动计划，加强水土资源保护和水土流失综合治理，加快废弃矿山复垦复绿，推进重点流域、重点区域重金属和水土污染防治。加强城镇和工业园区污水处理设施及配套管网建设，完成蓉江新区、水东片区等污水管网和污水处理设施项目建设。加强农村环境连片整治和农业面源污染防控。全面完成主要污染物减排任务。积极创建国家园林城市、国家森林城市、全省生态文明县（乡、村），建设绿色机关、学校、社区、企业和家庭，让保护生态环境成为全社会的自觉行动。

发展绿色生态产业。加快生态旅游、生态农业、林下经济、节能环保等绿色产业发展。深入实施绿色农业“十大行动”[14]，开发培育富硒农产品，让赣南农产品成为绿色、有机、健康、安全的代名词。加快绿色矿业发展示范区建设，提高稀土、钨等矿产资源综合利用率。实施重点领域节能降耗工程，加快淘汰落后和过剩产能。大力发展太阳能、风能、生物质能、地热能等可再生能源产业。推行企业、园区、产业循环化发展，构建绿色循环低碳的现代产业体系，为子孙后代留下可持续发展的“绿色银行”。

健全生态文明制度。健全完善源头严防、过程控制、损害赔偿、责任追究的生态文明制度体系。建立领导干部任期生态文明建设问责制，实行生态环境损害责任终身追究、领导干部自然资源资产和环境责任离任审计制度。全面推行“河长制”，建立水陆共治、部门联治、全民群治的河湖保护管理长效机制。实施东江源、赣江源生态补偿试点。创新和完善公众参与环境监督保护机制，推进环境污染第三方治理。用最严格的制度保护生态环境，让赣南大地青山常在、绿水长流、蓝天常驻！

（九）不断增进民生福祉

顺应人民群众新关切新期盼，加快补齐民生短板，努力提高人民群众对就业就医、教育文化、居住环境等方面的满意度。

保障和改善民生。坚持新增财力向民生领域倾斜，每年办好一批民生实事。实施保障性住房工程，推进公租房货币化补贴，2018年基本解决城市棚户区改造问题。完善覆盖城乡的公共就业服务体系，实现城镇新增就业40万人，城镇登记失业率控制在4%左右。优化城市公交，加强城市停车场、充电桩建设和管理，提升农村公路建设水平，扩大农村客运，让群众出行更便捷、更经济、更安全。健全覆盖城乡居民的社会保障体系，建立统一规范的社会保障服务中心，以基本养老、基本医疗、最低生活保障为重点，推动社会保障扩面提标、城乡一体。建立机关企事业单位职工工资正常增长机制，健全农民工工资支付保障机制。加大收入分配调节力度，提高居民转移性收入，增加低收入劳动者收入，让老百姓的钱包一天天鼓起来。

提升公共服务水平。推进城乡公办幼儿园建设，基本实现行政村及城区每5万人口有1所公办幼儿园。推进义务教育学校标准化建设，化解城区中小学校大班额问题，保障农民工子女平等入学，实现县域义务教育均衡发展。促进普通高中特色办学、多样化发展。每个县（市、区）建有1所特殊教育学校。建成赣州职教园区、赣南职业技术学院。落实乡村教师支持计划，培养一批名师和名校长。推进教育改革发展试验区建设，确保教育发展主要指标达到全国平均水平。实施医疗卫生、公共卫生、中医药服务体系建设工程，建成市妇幼保健院新院、市中医院新院、市儿童医院，支持人口大县建设三级综合医院，努力建成区域性医疗卫生中心，主要医疗卫生资源指标、居民主要健康指标达到全国平均水平。广泛开展群众性精神文明创建活动，争创全国文明城市。推进国家公共文化服务体系示范区、客家文化（赣南）生态保护实验区建设，建成市文化艺术中心，振兴赣南采茶戏，培育宋城文化、理学文化、阳明文化品牌，让赣南文化声名远播、发扬光大。深入开展全民健身活动，完善公共体育服务体系。坚持计划生育基本国策，优化出生人口结构和素质。完善养老服务体系、托底性社会救助体系，加强农村留守儿童关爱保护工作，促进慈善事业发展，以更完善的公共服务满足人民群众更高品质生活的需要。

深化社会治理创新。加强平安赣州、法治赣州建设，全面实施“七五”普法规划。健全落实社会治安综合治理领导责任制，完善立体化社会治安防控体系，严密防范、依法惩治各类违法犯罪活动，让老百姓白天出门放心、晚上睡觉安心。创新社会治理和服务机制，推进综治“三项建设”[15]，推行城乡社区网格化管理，加强重点、特殊人群监管和服务。依法规范改进信访工作，推行阳光信访、责任信访、法治信访。完善安全生产责任和监督管理制度，强化重点领域安全专项治理，坚决遏制重特大安全事故发生。加强国防动员和后备力量建设，深入开展双拥共建。健全应急管理体制机制，加强防灾减灾救灾体系建设。创建国家食品安全城市，以“零容忍”态度加强食品药品监管，切实维护人民群众饮食用药安全。

四、加强政府自身建设

把抓落实作为一切工作的生命线，大力弘扬苏区精神，转变工作作风，争创新时期“第一等工作”，努力建设人民满意政府。

坚持依法行政。全面正确履行政府职能，坚持法定职责必须为、法无授权不可为，做到有权不能任性、行权必须依法、用权必受监督，确保政府工作全面纳入法治轨道。完善政府立法体制机制，做好重点领域政府立法工作，提高政府立法公众参与度。坚持科学、民主、依法决策，对涉及群众切身利益的重大决策，及时组织专家论证、群众听证、风险评估和合法性审查。深化行政执法体制改革，推进执法重心下移，推行综合执法，健全行政执法和刑事司法衔接机制，提高行政执法公信力。自觉接受人大法律监督、政协民主监督和社会舆论监督，全面推进政务公开，实现公共权力、公共资源、公共服务公开透明，让权力在阳光下运行。

坚持高效施政。完善政府向社会力量购买公共服务机制，扩大政府购买服务范围，让群众享有更多更好的公共服务。综合运用大数据等手段，推进“互联网＋政务服务”，实现全市政务信息系统互联互通、公共数据充分共享，打造“智慧政务”，提高行政效能。推进网上办事大厅建设，设立“政务超市”“中介超市”。深化“放管服”改革，巩固提升“六单一网”成果，进一步减程序、减费用、减时限，打造全省乃至全国审批程序最少、办事效率最高、服务质量最好的发展环境。

坚持勤勉务政。始终保持干事创业的热情、雷厉风行的作风、勇于担当的精神，为赣州发展尽职、为全市人民尽责。加强学习型政府建设，强化公务员教育培训，提高公务员队伍专业化水平，提升抓落实的理解力、操作力和执行力。坚持讲实话、干实事，少发文、发短文，少开会、开短会，立说立行、马上就办、办就办好。开展常态化明察暗访，加强作风效能监督，对懒政怠政行为公开曝光、严肃追责。建立容错纠错机制，为勇于担当者担当，为改革创新者撑腰。

坚持廉洁从政。坚持把纪律挺在前面，加强政府廉政建设，扎紧制度笼子，筑牢思想防线，坚守廉政底线。严格落实中央八项规定精神、国务院“约法三章”，压紧压实“两个责任”和“一岗双责”，持续深入反对“四风”。健全惩治和预防腐败体系，围绕政府投资项目资金使用、工程招标投标、土地出让开发、政府采购和国有资产转让等重点领域，全面加强行政监察、审计监督和财政监督，深入查处发生在群众身边的腐败问题和不正之风，营造风清气正的干事创业环境。

各位代表！站在新的起点，我们比历史上任何时期都更接近赣南苏区振兴发展、同步全面建成小康的目标，比历史上任何时期都更有信心、有能力实现这个目标。让我们紧密团结在以习近平同志为核心的党中央周围，在省委、省政府和市委的坚强领导下，解放思想、真抓实干、开拓奋进，为创造更加美好的未来、让赣南老区人民过上富裕幸福的生活而努力奋斗！

注释：

①“三证合一、一照一码”：指将原由工商行政管理、质量技术监督、税务三个部门分别核发的营业执照、组织机构代码证和税务登记证，改为由工商行政管理部门核发加载统一社会信用代码的营业执照。

②“六单一网”：即市、县两级政府部门权力清单、责任清单，市本级行政事业收费、前置审批事项、行政审批中介服务事项、便民服务事项目录清单，江西政务服务网市县分厅。

③“三年翻番”：指到2018年实现全市规模以上工业主营业务收入、工业固定资产投资在2015年的基础上翻一番。

④产业扶贫“五个一”机制：指选准一个产业、打造一个龙头、建立一套利益联结机制、扶持一笔资金、培育一套服务体系。

⑤“四横六纵一环”快速路网：四横，飞翔路—迎宾大道—厦蓉高速快速路、城西大道—武陵大

道—东江源大道快速路、赣南大道快速路、绕城快速路；六纵，南康机场快速路、蓉江七路快速路、蓉江三路—黄金大道快速路、东江源大道—沙石大道快速路、迎宾大道—文明大道—沙河大道快速路、虔东路快速路；“一环”，在赣州城市外围形成一个高速交通闭环。

⑥“八纵十一横”主干路网：八纵，虔东大道及东西延长线、赣康路—金东路、工业一路—蓉江一路、蓉江四路、蓉江五路、蓉江六路、机场路、康唐线；十一横，龙桂路—天宇路、红旗大道及东延线、文明大道及东延线、金岭路及西延线、客家大道及西延线、东桥路—张家围路—赞贤路—黄金路、文清路—东阳山路—长征大道—赣南大道、八一四大道—和谐大道、梅林大桥—G323老线、赣丰线、城西大道（G105以西段）。

⑦油茶“三个中心、三个基地”：三个中心，油茶国家地方联合研究中心、油茶产品国家级检测中心、油茶产品电子商务交易中心；三个基地，油茶良种繁育基地、油茶高产种植基地、油茶产业加工基地。

⑧“一核三区”：一核，以章贡区、南康区、赣县区为主体的宋城文化旅游核心区；三区，以瑞金、兴国、于都、宁都、会昌、石城、寻乌为主体的红色旅游区，以龙南、安远、定南、全南为主体的客家文化旅游区，以上犹、崇义、大余、信丰为主体的生态休闲度假区。

⑨“一纵一横”高速铁路网：一纵，昌赣深客运专线；一横，厦渝快速铁路（长赣段）。

⑩“两纵两横”普速铁路网：两纵，京九铁路、鹰瑞梅铁路；两横，韶（郴）赣龙铁路、兴泉铁路。

⑪“三纵三横六联”高速公路网：三纵，济广高速、昌定高速、大广高速；三横，泉南高速、厦蓉高速、寻全高速（含西延至韶关曲江）；六联，南昌至韶关高速（含兴赣高速及北延、绕城高速、康大高速）、广昌至吉安高速（宁都段）、龙南至河源高速、宁定高速定南联络线、寻乌南桥至广东龙川高速、厦蓉高速和济广高速会昌联络线。

⑫创新驱动“1122”工程：指到2020年新建10个国家级创新平台和载体、新增10个省级以上创新人才和团队、实施20项省级重大科技专项、新增200家高新技术企业。

⑬产业专利导航：指以专利信息资源利用和专利分析为基础，将专利信息与产业现状、发展趋势、政策环境、市场竞争等信息深度融合，明晰产业发展方向，找准区域产业定位，指出优化产业创新资源配置的具体路径。

⑭绿色农业“十大行动”：指绿色生态产业标准化建设行动、“三品一标”农产品推进行动、绿色生态品牌建设行动、化肥零增长行动、农药零增长行动、养殖污染防治行动、农田残膜污染治理行动、耕地重金属污染修复行动、秸秆综合利用行动、农业资源保护行动。

⑮综治“三项建设”：指综治中心建设、综治信息化建设、网格化管理建设。

（编辑部）

专　记

赣南苏区振兴发展五周年工作综述

（2017 年 7 月）

2017 年是《国务院关于支持赣南等原中央苏区振兴发展的若干意见》（以下简称“若干意见”）出台实施第五年。五年来，在党中央、国务院的亲切关怀和国家部委的倾力支持下，在省委、省政府的坚强领导下，赣州市委、市政府团结带领全市上下解放思想、内外兼修、北上南下，突出打好主攻工业、精准扶贫、新型城镇化、现代农业、现代服务业、基础设施建设“六大攻坚战”，全力以赴抓好“若干意见”贯彻落实，赣南老区进入经济社会发展最快、城乡面貌变化最大、老百姓受益最多的时期。国家级评估公司——中国国际工程咨询公司评估后认为，赣南苏区振兴发展取得阶段性明显成效，“若干意见”成为近年来成效最明显、落实最好的国家区域发展战略之一。

一、奋力追赶跨越，综合实力显著增强。在“若干意见”政策推动下，赣州经济保持良好发展势头，主要经济指标增速持续高于全国、全省平均水平。地区生产总值年均增长 10.3%，分别高出全国、全省平均水平 3 个、0.5 个百分点，2016 年达到 2194 亿元，跻身全国城市百强。财政总收入年均增长 15.2%，分别高于全国、全省平均水平 6.4、1.4 个百分点；固定资产投资年均增长 22.9%，分别高于全国、全省平均水平 8.5、3.4 个百分点；城镇居民人均可支配收入年均增长 10.8%，分别高于全国、全省平均水平 1.4、0.7 个百分点；农民人均可支配收入年均增长 12.5%，分别高于全国、全省平均水平 1.7、1.3 个百分点。财政总收入、一般公共预算收入、固定资产投资实现翻番，农民人均可支配收入接近翻番。

二、着力改善民生，群众生活水平明显提高。把国家扶持资源用在刀刃上，财政支出的近七成、新增财力的近八成用于改善民生，中央每年安排的 6 亿元专项转移支付资金全部投入民生，五年投入民生资金 1700 亿元，年均增长 26.6%。突出民生问题得到有效解决。改造农村危旧土坯房 69.52 万户，累计建成保障性住房 16 万套，完成棚户区改造 8 万多户。实施农村安全饮水工程，解决近 300 万农村人口安全饮水问题。推进新一轮农村电网改造升级，完成农村低电压治理 53.99 万户，解决近 300 万名山区群众不通电和长期“低电压”问题。加快农村道路建设，新建改造农村公路 2 万千米、桥梁 580 座，完成 25 户以上人口自然村水泥路建设 18000 千米，群众出行条件大为改善。脱贫攻坚取得重大成效。打好“精准识别、精准帮扶、精准管理”组合拳，五年脱贫 151.74 万人，贫困发生率由 26.7% 下降到 5.7%，下降 21 个百分点。突出产业扶贫这个关键，通过选准一个产业、打造一个龙头、建立一套利益联结机制、扶持一笔资金、健全一套服务体系“五个一”机制，实施旅游扶贫、电商扶贫、光伏扶贫、扶贫车间等扶贫项目，让有劳动能力的贫困群众进入产业链，带动 61.5% 的建档立卡贫困人口增收脱贫。打好安居扶贫这个硬仗，大力实施移民搬迁，帮助近 20 万人挪“穷窝”；新建农村保障房 8683 套，让建不起房的特困群众住上新居。抓实兜底保障这条底线，对丧失劳动能力的贫困群众全部纳入低保和五保进行兜底保障。构筑健康扶贫“四道保障线”，在已有“新农合”、大病保险、医疗救助的基础上，财政出资为贫困户购买疾病医疗商业补充保险，使贫困人口住院个人自负医疗费用降至10%以内，有效遏制“因病致贫、因病返贫”。社会公共服务水平明显提升。新（改、扩）建校舍503万平方米，校舍面积增加三分之一，其中改造校舍危房230.6万平方米，消除校舍D级危房。实施每个乡镇1所公办中心幼儿园建设，全市建成或在建乡镇公办中心园283所。每千人病床数由2.72张增加到4.52张，增长69.7%，新建村卫生室730个，长期困扰赣南人民的上学难、看病难等问题基本解决。

三、做强特色优势产业，自身“造血”功能不断增强。大力发展特色优势产业，加快转型升级步伐，三次产业结构由2011年的17.4：47.2：35.4优化为2016年的14.6：42.7：42.7。主攻工业成效明显。针对赣州工业基础薄弱状况，大力主攻工业，培育壮大产业集群。2016年，全市规上工业企业数1337户，比2011年增加556户；主营业务收入突破3000亿元，五年接近翻番，其中稀土钨、家具产业集群均突破千亿元，战略性新兴产业突破400亿元。新能源汽车科技城、现代家居城、中国稀金谷、青峰药谷、赣粤电子信息产业带等“两城两谷一带”重大产业项目加快推进，主导产业日益凸显。新增高新技术企业126家，2项科技成果获国家科技进步二等奖，国家级离子型稀土工程技术研究中心等7个“国字号”科研平台落户赣州，专利申请量、授权量分别为2011年的12.1倍、7.9倍，高新技术产业增加值占规上工业增加值比重达31%，科技进步贡献率达55%。获批创建“中国制造2025”试点示范城市。现代农业提档升级。脐橙、油茶、蔬菜等特色农业稳步发展，形成脐橙、生猪、饲料3个产值超百亿农业产业集群。赣南脐橙种植面积世界第一、年产量世界第三，品牌价值达688.11亿元，连续四年居全国初级农产品类地理标志产品价值榜榜首。蔬菜播种面积12.05万公顷、产量299.6万吨，建成规模蔬菜基地面积1753.33公顷，供港、供深重要蔬菜基地加快形成。油茶产业势头良好，新增高产油茶面积2.73万公顷。赣县、信丰被认定为国家现代农业示范区，赣南茶油、会昌桔柚等9个特色农产品成为国家地理标志保护产品，寻乌蜜桔被认定为中国驰名商标，宁都黄鸡、会昌米粉获国家生态原产地产品保护。现代服务业蓬勃发展。服务业增加值占GDP比重达42.7%，五年提高7.3个百分点。金融机构由2011年的73家增加到163家，存款、贷款余额分别是2011年的2.2倍、2.7倍，赣粤闽湘四省边际区域性金融中心和全省次金融中心基本形成。金融改革创新扎实推进，获批设立300亿元赣南苏区振兴发展产业投资基金，新增“新三板”挂牌企业25家，财园信贷通等“五个信贷通”累计发放175.06亿元。大力实施“一核三区”旅游发展战略，旅游总收入和接待游客数连续三年增长30%以上，瑞金共和国摇篮景区晋升国家AAAAA级景区，赣州跻身全国12大重点红色旅游区。现代物流业日趋活跃，获批粤赣皖苏四省物流大通道节点城市。2016年电子商务完成交易额260亿元，国家电子商务进农村试点实现县域全覆盖。

四、夯实振兴支撑，城乡面貌发生巨大变化。立体交通网络加快构建。新增铁路运营里程178千米，总里程达555千米。昌赣、赣深客专和兴泉铁路加快建设，赣龙铁路扩能改造、赣韶铁路建成运行，实现动车开行和高铁建设零突破。新增高速公路通车里程631千米，总里程达1441千米，占全省四分之一。大广高速龙杨段、厦蓉高速赣崇段，以及兴赣、寻全、昌宁、宁定及定南联络线等高速公路建成通车，形成“三纵三横六连”高速公路网，实现县县通高速公路。升级改造国省道2884千米，实现县县通国道、通县二级路、村村通水泥路。赣州黄金机场改扩建工程加快建设，步入百万空港行列。能源保障能力不断增强。电网供电能力五年翻番，达350万千瓦，实现500千伏电力输入“双通道”、220千伏变电站县县“全覆盖”。华能瑞金电厂二期动工建设，神华信丰电厂纳入国家电力发展“十三五”规划。西气东输三线赣州段工程、樟树—吉安—赣州成品油管道建成投产。水利基础设施加快完善。实施城镇防洪工程30个，新建堤防172.71千米；完成加固病险水库723座，实施73处中小河流治理项目，治理河长218.3千米；寻乌太湖、兴国塘澄等5座中小型水库开工建设，章江灌区续建配套基本完工，小型农田水利重点县建设实现全覆盖。新型城镇化快速推进。2016年全市常住人口城镇化率达47.13%，比2011年提高7.79个百分点。南康、赣县撤市（县）设区，蓉江新区加快建设，中心城区形成五区联动发展格局，建成区面积扩大到158平方千米、人口达160万人。启动建设高铁新区，赣州西客站交通枢纽、“四横六纵一环”快速路网、地下综合管廊、历史街区及传统风貌街区改造等一批重大城建项目加快推进，省域副中心城市和赣粤闽湘四省通衢的区域性中心城市框架全面拉开。推进重点小城镇、特色小镇、美丽乡村建设，创建27个全国重点镇、22个省百强中心镇和17个示范镇，建设1万多个新农村建设点。推进查违拆违，实施农村空心房整治，城乡人居环境明显改善。

五、保护青山绿水，生态优势不断巩固。不以牺牲环境为代价换取一时的发展，持续保持赣南良好生态环境，成为全国首批创建生态文明典范城市。生态保护有力推进。启动实施国家山水林田湖生态保护修复试点、东江流域上下游横向生态补偿机制试点、改造66.66万公顷低质低效林项目，五年植树造林34.09万公顷，森林覆盖率稳定在76.4%以上。生态治理成效显著。深入实施“净空、净水、净土”工程，全面推行“河长制”，全市空气质量稳定达到国家二级标准，重要水功能区水质达标率为96.6%，集中式饮用水源地水质达标率保持100%。治理水土流失2799平方千米，是前30年的2.5倍。综合治理稀土矿山56平方千米，完成矿山复绿3733.33公顷。关闭和搬迁高能耗、高污染企业2500多家，拒绝“三高”项目3100多个。$PM_{2.5}$监测、重金属污染防治、农村垃圾专项治理取得阶段性成效，单位GDP能耗五年累计下降16.3%，主要污染物减排任务全面完成，县县建成城镇生活污水处理厂。生态文明制度不断完善。建立领导干部环境损害“一票否决”、约谈问责、终身追究“责任链条”，坚持用最严格的制度保护生态环境。组建全省第一家碳交易机构——赣州环境能源交易所，探索碳排放权、排污权、水权交易试点，促进生态建设共建共享。

六、深化改革开放，振兴发展充满活力。用好全面深化改革“关键一招”，纵深推进供给侧结构性改革，改革红利和创新活力持续释放。先行先试成果丰硕。发挥对口支援优势，争取开展80项省级以上试点，国家旅游扶贫试验区、教育综合改革发展试验区、集体林权综合改革试验示范区等取得示范成果，不动产统一登记改革全面实现“发新停旧”，颁发全国第一本林权类不动产权证和江西省第一本房屋不动产权证。会昌县成为农民住房财产权抵押贷款全国试点县。重大平台密集落地。龙南、瑞金经济技术开发区和赣州高新技术产业开发区升格为国家级园区，赣州综合保税区通关运行，批复的国家层面重大平台达到8个，成为全国国家级平台最多的设区市之一。赣州铁路集装箱场站获批全国第8个临时对外开放口岸，建成全国首个内陆进境木材国检监管区，开通3条“铁海联运”线路以及江西首条中欧中亚双向班列，成为连接“一带一路”重要节点城市。重点改革取得突破。纵深推进“放、管、服”改革，实施“一窗式”审批服务改革，全部清理取消非行政许可审批事项，市本级行政审批事项精简至全省设区市最少。深化商事制度改革，全面实施“五证合一、一照一码”登记制度改革，大力推进“双创”，各类市场主体比改革前增长43%，注册资本增长146%。招商引资成效明显。五年引进省外资金、实际利用外资年均分别增长17.2%、10.3%，赣州成为客商青睐的投资热土。

七、大力弘扬苏区精神，红色基因接力相传。把学习贯彻中共中央总书记习近平系列重要讲话精神作为首要政治任务，推动系列重要讲话精神进机关、进社区、进乡村、进企业、进校园。扎实推进党的群众路线教育实践活动、“三严三实”专题教育和“两学一做”学习教育，老区干部群众“四个意识”和“四个自信”融入血脉、浸入骨髓。传承弘扬苏区精神，举行赣南苏区百万群众缅怀革命先烈清明祭典，开展“永远热爱党 永远跟党走”主题教育实践活动，全面实施革命遗址保护工程，打造《八子参军》《永远的歌谣》《客家儿郎》等红色文艺精品，让红色基因代代相传。出台改进工作作风、提高工作效率“一个意见两个办法”，建立干部直接联系群众“双向全覆盖”制度，掀起“效能革命”“作风革新”。五年来，振兴发展的变化鼓舞人心，党心民心的凝聚、执政根基的巩固影响更加深远。老区人民感党恩、铭党情，自发筹资修建铭恩亭、感恩楼、报恩桥，深切表达对以习近平同志为核心的党中央的拥戴与感激之情。赣南大地空前团结，干事创业热情高涨，振兴发展步履铿锵。

赣州市2016年度精准扶贫脱贫攻坚工作综述

2016年是“十三五”脱贫攻坚开局之年，全市深入贯彻中共中央总书记习近平有关扶贫开发的系列重要讲话精神、特别是视察江西时的重要指示要求，认真落实中央、省、市关于扶贫开发的一系列决策部署，紧盯贫困村退出、贫困户脱贫目标，全面推进“重点工作项目化”，扎实推进精准扶贫、脱贫攻坚工作。

一、总体成效

年内,全市上下紧扣“精准”和“领跑”的要求，以产业扶贫、易地搬迁扶贫、兜底保障扶贫、健康扶贫、金融扶贫、就业扶贫、整村推进、教育扶贫、水利扶贫和农村信息化扶贫等十大项目为抓手，整合项目资金，科学调度督导，做实政策落户、项目进村、结对帮扶，集中精力打好精准扶贫攻坚战，取得较好的成效。2016年度全市有27.1万贫困人口实现脱贫、175个贫困村有序退出。产业扶贫、安居扶贫、网络扶贫特色鲜明，中央电视台多个频道播报赣州市产业扶贫、安居扶贫经验，11月29日，全国网络扶贫现场推进会在赣州市宁都县召开。健康扶贫、金融扶贫，以及农村低保与扶贫开发两项制度衔接等三项工作均在全省推进会上作典型发言，得到国务院扶贫办和省领导的充分肯定。赣州市精准扶贫办被评为“全国扶贫系统先进集体”。

二、工作进展

1. 着力推进产业扶贫。全面落实产业扶贫“五个一”机制，坚持“长短结合、种养互补、三产融合”的思路，制定完善产业扶贫政策，推动扶贫产业项目落实到村到户到人。截至2016年年底，全市通过贫困户直接发展产业和新型农业经营主体联结方式，累计辐射带动9.93万户、36.1万贫困人口增收，占建档立卡贫困人口的51.4%。其中，引导58988户贫困户直接发展农业产业增收，涉及贫困人口20.25万人；各类新型经营主体通过要素入股、土地流转、就业务工等方式，联结带动40347户贫困户增收，涉及贫困人口15.85万人。建成贫困户光伏户用电站7020户，贫困村光伏村级电站415个，总装机约53.3兆瓦，总投资约4.13亿元，覆盖贫困人口约4万人。完成农村电商县级运营中心18个，乡级服务中心100个，村级服务站300个的建设任务，辐射贫困人口约8.5万人。同时,注重贫困人口就近就业，全市建成290多家扶贫车间。

2. 创新推进安居扶贫。结合统筹城乡一体化发展，科学合理制订规划，大力实施安居扶贫工程，并在创造就业机会、帮助发展生产、提供公共服务等方面加大后续扶持，确保贫困户搬得出、稳得住、能致富。易地搬迁扶贫工作。坚持整体搬迁、梯度安置和差别化扶持，引导搬迁对象立足长远，一步搬迁到位，全市规划三年（2016—2018年）易地搬迁扶贫集中安置点399个，可安置147921人，其中建档立卡贫困人口70173人，同步搬迁人口77748人。2016年，399个安置点

2016年7月7日，全市精准扶贫暨新农村建设工作会议在赣州召开

全部开工，开工数占三年规划数的100%，其中2016年度计划易地搬迁54725人，规划180个安置点全面开工，90%以上均在2017年春节前竣工。创新推进农村保障房建设，针对在农村危房改造政策支持下仍没有能力解决住房安全的特困群众，采取新建、购买或修缮等多种方式，由政府全部兜底安置。全市新建保障房8314户，开工率105.31%，确保特困群众在2017年春节前"拎包入住新居"。

3. 稳步推进兜底扶贫。严格落实上级兜底保障政策，将低保或五保全部纳入建档立卡贫困户管理，实现"应保尽保、应扶尽扶"。兜底保障提标扩面。农村低保平均保障标准提高到每人每月270元，月人均补差水平提高到195元；农村五保对象集中供养标准提高到每人每年4380元，分散供养标准提高到每人每年3480元。截至2016年年底，全市农村低保对象195853户393747人，累计支出农村低保金91839.50万元。农村五保对象48631人（集中供养26624人，分散供养22007人），累计支出五保供养金18102.8万元。"两项制度"有效衔接。市政府印发《关于加强农村低保与扶贫开发制度衔接实施的通知》，明确"两项制度"衔接的总体目标和基本原则，加强部门协作，完善政策措施，健全工作机制，形成制度合力，充分发挥农村低保制度在打赢脱贫攻坚战中的兜底保障作用。2016年，全市农村低保与扶贫开发两项制度得到有效衔接，衔接率达80.3%，列全省第一。12月15日，赣州市在全省农村低保制度与扶贫开发政策有效衔接工作电视电话会议上作经验介绍。

4. 着力推进就业扶贫。创办扶贫车间。引导本地企业在有条件的乡镇创建就业扶贫车间，为贫困劳动力在家门口就业创造条件，全市帮助贫困劳动力实现家门口就业1.13万人，完成年度任务的125.6%。全市建成290多家扶贫车间，共吸纳贫困劳动力就业4000多人，占家门口就业比重达30%。开发公益岗位。对于无法输送到企业就业的贫困劳动力，整合交通、城管、水利、农办、人社等部门，开发公益性岗位安置贫困劳动力就业9300人。扶持农民创业。充分发挥创业担保贷款服务创业效应，推进农民创业园建设，支持贫困劳动力通过自主创业脱贫，全年通过自主创业实现脱贫192人，能人创业带动就业2100人。开展技能培训。精选适应市场需求和贫困劳动力特点的培训项目，把培训班办到乡、村，全市组织贫困劳动力参加就业技能培训。组织贫困劳动力参加就业技能培训8500人。

5. 扎实推进教育扶贫。建立健全从学前教育到高等教育的学生资助体系，加大对贫困子女的资助力度。落实学前教育资助政策。贫困户子女学前教育资助金标准由800元每人每年提高到1000元，共资助14667人次、729.2万元。落实义务教育阶段"两免一补"政策，免除学杂费、免费提供教科书，共支助68101名贫困生，其中建档立卡贫困家庭寄宿生34100人。在11个罗霄山片区县（市、区）推进农村义务教育学生营养改善计划，惠及2764所农村中小学校的64万名农村学生。落实普通高中国家助学金政策，共发放36130名贫困生3613万元。落实中等职业教育免学费和国家助学金政策。共发放36134名贫困生3613.4万元。落实高考入学政府资助金政策，共为5427名贫困生发放2685万元。为就读大学的4.6万名贫困户子女办理生源地信用助学贷款。

6. 创新推进健康扶贫。在新农合、大病保险、医疗救助的基础上，市县财政出资近1亿元，按照每人每年90元的筹资标准，以政府购买服务的方式为建档立卡贫困人口购买疾病医疗商业补充保险，构筑起健康扶贫的"第四道保障线"，遏制因病致贫、因病返贫。从2016年实施的情况看，全市共补偿商业补充保险3305人次，其中住院医疗总费用14850.92万元，新农合补偿7373.93万元、大病保险补偿2058.27万元、疾病商业补充保险补偿4086.24万元，个人自付1332.48万元，个人自付比例降至8.98%。部分重病患者自负比例不到5%。针对因灾因意外事故致贫、返贫的问题，统筹整合社会各类救助资源，开展"救急难"综合试点，及时对遭遇突发事件的群众给予应急性、过渡性救助，累计救助14440户次，发放救助资金（含实物折合）2466.59万元，有效降低突发性贫困的发生率。

7. 抓实整村推进扶贫。坚持以贫困村为单位，将各类产业发展项目，水、电、路、通信等基础设施项目，农家书屋、村级卫生室、广电网络等社会事业项目，垃圾污水处理等环境整治项目，以及山水林田湖生态保护与修复项目等捆绑打包，整村推进、同步实施，努力探索整村推进扶贫与新农村建设有机相结合的新路子。全市175个预退出贫困村“七改三网”基础设施和“8+4”公共服务全面完成，其中贫困村硬化村组道路4914千米，建设改造桥梁817座，建设饮水工程843处，新建农田水渠103566千米、水坝1574座。25户以上自然村全部都有3.5米以上宽度的通村委会硬化道路、75%以上农户入户路实现硬化、100%农户饮水安全、100%农户通生活用电、村委会所在地通动力电。贫困村中的贫困户实现增收820元以上，贫困户人均纯收入已达3371元以上，175个贫困村贫困发生率均低于2%，基本实现有序退出。

8. 着力推进水利扶贫。加大对贫困地区的水利项目投入，推动贫困村水利薄弱环节建设，为贫困村脱贫退出打下坚实基础。小农水重点县或项目县建设项目。总投资36497万元，受益贫困村119个，受益贫困户12918户、39617人。全年累计完成投资36497万元，占总投资的100%。农村安全饮水巩固提升项目。总投资1.18亿元，共有180个项目。2016年，累计完成投资1.18亿元，项目完工率100%。瑞金市灌区续建配套与节水改造项目，投资5100万元。改善灌溉面积800公顷，其中受益贫困村7个，受益贫困户645户，受益贫困人口1979人。累计完成投资5100万元，项目完工率100%。

9. 着力推进信息扶贫。赣州电信。4G网络建设项目，全年投资25000万元，建设基站2500个，新增覆盖行政村1508个；宽带覆盖和宽带提速项目，完成投资19000万元，新增光宽带覆盖行政村1508个，两个项目在2016年退出贫困村的覆盖率达100%。赣州移动。4G网络建设项目，全年投资24997万元，建设基站2059个，新增覆盖行政村1215个；宽带覆盖和宽带提速项目，全年投资3420万元，新增覆盖行政村399个，两个项目在2016年退出贫困村的覆盖率达100%。赣州联通。4G网络建设项目，全年投资8854万元，建设基站1210个，新增覆盖行政村1850个；宽带覆盖和宽带提速项目，全年投资1089万元，新增宽带覆盖行政村363个，两个项目在2016年退出贫困村的覆盖率达100%。

10. 创新推进金融扶贫。充分发挥金融的杠杆作用，综合采取贷款风险补偿、贷款贴息、贷款保证保险等多种方式加强政银合作，用活财政资金撬动金融资金，创新“产业扶贫信贷通”“油茶贷”“移民搬迁贷”、农房抵押贷款等金融产品，破解扶贫投入不足的难题。“产业扶贫信贷通”，由财政筹集10亿元风险缓释基金，撬动银行80亿元信贷资金，以免抵押、免担保的形式投向贫困户和新型农业经营主体，贫困户信用贷款每户最高额度5万元，享受政府三年全额贴息，解决贫困户融资难的问题。引入人保财险设立“金信保”扶贫贷款保证保险，由财政根据实际贷款额为贷款对象出资购买，保险公司最高赔付200%，解决银行怕向贫困户放贷的问题。2016年全市累计发放扶贫贷款250.94亿元，“产业扶贫信贷通”贷款81.51亿元，均超额完成年度贷款计划。

三、主要措施

（一）精准识贫，夯实扶贫攻坚基础

精准识别贫困对象，是精准扶贫的前提，是贯穿扶贫攻坚始终的基础性工作。进一步规范识贫程序。按照农户申请、村民小组评议、村民小组公示、村民代表评议、村委会公示、乡镇人民政府审核、村委会公告等“七步工作法”的程序，对贫困对象进行识别、复核和认定。开展大数据比对工作。联合车管所、房管局、民政局、财政局、保监会等职能部门进行大数据比对，严格执行“七个一票否决、四个从严甄别”要求，对贫困对象进行再核实、再识别，将符合条件的纳入建档立卡扶贫对象、清退不符合条件对象。通过“回头看”共清退不符合条件的非贫困人口47079人，共新增建档立卡贫困人口24997人。加大督促整改力度。以中央、省、市密集开展的巡查督查及专项审计发现的问题为导向，举一反三，着力整改建档立卡贫困人口识别不规范、程序不到位、识贫不精准等问题。推进“两项制度”衔接。坚持应保尽保、应扶尽扶的原则，将农村五保户、农村低保户优先纳入建档立卡贫困对象，对其他符合低保和扶贫条件的农村贫困对象分别纳入农村低保和扶贫开发范围，做到农村低保制度和扶贫开发政策对农村干部贫困人口的全覆盖。

（二）凝心聚力，构建扶贫政策体系

近年来，中央、省出台一系列支持贫困地区、贫困户的脱贫政策，赣州市先后制定出台一系列

的政策文件，构建较完善的扶贫政策体系。

1. 出台“1+9”扶贫政策文件。“1”是指:《关于全面打赢脱贫攻坚战的实施意见》;“9”是指:《赣州市2016年农村贫困人口疾病医疗商业补充保险实施方案》《赣州市“扶贫信贷通”工作实施方案》《赣州市易地搬迁脱贫工作实施方案》《赣州市发展产业脱贫工作实施方案》《赣州市兜底保障脱贫工作方案》《赣州市教育脱贫工作实施方案》《赣州市就业脱贫工作实施方案》《赣州市生态保护脱贫工作实施方案》《贫困村整村推进脱贫攻坚实施方案》。

2. 制定印发扶贫工作文件。《赣州市“农校对接”工作实施方案》《赣州市农村保障房建设工作实施方案》《赣州市贫困村整村推进脱贫攻坚实施方案》《2016年赣州市精准扶贫攻坚战考评方案》《赣州市市派单位精准扶贫驻村工作队管理办法（试行）》等5个工作方案，同时，根据扶贫攻坚推进的工作的需要下发90多个各类文件，进一步凝聚部门合力，压实领导责任、帮扶责任，全市大扶贫格局基本形成。

（三）综合施策，做强政策落地抓手

1. 重点工作主抓十大项目。紧盯贫困村退出、贫困户脱贫的标准，明确产业扶贫、易地搬迁扶贫、兜底保障扶贫、就业扶贫、教育扶贫、健康扶贫、整村推进扶贫、水利扶贫、信息化扶贫、金融扶贫等重点工作为精准扶贫十大项目，严格按照“一个项目、一个牵头单位、一名领导、一套实施方案、一支工作队伍、一套考核办法”的要求，细化目标任务、落实责任主体，完善工作机制，健全督查考评体系，切实把政策落实到村点、惠及到贫困户。2016年精准扶贫攻坚战十大项目计划投资170.55亿元，计划投资170.55亿元，累计完成投资200.53亿元，占年度计划投资的117.58%。

2. 政策落户主抓《一本通》发放。为便于政策落实到户，编制《赣州脱贫攻坚政策落户一本通》，与民政、卫计、教育、金融等职能部门的加强衔接，真正使《一本通》打通行业扶贫信息共享壁垒，成为贫困户享受政策的“身份证”、了解政策的“宣传册”、获得帮扶的“登记簿”，检查工作成效的“监督本”，提高贫困群众获得感和满意度。给全市30多万户贫困户每户生成一个唯一性的二维码，可以通过赣州精准扶贫APP扫码查看在卡贫困户信息。以县为单元，将所有扶贫政策梳理为好懂、好记、好办的政策干货，纳入《一本通》重要内容。设计贫困户享受政策的登记表，由贫困户及经办人签字确认。各地编制发放独具县域特色的《一本通》（贫困户版）30多万本、《一本通》干部版6.9万本。

3. 强化服务主抓平台建设。实现扶贫信息的互联互通、资源共享，是构建大扶贫工作格局的关键和基础。依托赣州市精准扶贫信息管理系统，搭建“精准识别、结对帮扶、信息管理”三大工作平台，对扶贫信息实行专人集中管理，建立上下统一、数据集中、服务下延、互联互通、信息共享、动态管理的扶贫数据平台，逐步实现精准扶贫工作电子信息化管理。电脑查询，可以了解每户贫困户的家庭情况、致贫原因、脱贫意愿、帮扶措施等信息，可以真正做到因户施策、精准施策，增强帮扶针对性。手机APP，可以查询扶贫政策、了解工作最新动态，方便各层面的督查能够及时掌握贫困村、贫困户信息。市领导率先垂范，都安装了赣州精准扶贫手机APP，可即时掌握贫困村、贫困户信息，以及干部帮扶措施落实情况。在全市推广赣县吉埠镇精准脱贫“六站一中心”模式，为贫困户提供一站式、智慧型办事服务。

4. 项目到村主抓《一表通》调度。根据市委、

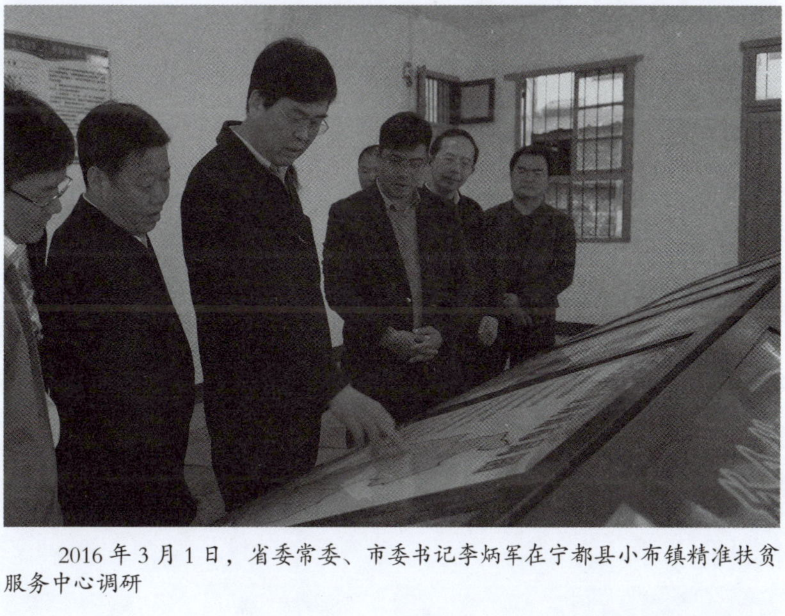

2016年3月1日，省委常委、市委书记李炳军在宁都县小布镇精准扶贫服务中心调研

市政府“重点工作项目化”的部署,对照“十三五”省级贫困村退出的标准，完善贫困村基础设施与公共服务，按照市领导有关“政策到户、项目到村”的指示要求，督导各县（市、区）对照市、县两级精准扶贫十大项目，对“十三五”省级贫困村辖区内的项目进行梳理，分村建立扶贫项目表，统计汇总全市932个贫困村2016年度项目清单，形成《“十三五”省级贫困村2016年扶贫项目汇总表》。2016年，全市932个贫困村安排项目2817个,计划投资2.76亿元,累计完成投资8.13亿元。

（四）完善机制，强化扶贫攻坚调度

建立健全扶贫对象精准识别和精准退出工作机制、精准扶贫攻坚战结对帮扶机制工作、精准扶贫资金监督管理机制、精准扶贫攻坚战组织保障机制、精准扶贫攻坚战十大项目专项推进机制、精准扶贫攻坚战督查考评工作机制等六项扶贫工作机制，规范强化扶贫攻坚调度。

1. 落实四查制度。坚持明查、暗查、抽查、核查相结合，广泛开展实地督查、电话抽查，推行“双随机、一公开”督查结对帮扶干部工作作风，并引入媒体专题暗拍、跟踪报导，督促整改落实，做到严督实导、动真碰硬。2016年，对全市19个县（区）的60个乡（镇）、94个贫困村、522户贫困户及44户非贫困户进行暗访督查，电话抽查82个市派结对帮扶单位的146名干部、23个县派结对帮扶单位的30名干部，并开展贫困户回访工作。发出督查通报文件5次，下发分县督办函57份，传导压力，倒逼各地各部门改进工作，稳步推进精准扶贫各项工作。

2. 强化督导调度。市委、市政府主要领导多次亲自调度、暗访扶贫工作，带头进村及户，率先垂范、以上率下。市分管领导精心谋划、科学部署、密集调度，召开扶贫开发工作推进会、精准扶贫领导小组成员单位会议2次、贫困县年度考核工作调度会2次、市派单位定点帮扶驻村干部培训工作会议1次、金融扶贫工作及调度会议3次、易地搬迁扶贫工作现场会及调度会各1次、全市现代农业和精准扶贫攻坚战推进会、精准扶贫十大项目调度会议8次、全市精准扶贫结对帮扶工作会，稳步推进精准扶贫各项重点工作。

3. 强化考核问效。市、县综合考评加大精准扶贫的考核权重，将督查结果与绩效考核、干部任用、追责问效挂钩，“指挥棒”的导向作用更加鲜明。联合市委组织部下发加强扶贫驻村工作督查的通知，明确“工作不在岗、履职不到位、群众不满意的”，对当事人进行通报批评，年度不得评为优秀，三年内不得提拔使用，通过组织措施压实扶贫帮扶作风和责任。

（编辑部）

年度特辑

李克强视察赣州

2016年8月22日，中共中央政治局常委、国务院总理李克强到赣州考察指导。李克强到孚能科技(赣州)有限公司，考察新经济、新动能培育和企业创新发展情况。得知该公司新能源车用锂离子动力电池占据国内外重要市场。李克强夸赞道，孚者信也，说明你们有自信，但还要通过不断提升自身能力实现“他信”：靠高品质产品创造新供给、满足新需求。在了解到这家民营企业的生产线全部采用向上游装备企业定制国产装备、质量可与进口设备媲美、价格仅为其1/6时，李克强对这一新模式给予充分肯定。李克强考察赣州福寿沟地下排水系统。这一始建于北宋的工程沿用至今。李克强称赞福寿沟防洪排涝，造福百姓。他指出，当下建设地下综合管廊，也要打造经得起历史检验的城市良心工程。在考察赣州市章贡区棚户区改造工程时，李克强叮嘱要早日让老区群众住上新居。李克强到瑞金市考察。在瑞金市叶坪乡黄沙村华屋小组，考察农村危旧土坯房改造等民生改善工程的进展。他入农户、走街坊、拉家常，详细了解第一手情况。在瑞金市黄柏乡坳背岗无公害脐橙基地，对当地农民运用“互联网+”拓展市场、增加收入给予肯定。他强调，要依托科技进步，吸引各方参与，加快调整产业结构，增强新动力，提高发展的质量效益；尤其要加大对老区的支持，坚决打赢脱贫攻坚战，确保同步实现全面小康。李克强走进田间察看水稻长势，向沿途多位农民了解2016年稻谷收购价格和农民种粮收入状况等。李克强进村庄入企业，看果园访棚户区，对赣州的发展格外关心和支持。

“两城两谷一带”项目启动实施

2016年，赣州市全力打好主攻工业攻坚战，工业经济态势稳中向好。全市围绕特色优势产业，引进培育一批带动性强的龙头项目，全面启动“两城两谷一带”(新能源汽车科技城、现代家居城、“中国稀金谷”“青峰药谷”、赣粤电子信息产业带)项目建设，项目建设成效初显。“新能源汽车科技城”成功获批江西省新能源汽车动力电池产业基地，孚能科技入围符合《汽车动力蓄电池行业规范条件》企业目录(第四批)；孚能科技三期、台湾昶洧汽车、凯马汽车、中航新能源汽车二期等重点项目先后落户新能源汽车科技城。新能源电动汽车传动系统工程研究中心等4个工程研究中心被认定为省级工程研究中心。“现代家居城”以赣州港为平台，构建九大产业平台+出口贸易服务中心、废料回收利用中心的“9+2”平台格局，开辟“买全球木材、卖全球家具”的无阻碍通道；南康家具向“家居”转型升级。“中国稀金谷”被列入《中国制造2025》重大项目库、《稀土行业发展规划(2016—2020年)》和《有色金属工业发展规划(2016—2020年)》;“青峰药谷”格局初现,青峰药业“创新天然药物与中药注射剂国家重点实验室”正式揭牌;“赣粤电子信息产业带”产业细分布局初步形成,沿带各地新引进重大项目40余个,投资额超过190亿元。

改革创新激发新动能

2016年,赣州市“五证合一、一照一码”登记制度改革全面实施,以企业信用信息公示“一张网”为核心的市场主体新型监管机制初步形成。赣州、龙南、瑞金经开区和赣州高新区建成企业服务综合受理中心,基本实现园区的事园内办结。农业农村改革走在前列。获批国家农村综合改革标准化试点,基本完成农村“四项产权”确权登记颁证工作。不动产统一登记改革实现“新开旧停”,全域发放新证,走在全国前列。全面铺开房地一体的农村宅基地和集体建设用地使用权确权登记发证工作。积极稳妥推进农房抵押贷款和农村承包土地经营权抵押贷款试点。推进土地流转,在283个乡镇建立土地流转服务中心,市、县、乡三级农村产权交易平台正式运营。推进供销社综合改革试点,在安远建设中国供销·赣南脐橙交易中心,在章贡区建设一级农产品批发市场。在全国首创“险资支农支小”模式,全市政府投资产业基金总规模超1400亿元,新增“新三板”挂牌企业10家,“五个信贷通”发放贷款219.9亿元。中国南方稀土集团组建运营,市属国有企业整合重组有序推进。部省共建教育改革发展试验区等试点示范事项扎实推进。章源钨业国家企业技术中心等研发平台建设进展顺利。铵盐体系白钨绿色冶炼关键技术和装备集成创新及产业化项目获国家科学技术奖二等奖。专利申请量突破万件。建成各级科技企业孵化器、创业孵化基地、众创空间78家,创新创业活力持续迸发。

赣县撤县设区

2016年10月,经国务院批复,同意撤销赣县,设立赣州市赣县区。12月28日,赣州市赣县撤县设区揭牌。根据国函〔2016〕156号文件和江西省政府有关通知精神,赣县撤县设区后,以原赣县的行政区域为赣县区的行政区域,区人民政府驻梅林镇梅林大街5号(原赣县人民政府驻地)。为保持赣县区工作的连续性,在服从赣州市总体规划建设需要的前提下,给予五年过渡期。过渡期内,保持赣县区的经济管理、社会事务、城市管理、财税体制、公安管理体制等基本不变;属于赣州市政府权

2016年12月28日,赣县撤县设区大会召开

限范围内的经济管理、科、教、文、卫、体、劳动就业、社会保障、城乡基础设施建设管理等事务，委托赣县区政府管理。赣县是江西省最早建县的18个古县之一，是客家文明的发源地和客家人的集散地之一。1969年7月为支持赣州中心城区建设，赣县县城由城区整体搬迁至梅林镇。2016年，有人 口64万人。赣县撤县设区从根本上解决赣州市与赣县“市县同城”的矛盾，行政区划与城市发展更相适应；丰富赣州中心城区的城市功能，增强辐射带动能力；缓解赣州城市空间与城市发展的矛盾，拓展赣州市城市空间，增强城市综合承载力等。至此，赣州市辖3区、1市、14县。市城区面积5416平方千米，总人口约218万人。

获批成立蓉江新区

赣州蓉江新区于2016年3月获批成立，是赣州市设立的城市新区，是赣州市政府派出机构，为正县级建制；是江西省第7个城市新区。蓉江新区位于赣州中心城区南部，管理区域范围：北起上犹江（凤岗至蟠龙段），南至潭口镇上元村，西起蓉江（潭口龙岭交界段），东至章江，包括潭东镇、潭口镇全域，以及蟠龙镇武陵村、坝上村、当塘村、虎形村、箩渡村等5个行政村全域（含黄金村位于坝上村的部分土地），黄金岭街道办事处坪路村、新路村等2个行政村全域。10月，启动蓉江新区城市设计、生态景观规划、交通组织规划编制工作。

江西青峰药业创新天然药物与中药注射剂国家重点实验室揭牌

2016年11月24日，创新天然药物与中药注射剂国家重点实验室在章贡经济技术开发区沙河产业园的江西青峰药业揭牌，实验室是全省首批企业国家重点实验室之一，为赣州市首家。创新天然药物与中药注射剂国家重点实验室依托江西青峰药业有限公司，于2015年获国家科技部批准建设。实验室立足天然药物化学成分从实验室到创新天然药物成药的转化、产业化制备及中药注射剂安全性的关键共性问题研究，总面积达10000平方米，拥有先进的仪器设备1000余台（套），研发仪器设备原值达1.2亿元，已建立跨地区、多学科、以自主研发为核心的研发体系，专职研发人员400多人，其中引进海归博士近20人。实验室是赣州市在推进平台研发建设、引进聚集高层次人才方面所取得的重要成果，重大项目研发、科技创新交流方面搭建的科技兴企新平台，推动赣州市乃至全省的创新驱动发展。

“赣南茶油”获批国家地理标志保护产品

“赣南茶油”获批实施国家地理标志产品保护。赣州市在提高“赣南茶油”品牌价值，提升知名度和竞争力，推动品牌国际化，增强产业发展后劲方面取得重大突破。“赣南茶油”继“赣南脐橙”之后，成为生态赣州的又一名片。“赣南茶油”地理标志产品保护申报成功，是国务院支持赣南等原中央苏区振兴发展政策红利的释放，体现国家质检总局对老区人民的倾力帮扶。赣南茶油产地范围为赣州市行政管辖区域，所辖区域内赣南茶油的生产者，可向赣州市质量技术监督局和赣州出入境检验检疫局提出使用“地理标志产品专用标志”申请。同时，公布赣南茶油品种、立地条件、栽培管理、采收与处理、加工、质量特色等六方面质量技术要求。赣州市建设有高标准、规模化、集约化高产油茶林基地4.34万公顷，改造低产油茶林9万公顷；建设规模油茶加工龙头企业9家，年产茶油1.2万吨以上。企业通过现代工艺技术，在工艺温度不超过60℃的条件下，生产加工出具有赣南原产地特色风味的赣南茶油，销售遍及国内主要大中城市。

承办首届南北“4+8”地区绿色发展论坛

2016年10月10日，由中国开发性金融促进会、赣州市人民政府主办的首届南北“4+8”地区绿色发展论坛在赣州市举行

2016年10月10日，由中国开发性金融促进会、赣州市人民政府主办的首届南北“4+8”地区绿色发展论坛在赣州市举行。南北“4+8”地区（内蒙古自治区、黑龙江、吉林、辽宁等北方四省和福建、江西、湖南、四川、广东、广西、贵州、云南等南方八省〈区〉）有良好的自然禀赋和生态文明建设基础，产业发展、生产要素、市场需求互为补充，有共同推动绿色发展的良好条件。论坛围绕绿色发展、生态扶贫和特色小镇等主题，进行相关政策的解读，探索产融结合创新模式。首届南北“4+8”地区绿色发展论坛的举办，开创一个新的交流模式，搭建行业主管部门、地方政府、会员企业、金融机构和专家学者交流合作的平台；促进南北地区以绿色发展，聚集政府、企业和金融资源，促进中国南北地区独特的生态资源资产化、资本化，激发地方发展潜能，助力地方经济发展模式转型。其间，中国开发性金融促进会和赣州市人民政府签署战略合作协议，并启动中国开发性金融促进会与中国市长协会等单位发起的“中国特色小镇投资基金”，基金重点关注养生养老、休闲旅游、文化体育、创客空间、特色农业等特色小镇建设的投资，运用政府和社会资本合作等模式支持“4+8”地区特色小镇建设和特色产业发展。

（本栏编辑　徐文菁）

大事记

2016年大事记

1月

1日　1月1日起，赣州市居民生活用天然气实行阶梯价格。阶梯气价实施范围为城市燃气管网向居民家庭供应的国家长输管道天然气。居民用气量共分3档：第一档气量为月用气35立方米及以下，即年用气420立方米及以下；第二档气量为月用气35立方米以上至55立方米，即年用气420立方米以上至660立方米；第三档气量为月用气55立方米以上，即年用气量660立方米以上。根据规定，各档气量价格实行超额累进加价，赣州市中心城区居民生活用气第一档价格为3.3元/立方米，第二档气价为3.63元/立方米；第三档气价为4.29元/立方米。计价周期以年度为周期执行，气量额度在周期之间不累计、不结转。居民家庭人口基数为4人。5人及以上的家庭，家庭人口每增加一人，各档用气量每月增加5立方米，即年增加60立方米，超出部分分档计价。同时，取消管道燃气初装费和1.5元/月的燃气表更换费。

1—3日　省委常委、市委书记李炳军到石城县、寻乌县走访慰问困难群众，调研扶贫开发工作。

4日　省委常委、市委书记李炳军到市行政服务中心调研。

同日　人力资源和社会保障部对口支援宁都县最大项目——宁都高级技工学校奠基。

4—6日　国家能源局副局长刘琦一行在赣州市调研对口支援工作，并出席相关座谈会。省委常委、市委书记李炳军出席相关活动。

5日　省委常委、市委书记李炳军到江西理工大学，指导校党委领导班子“三严三实”专题民主生活会。

同日　2016赣州首届文化惠民周开幕式暨赣州民俗展演在赣州市中心城区黄金广场举行。省委常委、市委书记李炳军等观看演出。

5—8日　省人大常委会组织江西省选举的全国人大代表及部分省人大代表在赣州市就扶贫开发、精准扶贫工作情况开展视察。省人大常委会副主任冯桃莲带队视察，省委常委、市委书记李炳军出席相关活动。

6日　赣南苏区振兴发展产业投资基金在赣州市启动。标志着国家级首支专项支持革命老区的大体量产业投资基金正式运行。省委常委、市委书记李炳军出席仪式并宣布赣南苏区振兴发展产业投资基金正式启动。

同日　省委常委、市委书记李炳军主持专题会议，听取全市“十三五”交通规划编制情况汇报。

同日　“百姓大舞台，大家一起来”群众文化活动精品节目展演在赣州市中心城区黄金广场举行。中国文联党组成员、书记处书记郭运德，省委常委、市委书记李炳军观看演出并出席相关活动。

同日　中国文联、中国音协文艺志愿服务团“送欢乐进军营”慰问演出在驻赣州某部队举行。中国文联党组成员、书记处书记郭运德，96151部队政治部主任荣德宏少将，中国音协分党组书记、驻会副主席、秘书长韩新安，省委宣传部副部长朱民安，江西日报社社长王晖，省文联党组书记、常务副主席汪天行，省文联主席、党组成员叶青等，以及部队官兵观看演出。

同日　省委常委、市委书记李炳军在赣州会见大族激光科技产业集团股份有限公司副总经理、深圳市大族电机科技有限公司总经理李玉廷一行。

同日　省委常委、市委书记李炳军在赣州会见江西日报社社长王晖一行。

8—10日　农业部部长韩长赋一行在赣州市调研农业农村经济、产业扶贫以及赣南苏区振兴发展对口支援工作。省委副书记、省长鹿心社在信丰县会见韩长赋一行。省委常委、市委书记李炳军，副省长尹建业，全国人大常委、中国工程院院士、华中农大校长邓秀新，省政府副秘书长宋雷鸣，省农业厅党委书记陈日武分别陪同调研。

8—10日　国务委员、公安部部长郭声琨在赣州市调研并看望慰问基层民警。郭声琨到兴国县、瑞金市和章贡区看望慰问基层优秀民警、伤残民警、英烈家属代表和公安现役官兵，参观中华苏维埃共和国国家政治保卫局旧址。省委副书记、省长鹿心社，省委常委、市委书记李炳军，省委常委、省委政法委书记周萌，副省长、省公安厅厅长郑为文等分别陪同调研。

9—11日　省人大常委会副主任马志武在赣州市调研扶贫脱贫工作，并开展春节期间走访慰问困难群众活动。

11日　市委召开常委班子“三严

三实”专题民主生活会，深入贯彻中共中央总书记习近平系列重要讲话精神，特别是关于“三严三实”专题教育的重要指示，紧紧围绕“严以修身、严以用权、严以律己，谋事要实、创业要实、做人要实”要求，联系班子和个人实际深入查摆问题，严肃认真开展批评和自我批评。省委常委、市委书记李炳军主持会议。

13日　省委常委、市委书记李炳军在南昌出席萧华诞辰100周年座谈会。

同日　省委常委、市委书记李炳军主持召开全市经济工作座谈会，就当前经济形势和做好2016年经济工作，听取意见和建议。

同日　大型赣南采茶歌舞剧《永远的歌谣》第二场展演在市青少年活动中心学术报告馆进行。省委常委、市委书记李炳军等到场观看演出。

13—14日　省政协副主席李华栋在赣州市开展走访慰问。

13—14日　商务部党组成员、部长助理刘海泉一行在赣州市调研外资企业公益捐助项目情况。省委常委、市委书记李炳军，省商务厅厅长王水平出席相关活动或陪同调研。

14日　省委常委、市委书记李炳军主持召开全市扶贫工作座谈会，听取市直有关部门对做好扶贫开发工作的思路和建议。

同日　省委常委、市委书记李炳军在赣州分别会见中海船舶重工集团有限公司董事局主席李明，和君集团董事长、和君商学院院长王明夫。

15日　据江西省环境监测中心站数据显示，2015年赣州市中心城区环境空气质量居全省第二。

15—16日　省政府副省长、省公安厅厅长郑为文在赣州市上犹县走访慰问困难群众、调研扶贫工作。

16日　赣州保税商品展示交易中心开始试营业。项目满负荷运营后，可实现年销售收入1.5亿元，年纳税2000万元以上。

同日　省委常委、市委书记李炳军到会昌县走访慰问农村困难党员、优抚对象、低保户、贫困户、困难企业以及敬老院，考察会昌县城西北街棚户区改造项目，并调研脱贫攻坚等工作。

16—18日　省委常委、省纪委书记周泽民到寻乌县调研扶贫工作，并走访慰问困难群众。省扶贫和移民办主任章康华等陪同。

18日　赣州市“市直机关大讲堂”专题讲座在市政中心举行。全国政协人口资源环境委员会副主任、中国工程院院士、博士生导师干勇应邀作题为《制造业强国战略与赣州工业发展》的专题讲座。省委常委、市委书记李炳军等，共700余人聆听讲座。

18—19日　副省长刘昌林一行到信丰县走访慰问，并就定点帮扶工作进行调研。省委常委、市委书记李炳军出席相关活动。

19日　全市经济工作会议暨扶贫开发工作会议召开。省委常委、市委书记李炳军出席并作重要讲话。

同日　“粤赣皖苏四省物流大通道”(赣州)节点启动会议在赣州综合商贸物流园会展中心举行，赣州市成为“粤赣皖苏四省物流大通道”规划的节点城市。

19—20日　司法部党组成员、副部长刘振宇一行在赣州市走访慰问。省委常委、市委书记李炳军出席相关活动，司法部戒毒管理局局长杜茂，省司法厅厅长、党组书记沙闻麟，司法部监狱管理局副局长叶跃进，省监狱管理局局长、党委副书记罗冈，省戒毒管理局局长、党委书记于少晗等陪同走访慰问。

中旬　由中共赣州市委组织部、中共宁都县委组织部等单位联合摄制的党员教育微电影《扶墙》，获中共中央组织部举办的2015年全国党员教育电视片观摩交流活动一等奖。

中旬　全省首家零能耗生活垃圾无害化资源化实时处理项目成功签约落户会昌县。

21日　全国总工会副主席阎京华率慰问团到赣州市开展送温暖活动。全国总工会机关党委常务副书记范凯声，全国总工会劳动保护部部长尤立新，省总工会党组书记、常务副主席傅卓成，省总工会副主席柯进水等陪同走访慰问。

23日　出席省十二届人大五次会议的赣州代表团在江西前湖迎宾馆举行全体会议。会议推选省委常委、市委书记、赣州代表团第一召集人李炳军为省十二届人大五次会议赣州代表团团长，陈晓春等为赣州代表团副团长。

同日　赣州市重点民生工程武陵大桥正式通车。

29日　省委理论学习中心组举行学习(扩大)报告会，就新修订的《中国共产党廉洁自律准则》和《中国共产党纪律处分条例》进行专题学习。会议邀请中央纪委宣传部部长陈小江作辅导报告。省委常委、市委书记李炳军在南昌主会场参加。

30日　龙岩市委副书记、市长池秋娜率龙岩市考察团在赣州市考察稀土产业发展及城市规划建设工作。省委常委、市委书记李炳军出席相关活动。

同日　省人大常委会副主任史文清到兴国县走访慰问困难群众和企业并调研扶贫工作。省人大常委会副秘书长、办公厅主任张振球，省林业厅厅长阎钢军参加走访慰问。

同日　省政协副主席孙菊生到全南县中寨乡、南迳镇，走访慰问困难群众和困难企业。

30—31日　省委副书记、省长鹿心社到瑞金市走访慰问困难群众，调研脱贫攻坚工作。省委常委、市委书记李炳军，省政府秘书长、办公厅主任张勇，省财政厅厅长胡强一同走访慰问和调研。

31日　省委常委、市委书记李炳军主持召开工作调度会，对集中力量打好主攻工业、精准扶贫、新型城镇化、现代农业、现代服务业、基础设施建设“六大攻坚战”进行部署。

同日　省政协副主席汤建人在宁都县走访慰问困难企业、敬老院、低保户和优抚对象，并就脱贫攻坚工作进行调研。

31至2月1日　省政协副主席郑小燕在于都县走访慰问，调研挂点扶贫工作。

31至2月2日　国土资源部部长、国家土地总督察姜大明在赣州调研脱贫攻坚工作，并在赣县召开定点扶贫工作会议。省委副书记、省长鹿心社会见姜大明一行。国土资源部副部长、国家土地副总督察张德霖参加调研。省委常委、市委书记李炳军，省委常委、常务副省长毛伟明，副省长尹建业，省国土资源厅厅长刘定明，省地质矿产勘查开发局局长苗壮分别陪同或出席相关活动。

下旬　长三角赣商联盟在上海市成立。联盟旨在通过各赣籍商协会间的交流、沟通及合作，实现各商协会间信息互通、资源共用、平台共建、成果共享，壮大长三角赣籍商协会组织力量，促进赣商发展，服务赣州经济社会发展。

下旬　赣州市农粮部门开展农产品质量安全专项执法检查行动。此次行动包括对种植业、养殖业生产环节的检查，以及对生猪屠宰和病死动物无害化处理情况的全面检查。

下旬　江西东江源国家湿地公园通过国家林业局验收，正式升格为国家级湿地公园。

下旬　赣州市编办印发“通知”，明确赣州市18个县(市、区)市场监管机构名称，由原来的“××市场监督管理局”，统一更名为“××市场和质量监督管理局”，乡镇(街道)分局相应调整为“××市场和质量监督管理局××分局”。

下旬　市委办公厅、市政府办公厅转发《市委农工部市商务局关于加快推进农村电子商务产业发展的实施意见》，强化政策引导和支持，推进农村电子商务产业发展。

2月

4日　市委召开全市领导干部视频会议，部署学习贯彻全省领导干部电视电话会议精神。省委常委、市委书记李炳军就学习贯彻习近平总书记在江西视察时的重要讲话精神和全省领导干部会议精神提出要求。市四套班子领导，以及市中级人民法院院长、市人民检察院检察长，市委各部门、市直及驻市各单位、各人民团体主要负责人等在赣州分会场参加会议；各县(市、区)四套班子成员，县直各部门单位及乡镇(街道)主要负责人在各县(市、区)分会场参加会议。

6日　省委常委、市委书记李炳军到市中心城区特警、环卫、公交等工作现场和农贸市场、棚户区改造点，看望慰问一线干部职工、基层劳动者和棚改户，向全市人民致以新春祝福和节日问候。

10—11日　国家卫生计生委疾控局副局长贺青华一行，在赣州市督导寨卡病毒疫情防控工作。省卫生计生委副主任万筱明等陪同。

上旬　赣州市出台《赣州市中心城区2016年春节期间烟花爆竹禁限放工作方案》，明确八类区域和场所禁止燃放烟花爆竹。这八类禁止燃放烟花爆竹区域和场所包括：各党政机关办公场所；博物馆、图书馆、档案馆、文物保护单位、文物保护点、历史文化街区、历史建筑保护范围；医疗机构、幼儿园、中小学校、敬（养）老院、大中专院校及其周围100米区域内；火车站、汽车站、桥梁（包括浮桥）码头、飞机场等交通枢纽，公共停车场及铁路线路安全保护区内；建筑工地，居民楼（房屋楼顶、露台、阳台、楼梯、走廊、窗口）及各类地下的车库（停车场）等区域；集贸市场、商场、超市、影（剧）院、大型文体活动场所、旅游景区、商业街区、公园等人员密集的公共场所；加油（气）站、液化气供应站（点）、油（气）库、输（变）电安全保护区、架空电力等生产、存放易燃易爆物品单位以及有关法律法规明确规定禁止使用明火的场所及其周围100米区域内；山（树）林、苗圃、较大绿化景观带（地）等重点防火区及周围100米区域内。

上旬　赣州市申报的江西省油茶产业综合开发工程研究中心和江西省高功率动力锂电池工程研究中心获省发改委批复，被认定为省级工程研究中心。其中，江西省油茶产业综合开发工程研究中心为江西省首个省级油茶研究中心。

上旬　全市各地掀起学习贯彻中共中央总书记习近平在江西视察时的重要讲话精神高潮。

14日　省委常委、市委书记李炳军走访挂点联系企业，了解和帮助解决企业发展中的实际问题，听取意见建议。省国土资源厅副厅长许建平等陪同调研。

同日　副省长、省公安厅厅长郑为文一行在赣州市走访青峰药业。省委常委、市委书记李炳军等出席相关活动，省政府副秘书长谢茂林等陪同。

15日　省委常委、市委书记李炳军到宣传思想文化系统调研，看望一线干部职工，并与宣传思想文化相关部门单位负责人座谈交流。

同日　江苏中辆新能源轨道交通装备有限公司落户赣州经济技术开发区，项目签约资金12亿元，按照产能规划将年产新能源轨道交通车辆750辆。江苏中辆新能源轨道交通装备有限公司是国内首家专注从事新能源有轨电车开发设计制造销售检测于一体的公司。

16日　省委常委、市委书记李炳军主持召开专题会议，听取城乡建设工作汇报。

同日　2016年赣州市春季就业招聘会，吸引求职者和社会各界人士5万余人次入场，现场报名2.1万余人次，有1.2万余人与用人单位达成录用意向。招聘会由赣州市人民政府主办，赣州市人力资源和社会保障局、章贡区人民政府、赣州经济技术开发区管委会承办，共组织410余家市内外知名的企业参会。除市中心城区外，各县(市、区)均在春节前后举办各种形式的招聘活动。

17日　省委常委、市委书记李炳军主持召开专题会议，听取2016年市重点工程建设项目投资计划汇报。

同日　省委常委、市委书记李炳军到市信访局、市博物馆走访调研，并走访慰问驻市某部队。

同日　中国物流与采购联合会对外发布第21批A级物流企业名单，赣州市新增11家A级物流企业。在赣州市第21批A级物流企业综合评估工作中，全市新增A级物流企业11家、升级A级物流企业1家。其中，通过AAA级企业4家，AA级企业7家，A级企业1家。

同日　赣州市举行2016年客商新春座谈会。市内外的60多名商(协)会会长、重点投资企业负责人参加。省委常委、市委书记李炳军出席并讲话。

同日　赣州市向社会公布市级“总河长”、市级负责河流“河长”及18县(市、区)和赣州经济技术开发区党政负责人担任各辖区内“河长”的名单，意味着全市境内的12条市管河流都有第一责任人，河湖健康将更有保障。“河长”是第一责任人，对所负责河道及水源地的水生态、水环境治理负主要领导责任，组织综合治理方案的制订和实施工作。

中旬　赣州市出台《赣州市巡察工作实施办法》。“办法”共7章47条，对巡察工作的机构设置和职责、巡察范围和内容、工作程序、成果运用、纪律与责任等方面进行全面规范。

中旬　国家质检总局发布公告，正式批准赣南茶油为国家地理标志产品，自公告之日起实施保护。这是赣州市第8个国家地理标志保护产品。公告明确，赣南茶油产地范围为赣州市行政管辖区域，所辖区域内赣南茶油的生产者，可向赣州市质量技术监督局和赣州出入境检验检疫局提出使用“地理标志产品专用标志”申请。同时，还公布赣南茶油品种、立地条件、栽培管理、采收与处理、加工、质量特色等六方面质量技术要求。

中旬　兴国至泉州铁路线(江西段)走向确定，吉永泉铁路位于赣中南和闽西南地区，线路自吉安至兴国段利用既有京九线。此次评审的新建线路由赣州市兴国县引入，经于都、宁都、石城，然后进入福建省，终至泉州市。新建铁路兴国至泉州线(江西段)线路由既有京九铁路兴国站(桩号CK0+000=京九线K1785+600)引出，经兴国县潋江镇、埠头乡、江背镇，于都县马安乡、桥头乡、银坑镇、葛坳乡，宁都县赖村镇、竹笮乡、长胜镇、固厚乡、固村镇，石城县琴江镇，终于石城县琴江镇岭脑附近的赣闽省界(桩号CK128+392.96)，线路全长124.78正线千米，设桥梁34座36.201千米，隧道26座39.428千米。全线设兴国、何屋、江背、于都北、葛坳、赖村、邮村、宁都、果子园、首塅、荷树下、石城等12座车站(其中兴国站为既有站，其余11座为新建站)。

中旬　赣州市印发《关于对“违插”专项治理问题线索查处情况开展专项督查的通知》，集中半个月时间，对18个县(市、区)和部分市直单位领导干部违规插手干预工程项目问题线索查处进展情况进行专项督查。

23日　省委常委、市委书记李炳军在赣州会见全国政协常委、香港江苏社团总会会长唐英年一行。

同日　省委常委、市委书记李炳军在赣州会见江西铜业集团公司董事长、党委书记李保民一行。

23—26日　中国人民政治协商会议赣州市第四届委员会第六次会议在赣州召开。省委常委、市委书记李炳军到会并作重要讲话。

24日　省委常委、市委书记李炳军在赣州会见趣分期大学生商城总经理(创始人)罗敏一行。

25—27日　赣州市第四届人民代表大会第七次会议在赣州召开。省委常委、市委书记李炳军参加会议并作重要讲话。

26日　省委在井冈山举行全省市厅级主要领导干部学习贯彻中共十八届五中全会精神专题研讨班。省委书记强卫出席并作辅导报告。省委常委、市委书记李炳军等在赣州分会场出席报告会。

同日　省委常委、市委书记李炳军主持召开调度会，听取打好主攻工业、精准扶贫、新型城镇化、现代农业、现代服务业、基础设施建设“六大攻坚战”的情况汇报，部署推进落实工作。

同日　南康区家具产业基地被国家工信部正式命名为国家新型工业化产业示范基地，成为江西省第11家、赣州市第2家国家新型工业化产业示范基地。

下旬　省发改委批复同意《赣州新能源汽车科技城产业发展规划(2016—2025年)》。

下旬　市政府印发《赣州市财政支持工业发展50条政策措施》，分别就创新支持方式、加大支持力度、培育壮大企业等13个方面提出50条具体政策措施。

下旬　国家发改委等10部委正式同意宁都县为国家首批结合新型城镇化开展支持农民工等人员返乡创业试点。全省共有4个县(市)成为试点，宁都是赣州市唯一的试点县。

下旬　赣州市印发《赣州市教育脱贫工作实施方案》，着力让贫困家庭子女都能接受公平有质量的教育，阻断贫困代际传递。

下旬　“粤赣皖苏四省物流大通道”(赣州)节点启动会议在赣州市举行，赣州市成为“粤赣皖苏四省物流大通道”规划的节点城市。

3月

1日　从3月1日起，赣州市集中组织开展为期一个月的“乐帮”学雷锋志愿服务活动。活动形式分现场志愿服务、上门志愿服务，服务内容涉及医疗文化、生态文明和文明祭扫等方面。此次活动主题为“弘扬雷锋精神，争当文明有礼赣州人”。

同日　新湖边农贸市场正式投入使用。农贸市场位于湖边山水苑小区，总投资1980万元，面积约5000平方米，设有固定摊位211个，门店51间，可辐射周边常住人口约3万人。

1—2日　省委常委、市委书记李炳军到宁都县和会昌县，调研精准扶贫、现代农业等工作。

3日　赣州市召开离退休干部形势通报会，向全市离退休干部通报2015年全市经济社会发展情况以及2016年工作的总体目标和重点任务。省委常委、市委书记李炳军主持并讲话。

同日　新能源汽车及汽车产业政策解读和实务操作讲座在市政中心会议室举行。省委常委、市委书记李炳军等近100人听取讲座。

同日　省委常委、市委书记李炳军在赣州会见浦发银行南昌分行行长葛宇飞，中国中铁中隧集团总经理唐忠，江西金达莱环保股份有限公司董事长廖志民。

同日　大型原创兴国山歌剧《老镜子》在赣南师范学院黄金校区聂耳剧场首演。

8日　省委常委、市委书记李炳军到章贡区、赣州经济技术开发区，就“大众创业、万众创新”开展调研。

同日　省委常委、市委书记李炳军在赣州分别会见中国建设银行江西省分行行长万国平、积木盒子联合创始人魏伟。

9日　市委召开县(市、区)委书记抓基层党建工作述职评议会议，深入学习贯彻中共中央总书记习近平系列重要讲话精神，尤其是春节前夕视察江西重要讲话精神，以及全国、全省组织部长会议精神和中央、省委党建工作部署，学习贯彻市“两会”精神，听取县(市、区)委书记抓基层党建工作述职汇报，并开展评议。省委常委、市委书记李炳军主持会议并讲话。

同日　省委常委、市委书记李炳军在赣州会见中信银行南昌分行党委书记、行长赵元新一行。

同日　赣州市召开县乡领导班子换届工作暨组织部部长会议。省委常委、市委书记李炳军出席并讲话。

10—14日　中国地质调查局副局长李金发率脱贫攻坚调研组一行在赣州市就开展精准扶贫地质工作需求进行调研。中国地质调查局南京中心书记郭坤一随同调研。省国土资源厅副厅长侯克常，省地质矿产勘查开发局副局长余忠珍陪同调研。

上旬　赣深客专全线走向基本确定。赣深客专将在赣州市境内设赣州、信丰、龙南、定南等4个车站。

上旬　经省农业产业化部门联席会议审定，安远县橙皇现代农业发展有限公司等10家企业被新认定为农业产业化省级龙头企业。至此，全市共有农业产业化国家级龙头企业2家、省级90家、市级153家。

上旬　国家减灾委、民政部公布2015年度“全国综合减灾示范社区”评选结果，赣州市赣县梅林镇光彩社区、上犹县东山镇城东社区、崇义县金坑乡坪洋社区、全南县城厢镇含江社区、于都县岭背镇金星社区、兴国县潋江镇将军园社区、石城县小松镇石田社区等7个社区入围。

上旬　江西省全面启动2016年“以电代煤”“以电代柴”工作，南康家具产业入选全省唯一试点，“电能替代”战略将助力家具产业转型升级。

上旬　江西省人民政府批复赣州市人民政府、省教育厅，同意设立赣南卫生健康职业学院。批复明确，赣南卫生健康职业学院主管部门为赣州市政府。

11日　赣州市举行江西银行业支持赣南精准扶贫座谈会暨政银合作签约。省委常委、市委书记李炳军出席相关活动并讲话，江西银监局局长李虎讲话，江西银监局副局长曾晖出席。5家银行专门安排信贷规模支持赣州市金融扶贫，2016年将向赣州市精准扶贫领域提供209.01亿元贷款支持，2016年至2018年将为赣州市精准扶贫领域提供680亿元信贷支持。

13—16日　省政协副主席、省委宣传部部长姚亚平一行在安远县、信丰县、大余县、崇义县和市中心城区，调研宣传思想文化工作。省委常委、市委书记李炳军，省委宣传部副部长、省新闻出版广电局局长杨六华，省文化厅厅长池红等先后陪同调研。

15日　省委常委、市委书记李炳军在赣州会见江钨控股集团董事长、总经理、党委书记钟晓云一行。

16日　全国首个中央苏区卫生史博物馆正式开馆。该馆由赣南医学院建成，展出各类苏区卫生史图片与文物展品1489件。

19—21日　省委常委、市委书记李炳军在龙南县、全南县、定南县考察调研，与基层干部谈心谈话。

中旬　赣州引进无人机防治果业病虫害。

中旬　赣州经济技术开发区发行第二期非公开定向融资工具，金额为7亿元，主要用于新能源汽车科技城建设。

中旬　市水利局印发《赣州市水利基础设施攻坚行动五年计划》。根据“五年计划”，全市5年内水利基础设施建设共有“十大工程”攻坚目标。

中旬　江西省好莱克实业集团有限公司经编纺织项目签约仪式在瑞金市举行，签订年产650万米经编纺织面料生产项目合同。该公司投资2.8亿元的经编纺织项目落户瑞金市。

中旬　省财政自2016年起每年设立2000万元专项资金用于支持“公交城市”试点创建工作，每批试点城市创建周期为3年。赣州市被列为试点城市，并将于2018年年底进行考核验收。

中旬　第一批“产业扶贫信贷通”风险缓释金2亿元拨付各县(市、区)，赣州市“产业扶贫信贷通”工作正式启动。

21—24日　全国政协常委、文史和学习委员会主任王太华率全国政协文史和学习委员会调研组在赣州开展“革命老区文化遗址保护和利用”专题调研。省政协主席黄跃金，省委常委、市委书记李炳军，省政协副主席、省委宣传部部长姚亚军，省政协副主席钟利贵等陪同或参加相关活动。

22—23日　3月22日8时至23日16时，赣州市普降大到暴雨，全市平均降雨量为48.1毫米。2016年1月1日8时至3月23日7时，全市平均降雨量562.7毫米，比多年均值(286.4毫米)偏多96%。

22—24日　省高级人民法院党组书记、院长葛晓燕率调研组一行在赣州市就赣州两级法院工作及队伍建设进行调研。省委常委、市委书记李炳军出席相关活动。

23日　赣州市在全国首创险资支小新模式。

24日　省委常委、市委书记李炳军到市政府应急指挥中心，了解全市汛情灾情和防汛救灾工作进展，对抗洪抢险救灾工作进行再调度再部署。

同日　省委常委、市委书记李炳军在赣州会见省国税局党组书记、局长胡立升一行。

25日　全市党管武装工作会议在赣州军分区召开。省委常委、市委书记、赣州军分区党委第一书记李炳军出席会议并讲话。

同日　省委常委、市委书记李炳军在赣州会见中国建筑工程总公司党组成员、中国建筑股份有限公司副总裁刘锦章一行。

25—29日　北京市民俗旅游商会考察团在赣州市考察旅游投资项目相关情况。考察团考察章贡区、大余县、龙南县、瑞金市、宁都县等地旅游资源，考察的旅游投资项目涉及矿业旅游投资、乡村旅游、红色旅游等多个方面。

26日　中央国家机关对口支援赣州市第二批挂职干部一行40人抵达赣州市，开始为期2年的挂职。市委召开见面会。省委常委、市委书记李炳军出席见面会并讲话。

同日　兴国县与省建工集团签署公共服务提升工程PPP项目合作协议，为全市首个将多个项目打包成一个PPP项目，并成功实施项目公开采购，成为投融资体制支持公共服务建设的创举。

27—28日　省委副书记刘奇在赣州市调研。省委常委、市委书记李炳军等分别陪同。省扶贫和移民办主任章康华、省委办公厅副主任李能随同调研。

29日　省委常委、市委书记李炳军在赣州分别会见省交通运输厅厅长朱希、江西银监局局长李虎。

同日　省委常委、市委书记李炳军到赣县江口镇六十里店村山体滑坡隐患处置现场，实地踏勘抢险情况，看望慰问抢险救灾、应急救援人员，现场调度隐患处置工作。

同日　青岛至浦东至赣州航线开通。

29—30日　市委举办全市领导干部学习贯彻中共十八届五中全会精神专题研讨班，其间市委中心组召开专题学习会，学习贯彻中共十八届五中全会精神、中共中央总书记习近平在省部级主要领导干部学习贯彻中共十八届五中全会精神专题研讨班上以及视察江西时的重要讲话精神、全省市厅级主要领导干部学习贯彻中共十八届五中全会精神专题研讨班精神。省委常委、市委书记李炳军出席并作专题辅导报告。

29至4月1日　中国日报社社长、总编辑朱灵在会昌县调研对口扶贫工作。省委常委、市委书记李炳军出席相关活动

30日　省委常委、市委书记李炳军在赣州会见省民政厅厅长刘金接一行。

下旬　中国科学院植物研究所虔心小镇示范基地落户龙南县。中国科学院植物研究所将在龙南县虔心小镇建立亚热带生态农业资源植物筛选及试验示范基地，挖掘80种至100种本土资源植物，筛选出8个至10个优良植物品种，并建立亚热带区域植物快速繁育和配套栽培技术体系，繁育200万种苗，建立6.67公顷(100亩)试验示范基地。

下旬　赣州市印发《关于推进全市工业园区创新升级的意见》。该意见科学规划全市工业园区首位产业布局，明确以赣州经济技术开发区为核心规划建设新能源汽车科技城，以赣州高新技术产业开发区为核心规划建设“中国稀金谷”，以龙南经济技术开发区为核心规划建设电子信息产业科技城，以章贡经济开发区为核心规划建设“青峰药谷”，以南康经济开发区为核心规划建设现代家居城，其他工业园区集中培育一个特色产业集群，实现错位发展、优势互补、区域联动。

下旬　省商务厅印发《江西商务扶贫专项行动计划》，支持赣南老区矿业企业依托先进矿山开采、矿产品冶炼技术，赴蒙古国及中亚矿产资源丰富的国家开展境外矿产资源开发业务。

下旬　省商务厅公布2016年省级重点推进物流示范产业集群名单，5个县(市、区)物流产业集群被确定为省级重点推进物流示范产业集群，赣州市南康家具物流产业集群位列其中。

下旬　兴国县农民大学生创业联盟正式成立，这是全省第二个、全市首个由农民大学生组建的创业联盟。

下旬　全省领导干部违规插手干预工程项目问题专项治理工作开展以来，赣州市多措并举、全力以赴推动工作开展。截至3月底，全市“违插”专项治理账户进账490.35万元，查实“违插”问题线索59条，给予党政纪处分34人、组织处理40人，移送司法机关处理4人。

下旬　赣州市发布国民经济和社会发展第十三个五年规划纲要。

下旬　赣州市开通企业网上注册平台。从4月1日起，全市投资创业人员可通过江西工商企业网上注册服务平台办理内资企业名称和设立登记。

4月

1日　赣州军分区在赣县储谭镇老屋下村举行抗洪抢险实兵综合演练暨“依车建所”指挥演练。省军区参谋长陈平等观摩演练。

6日　市委召开全市严肃换届纪律专题学习谈话会。省委常委、市委书记李炳军主持会议并开展集体谈话。

6—7日　华谊兄弟文旅演艺集团项目考察团一行在赣州市进行文化项目实地考察论证，探讨合作事项，并达成合作意向。省委常委、市委书记李炳军出席相关活动。

7日　赣州市召开2016年市生态文明先行示范区建设领导小组会议暨市级总河长第一次会议。省委常委、市委书记李炳军出席会议并讲话。

同日　市委召开全面深化改革领导小组第五次全体(扩大)会议。省委常委、市委书记、市委全面深化改革领导小组组长李炳军主持会议并讲话。

7—9日　中国作家协会、江西省作家协会、贵州省作家协会主办的“重走长征路”主题采风活动启动仪式在于都中央红军长征出发地纪念园举行。中国作家协会党组书记、副主席钱小芊讲话并向参加重走长征路的作家代表授旗，中国作家协会副主席叶

辛率采风团，省委常委、市委书记李炳军出席相关活动，省政协副主席、省委宣传部部长姚亚平致辞，中国作家协会办公厅主任李一鸣、中国作家协会创联部主任彭学明，省委宣传部副部长朱民安陪同采风。

8日　寻乌县与赣州银行签订东江源产业发展投资基金战略合作协议。

9日　省委常委、市委书记李炳军在赣州会见颐高集团董事长翁南道，赛石集团执行总裁张磊、陈建安一行。

上旬　商务部、人力资源和社会保障部、海关总署印发通知，认定重庆、郑州、赣州为加工贸易承接转移示范地，示范期2年。

13日　省委常委、市委书记李炳军在赣州会见中国恒天集团有限公司副总裁、恒天重工集团股份有限公司董事长李晓红一行。

13—14日　省委常委、省军区司令员张晓明到石城调研精准扶贫工作。省委常委、市委书记李炳军出席相关活动。省卫计委主任李利，赣州军分区司令员邓新生陪同调研。

13—19日　全国政协委员、省政协主席黄跃金率住赣全国政协委员调研组在赣州市调研。

14日　由中国文艺评论家协会、中国文联文艺评论中心、江西省文联共同举办的纪念长征胜利80周年暨长征题材文艺创作研讨会在赣州市举行。中国文联副主席、中国文艺评论家协会副主席夏潮出席会议并讲话。省委常委、市委书记李炳军出席相关活动，省委宣传部副部长朱民安分别致辞，省文联主席叶青主持。

15—16日　广西壮族自治区人大常委会副主任、党组书记危朝安率组在赣州市调研农村饮水安全和家具产业发展工作。省委常委、市委书记李炳军出席相关活动。省人大常委会副主任冯桃莲，省水利厅厅长罗小云陪同。

19日　省委召开全省“两学一做”学习教育动员部署会。省委书记强卫出席并讲话。省委副书记刘奇主持会议。省委常委、市委书记李炳军参加会议。

19—21日　经济日报社副总编辑郑波率团在赣州市进行“激发内生动力　决胜同步小康”主题采访调研。省委常委、市委书记李炳军出席相关活动

20日　上海警备区政委马家利少将在于都县开展结对帮扶工作。

中旬　市财政局、市教育局联合印发通知，下达赣州市贫困家庭学生高考入学政府资助精准扶贫提标部分市级配套资金149.8万元，全市资助的人数为5370人，(其中市中心城区资助人数为613人)。

中旬　赣州高新技术产业开发区科技企业孵化器投入运营。该孵化器投资3800万元，集成果展示、金融服务、行政服务、科技服务、检测检验等平台于一体，致力于为大众创业、万众创新提供一站式专业化服务。

中旬　章贡区推进海绵城市建设(含黑臭水体改造)，对姚府里29号狮子塘、青年路8号水上餐厅池塘、青年路3号池塘等综合黑臭水体进行改造，启动区政中心海绵城市化改造工程项目。

中旬　国家科技型中小企业技术创新基金网站公布2016年第一批验收合格项目名单，赣县伟嘉合金公司承担的“大晶粒高韧性盾构硬质合金新材料及制备技术”，新盛稀土公司承担的“荧光粉废料复合优溶联动萃取制备高纯稀土元素”2个项目通过验收。

21日　省委常委、市委书记李炳军在赣州会见北汽集团党委副书记、总经理张夕勇一行。

21—22日　全省检察机关加强生态检察工作会议在赣州市举行。省委常委、市委书记李炳军，省人民检察院党组书记、检察长刘铁流出席；省人民检察院党组副书记、副检察长李智，省人民检察院副检察长张国轩、罗晓泉，省人民检察院副检察长、反贪污局局长邱利等领导出席。省生态文明办副主任刘兵、省环保厅副厅长罗小璋在会上分别作相关情况介绍。

22日　赣州市举办资本市场专题讲座。深圳证券交易所副总经理金立扬应邀作题为《经济转型中的资本市场》的专题讲座。省委常委、市委书记李炳军出席相关活动。

26—27日　省政府副省长、公安厅党委书记、厅长郑为文在瑞金市出席全省设区市公安局办公室主任会议暨全省公安档案工作座谈会。

28日　赣州市举行主攻工业攻坚战重大项目集中开工暨赣州新能源汽车科技城项目建设动员会，集中开工47个重大工业项目，总投资223.94亿元，年度计划投资56.07亿元，竣工投产后预计可实现主营业务收入652亿元，利税72.69亿元。省委常委、市委书记李炳军在主会场出席并宣布开工。主会场设在赣州经济技术开发区赣州新能源汽车科技城项目现场，章贡区、南康区、赣县、瑞金市、大余县、会昌县设分会场，通过视频连线集中同步开工。

下旬　赣州市新能源汽车动力电池产业基地获批省级产业基地。基地以赣州经济技术开发区新能源汽车科技城为核心，同时辐射周边章贡区、南康区、赣县、上犹、宁都、大余等县(区)。

下旬　国家钨与稀土质检中心(江西省钨与稀土研究院)在服务产业园区建设、强化检测技术支撑、加速核心技术研发等8个方面制定17条服务措施，促进赣州市工业加快发展。

下旬　赣州市首座生态治污公园梅林湿地公园建成开放。梅林湿地公园位于赣县城北新区，为基于污染治理的生态园林工程示范项目，总占地面积13.33公顷，总投资6600万元。以不破坏原有河流、植被、山体的完整性为原则，以污水、重金属污染土壤修复五类专项治理为重点进行专项设计。

下旬　省旅游发展委员会授予10家企业“2015年度江西省优秀旅游企业”荣誉称号，赣州市大余章源生态旅游有限公司榜上有名。

下旬　市政府办公厅印发《关于做好2016年城乡困难群众提标提补工作的通知》，对城乡困难群众进行提标提补。新标准从2016年1月1日起执行。调整后全市城市低保平均保障标准提高到每人每月480元，其中章贡区、赣州经济技术开发区、南康区

的保障标准提高到500元，月人均补差水平提高到320元。全市农村低保平均保障标准提高到每人每月270元，月人均补差水平提高到195元。农村五保对象集中供养标准提高到每人每月365元，分散供养标准提高到每人每月290元。20世纪60年代精简退职老弱残职工救济标准，城市的提高到每人每月355元，农村的提高到每人每月315元。

下旬　江西旅游强县名单公布。婺源县、星子县、浮梁县、玉山县、瑞金市、资溪县、井冈山市、湾里区、武宁县、石城县、靖安县、芦溪县等12个县(市、区)确定为江西旅游强县。

下旬　由赣州发投集团控股的赣州发展融资租赁公司注册资金增加至10亿元，放大效应实现业务余额100亿元。赣州发展供应链管理有限公司于4月29日正式创立。

下旬　崇义县铅厂镇长河坝村建成全市首座村级FMBR工艺污水处理设施，并投入使用，实现赣州市村庄污水处理零突破。

下旬　赣州市食品药品监督管理局印发《赣州市城区农贸市场食品安全规范(试行)》，这是赣州市首次专门针对赣州城区农贸市场提出全面系统的食品安全监督管理规范，从农贸市场基础设施、经营设施、食品经营、市场管理以及市场监管6大方面规范市场内食品加工、经营等行为。

5月

1日　省、市价格主管部门印发有关降低电价的政策文件，即日起暂缓实施季节性电价，并在3年内对新增工商业电力用户降低临时接电费。政策实施后，预计每年可减轻全市企业用电负担逾4000万元。

同日　首张增值税发票开出。零时1分，一张票号为00396815、价税合计金额为10万元的增值税专用发票在章贡区国税局办税服务厅开出。这张由赣州市辉煌建设工程有限公司为广东南牧机械设备有限公司代开的建筑业增值税专用发票，成为赣州市全面推行营改增试点首张增值税发票。

3日　省级金融机构与赣州市干部双向挂职交流见面会在赣南宾馆举行。省委常委、市委书记李炳军出席会议，省政府金融办党组书记、主任胡伏云分别讲话。

同日　第19届江西青年五四奖章表彰座谈会在南昌举行。赣州市上犹县紫阳乡下佐村党支部副书记兼团支部书记谭婷和江西绿萌科技控股有限公司总经理、高级工程师朱壹获第19届江西青年五四奖章。江西省歌舞剧院院长助理、赣州艺术剧院院长、章贡区文化馆馆长杜欢，赣南医学院第一附属医院神经内科主治医生吕志迈获第19届江西青年五四奖章提名奖。

同日　“五一”假期全市接待游客169.43万人次、同比增长23.32%。其中，一日游121.22万人次、同比增长24.55%；过夜游48.21万人次、同比增长20.31%；旅游总收入达83667.85万元，同比增长24.45%。

同日　闽粤赣13市景区“谁最美，你说了算”评比结果出炉，共和国摇篮景区位列第一。

3—4日　国家开发银行党委副书记、行长郑之杰在赣州市调研，洽谈合作事项，出席市政府与国开行江西省分行签订开发性金融合作协议活动。省委常委、市委书记李炳军主持签约活动。国开行住宅金融事业部副总裁、评审三局局长孟亚平，国开行江西省分行行长吴守华出席或陪同调研。市政府与国开行江西省分行签订《“十三五”全面深化合作开发性金融合作备忘录》《共同推动赣州油茶产业精准扶贫开发性金融合作备忘录》；瑞金市与国开行江西省分行签订《油茶产业精准扶贫高产示范基地建设项目借款合同》。

4日　省委常委、市委书记李炳军到赣南科学院及直属单位市柑桔科学研究所、市林业科学研究所调研。

5日　省换届风气巡回督查第七督查组组长刘东明率队在赣州市开展换届风气集中督查。省委常委、市委书记李炳军出席相关活动。

同日　省委、省政府对获2015年度市县科学发展综合考核评价先进市、县(市、区)授奖表彰。赣州市被评为科学发展综合考核评价一类设区市先进；章贡区被评为科学发展综合考核评价一类县(市、区)先进，信丰县被评为二类县(市、区)先进，南康区、瑞金市、兴国县被评为贫困县(市、区)先进。

7—8日　由教育部高等学校社会科学发展研究中心、高等学校中国共产党革命精神与文化资源研究中心、赣南师范大学联合举办的第二届高校党史教育论坛在赣南师范大学举行。教育部高等学校社会科学发展研究中心主任王炳林作主旨讲话。

7—9日　国家开放大学党委书记、副校长李凌一行在赣州市就教育扶贫、人才培养、产业工人培训、对口支援赣州广播电视大学等开展调研。

7—10日　《人民日报》、新华社、《光明日报》、《经济日报》、中央人民广播电台、中央电视台等中央主要媒体，《江西日报》、江西广播电视台等省级主要媒体的记者，在寻乌县集中采访当地做好扶贫开发、引领群众与全国人民同步全面建成小康社会的生动实践。

8日　2016赣州(香港)产业合作推介会在香港举行。香港中联办副主任黄兰发出席，全国政协常委、香港特区政府顾问唐英年致辞。香港中联办协调部副部长张丽，全国政协委员、香港中华总商会永远荣誉会长、福万(香港)有限公司总裁林铭森，全国政协委员、香港广东社团总会会长兼秘书长简松年，全国政协委员、中国侨联常委、深圳市新二金达城实业有限公司董事长吴换炎，霍英东集团副总裁霍启刚等出席。会上，香港新地标有限公司在崇义县投资1.6亿美元的茶滩鹿湾温泉旅游开发项目、金力稀土永磁(香港)有限公司在赣州经济技术开发区投资8000万美元的高性能钕铁硼磁钢项目等20个项目进行集中签约，投资总额18.19亿美元，涉及基础设施、文化旅游、电子信息、新能源等产业。

同日　俄罗斯艺术家暨国内知名画家、文化创意企业入驻上犹县油画创意产业园签约仪式举行。60位俄罗斯艺术家、118位国内知名艺术家、569位常驻画师和68家文化创意企业正式签约入驻上犹县油画创意产业园。

同日　赣州市红十字会人道服务热线“960508”开通。市民可通过该热线了解红十字会救灾、救助、救护、遗体器官捐献、造血干细胞捐献、无偿献血等“三救三献”工作内容，并咨询相关人道救助基金的申请方法。

9日　省委常委、市委书记李炳军在市中心城区调研残疾人工作，看望慰问残疾人和残疾人工作者。

同日　赣州市召开市中心城区(含赣县)出租车运价听证会。听证人包括消费者、经营者、人大代表、政协委员、有关专家、政府部门和社会组织等各方代表。

10—12日　交通运输部党组成员、副部长戴东昌在赣州市调研罗霄山片区交通扶贫和对口支援安远县工作。

10—12日　省委常委、市委书记李炳军率团参加第十二届中国深圳国际文化产业博览交易会。11日，广东省委副书记、深圳市委书记马兴瑞会见李炳军一行。

上旬　市政府印发《关于支持南康家具产业创新发展的若干措施》。“若干措施”从产业用地规划、资源保障、资金扶持、平台建设、人才培育等方面制定20条具体措施，进一步整合相关要素，加大支持力度，推动南康家具产业创新发展。

上旬　工业和信息化部批准赣州市南康区工信局(家具产业)等38个单位为第三批全国产业集群区域品牌建设试点工作组织实施单位，开展区域品牌建设工作，涉及循环经济、电线电缆、传感器、物联网、互联网等主导产业。

上旬　市财政局、物价局、工信委组成联合检查组在全市开展涉企收费情况专项检查，依法查处部分涉企单位存在的违规收费行为。

11日　云南省热带作物科学研究所专家到赣州三江辣木种植基地考察，并进行技术指导。当天，江西(赣州)辣木栽培技术示范基地成立，成为江西省首个辣木栽培示范基地。

11—12日　人力资源和社会保障部党组成员、副部长孔昌生一行在赣州市调研人力资源和社会保障工作。人社部法规司司长芮立新、人社部人事司副司长刘俊昌、省人社厅副厅长吴福全陪同调研。

12日　在2016年全国田径大奖赛系列赛郑州站女子“百米飞人”决赛中，赣州市体校的陈华琳代表江西田径队参赛，以11.91秒的成绩夺得冠军，实现赣州市女子选手在全国田径大奖赛上冠军零的突破。

14—15日　国家安监总局党组成员、副局长孙华山率调研组到大余县，调研对口支援等工作。国家安监总局应急救援指挥中心党委副书记、纪委书记张平远，省安监局党组书记、局长龙卿吉，省煤监局党组书记、局长赵苏启等陪同调研。

14—15日　共青团中央书记处书记徐晓在瑞金市出席“绿色长征”公益健走青年林开工暨第二季出征仪式，并就团建工作在赣州市中心城区调研。省委常委、市委书记李炳军出席相关活动。全国保护母亲河行动领导小组办公室负责人次旺平措，团省委书记曾萍，团省委副书记孙鑫分别出席出征仪式或陪同调研。

14—16日　美国华人社团联合总会、美国中华总商会主席陈清泉率福建省商会企业考察团在赣州市开展商务考察。考察团一行实地考察瑞金经济技术开发区、赣州综合保税区、赣州经济技术开发区、龙南经济技术开发区和南康区等地部分企业，详细了解赣州市投资环境以及各地重点推介的招商项目。其间，赣州市召开座谈会，省委常委、市委书记李炳军出席并讲话。

14—16日　国家粮食局党组书记、局长任正晓一行在赣州市调研粮食流通和对口支援工作。省委常委、市委书记李炳军，国家粮食局仓储与科技司司长翟江临、省粮食局局长黄河、国家粮食局规划财务司司长王耀鹏、省粮食局副局长罗洪随同。

15日　由中国剧协、江西省文联、市委宣传部联合举办的龙红《赣韵·红情》专辑首发式暨赣南采茶戏音乐传承发展研讨会在赣州市举行。中国剧协分党组书记、驻会副主席季国平，省文联主席叶青，省政协常委汪玉奇，省文联副主席张越，省文联副主席、省剧协主席龙红分别出席相关活动。

16—17日　省委书记强卫在赣州市调研。强卫到全南县城厢镇，赣县吉埠镇、江口镇，定南县天九镇等地及企业调研，并于5月17日主持召开座谈会，听取中共赣州市委、市政府工作情况汇报，充分肯定赣州市经济社会发展取得的成就。强卫强调，赣州市上下要深入贯彻中共中央总书记习近平新的希望和“三个着力、四个坚持”的总体要求，主动适应新常态，牢固树立新理念，抢抓机遇、内外兼修、干事创业，进一步解放思想，进一步扩大开放，进一步提升战斗力，奋力打造革命老区振兴发展的赣州样板。省委常委、市委书记李炳军，省委常委、省委秘书长朱虹，省委常委、省委统战部部长蔡晓明等陪同调研或出席汇报会。

18日　省委书记强卫到赣州经济技术开发区走访调研联系企业，出席“降低企业成本　优化发展环境”专项行动政策宣讲会并讲话。省委常委、市委书记李炳军，省委常委、省委秘书长朱虹，省委常委、省委统战部部长蔡晓明参加。省发改委主任吴晓军在宣讲会上作政策宣讲。

18—19日　国家质检总局党组成员、国家标准委主任田世宏一行就廉政风险防控管理体系建设和对口支援工作在会昌县调研。省质监局局长王福平、省检验检疫局局长温珍才、国家标准化委员会纪检组长贾科陪同调研。

18—20日　省政协副主席孙菊生在宁都县工业园区召开“降低企业成本、优化发展环境”政策宣讲会并考察调研。

18—21日　省政协党组副书记、副主席姚亚平率督查调研组到赣州，就赣州市贯彻落实省委政协工作会议，以及《中共江西省委关于进一步加强政协工作充分发挥人民政协在发展协商民主中重要作用的意见》的精神进行督查。省委常委、市委书记李炳军出席相关活动，省政协提案委主任杨斌随同调研。

19日　市委召开全市领导干部会议，传达学习省委书记强卫在赣州调研时的重要讲话精神，研究部署学习贯彻工作。省委常委、市委书记李炳军主持会议并讲话。市四套班子副厅级以上领导(含副巡视员)，市法检“两长”，赣南苏区振兴发展工作办公室主任，市委各部门、市直及驻市各单位、各人民团体主要负责人等在主会场参加会议。各县(市、区)四套班子成员，市中级人民法院院长、市人民检察院检察长；赣州、龙南、瑞金经济技术开发区党工委、管委会班子成员；各县(市、区)、赣州经济技术开发区乡镇(街道)党政主要负责人在各县(市、区)分会场参加会议。

同日　赣州市举行赣南苏区产业发展基金签约仪式。赣州发展投资控股集团与交通银行江西省分行合作，发起设立100亿元交通银行赣南苏区产业发展基金。

同日　章贡区南外街道办事处下壕塘社区科技馆开馆，标志着赣州市第一家社区科技馆投入使用。

19—21日　省人大常委副主任马志武一行在赣州市开展“降低企业成本　优化发展环境”专项行动政策宣讲并调研。省文化厅厅长池红、省文化厅副厅长郎道先随同调研。

20—21日　中共十八届中央委员、中华全国供销合作总社党组书记、理事会主任王侠一行到寻乌县、安远县，就扶贫攻坚、对口支援和供销合作社综合改革等工作进行调研。中华全国供销合作总社党组成员、经济发展与改革部部长侯顺利等随同。省委常委、市委书记李炳军出席相关活动，副省长尹建业，省供销合作社党组书记、主任吴伏生等陪同调研。

中旬　市委、市政府出台关于深入落实《国务院关于支持赣南等原中央苏区振兴发展的若干意见》的实施意见，从着力推进主攻工业、聚力支持脱贫攻坚、积极推动新型城镇化、促进现代农业发展、加快现代服务业发展、促进完善基础设施、推进绿色生态建设、大力推进改革开放、全面推进对口支援、持续争取政策扶持10个方面明确加快推进振兴发展的主要任务。

中旬　赣州市印发《关于降低企业成本优化发展环境的若干政策措施》，从降成本、优环境两方面出台共13项计90条具体政策措施，切实降低企业成本优化发展环境。

中旬　科技部印发《关于公布2015年创新人才推进计划入选名单的通知》，信丰县朝阳聚声泰科技有限公司郭桥生入选2015年全国科技创新创业人才。

21日　位于上犹县工业园南区的江西元源新材料有限公司10万吨池窑拉丝项目开工建设，该项目是省战略性新兴产业重大项目和赣南苏区振兴发展产业投资基金在赣南投资的第一个项目。该项目总投资9亿元、占地面积20公顷，项目投产达标后，将形成年产10万吨无碱玻璃纤维纱及其制品的生产能力，年销售收入16亿元以上，实现利税4.5亿元以上，解决就业600余人。

22日　省人大常委会副主任、省总工会主席谢亦森在石城县开展“降低企业成本　优化发展环境”专项行动政策宣讲并调研。省总工会副主席吴海平陪同调研。

同日　纪念红军长征胜利80周年作家红色赣州行暨第三届革命历史题材文学创作研讨会在宁都县举行。中国作家协会党组成员、副主席何建明出席并讲话，《人民文学》主编施战军主持研讨会，省文联党组书记、常务副主席汪天行致辞。

24—25日　中国文联文艺志愿者服务队在寻乌县开展“到人民中去”文艺扶贫主题活动，并与革命老区干部群众互动交流。中国文联党组成员、副主席、书记处书记左中一，江西省文联党组书记、常务副主席汪天行，中国文联文艺志愿服务中心副主任、中国文联文艺志愿者协会副秘书长孙德华，江西省文联党组成员、副主席鄢平原出席相关活动。

24—26日　省政府副省长刘昌林在赣州市开展“降低企业成本、优化发展环境”专项行动政策宣讲并调研。

24—27日　省高级人民法院党组书记、院长葛晓燕一行在赣州市定南县、安远县开展“降低企业成本　优化发展环境”专项行动政策宣讲并调研。省高级人民法院党组副书记、副院长郭兵，省委统战部副部长、省民宗局党组书记、局长张勇，省民宗局副局长王希贤等领导随同或陪同调研。

27日　市委印发《关于落实把纪律挺在前面要求的实施意见》，从总体要求、党委全面履行把纪律挺在前面的主体责任、纪委的监督责任、发挥党委部门和有关机关的职能作用、健全协调保障机制等5个方面对落实把纪律挺在前面提出具体要求。

27—30日　省政协副主席、民进省委会主委汤建人一行在赣州市开展农村资源禀赋情况调查暨“1%工程放飞足球梦想”活动。

28日　寻乌县代表赣州在梅州市参加首届客家童谣节，参演童谣作品《谣里客家》荣获“十佳童谣奖”。

同日　以“中国实木家具　健康走向世界”为主题的中国(赣州)第三届家具产业博览会在南康区开幕。省委常委、市委书记李炳军，副省长尹建业，国家林业局总工程师封加平，中国家具协会副理事长刘金良，省林业厅厅长阎钢军，南昌铁路局局长王培，省出入境检验检疫局局长温珍才共同启动开幕水晶球并发布“江西南康——中国木材价格指数”。中国(赣州)家具产业博览会以家具为媒，以会展会友，连续举办两届，成为中国中部地区首屈一指的家具行业盛会。该届家博会共吸引全国各地参展企业8000多家，总展览面积超160万平方米，集中展示机器人喷涂、3D打印、智能家具、现代检测等南康家具全产业链创新创造成果，参展企业数、展会规模、展会档次创历届之最。

28—29日　省政府副省长、省

公安厅厅长郑为文在瑞金市开展“降低企业成本　优化发展环境”专项行动政策宣讲并调研。省公安厅党委委员、政治部主任陈光明随同调研。

28—29日　省委常委、市委书记李炳军到挂点的龙南经济技术开发区走访联系企业，调研企业发展情况，出席“降低企业成本　优化发展环境”专项行动政策宣讲会并讲话。省国税局党组书记、局长胡立升在宣讲会上作政策宣讲。

28—30日　广东省江西商会工业企业考察团，在赣州市开展商务考察。省委常委、市委书记李炳军会见考察团一行，并与他们座谈交流。

30日　市纪委四届六次全会在赣州召开。会议的主要任务是，深入学习贯彻中共中央总书记习近平对江西省工作提出的新的希望和“三个着力、四个坚持”的总体要求以及在十八届中央纪委六次全会上的重要讲话精神，深刻领会把握中央纪委全会和省纪委全会部署要求，总结2015年全市党风廉政建设和反腐败工作，部署推进2016年工作。省委常委、市委书记李炳军出席会议并讲话。市委常委、市纪委书记唐舒龙代表市纪委常委会作工作报告。会上，5位县委书记、5位市直单位主要负责人作述责述廉，现场接受测评。

31日　省委常委、市委书记李炳军来到市中心城区部分学校和赣州市妇幼保健院开展“六一”走访慰问。

下旬　国家发展改革委确定全国首批现代物流创新发展试点城市，全国共有20个城市入围，赣州市成为全省唯一入围现代物流创新发展试点城市。

下旬　工信部遴选确定2016年全国两化融合管理体系贯标试点企业名单。江西省9家企业列入名单，其中赣州市有3家，分别为赣州群星机械有限公司、赣州华劲纸业有限公司、赣州市绿野包装有限公司。

下旬　省委常委、省纪委书记周泽民到寻乌县，就降低企业成本、优化发展环境进行专项调研并出席政策宣讲会。省纪委常委、秘书长汪爽，省纪委驻省交通运输厅纪检组组长陈兵，省交通运输厅副厅长梁必康陪同或出席相关活动。

下旬　500千伏抚州—瑞金红都输电线路投运送电。标志着赣州与江西电网实现500千伏“双通道”，形成江西南部500千伏环网，彻底解决赣州500千伏输入通道单一的问题，大幅提高赣州电力供应稳定性和可靠性。

下旬　市政府按照国家发改委、江西省人民政府同意批复的《瑞兴于经济振兴试验区发展总体规划》，出台关于加快瑞兴于经济振兴试验区建设的实施意见。实施意见明确建设试验区的总体要求、发展目标和主要路径，突出试验区建设重点，提出进一步加大对试验区的政策支持以及强化组织实施。根据实施意见要求，2016年，试验区建设重点将围绕完善试验区规划、争取一批政策及项目、启动实施一批项目等方面展开。

下旬　赣州市全面实施“农家书屋＋电商”建设工作，力争在3年内实现每村建有“农家书屋＋电商”服务站点。

下旬　经中共赣州市直属机关工作委员会批准，中共江西南芳律师事务所委员会正式成立。这是江西省律师行业首家成立党委的律师机构，也是全国第五家成立党委的律师事务所。

6月

1日　省委副书记刘奇到挂点联系的南康经济开发区走访调研企业，出席“降低企业成本、优化发展环境”专项行动政策宣讲会并讲话。刘奇强调，要深入贯彻省委“十六字”方针，切实把专项行动抓实抓好，确保政策落到实处、发挥效力，加快推动园区企业转型升级、争创一流。省委副秘书长、省委农工部部长毛祖逊在动员宣讲会上作政策宣讲。省委副秘书长李能，省农业厅党委书记陈日武，省林业厅党委书记、厅长阎钢军陪同调研并出席动员宣讲会。

1—3日　省委副书记刘奇在南康区、大余县、崇义县、上犹县和赣县等地调研。刘奇强调，要深入贯彻中共中央总书记习近平视察江西重要讲话精神，做强特色产业，做美城乡环境，发展美丽经济，努力实现产业带动、精准脱贫。省委常委、市委书记李炳军陪同调研。

2日　赣州昶洧新能源汽车整车项目落户赣州经济技术开发区，总投资60亿元，达产后预计年销售收入500亿元。

同日　国内首套油茶鲜果剥壳设备落户瑞金市。国内首个油茶鲜果剥壳成套设备研发中心挂牌成立。

3—6日　国家体育总局局长刘鹏在赣州市调研并在瑞金市出席全国2016年“发展体育运动，增强人民体质，同心共筑中国梦”全民健身活动启动仪式。省委常委、市委书记李炳军等出席。

6日　2016全国夏季游泳锦标赛暨奥运会资格赛在章贡区开赛。赣州籍小将徐陆鑫、胡读溢代表江西省代表队参赛。省体育局局长晏驹腾，省体育局副局长王勇出席。

同日　全省集中整治和查处基层侵害群众利益不正之风和腐败问题电视电话会议召开。省委常委、市委书记李炳军在赣州分会场出席。

同日　省委常委、市委书记李炳军到市委办公厅机关第一党支部，参加“两学一做”学习教育第一次专题学习会。

7—8日　市委中心组召开“两学一做”学习教育专题学习会，围绕“坚定执着追理想”主题，中心组成员在自学的基础上，到赣州市革命烈士纪念馆进行集中学习。省委常委、市委书记李炳军主持学习会并上微党课。

12—14日　全国政协副主席、民盟中央常务副主席陈晓光率国家特邀国土资源监察专员考察团，在赣州市调研稀土资源开发利用管理工作。14日，省委副书记、省长鹿心社在安远县会见陈晓光一行。国土资源部副部长曹卫星参加调研。省委常委、市委书记李炳军，省委常委、常务副省长毛伟明，省政协副主席刘晓庄等分别陪同或出席相关活动。

13日　省委常委、市委书记李炳军在市中心城区部分棚改地块和江西理工大学应用科技学院，调研棚户区改造和科研创新工作。

14日　由科技日报社、赣州市人民政府、全国技术转移公共服务平台联合主办的“百家院校科技成果走基层行动”赣州站活动在赣州市启动。科技部原党组成员、中国科技体制改革协会会长、全国政协常委张景安作科技创新发展战略专题讲座，活动组委会主任、科技日报社机关党委书记王秀义，科技日报社运营中心主任冷文生出席。

同日　赣州市2016年公共机构节能宣传周暨全国低碳日活动启动。全国节能宣传周的主题是“节能领跑　绿色发展”，低碳日的主题是“绿色发展　低碳创新”。

14—15日　省委副书记、省长鹿心社到章贡区、安远县、南康区和赣州经济技术开发区调研。鹿心社强调，面对经济持续下行压力，各地要深入贯彻中共中央总书记习近平视察江西重要讲话精神，充分发挥特色优势，抓龙头、补链条、聚集群、强创新、创品牌、拓市场，持之以恒抓产业，坚定不移抓项目，推动经济持续平稳健康发展。省委常委、市委书记李炳军陪同调研。省政府秘书长、办公厅主任张勇，省发改委主任吴晓军，省商务厅厅长王水平等参加调研。

15日　省政协常委、教科文卫体委员会主任龚林儿率省政协调研组到赣州市，开展“实施创新驱动发展战略，推动产业转型升级”专题调研并召开相关座谈会。

同日　赣州应急广播在赣州广电中心设立。赣州市将赣州交通广播指定为赣州应急广播，纳入市应急建设体系并正式授牌，使应急广播成为赣州市应急管理的综合性宣传平台。

同日　2016年入汛以来最强降雨致使赣州市章贡区、赣县、大余等12个县（区）109个乡（镇）受灾，受灾人口12.81万人。

同日　全省首个金融精准扶贫工作站在会昌县麻州镇前丰村成立。

17日　赣州市启动首批生态原产地产品保护申报。

19—20日　国家发改委副主任兼国家统计局局长、党组书记宁吉喆一行就改革统计发展及经济形势，在寻乌县、瑞金市调研，并指导国家统计局赣州调查队开展“两学一做”学习教育。省委常委、市委书记李炳军出席相关活动，省委常委、常务副省长毛伟明陪同调研，国家统计局办公室主任曾玉平、国家统计局政法司司长徐晓海、省政府副秘书长涂琼理、省统计局局长曾文明、国家统计局江西调查总队总队长邓盛平等参加调研。

20—21日　深圳市同心俱乐部考察团在赣州市开展商务考察。省委常委、市委书记李炳军会见考察团一行，并与企业家们座谈交流。

中旬　赣州入选首批国家级医养结合试点单位。全国共有50个市（区）被确定为第一批国家级医养结合试点城市，赣州市是江西省入选的2个试点城市之一。

21日　省委常委、市委书记李炳军在赣州会见中石化江西石油分公司总经理毛陆军一行。

22日　福建省政协副主席陈向先一行在赣州市就文化生态旅游发展情况开展专题考察。

同日　省委常委、市委书记李炳军在赣州会见香港清华同方股份有限公司总裁陈文辉一行。

24—25日　北京市委原常委、市人大常委会原副主任，中国地方志指导小组成员，北京市地方志编纂委员会常务副主任、《北京志》主编段柄仁在赣州市考察交流地方志工作。省委常委、市委书记李炳军会见段柄仁一行。

24—26日　省委常委、省委宣传部部长陈俊卿在赣州市调研宣传思想文化工作。省委常委、市委书记李炳军等分别陪同调研或出席相关活动。

26日　中共赣州市长三角流动党委在上海召开党员代表大会，选举产生中共赣州市长三角流动党员委员会第一届委员会委员。这是赣州市在全国率先成立赣州市长三角流动党委。长三角地区共有赣州市流动党组织18个，包括流动党委1个，党总支2个，党支部14个，流动党员服务中心1个，有流动党员546人。

27日　省委常委、市委书记李炳军在市中心城区走访慰问困难党员和老党员。

同日　省委常委、市委书记李炳军到市委党校，就进一步做好党校工作进行调研。

同日　中国南方稀土集团组建工作验收会议在赣州市召开。工信部原材料司巡视员、稀土办主任贾银松出席。

同日　由赣州市人大常委会、江西理工大学合作共建的赣州地方立法研究基地成立。市人大常委会主任陈晓春，江西理工大学校长杨斌出席相关活动。

同日　省委常委、市委书记李炳军出席专题汇报会，听取全市“营改增”工作情况汇报。

28日　市委、市政府和赣州军分区联合印发《关于进一步加强新形势下征兵工作的实施意见》。

同日　市直机关举办“两学一做”学习教育专题党课报告会。省委常委、市委书记李炳军参加，并围绕“学”和“做”，从如何学习贯彻党章、学习领会中共中央总书记习近平系列重要讲话精神、做一名合格共产党员3个方面上专题党课。市四套班子副厅级以上领导，市中级人民法院院长、市人民检察院检察长等出席。市委各部门、市直及驻市各单位、各人民团体主要负责人，市直机关党员代表，市委办公厅机关总支部、赣南师范大学国家脐橙工程技术研究中心党支部全体党员参加报告会。

下旬　省质监局正式批复同意赣州市质监局在直属单位市质检所的基础上，筹建“江西省油茶产品质量监督检验中心”。

下旬　赣州市全面推行“实名收寄＋收寄验视＋X光机安检”寄递制度，强化寄递渠道安全管理工作，维护社会安全稳定。“实名收寄＋收寄验视＋X光机安检”寄递制度自2016年7月1日起执行。制度规定包括：严格落实寄递物品100%实名制度，严格落实寄递物品100%验视制度，严格落实寄递物品100%通过X光机安检制度。

下旬 市委、市政府和赣州军分区联合印发《关于扎实推进军民融合深度发展的意见》。

下旬 中国音乐家协会揭晓“心中的旗帜”——纪念建党95周年优秀原创歌曲征集推选活动结果，共有15首原创歌曲从1300余首选送作品中被推选为优秀歌曲，赣州原创歌曲《站在长征起点》成为江西唯一入选优秀歌曲。

7月

1日 省委常委、市委书记李炳军，市人大常委会主任陈晓春，市政协主席曾新方等在家的市四套班子领导，与市委、市人大常委会、市政府、市政协机关党员干部一起，在市政中心集中收看庆祝中国共产党成立95周年大会电视直播。各县(市、区)、经济技术开发区，市直各部门和全市各企事业单位组织收听收看大会直播。

5日 市委中心组召开专题学习会，学习贯彻中共中央总书记习近平在庆祝中国共产党成立95周年大会上的重要讲话精神，以市委中心组学习为龙头，在全市兴起学习中共中央总书记习近平“七一”重要讲话精神的热潮。省委常委、市委书记李炳军主持并讲话。市政协主席曾新方等市四套班子领导及市委中心组成员出席。

同日 全市精准扶贫暨新农村建设工作会议召开。省委常委、市委书记李炳军出席并讲话。

7日 省委常委、市委书记李炳军到市中心城区部分医疗卫生单位，调研卫生计生工作。

8日 江西省“降成本、优环境”专项行动暨“百家银行进千企”金融机构支持赣州“六大攻坚战”产融对接会在赣州市举行。省委常委、市委书记李炳军出席并讲话。对接会上，赣州市人民政府与中国银行江西省分行、龙南经济技术开发区管委会与工商银行江西省分行、赣州综保区管委会与进出口银行江西省分行进行政银合作签约。产融对接现场签约总金额达610亿元。其中，政银合作签约3个，金额334亿元；项目签约28个，金额276亿元，涵盖“六大攻坚战”各领域。全省银行业金融机构的行长和分管信贷的副行长，部分省级保险、证券、基金及其他金融机构的董事长或总经理，以及各设区市金融办(局)负责人参加对接会。

9日 省委常委、市委书记李炳军到大余县调研“降成本、优环境”工作。

10—12日 省人大常委会副主任、省总工会主席谢亦森率省人大调查组一行在赣州市开展食品生产加工小作坊和食品摊贩特定问题调查。省委常委、市委书记李炳军，省人大常委会委员、省人大科教文卫委副主任委员王海，省人大常委会委员、省人大内司委副主任委员赵锦成，省食品药品监管局食品药品总监梁义敏等参加调查或出席相关活动。

上旬 水利部正式发文批准9个水土保持科技示范园为“国家水土保持科技示范园”，宁都县水土保持科技示范园入列。

上旬 工信部公布第四批《汽车动力蓄电池行业规范条件》企业目录，孚能科技(赣州)有限公司成功入选，是赣州市企业首次上榜。

上旬 赣州市启动改造建设国省道服务区，率先在全省把“服务区+”概念引入国省道服务区建设，“十三五”期间，计划在1408千米国省道改造沿线建设27个服务区，其中一类服务区6个、二类服务区21个。

11日 省委常委、市委书记李炳军主持召开专题汇报会，听取市属国有企业改革工作情况汇报。

同日 共青团中央书记处书记傅振邦在瑞金市调研指导大学生暑期社会实践工作。

12日 省委常委、市委书记李炳军主持召开专题会议，听取“六大攻坚战”工作情况汇报。

13日 全市大众创业万众创新现场推进会在赣州召开。省委常委、市委书记李炳军出席会议并讲话。市各县(市、区)、赣州经济技术开发区、龙南经济技术开发区、瑞金经济技术开发区、赣州高新技术产业开发区，以及市委有关部门、市直及驻市有关单位、有关人民团体相关负责人出席会议。

同日 市文明委召开全体会议，学习贯彻中共中央总书记习近平关于精神文明建设的重要论述和中央文明委第四次全体会议、省文明委全体会议、全省精神文明建设工作表彰大会精神，研究部署全市精神文明建设工作。省委常委、市委书记李炳军出席并讲话。会议讨论《赣州市创建全国文明城市问责办法(试行)》《赣州市文明单位建设管理办法(修订版)》《关于开展赣州市第四届文明城市和第九届文明单位、文明村镇评选表彰工作的通知》《关于开展赣州市第五届道德模范评选表彰活动的通知》《赣州市道德模范礼遇帮扶实施办法(试行)》等文件。

19日 市委、市政府以电视电话会议的形式，召开落实中央环保督察有关工作部署会。省委常委、市委书记李炳军出席并讲话。市委常委，市人大常委会、市政协分管联系领导，市政府副市长，市法、检“两长”，市委有关部门、市直及驻市有关单位主要负责人在主会场出席会议。各县(市、区)党委常委、副县(市、区)长，赣州经济技术开发区党工委、管委会班子成员，乡镇党政主要负责人，分别在各地分会场参加会议。

19—22日 省委副书记、代省长刘奇在赣州市调研精准扶贫和县域经济发展情况。省委常委、市委书记李炳军等陪同。

19—24日 副省长刘昌林一行在赣州市围绕国家级经济技术开发区转型升级、精准扶贫、定点帮扶等工作调研，并走访慰问老党员和困难党员。省委常委、市委书记李炳军出席相关活动。

20—21日 萍乡市党政代表团在赣州市考察。省委常委、市委书记李炳军陪同。萍乡市委书记李小豹，萍乡市委副书记、市长李江河率团考察。

25日　省委常委、省委宣传部部长陈俊卿在赣州市调研。

同日　赣州市柑桔研究所、畜牧研究所市级院士工作站正式授牌，全国人大常委会委员、中国工程院院士、中国科学技术协会副主席、华中农业大学校长邓秀新参加。

25—28日　中央环境保护督察组在赣州市开展督查工作。省委常委、市委书记李炳军等陪同。

26—27日　国家安监总局党组成员、总工程师王浩水率国家安监总局安全生产第5督导组，到赣州市开展安全生产督导。督导组一行先后来到于都铁山垅钨矿、中石化赣州石油分公司和乐油库、世泰科江钨特种钨(赣州)有限公司以及兴国县江西三美化工有限公司等实地检查安全生产工作落实情况。省安监局局长龙卿吉陪同。

27日　由中央人民广播电台联合多家媒体共同组织的“不忘初心再长征”大型采访活动，在于都中央红军长征出发纪念园广场举行出发仪式。省军区政治部主任李晓亮、中央人民广播电台副台长赵子忠分别致辞，中央人民广播电台军事中心主任李真、副主任梁永春，朱德元帅孙女朱新华，长征史专家董保存，中央人民广播电台江西记者站站长胡啸、武警记者站站长孙崇峰，江西广播电视台副台长周俊杰，赣州军分区领导陈庆阳、陈李忠，市领导胡雪梅出席。此次采访活动历时3个多月，途经江西、福建、湖南、四川、甘肃、宁夏等10多个省(自治区、直辖市)，紧扣时代主题，找寻历史与现实结合点，挖掘长征故事，弘扬长征精神。

28日　赣州市召开2016年“八一”军地座谈会，庆祝中国人民解放军建军89周年。省委常委、市委书记李炳军出席并讲话。

同日　省委常委、市委书记李炳军在赣州会见迪马克轮胎代理总经理及法人代表、雷曼布什联合创始人爱德华·雷曼一行。

29日　赣州市中航新能源公司首辆纯电动车样车顺利下线。此次下线的纯电动车样车，为中航新能源星腾龙系列首款纯电动汽车，最高时速120千米以上，一次充电最高续航里程300千米以上，可选装冷暖空调、GPS导航、倒车影像、增程器等配置。

30日　省委常委、市委书记李炳军代表省委、省政府和市委、市政府，走访慰问驻赣部队基层单位。

31日　省委常委、市委书记李炳军主持召开市委常委会会议。会议讨论并原则同意《关于支持赣州经济技术开发区加快发展的意见》，讨论并原则同意《关于赋予龙南县、赣县人民政府部分市级经济管理权限的决定》，讨论并原则同意《中共赣州市委关于进一步加强政协工作充分发挥政协协商民主重要作用的若干意见》。

下旬　国家发展改革委印发新一轮《中长期铁路网规划》，规划期为2016年至2025年，远景展望2030年。赣州市有多条铁路纳入规划。其中，南昌至赣州、赣州至深圳高铁为国家“八纵八横”高铁主通道第三纵—京港(台)通道高铁项目，赣州至长沙高铁为国家“八纵八横”高铁主通道第七横—厦渝通道高铁项目；兴国至泉州、赣州至郴州至永州至兴义铁路和赣韶铁路扩能为普速铁路网中形成区际快捷大能力通道项目；赣州至郴州至永州至兴义、兴国至泉州、瑞金至梅州铁路为普速铁路网中促进脱贫攻坚和国土开发铁路项目。

下旬　赣州市印发相关文件，正式启动农村集体“三资”(资金、资产、资源)管理及涉农负担问题的集中整治。

下旬　赣州市组织市农粮局、市矿管局、市发改委、市财政局、市林业局、市果业局等单位有关人员赴湖北恩施考察，了解当地富硒产业发展情况。

下旬　四年一度的全国双拥模范城(县)评比结果揭晓，赣州市获评“全国双拥模范城”，这是继2007年、2012年后赣州市再次获此殊荣，实现创建“全国双拥模范城”三连冠。在该次评比中，兴国县被评为“全国双拥模范县”，市民政局副局长、市双拥办主任梁卫被评为“全国爱国拥军模范”。

8月

1日　从8月起，赣州供电公司执行国家电网规定，每月24日前，赣州城区用电客户必须缴清当月的电费，25日开始收取电费滞纳金。

2—3日　国家开发银行总行评审总监郑旭东率队在赣州市考察精准扶贫和土坯房改造工作。省委常委、市委书记李炳军出席相关活动。

2—3日　市委中心组召开“两学一做”专题学习会，中心组成员围绕“实事求是闯新路”主题，在自学的基础上，进行集体学习研讨。省委常委、市委书记李炳军主持并讲话。3日，中心组成员观看部分困难群众贫困状况实录专题片，市委党校有关专家就“实事求是闯新路”作辅导报告。市四套班子领导及其他市委中心组成员出席。有关部门负责人列席。

7—8日　省政府副省长李贻煌在赣州市调研精准扶贫和南方稀土集团组建工作，并召开相关座谈会。省委常委、市委书记李炳军出席相关活动。省政府副秘书长张小平、省核工业地质局局长黄江明陪同或出席相关活动。

8—9日　四川省资阳市考察团在赣州市考察。省委常委、市委书记李炳军陪同。四川省资阳市委书记、市人大常委会主任周喜安率团考察。

8—10日　省旅发委组织专家、旅行社和媒体代表组成联合调研组，在赣州市调研指导旅游产业发展、乡村旅游发展、旅游扶贫等工作。省委常委、市委书记李炳军出席相关活动。省旅发委主任丁晓群带队。

上旬　市农机局、市财政局联合印发《2016年赣州市丘陵山区重点推广农机购置补贴实施方案》，这是赣州市出台的首个市级农机购置补贴方案。

上旬　省财政厅、省农业厅拨付赣州市农业支持保护补贴资金(即“三项补贴”资金)6.57亿元，其中耕地地力保护补贴6.53亿元，粮食适度规模经营补贴0.03亿元，2015年早稻集中育种补助0.01亿元。

11日　中共赣州市委四届八次全体会议在赣州召开。全会由市委常委会主持。省委常委、市委书记李炳军出席会议并讲话。会议审议通过《关于召开中国共产党赣州市第五次代表大会的决议》，审议通过《关于追认给予邝光华、刘建英、唐庆敏开除党籍处分的决定》。

同日　全市县(市、区)党政正职集体谈话会议召开。省委常委、市委书记李炳军出席并讲话。

15日　南康至成都家具专列正式开通。该专列由赣州市泓鑫利物流有限公司申请，8月17日抵达成都，以后根据实际需要每2天至3天开一趟。

同日　赣州市重点企业碳排放核查工作启动，开始进行第一批重点企业碳排放核查工作，主要对耗能10万吨标准煤以上重点企业展开核查。

中旬　赣州市中心城区快速路网规划方案基本完成，最快在“十三五”末期，赣州将逐步建成“四横六纵一环”快速路网。赣州市中心城区快速路网的建设，将为赣州建设省域副中心城市、打造全国重要的区域性综合交通枢纽、四省通衢现代化中心城市提供重要支撑，让赣州市中心城区与对外交通系统实现“无缝对接”。

中旬　中共赣州市委印发《关于加强市纪委派驻机构建设的实施意见》。该意见指出，通过新设、调整、划转、调剂等方式，市纪委派驻机构以综合派驻为主、单独派驻为辅，实行统一名称、统一管理，按照全面派驻、分类设置、职能明确、权责一致的原则，改革完善派驻机构领导体制和工作机制，共配备编制134名，向市一级党和国家机关设置派驻纪检组30家，撤销20家市纪委派出(驻)机构，撤销35家市监察局派驻监察机构，不再保留12家市一级党和国家机关等单位本级内设纪检监察机构(不含机关纪委)。

中旬　江西省就推进装配式建筑发展印发指导意见，明确提出赣州、南昌、上饶、抚州、吉安、九江等地为全省装配式建筑发展试点城市。

中旬　中央、省财政下达赣州市2016年保障性安居工程专项资金11亿元，其中市中心城区5.3亿元。

22—24日　中共中央政治局常委、国务院总理李克强在江西就推动经济社会发展进行考察。中共中央书记处书记、国务委员兼国务院秘书长杨晶随同考察。省委书记鹿心社，省委副书记、代省长刘奇陪同考察。省委常委、市委书记李炳军在赣州陪同考察。22日，李克强在赣州市考察。先后到赣州市经济技术开发区孚能科技(赣州)有限公司等企业、章贡区解放街道姚衙前棚户区和福寿沟、瑞金市黄柏乡坳背岗万亩无公害脐橙基地和叶坪乡黄沙村华屋小组考察指导，并专程到瑞金叶坪旧址群，向红军烈士纪念塔敬献花篮。国务院常务副秘书长肖捷，国家发展改革委主任徐绍史，工业和信息化部部长苗圩，财政部部长楼继伟，水利部部长陈雷，国务院研究室主任黄守宏，国家行政学院常务副院长马建堂，国家林业局局长张建龙，总理办公室主任石刚随同考察。

23日　中央网信办主办的“长征路上奔小康”网络媒体“走转改”大型主题采访活动启动仪式在于都县中央红军长征出发地纪念园举行。中央网信办副主任任贤良，省委常委、省委宣传部部长陈俊卿出席仪式并为采访团授接力棒。任贤良为采访团授旗并宣布活动正式启动。

23—25日　新华社社长、党组书记蔡名照在赣州市调研。省委常委、市委书记李炳军会见蔡名照一行。

29日　十八届中央委员、国务院国有资产监督管理委员会党委书记、中共中央组织部赴江西干部考察组组长张毅在赣州市调研。省委常委、市委书记李炳军等陪同调研。

30日　市中心城区道路停车自助缴费系统“赣州慧停车”全部安装到位。该系统可通过感应器实时准确记录对应泊位的停车信息，并将信息上传至远程服务器，车主可通过微信网络支付停车费。由此，赣州成为全省首个通过手机客户端支付停车费，实现智能化停车的城市。

30—31日　中国农业发展银行行长祝树民一行在赣州市考察调研。省委常委、市委书记李炳军陪同。

31日　省委常委、市委书记李炳军在赣州会见工信部原材料司巡视员、稀土办主任贾银松一行。

下旬　赣州市印发《关于深化供销合作社综合改革的实施意见》。“实施意见”对为农服务、基层组织、联合社治理、社有企业运营、加强领导五大方面提出具体意见。

下旬　市委、市政府印发《关于支持赣州经济技术开发区加快发展的意见》。该意见从改革体制机制、推进创新创业、进一步扩大开放、优化发展环境、加强组织领导等五方面提出具体措施，努力把赣州经济技术开发区建设成为带动赣南苏区振兴发展的重要载体、开放型经济和吸引外资的核心区和排头兵、产业发展和创新驱动的示范区。

9月

1日　省委常委、市委书记李炳军到赣州市中心城区，调研城市建设管理工作。

2日　市委全面深化改革领导小组第六次全体(扩大)会议在赣州召开。省委常委、市委书记、市委全面深化改革领导小组组长李炳军主持会议并讲话。市委全面深化改革领导小组副组长、成员，9个专项小组副组长、联络员，赣州经济技术开发区党工委书记、各县(市、区)委书记，以及部分市直单位和市委改革办有关负责人参加会议。

同日　全市领导干部会议召开。会议传达学习国务院总理李克强在江西和赣州考察指导时的重要讲话精神，坚定信心，感恩奋进，推动各项工作再上新台阶。省委常委、市委书记李炳军出席会议并讲话。市四套班子副厅级以上领导，市中级人民法院院长、市人民检察院检察长，赣南苏区振兴发展工作办公室主任，赣州、龙南经济技术开发区党工委书记、管委会主任，赣州师范高等专科学校党委书记、校长，市政府党组成员、市长助理，市人大常委会、市政府、市政协秘书长，市四套班子副秘书长，各县(市、区)委书记、县(市、区)长，瑞金经济技术开发区党工委书记、管委会主任，市委各部门、市直各单位、各人民团体副县级以上干部，及驻市各单位主要负责人参加会议。

同日　赣州市“市直机关大讲堂”第12期开讲。九次方大数据创始人、贵阳大数据交易所执行总裁王叁寿应邀作题为《大数据与赣州发展》的专题讲座。省委常委、市委书记李炳军等在家的市四套班子副厅级以上领导和市委中心组成员，各县(市、区)委书记或县(市、区)长，市直、驻市各单位及部分企业负责人参加讲座。

2—3日　国家卫生计生委党组书记、主任李斌在赣州市调研，并出席2016年“服务百姓健康行动”全国大型义诊活动周启动仪式。省委常委、市委书记李炳军，副省长谢茹，省政府副秘书长陈敏，省卫生计生委主任李利等分别陪同相关活动。国家中医药管理局副局长闫树江，中央军委后勤保障部卫生局局长李清杰，国家卫生计生委办公厅主任于学军，国家卫生计生委医政医管局局长张宗久，北京医院院长、中国科学院院士曾益新随同。3日，以“传承长征精神　义诊服务百姓”为主题的“服务百姓健康行动”全国大型义诊活动周启动仪式在瑞金市举行。

3—4日　中共中央政治局委员、国务院副总理刘延东到江西考察指导科技医疗教育文化等方面工作并到赣州瑞金市调研。国务院副秘书长江小涓、科技部副部长徐南平、国家卫生计生委有关负责人随同，省领导鹿心社、刘奇、黄跃金、李炳军等分别陪同。

4—6日　国家信访局副局长李皋在赣州市调研信访工作。省委副秘书长、省信访局局长刘义砑陪同。

6日　赣州市启动2017届困难高校毕业生一次性求职创业补贴申请工作。驻市高校有就业愿望并积极求职的城乡居民最低生活保障家庭、残疾或已获得国家助学贷款的2017届毕业生，可享一次性1000元的求职创业补贴。

6—7日　国家旅游局副局长魏洪涛、全国红十字会办公室常务副主任罗迪辉一行在赣州市调研旅游业发展情况。

7日　中共中央宣传部组织的全国重点新闻媒体纪念红军长征胜利80周年“重走长征路”主题采访报道活动，在瑞金市叶坪红军广场启动。中共中央宣传部新闻局局长明立志出席并讲话。

同日　赣州市教育局印发《赣州市示范幼儿园评估标准》，提出通过示范幼儿园起到带动作用，尽快实现每个县(市、区)至少有1所省示范幼儿园，每个乡(镇)至少有1所市示范幼儿园的目标。

8日　全市领导干部专题培训班在市委党校举办。省委常委、市委书记李炳军出席并作辅导报告。市四套班子副厅级以上领导，市中级人民法院院长、市人民检察院检察长，赣南苏区振兴发展工作办公室主任，市委各部门、市直及驻市各单位、各人民团体主要负责人；全市新提任县处级领导干部专题培训班全体学员等在主会场参加会议。各县(市、区)四套班子成员，赣州、龙南、瑞金经济技术开发区党政班子成员；各县(市、区)、赣州经济技术开发区换届新提任的正科级干部，乡镇(街道)党政主要负责人在各县(市、区)分会场参加会议。

同日　省委常委、市委书记李炳军到市中心城区看望慰问部分教职工，代表市委、市政府向广大教师和教育工作者致以节日祝贺，并就教育工作进行调研，现场解决实际问题。

上旬　于都县利村乡村民王来福被当地政府追授“见义勇为先进个人”称号，其家属获保险公司70万元赔偿，成为江西省实施见义勇为保险制度以来的首例赔案。

上旬　赣州市柑桔科学研究所院士工作站、畜牧研究所院士工作站两个市级院士工作站获市财政局经费运行补助各20万元。

上旬　赣州市科技企业孵化器被认定为第一批省级科技企业孵化器。

上旬　赣州市印发《赣州市推进“互联网+”协同制造实施意见》。该意见提出，实施“互联网+”行动的主要任务是：深化企业应用，推动生产方式智能化转型；开展示范建设，提升产业互联网发展水平；打造智慧园区，促进产业集群高端化发展；培育新兴业态，构建“互联网+”支撑体系。

12日　江西(赣州)首届新媒体峰会暨赣南报业“前端”新闻客户端上线发布会举行。“前端”是赣南日报社(报业集团)倾心打造的“新闻+服务”的综合类新闻客户端，以立体报道权威新闻、互动传播主流舆论、贴心提供生活服务为己任，集新闻资讯、网络问政、生活服务、移动商城、互动报料五大功能于一身。

同日　中共赣州市委在赣州召开全市领导干部会议，宣布中共江西省委关于市政府主要领导调整的决定。经省委常委会研究决定，曾文明任赣州市委委员、常委、副书记，提名为赣州市政府市长候选人。冷新生不再担任赣州市委副书记、常委、委员职务，提名免去其赣州市政府市长职务，另有任用。市长的任免需依法办理。省委常委、市委书记李炳军主持会议并讲话。受省委委派，省委组织部副部长兼省人大常委会选任联工委主任龚绍林出席并讲话。

同日　中共赣州市委四届九次全体会议召开。省委常委、市委书记李炳军主持会议，曾文明、王林云、张圣泽、刘文华、马玉福、彭业明、李恭进、唐舒龙、陈庆阳、胡雪梅、刘建平、张晓宁、高峰等市委常委出席会议。市委常委、市委组织部部长张圣泽等就赣州市出席省第十四次党代会代表候选人初步人选作说明。全会酝酿并圈选确定赣州市出席省第十四次党代会代表候选人预备人选

同日　赣州市在杭州市举办现代农业产业项目招商推介会，现场签约项目30个，签约总金额65.59亿元。浙江省农办副主任严杰受邀出席招商推介会。

同日　省委常委、市委书记李炳军主持召开县(市、区)委书记座谈会，就市第五次党代会报告征求县(市、

区)委意见。

同日　市委副书记曾文明就当前经济运行情况听取市发改委、市工信委、市统计局等市直经济综合部门的汇报，并进行调度部署。

13日　市委副书记曾文明到市中心城区看望慰问池宝库、胡国铤、周英棠、王昭悠、赖联明等老干部。

同日　全市安全维稳工作调度会召开。市委副书记曾文明出席并讲话。市安监局、市信访局、市委维稳办、市金融工作局、市房管局、市食药监局等部门负责人分别发言。

14日　市委副书记曾文明到市防汛指挥部，听取防御台风“莫兰蒂”各项准备的汇报，部署防御工作。

同日　中国供销赣南脐橙交易中心升级为国家级赣南脐橙批发市场。落户于安远城北工业园区的中国供销赣南脐橙交易中心项目占地32.4公顷，分两期建设，投资总额约8亿元。项目建成后，将实现赣南地区70%至80%的脐橙果品交易，年交易量达100万吨，年交易额30亿元，可提供就业岗位1.5万个。

同日　市委副书记曾文明到赣州经济技术开发区部分项目建设现场、企业车间，调研工业经济运行情况。

15日　市委副书记曾文明到市中心城区、赣州经济技术开发区调研城市建设工作。

16日　市委副书记曾文明到信丰县、龙南县调研。

18日　受孔子学院总部/国家汉办委派，赣南师范大学非洲巡演团启程赴塞拉利昂等非洲3国开展为期半个月的文艺巡演。

同日　重大革命历史题材电视连续剧《毛泽东在寻乌》剧本创作研讨会在北京举行。

同日　省委常委、市委书记李炳军主持召开座谈会，就市第五次党代会报告征求党外人士和专家学者的意见。

同日　市委副书记曾文明主持召开全市精准扶贫工作汇报会，听取14个市直单位的情况汇报。

18—20日　省委常委、省纪委书记周泽民在寻乌县调研脱贫攻坚工作。省委常委、市委书记李炳军出席相关活动。市委副书记曾文明等分别陪同。

19日　省委常委、市委书记李炳军主持召开座谈会，听取离退休老干部代表对市第五次党代会报告的意见和建议。

19—20日　省政协副主席、九三学社省委会主委、省科协主席李华栋率队在赣州市调研城市物流配送中心建设并召开座谈会。省委常委、市委书记李炳军出席相关活动。

19—20日　省政协副主席汤建人率省政协视察组在赣州市就《江西省人民政府加快发展体育产业促进体育消费的实施意见》贯彻落实情况开展专题视察。省委常委、市委书记李炳军出席相关活动。

20日　省委常委、市委书记李炳军到赣州西站和赣州赣江特大桥施工现场，就昌赣客专项目建设进展情况进行调研。

20—23日　“聆听历史回响　思考中国奇迹”纪念红军长征胜利80周年中外青年学者交流活动在赣州市进行。活动由中央网信办指导，人民网牵头组织。

20—24日　全国政协常委、邓小平思想生平研究会会长杨胜群一行在赣州市调研邓小平思想和生平事迹，并在瑞金市出席“我是中国人民的儿子——邓小平生平”图片展开展仪式。

中旬　赣州城投集团与太平洋资产管理有限责任公司对接，以城投集团子公司——赣州振兴实业有限责任公司作为融资主体融资18亿元，期限3年。到位10亿元资金，剩余未提取的8亿元资金将在1年内提取完毕，该资金将全部用于赣州市中心城区棚户区改造项目。

21日　中共赣州市委四届十次全体会议在赣州召开。全会由市委常委会主持。省委常委、市委书记李炳军出席会议并讲话。市领导曾文明等参加。会议审议通过第四届市委工作报告(草案)，审议通过第四届市纪委工作报告(草案)，审议通过市第五次党代会召开的日期。会议决定，9月23日至26日召开市第五次党代会。

同日　南康国家级物流服务标准化试点工作通过专家组验收。

22日　全市重大项目推进会在赣州市召开，市委副书记曾文明出席会议并讲话。

22—23日　人民日报社、新华社、光明日报社、经济日报社等11家中央媒体记者一行在赣州市开展“秋水长天　水美中国”主题采访活动，宣传赣州在水土保持方面所取得的成绩和经验做法。

23日　赣州综合保税区首家企业在海关注册。江西慧谷供应链管理有限公司在赣州综合保税区顺利完成海关企业注册备案手续，该企业是赣州综合保税区引进的第一家企业，也成为全省首家正式在综合保税区海关注册备案的企业。

同日　中国共产党赣州市第五次代表大会在赣州市青少年活动中心学术报告馆举行预备会议。省委常委、市委书记李炳军主持会议。

同日　省委常委、市委书记李炳军，市委副书记曾文明等到各代表团住地，看望出席市第五次党代会的代表。

24日　中国共产党赣州市第五次代表大会在赣州召开。该次大会应到代表590人，实到代表583人，符合规定人数。李炳军、曾文明等大会主席团常务委员会成员在主席台就座。省委党代会指导组组长、省委组织部副部长兼省人大常委会选任联工委主任龚绍林，省换届风气督查组组长刘东明等出席会议并在主席台就座。大会由曾文明主持。李炳军向大会作题为《打好攻坚战，同步奔小康，让赣南老区人民过上富裕幸福的生活》的报告。根据大会安排，中共赣州市第四届纪律检查委员会以书面形式向大会报告工作，市委组织部以书面形式向大会报告党费收缴使用管理情况。大会还邀请不是市第五次党代会代表的第四届市委、市人大常委会、市政府、市政协领导干部，赣州军分区司令员，担任过正地(厅)级实职现居住在赣州的老干部，各民主党派、工商联负责人，以及无党派知名人士的代表参加大会。不是市第五次党代会代表的党员市领导，第四届市委委员、候补委员和市纪委委员，部分市直机关、企事业单位党组织或行政负责人，部分中央、省驻市单位党组织或行政负责人列席大会。

26日　中国共产党赣州市第五次代表大会在赣州闭幕。大会主席团常务委员会成员李炳军、曾文明等在主席台前排就座。李炳军主持大会。出席大会的应到代表590人，实到代表582人，符合规定人数。大会以无记名投票方式，民主选举出中共赣州市第五届委员会委员、候补委员，中共赣州市第五届纪律检查委员会委员和出席省第十四次党代会代表。大会通过《中国共产党赣州市第五次代表大会关于中共赣州市第四届委员会报告的决议》《中国共产党赣州市第五次代表大会关于中共赣州市第四届纪律检查委员会工作报告的决议》。

同日　中国共产党赣州市第五届委员会第一次全体会议在赣州举行。出席会议的市委委员应到72名，实到68名；候补委员应到13名，实到12名。符合规定人数。受中国共产党赣州市第五次代表大会主席团的委托，李炳军主持会议。全会以无记名投票方式，选举李炳军、曾文明等为中共赣州市第五届委员会常务委员会委员。全会选举李炳军为市委书记，曾文明、王林云为市委副书记。全会通过中共赣州市第五届纪律检查委员会第一次全体会议选举结果的报告。新当选的市委书记李炳军代表新一届市委常委班子讲话。省换届风气督查组组长刘东明到会指导。新当选的中共赣州市第五届纪律检查委员会委员列席会议。

26—27日　工信部副部长刘利华在赣州市调研对口支援章贡区、赣州经济技术开发区及省部共建江西理工大学有关工作。市委副书记曾文明等陪同调研。

29日　市四届人大常委会召开第三十五次会议。会议审议通过市人大常委会关于接受冷新生辞去市政府市长职务的请求的决定，决定任命曾文明为市政府副市长、代理市长职务。市人大常委会主任陈晓春主持会议。会议审议通过市人大常委会关于接受周光华、刘建萍、黄金龙辞去市政府副市长职务的请求的决定；审议通过市人大常委会关于接受郭玉元辞去市中级人民法院院长职务的请求的决定，以及胡火箭辞去市人民检察院检察长职务的请求的决定；决定任命邹宇平为市中级人民法院副院长、代理院长，任命江阶虎为市人民检察院副检察长、代理检察长。会议还审议相关人事任免议案。曾文明与市人大常委会组成人员见面并发言。

30日　赣州市举行烈士纪念日向烈士敬献花篮仪式。市委副书记、代市长曾文明等出席仪式。市四套班子领导，赣州军分区班子成员，市中级法院代理院长，市检察院代理检察长，国家部委对口支援赣州挂职干部代表，市委各部门、市直及驻市有关单位、各人民团体主要负责人，老干部、老战士及烈士亲属代表，解放军、武警官兵和公检法干警代表，以及学生代表等共1200多人参加敬献花篮仪式。各县(市、区)分别在分会场开展“烈士纪念日”纪念活动，并举行网上祭奠活动。

同日　市委中心组召开专题学习会，中心组成员集中观看监察部副部长王令浚在省委中心组学习会上作的《中国共产党问责条例》专题辅导报告。市委副书记、代市长曾文明等及其他市委中心组成员出席。市领导唐舒龙传达相关通报，有关部门负责人列席。

下旬　市委副书记、代市长曾文明到上犹江引水工程一期暨龙华水厂等项目现场，指导项目建设前期工作。

下旬　兴国至泉州铁路宁化至泉州段先行工程在福建三明市清流县开工建设。该次开工的先行标全长26.8千米，主要工程包括特大桥3座、隧道6座。兴泉铁路正线全长461千米，其中兴国至宁化段159千米，宁化至泉州段302千米，是一条设计时速160千米、客货兼顾、单线电气化的铁路。

10月

6日　市委副书记、代市长曾文明到于都县，调研主攻工业、精准扶贫、新型城镇化等工作。

8日　市委副书记、代市长曾文明调度昌赣客专西站等重大城建项目建设工作。

9日　全市主攻工业工作推进会召开。市委副书记、代市长曾文明出席会议并讲话。会议传达省长刘奇对全省工业经济运行工作做出的重要批示精神，通报全省工业经济运行情况和全市1月至8月主攻工业工作情况。

10日　国家发改委正式批复建设赣州至深圳铁路可行性研究报告，同意建设赣州至深圳铁路。赣州至深圳铁路位于赣粤两省，线路从在建昌赣客专赣州西站引出，经赣州市南康区、信丰县、全南县、龙南县、定南县，广东省河源市、惠州市和东莞市，接入深圳市深圳北站，线路全长432千米(赣州境内136千米)，全线共设14个车站(赣州境内新设信丰西、龙南东、定南西站)。项目总投资为641.3亿元，建设工期4年，主要技术标准为高速铁路、双线、设计行车速度350千米/小时。

10—11日　中国开发性金融促进会联合赣州市人民政府、中国市长协会、中国产业发展促进会、中国社科院蓝迪国际智库、亚太旅游协会等机构在赣州举办南北“4+8”地区绿色发展座谈会暨论坛。10日，南北“4+8”地区绿色发展论坛举行。南北“4+8”地区是指内蒙古、黑龙江、吉林、辽宁等北方四省(自治区)和福建、江西、湖南、四川、广东、广西、贵州、云南等南方八省(自治区)。住建部原副部长、中国市长协会副会长齐骥，国家开发银行原副行长、中国开发性金融促进会执行副会长李吉平，中国产业发展促进会副会长于士和，黑龙江省大兴安岭地委书记贾玉梅，国务院三峡办水库管理司司长阮利民，赣州市委副书记、代市长曾文明，国家开发银行江西省分行行长吴守华，中国品牌建设促进会秘书长郑志受，赵多仙等领导出席论坛，中国开发性金融促进会秘书长邢军主持论坛。住建部村镇司副司长王旭东，农业部种植业管理司副司长何才文，国家发改委城市和小城镇改革发展中心副主任邱爱军，中国市长协会小城市(镇)发展专业委员会执行主任杨天举在论坛上分别作演讲。11日，南北“4+8”地区绿色发展座谈会召开。会议旨在贯彻落实五大发展理念，以绿色发展为抓手，促进中国北方四省(自治区)和南方八省(自治区)资源联通、协作发展，助力新型城镇化、生态扶贫、特色小镇和生态文明建设。全国政协副主席、中国开发性金融促进会会长陈元出席并讲话。全国人大外事委员会副主任委员、中国社科院蓝迪国际智库项目专家委员会主席赵白鸽，省委常委、市委书记李炳军分别致辞。会议期间，赣州市人民政府与中国开发性金融促进会签署战略合作协议；启动“中国特色小镇投资基金”。国家发展改革委、住建部、农业部、国家开发银行等有关司局负责人，内蒙古、黑龙江、吉林、辽宁、福建、江西、湖南、四川、广东、广西、贵州、云南等“4+8”省(自治区)的地方政府代表和企业代表参加会议。

10—12日　由全国政协副主席卢展工率队，全国政协教科文卫体委员会组织部分文化艺术界委员及文艺工作者在赣州市考察调研基层公共文化建设情况并开展送文化下基层活动。全国政协常委、科教文卫体委员会副主任胡振民，全国政协常委苏士澍、李羚，全国政协委员杨承志、陈晓光、曹育民、刘兰芳等参加调研。省政协主席黄跃金出席并主持座谈会，省委常委、市委书记李炳军会见调研组一行并陪同调研，省政协副主席汤建人出席座谈会，省讲师团团长黄小蓉汇报江西省基层公共文化建设工作情况，市委副书记、代市长曾文明汇报赣州市基层公共文化建设工作情况。省政协秘书长肖为群、省政协教科文卫体委员会主任龚林儿等出席座谈会陪同调研。

上旬　国家口岸办同意“赣州铁路国际集装箱货场”作为临时口岸对外开放，且时效不限，直至作为一类口岸正式对外开放。

上旬　“十一”黄金周期间，赣州市共接待游客481.3万人次，同比增长33.12%；旅游总收入24.05亿元，同比增长39.38%。过夜游客为128.3万人次，同比增长16.16%；一日游游客353.25万人次，同比增长40.68%。其中，红色旅游接待人数155.5万人次，同比增长24.3%；旅游收入3.81亿元，同比增长40.69%。

上旬　省财政正式下达赣州市2016年均衡性转移支付增量资金7.58亿元。加上年初提前下达的均衡性转移支付资金26.32亿元，赣州市2016年获得均衡性转移支付资金33.9亿元，同比增长28.8%。

11—13日　全国政协副主席、中国开发性金融促进会会长陈元一行在赣州市调研生态文明建设工作。全国人大外事委员会副主任委员、中国社会科学院蓝迪国际智库项目专家委员会主席赵白鸽，省委常委、市委书记李炳军，中国开发性金融促进会执行副会长李吉平，省政协副主席胡幼桃，市委副书记、代市长曾文明等领导陪同调研。

11—13日　国家质检总局副局长、党组副书记梅克保一行在赣州市调研赣州港进境木材国检监管区和对口支援有关工作，并为中国内陆口岸(江西)国检监管试验区揭牌。省委常委、市委书记李炳军出席相关活动。江西出入境检验检疫局局长温珍才，省质监局局长王福平，市委副书记、代市长曾文明陪同或出席揭牌仪式。

12日　海关总署党组成员、国家口岸管理办公室主任黄胜强在赣州市调研并为赣州铁路口岸揭牌。省委常委、市委书记李炳军在瑞金市会见黄胜强一行。南昌海关关长肖军，市委副书记、代市长曾文明陪同或出席揭牌仪式。

12—15日　中共中央政治局委员、中央书记处书记、中宣部部长刘奇葆在江西调研。调研期间，刘奇葆到南昌市和吉安市井冈山，赣州市瑞金、寻乌、于都等市县，瞻仰革命历史纪念设施、缅怀革命先辈丰功伟绩；深入企业、村户和宣传文化单位，考察革命文化保护、新闻宣传、文化扶贫等情况，与基层干部群众座谈交流。刘奇葆强调，要深入学习贯彻中共中央总书记习近平系列重要讲话精神，传承弘扬红色传统，用革命先辈创造的伟大井冈山精神、长征精神滋养社会主义核心价值观，引导人们重温历史、不忘初心，汲取力量、继续前进，走好新的长征路。中宣部副部长孙志军，文化部党组成员、国家文物局局长刘玉珠等随同调研；省领导鹿心社、刘奇、李炳军、朱虹、龚建华、陈俊卿、姚亚平，市领导曾文明等分别陪同。

14日　市委中心组召开“两学一做”学习教育专题学习会，围绕“艰苦奋斗攻难关”主题，中心组成员在自学基础上，进行集体研讨交流。省委常委、市委书记李炳军主持并讲话。市委副书记王林云在会上传达《中共中央关于学习〈胡锦涛文选〉的决定》。会上书面传达学习《中共中央总书记习近平在学习〈胡锦涛文选〉报告会上的讲话》，党史专家还作专题辅导报告。

同日　赣州市与福建省龙岩市在南昌市签署合作框架协议书。经协议商定，双方将在经济社会各领域开展全面战略合作，实现优势互补、资源共享、合作发展。市委副书记、代市长曾文明与龙岩市委副书记、代市长林国耀分别代表赣州市政府、龙岩市政府签署《江西省赣州市与福建省龙岩市合作框架协议书》。

16日　省支持赣南苏区振兴发展工作推进会在赣州市召开。省委常委、市委书记李炳军出席会议并讲话。省委常委、常务副省长毛伟明主持并讲话。省政府副秘书长涂琼理出席会议，市委副书记、代市长曾文明汇报赣南苏区振兴发展工作情况，省发改委主任吴晓军就赣州市提请协调解决的重大事项进行答复。省发改委、省编办、省工信委、省教育厅、省财政厅、省交通运输厅、省水利厅、省林业厅、省环保厅、省旅发委、省质监局、南昌铁路局、省铁路投资集团公司、江西中烟工业公司等省直部门和有关企业负责人发言。

同日　第十四届赣台(南昌)经贸文化合作交流大会召开。市委副书记、代市长曾文明率赣州代表团出席开幕式及重点项目签约仪式。赣州市的3个台资入赣项目上会签约，投资总额达6.32亿美元。这3个项目是：章贡区、定南县、赣州经济技术开发区分别与台湾客商签约的大润发超市(旺达店、达芬奇店)、原产台湾红标鸡高科技生态养殖和现代精深加工项目、新能源汽车整车生产项目。

16—18日　省委常委、常务副省长毛伟明在赣州市调研。省委常委、市委书记李炳军出席相关活动。省政府副秘书长涂琼理，市委副书记、代市长曾文明等领导陪同调研或出席相关活动。

16—18日　省人大常委会执法检查组在赣州市开展《中华人民共和国文物保护法》执法检查，并召开相关座谈会。省人大常委会副主任马志武带队。省委常委、市委书记李炳军出席相关活动。

17—18日　中央纪委驻财政部纪检组组成的调研组在赣州市调研赣南苏区振兴发展和对口支援工作，并召开赣南苏区振兴发展工作座谈会。

18日　纪念红军长征胜利80周年暨江西军区旧址历史陈列开展仪式在兴国县举行。省委常委、常务副省长毛伟明，中央军委国防动员部政治工作局副主任卢玉杰出席并讲话。

19日　应德国博世集团、西门子集团，冰岛外交部双边关系司、海港市政府，芬兰乌尔维拉市政府和尼欧联有限公司的邀请，经中央外办批准，省委常委、市委书记李炳军率赣州市友好访问和经贸洽谈团赴德国、冰岛和芬兰进行为期10天的访问。访问期间，代表团将考察世界知名企业，与有关企业高层进行会谈、签订协议，推介新能源汽车项目、赣州钨和稀土深加工产品，促进双方在钨和稀土材料方面的经贸技术合作。与有关城市市长会谈，推动与建立友好合作关系，建立常态化交流合作机制，在经贸、文化等领域开展务实交流和合作。

同日　江西省政府和广东省政府在南昌市签署东江流域上下游横向生态补偿协议。环保部副部长李干杰，省委常委、常务副省长毛伟明，副省长郑为文，广东省副省长许瑞生，江西省财政厅厅长胡强，省环保厅厅长邓兴明，市委副书记、代市长曾文明出席签署仪式。

同日　赣州综合保税区正式通关运行。

19—20日　环境保护部副部长李干杰一行到崇义县调研对口支援工作。副省长、省公安厅厅长郑为文，省环保厅厅长邓兴明，市委副书记、代市长曾文明等陪同调研。

中旬　赣州市印发《赣州市富硒产业发展工作方案》。

中旬　省质监局正式批复，同意在瑞金市产品质量监督检验所的基础上，筹建江西省电线电缆产品质量监督检验中心(瑞金)。

中旬　财政部等20个部委联合印发《关于联合公布第三批政府和社会资本合作示范项目加快推动示范项目建设的通知》，公布第三批国家示范项目，赣州市有5个项目入选，项目总投资34.86亿元。5个项目分别是：章贡区环卫工程提升暨停车场建设运营项目，总投资0.85亿元；赣州经济技术开发区保障性安居工程与标准厂房项目，总投资24.03亿元；南康区公共服务(一期)工程项目，总投资4.8亿元；瑞金市文化艺术中心综合开发建设项目，总投资4.01亿元；会昌县生活垃圾综合处理项目，总投资1.17亿元。

中旬　最高人民法院党组书记、院长周强在赣州市调研司法改革、诉讼服务、信息化建设和执行工作等。省委常委、省纪委书记周泽民，省委常委、市委书记李炳军，省高级人民法院院长葛晓燕陪同调研。最高人民法院办公厅主任于厚森等领导陪同调研。

中旬　最高人民检察院党组书记、检察长曹建明在赣州市检察机关调研并召开座谈会。省委常委、市委书记李炳军，省检察院党组书记、检察长刘铁流，最高人民检察院办公厅主任王松苗等领导陪同调研或出席座谈会。

中旬　赣州经济技术开发区印发《关于降低企业成本优化发展环境的若干政策措施》，共印发10条措施，在提供品牌创建、推进科技成果转化、鼓励企业申请专利等多方面，为企业提供优惠政策支持。

中旬　省政府印发通知，按国务院有关批复精神，同意撤销赣县，设立赣州市赣县区。以原赣县的行政区域为赣州市赣县区的行政区域，区人民政府驻梅林大街5号(原赣县人民政府驻地)。调整后，赣州市辖3区、1市、14县。市城区面积5416平方千米，总人口约218万人。12月28日，赣县区正式揭牌。

中旬　在中国工农红军长征胜利80周年之际，省委常委、市委书记李炳军在赣州市中心城区看望慰问百岁老红军王承登、吴清昌，为老红军颁发由中共中央、中央军委授予的中国工农红军长征胜利80周年纪念章，并发放慰问金，向他们致以崇高敬意和亲切问候，祝福他们身体健康、生活幸福。

中旬　国家发改委印发《关于支持各地开展产城融合示范区建设的通知》，确定全国首批58个产城融合示范区。赣州市产城融合示范区成功入选，是全省两个获批建设的国家级产城融合示范区之一。

中旬　在中央国家机关工委组织的“两学一做”典型案例征集活动中，赣州市直机关工委报送的《机关党建在线考核倒逼“两学一做”有效落实》获评为最佳案例，系江西省唯一获此殊荣的案例。

中旬　国家林业发展“十三五”规划正式明确，江西省纳入南方经营修复区和长江(经济带)生态涵养带两大生态战略区域。其中，赣州被纳入南方经营修复区范围。南方经营修复区范围包括赣州、吉安、抚州、宜春等72个县(区、市)。

23日　市委副书记、代市长曾文明到赣州九方、华润中心、赣南客家美食城等地，调研城市综合体运营等情况。

同日　市委副书记、代市长曾文明到章贡区、赣县等地，调研交通基础设施重点项目。

24—28日　国家统计局党组副书记、副局长张为民率国务院扶贫开发领导小组脱贫攻坚工作督查组在赣州市开展脱贫攻坚督查工作。市委副书记、代市长曾文明陪同调研。

25日　省委常委、省委宣传部部长陈俊卿在石城县调研。市委副书记、代市长曾文明陪同。

25—26日　市委副书记、代市长曾文明到石城县调研。

27日　工信部副部长刘利华一行到赣州经济技术开发区、章贡区调研对口支援工作。工信部政策法规司司长李巍，工信部稀土办主任贾银松等随同调研，市委副书记、代市长曾文明出席相关活动。

29日至11月3日　省委赴赣州"两会"指导组、省换届风气督查组在赣州市开展"两会"指导及换届风气督查等工作。

30日　政协赣州市第五届委员会第一次会议在市青少年活动中心学术报告馆召开。会议应出席委员475名，实际出席委员451名，符合政协章程规定。赣州市政协五届一次会议主席团常务主席刘建平主持开幕大会。大会主席团常务主席曾凡、肖明华、姚勇、谢宝河、华旭明、廖志刚、邹军、蓝赟、孔刃非、明心平等出席。省委常委、市委书记李炳军参加并发表重要讲话，市领导曾文明等应邀出席。

31日　赣州市第五届人民代表大会第一次会议在赣州召开。大会应到代表544人，实到代表527人，请假17人，符合法定人数。大会执行主席曾文明等出席。代市长曾文明代表赣州市人民政府向大会作工作报告。

下旬　省政府多部门联合印发通知，拟在17个罗霄山片区贫困县和8个省定片区贫困县开展特色农业保险以奖代补试点工作。其中，赣州市南康区、赣县、兴国县、宁都县、会昌县、寻乌县、安远县、于都县、上犹县、瑞金市、石城县在列。

11月

1日　赣州市政协五届一次会议在赣州市青少年活动中心学术报告馆闭幕。新当选的市政协主席刘建平在闭幕大会发表讲话。大会由市政协副主席曾凡主持。市领导李炳军、曾文明等在主席台就座。会议通过市政协五届一次会议决议、市政协五届一次会议提案审查委员会关于五届一次会议提案审查情况的报告。

3日　赣州市第五届人民代表大会第一次会议，在市青少年活动中心学术报告馆闭幕。大会执行主席李炳军、曾文明等在主席台就座。大会审议批准政府工作报告和各项报告，确定赣州市今后五年经济社会发展的奋斗目标和任务；依法选举产生新一届市人大常委会组成人员，市人民政府市长、副市长，市中级人民法院院长、市人民检察院检察长。大会主席团常务主席、省委常委、市委书记李炳军发表讲话。新当选的市人民政府市长曾文明在闭幕大会上讲话。大会主席团常务主席、新当选的市五届人大常委会主任陈晓春主持闭幕大会。会议通过《赣州市立法条例》；通过关于政府工作报告的决议，通过关于赣州市人大常委会工作报告的决议，通过关于赣州市中级人民法院工作报告的决议，通过关于赣州市人民检察院工作报告的决议。

同日　赣州市五届人大一次会议新当选的市一级国家机关工作人员集体向宪法宣誓。省委常委、市委书记、大会主席团常务主席李炳军监誓，市委副书记、市长、大会主席团常务主席曾文明参加宣誓。此次向宪法宣誓的人员有：赣州市第五届人民代表大会常务委员会主任、副主任、秘书长、委员，市人民政府市长、副市长，市中级人民法院院长。新当选的市人民检察院检察长需报经省人大常委会批准后，再进行宪法宣誓。

3—4日　福建省龙岩市党政代表团在赣州市考察，并就进一步深化双方在经济社会各领域的战略合作进行座谈交流。省委常委、市委书记李炳军与龙岩市委书记李德金及代表团一行在赣州座谈。市委副书记、市长曾文明等分别参加相关活动。

5日　2016年赣南脐橙开始采摘。

5—6日　省政府副省长殷美根一行在赣州市调研。省政府副秘书长刘晓艺、省教育厅厅长叶仁荪随同调研。省委常委、市委书记李炳军出席相关活动，市委副书记、市长曾文明等分别陪同。

6日　省委常委、市委书记李炳军到蓉江新区、赣县，调研城市规划建设与管理、产业发展、棚户区改造等工作。

7日　2016年赣州市创建全国文明城市迎"国检"调度会召开。市委副书记、市长曾文明出席并讲话。

同日　赣州市政府与工商银行江西省分行在赣州签订"十三五"时期战略合作协议。市委副书记、市长曾文明致辞，工商银行江西省分行行长倪百祥出席仪式并讲话。

7—9日　中央党校副校长赵长茂在安远县调研精准扶贫工作。

8日　市委召开中心组学习(扩大)会，邀请有关专家就科技金融、智慧金融和区块链分别作专题讲座。市委副书记、市长曾文明等，共计700多人参加讲座。中国人民大学国际货币研究所联席所长、深圳瀚德金融控股有限公司董事长曹彤，深圳瀚德金融控股有限公司副总裁、首席科学家曹锋，深圳瀚德金融控股有限公司副总裁、首席咨询官赖宇鹏分别作《科技金融》《区块链》和《智慧金融》专题讲座。

同日　全市低质低效林改造动员大会在赣州召开。市委副书记、市长曾文明讲话。会上，各县(市、区)、赣州经济技术开发区向市政府递交责任状。

同日　位于会昌县氟盐化工产业基地的江西九二盐业有限责任公司首期10万吨离子膜烧碱项目正式点火生产，标志着历时8年技术攻关建设、总投资3.56亿元的九二盐业公司离子膜烧碱项目正式投入生产，会昌的制盐业实现向盐化工行业延伸。

9日　市委召开中心组学习(扩大)会，收听收看中央宣讲团在江西省举行中共十八届六中全会精神报告会。报告会主会场设在省行政中心，通过全省政务信息网视频会议系统在各市、县(市、区)设立分会场。市委副书记、市长曾文明等，共计700多人聆听报告会。报告会由中央宣讲团成员、最高人民法院党组成员、副院长姜伟作宣讲报告。

10日　赣州市参加省第十四次党代会的代表在南昌前湖迎宾馆举行第一次全体会议。省委常委、市委书记李炳军，市委副书记、市长曾文明等出席会议。

同日　由中国地质科学院地质研究所研究员吕君昌牵头的科学研究小组，在赣州晚白垩纪(距今6600万年到7200万年间)地层中发现一种恐龙新品种化石，化石很小，连尾巴算上长仅70厘米，有羽毛、头冠。科研人员将其命名为"泥潭通天龙"，相关论文在线发表在今日英国自然出版集团出版的《科学报告》上。

上旬　国家工商总局商标局批复，寻乌县申报的"寻乌蜜桔"注册商标为中国驰名商标。

上旬　赣州市印发《关于促进稀土新材料及应用产业发展若干政策措施的意见》，在财税奖励、金融扶持、用能优惠、品牌推广、人才引进、土地倾斜、简化流程7个方面给予稀土企业政策扶持。

上旬　九江庐山生态旅游示范区等6家单位，被批准为新一批省级生态旅游示范区。赣州市石城县赣江源景区是赣州市唯一入选单位。

上旬　市政府印发《赣州市扶持生物制药产业发展的若干政策》，从财政支持、税收优惠、科技创新、知识产权、金融服务、人才支持6个方面促进生物制药产业创新发展。

14—15日　省委常委、市委书记李炳军在南昌主持召开全市县(市、区)委书记座谈会。市委副书记、市长曾文明等出席。会上，各县(市、区)委书记，以及赣州经济技术开发区、赣州综保区、蓉江新区主要负责人，围绕做好2016年收官工作、谋划2017年工作，在项目建设、产业发展、脱贫攻坚、党的建设等方面，谈思路、提建议、说举措。

15日　西气东输三线东段赣州段实现进气投产，标志着赣州市正式实现双气源供气，赣州市长输管道天然气将由西气东输二线和西气东输三线两个气源同时供气。西气东输三线东段赣州段全长157.20千米，途经赣州市兴国县、于都县、瑞金市，该项目的建成投产将进一步提高全市长输管道天然气供气、储气、调峰能力，增强对沿线县(市、区)供气应急保障能力，为赣州市长输管道天然气用气拴上"双保险"。

17—18日　审计署副审计长、民建中央常委秦博勇一行到会昌县调研对口支援工作。市委副书记、市长曾文明出席相关活动，省审计厅厅长辜华荣等陪同或随同调研。

18日　市委召开全市领导干部会议，学习传达和贯彻落实省第十四次党代会精神，凝心聚力打好"六大攻坚战"、同步奔小康，为实现省党代会确定的目标任务而努力奋斗。省委常委、市委书记李炳军主持会议并讲话。市委副书记、市长曾文明传达省第十四次党代会精神。市政府党组成员、市长助理，市人大常委会、市政府、市政协秘书长，市四套班子副秘书长，市委各部门、市直及驻市各单位、各人民团体主要负责人在主会场参加会议。各县(市、区)设分会场。

同日　全国森林质量提升工作会议在崇义县召开。国家林业局党组书记、局长张建龙，省委常委、副省长尹建业，国家林业局总经济师张鸿文，国家林业局造林绿化管理司司长王祝雄，省政府副秘书长宋雷鸣，省林业厅厅长阎钢军，市委副书记、市长曾文明等领导出席会议。来自全国31个省、自治区、直辖市的林业部门负责人、专家参加会议。

同日　2016年赣南脐橙网络博览会首届电商节在瑞金市黄柏乡坳背岗万亩脐橙基地开幕。

同日　赣州市中心城区2016年第一批公共租赁住房以全程电脑摇号的方式进行摇号分配。共有7392户家庭参与摇号分配，可供房源共计5694套。

19日　赣州市启动"世界橙乡"赣州系列旅游活动。该次系列旅游活动包含3项子活动。其中，11月19—21日，举行2016赣州旅游商品博览会、第一届赣南客家美食文化节；11月19日至12月31日，举行"脐橙采摘季·欢乐赣州行"赣南脐橙采摘旅游季。

同日　2016赣州旅游商品博览会暨赣南脐橙采摘旅游季在市体育中心正式启动。市委副书记、市长曾文明，省旅发委主任丁晓群致辞。

同日　第一届赣南客家美食文化节在赣州市中心城区开幕。市委副书记、市长曾文明致辞，省旅发委主任丁晓群等出席开幕仪式。

20—21日　国家发改委副主任、国家能源局局长努尔·白克力就能源发展和对口支援工作在赣州市调研。省委常委、市委书记李炳军，省委常委、常务副省长毛伟明，省政府副秘书长涂琼理，省发改委党组书记、主任吴晓军，市委副书记、市长曾文明先后陪同调研。

中旬　由新华社半月谈杂志社、中国国情调查研究中心共同主办的第二届生态文明建设高峰论坛暨城市与景区、美丽乡村生态文明成果发布会召开。会上表彰第二届全国生态文明建设城市和景区。赣州市2个县榜上有名，石城县获评"全国十佳生态休闲旅游城市"，上犹县获评"全国美丽乡村创建先进县"。

中旬　赣州市全面启动农村全域规划(2016—2030年)编制工作。用1年时间，全面完成各县(市、区)农村全域规划编制，明确乡村体系，划定除县城以上城市总体规划建设用地以外的所有镇、乡政府所在地集镇、乡村居民点管控边界，确定农村基础设施和公共服务设施建设项目，分区分类制定村庄整治指引，建立全县(市、区)域"多规合一""一张图"。

中旬　赣州市印发《关于完善法律援助制度的实施意见》，力争在"十三五"期间，全市法律援助案件总量显著增长，质量明显提高，结构日趋合理；市县财政投入在法律援助经费中的占比显著提高；法律援助专职人员队伍不断壮大；法律援助机构普遍在临街一楼建立功能完善、设施齐全的服务窗口。

中旬 市政府印发《赣州市扶持食品产业发展若干政策》，从加大财税支持、优化金融服务、保障土地供应、强化人才支撑、减轻企业负担、优化协调服务6个方面激发食品产业发展活力，促进全市食品产业转型升级和跨越发展。

中旬 赣州市集中评审农业主要指标调查摸底汇总数据，并部署全面入户登记试填及农业普查宣传工作。

中旬 省工信委公布2016年江西省智能制造试点示范项目名单，全省共40个项目入选，赣州市有4个项目入选，入选项目数量居全省第三。入选的4个项目分别是赣州澳克泰工具技术有限公司的硬质合金工具生产智能工厂试点示范项目、赣州群星机械有限公司的汽车同步器生产线数字化生产方式改造项目、江西绿萌科技控股有限公司的果蔬采后智能处理装备运用试点示范项目和汇森明达（龙南）有限公司的家具柔性制造系统项目。

中旬 市政府印发《赣州市食品药品安全“十三五”规划》。根据“规划”，5年内赣州市将围绕创建国家食品药品安全城市的目标，进一步健全食品药品监管体制机制，着力加强行政监督体系、技术支撑体系、应急体系、诚信体系和信息化体系建设，全面提升食品药品安全监管水平，切实保障全市人民群众饮食用药安全。

21日 赣州市“七五”法治宣传教育工作会议召开。省委常委、市委书记李炳军出席会议并讲话。市委副书记、市长曾文明等出席会议。

21—22日 公安部消防局副局长张福生一行在赣州市调研消防工作并看望慰问基层一线官兵。市委副书记、市长曾文明出席相关活动。

22日 江西省大宗淡水鱼产业技术体系2016年度推进会暨年终考评会在赣南宾馆召开，江西师范大学、南昌大学、江西农业大学、江西省水产科学研究所等高校、科研所的40余名专家参加会议。

23日 赣州市人民政府与光大证券股份有限公司在赣州签订战略合作框架协议，并同时与光大证券股份有限公司、北京电咖汽车科技有限公司签订新能源汽车项目框架协议。按协议约定，三方将发挥各自优势和资源，支持赣州发展新能源汽车和新型工业化等相关产业，以及建设新能源汽车生产基地。市委副书记、市长曾文明，光大证券股份有限公司董事长薛峰等出席签约仪式。

同日 市政府和中国石化销售有限公司江西石油分公司签订战略合作框架协议。市委副书记、市长曾文明，中石化江西石油分公司总经理毛陆军等出席签约仪式。

24日 由科技部批准建设的江西省首批企业国家重点实验室——江西青峰药业有限公司创新天然药物与中药注射剂国家重点实验室揭牌，这标志着赣州市在参与国家创新体系建设进程中掀开新的一页。省委常委、市委书记李炳军，省政府副省长谢茹，省政府副秘书长陈敏，省科技厅厅长洪三国，省科技厅纪检组长邓季芳，中国科学院院士裴钢等出席揭牌仪式或陪同相关活动。

同日 赣州市入选第六届江西艺术节·第十届江西玉茗花戏剧节（大型剧目）展演剧目的大型赣南采茶歌舞剧《永远的歌谣》在江西省艺术中心大剧院上演。原副省长孙刚，省委宣传部副部长朱民安，省文化厅厅长池红等观看演出。

同日 省委常委、市委书记李炳军到章贡区，调研农村环境卫生整治、社区党建、养老服务等工作。

同日 赣州经济技术开发区与江西理工大学签订战略合作协议，正式启动“百名博士教授进百企”活动。

25日 全市安全生产电视电话会议召开，安排部署赣州市安全生产工作。省委常委、市委书记李炳军出席会议并讲话。市四套班子副厅级以上领导，市中级人民法院院长、市人民检察院检察长，以及市直有关部门和市安委会成员单位负责人等出席会议。

同日 省委宣讲团在赣州市宣讲中共十八届六中全会和省第十四次党代会精神。省委常委、市委书记李炳军主持宣讲报告会并讲话。省委宣讲团成员、井冈山大学副校长陈小林作题为《坚定推进全面从严治党建设富裕美丽幸福江西》的宣讲报告。市四套班子副厅级以上领导，市中级人民法院院长、市人民检察院检察长等出席报告会。

同日 第四届世界绿色发展投资贸易博览会在南昌绿地国际博览中心举行。大会期间，赣州市签约项目19个，项目投资总额215亿元。市委副书记、市长曾文明等出席相关活动。

27日 赣州市召开安委会全体会议，部署全市安全生产工作。市委副书记、市长曾文明出席会议并讲话。

28日 由中国华融资产管理股份有限公司发起设立的“中国华融赣南老区红军后代教育基金”捐赠仪式在赣州市举行。“中国华融赣南老区红军后代教育基金”系公益慈善性资助基金，旨在对红军老战士、红军失散人员、原中央苏区干部后代（直系五代以内），以及英模、烈士后代中的贫困学生进行资助。基金总额500万元，2016年至2020年5年内，每年向赣南老区捐赠100万元。省委常委、市委书记李炳军出席相关活动。中国华融资产管理股份有限公司党委书记、董事长赖小民等出席捐赠仪式并致辞。

28日至12月1日 省委常委、宣传部部长赵力平在赣州市出席相关活动并实地调研。省委常委、市委书记李炳军，市委副书记、市长曾文明出席相关活动。11月29日和12月1日，赵力平分别出席在宁都县举行的全国网络扶贫工作现场推进会和在于都县举行的“重走长征路”红色旅游主题活动旅游线路发布暨启动仪式。

29日 全国网络扶贫工作现场推进会在宁都县召开。中央网信办副主任庄荣文，国务院扶贫办副主任洪天云出席会议并讲话。省委常委、市委书记李炳军致辞。会议由中央网信办、国家发展改革委、国务院扶贫办联合江西省委、省政府共同举办。中共中央组织部、教育部、科技部、国家民委、民政部、人力资源和社会保障部、交通运输部、农业部、商务部、国家卫生计生委、国家旅游局、共青团中央、全国妇联等网络扶贫部际协调工作组成员单位有关负责人，中国农业发展银行、中国邮政集团公司、中国扶贫基金会等相关单位，中国电信、苏宁云商、新华网、新浪等代表，以及各省(自治区、直辖市)网信办、发改委、扶贫办的相关负责人参加会议。其间，与会人员实地考察宁都电商园、赖沙电商村、小布镇"互联网＋农家书屋"、网络扶智开展情况等。

29—30日　省委常委、省纪委书记孙新阳在赣州市调研党风廉洁建设有关工作。省委常委、市委书记李炳军，市委副书记、市长曾文明等陪同调研或出席相关活动。

29日至12月1日　全国政协副主席马飚率全国政协提案委调研组在赣州市就"确保赣南等原中央苏区与全国同步全面建成小康社会"重点提案进行调研。省政协主席黄跃金，省委常委、市委书记李炳军，市委副书记、市长曾文明等分别陪同调研。

30日　市委副书记、市长曾文明到瑞金市绵江萤矿有限公司、会昌县九二化工基地检查安全生产工作。

同日　江西省对接21世纪海上丝绸之路赣州港至深圳盐田港铁海联运外贸专列在南康首发。40个装载近2万套南康家具产品的铁路国际集装箱的专列从赣州港驶出，直抵深圳盐田港，随后发往美国、东南亚等地，标志着赣州打通21世纪海上丝绸之路铁海联运物流大通道。

30日至12月1日　国家旅游局局长李金早到于都县、大余县等地，调研旅游扶贫工作。省委常委、市委书记李炳军，省委常委、宣传部部长赵力平，副省长谢茹，省旅发委主任丁晓群，市委副书记、市长曾文明等分别陪同调研或出席相关活动。

下旬　由独立第三方大数据分析机构标准排名研究院发布的2016年中国"氧吧城市"排行榜中，江西省赣州市、新余市、宜春市等入围。

下旬　2016年中国技能大赛——第三届全国农产品质量安全检测技能竞赛总决赛在北京结束，兴国县农业粮食局的农产品质量安全检测员钟林生获江西省代表队中的最佳个人成绩——畜禽产品组"个人二等奖"。

下旬　市质监局集中力量就特种设备、危化品和机动车安检机构开展安全大排查大整治。

下旬　由赣州稀土矿业有限公司牵头、联合多家科研机构制订的《离子型稀土矿原地浸出开采技术规范》获全国二等奖。

12月

1日　省政府副省长谢茹一行在赣州市调研义务教育均衡发展工作并召开相关座谈会。

同日　由国家旅游局和江西省委、省人民政府共同主办的"重走长征路"红色旅游主题活动旅游线路发布暨启动仪式在于都县中央红军长征出发地纪念广场举行。国家旅游局局长李金早，省委常委、宣传部部长赵力平，副省长谢茹出席启动仪式并为首发团授旗。国家旅游局副局长魏洪涛主持启动仪式。中共中央宣传部宣教局局长常勃，中央军委政治工作部宣传局副局长毛乃国，民政部优抚安置局副局长李桂广，省旅发委主任丁晓群，市委副书记、市长曾文明出席并为首发团授旗。"重走长征路"红色旅游精品线路，以中央红军长征路线为基础，分主干线路1条和专题线路8条，专题线路包括：突围之旅(江西瑞金—广西兴安)、转折之旅(广西兴安—贵州遵义)、出奇之旅(贵州遵义—云南禄劝)、团结之旅(云南禄劝—四川泸定)、挑战之旅(四川泸定—四川小金)、卓绝之旅(四川小金—四川若尔盖)、曙光之旅(四川若尔盖—陕西吴起)、会师之旅(陕西吴起—甘肃会宁、宁夏西吉)。

1—2日　中央、省下派赣州市的挂职干部在市中心城区调研并座谈。省委常委、市委书记李炳军出席座谈会并讲话。

1—2日　广东省河源市党政代表团在赣州市考察，并就进一步推动两市加强交流合作进行座谈交流。省委常委、市委书记李炳军，河源市委书记、市人大常委会主任张文出席座谈会并讲话。市委副书记、市长曾文明等分别出席相关活动。

1—3日　全国政协常委、副秘书长、致公党中央常务副主席蒋作君率调研组一行在赣州市调研基层卫生事业发展情况。省委常委、市委书记李炳军出席相关活动。

2日　赣州机场年旅客吞吐量破百万人次。标志着赣州市的经济社会发展和赣州机场的安全保障、运输服务能力达到一个新的高点。

3—4日　市委副书记、市长曾文明到赣县和蓉江新区，调研工业经济和城市建设工作。

5日　赣州市政府办公厅印发《关于加强进城务工人员随迁子女平等接受义务教育工作的意见》。该意见提出，要坚持"以流入地政府管理为主，以全日制公办学校为主"的随迁子女义务教育政策，采取有效措施，合理调整学校网点规划布局，满足随迁子女受教育需求，统筹安排随迁子女平等接受义务教育。

6—9日　省委常委、市委书记李炳军，市委副书记、市长曾文明率领赣州市党政代表团，赴福建省龙岩、泉州、厦门3市开展为期4天的学习考察。

7日　国家发改委公布第三批国家新型城镇化综合试点地区，赣州市入选。

10日　市委全面深化改革领导小组第七次全体(扩大)会议召开。会议学习贯彻中共十八届六中全会精神，中央、省委全面深化改革领导小组会议精神，审议有关改革文件，部署当前改革工作。省委常委、市委书记、市委全面深化改革领导小组组长李炳军主持会议并讲话。

同日　赣州市党政代表团赴福建省学习考察座谈交流会在赣州市召开。省委常委、市委书记李炳军主持并讲话。市委副书记、市长曾文明等市四套班子领导，以及代表团其他成员、市直有关部门主要负责人出席会议。

同日　江西“海智计划”特殊膳食营养食品产业化应用工作站在赣州市全标生物科技有限公司挂牌成立。这是赣州市获批的第二家江西“海智计划”工作站。省科协党组书记、常务副主席罗莹为工作站授牌，中国科协学会服务中心主任刘兴平、中国科协办公厅副主任于小晗，省科协党组成员、副主席彭玲华等出席相关活动。“海智计划”全称为“海外智力为国服务行动计划”，由中国科协和35个海外科技团体共同发起实施。

上旬　赣州市批准实施《赣州市中心城区步行和自行车交通系统规划(2015—2030年)》，将通过网络构建、特色打造、换乘引导、设施完善等措施，构建出结构清晰、系统连贯、主次分明、特色突出、设施先进的城区步行和自行车交通系统，促进赣州市中心城区绿色交通出行，缓解城市交通压力，提升城市整体形象，营造城市特色空间，打造适宜慢行的江南宋城。

上旬　“赣州企业投融资常态化路演深圳专场”在深圳证券信息公司举行。活动由市工信委、市金融局共同举办，旨在深化深交所与赣州市在资本市场方面的交流与合作，在经济下行的情况下，促进赣州市优秀企业项目与国内投资机构之间的投融资信息交流合作，帮助解决企业融资渠道少、融资难度大的困难，实现企业借助资本市场平台实现多渠道融资和上市快速发展的需求。

11日　市委副书记、市长曾文明到于都县岭背镇录田村，调研精准扶贫工作，并在于都县召开座谈会。

12日　由中国品牌建设促进会、经济日报社、中国国际贸易促进委员会、中国资产评估协会等单位联合举办的“2016年中国品牌价值评价信息发布会暨论坛”在北京市召开，发布2016年品牌价值评价结果榜单。“赣南脐橙”以668.11亿元的品牌价值位列初级农产品地理标志区域品牌价值评价类别第一名。赣南脐橙连续四年位居价值榜榜首。获“2016中国果品区域公用品牌价值榜”前十强。

13日　支持赣南等原中央苏区振兴发展部际联席会议第四次会议在北京市举行。会议总结第三次部际联席会议以来的工作进展情况，继续推动有关事项的落实，研究部署下一步支持赣南等原中央苏区振兴发展工作。联席会议召集人、国家发展改革委主任徐绍史，省委书记鹿心社出席会议并讲话。联席会议副召集人、国家发展改革委副主任何立峰主持。省委副书记、省长刘奇，省委常委、市委书记李炳军汇报部际联席会议第三次会议以来工作进展情况。教育部副部长杜占元，科技部副部长李萌，民政部副部长宫蒲光，人力资源和社会保障部副部长汤涛，国土资源部副部长赵龙，水利部副部长刘宁，商务部副部长王受文，国务院国资委副主任徐福顺，食品药品监管总局副局长王明珠，交通运输部党组成员、总规划师赵冲久等联席会议成员单位有关负责人，以及省委常委、常务副省长毛伟明，市委副书记、市长曾文明等出席会议。

同日　“绿色回收进机关”签约仪式在市政中心举行，市直各单位公共机构节能工作责任科室负责人及两家回收企业代表共计130余人参与签约，标志着赣州市“绿色回收进机关”活动拉开帷幕。

14—15日　人力资源和社会保障部副部长汤涛一行在赣州市调研人力资源和社会保障工作，并召开座谈会。人社部职业能力建设司司长张立新，中国就业培训技术指导中心主任刘康等随同调研。

14—15日　省政协副主席、民进省委会主委汤建人到赣州市出席纪念红军长征胜利80周年书画笔会交流活动并调研。

15日　全市改作风提效率动员部署会议召开，动员全市上下改进工作作风、提高工作效率、优化发展环境，再创新时期第一等工作。省委常委、市委书记李炳军出席会议并讲话。市委副书记、市长曾文明主持会议。

同日　市委中心组召开专题学习会。集中学习研讨贯彻中共十八届六中全会和省第十四次党代会精神。省委常委、市委书记李炳军主持并讲话。市委副书记、市长曾文明等作发言。

同日　章贡区“智慧园区”平台上线运行。高科技助力园区的企业、居民服务水平进一步提升。“智慧园区”采用“一网、一平台、两终端”的建设运行模式，可实现园区运行可视化管理、园区事项统一调度、企业数据动态分析、企业办事服务增速提效、政企互动快速直接等众多功能。

16日　市委、市政府召开全市科技创新大会暨全市科技奖励大会。会议深入学习贯彻中共中央总书记习近平系列重要讲话精神，落实全国、全省科技创新大会精神，表彰2015年度市科技奖获得者，研究部署全市科技创新工作，动员全市上下深入实施创新驱动发展战略，努力建设创新型赣州。省委常委、市委书记李炳军出席会议并讲话。市委副书记、市长曾文明主持。在家的市四套班子领导出席。

17日　江西广播电视台《党风政风热线》在赣州市举行现场直播。市委副书记、市长曾文明等在赣州广播电视台演播大厅现场解答群众反映的各类诉求。

20日　市委常委会扩大会议召开，传达学习中央经济工作会议和全省领导干部会议精神，研究部署赣州市的贯彻落实工作；贯彻落实省委巡视组对赣州市开展扶贫领域专项巡视情况反馈会精神，部署全市扶贫专项巡视问题整改工作。省委常委、市委书记李炳军主持并讲话。市委副书记、市长曾文明传达中央经济工作会议和全省领导干部会议精神。市政协主席刘建平宣读《省委巡视组反馈的问题和意见整改工作责任清单》。市四套班子副厅级以上领导，市中级人民法院院长、市人民检察院检察长等出席会议。

同日　省委常委、市委书记李炳军到部分台资企业走访调研。

同日　《赣州市城市总体规划纲要(2016—2030年)》通过专家论证。

中旬　市政府印发《关于促进氟盐化工产业发展的实施意见》，从产业规划编制、基地平台建设、招商引资、人才队伍建设、产业政策制定、加大资源保障以及组织领导等8个方面，推进氟盐化工产业稳定健康发展。

中旬　中国建筑业协会评出2016年“AAA级安全文明标准化工地”。赣州市的中国建筑第五工程局有限公司承建的南门口下穿隧道工程和五矿二十三冶建设集团有限公司承建的赣州中海国际社区B8地块项目获评。

中旬　世界攀岩冠军、国家攀岩队长钟齐鑫(赣州全南籍)被聘为全南形象大使。

中旬《赣州市加快培育茶叶区域公用品牌实施方案》印发。赣州市将按“政府引导、企业主体、农民参与、市场运作”的思路，以培育茶叶区域公用品牌为核心，加大政府扶持力度，推进茶叶品牌整合，扩大茶叶种植规模，开拓茶叶销售市场，促进产销有效衔接，努力打造赣州茶叶“绿色、生态、富硒”特色，提升知名度和竞争力，做大做强赣州茶叶产业。

中旬　海关总署、财政部、国家税务总局、国家外汇管理局联合印发准予设立龙南保税物流中心(B型)的通知，同意由龙南经济技术开发区建设投资有限公司建设和运营。这是江西省第二家获批的保税物流中心，是赣州市除赣州综保区外的又一国家级海关特殊监管场所。

中旬　省发改委下发省工程研究中心(工程实验室)认定批复。赣州市申报的江西省智慧城市应用软件工程研究中心、江西省稀土永磁材料及器件工程研究中心、江西省高性能通信线缆制造技术工程研究中心、江西省新能源电动汽车传动系统工程研究中心等4个工程研究中心被认定为2016年江西省工程研究中心。

中旬　江西省6家基地被认定为省小型微型企业创业创新示范基地，赣州市宁都电商双创示范基地、信明电商产业园入围。

21日　省政府于20日在南昌召开赣深客专江西段等4条铁路项目建设动员会，标志着赣深客专、兴泉铁路等铁路项目实现集中开工建设。赣深客专、兴泉铁路跨越赣州11个县(区)，将填补宁都、石城、全南3个县境内没有铁路的空白。

21—22日　省委常委、宣传部部长赵力平在寻乌县调研。

22日　全市城市工作会议召开。会议深入贯彻中央和全省城市工作会议精神，总结城市工作的经验，部署赣州市城市规划建设管理工作任务。省委常委、市委书记李炳军出席会议并讲话。市委副书记、市长曾文明主持会议。

28日　赣州纪检监察网完成改版升级正式上线。

同日　全省农村社区建设试点工作现场会在兴国县召开。民政部基层政权和社区建设司司长陈越良出席并讲话。赣州市、兴国县、抚州市、万安县等地相关负责人介绍农村社区建设试点工作情况。

28—29日　市委中心组召开“两学一做”学习教育专题学习会。会议围绕“依靠群众求胜利”主题，开展研讨交流。省委常委、市委书记李炳军主持并讲话。市委副书记、市长曾文明等市四套班子领导及其他市委中心组成员出席。党史专家作专题辅导报告。

29日　中国民航局副局长王志清一行在赣州市调研民航事业发展和对口支援工作。中国民航局发展计划司司长王长益、江西省机场集团公司总经理万林参加调研。市委副书记、市长曾文明出席相关活动。

30日　市纪委派驻机构全覆盖工作动员部署会召开，标志着赣州市对94家市一级党政机关派驻机构工作全面完成。省委常委、市委书记李炳军出席并讲话。

同日　省委常委、市委书记李炳军在章贡区主持召开下基层征求意见建议座谈会，征求基层党员干部群众对省委常委班子及其成员、市委常委班子及其成员的意见建议。

同日　赣州市重大文化旅游项目建设动员会召开，总投资70多亿元的时光赣州文化旅游项目、复兴之路文化科技主题公园项目、赣州龙川极地海洋世界项目在章贡区水东镇七里村集中启动。市委副书记、市长曾文明出席并讲话。

同日　市委副书记、市长曾文明走访市财税库部门。

下旬　“中国稀金谷”核心区基础设施陆续开建，赣县储潭镇作为“中国稀金谷”核心区的主阵地，积极推动征迁攻坚、PPP合作、金融信贷、工业攻坚等，全力保障项目开工建设。

下旬　省旅游景区质量等级评定委员会评定18家单位认定为市级乡村旅游点。赣州市大余县新城周屋乡村旅游点、会昌县洞头乡乡村旅游点、上犹县柏水寨休闲创意农业园榜上有名。

(本栏编辑：徐文菁)

地 情

建置沿革

赣南形成行政区的历史悠久。三国·吴嘉禾五年(236)设置相当于设区市一级的行政机构——庐陵南部都尉。宋代分设南安、赣州两个政区，简称“南赣”。又因地处赣江上游、江西南部，并于清康熙年间和民国初先后置分巡赣南道和赣南道，亦俗称“赣南”。

秦　始皇帝三十三年(前214)，秦发大军分五军戍五岭，其中一军守庾岭之界，置南壄县，九江郡，赣南有行政建制县始于此。

汉　高祖元年(前206)，南壄属楚；四年(前203)，改九江郡为淮南国，南壄隶之；五年(前202)，汉灭楚，南壄始隶汉；六年(前201)，置豫章郡，南壄隶之；同时增设赣县、雩都二县，赣县筑城于益浆溪(今章贡区蟠龙镇一带)。西汉末年，王莽称帝，史称新莽(9—23)，改豫章郡为九江郡，赣南三县隶之。东汉建武元年(25)，九江郡复名豫章郡，南壄县改为南野县，赣县、雩都、南野三县仍属豫章郡。兴平元年(194)，孙策据江南，分豫章郡置庐陵郡，赣县、雩都、南野三县隶之。

三国　吴嘉禾五年(236)，分庐陵郡置南部都尉，治雩都，赣南设区市一级行政机构始于此；析赣县置平阳，析南野置南安，析雩都东北白鹿营地置阳都；后析阳都的陂阳地置陂阳，不久又改名为揭阳。庐陵南部都尉领七县：赣县、雩都、南野、南安、平阳、阳都、揭阳。

晋　太康元年(280)，改南安为南康，改阳都为宁都，改平阳为平固；三年(282)，罢庐陵南部都尉，置南康郡，治雩都，将南野并入南康，南康郡领六县；五年(284)，揭阳复名为陂阳。元康元年(291)，南康郡改属江州都督府。东晋永和五年(349)，南康郡治由雩都迁至章、贡两水间(今章贡区河套老城区)。义熙七年(411)，南康郡治毁于战乱，移至贡水东南(今章贡区七里镇)。

南北朝　宋永初元年(420)，改南康郡为南康国，治所迁回雩都。大明五年(461)，析宁都虔化屯置虔化县。齐永明元年(483)，南康国复为南康郡。梁大同十年(544)，析雩都东南三乡地置安远县，后废。大宝元年(550)，南康郡地大庾改属广东东衡州始兴郡。承圣元年(552)，复迁南康郡治至章、贡二水间(今章贡区河套老城区)。自此，一直相沿为州、府治及行署、专署所在地。陈(557—589)，赣县与南康互易县名。陈太建十三年(581)，由始兴郡分置安远郡，并于安远郡置大庾镇。

隋　开皇九年(589)，改南康郡为虔州，隶洪州总管府；平固并入赣县，虔化并入宁都；十年(590)，改安远郡为大庾县，隶广州总管府始兴郡；十三年(593)，陂阳县设石城场，同年一起并入宁都，虔州领四县：赣县、雩都、南康、宁都；十六年(596)，大庾县废县为镇，隶虔州南康县；十八年(598)，改宁都县为虔化县。大业元年(605)，虔州改为南康郡，赣县与南康互复原名；大业十三年(617)，农民起义军据虔州称帝，国号楚。

唐　武德五年(622)，南康郡复称虔州，仍隶洪州总管府。贞观元年(627)，虔州隶江南道，辖县如前。永淳元年(682)，析南康东南地，置南安县(大概辖今信丰、龙南、定南、全南等地)。神龙元年(705)，升大庾镇为大庾县。开元二十一年(733)，虔州属江南西道，领县如旧。天宝元年(742)，虔州复为南康郡，改南安县为信丰县；析南安百丈地置百丈镇，后改虔南镇。乾元元年(758)，南康郡又复改为虔州。贞元四年(788)，分雩都东南三乡及信丰一里，复置安远县，虔州领七县：赣县、雩都、信丰、南康、大庾、虔化、安远。咸通六年(865)，并江南西道置镇南军，虔州属之。天祐元年(904)，析雩都县象湖镇淘金场置瑞金监。

五代十国　后梁开平三年(909)，卢光稠依附后梁，虔州属梁，四年(910)，以虔、韶二州置百胜军。乾化元年(911)，析南康西南地置上犹场。贞明四年(918)，改虔南镇为虔南场。南唐昇元元年(937)，改百胜军为昭信军，虔州属之。保大十年(952)，改上犹场为上犹县；次年，改瑞金监为瑞金县，改虔南场为龙南县，改石城场为石城县，虔州领十一县：赣县、雩都、信丰、南康、大庾、虔化、安远、上犹、瑞金、龙南、石城。

宋　开宝八年(975)，改昭信军为军州。太平兴国元年(976)，改军州复为虔州，隶江南西路；七年(982)，析赣县瀲江镇之七乡及庐陵泰和部分辖地置兴国县，析雩都县东南六乡于九州镇置会昌县，虔州领十三县。淳化元年(990)，分虔州原辖之南康、大庾、上犹三县另置南安军，治大庾，虔州领十县；自此，赣南分为两个政区，均隶江南西路。宣和三年(1121)，龙南县改名虔南县。南宋绍兴二十三年(1153)，校书郎董德元上书言：“虔”

字为虎头，“虎头州非佳名”，诏令改虔州为赣州(取章、贡二水合流之义)，赣州之名始于此；同年，虔化县改名宁都县，虔南县复改龙南县。嘉定四年(1211)，上犹县改名为南安县。绍定四年(1231)，升会昌县为会昌军，仍隶赣州。咸淳五年(1269)，会昌军复为会昌县。

元　至元十三年(1276)，改江南西路为江西行中书省，简称“行省”，赣州、南安军均隶江西行省；十四年(1277)，赣州和南安军分别改为赣州路总管府和南安路总管府；十五年(1278)，江西行省治所迁赣州；十六年(1279)，江西行省治所迁回隆兴(今南昌市)，南安县改名为永清，直隶江西行省；次年，永清复名上犹县，改隶南安路；二十四年(1287)，并龙南县入信丰县，并安远县入会昌县，赣州路总管府领八县：赣县、雩都、信丰、兴国、宁都、会昌、瑞金、石城。元贞元年(1295)，升宁都、会昌为州，以石城县隶宁都州，以瑞金县隶会昌州，赣州路总管府辖宁都、会昌二州及赣县、雩都、信丰、兴国四县。至大二年(1309)，复置龙南、安远二县，隶赣州路。

明　明吴二年(1365，元至正二十五年)，赣州、南安两路改为府，宁都、会昌二州复为县，赣州府领赣县、雩都、信丰、兴国、宁都、会昌、瑞金、石城、龙南、安远十县，南安府领大庾、南康、上犹三县。洪武九年(1376)，江西中书省改为江西承宣布政使司，赣州府和南安府均属之；十八年(1385)，江西分为五道，赣州、南安二府均属岭北道。成化十三年(1477)，设分巡岭北道于赣州，赣州、南安二府属之。弘治七年(1494)，置南赣巡抚都察院于赣州，称虔院；十七年(1504)撤销。正德四年(1509)，复置南赣巡抚都察院；十二年(1517)，从上犹、南康、大庾三县划出部分辖地奏立崇义县，隶南安府，至此，南安府辖四县：大庾、南康、上犹、崇义。嘉靖三十六年(1557)，增设分守岭北、岭东、岭南、漳南四道，统于虔院，岭北巡、守两道治赣州，赣州、南安二府隶之；四十年(1561)，分出潮州程乡县及武平、安远、兴宁、上杭等县辖地置平远县，隶赣州府；四十二年(1563)，只以程乡之义化等镇及兴宁之大信都为平远县，余地划回原辖县；平远县改隶广东潮州。隆庆三年(1569)，析安远、信丰、龙南部分地置定南县，隶赣州府。万历四年(1576)，析安远之寻邬等十五堡，置长宁县，隶赣州府，至此，赣州府领十二县：赣县、雩都、信丰、兴国、宁都、会昌、瑞金、龙南、安远、石城、定南、长宁，南安府领四县：大庾、南康、上犹、崇义。

清　顺治三年(1646)，沿袭明制，赣州、南安二府领县各如明时，改隶江西承宣布政司。康熙四年(1665)，罢虔院；八年(1669)，撤销岭北巡、守两道；十年(1671)，置分巡赣南道，赣州、南安两府隶之。雍正九年(1731)，改分巡赣南道为分巡吉南赣道，增辖吉安府。乾隆十九年(1754)，升宁都县为宁都直隶州，辖瑞金、石城二县，赣南自此分为赣州府、南安府、宁都直隶州三个政区；同年，改分巡吉南赣道为吉南赣宁兵备道，增辖宁都直隶州；三十八年(1773)，改定南县为厅，隶赣州府。光绪二十九年(1903)，划龙南之大龙堡、新兴堡及信丰之镇南、扬溪、步口、回戈堡，置虔南厅，隶赣州府，至此，赣州府领赣县、雩都、信丰、兴国、会昌、龙南、安远、长宁八县及定南、虔南二厅，南安府领四县：大庾、南康、上犹、崇义，宁都直隶州辖瑞金、石城二县。

中华民国(民国政府)　民国元年(1912)，废州、府、厅。2年(1913)，统一全国县制，地方政权只设省、县两级，原宁都直隶州及定南、虔南二厅均改为县，赣南十七县，统辖于江西省政府；3年(1914)，江西省设浔阳、豫章、庐陵、赣南四道，赣南道，治赣县，领十七县：赣县、雩都、信丰、兴国、会昌、安远、长宁、龙南、虔南、定南、宁都、瑞金、石城、南康、大庾、上犹、崇义；4年(1915)，改长宁县为寻邬县；15年(1926)，废赣南道，其辖县复直隶于江西省政府；20年(1931)，会昌、寻邬、安远、龙南、定南、虔南、上犹、崇义、大庾九县直属于陆海空军司令部南昌行营党政委员会，赣县、雩都、信丰、南康、兴国5县划为江西省第五行政区党政委员会分会统辖，广昌、宁都、石城、瑞金四县划为江西省第六行政区党政委员会分会统辖；21年(1932)，全省划为十三个行政区，赣南各县分属第九、十一、十二、十三行政区，兴国县归第九行政区，第十一行政区(后改称赣南行政长官公署)设赣州，辖赣县、南康、信丰、上犹、崇义、大庾6县，第十二行政区设宁都，辖宁都、广昌、石城、瑞金、雩都、会昌6县，第十三行政区设龙南，辖龙南、定南、虔南、安远、寻邬5县；22年(1933)，第十一、十三行政区合并，改名赣南政务专员公署，先设大庾，后迁赣州，辖第十一、十三行政区原领11个县；24年(1935)，全省改划为8个行政区，赣南各县分属江西省第四、八行政区，第四行政区设赣州，辖赣县、南康、信丰、大庾、上犹、崇义、龙南、定南、虔南、安远、寻邬11县，第八行政区设宁都，辖宁都、广昌、石城、瑞金、会昌、雩都、兴国7县。

中华民国(苏区政府)(1928—1935)　赣南多数县先后成立苏维埃政府，分别辖于江西、湘赣、粤赣、赣南省苏维埃政府。1930年6月，赣西南苏维埃政府下属设于赣南的东河、西河苏维埃政府办事处合并成立赣南革命委员会，为赣南第一个统一的临时红色政权，先后驻雩都步前岗、赣县江口、信丰县城等地，辖瑞金、兴国、赣县、信丰、雩都、南康、寻邬、安远、石城9个县苏维埃政府，安、雩、会、赣4个县边界特区和雩北区2个苏维埃政府，并管辖南雄县苏维埃政府；10月，在信丰成立党政工团合并的赣南行动委员会，赣南革命委员会改称赣南办事处，驻信丰，辖雩都、兴国、信丰、瑞金、安远6个县及雩北区苏维埃政府。1931年4月，宁都、石城2个苏维埃政府隶属赣西南苏区东路办事处；6月，撤销赣南各办事处，原办事处所辖县(区)

由江西省苏维埃政府直接领导；9月，宁都县分设宁都、彭湃2个县，宁都县驻黄陂，彭湃县驻固村，均直辖于江西省苏维埃政府；10月，湘赣省苏维埃政府成立，辖上犹、崇义、信丰、南康、大庾5个县；11月，中华苏维埃第一次全国代表大会在瑞金叶坪召开，大会成立中华苏维埃共和国临时中央政府，驻瑞金，瑞金因此称为"红都"，瑞金县划为中华苏维埃共和国临时中央政府直属县，县城改名为"瑞京"。1932年2月，宁都、彭湃2个县合并后成立宁都县临时苏维埃政府；4月，正式成立宁都县苏维埃政府，直隶于江西省苏维埃政府；4月，成立中共河西道委，辖上犹、崇义、南康、遂川及赣县、万安等河西苏区；9月，信丰和南康苏区机关在赣县韩坊设立信康县苏维埃政府，仍隶属江西省苏维埃政府；10月，上犹、崇义2个苏区县失陷，2县苏维埃政府停止活动。1933年1月，中共江西省委机关迁入宁都县城，再迁驻县城城北七里村；中共临时中央政治局从上海迁入中央苏区瑞金县；1月，宁都县改名博生县；7月，从博生县划出洛口、长胜地区，加上洛口与广昌、宜黄、瑞金、兴国等县的毗邻地，分别成立洛口县和长胜县苏维埃政府；8月，从会昌县划出西江、筠门岭地区，加上西江与雩都县毗邻的黄龙、宽田、沙心等区，分别成立西江县和门岭县苏维埃政府；8月，从石城县分出横江、大由、珠江、洋地、龙岗等区，加上毗邻的瑞金及福建宁化县部分辖地，增设太雷县；以兴国县均村地区为中心，增设杨殷县；均隶于江西省苏维埃政府；同月，以雩都、会昌、西江、门岭、寻邬、安远、信康7县设立粤赣省，驻会昌文武坝。1934年2月，寻邬县苏区全部和安远县苏区大部失守，2县遂合并成立寻安县苏维埃政府，仍隶于粤赣省；3月，信康县改名登贤县，辖原雩都畚岭、小溪和原赣县长洛、大田以及原会昌茶梓、乱石等6个区，隶于江西省苏维埃政府；5月，长胜、西江、太雷3县划属中央人民委员会直接领导；6月，登贤县改隶于赣南战地委员会；7月，中央决定设立赣南省，驻雩都县城；8月，成立赣南省苏维埃政府，辖赣县、雩都、登贤、杨殷4个苏区县；9月，门岭县与寻安县合并，在雩都小溪成立寻安会县苏维埃政府，隶于赣南省，不久停止活动；10月，石城、兴国、宁都县城失陷；10月，在瑞金成立中华苏维埃共和国中央政府办事处，治所由瑞金云石山迁至雩都宽田；中央政府办事处以宽田为中心，成立瑞西县苏维埃政府，直属中央政府办事处领导；合并兴国县东南部苏区和胜利县西南部苏区，设立兴胜县，同时成立兴胜县苏维埃政府，辖于江西省苏维埃政府；11月，瑞金县、雩都县、会昌县失陷。1935年3月，中央苏区全部丧失。

中华人民共和国 1949年8月14日，赣县解放，划出赣县原辖的赣州镇设赣州市，江西赣州分区行政督察专员公署驻赣州市，辖赣州市、赣县、南康、大庾、上犹、崇义、信丰、龙南、定南、虔南、安远、宁都、雩都、兴国、瑞金、会昌、石城、寻邬18县(市)；8月27日，赣西南行政公署成立，驻赣州市，辖赣州、宁都、吉安3个分区；9月中旬，成立宁都(原议名瑞金分区)分区行政督察专员公署，驻宁都，原江西赣州分区行政督察专员公署管辖的宁都、雩都、兴国、瑞金、会昌、石城、寻邬七县及抚州分区所辖的广昌，改由宁都分区行政督察专员公署管辖，赣州分区行政督察专员公署领11县(市)：赣州市、赣县、南康、大庾、上犹、崇义、信丰、龙南、定南、虔南、安远。1949年11月，撤销赣州分区行政督查专员公署，其所辖县(市)改由赣西南行政公署直接管辖。1951年6月，撤销赣西南行政公署，成立赣州区专员公署，为江西省人民政府派出机关，驻赣州市，辖原赣州分区行政督察专员公署所领11县(市)；宁都分区行政督察专员公署为省直接管辖。1952年8月，撤销宁都专区行政督察专员公署，所领8县，除广昌划归抚州分区管辖外，余均改隶赣州区专员公署。赣州区专员公署领18县(市)：赣州市、赣县、南康、大庾、上犹、崇义、信丰、龙南、定南、虔南、安远、宁都、雩都、兴国、瑞金、会昌、石城、寻邬。1954年，撤销赣州区专员公署，成立赣南行政公署，驻赣州市；同年7月，广昌县划入管辖，赣南行政公署共辖19县(市)。1957年，经国务院批准，改变县用名字，雩都改于都，大庾改大余，虔南改全南，寻邬改寻乌。1964年5月，撤销赣南行政公署，成立赣州专员公署，驻地与辖县如旧。1967年1月，赣州专员公署被赣州地区革命造反总指挥部非法夺权；同年9月，成立赣州专区临时领导小组。1968年2月，成立赣州专区革命委员会；1971年1月，改名为赣州地区革命委员会。1978年8月，撤销赣州地区革命委员会，设立赣州地区行政公署。1983年10月，广昌县划归抚州地区管辖。1990年9月，成立赣州经济技术开发区，直属赣州地区，1991年12月，改称赣州黄金岭经济技术开发区，隶赣州市。1994年5月，经国务院批准，撤销瑞金县，设立县级瑞金市。1995年3月，国务院批准南康撤县设市，南康市为县级市。1999年2月，经国务院批准同意，决定撤销赣州地区和县级赣州市，分别设立地级赣州市和市辖章贡区。南康市、瑞金市由省直辖，赣州市代管。1999年7月，黄金岭经济技术开发区上划隶属地级赣州市；10月与赣州市高新技术产业开发区合并，成立赣州黄金开发区。2004年6月，赣州黄金开发区更名为赣州经济技术开发区。2008年11月，赣州经济技术开发区更名为赣州开发区。2009年2月，分出章贡区湖边镇、南康市潭口镇划归赣州开发区管辖，赣州开发区辖蟠龙、潭东、湖边、潭口四镇和黄金岭街道办事处。2013年10月，经国务院批准，同意撤销南康市，设立市辖南康区。南康区三江乡的解胜、博罗、筱坝3个行政村划归潭东镇管辖。南康区潭口镇的下坝、金塘、台头、村头4个行政村划归南康区龙岭镇管辖。潭东镇、潭口镇划归章贡区管辖。2016年10月，经国务院批准，同意赣县撤县设区为赣县区，以原赣县的行政区域为赣县区的行政区域。2016年年底，赣州市辖3个区，14个县，代管瑞金1个县级市，有283个乡镇、7个街道办事处。另有5个管理区，10个营林林场；管理国家级经济技术开发区3个：赣州经济技术开发区、龙南经济技术开发区、瑞金经济技术开发区。2016年3月，赣州蓉江新区获批成立，是赣州市成立的城市新区，是赣州市政府派出机构，为正县级建制。管理区域范围：北起上犹江(凤岗至蟠龙段)，南至潭口镇上元村，西起蓉江(潭口龙岭交界段)，东至章江，包括潭东镇、潭口镇全域，以及蟠龙镇武陵村、坝上村、当塘村、虎形村、箩渡村等5个行政村全域(含黄金村位于坝上村的部分土地)，黄金岭街道办事处坪路村、新路村等2个行政村全域。

自然地理

【地理位置】 赣州市位于赣江上游，江西南部。东邻福建省三明市和龙岩市，西接湖南省郴州市，南毗广东省梅州市、韶关市，北连江西省吉安市和抚州市。地处北纬24°29′—27°09′，东经113°54′—116°38′之间。纵距295千米，横距219千米，全市总面积39379.64平方千米，占江西总面积的23.6%，为江西省最大的行政区。赣州市是珠江三角洲、闽东南三角区的腹地，是内地通向东南沿海的重要通道，也是连接长江经济区与华南经济区的纽带。“据五岭之要会，扼赣闽粤湘之要冲”，自古就是“承南启北、呼东应西、南抚百越、北望中州”的战略要地。赣州市人民政府驻章贡区，距省会南昌市423千米，距首都北京市2021千米，距广东省广州市465千米，距台湾海峡360千米。

【地势】 山脉的分布和走向组成地貌骨架。环绕赣州市四周的有武夷山、雩山、诸广山及南岭的九连山、大庾岭等，众多的山脉及其余脉，向中部及北部逶迤伸展，形成周高中低、南高北低地势。群山环绕，断陷盆地贯穿于全市，以山地、丘陵为主，占总面积的80.98%。其中，全市丘陵面积24053平方千米，占全市土地总面积61%；全市山地总面积8620平方千米，占全市土地总面积21.89%；兼有50个大小不等的红壤盆地，面积6706平方千米，占全市土地总面积的17%。海拔高度，全市平均在300—500米之间，有海拔千米以上山峰450座，崇义、上犹与湖南省桂东三县交界处的齐云山鼎锅寨海拔2061米为最高峰，赣县湖江镇张屋村海拔82米为最低处。

【地貌】 西部中、低山构造剥蚀地貌 主要分布在赣州西部的上犹县崇阳、寺下以西，崇义县西部及大余县内良、河洞、荡坪、左拔一线，主要山体为罗霄山脉南的诸广山脉及南岭山脉的大庾岭，海拔500—2061米，其特点是新构造运动上升强烈，基岩裸露，山坡陡峭，山顶多呈锯状、垄状，局部地方因沿节理裂隙风化和强烈流水侵蚀切割，可见锯齿状峰林、石笋、蘑菇山；有V形峡谷和嶂谷发育，也有瀑布、温泉分布。境内为赣江支流上犹江、章水等河流发源地，植被茂密，森林、草场、水利资源丰富。

南部低山、丘陵构造剥蚀地貌 主要分布在赣州南部的赣县、于都、会昌、瑞金南部及信丰、安远、寻乌、龙南、全南、定南全境，主要山体为九连山和武夷山南段。其中，强烈上升和侵蚀切割较强的低山地貌分布在中山的山前地带，如会昌北面的武夷山南段，寻乌的中山排、桂竹帽，信丰的金盆山、油山，龙南的九连山，海拔500—1000米，其特点是新构造运动上升较强，山坡陡峭，山脊呈鳍状、垄状、尖峰状，流水切割较强，有V形谷发育，境内为赣江支流桃江、湘江、濂水等河发源地，植被覆盖好，为主要林区，以次生林居多，草场、矿产、水利资源丰富；间歇抬升，中等侵蚀和剥蚀丘陵地貌主要分布在低山区的山前地带，海拔200—500米，其特点是新构造运动缓慢，具有间歇抬升现象，基岩裸露，有薄层风化壳发育，并有崩塌、滑坡现象，流水切割中等，山坡较陡，山脊平缓，呈长垣状、垄状、馒头状，植被较稀疏，多河曲和侵蚀小盆地发育，为林农垦殖区。

中部丘陵河谷侵蚀堆积地貌 主要分布在赣州中部的于都红色盆地底部及赣江主要支流上犹江、章江、桃江、贡水等河流中、下游两岸，海拔小于300米，其特点是新构造运动升降缓慢，有间歇性，风化强烈、风化壳厚，沟谷宽广，流水平缓，水土流失严重，有崩塌、滑坡、坳谷和冲沟发育，垄岗多向河谷倾斜，坡度平缓，山脊多呈垄岗状、波浪状，植被稀疏，岗地、阶地自然水源不足，但土壤肥沃，水利设施较好，是重要的农业区。

东北部低山、丘陵构造剥蚀地貌 主要分布在赣州东北部的兴国、宁都、石城及于都、瑞金北部，主要山体为雩山山脉及武夷山脉的北段。其中，较强上升中度侵蚀切割低山地貌分布在雩山山脉两侧和武夷山山脉北段，其特点是新构造运动上升较强，流水侵蚀切割中等，山势较陡，山脊呈锯状、垄状，境内为赣江支流平江、梅江、绵江等河流发源地，植被覆盖较差，森林资源较少，水利资源较丰富，草山、草坡较多，为森林培植、农牧区；以剥蚀为主中等侵蚀缓慢抬升的丘陵地貌分布在低山前缘和断陷盆地地区，其特征是新构造运动缓慢抬升，山势平缓，呈缓坡状、垄状、馒头状，风化强烈，境内植被稀疏，森林资源贫乏，水土流失严重，为水土保持和主要农业区。

溶蚀侵蚀地貌 由灰岩组成的岩溶丘陵地貌，主要分布在于都的梓山及银坑、瑞金的云石山、会昌的西江等地。山体多奇峰怪石，呈锯状、垄状或为面牙式、石林式山脊，有暗河、溶洞发育。由红岩形成的丹霞低丘陵地貌，主要分布在龙南的武当山、宁都的翠微峰和赖村、章贡区通天岩等地。由含钙质的厚层砂砾岩，经流水沿裂隙长期侵蚀，形成了岩壁直立或近似直立的石柱，桌形山、方山、单面山和各种洞穴等。

【山脉】 赣州市位于南岭之北，山

峰环列，山峦起伏，坡度较陡，一般在16—45度之间。环绕于四周的山脉：东有武夷山脉盘踞，为赣、闽两省天然分水岭，东属福建、西属江西；南有南岭山脉的大庾岭和九连山横亘，为赣、粤两省天然屏障，岭南是广东，岭北是江西；西有诸广山脉屏后，将赣、湘两省相连，西麓为湖南，东麓为江西；中东部有雩山山脉贯穿，以宁都肖田为发端，从东北向西南的兴国、于都延伸至赣县、安远和会昌，斜座在贡江岸边。武夷山山脉，蜿蜒在石城、瑞金、于都、会昌、寻乌、宁都等县的部分地方，面积7932.65平方千米，占全市土地总面积20.14%；南岭山脉(大庾岭和九连山)，盘踞在大余、信丰、全南、龙南、定南全境和安远、寻乌、会昌、南康、赣县、于都、章贡区的部分地方，面积17613.28平方千米，占全市土地总面积44.73%；诸广山山脉，盘踞在上犹、崇义的全部和大余、南康、赣县、章贡区的部分地方，面积6707.73平方千米，占全市土地面积17.03%，其东麓主要山峰齐云山海拔2061.3米，为赣南境内第一峰；雩山山脉，盘踞在宁都、于都、兴国、会昌、安远、赣县等县的部分地方，面积7125.98平方千米，占全市土地总面积18.1%。

【河流】 赣州市四周山峦重叠、丘陵起伏，形成溪水密布，河流纵横。地势周高中低，南高北低，水系呈辐辏状向中心——章贡区汇集。赣南山区成为赣江发源地，也成为珠江之东江的源头之一。千余条支流汇成上犹江、章水、梅江、琴江、绵江、湘江、濂江、平江、桃江9条较大支流。其中由上犹江、章水汇成章江；由其余7条支流汇成贡江；章贡两江在章贡区相会而成赣江，北入鄱阳湖，属长江流域赣江水系。另有百条支流分别从寻乌、安远、定南、信丰流入珠江流域东江、北江水系和韩江流域梅江水系。区内各河支流，上游分布在西、南、东边缘的山区，河道纵坡陡，落差集中，水流湍急；中游进入丘陵地带，河道纵坡较平坦，河流两岸分布有宽窄不同的冲积平原。

赣江 赣江以章、贡二水在章贡区汇合而得名，古代传说以“赣巨人”而名水。主源为贡水，发源于石城县横江镇洋地石寮岽，为江西省最大河流。赣州市境内赣江长度45千米(自章贡区八境台至赣县尧口)，自南向北流向。河流落差11米，平均坡降0.24‰。赣江在境内处北纬24°30′—27°10′、东经113°55′—116°35′。流域面积3.64万平方千米(包括由湖南、广东、福建省流入的流域面积1016平方千米)，约占赣江总流域面积8.12万平方千米的44.8%，流域形状近似侧面开口的马头形，全区18个县(市)基本属于赣江上游区。

赣江一级支流

章水——古称豫章水，章贡区俗称境内章水为西河。发源于崇义县聂都山张柴洞，流经崇义、大余、上犹、南康、赣县，在章贡区八境台汇入赣江。章水主河长199千米，由西向东流，落差861米，平均坡降4.33‰。章水流域面积7696平方千米(包括由广东、湖南省流入的流域面积599平方千米)，流域形状近似四方形，地势西南面高，东北面低。

贡水——古称湖汉水，又称雩江、会昌江，章贡区俗称境内贡水为东河。发源于石城横江镇洋地石寮岽(赣源岽)，流经石城、瑞金、会昌、于都、宁都、兴国、全南、龙南、信丰、安远、赣县，于章贡区八境台汇入赣江。贡水主河长278千米，落差309米，自东向西流，贡水流域面积26589平方千米(包括由广东、福建省流入的流域面积282平方千米)，流域形状近似倾斜的菱形。东西狭，南北长，东南高，西北低。

赣江二级支流

上犹江——原名豫水，又名犹水、北章水。发源于湖南汝城东岗岭，流入集龙墟后入江西，经崇义、上犹，于南康凤岗三江口流入章水。主河长189千米，落差615米，平均坡降3.25‰。流域面积4583平方千米，其中510平方千米来自湖南。流域形状似梯形，自西向东蜿蜒于山岭之间，河床多礁石滩险，上犹江电厂即建在铁扇关下著名的陡水滩上。

朱坊河——又称扬眉水、河田水。发源于崇义宝山癞痢石、经崇义扬眉、南康朱坊，于镜坝流入章水。主河长80千米，自西向东流，落差475米。流域面积367平方千米。

湘水——又称雁门水。发源于寻乌大坳上，流经寻乌罗珊和会昌筠门岭、右水、麻州，于会昌县城与绵江会合流入贡水。主河长101.34千米，自南向北流，落差743米，平均坡降1.63‰。流域面积2056.2平方千米，其中133平方千米来自福建省，流域形状近似长方形。

濂水——又称梅林江、安远江，发源于安远九龙嶂，流经安远、会昌、于都县，在会昌境内桑园坝流入贡水。主河长126千米，自西南流向东北，落差508米，平均坡降4.13‰。水流湍急，滩险较多。流域面积2259.4平方千米，形似菱形。

小溪水——又称新陂河。发源于安远老村耙泥嶂，流经于都祁禄山、小溪、新陂，于小溪口流入贡江。主河长60千米，自南向北流，落差305米，平均坡降3.2‰。流域面积664平方千米，形似柳叶形。

桃江——又名信丰江。发源于赣、粤交界的全南县饭池嶂，流经全南、龙南、定南、信丰、赣县，于赣县伏坳流入贡水。主河长289千米，自西南流向东北，落差558米，平均坡降1.93‰，水流湍急，滩险礁多。流域面积7803.44平方千米，其中有149.27平方千米来自广东省，流域形似关刀形，地势东、南、西三面高，北面低，成马蹄形。

绵江——又称瑞金河，是贡水在会昌县城以上的上游河道，发源于石城县鸡公岽，流经瑞金日东、象湖镇、武阳、谢坊，在会昌县城注入贡水。主河长130千米，自东北流向西南，落差243米，平均坡降2.13‰。多险滩礁石。流域面积1863平方千米，其中有135平方千米来自福建，形似梯形。

澄江——又名西江河、九堡水。发源于瑞金仙坛脑，流经瑞金九堡、云石山、会昌西江、小密，在于都水口流入贡水。主河长88千米，落差

239米。流域面积831平方千米，形似L字形。

梅川——古称河水，也称宁都江、梅江。发源于宁都与宜黄县交界的王陂嶂，流经宁都吴村、洛口、东山坝、县城、瑞金瑞林寨、于都曲洋、段屋，于龙舌嘴流入贡水。主河长220千米，自北向南流，过宁都县城后改向西南流，落差528米，平均坡降2.4‰。至新街河道弯曲接近360°，俗称吊洲湾，已截弯取直建水电站。河道固定中洲多达50个以上，洲上灌木丛生，两岸多荒山，水土流失严重。流域面积6789.12平方千米，东、西、北3面高，南面低，形状近似Y字形。

平江——又称兴国江、平固江。发源于宁都猴子嶂，流经兴国陈也、古龙冈、长冈、县城、龙口、赣县南塘、吉埠，于江口塘流入贡水。主河长132千米，自东北流向西南，过兴国县城后改向南流，落差753米，平均坡降5.7‰。流域面积2926平方千米，形似T字形，其中水土流失面积约占57%，兴国县境流域范围内85%山地面积水土流失，造成河床普遍淤高2—4米，砂河床高于农田。

自然资源

赣南地处中亚热带，位置优越。因距海洋较近，可受海洋气候调节，又因环列四周的高山，相对减缓东南台风和西北寒潮的侵袭，因此气候温暖，热量充沛，湿润多雨，兼有天时、地利，自然资源比较丰富，具有较大的经济优势，堪称宝地。

【土地资源】 全市土地由于地质构造关系和受成土诸因素影响，形成土地类型地域性强，土地利用差异明显；山地多、平原少，耕地面积小、耕地后备资源不足；土地绝对数量大，人均占有量少的特点。

【水资源】 赣州市四周山峦重叠、丘陵起伏，形成溪水密布，河流纵横。地势周高中低，南高北低，水系呈辐辏状向中心章贡区汇集。赣南山区为赣江发源地，也为珠江之东江的源头之一。千余条支流汇成上犹江、章水、梅江、琴江、绵江、湘江、濂江、平江、桃江9条较大支流。其中，由上犹江、章水汇成章江；由其余7条支流汇成贡江；章贡两江在章贡区相会而成赣江，北入鄱阳湖，属长江流域赣江水系。另有百条支流分别从寻乌、安远、定南、信丰流入珠江流域东江、北江水系和韩江流域梅江水系。境内大小河流1270条，河流面积14.49万公顷，总长度为16626.6千米，河流密度为每平方千米0.42千米。多年年均水资源量为335.7亿立方米，人均占有量为3900立方米，比全国人均2300立方米高出70%。赣州市基本属富水区。在水资源中，地表水资源为327.53亿立方米，地下水资源可动量为79.13亿立方米，占河川总流量的24.46%。境内温泉53处，除章贡区、南康区、赣县外，其余15县(市)均有分布，以寻乌14处为最多。水温最高79℃的1处，出水量最大的为崇义县分水坳温泉50升/秒。部分温泉水开发用来旅游、养殖、洗涤等。

【森林资源】 赣南是中国商品林基地和重点开发的林区之一。植物区系具有种类繁多，成分复杂，起源古老等特点。保留大量的第三纪植物区系，是古老植物种属的“避难所”，是东亚植物区系的发源地之一，还是中国特有植物珍贵树种较多的地区。在动物地理区划上，赣南属东洋界华中区东部丘陵平原亚区，有较多森林野生动物(昆虫)种类分布在境内各地。西南部的九连山，是中国中亚热带南缘东端自然生态系统保存最完整的地段，保存一些野生动植物的活化石和珍贵树种。

植物资源　据历年多次森林植物调查资料估算，境内森林野生有经济价值的植物主要有3类220科2298种。其中，蕨类植物31科74种，裸子植物9科29种，被子植物180科2195种。在这些植物中，有乔、灌、藤本树种1600—1800多种，已掌握的有134科1736种，采集有标本的126科384属1170余种。其中，乔木树种500余种，灌木(含藤本)树种650余种，竹类20余种；有珍稀濒危树种124种，属于国家一、二、三级保护树种40余种；引进树种200多种。赣南树木园采种育苗上山造林和原有的树种保存1300多种，其中珍稀树种131种。

赣南地形复杂，地域差异大，森林树种垂直分布比较明显，综合《江西森林》等书籍、资料和调查情况是：海拔500米以下丘陵岗地的林木树种多为马尾松、杉木、油茶、毛竹、黄竹、茅栗、白栗、樟树、苦槠、银木荷、南岭栲、红楠等；海拔500—700米的低山多为壳斗科的麻栎、锥栗、丝栗栲等，黄檀、拟赤杨、马尾松、毛竹、杉木、泡桐、漆树、深山含笑、乌桕、观光木、茶梨、猴喜欢、天料木、苦梓、杜英属、小山竹、黄樟、大叶楠、厚皮树、枫香等树种；海拔700—1000米的山地多为甜槠栲、钩栗、山合欢、椴树、冬青、光皮桦、化香、竹柏、黄杨、枫香等树种；海拔1000米以上低中山地多为天然灌木类，如杜鹃、乌饭、檵木、小叶石楠、马银花、猴头杜鹃、野山茶、吊钟花、冷剑竹等树种。尽管赣南林地纬度相差2—3度，但林木树种水平分布上差异不大，树种分界线不明显。

境内列入《国家重点保护野生植物名录》(第一批)的31种，其中Ⅰ级4种，Ⅱ级27种；列入省级重点保护植物78种。列入《国家重点保护野生植物名录》(第一批)的31种分别是：南方红豆杉(国家一级)，伯乐树(国家一级)，苏铁(国家一级)，银杏(国家一级)，香果树(国家二级)，香樟(国家二级)，福建柏(国家二级)，金钱松(国家二级)，华南五针松(国家二级)，穗花杉(国家二级)，榧树(国家二级)，白豆杉(国家二级)，厚朴(国家二级)，凹叶厚朴(国家二级)，半枫荷(国家二级)，金荞麦(国家二级)，红豆树(国家二级)，花榈木(国家二级)，毛红椿(国家二级)，红椿(国家二级)，长序榆(国家二级)，任豆(国家二级)，伞花木(国家二级)，榉树(国家二级)，苦梓(国家二级)，闽楠(国家二级)，浙江楠(国家二级)，润楠(国家二级)，楠木(国家二级)，野大豆(国家二级)，金毛狗(国家二级)。

微生物资源　境内森林有经济价值的微生物资源主要是野生大型真菌，有2纲6目21科84种。其中，层菌纲4目19科80种；复菌纲2目2科4种。

动物资源　赣南历史上曾有剑齿象、犀牛、大熊猫、金丝猴、长臂猿、麋鹿等动物繁衍生息。随着气温的下降，北宋以后，上述动物逐渐向西南退缩，先后绝迹于赣南。中华人民共和国成立后，有关部门曾多次开展野生动物调查，基本查清赣南森林野生动物(包括昆虫)的种类和分布。除森林昆虫18目130科912种，并发现有全国新种、江西新种69种外，赣南有陆生野生保护动物125种，其中，国家级保护的有48种，省级保护的77种。这些野生动物，既有南北广泛分布的种类；也有分布于华南亚区的种类；还有与西南亚区相似的部分动物种类。有经济价值较高的和稀有的华南虎(20世纪60年代前有，80年代后销声匿迹)、金钱豹、猕猴、水鹿、水獭、苏门羚、平胸龟、黄腹角雉、白鹇、穿山甲、棘胸蛙、蟒蛇等，也有国家名产云豹和金猫；还有新近发现的江西新种花姬蛙、三叶蹄蝠。

据1997—2000年赣州市林科所按照全省统一组织、统一技术方法的调查结果显示，赣南共有森林陆生脊椎类野生有经济价值动物336种，分别隶属于29目86科。其中，鸟类17目43科198种，属东洋界区系的103种，古北界的63种，白喉斑秧鸡等19种是江西的新记录，雀形科种类占99种；境内常见鸟类有白头鹎、乌鸫、大山雀、灰胸竹鸡、八哥、画眉、环颈雉等10多种；在境内繁殖的鸟有125种，占鸟类总数的66.14%；冬候鸟51种，旅鸟13种；按80%可靠性对12种珍贵鸟类种群数量进行估算，大约灰胸竹鸡53193只、环颈雉27205只、画眉38799只。野生兽类7目23科55种，其中较为稀有的兽类有猕猴、棕鼯鼠、银星竹鼠、赤狐、豺、小灵猫、斑灵猫、金猫、豹、黑熊(群众反映有黑鹿、华南虎、斑羚)；栖息于山地的兽类47种，占85.45%；东洋界区系的45种，占81.82%；估计野猪的数量在13268—15824头之间。两栖类2目7科26种，优势种类有中华蟾蜍、沼蛙、泽蛙、黑斑蛙、花臭蛙、棘胸蛙和大泛树蛙等。爬行类3目13科56种(蛇类调查于1992年5月至1994年10月，发现38种)，其中优势种类有石龙子、北草蜥、赤链蛇、王锦蛇、草游蛇、水赤链、游蛇、小头蛇、灰鼠蛇、滑鼠蛇、中国水蛇、银环蛇、眼镜蛇、竹叶青等。赣南的爬行动物区系以东洋界成分为主体，占85.71%。另据初步调查，境内有陆生非脊椎类野生动物昆虫类18目130科912种，主要为森林昆虫，其中鳞翅目最多，鞘翅目、半翅目次之。

【矿藏资源】　赣南是全国重点有色金属基地之一，素有“世界钨都”“稀土王国”之美誉。已发现矿产62种，其中有色金属10种(钨、锡、钼、铋、铜、铅、锌、锑、镍、钴)，稀有金属10种(铌、钽、稀土、锂、铍、锆、铪、铷、铯、钪)，贵重金属4种(金、银、铂、钯)，黑色金属4种(铁、锰、钛、钒)、放射性金属2种(铀、钍)，非金属25种(盐、萤石、滑石、透闪石、硅石、高岭土、黏土、瓷土、膨润土、水晶、石墨、石棉、石膏、芒硝、重晶石、云母、冰洲石、钾长石、硫、磷、砷、碘、大理岩、石灰岩及白云岩)，燃料5种(煤、石煤、泥炭、油页岩、石油)。以上矿产中经勘查探明有工业储量的为钨、锡、稀土、铌、钽、铍、钼、铋等20余种。全市有大小矿床80余处，矿点1060余处，矿化点80余处。全市保有矿产储量的潜在经济价值达3000多亿元。境内发现的砷钇矿、黄钇钽矿为中国首次发现的矿物。1983年国际矿物协会新矿物与矿物命名委员会审查通过并正式确认的赣南矿，为世界首次发现的新矿物。

【旅游资源】　赣州旅游资源丰富。全市有国家级历史文化名城、中国优秀旅游城市1座，国家AAAAA级旅游区1处，国家AAAA级旅游区16处，国家AAA级旅游区8处，国家全域旅游示范区创建单位3个；省级旅游度假区1个，省级生态旅游示范区1个，省风情旅游小镇2处；省AAAAA级乡村旅游点1个，省AAAA级乡村旅游点12个。

天气与气候

【概况】　赣州市地处中亚热带南缘，属亚热带丘陵山区湿润季风气候，具有冬夏季风盛行，春季降水集中，四季分明，气候温和，热量丰富，雨量充沛，酷暑和严寒时间短，无霜期长等气候特征。

2016年度气候特点是：全市气温偏高、降水特多，日照偏少。冬季出现暴雨、寒潮和低温雨雪冰冻等灾害性天气；春季暴雨和强对流天气频发，入汛早，暴雨降水过程明显偏多且前后间歇时间较短，累计雨量多，出现明显洪涝灾害；夏季出现明显持续高温天气和暴雨、台风等；秋季降水特多。

降水　2016年度(1—12月，下同)全市总降水量平均为2268.0毫米，比历年同期多4.3成，创1959年以来最多。全市除崇义、龙南为偏多年份外，其他县(市、区)均为特多年份。年总降水以寻乌2646.0毫米为最多，龙南1853.6毫米最少。

1—3月，全市平均降水量为636.6毫米，比历年同期多7.5成，属特多年份。17县(市、区)1—3月平均降水量均为特多年份，信丰745.4毫米为最多(比历年同期多1.1倍)，兴国491.0毫米为最少(但也比历年同期多3.9成)。其中，1月全市平均降水量为246.1毫米，比历年同期多2.7倍，位居历史同期第一高位。

4—6月，全市平均降水量为846.5毫米，比历年同期多2.5成，属偏多年份。4—6月平均降水量崇义、龙南为正常年份，赣县、信丰、兴国、宁都、石城、全南为特多年份，其他县(市、区)为偏多年份；石城1142.2毫米为最多(比历年同期多4成)，上犹669.3毫米为最少，但也比历年同期多1.2成。

7—9月，全市平均降水量为490.2毫米，比历年同期多2.2成，属偏多年份。7—9月平均降水量于都、安远为偏多年份，上犹、崇义、大余、定南、全南为正常年份，信丰为偏少年份，龙南为特少年份，其他县(市、区)为特多年份；寻乌672.4毫米为最多(比历年同期多5.1成)，属特多年份，龙南271.9毫米为最少(比历年同期少3.4成)，属特少年份。

10—12月，全市平均降水量为294.6毫米，比历年同期多1.1倍，属特多年份。17县(市、区)10—12月全市平均降水量均为特多年份，寻乌463.3毫米为最多(比历年同期多2.9倍)，兴国225.8毫米为最少，但也比历年同期多4.1成。

气温　2016年全市年平均气温为19.9℃，比历年同期偏高0.8℃，各县市年平均气温在18.9—20.7℃之间。全市年平均气温以于都20.7℃为最高，石城18.9℃为最低。全市极端最高气温为39.6℃，7月29日出现在崇义；全市极端最低气温为-6.7℃，1月25日出现在石城。

1—3月，全市平均气温为10.9℃，与历年同期持平。日平均气温稳定通过10℃的平均初日均为3月14日，与历年平均值接近。

4—6月，全市平均气温为24.5℃，比历年同期偏高1.4℃。其中，6月全市平均气温为27.7℃，比历年同期高1.4℃，为1959年来历史同期第2高位。大余、瑞金、会昌、定南站6月平均气温创历史同期新高。

7—9月，全市平均气温为27.4℃，比历年同期偏高0.3℃。

10—12月，全市平均气温为16.7℃，比历年同期偏高1.4℃。

日照　2016年全市平均日照时数为1446.7小时，比历年同期少175.2小时，属偏少年份。全市平均日照时数以赣县1651.8小时为最多，崇义1322.6小时为最少。

1—3月，市平均日照时数为253.1小时，比历年同期多22.2小时，属正常年份。

4—6月，全市平均日照时数为350.5小时，比历年同期少2.3小时，属正常年份。

7—9月，全市平均日照时数为548.5小时，比历年同期少48.0小时，属正常年份。

10—12月，全给市平均日照时数为294.7小时，比历年同期少147.1小时，属特少年份。其中，10月全市平均日照时数为60小时，比历年同期少100.4小时，为1959年以来历史同期第1低位。

【主要气象灾害及气候事件】 降水异常偏多，年降雨量创历史新高　2016年全市年平均总降水量为2268.0毫米，比历年同期多4.3成，创1959年以来最多。冬季，全市以阴雨寡照天气为主，雨日多且雨量大，出现罕见冬汛。其中，1月全市平均降水量为246.1毫米，比历年同期多2.7倍，位居历史同期第一高位。大余、南康、信丰、石城、瑞金、会昌、安远、寻乌、定南、全南、龙南11站创历史同期新高。此外，1月28日，大余、信丰、安远、定南、寻乌5站突破1961年以来1月份日降雨量历史极值。

低温雨雪冰冻天气过程　1月21—25日，受北方强冷空气影响，全市出现低温雨雪冰冻天气。其主要特点是：降温幅度大，日最低气温低，雨雪范围广。此次过程，全市均出现雨夹雪或小雪天气，平均气温下降7.4℃，过程最低气温达-6.7℃，日最低气温平均下降10.8℃，对农业生产等造成一定影响。据上报资料统计：瑞金市沙洲坝镇冻死生猪11头、鸭子630只，直接经济损失7000元，叶坪乡冻伤蔬菜40余公顷，冻裂水管60户、农用水管30处，日东冻伤蔬菜13.33公顷，冻裂水管2000米、水表50只。

冷空气过程多　2月13—15日，受强冷空气影响，全市出现明显寒潮天气，降温幅度达12—16℃。

3月9—11日，受强冷空气影响，全市降温明显，过程降温幅度达8—12℃，过程最低气温为1.7℃。全市除安远、寻乌、定南、全南、龙南外，其他县(市、区)均达到寒潮标准。

10月28—30日，受较强冷空气影响，全市气温出现大幅度下降，全市过程降温达8—10℃。

11月22—24日，全市出现2016年下半年以来最强冷空气，此次过程呈现冷空气势力强、降温明显、影响范围广等特点。全市过程降温达13—15℃，过程最低气温达3.1℃。

12月26—28日，受冷空气影响，全市平均气温下降5—10℃。

暴雨、台风、强对流天气　1月27—29日，受高空低槽、西南急流和切变线影响，全市出现大到暴雨天气过程。其中，大余、南康、信丰、安远、寻乌、定南、全南、龙南8站出现暴雨。受其影响，导致龙南105国道(龙南县境内)里仁镇关升(音译)坳路段、南亨乡水陂面路段、临塘乡养路站旁3处发生塌方，塌方量分别约40立方米、200立方米、300立方米，造成105国道(龙南县境内)南亨乡水陂面路段3条车道被堵塞、临塘乡养路站旁1条车道被堵塞，里仁镇关升(音译)坳路段车道未被堵塞。

3月20—23日，受高空槽、中低层切变、西南暖湿气流和地面弱冷空气影响，全市出现了一次暴雨过程。其间，全市出现暴雨14站次、大暴雨9站次；其中20日降水强度最大，有9个站出现大暴雨，5个站出现暴雨，暴雨范围之广在历年同期少见，此外，赣县、上犹、崇义、大余、南康、信丰6站突破1961年以来3月份日降水量历史极值。此次过程，全市还出现雷电，信丰、龙南出现雷雨大风。据初步统计，截至3月23日，全市共有12县(市、区)144个乡镇受灾，受灾人口11.37万人，转移人口4036人，倒塌房屋617间；农作物受灾面积5306.67公顷；2处高速公路因山体滑坡导致交通中断(厦蓉高速公路崇义县茶滩隧口路段、大广高速龙南往赣州方向东坑隧道口)，8处国省道、208处农村公路受损，直接经济损失2.48亿元。

4月8—10日，受高空低槽东移和切变线共同影响，全市出现一次明显降水过程，其中出现暴雨4站次(南康、信丰、宁都、石城)，大暴雨1站次(宁都)。

4月17—18日，受高空槽、切变线和地面冷空气共同影响，全市出现暴雨和强对流天气，其间出现暴雨8站次(于都、信丰、全南、龙南、南康、大余、安远、寻乌)。17日，章贡区、赣县、上犹、崇义、南康、于都出现冰雹，其中章贡区冰雹最大直径达40毫米；上犹、南康、兴国、于都、信丰出现大风。据上报灾情资料统计：寻乌、全南、安远、瑞金、龙南5县(市、区)14013人受灾，309人紧急转移安置，近200间房屋倒塌；农作物受灾面积725公顷；直接经济损失4432.07万元。

4月25—27日，全市出现一次中等强度的降水过程，其间出现暴雨4站次(全南、信丰、定南、会昌)。

4月30日，受西南暖湿气流影响全市中部以南普降暴雨，其中大暴雨1站次(定南)，暴雨3站次(寻乌、全南、龙南)。

5月19—21日，受高空槽和低涡切变线共同影响，全市出现一次暴雨过程。其间先后出现暴雨8站次。据上报灾情统计：宁都县截止到5月21日10时，全县受灾人口6184人，紧急转移人口35人，农作物受灾面积342公顷，其中成灾面积185公顷，绝收面积47公顷，倒塌及严重损坏房屋27间10户，部分基础、公益设施损毁，直接经济损失714万元；龙南县截止到5月21日17时，全县受灾人口650人，农田受灾面积50.67公顷，成灾33.33公顷，绝收8公顷，果园0.8公顷，水产养殖0.27公顷，房屋受损1间，倒塌10间，道路受损0.5千米，公路中断1处，河提决口3处，水渠损毁892米，水陂损毁(座)1座，山体滑坡19处。

6月12—18日，受高空低槽东移和低层切变线共同影响，全市出现2016年，入汛以来连续性暴雨天气过程。其间，先后出现暴雨20站次。据相关部门统计：截至16日16时30分，此次暴雨过程致使章贡区、赣县、大余、南康、上犹、崇义、龙南、全南、会昌、石城、宁都、兴国12个县(区)109个乡镇受灾，农作物受灾面积0.4公顷，受灾人口12.81万人，转移人口8092人，死亡人口1人(崇义)，倒塌房屋254间，损坏堤防190处，水闸1座，损坏护岸99处，冲毁塘坝17座，损坏灌溉设施675处，直接经济损失1.46亿元，其中水利经济损失5686万元。

7月10—11日，受2016年第1号台风“尼伯特”影响，全市出现一次暴雨过程，其间出现暴雨9站次，大暴雨1站次。据上报灾情：信丰县因强降雨造成县城部分低洼地段积水，部分低洼地带农田及农作物被淹(如烟叶、蔬菜等)。

7月17—18日，受高空低槽、低层切变和西南暖湿气流共同影响，全市出现一次暴雨过程。先后出现暴雨3站次，大暴雨2站次。据上报灾情统计：宁都县全县受灾人口12969人，紧急转移安置人口495人，农作物受灾面积787公顷，其中成灾面积525公顷(以水稻、白莲、西瓜、蔬菜等农作物为主)，绝收面积121公顷，倒塌及严重损坏房屋10间5户；桥梁受损一座，直接经济损失1224万元。

8月10—14日，受中低层切变线和副高边缘偏东气流影响，全市出现连续性降水，部分县(市、区)出现暴雨过程。其间先后出现暴雨4站次(上犹2次、安远、赣县)，其中13日兴国、石城、瑞金出现雷雨大风。

8月26—27日，受北方冷空气南下影响，全市出现暴雨3站次。据上报灾情资料统计，这次冷空气过程导致龙南、大余、崇义等3县32219人受灾，紧急转移安置3006人，8200余人需紧急生活救助；1372间房屋倒塌；农作物受灾面积1870.47公顷，其中绝收144.13公顷；直接经济损失9977万元。

9月10—11日，受高空低槽和低层切变影响，全市出现一次较明显的降雨过程，其中出现暴雨5站次。

9月28—29日，受2016年第17号台风“鲇鱼”影响，全市出现一次暴雨，局部大暴雨过程，部分县(市、区)出现7—9级大风。其间出现暴雨4站次，出现大风5站次(大余、南康、信丰、石城、瑞金)。据上报灾情统计：瑞金市共有17个乡镇受灾，受灾人口15800人，紧急转移143人；农作物受灾面积1040公顷，直接经济总损失2315万元，其中水利设施直接经济损失1675万元。

10月21—22日，受2016年第22号台风“海马”影响，全市出现一次暴雨，局部大暴雨过程。21日08时至22日08时，全市平均雨量为41.6毫米，4站出现暴雨，且大余、龙南出现7—8级大风；区域站平均雨量为42.2毫米，44站大暴雨，121站暴雨，最大为寻乌县佑头村227.8毫米、岑峰村225.9毫米。据上报灾情资料统计：定南县有6个乡镇受灾，受灾人口1526人，转移人口220人，农作物受灾面积41.2公顷；房屋倒塌3间，停产工矿企业8个，公路中断1条，供电中断3次，损坏护岸21处，损坏灌溉设施12处。总直接经济损失为221.75万元。寻乌县受灾人口2734人，转移安置人员186人。农作物受灾面积358公顷，绝收170公顷，经济损失494万元，全县直接经济损失997万元。

11月19—20日，受低层切变线影响，全市出现暴雨天气过程，其间出现暴雨14站次，据上报灾情资料统计：寻乌县的吉潭、晨光等道路出现多处塌方，部分农田受淹，直接经济损失823万元。

11月26日，受高空低槽东移和低层切变共同影响，全市出现大到暴雨天气过程，暴雨5站次。

11月，全市共出现暴雨19站次，暴雨站数之多排名历史同期第1位。

高温天气 6—8月，受副热带高压控制影响，全市出现2次高温天气(≥35℃)，分别是6月21—27日和7月21—31日。其中6月21—27日全市平均最高气温35.8℃，赣县、南康、大余、瑞金、会昌和定南6县(市、区)连续高温日数突破同期历史极值；7月21—31日全市平均最高气温36.9℃，尤其是29日全市平均最高气温达38.2℃。

全市日照时数显著偏少 10月，全市平均日照时数为60小时，比历年同期少100.4小时，属特少年份，为1959年以来历史同期第1低位。

水文特征

【概况】 赣州市位于赣江上游，是以暴雨洪水为自然灾害的地区。2016年全市平均降雨量为2260毫米，比多年同期均值偏多43%，历史最大。实测径流量581.17亿立方米，全市径流年内分配不均衡，汛期(4—9月)实测径流量为336.64亿立方米，占全年径流量的57.9%，非汛期径流量为244.53亿立方米，占全年径流量的42.1%。赣州市河川径流量补给主要是降水，属雨水补给型。

【防汛测报】 全市平均降雨量为2260毫米，比多年同期均值偏多43%，历史最大，其中寻乌县、会昌县、章贡区降雨量均为中华人民共和国成立以来最多。时间分布上，1—3月平均雨量601毫米，比多年同期均值偏多73.3%；主汛期4—6月平均雨量837毫米，比多年均值偏多21.1%；后汛期7—9月平均雨量520毫米，比多年均值偏多34.7%；10—12月平均雨量302毫米，比多年均值偏多92.9%。空间分布上，总体呈东北部偏多，西南部偏少的态势，以石城县2733毫米为最大，上犹县1983毫米为最小。

全市受厄尔尼诺影响出现超长汛期，降雨异常偏多，先后出现早汛、夏汛、秋汛、台风等多次暴雨洪水过程，主要江河超警戒次数和受台风影响都比往年偏多。

【水资源及用量】 赣州市多年平均水资源量为336.52亿立方米，人均水资源量约4000立方米，高于全省、全国人均水资源量占有量。2016年全市水资源量为590.52亿立方米，与上年比较增加60.6%，与多年平均比较增加75.5%，高于常年水平。2016年全市人均水资源量6800立方米。

全市总用水量32.18亿立方米，其中：农林果牧渔畜业用水量22.12亿立方米，占全市总用水量的68.7%。工业与建筑业用水量4.90亿立方米，占全市总用水量的15.2%。服务业用水量0.79亿立方米，占全市总用水量的2.5%。居民生活用水量4.08亿立方米，占全市总用水量的12.7%。城镇环境用水量0.29亿立方米，占全市总用水量的0.9%。2016年全市人均用水量375立方米，与上年比较减少1.1%。

人口　民族

【人口】 2016年年末，全市总人口970.78万人，比上年末增加10.15万人。2015年10月1日至2016年9月30日，全市出生130423人，人口出生率13.18‰，人口自然增长率8.03‰。

【民族】 全市人口以汉族为主。少数民族有蒙古族、回族、藏族、维吾尔族、苗族、彝族、壮族、布依族、朝鲜族、满族、侗族、瑶族、白族、土家族、哈尼族、哈萨克族、傣族、黎族、傈僳族、佤族、畲族、高山族、拉祜族、水族、东乡族、纳西族、景颇族、土族、达斡尔族、仫佬族、羌族、布朗族、撒拉族、毛南族、仡佬族、锡伯族、塔吉克族、怒族、乌孜别克族、鄂温克族、独龙族等41个，分布在18个县(市、区)和赣州经济技术开发区。全市有1个民族乡、34个民族村、288个民族村小组。回族集中在章贡区，瑶族集中在全南县。超过1000人的有畲族、回族、蒙古族3个民族。

行政区划

2016年年末，赣州市辖赣县区、章贡区、南康区3个市辖区，以及大余、上犹、崇义、信丰、龙南、定南、全南、安远、宁都、于都、兴国、会昌、石城、寻乌14个县，代管瑞金1个县级市，共18个县级政区。全市有7个街道办事处，142镇，141乡(含民族乡1个)，428个居民委员会，3466个村民委员会。

赣州市行政区划情况

表1

县(市、区)	乡(镇、街道办事处)	居委会(个)	村委会(个)
章贡区(9镇、5街道办事处)	水东镇、水南镇、水西镇、沙石镇、沙河镇、蟠龙镇、湖边镇、潭东镇、潭口镇、赣江街道办事处、解放街道办事处、南外街道办事处、东外街道办事处、黄金街道办事处(其中，蟠龙镇、湖边镇、潭东镇、潭口镇，黄金岭街道办事处由赣州经济技术开发区或赣州蓉江新区管理)	82	112
赣县区(12镇、7乡、5管理区)	王母渡镇、梅林镇、茅店镇、江口镇、吉埠镇、南塘镇、沙地镇、田村镇、五云镇、储潭镇、湖江镇、韩坊乡、大埠乡、阳埠乡、大田乡、长洛乡、石芫乡、三溪乡、白鹭乡、小坪管理区、攸镇管理区、古田管理区、湖新管理区、白石管理区	28	276
南康区(6镇、12乡、2街道办事处)	横市镇、唐江镇、凤岗镇、镜坝镇、龙岭镇、龙回镇、隆木乡、坪市乡、大坪乡、麻双乡、十八塘乡、龙华乡、三江乡、太窝乡、朱坊乡、横寨乡、赤土乡、浮石乡、蓉江街道办事处、东山街道办事处	36	278
瑞金市(7镇、10乡)	壬田镇、象湖镇、武阳镇、谢坊镇、沙洲坝镇、九堡镇、瑞林镇、日东乡、叶坪乡、黄柏乡、大柏地乡、丁陂乡、岗面乡、泽覃乡、拔英乡、云石山乡、万田乡	17	223

续表1

县(市、区)	乡(镇、街道办事处)	居委会(个)	村委会(个)
信丰县(13镇、3乡)	嘉定镇、西牛镇、大塘埠镇、铁石口镇、小江镇、正平镇、小河镇、古陂镇、大桥镇、新田镇、油山镇、大阿镇、安西镇、万隆乡、崇仙乡、虎山乡	42	260
大余县(8镇、3乡)	新城镇、池江镇、樟斗镇、青龙镇、左拔镇、黄龙镇、南安镇、吉村镇、浮江乡、河洞乡、内良乡	13	105
上犹县(6镇、8乡)	东山镇、营前镇、社溪镇、陡水镇、黄埠镇、寺下镇、梅水乡、油石乡、安和乡、紫阳乡、双溪乡、水岩乡、平富乡、五指峰乡	9	131
崇义县(6镇、10乡)	横水镇、铅厂镇、长龙镇、扬眉镇、过埠镇、关田镇、龙勾乡、杰坝乡、麟潭乡、金坑乡、丰洲乡、文英乡、乐洞乡、上堡乡、思顺乡、聂都乡	7	124
安远县(8镇、10乡)	欣山镇、孔田镇、版石镇、天心镇、龙布镇、车头镇、三百山镇、鹤子镇、镇岗乡、凤山乡、高云山乡、新龙乡、蔡坊乡、重石乡、长沙乡、双芫乡、塘村乡、浮槎乡	16	151
龙南县(8镇、5乡)	龙南镇、渡江镇、程龙镇、杨村镇、武当镇、汶龙镇、关西镇、里仁镇、桃江乡、夹湖乡、南亨乡、临塘乡、东江乡	12	94
全南县(6镇、3乡)	城厢镇、金龙镇、南迳镇、陂头镇、大吉山镇、龙源坝镇、龙下乡、社迳乡、中寨乡	8	86
定南县(7镇)	历市镇、岭北镇、龙塘镇、老城镇、岿美山镇、鹅公镇、天龙镇、城区街道办事处	16	119
兴国县(7镇、18乡)	潋江镇、江背镇、古龙岗镇、梅窖镇、良村镇、龙口镇、高兴镇、兴江乡、樟木乡、东村乡、兴莲乡、杰村乡、社富乡、埠头乡、隆坪乡、永丰乡、茶园乡、崇贤乡、枫边乡、南坑乡、方太乡、城岗乡、鼎龙乡、长岗乡、均村乡	10	304
宁都县(12镇、12乡)	梅江镇、青塘镇、长胜镇、黄陂镇、固村镇、赖村镇、石上镇、东山坝镇、洛口镇、田头镇、黄石镇、小布镇、竹笮乡、对坊乡、固厚乡、田埠乡、会同乡、湛田乡、安福乡、东韶乡、肖田乡、钓峰乡、蔡江乡、大沽乡	33	299
于都县(9镇、14乡)	贡江镇、银坑镇、岭背镇、梓山镇、罗坳镇、禾丰镇、祁禄山镇、铁山垅镇、盘古山镇、葛坳乡、桥头乡、马安乡、仙下乡、段屋乡、车溪乡、宽田乡、沙心乡、黄麟乡、利村乡、新陂乡、罗江乡、小溪乡、靖石乡	33	353
会昌县(6镇、13乡)	文武坝镇、西江镇、庄口镇、麻州镇、周田镇、筠门岭镇、小密乡、白鹅乡、庄埠乡、珠兰乡、晓龙乡、高排乡、右水乡、青溪乡、洞头乡、站塘乡、中村乡、永隆乡、富城乡	27	242
寻乌县(7镇、8乡)	长宁镇、澄江镇、吉潭镇、南桥镇、留车镇、晨光镇、桂竹帽镇、水源乡、罗珊乡、项山乡、三标乡、文峰乡、丹溪乡、龙廷乡、菖蒲乡	11	173
石城县(5镇、5乡)	琴江镇、高田镇、小松镇、屏山镇、横江镇、木兰乡、丰山乡、大由乡、龙岗乡、珠坑乡	22	131

中共赣州市委员会

概　述

2016年，在中央、省委的坚强领导下，中共赣州市委员会团结带领全市广大党员和干部群众，深入学习贯彻中共十八大、十八届三中、四中、五中、六中全会，以及中共中央总书记习近平系列重要讲话精神，特别是中共中央总书记习近平对江西工作提出的“新的希望、三个着力、四个坚持”重要要求，主动适应经济发展新常态，牢固树立新发展理念，全面贯彻省第十四次党代会和市第五次党代会精神，坚持解放思想、内外兼修、北上南下，突出打好主攻工业、精准扶贫、新型城镇化、现代农业、现代服务业、基础设施建设“六大攻坚战”，推动经济社会保持平稳健康发展，开创赣南苏区振兴发展新局面，实现“十三五”良好开局。

【把握工作正确方向】　不断强化理论武装，切实增强“四个自信”，保持政治定力和实干定力，在思想上、政治上、行动上始终与以中共中央总书记习近平为核心的党中央保持高度一致。牢固树立核心意识。市委始终把学习贯彻中共中央总书记习近平系列重要讲话精神作为首要政治任务，牢固树立“四个意识”特别是核心意识，引领全市党员干部群众更加紧密地团结在以中共中央总书记习近平为核心的党中央周围，更加坚定地维护以中共中央总书记习近平为核心的党中央权威，更加扎实地把中共中央各项决策部署落到实处。全年先后组织25次市委常委会学习、23次市委中心组学习、5次专题报告学习会，深刻把握党中央治国理政新理念新思想新战略，做到内化于心、外践于行。认真学习贯彻中共中央总书记习近平对江西工作提出的“新的希望、三个着力、四个坚持”重要要求，专门出台落实意见和分工方案，把党中央对赣州的深切关怀和殷切期望转化为感恩奋进的动力和行动。全面贯彻上级决策部署。按照“四个全面”战略布局和“五位一体”总体布局的要求，坚决落实中央各项大政方针。认真贯彻国务院总理李克强视察赣州时提出的“三个希望”系列要求，以及张高丽、刘延东、刘奇葆等中央领导对赣州的指示，确保落地见效，造福老区人民。迅速学习贯彻省第十四次党代会精神，深入贯彻省委书记鹿心社对赣州提出的“在建设省域副中心城市上勇挑重担、在推进精准脱贫攻坚上善打硬仗、在深化改革创新上闯出新路、在打造美丽中国‘江西样板’上多出经验、在全面从严治党上更高要求”的要求，狠抓落实，扎实推进。科学谋划推动赣州发展。胜利召开市第五次党代会，确立“打好攻坚战、同步奔小康，让赣南老区人民过上富裕幸福生活”的奋斗目标，明确“解放思想、内外兼修、北上南下”的实践路径和打好“六大攻坚战”的工作重点，提出一系列引领发展的预期目标，绘制赣州未来五年发展的宏伟蓝图。

【深入实施“若干意见”】　市委把振兴发展作为重中之重的任务，锲而不舍推进《国务院关于支持赣南等原中央苏区振兴发展的若干意见》实施，取得阶段性重大成效。政策支持力度加大。推动召开部际联席会第4次会议、省支持赣南苏区振兴发展协调推进会，研究协调一批重大事项。“若干意见”明确的事项中，落实或有序推进的223项，占94.5%。深化对口支援，国家部委第二批挂职干部全部到位，南昌大学等19个省高等院校及科研机构对赣州市开展对口支援。积极争资引资，全年共争取各类上级补助资金477.2亿元，增长14.8%。开放平台加快落地。获批为全国加工贸易承接转移示范地，入围国家首批现代物流创新发展试点城市。赣州综合保税区正式通关运营。赣州铁路国际集装箱场站成为国家第8个临时对外开放口岸，全国内陆首个国家级国检监管试验区挂牌运行，龙南保税物流中心（B型）获批设立。赣州港铁路专用线建成通车，实现与深圳盐田、蛇口进口直通、出口直放。招商引资成果丰硕。突出招大引强，开展“百日招商活动”“赣商回归”“赣港会”“赣台会”“绿发会”等重大经贸活动，2016年全市实际利用外资15.15亿美元，增长10.6%。扎实推动项目落地，2015年以来签约的项目开工395个，占86.8%；90个央企入赣签约项目实现进资58个，占64.4%。

【突出打好“六大攻坚战”】　以项目建设为突破口，强力推进“六大攻坚战”，经济运行呈现总体平稳、稳中向好的良好态势。实现地区生产总值2194.34亿元，增长9.5%；固定资产投资2205.51亿元，增长16.6%；实现规模以上工业增加值847.9亿元，增长9.2%；全市社会消费品零售总额完成790.24亿元，增长11.5%；财政总收入同口径增长8.5%，一般公共预算收入同口径增长7%。工业发展稳中有进。举全市之力打好主攻工业攻坚战，工业经济呈现稳中向好发展势头。实现工业固投增长38.4%，增速全省第一；规模以上工业主营业务收入增长9.3%，高于上年5.5个百分点；新入规模工业企业231户，为历年之最。实施重大产业项目带动，全面启动“两城两谷一带”建设，孚能科技三期、台湾昶洧汽车、凯马汽车、中航新能源汽车二期等重点项目先后落户新能源汽车科技城，南康家具向“家居”转型升级，“中国稀金谷”列入全国“十三五”稀土行业以及有色金属工业发展规划，“青峰药谷”、赣州(龙南)电子信息产业科技城加快建设，瑞金创建全省首个电线电缆产业基地，集群集聚优势逐步显现。企业科技创新能力不断增强，江西青峰药业创新天然药物与中药注射剂国家重点实验室揭牌，新能源电动汽车传动系统工程研究中心等4个工程研究中心被认定为省级工程研究中心。工业布局不断完善，明确19个工业园区首位产业，实行错位发展。园区承载能力不断提升，8个园区污水处理设施建成使用，新建标准厂房565万平方米。出台“降成本、优环境”90条，全年为企业减负80.7亿元，进一步坚定企业发展信心。脱贫攻坚措施有力。完善扶贫机制，层层压实责任，构建市、县、乡、村四级书记抓扶贫工作格局，打好精准脱贫组合拳，全年脱贫27.1万人，175个贫困村摘帽。突出抓好产业脱贫，建立产业扶贫“五个一”机制，实施旅游扶贫、电商扶贫、光伏扶贫、扶贫车间等产业扶贫项目，覆盖带动9.93万户、36.1万贫困人口进入产业链。扎实推进搬迁脱贫，完成搬迁5.4万人。大力实施兜底脱贫，推进农村低保与扶贫开发制度有效衔接，实现贫困人口应保尽保；市、县两级财政每年拿出1亿元，为贫困户购买医疗商业补充保险，构建四道医疗保障线，有效缓解因病致贫返贫问题，得到省委书记鹿心社的批示肯定，并在全省推广；建成农村保障房8683套，为无力建房贫困户解决住房难题。用活金融扶贫杠杆，整合10亿元作为风险缓释金，在全省首创“产业扶贫信贷通”，撬动银行扶贫信贷资金80亿元，启动国开行支持整村推进贷款项目，金融助推扶贫工作取得积极成效，全市共发放扶贫贷款217.61亿元。成功承办全国网络扶贫工作现场推进会，推进“网络红利”惠及贫困地区。城乡建设加快推进。全市常住人口城镇化率达47.13%。入选第三批国家新型城镇化综合试点和国家首批产城融合示范区，获批设立蓉江新区，赣县撤县设区，完成南康区和赣州经济技术开发区事权调整，构建五大功能区统筹发展格局。中心城区建成区扩至158平方千米、城市人口160万人。启动中心城区快速路建设，高标准规划建设赣州西站，打通一批“断头路”和“丁字路”，中心城区路网更加通畅。稳步推进市文化艺术中心、第二垃圾处理场、第三水厂扩建、历史街区改造等一批重大项目，棚户区改造基本建成2.8万套，城市功能和品质不断提升。大力整治城乡环境，启动全市“查违、拆违、控违”工作，农村“空心房”整治、农村生活垃圾处理、重点村污水治理成效明显，其中拆除“两违”建筑面积超200万平方米。大力推进中心镇、示范镇、新农村建设点建设，城乡统筹发展步伐加快。现代农业品质提升。脐橙、油茶、蔬菜三大产业优势凸显，茶叶、烟叶、白莲、刺葡萄等特色产业提质增效。大力实施脐橙产业发展升级行动计划，狠抓柑橘黄龙病防控，赣南脐橙品牌价值连续四年位居全国初级农产品类地理标志产品价值榜榜首。新(改)造油茶1.66万公顷，建设油茶示范基地104个，筹建全国首个国家级茶油检测重点实验室，“赣南茶油”获批国家地理标志保护产品。新建高标准蔬菜大棚693.33公顷，蔬菜产业实现提档升级。“宁都黄鸡”“会昌米粉”通过国家生态原产地产品保护认定，“寻乌蜜桔”被认定为中国驰名商标，农业品牌建设取得突破。深入实施“百县百园”工程，赣县区智慧农业建设走在全省前列，瑞金市列为省级重点建设园区，园区示范作用更加明显。现代服务业快速发展。服务业增加值占GDP比重达41.9%，保持较快发展势头。金融业不断做大。设立51支政府投资产业基金，总规模突破1400亿元，与国开行签订550亿元融资协议，“五个信贷通”累计发放175.06亿元，为“六大攻坚战”提供充足“资金池”。承办南北“4+8”地区绿色发展论坛，探索推动赣州市生态资源资产化、资本化。积极对接多层次资本市场，推动债券融资、股权融资和同业存单融资，实现直接融资187.2亿元，上市挂牌企业达30家。文化旅游业蓬勃发展。确立“一核三区”旅游发展战略，大力推进文旅项目招商，签约引进重大文化旅游项目57个。石城县、瑞金市、龙南县列为国家全域旅游示范区创建单位，上犹县被列为全国美丽乡村创建示范县，建成大余县丫山、龙南县虔心小镇、宁都县小布等一批特色小镇，乡村旅游走在全省前列。现代物流业发展迅速。物流集群加快建设，国家标准A级物流企业达37家，位列全省第一。赣州黄金机场迈入全国百万空港行列。电子商务方兴未艾，脐橙、家具等特色产业与电商融合更加紧密，国家电子商务进农村试点实现县域全覆盖。基础设施日臻完善。昌赣客专进展顺利，赣深客专、兴泉铁路开工建设，长沙至赣州铁路、瑞金至梅州铁路、赣郴永兴铁路、赣韶扩能改造工程列入国家《中长期铁路网规划》，南丰至瑞金城际铁路列入省城际铁路网，赣州铁路事业进入快速发展期。黄金机场改扩建有序推进，瑞金机场启动项目前期工作，航空运输能力进一步提升。大广高速南康南互通、兴赣、宁定及定南联络线建成通车，全年新增高速公路325千米。国省道升级改造、农村公路升级改造加快实施，县乡道路更加通达。抚州至瑞金红都500千伏线路等输变电工程建成，实现500千伏电力输入“双通道”、220千伏变电站县县“全覆盖”的历史性突破。天然气利用步伐加快，西气东输三线赣州段工程实现进气投产，全市实现“双气源供气”。

【持之以恒加强民生建设】 坚持以人民为中心的发展思想，加强普惠性、基础性、兜底性民生建设，省及市90件重大民生实事全面完成，人民群众获得感不断增强。社会保障更加健全。农村低保保障标准、月人均补差水平大幅提高，农村五保对象集中和分散供养标准进一步提升。入选首批国家级医养结合试点单位。开工建设“三院”(综合福利院、光荣院、乡镇敬老院)项目60个，全市每千名老年人拥有养老床位数达到36张。市儿童福利院2017年投入使用，市精神卫生社会福利院、市残疾人康复抚养中心启动建设。社保覆盖面进一步扩大，参保人数大幅增加。新农合人均筹资水平稳步提高，对重性精神病、尿毒症等10类重大疾病实行免费救治。城镇新增就业7.26万人，完成年度任务的119.8%。深入开展“救急难”综合试点工作，发放救助资金1517万元。文化事业繁荣发展。《客家文化(赣南)生态保护实验区总体规划》获文化部批准。深入实施赣南采茶戏振兴工程，创作赣南民俗音画《客家儿郎》，面向全国征集《八子参军》同名电影剧本，策划拍摄全国首部红色文化启蒙教育动画片《红游记》，打造《老镜子》等一批精品文艺作品，联合拍摄的电视连续剧《破阵》获金鹰奖。大力推广“农家书屋＋电商”工作，建成服务站点800多个，704个村列入贫困地区“百县万村”综合文化服务中心示范工程建设范围，农村文化建设迈上新台阶。培育“文化惠民・精品共享”和“文明风采·百姓舞台”群众文化品牌，每周举办一场采茶戏惠民演出和文艺汇演活动，城区居民文化生活更加丰富。全面完成直播卫星“户户通”40万户的工程建设任务，市综合文化艺术馆启动建设，文化惠民工程深入推进。公共服务不断优化。部省共建赣州教育改革发展试验区成效明显，赣州职教园区和江西理工大学迁建、赣南职业技术学院建设有序推进，赣南卫生健康职业学校成为赣州市第一所市属高职院校。大力推进“全面改薄”工程，新(改、扩)建校舍96.6万平方米，启动实施学前教育第二期三年行动计划，建设乡镇公办中心幼儿园282所，城乡办学条件持续改善。县级公立医院综合改革稳步推进，赣州成为全国唯一的贫困地区卫生计生人才综合培养试点市。市人民医院新院6个专科中心和赣南医学院附属医院新院投入使用，市儿童医院建设有序推进，市妇幼保健院新院开工建设。高效处置全国首例输入性寨卡病毒感染病例，得到国家和省的充分肯定。有序实施全面二孩政策，全市生育水平总体保持稳定。市防震减灾科普馆建成开放。全民健身运动广泛开展，承办全国夏季游泳锦标赛暨奥运选拔赛、2016中国山地自行车公开赛章贡站、第七届环鄱阳湖国际自行车赛上犹站等重大赛事，瑞金红区运动休闲旅游线路入选2016中国体育旅游十佳精品线路。

【着力推进依法治市】 坚持党的领导、人民当家做主和依法治国有机统一，不断巩固和发展民主团结、生动活泼、和谐有序的政治局面。法治建设纵深推进。“六五”普法圆满完成，荣获2011—2015年全国法治宣传教育先进城市。全面启动“七五”普法规划，落实“谁执法谁普法”责任制，建立以案释法、媒体公益普法和国家工作人员学法用法制度。着力建设法治政府，颁布实施赣州市第一部政府规章——《赣州市人民政府制定规章和拟订地方性法规草案程序规定》，市、县、乡三级全部建立法律顾问制度。着力解决“执行难”问题，清理化解执行积案率达95.4%，得到最高人民法院院长周强批示肯定，并在全国总结推广。健全社会诚信体系，加强企业信用监管警示系统建设，定期发布“诚信红黑榜”。平安建设不断深化。加强综治中心、综治信息化、网格化管理建设，综治工作系统化、规范化、制度化、现代化水平不断提升。实施全警情采集、分析、应用为一体的环市、环县、环中心城区“三大包围圈”建设，扎实推进“天网”工程等人防、物防、技防建设，加强寄递物流领域安全监管，构建立体化社会治安防控体系。严厉打击各种刑事犯罪，公众安全感居全省前列。创新社会治理机制，开展社会治安特殊人群“心防”工程建设，列为全国12个示范联系点之一；肇事肇祸精神障碍患者救治救助有奖监护工作经验全国推广，被评为“2016年度江西十大法治事件”。完善矛盾纠纷多元化解机制，构建“三调联动”格局，全年共成功化解各类矛盾纠纷8902件，化解率达91.3%。扎实推进社会稳定风险评估工作，建立健全维稳信访形势定期分析研判机制、影响社会治安的特殊人群预测预警预防机制，完善维稳“三级预警”和“三支队伍”建设，强化信访积案化解，实行律师参与化解涉法涉诉信访案件，信访总量持续下降，社会大局保持和谐稳定。着力完善应急救援体系，安全生产、食品药品安全监管、防汛抗旱、森林防火、地质灾害防治等工作取得新成效。各方力量广泛凝聚。市委积极发挥“总揽全局、协调各方”的领导核心作用，大力支持市人大及其常委会、市政府、市政协依法按章程行使职权，颁布《赣州市立法条例》，出台《关于进一步加强政协工作充分发挥政协协商民主重要作用的若干意见》。高度重视统战工作，出台《关于加强社会主义协商民主建设的实施办法》，民族、宗教、侨务、对台等工作取得新成绩，积极支持民主党派、工商联、无党派人士履行政治协商、民主监督、参政议政职能，注重发挥工会、共青团、妇联等群众团体作用。实施“赣才回归”工程，率先在全省探索人才“整体回归”和“人才＋”回归机制，积极引导在外赣州籍优秀人才回乡创业。加强党管武装工作，认真落实常委议军会、党管武装工作会议等制度，深入推进军民融合发展，积极开展双拥共建活动，实现创建全国双拥模范城“三连冠”。

【全面推进从严治党】 把抓好党建作为最大政绩，认真履行管党治党责任，着力提升党建科学化水平，营造风清气正的政治生态。自身建设不断加强。市委在思想上充分信赖、政治上坚决维护、组织上自觉服从、感情上深刻认同以中共中央总书记习近平为核心的党中央，始终做到政治清醒、信念坚定。切实加强和规范党内政治生活，认真执行民主集中制，严格按照“集体领导、民主集中、个别酝酿、会议决定”的原则讨论决定重大问题，执政能力和领导水平进一步提高。各位常委认真履职，自觉按程序、按规矩办事，相互配合、团结协作，发挥模范带头作用。“两学一做”学习教育扎实开展。坚持以上率下、层层推动，围绕坚定执着追理想等4个主题开展专题学习，市委常委带头到所在党支部参加学习讨论。坚持解放思想，组织市党政代表团赴福建龙岩、泉州、厦门等地学习考察，开阔视野，借鉴经验。坚持广泛覆盖，市县两级开展形式多样的宣讲304场，各级党组织开展专题学习5万余次，营造学习教育浓厚氛围。坚持问题导向，把中办回访调研组和中央环保督察反馈的意见，以及中央、省巡视发现的问题作为“两学一做”整改内容，逐条逐项抓整改，以实际成效取信于民。意识形态工作主动有为。将意识形态工作列入党委(党组)书记年度述职的重要内容，得到中共中央宣传部充分肯定。抓住纪念中央工农红军长征胜利80周年等契机，组织中央、省主流媒体到赣州进行集中采访报道，不断扩大赣州影响力。主动融入互联网时代，成立全省唯一的江西省互联网信息综合指挥中心赣州分中心，在宁都、寻乌、崇义3县建设全媒体中心，媒体融合发展取得阶段性成果。扎实做好全国文明城市创建工作，深入开展文明城市、文明单位、文明村镇、文明校园、文明家庭创建活动，社会主义核心价值观更加深入人心。注重风尚引领，培育好人文化，成功承办中央文明办2016年度首期中国好人榜发布仪式，全年有9人入选“中国好人榜”、14人入选“江西好人榜”，均位列全省第一。基层党建不断夯实。逐级压实党建责任，健全书记抓、抓书记的责任体系，以县委书记为重点，开展各级党组织书记抓基层党建述职评议。坚持问题导向，狠抓党员组织关系集中排查、党员档案排查、党费收缴专项检查等重点任务，全面完成非公有制企业和社会组织“两个覆盖”工作，新改建189个村级组织活动场所，消除场所“空白村”，555个软弱涣散基层党组织全部整顿到位，党建基础进一步夯实。扎实推进党建促脱贫攻坚工作，102个贫困村均安排1名县级党员领导干部帮扶，遴选1177名优秀机关干部到村担任“第一书记”。强化激励保障，为村书记(主任)每人每月增加基本报酬200元，率先在全省为大学生村官办理社会保险和住房公积金，推动人、财、物向基层倾斜。纵深推进“连心、强基、模范”三大工程，建设“党建+”示范点346个，其中20个被评为全省先进典型。市县乡换届圆满完成。高度重视市县乡集中换届工作，严格换届程序要求，坚持干事创业用人导向，精心抓好县乡领导班子换届选举工作，胜利召开市第五次党代会及市五届人大一次会议、市政协五届一次会议，实现工作不断、思想不乱，换出心齐气顺劲足的好面貌，全市上下谋发展、议攻坚、抓落实的氛围空前浓厚。严格遵循省委部署，完成赣州市出席省第十四次党代会代表的推选工作。严肃换届纪律，对重点岗位领导干部进行专题学习集体谈话，组建2个专项巡察组进行换届风气专项巡察，以铁的纪律保障换届风清气正。拓宽选人用人视野，从“三类人员”中竞争性选拔乡镇领导班子成员341名，从县(市、区)企事业单位领导人员中择优调任乡镇领导干部112名，进一步激发基层干部的工作积极性。干部管理从严从紧。坚持约束与激励并重、惩治与保护结合，出台改作风、提效率“一个意见、两个办法”，防治“为官不为”行为，建立容错减责机制，引导干部集中精力干事创业，得到省委书记鹿心社的批示肯定。举办换届后新提任县处级领导干部培训班，市委主要领导带头授课，采取视频方式扩大至乡一级，取得较好效果。深入开展干部双向交流挂职工作，选派46名领导干部分别到国家部委、省级金融机构和深圳市挂职锻炼，接收100名中央、省下派挂职干部。扎实开展超职数配备干部整改消化、未经批准兼职或兼职取酬、违反干部选拔任用标准和程序问题等专项整治工作，消化超配的县乡干部职数1965个。探索创新干部日常监督管理办法，在全省设区市中率先推行市管干部日常管理监督预警、市管干部任中经济责任审计、新提任科级干部个人有关事项报告和财产公开试点。党风廉政建设和反腐败斗争深入推进。推动落实“两个责任”，认真学习贯彻“两准则、三条例”，强化从严治党工作格局。持续落实中央八项规定精神，不断深化“违插”“红包”“微腐败”等重点领域治理，坚决遏制以权谋私、权力寻租的歪风邪气。践行监督执纪“四种形态”，把纪律挺在前面，坚决铁腕反腐正风肃纪。在全省率先设立市县党委巡察办，强力推进巡察全覆盖。市纪委派驻机构实现全覆盖。2016年，市本级对市属国有企业、市政府组成部门等组织开展4轮巡察，层层传导压力，推动问题整改。集中整治和查处侵害群众利益不正之风和腐败问题。加大问责力度，以严肃问责推动全面从严治党责任落实。全市对履行“两个责任”不力的领导干部实行责任追究97起109人，给予党政纪处分39人，组织处理74人。

重要会议

【全市经济工作会议暨扶贫开发工作会议】 1月19日，全市经济工作会议暨扶贫开发工作会议在赣州召开。会议深入贯彻中央、全省经济工作会议和扶贫开发工作会议精神，部署全市2016年经济工作和扶贫开发工作。会议强调，要坚定信心，锐意进取，脚踏实地，奋发有为，真抓实干，全力实现“十三五”良好开局，为赣州加快振兴发展、实现同步小康而不懈努力。

【2016年市生态文明先行示范区建设领导小组会议暨市级总河长第一次会议】 4月7日，赣州市召开2016年市生态文明先行示范区建设领导小组会议暨市级总河长第一次会议。会议深入学习贯彻落实中共中央总书记习近

平视察江西重要讲话精神，以及省生态文明先行示范区建设领导小组第二次会议、省级“总河长”第一次会议精神，研究部署2016年生态文明先行示范区建设和“河长制”工作。

【全市精准扶贫暨新农村建设工作会议】 7月6日，全市精准扶贫暨新农村建设工作会议在赣州召开。会议对2015年度科学发展综合考核评价先进县(市、区)，以及科学发展和扶贫开发综合先进县(市、区)进行颁奖，讨论关于认真贯彻落实中共中央总书记习近平重要讲话精神深入推进新农村建设的实施意见，通报全市精准扶贫攻坚战督察情况，对全市精准扶贫暨新农村建设工作进行部署。

【全市“大众创业、万众创新”现场推进会】 7月13日，全市大众创业万众创新现场推进会在赣州召开。会议动员全市上下高度重视创新创业，积极鼓励创新创业，让创新创业成为加快振兴发展的强大引擎。

【中国共产党赣州市第五次代表大会】 9月24—26日，中国共产党赣州市第五次代表大会在赣州召开。大会选举产生第五届市委委员、候补委员，市纪委委员和出席省第十四次党代会代表，通过关于中共赣州市第四届委员会报告的决议、关于中共赣州市第四届纪律检查委员会工作报告的决议。大会号召，全市广大党员干部要紧密团结在以中共中央习近平为总书记的党中央周围，在党中央和省委的坚强领导下，锐意进取、奋力拼搏，真抓实干、开拓创新，为实现与全国同步全面建成小康社会、让赣南老区人民过上富裕幸福的生活而努力奋斗。

2016年9月26日，中共赣州市委五届一次全体会议召开

【中国共产党赣州市第五届委员会第一次全体会议】 9月26日，中国共产党赣州市第五届委员会第一次全体会议在赣州举行。全会选举李炳军、曾文明、王林云、张圣泽、刘文华、马玉福、彭业明、李恭进、唐舒龙、陈庆阳、胡雪梅、李明生为中共赣州市第五届委员会常务委员会委员。选举李炳军为市委书记，曾文明、王林云为市委副书记。通过中共赣州市第五届纪律检查委员会第一次全体会议选举结果的报告。

【全市改作风提效率动员部署会】 12月15日，全市改作风提效率动员部署会议在赣州召开。会议强调，全市上下要把“改作风、提效率”当作一种政治责任和使命担当，牢固树立改作风就是优环境、提效率就是抓落实的理念，大力弘扬苏区精神，创造新时代的苏区干部好作风，再创新时期第一等工作。

【全市科技创新大会暨全市科技奖励大会】 12月16日，市委、市政府召开全市科技创新大会暨全市科技奖励大会。会议深入学习贯彻中共中央总书记习近平系列重要讲话精神，落实全国、全省科技创新大会精神，表彰2015年度市科技奖获得者，研究部署全市科技创新工作，动员全市上下深入实施创新驱动发展战略，努力建设创新型赣州。

重大决策

【全面打赢脱贫攻坚战】 2月15日，市委、市政府印发《关于全面打赢脱贫攻坚战的实施意见》(赣市发〔2016〕1号)，提出要认真贯彻中共中央总书记习近平相关重要指示，全面落实中央和省有关文件精神，紧紧围绕“四个全面”战略布局，牢固树立创新、协调、绿色、开放、共享发展理念，坚持扶贫开发与区域发展相互推动、精准扶贫与连片开发紧密结合、脱贫攻坚与振兴发展齐头并进，突出产业扶贫、搬迁扶贫、保障扶贫三大重点，聚力解放思想，完善工作机制，强化政策措施，切实加快脱贫攻坚步伐。文件从坚决落实政治责任、准确把握总体要求、精准实施脱贫工程、加快破除瓶颈制约、着力完善支撑体系、切实强化组织保障等6个方面提出明确要求，并提出相关目标任务：按照扶持对象精准、项目安排精准、资金使用精准、措施到户精准、因村派人精准、脱贫成效精准的要求，大力实施发展产业、易地搬迁、社会保障、就业扶持、发展教育“五个一批”脱贫攻坚工程，使建档立卡贫困人口中20.97万人通过发展产业脱贫、15万人通过易地搬迁脱贫、39.18万人通过社会保障兜底脱贫、10.09万人通过就业扶持和发展教育脱贫；到2018年，全市70.24万农村贫困人口全部脱贫，932个贫困村全部退出，11个贫困县全部摘帽，解决区域性整体贫困；到2020年，稳定实现农村贫困人口不愁吃、不愁穿，义务教育、基本医疗和住房安全有保障；实现农民人均可支配收入增幅高于全国平均水平，基本公共服务主要领域指标接近全国平均水平。

【深入落实"若干意见"】 5月7日，市委、市政府印发《关于深入落实〈国务院关于支持赣南等原中央苏区振兴发展的若干意见〉的实施意见》(赣市发〔2016〕4号)，提出要切实增强深入落实"若干意见"的责任感和使命感，按照"解放思想、内外兼修、北上南下"的实践路径，紧扣"五个战略定位"和打好"六大攻坚战"，突出扩大有效投资、补齐振兴发展短板，着力加强北上对接、增强造血功能、加快政策转化、深化对口支援、加强统筹协调，加快将政策优势转化为发展优势，努力推动赣南苏区整体实现跨越式发展，为与全国同步全面建成小康社会奠定坚实基础。特别是要着力加强北上对接，把加强北上对接作为深入落实"若干意见"的重要途径，进一步吃透政策，挖掘潜力，发扬"钉钉子"精神，用足用活用好"若干意见"政策，争取中央及部委、省更多支持；着力增强造血功能，把增强造血功能作为深入落实"若干意见"的重要目标，围绕"五个战略定位"和打好"六大攻坚战"，积极争取国家部委、省直厅局加大支持力度，增强振兴发展的内生动力；着力加快政策转化，把加快政策转化作为深入落实"若干意见"的重要内容，细化任务目标和责任措施，强化跟踪调度考评，加快将"若干意见"政策优势转化为有效投资、现实生产力和发展优势；着力深化对口支援，把深化对口支援作为深入落实"若干意见"的重要抓手，充分发挥部委职能优势和部委挂职干部纽带作用，推进"援县促市"，扩大对口支援成效；着力加强统筹协调，把加强统筹协调作为深入落实"若干意见"的重要方法，充分用好部际联席会议、省振兴发展工作领导小组会议、省支持赣南苏区振兴发展推进会、市振兴发展工作领导小组会等统筹协调平台，有力解决政策落实难题，强化上下联动、共促振兴发展。

【加快推进农业现代化】 5月20日，市委、市政府印发《关于落实发展新理念加快农业现代化实现全面小康目标的实施意见》(赣市发〔2016〕5号)，指出要深入贯彻落实中央、省委2016年"一号文件"和中共中央总书记习近平视察江西时的重要讲话精神，主动适应经济发展新常态，进一步解放思想，创新理念，扎实有效推进农业现代化，加快农业农村改革发展，助推全市"六大攻坚战"，实现全面小康目标。文件提出"十三五"时期全市农业农村工作的总体要求是：全面贯彻落实中共中央总书记习近平系列重要讲话精神和中央、省委的决策部署，牢固树立创新、协调、绿色、开放、共享的发展理念，突出精准扶贫攻坚战、现代农业攻坚战，坚持问题导向抓改革，坚持市场导向抓产业，坚持项目导向抓落实，坚持民意导向抓服务，加快落实供给侧结构性改革，切实转变农业发展方式，全力实施"五个一批"脱贫工程，稳步推进产村融合发展和新农村建设升级发展，努力让赣州农业强起来、农民富起来、农村美起来，实现现行标准下贫困人口全面脱贫，农村居民人均可支配收入年均增长11%，与全国同步全面建成小康社会。文件还从转变农业发展方式、构建现代农业产业体系，加大脱贫攻坚力度、保障改善农村民生，深化农业农村改革、激发农业农村发展活力，坚持城乡一体发展、完善城乡统筹发展机制，遵循生态安全原则、推动农业可持续发展，强化组织领导能力建设、创新农村社会治理等6个方面提出具体实施意见。

【建设创新型赣州】 8月29日，市委、市政府印发《关于加快推进创新驱动发展战略建设创新型赣州的实施意见》(赣市发〔2016〕19号)，提出要深入贯彻中央、省、市相关文件和会议精神，加快赣州市创新驱动战略的实施，努力建设创新型赣州。特别是要着力实施"1122"工程(新建10个国家级创新平台和载体，新增10个省级以上创新人才和团队，实施20项省级重大科技专项，新增200家高新技术企业)，强化科技入园入企，推进产业转型升级，推动创新创业，建设高效创新服务体系。文件提出，力争到2020年，全社会研发经费投入占国内生产总值比重达到2%，全市地方财政科技拨款占地方财政支出比例达2%以上，科技进步贡献率提高到60%，高新技术产业增加值较2015年翻一番，高新技术产业增加值占规模以上工业增加值的比重达到30%，全市创新体系进一步完善，创新环境进一步优化，创新活力进一步释放，创新效率进一步提升。

【改作风提效率】 12月14日，市委、市政府印发《关于改进工作作风提高工作效率的意见》(赣市发〔2016〕25号)，提出要深入贯彻中共十八届六中全会和中共中央总书记习近平系列重要讲话精神，大力传承苏区精神和苏区干部好作风，推进全面从严治党，加强干部作风建设，为打好"六大攻坚战"、实现同步全面小康提供强有力的作风保证。文件要求，各地各部门要紧密联系各自实际，坚持问题导向，着力解决思想僵化、精神懈怠、缺乏担当、执行不力、作风漂浮、效率低下等问题。文件提出，要大力倡导和积极践行以下四种优良作风：一是敢想敢干、奋勇争先。敢于"跳起来摘桃子"，敢与强的比，敢同快的赛，敢向高处攀；干在实处，走在前列，勇争一流，再创新时期"第一等工作"。二是直面问题、敢于担当。发扬亮剑精神，迎难而上，排难而进，做到"我的岗位我负责、我的职责我担当、我的工作请放心"；坚决整治不作为、慢作为、乱作为，坚决为敢于担当者担当、为敢于负责者负责。三是马上就办、办就办好。强化时间观念，增强效率意识，大兴落实之风，贯彻上级的决策部署态度坚决、雷厉风行、一抓到底，以高效能赢得高速度，以快落实赢得快发展。四是善谋实干、一心为民。坚持解放思想、开拓创新，真抓实干、善作善成，靠实干成就事业，用实事造福人民，凭实绩赢得民心。大力推行一线工作法，做到实情在一线掌握、工作在一线调度、问题在一线解决。

表 彰

5月31日，市委、市政府决定授予南康区、瑞金市、龙南县等10个县(市、区)“2015年度科学发展综合考核评价先进县(市、区)”荣誉称号；授予瑞金市、南康区、兴国县等6个县(市、区)“2015年度科学发展和扶贫开发综合考核评价先进县(市、区)”荣誉称号。

12月15日，市委、市政府决定授予章贡区等6个县(市、区)“2015年度赣州市社会治安综合治理目标管理先进县(市、区)”、南康区等4个县(区)“2015年度平安赣州建设活动目标管理先进县(区)”、市委政研室等112个单位“2015年度平安赣州建设暨社会治安综合治理目标管理先进单位”、章贡区等4个县(市、区)“2013—2015年赣州市社会治安综合治理优秀县(市、区)”荣誉称号。

重要文件选目

中共赣州市委关于全面打赢脱贫攻坚战的实施意见(赣市发〔2016〕1号)

中共赣州市委、赣州市人民政府关于深入落实《国务院关于支持赣南等原中央苏区振兴发展的若干意见》的实施意见(赣市发〔2016〕4号)

中共赣州市委、赣州市人民政府关于落实发展新理念加快农业现代化实现全面小康目标的实施意见(赣市发〔2016〕5号)

中共赣州市委关于深入学习贯彻落实中共中央总书记习近平对江西工作要求的实施意见(赣市发〔2016〕7号)

中共赣州市委关于落实把纪律挺在前面要求的实施意见(赣市发〔2016〕8号)

中共赣州市委关于深入学习贯彻省委书记强卫对赣州工作要求的意见(赣市发〔2016〕9号)

中共赣州市委、赣州市人民政府、赣州军分区关于进一步加强新形势下征兵工作的实施意见(赣市发〔2016〕11号)

中共赣州市委、赣州市人民政府关于构建和谐劳动关系的实施意见(赣市发〔2016〕14号)

中共赣州市委、赣州市人民政府转发《赣州市法治宣传教育工作领导小组关于在全市公民中开展法治宣传教育的第七个五年规划(2016—2020年)》的通知(赣市发〔2016〕15号)

中共赣州市委关于进一步加强政协工作充分发挥政协协商民主重要作用的若干意见(赣市发〔2016〕16号)

中共赣州市委、赣州市人民政府关于支持赣州经济技术开发区加快发展的意见(赣市发〔2016〕17号)

中共赣州市委、赣州市人民政府关于深化供销合作社综合改革的实施意见(赣市发〔2016〕18号)

中共赣州市委、赣州市人民政府关于加快推进创新驱动发展战略建设创新型赣州的实施意见(赣市发〔2016〕19号)

中共赣州市委关于学习宣传贯彻市第五次党代会精神的通知(赣市发〔2016〕21号)

中共赣州市委、赣州市人民政府、赣州军分区关于印发《赣州市全民国防教育实施细则》的通知(赣市发〔2016〕22号)

中共赣州市委、赣州市人民政府关于改进工作作风提高工作效率的意见(赣市发〔2016〕25号)

中共赣州市委、赣州市人民政府贯彻落实《中共中央、国务院关于实施全面两孩政策改革完善计划生育服务管理的决定》的实施意见(赣市发〔2016〕26号)

中共赣州市委办公厅印发《赣州市推进干事创业实行容错减责免责的办法(试行)》和《赣州市领导干部“为官不为”问责办法(试行)》的通知(赣市办发〔2016〕21号)

中共赣州市委办公厅、赣州市人民政府办公厅印发《关于加快构建现代公共文化服务体系的实施方案》的通知(赣市办发〔2016〕24号)

中共赣州市委办公厅、赣州市人民政府办公厅印发《关于建立贫困退出机制的实施意见》的通知(赣市办发〔2016〕26号)

【领导名单】

市委书记：李炳军

市委副书记：冷新生(9月免)
曾文明(9月任)
王林云

市委常委：彭光华(1月免) 张圣泽
刘文华 马玉福 彭业明
周光华(9月免) 李恭进
唐舒龙(4月任)
张治峰(1月免)
孙智宏(1月免)
陈庆阳 胡雪梅
刘建平(9月免)
李明生(9月任)
张晓宁(3月任)
高 峰(3月任)

市委秘书长：李恭进(11月免)

市委副秘书长：余钟华(7月免)
孙 敏(8月任)
洪 明
钟贤军(10月免)
黄 法(12月免)
罗瑞华(8月免)
廖志平(10月免)
赖 伟(10月任)
孙传忠(12月任)
刘 岫(9月任)
黄辉伦(5月任)

市委办公厅工作

【概况】 2016年，市委办公厅对标中共中央总书记习近平“五个坚持”的重要要求，落实省委常委、市委书记李炳军对市委办公厅“要成为全市改进工作作风提高工作效率的尖兵”的要求，紧紧围绕市委中心工作，解放思想，求真务实，履职尽责搞服务，全力以赴抓落实，着力提升“三服务”工作科学化水平，努力确保市委规范高效运转，为打好“六大攻坚战”、加快振兴发展做出积极贡献。市委办公厅继续被省委、省政府评为省文明单位，评为2011—2015年全市法治宣传教育先进单位，机关综合治理、绩效管理、公共机构节能等工作获全市先进，机关党总支、妇委会、机关工会获全市先进集体。

【参谋服务】 坚持“身在兵位，胸为帅谋”，想市委之所想、谋市委之所谋，为市委领导决策提供有价值、有见地的参谋服务。主动跟踪中央、省委重大决策部署，紧紧围绕打好“六大攻坚战”、加快振兴发展大局，根据不同的时间节点对下一阶段市委的重要工作、重要会议、重要活动、重要接待、重要文件进行超前谋划，及时向市委提出工作建议，做好统筹安排。紧贴领导思路，健全集体议稿、交叉修改、总结评析等制度，分类建立经济社会发展、“六大攻坚战”等资料数据库，注重借助部门力量、听取专业性意见，着力增强文稿的思想性、针对性和实效性。全年起草市第五次党代会报告、国务院总理李克强到赣州视察调研系列文稿、全市经济工作暨“六大攻坚战”总结部署会议、全市领导干部会议、市委中心组专题学习会等重要文稿310余篇200多万字，得到市委主要领导的充分肯定。根据市委的重大决策部署，确定调研课题，开展专题调研、督查调研，及时向市委报告决策执行落实情况，形成一批有份量、有价值的调研成果，为市委决策提供重要参考。

【协调服务】 主动发挥牵头把总、承接上下、协调左右、联系内外的“桥梁”和“枢纽”作用，积极协助市委“总揽全局、协调各方”，加强市四套班子办公厅之间、部门之间、上下级之间、基层之间的联系和沟通，有效保障市委决策部署落地见效。

会议活动。坚持“提前谋划、充分准备、精细操作”的原则，发挥牵头把总作用，强化事前设计、事中协调、事后总结，确保市委尤其是市委主要领导出席的会议活动有序开展。承办或参与市第五次党代会、市党政代表团赴福建省学习考察、全市经济工作暨“六大攻坚战”流动现场会以及各类座谈会、会见、调研等会议活动100余次，完成33次市委书记专题会议、25次市委常委会会议服务工作。圆满完成国务院总理李克强、刘延东副总理、刘奇葆部长等11批党和国家领导人到赣州视察调研的重大接待任务，以及24批正部级、119批副部级、59批正厅级领导的接待工作，起草呈报相关背景资料152份。

公文办理。坚持“收文规范、办文高效、全程跟踪、及时反馈”的原则，当日收文当日办理，转办(转达)批示(指示)不过夜，做到紧急文件不耽误、非紧急文件不积压。全年办理各类文件7000多件，转办市委主要领导批示件3000余件。办理各类文电1394件，登记归档市委主要领导批示747件，印发文件230万份。严格发文把关，着力减少发文数量、控制发文规格，做到没有实质内容、可发可不发的坚决不发。更新发文稿纸模板，优化呈签“小报告”，全年共校核各类文件580多件，发文校核更加全面精细。规范文件管理，做到账目清晰、记录准确，未出现失、泄密事件。

值班和信息服务。牢固树立“大值班、大信息、大应急”理念，坚持做好24小时值班值守，加大信息收集、编报、研判力度，提升信息报送时效，加强协调处置，当好市委的“千里眼”和“顺风耳”。全年共收集各类重要紧急信息6860条，报送紧急信息2309条次，呈送《每日要情》364期、《每日舆情》807期、《信息快报》238期、《今日赣州汇要》249期，印发《重要信息》37期，落实预警信息120条次，化解社会安全稳定隐患95件次，牵头协调处理各类重要敏感舆情和重大舆情涉稳事件10余起。

民情处理。健全民情收集、记录、编发、呈阅、转办、回复等环节的流程，将责任细化落实到人。共收集和办结群众反映的问题709件，其中办结省委民声通道工作室核办件9件、人民网“地方领导留言板”赣州市委书记有效留言100件，办结率100%，发挥“民声通道”作为市委与人民群众交流互动的重要桥梁作用，得到群众的点赞。

机要保密。完成电子政务内网和党政专用通信二级网基建工程建设，密码通信保障能力进一步提高；加大保密检查力度，开展网络保密管理、市四套班子领导办公场所安全保密等8项保密检查，连续4年保持无失泄密事件、无重大责任事故、无重大违纪行为的良好态势。机要、保密2项工作分别获全省先进。

【督查落实】 主动牵头抓总，强化统筹协调，严格督办落实，推动市委重要会议、重要文件、重点工作任务、领导重要讲话、重要批示及交办事项落地见效，推进市委领导关注的重点节点问题和群众关切的热点难点问题及时有效解决。全年围绕“六大攻坚战”、城市管理、“菜篮子”工程、棚户区改造等重点工作，联合部门开展专项督查21次，跟踪督办市委主要领导在会议、调研期间明确的事项140项，配合中央、省委督查部门开展督查30余次，取得较好的工作成效。牵头会同市政府办公厅等单位，对中央八项规定精神、“六大攻坚战”等落实情况开展专项督查；对赣州市党政代表团赴龙岩、泉州、厦门考察学习明确的合作事项，梳理细化分工，推动市委、市政府重大决策部署落到实处。

【精准扶贫】 带头贯彻市委、市政府决策部署，积极参与精准扶贫，认真做好单位驻村帮扶和干部结对帮扶工作。先后5次组织干部职工到联系点赣县区储潭镇红河村、河田村进行走访慰问、开展义务劳动，协助红河村争取项目资金370余万元，实施红河村农村公共服务平台建设、农村安全饮水改造等一大批民生实事。调剂资金6余万元，专门用于慰问红河村和河田村的受灾群众和困难群众、困难党员，并资助2名困难学生。年内，红河村、河田村共有52户贫困户165名贫困群众脱贫。

【机关党建】 坚决贯彻全面从严治党

要求，严格落实管党治党"两个责任"，加强干部队伍建设。严格干部教育监督管理。完善并落实学习制度，提高学习实效。组织开展党员先锋创绩，积极推进"四进四联"。贯彻《关于新形势下党内政治生活的若干准则》，严格落实党员领导干部参加双重组织生活、"三会一课"等制度，加强和规范党内政治生活。认真执行民主集中制。坚持正确的选人用人导向。完善干部跟班培训和选拔生跟班学习制度。年内，市委办公厅有5名县处级领导干部得到提拔、重用或交流使用，有4名正科级干部提拔为副县级。全面履行党风廉政建设责任。严格落实党风廉政建设责任制，细化分解落实到厅务会成员及各局(室、处)，做到与党风廉政建设同部署、同考核、同落实。加强对财务、接待、采购等方面制度的执行和管理，"三公"经费实现逐年下降。严格执行机关公务用车改革制度。建立健全惩防体系，强化制度约束，用制度管权管人管事。组织党员干部观看廉政警示教育片、实地开展法律法规学习教育。坚持挺纪在前，加强干部监督管理。始终把作风建设摆在突出位置，制定关于改作风提效率当尖兵做表率的20条措施，从"积极当好参谋助手、牵头抓总加强协调、严谨细致办理公文、准确快速报送信息、雷厉风行督查落实、强化机要保密保障、扎实推进效能建设"等7个方面提出具体改进措施，细化量化指标，得到省委常委、市委书记李炳军的重要批示和充分肯定。20条措施的实施，有力推动办公厅各项工作提速提质提效。

(撰稿　李济成　审稿　孙　敏)

【领导名单】

市委办公厅主任：余钟华(7月免)
　　　　　　　　孙　敏(8月任)
副县长级秘书：黄京山(8月免)
市委办公厅副主任：巫　琼
　　　　　　　　李少刚(8月免)
　　　　　　　　刘建华(8月免)
　　　　　　　　张良根(4月免)
市纪委驻市委办公厅纪检组
　组长：李泽泉(12月任)
市委机要局局长：袁晓明
市委保密局局长：徐忠堂
市委督查室主任：徐雅静
市委办公厅副处级督查专员(兼市委总值班室主任)：王吉锋
市委法规室主任(兼市委办公厅机关党总支专职副书记)：黄传生(12月任)
市专用通信局局长(兼市委办公厅行政处处长)：温志辉(12月任)
市委办公厅副处级督查专员(兼市委办公厅会议处处长)：魏其凡(12月任)
市委办公厅副调研员：朱永金
市委办公厅副调研员(兼市委办公厅综合一处处长)：文武(12月任)

组织工作

【概况】2016年，全市组织部门以中共十八大和十八届三中、四中、五中、六中全会精神为指导，深入学习贯彻中共中央总书记习近平系列重要讲话精神，认真贯彻落实全国、全省组织部长会议及市第五次党代会精神，聚焦发展大局，突出工作重点，坚持问题导向，推进改革创新，努力提高组织工作科学化水平，为全市打好"六大攻坚战"、加快赣南苏区振兴发展、同步实现全面小康提供坚强有力的组织保证。

市委组织部内设办公室、调研科、组织一科、组织二科(农村基层组织建设办公室)、组织三科、干部一科、干部二科、干部三科、干部教育科、干部综合科、人才工作科、干部监督科、公务员管理科、举报中心等14个职能科室，内设1个副处级机构：市委组织员办公室；设立机关党总支。市非公有制经济组织和社会组织党工委(正处级)和市委人才工作领导小组办公室(副处级)设在市委组织部。下属3个科级事业单位：党员电化教育中心(党员干部现代远程教育工作办公室)、干部信息管理中心、《党建之窗》编辑室。人员编制71名(含下属2个全额拨款事业单位14名和1个自收自支事业单位3名)，年底实有58人。

【"两学一做"学习教育】认真履行组织部门牵头抓总职责，精心组织，加强调度。创新形式"学"，编写苏区精神和苏区干部好作风通俗读本，通过手机微信、电视大赛、微电影、"草根明星宣讲队"等方式，激发党员学习热情。全市共开展宣讲304场，覆盖党员干部3.2万余人；各级党组织开展专题学习5万余次，党员干部带头上党课2.6万余次。围绕中心"做"，把学习教育效果落实到推动振兴发展中，教育引导广大党员埋头干事、履职尽责、创先争优，在推进"六大攻坚战"中发挥积极作用。将中央组织部部署的基层党建7项重点任务和中央、省委巡视以及市委巡察中发现的问题作为"两学一做"整改的重要内容，逐条抓实改好，以实际成效取信于民。从严从实"督"，建立完善学习教育随机抽查、全面督查机制，选派4000余名学习教育督导员，指导基层开展学习，推动学习教育扎实深入开展。赣州市非公企业开展学习教育的做法在全省有关会议上作经验交流发言。

【市县乡领导班子集中换届】将市县乡集中换届作为头等大事来抓，提前开展调研摸底、加强分析研判。充分发挥各级党委的领导和把关作用，注重发扬民主，多次找干部谈心谈话，广泛征求意见。坚持干事创业用人导向，改进换届考察方式，为市委选准用好干部当好参谋助手。组织指导开好市县乡党代会，制定方案和工作清单，实行责任到人到点，市党代会各项工作程序到位，高效圆满完成。精心指导县乡党委班子换届选举工作，全程把关代表质量，全程监督工作程序，县乡党委领导班子换届选举圆满完成。在乡镇换届中拓宽选人用人视野，从乡镇事业编制干部、优秀村干部、大学生村官中竞争性选拔乡镇领导班子成员人选341名，从县(市、区)国有企事业单位领导人员中择优调任乡镇领导干部112名。认真做好省第十四次党代会代表推选工作。从严抓好换届纪律，切实加强换届风气监督，召开全市严肃换届纪律专题学习谈话会议，集体观看《镜鉴》警示教育片，编印《严肃换届纪律学习手册》等宣传资料，制定出台实施方案，并严格落实严肃换届纪律29条措施，在全市营造风清气正的换届环境。

【干部教育管理监督】 加强干部教育培训，举办换届后新提任县处级领导干部培训班、"六大攻坚战"专题培训班以及主体班、妇干班、乡镇(街道)党政班等各类进修班、培训班38期，培训4100余人次。深化干部交流挂职，选派7名领导干部到中央国家机关挂职锻炼、遴选20名干部到深圳市挂职锻炼、19名年轻干部到省直部门挂职锻炼；接收49名中央国家机关干部、21名省级金融机构干部到赣州市挂职锻炼。加强干部管理，认真做好2015年度领导班子和领导干部考核工作，全面完成1543卷市管干部人事档案及32500卷干部人事档案审核、归档等工作，完成公务员招录工作，有序推进县以下机关公务员职务与职级并行工作实施。加强干部监督，研究出台《赣州市领导干部"为官不为"问责办法(试行)》，在市县两级扎实推进超职数配备干部整改消化工作，截至2016年年底消化超配的县乡干部职数1965个；在全省率先推行市管干部任中经济责任审计、市管干部日常管理监督预警、新提任科级干部个人有关事项报告和财产公开试点等做法，任中经济责任审计被列为全省党的建设制度改革重点项目。

【基层党组织建设】 完成中央组织部、省委组织部部署的基层党建7项重点任务，全市找回96.1%的失联党员；未给予相应处理的违纪违法党员、未按期换届基层党组织、未按规定缴交党费党员整改到位；9556家非公企业、2257家社会组织实现"两个覆盖"，新建党组织2789个；555个软弱涣散基层党组织全部晋位升级。扎实推进党建促脱贫攻坚工作，给11个贫困县(市、区)下拨中央、省、市脱贫攻坚党费510万元，遴选1177名优秀机关干部到村担任"第一书记"，调整、配强贫困村党组织书记43人。深入落实市委改作风提效率的部署要求，制定出台加强扶贫驻村工作督查的实施办法，对9名不在岗且未按规定履行请假手续的村第一书记或驻村工作队长予以全市通报批评，并做出相应组织处理。新建改建村级组织活动场所189个，彻底解决村级组织无活动场所问题。加大基层保障力度，争取市财政下拨2297万元为村书记、主任人均每月增加200元基本报酬。纵深推进"三大工程"，完善"微信问政"、手机"连心桥""智慧社区"等平台，下派3917个"连心"小分队，实现驻村帮扶全覆盖；分层分类培训党员11.2万人次，向党龄满50周年的农民党员发放补助资金1381.68万元，完成2016年大学生村官选聘工作；深入开展"我身边的共产党员""全省'一先双优'"等推选活动，选树一批模范典型。分行业分领域推进"党建+"工作落实，探索"党建+精准扶贫""党建+主攻工业"等经验做法，全市建立"党建+"示范点346个，干部结对帮扶27.69万户贫困户、100家重点企业，帮助解决实际问题18.12万个，实现"微心愿"8.76万个。党员干部现代远程教育服务中心、服务基层、服务党员干部群众的水平进一步提升。赣州市选送的10部党员教育电视片在全省观摩评比中全部获奖，在全省各设区市中获奖最多、奖次最高。抓实基层民主协商、党建带群建等工作。

【人才工作】 积极创新引才方式，制定《驻外人才联络站建设实施办法》《人才回归工程实施方案》，先后在北京、上海等地组建6个人才及项目联络站，率先在全省探索"整体回归"模式和推行"人才+"回归机制，牵头组织重点企业赴北京知名高校参加高层次人才招聘系列活动，引进一批赣州市发展亟须的紧缺人才。牵头制定市本级《关于推进院士工作站建设的实施意见》，新建市级院士工作站8家，柔性引进院士11人，创建人才工作示范点12个。积极发挥人才效用，牵头组建苏区振兴发展"智库"，研究制定《向重点工业企业选派人才服务专员挂点联系服务的意见》，向904家工业企业选派人才服务专员736名，帮助企业解决各类实际问题132个，帮助引进各类人才92人。积极优化人才环境，实施人才温暖工程，专门寄发春节慰问信，协调解决驻市高校56名教职工子女就学问题，发放170余万元高层次人才特殊津补贴及住房补贴。

【组织部门自身建设】 坚持从严治部，带头改作风提效率，制定《中共赣州市委组织部关于改进工作作风提高工作效率的实施意见》，明确28条具体措施。机关党建工作走前列、作表率，主攻工业、党风廉政建设、绩效考核、综治维稳、节能、文明单位创建、文明城市创建、法治赣州建设等各项工作均排全市前列。信息调研工作取得较好成效，参与报送的《基层建议防止借党内学习教育搞不正当营商活动》，中共中央总书记习近平作重要批示，《加强干部日常管理监督研究》调研课题获全省一等奖，全年在中央级媒体上稿120余篇(条)。

(撰稿　郭书珑　卢　磊
审稿　张　伟　古义春)

【领导名单】
部长：张圣泽
常务副部长：廖志刚(女，正处级，11月免)
副部长：陈庐生(兼)
张　伟(挂职，正处级，4月任)
吴　青(女，正处级，10月任)
郑晓林(兼)　杨有谷(正处级)
傅小新(正处级)　潘贤波
部务会专职委员：严　晓(3月任)
市委组织员办主任：赖景春(10月免)
李祥鑫(10月任)
市委人才办主任：李新维(3月免)
副县级组织员：古义春

老干部工作

【概况】 2016年，全市各级老干部工作部门认真贯彻落实市委、市政府决策部署，坚持围绕中心、服务大局，全面做好新形势下离退休干部工作，各项工作取得新成效。

市委老干部局内设政治待遇科、

生活待遇科、宣传综合科和办公室，挂靠管理市关心下一代工作委员会办公室。下属单位有市企业离休干部管理中心、市老干部休养所、市老干部活动中心、市老年大学办公室。局机关(含关工委办)人员编制18人，实有人数14人。

【离退休干部思想政治建设和党支部建设】 坚持加强离退休干部思想政治建设和党组织建设，把学习贯彻中共十八届六中全会和中共中央总书记习近平系列重要讲话以及省、市党代会精神作为首要政治任务，引导全市广大离退休干部在思想上政治上行动上自觉同以中共中央总书记习近平为核心的党中央保持高度一致。省委常委、市委书记李炳军亲自主持召开全市离退休干部形势通报会、市第五次党代会报告意见征求会，向老干部传达中共中央总书记习近平视察江西重要讲话精神，以及国务院总理李克强、副总理张高丽、副总理刘延东在江西、赣州考察指导的有关精神，通报全市经济运行情况、“六大攻坚战”推进情况和换届工作有关情况。举办市直单位离退休干部党支部书记培训班，开展《“两学一做”与新常态下全面从严治党》和《中共十八届六中全会精神》专题辅导，组织部分离退休干部党支部书记赴延安干部学院参加全省党建工作培训，帮助老干部全面领会和准确把握中央、省委、市委新精神新部署新要求。

【落实老干部生活待遇】 坚持和完善离退休干部政治、生活待遇各项制度，提升服务管理工作水平，把市委、市政府的关心关爱及时送到老干部心坎上。省委常委、市委书记李炳军亲自为赣州市2名老红军颁发红军长征胜利80周年纪念章，市委副书记、市长曾文明上任伊始走访慰问部分正厅级老干部，春节前夕市领导分组走访慰问老红军和市厅级离退休干部。组织市厅级离退休干部参加市委、市政府春节团拜会，在重阳节、老干部生日时代表市委、市政府对市厅级离退休干部表示慰问。健全完善市委老干部局领导班子分片联系市直单位离退休干部党支部制度，开展片区座谈交流活动，并对支部书记进行慰问，组织70多名老干部赴大余县开展“金秋看变化、建言话发展”参观考察活动。巩固完善离休干部“三个机制”，会同市委组织部、市财政局、市人社局联合发文，提高生活长期完全不能自理离休干部的护理费标准，由原来每人每月1000元提高到3000元。对部分市直单位离休干部生活待遇落实情况进行督查，组织88个市直单位1096名离休干部及县级退休干部参加健康体检。分组赴11个省(市)走访慰问26名易地安置和异地居住的离休干部，转达市委、市政府关心，介绍赣州发展变化。做好特困离退休干部帮扶解困工作，累计帮扶离退休干部及离休干部遗孀210人次116.79万元。完善市老干部电子信息服务平台，开展上门保洁服务1254人次，提供家电、水电维修服务268人次。

【“两个阵地”建设】 着眼满足老干部精神文化需求，大力加强老干部学习、活动阵地规范化建设，加快推进文化养老工作。市委、市政府高度重视老干部学习活动阵地建设，市老年大学扩建教学用房、章江新区新建老年大学、老干部活动中心先后列入2015年和2016年全市40件民生实事之一。市老年大学扩建教学用房建筑面积4200多平方米，工程总概算1400多万元，建成投入使用。章江新区老年大学、老干部活动中心占地0.52公顷，建筑面积1.7万多平方米，设计有教学楼、艺术楼和健身楼，工程总概算8300多万元，主体工程封顶，进入装修和设备采购阶段。市老年大学在章贡区杨仙岭老年公寓成立第一所分校杨仙分校，开创江西省在养老服务机构设立老年大学的先河，得到省民政厅、省司法厅领导的高度评价。市老年大学2016—2017学年共开设21个专业109个教学班，学员突破5000人，创历史新高，2016年被中国老年大学协会评为全国示范老年大学。市老干部活动中心圆满承办全省第五届老干部乒乓球赛，来自各设区市、省直单位的17支参赛队近160名老干部参加比赛。各地加大投入，改善办学条件，南康、龙南、大余、兴国等县区新建老年大学、老干部活动中心。

【为党和人民事业增添正能量活动】 聚焦主题，创新载体，深入推进离退休干部为党和人民事业增添正能量活动，组织引导全市广大离退休干部不忘初心、发挥优势，继续为赣州经济社会发展贡献智慧和力量。在全市离退休干部中开展“我为工业发展献计策”活动，广大老干部积极参与，市主攻工业办转发市本级老干部“金点子”39条，提供给相关县(市、区)和部门参考。组织29名市厅级离退休干部乘坐赣瑞龙动车赴福建省龙岩市参观考察工业企业，收集整理老干部的感言建议报市委，得到市委的充分肯定。组织部分市厅级老干部参加市委换届工作座谈会、市第五次党代会等市委重要会议，为市委决策提供参考意见。开展庆祝建党95周年、红军长征胜利80周年系列活动，配合省委老干部局、全国老年期刊协会在于都县举办“重走长征路、激发正能量”主题活动启动仪式。市干休所组织两名老红军配合新华社、中央电视台、中央人民广播电台、《求是》杂志社等单位采访，讲述长征故事，传播赣州好声音。全市关工委系统开展“大手握小手，听党话、跟党走，‘双万’工程”活动，组织引导5万余名“五老”结对帮扶20.7万名青少年，发挥自身优势开展帮学、帮困、帮教活动，社会反响很大。各地各单位结合实际，开展形式多样、特色鲜明的正能量活动，涌现出一大批离退休干部先进典型，充分展现出广大离退休干部昂扬向上、积极快乐的精神面貌。中组部老干部局在赣州市召开贯彻落实中办发3号文件精神和正能量活动座谈会，省委组织部副部长、老干部局局长肖洪波到赣州市开展正能量活动专题调研，对赣州市正能量活动取得的成效都给予充分肯定。

【“两学一做”学习教育及自身建设】 扎实开展“两学一做”学习教育。

坚持高标准启动、高质量推进，制订具体方案和学习计划，召开党员大会进行动员部署，围绕4个专题组织党员开展集中学习。针对部分离退休党员年老体弱、行动不便等特点，采取编印学习资料、“送学上门”等形式组织学习。创建“党员阅览室”学习教育平台，开展党员读书读后感评比活动，增强学习实效。组织机关全体党员到会昌、寻乌等红色教育基地，开展现场教学活动，重温入党誓词，传承红色基因。市委老干部局机关党建工作年度考评获得优秀，局党总支被评为市直机关党建红旗单位。加强机关效能建设，研究制定市委老干部局《关于严肃工作纪律、严格考勤管理的通知》《集中整治基层干部“庸懒散、不作为、乱作为”等问题实施方案》，推行公务员平时考核工作，通过每日工作记实、每月工作小结、每季度民主测评、年度综合评定考核等次等方式，有效加强干部队伍的日常监督和管理。

（撰稿　钟　云　审稿　邹志军）

【领导名单】

局长：郑晓林

副局长：邹志军　李建军

宣传工作

【概况】 2016年，全市宣传思想文化战线，紧紧围绕学习宣传贯彻中共十八大和十八届三中、四中、五中、六中全会，以及中共中央总书记习近平系列重要讲话精神，以及省第十四次党代会、市第五次党代会精神，把握主基调，打好主动仗，唱响主旋律，奋力开创宣传思想文化工作新局面，为解放思想、内外兼修、北上南下，打好攻坚战、同步奔小康提供强有力的思想保证、舆论支持、精神动力和文化条件。在2016年度全省宣传思想文化工作目标管理考核中，赣州名列全省第一，创下历史最好成绩。

市委宣传部(赣州市互联网信息办公室、中共赣州市委网络安全和信息化领导小组办公室)下设办公室、干部科、理论科、宣传科、新闻出版科、文化教育科、党员教育科、网络协调与管理科、网络宣传与评论科和市对外宣传领导小组办公室(政府新闻办)，市精神文明建设指导委员会办公室设在宣传部，为内设机构，下设综合科、协调科、未成年人思想道德建设工作科、文明城市创建科。市委报道组挂靠市委宣传部。市委宣传部(赣州市互联网信息办公室、中共赣州市委网络安全和信息化领导小组办公室)下属事业单位市互联网信息研究中心(市网络舆情监测中心)，市文明办下属事业单位市志愿服务指导办公室。市委宣传部(市文明办)人员编制69人，实有人数55人。

【理论武装】 坚持把学习宣传贯彻中共中央总书记习近平系列重要讲话精神贯穿始终。理论学习常抓常新。市委中心组率先垂范，开展集中学习会24次、专题报告会12次。每月举办一期专题讲座，每季度开展一次好书赠阅，为市委中心工作顺利推进做好理论准备、知识准备和舆论准备。基层宣讲扬优成势。充分发挥基层宣讲骨干的生力军作用，大力推广“一日一句”“山歌宣讲”“文艺宣讲”等工作经验，广泛开展对象化、分众化、互动化宣讲活动，全年举办各种宣讲活动540多场，直接受众达250万人次。对策研究精准有力。围绕“十三五”规划、“六大攻坚战”等实际问题，推出一批实用型、对策性研究成果。组织编印《主攻工业百问百答》《“两违”宣传手册》《农村环境综合整治宣传手册》《市第五次党代会精神宣传手册》等通俗刊物，社科普及宣传活动深入人心。

【舆论引导】 坚持团结稳定鼓劲、正面宣传为主的舆论导向不动摇。新闻战役持续发力。每季度打响一场重大新闻宣传战役，其中“六大攻坚战”系列评论员文章，受到市委主要领导点赞，并推荐给全市领导干部学习。拍摄制作的《农村生活垃圾乱象调查》《市中心城区及周边违章建筑暗访实录》《部分困难群众贫困状况实录》等3个专题片，在多个全市性会议上集中观看。重大活动高潮迭起。抓住红军长征胜利80周年契机，主办承办150多场规模大、层次高、影响广的重大宣传活动，其中由中宣部、中央网信办、中国作协、人民日报社、新华社等主办的活动达36场，共接待125批次、750余名全国知名媒体编辑记者到赣州采访报道。市外宣传硕果累累。积极争取中宣部、省委宣传部12次印发通知，对赣州进行持续集中采访报道。年内，赣州市在中央主流媒体发稿660篇(条)，其中头版头条18篇(条)，央视《新闻联播》47条；在省级主流媒体发稿4077篇(条)，均位列全省前茅。新华社《国内动态清样》刊发《赣州棚改货币化安置经验值得借鉴》，得到国务院总理李克强批示肯定。

【网信工作】 坚持把互联网作为意识形态工作主战场。网络宣传声势强劲。中央网信办先后3次在赣州市举办重大网络宣传活动，其中“长征路上奔小康”网络媒体“走转改”活动，微博点击量达2.46亿人次，得到中央网信办和省委、省政府领导充分肯定。中央网信办先后20次全网推送赣州市正面宣传稿件，在中央各大网站首页发稿5000余条，形成网上正面舆情热点31条。网络扶贫走在前列。积极承办全国网络扶贫工作现场推进会，阿里巴巴、京东、去哪儿等国内知名网信企业与赣州市签订30项结对扶贫协议，覆盖11个贫困县(市、区)120万名群众。媒体融合步伐加快。江西省互联网信息综合指挥中心在赣州市成立全省唯一的设区市分中心，崇义、寻乌、宁都等3个县级融媒体中心同步挂牌成立，《赣南日报》“前端”客户端正式上线运营。

【文明创建】 坚持以创建全国文明城市为龙头，文明创建成效显著。出台《赣州市创建全国文明城市工作问责办法(试行)》等文件，把文明城市创建工作纳入市直(驻市)单位绩效考核，建立健全文明城市创建常态化工作机制，顺利接受全国文明城市测评组和省公共文明指数测评组测评。广泛开展文明单位结对帮建工作，先后结对帮扶文明村镇211个，帮扶资金达6000余万元。开展第四届文明城市、第九届文明村镇、文明单位评选活动和首届文明校园、文明家庭创建活动，评选出110所文明校园、100户文明家庭，其中廖祖彬家庭获得首届全国文明家庭荣誉。典型选树实现突破。深入开展道德模范、“身边好人”评选活动，全年共有9人入选“中国好人榜”、14人入选“江西好人榜”，均位列全省第一。承办2016年度首期中国好人榜发布仪式，举办3期“赣州好人”发布仪式暨现场交流活动。全市开展“三关爱”志愿服务活动10万余次，志愿服务时常达971万小时，位居全省前列。寻乌县东江源志愿者协会、于都县“站立行走”儿童脑瘫关爱公益项目入选中宣部第二届“四个100”先进典型。爱国主义教育不断深化。大力实施爱国主义教育基地讲解员三年轮训计划，与赣南师范大学联合办班培训，中宣部《宣传工作简报》专刊介绍赣州的经验做法。以市委、市政府名义印发《关于加强革命历史类纪念设施、遗址和爱国主义教育基地工作的实施办法》，全年共争取中央、省改陈布展资金2944万元，占全省预算资金总额的45.4%。

【文化建设】 坚持以人民为中心的理念推进文化改革发展。文艺精品繁荣发展。深入实施赣南采茶戏振兴工程，投入1400万元创作民俗音画《客家儿郎》，面向全国征集《八子参军》同名电影剧本。《永远的歌谣》《老镜子》《畲山情歌》等6部戏入选全省玉茗花戏剧节展演。《红领带》入选全省重点资助剧目，35件作品入选江西省重大题材美术创作工程优秀创意。文化活动丰富多彩。坚持一手抓“文化惠民·精品共享”，依托专业剧团每周举办1场赣南采茶戏惠民演出活动；一手抓“文明风采·百姓舞台”，发挥文明单位力量每周举办1场文艺汇演活动，城区居民文化生活更加丰富。成功举办首届文化惠民周活动，积极承办全省文化科技卫生“三下乡”集中示范活动，不断丰富群众的精神文化生活。文化扶贫创造经验。在全市推广“农家书屋＋电商”工作，建成服务站点800多个，探索一条文化扶贫新路子。全国有13个省(自治区)到赣州市学习考察，安远县、寻乌县等先后受邀到6个省作经验介绍。赣州市704个村列入贫困地区百县万村综合文化服务中心示范工程建设范围。超额完成直播卫星“户户通”工程建设，惠及40.8万户农村家庭，省新闻出版广电局专门给市委、市政府致贺信。大力推动文化旅游融合发展，在深圳文博会上签订5个重大文化旅游项目，总投资达76.5亿元，实现当年签约当年开工建设。

(撰稿　李水洪　审稿　张孝忠)

【领导名单】

部长：胡雪梅(女)
常务副部长：张孝忠
副部长、讲师团团长：丁少松
市纪委驻市委宣传部纪检组
　组长：刘明河(12月任)
副部长：李国生(8月免)　彭江阆
　　张冠军(12月任)
调研员：张秀峰(9月免)
　　杨运武(10月任)
　　李建华(12月任)
外宣办主任：杨　健(8月免)
报道组组长：张冠军(12月免)

精神文明建设工作

【概况】 2016年，赣州市精神文明建设工作深入贯彻落实中共十八大和十八届三中、四中、五中、六中全会精神，以及中共中央总书记习近平系列重要讲话精神，以及江西省第十四次党代会、赣州市第五次党代会精神，以培育和践行社会主义核心价值观为主线，以创建全国文明城市为抓手，唱响主旋律，凝聚正能量，推动全市精神文明建设迈上新台阶，为赣州市“打好攻坚战，同步奔小康”提供强大的精神动力和道德滋养。

【社会主义核心价值观建设】 社会主义核心价值观融入“五大创建”。把学习贯彻中共中央总书记习近平系列重要讲话精神，特别是关于精神文明建设工作的重要论述，作为一项长期战略思想，融入指导文明城市、文明村镇、文明单位、文明校园、文明家庭创建和未成年人思想道德建设工作。社会主义核心价值观融入社会。围绕社会主义核心价值观内容，运用日报、晚报、广播电视各新闻媒体，移动、联通、电信通讯商，城市建筑围挡，公园广场、户外高炮，城乡(村)社区和庭院宣传栏等多种形式全方位刊登社会主义核心价值观等公益广告宣传。社会主义核心价值观融入诚信建设。“诚信走遍天下，失信寸步难行”，发布“诚信红黑榜”4期，公布红榜企业34家、失信被执行人59人。市文明办联合赣州电视台等单位开展“诚信示范企业”评选活动，评出诚信示范企业67家，在全社会营造“守信光荣、失信可耻”的良好氛围。社会主义核心价值观融入生活。免费向市民发放20余万份宣传挂历、年画和市民文明知识手册，社会主义核心价值观进入千家万户，实现全面覆盖。

【文明城市创建】 创建全国文明城市。中共赣州市委、赣州市人民政府出台实施《赣州市创建全国文明城市工作问责办法(试行)》(赣市办字〔2016〕35号)，共计7章22条，明确问责范围、对象、方法和程序，进一步增强创建工作的责任意识。启动赣州市第四届文明城市评选工作。注重共建共享。把城市公共设施作为创建全国文明城市的重要基础。2016年市中心城区安排70个公益项目，涉及公共交通、城市道路、桥梁隧道、棚户区改造、环卫设施、园林绿化等9个方面，完成总投资8.15亿元，城市基础设施水平不断提升，城市服务功能不断增强，进一步提升群众对创建工作的获得感、支持率和参与率。注重创建细节。召开各类动员和调度会31次，现场督查58次，发出督办函986件。收集单位资料12620份，上报中央文明办材料879份，其中规范性文件166份，有关说明报告119份，图片490张。顺利完成中央文明办对赣州市"创文"工作第二年度的考评，两年成绩相加，保持全省第一。

【道德模范选树】"好人"总数实现新突破。2016年，赣州市有9人入选"中国好人榜"，21人入选"江西好人榜"，两项指标均列全省第一。2016年1月29日，成功承办由中央文明办主办的中国好人榜一月入选名单发布仪式暨全国道德模范与身边好人现场交流活动。做好"中国好人""江西好人"推荐工作，累计向中央文明办推介身边好人移动线索6万余条，居全省第一。开展第五届市级道德模范评选。在赣州市范围内广泛开展"身边好人""最美人物""道德模范"等评选表彰；先后在章贡区、龙南县、兴国县举办道德模范与身边好人现场交流暨"赣州好人"发布活动。发挥好"好人"平台效应。发挥赣州好人馆作用，按照"晒、谈、讲、展"等多种形式，累计开展活动80余场次，展示400余名道德模范、身边好人感人事迹，直接受众5万余人，让市民在参观、休闲、娱乐过程中，潜移默化认同社会主义核心价值观。赣州好人主题公园、"好人"文化广场等好人文化休闲场所，得到江西省委领导的充分肯定。建立帮扶"好人"机制。针对道德模范、"身边好人""最美人物"和优秀志愿者建立常态化帮扶机制，以赣州市委、市政府名义印发《赣州市道德模范礼遇帮扶实施办法(试行)》，明确7种礼遇方式、8种帮扶方式，在全社会形成"讲道德、学好人、做好人"的良好风尚。

【志愿服务活动】完善工作布局。建立起"四纵四横"志愿服务工作格局，即市、县(区)、乡镇(街道)、村(社区)四级纵向，联合会、协会、大队、小队四个横向的组织工作网络，有效规范志愿服务组织活动。依托江西志愿服务网，推广志愿服务手机打卡，完善服务记录制度，志愿服务时常达971万小时，位居江西省前列。规范志愿活动。采取"N对1"方式，组织志愿者走进社区，为社区群众建立帮扶档案，量身定制服务项目，实行针对性、差异化的有效志愿服务。截至目前，在车站、广场、社区、窗口等建立各级各类志愿服务工作站5467个，开展各类"三关爱"志愿服务活动10万余次，志愿服务活动更加常态。打造"乐帮"品牌。赣州市注册志愿者总数达71.5万余人，位列江西省第一。赣州市寻乌县东江源志愿者协会、于都县"站立行走"儿童脑瘫关爱公益项目入选中国"四个100"优秀志愿服务组织。12月16日，赣州市志愿者联合会正式加入中国志愿联合会会员，成为江西省第一个中国志愿者联合会会员单位。12月3日，中央电视台《晚间新闻》报道赣州市"乐帮"志愿者为残障人士送温暖事迹，提高"乐帮"志愿服务品牌的影响力。

【未成年人思想道德建设】校园创建点亮文明。出台《赣州市文明校园创建管理办法》及考评细则，开展首届赣州市文明校园评选表彰，评出110所赣州市文明校园，形成良好育人氛围。开展赣州市2016年度美德少年评选表彰活动，共表彰25名美德少年。赣州市9个原创节目入围江西省"唱响中国梦"网上展播，7个节目获得省级荣誉，获奖数目名列全省第一。开展"我们的节日"主题活动。围绕元旦、春节、清明、"六一"、端午、"七一"、国庆等传统节庆日，组织开展各类志愿服务活动2200余次，累计参加人数达30余万人次。组织开展清明"网上祭英烈""向国旗敬礼"签名寄语活动等教育实践活动，参与人数达263万人次，参与率100%，位居江西省第二。4月2日，中央电视台《新闻联播》对赣州市大公路一小"清明寻梦客家情"活动进行专题报道。拓展活动阵地。2016年新增乡村学校少年宫项目58所，市级争取建设资金100万元，启动自建乡村学校少年宫试点项目。28人在全省青少年校外教育学生成果展示活动中获奖，列江西省第一。赣州中学被评为全国心理健康教育示范校，赣县中学、会昌县实验学校、龙南师范学校附属小学、上犹中学被评为全省第二批中小学心理健康教育特色学校。

【群众性精神文明创建】激发文明单位活力。开展第九届市级文明单位评选表彰，组织文明委成员单位，对全市211个省级文明单位、16个历届全国文明单位和581个市第九届文明单位申报单位，进行一次全面、彻底的综合测评。经江西省文明委确认保留全国文明单位16个，第十四届省级文明单位202个，初步筛选赣州市第九届文明单位569个。组织"同城五区"各级文明单位每周六开展一场"文明风采 百姓舞台"周末广场文艺汇演，展示文明单位风采，激发文明单位活力。深化文明村镇创建。开启赣州市第九届文明村镇评选工作，99个村镇申报参评。广泛开展文明单位与乡村、社区结对帮建工作，以市级以上文明单位"文明生态村"帮建为抓手，先后结对帮扶文明村镇711个，帮建乡村道德讲堂、文化广场102个，捐赠图书、读本13.4万余册，帮扶资金达6000余万元。针对赣州市农村聚众赌博、不赡养老人等不文明行为以及农村乡风文明突出问题开展为期4个月的集中专项治理，推进农村移风易俗、乡风文明建设。推动文明家庭创建。2016年10月13日，中央政治局委员、中宣部部长刘奇葆为寻乌县文明家庭授牌。廖祖彬家庭获评全国文明家庭，周厚德家庭获评全省文明家庭。广泛开展"最美家庭"评选表彰、"好家风，正能量"主题征文大赛等活动，从群众身边的尊老爱老、门匾家训等传统文化入手，展示传播好家风好家训，推动赣州市文明家庭创建工作。

【网络精神文明建设】发挥"文明赣州"新媒体作用。适应"互联网+"精神文明建设工作的需要，提高"微传播"意识，通过"微文明"行动、"最美赣州人"微信投票、"幸运大转盘"流量抽奖等系列网传活动，大力推广文明赣州"两微一网"(即微博、微信和赣州文明网)建设。"文明赣州"官方微博、微信粉丝量达5万多人，赣州文明网每天的点击阅读量达万余次。提升网络文明传播影响力。围绕赣州市委、市政府中心工作，策划线上线下重大网传活动26次，发布微博1755条、微信960余篇。年内，向中央、省、市各类报刊、媒体、网站报送信息3700余条，增长150%。其中，中国文明网195篇、江西文明网318篇，投稿数和采稿量均居全省前列，文明赣州网络传播影响力继续位居全国第一方阵。开展网络文明引导行动。以遍布文明单位的网络文明传播志愿者队伍为骨干，利用新媒体广泛传播“文明”行为，开展“道德模范网上行”、网络公益展播等活动，总阅读量突破500万人次，总留言数达到5万余条，在网上唱响弘扬社会主义核心价值观主旋律，多项活动获中央文明网转载评论。

(撰稿 钟燕春 审稿 张祖煌)

【领导名单】

主任：张祖煌

副主任：刘万春(女) 黄继辉(12月任)

讲师团工作

【概况】 2016年，市委讲师团积极履职履责，以推动学习中共中央总书记习近平系列重要讲话精神和中共十八届三中、四中、五中、六中全会精神为重点，宣传贯彻省第十四次党代会精神、市第五次党代会精神，在理论宣传宣讲、重要理论学习文献选编、精准扶贫等方面，都有新作为，取得新成效。

市委讲师团内设办公室、理论教研室。人员编制8人，实有7人。

【理论宣讲】 组织全市性中共中央总书记习近平在江西视察调研时的重要讲话精神宣讲，认真做好宣讲方案的制定、宣讲集中备课、编写统一的宣讲提纲等工作，在赣州市经济技术开发区、市直机关、赣州师专、赣州卫校、南康区、大余县、上犹县、崇义县等地开展宣讲；组织全市性“两学一做”学习教育宣讲，团领导作为市委宣讲团成员分别前往崇义县、石城县等地开展宣讲；组织全市性市第五次党代会精神宣讲，团领导作为市委宣讲团成员分别前往定南县、安远县、章贡区、信丰县、龙南县、全南县及市国资委监管企业开展宣讲；组织全市性中共十八届六中全会和省第十四次党代会精神宣讲，团领导作为市委宣讲团成员于分别前往赣县、于都县、兴国县、宁都县、石城县开展宣讲。年内，市委讲师团在抓好主题宣讲的同时，还组织“市委四届七次全会精神”“市第五次党代会精神”“修身立德，知规知矩，做真正合格的共产党人”“以新理念引领新常态，推进新改革”“解读《关于新形势下党内政治生活的若干准则》和《中国共产党党内监督条例》”等宣讲报告。年内，市委讲师团教学人员共宣讲21场，受众1.2万余人次。探索构建网上理论微宣讲机制。年初对全市如何开展理论微宣讲提出要求。11月，与市委宣传部、市委党校、市委教育工委、赣州客家新闻网管理中心联合印发《关于开展理论微宣讲作品创作评选活动的通知》，征集微宣讲作品43篇。

【理论研究】 撰写理论文章。年初，组织年轻教学干部参加全省讲师团系统优秀党课竞赛，2人均获三等奖。撰写的《让忠诚干事蔚成风尚》理论文章，得到市委宣传部主要领导的批示肯定，并在《赣南日报》刊发。组织撰写备课稿参加全省“井冈山精神永放光芒”理论集体备课会。派教学干部参加全省基层理论宣讲现场学习考察交流会并发言。重要理论学习文献选编工作。对2014年3月至2016年3月发表在《人民日报》《求是》《江西日报》等党报党刊上公开发表的中共中央总书记习近平系列重要讲话不间断进行收集、整理，编辑刊印46万多字的《中共中央总书记习近平系列重要讲话选编》第三辑(上下册)，免费发给市、县(市、区)两级领导和理论骨干作为重要宣讲参考资料。摘选中共中央总书记习近平重要讲话中一系列富有创见的新思想、新观点、新论断和新要求的论述，编印《中共中央总书记习近平重要论述摘选》小册子。组织人员从《中共中央总书记习近平系列重要讲话读本》(2016版)，整理出《中共中央总书记习近平重要讲话句读》，并编入2016年第三期《理论学习资料》供领导干部学习参考。收集和整理中央、省、市主要领导重要观点和论述，权威刊物登载的专家、学者的新观点、新理念，编印《理论学习资料》，供市领导及市直、县(市、区)领导学习参考，全年出刊4期。

【精准扶贫】 精准扶贫点由定南县鹅公镇水邦村改到高湖村。多次召开扶贫工作会议，研究相关问题，组织干部开展精准扶贫的各环节工作，划拨6万元给该村作为精准扶贫经费，帮助该村确定扶贫项目，为农户制定一户一策的脱贫规划，选定产业发展项目。年内，该村新村部建设完成规划、选址、征地、平整等工作，进入主体工程建设，农户脱贫工作有序进行中。

(撰稿 曾定柱 审稿 丁少松)

【领导名单】

团长：丁少松

副团长：何 勇

政策研究(改革工作)

【概况】 2016年，市委政策研究室(改革办)围绕协调推进“四个全面”战略布局，全面落实五大发展理念，牢牢把握正确的政治方向；扎实贯彻市第五次党代会精神，为打造全市“思想和点子的宝库”“政策和人才的摇篮”，认真践行解放思想、内外兼修、北上南下工作路径，全力服务“六个攻坚战”，当参谋、抓改革、促发展，政研(改革)各项工作取得较好成效。

市委政研室(改革办)内设秘书科、经济研究科、党建研究科、社会研究科、综合研究科、农村研究科、协调督导科，下属《今日赣州》编辑部，编制32个，实有15人。

【深化改革】 主动适应和引领经济发展新常态，坚持“发展出题目、改革做文章、群众得实惠”思路，狠抓改革落地落实。完成改革任务181项，推进68项省级以上试点示范事项。全年召开3次领导小组会议，2次专项小组联络员会议，开展2次全面督察和20余次专项督察。建立加强联系沟通的六项机制，出台《赣州市全面深化改革督察实施办法(试行)》。全国内陆首个国检监管试验区落户赣州，肇事肇祸精神障碍患者救治救助有奖监护工作在全国推行，重点青少年服务管理列为全国试点。

【调查研究】 紧扣全市改革振兴工作大局和市委、市政府决策部署，搞好调查研究，当好“参谋部”和“智囊团”。围绕打好“六大攻坚战”，积极“走出去、走上去、走下去”，共完成高质量调研报告80余篇。其中，《美丽中国“江西样板”的安远行动》《积极探索健康扶贫有效办法——赣州推行医疗商业补充保险》获省委主要领导、省政府领导批示。

【文稿工作】 经常性牵头或参与市委综合性文稿及市委领导讲话材料的起草、修改及审核工作，全年完成重要文稿起草125篇，其中调查报告31篇、重要文件43篇、市委主要领导讲话21篇、工作总结汇报30篇。牵头起草的市委主要领导在市第五次党代会闭幕式等重大会议上的讲话，以及《关于改进工作作风、提高工作效率的意见》等文件获市委、市政府肯定。

【刊物信息工作】 紧盯全市经济社会发展大势、大事，及时总结经验做法，发出赣州声音，决策刊物提质增效。全年编印《决策参考》28期；《今日赣州》6期；创新设立《赣州改革动态》刊物，全年共编印13期；向省委改革办报送改革信息42篇，采用10篇，报送数和采用数分别列全省第1、第2名；“赣州改革”微信公众号刊登改革信息220多篇。

【“两学一做”学习教育】 按照市委统一部署，紧扣“两学一做”主题，切实落实各项规定动作，开展学习教育专题党课暨业务学习会共11场次。创新形式做好自选动作，班子成员带头开展“政研(改革)读书讲坛”活动，全年共举办5期；组织党员干部赴寻乌县、于都县参观学习，接受革命传统教育。

【精准扶贫工作】 采取超常规的举措推进挂点省级贫困村——崇义县过埠镇果木村的精准扶贫工作，精准扶贫工作“挂图作战”的做法得到市扶贫办肯定推广。筹资443.23万元用于推进该村的整村推进工作，投入45万元建设村集体光伏发电站项目，可为村集体带来20年的稳定持久收益。设立5万元产业发展周转金，扶持贫困户发展种植业、养殖业和其他增收项目。

(撰稿 张鑫福 审稿 吕浩泳)

【领导名单】

改革办主任：李恭进
政研室主任、改革办常务副主任：黄 法
改革办专职副主任：潘金城(正处级)
政研室副主任：吕浩泳
改革办专职副主任：刘文辉
政研室副主任：刘 耿
政研室副调研员：钟远明

统一战线工作

【概况】 2016年，全市统一战线以深入学习贯彻中共十八大和十八届五中、六中全会，以及中共中央总书记习近平系列重要讲话精神为主线，全面贯彻执行党的路线方针政策和市委、市政府重大决策部署，紧紧围绕协调推进“四个全面”战略布局和全市“六大攻坚战”，解放思想、求真务实、凝心聚力，圆满完成全年的各项工作任务，开创全市统一战线事业发展新局面。

市委统战部内设办公室、党派科、联络科、民族宗教科、干部科、无党派人士(党外知识分子)工作科、机关党总支。人员编制15名，实有13人。

【统战工作格局】 营造统战工作氛围。3月24日，市委召开统战工作会议，学习传达中央、省委统战工作会议和《中国共产党统一战线工作条例(试行)》、省委“实施细则”主要精神；成立由省委常委、市委书记李炳军任组长的市委统战工作领导小组，并召开第一次会议，审议通过并印发《贯彻落实〈实施细则〉任务分工》和《市委统战工作领导小组2016年工作要点》，就全市统战工作做出全面部署；完成省委统战工作领导小组督导组对赣州市贯彻落实中央和省委关于统一战线系列重大决策部署的调研检查工作；落实市级、县(市、区)统战部部长由同级党委常委担任或兼任的规定，18个县(市、区)统战部部长全部由常委担任，党委对统战工作的领导得到强化。

夯实共同政治思想基础。组织县(市、区)委统战部部长到井冈山干部学院统一培训；组织县(市、区)委统战部、驻市高校党委统战部、市直统战部对口有关单位、民主党派、党外代表人士举办统战干部、民主党派新成员、党外科级干部、非公经济人士、无党派和新阶层代表人士政治理论培训班等班次，共培训学员300余人。各县(市、区)以换届为契机，加大统战干部和党外干部的统战理论和实践培训，共培训2600余人。

扩大统战工作共识。把统一战线理论纳入市委党校(社会主义学院)的教学内容和党政干部培训的必修课程，部领导先后多次到市委党校为县干班、乡镇党政正职干部培训班、妇干班等12个主体班次讲授新时期爱国统一战线理论与实践课程，600余人接受统战理论教育。

【协商民主建设】 牵头代市委起草《关于加强社会主义协商民主建设的实施办法》，全面开展“七大协商”，推进赣州市民主政治建设。协助市委召开党外人士座谈会、情况通报会、双月座谈会，就制定《全市国民经济和社会发展第十三个五年规划的建议》、有关人事安排、大调研等方面工作，广泛听取党外代表人士、专家学者意见建议。组织民主党派、工商联、知联会围绕中心工作开展专题调研活动，共收到调研成果24篇。其中，围绕“借鉴沿海地区有益做法，大力推动赣州市非公有制工业企业跨越发展”撰写的调研报告得到市委书记李炳军的批示，为市委市政府决策提供有益参考。

【精准扶贫】 下拨专项资金140余万元用于精准扶贫挂点村基础设施建设，组织全市统一战线成员单位在会昌县珠兰乡开展“同心·扶贫认学认医”活动，筹集捐助款24.6万元，帮助当地困难群众解决出行难、看病难、读书难问题；扎实推进精准扶贫，帮扶挂点村率先通过国务院扶贫办、省委巡视组、第三方评估组考核验收；联合市工商联、市扶贫办开展“百企帮百村”活动，安排653家企业、34家市直属商会与581个贫困村签订帮扶协议，实施项目443个，投入资金4亿元。

【经济统战】 指导市工商联制定《执常委服务对接“六大攻坚”工作制度(试行)》，全面服务“六大攻坚战”；积极参与“降成本、优环境”专题行动，深入工业园与企业对接，帮助解决实际问题；成立赣州市非公经济服务中心律师服务团，9家律师事务所常年为39个市工商联直属商会提供全方位法律服务；制定《企业家教育培训工作规划》，采取以会代训、合作办班等多种方式开展培训活动，培训2114人次；开展“媒体进民企”专题宣传活动，对130余家企业进行宣传。积极筹备全国赣州商会，组织召开第一次联席会议；充分发挥工商联“商会招商”“以商招商”的优势，增强与外地商会的交流，组团参加省、市政府在宁波、杭州、南京举办的多场招商推介会。

【民族宗教工作】 指导做好少数民族乡村第五轮对口支援工作，积极支持向上级争取少数民族发展扶持资金1751万元；推进少数民族乡村“四特”建设，全市有6个少数民族村组被评为全国少数民族“特色村寨”，3个少数民族村(组)入选“中国(江西)百个‘最具乡愁’村庄”，1个少数民族村入选“江西十大秀美新农村”；成功举办南康区赤土畲族乡首届畲族文化艺术节，并在“五一”节亮相央视；加大少数民族代表人士政治安排力度，该次换届共安排14名少数民族市人大代表，15名少数民族市政协委员。开展以“规范”为主题的和谐宗教团体、和谐寺观教堂创建活动，召开现场推进会，命名100处示范点；组织开展“宗教政策法规学习月”活动，指导开展宗教“慈善周”活动，捐款捐物合计人民币160万元。积极稳妥做好宗教维稳工作，指导、协调于都县完成处置非正常宗教活动。

【港澳台统战】 组织开展赣州市港澳人士情况调查摸底，建立14名港澳人士信息库；联络、协助香港龙山基金会、香港元朗区坊众互助会在赣州市捐资助学32万元，受益学生800余名；开展双向文化教育交流活动，举办台胞台属新春茶话会、迎中秋座谈会等活动，邀请岛内知名人士以及台湾工商团体、社会团体等台胞团组到赣州参访，提升赣州市在台湾的知名度和影响力。

【党外代表人士队伍建设】 换届党外人士安排。配合做好市县乡换届工作。选配优秀党外干部进入人大、政府、政协，参与市委对县(市、区)领导班子换届考察和督查工作。经过换届，市政府配备1名党外副市长，3名符合条件的党外干部担任政府部门行政正职；全市34个政府工作部门中，有10个部门共配备12名党外领导干部；18个县(市、区)均配备党外副县(市、区)长。认真做好市人大、政协换届中党外干部的提名、推荐工作，换届后人大代表中党外人士占37%，政协委员中党外人士占60%，首次达到“条例”规定比例。圆满完成市政协换届选举工作。

统战有关团体换届。指导市、县(市、区)工商联(总商会)，市知联会和五大宗教团体开展换届工作，顺利完成班子交接和政治交接。成立市知联会新媒体分会，在全省率先成立归国留学人士分会，并向省委统战部推荐29名充实全省无党派人士重点人物人选和3名省新联会网络界人士联谊分会理事人选。

党外干部管理基础工作。全面统计换届后全市党外干部的实职安排和政治安排情况，对党外正科级和县处级干部信息进行全面核实，建立完备的数据库，并利用数据对全市党外干部情况进行分析研判，提出党外干部教育培养和选拔任用的意见。完善市政协委员、各民主党派、工商联(总商会)、宗教团体领导班子档案资料，完成统战部机关及工商联、侨联机关干部档案整理工作。

【自身建设】 统战理论实践创新和信息宣传。在国家、省、市等报纸杂志刊发信息、统战理论、调研文章60余篇，在市委统战部网站编发稿件1200余篇，宣传信息工作被省委统战部评为先进单位；开展统战理论、实践创新调研成果评选工作，评选出的优秀创新成果报送省委统战部参评，其中，1篇统战理论创新成果、2篇统战实践创新成果受到表彰；向省委统战部争取同心教育基地建设资金支持瑞金中央苏区统战史陈列馆建设；搭建市委统战部短信办公平台和赣州统战工作微信平台。

机关党建。认真开展“两学一做”学习教育，深入开展党风廉政建设，组织机关党员干部集中传达中共十八届六中全会精神，学习《中国共产党党内监督条例》和《关于党内政治生活的若干规定》。以从严治党、肃清苏荣案余毒为主题，召开部班子民主生活会，从思想上制度上强化党要管党、从严治党。

(撰稿　刘丽娟　审稿　邹常军)

【领导名单】

部长：彭业明

副部长：邹常军　谢来福

　　　　黄声兰　钟贤军

纪检组长：郭金荣

调研员：蒋金生

农村工作

【概况】 2016年，市委农工部深入贯彻落实中央、全省农村工作会议精神和市委关于“三农”工作决策部署，主动适应经济发展新常态，牢固树立“创新、协调、绿色、开放、共享”发展理念，以“六大攻坚战”为主线，找准本部门工作的切入点和着力点，解放思想，内外兼修，勇于担当，攻坚争先，新农村建设、农村生活垃圾专项治理、农业产业化经营、新型农民培育、农业农村改革等工作取得显著成效。市委农工部被评为江西省第十四届文明单位。

市委农工部共有人员编制数25名(其中工勤编制2名)。设办公室、农业科(农业产业化办公室)、农村科、科教科、干部科、市场信息科、机关总支等7个职能科室

【新农村建设】 深入贯彻全市精准扶贫暨新农村建设工作会议及全市新农村建设现场推进会精神，按照“培育中心村、提升特色村、整治一般村、扶助贫困村”的思路，全力推进“绿富美”新农村建设。按照省级村点30万元、市县自建点20万元的标准，省、市、县三级财政共安排4.5亿元(其中市本级安排9775万元)，整合部门资金4亿元，撬动社会资金3.19亿元，全力抓好1756个新农村建设点建设(省级村点995个，市县自建点761个)。集中616个省级村点，突出抓好104个中心村建设，全力推进“七改三网”基础设施和“10+4”公共服务建设，打造一批特色鲜明、亮点纷呈的美丽乡村建设示范点，推动全市新农村建设发展升级。全市新农村建设点全年共完成改路2512千米，改水9.12万户，改厕9.08万户；建成农村综合公共服务平台187个，卫生室111个，农家书屋112个，文体活动场所126个；104个中心村基本建设成型，其他自然村点基本整治到位。

【农村生活垃圾专项治理】 扎实开展农村生活垃圾专项治理。市本级继续安排专项资金7300万元，保障资金投入。创新督查机制，委托第三方拍摄《赣南农村生活垃圾乱象纪实》暗访专题片，在多个全市性会议上进行播放，进一步搅动思想，造浓氛围。部署开展农村环境卫生集中清理整治行动，对农村路面、河面、立面、里面进行集中清理整治，村庄裸露垃圾、河道漂浮垃圾大为减少，农村环境大为改善。截至年底，全市共计聘请保洁人员20492名，建有乡镇垃圾转运站259个，设置乡镇垃圾桶48.87万个，垃圾清运车17083辆，清理清运垃圾114万吨，农村建立“村收集、乡转运、县处理”城乡环卫一体化垃圾收运体系的行政村数量达到80%以上。22个百强中心镇污水处理设施建设全面完工，并通过省考核验收。22个重点村庄生活污水治理试点工作顺利推进。

【农业产业化经营】 认真落实市委、市政府“主攻工业，三年翻番”的战略部署，深入开展“降成本、优环境”行动，及时制定服务和支持工业发展政策举措。着力抓好农业产业化龙头企业建设，年内净增省级龙头企业4个、市级龙头企业7个，全市共有国家级龙头企业2个、省级94个、市级151个，规模以上农业龙头企业552个，实现主营业务收入340.09亿元，比上年增长11.77%。江西省种源生态农业股份有限公司、江西杨氏果业股份有限公司、江西红一种业科技股份有限公司在新三板成功挂牌上市，全市累计有5个农业龙头企业在新三板上市。加大农业招商引资力度，在杭州举办现代农业产业项目招商推介会，现场签约30个项目，签约总金额65.59亿元，年内有18个项目开工。牵头抓好食品产业推进工作，全市食品产业共有规上企业102个，比上年增加11个，实现主营业务收入300亿元，比上年增长12.78%。全力推进农产品深加工，重点发展粮食、油茶、果蔬等精深加工，全市规模以上农产品加工企业达到309个，比上年增加30个；销售收入达到238.45亿元，增长15.5%；农产品加工率达到54.86%，增加1.86个百分点。

【新型农民培育】 加强农村人才队伍建设，认真组织实施“一村一名大学生工程”，完成1515名招生培养任务，各教学点有序开展各项教学工作。启动农民大学生创业联盟创建工作，兴国县、信丰县完成农民大学生创业联盟的组建工作，并有效开展工作。组织开展第二届“赣南乡村明星”评选活动，共有50名优秀农村实用人才获此殊荣，并制作专题宣传片在赣州广播电视台农业频道展播。在内蒙古自治区、江苏省先后举办2期新型农业经营主体培训班，共有160人参加培训。加强与市移动公司合作，认真做好《赣州农民手机报》编辑工作，全年共编辑发送《赣州农民手机报》52期，编发彩信7894万条，编辑各类信息1513条，通过互助平台和热线电话帮助广大农民解答各类问题3387个，《赣州农民手机报》成为农民朋友获取农技信息的重要载体。

【农业农村改革】 各地主动适应改革工作的新常态，加大创新和推进力度，抓好统筹协调，搞好督促检查，推动改革工作持续深入。赣州市承担的11项国家级涉农改革试点示范事项和7项省级试点示范事项有序推进，2016年度确定的26项农业农村改革重点任务稳步实施并达到时序进度。市县两级不动产登记机构全部设立到位，实现全域发放新证，不动产统一登记工作走在全国前列。会昌县作为全省3个农民住房财产权抵押贷款试点县之一，2016年年底贷款余额1.47亿元，占全省3个试点县的98.09%。“财政惠农信贷通”试点工作走在全省前列，第一合作期(2014年9月—2016年3月)累计发放贷款33.4亿元，占2016年度信贷计划的158.79%，在全省2016年度工作考核中，赣州市名列第二，全南、寻乌、定南、信丰、于都等5县考核为优秀。2016年度，赣州市向省里申报并获批复信贷计划25.5亿元，比第一合作期多4.5亿元，累计发放贷款28.97亿元，超额完成省里下达的信贷计划。认真抓好农村

产权流转交易平台组建工作，组织开展平台管理和运行培训班，完成系统开发和硬件安装，正式投入运行。扎实开展村级公益事业“一事一议”财政奖补工作，向上争取资金1.84亿元、实施项目2165个。

(撰稿　杨小文　审稿　陈萍)

【领导名单】

部长：洪　明

副部长：刘立煌(9月免)　林建田

廖学春　陈　萍(女)

吴诗东(10月免)

调研员：李光健(9月任)

机构编制

【概况】　2016年，赣州市编委办紧紧围绕全面深化改革，积极适应经济发展新常态，在推进精简行政审批、促进政府职能转变、落实控编减编要求、发挥编制资源效益等方面取得明显成效，为全市打好“六大攻坚战”、加快推进赣南苏区振兴发展、同步全面建成小康提供坚强机构编制保障。

赣州市机构编制委员会办公室内设机构编制一科、机构编制二科、机构编制三科、机构编制监督科、事业单位登记管理科、行政审批制度改革科。下设赣州市机构编制综合研究室。

【机构设置】　市直党政群机构共设置96个。其中，党委机构15个(党委工作部门10个，部门管理机构3个，派出机构2个)；政府机构43个(政府工作部门33个，驻外办事机构5个，派出机构5个)；人大工作机构10个、政协工作机构8个、法院、检察院机构各1个，民主党派机构6个，群团机构12个。

【机构变更】　3月4日，设立赣州蓉江新区管理委员会，为赣州市人民政府派出机构，正处级。

3月28日，设立赣州市中央苏区研究中心，为中共赣州市委党史工作办公室下属副处级全额拨款事业单位，增挂赣州市苏区精神研究所牌子。

3月28日，政协赣州市委员会部分专门委员会更名，市政协经济科技委员会更名为市政协经济委员会，市政协教文卫体委员会更名为市政协教科文卫体委员会，市政协社会和法治委员会更名为市政协社会法制和民族宗教委员会，市政协港澳台侨委员会更名为市政协港澳台侨和外事委员会。

5月6日，设立中国国际贸易促进委员会江西省赣州市委员会、中国国际商会江西赣州商会(简称“市贸促会”)，为机构编制部门管理其机关机构编制的群众团体。

5月6日，撤销赣州市招商服务中心。

6月7日，赣州高新技术产业开发区管理委员会由赣县人民政府派出机构调整为赣州市人民政府派出机构，机构级别定为正处级。

6月30日，设立赣南卫生健康职业学院，为市卫生和计划生育委员会管理的正处级事业单位，与赣州卫生学校合署办公，实行“两个机构、一套人马”。

12月28日，设立中共赣州市委非公有制经济组织与社会组织工作委员会，为中共赣州市委派出机构，设在市委组织部。

【行政体制改革】　深入推进行政审批制度改革。接住管好国务院、省政府取消和下放的行政审批项目。围绕“努力把赣州打造成为全省乃至全国审批程序最少、办事效率最高、服务质量最好的地方”工作目标，按程序将一大批“含金量”高的、基层迫切希望的行政审批事项进行精简下放。市本级保留行政许可项目97项，精简87项，平均承诺办结时限缩短至4.43个工作日，92.6%的行政审批项目承诺办结时限缩短至5个工作日之内。助力做大做强龙南经济技术开发区、赣州高新技术开发区两个国家级平台，赋予龙南、赣县79项市级经济管理权限。实行行政审批中介服务事项清单管理，制定《赣州市行政权力事项目录清单管理办法》。强化事中事后监管，以市政府名义印发《关于加强行政审批事中事后监管的意见》，对市直37个单位承接国务院和省政府下放的242项审批项目开展行政审批制度改革“回头看”和专项督导，督促各承接项目落实到位。积极做好重点领域和关键环节体制机制改革。根据中央和省关于开展综合行政执法体制改革试点工作的要求，在市本级农粮系统开展综合行政执法试点工作；根据纪委派驻机构全覆盖工作有关要求，配合市纪委顺利完成纪委派驻机构全覆盖工作；推进落实城乡居民基本医疗保险制度整合、卫生计生综合监督行政执法、劳动保障监察执法能力建设、中心城区城市管理体制调整等工作。稳步推进事业单位分类改革，按照中央、省事业单位分类改革工作部署要求，基本完成市本级事业单位分类批复工作。

【机构编制管理】　围绕主攻工业、振兴发展和改善民生提供机构编制保障。争取批复设立赣州蓉江新区管委会并在短期内制定并印发“三定”规定，完善蓉江新区规划、国土、环保、城管等派出机构；加强规范市、县、乡人大工作机构设置和力量配备，推进法治赣州建设；积极适应全市“大招商”工作要求，推进市招商服务中心和市商务局整合，进一步整合市招商队伍，强化招商力量，切实发挥统一招商职能；把有限的机构编制资源向经济社会发展的重点领域、重点工作、重点任务倾斜，增设赣州市农村公路管理处、赣州火车站广场管理所、赣州市人体器官捐献管理中心等机构，加强市移民和扶贫办、市肿瘤医院、市革命烈士纪念馆等机构人员编制，有效化解经济建设和社会事业发展对编制的需求与严控总量的矛盾，确保有限机构编制资源效用最大化。抓好机关事业单位超编专项整治和控编减编工作。通过调度、超编消化季报制、督查通报等方式，年内，全市共计消化超编人员377名。按照《赣州市控编减编工作实施方案》及

《赣州市控编减编工作举措和任务分工》的有关要求，严格管控机构编制总量，盘活存量，坚持“有增有减、撤一建一”原则，守住红线底线。及时批复各县(市、区)控编减编工作方案，通过督查、通报等方式推进县(市、区)控编减编工作落实。加强机构编制规范化管理。修订印发《赣州市机构编制委员会工作规则》，严格执行机构编制“一支笔”审批、核编进人、科级职数审核、实名制管理、部门联动和监督检查等制度，建立机构编制规范化管理长效机制。

【事业单位登记管理】 扎实推进事业单位登记改革。按照中央、省统一部署，发放以统一社会信用代码为编码的新版《事业单位法人证书》，实现事业单位法人证号向统一代码过渡；积极推进机关、群团统一社会信用代码赋码工作；扎实做好网站挂标和域名注册“两个全覆盖”工作。

(撰稿 欧阳大海 审稿 郭训东)

【领导名单】

主任：郭训东

副主任：崔高翔

台湾事务

【概况】 2016年，市委台湾办公室认真贯彻中央、省委对台工作会议精神，秉持两岸一家亲理念，紧紧围绕推动两岸关系和平发展主题，纵深推进赣台各领域的交流与合作，推动全市对台工作取得新成效。市台办被中央台办评为“两刊”宣传工作先进单位；被评为全市“社会管理综合治理目标管理及平安赣州建设先进单位”“绩效管理考核考评良好单位”“公共机构节能工作先进单位”。

市委台湾工作办公室(市人民政府台湾事务办公室)为市委工作部门。人员编制15个，其中行政编制13名，工勤编制2名。内设机构有秘书科、经济科、联络交流科、宣传科和投诉协调科。

【对口支援】 国台办对口支援定南县。市台办成立以主要负责人为组长的对口支援工作领导小组，积极做好联络、协调、服务工作。年内，市台办2次赴北京、多次赴南昌分别向国台办、省台办领导汇报对口支援工作和赣州市对台工作开展情况，争取国台办和省台办的大力支持。国台办制定《国台办2017年度对口支援定南县工作要点》，指派干部到定南县挂职；邀请6批30多名台湾企业家到定南考察投资环境；协调顶新公益基金会援助80万元支持鹅公镇中心体育场项目等。省台办制定《省委台办2016—2017年对口支援定南县工作要点》。

【两岸交流】 赣台交流。年内，全市开展双向文教卫生等各领域交流活动51批702人次，其中赴台交流9批68人次，接待台湾团组到赣州交流42批634人次。大力开展文教卫生赴台交流考察，组织赣州市文化交流考察团赴台湾开展文化交流考察活动；组织团组赴台与台湾财团法人爱心第二春文教基金会、台湾马偕医院、台北市立万芳医院等开展交流考察活动。邀请台湾社会团组、文化团体、专家学者到赣州交流，如，台湾原“环保署署长”沈世宏、赣县同乡会理事长伍攀鸿、嘉义县妇联会主委翁张宗美、中华海峡两岸交流促进会理事长李妮等率团到赣州考察，台湾学者朱高正在赣州市考察王阳明文化遗址，并与赣南师范大学教师进行学术交流，台湾著名导演赖声川携《暗恋桃花源》回会昌采茶歌舞剧院演出。

服务台胞台属。春节期间，走访慰问重点台胞台属50户。定期不定期深入基层排除安全隐患，及时受理、调处涉台信访投诉件，帮助台胞台属解决实际问题。年内，市台办接待来访台胞35人次，全市没有发生影响社会稳定的涉台安全事故、突发事件和不正常上访事件。

【对台经济】 招商引资。2016年，全市引进台资合同项目11个，总投资1.01亿美元，实际进资7366万美元。加强与台湾重要客商、沿海地区台办、台资企业协会的联系，及时了解投资信息，先后邀请和接待深圳市台协常务副会长黄厚生、惠州市台协会长沈荣发、中山市台协会长施育舒、台湾商工统一促进会副秘书长施政良等到赣州考察；市台办派员出席东莞台资企业协会换届交接典礼，组织赴福建省漳州市、龙岩市等地考察，学习沿海地区在涉台经济等方面的先进经验和做法。大力开展招商活动，10月，市委副书记、市长曾文明带队参加第十四届赣台会开幕式和相关活动，赣州市签约项目3个，邀请东莞台资企业协会会长蔡俊宏、监事长王添财、副会长李聪富，全国台企联副会长、深圳市台协常务副会长吴崇豪等130余位台商到赣州参观考察，参加赣州市产业推介会暨赣州市台资企业协会会长交接大会；组织赣州经济技术开发区经贸考察团赴台开展经贸考察和招商活动。

服务台商。进一步完善挂点联系重点台资企业制度，加大对市、县涉台法律服务室的指导，设立公布台商投资咨询和权益保障服务电话，受理并办结台商诉求3件；积极开展“抓学习宣讲、促台企发展”主题服务活动，对全市台资企业进行全覆盖式的走访调研，了解企业发展遇到的困难和问题。活动期间，积极帮助台企、台商解决实际困难20余个。

【对台宣传】 涉台宣传。积极向《中央人民广播电台》《海峡之声广播电台》《华夏经纬网》等涉台新闻媒体、网络和《台湾工作通讯》《江西对台工作》等各级对台工作内刊投稿近210篇(张)，用稿70篇(张)，进一步扩大赣州在境内外的影响。

涉台教育。根据台海形势的发展变化，充分利用元旦、春节、清明等台胞回乡聚集时间，扎实开展对台形势教育活动20余场(次)。9月，市台办举办赣州市台胞台属迎中秋座谈会暨台海形势讲座，台胞台属代表50余人参加。全市征订《台湾工作通讯》350份，《两岸关系》100份。

【台胞台属联谊会】 (简称台联会)台

联会是台胞台属的群众组织，其会员是台属、台湾省籍同胞和定居台胞。各级台办为各级台联会的主管部门。赣州市共有市、县(市、区)两级台联会16个，会员6000多人。市政协常委、赣州市育苗教育发展有限责任公司董事长许华现任第三届会长。市台联会依照《台联会章程》，认真履行职责，围绕中心，服务大局，协助举办2016年台胞台属新春茶话会、迎中秋台胞台属座谈会等活动，全年接待团组台胞8批98人次，走访重点台胞台属45户，向台胞台属寄送贺卡、挂历等100余份，帮助定居台胞、困难台胞解决实际问题，得到台胞台属的好评。

【台湾同胞投资企业协会】(简称台资企业协会)市台资企业协会成立于2005年5月，是由在赣州的台资企业和在赣州投资发展的台湾同胞依法自愿成立的非营利性社团组织。市台办为其业务主管部门。市台资企业协会在加强与政府及有关部门的联系与沟通，动员更多的台资企业和台商朋友到赣州投资兴业，服务会员，协调台资企业及台商在生产、生活中遇到的困难和问题，参与赣州的各项建设等方面，做出积极的贡献。10月，市台资企业协会举行赣州市台资企业协会会长交接大会，市委常委、副市长张晓宁为新当选的第六届会长及理监事会成员颁发当选证书。

【台湾省籍同胞】 赣州市是江西省台湾省籍同胞的集居地之一。至2016年年底，全市有台湾省籍同胞550人，绝大部分台湾省籍同胞聚居在于都县，其余分散在寻乌、全南、兴国、安远、宁都、章贡区等地。2016年12月29日至30日，赣州市10名台湾省籍党员出席在南昌举行的江西省台湾省籍党员大会。

(撰稿 杨 焱 审稿 李坊涛)

【领导名单】
主任：李坊涛
副主任：刘东胜 王晶洋
副调研员：叶 林

市直机关工委工作

【概况】 2016年，市直机关工委紧紧围绕“服务中心、建设队伍”，高标准、严要求，继续主动适应全面从严治党新常态，落实全面从严治党责任，不断推进机关党建工作取得新成绩、实现新作为。

市直机关工委内设办公室、组织部、宣传部、市直工会工委、市直团工委、市直妇工委等6个工作部门，另设市直机关纪工委(为市纪委派出机构)，下属市直机关工委党校(正科级全额拨款事业单位)。行政编制18名(含市直机关纪工委2名)，实有18名；事业编制6名，实有4名。

【基层组织】 2016年年底，市直机关工委直属党组织有131个，其中机关事业党委43个、企业党委15个，直属党总支43个，直属党支部30个；所属党支部870个；党员总数17091名。市直机关工委直属党组织名单如下：

机关事业党委(43个)：市委党校、赣南日报社、市教育局、市中级法院、市检察院、市公安局、市民政局、市司法局、市财政局、市人社局、市国土局、市规划局、市建设局、市交通局、市水利局、市农粮局、市林业局、市商务局、市文广新局、市卫计委、市城管局、市药监局、市房管局、市国税局、市地税局、市烟草局、市水文局、市工商局、市质监局、市发改委、广播电视台、瑞金干部学院、市供销社、赣南科学院、港航分局、赣州农校、技师学院、赣州卫校、市人民医院、邮政分公司、264大队、肿瘤医院、犹江林场

企业党委(15个)：赣州供电公司、中石化赣州石油分公司、中国电信赣州分公司、中国移动赣州分公司、中国联通赣州分公司、赣州铁塔、广电网络、金瑞铀业、赣州银行、江西中烟赣州卷烟厂、烟叶复烤公司、市盐业公司、赣南海欣药业公司、燕京啤酒公司、719社区

机关事业单位党总支(41个)：市纪委、市委办公厅、市委组织部、市委老干部局、市委宣传部、市委统战部、市委农工部、市机关事务管理局、市人大机关、市政协机关、市直机关工委、市政府办公厅、市工信委、市审计局、市统计局、市行政服务中心管委会、市环保局、市人防办、市综合行业办、市矿管局、市农机局、市安监局、市果业局、市科技局、市体育局、市总工会、团市委、市气象局、市科协、市妇保院、市疾控中心、市第三人民医院、市中医院、赣南宾馆、市招商服务中心、市国检局、市中小企业局、市外联办、市旅发委、市委政法委、赣州综合保税区

企业党总支(2个)：南华医药、五矿稀土

机关事业单位党支部(28个)：市委政研室、市委党史办、市委台办、市接待办、市编办、市信访局、市政府法制办、市政府发展研究中心、市防震减灾局、市水保局、市扶贫和移民办、市金融局、市政府口岸办、市档案局、市地方志办、市国资委、市妇联、市文联、市社联、市残联、国统局赣州调查队、市红十字会、市无线电管理局、市卫生监督所、市振兴办、赣州客家新闻网、市工商联、市铁路建设办

企业党支部(2个)：新华发行集团、华润置地(赣州)有限公司

【思想政治建设】 围绕服务市委“六大攻坚战”部署，就赣州稀土产业发展、南康家具等传统产业升级、大数据资产运营、区块链城市建设等课题邀请全国知名专家学者做客大讲堂，举办6期赣州市直机关大讲堂，4300多名市直机关党员干部受到教育。扣紧机关党员干部关注点，运行“赣州机关党建”“赣州机关青年”“赣州机关学习大讲堂”3个微信公众号，上线“赣州市直机关信息化平台”。依托苏区中央机关党总支苏区中央政府机关党总支旧址，创建中直机关党校赣州学习实践基地，承接2批次(28人)主

体班学员前往学习调研，选派2批次(25人)县处级党务干部前往中直机关党校学习培训。在兴国、宁都、瑞金、寻乌、于都等县(市)设立现场教学点，精心打造“五堂课”:《永远的苏区精神》《只有思想的解放才有行动的突围——中央苏区反“围剿”斗争的启示》《坚定“四个自信”——共和国从这里走来》《没有调查就没有发言权，更没有决策权——寻乌调查与党的思想路线》《弘扬“四铁”精神 走好新的长征》。

【组织建设】 批准新成立直属党组织6个，指导34个任期届满的党组织进行换届；考察、批复任命8名机关党组织专职副书记。为896个党支部印制《赣州市直机关党支部工作手册》。组织选举市直机关出席市第五次党代会代表88名。举行“铭记党的历史，传承党的荣光，坚定理想信念”市直机关新党员入党宣誓仪式。对900多名机关基层党支部书记和各单位专职党务干部进行全员轮训。认真做好困难党员关怀工作，春节和“七一”共走访慰问困难党员、老党员210户，发放慰问金17.1万元、发放慰问品110套(330件)。举行全市机关学习系列讲话实施“三大行动”表彰报告会。做好选举市第五次党代会代表和推荐提名省第十四次党代会代表以及中共十九大代表候选人工作，选举88名市直机关第五次党代会代表，7名基层党员出席省第十四次党代会，1名基层党员被省委确定为中共十九大代表候选人初步人选。开展党员组织关系集中排查，经查找取得联系党员8人，给予自行脱党除名处理5人。开展党代会代表和党员违纪违法未给予相应处理情况排查清理，发现应当给予党纪处分或者组织处理的党员16人。开展基层党组织按期换届情况专项检查，指导34个任期届满的党组织进行换届。召开机关党组织书记抓基层党建工作述职评议会议；组织党建考评，评定53个单位为优秀、68个单位为良好、5个单位为合格、2个单位为不合格，4个党组织被树为党建工作示范点，2个单位被评为先进网络区召集单位。做好发展党员工作，举办市直机关第33期入党积极分子培训班，培训入党积极分子372名。全年审批发展党员152名，审批预备党员转正183名。发展党员总数中：男99人，女53人；25岁以下17人，26至30岁64人，31至35岁40人，36至40岁13人，41至59岁18人；研究生学历8人，大学本科88人，大学专科40人，中专5人，高中9人，初中2人。

【“两学一做”学习教育】 举办学习中共中央总书记习近平系列重要讲话和中共十八届六中全会精神，以及省、市党代会精神宣讲报告会，教育引导广大机关党员筑牢思想之魂，补好精神之“钙”。制定“两学一做”学习教育方案，梳理分解工作任务33项，建立联系点9个、示范点6个，印发学习丛书2000套，形成情况报告、督查通报等制度，倒逼学习教育落实。举行“感铭党恩，聚力振兴”——市直机关纪念95周年座谈会；办好“赣州机关党建”“赣州机关学习大讲堂”微信公众号，打造“指尖课堂”，关注人数达10万余人。采取“线上和线下”两种方式，组织全市机关“两学一做”硬笔书法比赛和知识竞赛，在职党员参与率90%以上。工委报送的《机关党建在线考核倒逼‘两学一做’有效落实》经验案列，被评为全国机关党组织“两学一做”40个最佳案例之一。

【精准扶贫】 加强调查研究，摸清结对帮扶贫困村罗江乡白田村实际情况，撰写《白田村精准扶贫调研报告》，制定《市直机关工委驻于都县罗江乡白田村扶贫攻坚(2016—2018)三年工作规划》。安装光伏发电设备4户，种养业扶贫43户，补助资金6.39万元，扶贫贷款12户，贷款资金32.8万元。为6位残疾人申请残疾轮椅6辆。争取项目资金共计53万元，用于修建公路、水渠、老年活动中心以及居家养老示范点建设、“妇女儿童之家”示范点建设、菜篮子工程建设。工委下拨2万元用于建设村部围墙及院内硬化、绿化建设。春节、“七一”期间走访贫困户、困难党员31户，安排走访慰问资金共计2.44万元。“七一”前夕，结合“两学一做”学习教育，工委领导为白田村全体党员上党课。

【落实“两个责任”与党风廉政建设】 抓好《中国共产党廉洁自律准则》《中国共产党纪律处分条例》《中国共产党问责条例》学习贯彻，组织“一准则两条例”专题学习报告会，增强党章党规党纪意识。加强执纪监督检查，在重要的时间节点组织9个明察暗访小组，对各单位落实中央八项规定情况开展检查；4次对工委举办的有关会议进行会风会纪情况督查，及时通报违反会风会纪情况典型问题，并在年度机关党建考评中酌情扣分。加大执纪审查力度。按照党员干部管理权限，对市直单位违纪党员立案审查6起，审核处理20起，其中给予21人党纪处分；办结上年结转案件1起，给予1人警告处分。协助4个市直单位履行对违纪党员进行纪律审查的程序性要求，不断夯实管党治党的政治责任，营造风清气正政治生态。

【精神文明建设】 扎实做好文明单位申报、复核工作，提交材料申报赣州市第九届文明单位，按照《赣州市直机关文明单位管理办法》和《赣州市直(驻市)单位精神文明建设测评细则》，对赣州市直机关第二届文明单位进行复核。认真组织开展精神文明创建工作，指派专人做好文明单位动态管理系统资料收集整理与上报工作，严格按时间进度完成各项文明创建工作任务，通过省级文明单位年度复查。精心组织做好市第五届道德模范候选人推荐工作，评选推荐彭文灵等5名市直机关党员干部参评市第五届道德模范。积极参加全国文明城市创建工作，指定专人负责全国文明城市创建材料的搜集整合工作，及时完成“创建文明城市智能管理系统”资料上报。成立由市直工委全体干部职工参加的市直机关工委党员志愿服务队，组织开展“文明巡查”“文明交通”及“全民卫生日”等志愿服务活动。组织开展“乐邦”实践活动，认真组织市直机关干部职工开展“礼让斑马线”“无偿献血”等志愿服务活动。

【群团工作】 全年批复15个单位工会组织进行换届选举，1个单位新组建工会组织；批复4个市直单位团组织进行换届选举，1个单位新组建基层团组织；批复6个市直单位妇委会组织进行换届选举，7个单位新组建妇委会组织。先后组织赣州市直机关庆“三八”妇女节健身操比赛，市直机关庆“五一”健步走比赛，市直机关篮球、气排球、羽毛球、乒乓球，2016年市直机关“青春放歌”青年歌唱大赛，市直机关青年交友联谊活动之极限漂流，第二届“相约青春·牵手未来”单身青年教职工联谊活动，吸引3500余名机关干部参与。加强机关干部关怀，为两名市直机关干部职工子女送上金秋助学金，为省、市劳模发放慰问金共计10.74万元，组织劳模及先进工作者进行健康体检及疗休养。做好互助保障工作，对40个市直机关先进基层工会和53名市直机关优秀工会工作者进行表彰。

（撰稿　李瑞斌　刘为仕　杨敏敏　审稿　廖智斌　赖秋生）

【领导名单】

书记：廖智斌

副书记：刘检生

工委委员：赖秋生

邓小荣(纪工委书记)

黄建煌(9月调出)

吕纬东　谢　秦

调研员：杨星华(7月退休)

陈标琴(11月退休)

副调研员：张　明　古菊芬

信访工作

【概况】 2016年，赣州市信访工作以维护群众合法权益为核心，以推动合法合理诉求依法及时就地解决、减少重复访及越级访为重点，以开展“积案化解攻坚年、网上信访拓展年、基础工作提升年”活动为载体和抓手，努力打造“阳光信访”“责任信访”“法治信访”，信访工作信息化、规范化、法治化建设水平进一步提升。全市信访态势平稳向好，呈现“五个下降、一个上升、一个稳定”(信访总量持续平稳下降；群众进京非正常上访下降；群众越级赴省非正常访下降；群众来市越级访和非正常上访下降；群众来信和网电信访下降，网上信访占比逐步上升，全年信访稳定的特点)，为赣州市的社会和谐稳定付出辛勤努力、做出积极贡献。

【信访态势】 全年群众来市访1997批7866人次，分别上升15.10%和8.45%。其中，重复访498批1430人，分别上升40.68%和23.17%；集体访324批5107人，下降2.7%和上升4.44%；受理群众来信551件，下降23.47%；网电渠道受理6858件，下降24.80%；赴省上访275批528人次，上升66.66%和48.31%；进京非正常上访登记62人次，下降23.46%。

【领导信访责任制】 市委、市政府主要领导对信访工作高度重视，把信访工作纳入党委政府的重要议事日程、纳入各级各部门目标管理考评，从高位推动信访工作领导责任制的落实。市委常委会坚持每季度听取信访工作汇报；市政府常务会议多次专题研究信访问题，交办重点信访案件。市领导和联席会议召集人坚持参加领导分类联合接访，积极主动包案。将信访工作列为全市科学发展综合考评、党政领导政绩评定和公务员年度考核的重要内容，以考核考评推动责任的落实。按照党政同责、一岗双责的要求，严格落实责任制，实现领导干部接待群众来访、阅批群众来信规范化、常态化，确保问题依法及时就地处理。规范信访事项受理、交办、转送、督查督办、复查复核、数据统计等各个环节工作，积极推行信访事项简易办理，推动高效快捷地解决信访问题。完善考核制度，以创“三无”县(市、区)为激励和引领，重点考核初信初访和转交办案件的办理质量，把基层工作重点引导到预防和解决信访问题上来。

【网上信访】 建成用好“赣州信访网上服务中心系统”平台，全面实行网上信访工作模式，实现市、县、乡三级及同级职能部门的互联互通，做到信访数据全录入、应录尽录，杜绝信访事项的体外循环，实现信访事项受理、办理、督办全过程公开。制定《赣州信访网上服务中心系统平台运行规则(试行)》，开展“四率”(信访事项及时受理率、按期办结率、积案化解率、群众满意率)通报和抽查评比活动，网上信访工作质量和效率进一步提高。年内，全市进入赣州信访网上服务中心系统的信访事项31060件(次)，100%及时受理和办理，信访工作机构和有权处理信访事项行政机关群众满意率分别达98.34%和97.71%。

【积案化解】 引入威望人士参与信访问题的化解。充分发挥党代表、人大代表、政协委员对群众威望高，对干部可监督的双重优势，积极组织“两代表一委员”以信访监督员的身份对信访积案进行监督评议，既监督各级领导干部依法及时化解群众诉求，又对信访群众诉求的合理合法性进行评议，推动积案的化解。充分发挥老党员、老干部、老教师、老模范、老军人阅历丰富、群众威望高的优势，组建“五老”调解室，协助化解疑难复杂信访问题。引入专业人士参与信访问题的化解。聘请心理医生，组建“心防”专家服务团，对性情偏激、心理扭曲的信访人员进行心理疏导，打开信访人的心理症结、平抑信访人的情绪、化解信访人内心的矛盾冲突，推动信访积案的化解。聘请专业律师，组建律师服务团，通过律师参与接访等方式，从法律角度对信访人诉求进行解释疏导，引导信访人通过法律途径主张合理合法诉求。引入原籍干部和亲朋好友参与信访问题的化解。充分发挥乡情、亲情、友情的作用，引入信访人所在地的原籍干部和信访人亲朋好友参与做好信访人的疏导解释工作。赣州市的积案化解工作得到中央和省、市的充分肯定，在1月召开的中央政法工作会议和10月在南昌召开的全国政法工作会议上，专门播放视频短片和作经验介绍。国家信访局11月17日下发化解信访积案攻坚情况网上督查通报，点名表扬章贡区、寻乌县。全年省信访局共考核赣州市212件信访积案，年内全部办结，办结率100%；化解200件，化解率94.3%；停访息诉180件，停访息诉率85%。

【工作机制】 建立完善信访监督员工作机制。以市委办公厅名义印发《赣州市信访监督员工作实施办法》，对信访监督员的人员组成、监督方式、监督成果的运用等提出要求。筹建45人的信访监督员人才库，适时组织对疑难复杂案件进行巡查督办和监督评议。

定期排查交办。每周对群众来访案件，以《一周信访要情》的方式进行通报交办。每月对排查梳理的重点信访事项以联席办、综治办、维稳办的名义进行联合交办，要求各地包案化解，立足源头防范和化解信访问题。

定期督查通报。每月局领导对所挂点联系县(市、区)的重点案件化解情况、对各科室业务完成情况进行定期督查。全国“两会”、G20杭州峰会，全国政法工作南昌会议期间，从市直有关单位抽调人员组成专项督查组，对各地各部门重点案件化解情况和重点人员稳定情况进行专项督查。市信访局分别对控制进京非访、重点群众来信、网上信访录入等工作进行重点督查。对敏感时期的工作进行电话督查，了解在岗情况。

定期分析研判。市级每半月组织相关部门对矛盾纠纷进行排查分析，县(市、区)每周召开一次由相关单位和乡镇参加的信访维稳形势研判会，及时发现苗头性、倾向性问题，并发出预警信息，要求相关部门及时做好前期化解工作。

(撰稿　黄晓玲　审稿　刘永宏)

【领导名单】
局长：赖　伟(9月任)
正县级督查专员：吕　青(女，9月免)
副局长：刘永宏　丁建生(9月免)
　　　　赖树根(9月免)
副县级督查专员：肖九生　谢福州
调研员：熊　晖(12月任)
副调研员：刘孔发　李春华(女)

接　待

【概况】 2016年，市接待办坚持围绕省委十四次党代会精神、市委第五次党代会精神和市委改作风提效率动员部署会议精神，努力践行“两学一做”要求，以服务全市中心工作作为出发点和落脚点，顺利完成各项接待任务。全年共计接待来宾685批，13128人次，其中党和国家领导人10批，286人次；省部级领导113批，2523人次。接待工作呈现出高层次领导调研多，重要客商多的特点。

【主要接待活动】 1月4日，国家能源局副局长刘琦一行19人，在赣州市调研。5日，全国、省人大代表视察组一行26人，在赣州市视察。6日，江西日报社社长王晖一行4人，在赣州市调研。8日，省政府副省长尹建业一行8人，在赣州市调研。农业部部长韩长赋一行22人，在赣州市调研。9日，省委副书记、省长鹿心社一行9人，在赣州市出席有关活动。10日，国务委员、公安部部长郭声琨一行27人，在赣州市调研。13日，商务部党组成员、部长助理刘海泉一行12人，在赣州市调研。17日，全国政协人口资源环境委员会副主任干勇一行2人，在赣州市授课。18日，省政府副省长刘昌林一行6人，在赣州市调研。中国银监会党委委员、副主席曹宇一行6人，在赣州市调研。19日，司法部副部长刘振宇一行9人，在赣州市调研。20日，省政府副省长李贻煌一行9人，在赣州市调研。全国总工会副主席、书记处书记、党组成员闫京华一行13人，在赣州市走访慰问。21日，全国政协委员、中央人民广播电视原台长王求一行17人，在赣州市采访。29日，福建省龙岩市市长池秋娜一行10人，在赣州市调研。30日，省委副书记、省长鹿心社一行20人，在赣州市调研。省人大常委会副主任史文清一行9人，在赣州市调研。31日，省委常委、省军区司令员张晓明少将一行9人在赣州市调研。国土资源部部长姜大明一行38人，在赣州市调研。省委常委、常委副省长毛伟明一行6人，在赣州市调研。

2月21日，全国政协常委唐英年一行7人，在赣州市调研。

3月3日，上海浦东发展银行南昌分行党委书记、行长葛宇飞一行12人，在赣州市调研。13日，省政协党组副书记、省政协副主席、省委宣传部部长姚亚平一行7人，在赣州市调研。22日，省高级人民法院党组书记、院长葛晓燕一行7人，在赣州市调研。26日，省委副书记刘奇一行8人，在赣州市调研。29日，中国日报社社长朱灵一行5人，在赣州市调研。

4月5日，中宣部新闻出版局局长张凡、华谊兄弟文旅演艺集团总裁马克一行13人，在赣州市就赣州客家文化影视城项目进行考察洽谈。12日，省人大常委会副主任魏小琴一行10人，在赣州市就《江西省立法条例修正案(草案)》进行立法调研。湖南省政协副主席赖明勇一行13人，在赣州市就“关于推进供给侧结构性改革的对策建议”课题进行学习考察。人保财险公司王德地一行3人，在赣州市洽谈“金信保”保证保险项目和险资入赣南事宜。13日，中国文联党组成员、副主席，中国文艺评论家协会副主席夏潮一行52人，在赣州市出席由中国评论文艺家协会、江西省文联主办的纪念长征胜利八十周年暨长征题材文艺创作研讨会。全国政协委员、省政协主席黄跃金率住赣全国政协委员调研组一行8人，在赣州市就《国务院关于支持赣南等原中央苏区振兴发展的若干意见》贯彻落实情况和赣南苏区全面建成小康社会的思路举措开展调研。15日，广西壮族自治区人大常委会副主任、党组书记危朝安一行20人，在赣州市就农村饮水安全和河道采砂管理情况进行调研。18日，全国人大常委会原副委员长周铁农一行19人，在赣州市调研。20日，省检察院党组书记、检察长刘铁流一行9人，在赣州市参加全省检察机关加强生态检察工作会议。28日，省人大常委会原副主任朱英培一行8人，在赣州市调研。

5月3日，国家开发银行党委副书记、行长郑之杰一行8人，在赣州市调研。4日，江西省人大常委会原副主任张海如一行8人，在赣州市调研。中国科协副主席、书记处书记陈章良一行3人，在赣州市调研。10日，中国科协副主席程东红一行5人，在赣州市调研。11日，人社部党组成员、副部长孔昌生一行11人，在赣州市调研人力资源和社会保障工作。14日，省纪委常务副书记刘卫平一行6人，送省委新任命的赣州市委常委、市纪委书记唐舒龙到赣州市报到。18日，省政协党组副书记、副主席姚亚平率督查调研组一行15人，在赣州市就省委政协工作会议和《中共江西省委关于进一步加强政协工作充分发挥人民政协在发展协商民主中重要作用的意见》贯彻落实情况进行督查，并就“资源枯竭型城市产业结构调整与优化”课题开展调研。国家质检总局党组成员、国家标准委主任田世宏一行12人，在赣州市调研对口支援工作。20日，中华全国供销合作总社党组书记、理事会主任王侠一行12人，在赣州市考察调研供销改革和扶贫工作。24日，省政府副省长刘昌林一行8人，在赣州市开展“降低企业成本、优化发展环境”专题调研和政策宣讲。省高级法院党组书记、院长葛晓燕一行11人，在赣州市调研。26日，省政府副省长尹建业一行6人，在赣州市开展“降低企业成本、优化发展环境”专项行动政策宣讲，并出席中国(赣州)第三届家具产业博览会有关活动。27日，省政协副主席、民进省委会主委汤建人一行19人，在赣州市开展农村资源禀赋情况调查暨“1%工程放飞足球梦想”活动。29日，贵州省原省长林树森一行12人，在赣州市调研。31日，省委副书记刘奇一行10人，在赣州市调研。

6月1日，省人大常委会原副主任朱秉发一行7人，在赣州市调研。2日，省军区政委杨笑祥少将一行7人，在赣州市检查调研。3日，省工信委主任胡世忠一行7人，在赣州市开展稀土产业调研。国家体育总局局长刘鹏一行15人，在赣州市调研。5日，中保投资有限责任公司党委书记、副董事长杨华柏一行8人，在赣州市就进一步深化合作、通过险资支持赣州市“六大攻坚战”等工作开展调研。12日，省委常委、常务副省长毛伟明一行4人，在赣州市调研。全国政协副委员会长陈晓光一行48人，在赣州市调研。19日，省委常委、常务副省长毛伟明一行6人，在赣州市调研。国家发改委副主任兼国家统计局局长、党组书记宁吉喆一行15人，在赣州市调研，并指导国家统计局赣州调查队开展“两学一做”专题学习教育。24日，北京市委原常委、市委原秘书长，北京市人大常委会原副主任，中国地方志指导小组成员、北京市地方志编纂委员会常务副主任、《北京志》主编段柄仁一行11人，在赣州市考察交流地方志工作。省委常委、宣传部部长陈俊卿一行8人，在赣州市调研。

7月8日，江西省“降成本、优环境”专项行动暨“百家银行进千企”金融机构支持赣州市“六大攻坚战”产融对接会一行270人，出席赣州市会议。10日，省人大常委会副主任、省总工会主席谢亦森一行17人，在赣州市开展食品生产加工小作坊和食品摊贩特定问题调查工作。19日，省委副书记、代省长刘奇一行14人，在赣州市调研精准扶贫和县域经济发展情况。省政府副省长刘昌林一行5人，在赣州市调研。25日，省委常委、宣传部部长陈俊卿一行7人，在赣州市调研。

8月7日，省政府副省长李贻煌一行15人，在赣州市调研精准扶贫和南方稀土集团组建工作。11日，省人大常委会副主任史文清一行16人，在赣州市开展涉农专项资金整合情况调研。12日，抚州市委书记肖毅，市委副书记、市长张鸿星率党政代表团一行60人，在赣州市考察调研脱贫攻坚等工作。22日，中央政治局常委、国务院总理李克强一行102人，在赣州市调研。23日，新华社社长、党组书记蔡名照一行9人，在赣州市调研。

9月2—3日，国家卫生计生委主任李斌一行15人，在赣州市视察调研、出席“服务百姓健康行动”全国大型义诊活动启动仪式等。2日，国家信访局副局长李皋一行6人，在赣州市调研信访工作。3日，国务院副总理刘延东一行76人，在赣州市调研。7日，原化工部副部长、原环境保护总局副局长王心芳一行7人，在赣州市调研。12日，省委组织部副部长兼省人大常委会选任联工委主任龚绍林一行3人，在赣州市宣布赣州市政府主要领导调整的决定及新一届赣州市领导班子。13日，财政部副部长胡静林一行13人，在赣州市调研。

10月8日，最高人民检察院党组书记、检察长曹建明一行17人，在赣州市调研。10日，全国政协副主席、中国开发性金融促进会会长陈元一行18人，在赣州市考察。全国政协副主席卢展工率全国政协教科文卫体委员会考察组一行49人，在赣州市考察基层公共文化建设情况。11日，最高人民法院党组书记、院长周强一行19人，在赣州市调研。国家质检总局副局长、党组副书记梅克保一行9人，在赣州市调研。新华社社长、党组书记蔡名照一行10人，在赣州市调研。12日，中共中央政治局委员、书记处书记、中共中央宣传部部长刘奇葆一行27人，在赣州市考察。14日，全国政协经济委员会委员、国务院国资委原副主任黄淑和一行6人，在赣州市调研。16日，省支持赣南苏区振兴发展工作推进会议在赣州市召开，参会人员120人。省人大常委会副主任马志武一行14人，在赣州市开展《中华人民共和国文物保护法》执法检查。省委常委、常务副省长毛伟明一行6人，在赣州市考察调研和出席相关活动。17日，省政府副省长殷美根一行8人，在赣州市调研。18日，黑龙江省政协副主席宫晶堃一行11人，在赣州市考察南康家具产业集聚区发展情况。省政协副主席钟利贵一行15人，在赣州市就“优化农产品有效供给，建设生态农业强省”开展专题调研。23日，中央纪委原常委、监察部原副部长屈万祥一行6人，在赣州市调研。29日，省委赴赣州“两会”指导组、省换届风气督查组共8人，分别在赣州市开展“两会”指导及换届风气督查等工作。

11月3日，福建省龙岩市委书记李德金率党政考察团一行40人在赣州市考察。5日，省政府副省长殷美根一行6人，在赣州市调研。6日，中国工商银行江西省分行行长倪百祥一行5人，在赣州市调研并签署合作协议。17—18日，国家林业局局长张建龙一行22人，在赣州市出席全国森林质量提升工作会议。18—20日，省政府副省长、省公安厅厅长郑为文一行2人，在赣州市调研公安、房地产工作，走访慰问扶贫联系点困难群众。19—20日，省委常委、常务副省长毛伟明一行9人，在赣州市调研。20日，中国药品监督研究会会长，国家食品药品监督管理局原局长邵明立一行8人，在赣州市调研。20—21日，国家发展改革委副主任、国家能源局局长努尔·白克力(正部长级)一行19人，在赣州市调研能源发展和对口支援有关工作。23—24日，省政府副省长谢茹一行10人，在赣州市调研，并出席江西青峰药业有限公司创新天然药物与中药注射剂国家重点实验室揭牌仪式。

12月1日，广东省河源市委书记、市人大常委会主任张文率党政代表团一行47人，在赣州市考察调研。2日，全国政协常委、副秘书长，致公党中央常务副主席、致公党中央医药卫生委员会主任蒋作君一行10人，在赣州市调研。12日，省政协副主席、民进省委会主委汤建人一行6人，在赣州市开展书画采风交流笔会活动。

(撰稿　张文英　审稿　曾　森)

【领导名单】

主任：曾志平

副主任、赣南宾馆总经理：戴丽君(女)

副主任：曾　森　王慧晶(女)

党校工作

【概况】　2016年，市委党校积极服务市委中心工作和决策部署，推动各项工作上新台阶。学校绩效管理工作被评为优秀，节能降耗和法治宣传教育工作被评为先进，在全省党校系统第十届科研工作组织奖评选中获二等奖。

市委党校同时挂有赣州社会主义学院、赣州行政学院的牌子，内设办公室、教务处、函授教育办、后勤处、机关党委、财务科等6个参照公务员法管理科室，马克思主义基础理论教研室、经济与管理学教研室、法学教研室、党史党建教研室、科技文史教研室、社会主义学院工作处、信息网络处、科研管理处、图书馆等9个教研教辅机构，在职教职工88人(含编内聘用人员7人)，其中教授5人，副教授19人。校园面积20公顷，校舍面积3.5万平方米。

【教学培训】　围绕市委市政府的工作部署和发展大局，抓好干部教育培训工作。全年共举办34个主体班次，具体为赣州市第38、39、40、41期县处级领导干部进修班，赣州市新提任县处级领导干部专题培训班，赣州市第21、22、23期乡镇(街道)党政正职领导干部进修班，赣州市第9、10、11、12期市、县直机关正科级领导干部进修班，赣州市第22、23期科级妇女干部培训班，赣州市第17、18、19、20、21、22期乡镇(街道)党政副职干部培训班(一、二班)，赣州市第1、2、3期基层党务工作者专题培训班，赣州市2015年乡镇机关新录用公务员初任培训班(第一、二、三期)，赣州市2016年无党派和新阶层代表人士政治理论培训班，赣州市2016年党外科级干部培训班，共培训学员2096人次。突出党的理论教育和党性教育的主课地位，开设《中共十八届六中全会精神学习辅导》等28个新教学专题。首次以视频会议的形式对全市领导干部进行集中培训。

【科研工作】　坚持“四为”方向，重点打造全省党校系统智库建设赣州调研基地，加强党校思想库建设。全年在各级各类报刊公开发表论文89篇，成果获奖5篇。设立8个校级重点课题，汇编《中共赣州市委党校2015年科研资政蓝皮书》。发挥思想引领作用，在全市“中共中央总书记习近平在江西视察调研时的重要讲话精神”巡回宣讲6个组中，市委党校承担4个组的宣讲任务。在“市委四届七次全会精神”宣讲活动中，承担全市8个组中3个组的宣讲任务。在全市“两学一做”学习教育宣讲活动，派出3位教师参加市委宣讲团进行宣讲。在全市第五次党代会精神宣讲6个组中，承担3个组的宣讲任务。在中共十八届六中全会和省第十四次党代会精神宣讲活动中，承担8个组中4个组的宣讲任务。全年全校教师外出讲课100多场次。

【行政后勤管理服务】　坚持以行政后勤为保障、信息化为手段，行政后勤工作强化管理和服务，各项工作管理规范、保障有力。加快基础设施建设和校园环境整治。实施3000万元的校园基础设施改造工程，完成电缆改造、高压电改造工程，求学楼、食堂、图书馆、供水等改造工程基本完成，校园美化、绿化、亮化建设工作同步展开。投资4000万元的体育馆建设项目完成可研批复、设计招标和地勘等工作。更新一批多媒体教学设备，校图书馆藏书10多万册。建立人防、物防、技防为主要措施的安全维稳防控体系，组织建设全市党校视频系统。加强师资队伍建设，选派19人次到中央党校、省委党校和浙江大学进修培训。开展“送教下乡”活动，派遣26名教师赴18个县(市、区)和赣州经济技术开发区授课。加强对县级党校的业务指导，制定完善校委班子成员联系基层党校工作制度，定期到基层党校调研、帮助解决困难和问题。组织全市党校系统第八届精品课比赛暨师资培训班，共有27名教师参加比赛，促进全市党校教师的学习交流，帮助县级党校提高教学科研水平。

【精准扶贫】　选派4人组成工作队，组织26名干部深入赣县韩坊镇小坌村与贫困户结成对子，落实结对帮扶工作任务，有14户贫困户顺利脱贫；安排10万元专项经费用于走访慰问困难群众、制作宣传栏和完善村民活动中心设施；发挥党校师资优势，组织教师到韩坊镇和小坌村开展送教下乡活动，把扶贫点打造成教学、科研接地气的平台。积极帮扶韩坊镇开展平安创建工作。

（撰稿　刘丽丽　审稿　张卿均）

【领导名单】

校长：王林云

常务副校长：李石金

副校长：张卿均　孙声荣　陆建平

教育长：孙声荣(兼)

副调研员：温晨阳

瑞金干部学院

【概况】 2016年，瑞金干部学院遵循《干部教育培训工作条例》，围绕省委常委、市委李炳军书记“利用赣南红色资源优势，把瑞金干部学院办成全国有影响的干部学院”的办院目标，努力抓好场所建设、办班培训、行政效能、机关党建等各项工作，取得较好的成绩。

学院设办公室、教务处、培训处、对外交流处、教学科研处、后勤处、机关党委等7个职能处室。组建后勤服务中心，设有住宿部、餐饮部、保安室。学院人员编制57名，实有32名干部，

【教学培训】 教学教研。优化完善精品教学线路，充分利用红色资源和苏区廉政文化资源，以瑞金为中心，延伸到兴国、宁都、寻乌、古田等地，打造“瑞金—兴国—宁都—古田—长汀”为期一周的精品教学线路，完善“瑞金—会昌—寻乌”“瑞金—宁都—兴国”“瑞金—长汀—才溪—古田”等3条教学线路，对宁都县、寻乌县、兴国县、会昌县等7个现场教学点授予“瑞金干部学院现场教学点”牌子；制定《瑞金廉洁教育学院课程建设方案》，完善《教学教研工作实施大纲》《教学工作规划方案》，精心设置教学内容，按照党性(党建)、纪检、公务员(人大)、经管、政法、军队、部委、大学生等8类培训班，共规划实施特色类和辅助类专题教学110个、现场教学52个；开展“赤色中华”“荣誉之战”等7个课题研究、征集等教研活动，增设音像教学《瑞京奠基》、专题教学“红诗红歌会”和情景教学《走进红都，不忘初心》，编写3本院本教材等教学资料；把中共十八届六中全会精神、中共中央总书记习近平系列重要讲话精神、“两学一做”学习教育、“两准则四条例”、省市党代会精神、法制教育和“六大攻坚战”等内容列入、融入干部教育培训课程，充分利用外聘教师团队开发打造相关专题教学课题。

干部培训。2016年举办各类培训班150期，培训学员8100人次，学员覆盖北京、上海、江苏、浙江、广东等20多个省、自治区、直辖市，如举办东部战区陆军31集团军、公安部物证鉴定中心“两学一做”专题培训班、国家广电总局网络视频节目管理工作政策培训班、全国人才流动中心党员干部管理服务培训班、北京市直工委书记培训班、江苏省级机关纪检干部培训班、赣州市基层纪委书记培训班等。学院的培训层次提高，培训的范围扩大，培训特色日益凸现，学院影响力逐步提升，2016年10月20日中央电视台新闻频道刊播瑞金干部学院办班培训的新闻，2016年11月5日，人民日报记者到学院调研办班培训工作。学院与重庆公务员培训中心、古田干部学院、大别山干部学院、广州市政府系统培训中心、深圳人大培训中心等干部教育培训机构建立长期办学合作关系。

服务管理。完善教学管理制度，规范各类教学活动工作流程，建立学院行政会专题研究培训班教学和管理工作制度、教学跟踪反馈制度等，形成由学院领导统筹调度教学，定期开展说课、听课、评课等工作，制定8个教学、培训流程和须知；统筹课务安排，把客座教授、特约教师及本土专家作为学院常态化教学师资。建立涵盖教学内容、教学方法、后勤保障、饮食住宿、带班人员、教学效果等教学质量评估体系，提高教学培训质量。强化服务保障，加强对合作酒店、车辆运输公司等单位的考核监督；组建后勤服务中心，临聘23名后勤服务人员，聘请2名保安，保障学院办班培训正常开展。强化办班培训纪律，严格贯彻落实中央八项规定及中央组织部《关于在干部教育培训中进一步加强学员管理的规定》，建立教学培训廉洁建设等制度，制定瑞金干部学院科级干部廉洁承诺、工作人员行为规范“十不准”等，确保教学培训的政治安全和人身安全。

【教学场所建设】 把教学场所建设作为重中之重来抓，按照规划和部署，加快推进323国道至学院400米道路建设和室内装修的扫尾工作，完善配套设施，进一步加强人防、物防、技防建设，实施学院“四化”（即文化、绿化、美化、亮化）工程，展现红色元素、凸显苏区特色。学院教学场所于2016年9月1日正式启用。按照“学院在旧址群当中，旧址群在学院当中”的建校特色，学院实施提升扩展工程建设，用地范围划定、用地性质调整、功能布局调整和征地拆迁等前期对接协调工作，以及项目立项工作有序推进。

【精准扶贫】 联系挂点瑞金市叶坪乡禾仓村精准扶贫工作，学院成立驻禾仓村精准扶贫工作组，安排3名干部驻村扶贫。全年学院机关资助叶坪乡禾仓村扶贫攻坚项目建设资金共计20万元，用于该村五组土坯房改造点道路维修、“四合一”（组织活动场所、村卫生所、贫困户保障房和文化广场）等基础设施前期建设和果业发展奖扶资金；成立养鱼、桔柚、脐橙专业合作社等，帮助贫困户脱贫致富；开展与叶坪乡禾仓村的结对帮扶，“七一”期间，组织全院机关党员干部到叶坪乡禾仓村开展走访困难党员活动。根据《叶坪乡禾仓村精准扶贫总体规划》《叶坪乡禾仓村村庄整治规划》，以

项目实施为载体，因地制宜、因户施策，加强工作协调，整合组织、发改、财政、水利、交通、民政等部门资源，扎实推进禾仓村扶贫项目的组织实施。

【自身建设】 党组织建设。8月，经市直工委批准，成立中共瑞金干部学院机关委员会，选举产生5名机关党委委员，配齐配强党务干部队伍，新进党员7名，发展4名入党积极分子。结合学院实际，组织开展“两学一做”学习教育，学院党委书记带头上《弘扬苏区精神 争做合格党员》专题党课，组织党员干部开展深学抄党章、党章知识活动等；7月中旬，组织党员干部到大别山干部学院开展“两学一做”学习教育专题培训。党风廉政建设。学院班子严格落实“一岗双责”，严格执行中央八项规定及省、市两级相关规定精神，深入持续的改进工作作风，严格执行请示报告制度、个人重大事项报告制度。加强资金和固定资产管理，严格财务手续，严格财经纪律。增强学院党员干部的廉洁自律意识，组织党员干部收看《永远在路上》专题片、参加《中国共产党廉洁自律准则》和《中国共产党纪律处分条例》的学习及测试。制定《中共瑞金干部学院委员会关于落实党风廉政建设党委主体责任、纪委监督责任的实施意见(试行)》《瑞金干部学院干部“十不准”》。及时召开党委中心组学习会，专题学习市委改作风、提效率动员部署会精神及“一意见两办法”。人才队伍建设。组织开展“坚定理想信念，传承红色基因，力做优秀教员”专题培训班；选招4名素质较高的退役大学生士兵充实教师队伍；结合教学需要和现有师资资源，聘请中纪委宣传部原常务副部长杨小平为学院客座教授，形成以学院师资、客座教授、特约教师专兼结合的教学师资队伍。9月，按照《党政领导干部选拔任用工作条例》等有关规定，坚持德才兼备、以德为先的原则，学院党委选拔6名副科级干部，为学院事业的发展提供组织保证。

(撰稿　罗金铃　审稿　曾繁中)

【领导名单】
党委书记：廖成铭
党委副书记、院长：曾繁中(9月任)
党委委员、副院长：陈上海　钟元浩
党委委员、纪委书记：熊伯彦(12月免)

党史工作

【概况】 市委党史办为市委直属正县级参照公务员管理的事业单位，编制数为11人，内设秘书科、编研科、宣教科和资料科。实有工作人员9名。全市有县(市、区)党史工作机构18个，其中单设13个，合设5个(史志合一4个，史志档案合一1个)，各县(市、区)党史机构均为正科级事业单位，人员编制数2至6人不等，全市党史工作部门共有事业编制数98名。

【党史资料征集】 年内，收集1949年至1978年党史资料600多份，约100万字，并完成部分专题的编写；新增加反映党史研究动态的图书50种71本；启动党史资料电子化工作，完成《瑞纪》目录的电子化；做好《中央革命根据地资料文库》(分省卷)资料的征集、录入工工作，在征集资料的基础上完成264篇文档的录入。部分县(市、区)征集党史资料，于都县收集16位于都籍少将的有关历史资料，配合有关部门对离退休老干部进行抢救性采访，并做好其个人留存党史资料的征集工作；信丰县征集社会主义时期的党史资料46件，计22万字；兴国县征集民国档案20余份；石城县深入走访老干部，完成16个革命遗址旧居的查找和查证工作，整理调访笔录8万多字。

【党史编研】 编辑出版党史基本著作一卷本。部分县(i市、区)党史基本著作的编纂出版工作顺利推进，其中瑞金、信丰、上犹、崇义、定南、大余、赣县等县(市、区)的党史著作一卷本公开出版发行，章贡区、赣县、上犹、大余、信丰、定南、瑞金等县(市、区)完成二卷本初稿的编写，部分县(市、区)启动三卷本的编写工作。完成省委党史研究室《人民军队从这里走来》(中央苏区分册)和《江西改革开放实录》赣州选题——《赣州经济体制改革试验区的建设》等书稿的编辑上报。完成《中央苏区党风廉政建设文存》的编辑出版。完成《红色印迹——赣州市革命遗址通览》的编辑出版。完成《纪念毛泽东寻乌调查85周年理论研讨会论文集》的编印。完成《红色基因代代传——赣南革命斗争历史学习读本》的编辑出版。各县(市、区)编印部分党史资料，其中崇义县编辑并出版《中共崇义县委执政实录(2015年)》《红色印记——崇义苏区革命历史遗存图集》《漫游崇义》；于都县完成《印象于都》系列丛书之《长征起点》初稿；信丰县编著《中国工农红军第二十二军》(江西党史资料第46辑)《赣粤边三年游击战争亲历记》《赣粤边三年游击战争史》并全部公开出版发行；兴国县完成《永远的荣耀——模范兴国纪实》《廉政风云——〈红色中华〉资料撷萃》《兴国铁路》《情系兴国——党和国家领导人视察兴国》《中央红军在兴国》《2016年党史大事记》《中共兴国执政实录——贯彻实施若干意见四周年》等书稿的编辑工作；会昌县完成《民国报刊与会昌》书稿的出版工作；瑞金市编写完成《红都瑞金》精品系列丛书的初稿。

【党史宣传教育】 开展纪念中国共产党成立95周年系列活动。配合中央电视台拍摄赣州市纪念建党95周年系列活动，并接受采访，央视《朝闻天下》《新闻直播间》栏目滚动式播放在赣州市拍摄的纪念建党95周年系列报道《我们的好传统》之《群众路线：苏区干部好作风的故事》节目。开展纪念中国工农红军长征胜利80周年系列活动。市委党史办与赣南日报社联合举办“感悟长征魂”为主题的纪念长征胜利80周年重走长征路大型采访活动，活动期间，分别派出5支小分队沿着中央红军长征路线，寻访红军失散人员后人，参观红军长征重要战斗、重要会议旧址，缅怀当年红军的英雄事迹，了解当地传承红色基因、奋力谱写新篇章的好做法、好传统，并在赣南日报形成系列报道。8月，配合中央网信办主办的“长征路上奔小康”网络媒体“走转改”大型主题采访活动，提供苏区重大历史事件、红色故事等史料；配合赣州新闻联播摄制组拍摄《铭记长征精神感受信仰力量——纪念红军长征胜利80周年》节目。10月，与赣州晚报社联合举办《赣南苏区红色记忆》摄影展。各基层党史工作部门也主动作为，采取各种群众喜闻乐见的形式开展相关纪念活动：瑞金市委党史办为纪念中国工农红军长征胜利80周年暨中华苏维埃共和国成立85周年，配合有关部门举办“红色记忆·代代相传”革命歌曲邀请赛。于都县委党史办组织开展“弘扬革命传统、传承红色基因”知识竞赛，开展专题党课“进机关、进校园、进军营、进企业、进基层、进社区”活动。派出党史专家先后到市委中心组专题学习会、市委办公厅党总支、章贡区委、崇义县委、开发区湖边镇、市直机关入党积极分子培训班、全市非公企业入党积极分子培训班、新提任县处级领导干部培训班、2015年新录用乡镇机关公务员初任培训班、定南县委中心组、赣州银行、国家开发银行、瑞金干部学院、江苏省气象局等场所上专题党课30余场(次)。与市委组织部、宣传部、共青团市委还开展“学党史、感党恩、跟党走——弘扬苏区精神 争做时代青年”主题网络知识竞赛活动。利用网络平台传播红色文化。4月，在赣州党务公开网赣州党史网页上增设“两学一做”学习教育专栏及纪念红军长征胜利80周年栏目。7月，开通“赣州党史”官方微博，实现党史信息的“一次采集、多种生成、多元传播”，进一步提升党史文化的影响力。

【党史服务现实】 积极参与服务主攻工业发展战略。根据市委、市改委的部署，制定服务主攻工业战略实施意见；组织业务骨干深入企业，为企业员工讲解苏区历史和苏区精神；编写有关党史书籍、撰写有关理论文章，为实施主攻工业发展战略提供精神动力、智力支持和历史支撑。积极为到赣州考察、调研的中央、国家部委及省委领导讲解苏区精神和苏区历史。发挥党史“以史鉴今、资政育人”的作用，主动向市直、驻市各单位党组织赠阅《中国共产党赣州历史》第一卷(1921—1949)和《红色档案》影视专题片计1200余册(套)。组织专家学者撰写一批有分量有深度的纪念建党95周年理论文章在《赣南日报》和《赣南社会科学》杂志的专栏刊发。

(撰稿　黄　云　审稿　胡日旺)

【领导名单】
主任：龙小东(9月免)
　　　胡日旺(10月任)
副主任：阳振乐

机关事务管理

【概况】 2016年，市机关事务管理局(简称市管局)围绕打好攻坚战、实现新作为决策部署，解放思想、实干担当，扎实推进机关事务管理工作，不断提升管理服务保障水平，较好地完成市委、市政府交办的各项工作任务。2015年，赣州市公共机构节能工作名列全省同类设区市第一，市管局被评为平安赣州建设暨社会治安综合治理目标管理先进单位、市直(驻市)单位绩效管理工作考评优秀单位、全市公共机构节能工作考核优秀单位、市直机关党建红旗单位，并顺利通过赣州市第八届文明单位复评。

市机关事务管理局设秘书科、财务科、会议接待科、大院管理科、保卫处、房产基建科、经营服务科、老干科、车管科、公共机构节能科、机关党总支。编制137名，在编在职120人。

【文秘人事】 及时高效地完成文件会议的办理和材料的起草工作，做好该局干部职工的年度考核、工资晋档、编制核查等人事管理工作。严格执行选人用人制度，提任科长1名、副科长1名、主任科员1名、副主任科员1名。进一步规范办公用品领用审批程序。细化市四套班子办公电话管理台账，及时高效地办理初装、移号等业务。公文交换站运行有序，及时投递、分发准确。

【财务管理】 完成市四套班子机关和市管局国有资产的清查工作，做好2016年“三公”经费公开工作。保障市四套班子经费开支和市政中心公共服务管理费用有序运行；为市四套班子和该局干部职工720余人发放工资，并办理医保、住房公积金代扣代缴、新增、转移、提取等业务。

【会议接待】 加强会议室日常管理，对会议中心2号会议室进行升级改造，通过政府采购配置电信视频会议系统。圆满完成市第五次党代会等全市性会议活动49次；协助做好中国(赣州)第三届家具产业博览会、市五届人大一次会议、市政协五届一次会议等会场布置工作；完成市四套班子各类日常会议1704次，累计接待参会人员78205人次。

【大院管理】 物业管理。制定详细的交接工作方案，新旧物业公司顺利交接。多次牵头开会协调，确保市政中心卫生保洁工作的正常运转。结合实际重新制定对物业公司的监管制度，细化工作要求，量化考核指标。严格执行卫生保洁的日常巡查制度，发现问题及时要求物业公司进行整改，共下发整改通知书3份。

房产基建设备管理。严格执行24小时值班制度，加强房产、水、电等设备设施日常管理和维修，对水、电、空调、门、锁、窗等设备设施进行维护维修2182次，完成房屋零星维修441项；根据政策标准和人员编制情况，调配办公用房27间，保障各单位的办公用房需求；完成市政中心北区裙楼二楼会议室改造项目、人大和政协电梯安装工程、北区裙楼及东大门干挂花岗岩检修工程和北区停车场道闸改造工程。

安全保卫。认真做好消防设备、设施的维护管理工作，更换过期灭火器32具、消防水带22盘(440米)等；

加强市政中心车辆通行管理，完成2016年度车辆通行证集中办理和车改后室内停车位分配办卡工作；开展车辆违规过夜停放专项整治，对违规过夜车辆公开曝光5批、函告单位2批。认真做好无证车辆闯入市政中心的追查登记工作，共查处和登记无证闯入市政中心车辆145辆次；严格执行人员进入登记核实放行制度，共登记核实进入市政中心办事人员64834人次。

膳食保障。改善市政中心机关食堂供餐模式，取消套餐改为自助餐。加强硬件设施建设，完成食堂餐厅装修改造，安装电视机、监控、“透明厨房”等设备设施，并增设接待包厢。抓好食堂环境卫生整治，建立日常值班检查制度，在每层餐厅安排干部职工蹲点监督，确保食堂食品安全、环境卫生整洁。制定《市政中心食堂管理奖惩办法》《市政中心机关食堂超市管理规定》等规章制度，完善食堂奖罚机制；定期邀请食药监、卫生检疫、旅发委等部门加强对食堂的监督指导。市政中心机关食堂工作得到干部职工的充分肯定，食堂中餐日均用餐人数由年初800余人上升到1400余人， 、二食堂基本满意率也分别提高到90.77%和95.57%（两次测评的平均值）。

【老干部服务】 安排专人认真落实定期阅文、定期走访等离退休干部政治、生活待遇。看望因病住院7人次，慰问因病逝世3人次；春节期间对离退休干部140人进行走访慰问；组织退休干部职工42人到石城参观学习。

【公共机构节能】 2016年，赣州市公共机构节能工作在全省公共机构节能工作会议上作典型发言。组织公共机构能源资源消费数据集中会审和培训，围绕“节能低碳 绿色领跑”主题开展节能宣传周和低碳日活动。开展“绿色回收进机关”签约仪式，组织110余家市直单位与废弃回收企业签订回收协议。组织开展全市公共机构能源资源统计数据督查。节水型单位创建稳步推进。2016年有24家市直单位被新授予节水型单位称号，全市累计获得节水型单位称号的市直单位（含联合申报）110家，约占市直单位的80%。全年共组织2次节能业务知识集中培训；同时，安排人员到有关县（市、区）现场指导。示范单位创建成效显著，市公安局、石城县行政服务中心、章贡区机关事务管理局等3家单位被评为全国第二批节约型公共机构示范单位，市审计局等6家单位评为全省第一批节约型公共机构示范单位。积极推广合同能源管理模式。由江西盛达尔新能源开发有限公司投资100万元在市政中心综合楼及信访楼建成104.26千瓦分布式光伏发电项目，每年可发电约12万度。

【办公用房清理整治】 持续推进办公用房清理整治工作，制定《全市办公用房超标问题专项整治实施方案》，要求各县（市、区）、市直各部门、市属国有企业对照办公用房使用标准及有关要求进行自查。组织6个督查工作组对各县市、市直单位及市属国有企业进行实地督查，针对督查中发现的问题，对14个市直单位、国有企业逐一提出具体整改意见，并及时进行跟踪督促，直至整改到位。

【公车改革和管理】 按照全市车改工作统一部署，积极稳妥推进市直党政机关公务用车改革，从严核定市直单位车改保留车辆；协调督促市本级140个参改单位公务用车均按要求完成参改车辆的封存停驶工作。规范有序组织开展取消车辆处置工作。按照“依法依规、公开透明、公平公正”的原则，组织举办3批次（5场）拍卖会，拍卖市直机关取消车辆538辆。圆满完成234辆报废车辆的移交、注销工作。为切实保障公车改革后用车需求，组建市本级重大应急调研接待用车平台、公务用车服务中心和综合执法用车平台，于2016年4月1日前正式运行。基本完成全市保留车辆号牌更换“赣B-XXXXG”专门号段工作。采购安装车辆调度管理系统，较好地实现对车辆实行定位追踪、轨迹回放等智能化管理。认真开展公车配备和使用不规范整治工作。制定《公车配备、使用不规范问题专项政治工作方案》，要求各县（市、区）进行自查，并组织专项督查，逐一要求整改。

【车辆管理】 制定市级《重大应急调研接待用车平台管理办法》《市机关事务管理局驾驶员管理办法》等制度，切实加强驾驶员管理和教育，严禁酒驾、疲劳驾驶等；严格执行车辆定点加油、定点保险、定点维修等制度；实行出车登记制度，车辆实行集中管理、统一调度，4—12月，市级应急调研接待用车平台共派车1161次，累计运行里程437933千米。

【市直单位庭院环境综合整治】 制定印发《2016年度市直机关事业单位庭院环境综合整治工作实施方案》，组织督查组对21个有庭院的市直单位庭院环境综合整治工作开展2次专项督查，并进行通报。

【精准扶贫】 成立精准扶贫工作领导小组，安排3名科级干部专职驻点扶贫，制定《赣州市机关事务管理局干部结对帮扶贫困户工作实施方案》，完成全村75户贫困户的信息审核、录入工作。组织4轮共12批次结对帮扶干部到扶贫点走访。投入资金108.05万元，帮助挂点村建设一座100千瓦分布式村级小型光伏电站，安装67套太阳能路灯，修复2处水毁路段和其他公益事业。从民政部门争取2.5万元福彩公益金资助村贫困学生；协调水利、交通等部门争取到龙凤村田螺丘通组路硬化工程等7个扶贫工程项目，投资总额200余万元。

（撰稿　赖家臻　审稿　申　云）

【领导名单】

局长：刘世亮（9月免）　申　云（9月任）

副局长：郭照春　黄荣华（9月免）

纪检组长：郭基琇（12月免）

副局长：易庚长　廖盛标

　　　　肖惠文（12月任）

调研员：黄兴瑞（9月免）

副调研员：钟　津　袁细平（9月任）

（本栏编辑　朱　俊）

纪检　监察

概　述

2016年，全市纪检监察机关强化政治担当，突出主责主业，推动全市党风廉政建设和反腐败工作取得新成效，为全市推进“六大攻坚战”实现“十三五”良好开局提供坚强纪律保障。市纪委、监察局被省委、省政府评为“江西省第十四届文明单位”，被省纪委评为“2015年度全省纪检监察信息工作先进单位”“2015年度全省纪检监察宣传教育工作先进单位”“省监察学会2015年度优秀理论研究成果(论文)评选优秀组织奖”；被市委、市政府评为“2016年度主攻工业先进单位”，并获“2015年度平安赣州建设暨社会治安综合治理目标管理先进单位”“2015年度绩效考评优秀单位”“2015年度全市党委系统信息工作先进单位”“2015年度全市信访工作先进集体”“2011年—2015年全市法治宣传教育先进单位”“2015年度法治赣州建设先进单位”“2016年度市直机关党建红旗单位”称号。

主要工作

【落实“两个责任”】 全市各级党组织自觉履行全面从严治党主体责任，认真落实党风廉政建设责任制，层层压实责任，强化齐抓共管格局。市委常委会13次专题研究党风廉政建设和反腐败工作，市委主要领导带头履行“第一责任人”责任，带头签字背书，听取市纪委监察局专题汇报13次、批示11件、交办任务8件。市委其他领导班子成员认真履行“一岗双责”，抓好分管领域党风廉政建设和反腐败工作，督促挂点联系的县(市、区)认真整改巡视巡察反馈问题。全市各级纪检监察机关认真履行全面从严治党监督责任，严格责任追究，查处落实“两个责任”不力问题79起97人。

【作风建设】 市委大力倡导新时期苏区干部好作风，出台改作风、提效率的“一个意见、两个办法”，有力推动党风政风持续向善向上。以先进文化促正心修身，开展第五届“廉政文化月”活动，党风廉政教育成效明显。编印并组织传阅2011年换届以来查处市管干部忏悔录汇编，以身边案教育身边人。组织换届中市委新提任的215名县处级领导干部参加任职廉政教育活动。对“四风”问题露头就打，全市纪检监察机关查处违反中央八项规定精神问题197起251人，查处违规收送“红包”问题39件42人，通报曝光典型案例76次153起；查处“违插”问题75件，给予党纪政纪处分56人、组织处理47人，形成有力震慑。

【执纪审查】 坚决减存量、遏增量，全市纪检监察机关处置反映问题线索2860件、立案1359件，分别增长5.77%、2.72%；结案1187件、给予党纪政纪处分1293人，分别下降12.59%、11.44%。其中，立案审查市管干部22人、县管干部225人，分别增长37.50%、4.65%。在强有力的震慑下，共有92名党员干部主动向纪检监察机关交代自身违纪违法问题。扎实推进办案场所建设，全市“1+5”办案场所基本投入运行。积极践行监督执纪“四种形态”，在市纪委机关试运行线索处置及运用第一种形态监督执纪操作指南，在县(市、区)探索“四种形态”实施办法。全市纪检监察机关开展谈话函询434件(次)，占处置问题线索总数的8.39%；轻处分和组织处理1384人，占处分总人数的82.04%；对全市中共十八大以来违法犯罪的党员和国家工作人员进行专项清理，给予党纪政纪处分99人。

【巡察工作】 建立全市“一盘棋”巡察机制，在全省率先设立市县党委巡察办，出台《赣州市巡察工作实施办法》，完善巡察组工作人员管理办法，建立巡察人才库。深入推进巡察全覆盖，全市共派出222个巡察组，对全市市直重要单位(部门)、市属国有及国有控股企业、县直重要单位(部门)、乡镇等671个地方(单位)开展55轮巡察，发现违反“六大纪律”等方面问题数4462个(涉及县处级干部37人、科级及以下干部1211人)，立案307件，给予党纪政纪处分240人，追缴违规资金2310.53万元；以钉钉子精神抓好巡视巡察发现问题的整改督办，震慑作用强劲有力。

【集中整治“微腐败”】 紧密结合“两学一做”学习教育开展“集中整治”，通过党内组织生活解决问题，全市自查自纠主动上报涉嫌违纪问题611个，上缴违纪金额262.18万元。坚持问题导向，聚焦群众反映突出问题，全市纪检监察机关共梳理问题线索1344条，查处侵害群众利益问题859件741人，给予党纪政纪处分528人，组织处理254人，移送司法机关42人。加强扶贫领域监督检查，全市查

2016年12月30日，市纪委派驻机构全覆盖工作动员部署会在赣州召开

处扶贫领域不正之风和腐败问题313起，有效维护群众切身利益，群众获得感、满意度不断提升。

【队伍建设】 深入开展"两学一做"学习教育，提高政治觉悟、站稳政治立场、查找政治偏差。坚持县乡纪委换届与同级党委班子换届同部署、同推进，对班子提名人选严格廉政审查，配齐配强各级纪委班子。强化派驻机构建设，市委出台加强市纪委派驻机构建设实施意见，设立派驻纪检组30家，负责监督94家市一级党和国家机关，市一级派驻纪检机构干部全部到位。完善内部监督制度，以制度管人管事管案。坚持严管厚爱，对纪检监察干部立案6件，结案6件，给予党纪政纪处分6人(含县处级干部2人)。

【内设机构】 中共赣州市纪律检查委员会机关、赣州市监察局合署办公，实行一个机构、两块牌子，履行党的纪律检查和政府行政监察职能。机关内设办公室、组织部、宣传部、研究室、党风政风监督室(市党风廉政建设领导小组办公室、市政府纠正部门和行业不正之风领导小组办公室)、信访举报室、案件监督管理室、第一至第六纪检监察室、案件审理室、纪检监察干部监督室等15个职能室(部)，以及机关党总支、赣州市专项巡察工作办公室(与赣州市委专项巡察工作领导小组办公室合署办公)。

(撰稿 朱观平 审稿 陈培生)

【领导名单】

市纪委书记：彭光华(1月免)
唐舒龙(4月任)
市纪委常务副书记：郭素芳(10月免)
龙立福(10月任)
市监察局局长：郭素芳(12月免)
陈定宇(12月任)
市纪委副书记：黄 华(9月任)
市纪委常委：邱礼斌(10月免)
市纪委常委、党风政风监督室主任：李卫国
市纪委常委、纪检监察干部监督室主任：黄海军(10月任)
市纪委常委、第一纪检监察室主任：何 震
市纪委常委、案件监督管理室主任：刘 安(10月任常委)
市纪委常委、信访室主任：温光填(10月任常委)
市监察局副局长：杨志军
办公室主任：陈培生
组织部部长：聂为民(8月免)
肖松盛(12月任)
宣传部部长：李伟明
研究室主任：杨兴国(10月任)
第二纪检监察室主任：邓文明
第三纪检监察室主任：刘丰春
第四纪检监察室主任：张 宁
第五纪检监察室主任：吉庆芳
案件审理室主任：赖 辉
机关党总支书记：江 文
市专项巡察办主任：赖仕涛

(本栏编辑 朱 俊)

赣州市人大常委会

概　述

2016年，在中共赣州市委的正确领导下，赣州市人大常委会深入贯彻落实中共十八大、十八届三中、四中、五中、六中全会，以及中共中央总书记习近平系列重要讲话精神，坚持党的领导、人民当家作主和依法治国有机统一，紧紧围绕全市工作大局，依法行使人大职权，充分发挥代表作用，切实加强自身建设，各项工作取得新成效，为全面加快赣南苏区振兴发展做出积极贡献。根据市“三定”方案等有关文件规定，市人民代表大会设3个专门委员会：内务司法委员会、财政经济委员会、法制工作委员会。市人大常委会设7个工作机构：办公厅、选举任免联络工作委员会、教育科学文化卫生工作委员会、农业和农村工作委员会、城乡建设环境与资源保护工作委员会、外事华侨民族宗教工作委员会、法制工作委员会。核定市人大常委会机关编制总额为54名，其中行政编制51名，工勤编制3名。

重要会议

【市四届人大七次会议】 2月25—27日召开。会议听取、审议并通过市政府主要领导所作的关于政府工作的报告；审查和批准关于赣州市国民经济和社会发展第十三个五年规划纲要；审查和批准2015年国民经济和社会发展计划执行情况的报告与2016年国民经济和社会发展计划；审查2015年全市和市级预算执行情况的报告和2016年全市和市级预算草案，批准2015年市级预算执行情况的报告和2016年市级预算；听取和审议并通过市人民代表大会常务委员会主任陈晓春关于市人民代表大会常务委员会工作的报告；听取和审议并通过市中级人民法院院长郭玉元关于市中级人民法院工作报告；听取和审议并通过市人民检察院检察长胡火箭关于市人民检察院工作报告。审议和通过赣州市第四届人民代表大会第七次会议关于设立赣州市人民代表大会法制委员会的决定；表决通过温会礼、袁景运、张常平、阳纯普、宋崇林、韩水生、刘吉龙、高明旭、尹玉芳为市四届人大法制委员会组成人员。省委常委、市委书记李炳军在大会闭幕时作重要讲话。会议期间，共收到代表提出的建议、批评和意见184件。

【市五届人大一次会议】 10月31日至11月3日召开。会议听取、审议并通过市长曾文明所作的关于政府工作的报告；听取和审议并通过市人民代表大会常务委员会主任陈晓春关于市人民代表大会常务委员会工作的报告；听取和审议并通过市中级人民法院院长邹宇平关于市中级人民法院工作报告；听取和审议并通过市人民检察院检察长江阶虎关于市人民检察院工作报告。审议和通过《赣州市立法条例》；依法选举出陈晓春、廖成铭、欧阳世麟、孙黎明、廖长荣、郑世飘、刘建明、王四华、叶文波、王兰英、邓新生、刘开健、刘吉龙、刘铭忠、阳纯普、李德明、肖旺、吴哲、邹冲、宋崇林、张常平、陈庐生、陈冠平、邵银进、罗云、罗俊雄、钟健、钟小平、高明旭、黄光惠、黄声兰、韩高峰、彭秀生、傅小新、释证通、温宁花、曾祥华、谢红烽、赖栋华、赖昭

2016年2月25日，赣州市第四届人民代表大会第七次会议在赣州开幕

胜、赖景春、廖琦、谭学忠、黎庆美为新一届市人大常委会组成人员，曾文明为市人民政府市长，李恭进、胡聚文、何福洲、邓忠平、赵多仙、郭素芳、徐兵为市人民政府副市长，邹宇平为市中级人民法院院长，江阶虎为市人民检察院检察长。当选的市人民政府市长曾文明讲话，省委常委、市委书记李炳军在大会闭幕时作重要讲话。举行新当选国家机关工作人员集体向宪法宣誓仪式。

【市四届人大常委会第三十一次会议】 2月3日召开。会议决定赣州市第四届人民代表大会第七次会议于2月25日召开。会议传达学习省十二届人大五次会议精神；审议并通过赣州市人民代表大会常务委员会关于召开赣州市第四届人民代表大会第七次会议的决定；审议赣州市人民代表大会常务委员会工作报告(讨论稿)，决定提请赣州市第四届人民代表大会第七次会议审议；审议赣州市第四届人民代表大会第七次会议议程(草案)、赣州市第四届人民代表大会第七次会议主席团和秘书长名单(草案)，决定提请赣州市第四届人民代表大会第七次会议预备会议审议；听取和审议市人大常委会选任联工委关于市四届人大六次会议代表提出的建议、批评和意见办理情况的报告；审议并通过赣州市第四届人民代表大会第七次会议列席人员范围(草案)，赣州市第四届人民代表大会常务委员会代表资格审查委员会关于个别代表的代表资格审查报告；审议《赣州市人民代表大会常务委员会关于提请市第四届人民代表大会第七次会议关于设立赣州市人民代表大会法制委员会的议案》，决定提请赣州市第四届人民代表大会第七次会议主席团表决；听取并审议市人民政府关于2015年全市主要经济指标完成情况的报告；审议并批准《市人民政府关于提请审议2015年市级地方政府债务限额的议案》；对15个市政府工作部门开展工作满意度测评；审议并通过人事任免议案。

【市四届人大常委会第三十二次会议】 4月28日召开。会议审议并通过赣州市人民代表大会常务委员会关于设立赣州市人大常委会法制工作委员会的决定；听取并审议赣州市第四届人民代表大会常务委员会代表资格审查委员会关于个别代表的代表资格审查报告；审议并通过《赣州市人民代表大会常务委员会关于接受刘泽权辞去赣州市人民代表大会常务委员会委员职务的请求的决定》《赣州市人民代表大会常务委员会关于接受谢赣健同志辞去赣州市人民代表大会常务委员会副主任职务的请求的决定》；审议通过有关人事任免议案；举行《中华人民共和国消费者权益保护法》专题讲座。

【市四届人大常委会第三十三次会议】 6月28日召开。会议听取和审议市人民政府关于赣州市人口老龄化与养老服务机构建设工作情况的报告和市人大常委会调研组对这项工作的专题调研报告；听取和审议市人民政府关于赣州市“六五”普法规划实施情况暨“七五”普法工作安排的报告，并审议通过《赣州市人民代表大会常务委员会关于开展第七个五年法治宣传教育的决议》；审议并通过赣州市人民代表大会常务委员会关于确认许可对市人大代表吕波、严香华采取强制措施的决定；审议通过有关人事任免议案。

【市四届人大常委会第三十四次会议】 8月30日召开。会议通报市人大常委会2016年上半年工作情况和下半年工作安排；听取和审议市人大常委会执法检查组关于检查《中华人民共和国消费者权益保护法》实施情况的报告、市人民政府关于全市2016年国民经济和社会发展计划上半年执行情况的报告、市人民政府关于2015年市级财政决算(草案)和2016年全市财政预算上半年执行情况的报告、市人民政府关于2015年市级财政预算执行和其他财政收支的审计工作报告、市人民政府关于2016年市级一般公共预算和政府性基金预算调整方案(草案)以及2016年地方政府债务限额的报告；审议并通过《赣州市人民代表大会常务委员会关于批准2015年市级财政决算的决议》《赣州市人民代表大会常务委员会关于批准2016年市级一般公共预算和政府性基金预算调整方案以及2016年地方政府债务限额的决议》，以及赣州市人民代表大会常务委员会代表资格审查委员会关于个别代表的代表资格审查报告和《赣州市人民代表大会常务委员会关于赣州市第五届人民代表大会代表名额分配和选举问题的决定》；审议并通过有关人事任免议案；举行《中华人民共和国禁毒法》专题讲座；学习国务院总理李克强在赣州考察指导的重要讲话精神。

【市四届人大常委会第三十五次会议】 9月29日召开。会议审议通过市人大常委会关于接受冷新生辞去市政府市长职务的请求的决定，决定任命曾文明为市政府副市长、代理市长职务；审议通过市人大常委会关于接受周光华、刘建萍、黄金龙辞去市政府副市长职务的请求的决定；审议通过市人大常委会关于接受郭玉元辞去市中级人民法院院长职务的请求的决定，以及胡火箭辞去市人民检察院检察长职务的请求的决定，决定任命邹宇平为市中级人民法院副院长、代理院长，任命江阶虎为市人民检察院副检察长、代理检察长；审议相关人事任免议案。

【市四届人大常委会第三十六次会议】 10月21日召开。会议决定赣州市第五届人民代表大会第一次会议于10月31日召开。审议并通过赣州市人民代表大会常务委员会关于召开赣州市第五届人民代表大会第一次会议的决定；审议赣州市人民代表大会常务委员会工作报告(讨论稿)，决定提请赣州市第五届人民代表大会第一次会议审议；审议赣州市第五届人民代表大会第一次会议议程(草案)、赣州市第五届人民代表大会第一次会议主席团和秘书长名单(草案)，决定提请赣州市第五届人民代表大会第一次会议预备会议审议；审议并通过赣州市第五届人民代表大会第一次会议列席人员范围(草案),赣州市第四届人民代表大会常务委员会代表资格审查委员会关于赣州市第五届人民代表大会代表的代表资格审查报告;审议并通过《赣州市人民代表大会常务委员会关于提请市第五届人民代表大会第一次会议审议〈赣州市立法条例(草案)〉的议案》,决定提请赣州市第五届人民代表大会第一次会议审议;审议并通过赣州市人民代表大会常务委员会关于接受黄德明辞去江西省第十二届人民代表大会代表职务的请求的决定;补选江西省第十二届人民代表大会代表;通过相关人事任免议案。

【市五届人大常委会第一次会议】 12月29日至30日召开。会议听取和审议市人大常委会执法检查组关于检查《中华人民共和国禁毒法》和国务院《戒毒条例》实施情况的报告;审议通过市政府办公厅关于市四届人大七次会议代表建议、批评和意见办理情况的报告,市人大常委会选任联工委关于市四届人大七次会议代表建议、批评和意见办理情况的报告及赣州市第五届人民代表大会常务委员会代表资格审查委员会主任委员、副主任委员、委员名单;审议通过《赣州市人民代表大会常务委员会关于接受陈毓平、谢秀琦同志辞去江西省第十二届人民代表大会代表职务的请求的决定》《赣州市五届人大常委会第一次会议补选江西省第十二届人民代表大会代表办法》,依法补选赵力平、陈松远2人为省十二届人大代表;听取市人民政府关于2015年度市级财政预算执行和其他财政收支审计发现问题整改情况的报告;对17个市政府工作部门开展工作满意度测评;表决通过相关人事任免事项。

【市人大常委会主任会议】 年内召开主任会议14次。各次会议研究讨论的主要事项如下:

1月20日,市四届人大常委会召开第五十二次主任会议。会议传达学习全市经济工作会议暨扶贫开发工作会议精神,讨论赣州市人民代表大会常务委员会关于召开赣州市第四届人民代表大会第七次会议的决定(草案)、赣州市人民代表大会常务委员会工作报告(讨论稿)、赣州市人民代表大会常务委员会2016年监督工作计划(讨论稿)、赣州市人民代表大会常务委员会代表资格审查委员会关于个别代表的代表资格审查报告(草案),讨论市人大常委会关于对15个政府工作部门开展工作满意度测评的有关事项、市人大常委会选任联工委关于市四届人大六次会议代表提出的建议、批评和意见办理情况的报告,讨论人事任免事项,研究召开赣州市第四届人民代表大会第七次会议的有关事项和市四届人大常委会第三十一次会议的有关事项。

3月17日,市四届人大常委会召开第五十三次主任会议。会议传达学习十二届全国人大四次会议精神和省委常委、市委书记李炳军在市四届人大七次会议闭幕式上的讲话精神、全市县乡领导班子换届工作暨组织部长会议精神,学习毛泽东《党委会的工作方法》和《中共中央组织部关于学习贯彻习近平总书记重要批示精神加强党委(党组)领导班子建设的通知》、《中共中央办公厅印发 < 关于在全体党员中开展"学党章党规、学系列讲话,做合格党员"学习教育方案 > 的通知》,讨论市人大常委会2016年工作要点,讨论关于设立市人大常委会法制工作委员会的议案和决定草案,讨论市人大常委会关于对赣州市少数民族"特色产业、特色村寨、特色文化和特色人才"建设情况开展专题调研的方案,讨论赣州市人民代表大会常务委员会关于接受刘泽权辞去赣州市人民代表大会常务委员会委员职务的请求的决定(草案)和人事任免议案。

4月15日,市四届人大常委会召开第五十四次主任会议。会议讨论市人大常委会关于听取和审议市人民政府关于人口老龄化与养老服务机构建设工作情况专项工作报告的方案、关于对《若干意见》出台后获国家层面批复的赣南苏区振兴发展重大平台建设情况开展专题调研的方案、关于对赣州市开展南方地区重要生态屏障建设情况开展专题调研的方案,讨论赣州市人民代表大会常务委员会代表资格审查委员会关于个别代表的代表资格审查报告和人事任免事项,研究市四届人大常委会第三十二次会议的有关事项。

5月16日,市四届人大常委会召开第五十五次主任会议。会议传达学习全省县乡两级人大换届选举工作会议精神、全省人大外侨民宗台旅工作座谈会会议精神,研究市人大常委会机关开展"两学一做"学习教育等有关事项,讨论市人大常委会关于对《中华人民共和国消费者权益保护法》实施情况开展执法检查的方案、关于开展实施医疗精准扶贫专题调研的工作方案、关于2016年环保章江行活动方案、关于对赣州市中心城区农贸市场建设和管理情况开展专题调研的方案。

5月30日,市四届人大常委会召开第五十六次主任会议。会议研究讨论市检察院报请许可对市人大代表吕波采取强制措施的报告、许可对市人大代表严香华采取强制措施的报告。

6月21日,市四届人大常委会召开第五十七次主任会议。会议讨论市人大常委会关于对赣州市人口老龄化与养老服务机构建设工作情况的专题调研报告、关于对赣南苏区振兴发展重大平台建设情况的调研报告、关于对赣州市开展南方地区重要生态屏障建设情况的调研报告、关于对全市少数民族"特色产业、特色村寨、特色文化、特殊人才"建设情况的调研报告,讨论市人大常委会关于开展2016年助推赣州市旅游产业发展系列活动的方案,讨论人事任免议案,研究市人大常委会指导县乡两级人大换届选举工作有关事项、市人大常委会机关绩效考核评价工作有关事项和市四届人大常委会第三十三次会议的有关事项。

7月29日,市四届人大常委会召开第五十八次主任会议。会议学习中共中央总书记习近平在庆祝中国共产党成立95周年大会上的重要讲话精神、《中国共产党问责条例》,讨论市人大常委会关于赣州市健康扶贫工作情况的专题调研报告，讨论赣州市第五届人大代表名额分配和选举工作方案(草案)，讨论赣州市人民代表大会常务委员会代表资格审查委员会关于个别代表的代表资格审查报告和有关人事任免议案。

8月24日，市四届人大常委会召开第五十九次主任会议。会议听取市人大法制委关于《赣州市立法条例(草案)》修改情况的汇报，讨论市人大常委会2016年上半年工作总结和下半年工作安排，讨论市人大常委会执法检查组关于赣州市实施《中华人民共和国消费者权益保护法》情况的执法检查报告，讨论通过市人大常委会关于对全市中小学校师德师风建设情况开展专题调研的方案、市人大常委会关于对赣州市中心城区农贸市场建设和管理情况的专题调研报告，讨论人事任免议案，研究召开市五届人大一次会议有关事项和市四届人大常委会第三十四次会议的有关事项，通报国务院总理李克强在赣州市考察指导有关情况。

9月13日，市四届人大常委会召开第六十次主任会议。会议研究市人大常委会第五十五次会议有关事项，审议《赣州市人民代表大会常务委员会关于接受冷新生辞去赣州市人民政府市长职务的请求的决定(草案)》，审议《赣州市人民代表大会常务委员会关于曾文明代理赣州市人民政府市长职务的决定(草案)》。

9月29日，市四届人大常委会召开第六十一次主任会议。会议传达学习市第五次党代会及市委五届一次全会精神，讨论《赣州市人民代表大会常务委员会关于接受周光华辞去赣州市人民政府副市长职务的请求的决定(草案)》，讨论《赣州市人民代表大会常务委员会关于接受刘建萍辞去赣州市人民政府副市长职务的请求的决定(草案)》，讨论《赣州市人民代表大会常务委员会关于接受黄金龙辞去赣州市人民政府副市长职务的请求的决定(草案)》，讨论人事任免议案。

10月9日，市四届人大常委会召开第六十二次主任会议。会议讨论赣州市人民代表大会常务委员会关于召开赣州市第五届人民代表大会第一次会议的决定(草案)、赣州市人民代表大会常务委员会工作报告(讨论稿)，听取市人大法制委关于《赣州市立法条例(草案修改稿草稿)》修改情况的汇报，讨论《赣州市立法条例(草案修改稿草稿)》，讨论市人大常委会关于提请审议《赣州市立法条例(草案)》的议案和关于《赣州市立法条例(草案)》的说明，讨论通过市人大常委会关于对《中华人民共和国禁毒法》和《戒毒条例》实施情况开展执法检查的方案、关于对17个市政府工作部门开展工作满意度测评的方案、关于赣州市实施《江西省社会治理综合管理条例》情况的调研报告，讨论赣州市人民代表大会常务委员会关于接受黄德明辞去江西省第十二届人民代表大会代表职务的请求的决定(草案)，讨论补选江西省第十二届人民代表大会代表选举办法，讨论市人大常委会选任联工委关于补选曾文明同志为省十二届人大代表和接受黄德明辞去省十二届人大代表职务的请求的报告、关于市五届人大各专门委员会委员人选建议名单的报告，研究召开赣州市第五届人民代表大会第一次会议的有关事项和市四届人大常委会第三十六次会议的有关事项。

10月20日，市四届人大常委会召开第六十三次主任会议。会议研究召开赣州市第五届人民代表大会第一次会议有关事项，讨论市人大常委会关于《赣州市立法条例(草案)》的说明，讨论赣州市第四届人民代表大会常务委员会代表资格审查委员会关于赣州市第五届人民代表大会代表的代表资格审查报告，讨论有关人事任免议案。

11月9日，市五届人大常委会召开第一次主任会议。会议研究市人大常委会领导分工事宜，讨论通过市人大常委会关于听取和审议市人民政府生态环境保护工作情况专项工作报告的实施方案、关于对上犹江饮用水源地保护情况进行专题调研并对上犹江引水工程继续进行跟踪问效的工作方案，讨论有关人事任免议案。

12月23日，市五届人大常委会召开第二次主任会议。会议学习中共中央总书记习近平在国家宪法日就依宪治国作的重要指示精神、全省深化落实全面从严治党“两个责任”视频培训会议精神、市委关于调整市“六大攻坚战”组织机构组成人员的文件精神，讨论通过市人大常委会关于全市中小学校师德师风建设情况的调研报告、关于全市精准扶贫工作情况的调研报告、关于对上犹江饮水工程跟踪问效的情况报告和2017年立法计划，讨论市人大常委会执法检查组关于全市贯彻落实《中华人民共和国禁毒法》和国务院《戒毒条例》情况的执法检查报告，讨论市人大常委会选任联工委关于市四届人大七次会议代表提出的建议、批评和意见办理情况的报告，讨论相关专工委对口联系市直和驻市单位有关事宜、关于对市政府部分工作部门开展工作满意度测评的有关事项，讨论赣州市第五届人民代表大会常务委员会代表资格审查委员会主任委员、副主任委员、委员名单(草案)和人事任免事项，研究召开市五届人大常委会第一次会议的有关事项。

主要工作

【内务司法工作】 1月，召开全市人大内务司法工作座谈会，会议传达全省人大内务司法工作座谈会精神，通报2015年市人大内司委工作和2016年工作初步安排，座谈交流如何做好新形势下人大内务司法工作和推动法治赣州建设；召开市人大内司委对口联系单位工作座谈会，传达全省人大内务司法工作座谈会精神，通报2015年市人大内司委工作和2016年工作初步安排，听取与会人员对加强联系、做好市人大内务司法工作和推动法治赣州建设的意见建议。5月，市人大内司委协助市人大常委会开展听取和审议全市人口老龄化与养老服务机构建设情况专项报告，提出制定养老服务机构发展整体规划，确保建设用地；形成工作合力，确保政策法规落地；引入市场机制，满足多层次养老服务需求；提高养老管理服务水平等方面的建议，要求政府及职能部门研究落实。6月，协助市人大常委会对“六五”普法成果开展验收检查，全面评估“六五”普法成果，为“七五”普法顺利实施提出意见建议。9月，对《江西省社会治安综合治理条例》贯彻落实情况开展专题调研，提出强基固本，积极强化基层综治力量；整合协调，形成综治工作合力；搭建平台，加快推进综治信息化建设；科学评价，不断提升综治考核的全面性和准确性；转变理念，切实增强社会管理服务效能等方面的意见建议。11—12月，协助市人大常委会对《中华人民共和国禁毒法》和《执法条例》贯彻实施情况开展执法检查。提出进一步提高对禁毒戒毒工作重要性的认识、健全各部门齐抓共管的禁毒戒毒工作格局、加强禁毒戒毒基础建设、加强预防教育宣传工作等四方面的意见建议。12月，协助市人大常委会对市司法局、市安监局、市公安局和市政府法制办4个对口联系部门开展工作满意度测评。参与做好地方立法工作，重点参与赣州市地方立法条例的起草、修改和审议等各项工作。参加立法工作外出考察学习活动，参与开展立法需求调研，为制定立法计划和立法项目库做好前期准备。关注民生民情，倾听群众诉求，做好对涉法涉诉信访案件的监督，畅通群众诉求通道。配合上级人大开展工作，先后做好全国人大“两院”基层建设工作情况调研和“两院”组织法修改征求意见工作。配合省人大开展《中华人民共和国安全生产法》和《江西省实施〈中华人民共和国工会法〉办法》执法检查、《中华人民共和国禁毒法》和国务院《戒毒条例》专题调研、江西省高级法院和江西省检察院司法公开工作调研等活动。做好省人大关于修改《江西省军人军属权益保障条例(草案)》和《江西省实施〈中华人民共和国老年人权益保障法〉办法(修订草案)》征求意见工作。

【财政经济工作】 计划审查及执行监督。对2015年全市国民经济和社会发展计划执行情况与2016年全市国民经济和社会发展计划草案进行初步审查。市四届人大七次会议期间，召开财经委全体会议，结合各代表团的审议意见，对计划草案进行审查，并向大会主席团报告审查情况。做好常委会听取和审议2015年全市国民经济和社会发展计划上半年执行情况报告的相关工作，对落实市四届人大七次会议有关计划决议的情况进行跟踪督查，在常委会会议上提出审议意见。

预决算审查及执行监督。按照全口径预算管理要求，推动市政府首次编制社保基金预算。做好2015年市级总预算执行情况和2016年市级总预算草案的审查工作。在市四届人大七次会议期间，召开财经委全体会议，提出审查意见，向大会主席团报告审查情况。结合听取和审议2015年度市级财政预算执行和其他财政收支的审计工作报告，对2015年市级决算草案进行审查，为常委会听取和审议审计工作报告、审查和批准市级决算做好相关工作。开展2016年全市财政预算上半年执行情况的调研，为常委会听取和审议相关报告提出审议意见。对市人民政府提请审查批准的2016年预算调整方案进行初步审查，为常委会听取和审议2016年市级财政预算调整方案，审查和批准2016年市级财政预算调整做好有关工作。做好市人大常委会听取2015年度市级预算执行和其他财政收支审计查出问题整改情况报告的相关工作。支持审计部门督促有关部门落实审计反映问题的整改工作。

专题调研及执法检查。对新修订的《中华人民共和国消费者权益保护法》贯彻执行情况开展执法检查；对推进赣南苏区振兴发展重大平台建设情况开展专题调研；配合做好省人大在赣州市调研人大制度理论研究工作；配合省人大财经委对赣州市服务业发展情况、2016年上半年及全年经济运行情况开展调研；配合省人大常委会预算工委做好涉农专项资金整合情况调研；配合山东省临沂市人大在赣州市开展产业结构调整和转型升级情况调研工作。

对外联系交流。召开全市人大财经工作座谈会，加强与23个市直对口部门和联系单位的联系沟通和工作交流，多次到市发改委、市财政局、市审计局、市国税局、市地税局和赣州银行等对口部门和单位联系工作和开展调研。

代表意见建议对口督办。重视人大代表在财政经济方面提出的意见建议办理工作，认真贯彻落实《赣州市人民代表大会代表意见建议办理工作规定》，做好对市四届人大七次会议期间代表提交的意见建议跟踪对口督办，督促有关部门将财经委对口督办

2016年6月14—17日，省人大常委会《江西省实施〈中华人民共和国工会法〉办法》执法检查组一行在赣州市开展执法检查活动

的55件代表意见建议办理到位。

【办公厅工作】 文秘、会务。办文方面，严格按照相关制度，加强规范化管理，抓好公文运转工作。核发文件195余份，收发文件613份。拟稿方面，先后完成市四届人大五次会议、7次常委会会议、12次主任会议以及其他工作会议上的有关工作报告、领导讲话、汇报材料、决议、会议审议意见以及年初常委会工作要点、年终工作总结等综合性材料和常规文件的撰写。会务服务方面。会前科学合理地安排，会中搞好服务保障，会后做好整理归档。顺利保障2次代表大会、8次常委会会议和13次主任会议的召开。

群众服务。认真办理群众来信来访，共受理群众来信来访110件共13人次。为扶贫点争取项目资金295万元，实施工程项目11个。春节期间，市人大领导带队结对帮扶领导走访慰问困难群众。7—8月，组织机关全体党员干部入户与贫困户同吃同劳动。

宣传调研。改版《赣州人大》刊物，精心编审4期刊物。围绕学习贯彻中共十八届六中全会精神、党风廉政建设等设计制作10期宣传展板。做好赣州人大网站的日常更新和维护工作。

后勤管理。做好机关财务管理工作。做好机关各项经费的财务审核、经费报账、迎接监督检查和审计等日常工作，按规定向市财政局报送市人大机关实有资金月报表、会议费月报表和“三公”经费季报表。按要求编报2017年度市人大机关部门预算草案、市人代会专项经费预算草案。做好机关的后勤保障工作。对换届后机关办公用房以及办公家具进行调整、清理和修缮。落实公务用车制度改革精神，配合市机关事务局按时封存和移交机关20辆编制内公务用车，做好2辆通信应急车的备案以及更换车牌号码等工作，完成机关公车改革工作。做好“三会”和常委会组织的执法检查、视察调研、外出培训等活动的后勤服务。加强机关安保、消防、绿化、水电供应、通信应急车辆及驾驶员的管理。做好老干部工作。组织老干部举行登山、钓鱼各类活动12次，组织全市人大系统离退休职工第三次门球比赛，协助老干部党支部组织召开3次民主生活会、2次扑克比赛、1次“我为工业发展献计策”专项主题活动。

自身建设。做好办公厅党支部工作。坚持“三会一课”制度，保证党组织活动的正常开展。做好机关工会工作。组织机关女干部职工“三八”妇女节外出学习考察并举办健康讲座，组织机关全体干部职工开展活动2次，体检1次。做好机关综治及平安建设工作。做好全国非正常上访电视电话会议以及全省、全市信访工作电视电话会议精神的贯彻落实，研究制定市人大机关综治宣传月活动方案。抓好党风廉洁建设。做好公共机构节能、计划生育等工作。

【法制委、法工委工作】 2月，赣州市人大法制委员会经市人大四届七次会议决定设立，选举第四届法制委员会主任委员1名，委员8名。3月，市四届人大法制委员会召开第一次全体会议。会议研究部署法制委员会2016年工作安排，全体组成人员就如何开展好地方立法工作进行座谈讨论。4月，组织法制委委员、立法筹备小组成员赴广东韶关、佛山、云浮、河源，广西梧州等地学习考察地方立法工作；配合省人大常委会在赣州市开展《江西省立法条例修正案(草案)》立法调研活动，组织市人大各专门委员会、常委会各工作委员会、法院、检察院、政府法制办、规划、城建、环保、文广新局等召开座谈会，提出修改意见和建议20余条；赣州市人大常委会法制工作委员会经市四届人大常委会召开第三十二次会议审议通过设立。6月，赣州市人大常委会与江西理工大学合作共建的赣州地方立法研究基地正式签约挂牌成立，该机构的主要职责为起草立法草案，提供咨询、论证、评估服务，参与立法调研、立法解释工作，配合立法培训、宣传等12项工作。7月，召开《赣州市立法条例(草案)》征求意见专家座谈会。8月，配合省人大常委会法工委在赣州市开展《江西省传统村落保护条例(草案)》立法调研活动，并赴龙南县开展实地调研，市四届人大法制委员会召开第二次全体会议，结合市人大常委会第一次审议情况和征求的意见建议对《赣州市立法条例(草案)》进行统一审议，《赣州市立法条例(草案)》在赣州人大网和赣南日报上全文刊载，向社会公开征求意见建议一个月，并向省人大常委会法工委和市直有关部门书面征求意见；配合市人大常委会第五十九次主任会议讨论《赣州市立法条例(草案)》。9月，协助梅州市人大常委会在赣州市开展《梅州市森林火源管理条例》学习考察活动，并赴崇义县、兴国县实地调研；市四届人大法制委员会召开第三次全体会议，根据省人大常委会反馈的意见建议和征集的意见建议，对《赣州市立法条例(草案)》进行统一审议。10月，配合市四届人大常委会第六十二次主任会议讨论《赣州市立法条例(草案修改稿草稿)》；配合省人大常委会法工委在赣州市开展《江西省军人军属权益保障条例(草案)》立法调研活动，并赴崇义县实地调研；配合市四届人大常委会第三十六次会议对《赣州市立法条例(草案修改稿)》进行第二次审议；市四届人大法制委召开会议，根据常委会组成人员的审议意见，对《赣州市立法条例(草案修改稿)》进行修改，形成提交市五届人大一次会议审议的《赣州市立法条例(草案)》；配合市五届人大一次会议审议《赣州市立法条例(草案)》。11月，市四届人大法制委召开第四次全体会议，根据各代表团的审议意见，对《赣州市立法条例(草案)》进行统一审议，提出审议结果报告和草案修改稿；《赣州市立法条例》经市五届人大一次会议第四次全体会议审议通过；向省人大常委会报请批准《赣州市立法条例》；向市委各部门、市直各单位、各人民团体、各县(市、区)人大常委会书面征集立法规划项目库和2017年立法计划的项目建议，并通过赣南日报、赣州人大网站向社会公开征集立法项目建议。12月，协助湖南省长沙市人大法制委来赣州市考察调研历史文化名城、名镇、名村保护工作；赴南昌市、长沙市学习考察地方立法工作，重点解城市管理和城市道路交通管理等方面制定地方性法规的情况；配合市五届人大常委会第二次主任会议讨论通过《赣州市人大常委会2017年立法计划》。

【选举任免联络工作】 1月，组织省、市人大代表围绕贯彻落实赣南苏区振兴发展来开展视察，在听取市“一府两院”工作汇报基础上，赴信丰县、定南县了解重大基础设施及产业项目建设情况。3月，召开代表建议办理交办大会，对市四届人大六次会议期间代表建议进行现场交办，全年共办理代表建议201件，办结率100%。绝大多数代表表示满意或基本满意。5月，做好香港特别行政区第十二届全国人大代表团到赣州市就供港水源——东江水源头水资源环境保护、生态补偿机制等专题调研的服务保障工作，就国家对东江源的生态补偿问题，积极争取香港全国人大代表大力支持；在北戴河全国人大的培训基地举办市四届人大代表专题培训班，共有94名代表参加集中培训。6月，组织赣州市选举的省人大代表，参加省人大常委会在厦门举办的专题培训班；在上犹县召开全市人大选任联工作座谈会。7月，在深圳全国人大培训基地举办市四届人大代表专题培训班，共有86名代表参加集中培训；组织赣州市选举的省人大代表，参加省人大常委会在北戴河举办的专题培训班。8月，做好西藏自治区人大常委会副主任武金辉一行赴赣州市兴国县、瑞金市调研的接待工作。9月，组织部分省、市两级人大代表赴南康区、会昌县就产业项目建设(开工、建设、效益等方面)的情况及推进产业项目建设的经验和做法进行专题调研。10月，在瑞金干部学院举办市四届人大代表专题培训班，100余名代表参加集中培训；做好市四届人大六次会议以来市人大代表资格审查的具体工作，为市四届人大七次会议召开作准备。11月，做好陕西省人大常委会党组副书记、副主任黄玮一行赴瑞金市考察的接待工作。做好对国家机关工作人员任免的具体工作。全年任免国家机关工作人员36人次。做好市人大代表参加市委、市人大常委会和“一府两院”有关活动的组织、协调、服务工作，为代表履职行权创造良好条件。全年参加的代表在450人次以上。

【教科文卫工作】 1月，配合省人大常委会副主任马志武在赣县开展扶贫攻坚专题调研；3月，配合省人大常委会法工委开展制定省非物质文化遗产保护条例的立法调研，分别察看龙南县、信丰县非物质文化遗产保护情况。4—10月，配合省人大教科文卫委开展“食品安全特定问题调查”调查组实地调查，共召开汇报会、座谈会7场，现场走访“四小”121家；抽检采样91批次，现场发放调查问卷200余份。5月，配合省人大完成职业教育法执法检查。实地察看10所不同类型的职业学校，召开政府及有关部门、职业学校负责人参加的座谈会，听取各方面的意见建议。6—8月，成立专题调研组开展健康扶贫专题调研，听取市卫计委相关工作汇报，分别深入南康区、安远县、大余县听取汇报、查看资料、走访群众，实地调研贫困对象新农合参合、新农合大病保险特殊政策、疾病医疗商业补充保险、“一对一”健康服务和产权公有村卫生计生服务室建设实施情况。8—10月，组织专题调研组开展全市中小学校师德师风建设情况调研。9月，配合省人大常委会教科文卫委开展《中华人民共和国文物保护法》执法检查，实地考察龙南燕翼围和赣州通天岩文物保护情况。全年对口联系单位办理市人大代表提出的建议27件，代表满意率100%。

【农业和农村工作】 3月，在定南县召开全市农业和农村工作座谈会；配合省人大常委会委员、农委主任委员陈毓平一行在赣州市开展农林科技创新情况调研。5月，开展南方地区重要生态屏障建设情况专题调研，提出“以全市1700多万亩地质低效林改造为重点，按照区域差异协调发展的要求，改善林相结构，优化林分状况，注重森林水源涵养、水土保持功能，提高森林抵御各种自然灾害的能力，有计划、有步骤、分类实施低质低效林的改造工作”等建议，为市政府决策提供参考。7月，配合省人大常委会委员、农委副主任委员王晓春一行在赣州市开展扶贫开发工作专题调研。11月，配合省人大常委会委员、农委副主任委员陈永华一行在赣州市就气象灾害防御情况进行专题调研。11—12月，对全市精准扶贫情况开展专题调研，形成《关于全市精准扶贫工作开展情况的调研报告》，提出“进一步改进措施、加快整村推进步伐；以项目规划为抓手，进一步提高涉农资金在精准扶贫工作中的使用效率；进一步改善产业发展与贫困户的受益联结机制”等意见。12月，对市林业局、市农粮局开展满意度测评工作。年内结对帮扶贫困户10户，组织开展走访慰问帮扶对象20余人次。做好人大代表意见建议办理的督办工作。对市水利局、市农粮局、市国土局、市果业局、市扶贫和移民办等单位32件人大代表意见建议办理工作进行督办，提出建议的代表对建议办理工作表示非常满意。

【城建环资工作】 1月，配合做好省人大环资委主任汪毓华在赣州市开展三江源头保护情况调研。2月，走访对口联系的移动、电信、联通和邮政公司；配合做好赣州市第四届人民代表大会第七次会议准备和其他各项工作；开展环保章江行活动，会同市委宣传部、市委农工部、市农粮局、市环保局和市畜牧局等成员单位举行“2016年环保章江行动员部署暨新闻发布会”，组成以常委会领导、市直相关部门和媒体记者的检查采访组，通过听取市政府及相关县(市、区)政府的情况汇报和实地查看，全面掌握全市农村生活垃圾整治、农业面源污染防治和畜禽养殖污染防治情况。11月，对上犹江饮水工程再次进行跟踪问效，形成《上犹江饮水工程跟踪问效情况报告》，提出有针对性、可操作、有价值的意见建议；开展全市生态环境保护工作专项调研，到瑞金市、于都县、信丰县、崇义县及中心城区深入调研，全面地了解赣州市各级政府贯彻实施《中华人民共和国水土保持法》取得的成效及存在的问题，并提出具体的意见建议。认真做好精准扶贫结对帮扶工作和其他日常工作。

【外侨民宗台旅和开放型经济工作】 开展全市少数民族"特色产业、特色村寨、特色文化、特殊人才"建设情况专题调研及赣州市中心城区农贸市场建设和管理情况专题调研，形成专题调研报告，提交市人大常委会第五十七次主任会讨论通过后，转交市人民政府以落实推进。做好人大代表建议督办工作，做好对口督办工作，及时督促承办单位落实办好涉及旅游、商务、口岸等方面的代表建议共18件。做好精准扶贫工作，深入到精准扶贫点赣县五云镇上丹村、下丹村指导帮扶工作6次，走访定点联系贫困群众8户，并给贫困户送去慰问金。全力做好市人代会的筹备和服务工作，在市人大四届七次会议期间，积极参与大会的会务、总务、组织、宣传等筹备和服务工作，较好地完成大会的各项工作任务。加强自身建设。围绕"坚定执着追求理想"这一主题，全体党员干部进行深入学习和思考，认真学习中共中央总书记习近平在江西考察工作结束时的重要讲话精神、省委书记强卫在赣州调研时的重要讲话精神、《全省"四风"问题新动向、新表现调研报告》和市纪委四届六次全体会议精神，把开展好"两学一做"学习教育作为一项重要的政治任务。结合开展监督工作的实际，重点组织学习《中华人民共和国旅游法》《宗教事务条例》《关于大力推进江西省电子商务发展的若干意见》等法律法规。配合省人大常委会及对口工委的工作，制定《赣州市人大常委会关于开展2016年助推赣州市旅游产业发展系列活动的方案》。在市人大常委会主任会议的领导下，成立由各部门单位分管领导参加的活动组委会，负责组织协调活动的开展。确定以促进全市乡村旅游、推动旅游扶贫为主旨、以搞好乡村旅游政策和规划、基础设施建设、产品开发和乡村旅游标准化建设、围绕国家精准扶贫为重点的活动主题。不定期召开活动组委会会议。对活动的开展进行研究部署，完善活动方案，采取听取汇报、专题调研、实地考察、跟踪督办等方式开展活动。督促各单位和各县(市、区)活动的开展。配合省人大常委会外侨民宗工委主任聂道宏带队的调研组在赣州市调研乡村旅游及旅游扶贫工作情况。

(撰稿　王雅婷　审稿　叶文波)

【领导名单】

党组书记、主任：陈晓春
党组副书记、副主任：廖成铭
党组成员、副主任：孙黎明(女)
　廖长荣　郑世飘　刘建明　王四华
副主任：欧阳世麟
党组成员、秘书长、机关党组
　书记：叶文波
副秘书长、机关党组成员：廖　琦
副秘书长：温宁花(女)

【市人大各专委及常委会各工作机构领导名单】

机关党组成员、内司委主任委员：
　钟　健
常委会委员：阳纯普
内司委副主任委员：王世平
内司委保留副处级待遇干部：郭猷峰
财经委主任委员：陈庐生
财经委副主任委员：邹　冲　杨长斌
机关党组成员、法制委主任委员：
　黄光惠
机关党组成员、法制委副主任
　委员(兼)、法工委主任：赖栋华
法制委副主任委员：谢红烽(女)
办公厅副主任：黄　立
办公厅调研员：谢造雄　李升云
机关党组成员、选任联工委主任：
　赖景春
选任联工委副主任：李晋让(女)
　韩爱民
机关党组成员、教科文卫工委主任：
　李德明
常委会委员：张常平
教科文卫工委副主任：黄小平
　袁建波　邝燕玲(女)
机关党组成员、农工委主任：宋崇林
机关党组成员、城建环资工委主任：
　高明旭
城建环资工委副主任：邹晓林
　王玉琴(女，瑶族)
机关党组成员、外侨民宗工委主任：
　陈冠平
法工委副主任：黄新荣

(本栏编辑　朱　俊)

赣州市人民政府

概 述

2016年，是赣州发展史上不平凡的一年。中共中央总书记习近平视察江西，对江西工作提出新的希望和“三个着力、四个坚持”的重要要求。国务院总理李克强视察赣州市，对赣州市发展格外关心和大力支持。国务院副总理张高丽对赣南苏区振兴发展专门做出批示，帮助解决重大问题。刘延东、刘奇葆等8位党和国家领导人深入赣州市调研考察，对赣州市工作给予充分肯定和支持。市第五次党代会胜利召开，描绘赣州市未来发展的宏伟蓝图。全市上下坚持解放思想、内外兼修、北上南下，突出打好“六大攻坚战”，深入贯彻“若干意见”，较好完成市四届人大七次会议确定的目标任务，实现“十三五”良好开局。经济指标逆势上扬。实现地区生产总值2194.34亿元，增长9.5%；固定资产投资2205.51亿元，增长16.6%；规模以上工业增加值847.90亿元，增长9.2%；财政总收入366.32亿元，增长3.7%；一般公共预算收入243.18亿元，下降0.9%；社会消费品零售总额790.24亿元，增长11.5%；出口总额33.91亿美元，增长0.1%；实际利用外资15.15亿美元，增长10.6%；城镇居民人均可支配收入27086元，增长8.3%；农村居民人均可支配收入8729元，增长12.1%。在经济下行压力加大的背景下，全市经济呈现稳中有进、稳中提质、稳中向好的喜人景象。发展思路更加清晰。工业确立“两城两谷一带”的主攻方向，旅游业确定“一核三区”的战略布局等，势头良好，成效显著。“六大攻坚战”抓住主要矛盾，完全符合赣州市实际，深入人心、蔚然成风，成为全市上下的共识共为，成为推动振兴发展的强力引擎。北上南下硕果累累。成功获批列为国家山水林田湖生态保护修复试点地区，获中央财政基础奖补资金20亿元，为赣州市有史以来争取单笔金额最大的项目。争取时间长达15年的东江流域上下游横向生态补偿机制试点正式落地实施，三年内可获奖补资金15亿元。10年改造66.67万公顷(1000万亩)低质低效林项目得到国家大力支持。国家重点生态功能区转移支付和革命老区转移支付范围实现县域全覆盖。全年共争取上级各类补助资金477.2亿元，增长14.8%。“赣商回归、赣人兴赣”等招商活动成果丰硕，利用省外2000万元以上项目资金增长12.7%，实际利用外资增长10.6%。脱贫攻坚成效明显。健康扶贫、金融扶贫、网络扶贫、安居扶贫、兜底保障扶贫等工作走在全省前列。构筑健康扶贫“四道医疗保障线”，贫困人口住院自负费用比例降到10%以内，这一经验做法在全省推广。全国网络扶贫现场推进会在宁都县召开。建成农村保障房8683套，完成易地搬迁5.4万人。全年脱贫27.1万人，175个贫困村退出，贫困发生率下降3.6个百分点。城市发展提位拓区。获批国家新型城镇化综合试点、国家级产城融合示范区，入选国家现代物流创新发展试点城市、国家产融结合试点城市。省委、省政府明确把赣州市建设成为省域副中心城市、连接“海上丝绸之路”和“丝绸之路经济带”的重要节点城市。赣县撤县设区，蓉江新区启动建设，中心城区建成区扩至158平方千米、城市人口160万人。全市常住人口城镇化率提高1.62个百分点。随着城市定位的提升和五大功能区的确立，千年古城赣州掀开城市建设的新篇章。发展平台重大突破。赣州铁路集装箱场站获批全国第8个临时对外开放口岸，全国内陆口岸首个国检监管试验区挂牌运行，获批全国加工贸易承接转移示范地，综合保税区正式通关运行，黄金机场设立航空口岸列入国家口岸发展“十三五”规划。

突出抓攻坚稳增长，综合实力跃上新台阶。坚持以项目建设为主抓手，凝心聚力打好“六大攻坚战”，全力以赴稳增长促发展。实施“六大攻坚战”项目2332个，完成年度投资1875.6亿元。实施市重点工程项目213个，完成投资988.5亿元。生产总值2194.34亿元，人均GDP接近4000美元。生产总值超100亿元的县(市、区)达11个，财政总收入超10亿元的县(市、区)达14个。

加快调结构促转型，产业发展迈出新步伐。三次产业结构调整为14.6:42.7:42.7。“两城两谷一带”项目启动实施。规模以上工业增加值增长9.2%，主营业务收入增长9.3%。新增高新技术企业64家。建成标准厂房474万平方米。降成本优环境系列政策为企业减负80.7亿元。粮食生产实现“十三连丰”。赣南脐橙品牌价值688.11亿元，蝉联全国初级农产品地理标志区域品牌价值榜首，入选全国名优果品区域公用品牌名单，建成全国首个出口脐橙质量安全示范区。赣南茶油、会昌桔柚获批国家地理标志保护产品。寻乌蜜桔被认定为中国驰名商标。宁都黄鸡、会昌米粉获国家生态原产地产品保护。新建规模蔬菜基地188个、1733.33公顷，其中新增钢架大棚超666.66公顷。社会消费品零售总额增长11.5%。金融业增加值增长21.5%。接待游客总人数、旅游总收入分别增长40.4%、49%。国家电子商务进农村试点范围实现县域全覆盖，电商销售额增长41.7%，南康家具市场获批国家电子商务示范基地。房地产市场保持平稳健康发展。

着力打基础强支撑，城乡面貌发生新变化。昌赣客专加快推进，赣深客专、兴泉铁路开工建设。兴赣、宁定高速建成通车，广吉高速开工建设。黄金机场迈入百万空港行列。改造国省道215千米，新改建农村公路7044千米。抚州至瑞金红都500千伏线路工程投产，500千伏电力输入实现“双通道”。在全省率先实现220千伏输变电站县县全覆盖，提前一年实现村村通“动力电”。西气东输三线赣州段工程进气投产，樟树—吉安—赣州成品油管道投运。寻乌太湖水库等重点水利工程加快实施。赣州西站建设加快推进，钨都大道等“断头路”顺利打通，南康—机场快速路、市第三水厂扩建等项目开工建设。全国文明城市创建深入推进，“治脏治乱治堵”成效明显，拆除“两违”建筑194万平方米。县城和小城镇建设步伐加快，新农村建设扎实推进，完成104个中心村、1140个一般自然村整治建设，3461个行政村全部纳入农村环境连片综合整治范围，拆除“空心房”腾地964.4万平方米，80%以上行政村建立城乡环卫一体化垃圾收运体系，上犹县获全国美丽乡村创建先进县称号，农村人居环境明显改善。

持续增动力添活力，改革创新激发新动能。“五证合一、一照一码”登记制度改革全面实施，以企业信用信息公示“一张网”为核心的市场主体新型监管机制初步形成。赣州、龙南、瑞金经济技术开发区和赣州高新技术产业开发区建成企业服务综合受理中心，基本实现园区的事园内办结。获批国家农村综合改革标准化试点，农村土地承包经营权、集体土地所有权确权登记颁证基本完成。在全国首创“险资支农支小”模式，全市政府投资产业基金总规模超1400亿元，新增“新三板”挂牌企业10家，“五个信贷通”发放贷款219.9亿元。中国南方稀土集团组建运营，市属国有企业整合重组有序推进。部省共建教育改革发展试验区等试点示范事项扎实推进。青峰药业创新天然药物与中药注射剂国家重点实验室揭牌，章源钨业国家企业技术中心等研发平台建设进展顺利。铵盐体系白钨绿色冶炼关键技术和装备集成创新及产业化项目获国家科学技术奖二等奖。专利申请量突破万件。建成各级科技企业孵化器、创业孵化基地、众创空间78家，创新创业活力持续迸发。

坚持严保护重治理，生态建设取得新进展。生态空间保护和水资源管理控制指标红线划定工作基本完成。“河长制”全面实施。石城县、瑞金市、上犹县入选省级生态文明先行示范县(市)，陡水湖国家森林公园等8个单位列入省级生态文明示范基地。全面实施“净空、净水、净土”工程，节能减排任务完成年度计划，空气质量优良率高于全省平均水平，重要水功能区水质达标率96.5%，城市集中式饮用水源地水质达标率100%，生态环境质量保持优良。

致力惠民生保稳定，人民生活得到新改善。财政民生支出占比81.6%。省、市90件民生实事年度计划全面完成。新增城镇就业7.3万人，转移农村劳动力12.8万人。完成农村危房改造2.38万户。棚户区改造基本建成2.9万套，货币化安置工作经验在全国推广。新(改、扩)建校舍96.6万平方米，新建义务教育学校23所，改造薄弱学校473所。南康区、信丰县、大余县、上犹县、崇义县通过国家义务教育基本均衡县评估认定。赣州职教园区加快建设。赣南卫生健康职业学院获批设立。县级公立医院综合改革稳步推进。获批国家级医养结合试点。安全生产和信访形势、食品药品安全状况稳中向好，法治赣州、平安赣州建设扎实推进，社会和谐稳定。

大力改作风提效率，政府自身建设取得新成效。深入开展“两学一做”学习教育和解放思想主题教育活动，严格落实中央八项规定精神，全面落实市委、市政府“一个意见、两个办法”，政府工作效率和服务水平进一步提高。“放管服”改革持续深化，市本级行政审批事项精简至97项，为全省设区市最少。“六单一网”建设扎实推进。行政机关公务用车改革顺利完成。法治政府建设不断加强。自觉接受人大法律监督、工作监督和政协民主监督，建议和提案办结率、满意和基本满意率100%。认真落实党风廉政建设主体责任，政府廉政建设不断加强。国防、双拥、统计、人防、气象、对台、档案、地方志、民族宗教、外事侨务、机关事务等各项工作取得新进展。

（撰稿　黄　海　审稿　杨雍谨）

重要会议

【市政府第二十九次常务会议】 2016年1月8日召开。会议讨论研究关于2015年全市计划执行情况和2016年经济工作的建议，2016年民生实事、中心城区城建项目、重点工程安排建议，赣南苏区振兴发展产业投资基金运营管理相关问题，赣州市人民政府江西铜业集团公司战略合作框架协议；原则通过关于给予孙仙源、刘建国开除公职，刘丽华行政记大过，邹向胜、周仪良行政撤职处分的请示。

【市政府第三十次常务会议】 2016年1月17日召开。会议讨论研究2016年全市经济社会发展的主要预期目标，关于全面打赢脱贫攻坚战的实施意见，关于加快赣南革命老区开发建设打赢脱贫攻坚战任务的责任分工，赣州市2016年农村贫困人口疾病医疗商业补充保险实施方案，赣州市易地搬迁脱贫工作实施方案，赣州市发展产业脱贫工作实施方案，赣州市教育脱贫工作实施方案，赣州市就业脱贫工作实施方案，赣州市生态保护脱贫工作实施方案，赣州市兜底保障脱贫工作方案，赣州市“扶贫信贷通”工作实施方案，全市招商引资异地落户项目利益分享暂行办法，关于推进赣商回归工作的实施意见，关于制定赣州市中心城区非居民用天然气基准销售价格意见；原则通过关于给市公安消防支队记集体二等功的请示。

【市政府第三十一次常务会议】 2016年2月4日召开。会议讨论研究关于2015年赣州市国民经济和社会发展计划执行情况与2016年赣州市国民经济和社会发展计划草案的报告，赣州市国民经济和社会发展第十三个五年规划纲要，关于赣州市2015年全市和市级预算执行情况及2016年全市和市级预算草案的报告、赣州市市本级2016年度财政预算草案。

【市政府第三十二次常务会议】 2016年2月14日召开。会议通报春节期间维护社会稳定工作情况；原则通过关于表彰全市农村危旧土坯房改造工作先进县(市)的决定，关于提请审议2015年赣州市市长质量奖拟奖单位的请示；讨论研究关于引进深圳华强集团股份有限公司建设赣州方特文化科技主题园项目的有关事项，赣州市人民政府关于加快培育外贸竞争新优势的实施意见，赣州市综合运输体系发展规划，关于2016年赣州市中心城区城市建设项目计划。

【市政府第三十三次常务会议】 2016年3月21日召开。会议讨论研究主攻工业2016年工作要点，关于加快推进交通能源基础设施建设的实施意见，赣州市人才回归工程工作方案，昌赣客专赣州西站站房合作建设协议；听取市监察局关于对涉企收费联合检查情况汇报中涉及问题调查督办的情况汇报；通报1—2月全市经济运行情况。

【市政府第三十四次常务会议】 2016年4月25日召开。会议学习《江西省旅游条例》，讨论研究关于进一步加强新形势下征兵工作的实施意见，关于扎实推进军民融合深度发展的意见，关于审批2015年度赣州市科学技术奖候奖项目的请示，赣州市社会信用体系建设实施方案(2016—2020年)，关于深化供销合作社综合改革的实施意见，赣州市深化供销合作社综合改革试点实施方案，赣州市属国有企业负责人履职待遇业务支出管理实施意见，关于构建和谐劳动关系的实施意见，赣州市2016年度市直(驻市)单位绩效考核评价工作方案，2016年度“北上”争资争项工作专项考评办法，赣州市2016年度县(市、区)科学发展综合考核评价办法，关于表彰2015年度县(市、区)科学发展综合考核评价先进县(市、区)名单。

【市政府第三十五次常务会议】 2016年6月8日召开。会议通报全市2015年下半年以来市委市政府出台重大政策措施贯彻落实督查情况、市政府会议研究出台文件制发效率有关情况；讨论研究关于加快中医药事业发展的实施意见，关于加快创新驱动争当创新型省份建设排头兵的实施意见，关于支持创新型成长型企业加快发展的若干政策措施，关于支持赣州经济技术开发区加快发展的意见，关于赋予龙南县、赣县人民政府部分市级经济管理权限的决定，关于精简和调整一批行政审批项目等事项的决定；原则通过关于给予谢筠行政记大过、黄严生行政降级处分的请示。

【市政府第三十六次常务会议】 2016年8月8日召开。会议听取中央第四环境保护督察组下沉督察赣州市工作情况汇报；讨论研究赣州市人民政府制定规章和拟订地方性法规草案程序规定(草案)，关于进一步深化“放管服”改革打造“三最”发展环境的工作方案，赣州口岸中长期发展规划(2015—2025年)，推进“互联网+”协同制造的实施意见；分析研究全市上半年经济运行情况，部署下半年工作。

【市政府第三十七次常务会议】 2016年8月31日召开。会议传达全省民间投资形势分析会议精神；学习《中华人民共和国大气污染防治法》；讨论研究赣州市扶贫蔬菜进高校工作实施方案，赣州市贫困村整村推进脱贫攻坚实施方案，赣州市富硒产业发展工作方案，赣州市农村全域规划编制工作实施方案，关于加强农村住房建设管理的意见，中国农业发展银行投资赣州市国有担保公司实施方案，关于促进赣州市稀土新材料及应用产业发展的若干政策意见，赣州市电子信息产业“十三五”发展规划和关于支持赣州电子信息产业发展的若干政策措施，关于深入推进人民防空改革发展的实施意见，废止《赣州市客运出租汽车管理办法》(市政府令第十八号)；部署对接落实国务院总理李克强在赣州市考察调研时呈报请示事项的相关工作。

【五届市政府第一次常务会议】 2016年11月4日召开。会议原则通过2015年度社会治安综合治理目标管理及平安赣州建设先进县(市、区)和先进单位、2013—2015年社会治安综合治理优秀县(市、区)建议名单，2015年市直(驻市)单位绩效考核评价结果，赣州市全民国防教育实施细则，赣州经济技术开发区人事制度改革总体方案，赣州市贯彻实施江西省质量发展纲要2016年行动计划，贯彻落实关于实施全面两孩政策改革完善计划生育服务管理决定的意见，赣州市食品药品安全“十三五”规划，关于整合城乡居民基本医疗保险制度的实施办法，赣州市加快培育茶叶区域公用品牌实施方案，关于促进氟盐化工产业发展的实施意见，关于促进工业小微企业转型升级为规模以上企业的意见，关于加快赣州市大数据发展的实施意见。

【五届市政府第二次常务会议】 2016年11月4日召开。会议原则通过关于进一步促进赣州市中心城区房地产市场持续平稳健康发展的通知，调整赣州综合保税区管理体制工作方案；研究部署赣州市关于中央第四环境保护督察组反馈意见问题整改工作。

【市政府第四十四次市长办公会】 2016年1月4日召开。会议学习全省经济工作会暨扶贫开发工作会议、全国住房城乡建设会议精神；解读全省2016年主要经济指标、全省2016年扶贫工作任务要求；讨论研究市直单位所属经营性国有资产及国有企业脱钩移交工作方案，关于引进深圳华强文化科技集团建设赣州复兴之路文化科技主题园项目的有关事项，进一步理顺章贡区、南康区、赣州经济技术开发区以及赣县规划管理体制有关工作，2016年经济工作要点。

【市政府第四十五次市长办公会】 2016年1月25日召开。会议学习省委书记强卫对做好当前全省维稳工作提出要求，省委常委、市委书记李炳军对做好当前安全生产和社会稳定工作的批示精神；传达全国计划生育工作电视电话会议、全省应急管理工作会议、全省环保工作会议精神；通报全市应对低温雨雪冰冻天气情况；解读《中共中央办公厅 国务院办公厅印发〈关于完善审计制度若干重大问题的框架意见〉及相关配套文件的通知》；讨论研究赣州市行政权力事项目录清单管理办法、关于加强行政审批事中事后监管的实施意见。

【市政府第四十六次市长办公会】 2016年2月22日召开。会议学习省级"总河长"第一次会议、省生态文明先行示范区建设领导小组第二次会议、全省卫生和计划生育工作会议精神；讨论研究并原则通过关于加快赣州高新技术产业开发区发展的意见，2015年全市主要指标完成情况和2016年主要指标安排的说明，2016年市政协民主协商会政协委员发言建议及市政府领导答复内容。

【市政府第四十七次市长办公会】 2016年2月29日召开。会议解读《中共中央办公厅 国务院办公厅印发关于全面推进政务公开工作的意见》《省级党委和政府扶贫开发工作成效考核办法》；学习省委副书记、省长鹿心社在省政府最近召开的一次重要会议上针对有关情况反映提出的明确要求，全省深化供销合作社综合改革电视电话会议、省《政府工作报告》任务分工暨政府系统省人大代表建议省政协提案交办工作会议、国务院深入推进新型城镇化建设电视电话会议精神；讨论研究赣州市稀土、钨深加工及应用产品奖励办法，赣州市"十三五"交通基础设施项目规划，赣州市2016年交通建设项目计划，关于深化赣州市市属企业负责人薪酬制度改革的意见，关于支持推广政府和社会资本合作（PPP）模式的若干措施，进一步促进赣州市房地产市场平稳健康发展工作，关于促进赣州市建筑业发展的实施意见。

【市政府第四十八次市长办公会】 2016年3月7日召开。会议学习2016年全省教育工作会议精神；讨论研究并原则通过赣州市人才回归工程工作方案，关于将南康区部分乡（镇）村划归赣州经济技术开发区管理有关情况的方案。

【市政府第四十九次市长办公会】 2016年3月28日召开。会议学习全省大众创业万众创新现场推进会议、全国棚户区改造电视电话会议精神；讨论研究并原则通过全市生态文明先行示范区建设领导小组2016年第一次会议相关会议材料，市级"总河长"第一次会议相关会议材料，赣州市中心城区土地定级与基准地价更新成果工作报告，赣州市中心城区2016年土地储备和国有建设用地供应计划。

【市政府第五十次市长办公会】 2016年4月5日召开。会议解读全面推开营业税改征增值税的有关情况；学习部省共建赣州教育改革发展试验区联席会议精神；讨论研究并原则通过关于深入落实《国务院关于支持赣南等原中央苏区振兴发展若干意见》的实施意见，加快旅游投资和促进旅游消费的意见、赣州市旅游产业发展三年推进计划（2016年—2018年），支持江西理工大学入驻职教园区及市校合作共建重大科技平台共促赣州新材料新能源产业发展有关事项，赣州市2016年城镇贫困人口疾病医疗商业补充保险实施方案。

【市政府第五十一次市长办公会】 2016年4月11日召开。会议解读国务院批转国家发展改革委《关于2016年深化经济体制改革重点工作的意见》，省委改革办《关于开展中央已出台改革举措在我省落实情况督察工作的通知》《关于促进互联网金融健康发展的指导意见》；学习全省外事侨务港澳工作会议精神；通报瑞京人寿保险股份有限公司筹备进展情况；讨论研究并原则通过关于优化赣州市政务环境的调研报告，赣州市现代农业攻坚战相关文稿，赣州市精准扶贫攻坚战十大项目实施方案，关于落实发展新理念加快农业现代化实现全面小康目标的实施意见，关于进一步优化发展环境的实施意见，关于降低企业成本优化发展环境推进实体经济健康发展的实施意见。

【市政府第五十二次市长办公会】 2016年4月18日召开。会议通报市政府第51次市长办公会部署工作落实情况；解读《中共江西省委江西省人民政府关于深入实施创新驱动发展战略推进创新型省份建设的意见》《江西省人民政府关于创新驱动"5511"工程的实施意见》《江西省人民政府关于印发重点创新产业化升级工程实施办法的通知》；学习全国房地产市场形势分析电视电话会议精神，通报一季度全市经济运行情况；讨论研究并原则通过赣州市开发性金融支持油茶产业精准扶贫试点工作方案，赣南脐橙产业发展升级行动计划（2016—2020年）。

【市政府第五十三次市长办公会】 2016年5月6日召开。会议通报市政府第52次市长办公会部署工作落实情况；学习全省保障性安居工程审计整改和棚户区改造项目融资申报工作调度会、2016年全省旅游产业发展大会、全省降低企业成本优化发展环境专项行动电视电话动员大会精神；讨论研究并原则通过全省降低企业成本优化发展环境专项行动电视电话动员大会精神贯彻落实工作，营改增全面推行试点工作，固定资产投资增速放缓特别是民间投资不足的原因及应对措施，工业增加值增速放缓特别是制造业用电量增长低迷的原因及应对措施，城镇和农村居民人均可支配收入增速放缓的原因及应对措施，加快中心城区商业地产库存去化的政策措施，关于加强全市社会治安防控体系建设的实施意见，赣州市上犹江引水工程一期暨龙华水厂工程情况，关于打造时光赣州、乡愁赣州、三江口环境改造项目的战略合作框架协议。

【市政府第五十四次市长办公会】 2016年5月16日召开。会议通报市政府第53次市长办公会部署工作落实情况；学习省委副书记、省长鹿心社在听取“三农”工作时的讲话精神及全国、全省推进简政放权放管结合优化服务改革电视电话会议精神；讨论研究并原则通过关于推动重大科研基础设施和大型科研仪器向社会开放的实施办法，加快批而未用土地处置提高土地利用率有关工作，赣州市城市周边永久基本农田划定工作。

【市政府第五十五次市长办公会】 2016年5月23日召开。会议通报市政府第54次市长办公会部署工作落实情况；学习国务院关于促进加工贸易创新发展的若干意见，省委书记强卫在4月29日省委常委会上关于进一步做好脱贫攻坚工作的讲话，江西省人民政府办公厅印发关于加快我省融资租赁业发展若干措施的通知，江西省人民政府办公厅关于印发简化优化公共服务流程方便基层群众办事创业工作方案的通知；讨论研究并原则通过全市降低企业成本优化发展环境专项行动工作，促进钨新材料及应用产业发展的若干意见，赣州市2016年重点工程建设项目投资计划及市县责任领导安排。

【市政府第五十六次市长办公会】 2016年5月30日召开。会议通报市政府第55次市长办公会部署工作落实情况；学习《中共中央办公厅 国务院办公厅印发〈关于进一步深化文化市场综合执法改革的意见〉的通知》，全省文物工作会议精神；通报1—4月全市经济运行情况，全市降低企业成本优化发展环境专项行动工作进展情况；听取赣州市申报航空口岸开放和赣州铁路集装箱货场申报临时开放工作情况汇报；讨论研究并原则通过加强政府投资房建市政工程建设项目招标投标工作的若干规定，新能源汽车及配套产业2016年行动方案和扶持新能源汽车及配套产业发展的若干政策。

【市政府第五十七次市长办公会】 2016年6月12日召开。会议通报市政府第56次市长办公会部署工作落实情况。

【市政府第五十八次市长办公会】 2016年6月20日召开。会议通报市政府第57次市长办公会部署工作落实情况；学习国务院总理李克强在高等教育改革创新座谈会上的讲话，《江西省服务业发展领导小组关于加强规模以上服务业统计工作的意见》，省委副书记、省长鹿心社在省政府办公厅秘书处党支部“两学一做”学习教育时的讲话及全省推进开放型经济发展升级动员大会会议精神；讨论研究并原则通过培育赣南客家菜餐饮文化品牌工作方案，赣州市“金信保”产业扶贫贷款保证保险实施方案，昌赣客专土地综合开发框架协议，将部分国有资产无偿划拨至赣州林业集团有限责任公司的有关事宜，中海地产公司章江新区B8、B9、B10、B16、B18地块开发建设有关事项处理意见，全市工业标准厂房用地试行长期租赁、先租后让供应的指导意见，赣州市统筹整合财政涉农扶贫资金实施方案。

【市政府第五十九次市长办公会】 2016年6月27日召开。会议通报市政府第58次市长办公会部署工作落实情况；学习《中共中央办公厅 国务院办公厅关于推行法律顾问制度和公职律师公司律师制度的意见》《国务院关于在市场体系建设中建立公平竞争审查制度的意见》；讨论研究并原则通过赣州市农村保障房建设工作实施方案，关于降低企业成本争创最优质监服务发展环境的情况，调整赣州中心城区（含赣县）出租汽车运价方案，赣州市推进农村承包土地经营权和农民住房财产权抵押贷款试点的实施方案。

【市政府第六十次市长办公会】 2016年7月4日召开。会议通报市政府第59次市长办公会部署工作落实情况；胡聚文率队赴郑州、重庆学习考察加工贸易承接转移示范地建设有关情况。学习省委常委、省纪委书记周泽民在扶贫领域监督执纪问责工作座谈会上的讲话，国务院总理李克强在全国科技创新大会、两院院士大会、中国科协第九次全国代表会上的讲话，住建部、财政部、人社部贯彻落实《国务院办公厅关于清理规范工程建设领域保证金的通知》电视电话会议精神。讨论研究并原则通过赣州市刺葡萄产业发展实施方案，全市重大项目调度、推进以及下半年重大项目储备工作情况，全市“降成本优环境”专项行动涉企问题梳理办理情况。

【市政府第六十一次市长办公会】 2016年7月11日召开。会议通报市政府第60次市长办公会部署工作落实情况；学习《江西省人民政府办公厅关于促进金融业全面开放合作的实施意见》，全省城镇棚户区改造和地下综合管廊建设工作现场推进会议精神；讨论研究并原则通过清理规范工程建设领域保证金有关工作；听取“六大攻坚战”各领导小组办公室关于上半年工作推进、下半年项目储备和计划开工项目情况汇报，“六大攻坚战”指挥部办公室关于上半年全市“六大攻坚战”工作调度会准备情况汇报，市振兴办关于赣南苏区振兴发展几项重点工作督查的情况汇报。

【市政府第六十二次市长办公会】 2016年7月18日召开。会议通报市政府第61次市长办公会部署工作落实情况；学习《国务院办公厅关于加快推进“五证合一、一照一码”登记制度改革的通知》和全国健康扶贫工作电视电话会议主要精神；讨论研究并原则通过推进下半年全市民生工程工作，抓好下半年重大项目建设工作，赣州市人民政府与深圳证券交易所战略合作框架协议，政府采购促进赣州市中小企业发展的暂行办法，加强规模以上工业统计工作的实施办法，加强规模以上服务业统计工作的实施办法。

【市政府第六十三次市长办公会】 2016年8月1日召开。会议通报市政府第62次市长办公会部署工作落实情况和大余县2016年农村贫困人口疾病医疗商业补充保险工作核实情况；学习省委副书记、代省长刘奇在省政府党组会议上的讲话和在上半年全省经济形势分析会上的讲话精神，《中共中央国务院关于深化投融资体制改革的意见》，全省金融精准扶贫工作会议、全国房地产市场形势分析电视电话会议和全国安全生产电视电话会议主要精神；讨论研究并原则通过全市蔬菜产业发展工作，市中心城区查违拆违工作，全市空间规划工作，赣州市标本兼治遏制重特大事故试点工作方案，赣州市深化中小学教师职称制度改革工作实施方案和深化中小学教师职称制度改革工作有关聘用问题的具体处理意见，赣州市人民政府与新华网战略合作协议，培育和建设“加工贸易承接转移示范地”实施方案。

【市政府第六十四次市长办公会】 2016年8月16日召开。会议通报市政府第63次市长办公会部署工作落实情况，对接了解下半年国家发改委拟出台重大政策情况；学习省政府全体会议精神，全省抓项目扩投资稳增长推进会精神和省纪委关于重申严禁党员干部出入私人会所、违规接受吃请纪律的通知，市委领导批示件办理工作细则的通知，《中共中央办公厅 国务院办公厅关于印发〈专业技术类公务员管理规定(试行)〉和〈行政执法类公务员管理规定(试行)〉的通知》，全省科技创新大会、全省永久基本农田划定工作电视电话会议、全省早稻收购电视电话会议精神；讨论研究并原则通过“降成本、优环境”工作落实情况暨涉企问题办理工作，推动赣州市房地产平稳健康发展工作，农民自建房超高超大、农村乱搭乱建整治等有关工作，中国“稀金谷”规划建设进展工作，赣州扶贫蔬菜进高校工作，赣州市政府投资房建市政公用工程信用承包商管理实施细则和综合评分标准(试行)，赣州市境内高速公路及普通国道、省道沿线广告设施专项清理整治工作实施方案。

【市政府第六十五次市长办公会】 2016年9月5日召开。会议通报市政府第64次市长办公会部署工作落实情况；学习国务院总理李克强关于上半年经济形势和做好下半年经济工作的讲话，《国务院关于推进中央与地方财政事权和支出责任划分改革的指导意见》《国土资源部、农业部关于全面划定永久基本农田实行特殊保护的通知》，全省城市建成区违法建设专项治理工作动员部署电视电话会议精神；讨论研究落实国务院总理李克强在赣州视察时赣南苏区振兴发展有关请示事项推进情况，落实副总理刘延东关于加快医疗卫生体制改革等重要指示，研究制订“六大攻坚战”暨经济社会发展指标体系，讨论研究并原则通过加强中心城区临时建筑(设施)管控工作，加强中心城区户外广告管理工作，清理规范投资项目报建审批事项工作，公布市本级行政许可事项承诺办结期限有关工作。

【五届市政府第一次市长办公会】 2016年9月27日召开。会议讨论研究并原则通过鼓励企业到贫困县注册上市有关政策分享问题，市直部门(单位)财政存量资金清理工作，统筹运用财政涉农资金融资支持赣州扶贫基础设施及新农村建设实施方案，赣州经济技术开发区向国开行申请新能源汽车科技城基础设施建设项目融资有关事宜，引进大型国有集团企业与赣州市签订战略框架协议参与重大项目建设的实施方案，赣州市“十三五”国省道及农村公路建设项目政府购买服务实施方案，赣州市迎宾大道、文明大道快速路及客家大道西延道路工程采用邀请招标方式发包方案，2016—2017年度低质低效林改造实施方案。

【五届市政府第二次市长办公会】 2016年10月8日召开。会议讨论研究并原则通过加强农村低保与扶贫开发制度衔接实施方案，原赣州钴钨公司棚户区改造房屋征收补偿安置实施方案，加快推进国有企业办社会职能分离移交工作方案，扶持赣州市铜铝有色金属产业创新发展的若干政策措施，促进生物制药产业发展的若干扶持政策，推进食品产业发展的若干扶持政策，促进新型建材产业升级发展的若干政策措施。

【五届市政府第三次市长办公会】 2016年11月22日召开。会议讨论研究并原则通过调整赣县区管理体制的意见，赣州市中心城区迎宾大道、文明大道快速路施工招标邀请名单，赣州黄金机场改扩建工程房建市政及配套工程施工监理招标失败后采取直接委托方式确定的有关事宜，赣州市法治政府建设实施方案(2016—2020年)，深入推进全市农村社区建设试点工作的实施方案，落实粮食安全省长责任制的实施意见，建立贫困退出机制的实施意见。

【五届市政府第四次市长办公会】 2016年12月5日召开。会议传达省第十四次党代会精神；讨论研究并原则通过确立赣州蓉江新区财税管理体制有关工作，落实赣州市加强农村住房建设管理有关工作的实施方案，全面治理拖欠农民工工资问题的实施意见，完善矛盾纠纷多元化解机制的实施意见，精简和调整一批行政许可项目的决定。

【五届市政府第五次市长办公会】 2016年12月12日召开。会议传达全省研究当前财政重点工作会议精神；听取2017年赣州民航优化与新增有关航线布局的情况汇报；讨论研究并原则通过赣州市与龙岩市、厦门市、泉州市对接合作事项责任分工安排，加快构建现代公共文化服务体系的实施方案，赣州市全民健身实施计划(2016—2020年)，赣州市“城市质量精神”，赣州市新能源汽车推广应用实施方案。

【五届市政府第六次市长办公会】 2016年12月23日召开。会议讨论研究并原则通过2016年全市计划执行情况和2017年经济工作的建议，赣州市中心城区集体土地征收及房屋拆迁补偿安置办法，公布赣州市市本级公共服务事项清单有关工作，2016年赣州市市长质量奖拟奖单位，赣州市健康扶贫工程实施方案，“整洁美丽，和谐宜居”新农村建设行动的配套资金承诺有关事宜，赣州市蓉江新区等3个片区市本级土地整理项目购买服务实施方案，赣州市农村保障房建设工作考核验收办法。

【市政府党组会议】 2016年7月4日召开。会议听取市委巡察工作领导小组关于巡察17个市政府组成部门有关情况及整改建议的报告。

【市政府领导班子碰头会】 2016年9月18日召开。会议讨论研究并原则通过2016年1月—8月工业用电情况，中心城区土地供应与管理工作，40件民生实事进展情况，赣州市2016年—2017年低质低效林改造工程实施方案，中央领导人在赣州视察时赣州市关于赣南苏区振兴发展有关请示事项推进落实情况，赣州市拟提请赣南等原中央苏区振兴发展部际联席会议第四次会议和省支持赣南苏区振兴发展工作推进会协调解决事项。

【五届市政府全体会议】 2016年10月24日召开。会议学习市第五次党代会和市委五届一次全体会议精神，通报关于章江右岸市民公园(南河大桥—西津门)景观提升改造工程项目进度滞后问题调查情况。

2016年11月3日召开。会议传达学习中共十八届六中全会精神，贯彻落实市第五次党代会和市“两会”精神，研究部署新一届市政府相关工作。

2016年11月3日，市政府召开全体会议。省委常委、市委书记李炳军应邀出席会议并讲话

【五届市政府务虚会】 2016年11月23日召开。会议总结分析2016年各县(市、区)经济社会发展情况，部署政府工作和2017年各项工作。

(撰稿 鲁华永 审稿 杨雍谨 黄 法)

重要决策

2016年，市政府重要决策有：制定赣州市国民经济和社会发展第十三个五年规划纲要，赣州市综合运输体系发展规划，赣州市“十三五”交通基础设施项目规划，赣州口岸中长期发展规划(2015—2025年)，赣州市食品药品安全“十三五”规划，赣州市电子信息产业“十三五”发展规划，赣南脐橙产业发展升级行动计划(2016—2020年)，赣州市全民健身实施计划(2016—2020年)，赣州市法治政府建设实施方案(2016—2020年)，赣州市社会信用体系建设实施方案(2016—2020年)；制定赣州市旅游产业发展三年推进计划(2016年—2018年)，关于支持赣州电子信息产业发展的若干政策措施，2016—2017年度低质低效林改造实施方案；制定2016年经济工作要点，2016年中心城区城市建设项目计划、交通建设项目计划、重点工程建设项目投资计划，新能源汽车及配套产业2016年行动方案和扶持新能源汽车及配套产业发展的若干政策；制定关于加快赣州高新技术产业开发区发展的意见，关于支持推广政府和社会资本合作(PPP)模式的若干措施，关于将南康区部分乡(镇)村划归赣州经济技术开发区管理有关情况的方案，关于加快推进交通能源基础设施建设的实施意见，关于落实发展新理念加快农业现代化实现全面小康目标的实施意见，关于降低企业成本优化发展环境推进实体经济健康发展的实施意见，促进钨新材料及应用产业发展的若干意见，关于加快中医药事业发展的实施意见，关于支持赣州经济技术开发区加快发展的意见，关于赋予龙南县、赣县人民政府部分市级经济管理权限的决定，赣州市推进农村承包土地经营权和农民住房财产权抵押贷款试点的实施方案，培育和建设“加工贸易承接转移示范地”实施方案，关于加强农村住房建设管理的意见，关于促进赣州市稀土新材料及应用产业发展的若干政策意见，关于深入推进人民防空改革发展的实施意见，引进大型国有集团企业与赣州市签订战略框架协议参与重大项目建设的实施方案，贯彻落实关于实施全面两孩政策改革完善计划生育服务管理决定的意见，关于整合城乡居民基本医疗保险制度的实施办法，关于促进氟盐化工产业发展的实施意见，关于加快赣州市大数据发展的实施意见，调整赣县区管理体制的意见，调整赣州综合保税区管理体制工作方案，加快构建现代公共文化服务体系的实施方案，赣州市中心城区集体土地征收及房屋拆迁补偿安置办法；明确市直单位所属经营性国有资产及国有企业与原属市直单位脱钩移交；签订市政府与江西铜业集团公司战略合作框架协议，昌赣客专土地综合开发框架协议，市政府与深圳证券交易所战略合作框架协议。

(撰稿　梁红艳　审稿　杨雍谨　黄　法)

【领导名单】

市长：冷新生(9月免)

　　　曾文明(11月任)

代市长：曾文明(9月任)

常务副市长：周光华(9月免)

　　　　　　李恭进(11月任)

副市长：张晓宁(3月任)

　高　峰(3月任)　彭业明(11月免)

　张治峰(1月免)　孙智宏(1月免)

　胡聚文　何福洲(11月任)

　刘建萍(11月免)　孙黎明(11月免)

　邓忠平　赵多仙(11月任)

　郭素芳(女,11月任)　徐　兵(11月任)

　高世文(12月任)　黄金龙(9月免)

　宋全祥(8月免)

副巡视员：林泽华(11月免)

　　　　　陈卞玲(女，11月免)

党组成员：赵鹏高(4月任)

　　　　　皮仄郑(4月任)　曹爱群

秘书长：刘建明(12月免)

　　　　杨雍谨(12月任)

党组成员：陈定宇(12月任)

副秘书长：薛有长(12月免)

　杨雍谨(12月免)　郭知明

　谢卫东(9月免)　邓　明　林长茂

　龙小东(10月任)　廖振龙(11月免)

　李国泉(10月任)

重要文件选目

关于进一步加强与高校科研院所合作的意见(赣市府发〔2016〕1号)

关于印发赣州市服务外包产业发展若干政策的通知(赣市府发〔2016〕2号)

关于推进赣南投资产业的意见(赣市府发〔2016〕3号)

关于印发赣州市发展产业脱贫工作实施方案的通知(赣市府发〔2016〕4号)

关于印发赣州兜底保障脱贫工作方案的通知(赣市府发〔2016〕5号)

关于加强行政审批事中事后监管的实施意见(赣市府发〔2016〕6号)

关于印发《赣州市易地搬迁脱贫工作实施方案》的通知(赣市府发〔2016〕7号)

关于加快培育外贸竞争新优势的实施意见(赣市府发〔2016〕8号)

关于印发2016年40件民生实事安排意见的通知(赣市府发〔2016〕9号)

关于加快赣州高新技术产业开发区发展的意见(赣市府发〔2016〕10号)

关于印发《促进赣州市建筑业发展的实施意见》的通知(赣市府发〔2016〕11号)

关于印发赣州市水污染治工作方案的通知(赣市府发〔2016〕12号)

关于做好国务院决定取消一批行政权力事项衔接工作的通知(赣市府发〔2016〕13号)

关于深化市级财政科技计划(专项基金等)管理改革的实施意见(赣市府发〔2016〕14号)

关于加快旅游投资和促进旅游消费的意见(赣市府发〔2016〕15号)

关于进一步加强农村道路集团安全工作的意见(赣市府发〔2016〕16号)

关于加强矿山生态环境综合治理打造绿色矿业发展示范区的意见(赣市府发〔2016〕17号)

关于印发赣州市困难残疾人生活补贴和重度残疾人护理补贴实施细则的通知(赣市府发〔2016〕18号)

关于加快瑞(金)兴(国)于(都)经济振兴试验区建设的实施意见(赣市府发〔2016〕19号)

关于清理规范市直(驻市)部门行政审批中介服务事项的决定(赣市府发〔2016〕20号)

关于推动重大科研基础设施和大型科研仪器向社会开放的实施办法(赣市府发〔2016〕22号)

关于促进钨新材料及应用产业发展的若干意见(赣市府发〔2016〕23号)

关于印发赣州市人民政府关于加快中医药事业发展的实施意见的通知(赣市府发〔2016〕24号)

关于精简和调整一批行政权力项目等事项的决定(赣市府发〔2016〕25号)

关于印发赣州市社会信用体系建设实施方案(2016—2020年)的通知(赣市府发〔2016〕26号)

关于印发赣州市刺葡萄产业发展实施方案的通知(赣市府发〔2016〕27号)

关于进一步做好防范和处置非法集资工作的实施方案(赣市府发〔2016〕28号)

关于废止赣州市客运出租汽车管理办法的通知(赣市府发〔2016〕29号)

2016年征兵命令(赣市府发〔2016〕30号)

关于支持赣州电子信息产业发展的若干政策措施的通知(赣市府发〔2016〕31号)

关于印发《培育和建设“加工贸易承接转移示范地”实施》的通知(赣市府发〔2016〕32号)

关于整合城乡居民基本医疗保险制度的实施办法(赣市府发〔2016〕33号)

关于贯彻落实粮食安全省长责任制的实施意见(赣市府发〔2016〕34号)

关于印发赣州市全民健身实施计划(2016—2020年)的通知(赣市府发〔2016〕35号)

关于精简和调整一批行政审的审批项目的决定(赣市府发〔2016〕36号)

(撰稿　梁红艳　审稿　杨雍谨　黄　法)

市政府办公厅工作

【概况】　2016年，市政府办公厅紧紧围绕市委四届七次全会、市第五次党代会总体部署和“六大攻坚战”工作大局，切实转作风、提效率、抓落实，圆满完成全年各项目标任务。

【以文辅政】 围绕全市总体工作部署和中心工作，组织开展“十三五”规划，降低企业成本、优化发展环境等调研，起草一系列专题调研报告，提出一些有针对性的对策、建议，为领导决策提供重要参考。高质量地完成换届政府工作报告和市政府领导在出席、主持和参加各种重要会议、重大活动等场合上的讲话、发言、汇报等文稿800余篇。应用新媒体和信息化手段，发挥信息辅政作用，高质量编发《每日汇要》《网络舆情专报》《舆情热点专报信息》《内部参阅》《手机专报信息》等信息参阅刊物，及时、准确、全面地为市政府领导提供有价值的信息。围绕赣南苏区振兴发展，钨、稀土、脐橙等支柱产业发展，“六大攻坚战”和重大项目推进等工作重点，不断加大信息报送力度，全年上报省政府办公厅采用信息336条，信息采用数创历史新高，居全省设区市前列。《赣州市认真贯彻国务院总理李克强视察江西重要讲话精神》《赣州市反映稀土钨等资源税改革一年来新出现的五方面问题值得关注》等50条信息被省办综合转报国办采用，其中29条被国办专报信息采用，13条获国务院领导批示。

【督查督办】 以开展2016年以来市委市政府出台重大政策措施贯彻落实情况大督查、迎接国务院第三次大督查为契机，围绕省、市《政府工作报告》工作任务落实，主攻工业、精准扶贫、招商引资、民生工程、环境保护等重点工作，牵头或组织开展各类督查活动40多批次，下发督办函51份，撰写督查报告、编发《督查专报》40余期(篇)。精心组织做好中央环境保护大督查工作，共办理中央环保督察组交办信访件147件，全部在规定时限内办结，确保赣州市突出环境问题得到有效解决。坚持定期汇总《关于赣州市以省政府名义上报文件落实情况的报告》《关于鹿心社同志在有关会议讲话中所提要求落实情况的报告》《关于刘奇省长赴赣州市调研时有关县提出需要支持事项落实进展情况的报告》等，有力地推动各项工作落实。积极办理人大代表建议、政协委员提案，全年办理省人大代表建议、省政协提案25件，市四届人大七次会议人大代表建议179件、市四届人大六次会议人大代表B类件30件，市政协四届六次会议、市政协五届一次会议以来政协提案546件，所有建议提案均在规定时限内办复，办复率达到100%。

【办文办会】 积极做好赣州市数字化统一办公平台的推广应用，协调完善平台功能，全面推行公文电子传输；印发《领导批示件办理工作办法》，进一步规范并优化领导批示件管理，提升办文质效。全年印发编号文件837个，办理上级来文2652份，办理下级请示1721份，处理非请示件来文754份，转办处理市政府主要领导批示件2489件，转办处理各类信访件577件。规范市政府各类会议承办程序，注重办会细节，全年高效承办市政府领导班子务虚会1次，市政府全体会议3次，市政府党组会议4次，市政府常务会议11次，市长办公会29次，市政府领导班子碰头会1次，市政府各类协调会、调度会、现场办公会等200多次。积极参与或组织举办2016赣州(香港)产业合作推介会、“4+8”地区绿色发展座谈会暨论坛，省支持赣南苏区振兴发展工作推进会等重大会议活动。

【应急管理】 完善应急管理领导机构和办事机构，充实并加强防汛抗旱应急指挥部、安全生产事故应急指挥部、公共卫生应急指挥部等23个专项应急指挥部。强化预案管理，指导57个市应急委成员单位完成部门预案修订工作，指导各类重大活动牵头单位编制相关应急预案。强化应急演练，积极组织或协调市应急委成员单位开展系列应急演练，有效提升应急救援的实战能力。强化应急值守，印发《关于印发赣州市人民政府应急信息处理办法的通知》《关于加强应急信息报告工作的通知》等，坚持24小时在岗值班。加强基层值班室建设，全市市直单位、各县(市、区)乡镇(街道办)均建立值班室，实现市、县、乡三级365天全天候在岗应急值守。启动全市政府系统应急值班工作视频点名工作，市、县应急指挥中心每月开展一次视频点名，10月，国务院应急办主任李晓东对赣州市应急管理工作尤其是视频点名工作给予充分肯定。强化应急信息报送，采取巡回培训方式分别在南康区、瑞金市、龙南县等地开展应急信息报送培训，全市信息报送质效明显提高。年内，共接收各类应急信息6360余条，依规办理3520余条；向省政府编报《值班信息》43期；编报《赣州应急值班信息》93期，各类信息获省领导批示29次，市领导批示63次。高效处置“2·10”赣县出现输入性寨卡病毒确诊病例，“3·24”323国道赣县江口镇六十里店村路段出现地质灾害隐患，“4·10”赣县王母渡镇村民在S219聚集事件等各类突发事件。

【行政审批改革】 深化行政审批改革，大力精简行政审批事项，2016年共精简审批事项68项，市本级保留行政审批项目97项，较2013年初597项精简达83.8%。市本级行政审批事项平均办结时限由14.65个工作日，缩短4.43个工作日，缩短近69.8%，近90%的事项办结时限在5个工作日以下。主动服务市委、市政府“主攻工业、三年翻番”战略部署，支持龙南经济技术开发区、赣州高新技术产业开发区2个国家级平台组建企业服务综合受理中心，赋予其市级经济管理权限79项，实现园区事园内办结。继续推进“六单一网”建设，协调市直各部门通过门户网站、宣传册、手机终端等方式推进六张清单向基层，特别是向普通群众公开，切实方便群众，提高知晓率。提高事中事后监管透明度，减少人情执法和任性执法，提升监管质效，营造更加公平公正的市场环境。

【民族宗教】 认真落实党和国家民族

政策，加大少数民族“四特”建设工作力度，新建定南县岭北镇符足畲族组、兴国县枫边乡社坪畲族村2个“特色村寨”；南康区赤土畲族乡、会昌县洞头乡洞头畲族村列入国家民委、国家发改委少数民族特色小镇建设重点项目；南康市赤土畲族乡花园畲族村地前组等6个(全省9个)少数民族村组被评为全国少数民族“特色村寨”；会昌县洞头乡洞头畲族村等3个少数民族村组入选少数民族村(组)“中国(江西)百个‘最具乡愁’村庄”；南康区赤土畲族乡花园畲族村入选“江西十大秀美新农村”。成功举办南康区赤土畲族乡首届畲族文化艺术节，并在“五一”劳动节亮相央视。向省民宗局争取全省少数民族精准扶贫示范点12个(全省25个)，每年投入20万元，新建8个民族村产业扶贫基地。全力维护宗教领域的和谐稳定，不断提升宗教事务管理水平。印发《关于2016年以“规范”为主题开展和谐宗教团体、和谐寺观教堂创建活动的通知》，继续深入开展宗教活动场所规范化管理创建活动；指导、协调于都县顺利处置罗坳迴龙寺非正常宗教活动问题，成功应对全省天丰教地下势力头目曾景牧病亡的宗教突发事件，做到无一人去抚州市参加吊唁活动。切实组织开展慈善周活动，逐步形成“赣州广福助学”“全南县一路荷香”“兴国中兴慈善会”等赣州慈善品牌。

【外事及中国港澳台事务管理】 坚持管理和服务并举，严格规范因公出国(境)审批管理，坚决制止公款出国(境)旅游。2016年，全市共审核审批因公出国(境)团组人员58批169人次，其中因公出国41批67人次，因公赴中国港澳地区17批102人次(参加全省性活动31人次)；核减因公赴中国港澳地区人员1批30人次，劝退因公出国人员1批6人次。审核审批邀请外国人到赣州市访问就业33批106人次，受理申办APEC商务旅行卡5批14人次。因公出访工作坚持做到招客商、抓项目、结友城、促发展，促成赣州市企业与德国博世集团、芬兰尼欧联公司签订经贸协议，与巴西利梅拉市经贸发展局签署《促进经贸合作备忘录》等。加强涉外管理工作，牵头处理比利时布鲁塞尔爆炸案中赣州市伤亡人员的后续赔偿和赣州市人员在格林纳达涉嫌犯罪的协调工作等2起公民领事保护事件。充分利用外事侨务资源，主动服务“六大攻坚战”，在2016年赣港经贸合作活动中，服务签约项目22个，投资总额18.19亿美元；持续推动第二届“华赣会”签约项目落地投产，7个签约项目全部完成注册，开工5个，投产4个。大力引进侨界公益捐赠项目，2016年，全市外侨系统引进中国世界和平基金会、中国宋庆龄基金会、香港乐善行基金会、香港应善良福利基金会等侨界捐赠项目11个，捐赠款物折合人民币1530.61万元，支持赣州市偏远地区教育、医疗等社会事业发展。

【干部队伍建设】 深入贯彻落实全市改作风、提效率动员大会精神，大力践行敢想敢干、敢为人先、直面问题、敢于担当，马上就办、办就办好，善谋实干、一心为民优良作风，切实提升工作效能。扎实开展“两学一做”学习教育活动，坚持问题导向，做到立说立改。2016年，市政府办公厅党总支下属8个支部共查摆问题56个，解决问题45个，“两学一做”学习教育活动取得明显实效。加强党风廉政建设，坚持把纪律挺在前面，切实执行中央八项规定、廉政准则等有关规定，扎实开展廉政文化教育，树立良好的干部队伍形象。严格执行《干部选拔任用工作条例》，切实把好“推荐关”“考察关”“任用关”，营造出干部成长靠德才条件、靠工作实绩、靠群众公认的良好选人用人环境。

【服务中心工作】 全力服务推动“六大攻坚战”。办公厅主要领导担任市“六大攻坚战”指挥部办公室常务副主任，专门安排1名办公厅副主任负责办公室日常工作，1名科级干部参与指挥部办公室综合协调工作。市政府各副秘书长、办公厅其他领导、各相关处室积极协助分管市领导加强对“六大攻坚战”项目调度；市政府督查室主动作为，多次牵头或参与“六大攻坚战”项目督查。认真开展精准扶贫工作，统筹协调安排72名干部结对帮扶上犹县黄埠镇龙头村、坑中村、岩坑村172户贫困户，制定《市政府办公厅精准扶贫工作方案》，有针对性地对所帮扶村提出7大类22项帮扶措施。扎实做好网络安全和信息化工作，印发《关于深入开展全市政府网站整改提升工作的通知》，全面提升政府网站建设管理水平；会同市工信委邀请第三方检测机构对市直61个单位政府网站和18个县(市、区)政府门户网站安全情况进行监测扫描，及时整改修复网站漏洞，确保网站安全稳定运行。扎实推进社会管理综合治理、绩效管理、文明单位创建等各项工作，取得较好成效。

(撰稿　梁红艳　审稿　杨雍谨　黄　法)

【领导名单】

主任：薛有长(12月免)

纪检组长：陈赤熏(12月任)

副主任：尹林春　郭　澜　温　海　王小华　黄辉伦(6月免)　王　彦　彭　钢　毕志鹏

重要文件选目

关于印发赣州市行政权力事项目录清单管理办法的通知(赣市府办发〔2016〕1号)

关于印发《赣州证券机构服务赣州市企业上市挂牌及融资的奖励办法》的通知(赣市府办发〔2016〕2号)

关于印发赣州市进一步促进私募投资基金业发展若干规定的通知(赣市府办发〔2016〕3号)

关于印发关于支持推广政府和社会资本合作(PPP)模式的若干措施的通知(赣市府办发〔2016〕4号)

印发关于加强工业园区节约集约用地实施意见的通知(赣市府办发〔2016〕5号)

关于推进全市工业园区创新升级意见的通知(赣市府办发〔2016〕6号)

关于印发赣州市鼓励建设和使

用标准厂房意见的通知(赣市府办发〔2016〕7号)

关于印发关于加快推进交通能源基础设施建设的实施意见的通知(赣市府办发〔2016〕8号)

关于支持南康家具产业创新发展若干措施的通知(赣市府办发〔2016〕9号)

关于印发赣州市乡村教师支持计划(2015—2020年)实施办法的通知(赣市府办发〔2016〕10号)

关于印发赣州市属国有企业负责人履职待遇业务支出管理实施意见的通知(赣市府办发〔2016〕11号)

关于印发赣州市进一步加强乡村医生队伍建设实施细则的通知(赣市府办发〔2016〕12号)

转发市文化广电新闻出版局等单位关于做好政府向社会力量购买公共文化服务工作实施办法的通知(赣市府办发〔2016〕13号)

关于印发赣州市企业信用行为联合激励与惩戒实施细则的通知(赣市府办发〔2016〕14号)

关于印发《赣州市食品安全事故应急预案》(修订稿)的通知(赣市府办发〔2016〕15号)

印发赣州市扶持新能源汽车及配套产业发展的若干政策的通知(赣市府办发〔2016〕16号)

关于印发全市工业标准厂房用地试行长期租赁先租后让供应的指导意见的通知(赣市府办发〔2016〕17号)

关于印发支持创新型成长型企业加快发展的若干政策措施的通知(赣市府办发〔2016〕18号)

关于印发《关于加强政府投资房建市政工程建设项目招标投标工作的若干规定(试行)》的通知(赣市府办发〔2016〕19号)

关于印发赣州商务局主要职责内设机构和人员编制规定的通知(赣市府办发〔2016〕20号)

关于印发赣州市“十三五”交通基层实施建设项目建设规划的通知(赣市府办发〔2016〕21号)

关于印发赣州市推进互联网+协同制造实施意见的通知(赣市府办发〔2016〕22号)

关于印发赣州市政府投资房建市政公用工程信用承包商管理实施细则(试行)和赣州市政府投资房建市政公用信用承包商名录管理系统综合评分标准(试行)的通知(赣市府办发〔2016〕23号)

关于加强农村住房建设管理的实施意见的通知(赣市府办发〔2016〕24号)

关于全面落实“五证合一、一照一码”登记制度改革的实施意见(赣市府办发〔2016〕25号)

关于转发江西省人民政府办公厅关于印发江西省推进行政检查双随机一公开工作实施办法的通知的通知(赣市府办发〔2016〕26号)

转发市人社局和教育局关于赣州市深化中小学教师职称制度改革工作实施方案的通知(赣市府办发〔2016〕27号)

关于印发《关于促进民间投资增长的若干措施》的通知〔2016〕28号)

关于促进赣州市稀土新材料及应用产业发展的若干政策意见(赣市府办发〔2016〕30号)

转发市卫生计生委等部门关于推进医疗卫生养老服务相结合的实施意见(赣市府办发〔2016〕31号)

印发关于加强农村低保与扶贫开发制度衔接实施方案的通知(赣市府办发〔2016〕32号)

关于推进绿色生态农业十大行动的实施意见(赣市府办发〔2016〕33号)

关于印发《赣州市卫生计生人才综合培养工程试点实施方案》的通知(赣市府办发〔2016〕34号)

关于印发赣州市扶持食品产业发展的若干政策的通知(赣市府办发〔2016〕35号)

关于印发赣州市扶持铜铝有色金属产业发展的若干政策的通知(赣市府办发〔2016〕36号)

关于印发赣州市新型建材产业发展的若干政策的通知(赣市府办发〔2016〕37号)

关于印发赣州市生物制药产业发展的若干政策的通知(赣市府办发〔2016〕38号)

关于印发大力开展应急救护知识培训工作的实施意见(赣市府办发〔2016〕39号)

关于加快推进“双随机一公开”监管工作的通知(赣市府办发〔2016〕40号)

关于印发赣州市食品药品安全“十三五”规划的通知(赣市府办发〔2016〕41号)

关于印发赣州市安全生产工作考核办法的通知(赣市府办发〔2016〕42号)

关于促进工业小微企业转型升级为规模以上企业的意见的通知(赣市府办发〔2016〕43号)

关于落实《省粮食安全省长责任制考核办法》的通知(赣市府办发〔2016〕44号)

关于印发促进氟盐化工产业发展实施意见的通知(赣市府办发〔2016〕45号)

关于加强进城务工人员随迁子女平等接待义务教育工作的意见(赣市府办发〔2016〕46号)

关于进一步加强工业园区安全生产工作的实施意见(赣市府办发〔2016〕47号)

关于印发《关于全面治理拖欠农民工工资问题的实施意见》的通知(赣市府办发〔2016〕48号)

印发关于加快赣州市大数据发展实施意见的通知(赣市府办发〔2016〕49号)

(撰稿　梁红艳　审稿　杨雍谨　黄　法)

行政服务中心管理

【概况】 2016年，市政府行政服务中心管理委员会不断深化行政审批制度改革，强化公共资源交易服务平台建设，持续推进简政放权、放管结合、优化服务，为服务深化改革和振兴发展，服务群众、项目和企业，打好攻坚战、同步奔小康做出积极贡献。年内中心受理各类行政审批、公共服务事项210077件，办结210056件，办结率99.9%；累计收费10.9亿元(不含土地出让金)。受理并成交各类公共资源交易项目785项(次)，成交总额110.54亿元，为政府(或业主)增收节支6.60亿元。

【行政审批事项“接、放、管”】 及时督促各职能部门做好承接及清理工作。赣州市本级保留的行政审批事项共有97项，其中87项进入市行政服务中心办理，10项在单位专业办事大厅办理；中央、省属驻市单位保留的行政审批事项共34项，其中11项进入市行政服务中心办理，23项在单位专业办事大厅办理。通过对部门办理事项的流程优化再造，市直部门的平均审批时限压缩到4.73个工作日内，中央、省属驻市部门的平均审批时限压缩到7.82个工作日。

【公共服务事项清理】 代市政府起草《赣州市简化优化公共服务流程方便基层群众创业工作方案》，对各项任务进行细化分解，落实责任分工，要求各部门在梳理上报公共服务事项的同时，对需通过网上审批系统进行在线办理的公共服务事项进行确认。市直48个部门共报送767项公共服务事项，其中办事指南类320项，完成事项梳理的审核，并报市政府审定、公示。

【企业服务综合受理中心建设】 在赣州、龙南、瑞金3个经济技术开发区和赣州高新技术产业开发区成立企业服务综合受理中心，将行政审批权和行政执法权下放至开发区，做到园区事园区办结，让开发区集中、精简、高效、便捷的服务体制机制优势得以充分发挥。

【中介服务“超市”】 对行政审批事项中涉及的中介服务情况进行全方位的调研，对中心现有服务场所进行调整，提出可行性建设方案，确定以‘网上中介服务超市+实体中介服务超市”的建设模式，完成组建的各项准备工作。

【网上审批系统运用】 各进驻窗口统一使用全省网上审批系统软件，实现与本单位的网络连接。加快推进赣州市网上审批系统升级改造工作，确保与江西政务服务网的顺畅对接。

【实体大厅信息化建设】 组建窗口微信群，通过微信群加强对窗口的管理。要求有条件的窗口开通微信公众号，将办事指南及相关政策进行推送，并设置便民查询、办事咨询、预约服务、问卷调查等栏目。推行税务部门开发利用全新网上办税服务平台，纳税人可在网上办理申报、缴税、查询、个税申报、项目登记等业务；牵头协调相关部门，建立统一的信息技术平台，打破信息壁垒，以不动产登记系统为平台，实现国土、国税、地税、财政、房产、公积金中心、棚户区改造等部门数据交换和信息资源共享。

【公共资源交易监管】 积极推动整合建立统一规范的公共资源交易平台，协助农工部做好农村产权流转交易平台建设；进一步规范工程建设项目投标保证金电子化系统在全市范围内的运行；完善场所管理，启用影音监督室；加大打击围标串标力度，协助市公安局做好G150项目围标串标查处工作。

(撰稿　严志春　周　为　审稿　肖　平)

【领导名单】

党组书记、主任：许长湖(10月免)
　　　　　　　　廖永平(11月任)
党组成员、纪检组长：肖厚年(12月免)
党组成员、副主任：赵秀玲(女，5月免)
　肖　平　袁犬嵘(10月任)
党组成员、公共资源交易中心
　主任：王　豪(8月免)
副调研员：郭连生(10月免)
　　　　　杜南辉(10月免)　邱荣华

发展研究

【参与市政府重要文稿起草】 2016年，市政府发展研究中心2人为市政府重要文稿起草组成员，参与起草《政府工作报告》等市政府综合性文稿10多个。

【课题研究】 通过市领导点题、专家出题等方式，选定“赣州市食品产业发展升级对策思路研究”“推进赣州中心城区古色文化旅游资源整合对策研究”“赣州推进跨境电子商务发展对策研究”“加快赣州生态农业建设思路研究”等一批研究课题，组织专家学者和有关人员进行研究，全部形成研究报告供市委、市政府决策参考。

【专题调研】 围绕主攻工业、城市建设、县域经济，以及一些重点、热点、难点问题开展调查研究，为市委、市政府科学决策提供重要依据，撰写各类调研报告5篇，为市委、市政府科学决策提供重要依据。《务必高度重视的经济新形态——分享经济》专题调研报告，得到市委主要领导的重要批示，并以市委办公厅《参阅件》形式印发全市各地、各部门。

【精准扶贫和帮扶企业】 精准扶贫挂点驻村于都县银坑镇年丰村，帮助挂点制定帮扶总体规划和阶段性计划，从建立结对帮扶机制、发展产业帮扶等方面入手，创新落实精准扶贫机制，加快精准扶贫、精准脱贫进程。自筹和争取各类涉农资金30余万元，推进村小学、通组公路、农田水利、环境整治等一批民生实事。帮扶企业挂点信丰县工业园的信丰中鼎新型建材有限公司、信丰一造电子科技有限公司和信丰县弘业电子有限公司等3家企业，采取分类精准帮扶，对不同企业采取不同的帮扶策略，3家企业反映的9个问题全部得到解决。

【智库建设】 会同市委政策研究室、市社联开展赣南苏区振兴发展“智库”(决策咨询委员会)组建工作，拟定组建方案，遴选“智库”专家人选50人，分设区域发展、现代工业、现代农业、现代服务业、规划建设等5个决策咨询组，为赣南苏区振兴发展提供智力支撑做好基础性工作。

(撰稿　刘建华　审稿　朱国清)

【领导名单】
主任：钟　健(10月免)
廖志平(10月任)
副调研员：朱国清

赣南苏区振兴发展工作
(赣州市执行西部大开发政策工作)

【概况】 2016年，《国务院关于支持赣南等原中央苏区振兴发展的若干意见》(以下简称“若干意见”)出台实施五年，全市紧紧围绕解放思想、内外兼修、北上南下的实践路径，深化工作思路，狠抓政策落实，积极打好“六大攻坚战”，赣南苏区振兴发展取得新成效。

赣南苏区振兴发展工作办公室(赣州市执行西部大开发政策工作办公室)为市委、市政府直属正处级全额拨款事业单位，内设有综合处、规划指导处、政策研究室和执行西部大开发政策处4个职能处(室)，人员编制29名，在编在岗人员18名。

【政策落地】 国家层面支持赣南苏区的政策文件达127个，其中国务院或国务院办公厅印发12个；支持赣南等原中央苏区振兴发展部际联席会议第四次会议、省苏区振兴发展领导小组第五次会议、支持赣南苏区振兴发展工作推进会先后召开，帮助赣州市解决一批重大事项。至年底，“若干意见”明确的236个支持事项，已落实及在落实之中的有223项。全面执行西部大开发政策基本到位，包括“减按15%税率征收企业所得税”在内的162项具体政策或标准落实到位，累计减免企业所得税17.3亿元，减免关税12229万元。

【北上对接】 全市共争取到各类上级补助资金477.19亿元，增长14.8%。其中，一般公共预算资金376.26亿元、政府性基金7.22亿元、新增地方政府债券转贷资金51.14亿元、交通等其他补助42.57亿元。共争取政策及项目183个，其中争取重大项目25个，包括上级补助地方投资的重大项目6个，中央企业在赣州市投资建设的重大项目15个，省属企业在赣州市投资建设的重大项目4个。争取项目批复29个，包括国家部委批复项目4个，省直厅局批复项目25个。争取政策批复129个，包括全国人大常委会、国务院批复政策3个，国家部委批复政策56个，省政府批复政策12个，省直厅局批复政策58个。

【对口支援】 年内有33个国家对口支援单位和28个省对口支援单位出台对口支援年度工作计划(方案)，1个国家对口支援单位和7个省对口支援单位召开对口支援工作会议。先后有37个国家对口支援单位的43位副职以上领导深入赣州市开展专题调研，其中国家发改委、工信部、财政部、公安部、国土资源部、农业部、水利部、国家卫生计生委、国家供销合作总社、国家体育总局、国家开发银行、国家粮食局、国家统计局、中共中央宣传部、国家能源局、国务院国资委等16个支援单位的主要领导亲自带队到赣州市调研。18所对口高校及科研机构领导深入受援地调研，赣南医学院、南昌大学、九江学院、南昌理工学院等4所高校出台对口支援支持文件，赣南师范大学与崇义县签订战略框架合作协议。

【战略规划】 争取国家发改委等部委将“完善革命老区振兴发展支持政策、大力推动赣闽粤原中央苏区振兴发展”内容写进国家“十三五”规划纲要，有关部委明确表示在“十三五”相关专项规划中给予赣南苏区倾斜支持。加强与促进中部地区崛起新十年规划的衔接，争取国家有关部委在规划中充分体现“若干意见”要求。加强与省“十三五”规划纲要及各专项规划的衔接，省直有关厅局将赣州市391项重大项目纳入或体现在部门行业专项规划。

【督查考核】 坚持抓好“若干意见”涉及重大事项每月日常调度、每季综合调度，随时掌握工作情况。分别于1月、5月、11月，深入各县(市、区)、市直有关单位进行督查调研，其中5月份督查情况以市政府办公厅名义印发《关于赣南苏区振兴发展重点工作督查情况的通报》。密切跟踪“若干意见”各项政策落实情况，对部际联席会议、省赣南等原中央苏区振兴发展工作领导小组会、省支持赣南苏区振兴发展工作推进会研究协调事项落实情况，以及“若干意见”尚未落实事项推进情况等重点工作进行督查。

【重要文稿】 代拟《中共赣州市委 赣州市人民政府关于深入落实〈国务院关于支持赣南等原中央苏区振兴发展的若干意见〉的实施意见》《中共赣州市委办公厅 赣州市人民政府办公厅关于印发深入落实〈国务院关于支持赣南等原中央苏区振兴发展的若干意见〉重点工作责任分工表的通知》《中共赣州市委办公厅 赣州市人民政府办公厅关于印发〈2016年度“北上”争资争项工作专项考评办法〉的通知》《赣州市人民政府关于加快瑞(金)兴(国)于(都)经济振兴试验区建设的实施意见》《赣州市人民政府办公厅印发〈瑞(金)兴(国)于(都)经济振兴试验区2016年工作要点〉的通知》《赣州市人民政府办公厅关于赣南苏区振兴发展重点工作督查情况的通报》等文稿；起草《赣南苏区振兴发展2016年工作要点及责任分工》《赣州市贯彻落实〈国务院关于支持赣南等原中央苏区振兴发展的若干意见〉情况自查报告》《赣州市提请支持赣南等原中央苏区振兴发展部际联席会议第四次会议协调解决事项》《关于进一步加强对接国家下半年拟出台重大政策的责任分工》《赣州市拟提请省支持赣南苏区振兴发展工作推进会协调解决事项》等文稿。

【重要会议】 3月26日，中央国家机关对口支援赣州市第二批挂职干部见面会召开。3月31日，赣南等原中央苏区振兴发展工作领导小组第五次会议在南昌召开。5月28日，中央国家机关及有关单位对口支援工作座谈会在南康区召开。8月3日，省苏区办与省教育厅在赣州联合召开省高等院校及科研机构对口支援赣南等原中央苏区工作启动会。10月16日，省支持赣南苏区振兴发展工作推进会在赣州召开。12月13日，支持赣南等原中央苏区振兴发展部际联席会议第四次会议在北京举行。

（撰稿　罗　明　审稿　刘卫红）

【领导名单】
主任：薛　强（10月任省苏区办副主任，12月任市振兴办主任）
副主任：黄　斌　缪小征　刘卫红（女）　陈贵周（12月任市振兴办副主任、市西部办主任）

人力资源和社会保障

【概况】　2016年，全市各级人力资源社会保障部门围绕全市经济社会发展大局，以“民生为本、人才优先”为主线，锐意进取、扎实工作，圆满完成各项工作任务。创业担保贷款工作在全国创业政策培训班上作授课交流；就业扶贫工作被经济日报、中国劳动保障报等媒体报道；民工工资保障工作在全省劳动关系工作会议上作典型发言；“双创”工作在全省推进会上作经验介绍；军转安置工作在全省人社工作会议上作典型发言；社保、医保、农保被评为全省社会保险民生工程目标绩效考核先进；市人事考试中心被评为2016年度全省人事考试工作先进单位；市人力资源和社会保障局被评为2011—2015年全省法治宣传教育先进单位，绩效考核、综治、节能、主攻工业等工作被评为全市先进单位。兴国县劳动监察大队被评为全国人力资源社会保障系统优质服务窗口单位。

市人力资源和社会保障局机关内设17个正科级职能科（室），分别为办公室、信访科、综合业务科（法制科、行政审批服务科）、公务员管理科（赣州市绩效管理工作办公室）、就业促进和失业保险科（民工服务指导科）、军官转业安置科（赣州市人民政府军队转业干部安置工作小组办公室）、职业能力建设科、专业技术人员管理科、事业单位人事管理科、劳动关系科（劳动监察科、调解仲裁管理科）、人力资源市场科、工资福利科、基金监督科、养老保险科、医疗生育工伤保险科、外国专家管理科、人事科（离退休干部科）。另设机关党委，负责机关和直属单位的党群工作；纪检组（监察室），为市纪委（市监察局）的派驻机构。管理7个副县级以上事业单位，其中赣州技师学院为正县级事业单位，市劳动就业服务管理局、市社会保险事业管理局、市医疗保险局、市农村社会养老保险局、市人才交流中心、市劳动保障监察支队为副县级事业单位。直属科级事业单位9个，其中直属正科级全额拨款事业单位7个，分别为市人力资源和社会保障信息中心、市人力资源和社会保障培训中心、市人事考试中心、市专家服务中心、市自主择业军官管理服务中心、市民工工资保障服务中心、市劳动人事争议仲裁院。直属正科级自收自支事业单位2个，分别为市职业技能鉴定指导中心和市劳动培训中心。

【城乡就业创业】　全年城镇新增就业7.32万人，完成年度任务的120.82%；新增转移农村劳动力12.77万人，完成年度任务的133.12%；新增家庭服务从业人数11686人，完成年度任务的137.48%；城镇登记失业率3.04%，低于4.5%的年度控制目标。重点群体就业保持稳定。举办56场人才招聘会以及182场就业招聘会，促进高校毕业生、农村转移就业劳动力、就业困难人员等重点群体充分就业。稳妥做好化解钢铁煤炭行业过剩产能企业职工工作，对全市涉及的20家企业，进行全面调查摸底，开展业务培训，妥善安置职工。创业促进就业成效显著。建成创业孵化基地等创业平台52个，入驻创业实体3200余家，辐射带动就业4万余人。实施大学生创业引领计划，引领大学生创业827人，带动就业2712人。举办“中国创翼”青年创业创新大赛赣州选拔赛，5个优秀项目获“创翼之星”。发挥创业担保贷款扶持创业积极作用，全年新增担保基金4570万元，发放创业担保贷款17.96亿元，直接扶持就业1.6万人，带动就业9.6万人。制定政策，鼓励企业吸纳贫困劳动力就业，4.14万名贫困劳动力通过就业脱贫。建立就业扶贫车间299个，吸纳贫困劳动力就业4838人，占贫困劳动力家门口就业人数的42.6%。就业培训分类开展。整合利用社会优质教育培训资源，发展培育各类社会培训机构230家，新增就业创业培训定点机构90家，开展各类职业技能培训10.97万人。其中，园区用工（定向）培训4.5万人。分类实施贫困劳动力精准培训，培训电商技能3320人，培训家庭服务技能2850人。

【社保体系建设】　加大扩面征缴力度。至年底，全市基本养老、医疗、失业、工伤、生育保险参保总人数861.06万人次，同比增长4.75%；城乡居民基本养老保险参保人数411.6万人，同比增长0.58%。全年征缴五项社会保险基金121.57亿元，同比增长13.1%。推进社保制度改革。完成原新农合、城镇医保部门机构和人员编制的整合，制定整合城乡居民基本医疗保险制度的实施办法、工作推进方案及相关配套文件，增设乡镇医保所，明确行政村医保服务岗，启动医保信息系统扩容和升级改造。机关事业单位养老保险制度改革顺利推进。社会保障待遇水平提高。首次实现机关事业单位退休人员与企业退休人员基本养老金同步调整，惠及全市29.33万名退休人员。开展医保二次补偿，市本级二次补偿金达1030万元，惠及2232名群众。为医保患者办理特药申请，参保患者减负1135万元。社会保障服务水平提升。在全省率先实施贫困人口疾病商业补充保险，构筑贫困人口医疗保障的“第四道保障线”，以市政府名义转发会昌县的经验做法，推进四条保障线“一站式”服务。贯彻落实城镇职工养老保险助保贷款实施办法，为816名中断缴费人员发放助保贷款2005.76万元。17.5万名被征地农民参加城镇职工基本养老保险。“医保两定”机构资格由审批改为协议管理，工伤认定时限由60天缩短为15天。城乡居民养老保险实现参保缴费、领取待遇、查询信息“三个不出村”。开展“去产能、降成本、促双创、强服务”专项行动，向企业发放服务指南7300余册，为企业降低社保用工成本1.62亿元。

【人事制度改革】 坚持和完善公务员“凡进必考”，全年录用公务员710人。探索开展公务员常态化考核试点。县以下机关公务员职务与职级并行制度进入常态化审核。推进中小学教师职称制度改革，按新设置的职称系列办理人员过渡手续，首次推荐26名中小学教师评审正高级职称。完成73名军转干部及随调家属安置工作，实现“部队、接收单位、军转干部”三满意。完善市直(驻市)单位绩效考评工作机制，推动部门单位改作风、提效率，促进市委、市政府重大决策部署的落实。开展事业单位公开招聘工作，招聘工作人员1416人。完成25项人事考试，涉及考生13.8万人次。完善人事代理服务标准和流程，为1.58万名高校毕业生和社会各类人才提供免费的人事代理服务。继续教育首次采取送教上门、送考上门方式，94个市直单位9350名专业技术人员完成公需科目培训考试。

【人才队伍建设】 先后组织“台湾工业研究院专家赣州行”“海外高层次人才赣州行”等人才项目对接会，邀请台湾、欧美等地20多位知名专家、企业家前来洽谈工业项目，达成合作意向16个，签订战略合作协议1项，落地项目6个。组团参加第14届中国国际人才交流大会，组织4批次29家单位赴北京、广州、武汉等地开展人才招聘活动，达成意向人数64名。组织实施国家和省级引进国外智力项目4个，引进硕士及副高以上职称人才312人，2人获国务院特殊津贴，2人获省政府特殊津贴，4人入选省级百千万人才工程人选。新增3家省级博士后创新实践基地，新增世界技能大赛集训地1家，省级高技能人才培养基地1家，省级技能大师工作室1个，5人入围世界技能竞赛国家集训队。发展蔬菜、食用菌、茶叶等“一村一品”项目，29个基地被评为省级“一村一品”示范基地，新增项目14个，争取省级专项资金169万元。举办3期“一村一品”骨干分类培训班，培训23名“一村一品”种养带头人，受益农户12000多家。

【完善工资收入分配制度】 根据上级统一部署，调整机关事业单位工作人员基本工资标准，增加离休人员离休费；调整人民警察警衔工资；核减公务员津补贴和事业单位绩效工资；提高机关事业单位工作人员遗属补助标准。市属国有企业负责人薪酬制度改革顺利推进。

【和谐劳动关系构建】 做好民工工资保障工作。制定全面治理拖欠农民工工资问题的实施意见，建立健全源头预防、动态监管、失信惩处相结合的制度保障体系。建立民工工资保证金差异化缴存、欠薪应急周转金制度，提高应急处置能力。帮助1.84万农民工追回被拖欠工资3.41亿元。维护劳动者合法权益。组织开展清理整顿人力资源市场秩序、用人单位遵守劳动用工、社会保险领域法律法规落实情况等专项检查活动，对劳动用工违法行为进行查处纠正。坚持投诉举报案件快速受理、快速立案、快速结案，全年处理案件1608件。提高处理劳动关系能力。推进劳动保障监察“网格化、网络化”管理，建成一级网格1个，二级网格18个，三级网格271个。推进和谐劳动关系创建活动，8家企业被授予“江西省劳动关系和谐企业”称号，赣州经济技术开发区、于都县楂林工业园区获批为全省构建和谐劳动关系综合试验区。劳动人事争议仲裁办案系统和劳动关系管理信息系统全面上线，受理劳动人事争议仲裁案件4224件，结案4140件，结案率98.01%，比全省高出1.6个百分点，68.42%案件在基层调解组织得到有效解决。

【基层基础建设】 向上争取政策、项目、资金支持，全年向中央、省争取就业社保等各类资金44.28亿元，比2015年净增8.28亿元，增幅23%。赣州综合型公共实训基地列入首批国家级公共实训基地项目，获得中央投资7000万元。争取现代职业教育质量提升计划专项资金950万元，惠及7所驻市技工院校。基层就业和社会保障服务平台项目累计完成投资5833万元。宁都县高级技工学校建设项目得到国家9300万元建设资金支持。完成市人力资源中心市场工程建设。基本完成《赣州市人力资源和社会保障事业发展“十三五”规划》编制工作。制定出台人社系统法治宣传教育第七个五年规划(2016—2020年)。推进行政执法“双随机一公开”，编制《随机抽查事项清单》《检查对象名录库》《执法检查人员名录库》。开展医保基金、企业职工退休审核审批专项检查，加强对基金和资金监管，确保基金及各项专项资金总体安全稳定。大力推进信息化建设，投资1600多万元建设网络数据中心，为多险合一、统征分付奠定坚实基础。机关事业单位养老保险信息系统上线运行，12333电话咨询量全年突破17.69万人次，同比增长68.5%。

(撰稿　刘勇辉　审稿　苏传辉)

【领导名单】
党组书记：周　建(9月免)
　　　　　苏传辉(11月任)
局长：陈庐生(11月免)
　　　苏传辉(12月任)
党组副书记：陈庐生(11月免)
党组成员：黄锋章(正处级)
党组成员、纪检组长：廖慧明(女，12月免)
党组成员、市医疗保险局局长：
　刘　洪(5月免)
党组成员、副局长：刘悦明(5月免)
党组成员、市社会保险事业管理局
　局长：李鉴庆
党组成员、副局长：何凤群(10月免)
　王孝友　胡上富　杨　柳(女，10月任)
党组成员、市劳动就业服务管理局
　局长：吴玉明
党组成员、农保局局长：徐立新
市医疗保险局局长：汤久泉(10月任)

市人才交流中心主任：邓称璀
市劳动保障监察支队支队长：许　溶(女)
调研员：刘　洪(5月任，10月免)
　　　　刘悦明(5月任，10月免)
　　　　刘月明(5月任，10月免)
副调研员：王家铭(10月免)
市社保局支部书记：刘月明(5月免)
市医保局副调研员：徐晓明

市政府驻北京联络处

【概况】 2016年，市政府驻北京联络处紧密结合驻京联络工作实际，积极开展政务联络、信息调研、招商引资、信访维稳、服务保障等工作，全面服务赣州经济社会发展。全年共计联络对接中央国家机关及有关部门43个150余次；报送信息135期600余篇，采用131篇；接待各类人员500余人次，参与赣州市在京各项活动30余次。

市政府驻北京联络处为市政府派出机构(正处级)，内设秘书科、业务科、接访科、招商科，核定行政编制8名，工勤编制3名。现实有行政编制4名，工勤编制2名。

【政务联络】 积极协助联络、协调对接中央国家机关及有关部门43个150余次。11月7—10日，参加由省委常委、市委书记李炳军带队走访对接中国核工业建设集团、中国机械工业集团、证监会、中国电信集团等单位；11月21—23日，参加由省委常委、市委书记李炳军带队走访对接财政部、国土资源部；12月11—13日，参加由省委常委、市委书记李炳军带队走访对接中国神华集团、商务部，与梅花天使创投、赣商轻资产公司洽谈赣商轻资产公司迁址发展暨建设金融小镇事宜；参加由市委副书记、市长曾文明带队走访对接走访中科院、国家发改委、财政部、国家统计局等单位。12月13日，负责保障“支持赣南等原中央苏区振兴发展部际联席会议第四次会议”。

【招商引资】 围绕市委、市政府的“主攻工业、三年翻番”决策部署，发挥身处首都的优势，充分发挥桥梁和纽带的作用，多渠道、多方式、多角度地宣传推介赣州，加强与国家部委、科研院校、央企、北京市属企业的联系对接，为赣州市引进项目、资金、技术和人才牵线搭桥，提供服务。分别走访中国华能集团、中国核工业建设集团、中国机械工业集团、中国电信集团、国新控股集团、中信集团、中电投、中石油等央企。

【服务保障】 积极履行职责，在做好市领导到京开展公务活动接待服务工作的同时，主动协助各县(市、区)、市直各单位赴京进行公务活动；为“北京、赣州”双向交流挂职干部提供联络服务；为赣州市在京工作乡贤和务工经商人员、就读学生、赴京群众提供必要的援助和服务。组建赣州市驻京团工委，为加强乡贤交流特别是年轻乡贤的交流、增进乡贤友谊、凝聚乡贤力量发挥应有作用。全年接待各类人员500余人次，调度车辆800余辆次。

【党团和社团组织建设】 筹建北京赣州企业商会。2016年4月13日市政府批复同意筹备成立北京赣州企业商会；9月5日北京市民政局批准核发《社会团体法人登记证书》。5月21日成立赣州市驻京团工委，接受共青团赣州市委和共青团江西省驻京机构委员会指导。指导组建赣州在京流动党组织，共指导组建赣州各县(市、区)、开发区、北京赣州企业商会党支部20个。

(撰稿　钟慧敏　审稿　龙小东)

【领导名单】
主任：肖作信(10月免)
　　　龙小东(10月任)
副主任：朱柏州
调研员：杨　云(9月退休)

市政府驻上海联络处

【招商服务】 先后组织长三角地区赴赣商务考察团15批次160余人次客商回赣进行商务考察活动。全年共洽谈引进项目23个，签约项目10个，签约资金195亿元，实际进资6.3亿元。先后协助开展赣州市新能源汽车产业(杭州)推介会、赣州市现代农业产业(杭州)推介会，并先后协助市商务局、经开区、综保区、章贡区等单位在长三角地区开展招商活动近百次。

【人才服务】 成立赣州市驻长三角人才联络站，共整理长三角地区各类赣籍人才名单近4000人，其中高端人才200余人。先后到中科院宁波分院、上海市张江高科园区等地走访看望相关人才10余人。积极协助指导赣州市驻宁波人才及项目联络站建设。协助组织宁波市“赣才回归”考察活动，全年共组织各类人才140余人到赣州开展考察活动。

【慈善公益及社会事业】 组织开展第二届长三角赣南人助学慈善认助活动，认助赣南考到长三角区域的大学困难新生210名，共募集捐款62万元。牵头组织上海10余家三甲医院知名医疗专家义诊团到崇义县开展义诊活动，协助组织《长征组歌》在上海开展演出活动。

【党团和社团组织建设】 成立全市第一个跨区域性的流动党委——中共赣州市长三角流动党员委员会。2016年6月25日，中共赣州市长三角流动党员委员会党员大会在上海举行。会议选举产生党委第一届委员会委员，钟家伟为书记，李家宝、范立栋、邱德晔为副书记。成立长三角赣商联盟。2016年1月24日，长三角赣商联盟在上海成立。联盟是由长三角赣州商会、上海赣州商会、无锡江西商会、吴江江西商会、宁波赣州商会、杭州市赣州商会、温州赣州商会等27家在长三角地区的赣籍商协会组织，以赣南籍企业家为主体的一个区域性商协会联盟组织，其中包括4个区域性江西商会、8个区域性赣州商协会、13个县级商协会和2个行业协会，下属会员5000余家，覆盖长三角23个主要城市，分布在生物科技、物流、电子机电、装备制造、投资、金融、建筑装饰、纺织服装、文化传播、电子商务、现代农业、设计、咨询、现代服务业等诸多行业，有1家上市公司、拟上市公司30余家。成立金华市赣州商会、长三角赣县商会。长三角赣州商会、上海赣州商会、长三角振兴赣南促进会及宁都、寻乌、崇义等县级促进会、商会和宁波、杭州赣州商会等商协会步入正轨，先后组织中秋团拜会、会员活动日等各类活动近百场，组织返赣商务考察活动20余次。

(撰稿　钟剑锋　审稿　钟家伟)

【领导名单】
主任：钟家伟

市政府驻南昌办事处

【概况】 2016年，市政府驻南昌办事处紧扣驻外工作目标，立足职能、主动作为，圆满完成年度各项工作任务。市政府驻南昌办事处为正处级机构，有编制9个，其中行政编制5个，工勤编制4个，现在编在岗8人；设有秘书科和业务科2个科室。

【信息服务】 建立信息网络。建立赣州市驻南昌人才联络站。及时准确完成1000余份文件的转呈转报工作，为市委、市政府主要领导及时签发文件提供重要保证。累计上报26条紧急信息至市委，累计上报14期信息至市政府，较好地为市委、市政府作决策提供信息参考。累计完成88期昌办信息，汇编中央各部委与江西省的最新政策动态、外省及省内其他地市的经验做法，被市政府采用33条，取得驻外机构第二名的成绩。对赣州籍在南昌优秀人才信息进行采集，并将1000多名优秀人才联系资料编印成册。收集300余家企业的信息，建立重点企业和客商档案。

【招商引资】 强化招商政策宣传，在单位院内设立赣州招商政策专题宣传栏，并以南昌市赣州商会微信公众号为平台进行赣州招商政策宣传。8月，组织召开赣州招商政策推介会和“赣商回归、赣人兴赣”座谈会。加大招商引资力度，全年累计引进8个项目，累计引进资金12.058亿元。做好负责引进的8个投资项目的跟踪与服务工作。

【联络协调】 加强与省委、省政府各部门的联系，为赣州市领导参加省委、省政府及全省10余次重要会议提供后勤保障和服务。协助负责做好市委在南昌组织的县(市、区)委书记座谈会。负责做好赣州市四套班子领导参加重要会议报到、领取材料与证件、车辆保障等工作。省“两会”期间，及时做好赣州参会代表、委员的材料领取、会场引导、车辆保障等服务工作。

【接待接访】 做好接待工作。全年接送正县级及以上领导达600人/次，市直部门工作人员300余人/次，每次接送都准时准点，未出现任何差错。做好接访工作。2016年，全市赴省信访总量254批398人次。积极依法做好信访劝返工作，劝返率达100%，信访工作达到无越级集体上访，助力维护全市社会稳定。

(撰稿　陈　俊　审稿　黄中华)

【领导名单】
主任：谭步华
副主任：何春林(8月免)

市政府驻深圳办事处

【概况】 2016年，市政府驻深圳办事处紧扣市委市政府确立的总基调、总目标，围绕《国务院关于支持赣南等原中央苏区振兴发展的若干意见》，抢抓国家深入实施中西部崛起、东部产业转移等重大战略机遇，招大引强，形成辐射圈，带动经济增长。赣州市人民政府驻深圳办事处获得“2016年度综合治理工作优秀单位”。赣州市人民政府驻深圳办事处内设秘书科、业务科。有行政编9名，工勤编3名。

【招商活动】 在招商方向上，突出招引工业加工项目，坚持大项目带动战略，在引进大项目上下功夫，着力引进国内外知名大企业集团、大公司投资的大项目；着力引进科技含量高、附加值高、耗能低、无污染、拉动力强的项目。配合好市政府在广东举办的各类招商引资洽谈会、推介会，积极做好各项返乡考察活动。做好招商信息服务工作。加强与大集团、大企业及各类投资机构的沟通联系，及时了解外商投资动态，跟踪捕捉招商信息，整合客商、项目资源，为市政府招商部门提供信息服务。抓好重点项目的落地推进工作。坚持把项目落地作为组织经济工作的一个重要抓手和扩大招商成果的一个关键环节，扎实做好每一个项目的落实与推进，做好在建、在谈重点项目的提报、筛选、汇总和上报工作，对前期已接洽、签约的项目，积极争取项目尽快实施，尽快转变为现实生产力。搭建招商引资平台。与广东省江西赣州商会、深圳市江西赣州商会、东莞市江西赣州商会进行联络沟通，掌握产业发展趋势、企业投资需求，与赣州市招商项目高效衔接。牵头组建有条件的地市成立赣州商会，通过这些平台协助办事处开展活动，推进与行业内企业对接，形成稳定运作体系。全年有7个项目落地，达成合作意向投资企业8家，组织5次赣商回赣商务考察，共引进投资金额6亿元

【重大接待】 省委常委、市委书记李炳军一行到深圳考察，相继走访台湾一电科技有限公司、创维集团、华商林李黎律师事务所，赣州市人民政府驻深圳办事处陪同走访，并负责安排期间车辆、食宿、行程工作。

(撰稿　刘汉银　审稿　梅元生)

【领导名单】
主任：梅元生
副主任：王　兵

市政府驻厦门办事处

【概况】 2016年，市政府驻厦门办事处充分发挥驻外机构的窗口、桥梁和纽带作用，为赣南苏区振兴发展做出积极贡献。8月，厦门市人民政府经济协作办公室授予赣州市政府驻厦办事处“优秀驻厦办”称号。市政府驻厦门办事处为正处级政府机构，设有招商科、秘书科、业务科3个科室。工作人员9人。

2016年5月14—16日，福建省商会企业考察团在赣州考察

【招商引资】 收集整理在厦赣州籍客商名单，涵盖306家企业家信息，其中57家企业纳入重点企业档案信息库。先后5次邀请美国华人社团联合总会和福建省商会企业等考察团近百人次到赣州市开展商务考察，其中5家企业先后明确投资意见，部分企业实现税收。8月，厦门当代控股集团在章贡区注册成立赣州鑫域投资管理有限公司；10月份上解税收1165万元。9月，厦门宝瑞天成锂电科技有限公司与赣州经济技术开发区签订协议，计划投资20亿元在赣州新能源汽车科技城建厂生产动力锂电池，远期投资将达到60亿元，并计划将企业总部由厦门迁至赣州。11月，福建天沐温泉旅游发展有限公司向龙南县递交合作意向书，准备投资20亿元，依托龙南县临塘乡温泉资源，打造龙南县天沐温泉旅游度假综合体。12月，厦门港务发展有限公司与市政府口岸办签订赣州东站铁路口岸作业区（赣州陆地港）改扩建项目投资意向协议，投资总额1亿元。

【信息工作】 2016年，收集报送信息600余条，其中24条分别被市委、市政府信息刊物刊用。先后组织开展《在厦赣商返乡投资情况》《厦门市非公有制工业企业发展情况》和《〈厦门日报〉968820热线运营情况》的专题调研活动，并形成调研报告，呈送市委、市政府领导决策参考。

【政策宣传】 积极维护“赣州市人民政府驻厦门办事处”官网和微信平台，多渠道宽领域宣传推介赣州有关优惠政策。在“9·8”投洽会召开期间，通过多种方式向来自世界各地的客商宣传《国务院关于支持赣南等原中央苏区振兴发展的若干意见》；编辑《国家层面出台的支持赣南等原中央苏区振兴发展政策汇编专辑》，利用厦门市驻厦办主任联谊会会刊《海峡财经》发行渠道，免费投送给海西区各界企事业单位，收到预期宣传效果。

【服务保障】 密切联系窗口服务单位。与厦门市委办、政府办、接待办、交通委、口岸办、机场、火车站等单位建立良好的协作关系，为服务工作提供便利。严格标准。认真贯彻落实中央八项规定要求，精简公务接待，全年累计为党政代表团、各类招商工作组，学习考察组等400多人次提供后勤保障服务，接待费用仅为年初预算的50%。

（撰稿　陈　波　审稿　曾为东）

【领导名单】

主任：曾为东

（本栏编辑　朱　俊）

政协赣州市委员会

概　述

2016年，在中共赣州市委的正确领导和市政府的大力支持下，市政协常委会认真贯彻中共十八大和十八届三中、四中、五中、六中全会精神，以及中共中央总书记习近平系列重要讲话精神，围绕贯彻落实中央、省委、市委有关进一步加强政协工作的要求，坚持围绕中心、抓住重点、注重实效、服务发展，着力推进理念创新、制度创新、方法创新，政协工作科学化水平得到提升，在推进全市经济社会发展中发挥协调关系、汇聚力量、建言献策、服务大局的积极作用。把握团结和民主两大主题，发挥协商民主重要渠道和专门协商机构的作用，组织和引导全体政协委员，为打好主攻工业、精准扶贫、新型城镇化、现代农业、现代服务业、基础设施建设“六大攻坚战”，加快推进赣南苏区振兴发展，认真履行政治协商、民主监督、参政议政职能，政协工作制度化、规范化、程序化水平有新提升。四届六次会议以来，全体政协委员、政协各参加单位和专门委员会以高度的政治责任感，围绕市委、市政府中心工作，积极运用提案形式履行职能，全年共办理679件提案，其中四届六次会议共收到提案404件，经审查，立案351件提案，交由92家承办单位办理，截至2016年9月30日，立案的提案按规定全部办复。五届一次会议共收到提案275件，经审查，立案244件，交由88家承办单位办理，截至2016年12月31日，有140件提案办复。委员累计收集和反映社情民意信息200多条，编发社情民信息专报24期，市委、市政府领导批示13人次。

重要会议

全年召开2次全体会议、4次常委会议、12次主席会议。

【市政协四届六次会议】 2月23—26日召开。省委常委、市委书记李炳军在开幕大会上作重要讲话。会议审议并同意市政协常委会工作报告和提案工作报告，听取并讨论政府工作报告和其他报告，补选市政协副主席。

2016年2月23日，中国人民政治协商会议赣州市第四届委员会第六次会议在赣州召开

【市政协五届一次会议】 10月29日至11月1日召开。省委常委、市委书记李炳军在开幕大会上作重要讲话。会议听取和审议政协赣州市第四届委员会常务委员会工作报告和政协赣州市第四届委员会常务委员会关于提案工作情况的报告；列席赣州市第五届人民代表大会第一次会议，听取和讨论《政府工作报告》及其他报告；选举产生政协赣州市第五届委员会主席、副主席、秘书长和常务委员；审议通过政协赣州市第五届委员会第一次会议决议。

【市政协四届十四次常委会议】 2月16日召开。会议对《政府工作报告(征求意见稿)》进行协商讨论。听取市政府办公厅关于市政协四届五次会议以来提案办理情况的报告、关于《政协赣州市第四届委员会常务委员会工作报告(审议稿)》和《政协赣州市第四届委员会常务委员会2016年工作要点(审议稿)》起草情况的说明、关于《政协赣州市第四届委员会第五次会议以来提案工作情况的报告(草案)》起草情况的说明、市政协四届六次会议人事安排的说明。审议通过《政协赣州市第四届委员会常务委员会工作报告》《政协赣州市第四届委员会常务委员会2016年工作要点》和《政协赣州市第四届委员会第五次会议以来提案工作情况的报告》;审议通过关于召开政协赣州市第四届委员会第六次会议的决定,政协赣州市第四届委员会第六次会议议程(草案)和日程、委员分组及召集人名单;审议通过市政协四届六次会议选举办法(草案),选举大会总监票人、监票人名单(草案)及有关人事事项;书面听取市政协办公厅、各专委会2015年工作情况汇报。

【市政协四届十五次常委会议】 2月25日召开。会议审议通过补选四届市政协副主席候选人名单(草案)、市政协四届六次会议选举办法(草案)、市政协四届六次会议选举大会总监票人和监票人名单(草案),决定提请市政协四届六次会议选举大会通过。审议通过市政协四届六次会议决议(草案)和市政协四届六次会议提案审查情况的报告(草案),决定提请市政协四届六次会议闭幕大会通过。

【市政协四届十六次常委会议】 10月19日召开。会议决定市政协五届委员会一次会议于2016年10月29日至11月1日在赣州召开。会议协商市政府工作报告,审议并通过市政协五届一次会议有关人事事项(草案)等。

【市政协五届一次常委会议】 11月1日召开。会议审议通过政协赣州市第五届委员会副秘书长名单,政协赣州市第五届委员会办公厅主任、副主任名单,政协赣州市第五届委员会常务委员会关于设置专门委员会的决定,政协赣州市第五届委员会专门委员会主任、副主任名单。

【市政协主席会议】 1月12日,市政协四届四十六次主席会议召开。会议传达学习市委四届七次全会精神,听取市政协四届六次会议筹备情况汇报,讨论市政协常委会2016年工作计划,审议市政协2015年度优秀政协委员推荐人选名单(草案),审议《市政协四届十四次常委会议议程和日程(草案)》,审议《关于召开政协赣州市第四届委员会第六次会议的决定(草案)》《政协赣州市第四届委员会第六次会议议程和日程(草案)》《政协赣州市第四届委员会第六次会议提案工作方案》《政协赣州市第四届委员会第六次会议委员分组及召集人名单》和有关人事事项,审议《政协赣州市第四届委员会常务委员会工作报告(讨论稿)》《政协赣州市第四届委员会第五次会议以来提案工作情况的报告(讨论稿)》,书面听取市政协办公厅、各专委会2015年工作汇报以及2015年12月份工作小结和2016年1月份工作安排情况汇报,传达学习中纪委《关于六起中管干部违反中央八项规定精神问题的通报》。

3月4日,市政协四届四十七次主席会议召开。会议研究市政协五届一次会议筹备工作,讨论通过赣州市政协2016年度重点工作计划安排,讨论通过市政协关于城市管理专题调研工作方案,审议通过《市政协专委会增补委员名单(草案)》,听取办公厅、各专委会2016年1、2月份工作小结和3月份工作安排情况汇报,传达学习中组部《关于广东省茂名市买官卖官典型案例的通知》、省纪委《关于近三年我省纪检监察干部违纪情况的通报》《关于组织传阅学习〈准则〉〈条例〉典型案例剖析解释汇编的方案》和市直机关工委有关表彰通报等文件。

4月5日,市政协四届四十八次主席会议召开。会议传达学习省政协召开的《学习传达全国政协十二届四次会议精神报告会》的主要精神,传达学习市委换届工作及组织部长会议、市委统战部工作会议、全市政法工作会议、全市宣传部长会议等有关会议精神,学习《赣南日报》再论打好"六大攻坚战"系列评论员文章,传达学习省纪委"一通报一评论",讨论市政协全会大会发言调研课题,审议通过《关于鼓励和支持市政协委员自主开展履职活动的实施办法(暂行)》,研究"赣州政协"微信公众号创办编发工作方案,商议关于赣州市部分行政区划调整的意见,听取办公厅、各专委会3月份工作小结和4月份工作安排情况汇报。

5月6日,市政协四届四十九次主席会议召开。会议传达学习省委"两学一做"学习教育动员部署会议精神以及省委常委、市委书记李炳军关于"两学一做"学习教育重要指示精神、江西日报社论《深入开展"两学一做"五年决战同步小康》和市委"两学一做"学习教育实施方案等"两学一做"学习教育有关会议文件精神,审议通过《2016年市政协领导重点督办提案安排(草案)》,研究部署精准扶贫结对帮扶有关工作,研究主攻工业、民生实事、精准扶贫专题民主监督工作和现代农业发展专题调研工作,听取办公厅、各专委会4月份工作小结和5月份工作安排情况的汇报,听取城市管理专题调研各组外出考察情况汇报。

6月7日,市政协四届五十次主席会议召开。会议研究市政协现代农业发展外出调研工作,审议市政协城市管理专题调研报告,传达市纪委《关于3起违反中央八项规定精神问题的通报》和《关于2起违反组织纪律和廉洁纪律问题的通报》,听取办公厅、各专委会5月份工作小结和6月份工作安排情况汇报。

7月7日,市政协四届五十一次主席会议召开。会议听取五届一次会议大会发言和联组会议准备情况汇报,听取办公厅、各专委会6月份工作小结和7月份工作安排情况汇报。

8月1日,市政协四届五十二次主席会议召开。会议传达学习《中国共产党问责条例》和市纪委《关于3起变相公款旅游等问题的通报》《关于3起落实全面从严治党主体责任不力被问责典型问题的通报》等有关通报精神,听取各专委会、各民主党派对市政协五届一次会议大会发言和联组会议准备情况汇报,听取办公厅、各专委会7月份工作小结和8月份工作安排情况汇报。

9月1日，市政协四届五十三次主席会议召开。会议传达学习国务院总理李克强在江西视察调研的重要讲话精神，审议并原则通过四届市政协常委会工作报告，审议并原则通过四届市政协常委会关于提案工作情况的报告，书面听取各专委会五年工作情况汇报，听取办公厅、各专委会8月份工作小结和9月份工作安排情况汇报。

10月19日，市政协四届五十四次主席会议召开。会议审议通过市政协四届十六次常委会议议程和日程(草案)、关于召开市政协五届一次会议的决定(草案)、《四届六次会议优秀提案推荐名单》、市政协五届一次会议提案工作方案、大会秘书处组成人员名单(草案)及有关人事事项等。

11月1日，市政协五届一次主席会议召开。会议审议通过市政协五届一次常委会议议程(草案)和日程、政协赣州市第五届委员会副秘书长任免名单(草案)、政协赣州市第五届委员会办公厅主任、副主任任免名单(草案)、政协赣州市第五届委员会常务委员会关于设置专门委员会的决定(草案)、政协赣州市第五届委员会专门委员会主任、副主任任免名单(草案)。

11月8日，市政协五届二次主席会议召开。会议研究确定五届市政协主席、副主席、秘书长工作分工；审议通过五届市政协各专委会和县(市、区)委员活动小组委员名单和市政协五届二次会议筹备工作方案；调度2016年第四季度重点工作。

12月5日，市政协五届三次主席会议召开。会议传达学习全省落实全面从严治党“两个责任”视频培训会议精神；通报市委关于调整市“六大攻坚战”组成机构组成人员文件精神；讨论了市政协各专委会2017年工作计划；研究市政协机关中心工作分工安排；研究市政协2017年拟推进的改革事项；研究五届市政协委员培训工作方案；审议《赣州市政协委员履行职能情况考核细则(修订稿)》；听取办公厅、各专委会11月份工作小结和12月份工作安排情况汇报。

主要活动

【提案工作】 提案质量。坚持做好提案的知情服务、示范引导和审查立案，努力促进提案质量提高。引导委员撰写提案。印发《市政协四届六次会议提案征集函》《市政协四届六次会议提案参考选题》，提出提案征集选题范围、内容和要求，倡导委员发挥自身优势和特点，深入开展调查研究，广泛收集社情民意，掌握第一手材料，提案建议更有针对性和操作性。表彰优秀提案。在各承办单位和各民主党派市委会、工商联、市政协各专门委员会推荐的基础上，经提案委全体委员会议通过，提请主席会议通过32件优秀提案进行表彰；将四届市政协以来的193件优秀提案进行汇总，编印《四届市政协优秀提案汇编》，供委员学习参考。拓宽高质量提案的来源渠道。为各民主党派、工商联，政协各专门委员会把建言立论成果转化为集体提案做好协调服务工作，促进提案整体质量不断提升。加强提案的审查、立案。邀请市委督查室、市政府督查室和提案承办单位派专人参加提案初审，并参与提案委全体委员会议复审，严格审查程序、标准。

2016年6月24日，赣州市政协组织召开“保税区建设”和“城市管理”专题重点提案督办会

提案办理。编报《重要提案摘报》。全年共编辑、报送17期。其中，市政协四届六次会议围绕全市经济社会发展热点、民生改善难点的问题，选择现代农业产业园区建设、中心城区管理、产业技术工人队伍建设、免费婚前医学检查、加快推进乡村旅游发展、农村环境污染治理、医院护工队伍建设、贫困对象医疗负担、城市生活垃圾发电设施建设等方面编辑9期《重要提案摘报》；市政协五届一次会议围绕中小企业和非公有制经济转型升级、赣州市健康服务业发展、赣州综合保税区建设、基层农业人才培养、青少年校外培训机构管理、基层医疗卫生机构疾病诊疗、构建新型医养结合养老模式、民办残疾儿童康复教育机构建设等方面编辑8期《重要提案摘报》，报送市委、市政府领导和有关部门。市委、市政府领导批示7人次，有效地促进提案建议的办理落实。积极推动提、办双方协商互动。全年组织或参加重点提案办理协商座谈会11次，参与提案办理工作调研、协商、座谈20余次，走访提案承办单位、受理提案办理咨询百余次，协调承办单位对3件委员反馈“不满意”提案及时与提案人进行沟通解释或二次办理，全部满意或基本满意。

提案督办。坚持贯彻督办重点提案制度。经认真筛选和各方协商，提请市政协主席会议确定“旅游发展、保税区建设、城市管理、电梯安全监管、文化保护、道路建设、现代农业、交通和企业发展、信息产业发展、电子商务、教育和卫生发展”等11个专题43件重点提案，由市政协领导分别领衔督办，通过协商座谈、现场调研、视察等方式推动提案的办理落实。如“关于推进赣州市现代农业产业园区建设的建议”，市农粮局将提案建议吸纳到落实省委、省政府“百县百园”建设要求中。全市有赣县、信丰县列为国家现代农业示范区，宁都、南康、定南等11个县(区)列为省级现代农业示范区。市政府印发《关于抓紧做好现代农业示范区规划编制工作的通知》《赣州市现代农业攻坚战十大项目实施方案》，保障示范园区健康有序推进。

提案服务。增强服务意识。积极参加“两学一做”学习教育，进一步增强政治意识、大局意识、核心意识、看齐意识，坚定理想信念、对党忠诚、清风正气、勇于担当，不断增强服务委员、服务部门、服务群众的工作水平。完善“市政协提案管理系统”。对系统在提案提交、受理、分类汇总、检索查询、交办、办理、督办、办理质量评估、数据统计等各环节，广泛征求委员、承办单位的意见，并及时将意见交“提案管理系统”开发单位进行完善。建立提案委微信工作群。工作交流空间从现实延伸至微信，交流时间从8小时内延伸至8小时外，有效拉近与委员的距离，促进委员的履职积极性。

【调研视察及民主监督】 1月，省政协副主席李华栋一行，到赣州市安远县开展走访慰问和精准扶贫专题调研活动；省政协副主席孙菊生一行，到赣州市全南县开展走访慰问和农业发展调研活动；省政协副主席郑小燕一行，到赣州市于都县开展走访慰问活动；省政协副主席汤建人一行，到赣州市宁都县开展走访慰问活动。

3月，省政协常委、副秘书长徐良平一行，到赣州市定南县、全南县、龙南县进行客家围屋保护与利用情况专题视察；市政协主席曾新方带队赴上饶、抚州开展旅游业发展专题调研；江西省原政协主席钟起煌一行到赣州市考察。市政协经济委组织部分委员，赴章贡区、赣县开展优化政务发展环境情况专题调研；文史和学习委组织部分委员，赴中心城区、瑞金市、宁都县开展城市管理工作专题调研。省政协副主席、省委宣传部部长姚亚平一行，到赣州市中心城区、安远县、信丰县、大余县、崇义县就红色文化开发利用工作开展调研。市政协港澳台侨和外事委组织部分委员，赴龙南县开展赣商返乡创业情况调研；港澳台侨和外事委组织部分委员，赴全南县、定南县开展城市管理工作专题调研；人资环委组织部分委员，赴于都县、会昌县开展城市管理工作专题调研；经济委组织部分市政协委员，赴上犹县、崇义县开展城市管理工作专题调研。全国政协常委、文史和学习委员会主任王太华率省政协主席黄跃金、副主席姚亚平、钟利贵一行，到赣州市就“革命老区文化遗址保护和利用”开展专题调研。市政协提案委组织部分市政协委员，赴安远县、寻乌县开展城市管理工作专题调研；市政协教科文卫体委员会组织部分市政协委员，赴信丰县、龙南县开展城市管理工作专题调研；社法民宗委员会组织部分市政协委员，赴章贡区、石城县、赣州经济技术开发区开展城市管理工作专题调研；市政协办公厅组织部分市政协委员，赴南康区、大余县开展城市管理工作专题调研。市政协办公厅组织部分市政协委员，赴兴国县、赣县开展城市管理工作专题调研。省政协港澳台侨和外事委和外事委员会副主席钟录生率调研组一行，到赣州市章贡区、赣州经济技术开发区开展“教育信息领域新兴消费情况”专题调研。

4月，市政协文史和学习委组织部分委员，赴贵州省贵阳市开展“城市管理工作”专题调研。全国政协委员、省政协主席黄跃金率住赣全国政协委员调研组在赣州市就《国务院关于支持赣南等原中央苏区振兴发展的若干意见》贯彻落实情况和赣南苏区全面建成小康社会的思路举措开展调研。市政协港澳台侨和外事委组织部分委员，赴江苏省常州市、扬州市、南通市开展“城市管理工作”专题调研；市政协教科文卫体委组织部分委员，赴江苏省泰州市、苏州市开展“城市管理工作”专题调研；市政协人资环委组织部分委员，赴浙江省绍兴市、温州市开展“城市管理工作”专题调研；市政协提案委组织部分委员，赴广西壮族自治区南宁市开展“城市管理工作”专题调研。市政协主席曾新方、副主席曾凡赴赣州供电公司视察；市政协经济和科技委组织部分委员，赴信丰县、龙南县开展电子信息产业发展情况专项视察。市政协经济委在全南县召开全市经济科技委员会工作座谈会；市政协主席曾新方带队赴安徽省合肥市、芜湖市、安庆市开展“城市管理工作”专题调研。市政协经济委组织部分委员，赴广东省惠州市、河源市开展“城市管理工作”专题调研；市政协社法民宗委组织部分委员，赴海南省海口市、三亚市开展“城市管理工作”专题调研；市政协办公厅组织部分委员，赴宁夏回族自治区银川市开展“城市管理工作”专题调研。

5月，省政协教科文卫体委员会副主任张玉清一行，到赣州市开展“重大疾病免费救治工作”专题调研。市政协文史和学习委组织部分委员，赴河南省郑州市、洛阳市开展“新区建设工作”专题调研。省政协副主席孙菊生一行，到赣州市宁都县、崇义县开展“降低企业成本优化发展环境”政策宣讲并调研；省政协党组副书记、副主席姚亚平率督查组在赣州市就省委政协工作会议和《中共江西省委关于进一步加强政协工作充分发挥人民政协在发展协商民主中重要作用的意见》贯彻落实情况进行督查，并就“资源枯竭型城市产业结构调整与优化”情况开展调研。市政协经济委组织部分委员，赴南昌市、樟树市学习借鉴发展生物医药产业经验；市政协提案委组织部分委员赴石城县开展“市领导挂点联系园区和企业走访结对帮扶联系活动”；市政协主席曾新方、副主席欧阳世麟带队在石城县开展“降低企业成本 优化发展环境”专项行动政策宣讲，并到部分挂点联系企业走访调研；市政协经济委组织部分委员赴南康区、龙南县、寻乌县开展“主攻工业、精准扶贫、民生实事”民主监督活动。省政协副主席、民进省委会主委汤建人一行，到赣州市安远县、宁都县开展“农村资源禀赋情况”调查暨“1%工程放飞足球梦想”活动；市政协社法民宗委组织部分委员赴崇义县部分工业企业开展“降低企业成本优化发展环境”走访调研活动。

6月，全国政协副主席、民盟中央常务副主席陈晓光特邀国土资源监察专项考察团一行在赣州市考察稀土矿山开发管理工作。市政协社法民宗委组织部分委员，对赣县、全南县、石城县政府及部分市直单位开展“主攻工业、精准扶贫、民生实事”民主监督活动；省政协教科文卫体委主任龚林儿一行，到赣州市开展“实施创新驱动发展战略，推动产业转型升级”专题调研；市政协港澳台侨和外事委组织部分委员，赴广东省云浮市、惠州市开展“现代农业发展”专题情况；市政协社法民宗委组织部分委员，赴辽宁省铁岭市、吉林省延边市开展“现代农业发展工作”专题调研；市政协经济委组织部分委员，赴黑龙江省哈尔滨市、牡丹江市开展“有机农业发展”专题调研；省政协人口资源环境委员会专职副主任樊欣一行，在赣州市开展“提升森林质量”专题调研工作。市政协提案委组织部分委员开展“保税区建设”和“城市管理”专题重点提案督办活动；市政协教科文卫体委组织部分委员，赴江苏省南京市、徐州市开展“现代农业发展”专题调研；市政协经济委组织部分委员，赴浙江省杭州市学习借鉴“特色小镇建设”专题调研。

7月，市政协人资环委组织部分委员赴广西壮族自治区开展“现代农业发展”专题调研；市政协文史和学习委组织召开“中心城区历史文化街区保护与利用”调研座谈会；市政协教科文卫体委组织召开“教育和卫生发展”专题重点提案督办协商座谈会；市政协社法民宗委组织部分委员赴上犹县、南康区，就“国家司法救助工作情况”开展专题视察；市政协港澳台侨和外事委组织部分委员赴浙江省杭州市、宁波市开展“打造城市文化综合体”情况考察；市政协社法民宗委组织召开“电梯安全监管”专题重点提案督办协商座谈会；市政协经济委召开民主监督市工信委工作动员大会；市政协组织召开“道路基础设施建设”专题重点提案督办协商座谈会，并深入章贡区沙石镇内323国道改造现场实地察看进展情况。

8月，市政协文史和学习委组织召开“文化品牌的保护与发展”专题重点提案督办协商座谈会。

9月，市政协文史和学习委召开加强中心城区地下管网建设和管理专题调研座谈会。全国政协常委、省政协副主席李华栋一行，到赣州市中心城区就“加快我省城市物流配送中心建设”开展调研；省政协副主席汤建人一行，到赣州市中心城区、南康区就《加快发展体育产业促进体育消费的实施意见》贯彻落实情况开展视察调研。

10月，全国政协副主席卢展工一行，到赣州市瑞金市考察基础公共文化建设，并结合纪念红军长征胜利80周年开展送文化下基层活动；全国政协副主席、中国开放性金融促进会会长陈元一行，到赣州市大余县、瑞金市考察，并出席南北“4+8”地区绿色发展座谈会暨论坛有关活动；省政协副主席、民进省委会主委汤建人一行，到赣州市石城县开展“‘1%工程’放飞足球梦想——关爱农村留守儿童活动”专题调研。

11月，省政协副主席钟利贵一行，到赣州市寻乌县、安远县、信丰县开展“优化农产品有效供给，建设生态农业强省”专题调研。市政协文史和学习委组织部分委员赴寻乌县、会昌县、兴国县，就“古村落考察”情况开展专题调研。省政协提案委主任杨斌一行，到赣州市就做好全国政协“确保赣南等原中央苏区与全国同步全面建成小康社会”重点提案督办调研工作进行考察；市政协社法民宗委组织部分委员赴章贡区、于都县、会昌县，就“立体化社会治安防控体系建设”情况开展专题调研；市政协经济委组织部分委员赴南康区、龙南县，就“主攻工业、民生实事、精准扶贫”工作情况开展专题民主监督；市政协经济委组织部分委员赴寻乌县，就“主攻工业、民生实事、精准扶贫”工作情况开展专题民主监督；全国政协副主席马飚一行，到赣州市瑞金市、于都县、龙南县、安远县开展“确保赣南等原中央苏区与全国同步全面建成小康社会”重点提案督办调研。

12月，全国政协常委、副秘书长，致公党中央常务副主席、致公党中央医药卫生委员会主任蒋作君一行，到赣州市中心城区、瑞金市开展“基础卫生事业发展情况”专题调研。市政协社法民宗委组织部分委员赴赣县、全南县、石城县，就“主攻工业、民生实事、精准扶贫”工作情况开展专题民主监督。市政协教科文卫体委组织部分委员，赴南康、大余和中心城区等地，就“加快落实支持民办博物馆发展若干政策措施”专题开展调研；市政协港澳台侨和外事委组织部分委员，赴赣县区、瑞金市、会昌县，就2016年全市“健康扶贫四道保障线”落实情况开展调研。

【政情通报】 5月31日，市政协社法民宗委组织部分委员，听取市检察院“加强生态检察，服务绿色崛起”工作情况通报。

【反映社情民意】 通过调研视察活动、社情民意信息电子信箱、人民群众来信来访等多种渠道，精心组织开展专项社情民意收集工作，加强专项社情民意调查工作，就中心城区小区物业管理、农村公路养护和维修、工会组织职工维权等情况开展专项社情民意调查。认真做好平时社情民意信息收集工作，委员累计收集和反映社情民意信息200多条，编发社情民意信息专报24期，市委、市政府领导批示13人次。

【联谊与宣传】 接待全国政协和其他省市政协学习考察团(组)44批、564人次。赴外地调研政协工作6批次。

认真做好政协新闻宣传工作。在政协"两报一刊"等有关新闻媒体发表稿件200多篇，宣传赣州市政协组织的履职成效和委员风采。

【文史资料征编】 编辑出版王阳明研究系列丛书(《图说王阳明》《王阳明南赣史话》《王阳明巡抚南赣题刻墨迹》《赣州文史——王阳明文化研究》)；加强赣州历史文化的保护和利用，编辑出版《赣州文化大观》系列丛书(宁都、瑞金、信丰、赣县卷)，做好赣州历史文化名村史料征编工作。

【自身建设】 学习培训。通过召开会议、举办专题讲座等多种方式，组织引导全市各级政协组织、政协各参加单位、广大政协委员和政协机关干部深入学习中共十八大和十八届三中、四中、五中、六中全会精神，以及中共中央总书记习近平系列重要讲话精神，筑牢共同思想政治基础。认真学习贯彻全国和省、市"两会"精神，省第十四次党代会精神和市第五次党代会精神，以及中央、省、市其他重要会议和文件精神。切实加强委员和机关干部学习培训，举办五届市政协委员培训班，邀请全国政协和市委党校专家为委员集中授课。抓好政协机关干部的学习培训，开办政协机关大讲堂，定期举办专题讲座。选派机关干部参加全国政协培训学习。

解放思想主题教育和"两学一做"专题学习教育。围绕解放思想主题，重点就"如何为促进全市经济社会发展提供好的对策建议"和"政协干部如何解放思想、改正不足，提高履职能力和水平"，在政协委员和机关干部中开展了解放思想专题学习研讨。按照中央、省委、市委的统一部署和要求，深入开展"两学一做"专题学习教育，巩固拓展党的群众路线教育实践活动和"三严三实"专题教育成果，进一步解决党员队伍在思想、组织、作风、纪律等方面存在的问题。

政协工作制度化建设。市委印发《中共赣州市委关于进一步加强政协工作充分发挥政协协商民主重要作用的若干意见》，就进一步加强政协协商民主、民主监督、社情民意、团结联谊等工作提出明确要求，为赣州市政协事业发展提供政治保障。

委员管理服务。进一步加强委员联络和服务，修订《赣州市政协委员履行职能情况考核细则》，开展委员年度履职考核工作。加强政情通报工作，向委员专题通报全市城市管理工作、全市检察机关加强法律监督服务绿色崛起工作等情况。认真办好《赣州政协》会刊、赣州政协微信公众号、让委员知情明政，增强履职实效。建立赣州市政协提案管理系统，实现委员提案办理的全程信息化管理。制定《关于鼓励和支持市政协委员自主开展履职活动的实施办法》，鼓励和支持政协委员发挥自己的特长，自主开展调研视察、民主监督、社情民意调查等履职活动。

(撰稿　朱甫林　审稿　明心平)

【领导名单】

主席：曾新方(10月免)
　　刘建平(10月任)
副主席：李　蔚(10月免)
　欧阳世麟(10月免)　钟健生(10月免)
　胡来知(10月免)　曾　凡　肖明华
　姚　勇　谢宝河(10月任)
　华旭明(10月任)　廖志刚(10月任)
　邹　军(10月任)　蓝　赟(10月任)
　孔刃非(10月任)
秘书长：明心平
副秘书长：张剑平　毕生荣(10月任)
　　黄圣勇(10月任)

【市政协办公厅和专委会领导名单】

办公厅主任：张剑平
办公厅副主任：毕生荣(10月免)
提案委员会主任：胡勇明(10月免)
　　尹善奎(10月任)
副主任：曹苏平(10月免)
文史和学习委员会主任：许　军
副主任：薛华平
经济委员会主任：曾少华
副主任：姚梦霞
教科文卫体委员会主任：夏之明(10月免)
　钟　斌(10月任)
副主任：李成生(10月免)
社会法制和民族宗教委员会
　主任：谭丙生(10月免)
　　黄林海(10月任)
副主任：李小平
港澳台侨和外事委员会主任：王石水
副主任：章传智(10月免)
　　张克宁(10月任)
人口资源环境委员会主任：黄志明
副主任：张克宁(10月免)　宋志军

(本栏编辑　朱　俊)

民主党派　工商联

民革赣州市委员会

【概况】 2016年，民革赣州市委员会(简称市委会)认真学习贯彻中共十八大、十八届历次中央全会和中共中央总书记习近平系列重要讲话精神，紧紧围绕主攻工业、精准扶贫、新型城镇化、现代农业、现代服务业、基础设施建设"六大攻坚战"，团结带领广大民革党员，认真履行参政党职能，努力促进祖国和平统一，为推进赣州的经济、政治、文化、社会、生态文明等各项工作做出积极贡献。

【自身建设】 思想建设。建立多个学习平台，形成自上而下、由点到面的学习网络。市委会领导班子成员参加中共江西省委及赣州市委统战部、社会主义学院组织的各种学习培训6人次。民革党员参加市委委员、骨干党员、新党员等各级培训班16人次。开通赣州民革官方微信公众号，及时发布市委会各项工作动态。年内，在公众号发布信息14篇，向上级民革组织报送稿件60余篇，其中被民革中央网站采用13篇，被民革江西省委会网站采用50篇。

组织建设。全年召开5次主委会议、2次全委会议商议谋划重点工作；召开参政议政、社会服务、组织工作等4次专门工作会议讨论布置专门工作；召开离任市委会委员、支部主委座谈会征求意见和建议。全年发展党员24人，平均年龄36岁，73%具有大学以上学历，60%具有中高级职称，党员总数达到267人。赣州市"两会"换届后，党员中有省政协委员2人、市人大代表2人、市政协委员22人、区人大代表4人、区政协委员10人。

制度建设。制定民革市委会工作制度，促进市委会工作制度化、规范化；修订、优化支部考核办法；对4个专委会人员构成进行调整，建立"三个一"工作机制；成立监督委员会，进一步完善内部监督机制。

主题活动。举办纪念孙中山诞辰150周年书画展，共展出作品130余幅；举行纪念孙中山诞辰150周年报告会，邀请民革中央孙中山研究会理事为全体赣州民革党员作专题报告；开展纪念孙中山诞辰150周年暨"观故居，走多党合作之路"活动，组织骨干党员到广东省惠州市、中山市参观中山故居、纪念堂等爱国主义教育基地，并与当地民革组织进行深入交流。

【参政议政】 调整和充实参政议政工作委员会人员构成，把参政议政工作纳入支部考核，在人员、经费、后勤上予以保障和支持，确保调研活动顺利进行。全年形成调研文章16篇。在省市"两会"上，市委会及民革党员提交大会发言7篇，其中讲台发言4篇、提交集体提案10件，优秀提案1件、重点督办提案2件。班子成员积极参加赣州市各类协商会、征求意见会、双月座谈会、情况通报会等，提出工作建议20余条。

【社会服务】 精准扶贫。2016年，市委会与市科技局联合驻点会昌县庄口镇下芦村，协助市科技局筹措产业发展资金40万元，帮助驻点村发展养牛、油茶等产业；协助争取项目资金20余万元，对该村基础设施进行改造修复。以开展"同心·博爱行"为载体，组织爱心党员向困难群众等捐助慰问金及物资价值4万余元，组织党员中的医务专家为全村200余村民进行义诊。社会服务。全年组织开展社会服务活动6次，组织向社会困难群体等捐款捐物价值10万余元。

【祖国统一工作】 认真贯彻中共中央对台工作方针政策，充分发挥民革的传统优势和祖国统一特色，调动广大党员的积极性，通过各种形式加强与海内外人士的联系，为巩固统一基础贡献力量。注重发挥赣台之间的地缘优势以及党员与台湾同胞的亲缘优势，扩大对台联络交流。据统计，赣州民革党员全年共接待回乡探亲、旅游、考察的台胞台属300余人次，向台胞台属积极介绍赣州变化，推介赣州发展环境，得到热切回应和高度赞扬。利用传统节日等开展好祖统联谊活动。在中秋节前夕举行"迎中秋、话团圆、促统一"茶话会。

(撰稿　马德俊　审稿　李志斌)

【领导名单】

主委：蓝　赟

副主委：陈昌立　王兰英

李志斌(专职)　刘发明

副调研员：江　飞

民盟赣州市委员会

【概况】 2016年，民盟赣州市委员会(简称盟市委)紧紧围绕中共赣州市委、市政府工作部署，积极投身赣州经济社会建设，团结带领全体盟员，不断加强自身建设，努力履行参政党职能，较好的完成了各项工作任务。盟市委被评为民盟全省“坚持和发展中国特色社会主义学习实践活动”优秀单位，2个支部和5位盟员被评为全省有关方面先进。

民盟赣州市委员会共有4个基层委员会，25个支部，成员541人，平均年龄为49.3岁。其中，女性成员194人，占35.9%；中高级以上职称有398人，占73.6%；

【自身建设】 学习培训。全市各级民盟组织认真学习中共十八届五中、六中全会精神，以及中共中央总书记习近平在江西视察时的讲话和在中国共产党成立95周年大会上发表的“七一”重要讲话精神，中共赣州市委四届七次全会、市第五次党代会精神，全市统战部长座谈会以及盟省委十三届五次全体会议精神等。选派包括盟市委领导在内的24人次参加中央、省、市社会主义学院举办的培训班学习。

领导班子和干部队伍建设。盟市委班子认真贯彻民主集中制原则，及时召开主委会、全委会，凡重大事项均由集体讨论决定，每位班子成员切实履行好工作职责，领导班子科学民主决策水平不断提高。盟市委领导经常深入基层参加支部组织生活及各种活动，注重与盟员进行交流，使整个班子工作有活力、接地气。盟市委把人才队伍建设作为组织建设的重中之重来抓，多次专门研究干部队伍建设问题，把后备干部的培养、推荐列入重要议事日程，结合换届向中共赣州市委组织部、统战部推荐4名拟提拔为副县级干部人选。全年有1位盟员被提拔为县处级干部，并担任县政府领导，这是赣州市民盟组织多年来首次有盟员担任县级政府实职。在市、县(市、区)换届工作中，22名盟员被推荐为市政协委员，其中常委6名；5名盟员被选举为市人大代表，其中副主任1人，常委1人；21名盟员被推荐为县(市、区)政协委员，其中副主席1人，常委4人；6名盟员被选举为县(市、区)人大代表，其中常委1人。

组织发展。盟市委在发展新盟员过程中，始终坚持“人才强盟”战略。全年发展新盟员32人，全部为大学以上学历。其中，硕士研究生11人，博士研究生1人；中高级以上职称15人；平均年龄34.7岁。组织发展工作得到盟省委表彰通报。

基层组织活动。盟市委高度重视基层组织建设，加强对基层组织活动的指导，多数基层组织都能结合实际开展形式多样的组织活动。如机关支部开展帮助贫寒学子圆上学梦活动，支部盟员共捐款7700元；南芳法律支部开展“观大塘花海、赏千年银杏”户外活动；科技支部积极参与盟市委开展的“农村教育烛光行动”，为农村中小学捐资2万元帮助学校改善办学条件；中小教一支部召开支部组织生活会，针对如何做好信息工作进行研究讨论；林业支部在2016“点亮梦想，闪耀全城”爱心公益活动中，支部认捐50个山区孩子的心愿，帮助他们实现梦想；赣南师范大学基层委员会、赣南医学院基层委员会等召开民主生活会学习中共十八届六中全会精神；南康基层委员会在重阳节期间组织盟员开展登山活动等。

横向交流。上海市政协副秘书长、民盟上海市委会专职副主委方荣，民盟江苏省委专职副主委吴胜兴，惠州市政协副主席、民盟惠州市委会原主委邓穗玲，宁波民盟市委会副巡视员、秘书长陈化贤等先后带队到赣州考察调研并与盟市委开展盟务交流活动。

【参政议政】 “两会”提案和大会发言。在市政协四届六次会议上，盟市委提交集体提案5件，大会讲台发言材料1篇，书面发言材料6篇；盟员政协委员提交提案34件。副主委孙益仁代表盟市委在会上作题为《关于加快赣州市中心城区文化艺术中心建设的建议》的大会发言。在市政协五届一次会议上，盟市委提交集体提案5件，大会讲台发言材料1篇，书面发言材料2篇；盟员政协委员提交提案12件。副主委孙益仁代表盟市委在会上作题为《加强农村环境整治工作的现状及对策》的大会发言，得到中共江西省委常委、赣州市委书记李炳军的批示。

反映社情民意。全年被盟省委采纳30多篇，其中《关于允许农村寄宿制学校实行2.5天休假模式的建议》《完善监督制约机制合理限定使用城市管理执法自由裁量权》《正视并解决传统融资模式弊端，减缓小微企业资金压力》等3篇被省政协采纳，《汉语方言亟待保护》《关于理顺赣江源自然保护区管理体制的建议》等2篇被盟中央采用。衷祥被评为民盟全省反映社情民意信息工作先进个人，全省排名第二。

申报调研课题。年初向盟省委申报承担省级调研课题7个，成功中标3个，并完成3项调研报告，均被采用，其中《关于微商法律缺位问题的几点建议》被省政协十一届五次会议列为大会书面发言材料。

组织调研文章参加盟中央论坛。先后组织撰写《农村基础教育师资队伍的现状与对策》《采用达标法，促进基础教育水平的提高》参与民盟中央第四届教育论坛；撰写《破解赣南原中央苏区因病致贫返贫困境，助力精准扶贫》参与民盟中央第七届民生论坛；撰写《激发“一带一路”的“神经末梢”》参与民盟中央第二届经济论坛。

参政议政培训。5月，盟市委举办全市参政议政工作培训班，盟市委委员、各基层组织负责人、支部委员，市人大代表、政协委员，参政议政骨干盟员共计70余人参加培训。培训班邀请盟省委参政议政部部长熊建平为大家授课。

【社会服务】 农村教育烛光行动。8月，盟市委联合北京四中网校赣州分校，在赣州厚德外国语学校开展“农村教育烛光行动”暨“信息技术与教育教学深度融合之‘翻转课堂’教学模式”研修班。来自厚德外国语学校、赣州一中、章贡中学、赣州九中、文清实验学校、赣县中学、湖边中学、赣州中学、于都八中等学校的80多位中层领导及骨干教师参加研修班学习。10月，盟市委组织盟员企业家和盟员教师到扶贫点会昌县庄埠乡禾坪下村小学开展“农村教育烛光行动”，乡中心小学组织所属各校相关年级的课任教师20多人进行观摩，随行盟员企业家为学校捐赠3万元善款为该校改善教学条件，盟市委为学校捐赠价值7000元的文体学习用具等爱心物资。

精准扶贫。盟市委挂点联系村由会昌县庄埠乡下基村调整为庄埠乡禾坪下村，盟市委及时组织机关干部到精准扶贫点开展帮扶工作，各种节日都为所联系的贫困户送去慰问物资及慰问金。年内，盟市委共筹集资金10多万元，帮助村里发展村集体经济及开展基础设施建设。

社会服务活动。盟市委通过赣州民盟书画院多次组织书画家赴信丰等基层开展采风、创作交流活动，在南门口围绕绿化主题进行现场艺术创作，元旦、春节为市民送春联。“3·15”来临之际，组织盟员律师在黄金广场开展义务法律咨询活动，为来访消费者解读法律咨询，向过往群众发放《中华人民共和国消费者权益保护法》等资料进行普法宣传。6月，联合民盟上海市委会组织上海盟员医学专家在瑞金市举行“增爱民盟义诊公益助医团瑞金行”活动。8月，组织盟员在2016“点亮梦想，闪耀全城”爱心公益活动中，认捐50个山区孩子的心愿，帮助他们实现梦想。

(撰稿　李　壮　审稿　孙益仁)

【领导名单】

主委：欧阳世麟

副主委：孙益仁(专职)　赖昭胜
刘南海　邱庚香

民建赣州市委员会

【概况】　2016年，民建赣州市委员会(简称市委会)深入开展学习践行活动，不断加强自身建设，切实履行参政党职能，务实开展社会服务，各方面工作都取得新的进展。获2015年度民建江西省委市级组织工作考评先进单位，市公共机构节能考评工作优秀等次，平安赣州建设暨社会治安综合治理目标管理先进单位，市绩效考评良好单位。

【思想建设】　学习实践活动。继续开展“坚持和发展中国特色社会主义”主题学习实践活动，突出学习引领。通过开展组织生活活动、座谈交流、组织会员参加中央、省、市各级培训等各种有效形式，推进各基层组织和广大会员认真学习贯彻中共十八届五中、六中全会，以及中共中央总书记习近平系列讲话精神和治国理政新理念新思想新战略，以及中共江西省、赣州市党代会和“两会”精神，引导会员把握正确的政治方向，夯实共同思想政治基础，进一步坚定理想信念。年内，组织各总支共开展学习活动20余次，发放学习资料800余本。

重点理论研究。开展以“民建如何在中国共产党领导的政党协商中发挥作用”为主题的重点理论研究，完成并向民建江西省委报送4篇高质量理论研究文章，其中郭宏文的《深化认识 提升能力 强化保障 努力在政党协商中发挥更好作用》和曹贤信的《加强民建参与政党协商的能力建设》荣获民建江西省委重点理论研究优秀成果奖。

思想宣传工作。继续办好内部刊物《赣州民建》，重点刊发重要文件精神、市委会工作动态、基层组织活动开展情况和领导工作动态等。积极向各级媒体投稿，宣传民建基层组织工作和会员立足本职为社会服务的先进事迹，有36篇宣传稿件被民建江西省委会以上的新闻媒体采用。

【组织建设】　组织发展。全年共发展会员11名，年净增长率为4%，会员总数达到292人。会员中大专以上学历人数比重达78%以上，会员素质进一步改善提高。

干部队伍建设。在实职安排方面，会员中有1人晋升副厅，2人晋升副县级，共有副厅2人，正处2人，副处12人；在政治安排方面，结合市、县(市、区)人大、政协换届，积极推进会员政治安排，2016年有省人大常委1人，省政协委员2人，市人大代表6人(其中人大常委2人)，市政协委员22人(其中副主席1人，政协常委6人)，县(市、区)人大代表5名、政协委员12名。

建功立业。许伟生的书法作品获“滕王阁”杯全国文学艺术大赛二等奖。欧阳艳获全市三八红旗手称号；谢红烽、刘力萍获全市“优秀妇女主任(妇女干部)”称号；吴玉晖、邹鑫被评为江西省优秀律师；康黎明、胡平平获全省组织管理信息系统工作先进个人。

【参政议政】　民主协商和监督工作。市委会领导积极参加中共赣州市委、市人民政府、市政协、中共赣州市委统战部召开的各类协商会、征求意见会、双月座谈会、情况通报会等，并在扎实调研的基础上，就赣州市城市规划、基础设施建设、经济发展中的重点工程项目以及重要政策等认真建言献策，提出许多有价值的意见和建议，得到中共赣州市委、市政府领导的高度重视，做出批示要求有关部门认真采纳。

参政议政。在2016年市、县级“两会”期间以大会发言、提案、议案和反映社情民意等形式，积极履行职责，建言献策，有效发挥参政议政和民主监督作用。在市、县“两会”期间，来自民建界别的人大代表和政协委员共提交集体和个人提案69篇。市委会关于《加快发展产业基金 力促赣州工业转型升级创新发展》的大会发言，得到与会委员的共鸣和新闻媒体的跟踪报道，并在民主协商对话会上得到市政府主要领导和分管领导的充分肯定和高度评价。《关于建立农村环境污染治理长效机制的建议》《关于大力推进赣州市民办养老机构转型发展的建议》等2件提案荣获市政协优秀提案，蔡斌、袁光红参与撰写的《关于解决小区停车难问题的建议》《关于进一步加强养老服务体系建设的建议》获章贡区优秀提案；郭宏文、李沛鸿、吴智尧等3人荣获优秀市政协委员，白康生、万德龙荣获章贡区模范政协委员。

调查研究。市委会多次组织骨干会员深入到广东省、湖南省、赣州市企业、县(市、区)就生态旅游、精准扶贫、企业发展等开展调研活动，形成《关于缓解中心城区交通拥堵问题的建议》《关于着力打造赣州生态文化休闲旅游中心的建议》《建设智慧养老城市的建议》《民主党派政党协商能力存在的问题与对策研究》等4篇调研文章，就赣州市如何发展壮大工业和第三产业，加快精准扶贫攻坚步伐建言献策，为中共赣州市委、市政府提供决策参考。

社情民意信息反映。通过完善机制，创新工作思路，扩大建立信息员队伍，定期进行交流讨论，社情民意工作取得一定的成绩。全年共上报社情民意20余篇。其中，被省委会采用7篇，被省政协采用1篇，被市政协采用1篇，会员曹霞反映的《关于解决赣州市住房公积金贷款存在问题的建议》，得到市政府主要领导和分管领导批示，郭宏文、吴智尧等2名会员荣获省政协反映社情民意信息工作先进个人。

【社会服务】 精准扶贫。市委会领导深入联系点，研究精准扶贫脱贫事宜，走访慰问结对帮扶贫困户。发放食用油、大米、慰问金等物资达1万元；配合村里修建西湖组至大岭组通组路1.5千米，拨付资金9万元用于安装路灯；开展“圆梦助学”活动，为18名贫困学生购买学习用品、体育器材价值达5000余元；为村委会购买打印复印一体机1台。2016年，全村共有36户脱贫，其中结对帮扶户为6户。

医疗教育扶贫。通过向中华思源基金会申请，向宁都县、安远县、寻乌县共捐赠6辆救护车。为龙南县100名贫困学生争取价值8000余元学习用品；联系浙江叁益集团公司向瑞金市两所小学捐资100万元建设资金、1000套课桌椅、30台电脑电子白板和一体机各3套等价值50万元物资；为结对帮扶村1名贫困大学生捐赠电脑1台。

（撰稿 胡平平 审稿 郭宏文）

【领导名单】

主委：邹 军

副主委：郭宏文（专职） 赖春宝 刘开健 谢红烽（女）

民进赣州市委员会

【概况】 2016年，民进赣州市委员会围绕中共中央、民进中央、中共江西省委、民进省委会和中共赣州市委的工作部署，通过自我革新、敬业履职，各项工作取得较好成绩，思想意识得到进一步增强，组织建设得到进一步夯实，参政能力得到进一步提升，社会实践得到进一步提高。截至年底，民进赣州市委会共有基层委员会1个、支部21个，会员394人，平均年龄为51岁，主要集中在教育、文化和新闻界等领域。其中，男会员234人、女会员160人，分别占会员总数的59.4%和40.6%，省、市、区人大代表11人，政协委员38人。

【自身建设】 通过主题宣讲、座谈、联谊和专题学习等形式，传达学习中共十八大、十八届历次全会精神，以及中共中央总书记习近平等系列重要讲话精神，省、市党代会精神；学习《中国共产党统一战线工作条例（试行）》《中共江西省委贯彻〈中国共产党统一战线工作条例（试行）〉实施细则》等。开设“民进论坛”。讲座5场，吸引会员和会员家属等700多人学习。开展宣讲活动。“我身边的先进”宣讲活动3场，涌现谢勤英等优秀先进代表7人，向省委会推荐3人。制定《民进赣州智库建设实施方案（试行）》，成立民进赣州智库筹备组，开展“我为扶贫建一言献一策”和“我为主攻工业建一言献一策”等活动。组建“民进新会员活动小组”。成立赣州开明画院。开展“2016年迎新联欢会活动”“迎中秋送温暖”活动、“桂赣开明画院‘纪念红军长征胜利80周年’书画交流笔会活动”等60余场活动。全年共播报新闻稿件和刊发宣传报道95篇，比2015年增加55篇。

【参政议政】 全年形成调研报告和提交参政议政材料共84篇，其中调研报告4篇（向民进省委会报送3篇，向中共赣州市委统战部提交4篇）。开展精准扶贫和光伏扶贫专题调研活动。围绕“创新招商引资模式、吸引赣商回归”的主题，开展赣商回归调研活动。《关于进一步厘清精准扶贫工作思路的调研报告》获省长刘奇，常务副省长毛伟明的批示；省扶贫和移民办通过《江西省扶贫和移民办工作简报（脱贫攻坚情况交流）》（〔2016〕第15期）专版的方式，报送省四套领导班子成员、中共江西省委和省政府秘书长、国务院扶贫办；发送到各设区中共市委、政府主要领导，各中共县（市、区）委、政府主要领导，各设区市扶贫和移民办，各县（市、区）扶贫和移民办。《关于完善光伏扶贫政策的调研报告》获得省长刘奇，中共江西省委常委、常务副省长毛伟明，中共江西省委常委、省政法委尹建业书记的批示；转化为《让光伏扶贫切实成为贫困户增收脱贫的好项目》的提案，被市政协五届一次大会列为主席台讲台发言，并获中共江西省委常委、赣州市委书记李炳军的批示交办，同时《光华时报》进行全文登载。赣商回归调研活动形成的调研报告转换成提案，其中《吸引赣商回归投资兴业的建议》促成赣州市组建“全国赣州商会联合会”的动议；《关于创新招商引资工作团队的建议》列入政协赣州市五届一次会议联组发言第一组发言材料。《关于推进赣州市殡葬改革的建议》评为市政协四届六次会议优秀提案，并被中共赣州市委统战部评为三等奖。

【社会实践】 筹集社会实践资金160多万元。开展社会实践活动17次，活动期间，参与会员近500人次；涉及县（区）7个、乡镇10个；受益贫困户370户；敬老院3所、老人110人；乡村中小学、幼儿园和特殊教育学校15所，直接和间接惠及的学生4万多名、教师500多名。筹集和投入精准扶贫帮扶资金近80万元，帮助葛藤村策划产业扶贫项目5个。开展“10·17”扶贫日“送医疗、送教育、送农技、送法律、送温暖”五下乡助推精准扶贫公益活动和“精准扶贫文化下乡”表演活动。筹集爱心捐赠近24万元，在宁都、于都、安远、南康、石城等5县区开展“1%工程放飞足球梦想”爱心捐赠活动。在石城县开展“1%工程资助石城县特殊教育学校特困学生助学金”发放活动，在江西理工大学、赣南师范大学、赣南医学院开展“2016年‘1%工程’·纵横助学基金”发放活动，在南康区畲族乡中心小学开展“1%工程”捐助学习用品和体育器材活动。启动民进赣州公益律师团筹建工作。动员支持筹备组为赣州经开区三江乡特大交通事故27户受难群众提供全程免费法律援助，援助律师费共计60多万元。为赣州经济技术开发区办理刑事法律援助案件76件。开展法治宣传夜市进社区活动。组织民进会员律师，赴精准扶贫联系点开展“送法下乡活动”，为22位群众提供法律方面的解疑释惑服务，并发放法律宣传资料3000多份。

(撰稿　邹静芸　审稿　杨国峰)

【领导名单】

主　委：孔刃非

副主委：蓝　文　杨国峰(专职)　曾祥华

农工党赣州市委员会

【概况】 2016年，农工党赣州市委员会(简称市委会)紧紧围绕中心、服务大局，注重凝聚和充分发挥广大农工党员才智，着力提高自身建设水平与履职能力，全面做好参政议政、民主监督和政治协商的各项工作，为打好攻坚战、同步奔小康，让赣南老区人民过上富裕幸福的生活贡献力量，取得新的业绩。市委会被农工党江西省委会评为“全省理论研究工作先进组织”，获“平安赣州建设暨社会管理综合治理目标管理先进单位”“全市公共机构节能工作考核优秀单位”。

农工党市委会内设办公室、组织宣传部。人员编制5名，实有5人。

【自身建设】 思想建设。市委会注重提高全体党员的政治素质和政治素养，组织机关干部和党员认真学习中共十八届六中全会、中共中央统战工作会、中共江西省第十四次党代会和市第五次党代会精神。通过市委会《赣州农工简讯》和微信、QQ工作群平台，搭建起快捷方便的工作和宣传渠道。国庆前夕，市委会联合其他单位开展庆祝中华人民共和国成立67周年暨“同心颂祖国”国庆大型文艺联欢活动，通过文艺演出、知识问答等形式，热烈庆祝中华人民共和国67华诞、歌唱伟大的祖国，表达党员对伟大祖国的热爱之情。

组织建设。市委会以“增强基层组织活力，激发支部整体优势和广大党员的主体作用”为主题，在各支部和党员中开展“三个一”活动，对支部党员发展、开展支部生活和社会服务活动，党员提交社情民意、参与支部生活和社会活动提出具体的要求。通过活动，提升党员的政治素质，提高支部的创造力、凝聚力、战斗力，为服务“六大攻坚战”、助力赣南苏区振兴发展起到积极的作用。市委会年内，市委会共批准发展党员18人，开展19次社会服务活动，提交社情民意信息63篇。

【参政议政】 市委会围绕中共赣州市委、市人民政府的中心工作，组织党员对赣州市主攻工业、产业发展和社会热点等方面课题深入开展调研，积极参与农工党省委会和中共赣州市委统战部的课题招标，其中专项调研课题“经济下行压力下如何提高钨与稀土产业核心竞争力”“抓住试点机遇，大力推进医养结合养老模式”等被列为省委会中标课题，《经济下行压力下如何提高钨与稀土产业核心竞争力》被中共赣州市委统战部评为优秀调研成果一等奖。在赣州市政协四届六次和五届一次会议上，市委会提交的集体和个人提案均得到相关部门的采纳；市委会提交大会讲台发言材料3篇，书面发言材料2篇；其中3篇大会讲台发言材料(即“构建创新体系，提升稀土产业核心竞争力”“关于培育打造赣南客家菜饮食文化品牌的建议”“关于整合‘和谐钟塔公园’‘通天岩景区’，打造‘赣州城市文化、旅游综合体’的建议”)均获中共江西省委常委、赣州市委书记李炳军的重要批示。

【精准扶贫】 市委会认真做好对驻点村的精准扶贫工作。制定2016年度精准扶贫工作计划，实施一批项目建设，完成通组公路硬化等基础设施建设，完善农田灌溉工程，加强通信网络建设，改善通信网络不畅问题。及时办理建档立卡贫困人口新农合和大病商业补充保险。坚持每季度走访1次贫困户，了解对接户的困难，及时送上党的扶贫惠民政策和生活物资。协助村里与公司签订种养协议。落实种植花生，养蜜蜂、虫草鸡等扶贫项目。

【社会服务】 6月，市委会与市环保局联合开展“第九届中国环境与健康宣传周”系列活动，在南门文化广场设置20块宣传《中华人民共和国环境保护法》的展板，就环境保护和环保知识向公众进行宣传和展示，倡导‘保护环境、爱护家园”；通过文艺演出、知识问答、表彰环保家庭、赠送环保影像资料等形式宣传环境保护，开展《中华人民共和国环境保护法》知识宣传咨询活动。11月，市委会在章贡区张家围社区开展“第二十八届国际科学与和平周”活动，组织部分党员医生为社区居民进行义诊，组织党员律师进行法律宣传，为居民解答法律问题，很受居民欢迎。

(撰稿　刘小娀　审稿　陈宗祥)

【领导名单】

主委：姚　勇

副主委：陈宗祥　陈金清　陶晓俊　邵银进

九三学社赣州市委员会

【概况】 2016年，九三学社赣州市委员会(简称社市委会)注重学习坚定政治信念，突出重点推进自身建设，聚焦关键搞好议政建言，发挥优势开展社会服务，为加快推进赣南苏区振兴发展，努力实现赣州市与全国同步全面建成小康社会做出积极贡献。

【思想建设】 始终坚持把思想建设摆在各项工作的首位，认真抓好中共十八大和十八届三中、四中、五中全会精神，以及中共中央总书记习近平系列重要讲话精神和视察江西重要讲话精神的学习贯彻落实；组织和推动广大社员认真学习贯彻好中共江西省委十三届十二次全会、中共赣州市委四届七次全会会议精神；组织12个支社深入学习中共十八届六中全会和省第十四次党代会以及市第五次党代会精神。九三学社市委会始终按照中共中央、省委、市委的统一部署，以高度的政治自觉，采取中心组学习、专题研讨、辅导讲座等多种形式，平均每月不少于1次开展政治理论学习，引导广大社员自觉把思想和行动统一到中共中央、省委、市委各项决策部署上来，使党派工作更好的契合中共赣州市委的战略决策，更好地贯彻党委的工作部署，确保民主党派事业沿着正确方向前进。

【参政议政】 专题调研。社市委会紧紧围绕主攻工业、精准扶贫、新型城镇化、现代农业、现代服务业、基础设施建设等重点方面，深入开展专题调研活动，完成社省委、市政协、中共赣州市委统战部2016年度专题调研课题9个。重点围绕赣州市金融精准扶贫情况、发展现代农业、医疗机构在医养结合养老模式中的价值、提升河套老城区旅游吸引力、解决中小型企业融资难、打造“双金融中心”、加强农村生活污水治理等重点调研课题，开展调查研究，提出意见建议，得到有关单位部门的重视肯定，如《赣州市发展现代农业的瓶颈与对策建议》得到省政协副主席、九三学社省委会主委李华栋肯定，并作重要批示。

议政建言。积极组织和引导社员参加“两会”和各类座谈会、民主协商会、情况通报会及各种视察调研、民主监督、提案督办、专题协商等活动，围绕有关中国共产党和人民政府的重点工作、重大决策和关系群众生产生活的热点、难点问题，提交提案议案和发言材料，提出意见建议，充分发挥参政党参政议政、民主监督作用。市政协四届六次、五届一次大会期间，社市委会提交大会讲台发言材料3篇、书面发言材料5篇、联组会议发言材料10篇，提交集体提案8件，委员个人或联名提案40余件。据不完全统计，社市委会社员参加各类会议、活动80余人次，提出意见建议90余条，被有关部门采纳落实37条。

【自身建设】 班子建设。坚持把社市委领导班子建设作为首要任务来抓，抓住能力拓展这个关键，通过提升班子战斗力，增强班子感召力，从而带动各基层组织和全体社员，为把九三学社建设成为“政治坚定、履职坚实、组织坚强”的参政党协力并进，不懈努力。积极参加中共江西省委统战部组织的各民主党派市级组织新任主委培训、全省县处级以上党外领导干部学习贯彻中共中央总书记习近平系列讲话精神和五大发展理念专题轮训班和社省委组织的专职副主委学习班；参加全市统战干部培训班及民主党派市委委员读书班活动，分赴杭州和苏州学习培训。开展社市委领导班子联系基层组织和走访工作，加强对基层组织的帮助和指导，推动基层组织健康发展。

组织建设和后备干部队伍建设。大力实施人才强社战略，着眼于后备干部的推荐、培养和使用，促进社市委会组织建设工作健康可持续发展。2016年发展社员12名，其中博士研究生1名，硕士研究生4名，组织8名社员参加统战部新成员培训班。社市委有12个支社，社员206人。围绕市、县(市、区)人大、政协换届，做好各级人大代表、政协委员的推荐工作。九三学社市委会成员中担任省、市、县(区)人大代表、政协委员28人；担任副厅级1人、正处级1人、副处级10人(其中担任领导实职8人、非领导职务2人，在县政府、县政协任职各1人)、正科级11人、副科级16人，形成较好的干部梯队。

机关建设。按照创建“学习型、服务型、创新型、和谐型”机关的要求，进一步强化机关管理，实现机关自身制度、机制、体系的完善和功能的提升。组织安排机关工作人员参加社省委组织的专职干部培训班，提升机关工作人员业务能力和工作水平。加强与基层组织的联系，认真做好基层组织和社员的服务工作，看望、慰问生病社员，春节期间走访70岁以上老社员、机关退休人员40余人。加强社会治安综合治理、公共机构节能等工作。

【社会服务】 精准扶贫工作。社市委会继续按照市委政府的决策部署，做好挂点村的精准扶贫工作，积极筹措帮扶资金2万元，完成挂点村的人行桥护栏工程建设，协助做好其他的基础设施建设。为2户贫困户家庭的孩子申请希望工程助学金，落实教育扶贫。通过积极帮扶，社市委会结对帮扶的5户贫困户中脱贫3户。送技术送医药下乡及科普大讲堂活动。发挥优势，常年坚持组织农林医卫界的社员深入基层积极开展送技术送医药下乡、科普咨询、专题讲座等活动，提升九三学社在基层干部群众当中的知名度和影响力。农业支社曾庆銮、黄传龙等社员利用果技专长，常年深入果区，指导果农引种、育苗、施肥、防治黄龙病等病虫害。先后2次组织赣南医学院支社骨干医生到宁都县开展医疗义诊和送医送药下乡活动，为当地群众进行健康咨询和诊断，发放价值8000多元的药品。社员参与公益活动。引导广大社员勇于承担社会责任，热心参与各种社会事业和慈善活动，筹措资金用于扶贫助学、支持地方社会事业建设，展示党派的良好形象。社员刘其生多次组织眼科专家走上街头为群众宣传眼科科普知识，带领医护人员前往崇义县过埠镇和上犹县老年大学开展义诊活动；社员辜瑶华退休不忘初心，经常到社区街道自发的宣传党和政府的好政策，重点围绕社会正能量平均每年撰写文章不少于5篇，以此弘扬传统美德促进社会和谐。

（撰稿　赖华宝　审稿　侯乐锋）

【领导名单】

主委：侯乐锋

副主委：钟友华(女，专职)　潘振华　韩高峰　刘建生

工商联(总商会)

【概况】 2016年，赣州市工商联积极贯彻落实中共中央总书记习近平系列重要讲话精神以及全省工商联、省工商联及中共赣州市委重要会议精神，主动适应新形势，创新服务手段，完善工作机制，突出工作成效，通过聚焦重点难点，聚焦中心工作，聚焦特色服务，各项工作取得明显成效，为促进"两个健康"做出积极贡献。

【第四次会员代表大会】 6月7日，赣州市工商联(总商会)第四次会员代表大会在赣南宾馆会堂召开。夏命通受赣州市工商联(总商会)第三届执委会委托，向大会作题为《解放思想、务实创新，不断推动新时期工商联工作迈上新台阶》的工作报告。大会选举产生赣州市工商联(总商会)第四届执委会主席(会长)、副主席、副会长、秘书长和常务委员。华旭明当选为主席(会长)；谢来福、丘红宇、钟彦(女)当选为副主席(副会长)；蒋庆金等23人当选为副主席；孙赣华(女)等7人当选为副会长；叶昊当选为秘书长；丁才升等78人当选为常委。会议通过赣州市工商联(总商会)会费监督管理办法、赣州市工商联(总商会)会费监督管理委员会名单。

【宣传教育】 把深入学习领会中共十八大和十八届三中、四中、五中、六中全会，以及中共中央总书记习近平系列重要讲话精神，作为工商联的重大政治任务。开展以"守法诚信、增强信心"为重点的理想信念教育活动。组织召开弘扬"南京路上好八连"精神报告会。制定《关于做好2016年度宣传信息工作的意见》，为市工商联执委赠阅2016年度《中华工商时报》。打造"一网两刊四微信"。《赣州商会》改版后出刊11期。与赣南日报社合作开展"媒体进民企"专题宣传活动，在赣南日报联合开办宣传专栏，围绕"百企帮百村"精准扶贫行动、"激发内生动力、降成本促发展""民营企业品牌故事"等典型案例重点宣传，刊发近60余篇稿件。向省工商联推荐"媒体进民企"稿件18篇。11月，与赣南日报社合作开展赣州首届"榜样赣州·双十佳民营企业人物"评选活动。制定以新生代企业家为主体的《2016—2018年企业家教育培训工作规划》，计划通过三年时间培训新生代企业家2000人；开展"新生代民营企业家"调查摸底，对146名新生代民营企业家进行建档管理；年内采取以会代训、合作办班、委托培训、网上学习等多种方式开展培训活动，培训人数2000多人次。10月，在深圳市全国人大培训基地举办2016年赣州市非公有制经济代表人士政治理论培训班。

【中共组织建设】 基层组织建设。新成立中共赣州市泉州商会支部等13个支部，发展党员32名；选派30名党龄较长、责任心较强的党员担任商会党建指导员，制定《赣州市工商联直属商会党建工作指导员管理办法(试行)》。成立中共赣州市长三角流动党员委员会和珠三角流动党员委员会。成立中共华坚国际鞋城(埃塞俄比亚)有限责任公司支部委员会。2016年，市非公经济组织党工委共有52个直属党组织(其中党委4个，党总支2个，直属党支部46个)，党员499名。

党务干部培训和党员管理。与中共赣州市委组织部首次在浙江大学联合举办2期全市非公经济领域基层党务干部培训班；举办2016年入党积极分子培训班。深入开展"两学一做"学习教育活动，组织党员和非公经济人士到井冈山、古田及瑞金、兴国、于都、寻乌等地接受革命传统教育；召开直属党组织"两学一做"学习教育交流会；开展直属党组织党建工作督查。

培树典型。推荐的格特拉克(江西)传动系统有限公司职工彭发福被评为全省优秀共产党员，并被列入江西省出席中共十九大代表候选人初步人选；中共南康区家具城总支部委员会被评为全省优秀基层党组织。

【对外交往】 开展大走访大调研活动。分组对市工商联执、常委和外埠商会及友好工商联进行走访调研，做到每月走访一次外埠商会，每月联系一批商会会员。年内走访京津冀、长三角、珠三角、海西经济区、西南片及江西省等六大区域的25个赣州商会、10多个省外友好工商联，全面解各地商会发展情况。通过走访形成的《关于赣商返乡投资创业情况的调研报告》得到主要领导的批示肯定。

加强与外埠赣州商会的联系。6月，寄发"致赣州市外埠商会的一封信"，并通过调查问卷的形式对外埠商会进行摸底调查，掌握商会的基本情况。在国内成立25家赣州商会，涵盖9省(市) 22个地市。组团参加省及市政府在杭州、南京举办的多场招商推介会，邀请近百名客商参会。

组织有实力的商会会员回乡考察。参与组织长三角赣商考察团、福建赣商考察团、宁波"赣才回归"考察团等多个考察团回乡考察。11月，中国建筑业协会材料分会在赣州举行2016年会员代表大会，进一步扩大赣州的对外影响。11月，在东莞召开全国赣州商会第一次联席会议，就筹建全国赣州商会联合会进行充分讨论，达成共识。

搭建革命老区经贸交流合作平台。12月，承办"重上井冈山 重走长征路"红色圣地商会江西行活动。贵州省遵义市等6省9市中共委员会统战部、工商联领导及非公企业家代表130人参加活动。

【服务中心工作】 服务"六大攻坚战"。召开市工商联主席会，制定《执常委服务对接"六大攻坚战"工作制度(试行)》。积极开展"降成本、优环境"专项行动，市、县两级工商联深入到挂点工业园与企业对接，对涉企问题处理进度进行逐一了解。涉企问题处理情况全部录入市精准帮扶手机APP及网络帮扶平台，对部分涉及国家大环

境短期未能解决的问题，认真做好相关解释工作。

发挥参谋助手作用。密切关注经济下行压力持续加大和经济结构调整等情况，深入开展“民间投资”“赣商回归”“企业帮扶机制”“物流体系建设”等方面的调研，所撰写的调研报告得到市委市政府的肯定。在中共赣州市委召开的市第五次党代会报告征求意见座谈会上，工商联就关于改善民间投资环境及商会建设提出建议，得到市委主要领导充分肯定，相关内容吸纳到党代会工作报告中。市工商联就“促进社会投资尤其是民间投资持续健康发展”等方面问题开展专题调研，形成调研报告。

加强法律服务。8月，成立江西省“百名律师服务团”赣州服务中心，制定《“百名律师服务团”活动实施方案》，9月28日正式挂牌运行，开展多形式的服务商会、服务会员的法律服务活动。

推动“六进”企业。认真履行中心城区新经济组织服务管理工作牵头职责，推动党建工作、法治教育、矛盾化解、治安防范、安全生产及诚信建设等“六进”企业；开展社会治安综合治理网格化管理工作，将中心城区6000余家新经济组织全部录入市网格化管理系统；与市文明办协商，推动在全市非公有制企业中开展文明单位创建活动。

【基层基础建设】 推进“五好”县级工商联建设。提出全市18个县(市、区)工商联在2017年前分年度达到“五好”县级工商联建设标准的目标要求。经全国工商联确认，2016年信丰、上犹、安远、龙南、兴国、会昌等6个县工商联被全国工商联办公厅命名为全国“五好”县级工商联，其中信丰县、兴国县连续两年获评，于都县、赣县2015年获评；定南县、瑞金市、南康区、石城县工商联被命名为江西省“五好”县级工商联。规范直属商会建设。市工商联召开市直属商会秘书长工作座谈会，对直属商会秘书处工作、会费管理、工作交流等方面制定工作制度，引导直属商会规范运作、共同发展。

【参政议政】 在市政协五届一次和二次会议上，市工商联围绕社会关注的热点、难点就“激发赣州市民间投资活力”“打造智慧信息平台”“关于完善民营企业帮扶机制的建议”“发展智慧物流 降低企业成本”等作4次大会发言，是大会发言最多的政协参加单位。各县(市、区)工商联在组织非公人士人大代表、政协委员参政议政方面取得显著成绩，共提交提案建议近300件。工商联界别委员积极建言献策，据统计，有10名委员提交12件提案。

【“百企帮百村”精准扶贫行动】 2016年，市工商联与市扶贫办、市光彩会结合扶贫攻坚的要求，组织开展民营企业“百企帮百村”精准扶贫行动。建立“一个企业(商会)、一名领导、一个部门、一套方案、一抓到底”的“五个一”帮扶机制。4月和6月分别召开“百企帮百村”精准扶贫行动推进会。年内，安排652家企业、34家市直属商会与581个贫困村签订帮扶协议，对接企业数644个，对接村573个，企业带动建档立卡贫困户44049户，实施项目208个，投入资金19996.27万元，惠及贫困户人口146869人。市工商联机关积极开展对会昌县珠兰乡下照村精准扶贫挂点村的扶贫工作。积极引导会员企业和开展助医助学修路等活动。全年有近500名贫困学子得到资助。

(撰稿　郭　燕　审稿　叶　昊)

【领导名单】

主席：华旭明

党组书记：谢来福

副主席(副会长)：谢来福(兼)　丘红宇　钟　彦

副主席：蒋庆金　龚　斌　谢朗明　林阿龙　林　钦　陈岳林　杨轶群　李世峰　王德文　黄世春　郭华彬　张德荣　李建明　罗镇城　邓卫城　庄席福　邓树生　刘钦辉　赖诚明　朱开情　许　磊　唐向阳　杨品华

副会长：孙赣华　袁宜海　易　辉　萧建华　袁　勇　林锦汕　郭晓夏

调研员：夏命通

秘书长：叶　昊

(本栏编辑　朱　俊)

人民团体

总工会

【概况】 2016年，赣州市总工会落实中共中央、中共江西省委党的群团工作会议精神、省第十四次党代会精神和省总十三届五次委员(扩大)会议精神，围绕市委、市政府“打好攻坚战、同步奔小康”，带领全市广大职工扎实工作，较好地完成全年工作。

全市有市、县(市、区)和赣州经济技术开发区总工会20个，市属、驻市工会130多个。赣州市总工会内设办公室、组织民管部、财务事业部、经济技术部、法律工作部、经审办、宣教部、保障女工部和市教育工会9个部办，下属3个事业单位：省职工保障互助会赣州办事处、市职工服务中心和市职工教育活动中心。行政编制25名，工勤编制4名。

【学习宣传】 推进“互联网+工会”，推动各县(市、区)总工会和有条件的市直基层工会，运营好一个微信公众号、学习微信群和工会门户网站；在县(市、区)总工会、园区工会和基层工会建设一批宣传阵地；开展以宣传好中央精神和省、市党代会精神为主要内容的主题宣讲、集中学习培训和研讨等一系列学习教育活动；编印好一本年度工会工作画册；制作好一部反映工会工作的专题片；在当地党报或电视台上刊播好一篇反映工会工作的新闻稿，引导工会干部和职工群众学习贯彻中共中央总书记习近平系列重要讲话和中央、省委群团工作会议精神，引领职工在行动上落实深化改革和全面建设小康社会的各项部署。重点开展以劳模(道德)大讲堂、职工文化大讲堂、职工法律大讲堂为重点的“三堂教育”和以“降成本、优环境”为重点内容的政策形势宣讲。开展“中国梦·劳动美”主题系列活动，举办全市首届职工网上艺术节和职工“书香宋城”等活动。推动会昌等县(市、区)总工会“环境整治”“环保志愿行”等志愿服务活动，累计开展志愿服务活动1400多人次。

【融入中心工作】 全市工会组织和职工围绕助推“六大攻坚战”，制定并实施《赣州市总工会2016—2020年劳动竞赛工作规划》，以“9月劳动竞赛月”为载体在全市范围内成系统、分行业开展全市职工十项劳动技能竞赛活动。打造一批市级劳模创新工作室和女职工创业孵化基地，培育职工创业带头人，鼓励劳模推动赣州优势产业和企业技术革新，发挥榜样、示范和引领作用。全市累计开展各类技能大赛活动数百场，为全市经济社会发展提供技术支撑。发挥好“大学校”作用，实施职工(农民工)培训“千百万”计划。推进职工技能培训基地建设，围绕新型工业、新型城镇化、现代农业、现代服务业等吸纳农民工多的重点领域，开展工业、建筑、电商、物流、家政、餐饮、创业、医护、教育和农业专业合作社培训等十大类技能培训，培训大批产业工人，提供人才支撑。联合赣州广播电视台开展“赣州工匠”推荐评选活动，评选20人为“赣州工匠”及“赣州工匠”提名奖人选。派出17名干部按照“532”的方式开展精准扶贫，制定《市总工会精准扶贫三年总体规划》，编印《精准扶贫工作手册》，实行人力、财力和物力倾斜。联系农信社等金融机构给予资金支持，推动瑶村整村列入赣县光伏发电产业试点示范村，打造产业扶贫精品示范点。

【园区工会工作】 全市工业园区工会配备专职或兼职工会主席19名，配备副主席18名、工会干部50名。在全市园区企业工会开展以“十小”服务工程(即小食堂、小卖部、小药箱、小球场、小影院、小课堂、小书屋、小专栏、小微信和小红包)为主要内容的企业工会服务阵地建设，作为工会延伸职能的抓手。按照“十个一”标准精心打造工业园区职工服务中心：有一个办公场所，有一块牌子，有一支队伍，有一套规范的办事制度，有一个规划，有一批精品示范点，有一系列品牌，有一个律师服务团，有一笔专项工作经费，有一个“职工之家”。按省总工会要求17个省级及以上工业园区建立工会联合会。推进“工会龙卡·普惠卡”发放，8折以下特惠商户达300多家，采集会员信息7.9万个，发放“工会龙卡·普惠卡”4.8万张。

【维权维稳】 在园区建立“三师”工作室和职工劳动争议调解室，全市共聘用“三师”99人，其中法律援助律师35人，集体协商指导师37人，开展“三师进园区”活动，及时有效为职工开展维权服务，依法维权维稳成效明显。加强专职工资集体协商指导员队伍建设，每个县培育选树1—2个行业、5—6个企业、2—3个区域职代会建设、厂务公开和集体协商示范点。当年全市各级工会受理职工来信来访3700多人次。

【职工帮扶】 在全国工会帮扶工作系统中建立困难职工档案4.8万户，供养直系亲属12.9万人。按照“321”标准开展精准帮扶，推动精准帮扶工作到点到人。开展好“春送岗位、夏送清凉、金秋助学、冬送温暖”活动，提高工会帮扶工作水平。市总工会在赣州经济技术开发区举行全市工会系统向园区困难职工赠送互助保障启动仪式，为4736名在档困难职工赠送“大病住院自负保障计划”，园区困难职工覆盖率达100%。市、县两级工会组织筹资360多万元，为1300多名贫困职工子女圆大学梦。年内，全市各级工会为困难职工发放帮扶资金2250多万元，通过职工互助保障的渠道帮扶大病职工2100多人。在赣州经济技术开发区筹备建设2公顷赣州市“职工之家”。

【管理创新】 推行班子成员轮流上党课和部办负责人轮流上业务课活动，定期请专家到机关授课。组织市、县两级工会干部，分3批次分别赴浙江省杭州市、福建省厦门市、江西省九江市和萍乡市学习考察园区工会工作。开展“建功十三五”主题调研月活动。开展工会干部与职工“交朋友”和到企业“当工人”活动。全市分成3个片区，由市总工会主席每季度约谈县(市、区)总工会和园区工会主席1次，发现问题，推动工作。实行工会班子成员挂点联系和各部办业务指导，覆盖所有园区及389个园区基层工会。完善管理机制，组织对50%县(市、区)工会进行财务、经审检查，首次开展市直工会财务检查。组织全体党员、入党积极分子到古田会议纪念馆和毛泽东才溪乡调查纪念馆，接受革命传统教育，抓好党风廉政建设。

(撰稿　俞永宙　审稿　谢富兵)

【领导名单】

党组书记、主席：廖明耕

党组副书记、常务副主席：王根泉

党组成员、调研员：赖红汀

党组成员、副主席：张志雄　文红群

党组成员、纪检组长：刘明河

党组成员、经审会主任：吴　宏

党组成员、市教育工会主席：李晓明

共青团

【概况】 2016年，共青团赣州市委贯彻执行市委市政府的各项决策部署，主动作为，转变作风，统筹推进团的各项工作和建设实现新突破。召开“五四”运动97周年纪念表彰大会；年内，承办纪念长征胜利80周年“传承长征精神，不忘革命初心”青少年走进中央苏区公益健跑、少先队主题队日、青少年书画展系列活动。承办全国“绿色长征”公益健走第二季活动启动仪式。

团市委内设秘书科(权益部)、组织部(统战联络部)、宣传部(城乡部)、学校少年部(赣州市少先队工作委员会办公室)。下属事业机构有赣州市青少年活动中心、赣州科技馆、赣州市青少年发展基金会、赣州市青年志愿者指导中心、赣州市青年扶助发展中心、赣州市青年旅行社。编制59名，其中行政编制14名，工勤编制2名，全额拨事业编制40名，自收自支事业编制3名。

【组织建设】 年内，全市有团委1022个，团总支359个，团支部19461个。其中，团市委直属团委55个，街道团工委7个，乡镇团委283个，村团支部3776个，市级驻外团工委5个，县级驻外团工委54个；乡镇直属团支部7975个，有青年360万人，其中团员42.57万人；有专职团干169名，兼职团干部20997名。

推动党建带团建制度落实。推动换届期间团县(市、区)委书记、副书记人选的配备管理，对拟任人选严格履行协管职责。团市委分管领导、学少部部长以及县级团委、教育团工委负责人以“论学校社团活动与青少年素质培养”为课题常态化和集中式开展“驻校蹲班活动”；市本级举办6期基层团干部、网络文明志愿者专题培训班，培训专兼职团干部1100余人；推动县(市、区)举办各类专题培训班52期，对5000余名基层团学干部进行轮训。对初中入团前教育进行严格规范，调控团员发展，将初中、高中(含中职学校)毕业班团员分别控制在35%和70%以内；推动各学校落实“三会两制一课”制度，实行学校团干部定期讲团课制度。采取分“三个批次”、按照“五个一”的标准，新建非公企业团组织260余个；按照“搭建一个有力团委领导班子，把握三项工作要求，设计开展五类活动，建立一支网宣员队伍”的模式，新建19个网络团组织，新增网宣员260余人，通过线上联络开展线下活动190余场次；发挥长三角等驻外团工委联络广泛的优势，新建立直属团组织16个，联系服务外出青年6000余人；将市直机关单位团建工作列入市直机关党建工作考核，新建立48个青年工作委员会，联系服务青年5200余人；推进城市区域化团建工作，社区建团率达100%。按照全国一流团属阵地的标准，在市青少年活动中心科技馆及培训主楼空出专门区域，自筹资金20万元，建设赣州市爱国主义教育基地、赣州市青少年心理素质发展中心。为市青少年活动中心争取省级彩票公益金支持团属校外活动场所改扩建项目资金280万元。以赣州红色文化和脐橙文化为背景，设计男孩名叫“团团”，女孩名叫“亲亲”的青年志愿者系列、少先队员系列动漫卡通形象。在全市新建27个青少年法治教育基地、3个“未成年人观护基地”；各县(市、区)普遍建立能够规范运行、矫治成效明显的“阳光班级”；依托街道(社区)居委会等场所新建“青年空间”35个，实现城市、街道全覆盖，基本实现“5+X”的工作职能，常态化举办社区“四点半课堂”、亲情陪伴、学业辅导、心理咨询等志愿服务活动64场次，推动175个核心成员单位开展志愿服务、就业创业、婚恋交友等系列活动，打造“一街一品”的区域化品牌项目。全覆盖开展红领巾示范校创建达标活动，创建省级示范校8个、市级示范校36个。

【服务“六大攻坚战”】 服务主攻工业。争取赣州经济技术开发区支持，投入150余万元，建设由团市委运营管理的赣州青年创业园，吸引老果农、开创互娱等17家优质企业入园，解决城乡青年就业岗位200余个，举办"全市金融团组织支持青年创业座谈会""你创业 我来扶"银企对接会、园企联谊会等活动21场次。联合市工信委印发《关于开展2016年"全国高校博士赣南苏区行"活动的通知》，邀请40余名博士、教授通过兼职挂职的形式帮助工业企业解决生产、科研难题；组织青年参加第二届中国青年APP大赛，被大赛组委会授予优秀组织奖，完成入库项目72个、人才75个；配合团省委开展好青年职业技能大赛，推报的格特拉克(江西)传动系统有限公司赣州经济技术开发区分公司热处理二组获得2015年度"全国青年安全生产示范岗"荣誉称号；利用"青年之声"等新媒体平台对国家、省及市的创业政策进行宣传解读，开展线下活动16场次；推进"见习助就业，牵手毕业生"主题活动，提供见习岗位200余个，帮助820余人见习岗位；推动共青团、银行、企业三方合作，共为城乡青年创业者协调贷款8000万元。

全力支持精准扶贫。承办全省共青团"赣青扶贫"现场交流推进会；出台《赣州共青团"赣青扶贫"三年行动计划(2016—2018)实施方案》，组织开展全市大中专学生关爱留守儿童暑期安全"三下乡"活动，实施"希望工程1+1精准扶贫助学行动"，筹资120万元设立"青少年光明基金"，新建希望小学4所，新签捐资协议4所，捐建资金400余万元，资助贫困大学生290人、中小学生503人，搭建"圆梦"平台点亮18528个"微心愿"；广泛发动各级专兼职团干部、团属荣誉集体深入贫困村开展定点帮扶，组织全市57个国家级、省级、市级青年文明号集体结对19个贫困村，累计解决实际问题1765件次，捐资捐物400余万元；培训创业青年22560人次，帮助2700余名电商及产业发展青创者争取0.85亿元的优惠贷款；举办2016年赣州创新创业大赛暨"中国创翼"青年创业创新大赛赣州选拔赛，发放奖金35万余元。

主动投身生态文明建设。承办全国"绿色长征"公益健走第二季活动启动仪式，团中央、全国保护母亲河领导小组办公室向瑞金市捐赠100万元资金建设青年林项目；集中开展"保护母亲河，美丽中国梦"全市青少年植树行动，种植青年林、友谊林66.67多公顷；按照每个村5万元的投入标准，创建18个省级"共青团生态文明示范村"。

开展文明城市创建活动。推动21.5万名团员成为注册志愿者，常态化开展"争创全国文明城市，争做志愿服务先锋"和"3·5"学雷锋、圆梦微心愿、青年文明号结对帮扶贫困留守儿童等志愿服务系列活动2500余场次；创新开展"情暖赣州"绿丝带、"为爱一起跑"等公益活动，倡导文明新风。

【青少年引导教育】 在全市中学团学干部中开展"红色基因代代传——赣州优秀中学生井冈山实践寻访"活动、"学党史、感党恩、跟党走"主题教育活动，举办"弘扬苏区精神，争做时代青年"网络知识竞赛活动、全市优秀大学生"我的中国梦—奋斗的青春最美丽"演讲比赛、赣州市青少年国家安全法律知识网络竞赛、全市少儿国学风采大赛、赣州市第二届青少年电视才艺大赛、全市少先队辅导员说课大赛、"轻松备考12355与你同行""全市未成年人保护宣传周"、全市青少年纪念建党95周年重温入党入团入队集中宣誓仪式、赣州市中学生模拟联合国双语辩论大赛、赣州市中小学生英语口语大赛、"从小学习做人·音乐故事会"等活动，在全市青少年中营造"向上向善向美"的浓厚氛围。

搭建"青年之声"互动平台引导青少年。按照"引领+服务"的宗旨，市县两级组建赣州市青年就业创业、青少年法律维权、青少年心理咨询与干预、青年交友、青微公益等37个服务联盟，共3950余名专家加入，全年平台浏览量超过1000万人次，收集青少年在线提问39000余个。

选树先进典型影响青少年。创新开展"活力在基层，春展风采"、全市"两红两优""十佳优秀少先队员、少先队辅导员、少先队中队、少先队大队""十佳优秀大(中专)学生""雷锋中队(班级)"风采展示及评选活动，吸引超过206万人次参与投票、点赞。

【服务青少年】 网络引导。利用团属新媒体平台，广泛开展网络引导活动，重点参与团中央、团省委组织的重大节庆日、重大舆情事件等网宣工作。团市委官方微博影响力，全年稳居全团及全国地市团委前10名，全省地市团委第1名。

规范活动。所有县(市、区)出台加强少先队工作的政策文件；推动各地将少先队队室、队角、红领巾广播站、鼓号队等纳入学校标准化建设范围，少先队辅导员队伍配备率达100%；将每周1课时少先队活动课落实到课表和实际教育教学实践上，推动全市各学校使用和普及《少先队活动》指导用书；全省少先队辅导员说课大赛活动团市委选派的参赛团体荣获特等奖。

组织培育。直接联系青年社会组织227个、新兴领域青年512人，新增社会组织团委23个。建立赣州市"乐帮青盟"青年社会组织服务中心，联系青年16000余名，开展线上线下活动160余场次。

服务成长。启动"青年之声"互动社交平台建设，组建"青年之声"成长、创业、就业、法律、心理、健康、婚恋、公益等专家服务团队，进一步畅通青少年利益诉求的表达渠道。

【青少年维权】 推进赣州市第十一中学开展不良行为或严重不良行为青少年专门教育全国第一轮试点工作，团中央预防青少年犯罪工作专题培训班到赣州市第十一中学进行观摩学习；赣州市第十一中学被命名为全省重点青少年专门教育示范校，安远县职业中专被命名为全省"阳光班级"示范校；各县(市、区)建立能够规范运行、矫治成效明显的"阳光班级"；牵头组建一支172名心理学相关人员组成的社会治安特殊人群"心防"工程志愿者队伍，直接帮扶"六类"重点青少年群体500余人；赣州市"心防"工程志愿服务队获赣州市十佳"乐帮"优秀志愿服务组织。参加全省青少年禁毒知识竞赛，选派的三名学生获二等奖和优秀组织奖荣誉；全市中小学法治副校长配备实现全覆盖。在全市新建27处青少年法治教育基地、3个“未成年人观护基地”，全年组织14.2万余名青少年走进基地接受法治教育。

（撰稿　郭燕华　审稿　庄全）

【领导名单】

书记：张　琳

副书记：钟海梅　黎庆美　黄　斌

副调研员：陈代华

市青少年活动中心主任：温明海

妇女联合会

【概况】 2016年，赣州市妇女联合会学习贯彻中共中央、省委、市委党的群团工作会议精神，求真务实，开拓创新，推动妇联工作取得新成效。全年向上争取各类项目资金4396.4万元，争取市政府每年将460万元妇女儿童事业发展专项资金列入财政预算。市妇联先后被评为全国农民工工作先进集体、江西省第十四届文明单位、赣州市文明单位、先进基层工会、公共机构节能工作优秀单位等荣誉称号。

【推进妇女创业就业】 开展2016年“春风送岗位”活动。年初联合市人力资源和社会保障局组织部分服装加工、家政服务、电子商务企业提供就业岗位2100多个，现场达成就业意向近千人。市妇联在政策咨询处设立服务台，开展妇女小额担保贷款、就业服务及农村妇女“两癌”免费检查等惠民政策的宣传，发放《小额担保贷款知识问答》等宣传资料2000多份。分别举办赣州市巾帼电商创业培训班、农村妇女实用技术培训班、农村致富女能手培训班共4期。对符合条件有创业意向的妇女提供妇女小额担保贷款，全市发放妇女创业贷款4.94亿元，直接扶持创业5370人，带动就业30716人。成功举办2016年红杜鹃家庭服务行业技能竞赛，推荐参加全省红杜娟家政大赛，赣州市参赛的育婴员分别获得一等奖、三等奖；养老护理员获得三等奖。

【维护妇女儿童合法权益】 以《中华人民共和国反家庭暴力法》《中华人民共和国婚姻法》《中华人民共和国未成年人保护法》等为主要内容，全市开展“建设法制赣州·巾帼在行动”维权服务进社区、进家庭、到身边的主题活动，全市共发放平安家庭宣传手册、倡议书等资料6万余份；举办家庭安全防范、法律知识讲座等共323场，受教育群众9万余人次；先后为2863余名妇女开展诉讼、法律、心理以及维权咨询服务。为加大对“反家庭暴力法”的宣传，拍摄并录制《反家庭暴力有王法》兴国山歌，推荐参与省妇联和市法制办的评比活动。举办2016年度全市妇联系统维权干部能力建设培训班，提升维权干部素质。在全市妇联系统成立婚姻家庭邻里纠纷调解委员会，为日常工作开展提供法律咨询。开展“心防”工程工作，组成“心防”工程建设服务团队，组织专人摸清因心理危机而存在治安隐患的留守妇女、空巢老人的数量和基本情况，对摸排的空巢老人、留守妇女与当地女干部维稳队成员、妇联系统干部及巾帼志愿者进行结对帮扶。收集梳理空巢老人、留守妇女服务相关情况及详细案情。市妇联系统共接听12338维权热线12216个，处理信访件2132件，办结率98.7%，较好地维护妇女儿童的合法权益，市妇联被省妇联推荐参与全国维护妇女权益先进集体的评选，市妇联被评为全市法治宣传教育先进单位。

【宣传工作】 “三八”节期间，赣州市妇联评选表彰61个“三八红旗集体”、99名“三八红旗手”和50名优秀妇委会主任（干部）。开展纪念“三八”妇女节表彰大会暨市直机关健身操比赛，29支市直机关代表队共计400余名运动员进行健身操比赛。开展“最美家庭”评选活动，在全市评选选10户“最美家庭”，10户“最美家庭提名奖”，20户“绿色家庭”，100户“文明家庭”。2016年赣州市邓国燕等4户家庭获全国“最美家庭”，朱日森等4户家庭获第十届全国“五好文明家庭”，陈建民1户家庭获第十届全国“五好文明家庭”标兵。胡仕芬、温嘉吉获“感动江西优秀母亲”荣誉称号，钟春香、谢学英获“感动江西优秀母亲”提名奖，赣州市妇联获第三届“感动江西优秀母亲”评选活动组织奖。廖祖彬家庭被评为第一届全国文明家庭，获中共中央总书记习近平接见。发展壮大巾帼志愿者和巾帼宣传队伍，正式登记成立赣州市恒爱巾帼志愿者协会，注册登记人数200余人，在章贡区、赣县区、兴国县、全南县、大余县等建立赣州市恒爱巾帼志愿者服务基地示范点。投入70多万元在各县（市、区）举办30余期和谐秀美乡村巾帼宣传队骨干培训班。全市700多个村落社区建起巾帼宣传队，成为社会主义核心价值观宣传的生力军。

【民生实事】 向上争取项目资金，惠及广大妇女儿童。争取“两癌”妇女扶持资金523万元，扶助523名“两癌”妇女，全市发放奶粉1.3万罐，价值468万元，6500人受益。争取市委、市政府460万元妇女儿童发展专项资金分别用于妇女精准扶贫基础设施建设、农村贫困白血病妇女救助、贫困妇女“两癌”救助、困难妇女工作者救助慰问、贫困妇女儿童维权救助、基层妇女干部能力建设培训、村级妇联试点建设、妇女儿童发展规划（2011—2020）示范县建设、儿童快乐家园建设等18个项目，赣州市妇联参加全国妇联在湖南韶山举行的“让爱留守”——妇联系统关爱农村留守儿童工作现场交流培训班，赣州市作为江西省唯一一个地市参加此次培训，专家讲课时特别提到赣州经验。做好未成年人思想道德教育工作，联合市文明办、市教育局联合成立赣州市网上家长学校，由大江网赣州站管理运营。协同赣州市网上家长学校开展一系列的家庭教育活动，到赣县区、章贡区、南康区学校及社区开展30多场家庭教育巡讲。

【精准扶贫】 对逐户走访登记在册的联系户，梳理详细情况，结合其自身发展意愿，分类制订帮扶措施，为村委和群众解决实际问题。通过为联系户送上实用物资、对贫困户宣传产业发展优惠政策、为贫困户进行义务劳动、“自带干粮”陪贫困户吃饭等方式，与贫困户同吃同劳动。共为精准扶贫点争取项目资金279.55万元，硬化6条通组公路共计6.5千米，建设覆盖全村的供水工程，70%村民从中受益。解决江头小学改厕问题，改善办学条件。争取项目扶持，推进蔬菜及油茶产业发展。开展“保护金色童年 放飞远大理想”为主题的“六一”活动，资助困难学生，实施教育扶贫。开展“幸福起航 旗帜飘扬”免费发放奶粉活动，为301名贫困婴幼儿免费发放奶粉。建立村级“妇女之家”，组建巾帼文艺宣传队。举办农业实用技术培训班，为贫困妇女创业就业搭建平台。

【自身建设】 开展“两学一做”学习教育活动。结合妇联工作实际，强化妇联组织自身建设，按照市委的统一部署，印发市妇联“两学一做”学习教育实施方案，召开动员部署会，重点结合“党章”等组织党员干部分别开展4个专题的学习和讨论交流，查找突出问题并提出改进措施。市妇联班子成员先后在机关和精准扶贫点分别作专题党课报告。举办赣州市基层妇联主席能力建设培训班暨市妇联“两学一做”学习教育专题研讨班，提高妇女干部队伍的业务素质。市妇联领导班子严格遵守党风廉政建设各项规定，坚持民主集中制原则，工作上以妇女儿童事业为重，正确行使党和人民赋予的权力，共同补台不拆台。重大事情、重大项目经费、机关人事任免等一律经党组集体讨论研究决定。

（撰稿　刘爱琴　审稿　肖宏蕾）

【领导名单】

主席：廖丽萍(9月任)

副主席：熊梅乐　罗　云　陈清萍

文化艺术界联合会

【概况】 2016年，赣州市文化艺术联合会贯彻中共中央总书记习近平在全国文艺座谈会上的重要讲话精神，围绕市委、市政府的中心工作，履行联络协调服务管理职能，动员引导广大文艺工作者组织主题文艺活动，扶持重点文艺创作，拓宽服务渠道，推进各项工作，为赣南文艺事业繁荣发展做出积极贡献。

市文联内设秘书科、文艺部。下属事业单位赣州文学院。机关定编14名，其中行政编制9名，事业编制5名。有团体会员31个，其中市直文艺家协会12个，县(市、区)文联18个、市直公安文联1个、市检察官文联1个。

【文艺活动】 举办纪念长征胜利80周年暨长征题材文艺创作研讨会，对长征题材相关文艺创作的成果进行探讨，组织一批文章在《人民日报》等媒体发表。举办龙红《赣韵・红情》专辑首发式暨赣南采茶戏音乐传承发展研讨会，总结和宣传龙红的艺术成就和实践经验，探寻赣南采茶戏音乐传承发展。举办第三届革命历史题材文艺创作研讨会，探讨革命历史题材文艺创作规律，总结革命历史题材创作经验。召开市文联系统学习贯彻中共十八届六中全会精神暨文艺家座谈会。召开赣州市文联系统学习贯彻中国文联十大、中国作协九大会议精神座谈会。

【重大活动】 举行江西省第二届漫画展，《江西省第二届漫画展作品选》同期出版发行。举办中国作家“重走长征路”主题采风活动启动仪式。中国作协党组书记、副主席钱小芊等全国数10位著名作家到于都、瑞金、石城等地开展采风活动。在于都县举办“红色诗章——2016年江西谷雨诗歌朗诵会”，1000余位诗人与诗歌爱好者参加。举办“赣韵・红情”——龙红赣南采茶戏音乐演唱会。中摄协文艺志愿者服务小分队到赣州市开展到人民中去“重走长征路・摄影抒情怀”系列活动，采风成果在北京中华世纪坛“庆祝中国共产党成立95周年和纪念中国工农红军长征胜利80周年主题展”中展出，市摄影家协会推荐的12人16幅摄影作品入展。江西省文艺志愿服务团到于都县开展“到人民中去”——“七一颂歌献给党 长征源头唱红军”慰问活动。中国文联文艺研修院“永远的长征”江西创作组到赣州市开展采风创作活动。举办赣州市第七届舞蹈艺术节开幕式暨2016江西省第四届“小白鹭”少儿舞蹈比赛赣州赛区暨第九届中国舞蹈家协会“小荷风采”全国少儿舞蹈大赛江西赣州赛区选拔赛。启动中国网络作家重走长征路采风活动。中国曲协组织曲艺家到赣州市开展采风活动，在瑞金市沙洲坝镇洁源村为当地百姓举办纪念红军长征胜利80周年——中国曲协“送欢乐”走进瑞金慰问演出。

【基层活动】 联合举办赣州市赣南采茶小戏剧本创作征集大赛，征集到28件戏剧作品，评选出3件作品获优秀剧本奖与5件作品获入围剧本奖。与市文广新局联合举办赣州市“非遗”摄影大赛优秀作品暨江西省“非遗”摄影大赛赣州获奖入选作品展，展出152幅省、市大赛摄影作品；与市纪委联合举办廉政书画作品征集活动，征集书画作品620件，获奖作品在市纪委廉政教育中心展出；举办首届赣州郁孤台历史文化街区摄影大赛；与市文广新局联合举办纪念长征胜利80周年——“弘扬长征精神 加快振兴发展”美术作品展，展出反映长征精神和振兴发展的美术作品46件；举办“弘扬长征精神・加快赣南苏区振兴发展”——赣州市纪念红军长征胜利80周年摄影作品展，展出百余幅优秀摄影作品；与赣州广播电视台、省音乐家协会二胡专业委员会联合举办“长征魂故土情”江苏民族乐团暨潘罗慧子二胡独奏音乐会。

【文化交流】 在福建省龙岩市成功举办“客家圣地・美丽家乡”三地摄影作

品联展，展出闽粤赣3地180幅客家民俗风情的优秀摄影作品，市摄协会员参加开展和作品集首发仪式。郴州市文联到赣州市交流考察，两地美术家、书法家召开联谊笔会，相互交流经验，切磋书画技艺。开展赣闽采风交流活动，组织采风团赴龙岩开展创作交流活动。

【精准扶贫工作】 发挥文艺优势，积极开展文化扶贫、文化下乡，举行赣州市"颂党恩、送温暖"百名书画家万幅好作品进村入户活动和"我们的中国梦"——文化进万家贴春联活动，组织机关干部到市文联精准扶贫点，为农村重灾户、困难党员、老党员等，赠送图书，送上市书画家和书画爱好者义务书写的书画、春联、对联。指导扶贫点盐谭村加强党的基层组织建设，组织开展2次"两学一做"学习教育讲党课活动。积极扶持定点扶贫村基础设施建设，帮助盐谭村修建好的1千米通组公路通车。

【文艺家协会】 市作家协会专设500万元文艺精品创作专项扶持资金，扶持作品24部，选拔推荐青年作家参加江西省文艺创作人才研修班学习，组织开展""六大攻坚战"——主攻工业"大型工业题材采风创作活动、"沿着河边走，寻找七里镇"采风活动、寻乌文艺采风暨文学讲座活动、"传承苏区精神，争做合格党员"红色之旅主题教育活动，到寻乌县进行文艺采风暨文学讲座活动。

市戏剧家协会举办赣州市地方戏曲经典传统小戏，折子戏大赛；组织省及市戏剧专家组到7个县，指导传统戏的排练和传统戏的表导演专业传授活动；组织省及市戏剧专家6人与广东连平创作排练采茶戏《花灯因你而亮》；组织赣州13名中国戏剧家协会会员参加"中国剧协，江西省文联深入学习贯彻中共中央部书记习近平文艺座谈会讲话"研修班学习。

市美术家协会做好翰墨留香——赣州美术馆馆藏书法作品展，举办江西省第二届漫画展，开展赣南客家中堂画展、"美丽赣州"美术作品展览、赣州市首届中国画大展等10大展览，举办心随线动——包泽伟艺术作品展、宋城古韵写生作品展。

市书法家协会举办曹卫民、王德敏、张声林书法作品展；举办心随鸥鹭——曹真水墨专题展，展出曹真近期创作的书画作品30余幅；组织会员参加全国全省的各项展赛，全市入展人数全省第一。省青年展全市投稿及获奖人数均列全省一。第二届全省大学生书法展中10个一等奖中8个来自赣州。

市摄影家协会开展"我们的中国梦——摄影文化进万家"公益服务活动，为全市2000多户家庭，免费赠送200江西省摄协定制的摄影贺岁挂历和300多幅装裱精美的全家福照片；举办人如山——走进大凉山宜春摄协9人作品展；组织会员参加"重走长征路·摄影抒情怀"活动。

市观赏石协会、市根艺石艺美术学会举办"中国·赣州嘉福杯观赏石、根艺文化博览会"。协助江西省观赏石协会在赣州市成立"江西省观赏石协会赣州黄蜡石分会"和"江西省观赏石协会赣州矿物晶体分会"。市观赏石协会员谢燕荣撰写的《论赣州黄蜡石历史渊源、市场现状和发展前景》一文，入选由中国观赏石协会主办的中国首届黄蜡石高峰论坛会议上的论文汇编。组织107件根石艺作品到"江西森林生态艺术博物馆"展展销。

【出版专著】 出版小说《末了情》《合欢》《大山里的女人》《红红的腊梅花》《催眠师手记》，散文集《天空下的麦莱岭》《行吟》《山村情愫》《鸟语动听》《最后一寸江南》《西北望长安》，诗集《在清晨歌唱》，评论集《明清小说点评今析》《文海观澜沉思录》，传记《理学宗师朱熹传》《七十年回眸——赣南采茶戏名家张宇俊回忆录》，歌曲集《山花花开——罗晓航少年儿童音乐作品精选》《橙乡吉祥——罗晓航歌曲作品精选》《中央苏区红色歌词集》，摄影集《风景这边独好——赣州旅游风光摄影作品集》《赣南苏区红色记忆》，戏剧集《赣韵·红情》等40多部文艺作品，600多篇(首)作品在省级以上报纸杂志发表。

【成果情况】 文学方面。作家张秀峰、李伯勇、卜谷、简心、龚文瑞、邓诗鸿、朝颜、刘景明、白勺、金朵儿等创作活跃，发表作品100多件。诗人邓诗鸿获2015江西年度诗人奖，作家刘景明、范剑鸣、谢宝光分别获第四届"井冈山文学奖"作品奖和新锐奖，朝颜获《民族文学》2015年度散文奖，钱久玉散文《金盆山纪行》获第四届"观音山杯——美丽中国"全国游记征文奖。朱强、刘景明(今明)、张秀峰(禾山)、曾睿智(白勺)等4人成为中国作协会员。

戏剧方面。组织剧团参加江西省第二届"汤显祖戏剧奖"戏剧大赛。市剧协和南康区获"优秀组织奖"，4个剧目和5名演员获奖。

音乐方面。由协会秘书长伍润华、副秘书长肖艳平等撰写的音乐研究论文，发表在《中国音乐学》《影剧新作》《赣南师范大学学报》等刊物。创做出近200首歌曲歌词和音乐作品，其中由协会副主席罗晓航、尹文华以及会员许玉民、毕家治、杜华龙、曾华、聂俊文等会员创作的作品在全国和省级刊物上发表或在音乐活动中获奖。

舞蹈方面。选送舞蹈作品《出发》获江西省第四届"小白鹭"少儿舞蹈比赛暨第九届"小荷风采"全国少儿舞蹈展演江西区选拔赛金奖，其他3个舞蹈作品获银奖。

美术方面。组织美术家进行创作，参加省委宣传部等主办的"2016—2017年全省重点题材美术创作工程"，80件优秀提名作品中共入选22件，占全省的27.5%，取得在全省设区市中入选数量位居第一的成绩。

书法方面。黄裕平、陈湖南、王敏、林忠怀、张东生、陈园辉、李凌宇在第八届全国书法新人新作展中入展，市入展人数全省第一。省青年展中投稿及获奖人数均为全省第一。第二届全省大学生书法展中10个一等奖中8个来自赣州。

摄影方面。曾正东策展的《赣南

客家民俗》获中国杨柳青国际摄影大展十佳优秀参展奖。市摄协编印的《风景这边独好》大型摄影画册由中国摄影出版社出版发行，市摄协名誉主席赖联明编著的《赣南苏区红包记忆》大型摄影画册由中共党史出版社出版发行。

民艺方面。动员和组织会员参加中国文联、中国民协举办的各种评奖活动。组织推荐4人7首民歌参加中国民间情歌会和第十三届中国民间文艺山花奖优秀民间情歌表演；组织5位会员创作故事参加6省市举办的“追梦路上——‘浦东曹路杯’华东六省一市故事邀请赛暨第八届曹路故事节”。组织会员参加“2016中国(广东)民间工艺博览会”、第六届中国剪纸艺术节、“行孝道 善家风”——中国•天津2016“西岸”剪纸艺术展。

(撰稿 肖艺婷 审稿 李 雷 黄家玲)

【领导名单】

党组书记、主席：李 雷(10月任)
党组成员、副主席：曹卫民 刘志敏
副调研员、秘书长：黄家玲(女)

社会科学界联合会

【概况】 2016年，赣州市社会科学界联合会围绕中心，服务大局，理论武装、社科研究、社科普及、社团管理、自身建设等取得新成效。被评为全国先进社科组织，荣获全国先进社科组织“四连冠”。

市社联内设综合科，行政编制5名，有人员5人；学会工作部(《赣南社会科学》编辑部)，事业编制3名。有团体会员68个，其中县(市、区)社联18个，市属学会(协会、研究会)50个。

【理论学习】 强化理论学习宣传。组织全市社科工作者学习宣传贯彻中共中央总书记习近平系列重要讲话读本(2016年版)以及在纪念建党95周年、新闻舆论工作座谈会、哲学社会科学工作座谈会上、在江西考察工作时等所作的重要讲话精神及中共十八届六中全会精神，通过报刊、网络、宣传栏、讲座、论坛等形式宣传阐释。特别是开展中共中央总书记习近平系列重要讲话读本(2016年版)、中共十八届五中和六中全会精神以及省十四次党代会、市第五次党代会精神的有奖知识竞赛活动，免费发放《习近平谈治国理政》《全面小康面对面》、市第五次党代会精神宣传手册等各类社科书籍资料超百万份(册)。学习贯彻落实中共中央总书记习近平“5·17”重要讲话精神。市委宣传部、市社联召开专题会议，研究部署哲学社会科学工作。把学习宣传贯彻中共中央总书记习近平“5·17”重要讲话精神作为重要政治任务。

加强中国特色社会主义理论研究。研究形成《关于加强赣州市中国特色社会主义理论体系研究中心建设的实施意见(征求意见稿)》，年初发布强化“四种意识”、树立“五大发展理念”、廉政建设等政治理论研究课题25项，立项82项。设立党建、党史研究专项课题，党建研究课题立项10项，赣南社会科学开设建党95周年专栏，组织动员社科理论专家在《赣南日报》《赣南社会科学》等刊物上发表党建理论文章10余篇。

【社科研究】 推进重大课题研究。申报立项2016年度国家社科基金项目10项，省社科规划项目28项，国家和省级课题立项数继续位居全省设区市前列。设立2016年度市经济社会发展重大招(邀)标研究课题6项，较2015年度增加4项，并纳入省社科规划项目，有序开展课题招(邀)标工作。2015年度经济社会发展重大招(邀)标研究课题全部结题，成果进入转化应用阶段。发布2016年度赣州市社会科学研究百题课题指南116项，经评审立项530项。其中，县(市、区)、市属学会(协会、研究会)申报立项51项，提高基层社科研究积极性。

出台赣州特色新型智库建设意见。组织力量修改《关于加强赣州特色新型智库建设的实施意见(呈审稿)》，吸纳多方意见，9月正式出台，提出一些切合实际的措施和办法。

建设社科研究平台。推动筹备成立赣州市社科规划领导小组，起草《江西省社会科学院赣州分院筹建方案》《关于设立赣州市社会科学研究基金的实施方案》《赣州市社会科学优秀成果评选奖励办法》。与驻市高校签订校地社科研究平台合作意向书，形成多领域、多层次、多学科协作的研究团队和攻关力量，推动江西省社会科学院赣州分院成立。《赣南社会科学》年内出刊6期，刊发社科文章180余篇，60余万字。《新赣州智库》出刊16期。

【社科普及】 社科普及宣传周活动。以“深入学习宣传贯彻中共中央总书记习近平系列重要讲话精神和市第五次党代会精神”为市第九届社科普及宣传周主题。采取科普文艺演出、现场咨询解答、报告会等形式开展社科普及宣传活动。重点开展党的政策理论普及宣传，编印《市第五次党代会精神宣传》《集中整治“两违”》《农村环境整治》《成功家庭教育指导》等宣传手册，开展党建、党史、法律、财经、金融、税务、文化、教育、健康等方面知识的普及宣传。全市共举办广场咨询活动500余场次，大型主题活动200余场次，大型科普展览100余场次，专题讲座80余场次，发放各类书籍、宣传册、宣传单、各种科普资料167万余份，直接受众80余万人次。

打造社科普及品牌。各县(市、区)社联、市属各学会(协会、研究会)结合实际，开展社科知识进企业、进农村、进机关、进校园、进社区“五进”活动，编撰印《赣州主攻工业百问百答》宣传手册，策应市委重大决策部署，编撰印发《市第五次党代会精神宣传》《集中整治“两违”》《农村环境整治》宣传手册。涌现章贡区“草根明星”宣讲队等宣讲先进典型，涌现全国基层理论宣讲先进个人朱美玉、全国青少年普法先进个人任一仰、单车宣讲员张秀强、红歌宣讲员钟正芙等“草根明星”。在2016年度江西省优秀社科普及宣传基地、专家、工作者、读物“四项优秀”评选中获3个奖项，居全省“年度四项优秀”获奖数首位。

扶持基层社科普及工作。发挥中心城区基层社科普及宣传辐射带动作用，召开章贡区“主攻工业”园区社区行试点经验交流会，重点资助扶持市家庭教育研究会、宁都县小布蓝衫剧社等2个市级社科普及宣传示范基地。给予各县(市、区) 3000元至10000元不等的资助，共下拨社科普及资助资金9.6万元。

【社科管理】 搭建王阳明研究高端学术团体。4月，邀请中国明史学会会长商传率团到赣州市实地考察，召开座谈会并形成会议纪要。中国明史学会复函同意在赣州筹备成立中国明史学会王阳明研究分会，并明确赣州市社联为挂靠单位。开展王阳明文化研究及保护现状的调查摸底，对全市从事王阳明文化的研究人员、研究现状及王阳明文化遗产保护现状进行系统统计。督促各县(市、区)成立王阳明研究学术团体，筹备前期工作基本得到落实。起草加强王阳明文化遗产保护工作的文件。开展召开第十八届明史国际学术研讨会暨首届阳明文化国际论坛的相关筹备工作。

规范社科学术团体管理。开展全市社会科学普查，对县级社联、市属社科学术团体的人员结构、经费保障等情况进行调查摸底。制定并印发《关于进一步规范社科类学会管理工作的通知》，对学术团体审批、日常管理、重大事项报告等做出明确规定，对难以正常运行、名存实亡的学术团体进行清理，学术团体的管理更加规范、科学。逐步建立健全社科类社会组织的党建工作。

发展社科团体。围绕赣州地域特色文化和人民群众生活，重点发展民间社科类团体，挂牌成立奇石文化研究会、家庭教育研究会、文玩协会、外语学会，筹备旗袍文化研究会，发挥社会科学服务社会的功能，为振兴发展提供智力支持。

(撰稿　石　建　审稿　邵　滢)

【领导名单】

主席：张志刚

副主席：邵　滢(女)　刘立刚(兼)

科学技术协会

【概况】 2016年，赣州市科学技术协会按照“四服务一加强”的工作定位，团结带领全市广大科技工作者，围绕中心，服务大局，努力实现“十三五”科协事业的良好开局，各项工作取得新成效。7月，中国科协发布30个“全国创新驱动助力工程示范市”城市，赣州市为江西省唯一。

【学会学术工作】 实施创新驱动工程。市科协主动赴京对接国家级学会，分3批6次率赣州市技术服务需求强烈的企业到北京，与中国科学院生物工程学会、中国复合材料学会等20余个国家级学会完成对接，达成产学研合作项目11个。到园区建立企业需求台账312条，实现“会企”需求对接214项。中国印刷协会应邀组织相关专家到赣州市对接考察印刷包装及文化创意企业，开展“技术问诊”。组织召开流动现场会，就推进省、市级院士工作站建设、专利信息推送、海智计划工作站等方面进行考察。积极争取中国科协重视支持。从主席基金中切块支持赣州市“创新驱动示范市”建设；启动东部发达省份浙江对口支援赣南各市(县)工作计划，明确浙江省从科技人才、信息技术、资金项目等方面对赣南实施精准对接、精准帮扶。

实施人才强市战略。推进院士工作站建设。共申请赣南地调大队、江西理工大学、赣州澳克泰工具技术有限公司、虔东稀土集团股份有限公司、江西青峰药业有限公司、赣州鑫磊稀土新材料有限公司等6家省级院士工作站，市柑桔科学研究所、市畜牧研究所等9家市级院士工作站。柔性引进高端人才33名，院士15名，专家团队68名。推动科技信息企业推广应用服务项目。500余家企业安装专利信息库，并签订保密协议。全年共注册企业总数311家；培训专利应用工程师数量236名；组织工程技术专家对接科技信息应用企业156家；培育企业示范典型案例29个；完成注册企业总数503家，发展科技信息应用企业数量387名，完成专利技术成果转化31项，实现节支增效8900余万元。抓海智计划工作站建设。通过发放项目需求信息表、走访企业等形式征集合作项目需求信息，协调组织海智项目对接：江西“海智计划”纳米科技产业化应用工作站在上犹县成立；江西“海智计划”特殊膳食营养食品产业化应用工作站在赣州市全标生物科技有限公司授牌。落实“百人远航工程”人才培养机制。全市选拔从事自然科学、工程技术和社会科学的中青年科研工作者及企业从事经营管理、科技创新等方面的人才，赴国(境)外培训进修和学术交流。虔东稀土集团股份有限公司生产一线人才获批外出学习资金补助资格。

【科普工作】 实施“基层科普行动计划”卓有成效。开展中国流动科技馆巡展。先后在寻乌县、龙南县、宁都县、石城县开展中国科协流动科技馆巡展活动，受益青少年达20万人。争取资金建设科普示范基地。石城县油茶协会等3个协会、崇义县田源红豆杉科普示范基地等3个基地、上犹县东山镇城南社区等4个社区、安远县欣山镇陈红等4名个人纳入中国科协、财政部奖补表彰。争取龙南县农村中学科技馆项目、赣州科协微科普项目等各类省科协科普项目资金198.2万元。科普助力精准扶贫。评选出定南县中天油茶科普示范基地等10个农村科普示范基地。筹集奖励资金50万元，用于“科普助力精准扶贫计划”的组织实施。加大科技人才培养培训力度。全市共开办农业产业化培训班4个，培训学员487人；新型职业农民科技培训1个，培训学员66人；农技协领办人培训班1个，培训学员89人；农村党员科技致富带头人培训76个，培训学员6200人；其他特色培训368期，培训学员26800余人。开展“银会合作”。搭建合作平台，主动与中国邮政储蓄银行赣州市分行协商，签订《赣州市科学技术协会、中国邮政储蓄银行赣州市分行“银会合作”协议书》，组织动员符合申报要求的各农技协、农村科普示范基地在邮储银行办理贷款业务且按要求上报，共收到15个县62个"银会合作"项目撬动资金。贷款总金额达8000万元，获得省科协奖补资金64万元，市科协按照贷款利息的20%—30%，对符合条件的农技协、农村科普示范基地进行补贴。解决农村专业技术协会、农村科普示范基地在资金上的难题，推动全市农业产业的发展。

（撰稿　李金喜　审稿　傅培文）

【领导名单】
主席：刘洪梅（女）
副主席：傅培文　黄晓东
副调研员：胡海平

残疾人联合会

【概况】　2016年，赣州市残疾人联合会学习贯彻全国、全省残联工作会议精神，履行"代表、服务、管理"职能，市残疾人事业稳步推进、成效显著，获"综合治理工作先进单位""省、市文明单位""机关绩效和机关节能先进单位"等奖项，超额完成年初制定的工作任务，各项工作居全省前列。

【扶贫解困】　市残联与市扶贫和移民办联合印发《关于进一步加强农村残疾人贫困户精准识别建档立卡工作的通知》，将全市贫困残疾户情况录入信息管理系统，新发现农村贫困残疾人3141人，对其信息建档立卡，打通社会力量参与精准扶贫"最后一公里"通道。实行"四项"救助。节日救助。在春节、中秋节、全国助残日等重大节日期间，开展走访慰问和结对扶助活动，发放辅具2.6万件。舆论救助。市残联和赣州电视台联合组建"630爱心援助团"，与《赣州晚报》开辟"扶残助残"征文大赛，通过新闻舆论措施，救助100多名贫困残疾人。志愿者助残救助。建立市、县、乡、村四级扶残助残志愿者服务站312个，建立助残志愿者联络小组3865个，发展助残志愿者74913名。在宁都、兴国、信丰、于都等县建立21个省、市级阳光助残扶贫示范基地，争取和筹集扶持资金213万元，扩大农村残疾人就业扶贫受益面，带动辐射残疾人515人次。帮扶救助。在全市残联系统开展结对1000名残疾人的帮扶活动。组织爱心企业在全市10多个县（市、区）举行"关爱残疾人，共筑中国梦"粮油捐赠活动。

【争取资金项目】　向中国残联、国家发改委申报并获批全市"十三五"期间残疾人服务体系建设20个储备项目，资金总额达3.7亿元，其中安排5个项目，到位资金4000万元；争取7辆残疾人流动服务车并全部到位，价值达196万元，基本实现县（市、区）流动服务车全覆盖；争取七彩梦康复、无障碍改造、彩票公益金、宣文体育、助学、残疾儿童康复救助、就业扶贫等13个项目，金额1.65亿元；向中国残联报送《关于恳求中国残联进一步加大支持赣南等原中央苏区残疾人事业快速发展的请示》，涉及15条优惠政策，涉及项目29个。

【民生工程残疾项目】　为全市城乡22782名残疾人提供康复救助和服务，占任务的105.9%；为650名残疾人提供公益性岗位，占100%；为2229名残疾人购买"农家书屋"管理员岗位，占100%；培训各类残疾人1019名，占102%；投资1.37亿元建设19个市、县级康复托养中心；将贫困残疾人家庭无障碍改造工作纳入市政府40件民生实事；为市本级100名贫困孤独症、脑瘫儿童康复提供训练补贴，为市本级150贫困聋儿、智力儿童提供训练补贴，为市本级20名大龄孤独症少年康复训练提供补贴，为全市260名贫困残疾人免费装配大小腿假肢、矫形器。

【康复救助】　开展残疾人康复需求调查，为残疾人进行康复需求评估和建档，对做好残疾人康复服务提供依据；免费发放残疾人辅助器具，共发放轮椅、拐杖、盲杖、浴凳等各类辅助器具2496件，完成率112%；在信丰、宁都、于都、寻乌、瑞金等县（市）开展精神障碍患者社区康复试点，为155名稳定期精神障碍患者开展社区康复；加大残疾儿童康复扶持力度，对全市机构在训部分6（7）周岁以下的42名聋儿免费配发助听器，提供康复训练经费补贴、为340名脑瘫儿童提供康复训练经费补贴、48名孤独症儿童提供康复训练经费补贴，给予贫困残疾儿童康复补助558万元；组织226名听力残疾儿童少年进行人工耳蜗残救助项目筛查，受助儿童康复有效率95%以上；开展成年听力助听器验配工作，为47名成年听力残疾人每人免费安装配发价值1.5万元的助听器；严格按操作流程完成成年听力残疾人助听器建档、登记、审核、验配，为成年听障人士建立与社会沟通的桥梁；开展学前康复教育救助工作，省、市财政专门出资金为200个残疾学龄前儿童实施康复救助，每个补助3000元，解决贫困残疾儿童康复难题；组织眼科免费体检，组织市启明星眼科医院对崇义、龙南、安远、大余、于都5个县进行眼科免费体检，检查人数14万人，其中9280人有各类眼病，为早期发现、早期诊断、早期治疗提供第一手资料；争取中国残疾人福利基金会项目资金，免费为全市50例少年儿童开展先天性白内障手术；赣州慧聪儿童康复训练中心和赣南卫生健康职业学院被列为全国职业院校和残疾人康复人才教育改革试点单位，宁都县被列为全国残疾预防示范县；与市教育局联合在兴国、赣县、宁都等县（区）开展"残健融合"教育试点工作；在江西理工大学举办2016年残疾新生录取通知书现场签发仪式。

【就业培训】　推荐帮助残疾人就业。开展2016年就业援助月专项活动，全市走访残疾登记失业人员家庭619户，登记失业的残疾人员1527人，参与招聘会23场次，实名制纳入年度培训计划1000名，帮助253名就业援助对象实现就业、178名残疾人享受就业政策，向残疾人提供政策宣传2529人次。赣县、安远、于都、会昌等县

(区)组织残疾人进行电商培训，从事电子商务交易，有410多名残疾人进入脐橙、家具和农村电子商务交易活动中；结合精准扶贫，开展农村贫困残疾人实用技术培训和残疾青壮年文盲扫盲工作，完成实用技术培训2351人和137名残疾青壮年扫盲任务；加大残疾人就业保障金征收力度，对不安排残疾人就业，不缴纳残保金的个别单位，采取申请法院强制执行的措施，促进残疾人就业，市本级残保金征收突破1200万元；做好公派留学选拨残疾学生的工作；树立赣州华坚鞋城、龙南福利厂等一批集中安置残疾人就业的企业典型，解决残疾人就业难、难就业的瓶颈，全市城乡采取集中、分散就业的方式共安排各类残疾人就业5851人次；引进集中安置残疾人的企业，市残联和定南县政府对接，将中国(定南)智能助残科技城项目落户定南，该企业在全国率先研发生产出小Q智慧牵引机器人、智慧引路人公交引导系统、锅师傅无障碍智能烹饪锅、盲用手机等产品，可解决300名残疾人就业；市本级分别新建残疾人康复培训中心和残疾人康复托养中心。

【信访维权】 信访件办结率100%。为3170名残疾人发放机动轮椅车燃油补贴82.45万元。续聘法律顾问。对贫困残疾人发放生活补贴和护理补贴，全年为64134名贫困残疾人发放生活补贴，发放资金2986.19万元，为43814名重度残疾人发放护理补贴，发放资金2064.42万元。为110户贫困残疾人家庭实施中央彩票公益金贫困残疾人家庭无障碍改造，每户补助资金5500元。为70户贫困残疾人家庭实施省级贫困残疾人家庭无障碍改造，每户补助4500元。为550户贫困残疾人家庭实施市民生工程贫困残疾人家庭无障碍改造，每户补助4000元。

【宣传文体工作】 开展以“关爱孤残儿童，让爱洒满人间”为主题的第26次全国助残日系列活动，吸引1000余名市民参与；组织开展以“推动社区特奥，促进融合发展”为主题的第十次“全国特奥日”活动；举办赣州市第九届特殊儿童亲子运动会，全市193个特殊儿童家庭、教师、志愿者及家长500余人参加，在全国第九届残运会中，全市获得银牌2枚、铜牌3枚；推荐残疾人刘桂芗和罗振坡，分别入选“助人为乐”好人和“敬业奉献”好人，赣州市身心障碍儿童家长支援中心主任温嘉吉获第三届“感动江西优秀母亲”“市劳动模范”“市三八红旗手”等称号；组织全市残联开展以“全民健身促健康、和谐融合奔小康”为主题的第六届“残疾人健身周”活动；联合《赣州晚报》以“扶残助残，大爱上善”为题开展征文活动，组织人员参加“首届全国残疾人书画展”活动；组织于都、赣县、石城等县(区)的演职人员180余人参加全省第八届残疾人文艺汇演；组织人员参加“江西省残疾人飞镖推广训练营”；邀请中国残疾人艺术团以“我的梦”为主题在于都公益巡演，现场观看观众2000多名；在市级以上报刊(网站)用稿367条(篇)，名列全省第一。

(撰稿　钟荣亮　审稿　谭红鸣)

【领导名单】
党组书记、理事长：谭红鸣
党组成员、副调研员：冷晓虹

归国华侨联合会

【招商引资】 围绕主攻工业发展战略，开展招商引资工作，引进3个项目落户。跟进投资5.8亿元人民币的龙南金富盛新能源科技有限公司风力发电项目，土建、道路基本完成。引进的“长安行天下”物流配送项目正式运营，龙行天下同城配送安远、于都等8个县(市、区)配送中心正式启动。促成厦门侨企华沣供应链集团有限公司与赣州综合保税区签订正式协议，落户保税区。

【爱心公益事业】 配合赣州市委统战部“同心·扶贫认学、认医”活动，为会昌县珠兰乡提供帮扶资金；联合民进赣州市委员会，在宁都县对坊乡开展“送医疗、送教育、送农技、送法律、送温暖”活动，服务群众1000余名，自筹资金向对坊乡敬老院赠送价值1.7万元的空气能热水器。联系深圳卓越AP8爱心团队，到龙南县杨村中学开展爱心助学活动，捐款捐物总价值共计8万余元。联系香港“两地一心”爱心助学款5.6万元，为赣县区、大余县、崇义县4所学校的68名贫困学生进行捐助。联系浙江新华爱心教育基金会在赣州中学开办6届“珍珠班”。引进秘鲁万新集团董事长赣州万新集团总部经济项目及108万元慈善资金。引进香港雁心会乐幼基金捐赠30万元用于赣县区五云镇古路雁心希望小学改扩建，引进香港龙赛教育基金捐资60万元用于赣县区吉埠镇大溪龙赛小学、安远县龙布镇圆光第二小学侨爱心学校改扩建，年内分别竣工。

【海内外联谊】 市侨联共会见回到赣州探亲的美国、澳大利亚等国华侨、华人等25批次60人次。先后会见国际多元文化研究会主席、柬中文化经贸协会主席、瑞粮集团董事长刘国雄一行；加拿大江西同乡会、加拿大赣州客家联谊会荣誉会长胡志勇一行；加拿大华人侨(社)团一行；澳大利亚侨领、世界华人体育总会主席、澳大利亚广州总会主席关忠勇一行以及回乡探亲的旅美学者钟立荣博士。会见广西北海江西商会常务副会长陈厚发一行、洛阳市侨联“客家文化考察团”。

池峰龙率代表团一行应邀到澳门参加第21届澳门缅华泼水节系列活动。举办由中央人民政府驻澳门联络办公室主办，市侨联青年委员会、赣州市国际旅行社联合承办的2016澳门爱国社团青少年革命传统教育夏令营。召开赣州市侨界“迎中秋、庆国庆”座谈会。

【精准扶贫】 组织宁都县对坊乡葛藤村全体村干部及部分产业大户参观学习，召开座谈会，制定驻村点的产业扶贫计划。走访14户贫困户，提出帮扶相关建议。8月，市侨联全体机关工作人员到宁都县对坊乡葛藤村开展精准扶贫工作与结对对象“同吃同劳动”活动。

【为侨服务】 市侨联把“以侨为本，为侨服务”作为自身工作的出发点和落脚点，每逢传统佳节，通过电子邮件等方式给世界各地有联系的华人华侨发送节日祝福。中秋节前夕开展中秋走访慰问活动。及时处理信访案件，依法维护侨益。

【参政议政活动】 根据中国侨联《关于开展侨资企业基本经营情况调研的通知》，全市侨联积极开展相关调研活动，共调研39家侨资企业。侨联界别政协委员《利用客家非遗文化，打造郁孤台历史文化街区》纳入市政协重点督办提案，《关于支持侨联拓展海外联谊工作的几点建议》及《关于打好旅游产业攻坚战的几点建议》提案得到好评。做好归侨、侨眷在政协等组织中政治安排的推荐提名工作，推荐9名政治素质高、参政议政能力强、具代表性的归侨侨眷为第五届市政协委员人选。

市侨界16人受中国侨联表彰“从事侨联工作20年以上工作者”。组织各县(市、区)侨联参加首届侨心杯——江西侨界美术书法大赛参赛，4篇作品获奖。组织参加“第十七届世界华人学生作文大赛”征文活动，其中一等奖41名、二等奖106名、三等奖153名。市侨联、于都县侨联获得大赛组织奖。

(撰稿　孙建伟　审稿　池峰龙)

【领导名单】

主席：池峰龙

专职副主席：李升隆

副主席(兼职)：邹大勇　沈小慧(女)

红十字会

【概况】 2016年，赣州市红十字会贯彻落实中央、省、市关于加强群团工作的意见精神，结合实际，开拓进取，扎实工作，弘扬“人道、博爱、奉献”红十字精神，推进市红十字事业向前发展，彰显红十字人道力量在服务大局中的积极作用。当年市红十字会首次评为“江西省第十四届文明单位”，是全省红十字会系统首家，获全省设区市红十字会绩效管理工作先进单位、老年“介护”工作先进单位、遗体器官捐献工作先进单位，获“赣州市第八届文明单位”、节能优秀奖、综治优秀奖、绩效奖、中国红十字会总会报刊宣传先进集体三等奖等荣誉称号，创下历史最好成绩。

【组织建设】 开展“两学一做”学习教育。按照市委的统一部署，制定“两学一做”学习教育方案，有序地开展党员承诺、查找问题、专题学习讨论、“三会一课”、道德讲堂、中国党员活动日等学习教育，推动解决党员队伍中的思想、组织、作风、纪律等方面存在的问题，学习研讨贯彻中共十八届三中、四中、五中、六中全会、中共中央总书记习近平系列重要讲话精神和省第十四次党代会、市第五次党代会精神。加强基层组织建设。继续巩固县级红十字会理顺管理体制，全市18个县级红十字会均配备专职会长，基层红十字组织发展壮大，新增基层组织21个。注重干部队伍建设。加大对新任会长和专职副会长的培训教育，举办全市红十字会工作会议暨能力建设培训班，对全市新到任的负责人、业务骨干等进行业务知识培训。首次专题组织分管领导和造血干细胞志愿者座谈会暨团队拓展训练、首次组织全市分管领导与救护师资大赛，组织参加海峡红十字论坛，派员参加救护师资培训、宣传工作培训、志愿活动交流以及党校培训等。加强志愿服务队伍建设。开展志愿者培训表彰慰问活动。支持志愿服务活动，开展志愿服务进社区、进敬老院、关爱儿童、“5·8”博爱周红十字精神宣传、参与“三献”、文明城市创建、法治宣传、社会综合治理等活动，志愿活动做到常态化。推荐优秀红十字志愿者参加国家、省、市相关评选表彰活动。充实组建红十字水上救援队等志愿服务队伍。打造红十字志愿服务示范基地、红十字老年介护志愿服务站、指导县级红十字会加强志愿服务队伍建设。制定目标管理考核，将省红十字会2016年目标考核任务分解到各县级红十字会，推动工作的开展。加强对外交流合作，与龙岩市红十字会建立友好协作红十字会。

【人道救助】 重点依托赣州市红十字博爱基金，争取上级款物和筹措社会资金，开展“红十字博爱送万家”品牌活动。全市各级红十字会在春节期间开展人道救助送温暖活动。针对精准扶贫工作，专项开展以“博爱为人人，奉献助扶贫”精准扶贫博爱一日捐活动，动员社会各界积极参与精准扶贫人道救助；设立“赣州毅德教育”“华厦眼科”专项基金；争取和申报中国红十字基金会“小天使基金”和“阳光天使基金”，救助白血病和心脏病患儿；争取上级多批救灾物资，送到灾区群众手中；联合赣州晚报社开展送温暖活动；组织志愿者开展大规模的送温暖以及“温暖冬日行”等活动，全年用于人道救助帮扶款物1500多万元。

【应急救护培训】 市政府出台《关于大力开展应急救护知识培训的实施意见》，县级红十字会陆续出台实施意见，与市教育局联合印发《关于在全市学校大力开展应急救护知识培训的实施方案》，推动应急救护培训工作的开展。普及公益性应急救护知识培训纳入重新修订政府应急体系中，与多部门联合开展应急救护知识培训，救护培训面扩大。将任务分解到县，市、县联动开展应急救护知识普及培训格局日渐形成。各地结合实际开展进机关、进学校、进园区、进社区培训。制定救护培训工作方案和计划，明确职责任务、方法步骤、进度安排和工作要求；抓师资培训，打造高素质的师资队伍，安排培训教师参加各级培训，首次组织全市救护知识师资大赛。建立规范的运行机制，逐步形成以各级红会为实施主体，相关方面通力合作的管理模式。联合广播电台开展普及培训，坐客广播电台“应急之声”栏目普及急救等应急知识。通过开展各类救护培训、应用“掌上学堂”免费软件、“市民大讲堂”“应急之声”等多种形式共培训25万人次，其中持证培训700多人。通过问卷调查显示，群众对救护培训的认可度和满意度近100%。

【救灾救援】 紧扣实战，密切关注灾情，及时收集上报灾情，争取支持。与市政府应急办的联动机制紧密。争取多批物资。充实完善水上救援队等志愿者救援队伍，健全市、县联动机制。向学生宣传防溺水知识，反响较好。组织救援队参与救援工作。

【大爱“三献”】 参与推动无偿献血。市、县红十字会和红十字志愿者常态化开展无偿献血宣传服务，全市保持无偿献血占临床用血比例100%。超额完成造血干细胞2016年志愿者血样入库任务。提前超额完成省红会布置的任务数，共完成995人份。工作站评为全省优秀工作站，在全省工作会上作经验介绍。首次专门组织全体实施捐献的造血干细胞志愿者座谈会暨团队拓展训练。首次与市卫计委、市文明办联合发出“造血干细胞捐献倡议书”，动员社会各界积极参与。有1例成功捐献，全市成功捐献累计13例。捐献遗体器官工作稳步推进。首次联合市卫计委、市民政局、市文明办发出“人体器官捐献倡议书”，动员社会各界参与。市县红十字会开展走访慰问造血干细胞者、人体器官捐献志愿者家属等活动。市编委批复设立赣州市遗体器官捐献管理中心，为正科级事业单位等，促进“大爱三献”工作稳步推进。全市新增填写捐献志愿者42例，成功捐献19例，居全省前列。

【组织宣传】 开展公益性宣传活动，宣传人道救助先进事迹，树立典型，扩大社会影响。利用世界红十字日、防灾减灾日、“6·14”献血日等重要纪念日，开展经常性的宣传活动，传播红十字知识。市红十字会开通微博、人道服务热线，完善网站并及时更新，全市建立红十字内部微信交流群，联动开展宣传工作；市红十字会联合市文明办开展公益宣传，市县红十字会在红十字博爱周、防灾减灾日、“6·14”献血日开展大范围的宣传活动。全市红会系统主动加强与同级主流媒体合作，各类媒体刊播市县红十字会工作动态、新闻210余篇次。

【信息公开】 执行信息公开制度，规范社会捐赠款物的管理，做到资金募集、财务管理等捐赠救助信息公开透明。将捐赠资金公示，建立告知捐献人资金流向制度；赣州市红十字博爱基金会通过年审和年检，在网站上公示，红会的财务预决算实行公示，提升红十字会的公信力。

【争资争项】 发挥红十字会、红十字博爱基金会平台作用，开展募捐活动。联合市扶贫办开展扶贫捐赠，全年共接收捐赠239.5万元，均按照文件精神和捐赠意愿用于各地扶贫点扶贫公益事业。新设立赣州毅德教育基金、华厦眼科光明基金；通过宣传动员，爱心人士和爱心企业通过红十字会平台实施捐赠。全市红十字会系统共筹集款物价值1500多万元，进一步提升红十字会实力。精心组织项目建设。督促完成2015年红十字博爱助老项目、博爱卫生站等项目；新开展全南县博爱家园、绿色照明工程，兴国县龙口镇嶂下村红十字文化广场、兴江乡博爱桥，寻乌县南桥镇下廖村红十字文化广场等项目；有序推进总会博爱家园项目，信丰县虎山乡奖教助学、石城县大由乡水南大桥建设项目、兴国将军园AAAA级景区幸福天使救护站；省红十字会支持的老年介护项目和应急救护知识培训项目完成。较好完成农银人寿保险股份有限公司捐资50万元兴建的兴国县桐林农银人寿博爱小学。

（撰稿　张　强　审稿　蓝晓植）

【领导名单】
会长：胡聚文
常务副会长：张燕萍（女，4月免）
副调研员：蓝晓植

（本栏编辑　王　宇）

法 治

政法及综治工作

【概况】 2016年，全市政法系统贯彻市委“解放思想、内外兼修、北上南下”和“打好攻坚战、同步奔小康”决策部署，平安赣州、法治赣州和队伍建设取得明显成效，公众安全感和群众满意度提升，全市政治安定、社会安稳、经济安全、人民安康，为加快振兴发展创造安全稳定的社会环境、公平正义的法治环境和优质高效的服务环境。

中共赣州市委政法委员会、赣州市社会管理综合治理委员会办公室、中共赣州市委维护稳定领导小组办公室合署办公，管理赣州市法学会，内设办公室、政治部、研究室、执法监督室、综治办一科、综治办二科、矛盾纠纷排查调处室、维稳办一科、维稳办二科、维稳综合科。人员编制42名，实有39人。

【政法工作】 创优发展环境。制定出台《全市政法机关服务工业发展若干政策措施》《关于降低企业成本优化发展环境若干政策措施实施细则》《关于开展涉园区重点领域违法犯罪行为专项整治行动的工作方案》，推动政法机关发挥职能作用，开展执法司法服务。公安机关打击经济领域犯罪，立经济犯罪案件446起，破案313起，涉案金额17.88亿元。检察机关依法起诉制假售假、金融诈骗、串通投标等破坏市场经济秩序犯罪128件198人，查办工程建设、项目审批、市场监管等涉企管理领域职务犯罪74件91人。立案侦查公职人员骗取国家专项补助职务犯罪47人，查办扶贫开发领域贪污贿赂犯罪案件39件49人。审判机关受理各类民商事案件23734件，审结16645件，一审民商事案件涉案标的额10.12亿元。司法行政机关组织律师、法律工作者开展法律服务，办理法律援助案件2001件，办理其他法律援助事项15516件，避免和挽回经济损失近1500万元。

推进法治建设。完成“六五”普法工作，赣州市被评为“全国法治宣传教育先进城市”。启动“七五”普法规划，全市各级法制宣传部门开展法治宣传活动520余场次，发放法律宣传资料和普法实用品20余万份。加强基层法治创建，全市建有11个国家级、55个省级“民主法治示范村和社区”，18个“全省百佳民主法治社区”。支持政法机关依法独立行使职权。加大对《领导干部干预司法活动、插手具体案件处理的记录、通报和责任追究规定》《司法机关内部人员过问案件的记录和责任追究规定》的贯彻执行，实行每季度统计、分析和上报，支持政法各单位依照宪法和法律独立负责、协调开展工作。解决“执行难”问题取得成果，全市法院新收案件27499件，执结15799件，清理积案52095件。打击“拒执”等违法犯罪行为，全市法院以拒不履行判决、裁定罪移送公安机关侦查61件，判决22件，司法拘留883人次。强化信用惩戒，联合市文明办等单位发送3期“诚信红黑榜”，公布典型失信被执行人名单103人次。全面落实国家司法救助制度。全市共救助案件255件，发放国家司法救助资金1102.63万元，化解一批涉法涉诉信访积案。推进司法体制改革，落实涉法涉诉信访改革措施，推广南康区、上犹县涉法涉诉信访改革示范县（区）创建工作经验，制定出台《赣州市律师参与化解和代理涉法涉诉信访案件工作的意见（试行）》，全市政法机关受理涉法涉诉信访事项3186件，化解2591件，化解率达81.32%。加强人民监督员工作，制定《赣州市人民监督员选任管理工作方案》，建立人民监督员遴选方式、职责权利、监督范围、考核机制等。建立以案释法制度，制定出台《关于建立以案释法制度的实施意见》，规范法官、检察官、律师和公安民警以案释法工作。加强执法监督，落实司法公开要求，组织开展案件评查和执法检查。

深化平安建设。公安机关立9类涉恶案件385起，下降9.2%；组织开展打击“盗抢骗”专项行动，破获各类侵财案件9104起；破获刑事案件7569起，上升18.22%。检察机关批准逮捕各类刑事犯罪嫌疑人2366件3353人，起诉2891件4056人。审判机关受理各类刑事案件4159件，审结3465件。强化治安整治，组织开展“三电”“护校安园”“两清理一排查”等专项行动，加大对“黄赌枪”“食药环”违法犯罪打击整治力度，查处“黄赌”案件603起、“四黑四害”类案件79起、涉枪涉爆案件7起。严打毒品犯罪，共破获毒品刑事案件174起，抓获犯罪嫌疑人185人，摧毁非法生产易制毒化学品窝点3个，社会面吸毒人员得到有效控制。

【综治工作】 构筑立体防控体系。出台《中心城区防控体系建设总体方案》，推进社会面治安防控网、重点行业治安防控网、重点人员治安防控网、镇（街道）和村（居）治安防控网、机关企事业单位内部安全防控网、信息网络防控网、区域协作防控网、住宅楼院商户防控网、重点区域防控网等“九张网”建设，省综治办转发赣州市中心城区总体方案。推进“天网”工程建设，建成监控摄像头15697个，智能识别系统125套；建成环赣州市、环各县(市、区)、环中心城区三大“包围圈”。全市组建561支6159人得群防群治队伍，有效提升社会面防控能力。

推进综治推进综治中心、综治信息化、网格化管理“三项建设”。组织召开全市综治“三项建设”暨公共法律服务平台现场推进会，出台《赣州市综治中心规范化建设实施细则》，全市建成市、县、乡、村四级综治中心4192个，完成网格人口、楼宇、特殊人群以及两新组织等采集、录入的数据量近1235万个，提前完成省综治委下达的综治“三项”建设任务。市级198个综治成员单位全部接入综治信息化平台，对全市综治责任单位网格信息化平台进行上线培训，推进城乡网格划分全覆盖，全市配备网格员16692个，其中专职网格员2781名，兼职网格员13911名。网格员配置手持终端16012部，占网格配置到位数的96%。

强化重点特殊人群服务管理。落实肇事肇祸等严重精神障碍患者有奖监护机制，监护资金纳入财政预算，实行乡镇卫生院、派出所、驻村干部和村干部走访随访制度。中央综治办等联合发文推广赣州经验做法。加强重点青少年教育矫治，青少年法制宣传教育常态化、制度化，建成章贡区检察院法制教育基地等一批青少年教育基地，市本级投资1000多万元，在市第十一中学建成市级集禁毒警示教育、交通安全警示教育、大型综合性法治教育基地并投入使用。加强社区矫正监管中心规范化建设，规范社区矫正执法程序，举办社区矫正心理矫治培训班，有效提高社区矫正效果。全市在册社区矫正人员3046人，重新犯罪1人。建立刑释人员数据库，推进教育改造与安置帮教“无缝对接”工作，全市共接收刑释人员1238人。加强对艾滋病毒感染者和病人的关怀关爱，组织市县两级疾控部门、医疗机构和相关职能部门进行调研。落实农村留守儿童，家长监护责任，完善关爱服务体系，防止儿童发生溺水、交通安全事故的发生。

加强“心防”工程建设。出台《关于加强影响社会治安特殊人群“心防”工程建设的实施意见》，率先在全省实施社会治安特殊人群“心防”工程建设，按照“组建三支队伍、服务七类人群、实施六种服务、建立五项机制”原则，在全市构建人防、物防、技防、心防“四位一体”的立体化治安防控网。做法得到中央综治办、省综治办肯定，中央综治办《社会治安综合治理动态》刊发赣州市做法，省综治办全文转发赣州文件。赣州市等12个地区列为全国“社会心理服务体系建设”联系点。市、县“三支队伍”均完成组建，其中市本级专家服务团109人，志愿服务团172人，专业服务团204人。出台《关于开展信访重点人员“心防”工程个案服务工作的通知》，对43件信访积案、68件涉法涉诉信访重点人员开展个案服务，实现定点服务保障群众健康、热线服务舒缓社会情绪、购买服务矫治不良心理、个案服务消除社会隐患的良好效果。

加强寄递物流安全监管工作。出台《关于加强寄递物流安全监管工作的实施意见》《赣州市寄递实名制登记管理暂行规定》，召开市中心城区寄递实名制登记管理工作动员会，组织在章贡区、赣州经济技术开发区试点，借助寄递实名登记系统，实现实名登记100%、开箱验视100%。

【维稳工作】 确保政治安全。健全完善维稳信访形势定期分析研判机制和维稳“三级预警”机制，市本级定期开展常态研判20次，交办210件重大涉稳事项办结206件；发出维稳二级预警8次、三级预警20次，实现中共十八届六中全会和全国社会治安综合治理创新工作会议期间赴京非访“零登记”。推进“专案体系”建设，开展邪教组织的防范打击、教育转化工作，反邪教部门立邪教案件34起(其中在侦邪教案件13起，查破邪教案件21起)，抓获各类邪教人员29名，收缴非法宣传品2000余份。强化网络管理，健全依法处理、舆情引导和社会面管控“三同步”机制，开展集中整治打击网上“瞎炒”行为专项行动，落地调查网民213人，教育训诫104人，行政拘留13人。

强化源头预防。推进稳定风险评估，全市共开展社会稳定风险评估256件，其中准予实施253件，暂缓实施3件。强化隐患排查整治，开展不稳定、安全隐患大排查大化解大整治，排查重大不稳定问题和隐患34个。全市排查各类矛盾纠纷5632件，下降39.9%；化解成功4983件，成功率88.5%。加强矛盾纠纷云平台使用管理工作，将矛盾纠纷云平台使用管理纳入到综治网格化平台系统管理。严格执行维护稳定“属地管理、分级负责”和“谁主管、谁负责”原则，推进涉稳问题归口化解，对影响全市社会稳定的13类突出涉稳问题，健全完善涉稳问题牵头单位归口处理化解机制。

推进矛盾纠纷多元化解。出台《赣州市涉诉纠纷委派调解工作实施意见》，建立健全委派调解工作机制；制定《关于加强婚姻家庭邻里纠纷排查化解预防“民转刑”案件的实施意见》，加强婚姻家庭邻里纠纷排查化解，有效预防“民转刑”案件发生。全市共调解各类纠纷案件12384件，调解成功11991件，成功率96.8%。其中，受理医疗纠纷调解案件186件，调解成功175件，成功率94.1%。

强化应急处突。加强维稳应急处突的人员、装备建设，发挥19支1308人的县级应急处突专业队伍，381支23323人的市县原籍干部维稳队伍，19支886人的妇女干部维稳队伍的作用，明确突发事件苗头处置工作的基本原则、指挥权限、部门职责分工、联动响应程序和纪律要求等，处置赣县区王母渡镇部分村民非正常聚集、南康区凤岗镇路塘村部分村民非正常聚集等涉稳隐患。

【队伍建设】 思想政治建设。加强理想信念教育、职业道德教育、廉洁从

2016年12月23日，全市政法队伍建设工作会议在赣州召开

政教育及警示教育，确保中共中央、省委和市委决策部署在政法系统得到落实，被中央政法委确定为“加强政法队伍建设”联系点。江西南芳律师事务所成为全省首家成立党委的律师事务所。

履职能力建设。加大政法队伍业务培训力度，举办全市政法综治维稳干部培训班2期，培训1400多人，邀请国际关系学院张平教授举办心理健康与工作能力培训，参训人员700人。完成全年度司内警衔晋升培训班3期323人，各警种业务培训14期179人。市审判机关选派275人到上级法院培训，赣州法院代表队在全省法院司法警察技能大比武中获得综合团体三等奖。市检察机关与北京大学联合开办综合素能培训班，完成各类调训250余人次。市司法行政机关组织1300余人次参加相关业务技能培训。全市公安机关共荣记集体三等功9个、个人三等功113个、嘉奖113个，3个单位被评为“全省优秀公安局”，3人被评为“全省特级优秀人民警察”，22人评为“全省优秀人民警察”。全市法院有14个集体、20名个人荣获省级以上荣誉称号，南康法院被评为“全国模范法院”，赣县法院被评为“全国法院党建工作先进集体。全市检察机关1名干警荣获“全省十佳公诉人”称号，1名干警荣获“全省优秀公诉人”称号，1名干警先后被评为“全国未检工作先进个人”“全省未检工作先进个人”，章贡区检察院被评为全国先进基层检察院。全市司法行政部门先后有8个集体、32名个人获省级以上表彰。

纪律作风建设。坚持从严治警，坚决执行中央八项规定精神和省、市有关规定，严格落实政法单位领导干部“一岗双责”，在春节、端午等重要节日开展廉洁自律情况监督检查以及“红包”“违插”问题专项整治等活动，推进政法系统的党风廉政建设和反腐败，有34名违法违纪政法干警受到党纪政纪处分。

（撰稿　廖静晔　审稿　明经科）

【领导名单】

市委政法委书记：马玉福

市委政法委副书记：邓忠平

朱新平(9月免)　陈俭生(9月任常务)

明经科　肖福云(9月任)

陈明浩(10月任)

市综治办主任：肖福云(9月任)

市委维稳办主任：陈俭生(9月免)

陈明浩(10月任)

市委防范办主任：卢永基

市综治办副主任：夏命远(9月免)

市委防范办副主任：曾传赣(9月任)

市法学会专职副会长：廖　军(9月免)

夏命远(9月任)

市委政法委副调研员：成德龙

刘昱明　章传慧(女)

政府法制

【概况】 2016年，赣州市政府法制办公室围绕市第五次党代会决策部署和打好“六大攻坚战”的工作大局，推进依法行政，加快建设法治政府，各项工作取得初步成效。市政府法制办被评为江西省第十四届文明单位、获2015年度市绩效考核优秀等次，评为2015年市综治、节能、信访工作先进单位、市直机关党建工作红旗单位、市直机关先进基层工会，在2015年度全省法治政府建设工作年度考核中，名列设区市第一。

市政府法制办机关内设秘书科、立法科、行政执法监督科、行政复议科、法律事务科、依法行政指导科等6个职能科，人员编制19名，年底实有17人。下设市行政复议中心，为市政府法制办(市人民政府行政复议委员会办公室)下属正科级全额拨款事业单位，人员编制5名，年底实有5人。

【推进法治政府建设】 加强法治政府建设的规划部署。编制并报市委市政府印发《赣州市法治政府建设实施方案(2016—2020年)》，为2020年全市基本建成法治政府明确任务表和路线图。组织、协调、推进年度法治政府建设工作，及时起草市法治政府建设工作要点，以市政府文件印发，将法治政府建设工作任务分解到各单位各部门，并抓好监督落实。做好全省十大法治事件、法治人物和全省依法行政先进单位和先进个人的推荐评选工作，发挥先进典型的示范带动效应。落实领导干部学法用法制度。推进领导干部学法，报市政府印发《2016年市政府常务会议学法安排》，将8部与行政机关密切相关的法律或行政法规列为学习内容，增强学法的针对性、实效性。拓宽学法渠道，扩大学法范围，在市长办公会上增加学习法律法规及政策文件内容，先后学习10多部法律法规和政策文件。市政府第59次市长办公会组织学习国务院《关于在市场体系建设中建立公平竞争审查制度的意见》，该办就该意见进行解读，对贯彻实施该意见提出具体的建议和措施。推进简政放权。参与行政审批项目清理工作，及时对市编办提出的缩短行政审批事项时间、优化审批流程和加强行政审批事中事后监管的相关文件进行合法性审查，优化审批流程，简化办事程序，强化监督，确保行政审批规范高效运行。与市编办等部门联合印发《关于印发〈关于开展行政审批"红顶中介"问题专项整治工作实施方案〉的通知》，开展专项整治，规范中介领域从业行为，促进中介服务市场健康发展。

【推进地方立法】 制定立法计划。获得地方立法权后，市政府将《赣州市制定规章和拟订地方性法规草案程序规定》《赣州市农村住房规划建设管理办法》《赣州市城市管理条例》列入立法计划组织实施。推进地方立法。为科学设置政府立法程序，先后组织赴省内外学习考察，广泛学习借鉴外地先进经验，及时形成《赣州市人民政府制定规章和拟订地方性法规草案程序规定》送审稿，报市政府常务会议通过后，于8月颁布，10月正式实施。加强联系沟通，推进其他立法项目进程，《赣州市农村住房规划建设管理办法》《赣州市城市管理条例》2个项目完成起草工作，进入征求意见修改完善阶段。做好上级立法调研和征求意见工作。先后参与《江西省实施〈中华人民共和国老年人权益保障法〉办法》《江西省传统村落保护条例》等立法项目调研活动，对《江西省立法条例》《江西省流动人口服务和管理办法》等4件文稿提出书面意见建议。

【服务政府决策】 把合法性审查贯穿重大决策的全过程。围绕市委市政府重大决策部署，靠前谋划，对大量重大决策全程参与法律把关，提供精准、优质的法律把关服务。市政府法制办在市政府与华强集团等企业签订总投资约76.5亿元的5个重大文化旅游项目协议、市政府65号令的修改、中心城区开展集中整治违法占地、违法建设"两违"等工作中，全程参与，为重大决策的实施、推进、落实提供法律保障。对市政府涉及法律的重要文件文稿进行法律审核把关145件，对市政府重大合同(协议)审核把关34件，对市政府部门涉法事项请示市政府的请示件审核把关74件，出具书面法律审核意见98件，提出具体意见、建议267条。健全完善政府法律顾问相关制度。规范政府法律顾问工作程序，制定赣州市政府法律顾问工作规则》《赣州市政府法律顾问考核办法》，加强对政府法律顾问的管理和考核，提升政府法律顾问的工作质量和水平。市政府续聘6名法律顾问，参与重大行政决策事项审核把关26人次，在政府决策中发挥较好作用。

【规范执法行为】 加强行政执法监督管理。部署推动"双随机一公开"监管工作，印发《关于加快推进"双随机一公开"监管工作的通知》，推动全市行政执法单位建立完善"一单两库"，制定随机抽查工作细则和行政检查计划，推行以"双随机一公开"方式执法。印发《关于进一步规范涉企执法检查和行政处罚行为的意见》，对涉企执法检查和行政处罚提出严格明确要求，营造良好发展环境。贯彻执行《江西省行政执法监督实施办法》，将《流通领域商品质量抽查检验办法》等4部法律法规的执行情况列入执法检查计划，市政府法制办共同参与组织实施。制定印发《关于建立重点领域行政执法情况年度报告制度的通知》，要求执法部门每年向同级政府法制办报告涉及群众切身利益的重点领域执法情况，增强执法监督的针对性和实效性。贯彻执行规范性文件和重大行政执法行为备案规定，审查规范性文件6件，重大行政执法案件4件，对违反相关法律、法规的，下达行政执法监督建议书，督促相关单位自行纠正。规范行政执法行为。推进落实重大执法决定法制审核、行政执法公示、行政执法全过程记录等三项制度，加强对行政执法行为的过程监管和社会监督，提高行政执法透明度。印发《关于严格执行行政处罚自由裁量权执行标准的通知》，防止行政执法滥用职权。组织开展集中整治和查处行政执法不公侵害群众利益专项治理，提高群众对行政执法的满意度。加强行政执法人员准入管理，为市城乡建设局等16个执法单位办理新证、换证227人次。加强和改进行政执法与刑事司法衔接工作，在生态保护领域开展行政执法监督调研。配合支持推进"两法衔接"信息共享平台建设，组织市本级7个试点单位和市公安局、市检察院召开座谈会，为信息共享平台建设建言献策。举办"两法衔接"信息共享平台执法系统培训班，促进平台系统的试点运行。与市委政法委等部门联合印发《关于建立以案释法制度的实施意见》，推动以案释法活动广泛开展，发挥具体案件的规范、指导等作用。推动落实行政执法责任制。印发《进一步推进和落实行政执法责任制的意见》，明确推进行政执法责任制的有关要求，加大行政执法责任追究力度。贯彻落实中央、省关于开展综合行政执法体制改革试点工作的要求，推进农粮系统综合执法体制改革，提高执法效能。

【矛盾纠纷化解】 推进行政调解工作。市法制办、综治办联合召开全市行政调解流动现场会，总结近年行政调解工作，树立典型，交流经验，对行政调解工作进行再部署、再动员。组织28个市直部门的分管领导、调解机构负责人和业务骨干60余人实地参观市医调中心、工商局和房管局的调解工作。组织开展各县(市、区)、市直驻市各部门单位行政调解优秀案例及案卷评比活动，评选10个优秀案例和10个优秀案卷并进行通报表彰，推动行政调解工作规范化。继续推进专业性、行业性调解平台建设，发挥调解平台在化解争议纠纷方面的重要作用。印发《赣州市涉诉纠纷调解工作实施意见》，建立人民法院、综治部门、司法行政机关和政府法制机构参与的化解涉诉纠纷工作机制，提高化解涉诉矛盾纠纷的质量和效率。提升行政应诉能力。规范行政应诉行为，按要求确定应诉机构和出庭人员，组织庭前案件分析研究，依法委托出庭应诉，提高应诉水平。共代理市政府委托行政应诉案件103件，转办其他部门应诉案件19件，应诉案件数量增长近3倍，在已生效的法院裁决中，市政府行政诉讼胜诉率达95%。创新行政复议案件审理工作机制。落实相对集中复议权的要求，发挥非常任委员优势和作用，安排非常任委员参与案件调查、讨论、听证，支持非常任委员独立办案。保障非常任委员履职，制定印发《赣州市政府行政复议委员会非常任委员报酬核发办法》，调动非常任委员积极性。针对土地、山林等疑难复杂的案件，加大现场勘查、听证审查力度，确保案件审理的准确公正。坚持案件审理集体讨论制度，每个案件均由主办人提交复议科集体讨论，重大案件提交复议委员会案审会讨论，提高案件审理质量。

【提升服务水平】 推进民主法制领域改革。起草并报专项领导小组印发《民主法制领域改革2016年工作计划》，确定民主法制领域改革4个方面16项具体改革任务。制定出台《关于进一步加强政协工作充分发挥人民政协协商民主重要作用的若干意见》等8个重要文件，市第一部地方性法规《赣州市立法条例》和第一部政府规章《赣州市人民政府制定规章和拟订地方性法规草案程序规定》通过或颁布实施。完善社区治理，开展社区减负增效试点，推进社会组织进社区服务，加强社区服务信息化平台建设，提高社区服务质量和水平。做好降成本优环境专项行动工作。8名干部挂点联系赣州高新技术开发区16户企业，通过实地走访、座谈交流等形式开展专题调研，形成“调研报告”及时报告有关市领导。积极开展降成本优环境宣讲动员，利用企业精准帮扶网络及手机APP平台，第一时间收集整理企业反映的问题，实行销号办结，为企业排忧解难。为挂点联系企业解决或协调解决31个各类问题。

（撰稿 李 凯 审稿 谢应林）

【领导名单】
主任：仲先东
纪检组长：曹四清
副主任：谢飞龙(10月任)
曾宪柏(8月免)
调研员：赖木森(12月免)
副调研员：钟为民(5月免) 刘建新

公 安

【概况】 2016年，全市公安机关全面深化公安改革，推进“四项建设”，为护航“六大攻坚战”重大战略部署，建设平安赣州、法治赣州做出积极贡献。公安工作和公安队伍建设取得显著成效，在省厅重点工作目标考评中列全省第二名，被省厅评为“优秀单位”，全年共荣记集体三等功22个、嘉奖2个，个人一等功1人、二等功11人、三等功230人、嘉奖126人，3个单位被评为“全省优秀公安局”，11个集体评为“全省优秀公安基层单位”，3人被评为“全省特级优秀人民警察”，22人被评为“全省优秀人民警察”。

【维护社会政治稳定】 情报信息研判。开展警情信息全录入工作，严格执行和完善日分析、周会商、月研判工作机制，建立完善“情报信息归口管理”“情指联动”“情报采集流转”等工作规范，通过情报研判破获案件1468起，抓获各类犯罪嫌疑人727名。重点人员管控。摸排掌握全市涉恐人员、肇事肇祸精神障碍患者等7类重点人员，特别是创新推出有奖监护举措，强化对肇事肇祸精神障碍患者的管控工作，得到中央政治局委员、中央政法委书记孟建柱肯定。3月25日，公安部在赣州市召开现场会，全国推广赣州做法。网上侦查。全年共向省公安厅上报网上相关信息1.3万余篇。矛盾纠纷化解。抓“民调评警”，排查、化解一大批矛盾纠纷。抓信访重点县（市、区）专项治理和信访积案清零活动，共处理信访问题2005件，全部办结；停访息诉1945起，停访息诉率达97%。局信访处被评为“全国公安信访窗口示范单位”和“江西省涉法涉诉信访改革示范单位”。重大安保工作。完成“赣州首届文化惠民周”“中国(赣州)第三届家具产业博览会开幕式”“纪念长征胜利80周年晚会”，以及“8·22”中共中央政治局常委、国务院总理李克强，“9·3”中共中央政治局委员、国务院副总理刘延东，等等领导到赣州视察重大安保警卫工作任务49批次。

【打击刑事犯罪】 组织开展打击“盗抢骗”、打击治理电信网络新型违法犯罪、“捕狼”、打击涉企违法犯罪等专项行动，共立刑事案件30084起，破15663起。

严打刑事案件。全年共发命案63起，破62起。侦破会昌“1999.08.02”赖昌财故意杀人案、大余“2006.08.30”高连朋故意杀人案、信丰“2009.02.08”刘琳被抢劫杀害案、龙南“1997.6.26”许翠华被杀案、“1944.9.18”叶发胜被杀案积案5起；破获涉枪犯罪案件74起，起诉69人；破获侵财案件12338起，打掉团伙258个；抓获网上在逃人员2372名，“捕狼”专项行动抓获重点缉捕逃犯8名；成立并运行赣州市反信息网络诈骗中心，共接警879起，冻结(止付)涉案账号468个，冻结资金1489.32万元，阻止357人受骗。全年共破获各类电信网络诈骗案295起，查处犯罪嫌疑人253人，打掉团伙窝点8个、伪基站2个。侦破“8·12”特大电信诈骗团伙案，摧毁信息发送窝点14个、淘宝非法窝点4个，抓获团伙组织者、骨干成员及信息发送“键盘手”115名。

严打经济犯罪。开展打击非法集资、传销、商业贿赂、“打假”等专项行动，全年共立经济犯罪案件553起，破416起，涉案金额19.25亿元，抓获犯罪嫌疑人342人，挽回经济损失1553万余元。打击非法集资犯罪活动，共立非法集资犯罪案件36起，移送起诉15起，涉案金额11亿元，涉案人数4500余人。打击整治传销工作，共立组织领导传销活动案件28起，破27起，捣毁窝点72个，清查遣散508

人，发起集群战役2起，其中部督案件1起，涉案金额3亿余元。打击虚开发票专项行动，破获案件21起，抓获犯罪嫌疑人25名，挽回税款损失5亿余元。推进“打假”工作，共立侵犯知识产权和制售假冒伪劣商品犯罪案件46起，全部破获，抓获犯罪嫌疑人49名，涉案金额1.8亿余元，发起集群战役5起。侦破“2015.12.09”特大伪造货币案，捣毁伪造假币窝点1处，缴获烫金机、印刷机、晒版机、纸张切割机等制假设备，缴获伪造的人民币半成品7100多万元，得到国务院‘反假办”和上级公安机关的电贺。

严打毒品犯罪。开展缉毒会战等专项行动，破获毒品刑事案件388起，破获部目标案件8起，得到公安部电贺3次，抓获犯罪嫌疑人440人，缴获各类毒品145千克；开展易制毒化学品专项整治行动，排查企业和单位137家、制毒、制造毒物品窝点高危区域168处，摧毁非法生产易制毒化学品窝点3个、制毒窝点1个，查获易制毒化学品及化工原料14758.65千克，送强制隔离戒毒568人；对全市公安机关民警、工勤人员、辅警、协警，通过逐一尿检方式进行涉毒问题摸排，全部呈阴性。建成禁毒教育园地、基地62个、社区戒毒社区康复暨吸毒人员管控工作站96个。龙南县社区戒毒社区康复管理中心被国家禁毒委评为全国示范点。

严打网络犯罪。开展“311”专案、部督“1218”专案、部督“16041502”专案、部督“16011A”专案、部督“16052602”专案等大案要案；参加“打击整治侵犯公民个人信息”“缉枪治爆”“网络赌博”等专项行动，破获部督“刘政非法获取计算机信息系统数据案”、部督“于都‘2015.12.25’非法买卖制毒物品案”等跨区域、系列性、团伙性案件。全年，共主侦和配侦各类违法犯罪案件1543起，抓获违法犯罪嫌疑人2371人，其中CCIC逃犯486人。

【社会治安管理】 坚持“打防结合、预防为主”，强化治安管控，维护社会秩序平稳，共受理治安案件63584起，查处61438起。

构建环赣州市、环各县(市、区)、环中心城区“三大包围圈”。全市共建成标准卡口268个、微卡口60个、Wi-Fi管控前端3176个、视频探头8580个。通过“三大包围圈”，共破获案件1272起，抓获犯罪嫌疑人673人，处理交通事故1081起，发现并处置各类警情1296起，发现并先期处置群体性事件62起，为社会提供查询3865起，挽回经济损失978.26万元。

强化社会面巡逻防控。开展等级勤务响应巡逻防控和市局机关民警夜间巡逻，推行“全方位、全天候”网格化巡逻模式。章贡分局和开发区分局分别组建一支500人和150人的专职巡防队伍，抓获犯罪嫌疑人246名。全市共开展二级及以上巡控勤务13次，投入警力25万余人次，处置各种警情1.6万余起，抓获违法犯罪嫌疑人690余人，帮助、救助群众2.4万余次，压减街面发案。

狠抓寄递物流业(实名登记、开箱验视、X光检测)“三个100%制度”的落实，共检查中心城区寄递企业187家，发现并整改治安隐患124处，破获各类案件49起。落实“旅馆业”和网吧实名登记制，开展专项检查和明察暗访45次，检查网吧821家次，停业整顿18家、行政处罚81家；检查旅馆1508家次，停业整顿21家，利用旅业系统抓获网上逃犯163人。做好实有人口房屋管理，开展出租房和流动人口专项整治和全覆盖入户走访，新登记录入流动人口10.8万余人，登记出租房屋3.45万余家，破获各类案件51起、抓获犯罪嫌疑人116名、网上逃犯15名、遣返传销人员111人。

整治治安乱点。持续开展“黄赌枪”“食药环”等违法犯罪打击整治。严打黄赌犯罪，查处涉黄涉赌案件603起，刑事拘留216人，行政拘留1149人。严打“食药环”犯罪，查处“四黑四害”类案件79起，刑拘67人。开展缉枪治爆专项行动，查办涉枪涉爆案件70起，收缴各类枪支981支、子弹9524发、炸药6124千克，整改各类隐患168处。组织开展“三电”“护校安园”“两清理一排查”等专项行动，检查治安重点单位1530家，查处“三电”案件21起，处罚医闹违法人员47人，整治校园周边治安乱点64处。

【公安行政管理】 人口管理。全面开展户口清理整顿，清理重复户口1.9万余个，清理纠正户口登记项目差错3.5万余项，为3.7余万无户口人员办理户口登记；规范居住证制度，新登记流动人口14.4万余人，办理居住证1.5万余张；全面完成中心城区居民户口一元化改登，共计改登154.7万人；做好居民身份证异地受理、挂失申报和丢失招领制度工作；设立跨省异地受理点60个，办理跨省异地证件883张，“一站式”办理户口迁移77498例。

出入境管理。全年共受理审批各类出国(境)申请33.1万人次，其中受理护照申请10.6万余人次，往来港澳地区申请20.4万人次，往来台湾地区申请2.1万人次，换(补)发台胞证35本，外国人居留许可462枚，外国人签证55枚；查处“三非”案件47起，涉案95人，遣送60人出境，查处组织偷越国边境案1起，批捕2人。

监所管理。全市18个看守所监控图像全部接入市局监管监控平台，与省厅、公安部联通；在赣州市、瑞金市、安远县看守所设置女性在押人员集中关押点，实行分片集中关押；严格监管场所安全隐患排查，共查获违禁物品595件，发现问题203个，印发整改通知书32份，未发生重大安全事故。

交通安全管理。加强农村地区交通安全管理工作，草拟并推动市政府印发《关于进一步加强农村道路交通安全工作的意见》，全市267个乡镇建立交管站、2887个村建立劝导站；淘汰报废黄标车15074辆，完成率109.62%；持续加大严重交通违法行为整治，现场查处无证驾驶、酒驾等交通违法行为23.9万余起。全年共发生道路交通事故456起，造成266人死亡、375人受伤。

消防安全管理。构筑社会消防安全“防火墙”，对全市274处高层建筑、48处地下工程、3处大型综合体和135家化工企业进行调查摸底；修订完善重点单位灭火预案1338份，17类灾害事故类型预案357份，开展大型联合拉动、重点单位实地熟悉和演练2000余次；对42家重大火灾隐患单位进行督办，整改销案29家。全年共处置火灾1302起，死亡3人，受伤6人。

【民生警务建设】“民调评警”工作。制定《赣州市公安机关责任区民警入户访查工作流程》，细化入户访查任务、步骤。在安远县和石城县分别召开“民调评警”工作现场会；组织开展“双提升”大讨论和“您身边的警务室”新媒体宣传策划活动，提高社会对社区警务工作的知晓率和支持率；通过印发通知、电话督导、微信提醒、实地检查等方式，强化对“民调评警”工作的督导检查，提升社区民警的走访质量，提升群众对公安机关的满意度。2016年，全市公安满意度达95.4834%，列全省第一名。

降成本优环境工作。制定《赣州市公安局挂点联系瑞金经济技术开发区工业园区工作方案》《赣州市公安局关于降低企业成本优化发展环境若干政策实施细则》，成立工作专班。组织开展为期半年的打击涉企犯罪专项行动，破获涉企刑事案件57起，刑事处罚113人，办理涉企行政案件35起，行政处罚73人，为企业挽损150余万元。

提案办理工作。及时召开提案办理交办会，对市人大代表建议、政协提案主办件28件进行了任务分工，全部按时按质办结。

政务公开工作。受理网络问政71件，发布信息3909条，上报市政府门户网站信息198条。“赣州公安”微信平台发布信息1352篇，新增粉丝30余万人，获“全国公安政务新媒体年度飞跃奖”，入选“江西省行业类十大政务微信”。11月2日，在赣州市召开全省公安新媒体座谈会。做好文明城市创建工作，制定《赣州市公安局2016年创建全国文明城市工作方案》，明确工作要求和责任分工，不定期召开专题调度会。

【专项行动】打击“盗抢骗”专项行动。开展为期3年的打击“盗抢骗”专项行动。赣州市、县两级公安机关紧盯确定的四类犯罪活动和五项打击重点，截至12月20日，全市共破获各类“盗抢骗”案件5856起，打掉犯罪团伙137个，抓获犯罪嫌疑人1392人，破获系列案件118串2690起。

“捕狼”专项行动。为全力追捕故意杀人等严重犯罪在逃人员，最大限度地消除社会治安隐患，保障人民群众生命财产安全，市公安局从4月26日起至12月26日止，组织全市公安机关开展“捕狼”专项行动。全市各级公安机关围绕省厅确定的49名重点逃犯开展缉捕工作，共抓获行动前上网故意杀人逃犯8名。

打击涉企违法犯罪专项行动。贯彻省、市关于开展降低企业成本优化发展环境专项行动的部署要求，严厉打击阻挠或者破坏企业发展的各类违法犯罪活动，市公安局从6月6日起组织开展为期半年的打击涉企违法犯罪专项行动。全市公安机关围绕辖区经济社会发展，严厉打击涉企尤其是涉园区企业违法犯罪活动，维护企业稳定，优化经济发展环境，成效明显。共破获涉企行政案件63起，行政处罚119人；破获刑事案件130起，打击处理犯罪嫌疑人188人，为企业挽回损失628万余元。

打击整治网络侵犯公民个人信息犯罪专项行动。行动期间，共破获案件4起，抓获犯罪嫌疑人8名，专项行动成绩列全省第一。其中，开发区、兴国县主侦办理的刘某非法获取计算机信息系统数据案、“2016.6.2”侵犯公民个人信息案被公安部专项办列为公安部第一批、第二批挂牌重点督办案件。“2016.6.2”侵犯公民个人信息案被省厅评选为全省公安机关网安部门精品主侦案件。

【执法规范化建设】完善执法工作机制。推行“两法衔接”工作，强化与行政执法机关的协作配合，建立沟通、对接和交流培训常态化；全面推行刑事案件“两统一”工作机制，制定《赣州市公安机关“两统一”工作规范》《赣州市公安机关负责人出庭应诉制度》，全面落实行政执法责任制。全年，全市公安法制部门共审核刑事案件13948起、行政案件23074起，预审部门共审核“命案”62起，出具“命案”审核报告62份。

解决执法突出问题。开展执法规范化现场督察120次，查纠民警不规范、不文明等问题163个；开展网上督察，共发现可疑问题23092起，整改22295起，整改比例96.5%；开展各类专项执法检查，抽查全市交警办理的交通事故案件、行政案件21起；对全市公安机关全警情录入工作开展专项督察，随机抽查案事件系统中案件200余起，发现并督促基层单位整改落实各类问题305个，发出督察通报6期。

强化执法监督管理。以周巡查、月巡查、季通报的方式，实行常态化网上巡查工作，共印发巡查通报10期，发现、整改问题14521起，全市证据上传率为99.63%。利用“网上办事大厅”和“短信推送平台”，以及对基层科所队配齐配备执法办案公开查询触摸屏，推动全市公安机关执法办案公开工作。全市配备新一代移动警务终端6314台。

提高执法素质能力。以修改后的“一法两规”等法律法规为主要内容，组织开展多层次、多主题的执法培训活动，保证执法民警达到每年接受执法培训15天。组织966名公安民警参加基本级和中级执法资格等级考试，576人到上饶参加高级执法资格考试，全市20名法制民警到广西学习培训。全年，全市共开展执法培训106期，参加培训人员9863人；组织旁听庭审129次，参加人员8520人。

【基层基础建设】公安改革。组织开展改革创新大赛，刑科所基于硅珠法的接触性DNA检验方法改良、大余非警情分流处置机制和于都“互联网+民爆物品管理”经验被推荐代表省厅参加公安部改革创新大赛，其中基于硅珠法的接触性DNA检验方法改良项目被评为全国公安机关优秀改革创新大赛优秀奖。推动机关民警下沉基层。在全省首创开通微信“举报有奖”平台，通过平台抓获违法犯罪嫌疑人86人、整顿涉黄涉赌场所40余家、查获赌博机51台。组织在大余召开“非警情分流”经验现场会，对全市公安改革创新工作进行动员部署。

“全警情录入+”工作。全年，全市接警单合格率、处警单合格率、反馈单合格率分别为99.97%、99.81%、99.99%，在全省排名前列。建立完善机制，召开“全警情录入+”工作推进会，制定印发《赣州市公安机关全警情录入奖惩机制》《赣州市公安机关全警情录入工作考评细则（试行）》《关于全面推进“全警情录入+”的工作方案》，明确工作目标、责任要求。加大监督检查力度，安排专人每天对全市全警情录入工作进行检查，实行周、月通报制，同时每季度组织一次明察暗访，实地督导全市各地全警情录入工作情况。11月7日，市局举行全警情录入竞赛考试。推进“全警情录入+”实战化，推进警情数据共享和深度应用，探索警情研判成果辅助决策，指导基层打防。全市通过“全警情录入+警情研判”协助侦破安远系列盗窃案、信丰挖宝诈骗案、上犹“6·23”抢夺案、兴国县系列盗窃摩托车案等98起案件。

基础信息化建设。依托部门间共享服务平台和信息资源目录平台，共采集整合公安内部数据6.69亿余条、外部数据3亿余条，以及22家单位46类数据信息；组织开展全市公共场所无线上网安全管控系统建设，安装采集点3176个，采集MAC地址信息2.5亿条、虚拟身份信息46万条、MAC地址信息230亿条，数据采集量列全省第一；采集门牌楼地址1859153个、建筑物1817272个、新一代标准地址3088030个，全市户籍人口装户率99.76%。

基础设施建设。做好地方公安基础设施建设“十三五”规划，共编报项目57个，其中监管场所2个、业务技术用房（含派出所）37个、警犬基地和警犬用房4个、警务技能训练基地9个、检查站5个。推进市“三所一队”（看守所、戒毒所、拘留所、武警中队）建设，全市共有12个基层所队搬迁至新办公大楼。

【队伍建设】 政治建警。开展“两学一做”专题学习教育活动，成立党建工作领导小组，制定实施方案，举办市局机关“两学一做”教育联系员培训班，机关67个支部均开展学习教育部署并制定学习方案。市局班子成员分别给所在支部党员民警上党课。全国公安民警革命传统教育基地暨警察博物馆建设工作座谈会在瑞金市举行。

素质强警。严格落实“三个必训”制度，完成全年度司内警衔晋升培训班3期323人，共调训司晋督培训15期244人，督晋督8期80余人，各警种业务培训40余期500余人。推进全市公安微课程建设工作，上报各类微课程100余个，在全省评比中获特等奖1个、二等奖2个、三等奖1个。开展对外学习交流。组织全市公安机关办公室主任赴南京市、苏州市公安局学习考察办公文秘工作经验。选派18名民警赴江苏省公安机关，开展为期半年的跟班学习和警务协作交流。加强警务教官队伍建设，选派40余名教官参加由香港警务教官团队执教的教官培训班，由公安部教官团培训教官150余人。在2016年全省公安系统实战应用射击选拔赛中，民警陈彪、丁晶晶分别取得男子组第一名和女子组第三名成绩。

从严治警。严格落实“两个责任”和“一岗双责”，制定印发《党委班子党风廉政建设主体责任清单》等5个责任清单和《赣州市公安局领导责任追究细则（试行）》，组织各级领导干部签订《党风廉政建设和反腐败责任书》；开展纠风肃纪明察暗访，派出两个暗访组，对全市各地102个基层单位和36个机关部门，暗访实拍执法办案、服务群众、警风警纪等情况，发现并通报各类问题71个，涉及单位60个；抓好纪律教育，组织全市公安民警集中观看《警钟》系列警示教育片；在市局推行绩效考核管理，实行机关全员考核，强化民警纪律作风养成和激励民警干事创业；强化公安审计，审计项目131个，审计金额3.3亿余元，发现违规金额918.68万元，实现增收节支1596.69万元，移交违纪线索7条；保持对民警违法违纪的高压，接到有效投诉举报76件，立案45起53人。

从优待警。制定《赣州市公安机关维护公安民警正当执法权益工作规定》《赣州市公安机关维护民警正当执法权益慰问救济工作实施办法》，聘请3名律师作为维权特聘法律顾问，组成维护公安民警执法尊严律师顾问团，共办理维权案件37起，追究55名侵害民警权益人员的责任，维护49名民警正当执法权益；下放县（市、区）公安交管大队长管理权限，激发队伍活力；推动落实三级谈心谈话制度，开展谈心谈话1249人次，发现问题67个，解决民警实际困难83个。

文化育警。拓展公安文化载体和阵地，完善作家协会、书画协会、摄影协会、音乐舞蹈协会，组织参加第二届“我奉献·我快乐”公安民警微信、微博、微电影大赛，推荐上报微电影6部、微博78条、微信61条；组织开展“人民公安为人民”摄影作品征集活动、迎“七一”篮球赛、民警歌手大赛等活动，活跃警营文化生活。全年，市局共举办各类文化活动6场次，吸收1600余名民警参加，推荐5人次参加上级举办的文艺骨干培训班。

【典型案例】 “2016.6.13”故意杀人案。6月11日晚上，犯罪嫌疑人何某某到被害人家的厨房里，双方因感情纠纷发生争吵，犯罪嫌疑人何某某随手拿起一把铁锤朝被害人及其子（3岁）的头部猛砸数下，直至两人倒地不能动弹，后逃离现场。6月13日接报警后，宁都县公安局迅速启动命案侦查工作机制，赴现场开展工作，并立即安排人员将伤者何海江送往医院救治。经调查，专案组迅速锁定犯罪嫌疑人何有发有重大作案嫌疑，但案发后犯罪嫌疑人何有发已潜逃。专案组辗转至江西省抚州市、九江市、湖北省黄冈市等地，行程数千千米，于7月7日，在湖北省黄冈市黄梅县小池镇的一餐馆内，将犯罪嫌疑人何某某抓获。经审，犯罪嫌疑人何某某如实交代自己杀人的犯罪事实。案件移送检察院起诉。

“12·9”特大伪造货币案。2015年12月9日，赣州市公安局接上级公安部门转来重要的假币犯罪线索：犯罪嫌疑人胡某为首的假币犯罪团伙，在江西大余联系租用、装修厂房的事宜，且通过朱某联系云南籍的几名印刷技术员。经过1个多月缜密侦查，克服山区作战条件艰苦、现代化侦查手段难以开展等多种困难，1月16日凌晨，赣州警方会同广东警方，抽调消防、经侦、特警、刑侦等多个部门的民警100余人，联合开展赣粤"雷霆1209"收网行动，捣毁假币印制窝点1处，抓获包括主犯胡某在内的全部犯罪嫌疑人共8人，现场缴获烫金机、印刷机等制假设备，2005版100元面额假币半成品7000多万元，胶片13张，以及油墨、纸张等一大批原材料，假币无一流入社会，破获中华人民共和国成立后江西省单案缴获假币数额最高的伪造货币案。

（撰稿　王勇棕　成　茜　审稿　黄裕平）

【领导名单】

党委书记、局长：邓忠平
党委副书记、常务副局长：罗富杨
党委副书记、副局长：卢永基
党委委员、副局长：黎连兴
党委委员、调研员：李新军（10月任）
党委委员、副局长：吴品才
党委委员、章贡分局
　局长：张小东（8月免）
党委委员、政治部主任：刘福海
党委委员、纪委书记：郑武岳
党委委员、副局长：刘伟强（挂职）
党委委员、交警支队支队长：朱雄武
党委委员、章贡分局
　局长：陈应庭（8月任）
党委委员、副局长：朱桂林
调研员：饶小明（1月免）
　董　杰（10月免）　李伟雄
　林伟达（10月免）
副调研员：刘乐年　尹良耀（10月免）
　周利军（10月免）　谢荣茂（5月免）
　荣兴国（10月免）　胡璋萍（1月免）
　黄绍芳

检　察

【概况】 2016年，全市检察机关树立创新、协调、绿色、开放、共享发展理念，坚持法治引领，遵循司法规律，规范司法行为，改革创新，务实担当，强化法律监督、强化自身监督、强化队伍建设的工作思路，各项检察工作平稳健康发展。

【服务经济社会发展】 助推"六大攻坚战"。为重大项目建设等提供行贿犯罪档案查询11876次，向企业提出堵塞漏洞、完善制度的建议103件；加强对科技创新的司法保护，依法起诉制售假冒伪劣商品、侵犯知识产权等犯罪51人，查处骗取节能技术改造专项补贴背后的职务犯罪46人；参与整顿和规范市场经济秩序，起诉金融诈骗、串通投标等犯罪255人，查办工程建设、项目审批、市场监管等涉企职务犯罪91人。推进精准扶贫。查办该领域职务犯罪57人，于都县检察院查办的邱金生贪污受贿案入选全国检察机关查办扶贫开发领域职务犯罪典型案例。加快新型城镇化和基础设施建设。严厉打击阻碍全市重点工程、重大项目建设的犯罪72人，立案侦查南康区钟志鹏等14人在赣州机场、昌赣高铁项目建设征地拆迁中收受贿赂，造成国家巨额损失等职务犯罪案件。促进现代农业和现代服务业发展。严惩谢稳成假冒赣南脐橙注册商标等涉农坑农犯罪，查办该领域职务犯罪97人。组织开展全市"充分发挥检察职能，服务"六大攻坚战""优秀案件评选活动，实现司法办案法律效果、政治效果与社会效果有机统一。

服务和保障民生。关注惠民政策的落实，立案侦查医药卫生、养老保险等发生在群众身边的职务犯罪180人。关注人民群众对食品药品的安全需求，开展危害食品药品安全犯罪专项监督，第一时间介入山东问题疫苗案件，对5名犯罪嫌疑人快捕快诉，查办背后的渎职犯罪4人。关注群众财产安全，起诉牛汝宏等非法吸收公众存款涉众型经济犯罪55人，依法妥善做好督促追赃和释法说理工作，化解信访风险。关注对特殊群众的司法保护，为19名生活确有困难的刑事被害人及其近亲属提供司法救助。

加强生态检察工作。开展生态检察工作深化年活动，监督移送涉嫌破坏环境资源犯罪案件38人，起诉223人，立案侦查相关职务犯罪34人。对非法采矿、非法占用农用地等案件实行恢复性司法，提出修复环境、督促履职等检察建议60件。加强专业化建设，在全省设区市检察院中率先成立生态环境保护检察处，全市派驻13个生态环境保护检察室（站），健全案件督办、线索移送等机制，构建立体化工作格局。市检察院在全省生态检察会议上介绍经验。

【推进法治赣州建设】 全力维护社会和谐稳定。依法打击刑事犯罪，全年全市检察机关共批准（决定）逮捕各类犯罪嫌疑人4023人，上升7.6%，提起公诉5523人，基本持平。完善介入侦查、引导取证机制，办理尼通（音）等5名缅甸籍人员故意杀人案，起诉故意杀人、强奸、抢劫等严重暴力犯罪2075人。参与打击治理电信网络新型违法犯罪专项行动，提前介入公安部挂牌督办的廖琳等87人电信网络诈骗案，批准逮捕66人。落实宽严相济刑事政策，开展刑事和解78件，对轻微刑事犯罪案件，决定不批捕288人、不起诉448人。对未成年人涉罪案件实行分案起诉、观护帮教等措施，参与校园暴力整治工作，开展法治进校园巡讲，专门设立未成年人检察处，被最高人民检察院列为工作联系点。对疑难复杂信访案件进行公开审查，办理信访案件1577件。

依法查办和预防职务犯罪。查办职务犯罪案件192件236人，其中贪污贿赂犯罪152件181人，渎职侵权犯罪40件55人。突出办理大要案，共查办贪污贿赂大案66件、渎职侵权重特大案件16件。市检察院立案查处大余县人大常委会原主任曹某某、赣州旅游投资集团原董事长黄某某、赣州市发展研究中心原副主任唐某某（正处级）、赣州监狱原副监狱长陈某某（正处级）、赣州市发改委原副处级干部周某某涉嫌贪污、受贿等要案，查办全南县原副县长吕某等国家机关工作人员不作为、乱作为的渎职犯罪案件。预防职务犯罪，强化对系统性、行业性腐败的研判，组织开展预防调查、警示教育、廉政谈话和预防告诫等276次。

强化对诉讼活动的法律监督。加强刑事立案和侦查活动监督。监督公安机关立案46人，纠正漏捕108人，纠正漏诉166人，监督行政执法机关移送涉嫌犯罪案件60人。加强刑事审判和执行监督。对认为确有错误的刑事裁判提出抗诉23件，纠正减刑、假释、暂予监外执行不当67人，对无继续羁押必要的211人建议变更强制措施，查办监管场所职务犯罪案件5件5人。加强民事行政诉讼监督。对认为确有错误的民事行政生效裁判、调解书，提出、提请抗诉10件，建议再审11件，对审判和执行活动中的违法情形提出检察建议70件，开展民事虚假诉讼案件和非诉行政执行专项监督活动，依法监督涉案金额600余万元的练纪辉等虚假诉讼案件，推动社会诚信体系建设。

【自身建设】 思想政治和纪律作风建设。开展"两学一做"学习教育，加强检察文化建设和职业精神培育，完成苏区检察陈列馆重新布展，组织检察文化走基层、初任检察官宣誓等活动，教育引导全市检察人员。坚持从严治检，落实"两个责任"，主动认领问题，落实整改。开展改作风提效率活动，制定市检察院改作风提效率30条实施意见，设立检风检纪专职督察员，经常性开展检务督察和不定期检查，全年全市检察机关没发生重大违法违纪事件。

人才队伍和基层基础建设。重点推进全员轮训，举办全市侦查监督、公诉、民事行政检察、案件管理等业务竞赛，有12人在全省检察机关业务竞赛中获奖，24人获得省级以上表彰。推进市检察院电子检务工程和司法鉴定实验室建设，落实最高人民检察院关于支持赣南等原中央苏区检察工作发展的意见，用好上海等5省(市)18个市级检察院对口援助平台，在人才培养、科技强检等方面建立常态化对接工作机制。

改革创新。做好以完善司法责任制为核心的改革准备。推行律师参与化解和代理涉法涉诉信访案件，实现全市两级检察院远程视频接访系统互联互通。推进刑事案件速裁程序试点，办理73件认罪认罚的轻微刑事案件，办案用时有效缩短。与司法局配合开展人民监督员制度改革，新选任人民监督员60名。

【规范司法行为】 推进规范司法。健全案件质量评查体系，实行两级院联动，对全市2016年不起诉案件进行全面评查，对其他2656件案件进行重点评查，办案质效提升。市检察院案管中心获评全省检察机关规范司法行为专项整治工作先进集体并荣记三等功。自觉接受外部监督。主动接受人大及其常委会的监督，办理人大代表意见建议，邀请视察检察工作40余次。主动接受民主监督，向政协专题报告生态检察工作，听取民主党派的意见。主动接受社会监督，召开新闻发布会和通气会，加强新媒体建设，在全市统一开展检察开放日活动，在互联网公开法律文书3998份。强化内部监督。全面运行案件管理系统，对司法办案进行实时、动态和全程监督，纠正不规范情形252次。严格落实最高人民检察院《职务犯罪侦查工作八项禁令》，规范适用强制措施和侦查措施，强化对基层检察院职务犯罪侦查活动的监督。

(撰稿 杨卫国 审稿 温朝晖)

【领导名单】

党组书记、检察长：胡火箭(9月免)
江阶虎(9月任党组书记，12月任检察长)
党组副书记、副检察长：季东浩
党组成员、副检察长：温 波
陈新生
党组成员、正处级检察员、反贪局长：张继田(10月任反贪局长，12月任党组成员、正处级检察员)
党组成员、副检察长：朱 政(10月免)
雷贻辉
党组成员、纪检组长：严 斌
党组成员、政治部副主任：胡承冬
专职检察委员会委员：郭复彬(9月任)
俞 萍(9月任)

法院

【概况】 2016年，全市法院围绕"努力让人民群众在每一个司法案件中感受到公平正义"目标，忠实履行宪法法律赋予的职责，开展"争创一流工作业绩"活动，狠抓执法办案第一要务，推进平安赣州、法治赣州建设，各项工作取得新进展。26个集体和34名干警受到省级以上表彰。其中，南康区法院被评为"全国模范法院"，赣县区法院被评为"全国优秀法院""全国法院党建工作先进集体"，市中级法院民三庭被评"全国老年法律维权工作先进集体"。

【服务大局】 出台服务和保障"打好攻坚战，同步奔小康"若干意见，开展"降成本优环境"专项整治行动，审理涉园区各类案件481件，全力营造公开、透明、可预期的法治化营商环境。保障供给侧结构性改革，妥善审理申报债权达12亿元的友尔公司清算案。减轻企业诉讼负担，对175件案件适用保险担保。助推美丽赣州建设，审结涉"两违"整治案件、征地折迁案件68件，审结环境资源类案件132件。服务现代旅游业，设立旅游巡回审判点5个。服务精准扶贫，审理侵占征地补偿款、危房改造补助款、扶贫资金等贪污案件44件。走访结对帮扶贫困户3269户，安排帮扶资金144.1万元。

【审判执行】 全市法院共受理各类案件109896件，审(执)结80345件，分别上升24%和17.9%。其中，市中级法院受理案件9381件，审(执)结7412件，分别上升15.5%和18.4%。受理各类刑事案件5150件，审结4367件。其中，市中级法院受理818件，审结756件。坚定不移"打虎拍蝇"，审理于都县原县长唐庆敏受贿案等职务犯罪案件150件235人。严厉打击杀人、抢劫等暴力犯罪，审结案件1387件，判处罪犯1940人，对造成恶劣社会影响的被告人游权生等依法判处死刑。从严打击毒品犯罪，审结田勇波制毒1.9吨等涉毒案件262件。审结非法集资、非法吸收公众存款等涉众型经济犯罪案件22件，依法审理赣州宝葫芦非法吸收公众存款系列案。加强人权司法保障，健全防范冤假错案机制，为221名被告人指定辩护律师，对6件案件启动非法证据排除程序。严格规范减刑假释和非监禁刑适用，依法办理减刑假释案件1292件，降低减刑幅度399人，不予减刑8人。

受理各类民商事案件59379件，审结43588件。其中，市中级法院受理5400件，审结4287件。审理金融借款、融资租赁、民间借贷等融资案件22991件，维护金融市场秩序。审理买卖、建筑、加工承揽等合同纠纷案件6923件，依法保护各类投资主体的正当权益。妥善调处劳动争议案件780件，实现保护劳动者权益和企业生存发展的有机统一。审结知识产权、林业行政裁决、房屋确权等产权案件111件，增强群众财产财富安全感。开展送法进军营活动，妥善审理涉军案件13件，维护军人军属合法权益。

受理各类行政案件1288件，审结1022件。其中，市中级法院受理523件，审结475件。适用新行政诉讼法，受理行政协议、特许经营权行政许可等新类型案件19件，实质化解标的额超亿元的行政案件3件。1个案例入选全省法院涉民生领域行政审判典型案例。连续6年发布行政审判白皮书，行政机关负责人出庭应诉116人次，促进司法与行政的良性互动。审结国家赔偿案件38件，决定赔偿20.3万元，依法保障赔偿申请人的合法权益。

新收执行案件29510件，执结案件28319件。发挥党委政法委牵头的工作优势，打好“基本解决执行难”攻坚战。用足用活强制措施，拘传2380人次，司法拘留1237人次。以涉嫌拒不执行判决、裁定罪移送公安机关侦查61件，判决33件34人。开展“夏日风暴”“秋季行动”“冬日融冰”等专项行动，执结涉公职人员案件181件，金融债权案件1078件，涉民生案件4649件，5万元以下小标的案件9959件。建立查控被执行人联席单位联络机制，通过用水、用电等日常消费信息查找被执行人及其财产。通过发布悬赏执行公告、开通线索举报热线、限制高消费等措施，促使1736名被执行人主动履行义务。最高法院周强院长批示要求总结推广赣州执行工作经验。

【司法为民】 完善涉民生案件绿色通道，审结人身损害赔偿等相关民事案件5978件。注重保护妇女儿童、老弱病残等特殊群体的合法权益，审结婚姻、抚养、赡养、继承等案件6735件，发出人身安全保护令9份。1个案例入选最高法院“残疾人权益保障”十大典型案例。依法化解医患矛盾，审结医疗纠纷案件91件。拓宽司法救助范围，依法缓减免交诉讼费1225.8万元，发放司法救助金954.2万元。保障群众诉权有突破。巩固立案登记制改革成果，全市法院当场立案率保持在95%以上。加强诉讼服务中心建设，为群众提供诉讼引导、材料收转、查询咨询等一站式服务，现场接待群众12.1万人次，网络平台服务群众2611人次。建立主办法官信访责任制，推动律师参与化解和代理涉法涉诉信访案件，畅通申诉信访渠道。设立法律援助工作站，驻点律师为群众提供法律服务801人次。推行涉诉纠纷委派调解制度，为群众提供低成本、高效率、多途径的纠纷解决方式。落实专职调解员318名，特邀调解组织257个，选任兼职调解员963名，成功调解纠纷631起。在全省法院多元化纠纷解决工作推进会上，南康区、定南县法院作经验介绍。

【改革创新】 对接省高院司法改革和全市深化改革工作，细化任务分工，确保各项改革落地。完成全市965名法官职务套改工作。提升金融案件专业化审判水平，市中级法院增设金融审判庭，一审案件审理周期平均缩短1/3。开展家事审判改革，制定工作规程4个，探索家事纠纷解决新模式。完善轻微刑事案件快速办理机制，审结案件575件。探索审判权力运行机制改革，团队化审判执行模式取得初步成效。压实责任，实体化运行信息化领导小组办公室，打通梗阻，提高效率。聘请3名江西理工大学教授担任技术顾问，为信息化建设提供专业指导意见。搭建司法政务平台，切实提高政务工作效率。全面推行网上办案，推动审判管理创新。完善审判流程、庭审活动、裁判文书、执行信息“四大公开平台”建设。开通法院微信公众号，发布非法集资、知识产权、强制医疗等典型案例，赣州法院新媒体影响力一直处于全省法院前列。开展“国家宪法日”“公众开放日”等法治宣传活动，制作《花落花开》等微电影4部，参与拍摄电视节目21期，增进公众对法院工作的了解。市中级法院获评全省法治宣传教育先进单位。

【队伍建设】 开展“两学一做”学习教育，举办“做合格党员、合格法官”专题讨论、“党在我心中”主题征文等活动，坚定理想信念，增强“四个意识”。建立基层联系点制度，加大对基层法院党建工作指导。3个基层法院获评“全省优秀法院”，4个人民法庭获评“全省优秀法庭”。开展文明单位创建工作，举办第十一届法官文化周“情铸天平”文艺汇演，全市11个法院获评江西省第十四届文明单位称号。以实际需求为导向，加强教育培训。选派干警参加上级法院培训1123人次，增幅达221%。通过政府购买服务、招聘、接收见(实)习生等方式，全市法院聘用编外服务人员908人，加强审判辅助力量。积极开展审判理论研究，在省级以上学术刊物发表论文52篇，主导完成最高法院司法大数据调研课题。全面落实从严治党主体责任，坚定不移推进党风廉政建设。做好司法巡查的反馈和整改督促工作，印发审务督察通报8期，出台“改作风提效率”十项守则，推动全市法院作风建设。完善当事人投诉督办机制，督办个案26件。加大对违纪违法行为的查处力度，党纪政纪处分和组织处理11人。

（撰稿　刘钦海　审稿　黄中林）

【领导名单】
党组书记、院长：郭玉元(9月免)
邹宇平(9月任党组书记、代院长，11月任院长)
副院长：钟健生(10月免)
党组副书记、副院长：赖彩明(10月免)
傅伟刚(12月任)
党组成员、副院长：葛志程
朱　政(11月任)　陈明浩(10月免)
黄　忠
党组成员、纪检组长：谭启龙(12月免)
党组成员、政治部主任：刘新生
党组成员、纪检组长：朱筠生(12月任)
审判委员会专职委员：谢　军(女)
陈秀华(女)
调研员：黎　华
正县级纪检员：谭启龙(12月任)
正县级审判员：雷继红(畲族)
执行局局长：廖　迪(8月免)
执行局政委：谢光旗
副县级审判员：钟心廉　谢玉泉
伍第斐　周小云　张美星　刘上升
熊赣周(12月任)　甘传洲　罗伟香(女)
杨　坚　谢定飞
副调研员：黄发水(9月免)　吴晓红(女)

司法行政

【概况】2016年，市司法局围绕法治赣州、平安赣州建设，发挥自身职能优势，突出重点抓落实，为打好“六大攻坚战”、加快推进赣南苏区振兴发展做出积极贡献。

市司法局内设办公室、政治处、法制宣传科(赣州市法制宣传教育工作领导小组办公室)、律师工作科(司法考试科)、公证工作科、基层工作科、法制科、司法鉴定工作科、法律援助工作管理科(赣州市法律援助中心)、医患纠纷专业调解仲裁科(赣州市医患纠纷专业调解仲裁办公室)、社区矫正工作科以及直属机关党委。下设市司法局开发区分局(正科级派出机构)、市司法局蓉江新区分局(正科级派出机构)、市政法干部学校(正科级全额拨款事业单位)和市公证处(正科级自收自支事业单位)。

【法治赣州建设】实现“六五”普法收官和“七五”法治宣传教育良好开局。在“六五”普法表彰中，赣州市被评为“全国法治宣传教育先进城市”，是赣州获的五年普法工作的最高荣誉，3个集体、3名个人被评为全国先进；23个集体、23名个人被评为全省先进。召开全市“七五”法治宣传教育工作会议，各县(市、区)以及市直各单位近500人参会。推进公共法律服务平台建设。由市委政法委、市法建办牵头召开现场会，开展专项督查和领导挂点督导，推动平台建设任务落实。全市18个县(市、区)完成县级平台建设任务，182个乡镇完成公共法律服务站(窗口)建设。推进网上法律服务平台建设。石城县依托远程视频系统，建成“可视化公共法律服务平台”；信丰县建成“掌上公共法律服务系统”；市本级网上平台建设启动招标程序。推进普遍建立法律顾问制度落实，实现法律顾问制度在全市党政机关、人民团体、国有企事业单位和村(居)委会的“全覆盖”。全面推进赣州人民监督员制度改革，与市人民检察院共同完成60名市级人民检察院人民监督员的选任工作。

【苏区振兴发展】争取司法部、省司法厅在项目扶持、资金帮扶、人才培训等方面的支持。司法部向赣州市提供对口支援专项资金、法律援助资金、法治宣传经费等120余万元；下拨司法部旧址原貌复原新建项目资金100万元；选派律师、公证等行业专家到赣州举办培训班。省司法厅在全国文化“三下乡”活动中向于都县提供法治宣传经费51.8万元。争取赣南强制隔离戒毒所项目立项，首期投资6000多万元。助推全市工业发展，推动律师挂点企业、免费咨询、开辟绿色通道、减免相关费用等制度落实，共为企业减免相关费用132万元。做好精准扶贫工作，通过开办种植培训班、赠送鸡鸭苗、修缮公路等方式，帮扶挂点村发展产业、改善民生，有27户贫困户脱贫。

【社区矫正】创新社区矫正工作方式，举办社区矫正心理矫治培训班，邀请北京、南昌等地知名专家进行授课辅导，为各县(市、区)至少培养3名以上专业人员。在各县(市、区)社区矫正监管中心设立心理咨询室，开展心理疏导和心理危机干预，有效提高社区矫正效果。全市新接收社区矫正人员1363人，累计接收社区矫正人员9613人，累计期满解除矫正6567人，重新犯罪仅1人，低于全省平均水平和最高控制线。

【安置帮教】落实安置帮教政策，帮助解决刑释解戒人员出监所后的基本生活和就业问题。严格落实刑释人

2016年4月24—30日，赣州市司法局举办社区矫正心理矫治培训班

员必接必送制度，实现人员接送率100%。建立远程视频帮教系统，为家庭困难的服刑人员会见帮教提供便利，全市共为服刑人员提供远程会见2596次。推进安置帮教基地建设，信丰、南康等县(市、区)建立集食宿、教育、培训、救助为一体的过渡性安置帮教基地。全市共接收刑释解戒人员2846人。与团市委、赣州监狱共同举办“金秋助学·情满狱园”活动，为88名家庭困难的服刑人员子女筹集助学金6万余元。

【人民调解】 推动市政府将人民调解工作列入“民生工程”，落实“以奖代补”经费303.2万元。加强人民调解组织网络建设，共设立人民调解组织4352个，实现村(居)人民调解组织“全覆盖”。全市共调解各类纠纷案件23431件，调解成功22642件，成功率96.6%。

【法律援助】 推动市政府将法律援助工作列入“民生工程”，所有县(市、区)将法律援助经费列入财政预算，市本级法律援助经费增长100%，完善法律援助经费保障。创新刑事法律援助案件工作机制，市局开发区分局在全省率先以购买公共法律服务形式，将刑事法律援助案件委托至律师事务所，由律师事务所指派律师在第一时间介入刑事法律援助案件，为申请人提供“一站式”的刑事法律援助服务。出台《关于完善法律援助制度的实施意见》，降低法律援助门槛，扩大法律援助覆盖面。全年共办理法律援助案件4194件，办理其他法律援助事项34534件，接听12348法律援助电话咨询6603人次。

【医疗纠纷仲裁】 拓宽仲裁领域，协调有关部门提高仲裁案件的执行率。共受理民商事仲裁案件35件，案件标的额2.1亿元，及时有效化解矛盾纠纷，实现仲裁法律效果和社会效果的统一。发挥医调中心作用，成功调处一批疑难、复杂的医疗纠纷案件。全市共受理医疗纠纷调解案件251件，调解成功227件，成功率90.4%，2个集体被评为全省模范医调委，4名个人被评为全省模范医疗纠纷人民调解员。

【法律服务行业管理】 加强律师行业党的建设，在全省率先出台《关于进一步加强和改进全市律师行业党建工作的意见(试行)》。推广南芳所“以党建促所建”的经验做法，赣州南芳所成为全省首家、全国第六家成立党委的律师事务所。加快国资律师事务所的改革步伐，引导律师事务所转型发展，鼓励条件成熟的律师事务所走公司化改革。全市共办理各类诉讼案件1.6万余件，办理非诉讼法律事务2215件，担任法律顾问2800余家。加快推进公证机构体制改革，全市有12个公证机构完成改制任务，赣州公证机构体制改革工作在全省领先。拓宽公证业务领域，优化公证便民服务方式。全市共办理各类公证事项2.6万余件。开展全市司法鉴定行业质量建设年活动，加强司法鉴定执业监管，提升司法鉴定技术能力和鉴定质量。全市共办理各类司法鉴定事项1.9万余件，1家司法鉴定机构通过国家级资质认定，14家通过省级资质认定。

【法制宣传教育】 制定“谁执法谁普法”责任制考核评价办法和评分标准，在全省率先出台媒体公益普法、以案释法、完善国家工作人员学法用法等意见，提高法治宣传教育工作实效。在市、县两级打造一批综合性法治教育基地。启动大规模的法治教育活动，组织市直、区直机关、企事业单位职工以及大、中学生，分批到市法治教育基地接受教育。宣传和推荐法治建设先进典型，赣州创立肇事肇祸精神障碍患者有奖监护机制入选“江西十大法治事件”，南芳律师事务所主任廖泽方当选“江西十大法治人物”。

【自身建设】 开展“两学一做”学习教育，把全面从严治党落实到每个支部、每名党员。坚持把纪律挺在前面，坚定不移推进党风廉政建设和反腐败斗争，严格贯彻执行“一准则两条例”，营造风清气正的政治生态。开展基层法律服务队伍教育培训，健全岗位练兵机制，提高队伍整体履职能力和水平。全市共组织2600余人次参加相关业务技能培训。

(撰稿　肖　刚　审稿　蒋国庆)

【领导名单】
局长：陈　沐
党组书记：谢定强(9月免)　陈　沐(9月任)
党组成员、副局长：钟亚平　蒋国庆
党组成员、纪检组组长：康定围(9月免)
党组成员、副局长：曾强华
党组成员、驻纪检组
　组长：邱轶群(女，12月任)

监狱管理

【概况】 2016年，赣州监狱以“六好监所”竞赛活动为抓手，推进“风险治理+信息化”，配套推进可视化管理，打牢“培训、创新、文化”三项基础，各项工作平稳发展。

【安全管理】 开展“查隐患、堵漏洞、找差距、化矛盾、强打击”专项活动，对照罪犯档案，对4082名在押罪犯基本信息进行核查、整改，规范罪犯释放管理，确保刑罚执行准确。全面实行信息员全员化的情报收集模式，基本形成无缝对接办电话监听、耳目信息员、评估中心、指挥中心以及民警职工多渠道并存的情报信息网络，拓宽信息收集渠道，共收集情报信息4618条，查证有效信息4516条。通过岗位的撤并转换、职能的重新调整、计分考核的细化等手段，优化岗位和人员的配置，对使用的554名特定岗位罪犯的选用、管理、考核情况开展自查。规范罪犯就诊带押，有效调度2400余次。

【教育改造】 出台罪犯分级处遇实施办法，对接综合业务管理平台，据各监区实况和罪犯改造表现，分5个等级进行管理。监区成立罪犯处遇评定小组，定期对罪犯处遇等级进行评定，评定结果对罪犯和家属进行公示。强化评估结果运用，逐步完善评估系统，共完成罪犯危险性评估4738人次，筛查出极高危险101人，高度危险669人，开展劳动岗位评估172人次。拟定主题，开展4期致慧论坛、高危罪犯矫治论坛，提高民警教育谈话水平。举办监狱文化建设主题研讨会，搭建交流展示平台，邀请13家共建单位代表，对监狱文化的可视、可意、可用、可塑进行论证与研讨。举办10余场次以“客乡沁园”为主题的帮教活动。

【队伍建设】 开展“两学一做”学习教育和民警核心价值观教育实践活动。分阶段查找解决突出问题，通过业务平台等公示整改落实情况，在全监30个党支部建立支部学习微信群。组织9批次221名党员到井冈山、古田会议旧址、红色故都瑞金体验学习。对部门工作全面梳理，根据工作实际分工，设定岗位要求，确定人员，对民警的日常行为、执法行为和岗位规范做出具体要求，建立各层级岗位说明书、作业指导书。发挥峰山培训基地作用，丰富培训内容。开展“育警讲堂”。全年开展民警、职工各类教育培训33期次，1200人次参加。

【规范执法】 开展执法风险治理，规范和完善执法过程管理，出台执法记录、台账、证据保全和使用风险治理方案。每月对罪犯考核奖惩等信息公示；在监狱门户网站公示提请罪犯减刑、假释信息，接受社会监督。落实巡视整改工作，开展执法专项治理，对2013年至2015年办理的3535件减刑、275件假释、11件暂予监外执行案件进行逐案自查。提请1056件有期徒刑罪犯减刑案件和48件假释案件，在网上办案平台办理，整个办案过程及其层级审核意见，网上录入、网上办理、信息共享、全程留痕。

（撰稿　刘德全　审稿　黄新明）

【领导名单】

党委书记、监狱长：赖德毅
党委委员、调研员：张仁坤　万志高　张庆汕
党委委员、副监狱长：温昕宇
党委委员、调研员：李跃进
党委委员、纪委书记：杨纲勃
党委委员、副监狱长：温春平　黄醒然　钟远灵　周盛传
党委委员、副调研员兼政治处主任：李念峰
副监狱长：邱联荣　廖振磊
副调研员、工会主席：万晓娟（女）
副调研员：张冬根

仲 裁

【概况】 2016年，赣州仲裁委员会聘请有300多名从事医疗工作、律师工作、曾任审判员满8年的或从事法律研究、教学工作并具有高级职称的及具有法律知识、从事经济贸易等专业工作并具有高级职称或者具有同等专业水平的专家担任仲裁员。

【仲裁案件办理】 赣州仲裁委员会秉承为当事人提供优质仲裁服务的宗旨，做到热情接待、认真审查、及时受理、快速审理、能调尽调、跟踪服务，主动加强与法院的对接，做好仲裁案件的诉前保全和执行工作，并坚持“独立、公正、专业、高效”的审理原则，严把案件质量关，取得明显社会效益，社会知名度显著提升。2016年共受理仲裁案件42件（其中调解和解案件20件），案件争议标的额2.3亿余元，仲裁收费862738.5元。公正快捷的仲裁服务有效地维护全市经济社会的和谐稳定。

【推进仲裁工作】 推进仲裁工作发展。开展仲裁宣传。编印5000余册仲裁宣传资料，主动走进金融、保险业及工业园区企业，宣传仲裁制度的优势和特点、仲裁的受案范围和流程、申请仲裁需要提交的材料等。积极指导企业规范引入仲裁条款的合同文本。拓展仲裁案源。动员、鼓励律师和法律服务工作者帮助企事业单位草拟签订合时，向企事业单位领导和相关人员推荐优先选择仲裁途径解决争议。当年实现赣州旅游投资集团及旗下相关公司和大余县城乡房地产开发有限公司合同范本列入仲裁条款。抓案件服务质量。做好立案、组庭、开庭等工作，积极与法院进行沟通协调，帮助当事人落实财产保全及裁决执行，认真做好案件的跟踪回访服务工作。

（撰稿　卢志华　审稿　钟　现）

（本栏编辑　王　宇）

人民武装

赣州军分区

【概况】 2016年，赣州军分区按照年度工作部署，直面改革调整，抓各项工作落实，部队全面建设向上向好。突出抓改革强军主题教育，开展“重走长征路、做红色传人”系列活动，编印《红色基因代代传》赣南革命史读本，完成江西军区旧址修缮建设任务，广泛开展“强军风采”系列文化活动，组织新闻写稿投稿，各种新闻媒体用稿共865篇，全省排名第一，有效提振官兵职工精气神。完成抗洪抢险实兵实装综合演练、“依车建所”指挥演练，完成抢险救灾、保障演习部队机动过境等重大任务。研究建立“一中心五片区”“两级三类”训练保障格局，军分区教导队升级改造全面完成，组织民兵抗洪抢险、情报信息员骨干等6个专业及新任职乡镇人武部部长集中组训，突出“三型”民兵队伍、应急救援队伍和新型力量建设。开展国防动员潜力调查。完成征兵工作，征兵宣传片参加全省评比网络投票第一、综合评审第二，新兵大专以上文化程度占总数的59.2%，征兵工作有关做法在《解放军报》《中国国防报》等媒体进行报道。开展“三抓三比”活动，“坚持‘三位一体’强基固本，努力提高党员‘两学一做’质量效益，利用红色资源开展‘两学一做’做法”在《中国国防报》进行报道。开展全面彻底肃清“郭徐”流毒影响思想清理和专题教育，组织编印《党员纪律规定汇编》口袋书，观看纪录片《永远在路上》，围绕军委明确的“12个重大是非问题”进行讨论辨析，纯净思想，纯洁队伍。推进基层党组织建设和基层武装部“两室一库”、民兵营(连)部建设，择优推荐上报16名先进专武干部到省委组织部、省人社厅、省军区政治部联合表彰，有效激发专武干部工作动力。印发《赣州军分区人武部(干休所)“部财区管”实施办法》，制定《军分区职工管理及考评实施意见》，汇编《职工管理手册》，教育管理做法受省军区高度肯定。协调市委市政府出台《赣州市全民国防教育实施意见》《关于加强和改进全市大中小学学生国防教育工作的意见》，推进国防教育，营造人人关心国防、人人支持国防的浓厚氛围。突出抓好市委常委会议军会、市委武委会、赣州国动委会、“八一”座谈会以及党管武装考评述职等基本制度落实，会同市委组织部制定《关于开展党管武装工作考评的实施意见》，明确将考评结果纳入地方党政领导班子和县处级领导干部年度考核及单位绩效考评体系，党管武装工作由“软指标”变成“硬任务”。专题召开驻市部队扶贫攻坚推进会，整合驻军力量，推动扶贫工作向集团式、规模化转变，师团两级挂点19个贫困村帮建组织、帮建设施、帮建教育、帮建产业，与362户建立结对帮扶机制。

【重要会议】 3月24日，军分区召开党委六届十九次全体会议。会议传达学习东部战区、军委国防动员部和省军区党委十届三次全体(扩大)会议精神，分析2015年度工作形势，部署2016年度工作任务。

8月24日，军分区召开党委六届二十次全体会议。会议传达学习东部战区、省军区党委全体(扩大)会议精神，分析总结上半年战备训练形势，研究部署下半年工作任务。

5月13日，牵头协调组织驻市部队召开驻市部队助力老区脱贫攻坚推进会。传达中共中央军委主席习近平关于扶贫工作的指示，回顾总结驻市部队扶贫攻坚成绩经验，对下一步脱贫攻坚战任务进行部署，提出具体要求。

5月23日，召开市政府常务会议。会议研究出台《关于进一步加强新形势下征兵工作的实施意见》《关于扎实推进军民融合深度发展的意见》《赣州市全民国防教育实施意见》《关于加强和改进全市大中小学学生国防教育工作的意见》，研究组织开展军事设施保护联合执法检查等问题。

7月4日，利用视讯系统召开全区职工管理大会。19个团单位300余名干部职工参加会议。会议总结讲评近年来全区职工管理情况，通报表彰6个职工管理先进单位和21名职工先进个人，2个单位和4名职工进行交流发言和介绍事迹。抓职工管理教育《聚魂强能、多措并举，引领职工在强军实践中干事创业》经验做法受到省军区首长的高度评价，被省军区转发，并在全军政工网刊用。

【学习与活动】 红色传统教育和拥护支持改革专题教育。结合战备拉动，组织军分区机关及章贡区、南康区、赣县区、于都县人武部及干休所干部职工到于都县中央红军出发地纪念园组织开展红色传统教育活动；组织拥护支持改革宣誓、签名和参观中央红军长征出发纪念馆，坚定官兵职工支持改革、拥护改革、投身改革意识。根据省军区统一部署，采取集中授课、交流讨论等方式，分3个专题组织“拥护支持改革”专题教育学习。

学习贯彻中央军委主席习近平接见驻赣部队师以上领导干部和建制团单位主官重要讲话精神。组织全区官兵职工集中学习中央军委主席习近平视察江西的重要指示，组织官兵职工和专武干部进行讨论交流。围绕落实贯彻讲话精神，结合军分区部队特点规律、新体制下工作运行机制和年度重难点问题，组织全区团以上干部学习贯彻中央军委主席习近平接见驻赣部队师以上领导干部和建制团单位主官时重要讲话精神专题调研。邀请武警政治部创作室王树增围绕如何“弘扬长征精神，传承红色基因”进行授课辅导；官兵职工以“牢记领袖嘱托、建功改革强军”为专题，创作诗词、散文、书法、绘画、曲艺等文艺作品。

“两学一做”学习教育活动。以“三抓三比”活动为抓手，把学习党章党规与学习中共中央总书记习近平系列重要讲话精神统一，师团两级领导干部以自身模范行动教育引导党员弘扬苏区精神，稳定思想，振奋精神。结合纪念建党95周年，评选表彰一批先进团单位党委、优秀共产党员和优秀党务工作者，组织开展“七一”主题党日活动，到扶贫点宣讲扶贫优惠政策，到“瑞金一苏大”旧址和原中革军委总动员武装部旧址寻根溯源，重温入党誓词，坚强党性。

纪念长征胜利80周年系列活动。围绕“弘扬长征精神，传承红色基因，争做新一代国防动员人”主题开展系列活动。1月4日，军分区官兵职工到于都县中央红军长征出发纪念馆，在“拥护改革、支持改革、投身改革”横幅上签名表决心。组织长征精神宣讲，发行《红色基因代代传》读本。组织祭奠活动，清明期间组织指导各团单位开展清明祭扫活动，全区共组织12380名干部职工、民兵预备役人员、学生参加活动。组织纪念长征80周年暨国防教育图片巡展。

条令学习月活动。2月22日，赣州军分区开展以“学条令、严秩序、强基础、保安全”为主题的“条令学习月”活动。活动以“完成任务好、事故案件无”为目标，以条令条例和法规制度为依据，以作风纪律建设为核心，按照“动员部署、组织实施、小结讲评”3个步骤组织实施，军分区人武部两级机关采取多种手段务求活动实效。加强干部基本业务理论学习训练，强化队列训练，坚持体能训练，组织轻武器实射和手榴弹实投。

“百日安全”活动。落实习主席重要指示和军委国防动员部党委要求，从9月5日至年底，围绕安全组织、安全教育、安全训练、安全制度、安全设施、安全督导等6个方面，常态组织安全教育、集中开展隐患排查、抓好问题整改。

“普法进军营”活动。为增强官兵职工“学法规、知法规、用法规、守法规”意识，邀请赣州市中级人民法院民事三庭副庭长李鸿法官和江西省南芳律师事务所严林福律师为军分区进行法律知识宣讲和现场答疑，军分区19个团单位共400余官兵职工通过电视电话会议系统参加。

【抢险救灾】 3月中下旬，赣州市普降大到暴雨，赣县区、于都县、章贡区、南康区、大余县、安远县、全南县、寻乌县、信丰县、龙南县等10个县(区)的103个乡镇不同程度受灾。赣县区、信丰县、崇义县、石城县等人武部响应地方政府请求，出动冲锋舟8艘次，人员130人次参与地方抢险救灾，组织解救受困群众780余人、搜寻落水人员和加固护坡路基等，受到群众和地方政府的高度赞誉，中央电视台、江西电视台等新闻媒体给予相关报道。

【业务集训和集中组训】 采取统一计划、集中组训的形式，军分区本级组织机动指挥平台操作、军队公文密传、重要目标指挥员、新任职专武干部等4期280人的业务集训；依托人武部，组织抗洪抢险骨干、情报信息骨干、民兵营(连)长等5期的民兵分队专业骨干集中组训；完成省级应急维稳和森林灭火专业骨干123人集中组训任务。

【训练基地建设】 为民兵分队基地化、专业化、模拟化训练保障条件，军分区赋予教导队和章贡区、瑞金市、安远县、崇义县、信丰县5个民兵训练基地建设改造任务，形成全市“一中心五片区”民兵训练基地保障格局。10月，军分区教导队率先完成建设改造任务，军分区首长机关全体人员和各人武部代表参加揭牌仪式。

【军民融合】 协调市委、市政府出台《贯彻落实国家军民融合发展战略意见措施》，6月，中共赣州市委、赣州市政府、军分区联合印发《征兵工作的实施意见》《关于扎实推进军民融合深度发展的意见》，把全市军民融合发展工作推向纵深。10—11月，市国动委综合办按照“条块结合、以条为主，自下而上、逐级审核”的原则，对全市包括综合、人民武装、经济动员(含科技动员、卫生动员)、人民防空、交通战备、信息动员、政治动员等7大类45小项151种表格所明确的2986个类别的资源潜力进行调查、采集，有效采集报审60余万条潜力数据。

【军转安置】 协调军转安置工作，年内进赣州安置的65名军转干部全部安置到理想岗位，其中13名正团职安排7名调研员岗位、6名副处实职岗位，《解放军报》《中国国防报》头版头条、《解放军报内参》、全军政工网“建言献策”栏目等进行报道刊发。人民网、凤凰网、网易新闻、环球网、中国军网、中华网、搜狐军事、中国新闻网、“人民前线”微信公众号等20余家网站媒体转发，阅读量超过1千万次，网友点赞评论3000余条。坚持走随军家属就业安置规模化常态化规范化个性化的“四化”路子，安置随军家属58人(军分区11人)，有关做法被《解放军报》《中国国防报》头版头条、《解放军报内参》《全军政治工作通讯》《省委重要信息》等报道刊发。

【精准扶贫】 探索走产业＋养殖(种植)多手段脱贫、“企业＋贫困户”定点劳务脱贫和“公司＋贫困户(合作社)”产业脱贫3种脱贫模式，两级挂点19

个贫困村帮建组织、帮建设施、帮建教育、帮建产业，与362户建立结对帮扶机制，受益面达到2.3万人。坚持抓“一表三册”（结对帮扶情况一览表、结对帮扶工作手册、精准扶贫资料汇编手册、精准扶贫档案），管控扶贫进度，掌握扶贫效果，起到很好的监督和促进作用。协调原南京军区机关、火箭军机关、上海警备区、省军区机关等单位，结对帮扶17个村、21所学校、7所乡镇卫生院，落实经费4500余万元。

【江西军区旧址历史陈列开展】 在兴国县组织纪念红军长征胜利80周年暨江西军区历史陈列开展仪式。中央军委国防动员部领导，省军区部门以上领导、机关干部和师旅单位主官，原江西军区革命前辈的后代、离休老干部以及兴国县党政领导干部、专武干部、民兵预备役人员和中小学生共300余人参加仪式。

（撰稿　廖远明　审稿　钟世琨）

【领导名单】
司令员：邓新生
政治委员：陈庆阳
副政治委员：杨　勇
参谋长：袁平华
政治部主任：陈李忠
后勤部部长：欧阳安民

陆军预备役

【概况】 2016年，江西陆军预备役步兵师步兵第二团坚持以“五个深入推进”为指导，围绕建设“四铁”部队，瞄准打造预备役部队全面建设过硬标兵团，按照推进预备役部队与现役部队一体化建设的要求，突出重点、打牢基础、破解难题，抓实各项工作，确保重大任务完成和部队高度集中统一，部队保持良好发展态势。被省军区表彰为“先进团党委”。

【思想政治建设】 开展改革强军主题教育。落实每季度6天集中学习，突出抓习主席强军治军重大战略思想，特别是接见驻赣部队代表时“五个深入推进”重大思想的学习。结合整组下发教育资料，利用微信平台、预备役教育网页等媒体向预备役官兵延伸，强化官兵“四个意识”。注重发挥赣南红色资源优势，协调赣南师大苏区精神研究中心在团开办“苏区精神大家讲”学习讲座。投入126万元改造团荣誉室、阅览室、安装营院文化灯箱，浓厚文化育人氛围。组织全体现役官兵赴火箭军某部参观基层正规化建设和军营文化建设。组织官兵开展“新体制、新职能、新使命”“政治工作发挥生命线作用”大讨论，团军政主官带头交流发言，开展2次学习体会展评。

开展“两学一做”学习教育。成立学习教育活动领导小组，结合实际研究制定团本级学习教育实施方案，总体筹划部署学习教育活动。抓实理论学习，为每名官兵购买《中共中央总书记习近平系列重要讲话读本》，党支部制定党员自学计划，明确自学书目和集中学习内容，利用每周五党团活动时间组织党员学习党章和党内法规。组织现役和部分预任军官分别赴赣州市革命烈士纪念馆进行重温入党誓词，古田会议旧址进行实地教学，在于都县中央红军长征出发纪念馆组织集体签名活动等，集中收听收看习主席在庆祝建党95周年上的讲话，评选表彰一批先进党组织和优秀共产党员、优秀党务工作者。严格党组织生活，结合实际制定《党支部组织生活制度计划表》，规范年度组织生活制度；组织团党委委员专题学习毛泽东《党委会的工作方法》，严格党委议事规则，团班子成员自觉参加双重组织生活，带头学理论、缴党费、写心得，做好示范表率。团抓基层“两学一做”的经验做法被省军区转发。

加强干部队伍建设。结合地方换届考察，联合市委组织部、市人社局对全团37名营以下预备役军官考核，严格将总优秀率控制在80%，不搞全面优秀无差别，军地联合填写《预备役军官考评登记表》并装入预备役军官本人档案，军地联合下发考核情况通报，做法被师转发。开展干部业务培训，每月组织现役干部和预备役军官开展“业务知识讲座”，班子成员带头讲课；利用省军区开展“网上点兵”契机，区分岗位、专业给每名现役军官明确1个年度调研课题。坚持教育解难并重，定期组织教育讲评，指定专人落实转业干部教育管理；走访慰问家庭困难官兵和生活困难党员，协调解决4名随军家属就业安置问题。

【推进军事准备】 完成训练任务数1598人，落实训练时间1283小时，主要完成入队训练、实打实投训练、各类干部骨干集训、紧急出动演练、指挥所网上对抗演习、营连长集训和快速动员演练暨跨区实兵对抗演习等。

战备制度。按照“制度规范、常态落实”要求，每季度组织一次值班人员岗前培训和资格认证；严格落实“日有行动、周有出动、月有拉动”要求，突出加强战备值班分队、应急处突力量建设，结合重大节日、敏感时期等组织战备拉动演练，落实战备教育7次，组织拉动演练和处突演练18次，确保值班分队和应急力量能够迅即出动、动则管用。

基础训练。采取集训与自学、考核与比武的形式，组织全体干部学习参谋“六会”内容，落实每天1小时体能训练和每月1次20千米战斗体能训练，与师同步组织机关业务训练，完成指挥技能考核，标绘拟制战术标图、作战文书各126份，完成军事理论、战术计算、织图用图作业各172份，组织现役官兵完成“三实”训练。采取“专长任教、外请专家”的方法，重点就预备役部队常识、法规条例、政治教育、队列和轻武器操作射击等内容，组织2期预任军官集训，共参训165人，训实训强官兵打仗必备的技能。

专业训练。采取外送参训、自主组训等方式，选送173人参加省级专业骨干集中组训、重要目标指挥员集训和师炮兵专业、修理骨干集训，增强各类骨干军事技能；承训全师营连长集训，全团18名营连长参加集训，有效提升基层营连长的组织指挥和开展基层工作能力。

实战演训。组织网上实兵对抗演习，采取师导团演的方式，组织团首长机关带营快速动员演练暨跨区实兵对抗演习。通过演练，规范组织指挥程序，检验部队战斗力。

防汛抢险。及时修订完善应急预案，跟进学习上级防汛最新指示，组织1期150人的抗洪抢险骨干集训，落实应急力量500人、检修冲锋舟10艘、补充锹镐、救生衣500余件，逐连组织抗洪抢险常识学习、转运物资训练，确保部队随时能遂行任务。出动188人次遂行森林灭火和山体滑坡抢险，扑灭山火约5.53公顷，开辟隔离带约2.6千米。

【组织调整】 选优编实力量。树立"编组出战斗力"思想，搞好组织力量建设。调整2个连部、3个排部的组建点，通过调整，兵员在位率和专业对口率达到90%以上，经训率和人装结合率均达100%，优化兵员结构，较好地解决"兵在哪里"的问题。

落实集中训练。按照师党委首长提出的"逐连过、成建制训"的指示要求，采取全员额参加、异地同步组训的方式，组织建制连(队所)，开展以队列基础、警棍盾牌操、风力灭火机操作等为主要内容的入队训练，参训率95%，有效解决官兵不够熟识的问题，提高预备役官兵军事技能。

严格规范建设。贯彻省军区"永新会议"和师"高安会议"精神，2次召开团党委会分析基层建设形势，结合整组印发《组织调整期间政治工作意见》，抓连党团支部会、军人大会和班排务会等会议制度落实，集中规范基层3大类7个登记本，提升基层工作落实质效；采取组织外出参观、召开观摩现场会、逐连检查验收等方式，利用2周时间对师工作组检查指出的27个问题进行整改，组织12名机关干部和基层营连长赴兄弟团队参观学习，投入56万元配备1328件各类战备物资器材、改造5间库房、完善各类标牌等，严格落实师《基层规范化建设标准》要求，达到各类组织健全、库室数量落实、装备器材齐全、物资分类存放、标牌图标统一，巩固基层规范化建设成效。

【依法治军】 严格部队安全管理。按照"紧绷高压线、掌控风险点、死守要害处、形成新常态"的要求，保持安全工作高压，组织安全教育和作风纪律整顿，落实党委每季度一次的安全形势分析，坚持敏感时期、重大节日开展安全排查，重大演训组织风险评估，把住安全管理工作主动权；坚持从交班、出操等小事抓起，每天讲评督促，按建制连队标准要求抓公勤队管理，正规部队"四个秩序"。投入15万余元改建修缮营门值班室、值班岗亭、营区监控，新增车辆进出自动门禁系统，监控探头5个，更新补充相关防暴器材。

开展财务清查整治。组织机关和基层对财务凭证清查，整改问题账目517笔。5月，对师财务检查组指出的161份问题账目进行集中整改，确保"问题归零"，规范财经秩序。

严密组织武器装备安全管理隐患排查整治。围绕上级明确的"八查八看"、32项检查内容，逐项内容过、逐个库室查，列出问题清单，逐个问题进行整改。

【扶贫攻坚】 把扶贫工作列为党委工程，成立扶贫工作领导小组，每年预算20万元用于扶贫帮困。定点精准帮扶。抓好在兴国县崇贤乡大龙村开展"六帮扶两慰问一助学"活动，安排组建区域1名连长兼任村支部第一书记，摸清和对接精准扶贫户的发展需求，制定《精准扶贫指导手册》《大龙村精准扶贫贫困户个人台账》等；在兴国县召开扶贫工作方案论证会，与乡、村两级及种养专家研究帮扶措施、确定帮扶内容。组织现役干部、预备役军官到大龙村现场开展"1名现役干部+1名预备役军官"的结对认亲，对接帮扶需求、资助启动资金，搞好精准帮扶，中央人民广播电台、新华网、《中国国防报》等军地媒体分别给予报道。连续18年坚持"1名团党委常委+赣三中1名贫困学生"的结对助学，定期组织座谈谈心、军事日活动；组织官兵为于都县银坑镇营下希望小学困难学生郑幸源筹集1.3万余元爱心款，帮助解决其父亲工作，确保不因贫辍学。与赣州军分区干休所挂钩共建，每年2次走访慰问。

(撰稿　杨志颖　审稿　刘　伟)

【领导名单】

团长：蔡联平

政委：江赛清

副政委：汤钦发

参谋长：刘　伟

后勤和装备处处长：郭　亮

武　警

【概况】 2016年，武警赣州市支队聚焦使命谋发展，坚持强班子带队伍，抓基层打基础，转作风接地气，完成执勤处突反恐等各项任务，部队全面建设持续稳健发展，被总部表彰为"百日安全竞赛活动优胜单位""纪念红军长征胜利80周年知识竞赛先进单位"，被省政府评为"拥政爱民工作先进单位"，被省政府授予"全省无偿献血先进部队奖"。所属1个中队荣立集体三等功，15名个人受武警部队表彰，33人次立功受奖。

【军事工作】 组织参加"卫士—16"演习和"魔鬼周"极限训练，抓好新兵训练、勤训轮换、预提指挥士官集训、参谋业务和特勤排、应急班比武训练，推进基层训练场地建设，部队遂行任务能力提升。围绕打赢"三场维稳战役"，贯彻"广西会议"精神，规范编携配装和巡逻勤务，严密组织执勤安全教育整顿，推进"五防一体化"建设，严抓AB门规范管控，处置1起执勤险情，完成赣县"4·11"机动备勤、春运执勤和城市武装巡逻等临时勤务38起，连续34年执勤安全无事故。南康区中队、瑞金市中队被武警江西省总队评为"执勤标兵中队"。

【政治工作】 抓实党委中心组带机关理论学习，抓好理论武装，组织改革强军主题教育，推行关注“中国武警网”“人民武警”等公众号。开展“弘扬苏区精神、当好红军传人”实践活动，组织预防自杀问题专项整治，建立特困官兵常态救济机制，做好心理疏导、法律服务、个别人帮教转化工作。推进手机、互联网进军营，建成网上史馆和荣誉室，加强网络舆情监控和“四反”工作，保证部队高度纯洁巩固。支队被总队评为“挖掘总结红色传统先进单位”。

【管理工作】 开展“落实八个规范、夯实安全基础”“四靠一学”等活动，组织典型事故案例剖析反思和安全大检查，及时消除安全隐患。落实《军队基层建设纲要》《总队经常性工作规范》，抓部队规范化管理和日常养成，部队正规化建设水平提升。坚持经常性基础性工作周督查、月通报、季讲评，突出抓好敏感时期部队管控、私家车管理、手机使用、密码工作，确保部队安全稳定。

【后勤工作】 加强后勤“一组五队”人装结合训练，充实装备和物资，完成4次重大后勤保障任务。开展“伙食精细管理年”活动，投入经费478万元，集中采购各项物资51批次，官兵训练、执勤、文体和生活条件得到持续改善。选送后勤技术学兵45人，7次组织司务长集训，分批次组织驾驶员集中复训，协调军医及卫生员到地方医院实习见学，后勤队伍能力素质提升。抓好东部战区审计问题整改，抓实对财务大清查“回头看”和行业风气清理整顿等清查整改活动，依法治后、依规办事的后勤工作新常态逐步形成。

【基层建设】 推进“抓规范、树样板”活动，组织规范经常性基础性工作。定期召开抓基层领导小组会、部队建设形势分析会、按纲建队讲评会及大队经常性工作秩序规范会，开展“六帮”活动，部队建设基础稳固。瑞金市中队被总队表彰为“基层建设标兵中队”，赣县区中队、龙南县中队、南康区中队、石城县中队、信丰县中队被总队评为“基层建设先进中队”。

【组织建设】 开展“两学一做“学习教育，组织党员学习“党章”“准则”“条例”，从上党课、过党日、交党费等细节入手，严肃党内政治生活，围绕“四讲四有”要求开展党员承诺践诺，推动全面从严治党向基层延伸。依托网上“纲要”集训，全面规范组织生活七项制度，抓好“三会一课”落实，支部“三个能力”加强。全面彻底肃清“郭徐”流毒影响，清理涉及“郭徐”信息资料，抓实专题教育，引导党员干部廓清思想。抓好军委巡视组回访反馈意见整改、基层风气专项整治等工作，坚持敏感事项公示制度，严肃核查信访问题，传导正风肃纪态势。

【春运执勤】 支队担负赣州火车站春运执勤任务。对春运执勤工作做到早研究、早部署、早谋划，统筹安排各项工作，及时成立领导小组，严密组织勘察地形，合理部署兵力，多次召开勤务部署会和思想动员会。执勤中，官兵恪尽职守、文明执勤、严格要求，共协助铁路部门输送旅客40万余人，帮助旅客做好事270余件，处理旅客纠纷19余起，捡拾上交旅客遗留手机、身份证、银行卡、火车票等贵重物品22件，现金3000余元，为维护赣州火车站春运秩序，做出积极贡献。

【城市武装巡逻勤务】 重大节日和敏感期，支队先后10次担负赣州城区联勤巡逻勤务。每次勤务，支队领导审定方案，成立巡逻勤务领导小组，召开勤务部署会，细致勘察城区地形，确定巡逻区域、路线、重点路段和巡逻方式，指导担负任务部队进行动员教育、专勤专训；执勤官兵定人员、定路线、定任务、定责任，确保巡逻勤务安全顺利进行，有效震慑违法犯罪活动，圆满完成任务。

（撰稿　袁晓刚　审稿　邵小兵）

【领导名单】

支队长：杨　华

第一政治委员：邓忠平(兼)

政治委员：欧阳硕夫

副支队长：吴耀军　王　斌

副政治委员：张　明

参谋长：陈建军

政治处主任：邵小兵

后勤处处长：雷鹏飞

公安消防

【概况】 2016年，赣州市公安消防支队以“抓队伍、强主业、树形象、争先进”为目标，确保火灾形势和部队管理“双稳定”，推动部队建设和消防工作取得新成绩。年内，瑞金市公安消防大队党委被表彰为全国公安现役部队先进基层党组织，被省政府记集体一等功一次，被省公安厅推荐为国务院、中央军委命名表彰对象，通过全国文明单位复查；支队机关，章贡区、上犹县、崇义县、信丰县、大余县、石城县大队通过省级文明单位复查；兴国县大队被评为全省拥政爱民先进单位；5个基层组织被总队表彰为先进基层党组织；支队获得赣州市公安机关“迎七一”篮球赛冠军，江西消防总队第四届俱乐部大奖赛冠军；瑞金市大队战士巴叁定主被表彰为全省优秀共产党员，支队政委黄贻君、警务科长莫水清被表彰为全省双拥工作先进个人；兴国县大队战士马博被评为赣州“十大平安卫士”；8人被总队表彰为优秀共产党员，5人被总队表彰为优秀党务工作者。

【火灾防控】 联合市教育局、民政局开展检查12次。在全省率先研发消防安全智能云平台，探索消防安全监管新模式，免费向1051家重点单位推广，得到在赣视察的公安部消防局政委王沁林肯定。开展易燃易爆危化品、超大城市综合体、超高层建筑、地下轨道交通、商场市场等5类单位场所，以及开发区、工业园区和电气火灾防范等专项整治，自主开展文物古建筑、合用场所、电动车、展旅游景区、餐饮场所燃气燃油、烟花鞭炮等专项治理。检查单位2.03万家，督促整改隐患1.18万处，临时查封单位

239家，责令“三停”单位331家，罚款329.85万元，拘留4人，提请省、市两级政府挂牌督办重大火灾隐患单位24家。

【消防宣传】 开展消防宣传“七进”工作，开展消防夏令营20期，评选出赣州市“最美社区消防宣传大使”10名。在江西省首创将消防宣传纳入儿童游戏体验，与深圳麦鲁小城签订合作协议，挂牌“全市消防安全教育基地”。推进微信、微博等微平台建设，支队微信公众号关注人数25万人，“赣州消防”微信多次在全国消防系统政务微信公众号排名第一、全省政务微信排名第一。“赣州消防”今日头条号被中国互联网发展基金会评为“全国最具影响力消防头条号”。开展“万人公益大培训”，组织教学团队开展巡回培训16期，免费培训党政领导、行业部门负责人、派出所专兼职民警、重点单位负责人、保安、合用场所业主、小区管理人等4000余人次。年内，在省级以上媒体上稿386条次。

【灭火救援】 开展冬训考核、体能和业务竞赛，编成高层建筑、石油化工等72个战斗模块，修订灭火预案1338份，17类灾害事故类型预案357份，做好23个实战化教学示范片推广应用。开展大型综合实战灭火演练20次，开展常态化熟悉演练1280次。举办基层指挥员、骨干、攻坚组和抗洪抢险培训4期，开展典型战例研讨会12次。中队干部参加“初级指挥员”和“助理指挥员”指挥能力考评通过率分别为97%、100%。全年共接警出动4464起，出动警力25660人次，抢救疏散被困人员6239人，保护财产价值28亿元。完成“3·22”赣县江口山体滑坡、“3·23”大广高速山体滑坡、“4·8”济广高速客车侧翻、“5·21”瑞金道路塌陷、“5·30”宁都永通化工厂火灾及抗洪抢险等灭火救援工作，以及南康家博会、G20杭州峰会等重要节日活动消防安保任务。

【应急救援建设】 推进综合应急救援队伍建设。年内，沙石镇、蟠龙镇、金龙镇、青塘镇、黄陂镇、澄江镇、麻州镇、池江镇、小松镇、南塘镇、沙地镇、禾丰镇、岭背镇、梓山镇等14支乡镇政府专职消防队伍建成投入使用。在瑞金市开展单编制政府专职消防员职业化建设规范化管理活动，为所有政府专职消防员办理工作证，组织2期专职队员骨干培训班，举办多种形式消防队伍竞赛，完成105名专职队员的职业技能鉴定。与石油供应、交通运输等单位签订轮式装载机、轮式推土机等291件应急物资装备的保障协议。

【消防基础建设】 推进《江西省地方消防经费管理实施办法》，全市共争取各类专项经费1.2亿元。制定全市部队“十三五”装备建设发展规划，全年投入资金4413.46万元，购置执勤消防车34辆、消防无人机22架、灭火救援器材11643件(套)。寻乌县大队、石城县大队新营房投入使用，章贡区二中队完成主体封顶，大余县大队完成立项征地，南康区二中队完成立项征地和土地平整任务。通过政府购买公共服务、经营单位自主出资等方式，共完成19528个独立式感烟报警器安装任务。全年，建成微型消防站698个，区域联防组织39个，购买消防电动车21辆、消防摩托车20辆。大余、会昌、信丰、兴国、龙南、于都、宁都等13个县(市)完成消防专项规划编制，11个全国重点镇完成消防专项规划编制。贯彻落实《赣州市市政消火栓管理办法》，市政消火栓总数在2015年3438个的基础上新增1200个，达到4638个。

【队伍建设】 学习中共十八届六中全会和中共中央总书记习近平系列重要讲话精神，开展改革强警、“两学一做”和纪念红军长征胜利80周年系列活动。年内，支队党委常委撰写调研文章17篇，1篇调研文章在全国获奖。组织党委中心组学习6次，专题党课6次，邀请南昌陆军指挥学院、市委党校、赣南师范大学等单位专家学者授课10次。年内，5人提拔为副团职干部，5人提拔为正营职干部，5人提拔为副营职干部，3名战士考上军校。帮助官兵解决婚恋、家属就业、子女入托入学等实际困难，21名干部子女顺利就学入托，26名干部家属领取未就业补助，安排16名官兵进行疗(休)养。办好慰问困难大队、困难官兵和购置图书等实事。严格落实“两个责任”，强化廉政教育，组织党员干部观看警示教育片、参观赣州监狱、邀请纪检专家授课。严格财经纪律，开展财务大清查、全面停止有偿服务和经济责任审计。

【典型战例】 “3·23”大广高速山体滑坡事故救援。3月23日9时40分许，大广高速公路江西赣定段3130千米西幅信丰段东坑隧道北上方向出洞口发生护坡塌方，共造成2人死亡，百余车辆滞留。市、县两级消防部队快速反应、联合作战、科学施救，共调集信丰县、龙南县2个大队、6辆消防车、30名指战员、1台生命探测仪、2条搜救犬参加救援。经近3个小时奋战，完成搜救任务，所有伤亡人员全部搜救出事故现场。

“9•24”章贡区逸豪酒店火灾。9月24日18时53分，章贡区青年路逸豪酒店与中国邮政赣州分公司及中国石油公司职工宿舍之间(防火间距过道)搭起的遮雨棚发生火灾。赣州市公安消防支队指挥中心接到报警后，先后调集红旗路中队、特勤中队、开发区中队3个中队和章贡区政府专职消防队共12辆消防车、61余名指战员到火场扑救。经参战指战员近3个小时扑救，大火于21时55分扑灭。火灾过火面积100平方米，疏散群众400余人。

(撰稿 钟文平 审稿 李明华)

【领导名单】

支队长：朱飞勇
政治委员：黄贻君
副支队长：林绍衡
副政治委员：陶宗渊
参谋长：叶建荣
政治处主任：蔡春柳
后勤处处长：刘 斌
防火监督处处长：罗顺平

人民防空

【概况】 2016年，赣州市人民防空办公室落实《中共中央、国务院、中央军委关于深入推进人民防空改革发展若干问题的决定》《中共江西省委、江西省人民政府、江西省军区关于深入推进人民防空改革发展的意见》，贯彻全国、全省人防会议精神，围绕全年工作任务，完成各项目标任务。市人防办连续7年被评为全省人防目标管理考核先进单位，当年被评为全省人防通讯报道先进单位，继续保留江西省第十四届文明单位荣誉称号和赣州市第八届文明单位荣誉称号。

【重点项目建设】 市本级人防预备指挥所工程可行性研究报告获得国家审批，章江新区地下人防工程进入图审和招标方案审批阶段，人防宣传教育体验馆工程、人防教育训练基地完成立项工作，进入招标阶段。年内有10个县(市、区)的人防应急救援指挥中心工程开工建设，其中崇义县、定南县、全南县完成主体工程；赣州经济技术开发区人防应急救援指挥中心项目开工建设；宁都、于都、南康、寻乌等4县(区)完成图纸设计和“三通一平”工作；信丰、安远2县完成立项工作。

【工程建设管理】 组织开展“人防工程质量年”活动，依法依规开展人防工程质量监督管理、服务和验收，推进人防工程建设发展，人防工程面积保持稳定增长的势头。立足安全运行、改造升级基本原则，抓好早期人防工程治理，完成一处早期人防工程加固维修，消除安全隐患。定期巡查早期人防工程，加强人防工程日常维护管理，确保安全运行。做好人防工程防汛工作，确保安全渡汛。注重挖掘人防工程开发利用价值，努力实现最佳的战备效益、经济效益和社会效益。开展全市人防执法检查，查处赣州市贵和投资实业有限公司金湾广场一期项目未修建防空地下室、赣州供电分公司赣甸大厦项目少报多建案件。充分发挥人防学会的作用，按照依法监管、从严监管、全面监管的要求，引导人防行业企业诚信经营，实行行业自律，营造有竞争、有规范、有秩序的人防工程建设市场环境。

【指挥通信保障】 信息保障体系建设方面，完成市人防指挥中心“两室两库”建设。破除原来按行政编制多部门构建的指挥架构，采用“一个中心、三个部门”的扁平化指挥编成，完成实时联动系统建设并投入使用。开展每周与省人防办的视讯联调和每月与市应急办开展联调联试。启动军三代短波通信网建设，大部分县(市、区)完成采购组网工作；启动超短波通信系统二期的建设工作。利用公安天网功能，加强对重要经济目标的监控力度，提升防护水平。监督指导目标单位落实防护方案、防护队伍、防护经费、防护器材和防护演练。不定期组织人防通信应急大队户外日常通信演练和训练活动，举办1期全市人防指挥通信业务培训班，10月下旬联合韶关市人防办开展1次跨省联合机动演练。大部分县(市、区)人防办都能配合市人防办开展好3G无线视频系统、单兵作战视频监控系统及电台的联调联训工作。

【人防宣传教育】 人防进社区、进学校“双十佳”示范点建设的经验和做法得到推广，形式更加多样；人防宣传教育阵地化、基地化进一步推进，市县两级人防宣教力度不断加大。市人防办组织“文明风采百姓舞台”赣州人防之夜文艺晚会，新组建红枫、星光、红歌3支人防志愿者宣传队；人防志愿者宣传队除在中心城区进社区巡回演出，还赴部分县(市、区)进行宣传演出，部分县(市、区)组建人防志愿者宣传队。各个县(市、区)的宣传工作亮点频现，利用9月18日防空警报试鸣日、纪念人防法颁布20周年宣传活动等契机，市县两级开展形式多样内容丰富的宣传活动，人防“进机关、进学校、进社区、进企业、进网络”工作卓有成效。

【人防自身建设】 巩固党的群众路线教育实践活动和“三严三实”专题教育成果，结合“书香人防”读书月活动，开展“两学一做”学习教育，深入学习贯彻中共中央总书记习近平系列重要讲话精神，不断提高人防队伍的综合素质。着力加强思想建设、组织建设、作风建设和制度建设，在工作实践中充分发挥基层党组织的战斗堡垒作用和党员的先锋模范作用。按照“两个责任”和“一岗双责”的要求狠抓党风廉政建设，加大从源头上预防和治理腐败的力度，营造风清气正的氛围。

【服务“六大攻坚战”】 服务企业。积极开展走访调研活动，梳理需要解决的问题，做到事事有回音，件件有着落，梳理需要解决的问题全部办结。市人防办制定的《赣州市人民防空办公室关于主攻工业服务企业工作的实施意见》11条措施，受到省人防办的肯定并向全省推广。精准扶贫。按照精准扶贫“六个精准、五个一批”的要求，下拨20余万元帮扶光伏发电站项目，完成光伏发电站项目建设和并网发电工作，壮大村集体经济；市本级围绕村庄整治、道路硬化、生态建设、水利设施、光伏发电等共投入项目帮扶资金72.8万余元，开展多方位的精准帮扶宣传和慰问工作，提前完成所驻村年内扶贫脱贫任务。

(撰稿　韩茹晨　审稿　游　红)

【领导名单】
党组书记、主任：
　廖志斌(9月免党组书记，12月免主任)
　刘华明(9月任党组书记，12月任主任)
党组副书记、副主任：陈　捷
党组成员、副主任：范存勇　李振华
副调研员：刘麟金

(本栏编辑　王　宇)

经济综合管理

发展和改革工作

【概况】 2016年，赣州市发展和改革委员会贯彻落实市委四届七次全会、全市经济工作会议暨扶贫开发工作会议、市第五次党代会精神，坚持解放思想、内外兼修、北上南下的实践路径，主动适应和把握引领经济发展新常态，推进供给侧结构性改革，服务打好“六大攻坚战”、同步奔小康，全市发展改革各项工作取得新业绩。

【争资争项】 全年向上争取资金支持182亿元，超额完成年内争资争项目标任务。其中，中央、省预算内资金36.03亿元，支持全市530个项目建设。专项建设基金项目237个次获资本金缺口补助额度123.94亿元，占全省23.5%，列全省各设区市首位。获批瑞金市城投集团企业债券募集债券资金12亿元，南康区中小企业集合增信债券募集债券资金10亿元。

项目突破。昌赣客专等7个项目列入国家《中长期铁路网规划》《江西省中长期铁路网规划》，5个项目初步列入国家“十三五”铁路规划。南丰至瑞金城际铁路纳入《江西省城际铁路网规划》。兴赣高速北延项目纳入全省高速公路网。神华国华信丰火电项目纳入国家《电力发展“十三五”规划》，宁都火电项目纳入省“十三五”规划纲要。列入省重点建设项目40个。213个市重点工程建设项目开工208个，累计完成投资940亿元，基本完成年度投资计划。

产业发展。工业、现代服务业、现代农业发展项目220个，获得资金支持53.95亿元。获省批复《赣州新能源汽车城产业发展规划》；获批建设省级智慧城市应用软件工程研究中心、稀土永磁材料及器件工程研究中心、高性能通讯线缆制造技术工程研究中心、新能源电动汽车电传动系统工程研究中心、电线电缆产业基地；获批南康、章贡、安远、会昌、宁都5个工业园区扩区调区，5个园区共扩大面积2283公顷。新设石城、瑞金、寻乌、崇义4个省级产业园。

试点示范。获批“国字号”试点示范6个，分别是国家现代物流创新发展试点城市、首批国家级产城融合示范区、国家第三批新型城镇化综合试点城市，宁都县获批国家首批结合新型城镇化开展支持农民工等人员返乡创业试点，于都县、南康区纳入国家第二批试点范围。5个特色小镇列入全省特色小镇建设重点支持范围。获省批复会昌县域经济科学发展体制创新试验区实施方案。

生态建设。石城县调整纳入国家重点生态功能区。上犹县、石城县、瑞金市列为全省第二批生态文明示范县。陡水湖国家森林公园等8个单位列为省生态文明示范基地。兴国县列为全省开展自然资源资产负债表编制试点。顺利通过“十二五”节能任务、二氧化碳排放任务目标考核。

改革推进。研究提出降低企业成本优化发展环境90条政策措施，可为企业减负80.73亿元，实体经济整体减负明显。深化放管服改革，行政审批事项由5大类16个子项缩减为3大类14个子项，审批时限由10个工作日缩减至5个工作日，投资项目报建审批事项由40项缩减为30项。

【计划制定执行】 经济运行。全市多数核心经济指标增速高于全国、全省平均水平，地区生产总值等6个指标达到或超过全年计划增速。其中，地区生产总值2194.34亿元，增长9.5%；固定资产投资2205.51亿元，增长16.6%；农村居民人均可支配收入8729元，增长12.1%。3项指标增速均居全省第一。财政总收入366.32亿元，增长3.7%（同口径增长8.5%）；社会消费品零售总额790.24亿元，增长11.5%；实际利用外资15.15亿美元，增长10.6%，高于全年计划增速。规模以上工业增加值847.9亿元，增长9.2%；一般公共预算收入243.18亿元，下降0.9%（同口径增长7%）；出口总额33.91亿美元，增长0.13%；城镇居民人均可支配收入27086元，增长8.3%。4项指标与全年计划增速略有差距。

工业经济。实施主攻工业3年推进计划，全年新增规模以上工业企业231户，总数达1337户，居全省第二。工业投资完成808.6亿元，超过680亿元的年度目标，增长38.4%，增速居全省第一。“两城两谷一带”建设加快推进，新能源汽车科技城加快建设，孚能科技二期将竣工投产、三期开工建设，山东凯马、中航、昶洧新能源汽车项目建设加快，积极洽谈东风、国机集团项目；现代家居城建设家具生产集聚区11个。中国稀金谷列入全国“十三五”稀土行业以及有色金属工业发展规划，引进稀土和钨新材料及应用产业项目9个，项目总投资达50.1亿元；青峰药谷青峰药业一期竣工投产，南华医药项目建设加快，江西青峰药业创新天然药物与中药注射剂国家重点实验室揭牌。赣粤电子信息产业带设立20亿元产业投资基金。产业创新平台发展壮大，获批建设省级智慧城市应用软件工程研究中心、稀土永磁材料及器件工程研究中心、高性能通讯线缆制造技术工程研究中心、新能源电动汽车电传动系统工程研究中心、电线电缆产业基地。标准厂房建设超出预期，新开工总面积565万平方米，建成474万平方米，超额完成建成300万平方米年度目标。

现代服务业。服务业增加值增长12.1%，规模以上服务业企业新增162家，均居全省第一。文化旅游业接待旅游总人数和旅游总收入分别增长40.4%和49%，石城县、瑞金市、龙南县列为国家全域旅游示范区创建单位，上犹县列为全国美丽乡村创建示范县。现代金融发展壮大，入选国家产融合作试点城市。设立51支政府投资产业基金，总规模超1400亿元。"五个信贷通"累计发放贷款219.9亿元，惠及16.3万户企业、新型农业经营主体和贫困户。在全省率先实现企业还贷周转金管理公司县域全覆盖。全年"新三板"挂牌企业达30家，新增10家。现代物流发展加快，入选全国首批现代物流创新发展试点城市。国家标准A级物流企业达37家，居全省第一。电商产业快速发展，电子商务销售额增长41.7%，国家电子商务进农村试点范围实现县域全覆盖。健康养老产业加快发展，入选国家医养结合试点城市。

现代农业。粮食总产实现"十三连丰"。脐橙产业发展升级行动计划实施，赣南脐橙以668.11亿元的品牌价值，连续4年位列全国初级农产品地理标志区域品牌价值榜首，入选全国名优果品区域公用品牌名单，建成全国首个出口脐橙质量安全示范区。加大油茶产业改造力度，新(改)造油茶1.67万公顷，建设油茶示范基地104个，筹建全国首个国家级茶油检测重点实验室。高标准大棚设施和规模蔬菜发展实现新突破，建成3.33公顷以上规模蔬菜基地0.17万公顷。畜禽、水产养殖平稳增长。宁都黄鸡、会昌米粉获国家生态原产地产品保护，赣南茶油、会昌桔柚获批国家地理标志保护产品，寻乌蜜桔被认定为中国驰名商标，农业品牌建设取得突破。

基础设施。加快推进昌赣客专，赣深客专、兴泉铁路开工建设。南丰至瑞金城际铁路列入省城际铁路网规划。广吉高速开工建设，兴赣、宁定高速建成通车。赣州黄金机场进入全国百万空港行列。改造国省道215千米，新改建农村公路7044千米。神华国华信丰火电项目列入国家电力发展"十三五"规划。抚州至瑞金红都500千伏线路工程投产，500千伏电力输入实现"双通道"。石城桃金坑、安远车头220千伏输变电工程投产，在全省率先实现220千伏输变电站县县全覆盖。西气东输三线赣州段工程进气投产，全市实现"双气源供气"。樟树—吉安—赣州成品油管道投运，填补全市成品油管道运输空白。省天然气管网赣州段所有支线完成核准。章江水闸除险加固、寻乌太湖水库、城镇防洪工程等重点水利工程加快推进。

新型城镇化。全市常住人口城镇化率达47.13%，提高1.62个百分点。赣县撤县设区，蓉江新区启动建设，中心城区建成区扩至158平方千米、城市人口160万人。南康—机场快速路、赣州西站等启动实施，钨都大道等"断头路"打通。推进文明城市创建，拆除"两违"建筑194万平方米。获批国家级产城融合示范区、国家新型城镇化综合试点。瑞金市省直管县体制改革试点，宁都县、会昌县县域经济科学发展体制创新试验区建设加快推进，龙南县加快撤县设市。推进全市27个全国重点镇、22个省百强中心镇、17个市级示范镇建设。新农村建设完成104个中心村、1140个一般自然村整治。

供给侧结构性改革。"十三五"期间钢铁去产能目标任务提前完成，煤炭行业去产能年度目标任务全面完成。房地产库存去化加快，全市及中心城区商品住房去库存周期分别为5.36个月和3.42个月。推进降成本优环境专项行动，出台90条政策措施，全年为企业减负80.7亿元。重点领域和关键环节改革取得成效。改作风、提效率工作推进，市本级行政审批事项精简至97项，为全省设区市最少；平均办结时限压缩到4.43个工作日，审批效率提高。"五证合一、一照一码"登记制度改革全面实施，初步形成以企业信用信息公示"一张网"为核心的市场主体新型监管机制。行政机关公务用车制度改革完成。中国南方稀土集团组建运营，市属国有企业整合重组有序推进。金融改革"险资支农支小"全国首创，建立抽贷定期报告等四项金融监管制度，南康区获批省级县域金融改革创新试验区。获批国家农村综合改革标准化试点，基本完成农村土地承包经营权、集体土地所有权确权登记颁证，农房抵押贷款和农村承包土地经营权抵押贷款试点工作加快。设立全省首支科技创业投资引导基金，建成各级科技企业孵化器、创业孵化基地、众创空间78家，赣州市小微企业创业孵化基地入选国家小型微型企业创业创新示范基地，赣州科技创业服务中心和赣州国际企业服务中心获批国家级科技企业孵化器。专利申请量突破万件。铵盐体系白钨绿色冶炼关键技术和装备集成创新及产业化项目获国家科学技术奖二等奖。获批全国加工贸易承接转移示范地，赣州铁路集装箱场站获批国家临时对外开放口岸，赣州黄金机场设立航空口岸列入国家口岸发展"十三五"规划，赣州进境木材国检监管区升格为全国首个内陆口岸(江西)国检监管试验区，赣州港铁路专用线建成通车，赣州综保区正式通关运行，龙南保税物流中心(B型)获批设立。

生态文明。争取东江流域上下游横向生态补偿机制试点落地实施，入选全国山水林田湖生态保护修复试点，石城县纳入国家重点生态功能区，南康区等9个县(市、区)纳入国家重点生态功能区转移支付范围，陡水湖国家森林公园等8个单位列入省级生态文明示范基地，石城县、瑞金市、上犹县入选第二批省级生态文明先行示范县。加快推进自然资源资产负债表编制、生态文明建设评价考核试点。森林质量提升、"净空、净水、净土"、农业农村面源污染防治、农村环境综合整治等重点生态工程加快实施，中心城区空气质量优良率达88%，86个重要水功能区水质达标率96.5%，23个城市集中饮用水水源地达标率100%，节能减排任务全面完成年度计划，生态环境指标保持全国前列。社会民生事业。精准实施产业扶贫、保障扶贫、健康扶贫等10大工程，全年脱贫27.1万人、175个贫困村退出，贫困发生率下降3.6个百分点。财政民生支出占比81.6%。省市90件重大民生实事全面完成年度计划。棚户区改造基本建成2.9万套，货币化安置工作经验在全国推广。完成农村危房改造2.38万户，建成农村保障房8683套，完成易地搬迁5.4万人。全年城镇新增就业7.3万人，超额完成1.26万人，城镇登记失业率3.04%。物价水平保持稳定，居民消费价格总水平上涨2%。学校办学条件改善，新(改、扩)建校舍96.6万平方米，南康区、信丰县、大余县、上犹县、崇义县通过国家义务教育基本均衡县评估认定。推进县级公立医院综合改革，成为全国唯一的贫困地区卫生计生人才综合培养试点市。赣南卫生健康职业学院获批设立，市食品药品检验检测中心建成。

赣州市国民经济和社会发展主要综合指标

表2

指标名称	计算单位	2016年计划		2016年实际	
		绝对值	增长 %	绝对值	增长 %
地区生产总值	亿元	2130.00	9.0	2194.34	9.50
规模以上工业增加值	亿元	830.00	9.5	847.90	9.20
财政总收入	亿元	381.60	8.0	366.32	3.70
一般公共预算收入	亿元	265.20	8.0	243.18	-0.90
固定资产投资	亿元	2210.00	17.0左右	2205.51	16.60
社会消费品零售总额	亿元	775.73	10.0	790.24	11.50
实际利用外资	亿美元	15.07	10.0	15.15	10.60
出口总额	亿美元	34.60	2.0	33.91	0.13
城镇居民人均可支配收入	元	27251.00	9.0	27086.00	8.30
农村居民人均可支配收入	元	8642.00	11.0	8729.00	12.10
居民消费价格总指数	%（上年=100）	103左右		102.00	
城镇登记失业率	%	＜4.5		3.04	

【重点工程建设】 全年共安排年度市重点工程建设项目213个，总投资3152.3亿元，年度计划投资978.4亿元。年度计划投资中，基础设施类项目43个，年度计划投资407.9亿元；产业类项目149个，年度计划投资408.8亿元；社会事业类项目21个，年度计划投资161.7亿元。至年底，全市213个建设项目开工建设211个，开工率达99.06%；累计完成投资988.53亿元，占年度计划的101.04%；未开工项目2个，占建设项目的0.94%。

（撰稿　龚达辽　审稿　卢小兵）

【领导名单】

党组书记、主任：黄明哲

党组成员、副主任、市物价局局长：马晓聪

党组成员、市铁路建设办主任：邱世禄

党组成员、副主任：沈兴明

党组成员、市重点办主任：李　兵(11月任)

党组成员、纪检组长：钟华锋

党组成员、副主任：刘红敏(10月任)

调研员：朱万玉(5月任，7月免)

副调研员：朱俊东　杨　赋

市重点办副主任：林宗圣

市重点办副调研员：邱　波

市项目办主任：张玉廷

统计工作

【概况】 2016年，赣州市统计局围绕

市委市政府主攻“六大攻坚战”战略部署，以创新为动力，争当改革先行者、排头兵，统计改革发展取得明显成效，为全市经济社会发展发挥重要的统计保障作用。是年全市地区生产总值、固定资产投资均破2000亿元，分别增长9.5%、16.6%，地区生产总值增幅首次跃居全省第一，投资增幅连续五年居全省第一；规模以上工业增加值突破800亿元，社会消费品零售总额接近800亿元，分别增长9.2%、11.5%。市统计局连续3年被市委、市政府评为平安综治先进单位、市级文明单位、绩效考核管理工作先进单位、机关党建红旗单位等荣誉称号，连续3年被省统计局评为全省统计工作综合考评第一名。

【统计服务】 围绕科学发展考评、预警监测、经济运行、专题分析、调查研究等方面，撰写一批分析报告。获市领导肯定批示的分析文章60余篇，其中市委书记批示22篇、市长批示27篇。打造《统计专报》服务品牌，创新编印《经济分析手册》《市情资料手册》《数说“十二五”经济》等统计资料。发布统计信息数量创历史新高、居全省首位，居市直单位前列。

【服务工业】 开展主攻工业目标测算。到基层、企业调研，了解企业发展态势，测算主攻工业目标，为市委、市政府出台重大战略措施提供参考依据。及时跟进主攻工业推进情况。为市政府拟定出台“六大攻坚战”指标通报制度，每月对各县(市、区)指标运行情况进行通报，促进形成争先发展的氛围。帮助企业解决生产难题。到挂点联系的会昌工业园区15家重点企业走访调研，掌握园区和园区企业在融资、技术、用工、用地等方面存在的69个突出问题，全部办结，办结率达100%。为企业落实税收优惠政策5000万元、降低融资成本1880万元、降低人工成本196.98万元、降低用能成本326.24万元、其他563万元，累计减负7966.22万元。

【苏区振兴】 争取上级支持。邀请国家统计局局长等到寻乌县、瑞金市调研对口支援工作，出台《国家统计局对口支援寻乌工作要点(2016—2017)》《江西省统计局2016年对口支援寻乌县(赣州市)工作要点》。做好援县促市工作。到国家统计局汇报全国文明城市创建工作，学习创建评分细则。争取统计业务培训指标。国家局每年为赣州统计人员举办统计业务专题培训班2期，其他培训班名额每批次不少于3人。争取工作经费支持。国家统计局每年支援寻乌县统计局工作经费100万元，支持罗霄山脉集中连片11个贫困县各50万元农业普查专项经费。

【改革试点】 争取生态文明建设综合评价等6项创新试点工作，统计改革试点居全省前列。推动产业集群试点，为解决南康家具企业入规难，试点以生产集聚区为重点，取得明显成效，年度入规工业企业达101家(包括11个家具生产集聚区)，占全市的31.4%，形成“众创业、个升企、企升规、规转股、扶上市、育龙头、聚集群”的试点经验，在全市推广。推广固定资产投资项目入统责任制试点经验，建立由发改委牵头，部门分工负责的投资项目信息共享及入库统计责任制，提高时效性，入库数量明显增多，章贡区、兴国县和定南县3个试点县(区)新增5000万元以上项目147个。科学编制自然资源资产负债表，兴国县通过聘请江西农业大学国土资源学院、省环境科学院水研究所、省煤田地质局测绘大队及赣州市吉新测绘有限公司等专家开展试点，组织到先进地市学习，了解自然资源变动情况，试点工作居全省前列。推进生态文明建设综合评价试点，采用多种方法对生态文明建设情况进行测算，初步构建具有地方特色的生态文明建设考核评价指标体系，得到省局肯定。先行探索科技进步贡献率测算方法，南康区对计算方法、指标选取、时点选择等进行探索，对测算结果及发展水平进行分析对比，积累科技进步贡献率测算的做法经验。率先完成视频会议系统建设，市、县(市、区)统计局对接省统计局视频系统，并投入运行。

【机制创新】 实行科学发展综合考评与市机关绩效考核挂钩，明确相关指标在全省一类设区市后三位的责任部门年度绩效考评不得评为优秀。对新增纳入统计范围的工业企业、服务业企业一次性奖励由9万元提高到12万元。对企业统计人员，由县(市、区)给予每人每月200—300元的岗位补贴。率先开展企业结构调查试点，对工业企业中剥离的一批服务业和商贸物流企业，提出解决不重不漏入统的建议措施，经验做法在省统计局专刊登载。全年工业、服务业入规企业数居全省第一。开展“三新”统计专项调查工作，建立名录共享、互联互通、部门协同的工作机制，初步构建对“四众企业”横到部门、纵到企业的统计调查体系。建立部门统计协调联动机制、与中部7市及8个毗邻市主要经济指标类比机制、经济运行研判分析机制和重点骨干企业工作联系机制；主动做好国家级开发区保位晋级考评服务，获领导肯定；制作“六大攻坚战”、统计法治微宣传片，拓展宣传新媒介。

【农业普查】 创新农普工作组织管理方式，建立每月任务清单、工作调度、进展督导“三个一”的推进机制，并建成视听、平面、移动“三位一体”的农普宣传形式、市县乡“三级联动”的微信指导交流平台；实行“四评估一论证”的数据质量审核办法，农普简报获市政府主要领导批示3篇、省局分管领导批示1篇，创新做法得到省局充分肯定，并在全省推广。

【自身建设】 强化干部队伍建设。突出培养干部能力，对全局年轻干部实行轮岗锻炼。争取国家统计局专门在长沙、深圳、西安、成都、郑州和南昌为赣州市免费培训统计业务人员120人次，创历史之最。在全省评定的第一届最美统计人中，赣州有5人当选，占到总数的1/6。创新绩效考核激励。通过局领导班子、省局处室、市直相关部门、县统计局等4个方面，综合评价干部绩效，对绩效奖励工资率先实行二次分配，并按4:4:2的比例对年轻干部进行考评分类管理，经验在市直机关推广。强化基层基础建设。推进基层基础规范化建设，于都县、兴国县和大余县南安镇、宁都县洛口镇、瑞金市叶坪乡等一批统计基层基础规范化建设先进典型获全省表彰。

（撰稿　陈　刚　审稿　刘新远）

【领导名单】

党组书记、局长：卢述银

副局长：周　芸　温德友

党组成员、副局长：刘小安

党组成员、总统计师：钟惠生

副调研员：宋金金　刘友辉

国家统计调查

【概况】 2016年，国家统计局赣州调查队强化国家队意识和调查队意识，主动适应经济发展新形势，不断强化调查能力，努力提升服务水平，各项工作取得新的成效。当年赣州统计调查工作在江西调查总队考核评比中获先进集体，名列第二。单项考核中，工价调查、消价调查、法规、党建等4个专业荣获第1名；畜禽监测、纪检、人事教育等3个专业获第2名；居民收支调查、专项调查、非制造业采购经理调查、综合等4个专业获第3名。

调查队内设有办公室、综合科、农业和商业调查科、住户调查科、工业和服务业调查科、价格调查科和统计监测科等7个科室；设置信息技术应用科，与赣州市统计局计算中心合署办公；在岗人数24人。队领导3名，其中副队长2名，纪检组长1名；辖区内有信丰、于都、兴国、上犹、宁都和会昌等6个县级国家点调查队。

【常规调查】 以提高数据质量为核心，严格执行国家调查制度和方法，准确、及时完成调查专业的年报和定期报表任务，取得城乡居民收入、CPI、PPI、房价指数、规模以下服务业营业收入等重要数据。在各项常规调查中，不断夯实基础，健全台账，加强回访，做好调查样本的抽选和维护，提高调查数据的准确性和代表性，确保各项经济指标符合时序进度，客观反映全市经济运行情况，获上级和社会各界的认可。

【法制建设】 以服务调查队建设为中心，推进依法治统，深化统计法治宣传教育，开展“9·20”统计开放日、“12·4”国家宪法日、“12·8”统计法宣传日活动，探索统计执法新方式、新领域，对26家企业发放统计单位，对10家企业进行统计执法重点检查，进一步规范统计调查行为，使调查队依法行政水平有新的提升。

【农业普查】 第三次全国农业普查是一项重点工作。调查队通过召开专题部署会议、专题培训会议、实地指导等多种方式，按照普查方案，与市局联动，加强对全市农作物面积遥感测量工作的组织与协调，并加强对遥感调查有关工作的具体指导。6月，组织开展“三农”普查农作物面积遥感测量试点实地调查试点工作；9月，赣州队对相关的8个县(市、区) 8个普查区进行无人机飞行航测。

（撰稿　戴　曦　审稿　郭　胜　钟艳莉）

【领导名单】

副队长：郭　胜　钟艳莉(女)

纪检组长：钟瑞贤

国有资产管理

【概况】 2016年，赣州市国资委围绕市委、市政府发展战略及“六大攻坚战”，借鉴沿海发达地区先进经验，创新思路，加强谋划，落实举措，深入推进国资国企改革发展，稳步提高国资监管水平，市属国有经济保持平稳发展。至年底，市属出资监管企业拥有资产总额1215亿元，增长3.7%；营业收入45亿元，增长13.5%；营业利润7亿元，增长57.6%。市属国有经济保持平稳发展。

【国资国企改革】 稳步推进国资国企人事、薪酬、考核等方面配套改革，推动出台《中共赣州市委、赣州市人民政府印发关于深化市属企业负责人薪酬制度改革的意见》《赣州市人民政府办公厅关于印发赣州市市属国有企业负责人履职待遇业务支出管理实施意见的通知》，为市深化国资国企改革提供依据。推进混合所有制经济试点，在增量上积极发展混合所有制经济，在新成立的子公司中开展混合所有制经济的试点。监管企业集团本部或二级以下子公司共组建混合所有制企业28家，引进民营投资13.72亿元。有序推进经营性国有资产统一监管，协调组织市财政局等部门组成资产核查组对市直行政事业单位尚未脱钩移交的的经营性国有资产进行核查。国资部门分别与各有关市直单位签订资产脱钩移交协议。推进现代企业制度完善，指导发投集团等7家企业修订公司章程，将党建工作纳入公司章程中，明确党组织在公司法人治理结构中的法定地位，建立党组织参与企业重大决策机制。推进市属国企整合重组，借鉴上海、深圳等发达地区先进经验，结合全市国资国企工作实际，起草《赣州市属国有企业整合重组方案》，打造若干大型国有企业集团。加快推进国有企业办社会职能分离移交工作。与各相关县(市、区)签订目标任务书，稳步推进分离移交工作。

【服务工业发展】 破解工业发展资金瓶颈，通过支持发展集团设立融资租赁公司、与基金机构合作等多种形式，为企业提供更直接、更高效的融资服务。发挥国企融资平台融资便捷优势，加大融资力度。城投集团发起赣南苏区振兴发展产业投资基金(300亿元)、国投集团发起的金控基金(300亿元)、发投集团发起的工业基金(100亿元)、稀土集团发起的稀土基金(50亿元)，总规模达750亿元。中国南方稀土集团成功组建并通过验收，为全省第一家冠以“中国”字样的企业。支持中国南方稀土集团推进整合范围内稀土开采企业和综合利用企业的兼并重组，实现原矿开采、冶炼分离和综合利用各环节全覆盖，实现主营业务重心由稀土资源开采为主向深加工、高端应用产品的产业升级和转型。推进稀土新材料及应用产业发展。通过抓政策扶持、抓龙头企业、抓项目带动，以及加大科研创新平台建设、推进"稀金谷"建设、加快推进市场培育、支持稀土企业上市、加大金融支持等举措，推进稀土新材料及应用产业发展。赣州诚正稀土年生产200万千克钕铁硼永磁材料项目等10个新上重点项目有9个开工建设，江西铨通稀土年产300万千克钕铁硼项目等10个企业在谈项目均落地。

【推进央企入赣】 强化央企入赣签约项目调度，加强与各县(市、区)相关部门的对接联系，强化央企入赣签约项目调度工作。有央企入赣签约项目85个，总投资2816.01亿元，其中2014年后新增合作项目5个。完成注册项目59个，实现进资58个，进资总额170.02亿元，开工55个，投产24个。加大与国务院国资委对接，国务院国资委于8月组织中国电信等14家央企到赣州市开展对口支援调研，与全市企业初步达成意向合作项目9个，待推进项目13个。组织参加招商活动，2016年组织参加赣州(香港)经贸合作活动、第二届中国(宁波)磁性材料产业高峰论坛、中国包头·稀土产业(国际)论坛等招商活动。牵头举办"中国稀金谷"暨赣州稀土论坛，推介赣州市稀土产业。

【规范国资监管】 转变监管机构工作职能，重点管好国有资本布局、规范资本运作、提高资本回报、维护资本安全。出台国资委"权力清单""责任清单"，初步实现国资监管工作事前、事中、事后监管相结合。完善国资监管制度，借鉴深圳等发达地区国资监管先进经验，制定《赣州市国资委出资监管企业资产损失核销管理暂行办法》等国资监管制度，国资国企监管实现制度化、体系化、规范化。

【改制维稳】 做好改革改制工作，根据市政府批复的安置方案，会同相关市直职能部门，制定改制职工安置相关协议书，指导市直7个机关办实体的主管部门，及时完成与改制员工签订终止劳动关系协议、退休人员协议等工作。代原市体改委，做好其下属机关办实体——中南实业有限公司改制职工的相关安置工作。按市委、市政府要求，及时布置做好监管企业应急演练、质量管理、综治宣传月等工作。指导市国投集团完成原赣州铝厂第一期棚改工作，帮助协调解决原赣州钴钨公司棚户区改造有关问题。协调处理相关信访事项，建立信访工作台账，处理信访件17件，接待来访30余人次，实现信访件处理率100%，来访接待率100%，确保国有企业稳定。

(撰稿　谢达迎　审稿　黄志标　高志坚)

【领导名单】
党委书记：黄志标
党委副书记、主任：高志坚
党委委员、外派监事会
　主席：李　勃(10月免)
党委委员、副主任：肖遵良(正处级)
党委委员、外派监事会
　主席：钟哲敏(正处级)
党委委员、副主任：吕小林　宋　英(女)
党委委员、外派监事会
　主席：王少军(10月免)
党委委员、纪委书记：杨文洪(12月免)
党委委员、外派监事会
　主席：王全生(12月任)
党委委员、纪检组长：万建生(12月任)
副调研员：管庆明

工商行政管理

【概况】 2016年，全市工商和市场监管机关扎实推进商事制度和"放管服"改革，主动融入"六大攻坚战"，不断强化市场监管与消费维权，加强干部队伍建设，提高便利化服务水平，为推动全市经济社会健康平稳发展做出积极贡献。

【公平交易执法】 全市公平交易系统立案查处案件357件，案值392.32万元、罚没622.79万元。其中，不正当竞争案件69件、非法卫星地面接收设施案件6件、其他案件282件；禁止传销、规范直销工作，全市工商系统共出动执法车辆63台次，出动执法人员156人次，印发1.2万本宣传笔记本、1.5万份宣传画，发放5000个环保打传宣传袋，制作12组打传动漫，设立宣传栏(板报)19个，在广播、电视、报刊等媒体刊(播)宣传稿件5篇，播放电视公益广告宣传短片2次，发出警示提示32次；组织现场咨询43场，讲座37场，官方微信权威发布24次。共查处传销案件4件，捣毁传销窝点90个，教育遣散涉传人员693人(其中解救受骗群众48人)，移送公安机关29人。报批市"打传办"认定无传销城市的乡镇共14个。

【消费者权益保护】 全年，全市工商系统12315申诉举报中心共受理消费者诉求25283件，上升1.34%。其中，消费者咨询20668件，与上年基本持平。业务咨询主要集中在企业年检及登记办照事宜。非工商业务咨询主要集中在对公安、法院、卫生、税务、劳动保障、房管等部门的业务知识咨询。消费者投诉4207件，比上年增加605件，增幅16.8%。其中，商品类投诉2749件，占投诉总量的65.34%；服务类投诉1458件，占投诉总量的34.66%。商品、服务类消费者投诉排名前三位情况。消费者举报403件，与上年基本持平。其中，商品类举报278件，占举报总量的68.98%；服务类举报125件，占举报总量的31.02%。消费者建议2件、消费者检举2件、其他1件。涉及消费争议金额为1143.15万元，为消费者挽回直接经济损失910.54万元，及时办结率达99%，比全国高出3.8个百分点。相继开展《中华人民共和国消费者权益保护法》及其《江西省实施〈中华人民共和国消费者权益保护法〉办法》学法、3·15纪念、食品安全宣传周、科普周、维权知识进校园等活动，通过组织普通消费者进工商、现场咨询、设

2016年3月15日，赣州市工商局在黄金广场举行以“新消费 我做主”为主题的大型“3·15”国际消费者权益日宣传活动

置宣传栏、真假商品对比、发放宣传资料、召开座谈会、开设消费课堂等形式广泛宣传消费维权法律知识，发放维权宣传资料7万余份。“3·15”期间，全市开展纪念活动22场，集中销毁假冒伪劣商品20余万元。年内，全市开展流通领域商品质量抽检共384余批次，抽检费用约20万余元，査处不合格商品案值80万余元，完成儿童玩具、电吹风、装饰装修材料、汽车配件、消防产品等与群众人身财产安全和生活密切相关的商品种类等商品抽检，部分县市开展金银珠宝等特殊商品领域抽检。

【企业注册】 国有内资企业。全年全市新发展国有内资企业801户，注册资本153.16亿元，分别增加50.56%、152.45%。至年底，全市国有内资企业注册登记累计数为7311户，注册资本904.82亿元，分别增加0.58%、37.84%。

外资企业。全年全市新发展外资企业81户，注册资本41.85亿元，分别减少37.69%、19.77%。截至12月底，全市外资企业注册登记累计数1433户，注册资本518.70亿元，分别增长0.99%、6.96%。

私营企业。全市当年新发展私营企业17997户，注册资本795.36亿元，分别增加33.00%、91.31%。至12月底，全市私营企业注册登记累计数为70706户，注册资本2851.84亿元，分别增加27.15%、45.12%。

【个体私营经济监管】 全市全年私营企业总数70706户，增长27.15%；注册资本(金)2851.84亿元，增长45.12%。个体工商户总数达345905户，增长5.86%；资金数额430.78亿元，增长22.82%。农民专业合作社总数达7696户，增长32.85%；出资总额174.47亿元，增长41.42%。全市新增私营企业17997户，增长33%；新增注册资本(金)795.36亿元，增长91.31%。新增个体工商户56332户，增长14.22%；资金数额112.2亿元，增长26.88%。新增农民专业合作社2052户，增长70.01%；出资总额49.42亿元，增长53.76%。

【商标监督管理】 全市商标注册申请量达9101件，核准注册5154件，有效注册商标量达26672件，比上年末净增4936件，增长22.71%。全市商标注册申请量、核准注册量、有效注册量3项指标分别占全省的15.74%、16.33%、16.39%，均位列全省设区市第二。全年新增地理标志商标3件，新增驰名商标3件，新认定省著名商标58件，新认定市知名商标63件。截止年底，赣州市有地理标志16件，行政认定中国驰名商标12件，省著名商标368件，市知名商标290件。

【广告监督管理】 全市有广告经营单位1038户，增长3.28%；广告从业人员4898人，增长17%；广告经营额1.14亿元，增长4.5%。共监测市主流媒体广告167893条次，监测违法广告33条次，全年条数违法率为0.19%，全年条次违法率为0.02%，全年违法时长率为0.43%，查看率和处理率全部为100%。共立案查处虚假违法广告案61件，罚没款86.14万元，其中主要媒体违法广告8条，下降84%；行政约谈31次，检查媒介单位10户，责令改正广告12次。

【市场规范监管】 全市工商和市场监管部门开展“红盾护农”行动，全年共抽检农资385批次，立案查处227件，罚没款81.39万元，维护农资市场秩序和农民合法权益。积极开展成品油质量监管工作。对全市加油站成品油抽检215个批次，其中立案查处18件。开展合同监管工作。做好水电气合同格式条款整治工作。以合同备案审查为抓手，对供水、供电、供气和广播电视等公用企业制定和提供的合同格式条款、使用的商业广告、通知、声明、店堂告示、凭证、单据等格式条款进行拉网式检查。全市共审查格式合同72份，发放修改建议书13份。年内，市局共公示2014—2015年度“守重”企业39户，向省局推荐2015年度“守重”公示企业56户，经审核对外公示40户，公示率远高于往年。加强对企业的行政指导力度，开展企业网站亮照亮标的专题宣传活动。指导经营主体进行申请和挂标，现场指导办理电子链接发放工作。全年全市成功发放电子标识627户，发放数量列全省之首。打击网络市场中出现的各种违法侵权行为，其间出动执法人员共计800余人次，对辖区内交易平台及网站(店)开展实地检查。各地共查处各类网络违法案件30件，罚没金额48.83万元。其中，网络商标侵权案件1件，网络消费者合法权益案件1件，互联网领域不正当竞争案件2件，虚假违法互联网广告案件24件，其他违法违规案件2件。

【企业监管】 市场主体年报公示后，监管局多形式、多渠道广泛宣传引导市场主体申报年报，2015年度企业年报公示率88.65%，居全省第三位。开展投资类、金融服务类企业公示信息双随机抽查。共抽取254户企业作为检查对象，其中因系统原因重复抽取59户，实际检查对象为195户。检查结果为：正常46户、未按照规定公示即时信息62户、公示信息隐瞒真实情况、弄虚作假11户、通过登记的住所(经营场所)无法联系107户；不予配合情节严重3户，注销等其他情况19户，对失联和公示信息虚假的118户企业依法列入经营异常名录并向社会公示。开展互联网金融企业公示信息双随机抽查。共抽取全市237户企业作为检查对象，其中正常79户、未按照规定公示即时信息24户、公示信息隐瞒真实情况、弄虚作假22户、通过登记的住所(经营场所)无法联系110户；不予配合情节严重2户，注销等其他情况14户，对公示信息虚假、失联的132户企业依法列入经营异常名录并向社会公示。开展2015年度企业年报抽查工作。对928户被抽查企业的联系类、投资类、出资类、经营类、保证担保类等年报信息以及公示的即时信息进行检查，检查结果为：正常593户、未按照规定公示即时信息86户、公示信息隐瞒真实情况、弄虚作假181户、通过登记的住所(经营场所)无法联系71户；不予配合情节严重14户，注销等其他情况12户，对公示信息虚假、失联的314户企业依法列入经营异常名录并向社会公示。组织各县(市、区)对全市未参加2011年、2012年2个年度年检且未公示2013年、2014年2个年度报告的3929户"僵尸企业"启动专项清理工作，市本级第一批清理对象619户，引导注销89户，补报年报28户、立案吊销502户；第二批清理对象931户，引导注销121户、补报年报65户，国地税正常户撤案56户，股东冻结撤案8户，进入立案吊销程序681户。

(撰稿 刘美玲 审稿 肖雪松)

【领导名单】

党组书记、局长：刘雪峰(11月免)

党组成员、副局长：黄厚祝(正处级)

刘辅中 邹凤阳 赖庆明

党组成员、纪检组组长：肖 琤(女)

调研员：江文科(6月免)

副调研员：高轩成(11月免)

曾学林(10月免) 肖雪松 陈玉珍(女)

国土资源管理

【概况】 2016年，赣州市国土资源局围绕"服务发展、保护资源、维护权益"的总体要求，勇于担当，主动作为，较好地完成年度工作任务，有力保障经济社会发展用地需求，实现"十三五"良好开局。全市新增报批建设用地3155公顷(含国家线性工程)；供应土地3013公顷，实现土地收益125.68亿元；38.5万公顷耕地保有量和324220公顷基本农田保护面积目标全面实现，完成全市6466公顷城市(镇)周边永久基本农田划定，全面铺开全市334107公顷永久基本农田划定工作。

赣州市国土资源局(赣州市不动产登记局)内设10个职能科(室)，即：办公室、人事教育科(科技与国际合作科)、政策法规科(行政审批科)、规划和耕地保护科、财务科、测绘地理信息办公室、土地利用管理科、不动产登记科、不动产权属科、不动产调查科，另设有章贡分局、机关党委；管理市国土资源监察支队1个副处级参照公务员管理事业单位，市土地收购储备中心和市不动产登记中心2个副处级全额拨款事业单位；下属开发区分局、土地开发整理中心、土地交易管理中心、信息中心、国土资源(不动产权籍)档案馆、蓉江新区分局6个正科级全额拨款事业单位；下属东外、南外、水南、水东、沙河、沙石、水西、蟠龙、潭东、黄金岭、潭口、湖边等12个国土资源管理所，均为副科级全额拨款事业单位；市国土资源监察支队中心城区大队为市国土资源监察支队和市国土资源局章贡分局双重领导的副科级全额拨款事业单位。全局核定编制数243名，在职干部职工214人，退休干部职工60人。全市国土系统在职干部职工2123人，其中正科级干部(含主任科员)87人，副科级(含副主任科员)197人。

【服务发展】 争取部省支持，增加市规划期内(2006—2020年)28653公顷新增建设用地规模，占全省增加总量的27.45%，除填补至2014年年末超出规划规模15320公顷以外，剩余13333公顷可使用的建设用地规模，争取增减挂建新区规模21000公顷，实际可用规划规模达34333公顷，较为充足地保障全市"十三五"期间重点项目用地需求。争取省厅特许13个县(区)开展规划修改，修改面积3233公顷，市重点项目没有因规划问题而无法落地，推动全市经济发展重大项目的实施。全年上报新增建设用地计划3155公顷，报批建设用地129批次，与省下达的年度新增建设用地指标1426公顷相比，增长121.24%，其中，使用省下达年度用地指标1426公顷，国家重点工程新增建设用地计划690公顷，赣县区、于都县、兴国县、宁都县等4个国土资源部定点扶贫县专项扶贫及其他重点项目使用省预留用地计划287公顷，低丘缓坡试点规模219公顷。全面保障213个重点工程建设项目、中心城区40件民生实事、保障性安居工程和合理农民建房等建设用地需求。

【耕地保护】 完成省、市、县、乡(镇)等四级耕地保护目标责任状的签订工作，将市385000公顷耕地保有量和324220公顷基本农田保护面积目标任务逐级进行分解下达，落实最严格的耕地保护目标责任制，信丰县被评为全省耕地保护责任目标考核优秀县。开展永久基本农田划定工作，全面推进永久基本农田"落地块、明责任、设标志、建表册、入图库"各项工作的落实，完成全市6466公顷城市

(镇)周边永久基本农田划定，全面铺开全市334107公顷永久基本农田划定工作，为赣州粮食连年增产提供有力保障。投入3.87亿元，推进土地整治，完成验收104个土地整治项目，占列入市现代农业攻坚战任务数的106%，新增耕地面积2467公顷，占省下达任务的176%，为耕地占补平衡指标库存最多的一年。加快推进2016年土地整治项目立项工作，完成土地开发项目立项85个，建设规模3733公顷；完成土地整理项目立项25个，规模4673公顷，投资预算1.59亿元；完成旱改水项目立项14个，立项规模334公顷。

【节约用地】 完成崇义县等11个县(市、区)城区基准地价更新成果评审验收、批复等工作；完成瑞金市等5个县(市、区)城区基准地价更新工作；完成上犹县等4个县市乡镇基准地价评审工作。实现中心城区土地收储748公顷，累计拨付方特主题公园、龙川海洋世界等重大项目、重点工程征地费、拆迁费等各种款项10.57亿元，有力保障市中心城区各项重点建设项目推进；完成全市供应土地832宗，总面积3013公顷，上涨40.93%，实现土地收益125.68亿元，增加80.84%。通过限期征拆处置一批、区位调整盘活一批等10项针对性措施，加快批而未用土地消化处置，全年消化处置2008—2015年批而未用土地2507公顷，较年初批而未用率下降12.27个百分点，批而未用率下降至38.63%，批而未用率有明显下降，土地节约集约利用取得明显成效。

【权益维护】 出台土地管理重大事项社会稳定风险评估制度和评估实施细则，对赣州西500千伏输变电工程、华能瑞金电厂二期500千伏送出工程提出社会稳定风险分析意见；对赣州市章贡区东外街道桔红T街周边棚户区综合改造地块土地房屋征收、江西理工大学及周边地块项目征地拆迁进行社会稳定风险评估，维护群众合法权益。积极推进法治国土建设，依法依规办理行政复议案件14件，行政诉讼案件8件，无错案、败诉案件。加快信访工作法制化进程，全年共受理信访件380件，办结378件，办结率为99.5%。推进房地一体的农村集体土地确权登记发证工作，全市17个县(市、区)出台农村房屋确权登记发证工作实施方案，落实工作经费3.05亿元，13个县(市、区)完成项目招标，落实技术服务单位，完成房屋调查测量15.86万栋、2606万多平方米，农村房屋确权登记工作居全省前列。开展全市"空心房"整治工作，全市累计拆除"空心房"964万多平方米，占年度任务数的321%，农村环境卫生面貌得到改观。

【深化改革】 完成信丰县等14个县25个增减挂钩项目区的验收，规模448公顷，完成瑞金市等4个县(市)5个工矿废弃地试点项目区247公顷复垦区的验收，指导兴国县等4个县将增减挂钩节余指标进行省内异地交易，共交易指标60.19公顷，实现收益1.4582亿元，实现全省首次运用增减挂钩节余指标异地交易政策助力精准扶贫的重大突破。推进不动产登记工作，实现市、县两级"全域"发证、"新开旧停"，全年全市共发放不动产权证书178804本、不动产权证明116508份。市本级、崇义县被列为国家级不动产登记发证建设示范点。在全省率先开展工业用地先租后让供地试点，全省首宗"先租后让"工业用地挂牌成交，为企业节约98%的用地初始成本。完成动态调整行政权力清单124项，责任清单131项；行政审批事项由"13项"精简为"4项"；行政审批事项办理期限全部缩短为5个工作日，市本级不动产登记一般业务办结时限从法定的30个工作日缩减至10个工作日、工业企业抵押登记办结时限再次缩减至5个工作日，办事效率得到提升。

【精准扶贫】 推动落实好国土资源部定点扶贫赣县区等4个贫困县8条"订单式"扶贫政策措施，因地制宜争取将帮扶赣州市贫困县增至安远县等国定贫困县，罗霄山连片特困县范围扩至12个县，将国家扶贫专项用地计划由原来的每县20公顷/年增至40公顷/年，保障贫困地区扶贫开发项目用地需求。负责寻乌县吉潭镇圳下村、团船村及赣县区五云镇夏潭村3个贫困村的退出以及140户贫困户脱贫的结对帮扶工作，给予政策倾斜及300多万元的资金帮扶。

【土地调查】 开展2016年度土地变更调查工作，更新全市土地利用现状数据。

2016年全市土地利用现状数据情况

表3　　面积：公顷

地类	耕地	园地	林地	草地	城镇村及工矿用地	交通运输用地	水域及水利设施用地	其他土地	合计
面积	437093.21	129178.01	2917838.28	56409.68	179755.55	45984.67	121809.97	48226.16	3936295.53

【土地执法监察】 推进违法用地的查处整改，全市卫片检查发现违法用地512宗。立案查处512宗，立案率100%，整改率89.76%。卫片检查问责比例为3.62%，实现"零约谈、零问责"，在省级验收中得分108分，位列全省第一。全面推进"两违"整治，全市系统查处违法占地4910宗，面积172公顷(其中耕地32公顷)，公开曝光案件64件，移送公安机关追究刑事责任33人，有力遏制"两违"行为。"一单两库"纳入市政府"双随机一公开"

数据库建设。2次随机抽取8名县(市)执法大队长参与市局动态巡查，3次在全系统通报检查结果，2次在赣南日报曝光43件典型案件，在国家企业信用公示系统曝光4起企业违法用地行政处罚信息，有力震慑违法违规企业和个人。

【国土业务】 开展年度土地变更调查工作，完成县级土地变更调查数据库的更新，定南县代表江西省接受国土资源部土地变更调查外业核查组的实地核查，土地变更调查成果得到国土资源部的肯定并正式启用。加强测绘管理，完成全市19个县(市、区)地理国情普查工作，形成丰富海量的地理国情成果。加快数字城市建设，“天地图·赣州”市级节点接入国家主节点，“数字赣州”地理空间框架建设项目的更新维护和推广应用得到有效利用，为公安、地税等部门提供应用服务。建成国土资源“一张图”数据管理系统、不动产登记信息管理系统以及国土办公自动化系统，全面实现全市所辖19个县(市、区)不动产登记信息系统接入国家级平台，市本级不动产登记信息系统获2016年中国地理信息产业优秀工程金奖。

(撰稿　李建城　审稿　罗志欣)

【领导名单】

党组书记：黎庆洲(9月免)
邓海鹰(9月任，女)
党组副书记、局长：
邓海鹰(女，9月免党组副书记)
调研员：黎庆洲(9月任)　李执智
刘继宁
党组成员、副局长：罗志欣
党组成员、土地收储中心主任：陈　炜
党组成员、国土资源监察支队
支队长：邱春生
党组成员、总规划师：
张　毅(12月任党组成员)
党组成员、纪检组长：彭宗迁(12月任)
党组成员、副局长：罗　峰(12月任)
副局长：张诗福　魏清胜
不动产登记中心主任：罗　明
副调研员：谢新生(12月任)

安全生产监督管理

【概况】 2016年，全市安全生产工作吸取江西丰城发电厂“11·24”特大事故教训，牢固树立“红线”意识和“底线”思维，坚持安全发展理念，强化安全监管，深化专项整治和隐患排查治理，开展安全生产监管执法年活动，全面推进遏制重特大事故试点工作，确保全市安全形势总体平稳有序。

赣州市安全生产监督管理局内设办公室、综合科(市安全生产监察专员办公室)、安全监督管理一科、安全监督管理二科、安全监督管理三科、安全生产培训教育科、煤矿安全监督科、职业安全健康监督管理科、行政审批服务科、纪检监察室(8月12日撤销)。直属市安全生产执法监察支队、市生产安全应急救援指挥中心、市矿山救护支队3个正科级全额拨款事业单位。

【生产安全事故】 全年，发生安全生产事故408起，死亡169人，事故起数下降6.2%、死亡人数上升19%。发生较大事故8起、死亡31人，较大事故起数持平，死亡人数多3人。死亡人数、较大事故起数控制在“十二五”期间平均数以内，连续76个月未发生一次死亡10人以上的重大事故。

道路交通发生生产经营性事故125起、死亡123人，事故起数下降3.8%、死亡人数上升25.5%；发生较大事故8起、死亡31人，起数增加2起，死亡人数多10人。

工矿商贸发生事故44起、死亡46人，事故起数上升22.2%，死亡人数上升4.5%。其中，煤矿事故3起、死亡4人；非煤矿山事故5起、死亡5人；建设工程施工事故20起、死亡22人；工矿商贸其他企业事故16起、死亡15人。

【遏制重特大事故试点】 国务院安委会确定赣州市为标本兼治遏制重特大事故工作试点城市，市政府成立以市长为组长的试点工作领导小组，制定《江西省赣州市标本兼治遏制重特大事故试点工作方案》，有序推进试点工作，第一批矿山隐患治理资金约2600万元到位，用于大余县实施采空区隐患治理、微震地压监测项目和尾矿库“头顶库”综合治理项目。有3家企业分别列为全国、全省“机械化换人、自动化减人”示范企业。南康区家具制造企业以“个转企、企转规”转型升级为载体、以“入园、聚区”规划建设为平台推进安全整体升级改造。

【安全生产责任制】 落实《赣州市贯彻落实〈江西省安全生产“党政同责、一岗双责”暂时规定〉的实施意见》等文件，推进安全生产长效机制建设。市安监局、市发改委联合发布安全生产“十三五”规划。坚持“管行业必须管安全、管生产经营必须管安全、管业务必须管安全”原则，建立横向到边、纵向到底、职责明晰的安全监管责任体系，实现“三个必须”全覆盖。

【安全生产许可】 审查颁发“非煤矿山企业安全生产许可证”56份，对5个新建矿山安全设施设计进行审查。颁发“危险化学品经营许可证”316份，其中甲证288份、乙证25份、“烟花爆竹经营(批发)许可证”3份；对11家第二类非药品类易制毒化学品经营单位进行备案。对9个新、改、扩建危险化学品和烟花爆竹储存建设项目安全设施设计进行审查。

【安全生产检查】 印发《赣州市安全生产大排查集中行动工作方案》，坚持边查边改，严厉打击违法违规行为。责令改正、限期整改、停止违法行为1372起，责令停产、停业、停止建设86起；暂扣或吊销有关许可证、职业资格证51本；关闭非法违法企业37家；处罚罚款近100万元。查出隐患与问题12589条，整改12472条，整改率99.1%。编印10期《安全大检查简报》，推进大检查工作开展。牵头组成两个督查组对章贡区等8个县(区)安全大排查工作进行督查。

【专项整治】 推进煤矿、非煤矿山、烟花爆竹、建筑施工、油气输送管道等重点行业领域的专项整治工作，对产能退出矿井实施淹井、封堵井口等关闭措施，16对煤矿矿井退出。争取资金，整治尾矿库危库、险库，推进47座无主尾矿库治理。对60座没有采用自上而下台阶作业、形成一面墙隐患的采石场，暂扣安全生产许可证，倒逼企业整改到位。整治安全距离不符、重大危险源监控措施不符合规定、作业现场监管措施不落实等问题，推进重点企业安全生产。关闭烟花爆竹零售点428家。全市督办重大火灾隐患单位45家，章贡区投入140万元整治赣南贸易广场火灾隐患。检查特种设备1400余台(部)，查处事故隐患30处。淘汰报废黄标车1132辆，整治道路交通安全隐患256处，排查整治公路平交路口2131处。深化危险性较大建筑施工工程落实施工方案专项治理，防止坍塌、高处坠落事故发生。

【监察执法】 开展以“提升依法监管执法能力，督促落实企业主体责任”为主题的安全生产监管执法年活动，推动安全监管执法规范、有效。强化执法责任，做到依法依规开展行政执法工作。全年组织执法活动832次，出动执法人员3317人次，检查生产经营单位2641家，下达执法文书1988份，立案调查28起，下达行政处罚决定书57份，暂扣或者吊销许可证照10个。

【应急管理】 坚持24小时值班制度，全年接警及处理安全事故、隐患举报56起，其中以要情专报的形式报送市委、市政府的30起。开展应急预案评审工作，全年备案企业170家。开展安全生产月“应急预案演练周”活动，部分重点企业开展事故应急救援演练。开展安全生产应急管理执法检查活动。

【宣传教育】 组织开展安全生产宣传月活动，全市各行业悬挂安全条幅120幅，张贴安全标语1500张，集中动员2次，内外部参加人员10万人次，制作安全漫画橱窗20幅、安全文化墙报6套。举办培训班125期，培训10037人次，其中安全管理培训班40期，培训生产经营单位主要负责1868人、安全管理人1352人次；特种作业人员培训班85期，培训6817人次。

【标准化建设】 全年有270家露天矿山(含露天采石场)、90家地下矿山、30家尾矿库经考评达到安全生产标准化等级；危化企业有5家危化品企业安全标准化三级达标，249座中石化所属加油站完成危化品企业安全标准化三级达标；工贸行业累计达标企业83家，其中二级33家、三级50家。

【事故责任追究】 市政府成立昌赣客专CG-XJ标“2015.11.14”较大冒顶事故、中心城区迎宾大道“2016.8.30”次高压天然气管道燃气泄漏事故、赣县区“2016.2.26”较大交通事故、会昌县“2016.6.12”较大交通事故、信丰县“2016.11.12”较大交通事故调查组，5起事故追究刑事责任2人，移送司法机关1人，给予行政处分10人，给予行政处罚2人。一般事故结案率达100%，给予行政处罚36人。

【监察专员履职】 57名市安全生产监察专员4次赴挂点县(市、区)进行安全生产督查，督促县(市、区)政府、各部门及各企业落实安全生产责任。

(撰稿 罗才亮 审稿 赖章忠)

【领导名单】
党组书记、局长：龚建明
党组成员、副局长：黎德周(5月免)
党组成员、纪检组长：曾阳生(9月免)
副局长：赖章忠
党组成员、副局长：徐利民 李兴荣
副调研员：刘明石

矿产资源管理

【概况】 2016年，全市矿管系统按照“服务发展、保护资源、维护权益”的要求，积极融入“六大攻坚战”的决策部署，履职尽责、改革创新，矿管事业取得新成效。全市矿业经济实现主营业务收入1646.23亿元，增长8.11%，占规模以上工业的46.02%；利润总额97.63亿元，增长8.68%，占规模以上工业的43.10%；工业增加值331.67亿元，占规模以上工业的39.12%，矿产业继续保持工业经济的支柱地位。

【资源保障】 夯实资源家底，首次实行市县同步、全矿种编制的第三轮矿产资源总体规划，完成稀土远景评价野外调查，推进整装勘查，资源保障能力提升。发现7处离子型重稀土矿产地，找到32个资源量为中型以上的工作靶区，其中定南富田靶区为超大型矿区。新增大型萤石矿2个，均在20亿千克以上。于都银坑润鹏整装勘查矿区找矿成果丰硕。会昌岩背—寻乌铜坑嶂地区锡多金属矿整装勘查区列入第四批国家级整装勘查区，宁都河源—石城海螺岭锂锡多金属矿整装勘查实施方案通过省厅组织专家论证并报部备案，赣县区人田稀土矿区等9个接续区新立探矿权报部受理。

【资源保护】 整合力量，加强稀土矿业秩序专项巡查，坚持稀土常态化监管措施，持续开展稀土日常执法巡查，对稀土非法矿业活动做到发现一起、打击一起、查处一起，保持打击非法矿业活动的高压态势。全市矿管系统对全市矿业秩序实施动态巡查2203次，出动巡查7469人次，发现制止矿业违法行为49起。共受理调查矿业违法行为举报线索39个，实地核查部省印发的36个矿产卫片疑似违法图斑，立案查处10宗。以市政府名义出台《关于进一步加强稀土残矿尾矿和重点工程建设压覆稀土资源回收利用管理的通知》，规范回收利用审批。推进科技执法监管，信丰县、安远县等7个县的稀土矿区视频监控网基本建成并投入使用，在寻乌县、安远县等地开展无人机执法巡查矿业秩序10余次，为基层执法队伍添置必要的执法装备，对非法开采行为做到早发现、早制止，确保矿业秩序平稳。

【地灾防治】 联合市教育局开展地质灾害防治知识进校园活动，加强“世界地球日”“防灾减灾日”的宣传力度，提升广大群众群测群防意识。全面落实防灾减灾各项制度，与气象、水文、防汛部门联合应急会商，发布预警预报16次、短信1万余条，紧急转移受威胁群众近万人次，成功避让12起，避免415人伤亡和财产损失近千万元。成功处置赣县区江口镇六十里店村、崇义县人民医院、龙南高速、章贡区沙园线219省道、定南县源江路87号山体滑坡等重大地质灾害，没有造成次生灾害和重大人员伤亡及财产损失。

【绿色矿业】 开展绿色矿山建设试点工作，大吉山钨矿等7个矿山通过省矿业联合会组织的专家验收评估。开展资源节约与综合利用，全南县、赣县区获得“全国国土资源节约集约模范县”称号。启动绿色矿业发展示范区建设并列为全市10大工程项目。规范地质环境项目的实施管理，推进项目实施。在全省地质环境项目绩效评价中，信丰县学堂嘴废弃稀土矿山治理等3个项目被评为“优秀”等次。抓住国家实施山水林田湖生态保护和修复工程机遇，参与编写《国家山水林田湖生态保护与修复工程试点——南方丘陵山地生态屏障区江西省赣州市实施方案》，申报涉及矿山环境恢复治理项目资金40亿元。

【服务脱贫攻坚】 围绕4个县的脱贫攻坚，主动对接沟通，争取国土资源部明确对口支援综合地质调查8大方面的项目，预算资金5.73亿元，其中1:5万农业地质调查在赣州18个县(市、区)实现全覆盖，面积达1.5万平方千米。申报获批省地勘基金找矿项目41个、地质勘查专项3个、废弃矿山地质环境治理项目2个。推进政策项目实施，赣县区五云镇夏潭村、兴国县埠头镇西霞村实施的安全饮水示范工程取得成果，解决当地村民饮水安全问题。完成宁都县青塘镇、于都县禾丰镇270平方千米1:5万农业地质调查，赣县区沙地、崇义县上堡与信丰县油山地区1:5万土地质量地球化学调查等3个项目标段开标，调查面积1950平方千米。加大农业地质调查成果推广，召开赣县区和于都县1:5万农业地质调查成果推介会。稀土开发利用综合试点等示范项目推进。

【落实惠企政策】 落实“优环境、降成本”要求，帮助企业缓解发展难题。累计缓缴采矿权价款3992万元、矿山地质环境恢复治理保证金近9000万元，免征探矿权使用费38万元。配合做好煤炭行业去产能工作，及时注销于都县布村煤矿等16家煤矿采矿许可证。履行氟盐化工产业推进小组牵头单位的职责，推进氟盐化工精深加工产业发展，引进6家氟盐化工企业签约落地。

(撰稿　谭　真　审稿　唐中旗)

【领导名单】

党组书记、局长：赖亮光
党组成员、副局长：陈章贡　黄炎峰
党组成员、总工程师：曾洪辉
党组成员、纪检组长：彭宗迁
党组成员、副局长：吴敏华(3月任)
肖风雷(3月任)
调研员：徐新丰(6月免)　马钊善
副调研员：刘　燕　邓检发(3月任)

物价管理

【概况】 2016年，全市物价部门履行“调控、管理、监督、服务”部门职责，坚持“围绕中心，服务大局，突出重点，求真务实，依法治价”工作方针，推进价格机制改革，开展价格监督检查，全力服务“六大攻坚战”，为全市经济社会发展营造良好的价格环境。

【价格管理】 起草《中共赣州市委 赣州市人民政府关于加快推进价格体制机制改革的实施意见(征求意见稿)》，提出2017—2020年56项改革任务。落实省、市降成本优环境政策措施，降低企业用能成本；对市中心城区工商业用气价格由每立方米3.7元下调至3.07元，对车用气销售价格由每立方米4.52元下调至4.05元，每年将为企业减轻用气成本负担0.28亿元；落实“降低一般工业用电价格、高可靠性供电和临时接电费，下调大工业用电基本电价，暂缓实施季节性电价”等用电政策，每年为全市企业减轻用电成本负担2.01亿元。对全市电动汽车充电服务费和供电服务收费标准进行统一规范，调整全市土地使用权交易费标准，放开除保障性住房外的物业服务收费，累计批复182项上网电价和18条公交(客运)票价，落实2016年稻谷最低收购价格政策。

【收费管理】 降低企业制度性交易成本，清理规范全市涉企经营服务性收费，取消和放开涉企收费项目78个，每年为企业减轻负担近1亿元。经法定调价程序和市政府同意，从7月1起市中心城区(含赣县区)出租汽车起步价由每2千米5元调整为7元。研究制定《赣州市机动车停放服务收费管理办法(试行)》，规范全市停车服务收费行为。参与县级公立医院综合改革工作，全面完成公办医疗机构规范外病房床位费、学校学生住宿费及各类停车场车辆停放保管服务等收费审批事项20余项。

【价格监督检查】 部署开展全市涉企收费、药品价格、商品房销售明码标价、教育收费、食盐价格等专项检查，全市立案查处价格违法案件221宗。以重大节假日为重点，在全市范围内部署开展市场价格巡查，维护节假日期间市场价格稳定。利用“12358”价格监管平台调处价格争议纠纷，共受理价格举报、投诉和政策咨询事项766件，办结742件，办结率为96.87%。推进价格由事中事后监管向事前引导防范转变，全年组织召开5次提醒告诫会。建立“一单两库”，探索“双随机”监管方式。

赣州市价格监督检查统计

表4 单位：万元

年份	项目	查处违法案件(件)	查处违法金额	退还用户金额	没收违法金额	罚款	经济制裁金额	上缴财政金额
2016	合计	221.00	806.86	6.34	800.52	277.92	1084.78	1078.44
	市本级	40.00	214.62		214.62	192.09	406.71	406.71
2015年	合计	218.00	916.72	49.30	867.42	33.34	950.06	900.76
	市本级	22.00	105.38		105.38	6.85	112.22	112.22
增长(%)	合计	1.38	-11.98	-87.14	-7.71	733.64	14.18	19.72
	市本级	81.82	103.67		103.67	2705.43	262.41	262.41

【价格认证】 做好涉案、涉纪和涉税等价格认定及复核，全市开展价格认定2482宗，金额达85808.66万元。协助完成标的金额达898.18万元的市车改办公务用车平台租车价格成本论证测算工作。抓好取消“丙级价格评估机构资质认定”和开展价格认定法治建设年等工作。

赣州市价格认证汇总

表5

县(市、区)	认证件数(件)			标的金额(万元)		
	2016年	2015年	增长(%)	2016年	2015年	增长(%)
章贡区	284	354	-19.77	291.17	943.40	-69.14
赣县	141	146	-3.42	358.85	10478.49	-96.58
上犹	62	84	-26.19	93.00	160.00	-41.88
崇义	48	45	6.67	203.24	879.15	-76.88
南康	443	197	124.87	12624.91	20284.79	-37.76
大余	63	86	-26.74	42303.00	768.00	5408.20
信丰	237	286	-17.13	12678.55	14591.39	-13.11
龙南	96	87	10.34	690.90	982.83	-29.70
全南	33	39	-15.38	53.51	103.70	-48.40
定南	46	59	-22.03	313.72	262.30	19.60
安远	108	108	0.00	156.46	119.92	30.47
寻乌	133	136	-2.21	260.00	952.00	-72.69
于都	116	187	-37.97	115.23	1242.88	-90.73
兴国	183	221	-17.19	7699.00	27381.00	-71.88
瑞金	90	78	15.38	201.23	980.00	-79.47
会昌	104	178	-41.57	5796.55	5723.00	1.29
石城	64	43	48.84	101.76	66.30	53.48

续表5

县(市、区)	认证件数(件)			标的金额(万元)		
	2016年	2015年	增长(%)	2016年	2015年	增长(%)
宁 都	143	130	10.00	733.10	1162.60	-36.94
市本级	88	105	-16.19	1134.48	8080.14	-85.96
合 计	2482	2569	-3.39	85808.66	95161.89	-9.83

注：2016年度数据是以2015年12月1日到2016年11月30日为统计期，2015年度数据是以2014年12月1日到2015年11月30日为统计期

【价格基金调节】 贯彻国务院常务会议决定，从2月1日起，停止通过向社会征收方式募集价格调节基金。市政府同意继续保留全市价格调节基金制度，所需资金由地方同级预算统筹安排。

【价格监测】 投入130余万元打造集“网站、微信公众号、手机APP”为一体的“赣州智慧物价”服务管理平台，向社会公布价格信息，服务百姓生产生活。平台累计发布各类价格信息48万余条，有效提高全市价格工作的群众知晓度、满意度，提升生产者、经营者、消费者的参与度。统计显示，2016年全市居民消费价格指数(CPI)为102.0，全年累计上涨2.0%，低于年初确定的3.0%左右预期调控目标。

2016年赣州市居民消费价格指数(同期比)

表6

月份	居民消费价格总指数	一、食品烟酒	二、衣着	三、居住	四、生活用品及服务	五、交通和通信	六、教育文化和娱乐	七、医疗保健	八、其他用品和服务
1月	101.4	104.6	100.0	100.1	99.2	98.7	101.0	102.6	97.0
2月	101.6	105.3	99.8	99.9	99.1	98.9	101.1	102.6	97.0
3月	102.0	106.8	101.4	99.6	99.0	98.0	101.3	102.6	96.5
4月	102.6	107.5	102.0	100.4	98.9	98.2	101.7	102.7	98.5
5月	102.2	105.4	102.4	101.8	99.1	97.9	101.1	102.0	100.2
6月	102.0	104.2	102.7	101.8	99.7	98.7	101.6	101.2	99.6
7月	101.7	102.7	102.8	101.9	100.0	99.2	101.5	101.9	102.5
8月	101.4	101.8	102.0	101.5	100.1	99.7	101.5	101.2	103.5
9月	102.0	102.5	101.7	101.6	99.9	100.8	103.9	101.2	103.3
10月	102.2	103.1	101.1	101.5	100.5	100.8	104.5	100.7	104.1
11月	102.5	103.9	100.8	101.4	100.8	101.2	104.9	100.5	105.9
12月	102.4	102.7	100.5	101.4	100.6	102.2	105.8	100.5	107.7
全年累计	102.0	104.2	101.4	101.1	99.7	99.5	102.5	101.6	101.3

(撰稿 谢建东 审稿 马晓聪)

【领导名单】

局长：马晓聪

调研员：李火碌(6月任)

副局长、市价格监督检查局局长：曾能福

副局长：黄北生 肖士贵

副调研员：何发迅

审计工作

【概况】 2016年，赣州市审计局围绕全市经济社会发展和国家审计署、省审计厅的工作部署，贯彻落实全国、全省审计工作会议精神，认真履职，较好地发挥审计监督与服务作用。全年完成审计项目131个，查出主要问题金额124.41亿元。移送司法机关等有关部门处理事项19件。出具审计报告和专项审计调查报告228篇；提交审计信息140篇。提出审计建议361条，被审计单位接受采纳审计建议218条。市审计局获江西省第十四届文明单位、全省法制宣传教育先进单位、公共机构节能示范单位，市综治先进单位、绩效考核优秀单位、公共机构节能先进集体等荣誉称号。

市审计局内设办公室、行政事业审计科、经贸审计科、经济责任审计科、社会保障审计科、财政金融审计科、农业资源环保审计科、外资运用审计科、固定资产投资审计科、信息科、法规科、党总支、监察室；下设市经济责任审计工作办公室(事业单位)。人员编制49名，实有45人。

【跟踪审计】 对保障性安居工程及配套基础设施建设情况、稀土矿山地质环境恢复治理和特大型地质灾害防治工程中央补助资金、城镇生活污水管网建设项目和城市新区(工业园区)污水管网建设项目情况，“营改增”政策落实情况等开展专项审计(调查)，通过审计促进22个项目的开工。

【财政审计】 开展2015年度市本级财政同级审和3个部门的预算执行审计，并对重点涉企收费单位、政府采购资金较大的单位和涉及的相关企业等进行延伸调查，促使市医保局、市工商局、赣州经济技术开发区工商局等单位停止不合理的涉企收费项目。

【经济责任审计】 经市委、市政府同意，市审计干部培训中心更名为市经济责任审计工作办公室，增加人员编制3名。全年共完成经济责任审计81人。

【农业与资源环保审计】 对崇义、大余、信丰、龙南、全南、定南、章贡区等7个县(区)财政专项扶贫资金和精准扶贫帮扶资金进行审计调查，审计发现问题总金额1.35亿元。

【固定资产投资审计】 组织实施赣州总部经济区办公大楼工程结算审计、中小微企业服务中心装修工程结算审计、环城高速赣县南互通工程、大广高速龙南至杨村段建设项目概算执行情况审计、兴赣高速征地拆迁等9个投资审计项目，核减投资额39.8亿元。

【民生资金(项目)审计】 对全市保障性安居工程进行交叉审计，审计发现重大违法违纪和经济犯罪问题线索17起，5个单位和20人被移送有关部门进一步查处，涉及问题金额2210.64万元。对除市本级、章贡区外的18个县(市、区)进行医保基金交叉审计，延伸调查94个定点医疗机构、52个定点零售药店和43家民营医院等相关单位和个人，共发现问题金额3.35亿元，问题人次29.42万人。

【外资运用审计】 对兴国县、瑞金市等6县市亚洲开发银行贷款、GEF赠款、GEF赠款农村能源生态建设二期项目，世行贷款江西鄱阳湖生态经济区及流域城镇发展示范项目，亚洲开发银行贷款、CCF赠款江西林业发展项目进行审计。

【信息化建设】 融合信息技术人员与审计业务骨干成立数据审计组，为信息化环境下的大数据审计工作开拓新思路、探索新方法，全面提高审计质量与效率。以大数据审计方式为主，实施市人民医院书记院长任中经济责任审计。

(撰稿　吴尚才　审稿　罗淑芳)

【领导名单】

党组书记：曾鸣华(女，9月免)
　　　　　朱　敏(9月任)
局长：曾鸣华(女，10月免)
　　　朱　敏(10月任)
副局长：郭德明
党组成员、副局长：赖　欣(女)
　　　　　　　　　谢忠祥
党组成员、总审计师：罗淑芳(女)
党组成员、经责办专职主任：彭洪德
党组成员、纪检组长：王　斌
调研员：李加淳
副调研员：郭　竞

质量技术监督

【概况】 2016年，赣州市质监局按照“产业升级来推动、产品质量来把关，标准计量来保障”的工作思路，用“标准引领、质量提升、品牌兴业、技术支撑、安全底线”的工作措施，开拓创新，各项工作取得较好成效。市政府连续5年获全省质量工作考核第一名；率先在全省完成县(市、区)监管机构统一更名为“市场和质量监督管理局”；油茶省级质检中心实现当年申报、当年批筹、当年建成、当年运行；主动免收市本级所有行政许可收费，减免12项检验检定收费；全国电梯应急救援处置平台正式运行，电梯安全监管位于全国前列。

市质量技术监督局有编制141名，内设12个职能科(室)，7个直属单位(后勤服务中心、稽查支队、计量所、质检所、医检站、直属分局和蓉江分局)。至年底，实有职工188人，其中，在编在岗职工131人(机关44人、直属分局23人、稽查支队8人、计量所31人、医检站11人、质检所9人)，离退休职工65人。全局固定资产为7646.7万元，实验室面积为5667.13平方米，办公用房面积为13247.06平方米。

【标准引领】 赣州市被列为全省企业产品和服务标准自我声明公开试点市，全市80余家企业公开230余产品标准。江西省家具标准化技术委员会获批成立，成为落户全市的第2个省级标委单位。首次提出1项国际标准提案，发布2项稀土行业标准，填补中国钛铁合金产品检测分析空白。开展《精准扶贫实施规范》地方标准研制工作，启动饲料行业团体标准研制工作。高新技术产业国家级标准化示范区成效明显，园区企业参与制修订国际标准4项，国家、行业和地方标准100余项。1个国家级物流服务业、4个国家级农业标准化示范项目通过验收。会昌县洞头乡获批第二批国家农村综合改革标准化试点，赣州经济技术开发区获批全国首批标准化服务业试点。

【质量提升】 市政府获2015年度全省质量工作考核第一名。在全省设区市率先启动申创全国质量强市示范城市。70家企业申报市长质量奖、2家企业申报井冈质量奖，参评企业数量较上年翻一番。推进卓越绩效管理模式，培训企业管理人员617名。试点首席质量官制度，273人取得首席质量官证书，占全省总数的23.3%。4家企业获得“2016年江西省质量管理先进企业”称号。获管理体系认证证书1276张、3C产品认证证书376张、有农产品认证证书250张，分别增加20.3%、34.5%和38.9%。实施家具产品质量提升行动，家具产品质量实现整体大幅提升，平均合格率达80.9%。建立“双随机”和联合执法检查制度，首次分层级实施监督抽查工作，省市县三级共抽查866家企业、1076批次产品，合格率91.2%，提升3个百分点。

【品牌兴业】 出台《赣州市江西名牌培育规划(2016—2020年)》，引导企业加强质量管理，创建名牌，形成“梯度培育、逐批申报、动态管理”的名牌培育格局，39个产品被认定为2016年“江西名牌产品”，增加25.64%，占全省近四分之一。赣南脐橙以668.11亿元品牌价值，蝉联初级农产品地理标志区域品牌价值榜首，与贵州茅台、安溪铁观音同列中国地理标志区域品牌三甲。赣南茶油获批地理标志产品保护，是第二个保护范围覆盖全市的产品；会昌桔柚申请地理标志产品获质检总局受理。崇义刺葡萄、宁都黄鸡等列入省局《赣南苏区振兴发展2016—2017工作计划》。

【技术支撑】 家具国检中心获CNAS、CMA、CAL资质证书。钨稀土国检中心钨与稀土国检中心新增通过省级环境监测资质认定。筹建国家新能源汽车材料及零部件产品质检中心。江西省油茶产品质量监督检验中心实现当年申报、当年批筹、当年建成、当年运行。在全省设区市计量所率先启动CNAS实验室认可申报工作，申报省级钨稀土产业计量测试中心。瑞金市获批筹建电线电缆省级质检中心。市计量所、质检所推行“一次性检定、一站式服务”，实现业务收入、固定资产投入和检定(检测)能力增长。全市新增检验检测机构29家，增长10.4%。检测机构事中事后监管机制得到完善，开展“检验检测机构开放日”“同线同标同质”等宣传活动。

【安全监管】 全国电梯应急处置服务平台3月正式运行，全市设有电梯应急救援点68处，中心城区等5区(县)电梯率先实现“一梯一号”。与12365举报申诉平台实现融合，统一接警，全覆盖、网络化、快反应救援体系初步建成。平台运行后，接警380次，解救受困人员220余人。3月，全省特种设备安全工作会议暨全国电梯应急处置服务平台试点现场会在赣州市召开。电梯安全监管工作居全国前列，南京等6个地级市质监部门先后到赣州市考察。持续推进电梯安全、燃煤锅炉节能减排等“三大战役”，使用单位100%签订安全管理承诺书，全市电梯定检率96.98%，改造更换环保型锅炉800余台，新安装管道监检率达100%。联合公安交警部门开展汽车安检机构暗访行动，责令整改8家，首次责令停业整顿3家。聚焦消费品、农资、危化品等重点产品，开展“双打”“质监利剑”行动，市局出动执法人员1757人次，检查各类生产企业829家，立案查处违法案件76起，涉案货值563.15万元。

【服务企业】 策应市委、政府“主攻工业攻坚战”决策部署，每年3月定为质监“服务工业月”，突出抓好“五个一”。即：100名干部挂100家企业、组织1次“若干措施”宣讲、开展一系列培训、办好一些大事、制定一套制度。持续推进简政放权，取消行政许可1项，合并实施5项，项目精减率达45%，审批时限平均压缩至5个工作日。举办各类培训14期，培训企业人员2090人次。落实降成本优环境要求，让利于企，主动免除市局本级所有行政许可项目收费，减免12类检定检验收费，每年减免收费近400万元。建立挂点崇义工业园工作机制，累计帮助企业解决问题151个。

2016年3月，全国电梯应急处置服务平台正式运行，赣州市设有电梯应急救援点68处

【民生实事】 全年投入1800余万元更新老旧电梯32台，维修794台。全年对中心城区34个集贸市场、在用的2986台件和18家社区医疗机构、在用128台件计量器具实施免费检定。抓实驻村精准扶贫，筹集、争取项目资金120余万元，维修水渠1000余米，硬化道路0.5千米，完善弯道设施19处，向村小学捐赠电脑10台，新增发展特色种养户32户、政府财政兜底4户，年初制定《为民办实事10项承诺》全部落实。年内实现脱贫41户共155人。

（撰稿 刘春江 审稿 王业有）

【领导名单】

党组书记、局长：王业有

党组成员、副局长：熊小青 涂梁华

党组成员：朱冬兰（女） 杨晓华

副调研员：朱日霖 刘 平

食品药品监督管理

【概况】 2016年，赣州市食品药品监督管理局围绕维护人民群众饮食用药安全工作重点，推进食品安全城市创建，坚持“四个最严”，强化“四有两责”，以监管保安全，以安全助发展，全市没有发生区域性、系统性、源发性药害事故，没有发生重大食品安全事故和有社会影响的食品药品安全事件，食品药品安全持续保持稳中向好的态势。赣州市食品药品检验检测中心建设全面完成建设。7月，省人大常委会在赣州开展食品生产加工小作坊和食品摊贩特定问题专题调查，调研组对赣州市食品安全监管工作给予充分肯定。赣州市食品药品监督管理局获评国家人社部、食药监总局联合表彰的全省唯一“全国食药监系统先进集体”，在江西省健康与卫生大会上作经验交流，重大接待保障工作受到省委省政府接待办通报表扬。

【市场整顿】 推动构建全市食品药品大稽查格局，建立公安、检察院、法院、食药监4部门联席会议制度以及市县之间稽查信息互通协作机制，推动全市食品药品大稽查格局的形成。推进“亮剑—2016”食品药品安全专项整治活动，全市查处各类案件1679件（其中食品1013件，药品432件，医疗器械188件，化妆品29件，保健食品17件）。对辖区内3055家小作坊进行普查建档，对1064家小作坊建立监管台账。成功查获并移送赣县涉嫌销售假药案，公安机关对7家生产作坊涉嫌非法加工食品的涉案人员采取刑事拘留等强制措施，依法追究其刑事责任。在3月疫苗舆情处置中，赣州市保证“三个未发生”，即未发生辖区内的药品经营企业和零售企业非法经营疫苗的问题，未发生赣州市药品生产企业涉及非法生产疫苗的行为，未发生使用疫苗的不良反应病例报告，受到上级表扬。

【执法规范化建设】 建立落实“网格化”监管并探索“双随机一公开”工作机制。在案件办理和执法检查中，全面实行“两随机、四分离”制度，以随机抽取的方式确定检查人员及被检单位，做到立案、查案、审案、定案“四分离”。规范内部稽查制度，完善稽查程序，明确责任分工，出台《案件主办人制度》《案件审核制度》《案件协查督办制度》《行政执法过错责任追究制度》《案件合议制度》《食品药品案件分级处理制度》《案件信息报告制度》《罚没物品管理制度》等，对案件办理和罚没物品移交等做出一系列详细的规定，逐步落实稽查执法人员的执法责任。组织召开全市“洁厨亮灶”工作现场会，全市共有4632家餐饮单位实施“洁厨亮灶”，择优评选44家餐饮单位授予2016年度“洁厨亮灶”市级示范单位，推荐20家参与省级示范单位评选。

【简政放权】 全面规范行政审批事项，优化办事流程，审批时限从平均15个工作日全部压缩至5个工作日。

【安全监管】 完成省、市食品药品抽验任务8139批次，不合格率为2.54%（其中食品抽验5451批次，不合格率为1.83%；药品抽验2509批次，不合格率为3.83%；保健食品抽验105批次，不合格率为5.71%；化妆品抽验74批次，不合格率为6.76%）。完成系列重大活动保障任务。制定印发《赣州市公务接待场所和重大活动餐饮服务食品安全监督管理办法实施细则》，规范重大活动餐饮服务保障工作，完成重大活动食品安全保障20余次。

【宣传报道】 营造共治共享社会氛围。根据不同时期食品药品安全重点工作、重大活动、重大事件，组织策划宣传主题和稿件采写，及时发布权威食品药品安全形势分析报告，制作食品药品安全公益广告，通过短信平台发布安全消费提示，提升公众的安全健康消费理念。在《赣南日报》刊发食品药品安全知识96期，有关新闻宣传报道36篇，在赣州电视台播出20期食品安全连线节目。全年举办各类现场咨询活动327场，发放宣传资料6.3万份，发送手机短信温馨提示18万条，指导公众科学饮食、合理用药，受到群众好评。

【发展制药产业】 制定《赣州市促进生物医药产业发展的若干扶持政策》《赣州市生物制药产业2016年度工作要点》《赣州市生物制药产业“十三五”规划》，出台《赣州市食品药品监督管理局关于促进食品药品产业提升服务全市工业发展的工作意见》，确定重点培育现代中药、健康产品、医疗器械等产业，从组织领导、政务优化、队伍建设、招商政策、产权保护、体系创新、集约化发展、信息系统建设、基地化建设及精准帮扶等10个方面提出具体意见，赣州经开区生物医药产业园初步建成，章贡区“青峰药谷”园区规划建设全面展开，全市生物制药产业年度工作目标如期实现。

（撰稿 谢小军 审稿 廖 蔚）

【领导名单】

党组书记、局长：李晓春

党组副书记、调研员：吴小羽

党组成员、副局长：曾李安 钟志鸿 张树森 潘新萍（女）

党组成员、纪检组长：
王　莹(女，12月免)
党组成员、食品药品安全总监：
姜建昌
副调研员：王犹华　郭素华(女)

钨与稀土质量检验

【概况】2016年，江西省钨与稀土质检中心(简称中心)用结构的优化、技术的升级、科技的创新、标准的引领，推进各项事业的开展，实现“有为有位”，保持稳步持续发展的良好态势。至年底，中心共有员工56名。其中具有本科及以上学历29名；博士1名、硕士14名；具有中级以上技术职称的10名，其中具有副高级职称的1名。

【赣州高新区实验室建设】中心紧扣赣州工业发展的脉络，围绕“产学研检用”发展思路和高新区产城融合发展方向，在赣州高新区设立实验室，组织专业的技术团队负责做好实验室建设工作。购进国际上最先进的射频源辉光放电质谱仪（GDMS）等一批先进仪器设备，把检测项目向更深更广的产业链后端下游产品覆盖延伸，切实为赣州高新区产业发展提供强有力的技术支撑，深受园区企业的欢迎。

【技术研发】在自主研发上，中心投资300余万元在赣州经济技术开发区企业孵化基地建设的“合金材料中试线”进行产品试研制。开展《ICP-OES测定高磷白钨矿中钨含量的研究》等6种检测方法的研究，取得明显成效。在合作研发上，中心与企业开展5个项目的技术研发合作。在科研成果上，中心获得赣州市自然科学奖三等奖；荣获江西省大型科研仪器开放共享先进单位一等奖；发表科技论文3篇；申请专利2项，授权1项；通过省工信委组织的专家复核，保持“国家中小企业公共服务示范平台”荣誉称号。

【稀土不同层级标准研制】国际标准制定。参与首批1个稀土国际标准的起草制定，以及2个稀土国家标准外文版翻译校核工作；受韩国邀请，参加3项由韩国提出的有关稀土循环利用方面的稀土国际标准的制定工作。国家标准制定。主导制定的国家标准《稀土金属及其氧化物化学分析方法　砷、汞量的测定》成功立项，参与制定国家标准7项，其中获得全国稀标委技术标准优秀奖一等奖1项、三等奖2项。行业标准制定。主导制定的《钬铁合金化学分析方法》系列2个稀土行业标准于9月正式发布，提出的《铥镱镥富集物》等2项稀土行业标准通过专家论证并予以立项。江西省地方标准。申报《稀土矿山水土保持综合治理验收技术要求》等4项稀土地方标准立项项目。

【环境监测市场】新建微生物实验室1个，新购一批环境监测仪器设备。共取得省环保厅环境监测上岗证33本，取证累计参数总数达到892个，涉及技术标准272个。通过CMA资质认定的环境监测项目参数达218项，覆盖水与废水(含降水)、土壤及沉积物、环境空气和废气、噪声、振动、固体废物等领域，成为全省首批取得“江西省社会环境监测乙级机构”资质的单位。加强与环保系统、环评公司等单位的业务合作关系，承接大量的环评监测业务。

【检验检测服务】对中心门户网站进行全新改版，新开办“国家钨与稀土质检中心微信公众号”，向企业和客户全方位的展现中心技术实力和服务类别、服务内容、服务方式，提供最新的政策信息、行业资讯、价格走势、科普知识等内容，能够实现互联网和移动端的在线委托检测、缴费，检测进度查询、报告下载、报告真伪验证等功能，同时在微信上也能够实现微信支付和微信端报告查询、报告验证等服务，使企业和客户能够充分感受到“互联网＋检验检测”带来的便利和快捷。

【服务企业发展】出台《国家钨与稀土质检中心(江西省钨与稀土研究院)支持工业经济服务企业发展若干措施》，在服务产业园区建设、强化检测技术支撑、加速核心技术研发等8个方面制定17条服务措施，特别把开展“精准帮扶”作为解决企业生产经营困难、提高企业发展活力的重要举措来抓，并取得明显成效。年内，中心利用先进的技术装备、检测手段和司法鉴定等，帮助赣州钕铁硼废料回收企业挽回经济损失110多万元；帮助赣州亚泰钨业有限公司解决出口高纯硬质合金钨粉中碳含量测定的技术难题，确保高纯硬质合金钨粉的顺利出口。全年中心检测服务企业达800多家，技术服务企业50余家，免费举办“全国稀土行业分析检测技术培训班”“标准编写”等10多期各类培训班，为企业培训一线技术人员数百人次，受到企业的高度赞誉。

(撰稿　卢　博　审稿　周　峻)

【领导名单】
主任(院长)：李　平
总工程师：陈星斌(11月免)
副主任(副院长)：蒋小岗　朱红英(女)

(本栏编辑　王　宇)

农林　水利

农业和粮食

【概况】 2016年，赣州市农业和粮食局优化调整产业结构，促进农业转型升级，全市农业经济保持平稳健康发展。全市农业总产值521.84亿元、增加值325.53亿元、农村居民可支配收入8729元，分别增长4.21%、4.29%、12.1%。农村居民可支配收入增速连续4年全省第一。

【粮食生产】 按照“主攻单产，确保总产”要求，积极推广测土配方施肥、病虫害综合防治等增产稳产集成技术，全市粮食播面51.33万公顷，总产287.5万吨，实现“十三连丰”。

【蔬菜产业】 积极引进先进技术、人才和投资，大力推进高标准大棚设施示范基地建设，蔬菜播面12.05万公顷、产量299.6万吨，分别增长4.15%、4.12%，新启动建设规模蔬菜基地188个，建成基地面积1800公顷，其中钢架大棚700万公顷。

【区域特色产业】 生猪年出栏643万头。黄牛、羊年出栏分别为26.38万头、9.06万头。家禽年出笼1.11亿只。肉类总产量72.65万吨，增长2.88%。饲料产量302万吨，增长8.7%，年产值连续2年达到100亿元。水产品总产量31.34万吨。茶园面积1.35万公顷、白莲面积0.68万公顷。烟叶、西(甜)瓜、食用菌、甜叶菊等区域(特色)产业，产量均有增长。“宁都黄鸡”通过国家生态原产地产品保护论证。

【休闲农业】 新增各类休闲农业企业126家，总数达1706家，从业人员15.45万人。赣县区、崇义县被分别认定为全国和全省休闲农业示范县，全市新增省级休闲农业示范点4个，大余县大龙村被农业部认定为中国美丽休闲乡村，龙南县虔心小镇被认定为全国休闲农业与乡村旅游五星级企业。

【农粮改革】 推进农村土地承包经营权登记颁证扫尾和检查验收工作，确权成果质量首次专项检查全面完成，市级完成对11个县(市、区)的检查验收。开展农村集体产权股份权能改革试点工作，大部分县(市、区)开始资产量化、成员界定等工作。

【新型农业经营主体培育】 实施新型职业农民培育工程，累计培训新型职业农民1.25万人。加快新型农业经营主体培育，新增农民合作社1450家、家庭农场1431家、种养大户1900户，总数分别达7243家、3568家、2.2万户。各类经营主体带动农户58.56万户，占农户总数的35.3%。积极推进农村土地流转，流转承包土地8.05万公顷，占承包土地总面积的26.9%。

【现代农业示范园区建设】 各县(市、区)园区规划编制基本完成。加快培育园区新型经营主体，进驻企业396家、农民专业合作社856家、家庭农场868家、种养大户3309户。园区招商引资稳步开展，签约落户项目16个，总投资21.8亿元。园区先进技术加快引进推广，引进和培育脐橙、蔬菜等新品种634个，示范推广脐橙无公害栽培、大棚薄膜覆盖等新技术273项，园区“三品一标”农产品104个。赣县区和瑞金市现代农业示范区核心区完成物联网示范点建设。瑞金市列入2016年省级重点建设园区，争取省级园区奖补资金1000万元。

【农业科技推广】 农业科技贡献率达55%。基层农技推广体系建设进一步加强。兴国县被确定为全省10个“首批基层农技推广服务体系标准化建设项目县”之一。开展新型职业农民培育，完成培训3097人，累计培训1.5万人。主要农作物良种覆盖率、水稻良种覆盖率分别保持在96%、98%以上。农机总动力338.15万千瓦、水稻耕种收综合机械化水平73.8%、主要农作物综合机械化水平69.09%。农业信息化水平稳步提升。智慧农业、物联网运用发展较快，建设完善益农信息社202家。

【农产品质量安全监管】 市农产品质量安全检测中心项目通过省级验收，18个县级农产品质量安全检测站项目完成验收，并启动运行；4次组织开展落地培训，培训基层检测人员102人次；创新开展市级检测技术大比武、应急演练活动，组织参加江西省2016年“振兴杯”农产品检测技术大赛，荣获“团体一等奖”。加强农产品质量监测预警，全年快速检测样品9.09万批次，合格率99%。其中，农业部例行抽检224批次，合格率99.6%。全年未发生重大农产品质量安全事件。

【重大动植物疫病防控】 层层下达防疫责任通知书，落实防疫责任，对散养户着力推行“整村推进，三针同免”，对规模养殖场实行“五查三下达”工作制度，免疫抗体平均合格率91%，大幅度超过省要求80%标准。全市未发生区域性重大动物疫情。

【绿色生态农业】 实施绿色生态农业“十大行动”。加快推进农业标准化生产，全市部级畜禽养殖标准化示范场达25家、省级畜禽养殖标准化示范场达27家，水产健康养殖示范场达48家。全市新增无公害农产品47个，绿色食品36个，有机产品76个，全市有效期内“三品一标”农产品324个。

【粮食流通管理】 推进粮食收购工作。全市粮食收购总量60.1万吨，增长11.6%。地方储备粮管理进一步加强。落实地方储备粮规模15万吨，指导和督促承储企业做好地方储备粮轮换工作。充实和完善粮食应急供应网络，优化确定粮食应急加工企业39家，供应企业357家。做好粮食市场保供稳价工作，有力保障军粮供应。粮食行业管理规范有序。开展全市粮食库存检查，确保库存账账相符、账实相符。完成收获环节早、晚稻质量调查和品质测报312批次。做好1万套农户科学储粮仓推广工作。

(撰稿　刘　琴　审稿　许朝祥)

【领导名单】
党组书记、局长：吴至海
党组成员、副局长、农机局
　局长：董　菁
副局长：侯乐锋
党组成员、市果业局局长：钟玉良
党组成员、副局长：杨会清
党组成员、副局长：黄作芸
党组成员、纪检组长：郭基琇
党组成员、副局长：曾凡生
党组成员、总农艺师：周　昱
党组成员、总经济师：何宏杰
党组成员、副局长：项　宇
调研员：李雅荣(10月免)
　　　谢志斌(10月免)
副调研员：钟振传　钟　明(10月免)

林　业

【概况】 2016年，市林业局围绕建设全国生态文明试验区，构筑南方地区重要的生态屏障，加快生态林业建设，深化林业改革创新，推动产业兴林惠民，在促进生态增量、林业增效、农民增收中发挥积极作用，取得较好成效。

市林业局机关内设办公室、造林经营科、林政资源管理科、政策法规科、计划财务科、人事教育科、科技合作科、绿化办、林业工作科、野生动植物保护科、林业改革发展科、行政审批服务科、机关党委、监察室等14个科(室)下属市森林工业局、市森林公安局、市林政管理稽查支队、市人民政府森林防火指挥部办公室等4个副县级事业单位和市林业有害生物防治检疫局、林业技术推广站、林木种苗站、老干所、峰山森林公园管理处、森林资源监测中心(林业调查规划研究院)、市专业森林消防大队、林业职工培训中心、东方建筑设计院9个科级事业单位。

全市有森林公安机构86个，有在职在编民警508人，协警61人。有林政管理稽查机构19个；经省政府批准设立的基层木材检查站40个，由省林业厅直接管理的高速公路木材检查站定南野猪塘木材检查站调整更名为江西赣南木材运输流动巡查站，原大余梅岭、瑞金隘岭撤销。全市乡镇林业工作站数量291个。

【森林资源】 全市林业用地面积305.80万公顷，占全省林地面积的28%，有林地面积269.24万公顷，活立木总蓄积量1.24亿立方米，毛竹总株数3.67亿株；阔叶树及针阔混交林面积65.99万公顷，蓄积量4513.75万立方米；年生长量960万立方米，采伐限额蓄积354.27万立方米；森林覆盖率76.23%，名列全省第一，在全国设区市中列第九。

【造林绿化】 全市完成人工造林3.91万公顷，占省计划的126%；完成封山育林2.07万公顷，占省计划的102.2%。其中，完成长(珠)防林人工造林0.73万公顷、封山育林1.17万公顷；新一轮退耕还林0.15万公顷。完成低效林补植补造0.56万公顷，占省计划的106.2%。完成森林抚育2.4万公顷，占省计划的100%。完成木材战略储备示范基地建设0.05万公顷，占任务计划的100%。经省林业厅营造林实绩核查，2016年度全市人工造林上报面积核实率为96.7%，上报面积合格率为95.8%，任务完成率为121.6%。封山育林上报面积核实率、合格率均为100%。低效林补植补造上报面积核实率为97.5%，上报面积合格率为95%，任务完成率为95.6%。

义务植树。2月8日，市四套班子领导和部分干部职工、志愿者300多人，在章贡区华林村低质低效林改造点开展2017年义务植树活动。共种植木荷、枫香、半枫荷、黄檀、杜英、山乌桕、冬青、红皮树、苦槠、山樱花花等树种6000多株。全市参加新春义务植树人数13.3万人，共种44.96万株树木。全年参加义务植树人数474.5万人，尽职率85.67%。

【创建国家森林城市】 坚持高位推动，强化保障措施，形成共建共享的国家森林城市创建格局。上半年，市林业局派出8个工作督导组到各县(市、区)对创建国家森林工作进行督查。按照《江西省赣州市国家森林城市建设总体规划》《赣州市创建国家森林城市责任分工》《赣州市创建国家森林城市宣传工作方案的通知》要求，有序开展国家森林城市创建工作。7月8日，印发《关于加强省级森林城市创建工作的通知》，要求未创建省级森林城市的县(市、区)尽快启动创建；已创建县要巩固提高。适时指导、督促南康区创建省级森林城市的验收工作，10月29日通过省级森林城市的预检。

【生态公益林】 全市共实施国家级生态公益林和省级生态公益林保护面积100.50万公顷，其中国家级生态公益林77.13万公顷，省级生态公益林

2016年3月11日，赣州市四套班子领导在章江南岸二期防洪园林景观工程现场，参加义务植树活动

23.37万公顷。公益林面积占全市林地面积三分之一，占全省公益林总面积30%。加大生态公益林的宣传力度，提高广大干部群众的森林生态意识，为公益林建设工作营造良好社会舆论氛围。落实责任，层层签订目标管理责任状，将生态公益林全部落实到山头地块，落实到山林所有者或经营者。结合全市集中整治和查处基层侵害群众利益不正之风和腐败问题的活动，组织开展生态公益林补偿资金使用管理情况自查。针对盗砍滥伐和蚕食生态林现象，采取常年打击和专项打击相结合的办法，加大对盗滥伐、毁林、侵占林地等违法案件的打击力度。组织开展生态公益林年度核查验收，抽查大余县、于都县、石城县生态公益林管护情况。

【林地保护管理】 贯彻执行林业法律法规和政策，加大林地保护力度。严格林地用途管制制度，按照分类保护、分区管理的原则，确定林地保护、利用等级，制定分区域的林地主导用途和利用方向，统筹协调林地利用与保护。严格执行林地占用征收审批管理制度，依法保护管理林地和森林资源资产，严格限制经营性项目开发利用林地，严格限制开发利用天然林和生态区位重要的林地。依法审核审批各项建设工程征占用林地，加强工程建设征用占用林地全过程的监管与服务。全年全市实际办理占用征收林地项目206宗，面积1584公顷。

【限额管理】 全市启动实施天然林保护工程，扩大天然林保护范围，实施严禁天然林商业性采伐，严禁对天然林实施皆伐改造，严禁移植天然大树进城，将天然林保护和森林覆盖率、森林蓄积量、林地保有量等一起纳入政府年度目标考核体系。年内，全市采伐限额总量354.27万立方米，办理木材采伐证3798份，共开出采伐证的林木采伐出材量52.06万立方米。

【有害生物防治】 全市林业有害生物发生面积6.29万公顷，其中病害发生面积0.82万公顷，虫害发生面积5.47万公顷。全年实施防治作业面积5.99万公顷，防治率81%；林业有害生物成灾面积0.03万公顷，成灾率0.12‰；无公害防治面积5.93万公顷，无公害防治率99%；测报准确率90.8%；种苗产地检疫率100%。马尾松毛虫发生面积0.28万公顷，下降0.67万公顷，平稳渡过暴发期，实现有虫不成灾的目标。

完成第三次林业有害生物普查。全市林业有害生物种类305种，其中外来林业有害生物9种，本土林业有害生物296种；昆虫类223种，病害类69种，螨类5种，植物类8种。组织开展全市古树名木的生长健康状况普查，建立古树名木健康档案。

【野生动植物保护】 全市有县级独立野生动植物保护机构14个，与其他机构合署办公4个，乡镇基层林业工作站基本增挂野生动植物保护站的牌子；有国家级野生动物疫源疫病监测站1处，省级野生动物疫源疫病监测站3处，野生动物疫源疫病监测点18处；发展野生动植物繁育与经营利用单位281家(户)；严格执行《中华人民共和国野生植物保护条例》《江西省野生植物资源保护管理暂行办法》，依法规范野生植物资源的采集、运输和经营利用管理；继续执行中共赣州市委、市政府做出的禁伐天然阔叶林决定，执行省林业厅下达的“三个禁止、两个不准、一个停止”的资源保护政策。

【森林防火】 全市森林防火形势平稳。年内，全市共发生森林火灾2起，过火面积36.33公顷，受害面积22.43公顷，森林火灾查处率100%，没有发生重大、特大森林火灾。加强领导，明确职责。多次召开全市森林防火工作会议，研究和部署森林防火工作。建立和完善森林防火网格化管理台账，真正做到“山有人管，林有人护，责有人担”。加大宣传力度，强化防火意识。先后组织开展森林防火宣讲、“宣传月”“平安春季行动”等系列宣传活动。通过电视、报纸等主流媒体开展森林防火、文明祭祀等主题活动。全市出动宣传车5000多次，电视广播宣传600次，张贴悬挂标语5.5万余条，印发各类宣传单(册) 125万份、公开信38.8万份，通过森林防火信息平台、“三农”平台和移动短信发送森林防火短信251万条，开展城乡学校活动2360次。南康区、上犹县、安远县、会昌县、寻乌县、石城县、于都县、崇义县获“2016春季森林防火平安县”。加强巡护，抓野外火源管理。集中开展整治野外用火专项行动，落实“五个禁止”规定。探索适应新形势发展要求的联防服务新机制，市林业局联合市财政局制定并印发《赣州市政府购买森林防火护林联防服务实施方案》，推进政府购买服务试点工作，转变政府职能和管理方式，规范护林员管理。加快推进集中焚烧纸钱试点工作，在全市建设43处集中焚烧点，加强祭祀用火等野外火源管理。抓森林消防队伍建设，增强森林火灾的扑救能力。全市共组建20支专业森林消防队，共884名队员。于都、崇义、信丰、龙南、安远、瑞金等6个县(市)专业队被列为省机动队。在重点防火期，定期开展专业队伍业务素质训练，全部集中食宿，实行准军事化管理。全市共组建乡镇半专业森林消防队291支，队员8730人。组织开展全市专业森林消防队大练兵大考核活动，在全省大考核中通过率为98.45%。加大投入，强化基础设施建设。加快实施东江源、赣南二期、赣江源等森林重点火险区综合治理工程项目。修建营房、储备库等6500平方米，防火检查站10处，瞭望台10座；争取生物防火林带建设省级补助资金510万元，营建340公顷生物防火林带，提高森林自身抗御火灾的能力；建立森林火险要素监测站43个，森林火险因子采集站5个，19个现代化指挥中心和61个林火远程监控点，配备相关信息化管理软件，实现省、市、县三级联通，提升森林防火工作的科技含量和预防扑救森林火灾的综合实力。

【自然保护区】 赣州市有自然保护区54个，总面积263317.92公顷，占全市国土面积的6.7%。其中，国家级3个，面积46617.45公顷；省级6个，面积47710.1公顷。

【湿地公园】 全市创建16个湿地公园，总面积29191.58公顷。其中，国家湿地公园9个，面积25045.57公顷；省级湿地公园7个，面积4146.01公顷。

【森林公园】 全市有森林公园31个，总面积14.50万公顷。其中，国家级森林公园9个，面积11.74万公顷；省级森林公园22个，面积2.76万公顷。森林公园收入总额18597.9万元，增长35.8%；旅游接待总人数1738.66万人次，增长12.6%。

【林业执法】 全市森林公安机关共查处各类森林案件2960起，其中森林刑事案件584起；林业行政案件2376起，查处4225人次，其中逮捕125人次、刑事拘留202人次、取保353人次、治安拘留11人次。收缴木材4319余立方米，收缴野生动物350头(只)。

各县(区)林政管理稽查大队共查处各类林业行政违法案件35起，挽回直接经济损失200万元，其中市支队11起，7.91万元。全市各基层木材检查站共查验过站木材1.5万车次，涉及木材20.5万立方米，查处违法运输木材案件220起，挽回经济损失30万元。全市林政稽查和木材检查系统共开展专项行动打击次数721次，出动人次2374人次，查处各类违法运输木材案件377起，处罚金额90.162万元，其中无证运输木材案件154起，超数量运输木材案件223起。

【林业特色产业】 油茶产业。全市累计发展油茶林面积17.07万公顷，建有江西仰山园油茶开发有限公司、齐云山油茶科技有限公司等9家规模油茶加工企业，茶油总产量达1.5万吨，产值42亿元，油茶成为全市林农增收致富的主要来源之一。毛竹产业。争取省级林业产业发展专项资金毛竹特色产业资金1918万元，完成低产毛竹林改造1.33万公顷，申报14家企业为省级林业龙头企业，瑞金市长源林业等4家企业被评为江西省森林食品基地。花卉苗木产业。全市发展花卉苗木面积达1.76万公顷，其中大余县、上犹县、崇义县种植面积达到0.13万公顷以上。森林旅游产业。依托自然保护区、森林公园、湿地公园等平台，积极发展森林生态旅游和乡村休闲旅游。全年全市森林旅游收入达到3649.1万元，增长11.2%；旅游总人数222.83万人次，增长12%。

【林业产权制度配套改革】 新增信丰县、会昌县、于都县3个县为深化集体林权制度综合改革试点县。3个县以政府办名义印发《林地经营权流转证登记管理办法(试行)》，推行林地经营权流转证的登记管理工作，规范林地经营权流转，深化林权配套改革。2016年，新增林权流转面积1.63万公顷；林权抵押贷款面积26.65万公顷，贷款金额50.2亿元；森林投保面积75.16万公顷，投保金额112.23亿元。

【国有林场改革】 全市116个国有林场整合重组成51个林场，其中生态公益型林场34个和商品林林场17个，基本完成全市国有林场改革任务。国有林场经营管理面积46.54万公顷，林场活立木蓄积量2862.74万立方米。

【科技合作与推广】 中央财政林业科技推广示范项目《米老排种苗繁育与栽培技术推广》项目通过验收并得到省级专家组一致好评；中央财政林业科技推广示范项目《江西省上犹县油茶标准化示范区建设》通过省财政厅、省林业厅组织的现场查定；全省共评选出10家“全省油茶科技服务示范基地”，赣州市共有3家油茶科技服务基地获评该荣誉称号；建设全省2016年森林质量提升“良种良法”骨干示范基地项目，完成省林业科技创新专项《红心杉种质资源收集保存与良种选育》项目的实施和建设。

【山林权属调处】 全市山林权属纠纷调处工作按照逐级负责，分级调处，主动协商，着重调解的原则，重点化解林权纠纷，促进林区社会稳定，主动适用林权调处职能调整的新要求，围绕林业改革发展和重点工程涉林纠纷矛盾化解，依法依规妥善处理化解一批山林权属纠纷事项，全市2016年度的林权纠纷工作呈现相对稳定的态势。共有各类林权纠纷611起，涉及林地面积17017.27公顷。其中，县内林权纠纷536起，涉及林地面积13947.47公顷；跨县跨市林权纠纷共75起，涉及林地争议面积5069.8公顷。启动调处程序的跨县林权纠纷13起，涉及山林面积1806公顷。

【林业行政审批】　全年行政审批窗口共受理、办理各类林业行政审批事项692件。由窗口承办办结的417件，其中林业植物及其产品调运检疫264件，木材运输证103件，森林植物产地检疫15件，林木采伐许可9件，权限内果子狸、鸿雁、豆雁、灰雁、白额雁、绿头鸭、斑嘴鸭、绿翅鸭、棘胸蛙、赤麂(黄麂)、鹧鸪、灰胸竹鸡、斑鸠的驯养繁殖及经营利用许可11件，权限内占用或者征收、征用林地许可5件，权限内林区经营(加工)木材企业设立审批(不含中高密度纤维板)10件；由窗口受理的上报件275件，其中省二级以上保护野生植物采集46件、林地征占用202件、野生动物驯养繁殖及经营利用许可27件。在办理林业行政审批事项过程中实现"零投诉"，林业窗口工作人员群众满意度测评达100%。

(撰稿　刘　翔　审　稿　康敏卿)

【领导名单】

党组书记、局长：薛有长(11月任)

党组成员、副局长：赖华添(10月免)

黄敬怡

党组成员、副局长、森林公安局局长：陈智勇

党组成员、纪检组长：丁家健

党组成员、森工局长：刘洪生

党组成员、副局长：肖厚华

党组成员、林政稽查支队长：周小龙(11月免)

党组成员、副局长：刘荣林

调研员：李光春(11月免)

副调研员：刘立波　李红梅(女)

市人民政府森林防火指挥部办公室主任：邓习金

江西九连山国家级自然保护区

【概况】　江西九连山国家级自然保护区保存有较大面积的原生性亚热带常绿阔叶林，生物多样性极为丰富，素有"生物基因库""动植物避难所""赣江源"之称，是国内外科学家极为关注的地方，为南岭东部的一座绿色宝库。2016年，保护区总面积13411.6公顷，区划为核心区、缓冲区、实验区3个功能区，其中核心区4283.5公顷，缓冲区1445.2公顷，实验区7682.9公顷。区内分布有：高等植物297科1112属2838种，野生脊椎动物507种，昆虫1752种。特别是区内发现的世界珍贵蝶种——金斑喙凤蝶，为中国特有种，国际濒危动物委员会及国家均将其列为Ⅰ级重点保护动物，是唯一的被列为国家Ⅰ级重点保护的蝴蝶。区内分布的世界极度濒危鸟类——海南虎斑鳽，其种群数量全球极少，九连山保护区分布有海南虎斑鳽小繁殖群，成为该鸟的重要栖息地。

保护区的保护管理、科研、宣教设施初具规模，九连山保护区成为全球重要的生物基因宝库，生物科学和自然资源可持续利用研究的重要基地，教学实习、生态科普教育的天然课堂，旅游休闲的客家圣山。

【保护管理】　抓好日常巡护管理。确保日常巡护工作全面适时的开展，有效保护区内森林生态。做好森林防火工作，实现保护区连续35年无森林火灾的记录。健全警务合作机制。联合九连山森林派出所在区内花露和黄牛石2个基层保护站成立警务室。开展专项打击行动。联合九连山派出所、杨村镇市场监督管理分局等组成联合执法组对九连山附近的市场、餐馆开展3次野生动物专项检查与打击行动。加强区内野生动物疫源疫病和森林病虫害防控，保持松材线虫病"零报告"。

【科研协作】　完成国家林业专项补助资金项目。九连山保护区科研人员发表学术论文3篇、两栖动物新种2种，江西省蛾类新记录1种，发现九连山保护区鸟类新纪录2种，蛇类新纪录2种，蛾类新纪录1种，植物新记录5种。

开展多项科研项目野外调查。与广州大学开展小型兽类资源冬季野外调查，与中山大学开展两栖爬行动物春季野外调查，与野保局、江西师大联合开展兽类资源调查，并在区内安装50台红外监控相机。拍摄到斑林狸、豹猫、凤头鹰、白鹇等珍稀动物照片。

完成南岭山地赣南3个县的野生动物调查。九连山保护区承担南岭山地龙南、全南和定南等3个县的野生动物调查。经2年春夏和秋冬季调查，共调查9个样区336条样线，总调查样线长为1485.27千米，共记录到64条航迹。完成数据汇总，递交调查报告。

完成第二次全国重点野生植物资源调查。根据江西省林业厅的统一部署，制定调查实施方案技术操作细则，对调查人员开展技术培训，开展为期3个月的外业调查，完成数据汇总和报告编写，并向江西省林业厅上报调查数据和有关材料。

【社区共建】　做好社区工作，加强社区共管。召开2016年社区共管工作座谈会。积极为社区争取到江西省林业厅帮扶资金近20万元，投入10.60万元完善保护区内农村饮水安全工程，投入6万元开展保护区实验区居民点减灾防灾帮扶工作，投入5000元在九连山学校种植生态文明教育林。组织以"关爱他人、关爱社会、关爱自然"为主题的学雷锋志愿服务活动。走访和慰问区内空巢老人和贫困家庭。

【生态文明教育】　经申报和江西省林业厅推荐，九连山保护区被江西省生态文明先行示范区建设领导小组授予"江西省生态文明示范基地"称号，成为江西省首批59个生态文明示范基地之一。为发挥生态文明基地的生态教育功能，向江西省林业厅成功申报建设江西九连山国家级自然保护区南岭山地森林生态体验教育基地项目。获得江西省发改委批复建设资金80万元。出版《九连山掠影》图书。

(撰稿　黄国栋　审稿　吉　兰)

【领导名单】

局长：袁景西

副局长：朱祥福　唐培荣
　　　　廖承开　白如冰

果　业

【概况】 2016年，全市果业系统谋划产业发展升级，持续开展黄龙病防控，推进标准果园建设，做好良种苗木繁育，全市果品营销平稳有序。当年全市柑橘种植面积14.43万公顷、产量134万吨，其中脐橙种植面积10.32万公顷、产量108万吨。赣南脐橙品牌价值668.11亿元，连续4年位居全国初级农产品类地理标志产品价值榜榜首，赣南脐橙荣获“中国农产品区域公用品牌网络声誉50强”“中国果品区域公用品牌品牌价值10强”“全国名优果品区域公用品牌”称号。

【标准化建设】 围绕标准化生态示范园建设开展系列果业技术培训、推广、普及工作，举办2016年赣南脐橙产业专业技术人员培训班，利用电视栏目、惠农短信平台、手机报、微信等适时发送果业生产技术指导信息，分发10万册《赣南脐橙标准果园生产管理技术手册》至各县(市、区)，推进标准化果园建设工作。争取2016年中央财政资金2800万元在赣县区、信丰、崇义、安远、龙南、兴国、于都、瑞金、会昌、石城等10个县(市、区)新开发柑橘标准化生态示范园建设0.28万公顷、建设柑橘新技术集成应用与示范园0.19万公顷、新增4条柑橘采后商品化处理生产线和9.9万吨贮藏库建设。

【柑橘黄龙病防控】 持续抓好柑橘黄龙病防控工作，全市普查与砍除病树500多万株，病情下降明显。对2015年黄龙病防控工作进行“回头看”和工作考评。重点对2015年度病树普查、病树清理及树蔸处理、木虱防治及防控台账等方面进行“回头看”和考核考评。

防控方案。对全年防控工作提出“彻底清除病株、及时防除木虱、杜绝带病种苗、建立防控机制”的总要求。召开专题调度部署会，市委、市政府召开4次调度会，专门对不同时段黄龙病防控工作进行部署。开展技术培训，邀请知名专家举办13场市级专题讲座，各地创新培训模式，多举措全方位培训，全市累计举办县级培训班114期次，乡、村级2267期次，培训果农152281人次。

柑橘木虱防杀。建设柑橘木虱疫情监测体系，提升原有58个监测点，新增47个监测点，全市共105个疫情监测点对各地柑橘木虱、黄龙病等发生情况进行系统监测，为掌握疫情动态和防治时间提供科学依据。推行统防统治。探索直升机、无人机、雾炮机、弥雾机等现代植保机械统防统治防木虱，在农业部的支持下，在寻乌、安远、信丰、赣县、龙南等10个县(区)飞防。开展柑橘木虱高效药剂筛选试验与研究，推出一批“俩俩”组合防控药剂。在关键期，抽派技术人员到实地果园调研，掌握木虱发生情况，及时指导果农防治柑橘木虱。

防控示范基地建设。在全市建设50个市级柑橘黄龙病防控示范基地。通过示范带动，柑橘黄龙病扩散蔓延的势头得到较好控制，取得明显效果。

落实防控专项资金。争取中央财政资金0.65亿元、省财政资金0.5亿元、市财政资金0.5亿元，下达防控专项资金1.65亿元。主要用于病树普查与清理、无病毒苗木、假植网棚、统防统治及防控示范基地建设等。

【脐橙营销】 品牌营销调研。邀请“褚橙、柳桃、潘苹果”策划人胡海卿一行就赣南脐橙品牌营销进行专题调研，并形成赣南脐橙品牌发展升级指导性意见。在北京大学举办“2016互联网+赣南脐橙品牌战略新思维培训班”。

主题教育活动。印发《2016年赣南脐橙“提品质保品牌讲诚信我先行”主题教育活动实施方案》，开展标准化生态果园创建活动、开展赣南脐橙品牌保护活动、开展诚信营销创建活动。

质量安全追溯体系。全市确定20家赣南脐橙质量安全追溯体系建设示范企业及59家赣南脐橙专用标志许可使用企业，示范企业按照统一要求采录真实完整信息、建立生产加工及销售全程档案、全面使用赣南脐橙专用标志(箱贴及果袋)。对示范企业信息录入员和果业系统相关人员进行专业培训，对各县(市、区)果业局和示范企业建立追溯体系建设情况进行督查。

打假维权。印发《关于开展打击假冒赣南脐橙销售行为专项行动的紧急通知》《2016年开展赣南脐橙域外维权打假活动工作方案》，对假冒赣南脐橙行为进行专项查处，并赴北京、上海、浙江、广东、海南、湖北、湖南、广西等全国脐橙主产区及主销区开展打假维权行动。

脐橙果品销售。按照“巩固老点、发展新点、健全网点”的要求，做好政府部门之间对接、产销两地供销对接、超市对接、媒体对接、与当地大专院校大型企业对接等5个对接，在各主销城市开展以免费品尝为主的赣南脐橙营销推介活动，通过悬挂宣传标语、散发宣传单、喷绘和易拉宝宣传等形式搞好品牌宣传。组织企业参加第十四届中国国际农产品交易会等大型展示展销会。组织本地供应商、主销城市经销商在阿里巴巴、京东商城、苏宁易购、1号店等大型电商平台参与并开展线上的网络销售、物流配送等。

区域公用品牌价值评估。赣南脐橙在首届中国农产品电子商务峰会上入选中国农产品区域公用品牌网络声誉50强。在2016年第二届中国果业品牌大会上，赣南脐橙获“2016年中国果品区域公用品牌品牌价值10强”。在第十四届中国国际农产品交易会，赣南脐橙获2016年全国名优果品区域公用品牌。由中国品牌建设促进会、经济日报社、中国国际贸易促进委员会、中国资产评估协会等单位联合举办的“2016年中国品牌价值评价信息发布会”，赣南脐橙品牌价值668.11亿元，连续四年位居全国初级农产品类地理标志产品价值榜榜首。

营销价格。产季赣南脐橙销售形势良好，产地平均销售价格1.4元/千克，增加27%，市场销售价格达到2.1元/千克，增加10%。

（撰稿　梁梅青　审稿　钟玉良）

【领导名单】

局长：钟玉良（12月任）

副局长：陈标强

总农艺师：赖晓桦（3月任）

调研员：廖明生

水　利

【概况】　2016年，全市水利系统围绕赣州市委、市政府“六大攻坚战”决策部署，以坚定的必胜信心和饱满的精神状态，战胜自然灾害挑战，较好完成全年工作任务，实现巩固“十二五”成果，开篇布局“十三五”的目标。赣州市在2016年度江西省水利改革发展考核中位列全省第一，寻乌、兴国、南康、龙南、定南、安远、宁都、于都等8个县（区）位列全省县（市、区）水利改革发展考核前10名。

【防汛减灾】　全市出现罕见旱汛，年均降雨量2183毫米为历史第3位。年内，全市有效应对“3·20旱汛”“4·17”“6·12”“7·10”等23次强降雨和4次台风影响，各项灾情数据全面下降。其中，死亡人口降低73%，受灾人口降低62%，直接经济损失降低71%，实现防汛抗旱工作的“五个确保”总目标。

【水利建设】　全年全社会水利投入33.92亿元，增长31%。其中，地方水利投入（含融资）达22亿元，增长118%。全年实施农村饮水安全巩固提升工程180个，受益人口84.54万人（其中贫困人口9.32万人）；16个重点县（项目县）和3个高效节水专项完成全部投资；全年新增和恢复灌溉面积0.7万公顷，改善灌溉面积1万公顷；兴国县塘澄、安远县嘛斜水库基本完工。全年新建防洪堤长度87千米，完成河道治理长度210千米；全面完成72个“十二五”农村水电增效扩容改造项目绩效评价工作。全年未发生重大安全生产事故。

【水利扶贫】　全年重点水利扶贫项目总投资5.51亿元，受益贫困村241个，受益贫困户27734户，受益贫困人口80597人，完成精准扶贫攻坚战年度目标任务。赣州市水利局常驻大余县黄龙镇头塘村（延伸大龙村、旱田村）开展“精准扶贫”对口帮扶工作，全年整合各类资金372万元用于基础设施建设和产业发展。其中，头塘村32户92人精准扶贫对象脱贫，脱贫率为100%，通过省第三方评估检查，实现整村脱贫目标。

【水利改革】　小型水利工程管理体制改革完成年度目标任务；农田水利设施产权制度（试点）改革取得实际成效，试点县兴国县、宁都县均完成试点任务的80%以上；推进水权制度改革试点工作，制定《水权制度改革试点推进方案》，严格按照方案明确的时间节点加快推进。

【水生态文明】　完成各县（市、区）2016—2020年“三条红线”控制指标和2030年用水总量控制指标分解工作，赣州市水资源管理全部达到江西省“三条红线”控制指标；对过期的取水许可证续办取水许可审批手续，有991户进入台账管理；加强入河湖排污口监管和水质监测；推进水生态文明建设县、乡、村省级试点和自主创建工作，加速水生态文明建设进程；持续查处和打击涉水违法行为，全年开展专项执法行动54次，执法巡查895次，纠正水事违法行为178起，处理水事纠纷122起。

【实施河长制】　全市初步建立由党政主要领导亲自挂帅的市、县、乡、村“四级河长制”组织体系，相继召开赣州市级“总河长”、赣江、章江、贡江等8个市级“河长”第一次会议，出台相关工作制度；全面启动“河长制”试点工作，针对试点河流实际情况，分别制定并实施“一源一策”试点方案；加强平台建设，初步形成“河长”即时通信、水质监测共享、联合执法“三大平台”；有效开展清河行动，对制定的17项专项整治方案进行进一步完善，打造86个行业典型亮点，各项整治工作有序推进；河湖治理成效明显，全市范围86个水功能区水质达标率为96.5%，提高3.5个百分点。

（撰稿　杨　俊　审稿　谢春景）

【领导名单】

党组书记、局长：钟永浩（9月任）

党组成员、副局长，市水保局

　局长：何世林（正处级）

党组成员、纪检组长：钟心华（女，12月免）

副局长：陆经龙

党组成员、副局长：李秋生　谢春景

党组成员、总工程师：许宝俊

调研员：邓　丰（9月免）

副调研员：伍　松　王兰天

市防汛抗旱指挥部办公室

　主任：温学松

水土保持

【概况】　2016年，全市水保工作践行“创新、协调、绿色、开放、共享”新理念，以“全国水土保持改革试验区”建设为工作抓手，以水土保持生态文明建设为目标，改革创新、真抓实干，水土保持综合治理、预防监督、科研监测、宣传教育等各项工作取得新成效。市水土保持工作经验在全国水土保持工作会议上作典型介绍，全市水土保持工作在全省和全国水保系统居先进行列。

【预防监督】　市政府制定出台《关于进一步规范山地开发加强水土保持工作的通知》，印发《关于进一步规范工业园区建设项目水土保持监督管理的通知》《关于加强油茶开发建设过程中水土保持监督管理的通知》，出台《赣南山地林果开发水土保持技术规程》。实行工业园区水土保持方案整体编报和水土保持设施统一验收制度，推行林果规模开发项目水土保持方案登记备案制度，制定印发《2016年赣州市水土保持监督检查工作计划》，规范事前审批，强化事中事后监管。加大生产建设项目水土保持，监督检查力度，年内，全市审批生产建设项目水土保持方案109个，验收水土保持设施项目41个，开展水土保持监督检查715次，生产建设项目799个。健全“属地管理，市县联动，部门联合”监督执法机制，基本实现全市生产建设项目水土保持监督检查全覆盖、常态化和规范化。开展全市山地生态环境突出问题集中整治，责令整改项目402个，立案查处项目36个，媒体曝光项目10个，整改治理面积2000多公顷，有效遏制人为水土流失。

【综合治理】 2016年，争取国家水土保持重点建设工程，中央、省补助资金2.12亿元，计划治理水土流失综合治理面积475平方千米。印发《关于加快推进赣州市2016年国家水土保持重点工程建设进度的通知》，加强督导和调度，圆满完成全年的治理任务和投资计划；推进水土保持园区建设。制定印发《关于大力推进水土保持生态园区建设的实施方案》，编制《赣州市水土保持风景区建设发展规划》，出台《赣州市水土保持生态示范园区评定办法》。各项目县积极推进水土保持生态园区建设，打造精品示范工程。建成上犹县鄱塘、古田小流域，兴国县兴莲、杨树小流域，宁都县孙屋小流域，石城县竹溪、罗云小流域，寻乌县九曲湾、黄坝小流域，安远县官溪小流域、上丁小流域，龙南县临塘小流域，信丰县坰背小流域，崇义县两杰小流域、赣县区马口小流域等20多个精品示范工程。赣州市水土保持科技示范园建设进展顺利，园区内科研大楼、科普楼、培训中心、监测站主体工程竣工。宁都县水土保持科技示范园通过水利部命名，兴国县、上犹县申报国家水土保持科技示范园区通过省水利厅初验。

【监测科研】 全市国家水土保持重点建设工程项目效益监测通过政府采购实施。中标技术服务公司完成年度效益监测工作，并提交项目监测成果报告；国家二期监测网络兴国、上犹监测点运行顺利，数据如期上报，在全省监测数据集中办公审核会议上，各项数据通过审核。完成水土保持公报上报任务，公报报送工作得到省监测站的认可。开展科研课题申报工作，新申报的“基于赣南山地立地条件的水土保持植物栽培及管理综合技术集成研究”“崇义上堡梯田生态系统与水土保持特征研究”2个课题通过省水利厅立项。“赣南脐橙园水土流失面源污染研究”“赣南水土保持治理标准化研究”等课题研究取得阶段性成果。省水利厅立项、赣南水保生态科学研究院承担的“新时期水土保持重点工程项目建设管理机制创新”政策课题研究进展顺利。局监测分站完成无人机遥测系统项目政府采购工作，并派出2人参加技术培训，提高全市水土保持监测技术水平和行政执法的监管水平。

2016年7月上旬，宁都县水土保持科技示范园通过水利部命名

【宣传教育】 开展全市水土保持宣传月活动。专门制作《保持一方水土，建设美丽家园》公益宣传片在赣州电视台1套黄金时段和分众传媒长时间、高频率播放。9月，水利部新闻宣传中心组织人民日报社、新华社等11家中央主要媒体记者，到赣州市开展“秋水长天　水美中国”主题采访活动，聚焦“赣南水保”进行集中报道，扩大赣州水保的社会影响力。

（撰稿　钟正平　审稿　何世林）

【领导名单】

局长：何世林

副局长：周益萍(女)　黄宝明

调研员：彭水波(12月免)

农业机械

【概况】 2016年，全市农机部门牢固树立五大发展理念，围绕“提质增效转方式、稳粮增收可持续”发展任务，以加快农机化供给侧结构性改革为主线，以全程机械化推进行动为重要抓手，创新落实服务措施，打好现代农业发展攻坚战，推动全市现代农业强市建设。全市农机总动力年增长5.1%，达到297.7万千瓦(全国统计口径调整后数据，调整前为338.15万千瓦)；水稻耕种收综合机械化水平提高3.55%，达到73.80%；主要农作物综合机械化水平提高3.12%，达到69.09%；水稻机插和机械烘干水平各提高6%，均达到26%以上；全市农机安全生产形势持续平稳，未发生较大以上农机事故。

【农机补贴】 完善农机购置补贴和农机报废更新补贴制度，规范档案资料管理，提高工作人员业务水平，简化办理手续，方便购机者申领补贴，推进信息公开，强化社会监督，加强补贴实施情况日常监管，加快“双补贴”政策的实施进度。全年，省财政厅、省农业厅下达赣州市国家农机购置补贴(含报废更新补贴)资金3480万元的考核目标，全市使用国家农机购置补贴资金4874.92万元(含报废更新补贴65.8万元)，完成资金计划的140%，拉动农民购机资金12518.5万元；补贴机具品目21类，补贴机具23562台(套)，受益户数23371户。

【农机服务】 发挥农机在春耕双抢和秋收冬种中主力军作用，走村入户进行农机推广宣传，通过各种途径向农民群众宣传农机安全信息和农机购置补贴相关政策，调查了解当年农机生产作业中所面临的困难及需求，积极引导农机经销企业、农机维修网点等农机服务组织备好备足所需物资，保障农机生产作业开展。全市共组织29万余台次农机具投入农机生产作业；培训农机手、修理工2.2万人次；检修农机具18万余台。

【农业攻坚】 市级农机购置累加补贴。根据现代农业攻坚战要求，开展调研，组织相关专家进行评审论证，并报市政府审批同意。全面开展2016年赣州市丘陵山区重点推广农机购置补贴工作，补贴农户85户、农机具94台(通道)，使用资金67.8万元，拉动社会投资500万元以上；争取市财政资金80万元，重点围绕水稻、果业、蔬菜和茶叶产业，分别在宁都县、安远县、章贡区和上犹县打造4个现代农业全程机械化示范区，完成项目总投资931万元，占年度计划的186.2%。

“以机代牛”试点乡镇建设。争取市级财政安排资金40万元用于“以机代牛”试点乡镇项目建设，扩大试点项目的效益和辐射面。

省“以奖代补”农机库棚建设。全市争取到省级补助资金280万元，在8个县(区)开展省农机库棚“以奖代补”试点建设，奖补农机户建设农机库棚1.87万平方米。

【安全生产】 严格农机安全监督管理。开展农机安全生产隐患排查治理及拖拉机和联合收割机“牌证”专项整治等活动。全市新增农田作业机械上牌率、检验率和持证率达100%；市农机局对农机安全生产工作进行8次督查，建立监管台账，督促各县(市、区)农机安全生产和农机监理工作的稳定开展；依法依规在全国、全省率先开展对连续2年(含2年)未按规定参加定期检验的拖拉机(变型拖拉机)牌证注销工作，2016年注销14491台。开展“平安农机”创建活动。指导宁都县创建全国“平安农机”示范县工作；争取市财政资金20万元，指导创建全市“平安农机”示范乡镇10个。组织安排农机安全生产隐患排查隐患整改工作，加强值班值守，严格执行领导干部到岗带班制，实行事故信息报告制度，确保通信联络和信息渠道畅通，提高发生事故或险情及时妥善应对和处置的能力。加强与有关部门的协作，开展农机安全管理培训与应急演练，指导各地做好事故勘查、认定以及赔偿调解等工作，提高应急处置能力。按时完成安全督查任务。严格按照市安委会的安排，对崇义县安全生产工作进行3次检查督查，按时完成安全检查督查任务。

【农机推广】 加大农机技术推广力度，提升农机化公共服务能力。举办农机购置补贴培训班和农机操作技术培训班各3期，重点围绕水稻、蔬菜、果业、茶叶等生产全程机械化，举办农业生产全程机械化演示会和机插、机收技术现场演示会4期，演示展示适宜赣南丘陵山区的22个品目126台套农机具，参训参观1000余人次。

(撰稿 刘郭康 审稿 江小青)

【领导名单】
局长：董 菁
副局长：李雅荣 谢志斌
副调研员：钟 明

(本栏编辑 王 宇)

工业　企业选介

工业和信息化

【概况】 2016年，全市上下围绕主攻工业战略，统一思想，凝心聚力，达成共识，真抓实干，突出项目建设主抓手、园区建设主阵地、企业帮扶主政策，主攻工业氛围日益浓厚，工业经济呈现出“稳中有进”良好态势。全年全市新入规企业231户，规模以上企业总数达到1337户，列全省第二位，较上年前移一位；规模以上工业完成增加值847.9亿元，增长9.2%，增速高于全国、全省3.2和0.2个百分点，名义增速12.6%，居全省第一位；实现主营业务收入3577.3亿元，增长9.3%，增速全省第二，比上年前移五位；实现利润226.5亿元，增长13.14%。全市规模以上工业增加值、主营业务收入全面完成省下达的年度目标任务。全市工业固定资产投资完成808.6亿元，超额完成680亿元的年度目标，增长38.4%，增速全省第一，比上年前移九位。

【主攻工业】 2016年是赣州全面推进“主攻工业、三年翻番”战略的首年，市委、市政府坚持高位推动，建立健全主攻工业政策体系、组织机构和推进机制，将目标任务细化、具体化，形成“1+10”组织机构，“1+2+7”政策体系，不断完善各项推动产业发展的政策措施、工作机制。

建立“1+10”组织机构。设立市长任组长的主攻工业领导小组和10个市领导牵头的产业推进小组，下设主攻工业领导小组办公室和10个市直单位牵头的产业推进小组办公室，建立完善“六个一”工作机制，高位推动、各司其职、通力协作，统筹推进主攻工业各项工作。

健全“1+2+7”政策体系。出台《赣州市三年主攻工业推进计划(2016—2018年)》(“1”)，明确“主攻工业、三年翻番”目标体系；出台《赣州市三年主攻工业考核评比方案》《关于精准帮扶企业实施意见》(“2”)，构建以县(市、区)和赣州经开区为主体的考核体系和推动目标实现的帮扶体系；党群口、政法口、财税口、开放口、城建口、社会事业口和综合经济口(“7”)分别出台支持工业发展的综合政策配套文件，形成主攻工业“1+2+7”政策体系。

建立高效推进机制。市主攻工业领导小组和十大产业推进小组建立定期调度、会议协调、督促检查、工作汇报、宣传报道、考评考核评价等工作机制，将主攻工业年度工作要点分解落实，通过“月调度、季督查”，营造“比学赶超”氛围，确保主攻工业目标任务落到实处。

【项目建设】 全市上下把项目建设作为主攻工业的核心任务，紧紧围绕产业发展规划，按照“补链、建链、强链”的思路，“走出去”，大胆“请进来”，推动一批重大工业项目签约落户并开工建设。全年全市投资亿元以上重大工业项目达到249个，比上年增长80%，项目总投资1500多亿元，比上年增长1.3倍，开工率达98%。

推动重大工业项目建设。实施一月一调度、一月一通报、一季一督查“三个一”机制，4月，举行全市主攻工业攻坚战重大项目集中开工动员会，集中开工47个重大工业项目，各地相继举行重大项目集中开工活动，掀起一波波项目建设的高潮。坚持项目建设季督查制度，深入项目现场查看进展情况，了解存在的困难和问题，并协调解决，促进项目建设提速。249个投资亿元以上重大工业项目全年累计完成投资428.06亿元，占全年计划投资额的108.7%；项目实施以来完成投资584.4亿元，占项目总投资额的38.42%。赣州经济技术开发区山香药业、赣县浩金欧博空调、南康汇明木业、会昌石磊氟材料、大余海创钨业、信丰农夫山泉、瑞金金一电缆、上犹高大生物、崇义精亿灯饰、兴国广蓝传动、于都以泰电子、全南松岩冶金、定南明高电路等117个重大项目相继竣工投产或部分投产。

全面启动“两城两谷一带”建设。“新能源汽车科技城”签约引进凯马汽车、孚能科技三期、昶洧汽车、中航新能源等项目，江西理工大学新能源科技城校区、赣南职业技术学院及南方新能源汽车工程研究中心启动项目建设前期工作；“现代家居城”以赣州港为平台，构建九大产业平台＋出口贸易服务中心、废料回收利用中心的“9+2”平台格局，开辟“买全球木材、卖全球家具”的无阻碍通道；“中国稀金谷”被列入国家《稀土行业发展规划(2016—2020年)》《有色金属工业发展规划(2016—2020年)》，国家离子型稀土工程研究中心、国家钨和稀土质量检验检测中心、稀金大数据中心、红金四期科技企业加速器等项目启动建设；“青峰药谷”加速建设青峰药业二期、海欣药业等项目，青峰药业‘创新天然药物与中药注射剂国家重点实验室”正式揭牌；“赣粤电子信息产业带”产业细分布局初步形成，在深圳、香港、佛山、厦门等地开展产业招商活动，新引进重大项目46个，投资额超过190亿元。

强化产业招商。围绕主导产业开展产业招商、以商招商，组织主导产业推进小组举办专题产业招商会，新能源汽车(杭州)产业招商推介会、电子信息产业深圳、佛山、厦门招商推介会、家具产业深圳招商引资推介会、生物制药产业杭州洽谈会等取得明显成效，全年新签约引进5000万元以上工业项目246个，总投资超1000亿元。策划新型稀土激光晶体材料及激光设备等重大产业招商项目，组团参加江西省战略性新兴产业(深圳)合作推介会，主办新能源汽车(杭州)产业招商推介会，签约项目19个，投资总额近70亿元。

【产业集群】 传统产业与战略性新兴产业齐头并进，稀土钨产业加速向产业链高端延伸，家具、服装、食品等区域产业品牌日益凸显，新能源汽车、生物医药、智能装备等新兴产业呈现勃勃生机。全年全市十大产业集群规模以上企业实现主营业务收入3555.3亿元，增长11.4%。稀土钨新材料及应用和家具2个产业集群主营业务收入超千亿，南康家具产业、赣州经济技术开发区稀土磁性材料及永磁电机产业、龙南稀土精深加工产业、会昌氟盐化工产业、信丰数字视听产业、上犹玻纤及新型复合材料产业6个工业产业集群被确定为省级重点工业产业集群。

稀土钨产业向高端延伸。中国南方稀土集团组建工作完成，高起点规划建设“中国稀金谷”，通过支持精深加工项目建设，促进稀土永磁电机、钨硬质合金等应用产品加速发展，促进产业链拓展延伸。以金力永磁、森阳科技、龙南龙钇、江西铨通、章源钨业等为代表的深加工企业加大研发和生产高精尖应用产品力度，研发的产品广泛应用于智能机器人、新能源汽车、轨道交通、绿色家电、新一代电子信息产品、硬质合金等领域，稀土新材料及应用占全行业的比重提高到34%。

战略性新兴产业提速发展。新能源汽车、生物制药、智能装备制造等战略性新兴产业发展迅速。新能源汽车整车实现规模化生产，21款车型进入国家汽车产品公告和推广目录，纯电动专用车销量超过1500辆。孚能科技生产的动力电池为北汽集团、江铃集团等多家知名整车企业配套，同类产品电池能量密度比韩国SK、LG等国际知名品牌高30%以上，多项指标达到国际一流水平，形成产能2.2GWH（2.2亿瓦时），三期年产10GWH（10亿瓦时）动力锂电池项目开工建设。生物制药产业异军突起，青峰药业成功创建国家级创新型示范企业，其全国独家保密品种喜炎平注射液市场占有率位居同行业前列。智能装备制造开始起步，群星机器人公司开发压淬机器人自动线、感应淬火一体化机床、数控车床关节机器人自动线、数控挤齿自动线等设备。

消费型产业品牌效益渐显。南康家具产业在全国影响力逐步提升，拥有中国驰名商标5个，省著名商标88个，江西名牌22个。龙南、信丰、宁都3县电子信息产业初具规模，加快承接沿海产业转移，引进一批数字视听设备、通信终端、软件服务等行业知名企业，研创光电的LED陶瓷共烧基板填补国内空白，睿宁半导体芯片基材成功进入欧美、亚洲市场。于都县、南康区服装产业集群规模初现，于都县先后引进赢家服饰、鼎晟服饰、东来服饰等品牌企业，成为NAERSI（娜尔思）等高端品牌服饰生产基地；南康区服装产业拥有自主品牌商标230余个，“康意”“卓莉娅”服装品牌成为省十大服装原创品牌。

【工业园区】 全市有3个国家级经济技术开发区、1个国家级高新技术产业开发区、3个省级经济开发区和12个省级工业园区。全年全市19个工业园区累计完成工业增加值754.2亿元，增长9.3%；实现主营业务收入3056.7亿元，增长8.6%；实现利税总额342.4亿元，增长7.72%。

确立首位产业。制定《关于推进全市工业园区创新升级的意见》，明确全市19个工业园区重点发展的首位产业。各地编制和完善首位产业的发展规划，出台专项扶持政策，引进一批关联性大、带动力强、产业补链强链的项目，首位产业全部拥有10户以上关联配套企业，集群化发展步伐加快。全年全市工业园区19个首位产业实现主营业务收入964.16亿元，首位产业占全市工业园区主营业务收入的比重达到31.54%。

加强节约集约用地。出台《赣州市鼓励建设和使用标准厂房的意见》《关于加强工业园区节约集约用地的实施意见》，鼓励各地不断创新模式，多渠道推进标准厂房建设。赣州经济技术开发区推动闲置低效土地“腾笼换鸟”，采取引进合作、租赁利用、收回另供等方式，盘活闲置土地和厂房等资源；南康区通过限租金、竞地价，政府回购回租等政策，引导社会资本投资建设标准厂房，实现企业项目“拎包入住”。全年全市新建标准厂房面积达565万平方米，建成330.72万平方米，超额完成全年300万平方米目标。

加速完善园区基础设施。全年全市工业园区共完成基础设施投入99.94亿元，增长55.86%，增速全省第一。章贡经济开发区、南康经济开发区、宁都工业园、会昌工业园、安远工业园5个工业园区完成调区扩区，核准面积增加2283.02公顷；章贡区、瑞金市等9个工业园区污水处理厂建成并陆续投入使用，赣州经济技术开发区、全南县等10个工业园区污水处理厂建设进展顺利，园区光纤网络实现全覆盖。

【企业帮扶】 以精准帮扶为突破口，扎实开展降低企业成本、优化发展环境专项行动，加快完善市、县两级领导干部挂点帮扶企业工作机制，切实解决企业诉求，助力企业轻装上阵。全年全市规模以上企业新增231户，规模以上工业利润增长13.14%，亏损企业户数减少28.78%。

创新帮扶方式。采取市、县两级领导分级挂点方式，实现省级以上园区全覆盖、园区内规上工业企业全覆盖。开创性地建设企业精准帮扶手机APP平台，并在全省得到推广应用，有效提升帮扶效率，APP平台全年累计收到企业诉求1615条，办结1584条，办结率达98%。引进第三方开展帮扶企业评价，由1000余家重点企业对各职能部门帮扶企业进行打分，并将结果作为年终绩效考核重要依据。

落实惠企政策。组织领导和部门挂点联系帮扶园区和企业专项行动，切实贯彻执行市委、市政府90条降成本、优环境政策措施，全市企业全年减负80.73亿元。推进“一产一策”，针对各主导产业的不同特点、关键环节，先后出台《全市稀土、钨深加工及应用产品奖励暂行办法》《赣州市扶持新能源汽车及配套产业发展的若干政策》《关于支持南康家具产业创新发展的若干措施》等扶持政策。

【科技创新】 围绕产业结构调整升级这条主线，大力实施创新工程，推动工业发展从要素驱动向创新驱动转变。

完善企业创新扶持政策。出台《关于支持创新型成长型企业加快发展的若干政策措施》，从金融支持、人才引进、设备购置补贴、科技成果产业化、市场开拓等方面给创新型成长型企业予以政策扶持。重点加大科技创新项目的风险投资，为优质两型企业提供“股权+债权”的投贷联动融资服务，工业发展基金择优入股两型企业。

推动企业创新能力建设。开展企业创新能力建设，崇义章源、虔东稀土获国家技术创新示范企业称号。青峰药业“创新天然药物与中药注射剂重点实验室”获批国家重点实验室，新增省级企业技术中心3个，全市省级企业技术中心增至30户，进入全省前三。建立高新技术企业后备库，开展“百家院校科技成果走基层”等活动，7项科技成果获省科技进步奖，虔东稀土“钕铁硼薄片磁粉”等39个产品荣获“江西名牌”，新增名牌数跃居全省第一，38个产品获得省新产品证书。赣州市创业服务中心和赣州国际企业中心被认定为国家级科技企业孵化器。

推进产学研合作。与江西理工大学联合组建赣州市产业发展研究院，由江西理工大学组织专家教授和产业科研团队，为赣州市工业发展的重大决策和规划提供咨询服务，为企业及重大项目建设提供科技和人才支撑，先后完成《赣州市有色金属产业融入“一带一路”的策略与路径研究》《赣州市“互联网+工业制造”研究》等多个专题调研报告。搭建各类平台，鼓励引导企业与全国各类科研院所、大中专院校加强合作，力促产学研用协同创新。

【“两化”融合】 推动信息基础设施建设，加大传统装备、落户技术和管理模式的改造，支持信息化与工业化深度融合示范企业、示范园区建设，推进信息技术与传统产业融合创新，促进产业发展升级。

信息基础设施不断完善。推进“宽带中国”示范城市建设和农村无线宽带接入试点，加速提升全市信息基础设施水平。至年底，全市建成通信基站2.3万个，宽带互联网覆盖面不断拓宽，电信固定电话实现“村村通”“数字赣州地理空间框架”项目、赣州市数字化统一办公平台、章贡区“智慧社区”等项目建成运行。

加快推进“两化”深度融合。启动市级“两化”深度融合示范园区、示范企业认定工作，确定首批2个“两化”深度融合示范园区和15家“两化”深度融合示范企业，在资金、政策等方面给予支持。虔东稀土成为首批国家级“两化”深度融合示范企业，章源钨业、晨光稀土等6家企业成为国家“两化”融合管理体系贯标试点企业，占到全省的20%；青峰药业、群星机械等16家企业成为江西省“两化”融合示范企业，章贡经开区成为全省“两化”融合示范园区。

（撰稿　邱仁斌　审稿　林小兵）

【领导名单】

党组书记：陈冠平(9月免)
主任：肖志东
党组成员、副主任、市中小企业管理局局长：苏青生(9月免)
党组成员、市中小企业管理局局长：吴诗东(11月任)
党组成员、副主任：李芝云　李伟东　黄麟球　李华强　李　瑾(女，5月任)
党组成员、总工程师：殷　俊(10月任党组成员，11月任总工程师)
党组成员、纪检组长：王润平(9月免)
党组成员、市纪委驻市工信委纪检组长：陈大林(12月任)
副调研员：林小兵　彭小柱

工业企业简况

【概况】 2016年，全市上下抓项目、明定位、强平台、扶企业，各项工作稳步推进，全市规模以上工业增加值、主营业务收入、利税总额全面完成省下达的目标任务。全市净增规模以上工业企业167户，企业数达到1337户，列全省第二位，较上年前移一位。完成工业增加值847.9亿元，总量保持在全省第四位，比上年新增94.6亿元，增长12.6%，列全省第一；按可比价计算同比增长9.2%，增速高于全省0.2个百分点，快于全国3.2个百分点，列全省第五位，较上年前移两位。实现主营收入3577.33亿元，增长9.3%，较上年提高5.5个百分点，增速列全省第二位，排名前移五位。全市规模以上盈利企业盈利额232.09亿元，增长13.14%，较上年提高10.99个百分点。

轻重工业结构。轻工业完成增加值346.37亿元，增长11%，较上年提高5.9个百分点；重工业完成增加值501.53亿元，同比增长8.3%。轻、重工业占全市规模以上企业比重分别是40.85%和59.15%，轻工业首次突破40%，较上年提高9.79个百分点。

县域工业总量。全市规模以上工业增加值847.9亿元，较上年净增94.6亿元，其中县(市、区)工业增加值总量50亿元以上的7个，较上年增加1个；实现主营收入3577.33亿元，较上年净增453.33亿元，其中县(市、区)主营收入总量100亿元以上的12个，较上年增加2个。全市净增规模以上企业数167户，其中9个县(市、区)净增户达10户以上。

优势产业集群发展。十大优势产业集群实现主营收入355.34亿元，利润总额226.24亿元，分别同比增长11.4%和11.87%。增速回升至“两位数”增长，较上年提高9.71和11.41个百分点。其中，生物制药、现代轻纺、食品、电子信息、铜铝有色金属和稀土新材料及应用等六大产业主营业务收入增长10%以上，电子信息、现代轻纺、钨新材料及应用、食品、氟盐化工等五大产业利润总额增长10%以上。

园区平台功能。全市19个工业园区实际开发面积86.07平方千米，当年完成基础实施投入99.94亿元，增长55.86%，较上年加快49.6个百分点；招商签约资金698.72亿元，增长13.57%，较上年提高1.31个百分点。园区投产企业数1458户，较上年增加98户；从业30.46万人，增长3.59%。

重点企业效益。百户重点企业实现主营收入1028.32亿元，利润总额76.42亿元，分别增长16.76%和3.2%，较上年提高17.8%和9.08%个百分点。全市主营收入超亿元企业650户，较上年增加62户，其中超10亿元企业54户，较上年增加64户。

亏损企业亏损额。1337户规模以上企业中，亏损企业99户，亏损面7.4%，比上年减小2.36个百分点；亏损企业亏损额5.57亿元，减亏2.4亿元，降幅30.11%。其中，赣县红金稀土有限公司减亏5767万元、江西大吉山钨业有限公司减亏3196万元、世泰科江钨特种钨(赣州)有限公司减亏2372万元、江西铁山垄钨业有限公司减亏1630万元。

制造业用电量。全市工业用电量87.64亿千瓦时，总量列全省第四位，增长0.98%，增速保持在全省第八位。其中，制造业用电量52.68亿千瓦时，增长4.39%，较上年提高1.64个百分点。

产成品占用资金。全市规模以上企业两项资金占用333.71亿元，增长5.65%，低于规模以上企业主营收入3.65个百分点。其中，产成品占用资金116.6亿元，减少2亿元，下降1.68%；应收账款217.11亿元，上升10.06%。

【工业园区主要经济指标】 全市19个工业园区实际开发面积86.07平方千米，完成基础设施投入99.94亿元，招商签约资金698.72亿元，招商实际到位资金434.54亿元，投产企业1458户，共计完成工业增加值754.21亿元，出口交货值389.7亿元，主营业务收入3056.73亿元，利润总额194.36亿元，从业人员304571人。

【主营业务收入前20位企业】 全年主营业务收入前20位的企业分别是：赣州江钨新型合金材料有限公司(801797万元)、江西青峰药业有限公司(433026万元)、赣州稀土矿业有限公司(401765万元)、双胞胎饲料有限公司(394521万元)、江西耀升钨业股份有限公司(393459万元)、龙南县锴升有色金属有限公司(358019万元)、江西金力永磁科技有限公司(337940万元)、赣州华坚国际鞋城有限公司(271180万元)、赣州晨光稀土新材料股份有限公司(262935万元)、赣州美园畜牧有限公司(254515万元)、汇森家具(龙南)有限公司(253530万元)、全南晶环科技有限责任公司(238527万元)、龙南县福鑫钢铁有限公司(229431)、赣县世瑞新材料有限公司(228266万元)、赣州江钨钨合金有限公司(199869万元)、全南包钢晶环稀土有限公司(199132万元)、赣州虔东稀土集团股份有限公司(188041万元)赣州市南康区汇丰矿业有限公司(185620万元)、赣县金鹰稀土实业有限公司(168205万元)、江西依路玛稀土发光材料有限公司(166896万元)。

【利润总额前20位企业】 全年利润总额前20位的企业分别是：龙南县锴升有色金属有限公司(69155万元)、赣州江钨新型合金材料有限公司(61282万元)、江西青峰药业有限公司(42588万元)、双胞胎饲料有限公司(40988万元)、全南晶环科技有限责任公司(39381万元)、格特拉克(江西)传动系统有限公司赣州经济技术开发区分公司(39138万元)、赣州稀土矿业有限公司(38994万元)、定南大华新材料资源有限公司(38773万元)、全南晶环科技有限责任公司(25314万元)、江西耀升钨业股份有限公司(23994万元)、江西依路玛稀土发光材料有限公司(23369万元)、会昌红狮水泥有限公司(20963万元)、江西圣塔实业集团有限公司(19487万元)、赣县世瑞新材料有限公司(19816万元)、汇森家具(龙南)有限公司(19186万元)、赣州华坚国际鞋城有限公司(18402万元)、信丰恒隆麦饭石酒业有限公司(18138万元)、赣州美园畜牧有限公司(17864万元)、信丰福昌发电子有限公司(17401万元)、崇义章源钨业股份有限公司(17303万元)。

【亏损前20位企业】 年内，亏损前20位的企业分别是：江西江钨钴业有限公司(-10712万元)、世泰科江钨特种钨(赣州)有限公司(-4757万元)、燕京啤酒(赣州)有限责任公司(-3772万元)、赣县红金稀土有限公司(-3083万元)、江西盘古山钨业有限公司(-2490万元)、江西兴国南方万年青水泥有限公司(-2195万元)、江西威信工业有限公司(-1771万元)、江西铁山垅钨业有限公司(-1664万元)、寻乌南方稀土有限责任公司(-5208万元)、瑞金市中赣金属新材料有限公司(-1649万元)、赣州逸豪优美科实业有限公司(-1542万元)、瑞金市晶山纸业有限公司(-1315万元)、江西画眉坳钨业有限公司(-1298)、江西大吉山钨业有限公司(-1242万元)、江西西华山钨业有限公司(-1013万元)、阪和钢板加工(江西)有限公司(-927万元)、大余龙威钨业有限公司(-923万元)、格特拉克(江西)传动系统有限公司于都分公司(-894万元)、江西山香圆药业有限公司(-891万元)、赣州哈利科技有限公司(-883万元)、全南三扬电子有限公司(-551万元)。

(撰稿　赖建明)

综合行业管理

【概况】 2016年，赣州市工业和信息化委员会综合行业管理办公室围绕着“三年主攻工业”的目标，贯彻落实“若干意见”，开展铜铝产业推进工作、精准扶贫工作，全力做好信访维稳、老干部服务、党建等各项工作，充分发挥行业管理职能，指导协调行业发展，取得较好成绩。

【主攻工业】 承担铜铝有色金属产业推进工作，全年全市12个项目开工建设，完成投资额为18.97亿元，全市铜铝有色金属产业完成主营业务收入389.93亿元。编制《赣州市铜铝有色金属产业三年推进计划(2016—2018年)》《赣州市铜铝有色金属产业发展规划(2016—2020年)》，代市政府拟定《关于扶持赣州市铜铝有色金属产业创新发展的若干政策措施》。大力开展产业招商。全市新引进铜铝有色金属产业项目13个，共投资额28.6亿元。建立企业帮扶机制。赣州经济技术开发区管委会主持召开有关市直单位、相关银行、相关担保公司等参加的协调会，帮助江西首诺铜业有限公司解决3000万元流动资金贷款。

【精准扶贫】 组建“精准扶贫工作队”，落实人员4人(其中1名副主任、1名科级干部、2名科员)、资金50.73万元，到帮扶点结对帮扶。

(撰稿　陈　坚　审稿　王伟生)

【领导名单】
副主任(主持工作)：王伟生
副主任：赖捍真

中小企业管理

【概况】 2016年，全市中小企业围绕市委、市政府“主攻工业、三年翻番”战略部署，解放思想，强化措施，优化服务，深入开展“降成本优环境”活动，破解企业发展难题，全面提升服务能力，各项重点工作稳步推进，全市中小企业和非公经济保持健康稳定发展。全市新增中小微企业7.4万户，总户数达416611户。其中，新增中小企业近1.8万户，总户数达70706户；新增规模工业企业244户，为历史之最。非公有制经济增加值1298.9亿元，总量列全省第二位，增速9.6%，列全省第三位。

赣州市中小企业管理局(市手工业合作联社，市中小微企业服务中心)内设办公室、经济发展科、企业发展服务科、创业服务科、融资担保科、合作指导科和机关党总支，人员编制20名，在编在岗20人。下属正科级全额拨款事业单位赣州市中小微企业综合办事处人员编制9名，在编在岗7人。

【创业培训】 依托赣州创业大学培训平台，聚焦“互联网+创业、中小企业创新与变革、微营销实训”等热门课题，精心谋划，研究制定《赣州创业大学2016年培训工作方案》，积极组织培训，提升中小微企业创业能力、创新精神、管理素质以及市场开拓能力。全年举办各类培训班23期，累计培训3618人。其中创业培训班18期，培训3189人；企业成长班3期，培训316人；高管研修班2期，培训113人。引领766名学员创办企业，910名学员提升企业管理，870余名学员增资扩改，带动和影响1500多人创业就业。

【企业培育】 全年企业入规成效显著，新增224户小微企业入规；企业创新发展成果明显，48家企业被省工信委评审认定为“专精特新”企业；品牌建设再创辉煌，新认定省著名商标59件，延续认定72件；延续市知名以上商标57个，新认定市知名以上商标68个；争资争项目成果丰硕，组织申报“省2016年省级中国制造2025专项资金”项目，共有31个项目获批，扶持资金达1643.6万元，总量列全省第一。

【融资服务】 解决中小微企业融资难、融资贵问题，激发市场活力，内生动力。牵头举行2016年中小微型企业融资对接签约活动。全市共有171家银行(含分支机构)与1440家企业签约，签约总资金达145亿元，比去年增加25亿元，开创全市银企一次性签约历史最高水平；继续做大、做实、做稳“财园信贷通”“小微信贷通”和“创业信贷通”融资工作。全年通过“财园信贷通”全市发放贷款87.16亿元，完成全年70亿元目标任务的124.51%，惠及企业2166户，户均贷款402.4万元；通过“小微信贷通”全市发放贷款20.06亿元，完成全年15亿元目标任务的133.73%，惠及企业2271户，户均贷款88.33万元；通过“创业信贷通”全市发放贷款5.17亿元，完成全年5亿元目标任务的103.45%，惠及企业1473户，户均贷款35.11万元；积极培育“新三板”企业，促进直接融资。遴选100余家企业纳入“新三板”重点培育对象，全市“新三板”挂牌企业扩增到23家；赣州市中小企业信用信息服务平台进展工作顺利，完成网站和域名申请，中小企业信用信息数据库管理制度建立。

【基地建设】 推进小型微型企业创业创新示范基地建设，组织申报国家和省级小型微型企业创新创业示范基地工作，赣州市小企业孵化基地获得国家小型微型企业创业创新示范基地称号，宁都电商双创示范基地、信丰信明电商产业园获得省级小型微型企业创业创新示范基地称号；启动2016年全市小微企业创业园创业风险补偿引导基金运行试点工作，全市4家园区入选2016年省级小微企业创业园创业风险补偿引导基金试点园区名单；牵头组织开展市级小型微型企业创业创新示范基地认定，10个县(市、区)的基地被认定为市级小型微型企业创业创新示范基地，为历史最多。

【服务平台建设】 打造中小企业服务平台，解决企业发展需求。市中小微企业服务中心服务功能进一步完善。通过政府“搭台”、机构“唱戏”的形式，把创业者和中小微企业请“进”来培训，中心共受理服务2.1万人次。组织服务机构走“出”去，上门调研服务，组建服务联盟和专家团不定期开展公益性、联动式服务。全年服务中心入驻机构累计为10504户中小微企业提供23433人次服务。其中，还贷周转金管理有限公司全年为372家企业解决还贷搭桥资金23.82亿元，实现政府、企业、中介机构的多方共赢。6月14日，时任省委副书记、省长鹿心社莅临服务中心视察指导工作，对全市整合资源要素、创新服务平台建设，全力帮扶中小企业健康快速发展的做法给予充分的肯定。加快推进中小企业服务平台建设。严格开展第五批市级平台认定工作。认定12家市级中小企业公共服务示范平台。完成省级平台复核工作，赣州市钨与稀土检验检测公共服务平台、南康家具产业服务平台和赣州市中小企业综合服务平台等3家平台列入全年省级中小企业发展专项资金支持项目。

【精准扶贫】 扎实开展精准帮扶工作。产业扶贫效果显著，成立注册资金1000万元的“龙西专业合作社”，协助规划26.67公顷蔬菜和13.33公顷甜叶菊种植基地，动员吸纳38户贫困家庭以租让闲置土地、人员就业等形式加入合作社，户平年增收2500元；帮扶资金落实到位，安排15万元用于支持赣县区白鹭乡龙溪村扶贫产业建设，为全乡帮扶资金最多、资金到位最早的挂点单位，深受乡村干部和农民群众的好评。争取区扶贫办在龙溪村开展农村专业合作社贷款试点，为22户社员放贷86万元。联系农发行为龙溪村合作社贷款，为7户社员放贷35万元，有效解决合作社和贫困户产业发展的资金问题。基础设施得到改善，2016年为龙溪村修建通组公路3.1千米，安装太阳能路灯9盏，新建村垃圾处理池1座，安放垃圾箱15个，新建休闲广场1座，新建变压器1处，改造电路3千米，建设农村保障房3套。全年有5户贫困户脱贫。

【联社工作】 开展手联社养老补助年审工作。大集体企业退休人员养老补助列入2016年江西省民生工程实事。年内，全市未参保城镇联社集体退休人员年审合格人数为8225人，市县财政安排资金1092.14万元，将联社大集体企业退休人员养老生活补助标准由每人每月355元调整为375元。原市联社大院棚户区改造工作圆满完成。及时拨付联社自管公房住户65.9万元棚改补助资金，解决棚改户购买棚改保障性住房的资金问题。争取联社资产征收补偿金，配合棚改工作组完成大院住户腾退工作。

（撰稿 叶远飞 审稿 吴诗东）

【领导名单】
局长：吴诗东
副局长：卓秋生 冯永洪
副调研员：何俊勇 曾 桥

江西大吉山钨业有限公司

【概况】 2016年，江西大吉山钨业有限公司完成钨精矿2800吨，为年计划的106.87%。现价工业总产值1.66亿元，下降4.83%；工业销售产值1.38亿元，下降37.69%；工业增加值1.21亿元，下降0.47%；主营业务收入1.37亿元，下降38.06%。利税总额为1764万元，增长2361.54%。其中，利润为-1067万元，增长75.97%。资产总额3.86亿元，下降3.98%；固定资产净值平均余额9884.86万元，下降7.48%；流动资产平均余额1.12亿元，下降24.83%；负债总额3.34亿元，增长1.73%。年平均从业人员1254人，工业增加值全员劳动生产率人年8.57万元。

【生产经营】 在井下开采中段急速下移、出矿点逐年萎缩、调品难度大的情况下，制定针对性措施。在新生附产矿石上做文章，加大现采现掘力度；有保有压，控制品位低、含泥量高的大采出矿，加大小采存窿出矿；加大采掘运生产准备工作力度，狠抓备采矿块、掘进和出矿退路，确保生产平稳有序接替；严格废石充填管理，加强废石充填地点的准备工作，做好废石充填；实施3次大爆破工程，确保出矿退路和出矿品位调节。通过系列工作，生产组织得到优化，出矿品位总体得到保证，保障精矿任务完成。

三坑口在存窿出矿、竖井提矿、中段卸矿机台中开展“比素质、比安全、比效益、降成本”劳动竞赛，四坑口开展“重安全、控成本、赛成效、比节余”劳动竞赛，选厂开展以工段任务达标赛、高产优胜班组赛、降尾优胜班组赛为内容的“保安全、创佳绩、迎七一”劳动竞赛，公司上下掀起全员立功创一流的生产热潮。

加强采掘作业技术管理，制定《采矿技术人员扣分制考核细则》，出台采矿场矿脉摆放激励措施，提高采掘工程质量；加大顶、底、间柱资源回收力度，累计回收顶底间柱矿石量1万余吨；实施井下专项工程，解决生产瓶颈。年内，公司采矿贫化率下降1.77个百分点。选厂突出粗选“效益型”开车、重选“554”开车和精选“三合二”开车模式，狠抓现场操作管理，强化设备点检和维护，选矿实收率为84.65%，提高0.04个百分点，选矿“粗重精”三段尾矿指标为近10年来最高水平。

【教育培训与现场管理】 强化安全责任落实。坚持每两月召开一次安委会会议，贯彻落实上级安全工作要求，研究部署各阶段安全生产工作；坚持公司领导、中层干部下井带班、跟班制度和工区队段干部提前进班、带班制度；落实各级干部反“三违”任务和责任，对查处的“三违”现象及时在公司局域网和宣传栏上曝光。

教育培训常抓不懈。落实年度安全教育培训计划，强化管理人员知识、能力和员工意识、技能的培训，全年公司和各单位、科室组织开展各类培训200期，培训员工9168人次。大力开展安全文化建设活动，开展“夫妻携手签约保安全”“全员安全教育培训周”“事故案例回头看”“安全、文明伴我行”主题教育系列活动，组织员工子女巡回各生产单位安全演讲，举办安全环保职业卫生知识竞赛、安全征文等活动，员工安全生产的意识和自觉性得到增强。

现场管理扎实有效。加强重要部位和重点环节的管理，强化尾矿库、提升设备、爆破作业、示范基地建设工程等安全监管，狠抓通风防尘工作，完成井下通风系统整治工程。坚持开展安全标准化建设活动，在往年推行的管理、现场、操作3个标准化建设的基础上，增加班组安全标准化考核内容。强化隐患排查与整改，做到日常检查、专项检查与综合检查相结合，确保安全生产。全年企业未发生重伤以上事故和环境污染事故，实现安全生产目标。

抓好环保和职业健康工作。对放水窿井下废水处理加药平台更新改造，安装PAC自动投药机，实现自动给药；加强选矿作业废水排放管理和监督检查，定期取样送检、跟踪监测，确保废水排放达标。调整部分岗位员工的劳动保护用品发放标准，开展全员职业健康检查工作，完善健康档案建设。企业先后通过省矿业联合会组织的国家级绿色矿山试点单位评估验收，省环保厅组织的对1号尾矿库隐患治理暨闭库、2号尾矿库隐患综合治理工程建设项目竣工环评验收。

【示范项目】 在巩固低品位回收和细泥回收2个项目建设成果的同时，加快钽铌钨资源开发利用项目建设进度。加强与施工单位的协调沟通，落实施工计划进度，现场解决有关问题，10月，钽铌项目3个标段的预定建设任务全部完成，从9月开始进行单台设备直至整体联动试车。做好示范基地总结验收工作。本着“从早、从细、从实”的原则，细化每个项目总结验收的责任人员和完成时间，收集整理工程施工相关资料，健全项目台账，完成3个项目的总结材料。钽铌项目的竖井、选厂、35千伏变电站等工程10月通过集团公司组织的竣工验收，中介机构于12月完成钽铌项目的竣工审计。

【管控增效】 强化资金管理。做好筹融资工作，严格资金管理，继续压缩各项管理费及非生产性支出，管理费下降18.28%，其中12项可控费用下降22.54%。

突出节能降耗。根据井下作业情况，合理选择压风机的大小和开动数量，合理安排节假日主扇停开，降低电力消耗；优化井下防洪排水系统，实施水泵、管路改造，提高排水效率，年节电12.78万千瓦时；强化选矿生产连续性开车，做好回水循环利用，加强各水泵站上水效率的调控，选矿单耗下降0.1千瓦时/吨。全年全公司用电量同比减少125万千瓦时。

严格物资管控。坚持对自行采购物资实行比质比价，做好清仓利库，盘活库存物资。执行材料计划和物资管控发放有关制度，防范物资流失和浪费，全年公司材备料消耗下降14.72%。

实施减员增效。本着定员定编“从严从紧”的原则，停止新招人员，对退休、辞工、自然减员的单位、部门采取内部调整消化、兼岗并岗的办法，年平均用工减少70人。

做好利废变现。做好废旧物资的回收和销售工作，全年废旧物资销售收入增加11.83万元。加强选厂废石、废砂的管理和销售力度，全年同比增加收入154万元。

用好优惠政策。用实省政府出台的“降成本优环境80条”优惠政策，全年共减少成本费用支出96.6万元。

【企业管理】 开展对标管理。选定8个关键指标和5个常态指标，将对标管理工作纳入单位、部门的年度考核体系中。开展采矿台班物料消耗专项对标工作，提高台班成本节约意识。通过对标活动，提升全员劳动生产率，全年选矿作业成本比标杆值低7.29元/吨，废石选出率高于标杆值1.32个百分点。

企业管理基础。强化经济责任制考核，加强对外聘工程队监管，督促工程队为从业人员建立“基本医疗保险”“工伤保险”“生育保险”。加强人力资源管理，组织2批共12名机关干部到基层单位挂职锻炼，对重要岗位和工程技术人员分批次进行岗位互换；加强员工技能与素质培训，全年各单位开展岗位技术比武赛17次。开展土地、采矿权、账外固定资产和尾矿库资产调查工作，建立和完善各类资产台账。规范废石销售管理和食堂物资采购管理，开展年度“员工满意食堂”评比、档案管理星级评比等活动，组织进行历史老档案资料清理，企业管理基础工作得到加强。

【科技创新】 召开2014—2015年度科技工作会议，表彰奖励在科技创新工作中涌现的先进典型和优秀成果，明确科技工作的任务、要求。修订公司《科技工作管理办法》，新增部分奖项，提高奖励标准，加大科技工作激励力度。加强专业技术人员管理，在2个坑口推行工程技术人员挂点挂牌制度，增强专业技术人员的工作责任心和服务意识。与赣州有色冶金研究所进行《大吉山硫化矿高效清洁化利用新工艺研究及应用》项目合作研究，开展“矿仓矿量红外线控制装置”实用新型专利申报工作。推动新产品、新设备应用，开展智能图像选矿机应用的调研与适用论证，引进井下接杆钻机10套、锯齿波跳汰机1台、井下水泵远程遥控装备1套等。大力开展小改小革活动，全年各单位完成小改小革15项，实施合理化建议16项，企业科技工作有新的起色。

(撰稿　谭国珍　审稿　陈润平)

【领导名单】

总经理：蓝　斌

党委书记：薛平洋

副总经理：王正友

副总经理、工会主席：肖光彬

副总经理：吴均成　李新恩(4月免)

江西盘古山钨业有限公司

【概况】 江西盘古山钨业有限公司

（简称盘钨公司）前身为盘古山钨矿，2004年8月利用原企业有效资产组成，现隶属于江西钨业集团有限公司，是一个钨铋共生多金属中型矿山。矿区位于江西省于都县盘古山镇境内，矿区面积16平方千米，成矿面积1.2平方千米。年处理原矿量18万吨，主产品为黑钨精矿、白钨精矿，副产品为铋精矿、钼精矿。

公司设总经理办公室、政治工作部、安全环保部、生产技术部、企业策划部、人力资源部、财务部、供销部等，下设竹山坪坑口、一坑口、二坑口、三坑口、选矿厂、设备工区等6个二级单位。有职工554人，其中工程技术人员39人，大学本科以上学历人员16人。

【经营指标】 2016年生产钨精矿651.05吨，为年计划的100.2%，增产50.82吨；生产铋金属83.89吨，为年计划的119.8%，增产21.38吨；生产钼精矿5.07吨，为年计划的101.5%，减产1.80吨。全年销售钨精矿610.234吨，销售铋精矿0.32吨，销售钼精矿（45%）37.01吨。实现营业收入3811万元，增加收入468万元。其中，主营业务收入3748万元，增加收入478万元。实现工业总产值（现价）4307万元，为年预算的105.0%。实现工业增加值（现价）1678万元，为年预算的167.8%，为调整预算的119.8%。利润总额-2490万元，为年预算的99.6%。经济增加值-2918万元，为年预算的104.2%。钨精矿单位成本90707元/吨，与年预算91000元/吨相比下降293元/吨。

【安全生产】 盘钨公司全面落实安全环保主体责任，严格执行领导干部下井带（跟）班制度，不断强化作业现场的监督管理和雨季汛期的隐患排查治理，开展全员安全培训、安全竞赛、警示教育和应急预案演练，综合提升全员安全意识和应急处置能力，不断深化职业卫生和环保工作，全年实现安全生产，未发生环境污染事件。

年初，盘钨公司制定经济责任制考核办法，将江西钨业集团有限公司下达的各项生产经营指标进行层层分解。为完成全年任务目标，针对出矿品位低的现状，调整采掘生产布局，提出“高品位采场强采强放、低品位采场少采少放”的工作思路，全年出矿品位大于0.3%以上的采场同比增加1个，出矿年均综合品位达到0.28%，比年计划提高0.03%。

合理安排生产作业天数，最大限度减少机采机选一线节假日放假时间，每天延长作业时间1小时以上，同比增加生产作业天数4.5天，同时抓好工时利用率，提高劳动生产效率，全年台班出勤率达到92%以上，采矿台效56.25吨/台，比计划提高2吨/台，掘进台效2.66米/台，比计划提高0.1米/台。

【资源接替】 本部探矿。4月，盘钨公司召开产能接替暨深边部探矿技术研讨会，确立以老矿山找矿和2000米科技钻孔成果为指导，重点强化深边部的东部探矿工程。10月再次召开探矿方案专题现场办公会，制定215中段东南角向东探，95中段04线向南探，35中段尽早进入04线的探矿工作方案，尽最大能力延长服务年限。

小东坑矿业建设。继续勘查项目完成全部工程量，完成坑探3001米，完成坑道内水平钻952米，钻探终孔37个21238米，刻槽取样完成885个，并通过省国土资源厅组织的野外验收。正准备详查报告资料编写，争取及时提交详查报告备案，为2017年办理采矿权证做准备。

【成本管理】 提质增效。指导主要生产单位开展以“产量、质量、成本、效益”为主要内容的对标挖潜活动，全年采矿贫化率为61%，比计划减少4%；掘进合格率达98.3%，比计划提高0.3%；全员物劳动生产率1.11标吨/（人·年），超对标标杆值的0.11吨/（人·年）；采矿成本52.97元/吨，与标杆值相比降低1.03元/吨，选矿单位成本46.76元/吨，与标杆值相比降低8.24元/吨。

降本增效。14项可控费用支出下降19.2%。其中，办公费下降2.9%，业务招待费下降8.1%。加大清仓利库力度，严控物资采购。全年采购物资成本降低7.2万元，修旧利废26.6万元，采购物资金额712.15万元（含税），减少采购资金141.17万元（含税），降幅16.59%。同时，贯彻落实省委、省政府80条惠企政策，对接于都县委、县政府106条惠企政策。全年享受到惠企红利64万元。

减员增效。至12月底，职工总数554人，机关部室人员同比上年减少17人，总用工比2015年减少85人，节约人工成本（五险一金，不含工资）149万元。

（撰稿　陈　麟　审稿　杨植根　丁志纯）

【领导名单】

总经理：邱国斌（3月免）

副总经理（3月起主持行政工作）：杨植根

党委书记、纪委书记：

　钟友根（3月免纪委书记）

纪委书记兼工会主席：张育桂（4月任）

副总经理：熊平根　钟益民

　　　　　吴良明（3月免）

崇义章源钨业股份有限公司

【概况】 崇义章源钨业股份有限公司始创于2000年，为集钨采选、冶炼、制粉、钨材与硬质合金生产和深加工、贸易为一体的集团企业。2010年3月31日在深交所挂牌上市，是江西省钨行业唯一上市企业。至2016年，公司注册资本为9.24亿元，总资产为33.12亿元。2016年，实现营业收入13.11亿元，实现税金1.30亿元。公司荣获国家科技进步二等奖、江西省科技进步一等奖、江西省科技进步三等奖、江西省专利奖、中国驰名商标等荣誉。

【安全环保】 公司全年未发生环境污染及群众上访事件。

矿山板块。采取积极防控措施，杜绝工亡、重伤事故，重大设备、火灾事故的发生，全年工伤事故发生率下降44%。石雷钨矿《职业危害事故应急预案》及“职业病危害控制防护设施”通过市安监局评审、验收。淘锡坑钨矿废石堆场生态修复工程成功获得200万元国家重金属污染防治专项资金，完成项目拦渣墙和截排水沟前期工程。新安子钨锡矿新购置COD及氨氮分析监测设备，能自行采样化验、监测及传输数据。

深加工板块。通过全面落实安全生产主体责任，抓好安全教育培训，加强安全检查，落实隐患整改，有效地杜绝重大火灾、爆炸事故及重伤以上事故的发生。新建1台生物燃料锅炉，替代原有2台燃煤锅炉，通过质检、环保部门验收投入使用，实现清洁能源替代原煤，大大减少污染物排放。

【科技创新】 全年获得国家及省部级科技奖项4项，其中“铵盐体系白钨绿色冶炼关键技术和装备集成创新及产业化”项目获得国家科技进步二等奖及江西省科技进步一等奖，“微细粒钨细泥高效选矿新技术与新装备研发及产业化”项目获得江西省科技进步三等奖，“改进型碳化炉”专利获得江西省专利奖。

知识产权。年内，“章源及图”商标被国家工商总局认定为“中国驰名商标”，公司成功晋级中国钨行业“中国驰名商标”三甲。公司申请专利14项，授权专利10项，其中发明专利6项，实用新型专利4项。

技术改造。冶炼厂针对钨渣、除钼渣、废水站污泥列入《危废名录》管理的新规定，开发钼渣中的钨、钼、铜分离技术，其中钨、钼、铜的回收率均达到90%，提高资源的综合回收利用率；开发钨冶炼废水污泥处理技术，实现污泥二次利用，大大减少废水中的污泥含量，环保效益和社会效益显著。粉末厂十五管炉的自动化改造调试成功，新到的2台还原炉自动化设备开始投料生产，运行稳定，大大提高生产效率。

产品开发。合金厂新开发冷镦模13个牌号，超细颗粒5个牌号，拉丝模2个牌号，异型类合金40多个型号，刀片2个牌号，部分产品形成批量生产；对YT类合金牌号进行工艺优化，产品投入市场得到客户认可。澳克泰完成刀片新产品设计共计472款，模压棒材4款、挤压棒材45款；钢件铣削、铸铁铣削牌号开发完成，形成生产销售，在原有涂层刀片产品的基础上，完善新产品结构，丰富铣削加工应用领域的产品系列，扩大公司产品市场份额。

【企业管理】 公司加快两化融合的步伐，重点推进EPR-NC系统升级和MES项目。ERP-NC系统升级成功上线，进一步建立形成企业统一财务核算平台和企业物料采购、仓储、转移、销售全过程管控，确保会计信息的完整性、准确性、及时性和可比性。持续推进生产控制系统MES项目的实施，澳克泰推进工作效果显著。

（撰稿　钟芳兰　审稿　赖昌洪）

【领导名单】

董事长：黄泽兰
总经理：黄世春
常务副总经理：赵立夫
党委书记、监事会主席：张宗伟
财务副总经理：范迪曜
矿山副总经理：黄　文
董事会秘书、副总经理：刘　佶(女)
销售副总经理：石雨生
行政副总经理：赖昌洪
技术副总经理：黄泽辉
总经理助理：谢海根　钟瑞光
张新玲(女)　黄如红(女)

江西耀升钨业股份有限公司

【概况】 2016年，江西耀升钨业股份有限公司注册资本2.68亿元，总资产16.9亿元，从业人员2600多人，有2个直属矿山、3个全资矿业公司(含矿山)，4个钨制品加工厂，2家四星级酒店，1座水电站。公司主营业务为钨业，形成采矿、选矿、冶炼、制粉、硬质合金、贸易为一体的生产、加工、制造、销售全过程完整产业链条，具备年生产钨精矿3000吨、仲钨酸铵(APT)1万吨、氧化钨6000吨、钨粉4000吨、碳化钨粉2500吨，喷雾混合料2000吨、硬质合金棒材800吨、球齿400吨生产能力。公司是江西省钨钢合金工程技术研究中心，江西省省级企业技术中心，国家高新技术企业，国家绿色矿山示范企业。公司被授予“江西省优秀企业”“江西省杰出矿业企业”“江西省知识产权优势企业”称号，公司工会被授予“全国模范职工之家”称号。

【生产经营】 公司随市场适时调整生产规模，5月，对部分矿山增加生产任务，矿山及时调整生产时间、模式，工厂采取调整台班、停产检修、对外代加工等措施调整生产，适应市场变化，稳定职工，取得成效。根据钨市场行情，调整营销策略，稳住大客户，开拓新客户，竭力增销量，降低风险率。耀升国际饭店通过微信平台、网络营销、跑市场、揽客源、强培训，增强市场竞争力，营业利润比上年增加68%。西湖工程管理站充分利用天时雨水充沛的好时机，加班加点，发电量创历史最高水平。金龙大药房连锁公司改革管理经营模式。全年公司完成主营收入8.08亿元，实现税收3762万元。

【安全生产】 充分利用班前会，以及组织人员到省、市、县和公司自行组织进行安全培训，狠抓安全教育。严厉处罚违章指挥、违章操作、违反劳动纪律的“三违”人员。实施每周、每月、每季进行安全检查制度，对查出的安全隐患及时整改。开展安全消防等应急演练，提高应急快速处置突发事件的能力。加强保卫值班、检查、巡逻、监控，加强车辆、网络、财务、档案、防火、防盗、防汛等安全工作。通过各种安全措施，提高安全意识。

【环境保护】 完成茅坪矿井下充填系统等项目的环评报告书或现场环评验收工作，加强固废存放处置工作，充分发挥公司环保检测站作用，做到随时掌握各排污口指标情况，较好地完成省、市、县对环保的抽样、检查、督查、调研等工作。

【资源利用】 完成茅坪矿及锡坑矿钻探钻孔5个、工程量1998米；完成慧敏矿业扩深材料的申报并获省国土资源厅批复；完成矿山证照年检、换证等工作，确保矿山证照的有效性。

【降本增效】 对旧老用电设备及线路进行改造，加强尾矿回收率和单耗检测，严抓材料设备、办公用品采购和领用，严守出差报账程序和标准，严控赣州市外出差派车，严管客饭及外派客饭接待，新增自助餐接待客饭方式，撤离白石坳探矿区生产材料、设备，封存白石坳探矿区原生产出窿口等。通过系列管理措施，降低成本。

【技术创新】 对厂矿部门主要负责人进行较大范围的人事调整，大胆起用管理能力强、有专业知识的年轻人担任主要负责人，同时对茅坪矿的管理体制进行改革。技改生产设备、工艺流程，提高质量，增加产能，降低成本。启动茅坪矿井下充填系统工程建设，计划在2017年4月底前完成调试运行。创新生产工艺。多金属精选厂开展“锡石中有价元素的分离”科研项目，尾砂钨品位控制在1%以下，全年增收110万元，达到同行业的先进水平。茅坪选厂改进选矿工艺，提高跳汰产品、细泥选别的回收率；矿山井下实施采矿新工艺和废石就地充填技术，大大提高采矿回收率，减少运矿成本和采空区安全隐患。加强招标采购材料设备验收和每月质量反馈工作，提高效率，节约成本。

【项目建设】 向上申报专项、科技等项目12个，获批项目8个、下达项目资金278万元。向上申报评先评优、著名商标等项目9项。实施茅坪井下充填系统、机关办公区域改造及其他零星工程，与往年相比大大压缩项目工程投资。协调处理部分征山征地等新老问题及纠纷。完成耀升钨业股份制公司换届工作，选举产生公司第二届董事会、监事会成员。

【党群工作】 推出“四带头、五作用、六落实”工作理念，改造新建“党建文化长廊”，开展党费补交、党员挂编档案清理、“两学一做”学习教育工作。加强党员学习教育和上党课工作，建立党员学习QQ群。新发展党员4名，培养入党积极分子8名。进行首次公司党委、纪委换届，选举产生第二届公司党委、纪委班子成员，撤并金龙药业党支部。开展庆祝“三八”“五四”“七一”“八一”等活动，召开公司三届五次职工代表大会。

【职工帮扶】 投入资金860多万元为职工办理工伤、社会、医疗保险等职工福利事业。在公司亏损、经济异常困难的情况下，年内，每月按时发放职工工资共1.3亿元。开展走访慰问工伤、困难职工及家属，开展金秋圆梦、帮扶济困、技能竞赛、职工维权等活动，妥善处理来信来访、各种理赔、劳动争议。为职工解决住宿、食堂、公交车等职工关心的热点难点问题。充分发挥员工的建言献策及监督作用，“董事长信箱”信件“直通车”方式效果明显。组织各层次人员到省、市、县参加各种知识培训，组织党员到思顺王尔琢墓等地，接受传统教育，学习创业经验，坚定发展步伐活动。承担社会责任，为帮扶济困、筑路修桥等社会公益事业捐款捐物贡献力量。

（撰稿 甘业书 审稿 郭 涌）

【领导名单】

董事长、总经理：郭华彬
常务副总经理：刘小平
副总经理、董事会秘书、财务总监：
　卢和铭
副总经理：郑福军
董事：郭华英
监事会主席、党委书记：
　江兴明（2月任党委书记）
副总经理：崔宇明（2月免）
党委书记：张湖燕（2月免）
总工程师：刘 刚（1月免）
总经理助理：郭 涌

江西中烟工业有限责任公司赣州卷烟厂

【概况】 江西中烟工业有限责任公司赣州卷烟厂位于赣州经济开发区香港工业园北区中心区域，占地48.67公顷；国家烟草专卖局批复总投资24.75亿元（其建筑及公用工程和非烟草专卖设备概算17.04亿元）；年生产能力60万箱（一期实施年卷包能力40万箱），并适当留有发展余地；一期总建筑面积约15.39万平方米，新建联合工房、生产管理用房、职工倒班宿舍、动力中心、仓库、污水处理站等9栋生产性建筑及配套建筑设施，其中联合工房建筑面积8.79万平方米；生产管理用房（含后勤保障用房）建筑面积1.49万平方米；职工倒班宿舍建筑面积为5938平方米。2013年11月企业挂牌成立，2013年12月正式投料试生产。2016年，企业共生产卷烟49万箱，有小幅增长，其中自主品牌33万箱，合作品牌16万箱。至年底，共有在岗员工1075人。

【卷烟生产】 2016年，生产卷烟245亿支（49万箱）（含〈双喜、七匹狼〉合作加工品牌）。生产“赣”2.01亿支（0.40万箱），金圣30.13亿支（6.035万箱）“庐山”132.77亿支（26.55万箱）；合作生产七匹狼卷烟25.05亿支（5.01万箱），双喜51.97亿支（10.39万箱）。全年万元产值综合能耗为13.59千克标煤/万元，万支卷烟综合能耗为2.34千克标煤。烟叶、滤棒、盘纸平均消耗（折算为标准口径）分别为6.74千克/万支、2515.37支/万支、594.87米/万支。水、电平均消耗分别为0.08吨/万支、9.26度/万支。

【企业管理】 以“工作上水平”为目标，强化目标引领、提质降耗和标准执行“三大意识”，瞄准公司先进企业和合作生产企业的各项主要技术经济指标，按照车间、班组、机台、岗位四级模式，层层落实责任，细化分解定额指标5类129项，创新推出降本增效“红绿榜工作法”，构建“1150”的质量风险防差错体系，制定发布管理和技术标准110个，全年各项主要技术经济指标完成情况良好，14项质量内控指标全部达标，16项对标指标同比进步13项，对标指标提升率为81.25%；在省内4家企业中，6项主要成本消耗指标有3项排名第一、3项第二；与南烟对标差距逐步缩小，同比优于南烟的指标有4项；与广东、福建和行业平均指标进步明显；国家局上半年通报显示，赣州烟厂16项行业对标指标提升率达93.33%，居行业第一。

【精益管理】 以“精益管理做除法”为指导思想，牢牢把握“精益管理降本增效是内容”的基本定位，坚持高起点谋划、快速度推进，通过转变思想观念，营造文化氛围，实施课题攻关，强化检查考核，全年累计实现降本增效目标930万元(超出公司目标200万元)，其中，烟叶和修旧利废分别节约713万元和208万元。动力、成型和卷包制丝车间分别评为全国现场管理五星、四星和三星级现场，获评的等级高、数量多，车间现场管理水平均达到国家级标准。在行业第9期厂长培训班上作典型发言。企业主要负责人撰写的《念好“四字诀”，谋求精益管理工作新成效》一文，在国家局内网“领导干部谈精益”栏目中刊发。

【人力资源管理】 采取“请进来，走出去”的方式，聘请合作生产方的专家和名师现场对新进员工点对点传授和指导操作实战技能，外送机电和工艺人员学习弱电和工艺质量，分批次、有针对性地赴青岛、襄阳烟厂和青州培训中心交流学习精益管理和班组建设，与高校联手开设4个专业机电维修技能班，聘请国内知名咨询公司举办三类管理人员素质提升班。全年累计举办各类培训172期，共有3920人次接受培训教育，其中企业内部培训98期共计3450人次，外送培训74期共计470人次。高级技师和操作类技师实现“零突破”，技师从建厂之初的18人增加到现在的40人，初中高级工共增加173人。赣州卷烟厂首次选派参加行业技能竞赛，取得全国第四名，受到国家局表彰，实现历史性突破。

【安全生产】 以全面落实新《中华人民共和国安全生产法》为主线，以“求精益、强落实、上水平”为工作总思路，以岗位安全达标为主载体，通过落实责任、管控过程、宣传引导，安全生产各项工作取得明显进步，“精益+标杆”双轮驱动的精益安全管理模式得到国家局肯定，安全生产工作被公司评为“先进单位”。

【公益活动】 年内，江西中烟赣州卷烟厂，多措并举抓实精准扶贫工作。对口精准扶贫赣州市潭口镇坳上村。协助帮扶对象申报有关帮扶项目资金，帮扶83人享受教育精准扶贫资金，共发放资金10.37万元，帮扶11户村民享受农业产业扶贫资金，共发放资金4.71万元。完成基础设施建设，坳上村中心村建设完成马头墙建设3782.85平方米，修建村庄主道512.4米，通户路368.6米，改水35户，改厕31户，通过努力使坳上村的扶贫户生活水准有根本性的提高。

(撰稿　李　明　审稿　姚　萍)

【领导名单】

厂长、党委副书记：何善懋

党委书记：黄　平

副厂长：李伟忠

党委委员、副厂长：雷开福

副厂长：汪新华　邓宜平

党委委员、纪委书记：丁声文

上犹江电厂

【概况】 2016年，国家电投集团江西电力有限公司上犹江水电厂应对复杂严峻形势，团结带领广大干部职工，围绕效益，强化发展，统筹兼顾，持续建一流，确保安全生产、经营管理、企业发展、员工队伍的全局稳定，较好的完成江西公司下达的各项目标任务，实现“十三五”的良好开局，企业取得建厂近60年以来最好经营业绩。

上犹江电厂以赣州市为中心，管理区域遍涉上犹、瑞金、于都3县(市)的4个电站。管理上犹江、留金坝、跃洲、峡山4座水电站，建设、运维上犹仙鹅塘风电项目，装机从上犹江1站4台7.2万千瓦变为区域4站12台共16.31万千瓦。含风电管理容量19.63万千瓦。

【安全生产】 坚持“安全第一、预防为主、综合治理”的安全生产工作方针，贯彻落实新《中华人民共和国安全生产法》和集团公司《安全生产工作规则》的相关规定，夯实安全生产基础，全面落实各级各类人员安全生产责任制，构建起组织领导、技术保障、安全监管、责任追究的安全生产管理体系。在“一厂四站”管理的新格局下，区域安全形势进一步巩固，陡水电站连续保持24年无事故记录，年内区域安全生产366天，全年实现3个“安全百日无事故”记录，至12月31日，陡水电站安全运行8820天、留金坝电站3195天、跃洲电站1471天、峡山电站1356天，工程建设安全施工无事故、“零”伤害，实现全年安全生产“十不发生”的管理目标。

【经营管理】 深入普及“五化管理”，强化执行力，科学管控，落实资金预算，规范物资管理，对生产指标对标细化控制，并开展相对水位控制竞赛活动。全年完成发电量9.62亿千瓦时，增长3.66亿千瓦时，完成年初计划的173.97%，厂属4电站年发电量均创历史新高，其中陡水电站发电量首次突破4亿千瓦时大关，创建厂59年来最高纪录。区域综合厂用电率1.90%，大大低于年初计划值。年内集团公司装机20万千瓦以下运管型水电厂5项对标指标(人事费用率、人工成本利润率、劳动生产率、劳动分配率、人工成本占总成本比重)中，上犹江全部指标都为最优值单位。区域营业收入首次突破3亿元，累计盈利1.43亿元，实现以江西公司2.5%的装机容量创造近14%利润奇迹，经营效益提升显著。

【企业发展】 立足清洁能源，以水电为主，发展光伏和风力发电，以赣南为中心向四周辐射，主动承接上级公司内部仙鹅塘风电包建项目，持续跟踪赣州上犹江引水工程项目，顺利完成跃洲、峡山2处新建电站单位工程验收和抬田移民验收，深入研究光伏扶贫开发政策，跟进瑞金市、龙南县、赣州经济技术开发区等赣南地区光伏项目，寻找赣南及周边较好的已测风风资源项目，企业发展持续推进。

（撰稿 张 庆 审稿 蔡泽洪）

【领导名单】

厂长、党委副书记：蔡泽洪

党委书记、副厂长：赵冬冬

副厂长：朱洪广

纪委书记、工会主席：傅光荣

总工程师：叶 盛

调研员：曾隆峰

华能瑞金电厂

【概况】 华能瑞金电厂是中国华能集团公司（简称集团公司）为支援赣南革命老区经济发展而投资建设的红色项目。电厂位于江西省赣州市，东临贡江，北靠323国道和京九铁路，南濒厦蓉高速公路，距赣县区和赣州市城区分别为14千米和19千米。厂区占地面积约106.6公顷，规划容量为2×350兆瓦+2×1000兆瓦，分两期建设，留有再扩建条件。

2016年，瑞金电厂按照“提升管理创效益、改革创新促发展”的工作思路，适应国企改革和电力体制改革新形势，抓好安全生产、提高经济效益、加快企业发展、加强党的建设，更加注重提升管理、更加注重改革创新、更加注重转型升级、更加注重人才强企，提质增效、进位升级，各项工作进展有序。

【安全清洁生产】 圆满完成春节保电、两会保电、G20保电、国庆保电等任务；顺利完成2台机组超低排放改造，确保电量及电价补贴按时到位；节能工作取得好成绩，再次获得中电联大机组竞赛一等奖、供电煤耗和厂用电率单项最优奖，2号机组获得集团公司小指标全优机组称号。全年完成生产供电煤耗308.38克/千瓦时，下降0.92克/千瓦时；完成生产厂用电率4.64%，上升0.01个百分点；未发生人身轻伤以上事故及一般以上设备事故，生产、经营、政治和形象安全总体稳定，累计安全运行3185天。

【提质增效】 争发电量，通过协调沟通在煤价上涨前多发电量1.61亿千瓦时；协调市发改委行文报省能源局申请增加年度电量计划，争取到2016年园区打包交易电量利用小时90小时，并落实煤炭库存奖励电量50小时，使市场交易电量占有率高于容量占有率1.29百分点。大力保煤控价，紧抓厦门港“海转陆”生命通道，上半年确保高库存，为电厂应对煤价大幅度上涨提供有力保障；准确研判市场，下半年市场价格直线上涨的形势下连续提早订货9船进口煤，并通过控制水尺偏差、控制途损、派专人确保盈装等精细化管理手段，有效节约燃料成本。巧力优化融资，利用短贷置换长贷3亿元，利率由5.3%下调至3.915%；利用自有资金，提前还贷，减少贷款规模1.68亿元；另外，利用承兑汇票转移支付1.04亿元、贴现7953万元，降低贷款额度和资金成本。全年完成发电量30.6亿千瓦时，完成设备利用小时4372小时；完成标煤采购单价675.57元/吨。完成设备利用小时在同类机组中排名第一，在全省13家火电厂中排名由上年第9位升至第6位，与统调平均的差距也由141小时缩小到14小时；完成标煤采购单价在华能江西分公司内3个火电厂中排名第1低，在省内13家电厂中由最高升至第4低。

【企业发展】 二期扩建工程主机技术路线确定采用高效一次再热，主体设计、征地拆迁工作完成，并正式列入集团公司正式印发的“十三五”规划；供热改造项目开工建设，计划2017年5月投产供汽；参与赣州市电力体制改革工作取得初步成效，锁定潜在交易电量近20亿千瓦时，并与华劲纸业公司进行广泛合作，使用其副产物“白泥”作脱硫剂，降低生产成本的同时增加电力交易粘性；组织开展赣州市光伏、风电资源的调研工作，并与南康区政府签订赤土乡风电场开发框架协议。

【企业管理】 坚持以综合计划和预算管理为龙头，完善“大预算”管理机制，无预算不开支，3月初印发2016年综合计划内部执行计划，指导全厂生产经营工作有效开展。坚持以项目管理为重点，组织修订《生产项目招标管理细则》、制定《商务管理程序》等9项制度，进一步推进招投标工作制度化、标准化，物资公开招标率90.75%，比上年上升82.44个百分点，坚持以财务和内控管理为抓手，开展2016年资金专项稽核和财务专项自查，修订内控考核细则，推进内部审计及审计整改，促进管理规范和提升。年内，组织完善生产经营和二期工程等一系列制度，新增制度46项、修订制度102项，有效规范电厂生产、经营和基建行为。

【企业文化建设】 深入抓好电厂内网、微信群、宣传栏等宣传阵地，创建“两学一做”专题网站，建立“瑞电风采”微信公众号，开展“薪火相传长征路”“生态华能”主题宣传，深挖党建、安全、节能环保、人才培养等方面的亮点。开展6次“道德讲堂”和3次学雷锋志愿服务活动，传播正能量。举办春晚、“庆三八”、水上运动会等系列文体活动，提升职工满意度和幸福感，激发职工劳动热情和活力。

【科技创新】 取得“斗轮机无人值守”自主研发等14个项目的专利号，实现建厂以来零突破；1篇论文在中国电力企业联合会2016年第十届发电企业信息技术与应用研讨会上获一等奖，

3篇论文在中国电力企业联合会2016年电力企业国家级管理创新优秀论文大赛中获奖，4篇论文在江西省电机工程学会获奖。

（撰稿　蓝希凯　审稿　彭建平）

【领导名单】

党委副书记、总经理：李健平
党委书记、副总经理：刘　智
党委委员、纪委书记：陈腾亿
党委委员、副总经理：吕海涛
党委委员、工会主席：范贵平

华融赣南产融投资有限责任公司

【概况】　华融赣南产融投资有限责任公司(简称华融赣南)于2015年11月25日注册成立，由中国华融资产管理股份有限公司(简称中国华融)和赣州市人民政府联合设立的一级子公司，注册资本2亿元。其中，华融致远投资管理有限责任公司出资1.5亿元，占75%；赣州林业集团有限责任公司出资5000万元，占25%。

2016年，是华融赣南的初创之年。华融赣南坚持“创新发展、快速发展、赶超发展”主基调，以“抓党建、重治理、强主业、控风险、夯基础、树品牌”为中心任务，抓组建、绘蓝图、拓业务、谋发展，实现良好开局。

华融赣南内设机构有办公室、纪委监察室、计划财务部、风险管理部、机构服务部、业务一部、业务二部、业务三部、业务四部、业务五部，以及注册资本5000万元的全资子公司——华融天鸿基金管理有限责任公司。员工总数65人(其中审批员工52人)，中共党员27人。

【战略规划】　坚持“立足赣南、依托华融、服务江西、辐射全国”的战略定位，以轻资本财富管理为业务发展方向，制订“夯基础促发展，强主业树品牌，谋上市争一流”“五年三跨越”发展规划，经营受托管理私募投资基金和投资管理业务，围绕基础设施建设、大健康产业、企业并购重组、不良资产经营、县域经济发展、创投基金等六大投资领域进行布局，为赣南苏区振兴发展提供多元化、专业化综合金融服务，力争在五年之内实现基金管理规模超1000亿元、创利超10亿元，致力打造成为“治理科学、管控有序、主业突出、业绩优良”的一流子公司。

【经营效益】　至年末，华融赣南资产规模为56.7亿元，实现营业收入3.3亿元，实现净利润1.21亿元，年化资产收益率4.27%，净资产收益率75.46%；实现税收4542万元，最大限度实现国有资产保值增值，资本收益率达60%，为股东带来丰厚的回报。

【主攻工业】　策应中共赣州市委、市政府“六大攻坚战”决策部署，全力以赴为赣南苏区振兴发展提供多元化综合金融服务。先后与赣州发投、国投、赣州经济技术开发区、龙南经济技术开发区等单位建立合作关系，大力支持赣州新能源汽车城和龙南电子科技城基础设施建设项目，签约投资金额达21亿元；积极扶持赣州市创新型科技企业发展，与国家开发投资公司共同设立的赣州华融天鸿科技创新投资中心正式成立。当年共签约项目16个，涉及金额92.8亿元，实际投放61.8亿元。其中，政府平台项目10个，占比62.5%；涉及金额77.1亿元，占比83.1%；当年实现投放46.1亿元，占比74.6%。

【脱贫攻坚】　切实履行央企责任，大力开展教育扶贫，在纪念中国工农红军长征胜利80周年暨华融赣南成立1周年之际，发起设立“中国华融赣南老区红军后代教育基金”。11月28日，首期捐赠100万元对瑞金、兴国、于都等3县(市)的600名红军后代贫困学生进行资助。“教育基金”计划从2016—2020年捐赠资金不少于500万元，受益人员将达到3000人，切实为赣南老区脱贫攻坚、全面小康尽心出力。

【内控与风险管理】　树立“先立规矩后办事，立了规矩办好事”的经营理念，坚持“风险是硬约束，是第一责任”，坚持依法合规经营，坚持用“流程管事、制度管人”。在健全法人治理结构、强化内部控制、细化工作流程等方面构建全面风险管理体系，制定出台《党委会会议规则》《董事长办公会规则》等59项制度，深入开展“操作风险就在我身边”主题教育活动，实现经营零风险目标。

【创新发展】　坚持创新发展的道路，创新系列盈利能力较强的业务模式，得到市场的广泛认可。年内有9家银行对华融赣南授信46亿元，提款23亿元；年末实现基金配资业务的突破，共16亿元。在产品创新上，以赣州经开区为代表的结构化业务，杠杆比例高达1∶8；以毕节金海湖项目为代表的融建项目，该案例总结的理论文章，作为中国华融决策参考2016第9期正式发布，荣获集团“金石之见，点亮华融”青年论坛金点子二等奖，并荣获银监会系统二等奖，创中国华融系统内分子公司先河。

（撰稿　叶晶晨　审稿　李春雷）

【领导名单】

党委书记、董事长：周　晓(4月改任党委副书记、董事长)
中国华融党委委员、副总裁兼华融赣南党委书记：王文杰(4月任)
党委委员、副总经理(主持经营全面工作)：杨　涛(5月任)　李春雷(6月免)
党委委员、监事长：赖瑞华(5月免)
喻俊康(5月任)
党委委员、纪委书记、副总经理：朱木发(3月任)
党委委员、总经理助理：夏天明(3月任)　阳中良(12月免)
副总经理级巡视员：罗明亮

（本栏编辑　赖建明）

国有投资控股企业

赣州城市开发投资集团有限责任公司

【概况】 赣州城市开发投资集团有限责任公司(简称赣州城投集团)为市政府直属、市国资委监管的国有独资企业，注册资本金10亿元。至2016年12月底，集团资产总额突破700亿元，净资产434亿元。集团总资产在全国城投公司排名第47位，是全省唯一进入前50强的城投类公司；主体信用等级AA+，是获此评级的全国41家地市级城投公司之一。

赣州城投集团下设8个部门：综合管理部、党委办、人力资源部、财务管理部、经营发展部、审计监察部、征拆监督协调部、法律风险防控部。有员工303人(含外派及借调人员)，其中高管10人，中、高级技术人员113人，本科以上学历169人。

赣州城投集团有全资子公司4家：赣州城投工程管理有限公司、赣州振兴实业有限公司、赣州城兴投资管理有限公司、赣州星洲地产公司。全资孙公司1家：工程公司下属分公司城投混凝土公司。参股公司10家：华开(赣州)城市投资有限公司、赣南苏区振兴发展产业基金公司、赣州银行、赣州农村商业银行、赣州金盛源担保有限公司、江西中财宝辉担保有限公司、赣州国瑞泰担保有限公司、赣州益生宜居低碳环保材料有限公司等。并表公司2家：赣州市保障性住房建设运营有限公司和赣州市江河开发实业有限公司。

2016年，赣州城投集团立足做大做强做优，秉承“诚信为本 绩效为先 奉献为责 创新为魂”的企业精神，定位为“三大主体”(即城市建设融资主体、城市投资建设主体和城市国有资源运营主体)，致力于打造集融资、投资、建设、运营、管理为一体的资产超千亿元的全国知名、省内一流的国有城市建设投资运营集团。

【融资工作】 通过设立城市发展基金、实施保险资金债权计划、抓好银行项目融资和申报专项基金等方式，集团融资范围不断扩大，融资渠道不断拓宽，融资额度不断攀升。全年筹集到位资金约130亿元，条件成熟、待提款的融资金额共325亿元，为2017年资金做准备的融资项目金额共684.3亿元。

做好传统融资。加强银企对接，深化银企合作，抓好政策性银行、商业银行的贷款，与农发行、兴业银行、光大银行、招商银行、江西银行、赣州银行等十几家银行保持亲密合作，实现银行项目融资52.1亿元；向中国进出口银行成功融资10亿元，成为赣州市首笔以政府购买服务为还款来源的政策性银行融资；与国开行对接，推进450亿元赣州开发性金融合作项目，主要支持赣州市快速路项目、高铁新区基础设施建设项目等。

开展新型融资。完成18亿元太平洋保险资金落地(提款10亿元)，是“险资入赣”的第一单；与浦发银行合作，成功设立总规模90亿元的浦银·赣南苏区城市发展基金；与农业银行合作，设立农行赣南苏区棚改基金46亿元；灵活运用市场化融资工具筹集资金，市城投集团推进发行50亿元公司债(私募)、35亿元非公开定向融资工具(PPN)、22亿元资产支撑证券化(ABS)融资、20亿元融资租赁业务；探索发展内保外贷融资业务、境外债等新型融资业务；PPN已经中国交易商协会注册，将择机启动发行工作。

申报专项基金，争取优惠政策支持。围绕一批投资规模大、带动作用强的城市基础设施项目，做实专项基金申报，2016年申报3个批次5个专项基金项目，获批10.19亿元，获批的项目数量和基金额度位居全省前列。

【项目建设】 牢固树立“抓项目就是抓发展”的理念，不断创新工作机制，振奋精神，凝聚各方力量，城建项目取得新成效和新突破。工程管理公司全年直接组织实施项目38个，全年累计完成投资27.35亿元；华开公司续建项目5个，完成投资3.56亿元。全力推进续建项目建设。武陵大桥、客家大桥、章江南大道西延工程竣工通车；赣州市纪检监察办案场所项目基本完工。老年大学项目完成主体验收；章江新区农民返迁房一、二标段进展顺利，B5、H8等6个地块返迁房主体结构全部完成；三标段J8地块封顶；四标段的K3、K5地块进入收尾阶段办理移交事宜；五标段K13地块正在建设中，K8、K20地块完成清算并移交使用；温馨家园C1-8地块进场施工。沙石安居小区(A14地块)一期工程基本完工，二期于2017年年初开工建设；章江南大道西延12月底正式竣工通车；打通长岗路、赣县路、章江路(五指峰路—登峰大道)等一批“断头路”和“丁字路”；赣南职业技术学院项目完成施工前期工作；F3、F17、B17返迁房项目分配基本完成，分配房屋3078套，折合面积44.8万平方米；和谐大道(沙石大桥—

赣州南高速出入口段)主车道半幅通车，赣州南高速出入口—物流园区段主车道全幅通车。做实做细新建项目前期和启动工作，年内新启动迎宾大道、文明大道快速路、客家大道西延等11个项目；历史文化街区及传统风貌街区改造工程完成姚衙前、南市街历史文化街区可研批复；赣州市综合文化艺术中心方案设计开标，实施场地平整工作；地下综合管廊完成基坑开挖并浇筑底板混凝土，取得工程规划设计条件，完成环评及批复、可行性研究报告及批复、项目选址意见书及工程规划许可证。沙河大道改造、创业路、蓉江三路东延及互通出口等区域交通改善工程完成勘察、设计招标。抓牢项目质量安全及维稳，印发《关于加强工程建设管理工作的通知》《工程质量责任追究制度》，全程监督，严把质量和安全关。专门成立安全生产监督检查工作组，由主要领导组成，深入项目一线协调监督项目推进工作。完善项目质量安全督查机制，健全安全防范措施和应急救援预案，及时发现处理工程建设中出现的质量、安全问题。适时组织召开项目调度会、流动现场会等。

【经营管理】 以子公司振兴实业公司为平台，不断提高资产管理的社会效益、经济效益，确保国有资产的安全完整和保值增值。全年新增经营性房屋类资产面积64414平方米，新增车库、车位213个；累计完成房屋类租赁118163平方米；租金收入1473万元。全年实现经营收入8423万元，完成年度经营目标的183%。

资产经营管理。赣州书城实现收入484万元、华城名苑实现收入352万元；接收章贡区国资局移交的城市家园、鸿泰花园等资产，收取租金212万元；创业家园公租房出租774套，商铺、公寓等租金收入达到332万元。采取不同的经营方式，盘活西桥路、红旗大道东延、赣南大道化工厂等返迁房资产，运营飞翔路广告牌资产，现有经营性资产出租率达到76.3%。

资产归集和产权办理。建立完善资产台账，及时掌握资产出租动态信息。搜集中心城区国有闲置资产，顺利接收章贡区移交的章江新区农民返迁房资产，以及市水利局移交的西郊路店面、住宅资产共计12302平方米。推进农校、技师学院不动产的变更登记工作，其中农校办证房产面积达24972平方米，技师学院办证房产面积达25551平方米，完成土地过户面积70936平方米。推进自购物业资产交房及产权办理工作，及时收集归类房屋产权证。

土地经营管理。完成赣南大道两侧蓉江新区段征收土地的界址测定确认；积极配合银行土地解押57.47公顷；完成回款耕地占补平衡指标400万元。销售星洲湾房屋28套，实现收入6550万元。

物业管理和返迁房指标回购。完成红旗大道东延和F3、F17、B17地块返迁房返迁安置房分房及相关物业管理工作。累计实施回购拆迁户221户，回购未交付返迁安置房面积4.4万平方米，支付资金1.1亿元。

(撰稿　才东祎　审稿　奚　平)

【领导名单】

党委书记、董事长：郑礼顺

党委副书记、总经理：刘相发

党委副书记、纪委书记：奚　平

党委委员、副总经理：黄家伟
喻云星

党委委员、经营班子成员：钟　鸣
管运标

经营班子成员：江学忠　王远平

党委委员、工会主席、总经理助理：肖　晖

赣州发展投资控股集团有限责任公司

【概况】 赣州发展投资控股集团有限责任公司(简称赣州发展集团)为赣州市国有独资公司，是市政府投资融资主体和国有资本营运主体。集团公司注册资本10亿元，全部资产总额1088亿元，所有者权益532亿元，公司信用评级AA+。集团公司形成以"投融资"为核心，"金融、国有资本运营和城镇基础设施建设"协同发展的四大自营业务板块。集团公司设立董事会、监事会和经营层，内设8个职能部门，有在岗职工213人，其中本科113人，研究生32人，博士2人，博士后1人。

赣州发展集团全资、控(参)股公司16家，其中授权持股并表公司2家：赣州城投集团(持40%股权)、赣州高速公司(持99.31%股权)。直投全资子公司4家：赣州发展投资公司(含赣州发展融通资产管理公司)、赣州发展城镇投资开发公司、赣州发展资产经营公司(含总部经济区资产管理)、赣州发展企业还贷周转金管理公司。直投控股公司3家：赣州发展融资租赁公司(含赣州发展供应链管理公司)、江西赣南金融资产交易中心、赣州交信发展投资基金管理公司。参股公司7家：江西致远发展投资管理公司、招商致远壹号股权投资管理公司、赣州市金盛源担保公司、江西龙潭水电公司、中财宝辉担保公司、江西城瑞公司、江西金融发展集团公司。

2016年，赣州发展集团本部资产总额206.7亿元，增长36%；集团新增融资45.27亿元，增长116.6%；对外投资余额79.7亿元，增长138%；营业收入(含投资收益)6.4亿元，增长184.44%；实现利润1.33亿元，增长204.35%，增长幅度和绝对增量在全市国资监管企业中位居第一；上缴税金4093.42万元。

【服务"六大攻坚战"】 围绕赣州"主攻工业、三年翻番"和"两城两谷一带"产业发展战略，广泛与龙南、赣州经开区、蓉江新区等县(市、区)深化合作，积极拓展工业基金项目和PPP项目，为产业园建设投资23亿元。通过集团投融资综合运营业务，年内，对工业类企业新增投资38.74亿元。围绕基础设施建设攻坚战，落实黄金机场改扩建融资任务3.2亿元，垫付融资利息3573万元，储备融资7亿元。

【服务经济实体】 紧扣供给侧结构性

改革大局，主动作为，通过降成本、优环境、提效率，助推实体经济发展。通过提供廉价的写字楼及公寓、物业、食堂等配套服务，帮助赣州总部经济区入驻企业降本增效。全年赣州总部经济区实现营业收入20亿元，实现利税超亿元，带动社会就业3000余人，直接为入驻企业年节约经营成本3500万元。通过集团周转贷、融资租赁、供应链融、股权投资、债权投资、P2P等金融业务组合拳，累计为各类实体企业投资19.71亿元，直接为各类企业节约融资成本近亿元。

【投融资业务】 9月，赣州发展集团退出监管类政府融资平台。赣州发展投资公司新增对外投资余额17.2亿元。完成赣州发展融资租赁公司新一轮的增资扩股，注册资本增至10亿元，当年新增业务量19.31亿元，增长115.03%。通过"北上南下"，拓展完善金融牌照，组建赣州发展供应链管理公司，联合北汽集团推进设立公募基金，管理100亿元的交信发展基金管理公司在上年底完成备案。引进战略投资者北汽集团，推进赣南金融资产交易中心改革重组。全年中心实现交易量157亿元，增长45.37%。与人保集团合作的全国首单险资支农支小项目成功落地，得到省及市领导肯定。赣州发展企业还贷周转金公司年内为373家企业客户发放周转金24.12亿元，在全市20家转贷机构中名列首位。

【企业党建】 党委开展"党建+体制创新"工作，推动党建工作与经营工作深度融合。对公司章程进行修订完善，把党建工作总体要求纳入公司章程中。推进纪委"三转"，纪委书记专抓纪检监察工作，纪检干部专职专用。重新完善党组织架构，配强选优支部班子，全面落实"一岗双责"。着力抓好"两学一做"学习教育，完成4个主题8个专题的学习研讨。压实主体责任，建立8个方面的巡查整改台账，逐条逐项进行整改落实。通过实施光伏发电惠民创收、就业与产业扶贫、搬迁扶贫、基础设施扶贫"四项工程"，在南康区浮石乡圳玄村开展精准扶贫工作，全年投入精准扶贫资金74.41万元。

（撰稿　邝宏国　审稿　肖春雷）

【领导名单】

党委书记、董事长：欧阳忠

党委副书记、总经理：李贱贵

党委副书记、纪委书记、副总经理：肖春雷

党委委员、副总经理兼财务总监：刘斌

党委委员、副总经理：赖国民　钟久祥

党委委员、董事会秘书：廖生兴

总经理助理：叶继裕　欧阳珑　刘造林

赣州高速公路有限责任公司

【概况】 2016年，赣州高速公路有限责任公司按照市委"解放思想、内外兼修、北上南下，打好'六大攻坚战'"的战略部署和"坚持发展壮大主业、实施多元化经营、优化资产财务结构、强化资本运作"的发展思路，主动适应企业发展新常态，应对市场挑战，不等不靠，勇于攻坚克难，推动高速事业更高质量的发展。

赣州高速公路有限责任公司是由市国资委监管的国有控股公司。公司注册资本金11亿元，总资产225亿元，有员工1500多人。公司全资、控股及参股高速公路通车里程560千米，是江西省内三大高速公路建设投融资平台之一，也是赣州唯一的高速公路建设投融资平台。

【主要经济指标】 至年底，公司总资产达225亿元，增长9.2%；全年实现利润10025万元；全年实现通行费收入9.1亿元，完成年度目标的109.9%，增长16.2%；争取交通部车购税专项补助到位资金约3.5亿元，争取赣州大桥建设补助款等上级补助资金3.38亿元；消化历史或有坏账1.39亿元，公司各项成本支出比上年减少1.27亿元，下降19%；全年财务费用同比下降6188万元，下降27.4%；全年项目投资完成28.37亿元，公司全资、控股及参股高速公路通车里程达560千米。此外，社会公益方面，公司年内贡献约2.11亿元，其中缴纳税费约0.8亿元；绿通、节假日减免费收约1.3亿元；帮助"精准扶贫点"资金100余万元。

【重点建设项目】 兴赣、南康南互通项目建成通车。兴赣高速打通兴国直接连接赣州的高速通道；南康南互通项目破解南康城南交通拥堵的瓶颈，推动南康与赣州中心城区同城化发展，开创企业与地方政府政企合作的新路径，为公司相关领域合作树立典

2016年，赣州高速公司打造"橙乡"服务品牌，优化通行环境，提升服务水平，为主攻工业提供发展软环境

范。“十三五”项目前期工作有序推进。大广高速南康至龙南段扩容项目获得省交通厅、交通部支持，前期工作顺利推进；兴赣高速北延项目可研报告送审稿定稿，并完成项目审批前的2次环评公示和地震安全性报告批复。

【多元布局】 地方法人寿险公司筹备工作获得突破性进展。作为省内首个地方法人寿险主要发起人，公司投入6亿元，占股20%，相关筹备工作获得中国保监会和省委、省政府的支持，完成申报材料的收集、整理和草拟工作，并上报中国保监会待批。综合投资领域迈出坚实步伐。对下属养护公司进行增资，将注册资本金由1000万元增至5000万元，为“新三板”上市做好铺垫。年内，联兴养护公司实现养护拓展工程施工收入1.16亿元，综合利润1200万元；协调南康区政府完成南康龙岭4.6公顷土地的征地拆迁工作，委托江西黑马房地产顾问有限公司正在开展项目前期策划工作；与中石化合作经营服务区加油加气站工作获得批复，启动第一批寻全、兴赣2条高速4对服务区加油加气站的合作建设和运营工作。

【“橙乡”品牌建设】 按照“一年打基础、二年见成效、三年叫得响”工作目标，对“橙乡”服务品牌标识、口号等进行设计和包装，形成统一的服务品牌视觉系统，张贴、运用于各收费站、管理所和运营单位，塑造“美丽橙乡 平安高速”的品牌形象。研究制定《服务之星评选管理办法》《委屈服务奖评选管理办法》《橙乡示范站评选管理办法》等文件，为服务品牌的开展提供制度保障。建立“四容四貌”环境治理常态化、长效化机制，路域环境得到有效提升，服务水平进一步提高，品牌建设深入人心。

【资产财务结构】 强化资本运作理念，全年争取到交通部车购税专项补助到位资金约3.5亿元，争取到赣州大桥建设补助款等上级补助资金3.38亿元，全年共融取项目建设和企业经营资金21.94亿元，资产负债率保持在68%；利用龙杨高速路面资产筹集资金4.1亿元，成功地迈出利用政府还贷高速公路资产进行融资的第一步；大力推进资产结构优化工作，基本经完成龙杨、绕城2条高速的确权登记工作；消化历史或有坏账1.39亿元，公司上报市政府同意启动发债直接融资工作，为公司持续快速发展奠定坚实的基础。

【企业治理】 建立完善《赣州高速公路有限责任公司党建工作考核评价办法(试行)》《赣州高速公路有限责任公司“三重一大”事项管理实施细则》《赣州高速公路有限责任公司招标投标管理制度》等14项规章制度；强化预算管理和精细化管理；“三公”经费下降18.5%。

(撰稿 郭思敏 审稿 袁 绍)

【领导名单】

党委副书记、总经理：赖才丁

副总经理：高光彬

纪委书记、副总经理、财务总监：谢天桂

党委委员、副总经理：梁文龙

党委委员、总工程师：刘运来

副总经理：邹歆贤(女)

党委委员、总经理助理：杨向莲(女)

总经理助理：许景春

赣州稀土集团有限公司

【概况】 2016年，赣州稀土集团有限公司投身“主攻工业，三年翻番”主战场，攻坚克难，在生产经营、党建工作等多方面取得较好成绩。集团实现主营收入40.1亿元，增长2.8%，实缴税费3.68亿元。集团生产经营核心子公司赣州稀土矿业公司实现利润总额1886万元；参与“中国稀金谷”建设和精准扶贫工作；工程中心建设、稀土回收利用企业生产线改造等项目稳步推进；中国南方稀土集团组建工作通过工信部验收，企业规模快速壮大，资产规模上百亿元，业务涵盖稀土开采、冶炼分离、综合利用、精深加工、稀土贸易、应用研发和技术服务6大板块，集团在中重稀土的龙头地位进一步显现。

赣州稀土集团有限公司是由赣州市国资委和8个稀土资源县国资办共同以现金出资成立的有限责任公司，注册资本金10亿元。是中国稀土行业协会副会长单位，南方稀土资源综合利用省部共建示范基地唯一建设单位。至12月31日，公司拥有包含中国南方稀土集团有限公司、赣州稀土矿业有限公司、国家离子型稀土资源高效开发利用工程技术研究中心、江西铨通稀土新技术有限公司等全资、控股及参股子公司37家，企业资产总额56.33亿元，增加5.09%，净资产19.39亿元，下降4.81%。

【中心工作】 推动“稀金谷”建设。发挥“稀金谷”核心企业作用，推动稀土行业骨干企业来“稀金谷”投资。将核心子公司赣州稀土矿业公司注册地址迁至“稀金谷”。

做好精准扶贫。为挂点村修建道路工程、饮水工程、防洪工程等项目，有效改善贫困村的基础设施条件，集团的精准扶贫工作荣获石城县当年所有挂点扶贫单位考核的第一名。

协助推进稀交所重组。协助赣州工投集团通过增资扩股的方式引进战略投资者重组稀交所，做好稀有金属及延伸产品的现货电子交易平台的前期准备工作。

【大集团组建】 完成市内稀土企业整合。收购江西明达功能新材料公司20%的股权，完成市内稀土冶炼和综合利用企业的整合目标。

完成集团资产注入。4月中旬，完成拟注入资产的评估备案工作；5月19日，签署《增值及股权收购协议之补充协议》，明确股东股权比例和股东权益等重大事项；5月30日，完成南方稀土大集团增资到10亿元的工作；5月31日，集团旗下纳入南方稀土集团整合范围的7家目标企业全部完成工商变更工作，集团资产实质性注入南方稀土集团。6月27日，由省工信委

2016年6月27日，中国南方稀土集团组建工作验收会议召开

牵头在赣州召开南方稀土集团组建验收会议，同意集团组建工作，并通过工信部的验收。大集团组建顺利完成。

做好集团“十三五”规划编制。根据公司实际情况和专家评审意见，协助中国稀土行业协会编制完成《赣州稀土集团“十三五”战略发展规划》。

抓好省内综合利用企业整合。启动省内稀土回收利用企业整合工作，委托市稀土行业协会组织专业人员对省内28家稀土资源回收利用企业进行调查核实，并按照企业实际情况提出具体整合方案。

【生产经营】 应对稀土市场低迷，推进供给侧结构性改革，通过“限产量、去库存、降成本”，主要经济指标实现逆势增长。限产量、拓途径，降低企业运行成本和稳定市场价格。去库存、拓销售，扩大产品销售，促进资金回笼，加快资金周转。降成本、拓渠道，通过狠抓落实、精简各项开支，灵活采取依法理财、建立完善企业资金池、谋求企业发债、成立产业基金等多种形式降成本，改善集团融资结构，财务费用比上年明显下降。

【项目建设】 计划安排重点项目16个。其中，国家离子型稀土高效利用工程技术研究中心完成筹建正在申报科技部验收；江西铨通陶瓷金卤灯、龙南有色高纯度分离产品等一批项目竣工投产；中蓝公司高端发光材料、龙南堉然氧化铁红和综合利用企业技改项目。

【企业管理】 完成集团“十三五”发展规划和信息化建设等专项规划的编制工作。完成集团组织优化和流程再造，加强对子公司“三重一大”事项管控。在国资监管企业中率先将党建工作总体要求纳入公司章程，明确党组织在公司法人治理结构中的法定地位。举办集团第一届职工运动会，集团获评法治赣州先进单位。

（撰稿　黄紫彬　审稿　钟　鸣）

【领导名单】

党委书记、董事长：黄光惠

党委副书记、总经理：钟　鸣

党委委员、副董事长：李竹兴

党委委员、纪委书记、副总经理：罗红发

党委委员、副总经理兼财务总监：何祥文

赣州工业投资集团有限公司

【概况】 赣州工业投资集团有限公司是经赣州市人民政府批准，由市国资委出资，于2010年5月在赣州市工商行政管理局依法设立登记的国有独资企业。公司注册资本为人民币6.437亿元。经营范围为：有色金属销售，企业投资，投资收益的收缴、管理和再投资，国有资产管理、运营和资本运营，国有股权管理。

2016年，公司以建立现代企业管理制度为目标，以“攻坚克强、创新实干”为发展理念，以“改革发展、创新转型”为抓手，全面推进公司经营发展，各项经营指标实现全面攀升。集团资产总额2.51亿元，增加2.59亿元，增长11.51%；实现主营业务收入4.11亿元；上缴税金1375万元，实现利润431万元，占计划115%；全年新增融资1.5亿元。

公司设立董事会、监事会、经营层；内设9个部门，有在岗职工21人，具有本科及以上学历的人员16人，专业技术中级职称的有8人。

【投资业务】 公司在“六大攻坚战”中找准定位，主动作为，积极发挥工业投融资平台优势，开展投融资业务，促进国有资本保值增值。集团对外投资总额超过10亿元，拥有3家全资子公司，2家控股子公司，6家参股子公司。投资领域涵盖化工、矿业、金融等三大板块，并在生物科技、电子信息、新能源及配套等行业储备较好的投资项目。管理运作一支私募股权投资基金——赣州虔盛创业投资中心(有限合伙)，在赣州当地及长三角、珠三角地区投资10多家企业或项目，取得良好回报。积极推进股权流转，启动昌九集团股权转让工作。稀有金属交易所重组工作有序推进，为高起点、高标准打造好这一平台，引进战略合作方，开展富有成效沟通洽谈。积极引进战略投资者重组润鹏矿业公司，完成地质勘探、资产评估和法律及财务尽职调查工作。

【搭建平台】 公司参股设立的章贡区民间融资登记服务有限公司，全年实现对接资金余额8000余万元，较好的解决中小企业融资难问题。经省工信委批准公司成为省内小微企业创业园创业风险补偿引导基金受托管理机构，积极与章贡区、赣州经济开发区和赣县区等小微企业创业园合作，通过风险补偿引导基金的放大效应，解决小微企业融资难、融资贵的问题，扶持和助推小微企业的发展。公司联合章贡区民营企业管理局、赣州农商银行和赣州飞天电商园签署小微企业创业园风险补偿引导基金合作签约仪式，并使用风险补偿引导基金为赣州飞天电商园区内1户小微电商企业成功在赣州农商行融资100万元。

【精准扶贫】 公司挂点会昌县周田镇新圩村进行精准扶贫，派出专人负责。公司领导深入扶贫联系点调研，与镇村干部和当地群众共商脱贫大计，完善帮扶措施、落实帮扶人员和帮扶资金。先后通过公司支助和利用扶贫政策争取各类资金近140万元，完成落实近10个项目。公司中层以上管理人员全部参与结对帮扶工作，落实18户结对帮扶对象，全年有26户贫困户实现脱贫。

【融资业务】 赣州银行、中信银行、交通银行新增授信2亿元，实际放款1.5亿元；全年归还到期贷款1.59亿元，确保公司信用优良。储备融资项目1个，规模约5000万元。与赣州银行开展战略合作，集团及下属全资子公司共获3.1亿元贷款授信，有力保障集团经营发展所需的资金，并为有关优质项目投资提供资金支持。

【企业管理】 优化内部机构和岗位设置，设立党群工作部、纪检监察审计部、风险控制部，配备专职管理人员。制定《内部审计工作制度》《纪检监察工作制度》《企业经营管理人员廉洁从业规定》。完善内部监控，加强纪检监察工作力度。加强业务培训，开展法律、公文写作等知识培训，员工的业务素质得到提高。

(撰稿　刘智源　审稿　张　圣)

【领导名单】

董事长：叶扬焕

副总经理：黄郁梅(女)

赣州市国有资产投资集团有限公司

【概况】 2016年，市国投集团公司全年实现经营总收入9167万元，增长67.4%；实现利润总额1835万元，增长46.8%。探明新增萤石矿物量30万吨，累计掌控萤石矿物量600万吨，资源经济价值近100亿元。完成45家市直单位脱钩移交企业的接收工作，新增资产总额26.9亿元、负债总额22.1亿元、所有者权益4.8亿元。赣铝一期、林建一期棚改工程全部完成，赣铝二期、林建二期及钴钨公司生活区棚改正在实施。新材料基金全年完成股权投资9500万元，支持赣州孚能科技公司等企业发展；科技创业基金与华融赣南产融投资公司签订正式的合作组建协议。与省金控集团合作组建首期80亿元的城市发展基金，并合作组建省信用担保公司赣州营业部。

【资产经营管理】 坚持“阳光操作、市场定价、价高者得”方针，克服经济下行、电商冲击等不利因素，全年实现市直单位经营性资产租金收入3503万元，增长16.5%；实现法人资产租金收入445万元，增长18.4%；实现资产处置收入35万元、股权投资收入291万元、稀土收储管理收入200万元。依法依规妥善做好老城区承租户要求退租降租的维稳工作，化解矛盾，有效避免群体性事件发生。

【赣州市直行政事业单位经营性国有企业及国有股权脱钩移交全面启动】 为深化全市国资国企改革，完善市属国有资产监督管理体制，实现市直单位经营性国有资产及国有企业集中统一监管，赣州市直企事业单位改革攻坚综合协调领导小组先后印发《市直单位所属经营性国有资产及国有企业脱钩移交工作方案》《关于推进市直经营性国有资产集中统一监管的通知》等，明确由赣州市国有资产投资集团有限公司作为市直单位经营性国有企业及国有股权的接收方，对脱钩移交企业履行出资人监管职责。7月底，市国资委、市国投集团与市农粮局、市财政局、市林业局、市城管局、市房管局、市水利局、市国土局、市公路局、市城乡建设局、市果业局、市综合行业办、市发改委、市农机局、市政府办公厅、市政府驻厦门办事处等15个部门签订《赣州市市直行政事业单位国有企业及国有股权移接交协议》，涉及脱钩移交企业45家，所有脱钩移交企业资产总额26.9亿元，负债总额22.1亿元，所有者权益4.8亿元。

【赣州市政府与江西省金控集团签署全面战略合作协议】 7月8日，赣州市政府与江西省金融控股集团有限公司签署全面战略合作协议。省金控集团与市国投集团等市属国企合作组建金控赣州基金管理公司、江西省信用担保股份有限公司赣州营业部和江西联合股权交易中心有限公司赣州分公司，并与全省15家主要金融机构签署合作框架协议。金控赣州基金管理公司拟发起300亿元规模的城市发展和产业发展基金，首期募资80亿元，为市本级及各县(市、区)归还或置换存量债务、城镇及工业园区重点基础设施建设、优质PPP项目和棚户区改造项目提供便捷高效的投融资支持。省信用担保股份有限公司赣州营业部将为全市中小企业的发展提供有力的融资支撑。江西联合股权交易中心有限公司赣州分公司，为赣州市金融资产处置、证券、信托及股权产权交易等领域业务开展提供全方位的优质服务。

【资本运营】 新材料基金全年完成9500万元股权投资，其中对赣州孚能科技公司投资5000万元。与华融赣南产融投资公司签订合作协议，共同设立科技创业基金。引进江西省金融控股集团有限公司合作开展多项资本运营业务，成立金控赣州基金管理公司合作组建300亿资金规模的城市发展及产业基金，首期城市发展基金80亿元，落地项目资金6亿元。组建江西省信用担保股份公司赣州营业部。

【大数据及智慧城市等新兴产业】 控股子公司赣州国投动力信息产业发展公司，年内承接3亿元赣州市原中央苏区农村超高速无线局域网应用项目，与市公安局、华为、腾讯签订四方战略合作框架协议，与龙南县公安局签订智慧警务合作协议，与宁都县小布乡、赣县区江口镇等地签订智慧乡镇框架协议，与各地相关职能部门多次磋商天网、立体防控体系等具体项目，推进赣州市公安系统北斗无线车载终端项目建设。引进有实力的战略投资者对国投动力进行增资扩股，加快智慧信息产业拓展速度。

【萤石矿产资源整合勘查及经营】 以提升见矿率为目标，严控勘查成本，稳步推进于都排子脑、兴国江背、龙南渡坑、宁都石上等地矿区探矿工作，掌握矿权11个，全年探明新增萤石矿物量30万吨，累计掌控萤石矿物量达600万吨。与中国华星、浙江巨化、福建泰禾等大型企业展开合作洽谈，年内与福建泰禾集团签订《投资合作框架协议》，并收到泰禾集团1500万元投资合作意向金。

（撰稿　吴亚东　审稿　陈孝荣　赖建宁）

【领导名单】

董事长：陈孝荣

总经理：朱志林

副总经理、财务总监：刘常运

副总经理：赖建宁

赣州市地方铁路建设投资有限公司

【概况】 赣州市地方铁路建设投资有限公司是市政府出资3000万元注册成立的国有独资企业。2016年，公司坚持以创新、务实、高效的标准，以贯彻落实“若干意见”所涉赣州铁路重大项目落地实施为重心，开展项目前期工作，扎实推动在建铁路项目建设，筹措铁路项目资金，狠抓落实精准扶贫工作，取得显著成效。编制《赣州至周边省份铁路运输通道规划研究报告》，赣州首条高铁昌赣客专开工建设，赣州首条合资铁路赣韶铁路、赣州首条动车赣瑞龙铁路建成通车运营，赣深客专上年12月28日开工建设，兴泉铁路江西段先行工程于上年12月13日开工建设。所涉赣州规划的渝长厦快速铁路、瑞金至南城城际铁路、瑞梅铁路、赣郴铁路、赣韶复线等全部进入国家中长期规划。赣州境内修建的铁路达到10条，在全国设区市中位列榜首。至年底，公司资产由2008年的3000万元增加到12.26亿元，其中赣韶铁路持股2.30亿元，赣瑞龙铁路持股3.70亿元，昌赣客专持股3.50亿元，公司拥有资产均为优质资产，实现国有资产保值增值，资产增值率达到30%以上。公司高管人员4人，其中董事长1名，总经理1名，工会主席1名，总经理助理1名。共有在岗职工25人，其中高级职称1人，中级职称2人，初级职称2人。

【企业管理】 实施精细化管理，发展壮大企业。以风险防范作为增强内部管理的重要手段，以创新管理作为提高经营效益的重要保证，不断加强内部管理，理顺工作职责，夯实工作责任，加大检查、考核、奖惩力度；细化工作，完善激励措施，有效提高工作效率。贯彻落实市委、市政府关于“争取赣州西站与城市轨道交通基本同步投入营运”重要精神，筹划组建赣州市轨道交通集团公司，不断强化公司的市场运营核心竞争力。

【企业文化】 秉持“团结、高效、务实、清廉”的文化理念，以人为本、团结求实，牢记使命、锐意进取，开拓创新、铸造品质。将企业文化建设作为一项事关企业长远发展的大事来抓，从抓细节入手，抓好企业愿景规划、文化氛围营造、企业理念渗透、职工素质提升、管理机制体制及硬件设施配置等各个环节，不断探索和培育出公司核心价值观和职业道德规范，即：追求保值增值，壮大国企，面向社会、服务大众，实现企业改革发展与干部职工发展高度统一的核心价值观；坚定信心、不忘初心，爱岗敬业、心系国企，尽职守责、务实创新，廉洁诚信、礼让和谐的职业道德规范。

【队伍建设】 公司按照以提高干部的整体素质为目的，不断加强班子建设和干部队伍建设，增强干部的主人翁意识和使命感、责任感，提高队伍战斗力、凝聚力。主动适应新形势对队伍建设提出的新要求，坚持以法治为引领，切实提高服务大局的能力和水平；坚持以队伍建设为根本，大力推进正规化、专业化、职业化建设，提升干部队伍的整体形象和战斗力。

【安全生产】 公司始终围绕“坚持以人为本，构建和谐赣州”的目标，将构建和谐铁路建设作为公司社会综治维稳工作的切入点，贯彻落实市委、市政府安全工作会议精神，完善“一岗双责、齐抓共管”的责任体系。加强安全生产宣传教育，深入开展“安全大检查”“安全生产月”活动，采取有力措施进行隐患排查和治理整改，保证不出安全事故。公司领导坚持亲自带队，深入各自联系点，走基层，访农户，实地实时解决施工单位实际困难和群众生产生活问题。

（撰稿　朱　俊　审稿　张　波）

【领导名单】

董事长：张　波

总经理：黄建鸫

工会主席：孙东岩

总经理助理：王瑞庆

（本栏编辑　赖建明）

园区经济

赣州经济技术开发区

【简况】 赣州经济技术开发区位于赣州市中心城区西北部，成立于1990年7月，始称赣州黄金岭经济技术开发区，2010年3月被国务院批准为国家级经济技术开发区，辖5个乡(镇、街道)和1个赣州新能源汽车科技城管理处，国土面积201平方千米，建成区面积57平方千米，人口33万人。2016年，全区实现生产总值222亿元、增长9.5%，财政总收入36.36亿元、增长2%，社会消费品零售总额47.5亿元、增长10.5%。

【工业经济】 2016年，全区实现工业主营业务收入760亿元，增长22%。其中，规模以上工业主营业务收入732亿元，增长22%。完成工业增加值132亿元，增长9.8%。其中，规模以上工业增加值115亿元，增长9.5%。完成固定资产投资284.8亿元，增长16.2%。其中，工业固定资产投资126.4亿元，增长32.4%。工业用电量3.41亿千瓦时、增长9.7%。其中，主营业务收入、规模以上主营业务收入等两项指标位列全市第一。钨及稀土新材料、新能源及新能源汽车、电子信息等主导产业实现总产值437亿元，占全区规模以上工业的近60%。钨和稀土新材料产业总产值200.46亿元，同比有所下降；新能源和新能源汽车产业总产值45.01亿元，增长16.9%；电子信息产业总产值191.46亿元，增长15.78%。

【产业转型】 安排22个列入市重点调度的工业项目，总投资额232.55亿元，完成投资额34.38亿元，占年度投资的107.44%。昶洧、孚能等一批超10亿元的新能源汽车产业项目落户，总投资474亿元。赣州经济技术开发区的新能源汽车产业发展得到国务院总理李克强的充分肯定。升级改造钨和稀土新材料、铜铝深加工、机械制造、食品药品等传统支柱产业。推进平台建设，高起点规划建设35.2平方千米的赣州新能源汽车科技城，完成投资41亿元，累计签订土地征收协议0.12万公顷，征迁房屋3412栋127.8万平方米，项目平场253.34公顷。电子信息产业园后续26.67公顷用地完成场地平整，涌泉大道、横江大道等主干道全面开工建设，新引进产业项目10个，签约资金25.9亿元，处置闲置低效用地29.34公顷。推进企业精准帮扶。组织225名干部结对帮扶549家重点企业，成立企业融资等7个协调小组，解决各类问题1049个，为企业减负7.13亿元。全区规模以上工业企业132户，增加10户；工业主营业务收入超10亿元的12户，超20亿元的6户，超50亿元企业1户。利税总额超千万的企业63户、超亿元的13户。

【招商引资】 全年签约项目44个，签约资金430.65亿元，完成全年目标任务的261%。引进亿元以上项目27个、完成目标任务的168%。其中，5亿元以上项目9个，10亿元以上项目6个。实际利用内资88.54亿元、增长13.47%。其中，实际利用省外亿元以上项目资金85.72亿元，增长16.14%。实际利用外资1.75亿美元、增长11.9%。实现外贸进出口10.216亿美元、增长2.06%。其中，出口6.947亿美元、增长3.71%。实际利用省外亿元以上项目资金、实际利用外资、外贸进出口和外贸出口四项指标总量继续排名全市第一。

【项目建设】 154个攻坚项目总投资505亿元，完成年度投资216亿元，完成年度投资额的3倍多。其中，列入市级调度的项目81个，总投资额395亿元，年度完成投资额69.8亿元，完成年度投资率116.29%。赣州经济技术开发区"六大攻坚战"在全市流动现场会评分排名第二。22个市重点调度项目，总投资额232.55亿元，完成投资额34.38亿元，开工项目21个，开工率96%，昶洧新能源一期、中航新能源一期、孚能科技二期等项目实现开工，柏瑞凯电子、金力永磁二期、京瓷精密、山香药业等一批大项目实现投产。

【产城融合】 修编产城融合总体规划，西城区控规、铜铝产业园控规、新能源汽车科技城控规、凤岗片区控规完成或正在修编。29个城市城建项目全部开工建设，完成投资13.32亿元，占计划投资的103.12%。城西大道(经开区段)、机场快速路(经开区段)、涌泉大道、岗边大道等路网项目开工建设，新修城市道路11.09千米，整修城市路面4.52万平方米，新增城市园林绿化面积7.76万平方米，完成地下管道整修25千米，园区截污干管与市主管网顺利贯通，交通路网更加畅通。全国文明城市创建工作扎实开展，网格化管理机制完善，城市整治深入推进。处罚违章行为5.7万余次，清除"牛皮癣"2万余处，取缔无证无照餐饮经营户34户，市容市貌明显改观，城市功能和品质提升。

【深化改革】 以清单形式确立的129项改革事项全面完成。深化体制机制改革，关于赣州经济技术开发区出台加快发展的决定，人事制度改革总体方案获市委、市政府批准通过，2016年开始执行，体制机制更加灵活。完成与南康区、蓉江新区的事权调整交接工作。国有企业改革扎实推进，成立国资办，组建区工投公司等4家区属国有企业。深化建投公司市场化改革，企业发展活力得到增强。“放管服”改革持续发力，启动并完成网上审批系统建设，区企业综合服务中心正式投入运营。发放“一照一码”营业执照3931份。发放不动产权证书15218本。推进质量兴区，成功申报全国首批标准化服务试点项目，2家企业确认为省AAA级标准化良好行为企业，全国知名品牌创建示范区获得国家质检总局验收通过。

【人才工作】 向纳税1000万元以上的14家工业企业及27名优秀企业经营管理人才兑现奖励81万元。审批通过园区3家企业10名人才入住人才公寓。建立赣州经济技术开发区籍在外优秀人才库，入库人才39人。聘请高校教师、金融机构专业人才10人到区内挂职。与赣南师范大学、江西理工大学签订战略合作协议，举行“百名博士教授进百企”仪式，制定《江西理工大学千名博士教授进企业安排表》。建立人才服务专员挂点联系服务制度，安排196位人才服务专员挂点联系421家工业企业。

【创新创业】 成功申报63个国家、省、市科技计划、重点新产品等项目，获扶持资金384.2万元。孚能科技被评为全省新能源汽车动力电池产业基地。新增省级工程研究中心3家，新增省级企业技术中心2家。到年底，全区有国家检测检验中心、国家级工程技术中心、省级工程研究中心、院士工作站等省级以上科技创新平台11个。企业获得授权专利208件，专利总量突破千件大关，达1186件。有效注册商标1314件，其中省著名商标27件，市知名商标30件。新增高新技术企业13家，总数35家。新增上市挂牌企业2家，总数7家。

【农业农村】 完成18个新农村村点建设，拆除“空心房”6.62万平方米。基本完成农村“四项产权”确权登记颁证工作，全面开展房地产一体的农村宅基地和集体建设用地使用权确权登记发证工作。开展农村环境整治，建立“户分类、村收集、镇转运、区处理”的农村生活垃圾处理体系，聘请农村保洁员419名，配备垃圾清运车32辆，垃圾中转站15座，清理垃圾5.53万吨，垃圾无害化处理率80%以上。选派1099名干部结对帮扶贫困户，引导鼓励企业结对扶贫，实现单位结对帮扶贫困村、干部结对帮扶贫困户全覆盖。新开工2个省级贫困村项目和5个市级贫困村项目，累计审批发放农业产业奖补资金259万元，惠及贫困户528户次，与光宝力信等企业共建“就业扶贫车间”，吸纳3497名贫困人口就业。新增蔬菜基地2个，面积36.67公顷。完成“产业扶贫信贷通”贷款1.38亿元，占任务的100.2%，全市排名第一，惠及贫困户2787户。推进农村低保与扶贫开发制度有效衔接，实现贫困人口应保尽保，有4924人实现脱贫，蟠龙村、叶山村2个市级贫困村退出，建成农村保障房150套，全部入住。

【现代服务业】 制定现代服务业发展三年行动规划。推进物流园建设，实际完成投资2.39亿元，征地201.67公顷，拆迁房屋257栋6.38万平方米，迁坟811穴，场地平整72.67公顷。区内物流企业超200家，总吨位、仓储面积、税收总量居全市第一。引进趣分期、积木盒子、江西金融发展股份公司、华融天鸿基金等金20家科技金融、新型基金企业，仅趣分期当年签约当年上缴税后近亿元。启动金融小镇项目建设，入驻企业3家。有金融机构25家，发放贷款总数列全市第一。万合谷电商产业园区落户电商企业200多户、福雷斯服务外包基地承接30户服务外包企业，被授予“江西省服务业龙头企业”称号，赣州国际企业中心被授予“江西省现代服务业聚集区”称号。

【生态文明建设】 落实生态环境保护责任制，实施区党工委、管委会主要领导挂帅的“河长制”。全面启动低质低效林改造。严把项目准入关，从源头上控制高污染高耗能。将生态文明建设指标纳入领导班子和领导干部约谈制度和考核。全面推进中央环保督查组反馈问题整改工作。改善生态环境。建成或在建生态项目31个，完成总投资80.98亿元，国家级生态园区报国家有关部门考核验收。园区循环化改造加快，建成21个循环化改造项目。实施“净水、净空、净土”专项行动。中心城区集中式饮用水水源地水质达标率100%。赣州市中心城区环境空气质量优良率92.2%。淘汰黄标车及老旧车666辆。开展重金属与危险废物污染防治专项行动，检查企业319家，对存在的问题全部整改到位。

【民生和社会事业】 年内，投入资金民生11亿元，办好23件民生实事。重点打造16个“农家书屋+电商”示范点，在7个村(社区)进行公共文化服务标准化建设示范点建设。新开工项目22个，完成校建投资1.03亿元。补充中小学教师180名，培训教师1500余人次。城乡居民基本医疗保险参保人数21万余人，城乡居民养老保险参保83771人。新增城镇就业3020人，完成年度任务的100.6%。新开工安居公寓及棚改项目8个4600套，竣工11个项目2005套，交付2个项目1023套。新建农村保障房150户，全部竣工交付使用。推进依法治区，“六五”普法圆满完成，全面推行法律顾问团制度，法律顾问团全程参与征拆等各项工作。2016年10月，中央电视台专程到赣州经济技术开发区采访法律顾问团典型工作经验。大力清理化解执行积案，清理化解率93.08%。深化综治“三项建设”，新增989个“天网”高清视频监控点。组建“心防”工程专家服务团等120人。做好信访维稳工作，完善矛盾纠纷多元化解机制，化解矛盾纠纷1084起，化解率到91.5%。落实包案化解机制。安全生产各项指标在市政府下达的控制指标范围内。食品药品安全监管、防汛抗旱、森林防火、地质灾害防治等工作取得成效。

（撰稿　欧阳景春　审稿　程贤金）

【领导名单】

党工委书记：李明生(副厅级)
党工委副书记、管委会
　主任：张　逸(副厅级，1月任)
党工委副书记：王扬金(9月退休)
党工委副书记、管委会副主任：
　李　曜(挂职，8月免)　梁丁盛
党工委委员、管委会副主任：杨仁荣
党工委委员、纪工委书记，市人大
　常委会赣州经济技术开发区联络处
　主任、市政协赣州经济技术开发区
　联络处主任：郭声琪
党工委委员、管委会副主任：符艳冬(女)
管委会副主任、公安分局
　局长：陈富江
党工委委员、管委会副主任：卓邦友
　唐永亮(挂职，4月免)
管委会调研员：舒向阳(10月免)
　黎佐绩　喻声萍(女，月退休)
　廖江华(5月任)
管委会副调研员：廖江华(5月免)
　曾　辉
区党政办公室(社会管理综合治理
　委员会办公室)主任：孙传忠
区党群工作部(机构编制委员会
　办公室、人力资源和社会保障局)
　部长(主任、局长)：王　凌(9月免)
　郭德帅(9月任)
区企业服务和工信局(赣州出口
　加工区管理局)局长：吴汉波
区纪工委副书记、监察室主任：周兆东
区经济发展局(苏区振兴发展工作
　办公室)局长(主任)：冯　钰(11月任)
区财政局局长：吴小梅(女)
区城市管理局局长：邹泽军(11月免)
　张雪刚(11月任)
区机关党委专职副书记：邹泽军(11月任)
区社会事务管理局局长：王会东
区项目建设办公室主任：徐晓鸿
区人民法院院长：黄　捷
区人民检察院检察长：黄林南
区地税局局长：陈昌远(6月免)
　朱绍伶(12月任)
区质监分局局长：谢才能(10月免)
　夏雷风(10月任)
区消防大队大队长：高智勇
区公安分局党委副书记、
　政委：陈式松

龙南经济技术开发区

【概况】龙南经济技术开发区始建于2000年7月，2006年3月经江西省政府批准升级为省级开发区，2013年3月经国务院批准升级为国家级经济技术开发区。全区建成面积10.8平方千米，是江西对接珠三角的“桥头堡”和承接沿海产业转移的首选区，也是中西部地区离广东沿海发达地区最近的国家级经济技术开发区。至2016年，龙南经济技术开发区落户企业256家，其中规模以上工业企业89家，形成稀土新材料、电子信息、现代轻工、食品药品四大主导产业，先后被批准设立江西龙南稀土产业基地、江西龙南再生资源回收利用产业基地、江西龙南生产性服务业基地、江西龙南承接产业转移示范基地、江西龙南新材料省级战略性新兴产业基地、江西印刷包装产业(龙南县)基地和国家发光材料及稀土应用高新技术产业化基地、赣州电子信息产业科技城。

中共龙南经济技术开发区工作委员会、龙南经济技术开发区管理委员会为中共赣州市委、赣州市人民政府派出机构，副厅级，负责对辖区政治、经济、文化、社会及生态等各项事务实行统一领导和管理。龙南经济技术开发区管理委员会内设党政办公室、经济社会发展局(挂赣南苏区振兴发展工作办公室牌子)、招商与企业服务局(挂工信局牌子)、财政局、社会事务局(挂农业农村工作办公室牌子)、项目建设办公室6个工作机构，均为副处级，另设机关党委和纪律检查工作委员会，机关人员编制总额50名。龙南经济技术开发区管理委员会直属正科级事业单位机关事务和政府采购管理中心、国库集中支付中心、征收搬迁办公室3个，核定事业编制共20名。2016年7月，市编委办批复同意招商与企业服务局增挂“安全生产监督管理局”牌子，其内设企业服务科不再保留“安全生产监督科”牌子。年内，印发《龙南经济技术开发区运行工作方案(试行)》，初步理顺经济技术开发区运行体制。组建国土、规划建设、环保、城管、市场监管等驻区机构，将商务、工信、主攻工业办公室等单位进行整合，实行区县共同管理。

【经济运行】2016年，全区完成主营业务收入271亿元，增长7.9%；完成工业增加值67.1亿元，增长11.3%；实现利税总额24.9亿元，增长13.8%。完成500万元以上工业投资62.8亿元，增长32.3%。全年进出口总额达到6.6亿美元，增长8.51%；出口达到5.74亿美元，增长8.89%。外贸出口、实际利用外资额绝对值和增速稳居全市前列，特别是外贸出口总额排全市第二。

【平台建设】设立20亿元的工业发展(赣州电子信息产业科技城)投资引导基金，全力保障园区基础设施建设。赣州电子信息产业科技城落户龙南，龙南保税物流中心获批并开工建设。全年累计投入6.2亿元，开工建设电子信息产业科技城一期路网、标准厂房等38个基础设施项目。完成科技城一期466.67多公顷用地范围内基础设施，二期开挖土方800万立方米，治理面积约200公顷，平整土地约80公顷。建成标准厂房50万平方米，新建道路14条总长约16千米，硬化路面约22.6万平方米，铺设人行道彩砖面积15万平方米，新增景观绿化面积约4万平方米。

【招大引强】区县组建17个招商团，在上海、广东委托建立2个专业招商队，设立深圳、广州、厦门3支招商小分队。全年引进产业项目40个、签约金额近210亿元，其中10亿元以上项目达6个，签约总金额和单个项目平均投资额分别是2015年的2倍和3倍。志浩电子、优信普等17个大项目开工，优信普创造当年签约、当年建成18万平方米厂房、当年投试产的“龙南速度”。隆南药化、汇森明达等23个重大项目进入厂房建设和设备调试阶段。恋伊工业、新正耀新能源汽车配件、汇森明达等20个项目先后试投产。对外开放合作。与工信部电子第五研究所签订战略合作框架协议，与重庆长寿、新疆喀什经济技术开发区签订战略合作协议，建立龙南(深圳)电子信息产业共建基地。

【产业转型】 电子信息、稀土新材料、现代轻工、食品药品四大主导产业完成主营业务收入215.2亿元，增长19.5%，占园区主营业务收入的79.4%。其中，电子信息、稀土新材料两大产业集群完成主营业务收入141.88亿元，占园区主营业务收入比重为52.35%。新增规模以上企业11家，总数达到89家。科技创新加快，新增高新技术企业8家、省级“专精特新”企业3家，专利授权量354个，增长399%，增幅居全市第二。认定省著名商标3个，市知名商标4个。龙南经济技术开发区获江西省知识产权试点园区，格林公司与龙钇公司获批江西知识产权示范企业，雪弗特被认定为江西知识产权培育企业，骏亚电子科技成为龙南首家“江西省两化融合示范企业”。

【安商服务】 开展“降成本、优环境”专项行动，强化政银企对接，累计为企业发放贷款39.14亿元，为企业减负3.92亿元，企业盈利能力大幅提升。帮助企业解决用水、用电、用工、管线搬迁等事宜314起，帮助园区企业招工3465人。设立首期1亿元企业还贷周转金，累计发放企业还贷周转金1.68亿元，帮助29家企业解决资金周转问题。为优信普、志浩电子等5家企业提供产业引导基金约5.1亿元，兑现工业发展奖励等资金1650.2万元、企业增产增效奖励105.37万元。

(撰稿　刘和龙　审稿　聂志良)

【领导名单】
党工委书记(副厅级)：薛　强(9月免)
缪兰英(9月任)
党工委副书记、管委会
主任(副厅级)：缪兰英(女，10月免)
邱建军(10月任)
党工委委员、管委会副主任：
邓全健(8月免)　曾庆征(9月任)
邹大勇　蓝　青(8月免)
党工委委员、纪工委
书记：廖耀军(9月任)
党政办公室主任：钟本祥
经济社会发展局局长：廖海旺
财政局局长：廖永旺
社会事务局局长：刘日辉(8月免)
机关党委专职副书记：刘文明
招商与企业服务局局长：赖子安(10月任)

瑞金经济技术开发区

【概况】 瑞金经济技术开发区创建于2002年5月，2012年4月批准为省级经济开发区，2013年11月批准为国家级经济技术开发区。开发区总规划面积66平方千米，其中中期规划面积25平方千米、近期规划11平方千米。主导产业为电气机械及器材制造、绿色食品和生物医药，同时重点发展新能源、新材料及其运用、新型建材、现代轻纺等产业。

开发区建成面积达8.5平方千米，建成“五横六纵”主干路网及标准厂房约30万平方米，建成区绿化、亮化、供水、供电、排水、排污等设施基本完善，建有35千伏变电站、500千伏输变电站和日处理1.5万吨工业污水处理厂各1座，以及电商孵化园、“双创”基地、小学、幼儿园、公租房、职工文化活动中心等配套设施，建设“双创”孵化园、综合体、物流港、陆路口岸作业区、电线电缆产品质量检测中心等功能项目。

开发区有落户工业企业190家，其中规模以上工业企业49家，初步形成以得邦照明、安讯实业、金字电线、金富电力等为代表的电气机械及器材制造产业，以红都水产、大健康饮料加工、中藻生物、绿野轩生物等为代表的绿色食品产业，以好莱克纺织、佳惠宝实业、金瑞发制品等为代表的现代轻纺产业。年内，开发区实现工业主营业务收入130.57亿元，增长48.61%；工业税金3.97亿元，增长26.55%；工业增加值33.37亿元，增长15.6%；出口交货值35.67亿元，增长5.7%；完成固定资产投资31.37亿元，增长66.7%。

瑞金经济技术开发区管理委员会成立于2014年9月，为赣州市政府派出机构，正处级，内设党政办公室、招商和企业服务局、经济发展和财政局、建设局、社会事务局等5个工作机构。机关人员编制50名。

【瑞金台商创业园设立为省级产业园】 3月19日，经省政府批复同意，瑞金台商创业园设立为省级产业园，核准规划面积为625.08公顷，重点发展电气机械及器材制造、绿色食品、纺织服装等产业。省级产业园的设立将促进经开区健康发展，更好地发挥其在经济增长、改革创新、承接产业转移、集聚项目和土地集约利用方面的载体和平台作用。

【主攻工业攻坚战重大项目集中开工】 4月28日，举行主攻工业攻坚战重大项目集中开工仪式。此次集中开工的重点项目分别是总投资10亿元的大健康饮料生产项目，总投资4.5亿元的西德电梯生产项目，总投资3亿元的黄酒生产项目，总投资1.5亿元的贵金属再生环保生产项目和总投资1.5亿元的智能电表箱及互感器生产项目，5个项目建成后将实现年产值45.5亿元，年上缴税收4.18亿元。

【招商引资项目集中签约】 9月10日，举行招商引资项目集中签约仪式。该次集中签约项目3个，总投资21.6亿元，分别是恒吉集团有限公司投资6.6亿元的年产10万吨铜棒加工项目、江西景阜专用车制造有限公司投资2亿元的年产2000台专用汽车生产项目、嘉润纸业科技有限公司投资13亿元的卫生用品生产项目。

【"南昌大学(瑞金)科技园"揭牌】 12月9日，举行"南昌大学(瑞金)科技园"揭牌仪式。南昌大学(瑞金)科技园按照"产业基金＋产业平台＋高端人才"的发展理念，重点发展电线电缆、光电照明、绿色食品、生物医药等领域中的高新技术和高科技产品，搭建技术成果转移、投融资服务、人才培训服务、"互联网＋"、中介服务、政策支撑、物业服务等各类平台，为园区产业发展注入强劲动力。

【首家省级企业技术中心获批】 12月19日，省工信委、省财政厅、省国税局、省地税局联合发文，公布第十九批江西省省级企业技术中心名单，区电线电缆产业龙头企业——江西瑞金金字电线有限公司位列其中，成为瑞金经济技术开发区首家拥有省级企业技术中心的企业。

(撰稿 胡振方 审稿 古盛林)

【领导名单】

党工委书记：许 锐

党工委委员、管委会副主任：罗林生

赣州蓉江新区管理委员会

【概况】 赣州蓉江新区于2016年3月获省批准成立，同年7月开始组建办公，为赣州市委、赣州市人民政府正处级派出机构。管委会内设党政办公室、党群工作部、经济发展局、财政局、住房和城乡建设局、社会事务管理局6个工作机构和机关党委、纪律检查工作委员会，核定人员编制62名。管委会下设征收搬迁办公室、项目建设办公室、高校园区管理处、建设工程质量监督管理站4个事业单位(其中，正科级事业单位3个，副科级事业单位1个)，核定人员编制37名。管理潭东镇、潭口镇。

市公安局、市人民检察院、市中级人民法院、市司法局、市工商局、市质量技术监督局、市食品药品监督局、市国土资源局、市环保局、市城乡规划局、市城管局11个市直单位在蓉江新区设立分局(工作室)。

【管理区域】 蓉江新区位于赣州中心城区南部，北起上犹江(凤岗至蟠龙段)，南至潭口镇上元村，西起蓉江(潭口龙岭交界段)，东至章江，具体包括潭东镇、潭口镇全域，以及蟠龙镇武陵村、坝上村、当塘村、虎形村、箩渡村等5个行政村全域(含黄金村位于坝上村的部分土地)，黄金岭街道办事处坪路村、新路村等2个行政村全域。

【事权交接】 7月21日，市政府召开赣州蓉江新区组建工作协调会，明确赣州蓉江新区管辖范围，将原赣州出口加工区管委会办公楼划归蓉江新区作为集中办公地点，前期工作人员从市委各部门、市直各单位以及各县(市、区)抽调，财政安排专门经费支持蓉江新区开办。

8月5日，市政府召开赣州蓉江新区事权交接工作协调会，推进解决"三定"方案的审定、抽调人员的到位及前期开办经费的预拨等问题，明确事权交接有关工作要求。12日，赣州蓉江新区与赣州经济技术开发区召开事权交接工作协商会，成立事权交接工作小组，明确自8月5日起正式启动事权交接，9月30日前全面完成。

9月30日，赣州蓉江新区与赣州经济技术开发区举行事权交接会，潭东、潭口镇，以及蟠龙镇武陵、坝上、当塘、虎形、箩渡5个行政村，黄金岭街道办事处坪路、新路2个行政村正式划入蓉江新区。

10月1日起，赣州蓉江新区党工委、管委会开始履行对辖区内政治、经济、文化、社会等各项工作职责。

12月28日，市政府办公厅印发《关于确立赣州蓉江新区财税管理体制的通知》(赣市府办字〔2016〕213号)，明确蓉江新区为市级财政组成部分，赋予蓉江新区财政管理权限，独立编制和实施蓉江新区财政预决算。市本级按政策规定承担对蓉江新区的市级配套资金及相关补助。自2017年1月1日起执行。

【文教卫生】 区内建有赣南师范大学、赣南医学院、江西应用科技职业学院、赣州师范高等专科学校、赣州卫校等5所大中专院校，以及赣州畜牧研究所、赣州柑桔科学研究所、国家脐橙工程技术研究中心、教育部人文社科重点研究基地等科研院所(中心)。全区主管2所卫生院(潭东、潭口镇卫生院)、3所中学(潭东、潭口、坞埠中学)、3所中心小学(潭东、潭口、高校园区管理处中心小学)。

【民生和社会事业】 新开工建设棚改安置房5611套，建成交付公共租赁住房1594套，完成分配380套。从赣州经济技术开发区交接44个农口项目，总投资2466.96万元。其中，完工项目有37个，投资2061.96万元；未完工项目有7个，投资405万元。

全区城乡居民养老保险缴费人员3.57万人，待遇领取人员1.28万人；城乡居民医疗保险参保人员13.1万人(含大学生)。截至年底，城乡居民医保参保人员105002人(不含大学生)，征缴保费1410.9万元。

【精准扶贫】 9月底，接管辖区精准扶贫工作，全区建档立卡贫困户3400户10490人。全面完成2016年度预脱贫村和脱贫户的脱贫任务，坳上村与毅德城建立结对帮扶关系，潭东镇龙井村投入资金近千万元用于"美丽乡村"项目建设，审批发放农业产业奖补贫困户388户192.9万元；"产业扶贫信贷通"贷款1413户6960万元，第一批1335户贫困户第一季度分红资金600元/户季；库区移民直补每人每季度150元。

【城乡规划建设】 10月，市规划局启动蓉江新区城市设计、生态景观规划、交通组织规划编制工作，经发改、财政部门审议后，由政府批准实施。12月22日发布招标公告。

9月，启动茶元弃土场建设。弃土场位于蓉江新区茶元村，占地约38公顷，可容纳弃土约500万立方米。

年内完成基础设施建设投入约200万元，至年底消纳余土约21万立方米。11月，启动征地拆迁工作。涉及蓉江一路、A1-4、A1-5、A1-7、F1-20、和谐大道等8个项目，完成征地15.57公顷，拆迁81户，面积42596.98平方米，搬迁企业1家。

【安全生产】 成立区安全生产隐患大排查大整治领导小组，开展安全生产隐患大排查大整治工作。全区排查建筑工地、非煤矿山企业、工业企业、学校、幼儿园等598个生产经营单位，排查各类安全隐患1103处，下达整改指令书124份。

【党的建设】 成立区机关党委、非公有制经济组织与社会组织党工委2个基层党(工)委。组建党政办公室、党群工作部、经济发展局、财政局、社会事务管理局、征收搬迁办公室、住房与城乡建设系统等7个党支部。在全区387个非公企业中建立53个党组织，在20个社会组织中建立5个党组织，实现非公企业和社会组织"两个覆盖"。

（撰稿 张萍 审稿 王凌）

【领导名单】
党工委书记：廖乐春
党工委副书记、管委会主任：王 凌
党工委委员、管委会副主任：李绍武
范秀刚
党工委委员、纪工委书记：徐中宁

赣州综合保税区

【概况】 赣州综合保税区于2014年1月22日经国务院批准设立，是全国第35个、江西省第1个综合保税区。2015年7月31日赣州综合保税区通过江西省10厅局预验收，2015年10月20日通过国家10部委的验收顺利封关，2016年10月19日通关运行。赣州综合保税区位于赣州市中心城区中北部，距市中心仅5千米，规划面积4平方千米，分两期建设，一期建设2.229平方千米，其中围网面积1.787平方千米。处于赣州综合交通枢纽的龙头地段，紧临赣州黄金机场、赣州高速西出口和规划建设中的高铁站，航空口岸、公路口岸、铁路口岸就在综保区周边。

【基础设施】 赣州综合保税区一期四至范围为：东至赣州稀土科技产业园，南至厦蓉高速公路，西至赣州综合保税区二期，北至赣州黄金机场跑道过渡面边界，共有土地222.9公顷。其中，围网内178.7公顷，网外44.2公顷；工业用地156.23公顷，仓储物流用地28.07公顷，商务用地12.74公顷，其余为行政办公和其他用地。收购有原钜盛鞋厂占地37.69公顷10.66万平方米。一期围网内开发面积48.52公顷，约占总面积的35.87%。建有标准厂房两栋4.4万平方米、保税仓库4栋2.8万平方米、监管仓库0.58万平方米、监管服务大楼1.4万平方米，以及卡口、围网、路网、验货专用场地、检验检疫处理场所和设施等监管基础设施项目26个和智能化信息系统项目。

【招商引资】 实施项目带动战略，重点引进以产品进出口为主，科技含量高、辐射带动力强的高新技术加工企业，引进保税物流、保税加工、跨境金融和跨境电商类企业。成功签约落户企业26家。落户和在谈项目。保税加工项目。主要有江西金润鸿达电子芯片生产项目、江西威赛光电科技有限公司智能机器人生产项目和江西慧谷供应链管理有限公司的家具生产及金融电商物流园项目，以及香吉士晨果实业(赣州)股份有限公司的榨汁机生产项目等。跨境电商和进出口贸易企业。主要有美橙保税商品交易中心等17家。金融、服务类企业。跟踪洽谈的项目有出口型专用车辆、生物质全降解材料生产项目和黄金珠宝加工项目以及部分总部经济、跨境电商和冷链物流等项目。

【企业服务】 以"企业为本、服务至上、效率优先、满意为旨"的宗旨，赣州综合保税区为企业提供"一次申报、一次审单、一次检查"，24小时通关服务，服务过程全覆盖、全跟踪和全满意，帮企业解困、助企业发展。

（撰稿 洪斌全 审稿 谢卫东）

【领导名单】
党工委书记：谢卫东(8月任)
党工委副书记、管委会主任：
谭学忠(9月免) 温荣喜(9月任)
党工委委员、管委会副主任：
谢卫东(8月免)
叶爱英(挂职，4月任)

（本栏编辑 徐文菁）

供电　供气　供水

供　电

【概况】 2016年，赣州供电公司全面落实"主攻工业、三年翻番"战略，加快电网发展，增强服务本领，降低企业成本，优化发展环境。扎实开展"两学一做"学习教育活动，全面加强基层党组织建设，进一步改作风、提效率，实施电子考勤、全员评价、绩效考核，强化队伍精气神，全面投入"六大攻坚战"，实现"十三五"开门红，确保电力可靠供应、支撑有力、优质服务，为工业发展和民生改善提供坚实保障。

赣州全社会用电量保持高速增长，全年达到155.53亿千瓦时，增长7.14%；最高用电负荷刷新历史记录，达到240万千瓦，增长2%。全社会电量由2011年的103.49亿千瓦时提高到2016年的155.53亿千瓦时，工业电量由2011年的67.36亿千瓦时提高到2016年的87.64亿千瓦时。2016年底，市、县供电公司资产总额138亿，上交税收4.03亿元，用工总量8868人。

赣州电网处于江西电网末端，是江西覆盖面积最大的地区电网，形成以500千伏为支撑、220千伏县县全覆盖、110千伏县县多电源供电的网架。通过3回500千伏、4回220千伏线路从江西主网受电，担负着18个县(市、区)的供电任务。截止年底，赣州电网有500千伏变电站 3座、220千伏23座、110千伏89座，变电总容量1524.4万千伏安。110千伏及以上输电线路264条、长度5223千米。中心城区10千伏配电线路450千米，配电变压器1710台、容量8970万千伏安。

赣州供电公司设有办公室、发展策划部、财务资产部、安全监察质量部(保卫部)、建设部(项目管理中心)、审计部、人力资源部、党群工作部(工会、团委)、监察部(纪委办公室)、电力调度控制中心、运营监测(控)中心、供电服务指挥中心等11个机关部室和运维检修部(检修分公司)、营销部(农电工作部、客户服务中心)、经济技术研究所、信息通信分公司、物资供应中心、培训分中心、综合服务中心等7个业务支撑机构。并受江西省电力公司委托，负责对全市18个县(市、区)供电公司实行垂直管理。

【振兴发展】 立足苏区振兴发展大局，主动策应"主攻工业，三年翻番"战略，城乡电网发展步伐加快。全年电网建设投资27.24亿元，这两年投资相当于"十二五"前4年投资，开工35千伏及以上线路420.94千米、变电容量165.78万千伏安，投产1123.59千米、292.98万千伏安。投资规模、开工规模、投产规模保持全省第一。500千伏电力输入形成"双通道"，220千伏变电站在全省率先实现县县"全覆盖"，18个县(市、区)县县通"电力高速公路"。抢在年前投运110千伏章贡区城南变电站，增加中心城区供电能力10万千瓦。引领全省智能电网发展，投产全省首座110千伏新一代智能化变电站、首座35千伏模块化变电站。110千伏龙华、古陂变电站荣获"国网公司创优示范工程"称号。

【电力供应】 赣州电网供电能力由2011年底的175万千瓦时提高到2016年底的350万千瓦时，增长100%，平稳应对240万千瓦(出现在2016年12月27日)历史新高负荷考验，确保经济社会电力可靠供应。供电可靠性、电压合格率指标位列全省前列，停电次数下降12.18%。18个县(市、区)全面建成"城区一刻钟抢修响应圈"，平均响应时间缩短至13分钟。电力故障平均抢修时长由年初201分钟下降至153分钟，缩减23.88%。面对"尼伯特""莫兰蒂"等多轮强降雨恶劣天气，公司快速响应，领导靠前指挥，全力组织抢修，及时恢复受灾客户正常供电。完成国务院总理李克强赣州调研等19次重要活动保电任务，实现"零停电""零跳闸""零闪动"。

【降成本优环境】 降低用电成本2.43亿元。全面开展"降成本、优环境"专项行动，省内独家举办"政电企三方，降成本优环境"现场会19次，及时解决报装接电、电价政策等问题136个。全面实施8项降低用电成本措施，主动对接园区企业并刚性执行电价政策，降低企业用电成本2.43亿元。高起点、高标准科学编制发布工业园区电网专项规划，每个园区建成1座以上110千伏变电站，园区输电线路、配变容量规模全省第一。工业园区供电保障能力全省领先，供电可靠性由2015年的98.76%提高至99.88%，位列全省第一。

【提效率强服务】 通过开展供电服务提升工程，全员服务意识初步形成，基层班所服务理念得到强化，103个供电所实现"零投诉"。深化三级客户经理上门机制，主动对接园区召开"政电企三方，降成本优环境"现场会19次，及时解决报装接电、电价政策等问题136件。实行业扩报装"一证办理”，统一低压业扩收费标准。高压供电方案答复时间比国网公司“十项承诺”时限缩短33%。推行“购电制”用户117万户。累计安装智能电表329.58万块，全省第二家实现智能电表全覆盖。推广电e宝等“互联网+”服务，业扩报装50%实现网上受理，电子渠道缴费1178万元。率先建成3座快充站，完成电能替代项目327个、电量2.87亿千瓦时。积极服务新能源发展，并网规模及数量全省第2。承担中祥玖珑湾住宅小区配套供电工程建设，主动作为、攻坚克难，先行垫付工程资金1050万元，克服施工场地积水严重、施工电梯无法使用等困难，施工人员肩扛手提运送施工物资，在各行业率先完成建设任务。供电服务工作得到市委市政府和18个县(市、区)党委政府的充分肯定。赣州海亮房地产、赣南医学院第一附属医院等12家客户赠送锦旗感谢供电服务。

【民生工程】 坚持民生为本，加快农网改造升级，加大配网建设与改造力度，争取农网改造中央资本金项目投资8.4亿元、占全省48%。累计减免35项输变电工程贴息资金2.56亿元。实施建设农网项目3340项，农村户均容量提升至1.8千伏安/户。建立农村“低电压”动态监测跟踪治理机制，2.3万户低电压当年全部解决。投运赣闽边界首条10千伏互联线路，赣闽革命老区交界区域实现电力互联互通。提前一年完成最后27个自然村“动力电”工程建设，实现村村通“动力电”。兴国高兴镇湖布台区等6项工程获省公司配电网优质工程。石城县入选全国百家配电网标准化建设示范县。农网改造升级服务民生、整乡整镇电网改造得到国家能源局的肯定。

【精准扶贫】 成立精准扶贫工作领导小组和工作组，层层压实责任，主动对接争政策、争项目、争资金，通过农网改造升级工程、土坯房改造电力配套、光伏产业扶贫、定点结对帮扶等措施，全力以赴实施电力扶贫攻坚，电力精准扶贫成效显著。开展定点结对帮扶，挂点贫困村43个，帮扶贫困户2539户。派驻驻村工作队27个，派驻第一书记24人，队员43人，结对帮扶干部613人。开展村级基础设施建设，关心关爱贫困户、五保户、残疾人、农村空巢老人和留守儿童，帮助解决贫困户生产生活实际困难。组织帮扶干部与贫困户结对，上门走访、宣传政策、了解需求，帮助贫困户开展产业扶贫，让贫困户脱贫致富。

【自身建设】 推进“两学一做”学习教育，领导带头、示范先行，开展党委中心组集中学习研讨，组织支部书记、优秀党员赴瑞金和古田开展现场教学。创新推出支部“六个一”集中学习法，得到市直机关工委督查组肯定。加强党组织建设，完成公司各级党组织换届选举。率先推行支部负责人“无候选人”公推直选试点。深化党支部责任区建设，开展“三亮三比”主题活动，党员投诉同比下降50%。发挥党支部战斗堡垒作用和党员先锋模范作用，赣州(抢修)共产党员服务队获“国网公司优秀共产党员服务队”称号。持续加强队伍建设，开展劳动技能竞赛18项，提升员工队伍素质。运检部杨智强获全国电力行业技术能手，董伟明、袁琳等5人获国家电网公司优秀专家人才(后备)称号。加强班组建设，运检部电气试验一班评为“国网公司一流班组”，营销部大客户经理班获“江西省工人先锋号”,12个班组评为国网公司、省公司先进班组。注重先进典型培树，袁丹莉、余明辉获省公司劳模称号，黄霞获赣州市五一劳动奖章，杨智强被评为“赣州市首届工匠”。强化劳模示范引领作用，新增6个县公司劳模创新工作室。深化文明单位创建，保持全国文明单位称号，10家单位获江西省第十四届文明单位。连续六年荣获江西省劳动保障诚信示范单位称号。市公司同业对标保持全省第3。

(撰稿　谢丰羽　审稿　许永超)

【领导名单】
总经理：万　卫
党委书记：余霜鸿
副总经理：黄吉明
纪委书记、工会主席：张仲来
副总经理：祝曙光
总会计师：彭光凤
副总经理：徐天福

供　气

【概况】 2016年，赣州深燃天然气有限公司全体干部员工开拓思维，创新发展，提升安全服务水平，较好地完成全年的各项工作任务。全年实现天然气销售总量9292万立方，增长12%；各类用户200818户，增长12%。

【拓展用户】 在取消初装费的情况下，与开发商进行沟通宣传，消除初装费取消的负面影响，实现新老政策的平稳过渡。民用户拓展稳步推进，商业用户拓展创历史新高。在政府尚未出台政策的前提下，抓住非居气价下调的契机，深入各工业企业，完成赣玛实业等多个工业锅炉“煤改气”项目的签约安装。积极应对市场竞争风险，在中石化赣州黄金CNG加气站投运后，主动洽谈，达成合作，提供CNG气源，最大限度保证车用气量不流失。面对网约车市场不断扩大的发展趋势，与滴滴出行赣州代理商赣州凯旋实业公司签订网约车天然气应用合作协议。

【解决多项难题】 签订《南康区管道燃气特许经营补充协议》，为南康特许经营和全面发展奠定法律基础。多处土地得到落实。富康场站用地取得土地证，金塘场站用地成功摘牌，龙华场站和瑞金门站用地已经政府批准，进入招拍挂流程。南康区汽车加气站项目取得区发改委核准。工业三路加气站项目取得核准文件，这是2011年以来赣州市核准的唯一一个汽车加气站项目。客家大桥过桥管完工，使赣县供气管网成环。

【安全创优】 全面执行跟班制度，加强县级公司督导，实行隐患整改进度周报制，有效提高隐患整改率，安全管理实现创优目标。推动标准化建设，开展“零事故”评比和“六大创新”等活动，加强安全考核，落实安全包保激励措施，营造良好的安全生产氛围。强化管网巡查管理，根据工地和片区特点，合理调整巡查管理模式，做到巡查管理灵活机动且不失控；建立管网保护群，定期发送短信，加强管网保护宣传，第三方损坏事故下降25%。全面梳理老旧埋地管网，制定整改计划，在政府对管网改造相关扶持政策尚未到位的情况下，调整思路，从小区庭院入手，积极跟进政府百街小巷整治项目，加快改造速度。成立深燃学院赣州培训基地，选拔内训师，建设培训考核场地，开展技能考核和资格认证工作，积极组织参加投资系统、集团和市总工会等各类技能比武，并取得优异成绩。

【健全服务体系】 制定《优质服务创优方案》，加大服务检查力度，严格指标考核管理，针对薄弱环节加强优质服务督导，优质服务实现创优目标。完善晨会制度，坚持工作每天一小结、一布置，安全服务天天讲、人人讲，上级精神得到及时宣贯，安全服务意识得到强化。规范VI应用，完善营业厅设施配置，提升服务形象。设立社区化流动营业厅，热水器管道报装量大幅提升；完成移动作业平台上线，提高服务效率；研发IC卡自助充值程序，解决客户缴费难题；建立微信群实时沟通，提高工单处理效率。开展明星评选、技能竞赛、进小区等服务活动，调动员工干劲，提升服务技能。加大线上新业务推广，支付宝、微信等收取燃气费1288万元。在安检抄表员工牌和手机上设置公司二维码标识，客户通过扫描二维码即时查询、交纳气费，提高回款率。

【内控管理】 严格资金管控，由昆仑银行开立银行承兑汇票给中石油，减少贷款利息；实行电子支付三级审核，提高支付效率，保障资金安全。完善结算制度，厘清结算流程，修订现场签证和工程变更制度，控制工程成本。增加LNG气源供应商，控制气源风险，实时价格比对，降低采购成本。

【党建工作】 开展“两学一做”活动，组织学习党章党规和习总书记重要讲话，党员领导干部讲党课，教育指导党员做“四讲四有”合格党员。结合党员承诺制，开展党员模范岗和“我是党员我先行”活动。完成党总支换届选举，结合党支部五星创评，开展基层工作联系制度专项活动，领导班子成员挂钩联系基层党支部，参加党员活动，掌握基层党建情况，了解党员思想，教导和监督党员干部加强廉洁从业建设，规范党建工作。完成团支部换届选举，以党建带动群团工作，组织开展文体活动、普法竞赛和岗位技能比武，积极参加集团企业文化主题活动，工会争先创优，荣获赣州市2015年度优秀基层工会“赣州市‘五一’巾帼标兵岗”称号。

（撰稿　周芳鸣　审稿　龙　兵）

【领导名单】

董事长：夏卫国
总经理：龙　兵
副总理：黄敏玲（兼工会主席）
　　　　陈春林
总经理助理：赵晨光　周永春
　　　　　　温慧华

供　水

【概况】 赣州市政公用投资控股(集团)有限公司是由赣州市人民政府出资设立的国有独资公司，其前身为赣州市自来水公司，2008年10月更名为赣州水务集团有限责任公司，2014年12月更名为赣州市政公用投资控股(集团)有限公司。集团公司有自来水厂6座，日供水能力58万吨，自来水用户达27万户，供水管道总长2400千米，拥有1座装机容量1800千瓦时的水电站以及1座有效库容60万立方米的应急水源水库。辖赣县区、南康区、上犹县3家自来水有限公司及赣州给排水工程有限责任公司、赣州市污水处理有限公司、赣州水务物资公司、赣州水务勘察设计院、赣州汇金砂业有限公司、清泉二次供水公司等9个具有独立法人资格的全资子公司。集团本部有在岗职工418人，各类专业技术人员77人。集团公司高管人员7名，其中董事长、总经理各1名，副总经理4名，财务总监1名。

【主要经济指标】 2016年，集团公司实现业务收入3.59亿元，其中集团本部3.14亿元，增长11.49%；实现利润9836.21万元，其中集团本部9297.95万元，增长64.25%；完成供水量1.45亿吨，其中集团本部9578.29万吨，增长8.18%；完成售水量1.27亿吨，其中集团本部8505.61万吨，增长6.32%；新增用户29824户，其中集团本部新增14345户；新增管道134.67千米，其中集团本部102.54千米；集团本部漏失率11.2%；水费回收率98.32%；水质综合合格率100%。

【服务城市基础设施建设】 供水设施建设。赣州市第三水厂10万吨/日扩建工程完成土建工程、电气设备采购、监理等招标工作，完成项目投资约5000万元。上犹江引水工程一期暨龙华水厂工程取得项目规划选址和国土预审意见，可研报告编制完成并报送市发改委审批立项。供水管网建设和改造，新增管网总长134.67千米。

污水处理项目建设。全力推进贡江左岸排水工程建设。完成穿越古城墙、八境湖和东河大桥，累计完成主管道约1.2千米，该项目投入试运行。白塔污水处理厂三期工程(一阶段)8万吨/日扩建工程完成项目选址、用地、环评、用地许可及方案审批等程序和初设批复，土石方工程完成招标。

加快中心城区公共停车场一期工程建设。中心城区公共停车场一期工程拟在河套老城区、章江新区新建停车场13处、停车位约3000个，总投资8.3亿元。该工程可研获批复，完成初步方案，人民巷、章江新区游泳馆北侧、J35小游园停车场方案报规划局审核并完成规划公示。

【安全生产】 强化安全生产管理。从严落实“安全执法年”活动要求，加大对公司重点及要害部位的安全检查，举办危化品特种作业人员培训班，开展液氯泄漏等应急演练，提高从业人员液氯防护、抢险、救援能力。开展消防安全培训，提高职工操作消防器材的能力。在夏季高温供水、省及市党代会期间和丰城电厂坍塌事故发生后，公司组织开展安全生产大检查，切实排查消除安全隐患。

严格水质监测。坚持每月对水质进行全分析检测，全年共检测202例全分析水样。完成3个水厂原水、沉淀水、出厂水巡检5029次，管网水检测504次，水质综合合格率达100%。招标采购原子荧光光度计、放射仪、纯水仪等水质检测仪器，更新换代一批使用年限长及存在故障隐患的检测仪器，完成出厂水常规42项、非常规5项及源水常规全部29项的扩项工作。

开展水厂技术改造。全年投资760万元，完成一水厂一级泵及新二级泵低压配电系统更新改造。在一水厂新老系统新增管道混合器，完成二水厂变频器、黄金加压站电气、三水厂一级泵机组等技改项目，对保障全年安全供水起关键作用。

【供水服务】 完善服务网点布局。重新启用南门口营业服务窗口，新增经开区企业综合服务中心服务网点，方便市民办理用水业务。新开通支付宝缴纳水费业务，市民足不出户就能轻松缴纳水费。完成微信公众平台建设工作。新微信公众平台服务号正式上线，实现水表绑定、水费查询、报装报修申请等功能。

创新服务举措。召开用户代表座谈会，主动请用户“挑刺找茬”，查找供水服务突出问题。在张家围路长青小区、环城路吉祥花园等用水问题突出的小区开展“供水服务·水质发布进社区”学雷锋志愿服务活动。配合开展全国文明城市创建工作，供水营业厅通过市创建办组织的模拟测评。

解决行风热点难点问题。印发《关于简化办事程序、缩短办结时限的相关规定》，进一步简化办事流程，缩短内部办结时限。着力解决矛盾破解难题，制定低层小区“一户一表”改造政策。2016年，公司累计受理信访转办件83件，所有行风受理件办结率、反馈及时率、满意率均为100%。全年受理人大建议、政协提案6件，全部办结，回复均为满意。

完成“智慧水务”二期建设。“智慧水务”二期新增“管网抢修系统”“管网巡检系统”“GIS应用系统”，在一期“一张图”基础上扩大应用广度和深度，为管网设计施工、维修养护、事故抢修、管线巡查等提供高效便捷的手段。

【企业改革】 资本运作。“新三板”挂牌上市工作稳步推进，进入股改阶段。对外投资审慎起步。利用自有资金出资1.5亿元、持股5%，发起设立全国性的瑞京人寿保险公司。投资4420万元，占总股本的17%，发起设立第三方支付平台企业汇通汇付股份有限公司。

组织架构。围绕“立足水务，做大市政”思路，打破原水务集团的传统管理思维，科学调整职能部门设置和领导分工，新成立项目管理处、产业拓展部、招投标管理中心、纪检监察室，初步形成责权明确、运转高效的运营管理模式。

多元化经营。抓好污水处理工作。全年处理污水2055.7万立方米，完成污水产值2731.4万元。清泉二次供水公司全年实现利润677.53万元，竣工验收丽景江山、西域华城等24个住宅小区的二次供水工程项目。赣州汇金砂业有限公司完成赣县、石城、信丰、于都、兴国等县(区)新一轮公开出让工作，总成交价款为5.21亿元，比预计成交额增加2亿元，其中于都县成交价款1.78亿元，创全省河道采砂拍卖纪录。

水费回收。制定《水费回收攻坚年工作方案》，依法通过协商对话、法律诉讼、暂停供水等多种途径，追回水费195.11万元，切实维护企业的核心利益。

【企业党建】 履行党建工作责任。扎实开展“两学一做”学习教育，组织4个专题8次集中学习。落实党建重点工作任务。召开第二次党代会，顺利完成公司党委、纪委换届，选举产生新一届党委、纪委班子。扎实开展纪念建党95周年系列活动，各支部广泛开展“重温入党誓词”“走访慰问老党员、困难党员”等主题党日活动。“七一”前夕，供水管理处党支部被中共江西省委评为“全省先进基层党组织”。

扎实开展精准扶贫。推动产业扶贫，扶持驻点宁都县田埠乡马头村成立养殖专业合作社，吸引5户贫困户加入，受益贫困人口21人。投入资金30万元，援建一批群众得实惠的民生工程。精准帮扶6户贫困户实现脱贫。履行国企社会责任，向瑞金市云石山乡陂下村捐助精准扶贫项目资金20万元，向赣县田村镇龙下小学捐助购置课桌椅资金3万元。

全面落实党风廉政建设和巡察整改。履行“一岗双责”，年初与各部门签订党风廉政建设责任状，纳入年度目标考核。强化廉政教育，组织学习“一准则、两条例”，开展《准则》《条例》知识竞赛，筑牢思想防线。严格落实巡察整改工作，对照市委巡察组反馈问题逐条抓好整改，46个问题已全部整改完成。其间，共核查违规违纪问题15个，依规依纪问责有关责任人12人，清退违规用人1人，制定或完善制度22项，整改工作取得阶段性成果。

企业文化建设取得新成效。办好职工俱乐部，广泛开展丰富多彩的文体活动。参加市总工会“庆五一”职工文艺汇演，集团公司选送的《红军阿哥你慢慢走》荣获三等奖。开展“夏送清凉”活动，慰问施工、生产一线工人。坚持为过生日职工送蛋糕制度，企业凝聚力进一步增强。

(撰稿　谭建飞　刘志刚　审稿　任晓群)

【领导名单】

党委书记、董事长：李　聪

党委副书记、总经理：王志坚

副总经理：葛　樑　周宏志

纪委书记、财务总监：刘　熹

副总经理：雷晓春　陈　俊

(本栏编辑　赖建明)

城建 环保

城乡规划

【概况】 2016年，赣州市城乡规划局以构建“一区两群三廊”城镇发展格局、建设省域副中心城市为目标，解放思想、扎实工作，在强化规划引领作用、提升规划服务水平方面取得一定成绩。市城乡规划局获2016年度全省住房城乡建设系统先进集体称号。

【城乡规划编制】 中心城区规划编制。《赣州市城市总体规划(2016—2030年)》(纲要)通过省住建厅组织的专家评审。编制完成《赣州东部城镇群规划》《赣州南部城镇群规划》，获市政府批准实施。抓好赣州中心城区各类控制性详细规划的编制工作，编制完成《赣州西城区暨香港产业园北区控制性详细规划》《水西组团控制性详细规划》《沙河组团控制性详细规划》《南康区龙岭工业园南区控制性详细规划》《蓉江新城控制性详细规划》经市政府批准实施。完成赣州市中心城区电力、新能源汽车充换电设施、步行与自行车系统、雨水防涝、赣州市中心城市给水、排水、燃气、环卫、绿地、公共停车场、教育网点布局等10余项专项规划，推进赣州市中心城区通信基础设施、管线综合、赣州市轨道线网规划等3项专项规划。

重点片区规划编制。加快推进蓉江新区城市设计、蓉江新区绿化生态景观规划、蓉江新区干路网交通组织规划的编制工作，打造区域性金融商务核心区。围绕赣州西站周边区域的建设，推进赣州西站周边区域城市设计、交通详细规划、地下空间开发利用详细规划等多项规划的编制工作，保障推进赣州西站的建设。

县(市、区)全域规划编制。落实“多规合一”“空间规划”等规划要求，督促和指导县(市、区)总体规划修编、城区控制性详细规划、各项专项规划、城市设计、乡镇规划和村庄规划的编制实施，实现中心城区、县(市)、乡镇、村庄的规划全覆盖。

县市规划编制。指导完成全南、安远、定南3县城市总体规划实施评估工作，组织安远县城市总体规划修改方案的技术审查，完成兴国县、寻乌县城市总体规划的审批。指导于都县开展“多规合一”国家试点工作，组织审查大余、安远、龙南等县建设规划成果。

村镇规划编制。全市27个全国重点镇、22个省百强中心镇、17个市级示范镇(其中含14个百强中心镇)总体规划编制全部完成，镇区控制性详细规划基本完成。推进一般乡镇规划总体规划修编和建制镇控制性详细规划编制，全年完成43个乡镇总规修编工作，26个总规修编的专家评审，完成3个建制镇控规的专家评审。开展特色小镇工作研究，制定《关于加快特色小镇建设的实施意见》。

【历史文化保护】 启动古城保护与战略发展、新赣南路传统风貌街区实施规划、阳明路周边区域修建性详细规划、姚衙前历史文化街区修缮整治规划等4项规划编制工作，加大对历史文化街区的保护与利用，开展魏家大院、飞龙岛的保护与利用的研究工作。抓好中国传统村落和历史文化名村保护发展规划编制，全市16个历史文化名村(3个国家级、13个省级)中，15个名村保护规划完成编制，南康区谭邦村保护规划呈报省政府批准，全市前3批共18个中国传统村落全部完成保护发展规划编制。向中央争取每个历史文化街区800万元的专项保护资金，向上申报中国传统村落和历史文化名村保护设施建设项目和古建筑保护资金共计5900万元。

【工业规划】 推进“两城两谷一带”(新能源汽车科技城、现代家居城、“青峰药谷”“中国稀金谷”、赣粤电子信息产业带)重大产业平台规划编制工作。开展《赣州新能源汽车科技城控制性详细规划》编制工作。完成《南康区龙岭工业园南区控制性详细规划》的编制，落实现代家居城、赣州港的用地布局。推进《赣州市沙河组团控制性详细规划》的编制，保障“青峰药谷”的发展空间。指导衔接赣州高新技术产业开发区、“中国稀金谷”规划编制工作，打造“中国稀金谷”。市城乡规划局获2016年度主攻工业先进单位称号。

【新型城镇化】 编制完成《章江—贡江—赣江三江口城市设计》《赣州西站周边区域城市设计》《昌赣客专赣州站区与站前核心区城市设计》《赣州市蓉江新城核心区城市设计》等4项城市设计，提升城市品质。对文明大道、迎宾大道等快速路，红旗大桥、蟠龙大桥等桥梁，以及与道路(桥梁)相关的综合管廊等相关工程进行规划设计。在《赣州都市区总体规划(2012—2030年)》的指导下，推动南康区在规划层面上的融城和赣县、上犹与中心城区的同城化发展。

【服务业规划】 完成方特主题公园、海洋馆、影视基地等旅游产业项目规划初步选址，支持旅游产业项目落地。对"赣南电商城"项目按程序调整部分规划指标，支持电商产业发展。对第一批进驻园区的赣南职业技术学院、赣州市人民警察学校、赣州应用技术职业学校、赣州光华职业技术学校、赣州服装职业技术学校等5所学校选址和用地范围进行确认并上报市政府，做好教育产业入园前期工作。

【基础设施建设】 牵头研究3座桥梁（红旗大桥、蟠龙大桥和南河大桥）以及章江大桥与八一四大道交叉口、飞龙大桥与客家大道交叉口、飞龙大桥与文明大道交叉口3处重要交通节点的改造规划。打通套老城区宝福院路、栎木坑路等3条路网和章江新区7条断头路，开工建设体育中心前广场、中央生态公园、潮泥湾等13个公共停车场。

【重点工程规划】 海绵城市规划编制。申报海绵城市试点城市，完成海绵城市专项规划招标工作。加快城市地下综合管廊规划建设，编制完成《赣州市中心城区地下综合管廊专项规划（2016—2030年）》，开工建设蓉江一路地下综合管廊。

编制《赣州中心城区骨干路网优化规划》。打造"四横六纵一环"的快速路网结构。城西大道快速路、南康机场快速路动工建设，迎宾大道和文明大道快速路项目完成工程招标。谋划《中心城区基础设施和公共服务设施重大项目三年（2017—2019）建设行动计划》，推进中心城区各项设施建设。

中心城区棚户区改造。办理幸福家园J32地块农民返迁安置房、气压机厂三区、市航运公司A区返迁安置房等11个棚改项目的工程规划许可，建设规模42.74万平方米。

商品房去库存。通过对中心城区（章贡区、开发区）规划建筑方案审批、施工图规划复核等规划信息进行科学分析，以及对中心城区（章贡区、开发区）60个开发项目的用地出让、用地审批、项目建设和销售情况进行统计和分析，系统分析研究中心城区住房建设情况，协助市政府研究出台《关于中心城区促进商品房去库存的通知》。

【规划项目报建】 对建设项目规划审批流程进行优化再造，探索建设项目工程规划许可并联审批，制定《赣州市中心城区建设项目工程规划许可并联审批实施细则》。中心城区办理建设项目选址意见书118件，总用地面积2002.28万平方米；办理建设用地规划许可407件，总用地面积665.4万平方米；办理建设工程规划许可604件，总建筑面积894万平方米。

2016年9月15日，市委副书记曾文明在章贡区姚衙前社区棚改地块调研

【监督管理】 加强对中心城区临时建筑（设施）管控，确保城乡规划的实施，协助市政府制定《关于加强中心城区临时建筑（设施）管控的通知》。对在建建设项目进行有效跟踪管理，下发整改通知书238份，巡查发现450起违法建设行为，对68个在建设中存在违法违规行为的建设项目下发行政处罚决定书。

（撰稿　涂　维　曾小露　审稿　刘新平）

【领导名单】
党组书记、局长：
　廖光斌（9月任党组书记、10月任局长）
党组成员、纪检组长：薛寒春（12月免）
党组成员、副局长：张龙彪（12月免）
总规划师：吴晓明
党组成员、副局长：刘新平

城乡建设

【概况】 2016年，全市城乡建设系统围绕全面推进赣南苏区振兴发展，坚持以项目建设为抓手，实施新型城镇化攻坚战，加快构建区域性现代化中心城市，全市城乡建设事业持续健康发展。全市常住人口城镇化率预计为47.01%，比上年提高1.5个百分点；全市城镇建成区面积413.19平方千米，新增10.75平方千米；全市城镇人口395.19万人，新增7.27万人。赣州市中心城区建成区面积扩大至158平方千米，城市人口达到160万人，赣县撤县设区，蓉江新区启动建设，市中心城区规模扩大，中心城区"小马拉大车"格局得到初步改变。赣州市城乡建设局获全省住房城乡建设系统先进集体、全市主攻工业先进单位。

【城乡基础设施建设】 加快推进县城基础设施和特色村镇建设，城乡环境面貌得到改观。推进城镇污水处理设施及管网建设，全市全年投资5.07亿元，建成和改造城镇污水管网共245.3千米，其中省重点支持的8个县建成和改造城镇污水管网119.8千米、实施管网维修61千米，全市22个省百强中心镇污水处理设施及配套网管全部建设完成并投入运行；培育壮大27个全国重点镇、22个省百强中心镇和17个市级示范镇，至年底，全市17个示范镇工程累计投资完成约35.2亿元；开展特色小镇申报的调查摸底工作，各县(市、区)初步上报35个特色小镇。赣州市在全省乃至全国创新性地启动农村保障房建设工作，通过“交钥匙”工程的形式，统一规划建设一批农村保障房，帮助全市8661户符合农村保障房安置条件的贫困户，兜底解决其基本安全住房问题。新建房屋开工建设7917户，开工率100.28%；竣工7443户，竣工率94.27%，南康、兴国、上犹等县(区)相继举行农村保障房入住仪式。

【中心城区项目建设】 中心城区安排城建项目146个总投资848.2亿元，年度计划投资240.2亿元，完成投资97亿元。启动中心城区快速路建设，完成快速路网规划编制，文明大道、迎宾大道、东江源大道等快速路完成可研编制批复和初步设计。文明大道西延启动征地拆迁，赣州西站综合交通枢纽项目完成规划设计方案、可研编制及批复。沙石大桥、黄金大桥、武陵大桥、客家大桥全部通车，武陵大道、和谐大道、蓉江一路建设进展顺利。南门口下穿隧道工程、长岗路等打通“断头路”工程通车，东江源大道等19条道路破损路面修复工作全面开展。推进赣州文化艺术中心建设、历史街区修缮及特色街道立面改造项目、贡江左岸截污干管工程，全面建成建春公园等一批小游园。推进蓉江新城棚户区改造。对接农发行申请发行专项债4.2亿元，融资贷款45亿元，对接农行贷款40亿元。编制完成赣州市中心城区地下综合管线规划、地下综合管廊专项规划和五年项目滚动规划，中心城区蓉江一路地下综合管廊完成可研批复、用地预审、选址意见书等前期工作，开工建设2.5千米。加快海绵城市建设，形成《赣州市海绵城市建设方案比选及工作建议》《赣州市海绵城市建设调研报告》。

【工程质量治理】 中心城区(不包含开发区)受监项目63个，单位工程222个，面积213.12万平方米，增加11.13%。推进工程质量2年专项治理行动，突出质量常见问题专项治理，实行住宅竣工验收信息公示制度，对住宅工程实体质量引入第三方评价制度。常态化公开质量安全隐患排查至，推进安全生产标准化建设，赣州·中海国际社区B8地块工程、南门口下穿隧道工程获国家“AAA”级安全文明标准化工地。

【建筑市场监管】 全年建筑业完成总产值305.3亿元，增加14.1%；建筑业增加值预计154.8亿元，增加15.1%。制定20条扶持建筑业发展的政策措施。会同相关部门积极做好建筑业营改增工作，全面开展工程建设领域保证金清理规范工作，推行银行保函制度，每年为建筑企业减少资金占用38.24亿元，减少企业银行贷款资金成本2.83亿元，退还各类保证金798万元。建立建筑市场与施工现场“两场”联动机制，建立赣州市建筑市场和工程质量安全综合管理平台。对中心城区建设项目项目经理、总监理工程师试行电子考勤，确保施工现场关键岗位人员到岗履职。改革政府投资工程招投标监管方式，建立市级政府投资项目A、B、C级信用承包商库。推进绿色建筑发展。出台赣州市加快绿色建筑发展的实施意见，2016年市本级新建民用建筑中，符合绿色建筑设计标准建筑9项、面积51.22万平方米，城镇新建绿色建筑占比达50%。赣州市被省政府列为全省装配式建筑试点城市，全省首个装配式建筑产业基地项目在章贡区水西工业园开工奠基。

(撰稿 郭斐 审稿 朱挺旻)

【领导名单】

党组书记、局长：张龙彪(12月任)
党组成员、副局长：王振旗 肖烽 刘越安
党组成员、纪检组长：滕福安(12月任)

房地产管理

【概况】 2016年，赣州市房地产管理局围绕“六大攻坚战”等决策部署，深入推进保障性安居工程建设，强化房地产市场调控与监管，加快行业管理规范化建设，较好完成各项工作任务。被省住建厅评为“全省住房城乡建设系统先进集体”。城市棚户区改造货币化安置工作的做法，得到国务院主要领导批示肯定。

【安居工程建设与管理】 安居工程建设。全年市城市棚户区改造新开工28068户，开工率100%，货币化安置率70.2%，基本建成28555套，基本建成率213.42%；国有工矿区危旧房改造新开工70套，开工率100%；国有垦区危旧房改造新开工150套，开工率100%；国有林场危旧房改造新开工864套，开工率100%；公共租赁住房基本建成14642套，基本建成率185.44%。全年共争取上级保障性安居工程补助资金11亿元，获国家开发银行、农业发展银行等金融机构棚改意向贷款218.76亿元、批复110.96亿元、发放到位80.42亿元。全市配租(配售)公共租赁住房14765套，解决4.92万人的住房困难，其中为1921户符合条件的棚改拆迁户优先配租公租房。

直管公房管理。市中心城区直管公房(不含托管产)实有住(用)户2302户(其中住宅2043户、非住宅259户)，总建筑面积(含2016年棚改拆除暂未下账的约16.43万平方米)约40.13万平方米(其中住宅32.87万平方米、非住宅7.26万平方米)。实现直管公房租金收入1953.4万元。完成姚衙前、南市街、灶儿巷、慈姑岭(魏家大院)周边地块直管公房的调查摸底和动迁、安置等工作，涉及住户2894户、约16.43万平方米。组织评估机构对2011—2015年被征收的约8.83万平方米直管公房市场价值进行评估，估价达17991.25万元，根据相关规定作挂账处理。

【市场监管】 全市当年新建商品房成交948.92万平方米，其中住宅770.98万平方米，分别增长24.38%、29.85%，占全省总销售面积14.53%；中心城区新建商品房成交335.94万平方米，其中住宅263.55万平方米，分别增长21.13%、23.99%。

商品房去库存。坚持因城施策，以市政府名义印发《关于进一步促进赣州市房地产市场平稳健康发展的通知》，及时调整契税补贴、预售资金、预售许可形象进度等政策。坚持“分类调控、分级负责”原则，指导各地因地制宜地出台“房市”政策，有效促进商品房库存去化。全市商品房去化周期从2014年年底的13.5个月下降至2016年年底的5.36个月。

商业地产去库存。多次对中心城区商品房库存情况进行调研，摸清中心城区商业库存情况。以市政府名义印发《关于中心城区促进商品房去库存的通知》，对未开发的房地产项目用地，允许企业根据市场情况，调整商业库存业态，以化解商业地产市场风险。全年共批准“商改住”项目5个、涉及12.94万平方米。

规范市场环境。严格规范房地产企业经营行为，源头上降低涉及房地产领域的矛盾纠纷。对中心城区42家房地产经纪机构进行集中整治检查；督促在建工程项目根据节点合规合理使用监管账户资金，强化商品房预售资金监管。10月，在全市范围内开展房地产开发、经纪行为专项检查，整顿房地产市场秩序。做好房地产市场矛盾纠纷的调处工作，累计协调解决涉及房地产企业房屋质量问题、延期交房等相关信访投诉300余件。

【房屋交易及档案管理】 房产业务办理。全年，办理房屋交易24413宗、面积248.32万平方米，其中商品房交易17169宗、面积157.83平方米，存量房交易7244宗、面积90.49万平方米。房屋测绘54栋、面积33.94万平方米。房产测绘成果审核备案617栋、429.95万平方米，创建楼盘表558栋、面积389.88万平方米，房屋租赁46宗、面积0.84万平方米，办理司法协助1541宗。协助地税部门把关征收契税22447.76万元。

权属档案管理。全年受理档案查询业务30909宗，其中查询纸质档案7799宗，协助棚改查档22652宗，协助公检法查档136宗，协助组织部门核查干部住房情况7988宗；完成档案数字化扫描工作，涉及382976卷7331719页。

【物业管理】 理顺物业管理体制机制。年底完成章贡区范围内物业管理事权的移交接，理顺中心城区物业管理体制机制。草拟《赣州市物业管理办法》，报市政府审批。加强物业日常监管。对物业服务企业实行检查评比。每2个月对物业管理小区进行检查评比，检查评比结果在赣南日报、赣州晚报和局政务网公开，与物业服务企业信用挂钩，作为考核物业服务企业的依据。建立物业管理联动工作机制，做到信息对称、共享。初步建立物业服务企业信用记录制度。至年底，全市有241家企业取得物业服务企业资质证书，其中一级资质企业2家，二级资质企业14家，三级资质(含暂定三级)企业225家。另有外地备案企业29家。全市从业人员2.5万余人，物业服务企业管理项目约660个、4100多万平方米。新建小区物业管理覆盖率达100%。

【房屋征收管理】 推进中心城区补偿安置政策调整。起草《对中心城区棚改项目所涉直管公房征收补偿安置有关政策作适当微调的请示》报市政府，在直管公房中试行实物配租和租赁补贴相结合政策。针对私房面积小、补偿金额小于30万元、用补偿款无法购置住房的情况，考虑被征收人的实际困难，允许其在选择货币补偿的基础上，符合住房保障条件的，可申请中心城区保障性住房。推进货币补偿安置政策，基本保证被征收人所得补偿款能够购买类似地块的普通商品房，全市棚改货币化安置比例达70.2%，中心城区达95%，做到让利于民。

【行政审批】 实施行政审批改革。精简审批事项，取消物业服务企业资质核定事项；精简审批时限，通过流程再造，所有行政审批事项的承诺办结时限缩减至平均4.25个工作日；精简审批材料，取消对两个审批事项的审计报告的核验。开展房地产企业资质清理活动，对442家房地产企业资质情况进行清理，对不符合资质管理规定的108家房地产企业进行注销资质处理。至年底，全市共注册房地产开发企业资质628家，其中中心城区170家、县(市、区) 458家；全市共注册房地产估价机构资质26家，其中中心城区12家，县(市、区) 14家。全年共办结行政审批事项329宗，按时办结率、企业(群众)满意率均达100%，行政审批窗口被评为年度“先进窗口”。

【执法稽查】 开展房地产行政处罚工作“回头看”活动，落实《关于印发〈赣州市房地产管理局2016年重点执法稽查工作方案〉的通知》，全年共开展房地产执法巡查110多次，走访房地产项目160多个，涉及200多家房地产开发、物业企业及经纪机构，纠正违规行为70余次，立案查处29起，收缴罚款123.48万元。

【信息化建设】 信息平台建设。完成硬件设备及机房装修招标和机房装修及网络设备安装调试。召开全市房地产信息平台建设工作推进会，制定《赣州市房地产信息平台县(市、区)数据建库招标方案》。9月，新机房建成并投入使用，信息平台第一阶段子系统在中心城区正式启用，其中存量房网上备案子系统全市正式使用。赣州市房地产信息平台软件项目第一阶段子系统通过住建部组织的专家验收，项目成果达到国内先进水平。住建部信息中心对“赣州市房地产信息平台”颁发“住房城乡建设领域应用软件测评证书”。

数据共享工作。配合市地税局完

成《地税不动产政务一体化平台软件》招标，与市不动产登记中心基本对接并初步实现数据共享。

【专项维修资金管理】 至年底，中心城区累计归集专项维修资金1.1亿元。全年受理30笔使用申请，其中25笔为应急使用项目，5笔为日常使用项目。申请维修资金总额为84.7万元，涉及15个小区，受益面积为30.1万平方米，受益户数为2379户，共计拨付资金64.13万元。做好资金保值增值。制定一系列保值增值计划，基本实现存储收益高于普通存储水平。9月30日，分摊年度可分配收益889075.86元，受益业主10万余户。推进事权下放。章贡区范围内的住宅专项维修资金使用申请、审核等权力下放至章贡区房管局。

【白蚁防治】 落实新建房屋白蚁预防和原有房屋建筑白蚁危害灭治工作，结合防治工程报建缴费情况，及时与建设单位签订防治合同。当年市本级共签订预防项目合同31个、182.79万平方米，完成预防施工项目34个、264.82万平方米；完成白蚁灭治项目65个、3.34万平方米，均未出现安全质量事故。定期对预防项目进行巡查回访，全年勘察、回访预防工程项目97个，防治质量合格率100%。

（撰稿 钟 强 审稿 郭庆华）

【领导名单】

党组书记、局长：刘群英

党组成员、副局长：谭宝森 严裕华 黄泽军

党组成员、市城市住房保障管理中心主任：肖继来

党组成员、纪检组长：李粹豪

副调研员：黄奇洁 宋小萍

城市管理

【概况】 2016年，赣州市城管局贯彻中央、省城市工作会议和全国、全省住房和城乡建设工作会议精神，理顺城管执法体制，突出抓好城市市容环境专项治理，提升城区净化、绿化、亮化、美化水平，为突出打好“六大攻坚战”，加快推进赣南苏区振兴发展提供良好的市容环境保障。市城管局被评为江西省城管执法工作先进单位和江西省住建系统先进集体。

【市容秩序整治】 制定《赣州市中心城区市容市貌管理标准》，采取定人、定岗、定责的网格化管理措施，整治清理占道摊点、占道堆放、占道经营等各类违章占道21.7万起，规范城区报刊亭经营秩序，取缔中心城区53个严重影响市容环境的早餐亭，整治执勤亭、公交候车亭亭容亭貌，中心城区市容秩序更加规范。开展交通秩序整治。在城区有条件的人行道施划二轮车停车线4万余米，发放“致市民规范停车的一封信”2万余份，对机动车、两轮车、三轮车占用人行(盲)道行为进行宣传教育、贴单处罚、拖移违停车辆，共拖移违停车辆12881辆次，接受行政处罚1842辆次，劝导规范停放22900辆次，城区车辆停放规范，道路秩序好转。

【市政设施养护】 对城区积水易涝点开展全面排查，逐步改造，清疏下水道44822米、窨井396座、雨水井2224座，对中心城区25个积水点进行改造。组建6支共80余人的防汛抢险应急抢修队伍，先后5次启动中心城区防汛排涝应急处置，确保整体排水系统运转基本正常。加大路、沟、灯、桥维护管理力度，完成健康路、长征大道、八一四大道、迎宾大道、飞翔路、文清路等道路维修任务，维修城区道路9万平方米、人行道4万多平方米，完成菜市路等部分小街小巷综合整治工程项目，实施城区围墙美化工程近8000平方米，维修路灯8233盏次，维修更换路灯钠泡和镇流器及其他配件4105套，维修电缆267处，更换被盗被损线路共计3073米，保证路灯设施完好率达96%以上，路灯亮灯率达98%以上。

【园林绿化管养】 强化考核指导，加强绿地养护管理，开展绿化管养现场指导260余次。在南门文化广场、市政中心前渠化岛、迎宾大道、机场路等重要节点摆放、种植时令花卉238万株，立体造型全面更换植物2次。绿地内补植乔木约580余株、灌木50余万株、草皮1.5万平方米。做好绿地苗木补植，基本控制苗木缺株和黄土见天现象；全面清理枯枝、败叶、死树、残桩、卫生死角，加强灌、草、花修剪和红火蚁、白蚁等病虫害防治工作，保持绿地植物长势良好。建设、启用武龙大桥桥下树枝粉碎厂，生产65立方米粉碎树枝，用于城市绿化、苗圃生产、树围覆盖、育种栽培等多个领域，实现园林植物废弃物零排放和资源再利用。

【环卫清扫保洁】 全面加强主次干道清扫保洁和垃圾清运工作，根据季节特点调配作业力量，做到保洁及时，生活垃圾日产日清，清扫道路447950米，清垃圾452.8吨，清沟排淤231吨，治理卫生死角2482处，维护街道干净整洁；针对2016年雨水频繁、水位涨落快、水上漂浮物多等情况，加大对章、贡两江环境卫生整治力度，完成章江、贡江817.3万平方米水域垃圾共2.8万吨清捞任务，保证中心城区水域环境卫生干净整洁。

【城管监督指挥】 按照《赣州市城市管理监督指挥中心信息采集管理考核办法》要求，加强数字城管信息采集工作的规范管理，提高信息采集工作质量。全年受理数字城管案件148416件、立案122549件、案件结案55899件，结案率45.61%；受理12319市民投诉2871件，立案2686件，督促整改1473件；转办网络舆情31件、督促整改29件、整改率93%；转办“市容环境专项治理工作指挥部”案件112件、督促整改105件、整改率93%；转办“96333”案件23件、督促整改23件，整改率100%。

【城管行政执法】 制定《赣州市中心城区市容市貌管理标准》，对市中心城区各种影响市容的违章行为进行清

理整治，依法拆除单立柱大型户外广告17座，总面积4644平方米；LED显示屏、楼顶(墙体)广告2000余平方米，更新陈旧、存在安全隐患的单立柱广告4个，净化城市空间。按照同一街道店招牌匾风格基本一致，前后一个面、上下一条线的要求，强化店招、牌匾审批和监管，逐步规范城区店招、牌匾管理，拆除违规设置、设置不规范店招牌匾4202块，拆除各类违章悬挂条(横)幅4375条，拆除影响市容的牌匾2219块，美化市容环境，净化视觉空间。

【违法建设整治】 启动全市"查违、拆违、控违"工作，市委、市政府召开全市开展查违拆违控违工作动员大会，印发《赣州市中心城区查违拆违集中整治工作方案》，明确两个区和市本级16个政府职能部门及相关企业查违、拆违工作中的责任，规范工作流程和各部门配合协调机制，建立查违控违联合互动机制，活动开展共拆除违法建设10599栋(处)，面积约194万平方米，有效遏制违法建设。

【建筑工地管理】 督促指导城区建设工地实施规范围挡、硬化出入口、建设过水池和冲洗平台、配备冲洗设施，执行车辆驶出工地冲洗制度，实施封闭式管理，落实施工防尘措施，减少因车辆带泥上路造成扬尘污染。中心城区施工现场建筑物立面安全围护率100%、围挡作业率100%、主出入口冲洗平台设置率达95%、施工现场道路硬化率达90%，有效减少带泥上路造成的扬尘污染。在中心城区5个入口设置流散物体运输车辆检查点，杜绝非密闭运输车辆进城。

【城管项目建设】 列入2016年城建项目计划25项，总投资约224736万元，计划投资104663万元。其中，市政项目11项，投资约95152万元；园林项目8项，总投资约37645万元；环卫项目6项，总投资约91939万元。民生实事工作主要为改善中心城区公园休闲设施、推进第二垃圾处理场、实施中心城区市容卫生环境提升工程、优化城市路网工程等4大项15小项。新型城镇化攻坚战项目有11个项目列入市新型城镇化攻坚战范围，总投资117069万元，项目进展总体顺利。

【深化改革】 对中心城区部分城管事项作新调整，将原由市园林局负责管养的32条约168万平方米道路绿带卫生保洁事权及104条道路3.37万株行道树清扫保洁移交至章贡区、赣州经济技术开发区。牵头组织起草《关于深入推进城市执法体制改革改进城市管理工作的实施意见》，以数字城管系统为依托，对《市中心城区城市管理考核暂行办法》进行修改完善，重点调整考核对象、考核层次和考核方法，并依据调整后的考核办法抓好组织实施，报请市政府批准实施。率先启动城市管理条例地方性法规立法工作，市政府将《赣州市城市管理条例》纳入2016年市政府立法计划。

【依法行政】 加强城管执法人员的教育培训，全局正式执法人员分层次全部参加培训，城管执法队伍综合素质提高。抓好制度建设，在行政处罚程序、暂扣(罚没)物品处理、执法文书制作、执法过错责任追究等方面制定制度，提高城管执法规范化水平。推进行政审批制度改革，完善"三单一网"建设，进一步优化行政审批流程，完善行政审批服务。缩减审批环节，优化审批流程，所有行政审批事项实际办结时间控制在法定办结时限的20%以内。在2016年市行政服务中心开展的"流动红旗"评选中，城管窗口均获"流动红旗"。

(撰稿　李　振　审稿　熊民慧)

【领导名单】

党委书记：廖跃春

局长：廖振龙

党委委员、城市管理监督指挥中心

　主任：刘健平

党委委员、市政工程管理处

　处长：刘桂芬

党委委员、副局长：陈　敏

副调研员：王存彬　许锡虎

环境保护

【概况】 2016年，赣州市局环境保护局围绕市委、市政府关于"六大攻坚战"的战略部署，以改善环境质量为目标，推进"净空、净水、净土"工程和环保"十大硬仗"，履行环保职责，狠抓环境执法监管，配合环保督察，有效保障全市生态环境安全。全市环境质量总体稳定，在全省各设区市中排名靠前。中心城区空气质量优良天数322天，优良率为88%，各县(市、区)空气质量均保持二级标准以上；地表水断面水质稳中趋好，全市主要河流I—III类水质断面比例为95.8%，国控、省控断面水质均达到或优于III类标准，23个城市集中式饮用水水源地水质达标率保持100%。赣州市环保局被评为2016年全省环境保护系统目标管理先进单位、2016年省文明单位、2016年中国环境报宣传工作先进单位、2016年度主攻工业先进单位、2016年度市直机关党建红旗单位、2016年赣州市三八红旗集体、赣州市第九届文明单位、2016年度行政审批服务工作"先进窗口"、2016年赣州市预算编制先进单位、2016年赣州市预算绩效考核先进单位、赣州市首届正能量微信作品评选"优秀组织奖"。

市环境保护局机关内设办公室、规划财务科、综合管理科、污染防治科、政策法规宣教科、科技产业科、自然生态保护科、行政审批服务科、环境监测科等9个职能科(室)。设有负责党建及群团工作的机关党总支和市纪委(市监察局)的派驻机构纪检组(监察室)。局属单位有11个，其中参照公务员管理事业单位3个：赣州市环境监测站(副县级)、赣州市环境保护局章贡分局、赣州市环境保护局开发区分局；全额拨款事业单位8个：赣州市环境监察支队、赣州市环境科学研究所、赣州市辐射环境监督站、赣州市污染物总量控制办公室(市固体废物管理中心)、赣州市机动车排气污染防治监督管理中心(市大气环境管理中心)、赣州市环境应急监控指挥中心(市环境信息中心)、赣州市环境评估中心、赣州市环境保护局蓉江新区分局。市环境保护局核定编制数175名，实有在编人数143名，临时聘用人数63名，共有工作人员206名。

【信访办理】 环境信访。围绕环境信访积案化解攻坚年活动以及环保涉稳问题集中摸排化解工作，办理中央督察组交办的各类环境问题信访件，集中解决群众最关心最直接最现实的环境问题。全年未发生非正常集体上访、重大群体性事件。市辖区受理环境信访2698件，局直接办理85件，各县(区)环保局办理2514件。信访总数比上年减少11%。局办理的信访件中：省环保厅转办20件；市委办、市政府办转办23件(包括其他受理16件)；市政民互动平台3件；江西信访网上服务系统(市长信箱)转办31件；群众来信、来访和来电24件。全部处理，处理率100%，办结率100%。办理人大政协提议案。承办赣州市人大代表建议和政协委员提案共18件，其中人大代表建议4件，政协委员提案9件。

【规划与环保能力建设】 环保能力。环境监察执法能力建设得到加强。向省厅提交南康区、赣县区环境监察标准化建设达标验收申请，对全市2014年通过环境监察标准化建设验收的12个县(区)开展2年一次的复检验收。开展环境监察移动系统建设工作，环境监测能力大幅提升。市级和17个县级环境监测站全部通过三级环境监测设备标准化建设验收，赣州市站具备的监测分析能力包括地面水、地下水、废水、大气、废气、噪声、土壤、生物等类别共165项，基本能满足环境质量例行监测和重点源监督监测，共33个自动监测子站投入运行。重点污染源基本安装自动监测系统，初步建立赣州市大气、水、土壤、辐射、生态环境等环境质量监测网络。赣州数字环保项目进展顺利，历经18个月的工程建设，初步建成环境信息化系统。

环保项目。争取上级环保专项资金投入。争取上级资金共36.18亿元，其中山水林田湖生态保护与修复资金20亿元、流域生态补偿资金8.27亿元、东江流域上下游横向生态补偿资金4亿元、陡水湖生态环境保护资金1.95亿元、中央土壤污染防治专项资金1.28亿元、其他环保专项资金0.68亿元等。项目申报取得突破。经市政府批复同意，向省厅报送《赣州市桃江流域水污染防治项目总体实施方案》等5个总体实施方案项目，9月列入省级项目储备库，并向部里转报2017年中央储备库。重大环保项目推进取得突破。推进东江流域横向生态补偿工作，赣粤两省签订东江流域上下游横向生态补偿协议。山水林田湖生态保护修复项目成功列入国家试点。

2016年10月19日，江西省人民政府、广东省人民政府签署《东江流域上下游横向生态补偿协议》

环保规划。市环保局牵头协调市直相关部门编制完成《国家山水林田湖生态保护与修复工程试点——南方丘陵山地生态屏障区江西省赣州市实施方案》，12月三部委正式批准列入国家试点。完成《赣州市生态建设与环境保护规划》编制工作，12月通过专家组评审。

【政策与法规】 依法行政与法制建设。印发《赣州市企业环境信用评价办法(试行)》，规范企业环境信用评价工作，促进企业履行环境保护责任。梳理行政执法资格及法律依据、行政执法职权及其法律依据等，完善执法程序和相关保障制度，修订《赣州市环境保护局行政执法责任制实施方案》。研究部署行政执法联动工作方案工作制度，做好公益诉讼、行政拘留、刑事案件办理等工作的协调和衔接强化与刑事司法联动。印发《赣州市环境保护局"七五"普法规划》《赣州市环保局2016年法治建设及法制宣传教育实施方案》，开展环保法制宣传教育。制定印发《赣州市环境保护局2016年度推进"法治环保"平台建设工作计划》，强化法制监督，提高环境保护法治化管理和服务经济社会水平。印发《赣州市环境保护局2016年环境行政执法后督查工作方案》《赣州市环境保护局环境行政制法后督查工作考核办法》，对送交的违法案件违法事实、法律适用等方面进行严格审查；完善执法档案的管理，对行政处罚档案卷宗做到科学规范、及时归档。做好行政检查"双随机一公开"工作，填写"一单两库"(《随机抽查事项清单》《监管对象名录数据库》和《行政检查人员名录数据库》)，并报市法制办备案。做好行政执法与刑事司法衔接信息共享平台建设工作，报送、录入平台建设基础资料。

【科技、标准与产业】 环境科技管理。组织科技创新示范企业申报。审查"2016年省节能减排科技创新示范企业"申报资料，向省级推荐赣州晨光稀土新材料股份有限公司等5家企业申报为省节能减排科技创新示范企业。组织环保科技项目申报。指导各县市、各有关单位开展环保科技奖项目申报工作。完成推荐有关专家入库赣州市科技评审专家工作。

生态工业园与环保产业。促进生态工业园区创建，督促指导园区企业开展清洁生产，实行园区循环化改造。会同市工信委开展《赣州市节能环保产业发展规划(2016—2020年)》编制等一系列调研工作。

【主要污染物总量减排】 减排目标责任。制定《2016年全市主要污染物总量减排计划》，将全市减排目标任务分解落实到各县(市、区)和重点企业、重点项目，明确责任单位，完善保障措施。全市落实113个减排项目，其中水减排项目95个，大气减排项目18个。水减排项目包括8个结构减排项目、8个工程治理项目、11个污水处理厂项目、65个规模化畜禽养殖项目和3个非重点减排项目；大气减排项目包括8个工程治理项目和10个结构减排项目。2016年全市化学需氧量、氨氮、二氧化硫和氮氧化物排放总量分别下降1.73%、3.62%、5.10%和1.90%，四项指标均完成年度主要污染物总量减排任务。

重点工程减排。定期召开全市重点行业重点企业减排设施建设运行推进会、调度会，逐月督查、调度、通报项目进展情况，向社会公开，接受社会公众监督等措施，推进重点减排项目建设。全年全市共16个重点减排工程项目，其中8个水工程减排项目，8个气工程减排项目，全部建成，设施运行正常。

结构减排。完善落后产能退出机制，重点淘汰水泥、造纸、化工等行业的落后生产能力。全市共安排赣州金凤纸业、赣州有色金属冶炼、南康罗边有色金属制品等18个结构减排关停项目，其中8个水结构减排项目，10个气结构减排项目，全部按要求关停到位。

城市污水处理设施建设。全力提升城镇污水处理设施污染治理水平。全市19座城镇污水处理厂总体运行情况良好，大部分县(市、区)进水COD平均浓度都能达到100毫克/升以上。

畜禽养殖业污染减排。规模化畜禽养殖污染减排取得突破。落实规模化畜禽养殖企业减排65个，基本都按照减排相关要求配套和完善固体废物储存处置设施、污水储存处理设施，能够满足80%以上规模化畜禽养殖场必须配套相关固体废物、污水储存处理设施的要求。

【环境影响评价】 全市审批环境影响评价文件1326个，拒绝或劝退污染大、限制类建设项目23个，对6个不符合环保要求的项目环评报告做出予审批或暂缓审批的决定；出台《赣州市环保局审批环境影响评价文件的建设项目目录(2016年本)》，将医院、风电场、生活污水处理厂及编制环境影响报告表的建设项目环境影响评价文件审批权限下放至县(区)级环保部门；分别下放水泥粉磨站、一般工业固体废物(含污泥)集中处置、污染场地治理、屠宰、热镀锌、电泳等12类行业的环评审批权限；缩短审批时限，将报告书审批时间缩短至7个工作日，报告表至3个工作日，竣工环保验收缩短至7个工作日，排污许可证(大气、水)缩短至7个工作日，辐射安全许可证核发缩短至3个工作日；对在全市开展环评业务的46家中介机构进行年度考核，完成121个环评文件编制质量抽考，通报表扬3家，批评并限期整改6家；全市排查违法违规建设项目675个，其中整顿规范284家，淘汰关闭59家，完善备案332家，整改完成率100%；环保窗口被行政服务中心管委会评为“红旗窗口”。

【环境监测】 中心城区环境空气质量。赣州市中心城区环境空气质量为超二级，其中月度评价中6月、7月、8月达国家二级标准。环境空气质量“优良”率为88.0%，其中空气质量达“优”的天数为127天，与上年相比减少19天，达“良”的天数为195天，“优”“良”天数分别占34.7%和占53.3%。二氧化硫、二氧化氮、PM_{10}、一氧化碳日均浓度的第95百分位数以及D_3-8h的第90百分位数满足《环境空气质量标准》(GB 3095-2012)二级浓度限值的要求，$PM_{2.5}$浓度超标，全年主要污染物为细颗粒物。

水环境质量。全市地表水共出现25次超标，Ⅰ—Ⅲ类水质断面比例为95.8%，其中劣Ⅴ类水质断面所占比例为3.4%，全市地表水总体水质为优，全市地表水断面主要超标污染物均为氨氮(出现25次超标)。超标断面分别为全南上江村(氨氮超2次)、龙南龙头滩(氨氮超4次，其中1次劣Ⅴ类)、定南志達电站(氨氮超10次，均为劣Ⅴ类)、定南高车坝(氨氮超9次，均为劣Ⅴ类)。所有超标断面均位于赣江流域，位于东江流域的3个断面未出现超标情况。与2015年相比，全市Ⅰ—Ⅲ类水质断面比例有所下降，劣Ⅴ类水质断面比例略有上升，全市地表水断面主要超标污染物为氨氮。中心城区集中式生活饮用水水源：赣州市中心城区3个自来水厂全年总取水量3019万吨，达标水量3019万吨，水质达标率为100%，水质达标率与上年相同。23个城市集中式饮用水水源地水质达标率保持100%。

中心城区声环境质量。赣州市中心城区区域环境噪声年平均值为54.2 dB(A)。声源主要为交通噪声和生活噪声，声环境质量与2015年基本持平。道路交通噪声昼间年平均等效声级为66.9 dB(A)，与2015年基本持平。各功能区昼间年平均等效声级和夜间年平均等效声级均小于功能区噪声限值，功能区噪声达标。

农村环境专项监测。对定南县、崇义县、龙南县、上犹县、寻乌县、全南县、大余县、安远县全年的环境空气、地表水饮用水源地、县域河流湖库的监测，这8个县的环境空气均符合《环境空气质量标准》GB 3095-2012中二级标准限值的规定；地表水饮用水源地和县域河流湖库均达到《地表水环境质量标准》GB 3838-2002中Ⅲ类水质的要求。

【污染防治】 水污染防治。落实《水污染防治行动计划》，先后印发《赣州市水污染防治工作方案》《2016年赣州市水污染防治工作计划》。推进“河长制工作”。开展赣江(赣州段)沿线突出问题专项整治，全面排查章贡区、赣县区沿江工业企业排污情况，对沿线16个工业企业逐户进行检测，对超标排放企业依法进行处理，赣江(赣州段)水质明显好转。开展工矿企业及工业集聚区水污染专项整治行动。开展流域综合整治，编写《赣江源区—贡江流域上游水污染防治总体方案》《赣江源区—梅江流域水污染防治总体方案》《赣州市桃江流域上游水污染防治总体方案》《江西省长冈水库湖泊生态环境保护总体方案》等。保障饮用水安全。全市23个县级集中式饮用水水源，按照《饮用水水源保护区划分技术规范》进行保护区划分并获省政府批复。完成集中式饮用水源地环境状况安全评估。强化应急处置能力建设，印发《关于加强枯水期环境监管保障水环境安全的通知》，确保饮用水安全。

土壤污染防治。完成《重金属污染防治“十二五”规划》和《长江中下游流域水污染防治规划(2011—2015)》实施情况考核工作。完成落后产能淘汰项目128个、污染源综合治理项目25个，预计可削减废水中重点重金属污染物年排放量945.51千克，废气中重金属647.84千克，完成重金属减排任务。纳入《长江中下游流域水污染防治规划(2011—2015)》中的28个项目，有25个完成，完成率达到89.3%，达到国家80%的考核要求。开展重金属污染防治专项行动，制定《2016年度固体废物和重金属污染防治专项行动实施方案》，开展重金属污染防治专项行动。对关停、搬迁工业企业原址场地进行摸底调查。

固体废物管理。开展全市生活污水处理厂污泥和垃圾集中处理情况调查。全市生活污水、工业污水集中处理单位及较大规模工业、企事业单位污水处理站(厂)共48家，产生污泥共计55206.527吨，其中自身污泥利用/处置数量261.6吨，占比0.47%；委托外单位处理数量53020.772吨，占比96.04%。推进省级危险废物重点监管企业(产生)环境监管。建立省、市、县三级危险废物重点监管企业名单，全市有112家省级重点监管企业(其中，产生企业98家，经营企业14家)、市级重点监管企业29家、县级重点监管企业27家。开展危险废物环境管理业务培训。开展危险废物经营单位例行检查工作，共联合检查经营企业46家次。完善危险废物转移管理工作机。共召开危险废物转移事项联合审查会议13次，其中跨省移出申请初审受理5件，通过5件；省内跨市移出申请受理123件，通过110件，否决13件；省内跨市接受审查211件，通过203件，否决8件；市内转移申请受理136件，通过122件，否决14件。

大气污染防治。印发《赣州市2016年大气污染防治实施计划》《赣州市中心城区提升环境空气质量工作实施方案》，开展控制燃煤、工业废气、扬尘、机动车尾气、餐饮油烟、其他大气污染及加强区域联防联控等重点专项工作。联合开展“净空”、大气污染防治专项检查等专项整治行动，共出动执法人员10510人次，检查企业4051家。开展全市VOCs专项整治，制定《赣州市工业企业挥发性有机物整治方案》。推进城市扬尘综合整治，对126个在建的施工工地扬尘治理情况完成摸底调查。加强机动车尾气治污工作，淘汰黄标车和老旧车14958辆，完成率为117%，超额完成省厅下达淘汰12750辆的任务。升级改造机动车环检机构26家，改造率100%。推进油气回收治理，列入任务清单的448家(419家加油站，3家储油库，26辆油罐车)，全部完成油气回收治理任务，完成率100%。开展燃煤锅炉整治，积极配合工信部门开展燃煤锅炉淘汰整治，2015至2016年共淘汰燃煤锅炉233台，完成省工信委等4部门下达的燃煤锅炉淘汰年度任务。提升空气重污染应急水平，组织气象、环保专家开展空气质量会商，实时研判气象与监测数据变化，分析污染成因，对应调整管控措施。

【自然生态保护】 “五河一湖”及东江源头保护区生态环境保护。江西省财政厅下达赣州市2016年流域生态补偿资金82743万元。江西、广东两省签订《关于东江流域上下游横向生态补偿的协议》，中央每年出3亿元，江西、广东两省每年各出1亿元，建立东江流域上下游江西、广东两省横向水环境补偿机制，共同维护东江流域水环境质量稳定和持续改善。

生态示范创建。组织专家审查和实地考察申报省级生态乡(镇)的13个乡(镇)和申报省级生态村的24个村，上报请求江西省环境保护厅予以复核。命名赣州市章贡区沙河镇等11个乡(镇)为“省级生态乡(镇)”称号，赣州市小江镇新店村等11个村为“省级生态村”称号。在全市开展“市级生态村”创建工作，授予石城县小松镇新华村等290个村为“市级生态村”称号。

农村环境保护。加强农村环境保护业务管理和执法联动工作，配合清洁办等相关部门加强对农村生活垃圾处理工作指导，推广农村污染防治实用技术。把生态县(市、区)、生态乡镇和生态村的创建活动作为推动农村环境保护，建设农村优美环境的重要举措，将农村垃圾、污水处理及畜禽养殖污染防治治理等工作作为考核验收的重要内容，改善农村环境状况。实施中央排污费3亿元支持的农村环境综合整治项目，农村环境得到美化。

自然保护区建设。赣州市国家级自然保护区3个，包括龙南县九连山国家级自然保护区、崇义县齐云山国家级自然保护区和石城县、瑞金市赣江源国家级自然保护区，面积46617.45公顷；省级自然保护区6个，包括崇义县阳岭自然保护区、崇义县章江源自然保护区、上犹县五指峰自然保护区、宁都县凌云山自然保护区、全南县桃江源自然保护区和宁都县大龙山自然保护区，面积46988.4公顷；市级自然保护区1个，即陡水湖自然保护区，面积22600公顷；县级自然保护区21个，面积96885.22公顷。自然保护区总面积213091.07公顷。自然保护区占全市国土面积的5.41%。

【辐射安全管理】 辐射安全检查。对辖区内全部240家核技术利用单位进行全面的辐射安全大检查，对排查出来的隐患跟踪并整改到位。开展放射源安全检查专项行动，对辖区内10家市管涉源单位的34枚放射源进行现场监督检查、监测确认和拍照留证，督促排查出的2家共3枚废旧放射源及时贮。

电磁辐射环境监管。强化对移动通信基站的监管。督促未履行环评审批和“三同时”验收的基站建设项目尽快委托有相应资质的单位进行监测，编制环评和验收报告报省环保厅批复后方可投入正式运营。高度重视通信基站电磁辐射信访投诉，第一时间到达现场处理，共接到并及时调处21件移动通信基站电磁辐射类信访投诉件。强化110千伏输变电项目监管，要求严格履行环评审批和“三同时”验收制度，共为22个项目环评报告表、11个项目验收调查表的出具批复意见，为14个项目出具备案意见。

【环境监察】 环境监控能力建设。全市无新增国控企业，国控重点污染源均于2015年完成自动监控设施建设、联网及验收，实现可控国控考核企业污染源自动监控设施联网率100%，全市国控重点污染源自动监控数据传输有效率为99.82%。

排污费征收与管理。执行排污申报和排污费征收月报、季报和年报制度，全面使用排污费征收全程信息化管理系统，全市征收到账排污费6666.7万元，向社会公示100家国控重点污染源收费情况，接受公众监督。

环境应急与事故调查。制定印发《赣州市环保局低温雨雪冰冻天气灾害应急预案》《关于加强2016年汛期环境安全监管工作的紧急通知》《2016年赣州市环境应急管理工作要点》，编制《赣州市环境突发事件应急体系建设“十三五”规划》《赣州市环保局2016年突发环境事件应急演练计划》，编印“5・12”防灾减灾环保科普手册等。全市共发生3起一般突发环境事件，均得到及时有效处置，未给当地环境造成危害。

环境监察机构标准化建设。全市环境监察执法能力建设得到加强。向省厅提交南康区、赣县区环境监察标准化建设达标验收申请，对全市2014年通过环境监察标准化建设验收的12个县(区)开展两年一次的复检验收，开展环境监察移动系统建设工作。

环境违法案件处理。全市立案查处环境违法行为203件，处罚金额669.22万元。办理重大案件94件，其中按日计罚3件(罚款39.2268万元)、查封扣押25件、限产停产49件、移送行政拘留13件(拘留18人)、移送涉嫌犯罪4件(拘留14人)。

环境保护专项活动。开展环境执法大练兵活动、长江经济带饮用水水源地环保执法专项行动、重点行业环保专项执法检查、打击涉危险废物环境违法犯罪行为专项行动、工矿企业及工业集聚区水污染专项整治、VOCs专项执法检查行动、生物质发电企业专项检查、二硫化碳生产企业环保专项检查等环保专项行动，加大对各类环境违法行为的查处力度。

排污费稽查。对全市钢铁、煤炭行业企业进行排污费征收专项稽查。通过专项稽查，龙南县福鑫钢铁有限公司、龙南县福丰钢铁有限公司分别补缴21588元、38464元排污费。

【环境保护宣传教育】 环境宣传。印发《2016年赣州市环保局环境宣传教育工作要点》，制定《赣州市环境保护局新闻宣传、综合信息工作考核奖励办法(试行)》。围绕2016年环境日主题“改善环境质量 推动绿色发展”、全市环保工作“十大硬仗”举措，组织开展“6・5”环境日系列宣传活动。《中国环境报》刊登赣州地方专版。赣南日报进行宣传报道。做好中央环保督查期间的环境宣传和舆论引导工作。

环境教育。开展全市中小学开展绿色学校创建活动。组织赣州中学等学校参加2016年第十四届中学生水科技发明比赛暨斯德哥尔摩青少年水奖中国地区选拔赛，赣州中学学生作品获得全国二等奖，是全省唯一的获奖作品。组织赣州中学等学校参加2016年国际环境小记者新闻作品大赛国内选拔赛，赣州中学陈雨欣《戴面具跑步的人》获得全国一等奖，赣州中学连雨《触摸光明》、赣州中学杨昊川《改变》获得全国三等奖。组织中小学生参加省环保厅举办的2016金达莱全省中小学生“秀美江西、生态家园”主题绘画大赛，赣州四中谢明君《人与生灵》、钟鑫《稀土》获得全省一等奖，赣州市环保局获比赛优秀组织奖。

(撰稿　丁维丹　审稿　孙志强)

【领导名单】
局长：杨中茂
副局长：许　健　叶苞九

(本栏编辑　王　宇)

交通运输

交通运输管理

【概况】 2016年，赣州市交通运输系统坚决贯彻落实市委“六大攻坚战”决策部署，加快推进交通基础设施建设攻坚战，全年交通基础设施建设新建续建项目112个，项目开工率100%；年度完成投资333.7亿元，增长59.49%，位居全省第一，交通建设成为全市推进“六大攻坚战”的主战场之一。铁路建设取得新进展。铁路规划实现重大突破，瑞梅铁路、赣郴永兴、赣韶铁路扩能改造等7条铁路纳入国家中长期铁路网规划，南丰至瑞金城际铁路列入江西省城际铁路网规划。昌赣客专建设进展顺利。完成投资37.03亿元。赣深客专、兴泉铁路顺利完成各项前期工作，如期开工建设。高速公路建设迈上新台阶。顺利建成兴赣、宁安、安定(含定南联络线) 3条高速公路，开工建设广吉高速，完成投资102.8亿元，新增通车里程325千米，为全省基本建成6000千米高速公路做出重要贡献。兴赣高速公路北延和大广高速南康至龙南段扩容工程项目完成工可评审，前期工作取得阶段性重大进展。寻乌南桥至广东上坪、信丰至广东南雄高速公路初步达成对接协议。国省道建设全面提升。实施国省道升级改造项目42个，建成里程131千米，完成投资62.1亿元，增长236.7%，占全省的40%。完成养护大中修和路面改造工程投资1.66亿元。大力推进路网结构改造，完成危桥改造12座，实施安保工程60千米、灾害防治24千米。市管养路线优良路率为81%，国省道优良路率为83%。农村公路建设实现重大突破。大力实施贫困地区农村公路提升改造工程，完成投资63.05亿元，增长131.16%。其中，完成25户以上人口自然村水泥路建设6034千米，占全省总里程的60%，全市15个原中央苏区县在全省率先实现25户以上人口自然村通水泥路。航空和水运发展有新进展。加快推进黄金机场改扩建，完成投资5.16亿元，飞行区消防与目视助航工程即将开工，航站楼及高架桥完成施工图设计审查；瑞金机场工可报告上报国家发改委审查。完成《赣州港总体规划》编制，重新启动赣州港综合货运码头选址工作，推动中心城区水上旅游事业发展和长期规划。赣州市辖区的交通运输工作获全省交通运输工作综合考评先进，驻市铁路、民航、海事等交通单位也取得较好成绩。

【高速公路建设与管理】 赣州市高速公路建设掀起新一轮高潮，2016年，高速公路有5个建设项目。年底建成通车高速公路为2条(宁定高速及定南联络线，兴赣高速)、互通连接线1条(南康南互通连接线)，通车里程为325千米；年内开工项目1个(广吉高速公路)；续建项目1个(信丰北互通连接线)。全市高速公路通车总里程达到1441千米，约占全省的1/4。全年累计完成投资102.8亿元。

【国省道建设与管理】 赣州市国省道建设与管理围绕年初确定的各项目标任务，打好公路交通基础设施建设攻坚战，充分发挥公路发展“先行官”作用。全年实施国省道升级改造项目42个，完成投资约62.1亿元，增长236.7%；完工里程107千米，投资总额占全省的40%。在全省普通公路建设项目中赣州市前期工作最快、完成投资最多，年度目标任务位列第二。实施养护大中修和路面改造工程107千米，投资1.66亿元。完成危桥改造12座，实施安保工程60千米，灾害防治24千米。根据《国家公路网规划(2013—2030年)》，国省道总里程3680千米，国道11条2009千米。11条国道分别为：G105、G206、G319、G323、G220、G236、G238、G356、G357、G535。赣州境内省道22条1591.814千米。其中市公路管理局管养14条1099.724千米，有关县(市、区)交通运输局管养8条(段) 492.09千米。赣州市管养路线优良路率为81%，国省道优良路率为83%。

【农村公路建设与管理】 全年完成农村公路建设里程7044千米。完成危桥改造120座，错车道3.9万个，完成投资63.05亿元，增长131.16%。其中，完成25户以上人口自然村水泥路建设6034千米，占全省总里程的60%。完成生命安全防护工程151.4千米，完成投资47.85亿元。全市农村公路累计总里程为26456.12千米。

【公路运输管理与生产】 道路运输管理工作以互联互通思维为导向，以改进提升服务为主线，以行业创新、科技支撑为驱动，紧扣年初确定的目标，解放思想，内外兼修，北上南下，突出抓好行业安全监管工作，全力提升服务保障能力。全市完成公路客运量8801万人、客运周转量601699万人千米，分别下降0.6%和0.85%；完成公路货运量9302万吨、货运周转量2263230万吨千米，分别增长6.45%和4.13%。呈现出客运小幅下降，货运增幅收窄的局面，与经济发展趋势保持同步。全市拥有营运客车2563辆、营运货车20973辆、出租汽车2001辆(其中中心城区1902辆)、公交汽车1430辆(其中中心城区677辆)。充足的运力保障国民经济发展、旅客出行和居民生活所需物资的运输，圆满完成春运、汛期、市“两会”、G20杭州峰会等重点时段、重大活动的运输保障任务。全市道路运输工作连续2年在全省道路运输绩效管理考核中排名第一，市运管局自2012—2016连续5年被评为全省道路运输管理工作先进单位。

【水路运输管理与生产】 港航管理抓住长江经济带和赣南苏区振兴发展等重大历史机遇，以推动水运事业振兴发展为主线，以港口规划和港航管理为双翼，不断加快全市水运事业振兴发展，港航管理工作迈上新台阶。全年全市水运企业57户，经营船舶141艘。其中，沿海油船1艘，总吨位2188吨，载货吨位3570吨；省际运输船舶32艘，总吨位14027吨，载货吨位22464；市区内普通货物运输42艘，载重吨位3921吨；市区内客运船舶69艘，2039个客位。全年水路运输完成货运量2736.3万吨，货运周转量80694万吨千米；完成客运量133.6万人次，客运周转量1421万人千米。赣州市港航管理处获全省港航工作目标管理先进单位、全省港航安全生产工作先进单位称号。

【物流产业】 全市物流产业发展迈上新台阶，物流基础设施逐步完善，物流服务经济发展能力进一步提升，物流服务水平显著提高，重大物流项目建设稳步推进，赣州华东国际商贸物流城、赣南脐橙交易中心等22个物流载体项目建设完成投资62.23亿元，增长235.49%。综合物流园、冷链物流中心、赣州港物流园和物流公共信息平台等4个中心城区重点物流项目全面启动，建设进展顺利，“龙头昂起”格局初步形成。农村物流站点建设成效显著，县、乡、村三级物流服务站覆盖率达45%。物流主体建设有新进展，全年新增国家标准A级物流企业16家，A级企业新增速度和总数量均居全省首位，赣州市被列为全国首批、全省唯一的现代物流创新发展试点城市。“降成本优环境”专项行动成效明显，交通行业11条政策措施和“一对一”帮扶企业制度全面落实，企业物流成本明显下降。全年全市社会物流总额5503.54亿元，增长4.18%；物流业增加值160.49亿元，增长6.82%；社会物流总费用381.15亿元，增长4.34%。家具、脐橙、城乡配送等七大物流产业集群逐步形成。

【交通工程质量监督】 国省干线项目建设继续保持加快发展态势。对照省厅下达建设计划，全年赣州市国省道公路升级改造项目共25个，合计里程398.5千米，总投资63.8亿元，年度计划投资34.9亿元。至10月底，开工24个，完工4个，完工里程71.067千米(含2个结转项目)，占目标任务的70.1%，累计完成年度投资27亿元；暂未下达计划的项目17个，完成投资10亿元；合计完成投资37亿元，完工里程和完成投资均高于全省平均水平。实施路面大中修118千米，计划投资2.1亿元。危桥改造100座，其中国省干线危桥改造27座。农村公路县乡道路升级改造里程1180千米。至10月底，市交通工程质量监督站新增监督项目68个，开展综合大检查1次、专项检查3次，下达工程质量抽查意见通知书52份，约谈相关单位法人7次，对1家监理单位、6家施工企业、3家工地实验室母体机构采取2016年度信用评价扣分处罚，报废箱梁实体20片，责令全桥返工1座。全市交通工程项目质量监督覆盖率达到100%，工程质量和安全处于受控状态。

【安全管理】 全市交通运输系统围绕“平安交通”建设，以防事故、查隐患为重点，强化责任，加强监管，落实措施，交通运输安全生产持续保持平稳态势。年内，赣州市交通运输局被评为全省交通运输安全生产工作先进单位。市运管部门对中心城区非法客运“黑车”进行高压整治，全年共出动执法人员22596人次，出动执法车辆2172余台次，查押非法营运“黑车”221辆。检查出租车辆达1万余车次，查处违规行为109起，受理乘客投诉701次并及时进行调查处理。港航部门组织统一执法行动，检查港航企业167家次，查处非法营运1起，其他违法行为3起。规范交通运输市场秩序，确保交通运输安全生产。

【交通战备】 赣州市国防交通战备工作按照上级的部署要求开展国防交通战备工作。完成国防交通动员潜力要素调查，对在建国防公路工程项目进行现场督导，开展《中华人民共和国国防交通法》宣传贯彻工作，组织国防交通专业保障队伍演练，完成国防交通理论研究课题任务。年内，市交通战备办公室被原南京军区评为国防交通理论宣传报道工作先进单位。

【党群工作】 市交通局党委学习贯彻中共中央总书记习近平系列重要讲话精神特别是对江西工作提出新的希望和“三个着力、四个坚持”总体要求，落实中共赣州市委四届七次全会精神，围绕全市交通运输工作大局，聚焦全面从严治党，坚持把纪律挺在前面，着力抓好交通运输系统党的思想、组织、作风、制度建设。赣州市交通运输系统党建工作、廉政建设、文明创建等工作都取得较好成绩。是年，赣州市交通运输局被评为全省文明单位。

(撰稿　李发淳　审稿　杨有发)

【领导名单】

党委书记：苏传辉(9月免)

局长：朱洪波(9月任党委书记)

副局长：

罗宗祺(8月免党委委员、9月免副局长)

陈爱东(4月免党委委员、5月免副局长)

陈建生(12月免党委委员)

彭炎明(党委委员兼)

郭远昌(党委委员兼)

钟佩芳(10月免)

何祖林(党委委员兼)

党委委员：谢文才(11月任、12月任市公路管理局局长)
邓小荣(12月任)
周小勇(市高等级公路管理处处长)
钟佩芳　胡超星(市港航管理处处长)
纪委书记：宋冬如(4月免)
纪检组长：邓小荣(12月任)
调研员：陈爱东(5月任、10月免)
宋冬如(5月任、10月免)
副调研员：傅广仁(1月免)　章广麟
李干荣

公路管理

【概况】 2016年，市公路管理局围绕年初确定的各项目标任务，解放思想，攻坚克难，各项工作有序开展，年度目标任务总体实现。全局共管养市养公路2744.262千米/107条，桥梁919座，隧道4道，按行政等级分。其中，国道11条，计1733.701千米；省道28条，计709.675千米；县道30条，计158.874千米；乡道14条，计41.406千米；专用公路3条，计10.78千米；村道21条，计89.826千米。按技术等级分，一级公路382.219千米；二级公路1690.296千米；三级公路529.866千米，四级及以下公路141.881千米。

市公路管理局下辖直属、赣县、兴国、宁都、于都、石城、瑞金、安远、寻乌、信丰、南康、大余、崇义、上犹、会昌、定南、龙南、全南等18个公路分局，赣定高速、龙南、寻乌、瑞金、大余等5个治超检查站和路网管理中心。机关内设办公室、养护科、路政管理科、行政审批服务科、人事教育科、计划统计科、安全设备科、财务审计科等8个职能科室和党总支、工会。年末，全市公路系统在职职工1975人，离退休职工1667人。

【公路建设】 国省干线公路建设成效明显。全年实施国省道升级改造项目42个，完成投资约62.1亿元，同比增长236.7%，完工里程107千米；实施养护大中修和路面改造工程107千米，投资总额达1.66亿元。

【公路养护】 持续加强公路养护管理，提升市养公路路况水平。全年实施危桥改造12座，完成投资3600万元，实施G105赣县、信丰和赣丰线上犹、崇义安保工程60千米，投资约520万元，完成全南全吊线灾害防治24千米，完成投资164万元，市管养路线优良路率为81%，国省道优良路率为83%。

【依法治路】 开展路域环境综合整治，对“抛洒漏”进行专项治理，依法查处各类损坏路产路权行为，全年共清除全市清理违法建筑16044平方米/282处、清除占路堆积物17773平方米/2691处、非公路交通标志4642块/3256处，查处擅自占用、利用、污染公路案件225件、查处路损案件468件，办理行政许可125件，办理行政处罚案件12件，查处率、结案率达99%以上，较好地维护路产路权。坚持铁心硬手抓治超，全年共检测车辆275143辆，查处超限超载车辆8191辆，超限率2.97%。卸载货物23066吨，记分1654分，恢复改装车辆288辆。全市治超工作成效明显，各固定治超站点的超限超载率控制在5%以内，全市货运车辆超限超载行为得到有效遏制。

【公路服务】 完成“十三五”养护机构规划，启动寻乌上坪养护中心、安远三百山养护中心和南康养护中心的前期建设工作。瑞金路网分中心建成并投入使用，新增23个交通量调查自动采集点，完善路网检测体系。加强公路应急抢通工作，全年共投入抢修资金近3680万元，清理土石方53万余立方米，修补路面150万平方米，清理排水系统400千米，在最短时间内恢复通行。开展安全专项行动和“安全生产月”活动，全年完善交通标志590块，交通标线145179平方米，桥护栏立面标记8093平方米，轮廓标9380个，防撞护栏46653米，维修和提升护栏11914米，警示桩5621个，有效防范安全责任事故的发生，为群众提供便捷舒适的出行服务。

【行业文明】 以“两学一做”学习教育为契机，开展每一个专题的集中学习和专题讨论，对标聚焦，深刻查找自身存在的突出问题，建立整改工作台账，“两学一做”学习教育取得实效。抓好市委第四巡察组巡察反馈意见整改工作，全面落实党风廉政建设“两个责任”，严格执行中央八项规定和省、市有关规定，自觉抵制“四风”，切实转变工作作风。扎实开展精准扶贫工作，投资70余万元为全南县社迳乡当迳村办实事，密切党群、干群关系。充实干部力量，面向社会公开招聘27名基层公路分局工作人员。大力推进公路文化建设，开展春节送温暖活动，发放慰问经费10万元，组织职工书屋进机关、道班，开展羽毛球赛、乒乓球赛等健康向上的文体活动。

(撰稿　刘舒奎　审稿　谢文才)

【领导名单】
局长：谢文才(11月任)
罗宗祺(8月免)
副局长：鲍建文　刘自田
副调研员：罗承祥(10月免)　刘智文
余饶华

高速公路路政管理

【概况】 2016年，赣州高速公路路政管理支队围绕“保护路产、维护路权，保障高速公路安全畅通”中心工作，推进依法执法能力建设，开展广告设施清理整治，文明单位建设、预算管理等重点工作，强化责任追究，较好地完成各项工作任务，保持赣州高速路政各项工作指标稳步提升。赣州支队共发生路产案件1309起、行政审批案件13起，实施清障施救服务3171次(交通事故1211次，非交通事故1960次)，出动施救设施2225台次，发放服务监督卡3171张，完成路政巡查104.08万千米，人均巡查里程5782千米。

赣州高速公路路政管理支队有在岗职工183人，其中女职工26人，中共党员104人。内设综合科、业务科、财务科等3个职能科室，下设20个路政大队(含4个大队筹备组)。

【路政巡查】 落实路政巡查五项机制。严格执行《路政巡查管理实施细则》，实行巡查信息日报制、实地督查、通报、跟踪协调和督导等五项举措提升路政巡查有效性。特别是结合路政管理业务重点工作不断拓展巡查日报内容，实时掌握广告牌专项整治、防汛抗灾、安全隐患排查等工作动态，做到有效路巡日常化、常态化。实行巡查日报制以来，共通报字数20万字。至12月，赣州支队路政巡查率平均值为95.97%，依法索赔路产损失1200.04万元，下发路产修复告知书2171份，切实使路政巡查起到保护路产路权的基础性作用。

【清障施救监管】 按照新修订的《清障施救监督管理实施细则》，召开赣州高速公路联勤联动座谈暨清障施救管理工作会议，宣传《江西省公路条例》，加强辖区高速公路突发事件联勤联动处置速度和能力，提升清障保畅和救援管理水平；建立健全清障施救工作台账，购置全新“路政”标识安全锥桶等设备，以“三同时”加强现场监管责任落实，比对核实清障施救接警、出警记录、车主的信息，电话回访，有效防止清障施救违规收费事件的发生；建立路政清障施救监管微信群，实时报送清障施救服务行为，做到清障迅速、服务规范。落实清障施救履约检查工作，支队行政主要领导、分管领导、纪委书记、相关路政大队长与清障施救单位负责人就清障施救工作进行约谈，分析当前清障施救工作中存在问题的根源，探究解决问题的方法和措施，提出具体整改要求和整改时限；对各清障施救单位开展履约检查，重点对清障施救单位人员、设备、场地配置逐项进行初检，共约谈5次、查出各类问题30处，及时下达整改通知书，责令其限期整改，与履约检查合格的清障施救单位签订《清障施救服务临时承揽合同》，切实使监管职责履行到位。6家清障施救队伍基本整改到位，共收到投诉5起。

【路域环境整治】 严格按照省路政总队《全省高速公路违法涉路设施专项治理工作方案》要求，继续以迎“国检”工作标准，每月收集各大队整治工作动态，每季度考核工作成效，保持依法治理的持续态势。至12月，敦促铁塔公司办理行政审批67处，督促瑞金、于都4处重点违法涉路设施整改，排查整治安全隐患2028处。

【应急保畅】 面对全年汛期长、暴雨多，导致高速公路防汛抗灾形势严峻的局面，支队开展辖区安全隐患的排查工作，完善突发事件应急预案，加大施工监管力度，健全完善应急机制，与高速交警、经营单位密切配合，做到信息通畅，协作有力，及时妥善处置各类应急事件。督促清障施救单位储备好救援力量，加强对清障特种设备调度。成功处置“3・23”大广高速公路赣定段东坑隧道山体塌方事故、“5・20”厦蓉高速公路348千米大型普通客车侧翻等重大交通事故，顺利消除济广高速公路1383千米东幅宁都县近距离采矿等重大安全隐患，顺利完成事故救援和安全保畅任务。

【广告设施清理整治】 7月19日，江西省人民政府办公厅下发通知，决定7—10月在全省开展高速公路沿线广告设施清理整治工作，加强高速公路沿线环境管理，着力打造“畅、洁、安、美”通行环境，服务人民群众安全便捷出行，展示江西生态文明良好形象。支队履行督查责任。不等不靠，向市政府领导专题汇报争取支持。全年，共拆除赣州市境内高速公路沿线违法广告设施431块，其中协助监督政府拆除338块，强制拆除49块，路段经营单位和高速传媒公司自行拆除44块。尤其在整治绕城高速公路沿线违法广告设施中，支队主动作为，勇担责任，破除阻挠，强制拆除49块违法广告设施，依法依规完成广告牌整治工作任务。争取赣州高速公司和赣州经济技术开发区管委会支持出资强拆违法广告；特别是在建宁安高速广告整治工作，做到精心组织，主动协调，助推政府主导整治。于都县在整治过程中共出动武警、城管等人员近千人次、各种执法车辆300余台次。

（撰稿　温万春　审稿　钟新发）

【领导名单】
支队长：陈孝良
党委书记：唐仕利
副支队长：邱小平　詹世俊
纪委书记兼工会主席：廖惠勤

交通投资

【概况】 2016年，赣州市交通投资集团公司(原赣州宏泰公路建设投资有限责任公司)完成泉南高速兴国东互通至梅窖三僚二级公路、319国道兴国县城绕城公路和S219线赣县小坌至安远龙布二级公路改造工程竣工验收工作，开工建设S219线赣县小坌至安远龙布公路边坡防护完善工程。

【资金筹措管理】 加强资金的筹措与管理使用，全年累计到位1311.52万元，按时偿还银行贷款本息1197.7万元。开展并完成赣州市“十三五”期国省道、农村公路建设市本级补助资金贷款融资的各项前期工作。

【经营性项目】 加快“以地换路”模式取得的安远县城九龙大道中段A地块2.46公顷土地的开发进度，及时开工建设九龙国际商住小区项目，年底完成1#、2#、3#楼的桩基础施工，计划于2017年开盘销售，标志着“以地换路”的公路建设投资模式初见成效。

在全省率先把“服务区+”的概念引入传统的国省道服务区建设，计划在“十三五”期的1408千米国省道改造沿线建设27个服务区，把国省道服务区打造为集加油、充电、汽修等服务为一体的综合性经营平台，拓展服务区的附加功能，经营收入用于国省道建设贷款还本付息。完成《赣州市普通国省道服务区发展规划》的编制和可行性研究等前期工作。

【其他工作】 推进公司改革，及时完成公司更名后的资质证照的变更等工作。在赣县江口镇河埠村开展精准扶贫工作，改善村委会办公设施建设，完成通往杨梅基地和吉埠镇的1.8千米水泥路建设，筹资为村里安装太阳能路灯，方便村民出行。广泛开展“两学一做”学习教育，落实市委巡察组反馈问题的整改工作，公司全年安全稳定。

（撰稿 彭 燕 审稿 黄 俊）

【领导名单】

董事长：尹善奎(10月免)

工会主席：熊文奕(10月免)

副总经理：邹越滨 雷湘湘 杨 飞

总工程师：何德福(12月免)

总经理助理：李典光 黄 俊

财务总监：刘晓敏

铁路建设

【概况】 2016年，市铁路建设办公室按照“主攻高铁、完善路网、形成枢纽”的总体思路，围绕和融入“一带一路”国家战略，重点推进铁路“三大通道”建设，构筑全市铁路网络纵贯南北、连通东西的格局。全市既有铁路4条，京九铁路、赣龙铁路、赣韶铁路和赣瑞龙铁路，总营运里程555千米；续建铁路1条，昌赣客专；新开工建设铁路2条，兴泉铁路、赣深客专。全市铁路通达县(市、区)共有11个，还有7个县未通铁路。全市铁路网密度1.40千米/102平方千米，人均铁路营运里程0.58千米/万人。

【铁路规划】 7月，国家发改委印发新一轮《中长期铁路网规划》，赣州市有昌赣客专、赣深客专、兴泉铁路、瑞梅铁路、长赣铁路、赣郴永兴铁路、赣韶铁路扩能改造工程7条铁路项目列入《中长期铁路网规划》。国家高速铁路“八纵八横”规划中有“一纵”“一横”途经赣州市，在赣州形成“十字形”高速铁路网。其中，“一纵”为京港(台)通道，涉及赣州市的铁路为昌赣客专、赣深客专，“一横”为厦渝通道，涉及赣州市的铁路为长赣铁路。此外，南丰至瑞金城际铁路列入《江西省城际铁路网规划(2016—2030年)》。

【在建铁路】 昌赣客专于2015年7月15日全线开工建设，线路总里程约420千米，赣州段约107.7千米。至年底，赣州段开工累计完成投资48.94亿元，占总投资的35.46%；年累计完成投资37.02亿元，占年投资计划的114.00%。赣州段征地及正线范围内的拆迁基本完成。路基土石方开工累计完成938.54万立方米，完成设计量的90.5%；隧道开工累计完成24093.93成洞米，完成设计量的61.2%；桥梁开工累计完成34941.37成桥米，完成设计量的78.4%。涵洞开工累计完成2826.48横延米，完成设计量的98.1%。

【新建铁路】 兴泉铁路。兴泉铁路兴国至宁化段先期开工段于2016年12月开工建设。兴泉铁路兴国至宁化段正线里程约159千米，赣州境内约124.78千米，全线总投资约391.44亿元，赣州境内投资约77.9亿元。国家发改委于8月批复兴泉铁路项目工可报告，中国铁路总公司于10月批复DK25+180至D1K32+200段站前工程初步设计。

赣深客专。12月，赣深客专江西段在赣州市全南县龙下乡上湖村举行开工仪式，标志赣深客专正式开工建设。赣深客专线路全长约432千米，赣州境内约136.4千米。全线总投资约641.3亿元，赣州境内投资约177.1亿元。国家发改委于10月批复赣深客专项目工可报告，中国铁路总公司于10月批复DK74+550至DK101+882.92、DK265+000至DK280+750段站前工程初步设计。

【站房建设】 赣州西站是赣州市高铁站，位于赣州高铁新区核心区，未来有昌赣、赣深、长赣、赣郴永兴等多条高铁、普铁线路在此交汇。赣州西站站场近期按4台8线开展建设，远期规划12台24线。赣州西站站房按近期5万平方米、远期10万平方米规模开展规划设计。站房设计分两期建设，一期包括东侧站房、部分高架候车厅及昌赣深客专站场，建筑面积约5万平方米；其余为二期建设部分，主要包括西侧站房及部分高架候车厅，及长赣铁路、赣郴永兴站场。赣州西站站房、站前广场及周边综合交通设施项目于年初启动咨询策划工作，10月通过招投标确定中南建筑设计院股份有限公司为赣州西站站房设计单位。

【涉铁项目】 五洲大道、站东大道改扩建工程。五洲大道、站东大道改扩建项目分为五洲大道、站东大道市政工程和五洲大道下穿京九线钢筋混凝土框架桥工程两大部分。项目于6月开工建设，12月五洲大道下穿京九铁路框架桥实现顶进就位。

赣州西站下方预留轨道交通通道项目。该项目由市铁办负责，项目位于国家铁路车站出站通道层正下方，与国家铁路出站通道长方向平行。是规划中的轨道交通1、2号线的换乘站，7月市发改委批复高铁新区核心区公共地下空间工程。

【高铁新区】 赣州高铁新区位于赣州经济技术开发区凤岗镇，承载高铁、普铁、航空、公路等多种现代化交通。12月28日，市政府正式成立赣州市高铁新区建设领导小组。领导小组下设办公室，办公室设在市铁办。

【城市轨道交通】 赣州市轨道交通线网规划委托广州地铁设计研究院编制，由4条线路组成。其中，1号线起于黄金机场，终于赣县北，全长约33.7千米。线路连接凤岗、蓉江新区、章江新区、河套老城区、水东、赣县等片区，串联黄金机场、赣州西站、赣州东站等客运枢纽。2号线起于唐江镇，终于赣州火车站，全长约30.6千米。线路连接唐江、凤岗、经济技术开发区、章江新区等片区，串联赣州西站、赣州站等客运枢纽。3号线起于南康南，终于蓉江新区，全长约21.3千米。线路连接南康、蓉江新区片区。4号线起于潭东，终于水西，全长约24.5千米。线路连接蓉江新区、经济技术开发区、章贡区等片区。年内，市铁办推动赣州市轨道交通建设项目，7月赴南昌轨道交通集团公司进行学习考察，11月组织撰写《赣州市轨道交通实施方案》。

（撰稿　钟　婷　审稿　邱世禄）

【领导名单】
主任：邱世禄
副主任：徐祥敏

铁路赣州车务段

【概况】　赣州车务段管辖京九线峡江—定南站、赣龙线和赣瑞龙线赣州东—瑞金站、吉衡线吉安南—睦村、赣韶线南康—梅关站的运营里程893.7千米，并担当1对赣州至广州旅客列车的乘务工作。客货运输业务辐射赣、闽、粤、湘、鄂、苏、浙、渝、沪、京等省市。赣瑞龙铁路（赣州—瑞金—龙岩）开行8对动车组列车。

【安全管理】　按照“逐级负责、分工负责、专业负责、各负其责”的管理理念，加强安全规范化、标准化建设，健全完善各岗位安全职责、工作标准和工作流程，开展安全大检查及各类安全专项整治活动，本着眼睛向内，排查、研判安全风险源，梳理出共性风险源8条、个性风险源131条，并逐一分析风险存在等级，制定涉及劳动人身安全、接发列车、调车作业、施工组织、客运组织、货运组织等6个方面35条卡控措施，形成动态、全覆盖安全风险研判。加强现场安全控制，采取远程监控、现场暗访、夜查、专业检查等方式，强化安全过程管控，促进客车安全、调车安全、接发列车安全、劳动安全等重要风险全面受控。强化春运、暑运、新列车运行图实施、假日运输、新线开通等重点、关键时期的风险控制，确保现场作业安全稳定、有序可控，顺利实现安全年。

【铁路运输】　面对持续下行的宏观经济形势和疲软的货运市场，赣州车务段深入推进货运组织改革，开办货物快运业务，加强闽赣快运班列组织，为加快推进苏区振兴发展提供运力保障，改变以往只会在铁路附近营销的观念，抽调营销干部分片区包保，分头走访当地重点特色企业，形成以南康家具运输、泰和站石英砂、龙市站石板材和吉安南站白水泥、纤维板为主的零散货物上量为主的货物运输。全力做好南康家具运输，全段家具运输从无到有，运量呈现大幅提升态势。客运部门做好春运、暑运、节假日等重点时段旅客运输工作，抓好赣瑞龙开通动车等新产品的营销宣传，引导旅客选择铁路出行，促进全段旅客发送量和客运收入的增加，确保主要运输指标创历史新高。全年全段共发送旅客1584.89万人、货发203.31万吨。

【节支降耗】　在往年基础上，按不低于5%的幅度进行节支降耗计划分劈，形成全段节支降耗总计划及实施办法，并建立成本支出、节奖超罚的激励约束机制，强化各项能耗指标考核。

【业务培训】　综合运用“逢检必问”、例行和专项抽考、“在线培训考试促学机制”等管理手段，组织干部职工每月抽考、每季覆盖，全年完成在线考试4300人次，其中接发列车非正常处理演练750人次，举办各类脱产培训班96期，参加培训达3190人次（其中计划外67期2139人次）。选拔优秀选手参加2016年路局“振兴杯”技能竞赛，获得路局第1名，货运核算员路局第4名，助理值班员第3名，货运值班员、行李员第4名，货运核算员、客运值班员、售票员第4名。

及时组织人员培训，确保赣瑞龙线（高铁）开通后的正常运行，赣瑞龙行车人员（含行车管理人员）岗前资格性培训合格58人，客运适应性培训180人，确保赣瑞龙铁路开通运行人员素质达标。配齐配全生产生活设施、备品器材，建立健全新线技术规章制度，梳理适用于赣瑞龙线技术规章办法68个，适用于赣瑞龙线技术规章办法93个。

（撰稿　陈坚红　审稿　王小东）

【领导名单】
段长、党委副书记：姜明富
党委书记、副段长：熊祐春
副段长：刘小平　盛忠义
　　　　李小安　彭　杰
党委副书记、纪委书记：刘世扬
工会主席：曾繁红

铁路公安

【概况】　2016年，赣州铁路公安处管辖区域地处赣中、赣南地区，行政区划涉及江西省宜春、吉安、赣州，广东省韶关等4个地市25个县（区）市，沿线两侧共有99个乡镇、391个行政村、1054个自然村、65万余人口。管内共有车站51个，担负着10对旅客列车的安全保卫任务，有定南（京九线南端）、梅关（赣韶线）2个局交界口。线路总长957.954千米，其中京九线516.071千米、赣龙线132.275千米、吉衡线129.153千米、赣韶线66.819千米、赣瑞龙线113.636千米；共有铁路桥梁455座、隧道195座。

赣州公安处机关内设机构23个，其中综合管理机构8个，包括办公室、装备财务室、政治处组织干部室、政治处宣传教育室、纪检监察室、机关党总支、工会、团委。内设执法勤务机构15个。下辖19个基层所队。全处共有在职民警366人。

【线路防控】　全年管内发生危行案（事）件7起、查清4起，查清率为57%，危行案（事）件发案数上升40%。年内，共组织警力1213次、添乘机车1213趟次、清理闲杂人员167余人次、排查线路安全隐患1121处，下发整改通知书444份，整改隐患106处，利用天翼对讲调度系统检查民警和辅警勤务状态7300余图11400张。年内，管内线路实现9个“无危行安全月”，1个百日无危行；各派出所均实现2个以上“百日无危行”安全天，其中有13个派出所连续实现3个“百日无危行”，占全处派出所总数的92.6%。线路警务区实现“百日无危行”达到100%，其中94%以上的线路警务区实现3个“百日无危行”。

【刑事打防】 始终对各类违法犯罪保持严打严整高压态势，开展打击盗窃车辆配件犯罪专项行动、猎鹰、铁鹰、春季治安打防等系列专项行动，保持对刑事犯罪活动的严打高压态势，确保管内站车线治安稳定。在查缉追逃方面，全年查获网上逃犯249名。全年全处共立刑事案件133起、破82起，破案率为61.5%，抓获各类犯罪嫌疑人27人。在全路“打盗销”专项行动中成功打掉3个销售假冒产品的公司，捣毁2个制造假冒产品的工厂，涉案价值1000余万元，成功侦破“8·31”赣州站盗窃旅财专案、“10·24”赣州站盗窃旅财专案、“10·31”贩卖毒品专案等一批案值高、危害严重的大要案件。

【治安整治】 始终本着“什么问题突出就整治什么”的原则，对旅客群众反映强烈、极易形成热点问题的盗窃旅财、倒卖车票、拉客宰客、骗取财物、围随车叫卖等惯性治安问题开展不间断打击整治。全年出动警力1.6万余人(次)、开展各类治安整治560余次。共查破各类治安案件511起(下降14.1%)，查处各类违法人员516人(上升13.7%)，其中行政拘留21人、警告408人、罚款87人、不予处罚21人。查破倒票案件24起，收缴纸质车票40张(票面价值3208.5元)，收缴赃款3208.5元。停机整顿违规代售点3家。

【消防监督】 结合春运、“两会”等重大安保任务期间消防安全保卫工作措施，开展各类火灾隐患大清剿行动，切实抓好防火安全工作，彻底消除各类火灾隐患，确保管内无火灾事故发生的良好态势及消防安全状况平稳。全年全处共出动消防检查组160次，动用警力332人次，检查旅客列车237趟，检查车站204个次、宾馆78个次，公众聚集场所共528个次，通信、信号、电力等重点行车场所112个次，货场、仓库等物资集中场所124个次，机车车辆存放场所41个次，易燃易爆场所7个次，其他168个次，发现问题和隐患663件，下发《防火检查记录单》371份。全处办理消防行政处罚48起，开展消防宣传活动82场，发放各类宣传资料18710余份，受教育人数1.9万余人。

【队伍建设】 以大力加强领导班子建设、扎实推进队伍正规化建设和党风廉政建设为重点，应对反恐防暴、安全维稳、赣瑞龙动车线路开通等各种新情况、新要求，适应新形势、应对新挑战，忠实履行“保安全、保稳定、保畅通”的职责使命，牢牢把控规范管理的各个环节、细节，坚持思考谋划在前、部署要求在前、干部表率在前，杜绝违法违纪以及路(警)风等案事件的发生，打造一支政治坚定、管理规范、业务过硬、纪律严明的赣铁公安队伍。年内，共有1个集体荣立集体二等功，1人次荣立个人二等功；3个单位荣立集体三等功，11人次荣立个人三等功，4个单位荣获集体嘉奖；31人次荣获个人嘉奖。2人次被评为南昌铁路公安局“十佳青年民警”。参与2016年赣州市第九届赣州市精神文明单位创建，并成功获评为赣州市“精神文明单位”。在人民日报联合新浪微博权威发布《2016年度政务微博影响力报告》中，政务微博“赣州铁路公安处”的传播力、服务力、互动力等各项数据综合再次位居江西全省公安系统官方微博“十强”，弘扬赣铁公安民警的为民事迹、执法事迹，同时展现赣铁公安队伍的良好形象。

(撰稿　朱　源　审稿　朱尚彦)

【领导名单】

党委书记、处长：陈　恳

党委副书记、政委：金　晶

党委副书记、政治处主任：汪维彬

党委委员、副处长：张　武

党委委员、纪委书记：何　平

副调研员：吴　非

机关党总支书记：周崇荣

国内安全保卫支队政委：陈苏江

消防监督支队支队长：裴　军

网络安全保卫支队政委：刘圣西

安检支队政委：韩　江

民用航空

【概况】 2016年，江西省机场集团公司赣州机场分公司按照民航总局的部署要求，围绕中心目标，坚守安全底线，充分发挥民航对地方经济社会发展的“引擎”作用，旅客吞吐量突破百万人次，成为省内首家百万级支线机场。圆满完成春运、“两会”、节假日期间的安全服务保障工作及专机保障和G20峰会等重大航空运输保障任务，持续安全运行23年。

【航空运输】 全年赣州机场完成旅客吞吐量108.32万人次，成为省内首个百万吞吐量的支线机场，正式迈入全国百万空港行列。起降架次9654次，货邮吞吐量7306.38吨，分别增长17.14%、13.84%、24.07%，平均客座率达79%。开通至北京、上海、广州等14个城市的航班，基本形成“米”字形网络架构，赣州旅客可当日直达国内多数重点城市和旅游热点地区。执飞航空公司增至7家，分别为国航、南航、东航、川航、厦航、北部湾、祥鹏航。

全年春运加班33班，运送旅客7363人次，增长35.8%。争取惠民政策，降低出行成本。加强与航空公司沟通协调并争取出台优惠票价政策，提高客座率，为市民出行提供便利。扩大宣传范围，创新线上线下宣传模式。通过电视、网络、报纸、微信、高架广告牌等各类媒体发布信息，为旅客提供更便捷了解航班时刻和优惠政策的渠道。

【运输服务】 服务水平显著改善，运行品质稳步提升。坚持开展月度服务监察，针对在服务工作中存在的问题执行安全服务质量监察单制度；完善服务设施功能，稳妥地处理各类旅客抱怨，对提出的问题作负责任和实事求是的回复，并采取相应的措施改进服务工作中存在的短板和不足，得到旅客的理解。贯彻落实民航局“真情服务”底线要求，制定《赣州机场践行真情服务提升服务水平工作方案》，成立服务质量提升专项行动领导工作小组，全面改进机场服务工作。

【安全保障】 分公司坚持持续安全理念，确保安全态势平稳。层层推进安全责任制的落实，确保安全绩效责任落实到岗、落实到人。持续开展安全管理活动及制度体系完善工作。扎实开展各类安全监察及质量控制活动，持续开展机场运行专项整治行动。首创落实隐患挂牌督办机制，每周讲评会通报分公司隐患排查工作进展情况。开展机场净空专项整治活动，对机场净空保护区的障碍物进行清理，净空条件良好。持续开展鸟害防治工作，更换鸟网、新增围界滚刺、彩色驱鸟风轮及超声波驱鸟仪等新型驱鸟设施。增加安全基础设施投入。落实民航江西监管局对机场运行容量评估的整改工作。组织内部安全教育培训和考核工作。针对机场不停航施工，开展专项培训。强化应急救援管理和设施设备管理，加强与市相关单位的沟通协调。完成年度应急救援演练、防恐应急演练和冬季除冰雪演练。

（撰稿　钟剑霞　审稿　钟　涛）

【领导名单】

总经理、党委副书记：张福胜

党委书记、副总经理、工会主席：
　李光生（7月任）

副总经理：黄丽水　肖承东

航空发展服务

【概况】 2016年，赣州航空发展服务公司围绕建成全国重要的区域性综合交通枢纽目标，按照年初确定的各项民航发展目标，调航线、拓市场、抓服务，全力打造“百万空港”，努力推动赣州民航事业迈上新台阶。全年赣州民航旅客吞吐量达108.32万人次，增长17.14%，高于全国平均水平6个百分点，成为省内首个百万吞吐量的支线机场，迈入全国百万空港行列。货邮吞吐量7306.38吨，增长24.07%；起降架次9654次，增长13.84%，平均客座率达79%。人均补贴降至92.6元，降低16%，资金效率较高，航线发展资金未超出财政年度预算。

赣州航空发展服务有限公司由赣州市政府与江西机场集团公司共同出资组建，其中市政府占股本60%；江西省机场集团占股本40%，于2009年5月正式挂牌成立，是具有独立法人资格的国有企业。公司设有综合管理部、党群工作部、市场营销部、财务审计部、票务管理部、航线规划部6个部门，拥有1个全资子公司赣州蓝翔航空商务服务公司。公司共有员工37人，其中高管3人。

【打造区域性航空枢纽】 全年新增青岛航点，开通赣州至北京、上海、广州、深圳、南昌、青岛、厦门、成都、海口、杭州、昆明、重庆、福州、南宁等14个城市的航班，其中赣州至北京、南昌每日2班，至上海每周10班，基本形成“米”字形网络架构，赣州旅客可当日直达国内多数重点城市和旅游热点地区，并可通过中转到达全国大部分城市和国际城市。执飞航空公司增至7家，分别为国航、南航、东航、川航、厦航、北部湾、祥鹏航。

【优化航线航班】 优化航线布局，开通青岛往返浦东往返赣州航线。在原有上海浦东往返赣州航线的基础上，3月29日开通青岛往返浦东往返赣州航线。航线开通以来，客座率始终保持在70%以上，共运送旅客3.3万人次。

优化南昌—赣州航班航线。1月1日起以定补的形式运营海口—赣州—南昌、南宁—赣州—南昌航线，全年实现吞吐量25万人次，比上年增加11.6万人次。南昌航线补贴由2015年3906万元/年，降低为3702万元/年，节省200万元。

保障春运期间加班航班。春运期间，赣州—上海航班共加班33班，运送旅客7363人次，增长35.8%，顺利完成春运航班保障任务。

争取资金支持。与执飞航空公司反复协商，降低航线补贴价格，昆赣杭航线补贴下降5000元/班、成赣厦航线补贴下降1000元/班、青岛往返浦东往返赣州航线补贴下降2000元/班；与省商务厅对接，全年争取省内补贴资金200万元。

【市场营销】 发掘团队客源。通过市场化手段和争取国航的政策支持，使全市重要的北京点对点航线收益和客座率得到大幅提升。全年国航北京航线实现吞吐量9.4万人次，增长7%，补贴190万元，节约补贴810万元。

【便民利民措施】 争取惠民政策，降低出行成本。推出赣州南昌190元起、广州、深圳航线110元起、厦门单程100元、昆明航线360元、杭州航线180元、上海2班提前预售340元的优惠票价，向厦航争取推出赣州经福州中转至三亚等地往返1200元起的中转产品。赣州通过北京、上海、广州中转至全国乃至世界各地，客人更加便利。

完成票务保障任务。先后完成第十二届中国（深圳）国际文化产业博览交易会、中国（赣州）第三届家具产业博览会、赣州旅游商品博览会、赣南脐橙采摘旅游季、赣州稀土论坛、全国森林质量提升工作会议等重大会议活动的机票保障任务。全年完成散客出票18374张，增长45.04%。

（撰稿　温　帆　审稿　李　辉）

【领导名单】

党支部书记、董事长：李　辉

党支部副书记、工会主席：叶春林

总经理助理：刘庆名

港航管理

【概况】 2016年，江西省港航管理局

赣州分局以海事“三化”建设为统领，以水上安全监管为中心，以保航道畅通为目标，以促发展惠民生为宗旨，立足辖区实际，全面深化改革，推进依法行政，提升队伍素质，不断创新监管方式，提高监管能力，增强服务水平，服务地方经济发展，较好地完成全年各项工作任务，实现“十三五”的良好开局。

【安全管理】 全年出动海事执法人员3600余人次，检查船舶2312艘次，查处违章56起，水上交通安全生产事故2起，死亡1人，直接经济损失100多万元，均控制在安全生产目标范围内。

现场监管长效化。突出抓好客渡船和旅游船的现场监管。全局海事工作人员经常深入渡口码头和重点水域开展安全检查，对发现的安全隐患，及时督促整改，并及时报告有关县乡政府，主动联合公安、交通、水利等部门开展联合执法检查，坚持制止违章行为。做好重点时段的安全监管工作。在春节、“五一”、端午、“十一”等重点时段，组织人员对陡水等重点库区实行全天候现场监控和全方面跟踪监督。加强汛期的安全巡查工作。修订和完善汛期应急预案，加大巡航密度，密切关注气候变化，及时发布大风、汛情等恶劣气象预警信息，通过短信平台告知有关船舶业主，一旦洪水超汛限水位，则坚决采取停航避险等安全防范措施，确保船舶安全度汛。全年共巡查823次，发送预警信息2300余条，预警电话500余次。

专项治理日常化。按照省局要求，先后在全局大力开展“港口危化品安全管理百日专项整治工作”“打非治违”专项行动、船舶超载专项整治、“船舶配员和船员证书”专项检查等活动，在开展专项整治活动中，分局行动，成立专项治理领导小组，并制定实施方案。通过开展各项专项整治活动，促进各有关部门的联合执法工作机制，开展水上安全监管合力，营造守法经营、安全有序的水上交通环境。

应急救援能力规范化。成立水上应急救援领导小组及应急救援队，结合辖区实际制定应急预案，对应急救援的各项设备、人员进行完善和补充。为完善分局应急救援方案，6月6日，分局联合市港航处，在船舶客运公司召开例会，并开展一次水上应急救援演练。通过开展人员落水、船舶失控、消防等科目演练，提高船员应急处置能力。通过演练后的评估，根据实际操作情况完善应急预案，提高预案的针对性、科学性和可操作性。

海事基础工作制度化。以推进“三化”建设为契机，大力开展海事基础工作。开展船舶登记工作，保障船舶登记各方的合法权利。加强船员考试管理，提高船舶从业人员的理论和实操水平。推动新船员管理系统和船员信息采集系统的正常运行，进一步促进船员管理的正规化和现代化。全年，办理各类船舶登记47艘次，其中船舶所有权登记23艘次、船舶国籍登记13艘次、船舶抵押登记1艘次、船舶注销登记7艘次，船舶转贷业务1艘次。新发船员服务簿77本，客船、高速特殊培训合格证47本，船员适任证书116本，采集船员信息413人，到期换发证书200余本。

服务地方经济发展。分局做好中宣部、交通运输部、省交通运输厅、广东海事局等单位有关领导对赣州水上交通安全、航道通航情况进行工作调研。协助配合市政府相关领导及有关部门涉水项目招商引资工作，并就涉水项目献言献策，为服务地方经济发展做出努力。

【航道维护管理】 辖区航道赣州—万安航道维护水深保证率、航标准确率、标志完好率均达98%。贡江赣—于都航道、陡水库区航道维护水深保证率、航标正常率、标志完好率均达95%以上，实现航道的安全畅通。

航道维护。开展对各单位的标志配布及完好率达标情况实行现场检查，及时洪水期损毁的航标进行修复、补充，确保标位准确，标志鲜明。做好防汛工作。严格24小时值班制度，对重点水域严防死守，确保汛期安全。出现大风大雨等异常天气状况时，由局领导班子成员亲自带队值班，随时准备应对可能出现的各类紧急情况。防汛期间要求全体人员密切关注气象动态，及时掌握雨情、汛情等信息，按照防汛预案采取有效措施，把防汛工作做细做实。汛期过后赣江航道检查，对被水冲走和发生移位的助航标志进行重新布置，启用新型浮标用于增设及更新。彻底清除标志周身的垃圾，确保航标正常工作。全年共修复、补充50余座航标。

道政管理。做好涉航项目通航技术标准审批把关和通航安全评估等工作，确保辖区内所有涉航建设项目均纳入依法有序规范管理。做好高铁等在建大桥等涉航工程的通航维护工作，加强与建设和施工单位沟通，及时跟踪掌握辖区内涉航工程进度。年内，完成沙石大桥、宁安高速等6桥的航标工程专项验收工作，成立昌吉赣高铁涉航项目通航办，做好施工期间相关维护管理。全年完成经营性收入181.54万元。

【船舶检验服务】 抓好乡镇客船的营运检验工作，通过预约上门、深入船头等措施，改进服务方式，提高船舶质量。推进现有未持证船舶检验发证工作。全年分局共完成65艘未持证船舶检验发证工作。继续做好建造船舶的船舶检验工作。与船厂协调，安排好工作计划，督促船厂按阶段及时报检。

【重点改革任务】 全面推进海事“三化”建设，建立跟踪考核和通报制度，将“三化”建设要求融入年度任务和目标管理，实现“三化”建设与日常工作同步部署，统筹实施。年内，分局选送“船舶装备管理”作为海事“三化”建设试点到省局评选。

简政放权。深化行政审批制度改革，根据上级要求，依法精简行政审批事项，优化审批流程，缩短审批时限，并在江西省政务服务网赣州分厅进行公示。制定《行政审批事项事中事后监管办法》，加强对行政审批事项的事中事后监管。

创新规费征管模式。针对取消船舶港务费后，分局的行政事业收费为船检费和部分海事收费，及时调整征收策略，从服务水运服务船员出发，通过上门服务等便民措施，大力宣传有关法律法规知识，不断加大依法征费工作力度，力争做到应征不漏。全年完成规费征收78.18万元，完成省局下达年度任务的111%。

【依法行政】 执法队伍综合素质不断强化。建立健全法制讲座制度，组织领导干部及执法人员学习《中华人民共和国航道法》等法律法规，组织干部职工参加“江西干部网络在线学习教育”。结合“七五”普法工作，开展学习培训班，提高执法队伍的法治观念。分批次组织15名执法人员参加执法轮训，通过培训和学习，执法人员均具备从事行政工作必需的行政法律知识和专业技能，内在素质得到显著增强。依法行政能力不断提高。做好“航道法”的学习贯彻落实工作，协助和配合省局《江西省航道管理条例》立法工作，提出有关立法建议和意见。参与“三单一网”建设，推行政务公开。在行政审批中采取预约服务、延时服务、上门服务等方式，更新船员服务中心政务公开栏。加强“七五”普法宣传，深入贯彻《中华人民共和国行政诉讼法》《中华人民共和国航道法》等法律法规，加大公正文明执法、人性化执法的宣传力度。

【港航综合能力建设】 项目建设稳步推进。信丰县海事处执法技术业务用房进入室内装修施工阶段。崇义县海事处房屋漏水和上犹县海事处排水管道得到维护和修缮。统筹发展信息化建设，推进新版船员管理系统的正常接入与运行，完善船舶动态2.0系统、船舶识别号系统、船舶船检系统VIM5.0的正常运行，为现场综合执法体系建设提供有效的信息化保障。

严格执行“收支两条线”，完善财务管理制度和审计制度，全面推广预算管理系统，加强预算分析与动态监控，审计监督关口前移，保障各项支出严格规范。做好固定资产清理工作。做好食堂管理、车辆管理、船舶管理等工作，确保管理有序。做好公共机构节能，在2016年全省港航系统公共机构检查中获得第四名。

综治和内部安全生产形势稳定。通过举办消防安全知识讨论等综治宣传活动，大力推进平安景区、平安航道、平安车船、平安渡口、平安工地等创建活动，严格履行职责，确保综治安全稳定。加强内部安全生产工作，全面落实安全生产责任制，严格遵守各项安全操作规程，加大对内部安全隐患的排查整治力度，加强对全员职工安全生产的教育。继续强化船舶、车辆、设备等的保养和管理，有效确保分局内部安全生产无事故。

（撰稿 罗 帅 审稿 王 荣）

【领导名单】
党委书记：朱志雄
局长：王 荣
党委副书记：张晓崴
副局长：刘尧平
副局长（兼总工）：谢朝阳
党委副书记：钟志华（纪委书记）

城市公共交通

【概况】 2016年，中心城区共开通65条公交线路，拥有公交营运车辆703台（834.4标台），其中新能源车辆及清洁能源车341台，节能环保公交车比例为48.51%，日均营运里程约10万千米，年营运里程约3608.39万千米，日均运输旅客约20万人次。基本形成分布合理、换乘方便的城市公共交通线网格局。在城市出租客运方面，拥有自主经营产权的出租车300辆，竭诚为广大乘客提供优质服务。所有公交车全部实现GPS调度、3G监控和IC卡刷卡系统运用，出租车安装GPS和视频监控，开通掌上公交和刷手机卡乘车消费业务。3月组建市公务用车服务中心，承担着82个行政单位、18个执法单位和68个公务员管理单位的一般公务用车和综合执法用车。

赣州市公共交通总公司（前身为赣州市公共汽车公司）隶属于赣州市交通运输局，是赣州市中心城区唯一一家公共交通国有企业。公司下设1个子公司、8个分公司、17个部门。公司有职工1975人（含出租车公司445人，车务中心153人），退休职工224人。

【主要经济指标】 全年公交车发班运营121.6万趟次，比上年度增加19.41%；运营里程3608.39万千米，增加23.05%；总客运量6619.58万人次，增加3.57%；全年公交车营运收入7010.53万元（含包车收入等），增长3.23%。公交车发生道路交通事故170起，其中有责事故131起，事故总数控制在经营控制目标内（年度控制目标359起），占年度控制目标的47.4%。全年未发生重大服务纠纷事件，有责有效投诉较上年度明显下降。

纠正驾驶员各类违规违章564辆（次），查实驾驶员违规违章行为373起（处罚327起），占年度违规控制指标65%，相比上年违规占控制指标百分比下降23.97%；受理电话投诉1173起（其中服务类有责投诉19起），投诉回复率100%；评定晋升星级驾驶员199名，降低、取消驾驶员星级称号201名，优质服务合格率达98%以上，车厢合格率达98%，车辆设施合格率达95%，高峰时段车辆（班次）运力投放在96%以上。

公司全年总收入7845.57万元，结转中央燃油补贴2297.25万元及市本级财政补贴1550万元，总支出2.26亿元，全年亏损7289.35万元（剔除政府购置车辆折旧3572.73万元）。至12月31日，公司总资产3.02亿元，总负债1.96亿元，长期负债7693.54万元，资产负债率为64.71%。

四大消耗全部控制在指标值内，全年共节约支出1349.7万元。其中全年柴油消耗6628515升，百千米油耗25.78升，节约1083029升（583.2万元）；全年天然气（CNG）消耗1043677立方米，百千米消耗28.65立方米，节约431779立方米（170.98万元）；全年天然气（LNG）消耗1191877千克，百千米消耗21.51千克，节约359769万千克（164.77万元）；材料费全年节约43.71万元，轮胎全年节约169.48万元，修理费全年节约218.63万元。

【公交优先发展】 促成公交规划的出台与实施。深入开展中心城区“十三五”公交发展调研，准确把握公交发展阶段性特征，科学谋划未来五年公交事业发展蓝图，制定“十三五”期间中心城区公交事业发展的目标任务和保障措施。促成市政府出台《赣州中心城市公共交通专项规划(2014—2030年)》。跟踪与对接全市交通发展规划和经济社会发展规划的编制，将公交优先发展项目纳入全市规划中；年内，公交场站建设补助资金首次列入市本级财政预算。

【赣州市获江西省“公交城市”创建试点城市】 2月，根据省公交城市创建要求及创建考评指标，市委市政府高度重视，市公交总公司精心组织，制定《赣州市创建江西省“公交城市”工作实施方案》；3月20日，经过省交通运输厅、省财政厅等部门层层筛选和综合评比，赣州市成功列为全省首批“公交城市”创建试点城市。

【赣州市公务用车服务中心组建运营】 按照赣州市公务用车制度改革领导小组的决策部署，依据《赣州市公务用车制度改革实施方案》，3月，组建赣州市公务用车服务中心。中心下设机务安全科、综合事务科、营运调度科3个部门，有工作人员154人(含驾驶员138人)，车辆138台。承担着市直82个行政单位、18个执法单位和68个公务员管理单位一般公务用车和综合执法用车。

【公交综合防控体系建设】 落实市综治委《关于加快推进中心城区社会治安防控体系建设有关工作的通知》，10月15日，中心城区启动治安巡防人员对重点线路，重要路段、重点时段公交线路的安全巡防工作；11月13日，市公共交通总公司会同相关职能部门开展调研工作，撰写中心城区《公交线路治安防控工作的考察报告》获得市综治委批复。启动筹建公交警务室工作。

【安全生产标准化考核】 市公交总公司推进企业安全生产管理实现标准化、制度化、规范化建设。2月，公交总公司顺利通过国家安全生产标准化二级达标现场考评，取得交通运输部颁发的二级达标合格证书。

【职工生产生活】 分公司实现“居有其所”。年内，随着四分公司搬迁至油山路公交场站，各分公司彻底解决常年租赁办公的难题，所有分公司均有自己的办公场所，极大提升各分公司的办公环境和办公条件。

开展“公交出行周活动”。根据《交通运输部关于组织开展2016年“公交出行宣传周”活动有关事项的通知》及结合全市创建全国文明城市的具体标准和工作要求，9月19—25日，市公共交通总公司开展为期1周的公交绿色出行周活动，并在9月22日实行市中心城区(除联营公交线路外的车辆)免费乘坐公交车体验，大力宣传“公交优先、百姓优先、绿色低碳、文明出行”。

参与社会公益活动。6月7—8日，市公共交通总公司组织公交车和出租车参与“高考爱心车”“高考爱心车队”；9月9日，公司组织干部职工40余名参与无偿献血，献血量1.5万毫升；年内，被市公益志愿者协会授予“爱心企业”荣誉称号。

节能技术大赛。11月10—11日，市公共交通总公司举办驾驶员节能技术大赛，致力于倡导节能减排，保护环境新理念。树立节能减排从我做起，从现在做起，养成良好规范的节能操作习惯。共评选出团队奖项3个，优秀组织奖2个；节油明星2人，节油标兵4人，节油能手6人，优胜奖总分70分以上若干名。

道德讲堂。为提高职工的思想道德水平和文明素养，年内，市公共交通总公司组织4期道德讲堂轮训活动，各分公司、部门驾驶员及管理人员代表共450人参加。

拓展训练。10月13—25日，公交总公司分别组织广大职工分两批次开展户外拓展培训活动，培训职工达200余人，增强职工爱岗敬业、团结协作的精神。

【企业文化建设】 经营理念。秉承“责任、尊重、感恩、奉献”的企业经营理念，坚持“文明驾乘、服务社会、负重拼搏、共创多赢”的经营方略，培育“团结协作，相互支持”的团队精神、“埋头苦干，乐于奉献”的劳模精神、“敢于改革，奋力创新”的进取精神、“人人尊重，尊重人人”的礼让精神以及“敢于担当，主动作为”的责任精神，打造“平安、优质、环保、和谐、幸福公交”。

党建工作。6月30日，公司党委组织机关支部和四分公司支部组成合唱队参加全市庆祝中国共产党成立95周年歌咏晚会等活动；7月2日，开展“建党95周年暨‘两学一做’学习教育知识竞赛”，浓厚“两学一做”专题教育学习成果。

文明创建。制定《创建全国文明城市宣传方案》《创建市级文明单位实施方案》，成立公司创建办公室，落实人员、经费和办公场所，扎实推进企业“双创”工作的开展。年内，市公共交通总公司评为赣州市第九届文明单位。

开展驾驶员星级考评和精品公交线路建设等工作，强管理，抓服务，年内，K2公交线路获得全省优秀公交线路。

（撰稿　赖传勇　审稿　阙江河）

【领导名单】

党委书记、董事长：孟　宁

党委副书记、总经理：刘志怀

（本栏编辑　赖建明）

邮政 通信业

邮政管理

【概况】 2016年，赣州市邮政管理局围绕“促行业发展，保行业平安，抓管理规范，提服务水平”的工作目标，通过连续开展“基础建设年”“执法规范年”“提质增效年”“攻坚突破年”的工作主题活动，不断巩固行业发展良好态势，确保行业运行安全。全市邮政企业和规模以上快递服务企业业务收入达到15468.96万元，提高27.90个百分点，全省排第2位；业务总量完成20656.79万元，提高43.47个百分点，全省排名第2位。全年全市快递服务企业业务量完成4485.68万件，增长83.47%；业务收入完成5.06亿元，增长56.12%。其中，异地业务收入完成3.35亿元，增长31.15%。

赣州市邮政管理局内设下设办公室、普遍服务科、市场监管科3个职能科室。有行政编制数12名。

【编制邮政业“十三五”发展规划】 市邮政管理局多次召开专题会议部署全市邮政行业“十三五”规划编制工作，将规划编制作为“一把手”工程，加强组织领导，明确计划进度，强化基础研究，确保高质量完成编制工作。通过加强与市发改委等部门在规划编制上的对接，争取将全市邮政业“十三五”规划与地方国民经济和社会发展规划一同推进、一同审批、一同发布。同时紧密结合行业发展实际加强调查研究，强化与规划编制受委托单位的工作配合和衔接，完善规划内容，提升规划质量。8月15日，《赣州市邮政业“十三五”发展规划》通过评审，12月16日正式发布。规划客观分析“十二五”时期赣州市邮政业发展形势，明确“十三五”时期赣州市邮政业发展的指导思想、发展目标、主要任务、重点工程及保障措施等。

【优化行业发展环境】 市邮政管理局坚持“发展第一”原则，多次向市委、市政府汇报全市快递行业发展情况，建议出台促进快递业发展的相关方案。与相关部门沟通对接，共同探讨“若干意见”的落实措施，促成以下利好政策的出台：将快递企业纳入电子商务企业和规模以上物流企业统计范畴，鼓励快递企业进驻工业园区；物流服务中心用地按工矿仓储用地性质和地价公开出让取得，或以优惠的价格租赁给本地物流企业；对设立县级区域性物流总部(独立核算型) 1年以上，且在当地乡(镇)、村设立相关服务站点的，覆盖面积达到50%以上的，给予一次性10万元奖励。对在当地电子商务园区设立区域总部或分拨中心，为农村或农产品电商企业提供快递服务的，每年按实际发出单数享受每件1元的财政补贴，补贴期5年；支持智能包裹柜推广，对新建乡镇、村物流快递站点，按每新建1个补贴5000元的标准由财政进行补贴；章贡区出台政策，每新建、改建符合“标准规范”的配送站，经验收合格并投入使用后，每个配送站给予3万元的一次性财政资金补助。

【快递物流园建设】 市政府出台《关于加快电子商务产业发展的实施意见》，明确“引进国内外知名快递企业、快递园区开发企业进驻赣州，鼓励快递企业进驻工业园”。赣州市在赣州市经济技术开发区香港工业园内建成市级快递产业园，该快递产业园共有申通、顺丰、中通、百世、天天、优速等15家快递品牌分拨中心入驻，园区东至文峰北路，南接西城区核心工业园一、二期，西侧、北侧以厦蓉高速公路为界，占地面积达7.26万平方米，总投资3.2亿元，全市绝大部分快件通过该园区分拣，日均处理量达35.6万件，年处理量1.3亿件左右。市邮政管理局多次召集各快递品牌负责人，讨论研究县级快递园区建设模式，部署推进县级快递园区建设工作。大部分县(市、区)采取快递企业入驻电商园、建设电商快递园区的模式。全市有15个县(市、区)设立电商快递园区。

【末端网点设置】 强力推进快递下乡工程，引导企业采取快邮合作的模式，整合资源、联合下乡。形成以石城县为代表的“政府补贴合作”模式及以瑞金市为代表的“代运代投代办”模式，有15个县市通过多形式开展“快邮合作”。指导企业探索快递下乡新模式，有设点直营、加盟代理、组团合作经营、快邮合作等多种模式。全市快递网点覆盖283个乡镇，实现乡镇覆盖率100%。鼓励、引导相关企业不断加大智能快件箱的投放力度，全市所有智能包裹柜累计存取包裹近30余万件。仅“速递易”公司就在中心城区、南康区、赣县区等400多个小区安装440余组智能快递箱，邮政企业在全市共布放邮政智能包裹柜64组。

【服务现代农业】 坚持项目推动，以打造“快递＋农特产品”扶贫项目为抓手，精准发力，持续推动，邮政快递服务现代农业取得切实成效，打造出“快递＋脐橙”“快递＋手工农产品”“快递＋蔬菜”等重点项目。瑞金市建立全国首个农村地区电商快递服务体系战略合作范例，通过“电商＋基地＋合作社＋贫困户”“邮乐购＋合作社＋贫困户”等模式，成立廖奶奶咸鸭蛋专业合作社，采取产前赊售鸭种苗、产中提供技术指导、产后收购产品的方式，发展23户贫困户加入合作社，平均每户年实现收益1万元左右，让廖奶奶咸鸭蛋红俏全国。“快递＋脐橙”项目深入实施，通过脐橙电商平台和便捷的物流快递服务，为赣南脐橙带经销商、提升南脐橙的产品价格、带动当地就业。全年赣州脐橙线上销售量26.59万吨，增长59.76%；销售额27.29亿元，增长52.95%。全市脐橙快递业务量达567多万件，快递企业共寄递脐橙5.67万吨，直接支撑脐橙产值7.94亿元，占线上销售额的29.1%。

【寄递行业安全联合管控】 加强与市委政法委、综治、公安、国安等部门的密切联系和工作互动，充分发挥赣州市寄递渠道安全管理领导小组、赣州市寄递渠道治安管理协调小组的作用，加强在寄递安全管理、寄递渠道治安防控体系建设上的联动，强化对全市寄递渠道安全管理的组织领导。会同相关部门对寄递安全管理工作同安排部署、同执法检查，从源头上防范利用寄递渠道实施违法犯罪活动。邮件安全管理工作成为市综治委对县(市、区)社会治安综合治理工作暨平安赣州建设目标管理考核指标体系。7月，开始在中心城区试点应用信息化手段抓收寄验视实名收寄管理，总体情况较为良好，收寄验视实名登记制度得到广泛认同，据江西省邮政管理局委托第三方在全省做的收寄验视实名收寄测试结果显示，收寄验视实名收寄率排名全省第一。12月30日，在全省寄递物流“三个100%”制度贯彻落实工作会上，赣州市作经验介绍，得到省多个部门领导认同。

【行政执法监督】 加大对快递企业经营的监督检查力度，制止各种违法违规经营行为。市邮政管理局多次开展市场准入、服务质量、寄递渠道安全等各类专项行动，共出动执法检查618人次，立案查处各类违法案件22起。全市邮政业未发生重大安全生产责任事故，快递服务质量稳步提升，维护全市寄递渠道的安全、平稳、畅通。

(撰稿　董显平　审稿　叶旺城)

【领导名单】

党组书记、局长：钟佩芳(女)

邮政经营

【概况】 2016年，中国邮政集团公司赣州市分公司加快现代化邮政发展步伐，主动融入地方经济发展，服务百姓生产生活，不断提高经营和服务水平，切实保障普遍服务和特殊服务质量，更好地满足社会多元化、多层次的用邮需求，为赣南苏区振兴发展做出贡献。公司开通各类邮路专线84条，单程总长度11899千米，直通全市所有县及乡镇。在城市主干道设立报刊亭125个，布放居民个人信报箱8.45万个，开通便民服务站1871个、邮乐站点及脱贫站点1916个。全市邮政业务收入实现7.3亿元，增长13.7%；完成省分公司高包预算的108.8%，收入占全省比重19.94%。收入、收支差规模继续保持全省第一，收入利润率列全省第二。

中国邮政集团公司赣州市分公司共下辖17个县(市、区)分公司，以及1个章贡(黄金)分局，有从业人员2284人。全市共开设自办邮政支局(所)255个，其中邮政储蓄网点239个。设立邮政代办点120个。

【专业经营】 农村电商。全面搭建符合赣南区域特色、契合精准扶贫需求的农村电商体系，扎实推进、成效明显、广泛出彩。重点打造瑞金“华屋蔬菜配送”“廖奶奶咸鸭蛋”“功橙赣南”等品牌，其中瑞金“华屋蔬菜配送项目”得到国务院总理李克强的高度肯定。全年实现电商专业收入4082万元，增长13.9%。全市建成邮乐赣州馆1个，县级运营中心17个，脱贫站点460个，商超站点2114个。累计上线农副产品600余款，带动农民创收1600万元，带动快包37万件。

金融业务。推进以“一点一策”为核心的网点转型，推动金融发展迈上新台阶，顺利实现全省“双两百亿”工程目标。金融收入完成5.38亿元，增长14.7%。全年净增金融高效资产70.46亿元，增加13亿元。其中，储蓄余额净增46.14亿元，增加23.4亿元；中邮期交7780万元，规模列全省第一。余额市场占有率12.4%，较年初提升0.27个百分点。

包裹快递业务。持续从网运、投递、客服、资费优惠等方面激发内生动力、提升客户体验，在实现规模发展的同时，更树立邮政快递新形象。企业包快收入完成5090万元，增长148.6%。全年揽收包快455.4万件，增长229%，顺利完成认标目标，进度列全省第二。市场占有率12.6%，提高7.72个百分点。

三大品牌项目。函件业务突出项目创新、主打文化牌，亮点纷呈，实现业务收入1968万元，完成省分公司计划的109%。跨年度封片报审1535万元，增长46.5%。创新开发5个百万级联动项目，收入突破700万元，居全省首位。集邮业务主攻项目、邮展牵引，效益实现攀升，业务收入完成2363万元。成功举办《中国工农红军长征胜利80周年》纪念邮票首发式，带动收入187万元。常态化开展节日集邮文化巡展，销售400余万元。全年开发《壮丽史诗》《橙赣图》等定向邮品16款。新邮预订项目完成比列全省第一。报刊业务再攀高峰，业务收入完成3245万元，顺利完成任务。全年报刊流转额1.043亿元，成为全省唯一过亿元的设区市。县域邮政各展所长。5个省直管县收入规模占全市的43%，提高5.5个百分点。会昌、全南等部分中小县增幅远高于全市平均水平。深入开展“双创”工作，全市8个项目获省分公司首届总经理“两个百万”创新基金奖励。

【企业管理】 损益核算。全面开展金融网点损益核算，下放“四权”点燃发展激情，实现员工收入与网点收益的同步增长。全市金融网点点均收入增长16.6%；点均利润增长12.3%；网点人均收益增幅达到20%。

财务管理。成立14个县级账务中心，深化损益核算成果分析运用，实现由核算型财务向管理型财务的转型。通过“效益管控”和“成本倒逼”方式，激活县分公司经营配置能力，提高县域邮政能力建设和业务发展投入的积极性。

人力资源。组建金融稽查队伍，配齐配强财富中心团队，公开招录电商人才等61名，探索邮件运输投递处理、后勤服务等岗位业务外包模式，运用市场化机制较好地解决用工需求。创新育人选人机制，支撑企业转型发展。公开选聘8名县分公司农村电商发展带头人，聘任39名专业人才。

安全服务。常态化开展安全服务质量检查，实现企业整体平安稳定。确保全国“两会”、G20峰会、互联网大会等重大会议期间的邮件寄递安全。年内用户满意度民意调查得87.41分，列全省第一。

信息化建设。运用信息化手段，开展“互联网+”探索，实现“广场舞大赛”“金融誓师大会”现场直播互动。技术支撑取得新突破，开发社会快递下乡系统，完善赣州邮政微信公众号功能模块，实现金融到期数据自动分析功能。

【经营发展】 综合平台建设。累计投入建设资金8000余万元，启动各类建设项目68个，持续提升企业服务形象与发展后劲。其中，建设农村电商运营及仓储配送中心11个，包快营揽投旗舰店5个，金融网点改造18个。

投递网运行。新增“双改善”投递部107个，投放智能包裹柜68组、投递汽车33辆，建成农村电商综合快递服务中心28个，代投社会快递邮件35万件。全市投递运行质量指标明显提升。

邮运网业务。实施“网络引领”战略，建成启用瑞金集散中心，升级市县传输设备，改造6个邮件处理场地，网运处理能力得到大幅提升；陆续开通赣州至广州、杭州、南京一级干线邮路，经受“双十一”“双十二”高峰的考验，在脐橙寄递业务上成功实现“弯道超车”，为寄递翼腾飞奠定坚实的基础。

【幸福邮政】 全面落实“为员工办实事9项承诺”，并实现员工重大疾病保险和意外伤害险的全覆盖。合同工、劳务用工人均收益均超出3年规划预期，其中基层网点员工收益增幅明显高于平均水平。“双改善”惠及基层。全面提升“职工小家”建设，重点升级改造网点生活区，设置活动室、购置乒乓球台、动感单车等健身器材。支持有条件的网点自建小菜园、小果园等。扩大用餐补助范围，使其惠及分拣投递等岗位。市分公司、会昌公司、瑞金公司获省分公司2016年“双改善”先进单位。

（撰稿 曾巧云 审稿 袁伟红）

【领导名单】
党委书记、总经理：熊先仁
党委委员、副总经理：樊金龙
　　　　　　　　　　范红球
党委委员、副总经理、纪委书记、
　工会主席：谢尚秉
党委委员、副总经理：肖　翔

电信

【概况】 2016年，中国电信赣州分公司围绕“六大攻坚战”，充分发挥综合信息服务优势和信息化建设主力军作用，全面助推全市信息通信发展，圆满完成上级下达的各项工作任务。

【经营发展】 全年主营收入预算完成100.05%，列全省第三。三大主要指标均排全省前列：2016年移动净增完成排名全省第一、宽带净增完成排名全省第二、天翼高清净增完成排名全省第二。规模发展取得“双突破”：实现移动用户规模突破百万户、宽带HITV用户规模突破百万户。

【网络能力】 公司围绕“宽带精品网”“移动精品网”，全力推进网络能力建设。在移动网络建设上，连续2年保质保量完成移动建设任务，至年底，全市4G宏基站总数达到2320个，室分达到780套。城区和县城的移动覆盖率达97%以上。在宽带精品网建设上，严格按照市委市政府和上级公司“光网城市”建设要求，着力打造全光网。先后启动南门端局退网冲刺、630光改冲刺及810光改扫尾等3次大型专项活动，全年共完成非光用户迁移19.5万户，全市整体光用户占比由年初的65%提升到96.32%，农村区域的光用户占比由年初的47.13%提升到91.83%，全市行政村光覆盖率达到92.19%。在服务质量提升方面，落实省公司“880”服务承诺、“倒三角支撑”等举措，通过提升支撑管控部门面向一线的服务、提升客户接触点面向客户的服务，服务水平进一步提高。

【信息化】 助推“互联网+”行动取得硕果。率先向市委市政府提交助力互联网+行动、发展云计算、大数据的建议。成立产业联盟，夯实资源能力，全力支撑全市互联网+行动方案。配合市委市政府推进互联网+智慧城市，重点聚焦综治网格化、电子政务等重点行业应用，其中综治网格信息化建设成为全省标杆，得到中央政法委的高度赞誉并强调快速学习复制。响应平安城市建设要求，参与全市“天网工程”建设，全年签约中心城区、赣县、于都等7个县(市、区)的“天网工程”，全年参与建设和改造天网监控点7000余个。

【基础管理】 推进划小承包，掀起员工创业热潮，在县公司成立商客营业部、校园营业部、核心商圈营业部，激发企业活力。坚持实施“增收、健康、快乐、幸福”关心关爱员工“四大行动”，着力打造“争先、正向、担当、激情、执行”的赣州电信“五个文化”，培养出一支有凝聚力和战斗力的员工队伍。

（撰稿　陈继华　审稿　李　军）

【领导名单】

党委书记、总经理：曹年生

副总经理、纪委书记：黄伟平

副总经理、工会主席：李　伟

副总经理：罗九发

高级督导：罗诗都

督导：黎庆仁

移动通信

【概况】 2016年，中国移动通信集团江西有限公司赣州分公司按照年初制定的“一二三四”总体工作思路，主动顺应竞争发展新常态，坚持党建和经营共同发展，各项工作取得良好成效。市场规模实现新突破、业务发展打造新曲线、网络能力锻造新优势、精细规范创造新动力、卓越团队打造新聚力、党建夯实基础实现新常态。

公司内设“六部七中心两室”，即综合部、人力资源部、党群工作部、财务部、市场经营部、网络部、集团客户运营中心、渠道运营管理中心、网络服务中心、网络优化中心、工程建设中心、物流中心、离退休服务中心、监察室、第二枢纽楼办公室；下设19个县(市、区)分公司。2016年年底，赣州公司员工1915人，大专及以上学历占82%，35岁以下员工占61%。

【建设与维护】 全年完成固定资产创历史新高，4G基站数突破1万个，实现100%行政村覆盖。家庭宽带接入能力达到146万个，满足全网用户100M接入需求，推动宽带赣州建设，提升赣州宽带用户普及率。

【市场经营】 运营收入增幅15.18%，其中累计流量收入增幅16.17%，上缴税收8500余万元，纳税持续全市前列；有线宽带用户新增数提升42%，互联网电视用户新增数提升20%；率先开通VoLTE高清语音和视频服务；打造本土移动互联网入口产品“和我信”，用户突破260万户；联合行业商户开展年货节、“五一”“六一”及端午等商盟个性化活动；打通民生水电线上缴费通道，在“和我信”生活服务界面新增看视频送流量、生活理财、油卡充值等新功能。

【“互联网+”行动】 发挥行业领头羊作用，扎实推进“互联网+”行动计划和“宽带中国”工程，推动经济提质增效和转型升级。推进“互联网+农业、互联网+工业、互联网+教育、互联网+服务、互联网+企业”等重点领域，推动互联网向经济社会各领域的加速渗透和融合创新。基于移动海量数据，推出赣州蓝色经济指数等大数据分析报告，为各行各业提供全面的数据支撑和科学决策服务，成为经济社会发展的新引擎。推进精准扶贫、智慧社区等一批在全省有影响的标杆项目建设，助力全市智慧城市发展。开展总经理接待日、“流程穿越”等便民信息化服务，不断提升服务满意度；拓展移动商盟，让群众提供丰富、便捷、高效的移动互联网新生活。

【服务民生】 加快实施宽带“提速降费”，推出流量降费8项举措，免费为宽带用户提速到20兆以上。加强网络与信息安全保障体系建设，深入推进“垃圾短彩信”治理，开展打击“伪基站”、恶意软件等专项整治活动，严格推进实名制工作落地，全网用户实名制达到100%，打造安全、和谐、绿色的网络环境，助力全国文明城市创建。为全市创造近2万个工作岗位，带动一批就业人口。投身到抗洪抢险、抗击寒潮等通信保障中，公司全年派出人员6300人次、应急通信车70辆次、发电油机360台次进行通信修复和通信保障。

【服务主攻工业】 主动融入地方经济发展，全力投身“主攻工业、三年翻番”发展战略。在网络保障方面，全市工业园区均覆盖4G网络，有线宽带提速可达100兆，对工业园区的所有网络投诉，参照VIP投诉要求予以管理。在客户服务方面，对工业园区企业提供“专属客户经理”服务，配置3—5人属地化管理，每个园区设立专属服务营业厅，厅店免费提供“无线Wi-Fi、移动宽带及HITV体验、手机下载”等贴心服务。在产品惠民支撑方面，打造“工业园区惠民网”，网内成员在园区内圈定的基站下通话全免费；对专线、IDC机房主机托管等企业信息化产品给予优惠。在信息化支撑方面。打造智慧园区、中小企业服务云平台、务工易平台等信息化平台，着力打造智能化的园区管理和智慧化的企业服务；打造工业4.0的示范企业，加快重点行业生产设备的智能化改造，大力推进“互联网+”协同制造。

【精准扶贫】 派出精干力量常驻良村镇岭下村，全面参与岭下村各项工作。推进宽带进村入户建设。完成岭下村100兆光纤宽带进村项目，覆盖全村85%以上的居民；开展走访慰问贫困户活动，先后为13户贫困户送上粮油等物资；联系专家先后3次组织贫困户召开技术培训会，通过电商等平台为贫困户联系销路；针对部分村组山高林密、移动信号不稳的问题，大力建设移动基站，确保移动信号覆盖。

（撰稿　廖林玮　审稿　李文宏）

【领导名单】

总经理：杜学东

副总经理：江勋华　万　鹏

朱建军　周仲波

联合通信

【概况】 2016年，中国联合网络通信有限公司赣州市分公司紧盯实现收入改善和利润贡献的目标，攻坚克难，全力以赴推动各方面工作实现新突破。公司总资产超过13亿元，主营业务收入3.6亿元。在网移动用户数约80万户，固话/宽带用户数约20万户；并在全市建成自有营业厅20个，合作厅1310个，业务代办点150个，乡镇营业网点覆盖率100%，村级营业网点覆盖率85%；公司拥有通信线路2.2万千米，有GSM移动通信基站2649个，3G通信基站2657个，4G基站1466个，覆盖赣州市所有城区、交通干线、风景区以及376个主要乡镇，村庄实现3G网络全覆盖，极大地满足全市人民的通信需求。

赣州联通有员工总数583人，其中研究生以上学历17人、大学本科学历251人、大学专科学历239人。公司内设销售事业部、客户服务部、集团客户事业部、运维部、网建部、信息化服务中心、综合部、财务部、人力资源部、党群部、纪检监察室等11个市分职能部门。全市75个自主经营体，其中市区营销中心4个、县城营销中心23个、乡镇营销中心23个、市分集团行业团队8个、县分集团行业团队17个。

【基础设施】 至12月31日，4G网络建设项目完成投资8949万元，共建设4G基站1348个。其中新增覆盖行政村1850个，行政村4G覆盖率达到69.4%；其中新增覆盖贫困村464个，贫困村覆盖率达到66.3%，年内脱贫的163个贫困村全覆盖。光宽带覆盖和宽带提速项目完成投资1091万元，其中新增光宽带覆盖行政村363个，其中新增覆盖贫困村64个，年内脱贫的163个贫困村覆盖55个。

【主攻工业】 建设投资。以加大网络建设投资为手段。2017—2019年网络建设滚动规划编制3年总投资10亿元。至2019年，赣州联通基站人口覆盖率将由现网的77.2%提升到96%，联通基站覆盖面积由1.98万平方千米提升到3万多平方千米。确保基站、专线、宽带及核心机房等网络基础设施建设覆盖所有工业企业，对开发区、工业园、工业企业集中区域等重点区域进行重点覆盖，推动新型工业化。

产品服务。以满足工业企业通信需求为目标。保证全市工业企业通信信号全覆盖，提供高速宽带互联网上网服务。加大对工业园区重点目标和当地厂矿、制造业企业等重点工业企业专线、宽带和商务机、务工卡的发展，落实资费优惠，强化对工业企业、员工的信息化支撑和通信支撑。通过云计算、大数据、移动互联网与现代工业的结合，提升生产效率、营销效率，从而实现企业效益。

支撑保障。以做好工业产业活动通信保障为使命。通过密集测试、扩容、参数优化及配合网建紧急加站等形式强化通信保障，提升高负荷情况下用户感知。加大人力财力和设备设施投入，加强网络巡查和优化升级，全力做好全市工业产业经济活动通信保障工作。

【精准扶贫】 网络。完善乡村通信网络，助力信息致富。快速推进贫困地区、农村地区的网络建设，不断完善村一级通信覆盖，使信息传播渠道更加畅通，村民打电话、上网更加方便、快速、优质，助力乡亲们信息致富。至12月，宽带覆盖266个乡镇，4G网络覆盖行政村832个，移动网络覆盖乡村总人口占比达到69%以上。规划3年内行政村覆盖达到3270个，覆盖农村人口占比达到90%以上。产品。推广专业化智慧农业产品，支持农村电商。针对不同目标市场开发推广专业化智慧农业产品，联手农业部门、现代农业园基地或种植专业户助力打造“菜篮子”工程。通过整合移动信息化优势，将传统的果蔬生产统一到数字化平台，实现调度控制一体化、自动化。

应用。研发“雨露百事通”手机应用。响应扶贫国策，实施惠民扶贫的“雨露计划”重点项目，出资2000余万元并投入大量人力财力精心设计和优化，开发“雨露百事通”手机应用。充分利用现代信息技术，提高“雨露计划”和移民培训管理服务水平，为扶贫工作人员、贫困群众简化办事流程和资讯交流共享提供极大便利，为四类贫困人口增加就业发展机会和提高劳动收入，帮助贫困群众脱贫致富。

产品。推出“雨露”系列专属优惠产品。为“雨露计划”专门设计雨露专属产品：雨露百事通功能包、雨露计划幸福卡、雨露特价礼包机。其中扶贫用户重点产品“雨露百事通功能包”，每月只需2.5元就可享受实际价值400元的产品包：1G流量、3000条短信、200分钟省内通话、300分钟村内通话。安排1530场宣传培训活动，帮扶全市所有扶贫户熟悉使用“雨露计划”APP，申请扶贫计划，享受扶贫政策。

【智慧城市】 旅游。用“智慧”给旅游城市的名片增色添彩。加强对全市各风景名胜景点通信网络覆盖，在酒店、饭店推广无线网络服务，加强与智慧旅游手机应用合作，深化智慧交通服务，推进现代化智慧旅游城市建设，促进招商引资和旅游消费，拉动经济增长。联通3/4G网络主要覆盖AAAAA级景区1个，AAAA级景区10个，AAA级景区7个，AAA级以下景区7个，其余景区完成3G覆盖；联通高速Wi-Fi覆盖全市50多家酒店宾馆。

教育。联通“班班通”取得良好成效，教育资源公共服务平台与“班班通”设备的“无缝对接”，全省教师可以通过该应用与学生、家长互动沟通，实现网络教学与课堂教学结合。率先在宁都县进行“班班通”教育信息化项目试点，宁都全县中小学校教室均安装“班班通”多媒体教学设备，为教育信息化奠定坚实基础。至年底，宁都县有7所学校222个班级接入教育资源云平台，共享全国名师名校优质教育资源。教师利用备授课资源平台，插入情景动画、图片、音视频等资料编制个性化教案，使授课得更加形象、生动、高效。宁都县有13527名学生享受智慧教育成果。在县教育部门推动下，宁都县启动30所智慧校园示范校建设，通过“众筹”的方式，把优质的教育资源送到最需要帮助的贫困乡村的村小、教学点，让教育信息化率先惠及贫困地区学校。

农业。建设好村级信息服务社，

服务带动农业新型主体和千万农民，帮助农民加大果品销量转型力度，节约农民购销成本，提高购销效率，不断加快脱贫致富步伐。成立省联通农业团队、市联通重点行业团队，联通在瑞金、信丰、宁都等县(市)形成合计投资达350万的智慧农业示范基地，进行推广普及。

电商。赣州联通与“淘实惠”等电商平台对接，通过合作构建成熟完善的农产品电子商务营销体系，促进农产品商品化，加快农产品销售，拉动农村消费，繁荣农村市场，带动农民创业就业，促进农民增收致富，形成彰显特色的农产品电商模式。为赣州总部经济大楼的脐橙电子交易平台等农村电商企业，提供标准的电信级专业IDC主机大数据机房托管业务；为赣州飞天电子产业园、标点电商、海博农业、善融电子、乡土网、土购网等各大农村电商企业，提供优惠高速的宽带上网、三网合一的沃流量宝及一信通等企业推广神器；向“梦想橙真”电子商务有限公司、会昌县电商园和安远县电子商务孵化园等进行推介，石城电商园项目(57.7万元)落地。

其他行业。完善智慧应用体系，全方位打造“数字赣州”。充分发挥行业优势，利用网络技术的先进性、终端多样性、市场成熟度等特点，在三大领域、八大行业形成一整套重点应用体系。通过政府移动办公、数字执法、监控定位、交通车务等行业应用项目，全方位为全市政务(“电子政务”)、住房(“平安工地”)、交通(“智慧交通”)、警务(“数字执法”)、企业(“幸福工厂”)等领域的信息化建设提供技术支撑和通信保障，提升全市精细化管理水平。

(撰稿 李骏 廖康 审稿 肖祝元)

【领导名单】

总经理：黄　玮

党委书记：肖祝元

副总经理：罗　隽(4月免)

王景行(4月任)

总经理助理：温小华

铁塔通信

【概况】 2016年，中国铁塔股份有限公司赣州市公司贯彻落实总部创业战略，按照省公司“运营维护年”各项工作要求，以“三个有利于——做到了、知道了、认可了”作为工作的出发点和落脚点，广大干部员工团结一心，求真务实，忘我奉献，攻坚克难，扎实推进各项重点工作，多项重要经营指标排名全省前列，呈现稳健的发展势头。

年内，公司党委、纪委、工会等党群组织全部成立，在18个县(区、市)设立办事处，资产规模达到16亿元，拥有基站12054个，员工68人，全面承接全市通信基站和室内分布系统的建设、维护和运营。

【通信基站建设】 围绕市委市政府“打好基础设施建设攻坚战”目标，着力提升全市无线通信网络优质覆盖水平，夯实加快发展支撑。分公司全年累计投资4.1亿元，建设通信基站3867个，室分面积192万平方米，有力支撑全市城区、乡镇及行政村的4G网络覆盖，提升全市4G网络覆盖和信息化水平。通过大力推进铁塔、机房共建共享，深挖共享潜力，赣州市全市共减少2018个站址的重复建设，为行业节省投资约3亿元，节约土地4.13公顷。解决长期疑难硬骨头站点126个，其中城区79个，推动4G网络信号深度覆盖，为全市“智慧城市”建设发展提供有力支撑。

【通信网络保障】 至年底，分公司承接维护全市通信基站12054个，创新搭建“四位一体”维护体系，推行铁塔公司与代维单位和主要合作厂商的办公融合、职责融合、管理融合、调度融合，实现资源集中管控，工作集中调度，维护集中响应，各项维护指标全部达标。公司投入4522万元，对全市9756个基站完成动环监控安装，对存量铁塔的2967处铁塔、机房、市电、蓄电池、空调等隐患进行有序整治，夯实保障基础。全年分公司圆满完成汛期、“尼伯特”台风、“鲇鱼”台风、“海马”台风、全国精准扶贫会议及其他重要时点应急通信保障，共保障有停电站址8015个、发电3209次，出动人员2088人次、出动车辆939辆次、油机2772台次，有效支撑全市网络正常运行。

【带动地方就业】 铁塔公司组织机构扁平化，管理集约，机构人员精简，公司强化与赣州市当地施工企业的沟通合作，充分调动合作单位的工作能动性，实现公司发展与促进就业的双赢。年内，与土建施工、市电施工、地网施工、杆塔施工、设备安装、代维管理及隐患整治等本土企业合作，累计提供4190余个就业岗位，带动本土企业发展壮大，促进本地工人创收。服务全市“主攻工业”战略，公司项目建设中的材料优先与本地企业合作，其中馈线材料全部采购深圳金信诺高新技术股份有限公司赣州分厂，大力支持本地工业企业发展。

【支撑重点工程】 服务振兴发展目标，加快铁路和高速公路沿线及农村的通信基站建设，在赣龙铁路、宁定高速、昌宁高速等沿线完成291个塔类项目建设以及40.8万平方米的室分项目建设，实现全市主要铁路、高速公路沿线无线信号全覆盖。推进“宽带乡村”工程，完成242个项目建设，提升偏远山区4G信号覆盖水平，为电子商务进农村夯实基础。推动电信1800M、联通LTE 2期、3期工程，优化城区网络覆盖水平，助力“光网城市”建设。服务“脱贫攻坚战”，优先租用贫困户房屋建设通信机房，优先征用贫困户土地建设通信铁塔，为贫困户提供长期租金收入支持。服务新型城镇化攻坚战，充分发挥铁塔资源规模大、分布广的优势，面向公共服务拓展承载领域，探索铁塔资源在公安专网、广电专网、林业监控专网、水利监测、电力专网、智慧城市Wi-Fi热点等多领域开发利用，支撑赣州市政府公共服务的开展。

【基站建设规划】 根据《江西住建厅、

通管局 关于开展全省城市通信基础设施专项规划的通知》精神，公司主动与市城乡规划局对接，服务全市城市品质提升。与市城乡规划局、市共建共享办及3家电信企业，联合成立通信基站专项规划编制工作小组，顺利完成所有区县专项规划送审资料和13区县的方案初审。专项规划建成后，近期（2016—2020年）规划新增1919个基站，中远期（2020—2030年）新增1373个基站，全市区县中心城区基站数达到7929个，可有效覆盖2030年年末城市规划面积813.98平方千米，满足1023万城市人口的通信需求。

（撰稿　邱永生　审稿　肖鑫平）

【领导名单】

总经理：刘长忠

副总经理：凌　全

总经理助理：黄小亭（5月任）

无线电管理

【概况】　2016年，无线电管理工作按照“三管理、三服务、一突出”的总体要求，主动融入经济社会发展大局，较好地完成全年各项工作任务。全年受理无线电台（站）设置审批的行政许可5件，办结5件，审批台站2626个，核发电台执照2626张。至12月，全市共有各类无线电台站22194个，其中蜂窝基站19430个，GSM-R基站80个，GSM-R直放站72个；无线接入基站19个；双向卫星地球站29个，微波站16个，雷达4个；广播电视（差转、村村响广播、校园广播、数字电视）142个，防汛预警广播80个；高频电台1个，甚高频电台2188个（含公安集群系统对讲机）；无线数据电台133个；业余电台90个。

【无线电台站管理】　开展无线电频谱使用评估专项活动。根据国家、省无线电办公室的要求，5—9月，在全市范围内组织开展无线电频谱使用专项活动，逐台核查全市18个卫星地球站地球站的各种参数，启用固定监测站11个，启动移动站1个，派出人员36人次，移动数据采集县（市、区）18个，行程2800余千米，采集时间960小时，完成25个频段频谱数据分析和评估报告。

开展打击治理“黑广播”、伪基站违法犯罪专项行动。启用11个固定监测站，累计监测87—108兆赫兹频段366小时。全年发现“黑广播”信号18个，查处“黑广播”16起，移交公安部门处理10起，移交工商行政管理部门处理3起，没收“黑广播”设备3套，营造对“黑广播”露头就打的工作氛围，打击治理专项行动取得显著成效。全年协助公安查处“伪基站”2起，出具“伪基站”设备鉴定意见2份。

打击整治非法使用信号屏蔽设备。与市公安局、市国家安全局、市国家保密局、市工商行政管理局、市质监局和市教育局开展联合执法9次，立案9起，没收设备12套，罚款4000元。取缔其他非法设台，全年查处其他非法设台4起，没收设备4套，罚款6000元。

【无线电监测】　全年新增9个小型站，并入现有无线电监测网，实现全市18个县（市、区）无线电监测网的全覆盖。全年开展常规、专项和特殊监测，共完成各类无线电监测累计时长约1640小时。

开展日常、专项和特殊无线电监测。每工作日按照监测计划在控制中心分别对民航、广播、铁路、防火、防汛抗旱、公安消防频段开展保护性监测，完成国家下达的13个频段的超短波频谱监测任务，并做好占用度统计、分析、上报工作。编写无线电监测统计月报12期。在防汛、森林防火重要期间，派出工作人员到市防汛办、市防火办和峰山等地对无线电通信设备进行调试和维护，指导设台单位正确使用，每月定期在野外开展防汛和防火频段的保护性监测，确保设备运行正常。在重要节假日期间，分别在机场、导航台、火车站开展航空、列车调度频点的保护性监测，确保无线电通信安全畅通。

重要时间节点，启动24小时监测值班。7月8日，收到赣州导航台关于地空管制频率121.5兆赫兹受到不明干扰的投诉，7月13日，先后在赣州导航台、赣州852台、赣州峰山电视台监测发现，在该频率上能监听到频率为101.9兆赫兹的微弱广播声音，责令赣州852台及时采取相关技术措施予以消除，切实保障航空无线电专用频率的使用安全。

做好卫星频段保护性监测。“天通一号”卫星自8月6日升空以来，40余个波束（占比40%）收到不明信号干扰。接到上级通知后，先后调用11个固定站对1980—2010兆赫兹频段进行不间断监测，累计监测时长约300小时，经过分析频谱图和频段占用度日报表，在该频段上尚未发现有不明信号。

做好各种国家级考试的无线电安全保障工作。先后参加公务员、卫生资格、普通高考、建造师、司法等13次各类考试期间的无线电安全保障工作，出动监测车辆26台次，派出保障人员53人次，监测时长186小时，保障考点93个，发现可疑作弊信号9个，压制阻断5个，查处4个，查获作弊团伙4个，均移交公安部门进行处理。

【排除无线电干扰】　全年开展行政执法69次，出动人员218人次，立案41起，结案41起，其中移交公安部门处理10起，移交工商行政管理部门3起，出具“伪基站”鉴定意见2份，没收违规设备21台（套），行政罚款16000元。协调处理屏蔽器10起，没收设备12套，罚款4000元；协调处理卫星电视干扰器2起，没收设备1套，罚款1000元；没收未经型号核准的无线电发射设备1台，罚款5000元；查处作弊案件3起，移交公安部门处理3起，协调处理“伪基站”2起，移交公安部门处理3起；查处其他非法设台4起，没收设备4套，罚款5000元。

（撰稿　胡益禄　审稿　李国根）

【领导名单】

局长：李国根

副局长：胡益禄

（本栏编辑　赖建明）

商　贸

商　务

【概况】 2016年，全市商务系统围绕打好“六大攻坚战”，解放思想，内外兼修、北上南下，各项工作取得较好成效。全市实际利用外资总额15.15亿美元，增长10.6%。其中，现汇进资1.38亿美元，增长7.55%，现汇比重9.13%；省外2000万元以上项目实际进资676.75亿元，增长12.74%。全市外贸进出口总额271.04亿元，增长5.09%。其中，出口223.54亿元，增长6.20%。全市社会消费品零售总额790.24亿元，增长11.5%。电子商务交易额完成313.5亿元，增长41.66%。

【招商引资】 创新方式方法，重点抓好节会招商，突出招大引强，加快推进项目落地，招商引资成效明显。全力抓好节会招商。组织参加“赣港会”“98厦门会”“绿发会”等重大经贸活动，重点推介全市新能源汽车、现代家居、钨和稀土及其应用、电子信息、生物制药以及文化旅游等产业，共签约外资项目25个，总投资24.51亿美元；签约内资项目209个，总投资894.08亿元。组织开展“百日招商活动”。市、县领导带头外出走访、对接客商，洽谈推进项目。活动期间全市共外出开展招商推介会58场(次)，共洽谈项目846个，开工项目191个，投产项目102个。突出招大引强。采取委托代理招商、驻点招商、小分队招商等形式，紧盯世界500强和跨国公司、国内500强、央企和知名民企，成功引进五株科技，台湾昶淯等一批规模大、成长性好的投资项目。加快推进项目落地。深入推进项目落地年活动，对新引进项目落实跟踪问效机制，强化定期调度、通报与督查，协调解决实际问题，注重引资实效，确保引得进、落得下。全年新签约内外资项目注册率、开工率、进资率和投产率全面完成年初下达目标任务，列入省重点调度的20个签约项目，全部完成注册、进资并开工建设。

【利用外资及中国港澳台资】 全市利用外资持续增长，投资领域进一步拓展。全市外商投资新设立企业68家，下降34.62%；新批合同外资8.09亿美元，下降6.06%，累计合同外资金额(含增资项目)14.66亿美元，增长8.13%。外资企业增资扩股保持稳定增长。2016年，共有85家企业增资扩股，累计合同外资7.51亿美元，增长49.94%，占全市合同外资额51.23%。二产项目利用外资占主导地位。全年引进二产项目45个，合同外资10.98亿美元，实际使用外资10.61亿美元，分别占全市项目个数、合同外资总额、实际使用外资的66.18%、74.88%和70.04%，主要集中在纺织业、电子电器制造业。主要投资来源中国港澳台地区。年内，中国港澳台地区合同资金额和实际使用资金达到14.21亿美元、14.82亿美元，分别占比96.93%、97.81%。

【对外及中国港澳台地区贸易】 全年全市一般贸易出口160.17亿元，增长7.24%；加工贸易出口63.36亿元，增长3.53%。外贸经营者队伍不断扩大。至年末，全市取得进出口备案登记企业共有2219家，其中2016年新增备案登记企业305家。全市贸易往来通达178个国家和地区，其中对美国、中国香港、日本、韩国和马来西亚等居出口市场前列，分别占全市出口比重的27.52%、19.71%、4.82%、4.02%和3.88%。进口以中国台湾和刚果(金)为主，分别占全市比重的34.62%和18.32%。2016年，生产型企业出口保持稳定，实现出口156.92亿元，增长6.02%，占全市出口总额的70.2%，生产型企业出口占比居全省前列。出口产品结构持续改善。钨和稀土类出口缓慢回升，电子信息、家具等特色产业出口持续扩大。全年全市钨和稀土出口2.02亿美元，减少7192.83万美元，下降26.27%，占全市比重5.95%。电子信息产业出口2.8亿美元，占全市出口比重达8.25%。家具产品出口3.42亿美元，占全市出口比重10.09%。全市家具产业出口22.55亿元，增长30.04%。

【对外经济技术合作】 实施“走出去”战略，效果明显。至年底，全市对外投资企业有33家，其中年内新增对外投资企业13家，增长160%，全年实际对外投资总额1688万美元。对外投资主要有马达加斯加、德国等16个国家和地区。投资领域有钨、稀土、轻纺等。对外承包工程和对外劳务合作有序发展。赣州亿通对外经济技术合作有限公司有在日劳务人员44名，新签合同45人，合同额为2.02亿日元(0.11亿元)。

【国内贸易】 市场体系。商业网点布局更趋合理。《赣州市城市商业网点规划(2006—2020)》纳入《赣州中心城市公共服务设施专项规划》。便利店成效进一步增强，丰富中心城区“菜篮子”工程建设内容，完善中心城区便民服务网络。全年开业蔬菜便利店65家，超额完成全年建设任务，共解决380个住宅小区、19万余户居民买菜难问题。年内争取省级县乡农贸市场建设改造项目13个，补助资金565万元，支持赣县、宁都、于都、会昌、寻乌、南康、上犹、崇义、龙南、信丰10个县(区) 9个城区、3个乡镇农贸市场建设改造。

商贸流通。物流现代化建设加快，集中推进赣南脐橙、南康家具、城市共同配送等3个重点物流产业集群建设。全省首家城市共同配送试点项目顺利验收，初步建立全市城市共同配送的架构体系，提升城市共同配送的集约化水平。南康家具物流产业集群标准化建设步伐加快，共制定物流服务标准158个，标准覆盖率达到90%以上，物流效率显著提高，物流成本下降30%以上、各类货物货款纠纷事件降低50%以上。组织全市成品油经营企业年检工作。全市共有成品油零售经营企业476家，其中加油站457座。全市成品油销售量181.5万吨，增长42.15%。其中，汽油85.89万吨，增长88.07%；柴油95.61万吨，增长16.55%；总销售收入109.4亿元。全市11部门联合组成检查小组开展系列专项整治行动，加强成品油市场监管，维护全市成品油市场秩序。大力发展家政服务市场，推动“互联网＋社区服务”发展，为社区建立独立的业主服务商城及线下服务中心，在全省首创社区服务“国民第二保障计划”。加强市场运行监测，市场应急保障能力提高，全市生活必需品应急物资储备充足。传统商贸服务业加速转型升级，出台《培育赣南客家菜餐饮文化品牌工作方案》，成功举办“第一届赣南客家美食文化节”，高标准建设赣南美食“一城一街一广场”，拍摄《赣南客家菜》电视专题片并在央视播出。全年全市限额以上餐饮业营业额7.93亿元，居全省第五位，增长14.7%，增幅高于全省平均水平1.8个百分点。

电子商务。围绕国家电子商务示范城市、电子商务进农村综合示范，扎实推进示范体系建设。全市建成并投入使用的电子商务产业园(孵化园) 26个，其中示范县(市)建成19个县级电子商务产业孵化园，共建有县级电商服务中心40个、乡级服务中心146个、村级服务站1929个。特色产业与电商加速融合发展。成功举办2016赣南脐橙网络博览会首届电商节，推动赣南脐橙网络销售。“互联网＋脐橙”得到中共中央政治局常委、国务院总理李克强的高度肯定。全年果季，赣南脐橙电商销售量26.59万吨，2733万余单，交易金额27.29亿元，增长112.54%，脐橙电商交易额占全市鲜果销售额的45.12%。服务“六大攻坚”成效明显。围绕打好现代服务业攻坚战，着力推动电子商务产业发展，全市开工建设电子商务产业发展项目23个，总投资76.27亿元，其中17个项目完工。深入实施电商扶贫工程，全国“互联网＋精准扶贫”会议在宁都召开。累计为2.22万人次提供免费电子商务知识培训，7800余贫困户通过电商实现就业脱贫，通过电商扶贫间接带动实现就业的贫困对象达5万余人。

市场秩序。商务综合行政执法工作扎实推进。“12312”平台作用明显。全年共受理举报投诉94件，全部得到处理。全市开展商务执法检查1822次，出动人员8672人次，检查经营场所664个。共查处各类违法违规案件394件，处罚金额24.81万元。信丰县、瑞金市综合执法体制改革被省商务厅、省编办列为全省首批3个商务综合行政执法体制改革试点单位。打击侵权假冒成效明显，全年全市行政执法部门共立案374件、办结274件、涉案金额185.47万元、吊销证件1件、捣毁窝点1个，公安机关破获案件42件、抓获犯罪嫌疑人44人、涉案金额6000余万元。商务领域信用建设扎实推进。开展“食品安全宣传周”“打击侵犯知识产权和制售假冒伪劣商品宣传咨询日”等活动，特种行业管理不断规范。强化单用途商业预付卡备案管理，全市已备案单用途商业预付卡发卡企业42家，8家市管规模发卡企业共发卡102585张，发卡资金余额6998.87万元。

(撰稿　汪志斌　审稿　肖作信)

【领导名单】

党组书记：胡竹林(11月免)
　　　　　肖作信(11月任)
党组副书记、局长：刘华明(11月免)
局长：肖作信(12月任)
党组成员、副局长：罗日安
　　　　　　　　　何新平(7月免)
党组成员、纪检组长：邹远彩(12月免)
　　　　　　　　　　钟心华(12月任)
市外资办副主任：罗永锋
正处级纪检员：邹远彩
副调研员：刘晓华　张卫东
　　吴建频(女，11月起任副处级干部)

供销合作

【概况】 2016年，全市供销合作系统坚持为农服务的根本宗旨，深化供销合作社综合改革，在现代农业、脱贫攻坚中发挥独特优势，争创一流工作业绩。全市供销社系统统筹推进项目建设，发展活力不断增强，主营业务稳定发展。全年实现商品购进总额68.25亿元，商品销售总额79.59亿元，农副产品购进总额38.29亿元，农资销售额10.42亿元，日用消费品零售额20.67亿元，再生资源回收额5.1亿元。

【综合改革】 贯彻《中共中央国务院关于深化供销合作社综合改革的决定》精神，围绕“三农”工作大局，创新体制机制、增强发展活力、提高服务能力。市委、市政府印发《关于深化供销合作社综合改革的实施意见》，市政府办公厅印发《赣州市深化供销合作社综合改革试点实施方案》。成立由副市长任组长的赣州市深化供销合作社综合改革领导小组，加大深化供销合作社综合改革的工作力度。召开全市深化供销合作社综合改革电视电话会，全面启动全市深化供销合作社综合改革工作。市供销社举办1期学习贯彻省委、省政府《关于深化供销合作社综合改革的实施意见》、市委市政府《关于深化供销合作社综合改革的实施意见》专题培训班。建立综合改革督查制度，对全市深化供销合作社综合改革工作进行督查调度。把深化供销合作社综合改革考评作为全市年度重点改革考评内容，制定综合改革工作考核评价办法。全市14个县(市、区)供销合作社申报综合改革试点，全市供销合作社综合改革试点覆盖面达到78%。各县(市、区)政府均成立由县领导牵头的深化供销合作社改革领导小组，全面部署深化供销合作社综合工作。安远县供销社综合改革试点取得阶段性成果，与全国供销合作总社中农批公司签约建设总投资达8亿元"中国供销赣南脐橙交易中心"项目，县供销合作社综合改革试点通过省级评估验收，为全省深化供销合作社改革提供经验。全市的深化供销合作社综合改革工作在全省设区市改革考核考评中名列第一。

【新型基层组织体系建设】 新型基层组织体系建设。大力加强基层组织体系建设。印发《2016年赣州市供销合作社综合业绩考核方案》，加快推进基层社建设改造和农民合作社示范社建设。基层建设成效明显。制定《基层供销合作社改造升级实施方案》，建设综合性基层社13个，升级改造基层社27个，投入100万元扶持兴国、寻乌、石城等县基层社恢复重建。

农民专业合作社示范社建设。与市财政局联合印发《关于开展2016年农民专业合作社示范社申报工作的通知》，新增市级示范社18家，每个给予10万元扶持资金。全市申报省供销合作社系统农民合作社示范社17个，供销系统领办农民合作社621家，入社农户40126户，牵头成立农村合作经济组织联合会6个，基层供销社吸收农民社员1463户。

【新型为农服务网络体系建设】 全市供销社系统坚持为农服务宗旨，构建新型为农服务网络体系。

实施以供销社为主导的农业社会化服务惠农工程。通过大力支持县级社、基层社组建县级惠农服务公司，印发《赣州市供销合作社农业社会化服务惠农工程实施方案》，章贡区等7个县(市、区)组建县级惠农服务公司，占全市的39%，围绕赣州的脐橙、蔬菜、油茶等三大重点产业，开展大量惠农为农服务工作。

采取大田托管等多种方式，做好为农服务工作。全市开展土地托管面积达到1.2万公顷以上，完成年度土地托管服务任务，助农户增收年均800余元。其中，兴国县、安远县实施全国供销合作总社农业综合开发土地托管项目，通过专业合作社为外出农民打工、家庭劳动力不足或缺少技术的农户提供农资供应、配方施肥等系列化为农服务，探索形成供销社助力脱贫攻坚和农资企业经营转型的为农服务新路子。

提升农村流通服务水平。支持供销社深入实施新农村现代流通服务网络工程，参与农产品批发市场建设，健全农资、农产品、日用消费品、再生资源回收利用等网络，提升流通效率。全年农资销售额8.5亿元，农资连锁经营网络建有市、县级龙头企业22个，配送中心26个，拥有直营店和加盟店3536个，有效地保证全市农业生产需要和农资市场稳定；做好农产品流通网络服务工作，政府负责的公益性农产品批发市场、农贸市场的运营管理，优先交由供销社承担，其中由政府交付给供销社负责运营管理的农产品市场4个；保持良好的城乡再生资源回收利用体系建设为农服务水平和实力，发展再生资源回收企业19个，加工企业9个，再生资源回收网点778个。全系统启动党建带社建，社村共建工作，与市委组织部联合印发《关于开展"党建带社建、社村共建"工作的意见》，为城乡居民提供日用消费品销售、信息服务等多样化服务，建有县级日用生活消费品企业17家。全市全年未发生一起火灾及爆炸事故，确保全市城乡烟花爆竹安全经营。

【农村电子商务及合作金融服务平台】 全市供销合作社系统改革创新发展经营业态，打造农村电子商务服务平台，开展农村合作金融服务。

项目建设。全年全系统争取获得投资50万元以上的基层社建设改造项目4个，申报省供销社系统农民合作社示范社17个。向省供销社推荐全市2个"引导资金"项目建设承办单位、13个"新网工程"项目建设承办单位和6个2017年供销合作总社农发项目承办单位；获得供销合作社总社农发项目中央、省级项目资金1046万元等。

电子商务。实施"互联网＋供销合作社＋新型农业经营主体＋农户"工作方案，印发《赣州市供销合作社关于加快推进电子商务发展的实施意见》。全市组建16家电子商务公司，在乡镇设立52个电商服务站，303个村级电商服务点，成立4家电子商务协会，与总社、省社及全国各大电商平台对接；在全国网络扶贫宁都现场会上，宁都县供销合作社电商网络扶贫工作得到全国供销合作总社的表扬肯定；会昌县通过农资电商建立覆盖乡村的电商服务网点，使为农服务延伸到田间地头；兴国县以城村淘电子商务公司为平台，组建汇邦物流，建立覆盖乡村的农村电子商务物流体系。

金融服务。在石城县华丰畜禽专业合作社开展农村信用合作试点。帮扶贫困户1900余户，吸纳社员股金近700万元，累计发放贷款600余万元，是全省供销社系统首家试点单位，在2016年度全国供销合作社金融自律检查星级评分中获得唯一四星级评分。

发展基金。向赣州市人民政府上报《关于设立赣州市供销合作发展基金的请示》，拟定《赣州市供销合作发展基金设立方案》《赣州市供销合作发展基金的管理办法(暂行)》。市政府、市财政局同意设立赣州市供销合作发展基金。基金规模5亿元，首期1亿元，市财政每年安排1000万元。

(撰稿　雷大鸣　审稿　黄明耀)

【领导名单】

党委书记、主任：邓才华(9月任)
党委书记：谢文才(12月免)
党委委员、副主任：薛邦湔(10月免)
　廖德军　王文杰
党委委员、纪委书记：郭全荣
副调研员：李　易　黄明耀

石油经营

【中国石化销售有限公司江西赣州石油分公司】 2016年，中国石化销售有限公司江西赣州石油分公司围绕年度工作报告总体思路，以问题为导向，以“一降一控，两提高”为抓手，经受住严峻的市场考验，实现轻油销量115.14万吨，非油品销售2.22亿元，各层级全年薪酬不同程度增长，较好地完成各项目标任务，圆满实现“三确保”目标，呈现全年效益稳步增长、市场终端更加稳固、非油业务高速发展、加气站实现“零的突破”、党建再上新台阶。全年在安全环保、数质量以及“小金库”等方面均未发生上报等级事故(件)。

安全管理。加强施工现场作业安全管控，严格执行作业票制度，针对不同作业环节编制不同的外来施工人员考试卷，规范承包商安全教育培训。举办承包商培训班和加油站网架改造项目专项培训班，向承包商讲解中国石化安全管理规定，提高施工管理水平。制定一站一策应急预案并展开演练，完善相应防控和应急措施。开展员工安全培训，举办危险化学品生产经营单位主要负责人及安全管理人员安全资格培训班、现场安全员培训班和电工培训班，628名安全管理人员取得安全资格证书，380名员工取得现场安全员资格证，230名员工取得电工证。公司经理亲自挂帅成立隐患治理项目工作领导小组，全面负责推进并完成省公司确定的53项隐患治理项目。成立督查中队，每月按计划对油库、加油站开展督查工作，大力整治“低老坏”问题，全年检查出问题2095条，绝大部分问题已整改，小部分暂未能整改的问题已落实防控措施。成立油品损耗管理督查小组，对损耗偏大的加油站从油库出库、运输、加油站接卸、保管、加油等各环节实施监督，深层次查找损耗原因，异常站损益率明显下降。对加油站、油库、机关部室进行2016年ISO 9000质量管理体系内审，并得到销售公司ISO 9000质量管理体系监督审核小组的一致肯定。积极开展全国“质量月”活动，做好油品检测工作，全年向省公司质检中心送检5批次外采油样，水东油库、龙南油库及和乐油库质检室检测1766批次入库油样、1022批次出库油样及1252个加油站抽检。

经营销售。对位于高速公路出入口、地级城市市区、县城、国道沿线和农村等不同区域的17座加油站汽柴比结构进行调整，挖掘增量潜力。利用高端车市场不断扩大的契机，推广98#汽油作为增量创效的新增长点。与中石油、个体加油站沟通稳定成品油市场零售价格，共同推价保价。优化加油站营业时间、实施自助改造等手段，做到有客户必加油，提升服务质量。积极参与全市成品油市场集中专项整治行动，整顿净化经营环境。强化客户经理“市场末梢”的灵敏度，关注周边市场行情，分析市场情况。开展客户问卷调查，走访收集客户意见，提高服务水平。制定《2016年县公司直分销月度绩效考核办法(试行)》，整合县公司与客户经理资源，激活客户经理扩销创效积极性。加大门店督查巡查力度，对门店核心商品陈列进行检查考核，提高门店货架陈列的丰满，提升门店进店率。利用充值网点客户办卡充值、顾客进站加油的时间，用活用好“微信吸粉”“油非互促”“电子券”“微信支付立减”等好政策，扩大营业额。引进“爱义行”易捷汽服店和“车享家”汽服店，开辟非油利润新增长点。

党建工作。学习贯彻《江西石油“三重一大”决策制度实施办法》《2016年元旦、春节期间严肃纪律，加强廉洁自律工作的通知》《江西石油2016党建思想政治工作要点》《江西石油分公司党员领导干部党建思想政治工作“一岗双责”工作规定》等，及时准确传递党建声音。落实“两学一做”“党员上党课”“为党员过政治生日”，提醒党员牢记党员是第一身份，勉励党员保持本色，爱岗敬业。与县(区)公司签订党风廉政建设责任状，明确各级领导党风廉政建设工作职责。积极推进效能监察工作。抓好“六法四有”在基层的宣贯运用，发挥思想政治工作助力经营作用。开展基层“家文化”建设，投入30多万元资金，重点解决油库、加油站员工的食宿、洗浴问题。坚持领导干部结对帮扶活动，尽心尽力为职工排忧解难，发挥“真困难真帮助”作用，筹集25.4万元资金保障特困职工、大病职工等群体的生活，送温暖，真关怀，营造“职工与企业共同成长，工作与生活和谐并进”的良好氛围。

(撰稿 黄丽平 审稿 曾钦玉)

【中国石油江西赣州销售分公司】 2016年，公司全力推进样板示范站建设、摸索各种业务增长方式、探索新型管理模式、应对出现的问题，奋力拼搏、齐心协力完成全年度各项工作任务。全年销售油品11.48万吨，增幅34%；全年纯枪销售8.31万吨，增幅24%；全年直销销售3.16万吨，增幅69%；全年非油销售1214.73万元，增幅64%；主营业务收入5.7亿元。

中国石油江西赣州销售分公司为中国石油地市分公司，隶属江西销售分公司，有运营加油站28座。

夯实销售基础。样板站建设。全年，选择城区6座加油站，作为样板示范站建设站点，6座加油站的增量效果开始显现。新增网点管理。下半年，新投运加油站3座。公司为确保安远城西加油站按时投运，投运小组明确分工，相互协调，指派专人跟进证照办理事宜。在水电未通的情况下，提前安排机关人员进驻加油站准备前期工作，小组成员通过微信群随时沟通合力推进，使该站9月底如期开业。服务现场优化。优化排班，从服务提升增量。重新核准各站人员，优化营业时间和排班，为城区3座站增加6名员工，各站增量明显。改善硬件，从服务效率挖量。对加油站的硬件设施进行全面摸查，合理制定维修计划，将硬件设施调整到最佳状态。如华东加油站通过调枪调罐，当月增量160吨，全年增量1508吨。改善进出口，从便民提升促量。针对大学城加油站进站口为直角，大货车进站不便的问题，经过扩宽进口，日均增量约2吨；飞翔路加油站站前路由于修路需要封闭改道，通过与中铁沟通，在新路开设进出口，保证该站正常营业，销量不减反增，达日均26吨。促销活动。组织加油站开展“HOS”折扣等促销活动，利用好公司价格政策，发挥连线成片的区域联动优势，从市场抢量，效果明显。7月，利用HOS系统折扣促销功能开展加满送活动，当月纯枪销售7014吨，环比增加367吨，增幅6%。中盛加油站利用价格优惠，全年纯枪销售2969吨，同比增长783吨，增幅达36%。

直销管理。出台激励制度。制定并下发直销业务激励方案，采取销量与工资、费用挂钩包干方式，激励直销队伍苦干实干，取得丰硕成果。全年直销销售3.16万吨，增幅69%。

紧跟需求稳客户。全年开发交通运输企业销量同比增加9000余吨；通过走访增加油站客户20家；通过沟通协调因资源紧张购买量下降的公交公司，增加购买量3723吨，增加2469吨。

抓效益促增长。保持非油销售动力。修订细化非油奖励方案，方案紧紧围绕“油非上量、规范化管理、员工激励”3个核心目标，对每月各类排名第一的站点进行奖励，奖励到个人。

以亮点增效益。通过对重点便利店配备音响设备，在限定时段播放购物背景音乐，营造愉悦氛围；整治卫生间环境，杜绝异味；现场加大堆头精细化摆放、优化立柱小广告；安装液晶显示屏实时滚动播放站点活动信息等“亮化工程”，提高客户的视听感受，增强客户消费欲望。年内，公司开展便利店“亮化工程”以来，仅包装饮料类，收入同比增加123万元，增幅142%。

探寻促销实效。开展“超级年货节，一路省到底”“踏青出游，约惠春天”“锣开五月，玩美假期”“微信充值抽大奖端午大促”“迎奥运，中石油为中国加油”“来中油，够便宜”“团结起来占便宜”等9档大型主题促销活动，让新感受吸引客户、让新活动锻炼员工。全年促销活动实现收入约200万元，占总收入比的17.8%，剔除香烟收入，占比高达35.9%。

推进自有商品创效。着手研究脐橙销售工作，实现脐橙销售大幅增长。大力发展汽服业务，依托“中国石油”“上汽”两大品牌优势，在11月底，首家咔咔·车享家汽车服务中心在大学城加油站正式营业。

推进项目建设。年内，加油站项目34座，投运28座，春节前新投运1座。全年完成投运3座。全年改造加油站4座，分别为龙南龙鼎、会昌麻州、全南全通、龙南金龙。全年工程建设按照计划，安全稳定推进。

安全运营。加大油品数质量监管力度，合理安排安改进度，强化事故防范和安全防范，顺利实现公司全年安全平稳运行。

油品数质量确保可控。强化抽检频次，保障油品质量，提升品牌形象。28座在运营加油站按时、按质完成质监部门枪检，做诚实企业，有效维护公司品牌形象。

安改有序推进。在施工前提前谋划，从施工队伍进场前准备、施工期间管理、竣工投运3个方面，有效控制关键节点，保障工作有序受控。因受丰城电厂事故影响，年末改造项目按照上级要求暂时停止。

狠抓安全防范。在安全管理上责任到人，检查到位，问题整改到位，日常防范到位，全年实现安全生产无事故。

（撰稿　李丛义　审稿　胡　明）

【领导名单】

中国石化销售有限公司江西赣州石油分公司

经理：曾钦玉

党委书记：周文胜

副经理：曾繁辉　龚亚光　李小华

经理助理：叶秀林　黄盛松

中国石油江西赣州销售分公司

副书记、总经理：胡　明

书记、副总经理：赖日先

总会计师：王伟民

副总经理：吴永平

盐　务

【概况】　2016年，赣州市盐务局（江西省赣州江盐华康盐业有限公司）处于改革改制、转型发展以及国家盐改前的局面，各项工作稳步推进。全年共销售食盐35916吨，其中小包盐28042吨。公司总资产11558万元，全年营业收入18602万元，实现利润2137万元，公司职工253人，年人均创利8.32万元。

【盐政监管】　按照年初确定盐政工作不松懈、抓重点、优服务的整体工作思路，做好工作。配合做好江西省制贩假盐专项治理督查组到市督查制贩假盐专项治理工作。联合市工信委、市发改委等部门制订《赣州市制贩假盐专项治理行动实施方案》并实施。做好盐改过渡期间人盐政工作，联合市公安局、工商局等6部门发布通告，制作食盐安全供应点标识牌及印制食盐安全责任书，查处取缔无证无照经营等。履职盐政职能，严查盐业违法案件。保障全市食盐安全和供应安全，全年未发生食盐安全事故。全年全市共出动稽查8540人次，检查乡（镇）536个，自然村市场596个，食盐经销户8432家，饮食服务业4981家，学校（厂矿）食堂298个，小工业盐、行业加工用盐户138个，工业用盐户22个、饲料用盐户29个，进中小学校宣传223所，走访居民、农户487户，发放宣传资料9070份，接受群众咨询4356人次，处理一般案件2起，查缴各类违法盐产品数4.8吨，罚没款5176元。

【改革改制】　公司229人参加企业内部改制，顺利完成227人，完成率99.13%，确保公司各项经营和管理稳定有序过渡。为做实渠道，做专队伍，细分市场，开展“三项制度”改革工作，按大客户、联盟连锁、中后台“三条”主线工作思路设定岗位团队管理人员，通过2批次公开竞聘团队管理人员，举办管理人员岗前培训班。

【渠道建设】　加强渠道网点建设。为应对盐业变革，快速提高全市终端市场的覆盖能力，做实渠道，做专队伍，推动渠道网络建设落地，制定终端网络渠道建设方案。全市线下餐饮和单位食堂、零售终端、商超、经销商四大渠道有效网点达到2798个，密度达到每3000人1个网点。餐饮、终端网点、商超2批四大渠道有效网点中辐射厂矿、食堂、学校、餐饮等终端网点。

加强经营管理。为应对盐改，在经营工作中注重降产品库存，提高商品周转速度和预防高库存带来降价风险；加强品牌渠道建设，强化与经销商的沟通；加强产品管理，淘汰不适宜的产品；强化资金利用率和货款回笼。

【廉政建设】 学习贯彻中共十八大和十八届五中、六中全会精神，以及中共中央总书记习近平系列重要讲话，以开展“党建+”和“两学一做”活动为重点，将党组织建设与企业改革发展同步推进，围绕中心工作科学制定党组织活动。开展“两学一做”学习教育活动，抓实规定动作，突出特色实效，立足“学、讲、做、改”四字法则，确保学习教育扎实有序推进，实现公司各项工作全面提质、提速、提效。组织开展“感恩江盐 我为党旗添光彩”“党建+业务技能竞赛活动”等系列活动。开展“三联”活动，持续开展“扶贫帮困”走访慰问困难群众。坚持党风廉政建设和反腐败工作与企业改革发展同步推进，强化党内监督，把纪律挺在前面，持之以恒落实中央八项规定精神，着力解决职工群众身边的不正之风和腐败问题，坚定不移地推进企业党风建设和反腐败工作。

（撰稿　万　云　审稿　彭　健）

【领导名单】

局长（经理）：杨卫平

党委书记：王一群

副局长（副经理）：侯国宾

副经理：苏　莉　杨　珲

烟草专卖

【概况】 2016年是面临压力前所未有、遇到困难超出预期的一年。全市税利总额19.73亿元，比上年增加0.04亿元，增长0.21%。其中，税金13.28亿元，增加1.5亿元，增长10.8%。

【专卖管理】 全市查处涉烟案件6420起，增长18.8%，查获非法卷烟2499件；破获5万元以上大要案122起，增长10.9%；破获部督案件1起、国标网络案件3起、省标网络案件4起，捣毁制假烟窝点1个，共拘留86人，判刑15人。章贡区烟草专卖局获全省系统专卖打假规范管理典型县级局称号。

【销售网络建设】 全市卷烟销售总量22.32万箱，减销3.79万箱，下降14.5%。卷烟销售单条均价101.5元/条，增加8.8元/条，增长9.2%。省产卷烟销售11.09万箱，减销1.92万箱，下降14.8%，下降比例低于全省0.4个百分点；省产烟占总量比重49.72%，高于全省11.08个百分点；金圣烟7.15万箱，减销5654箱，下降7.3%，下降比例低于全省7个百分点；金圣烟占全省比重24.34%。南康分公司获全省金圣烟销售万箱县奖，章贡分公司获全省金圣烟销售质量奖、新品培育奖。

【烟叶生产】 全市烟叶种植面积1.2万公顷，户均面积1.67公顷。全市收购烟叶1986.50万千克（39.73万担），烟叶均价6.22元/千克，上中等烟比例97.41%。烟叶税超过1亿元，烟农户均收入67950元，比2015年增加10400元。

【现代烟草农业建设】 全市浓香型核心示范区建设面积2533.33公顷，共建核心示范点137个。全市专业化烘烤自主经营的烤房群点121个，服务面积1650.93公顷，受益烟农767户；烟农“1+N”专业化烘烤点219个，烘烤面积2088.93公顷，烟农户数707户，专业化烘烤覆盖面30.82%。年内实施烟叶生产基础设施项目4172件，补贴资金17977万元；援建新农村建设项目104个、资金13960万元。

【科技创新】 获得国家授权实用新型专利2项和软件著作权6项；开展商业企业标准化工作，发布企业标准436个。

【企业管理】 全省16项对标指标中赣州市有8项指标排名前三，6项指标全省排名第一，继续保持全省领先的物流运营水平。

（撰稿　赖经仁　审稿　卢卫铭）

【领导名单】

党组书记、局长（经理）：卢卫铭

党组成员、纪检组长（正处）：钟运洁

党组成员、副经理：何福荣　赖伟华

党组成员、副局长：肖红武

党组成员、副经理：钟为俊

副调研员：丁克波　赖大全

（本栏编辑　赖建明）

进出口管理

赣州海关

【概况】 2016年，赣州海关围绕“主攻工业、三年翻番”决策部署，狠抓基层党建工作，依法履职为国把关，主动融入促进发展，全面深化业务改革，各项工作进展顺利。

【业务建设】 落实“三互”推动大通关建设，关检合作“三个一”改革不断深入。顺利融入全国通关一体化。全年共征收税款约1.11亿元，增长36.07%，税收征管质量明显提升。实际监管效能进一步提升，监管查验操作更加规范，全年4003现场查获率3.57 %，4012查获率18.18%。严厉打击粮食、冻品等农产品，集成电路等高新电子产品，成品油等重点涉税商品走私。办理“两简”案件23起，查发并移交通关风险信息处置10起；开展稽查7起，保税核查6次，减免税后续核查2起，企业巡查36家，实现稽查补税约13.57万元。

【基础建设】 落实海关总署全面推进法治海关建设的统一部署，多次开展普法宣传教育，组织副科以上干部法律知识测试，法治保障更加有力。公文流转及时有效，档案管理通过市政府保密检查，强化网络信息安全工作，全年无网络病毒发生。坚持依法理财，勤俭建关原则，合理安排收支预算，严格预算管理，财务管理更加有序。举办消防安全知识讲座，组织消防演练，健全人员进出登记制度，安全管理更加规范。新闻宣传更加广泛，全年在报社、电视台播发稿件18篇。

【队伍建设】 开展“4·20”知识产权日、“8·8”法制宣传日、“12·4”宪法日等普法宣传教育，抓实法治海关建设。以“内务规范强化月”为抓手，突出“内涵学军”，常态化开展纪律整顿和纠风活动，抓实准军事化管理。健全安全机制，组织安全演练，修订完善应急预案，组织监管场所应急演练，抓实安全管理。坚持严管厚爱，以人为本，党支部、工会、共青团等组织分别举办座谈会，征求关员建议，抓实关爱关员身心健康。每月发布“身边好人榜”，举办道德讲堂，组织义务献血、交通执勤、慰问留守儿童等公益活动，到全南县南迳镇古家营村和赣州南市街社区开展扶贫慰问，抓实文化强关。年内，海关获得第十四届江西省文明单位称号，通过第四届全国文明单位、第八届赣州市文明单位复查。获得2015年度社会治安目标管理暨平安赣州建设先进单位、市直(驻市)单位绩效考核先进单位等。

【廉政建设】 着力在强化责任、筑牢防线、建章立制、监督制约、塑造形象上下功夫，党风廉政建设平稳健康发展。强化廉政警示教育，开展《党员处分条例》《廉政准则》专题学习和拒收红包专题教育，明确底线红线，筑牢关员思想防线。建设“廉洁清风走廊”，营造廉政文化氛围。启动公车改革，封停2辆车辆，加强在用公务用车的审批。规范公务接待，实行“禁烟令”“禁酒令”。修订《重大财务事项集体审批制度》《公务用车管理办法》《公务接待管理办法》《廉政行风监督员管理办法》等，履行领导干部个人重大事项报告等制度。聘请10名政府相关部门领导、企业经理为海关廉政行风监督员，接受省电台行风政风采访，严格落实《海关工作人员外出执法廉政监督办法》，大力支持纪检特派员工作，邀请关员家属开展廉政监督。

【服务经济】 主动融入赣州经济发展战略，对接地方重大产业和项目，支持地方政府实现外贸稳定增长。支持赣州综合保税区封关运作，申报赣州综合保税区场地代码，协调出口加工区企业搬迁，编印《综合保税区政策宣传手册》，参与地方招商引资。10月19日，赣州综保区顺利办理首票通关业务。支持稀土、钨、木材等特色产业发展，落实赣州执行西部大开发税收优惠政策，审批减免税3740.27万元，增长95.18%。营造良好通关环境，坚持24小时预约通关服务、节假日业务值班服务、进出口应急协调服务、通关事务咨询服务和提前报关、预约通关、担保验放等服务措施，方便企业进出口。强化通关效率监控，对各岗位实行时效分析，分兵把守。全年海关进口24小时放行率为96.15%，出口24小时放行率为97.90%。

(撰稿　宋天洋　审稿　陈　涛)

【领导名单】

党组书记、关长：黄优平

党组成员、副关长：魏　凡　党建勋　刘　凯

副调研员(履行纪检监察特派员职责)：郭宇文

南昌海关驻龙南办事处

【概况】 2016年，南昌海关驻龙南办

事处围绕“主攻工业、三年翻番”决策部署，狠抓基层党建工作，依法履职为国把关，主动融入促进发展，全面深化业务改革，各项工作进展顺利。

【改革发展】 办事处改革推进领导小组成立，强化对改革任务的组织推动，依据海关总署、南昌海关改革的“路线图”，全力做好基层实施的“施工图”；做好“双随机”改革，将“查谁、谁查”交给计算机，减少人为干预，随机派员已达100%；深入推进“三互”大通关建设，加强与检验检疫部门的协调配合，深化关检合作“三个一”，继续推进全国通关一体化改革、企业资信管理改革等重点改革任务；细化实际监管重点，延伸监管链条，对辖区重点企业、重点领域实施外勤全覆盖作业；完善综合治税长效机制，着力防范税款偷逃漏骗。加强税源调研，积极拓宽税源，做到应收尽收。全年共征收税款1278.24万元，增长59.5%；成立反走私工作领导小组，加大反走私宣传力度，开展“国门利剑2016”专项行动。全年缉私立案10起，罚没6.4万元，补税11.76万元。

【基层党建】 坚持自主学习和集中学习相结合，专题研讨和专家辅导相结合的方式，组织全体党员干部原原本本学习中共十八届六中全会公报、《关于新形势下党内政治生活的若干准则》和《中国共产党党内监督条例》等原文原著，增强党员干部“四个意识”；加强党组班子自身建设，先后印发《南昌海关驻龙南办事处贯彻落实“三重一大”决策制度实施细则》《南昌海关驻龙南办事处工作规则》，强化事权，明确责任；开展“两学一做”学习教育，让“线上学”与“线下学”有机结合，积极参加关区党章党规知识竞赛活动，并荣获关区三等奖。积极开展党员示范岗评选评比活动，激励党员干部争先创优。

【服务地方经济】 主动做好海关总署对口支援，落实好总署、总关对口支援各项优惠政策，大力推广联网监管模式，推动龙南保税物流中心（B型）获批。承办海关总署对口支援物资捐赠活动，协调市、县有关部门，组织海关总署对口支援龙南县调研座谈会和捐赠仪式，给贫困农民送去实惠。主动对接地方需求，深入开展“点对点、一对一”志愿服务活动，将窗口服务前移，为企业提供“走上门”服务。与重点企业结对帮扶，开展政策宣讲，组建关企交流QQ群，坚持“5+2”、24小时预约通关制度。强化进出口贸易监测预警，定期向地方政府报送外贸情况分析报告，提供决策参考。主动参与赣州市“降低企业成本、优化发展环境”专项活动，接受电视访谈，向社会介绍海关通关便利措施。开展精准扶贫工作，建立精准扶贫基础档案，向总署申请80万元扶贫专项用于扶贫点龙南县桃江乡洒口村光伏发电站项目。

【队伍建设】 贯彻“内涵学军”要求，以“准军”建设为切入点，强化内务规范管理，开展窗口作风专项整治活动，严肃工作纪律，集中整治“慵懒软散”，通过不定期抽查、明察暗访等方式，强化作风督察和纪律养成，有效解决队伍中存在的常见问题；组织全员培训，通过案例研讨、二次培训、岗位练兵等多种方式实现全员授课，提高关员业务处置能力。在南昌海关加贸岗位练兵的笔试、现场竞赛环节均取得前三名的好成绩，打造特色“边关文化”，开展各项文体活动，获关区篮球比赛“三连冠”。年内，办事处获江西省第十四届文明单位称号，通过赣州市第八届文明单位工作复查，获市直（驻市）单位绩效考核良好单位。

【党风廉政】 落实党风廉政建设“一岗双责”责任制，逐级签订党风廉政建设责任状，严格执行廉政报告制度、红包登记制度。开展“贴着海关发财”专项整治，对科级以上领导干部廉洁从政有关情况以及配偶、子女及其配偶从业情况登记进行登记和公示；组织开展专题警示教育，组织学习《关于七起落实全面从严治党主体责任不力被问责典型问题的通报》《海关总署缉私局关于2016年以来缉私民警被判刑案例的通报》等案件，以案例警醒关员，强化风险防范意识；开展窗口作风建设专项整治、集中整治不作为乱作为等系列专项整治活动，运用HL2008对业务发生差错的2名关员进行批评教育；严格落实中央八项规定精神，严控“三公”经费，开展公车改革，进一步开展办公用房改造、照相摄像设备清理、规范办事处公有住房管理、房屋安全隐患排查等工作，加强固定资产管理。

（撰稿 蒋志飞 审稿 刘 鑫）

【领导名单】

党组书记、主任：李国念（11月免）

党组成员、副主任：胡美良（11月任）

黄海洺

出入境检验检疫

【概况】 2016年，江西检验检疫局赣州分局把握“识别政府关注点、寻求国检切入点、催生政府兴奋点、形成政检共振点”的工作思路，坚持国检事业发展的“三个定力”，融入赣南苏区振兴发展大局，厚植创新发展竞争新优势，不断提升执法把关成效、技术支撑能力和服务水平，促进赣州国检事业和地方开放型经济联动发展。

【检验监管】 全年监管进出口货物4.72万批，货值40.81亿美元，批次增长22.83%。集装箱检疫监管12589标箱，检出不合格5773标箱，集装箱阳性检出率45.86%；卫生消毒6580标箱，卫生消毒率52.27%。签发原产地证书8017份，货值5.95亿美元。其中，签发自贸协定原产地证书2141份，货值2.07亿美元，分别增长64.8%和93.2%；签发的各类优惠原产地证书共为企业减免进口国关税约2973万美元。卫保中心出入境人员健康体检873人次，预防接种630人次，分别增长13.23%和26%。有出口业绩的326家企业中新增体系认证企业34家，体系认证覆盖率达到55.8%。

【队伍建设】 重点结合“两学一做”学习安排、中共中央总书记习近平治国理政理念、“互联网+”、供给侧改革、生态文明建设等内容和首席技术官制度，在全局开展政治理论、法律法规、生态原产地产品保护、e-CIQ操作等教育培训，派员外出参加口岸病媒生物监测与控制、国际旅行卫生证书考试、凭祥、义乌口岸考察等学习培训；结合“降成本 优环境”专项行动，开展3次调研活动，深入17个县(市、区)详细了解政府和企业的发展需求，征集意见154条，完成各县(市、区)国检专题调研工作报告；与省检验检疫局办公室合作推出9篇《到原中央苏区说国检故事》系列报道，各级领导肯定国检工作以及全国内陆首家国检监管区试验区落户赣州等工作第一时间获经济日报、光明网、人民网、新华网等国家级新闻媒体广泛宣传报道，信息宣传工作位列分支局首位；召开开放型经济知识大讲座，联合地方商务部门和帮扶企业用好差异化“优惠大礼包”，获得地方政府和企业一致好评；完善督查机制，结合“专题调研活动收集意见销号整改”“质量提升月”“绩效指标去红”等工作，加强对局重点工作的落实督查，调研征集的154条意见完成率达100%；以赣州市文明创建考核系统为基础，开展学雷锋志愿服务、好人榜评选等文明创建活动，获江西省第十四届文明单位称号，继续保持赣州市第八届文明单位称号；落实党风廉政建设责任制，狠抓反腐倡廉学习教育，增强干部职工拒腐防变的能力，党支部获评为全省系统先进基层党组织；结合科技质检、法治质检建设，创新建立内部管理机制，围绕目标导向、问题导向，自主研发行政监察机制和改善绩效考核体系，加快建设和完善行政智能督办系统、CIQ业务智能统计系统、全球质量安全信息采集系统、进出境货物运输卫星监控系统、自贸协定原产地证关税优惠查询系统、近红外快速检测系统和主要输入国家具产品技术法规数据库，有效提升内部管理和优质服务水平。

【科研工作】 扩项评审顺利通过。以检科院为管理基础，完善运行机制，在现有实验室通过国家资质认定和CNAS的基础上，化矿产品、打火机等7大类共149个项目通过食复评审+扩项评审，近红外法纤维含量检测项目在全国首次获CNAS认可，美云大小蠹检疫鉴定通过CNCA能力验证，国家油茶检测重点实验室获质检总局批准。

科研工作有效推进。围绕年度质检总局科技计划项目，申报18项课题，申报项目数创历史新高，其中“‘赣南茶油’与非赣南产地茶油质量表征指标差异研究”“基于网络爬虫技术的全球产品质量安全信息采集系统的建立”获国家质检总局科研立项；“赣南脐橙质量安全状况本底调查及其技术支撑体系的建立”“脐橙染色橙鉴别关键技术研究”等事关赣南特色产业可持续发展的科研课题研究进展顺利，其中“基于近红外技术的进境木材种类快速鉴定方法研究”“NIR技术在大米中转基因快速检测方法研究”通过验收。《赣南脐橙产业标准现状与对策》等8篇论文陆续在专业刊物上发表；取得1项实用新型专利和1项软件著作权登记，参与完成5项标准制定。

成果展示效果明显。近红外技术木材材种快速鉴定、黄龙病、转基因大米快速检测技术和全球产品质量安全信息采集系统获质检总局副局长梅克保的充分肯定。中国(赣州)第三届家具产业博览会上，近红外木材材种快速鉴定系统等5个项目在博览会上获省领导及家具行业、企业相关人员一致好评。

【服务地方经济发展】 建言献策。《关于赣州市开放型经济破题发展的五点建议》获省委常委、市委书记李炳军批示肯定；《主攻工业 差别施策》荣获赣州市“解放思想主题教育活动‘金点子’征集评比”活动一等奖。因势利导。结合省局“六大活动”、特别是“专题调研活动收集意见销号整改”“质量提升月”“绩效指标去红”等工作，加强对局重点工作的督查落实，与地方政府的沟通更加有效，政府对国检的依存度有所增强。重视国检职能优势的整合。将国检技术性贸易措施运用、优惠原产地证签发、企业体系认证、企业自检自控、企业监管、货物质量安全监管、进境直通、出口直放、检验检疫一体化、无纸化、降成本优环境等有效结合，在各县市区建设国检监管办，实现国检在地方政府有平台，国检政府沟通有途径，企业进出商品更方便。

策应国家“简政放权、管放治结合”战略，以探索后市场监管制度为目标，创新内陆口岸国检监管新模式。探索以贸易便利化、质量安全共治为目标的后市场监管制度。通过建立以“一项制度+七个指标”为结果指标的国检质量安全目标体系、以‘设路标、布天网、查违章”为抓手的国检监管方法体系、以“四个基于+一个考核”为推动力的国检监管推进体系，科学调整内设机构，重构监管体系，再造检验检疫流程，有效推进国检业务碎片化整合，提取国检业务最大“公约数”——进境物品符合全国法规性要求、出境符合输入国法规性要求，国检监管模式的探索和改革取得初步成效，实现让政府满意、企业认可、国检自信、社会公认的目标，并获得总局副局长梅克保和通关司的充分肯定。

策应国家“调结构、稳增长及其供给侧改革”的国家战略，以促产业转型升级与国际化为平台，培育出口竞争新优势。帮助“会昌米粉”“宁都黄鸡”成为通过国家生态原产地产品保护认定；“五丰米粉”成为赣州首家在“同线同标同质”公共服务平台上线的出口食品企业，内销市场份额由原来的10%上升到55%；“赣南茶油”申请国家地理标志产品保护正式获批；全国首个脐橙类国家级出口质量安全示范区落户赣州安远县；石城白莲首次出口美国，实现白莲自营出口零突破。

策应国家“一带一路，互联互通”战略，以国检监管试验区建设为抓手，打造新型内陆口岸。在质检总局、省局的大力支持下，以赣州进境木材国检监管区为基础的全国内陆首个国检监管试验区正式挂牌，年内，在盐田口岸直通的基础上，实现与蛇口口岸直通，促进地方产业集聚发展升级，产生显著的政治效益、社会效益和经济效益，为赣州打造内陆物流成本最低，产业服务体系最优的双向开放新高地奠定基础。至12月，国检监管试验区共接待全国各类考察团共7602人次，省部级以上人员64人次；产业集聚明显，在南康办理外贸经营备案登记企业由过去的3家猛增到现在的280多家，全年南康进口木材增长355%，出口家具增长206%。监管区项目带动南康成为中部地区最大的家具产业基地，家具产业规模从2014年450亿元到年底突破千亿元大关。

（撰稿　王　捷　审稿　杜华松）

【领导名单】

江西检验检疫局副巡视员、赣州局党组书记：桂家祥

党组成员、龙南办事处主任(正处级)：聂国荣

党组成员、副局长：吴劲松　杜华松

党组成员、龙南办事处副主任：钟义勇

口岸管理

【概况】 2016年，市口岸办围绕“若干意见”提出的“建设内陆开放型经济示范区”的战略目标，不断完善口岸工作机制，深入推进“三互”大通关改革，优化口岸环境，提高通关效率，降低物流成本，有力促进开放型经济稳步增长。开展“两学一做”学习教育和精准扶贫，主动作为，积极对接，全市口岸工作好事不断、喜事连连。

【口岸建设】 赣州铁路集装箱场站获准成为临时口岸对外开放，提升全市对外开放水平，实现赣南与沿海沿边口岸的无障碍通行，提高货物运输时效，降低全市进出口企业物流成本；赣州黄金机场设立航空口岸正式列入国家口岸发展“十三五”规划，这是继赣州铁路口岸获准设立后，全市第二个国家级对外开放口岸；赣州获准成为全国内陆口岸首个国检监管试验区，成为国家“一带一路”在赣州内陆的战略支撑和重要节点，直接连接“陆地丝绸之路经济带”和“21世纪海上丝绸之路”的重要枢纽，成为赣州内陆地区产业转型升级和国际化的新功能。

【口岸载体】 省口岸办批复同意将赣州进境木材监管区等相关规划区域设立为赣州南康陆路口岸查验区。

江西首个综保区赣州综合保税区正式通关运营，是省内面积最大、商品最丰富的保税商品交易中心。赣州综保区的通关运行，推动进出口货物贸易相关企业的发展，并通过拓展口岸功能，给赣州甚至周边省份的居民带来实惠与便利。

赣州铁路集装箱场站获国家口岸办批准同意作为临时口岸对外开放。是继重庆、成都、西安、北京、武汉、东莞、义乌之后，第八个获批的临时对外开放的口岸，也是江西省第二个实现对外开放的口岸，成为江西对外开放南大门，构筑“南有赣州港”“北有九江港”南北呼应的大开放格局，形成一个新的物流大枢纽。

龙南保税物流中心（B型）获得批准设立。12月28日，正式开工建设。有利于吸引海内外企业投资、丰富口岸物流业态、降低企业生产流通成本，就近解决周边进出口企业的出口退税、报税问题；对构建全市“一核两翼”口岸布局、建立对外开放的大通关体系有着推动作用。

瑞金陆路口岸作业区建设有序推进。完成作业区土地清表、项目地勘、室外勘探作业及勘探报告编制和项目建筑物施工图设计等工作。

赣州—深圳的快速货运班列正式开行。11月30日，赣州至深圳快速货运班列在赣州铁路集装箱场站首发，并实现双向开行。为优化全市投资环境，降低物流成本，特别是促进全市的开放型经济发展提供有力的保障，对提升全市对外开放水平、促进全市外贸规模扩大和现代物流体系建设、带动优势产业加快发展、促进战略新兴产业和传统产业加快发展转型升级具有重要的战略意义。

【口岸经济】 口岸进出口货物量持续增长，全市1—12月口岸进出口货物总量18.2万吨，增长17.6%。铁海联运业务发展迅猛，集装箱吞吐量突破1万个标箱。赣州—厦门快速货运班列1—12月集装箱吞吐量完成11171个标箱，增长13.1%。助推南康家具产业转型升级成效显著。1—12月南康家具产业集群产值突破千亿元，达1020亿元，增长22.9%，成为赣南苏区第2个千亿产业集群。南康进境木材自监管设立以来，当年实现进出口集装箱吞吐量完成2605个标箱。

【精准扶贫】 市口岸办对口帮扶的贫困村由全南县南迳镇武合村调整到全南县南迳镇古家营村开展精准扶贫工作。驻村工作队以农村基层党建为抓手，以为民解困为目标，建设基层党组织、发展扶贫产业；实施土地整理、环境整治、村组畅通、水利建设等4项民生工程；开展医疗、金融2项惠民行动。制定产业帮扶措施，为结对帮扶贫困户安排产业帮扶资金29.7万元，赠送援助物资折合1万多元。协调相关单位实施扶贫基础设施项目共计10个，统筹协调扶贫资金211.06万元，协调市林业局援助贫困户提供有机化肥4吨。为6户贫困户申报产业资金，为27户贫困户申报办理产业扶贫信贷通资金，共135万元。全年发放教育扶贫资金4625元，组织5名贫困户参加南迳镇举办的芳香苗木和油茶种植技术培训班，启动5户贫困户的保障性住房建设，并建立结对帮扶贫困户与扶贫产业的利益联结机制，确保扶贫工作有序推进。

（撰稿　何　艳　审稿　华晓斌　邹干昌）

【领导名单】

党组书记、主任：廖万生(9月免)
华晓斌(9月任)

党组成员、副调研员：邹干昌

（本栏编辑　赖建明）

旅游业

概　述

2016年，全市各级旅游部门围绕“一核三区”(“一核”即打造章贡区、南康区、赣县区为主体的宋城文化旅游核心区；“三区”重点发展东面以瑞金市、兴国县、于都县、宁都县、会昌县为主体的红色旅游区，南面以龙南县、定南县、全南县为主体的客家文化旅游区，西面以上犹县、崇义县、大余县为主体的生态休闲度假区)旅游发展战略布局，抢抓机遇，凝心聚力，积极作为，倾力推动项目大突破、产业上规模、品牌更突显，旅游产业呈现发展提速、转型升级的良好态势。全年接待游客6741.52万人次，增长40.41%；旅游总收入588.88亿元，增长49.03%。全市拥有国家AAAAA级旅游景区1处，AAAA级旅游景区16处，AAA级旅游景区8处；国家全域旅游示范区创建单位3个；省级旅游度假区1个，省级生态旅游示范区1处，省级风情旅游小镇2处；省级AAAAA级乡村旅游点1个，AAAA级乡村旅游点12个，全市拥有各类休闲农业和乡村旅游企业1706个；旅游星级饭店73家，其中五星级2家，四星级19家，三星级50家，二星级2家；三星级以上农家旅馆211家；旅行社69家，其中出境社4家，赴台游组团社1家；旅行社服务网点355个；旅游专业车队7家。有持国家导游证人员2310余人。

发展环境持续向好。市委、市政府将旅游业列为现代服务业攻坚战的重中之重，建立助推赣州旅游发展的工作机制和考核办法，形成全市上下合力推动旅游产业发展的工作格局。全市上下关注旅游、支持旅游、发展旅游的热潮高涨。高位推动发展。市委主要领导亲自为全市旅游业的发展定方向、谋举措、抓项目，中共赣州市第五次党代会确立做旺文化旅游业目标任务，为加快“一核三区”建设，编制《赣州市旅游产业“十三五”发展规划》《三江六岸旅游开发和环境提升规划》。政策利好引导。印发《关于加快旅游投资和促进旅游消费的意见》，加大财政扶持、金融支持、税费优惠、用地保障等，政策“含金量”及实施力度增强，有力促进全市旅游业提质增效发展。任务清单明晰。制定《赣州市旅游产业发展三年推进计划(2016—2018年)》，明确旅游发展的目标任务，列出加快旅游发展年度任务清单。借智借力助推。组建赣州市旅游专家智库，为各地旅游项目建设、品牌创建出谋献策和专业把关。8月，省旅发委组织专家、旅行社和媒体代表30余人组成联合调研组对赣州的旅游产业进行调研和探讨，为全市的旅游工作送智添力。

项目攻坚步伐加快。完善定期调度、督查机制，形成“自上而下”的高位推动和“自下而上”的项目攻坚格局。筛选81个纳入市“现代服务业攻坚战”调度的重点文化旅游项目，建立重大项目一周一调度、每季一督查的工作机制。10月，分别在章贡区、上犹县、龙南县、瑞金市召开片区调度会，对“一核三区”旅游重点项目的攻坚和重点事项的攻关进行专题调度；12月中旬，对年内各地旅游项目建设进展情况进行年度督查。81个文化旅游项目，开工73个，开工率90.1%；年内计划投资47.8亿元，完成投资43.6亿元，完成年度投资计划的91.2%。92个列入文化旅游产业发展3年行动计划的项目，开工71个，开工率77%，完成投资45.7亿元。列入省调度的5个重点旅游产业集群实现旅游收入46.29亿元，利税总额7.28亿元。

“北上南下”取得实效。“北上”与国家、省有关部门沟通对接，争取扶持政策、资金加快推动旅游产业发展。全年共争取项目补助资金、专项建设基金9.98亿元；争取于都中央红军长征出发地旧址群等11个红色景区纳入赣南苏区红色旅游长廊；争取会昌县汉仙岩风景区、崇义县上堡梯田等5个项目纳入江西省旅游公路建设规划；争取通天岩石窟、关西新围等12个项目纳入“十三五”国家文化和自然遗产保护利用设施建规划；争取大余县丫山风景区、上犹县陡水湖景区等项目纳入“十三五”旅游基础设施和公共服务设施项目规划等。“南下”开展多渠道旅游招商，编制《赣州市重点旅游项目招商指南》，坚持“走出去”“请进来”招商形式双轮驱动，推动一批重大文化旅游项目签约落地。全市新签约重大文化旅游项目57个，投资额392亿元，其中赣州复兴之路文化科技主题园、三江口景观改造工程、时光赣州、乡愁赣州、海洋世界5个重大文化旅游项目签约资金达75亿元。

旅游要素不断健全。实施旅游厕所“革命”，建设完工A级以上旅游厕所101座。完成部分境内高速公路沿线旅游标识标牌的设立工作。深度开发旅游商品，通过举办旅博会和组织旅游商品生产企业参加省内外各项活动及利用旅游宣传促销、旅游商品展销平台推广赣州旅游商品，有效提升赣州特色旅游商品知名度，促进扩销。莲子手链、客家门匾挂坠、随行佛堂等荣获江西旅游商品大赛一、二等奖。11月，在2016赣州首届旅游商品博览会上，参展单位164家，参展展品种类达2186种，吸引约22.7万人次的市民、游客参与观展，旅游商品销售额达175.7万元，达成意向合作企业共86家，“赣州礼物”旅游商品旗舰店成效初显；开展客家名宴评选活动，制定《关于促进赣南客家餐饮的意见》，通过举办赣州客家美食文化节，以节会评比客家名宴、名菜、名小吃等，推广客家美食。集在线订票、订餐、订房、报团出游等功能于一体的智慧旅游平台和手机APP全面推广，导游、导购、导览、导航功能及吃喝玩乐等丰富的信息量为广大市民和游客出行提供便利。

旅游市场平稳有序。推进旅游市场专项治理，常态化开展旅游市场秩序明察暗访、随机抽查、交叉检查，严厉查处旅游市场各类违法违规行为。全年，市县两级旅游部门开展专项检查73次，检查各类旅游企业92家次。对旅游纠纷实施分类管理，规范旅游市场秩序。落实安全生产责任制，开展“安全生产月”等活动，加强对强降雨等特殊天气及假日旅游期间的旅游安全生产工作，年内全市未发生较大以上旅游安全事故。推动文明旅游，启动“传承红色基因·推进旅游文明”主题活动，发出“传承红色基因·争当文明使者”的倡议，组织开展“最美赣州旅游人”评选等系列活动，争做文明旅游的倡导者、引导者、先行者、践行者等，在全市旅游行业上下掀起学习典型、崇尚典型、争当典型的浓厚氛围，文明旅游工作体系初步形成。充分发挥市旅游协会桥梁纽带作用，凝聚行业合力服务发展，在全省率先成立自驾游分会、房车露营分会和乡村旅游分会，现有各类分会9个。年内评定赣州国旅等14家旅行社为首批“赣州市诚信旅行社”，赣州国际旅行社有限公司、赣州宝中观光国际旅行社有限公司、赣州光大假日国际旅行社等15家旅行社上榜国家旅游局全国第二批“承诺诚信经营旅行社”名单。

品牌形象日益彰显。举办闽粤赣十三地市旅游局长联席会议、赣州旅游博览会、赣州(香港、厦门)旅游推介会、“美丽乡村游，欢乐赣州行”、赣州旅游商品博览会暨赣南脐橙采摘旅游季、赣南客家美食文化节、2016“大广通·赣粤情”千车万人自驾游赣州等大型推广活动20余场。承办全国“重走长征路”红色旅游主题活动旅游线路发布暨启动仪式。组建赣州旅游媒体宣传团，参与“江西风景独好”央视旅游形象宣传，邀请中国气象影视中心和江西卫视到赣州录制乡村民俗、美食美景等节目，并在央视财经频道《第一时间》栏目、江西电视台都市频道《都市现场》《地宝当家》栏目进行首播。在地铁、公交车、出租车、高速公路、机场等境内外媒介媒体投放赣州旅游宣传广告。在《赣南日报》和赣州电视台开设旅游专刊(专栏)。依托微博、微信及赣州旅游官网发布信息4000余条，策划开展“在我眼里你最美”——赣州文化旅游拍客大赛、2016网友最想去的赣州A级旅游景区微信投票网络评选活动等微营销活动20余场。至年底，赣州市旅游官方微博粉丝数超47万人次，赣州旅游官方微信公众平台阅读量超百万人次。主攻福建客源市场，出台《福建客源市场组团旅行社奖励办法》，开展“跟着赣鲎走”万人游赣州、“动车带你游赣州”等活动；拓展港澳台等地客源市场，举办2016香港青少年红色之旅赣州行活动，邀请台湾旅游同行和主流媒体等到赣州踩线采风。

旅游开发

【旅游品牌创建】 创评旅游强县2个(瑞金市、石城县)，国家全域旅游示范区创建单位3个(石城县、瑞金市、龙南县)，省级旅游度假区1处(安远县东江源旅游度假区)，省级生态旅游示范区1处(石城县赣江源)；上犹县柏水寨、大余县周屋、会昌县洞头雪莲山被评为省AAAA级乡村旅游点，大余县黄龙镇、会昌县洞头乡、上犹县陡水镇被评为省级生态旅游示范镇，宁都县小布镇、龙南县虔心小镇被评为省级风情旅游小镇；石城县八卦脑、瑞金市罗汉岩等5个景区创AAAA工程进展顺利。安远县三百山景区创AAAAA景区工程加速推进，签订索道项目投资协议；章贡区五龙客家风情园编制创AAAAA景区工程提升规划等。

【新型旅游业态】 结合国家旅游扶贫试验区建设，推进“十百千”工程(即打造十大旅游产品体系，百个旅游扶贫重点镇，千个旅游扶贫示范点)，打

2016年12月1日，“重走长征路”红色旅游主题活动旅游线路发布暨启动仪式在于都县中央红军长征出发地纪念广场举行

造特色乡村旅游品牌，新增73家三星级以上农家旅馆，集中打造以大余周屋村等为代表的旅游特色村和以龙南虔心小镇、上犹柏水寨为代表的乡村旅游点，全市各类休闲农业和乡村旅游企业增至1706家。编印出版《赣州乡村旅游手册》，承办全省乡村旅游提升年系列活动之画乡景活动启动仪式等。全年，通过实施旅游扶贫，带动就业18万人，辐射受益贫困人口近35万人。大余县丫山景区发展经验在全国推广，于都县屏山景区获评全国“景区带村”旅游扶贫示范项目，赣县区百家乐蔬菜专业合作社(鹭溪农场)获评全国“合作社+农户”旅游扶贫示范项目，上犹县源丰生态旅游发展有限公司(柏水寨景区)获评全国“公司+农户”旅游扶贫示范项目。推动自驾车营地项目建设，赣县区五云祥云湖景区自驾车露营地、龙南县虔心小镇自驾车房车营地项目等进入规划建设阶段，章贡区自驾车房车营地(汽车滨江露营公园)、定南自驾车营地项目签订项目框架协议。与广东省、福建省、湖南省自驾游协会联合开展千车万人游赣州活动，年内接待外地自驾游车队60余批次，累计接待团队自驾游客5万余人。

【智慧旅游建设】 采取“政府主导、企业参与、市场运作”方式，运用“PPP”模式，启动市级智慧旅游平台建设，开发集大数据分析、在线预定、智慧导游导览导航、智慧监管、智慧营销等功能于一体的智慧旅游平台和手机APP，为市民及游客提供一个集吃住行娱购游为一体的全方位旅游信息展示与服务平台。至年底，手机APP平台注册用户超5万人次。加大赣州智慧旅游APP的运营推广，开展在线“周末去哪儿”系列乡村游活动；开展走进高校“智慧旅游与您同行”系列宣传推广活动。与赣州移动公司合作开展赣州“旅游名片——短信群发服务平台”“游客大数据分析系统——旅游管理服务平台”等智慧旅游项目建设。通过短信群发服务平台向外地到赣州的游客推广赣州旅游。在全市各星级酒店、A级旅游景区、乡村旅游点，以及市内各高校、机关等单位和赣州机场等涉外服务窗口统一放置赣州智慧旅游触摸双屏一体机，展示赣州旅游资源，展播赣州旅游形象宣传片，为游客提供更好的“吃、住、行、游、购、娱”旅游便捷服务。

旅游景区

【A级旅游景区】 至12月，全市有国家AAAAA级旅游区1处：瑞金共和国摇篮旅游区。

国家AAAA级旅游区16处(新增2处)：通天岩风景名胜区、宝葫芦农庄、崇义县阳岭国家森林公园、赣县区客家文化城、定南县九曲度假村、龙南县关西围屋景区、安远县三百山景区、五龙客家风情园景区、大余县丫山风景区、石城县通天寨景区、会昌县汉仙岩景区、兴国县三僚风水文化景区、宁都县翠微峰景区、上犹县陡水湖景区、兴国县苏区干部好作风纪念园(新增)、于都县屏山旅游区(新增)。

国家AAA级旅游景区8处：于都县中央红军长征出发地纪念园、龙南县客家酒堡景区、龙南县粟园围、大余县黄龙花木产业旅游示范园、大余县周屋乡村旅游景区、江西环境工程职业学院景区、赣县区大田乡村部落·南山居、兴国县黄隆顺客栈四星望月文化景区。

【乡村旅游点】 至12月，全市有江西省AAAAA级乡村旅游点1个：大余县丫山乡村生态园。

江西省AAAA级乡村旅游点12个(新增3个)：上犹县梅水乡园村、瑞金市沙洲坝镇沙洲坝村、石城县大畲旅游新村、龙南县里仁镇栗园围、龙南县里仁镇客家酒堡、瑞金市云石乡松山坪村、赣县区白鹭乡白鹭古村、瑞金市源润潭生态农庄、于都县屏山旅游区、大余县新城周屋乡村旅游点(新增)、上犹县柏水寨休闲创意农业园(新增)、会昌县洞头乡雪莲山(新增)。

江西省AAA乡村旅游点2个：南康区金潭生态农庄、章贡区山泉农庄。

旅游管理

【星级旅游饭店】 完成2家四星级、3家三星级旅游星级饭店的评定，其中欧利大酒店、金和大酒店2家饭店被评定为四星级饭店；叶坪宾馆、金宏大酒店、西米国际大酒店3家饭店被评定为三星级饭店，取消2家三星级饭店：海天大酒店、君临大酒店。

【旅游绿色饭店】 赣县新饭店严格按照国家旅游局《绿色旅游饭店》(LB-T007-2015)标准，完成银叶级绿色旅游饭店创建任务，被市旅游星级饭店评定委员会评定为银叶级绿色旅游饭店。

【旅行社管理】 批准新设立旅行社5家，即赣州驴妈妈国际旅行社有限公司、江西中行国际旅行社有限公司、江西七加旅行社有限公司、赣州插坐旅行社有限公司、赣州纵深国际旅行社有限公司。申请注销旅行社5家，即定南惠海旅行社有限责任公司、赣州市开原国际旅行社有限公司、赣州市国旅假期国际旅行社有限公司、赣州悠享国际旅行社有限公司、崇义客家情旅行社有限公司。新备案登记服务网点134个。

【旅游投诉】 全年受理旅游纠纷38起，其中有效旅游投诉1起。全部处理完毕，办结率100%，为游客挽回旅游经济损失1.79万元，有效维护旅游者的合法权益。

(撰稿　胡良喜　审稿　张小妍)

【领导名单】

党组书记、主任：李诒芸(女)

党组副书记、副主任：杨元珍(3月退休)

党组成员、副主任：钟朝阳　罗沪京

党组成员、纪检组长：陈小青

党组成员、通天岩风景名胜区管理局局长：肖卫平

党组成员、副主任：黄志云(10月任)
副调研员：陈广明　陈　锋

旅游投资

【概况】 赣州旅游投资集团有限公司前身为成立于2010年7月的赣州客家旅游集团，注册资金1亿元，是市人民政府授权经营的国有独资公司。集团公司本部在职人员35人，内设行政综合部、党群工作部、投资开发部、资产计财部和人力资源部等5个部门。集团拥有5家全资子公司，即赣州铭智投资有限责任公司、赣州通天岩风景名胜区开发管理有限责任公司、赣州旅游集散中心有限公司、赣州弘润房地产开发有限公司、赣州城航实业有限责任公司；3家控股公司，即赣州华园文旅开发有限公司、赣州国际旅行社有限公司、赣州市德硕咨询服务有限公司；4家参股公司，即赣州福之行旅游客运有限责任公司、明珠大酒店、赣州城市一卡通有限公司、赣州悦海岚创文化旅游发展有限公司。

2016年，赣州旅游投资集团紧紧抓住改革发展这一主线，抢抓发展机遇，狠抓经营管理，推动赣州复兴之路文化科技主题园重大文旅项目的落地，正式启用集散中心办公大楼建设，积极配合完成市委专项巡察整改，各项工作有序推进。全年旅投集团总资产达到4亿元，实现营业收入2206万元。

【巡察问题整改】 旅投集团根据市委巡察组巡察发现并指出的问题，多次召开党支部会议专题研究整改落实工作，对整改问题逐一研究调度，成立旅投集团主要领导任组长，分管领导任副组长，各部门、各子公司负责人为成员的整改工作领导小组，明确完成时限，全力解决“党性观念薄弱”“违反组织纪律，违规用人”“违反工作纪律，挤占挪用专项资金”“违反群众纪律，规避监督”“‘三重一大’事项决策不严格”等5类11个问题，提出具有针对性的措施21条，确保在整改时限内完成整改销号。年内，足额补缴党费3.19万元，制定党员干部职工“十带头、十不准”行为规范。清退违规兼职4人，解决双向取酬问题，清缴违规兼职所得40.62万元。完善投资风险把控，收回风险投资资金666.28万元。开展专项整治3次，完善相关制度10个。

【重大文旅项目】 引入重大文化旅游项目3个。年内，旅投集团引入深圳华强集团打造赣州复兴之路文化科技主题园项目。引入棕榈园林股份有限公司和幸福时代生态城镇开发有限公司打造时光赣州(七里古镇)项目、乡愁赣州(大湖江景区)项目。建设重大文化旅游项目1个。5月，市政府与深圳华强集团签订“赣州复兴之路文化科技主题园项目投资合作协议”；赣州旅投集团和深圳华强方特文化科技集团作为项目具体实施单位签订“关于共同投资在赣州建设复兴之路文化科技主题园项目协议”，投资29亿元的赣州复兴之路文化科技主题园项目正式落户赣州。年内完成合作双方各出资5000万元项目合资公司的组建。12月30日举行项目启动仪式，项目创意设计进展顺利，项目选址及范围红线、相关配套土地选址等工作稳步推进。

重大文化游旅项目储备。多次与广东省珠江航运公司互访，洽谈合作开发赣州三江六岸水上观光旅游项目，达成“成立合资公司，以轻资产注入，以管理输出的方式参与赣州水上观光业务的开发与周边旅游资源整合”的初步合作设想，完成项目评估报告等相关工作。与信丰县共同合作打造信丰球狮畲族特色小镇项目，双方就投资条件、配套政策进行商洽，确定项目投资额等。与山东华夏文旅集团接洽商谈共同打造“赣南传奇”文化旅游综合产业园项目。与赣州宝葫芦公司沟通洽谈宝葫芦农庄升级改造项目，与大余章源生态旅游有限公司洽谈合作打造丫山国际养生度假中心项目。

【项目融资】 紧跟项目推进情况，先后与华融信托、中信银行、招商银行、赣州银行、华夏银行、工商银行、光大银行、湖北美融投资管理公司、江西省宏发路桥建筑工程有限公司等20多家金融机构对接，商谈融资模式，探讨合作方案。与中信银行合作融资1.2亿元，用于赣州复兴之路文化科技主题园项目合资公司前期注册资金和方特主题公园创意设计费。向赣州发投集团借款9000万元，将首次借入资金3000万元支付赣州复兴之路文化科技主题园项目创意设计费预付款。

【经营管理】 旅投集团下属公司定南弘润国际社区项目完成销售294套，认购总金额1.20亿元，实现销量、售价双突破。赣州旅游集散中心实现开门迎客，赣州国旅旅游接待人数5052人次(总部)，营业收入1409万元，明珠大酒店实现经营收入1034.95万元、减少67.25万元，福之行旅运公司完成销售收入387.74万元、增收25.74万元。

【内部管控】 构建管控体系。完善制度治理结构，按照现代企业制度的要求，健全公司法人治理。健全管理制度，修订、制定规章制度10多个。细化成本目标与考核，把集团公司的各项费用严格控制在合理的预算范围内。强化党建工作。深入开展“两学一做”学习教育，查摆问题，建立整改清单，制定整改措施，年内全部整改销号到位。加强领导班子建设，明确党组织核心地位；进行党支部改选，配齐配强支委委员，支部战斗堡垒作用得到强化。加强警示教育，以黄德明案件为反面典型，召开党员大会深刻剖析原因，查摆问题。细化财务管理制度。修改完善《赣州旅游投资集团差旅费管理办法》；制定《赣州旅游投资集团投资管理办法》，强化监督措施，健全管控机制，降低财务风险。出台《赣州旅游投资集团有限公司财务审批权限制度》，加强审批权限管理，规范审批程序，提高工作效率。

【精准扶贫】 赣州旅投集团在于都县禾丰镇华堂村精准扶贫。工作队通过深入调查摸底，精准识别确定24户“十三五”贫困村贫困户扶帮对象，科学制定帮扶方案、产业规划、脱贫计划，投资15万余元，将24户贫困户脱贫任务分解落实到每一个帮扶干部，落实干部帮扶工作责任，年内，有8户贫困户实现脱贫，圆满完成扶贫帮扶的各项任务。

（撰稿 李 丽 审稿 黄冬梅）

【领导名单】
董事长：黄德明(10月免)
　　　　许志辉(9月任)
总经理：汪广春
副总经理：李 辉
工会主席：王旭东

通天岩风景名胜区

【概况】 通天岩风景名胜区围绕加快景区发展，以“内强管理、外树形象、创优服务”为目标，以AAAA级景区复核迎检为抓手，科学谋划，突出重点，扎实推进各项工作，呈现健康发展的良好态势。全年接待游客55.91万人次，增长1.12%；门票收入1684.44万元，增长3.11%；免票接待香港客人及福建动车游客共6255人次。

【景区规划建设】 针对景区旅游基础设施陈旧老化，破损严重，安全隐患多等现象，依据《中华人民共和国城乡规划法》和国务院《风景名胜区条例》等法规，制定《赣州市通天岩风景名胜区总体规划(2016—2030)》。明确“规划”的权威性，禁止一切违章违规行为，区分与周边镇村及村民的权属。改造景区旅游基础设施(含旅游公厕)，提升外环游步道，改造内环游步道及105国道旁停车场扩建工程。完善桂花园及水月亭片区、情苑片区、怡心阁片区等周边环境整治和提升改造。

【景区管理】 资源保护。加强与文物部门联系沟通，派专业人员对景区文物进行传统保护和试验性保护，启动文物保护规划策略，更好更持久保护景区文物。安排专人每天不间断在核心保护区巡查登记，发现文物脱落或破坏做好详细记录并及时拍照上报至市文物局。细心培育花草树木，投资20多万元，对景区10万余株乔灌木再一次全面抚育。投资10万余元在马尾松病发区域放置太阳能灭虫器、药用松毛虫诱捕器，对发现的松材线虫病疫树及时有效处置。10月，对进景区道路两侧进行集中整治，清理道路两侧乱堆乱放杂物、废土、垃圾等，疏通两旁水沟，动员附近村民清理道路两侧有碍视野的杂草、围挡，营造干净、整洁的旅游环境。

安全生产。制定《2016年夏季消防安全工作实施方案》《2016年“安全生产月”活动实施方案》《赣州市通天岩景区消防安全标准化管理达标创建实施方案》等，从建设规范化、消防设施标识化、日常管理“户籍化”、基础档案正规化、应急演练常态化等方面入手开展景区消防达标创建活动，提高全员安全意识和实战应变能力。上半年，景区遭遇1次冰雹、2次暴雨灾害，造成景区基础设施、建筑物、林木受损严重，损坏基础设施(建筑物)面积800多平方米，倒伏树木5000多棵，近2000棵拦腰折断，直接经济损失近200万元。灾情发生后，2次封闭景区，组织抢险施工队伍对因塌方而中断的部分游步道设置安全警示标志，展开疏通、清理、修复和加固作业，排除安全隐患。

【景区宣传】 利用媒体宣传。升级通天岩官方网站，增设“景区720°”全景动态鸟瞰图专栏，为游客提供更直观景色；利用赣州旅游网、通天岩官网、微信、微博等媒介发布各类信息宣传景区；与市内外媒体(企业)合作，各个频道全方位的介绍景区。搞好优惠促销，利用“三八”妇女节、“中国旅游日”、“六一”儿童节等重要节点，实行门票优惠活动，提升市内外妇女儿童对景区的知晓度。合作宣传景区。利用分众传媒在全市各领域分布的楼宇液晶显示屏播放景区宣传片，在赣江之声“好朋友车电台”以及赣州黄金机场一号航站楼投放宣传广告，在20多家星级酒店大堂，放置通天岩宣传折页。推进智慧景区建设。与天津恒达文博科技有限公司签订多媒体导讲系统合同项目，游客携带制作好的导讲机进入景区，便可自动播放对应景点传说和典故。讲好景区故事。赣州广播电视台《爱生活》栏目组录制儿童大型真人秀活动及《南赣巡抚王阳明》纪录片，充分展现通天岩的独特魅力，深受游客喜欢。以“通天岩杯”为冠名的赣州首届甲(乙)级足球联赛如期开赛，提升景区知名度，实现体育和旅游深度融合。

积极参加2016首届赣州旅游博览会、2016年第十二届海峡两岸旅游博览会、“跟着诗文游江西”2016年江西旅游(北京)大型旅游推广活动、2016年江西旅游(杭州)大型推广活动、广东国际旅游产业博览会、2016年江西旅游产业博览会、赣州(厦门)旅游系列推广活动等，发放旅游宣传册、旅游纪念品，拓宽旅游线路，推动周边游客来通天岩旅游的热潮。

（撰稿 钟雅欢 审稿 刘锡峰）

【领导名单】
通天岩景区管理局局长：肖卫平

（本栏编辑 廖伟东）

财政 税务

财 政

【概况】 2016年，赣州市财政部门围绕市委、市政府“六大攻坚战”等重大决策部署，坚持解放思想、内外兼修、北上南下，深入转作风、提效能，全力夯实“财源建设、收支管理、内部控制”三个基础，牢牢把握“预算编制、绩效管理、资金安全”三个关键，切实展现“财税改革、争资争项、保障民生”三个担当，各项工作取得较好成效，为全市经济社会发展提供有力的财政保障。

【财政收支】 全力破解减税降负与保持财税平稳发展的难题，做好营改增试点改革工作，让利支持实体经济发展，为企业减压降负，直接为企业减负8亿元。研判财税经济形势变化，沉着应对挑战，确保全市财政收入继续保持平稳增长。全年全市财政总收入完成366.32亿元，增长3.7%（考虑2016年全市营改增政策性减税17亿元，同口径增长8.5%，完成年初确定的8%的计划增幅）；一般公共预算收入完成243.18亿元。优化支出结构，全市一般公共预算支出676.83亿元，增长10%，总量连续9年位居全省第一位，各项重点支出保障有力。其中，民生类支出完成552.54亿元，占一般公共预算支出总量81.6%。

【争资争项】 加强“对上”对接汇报，全市全年共争取各类上级补助资金477.19亿元，增长14.8%。实现“两项突破”。争取东江流域生态保护补偿机制列入《国务院办公厅关于健全生态保护补偿机制的意见》，10月，赣粤2省签署东江流域上下游横向生态补偿协议；争取山水林田湖生态修复试点项目竞选队列，并顺利通过首轮评选，赣州市成为唯一以地级市名义成功申报试点的地区，每年获得中央财政20亿元基础性奖补。“四项县域全覆盖”。革命老区转移支付县域全覆盖，重点生态功能区转移支付县域全覆盖，电子商务进农村试点县域全覆盖，农村环境连片综合整治县域行政村全覆盖，全市3461个行政村全部纳入农村环境连片综合整治范围。“多项重大支持”。争取中央财政2016年起将每年安排的赣南等原中央苏区补助由6亿元调增为8亿元，争取均衡性转移支付资金33.89亿元（增长28.8%），流域生态补偿资金（国家重点生态功能区转移支付）8.27亿元，并列入补助基数；争取省财政划拨赣州市12万大箱卷烟税收基础上，2016年再增加3万大箱，每年增加税收约10.5亿元；争取省下达全市地方政府债券额度126.71亿元，其中新增债券额度51.14亿元、置换债券额度75.57亿元；争取保障性安居工程专项资金7.76亿元、薄弱学校改造专项资金3.43亿元、农村无线宽带接入试点补助资金3亿元、棚户区改造补助资金2.9亿元、村庄整治建设资金2.24亿元、陡水湖生态环境保护治理资金2.1亿元、赣州机场改扩建补助资金1.5亿元、将龙南县纳入全国独立工矿区财力性转移支付范围（连续补助3年，2016年补助资金2670万元）等。

【服务经济】 实施积极的财政政策，不断创新财政支持方式，充分发挥财政支持、引导、保障作用，全力推动产业与实体经济的转型升级，全力服务“六大攻坚战”。

创新财政支持方式，发挥资金乘数效应。通过“直接变间接、无偿变有偿、资金变基金”方式，整合相关财政性资金进行基金化改革，引导撬动金融和社会资本为“六大攻坚战”提供“资金池”。全市签订协议设立的政府投资产业基金有51支，总规模超1400亿元，2016年落地170亿元。推进“五个信贷通”和“金信保”融资服务模式。启动“产业扶贫信贷通”试点，与“财园信贷通”“财政惠农信贷通”“小微信贷通”“创业信贷通”同步推进。全市全年发放“五个信贷通”贷款219.9亿元，惠及企业、新型农业经营主体及贫困户16.5万户。

发挥杠杆功能，撬动金融社会资本。市本级安排44.7亿元资金，带动金融信贷、产业引导基金、社会资本等加大投入，保障“六大攻坚战”相关支出。争取国家开发银行和农业发展银行对赣州市的信贷支持，市政府与国家开发银行江西省分行签订贷款规模为550亿元的《“十三五”全面深化开发性金融合作备忘录》，落实国家开发银行2015年棚改二期项目38.42亿元。以赣州振兴实业公司为融资平台，向农业发展银行申请95亿元贷款，向赣南苏区振兴发展产业投资基金申请投资40亿元。协助赣州城投集团通过市场化运作筹集资金，与市农发行、市浦发银行等金融机构签订22个城建项目融资合同，融入资金99.44亿元。

落实奖补政策，支持实体经济发展。兑现稀土、钨深加工及应用产品奖励、出口创汇补贴、进口设备贷款贴息、工业企业增产增效奖励、企业上台阶奖励、主导产业主营业务收入上台阶奖励、重点工业项目技改扶持、新增纳入统计范围的规上工业企业和限额以上商贸流通企业奖励等系列政策，支持企业做大做强。

优化发展环境，切实减轻企业负担。做好行政事业性收费清单管理工作。全年全市取消、停征和整合部分政府性基金项目，停征价格调节基金、企业防洪保安基金；育林基金征收标准降为零，扩大国内植物检疫、社会公用计量标准证书费、林权勘测费等18项行政事业性收费免征范围。减轻企业融资负担。赣州市金盛源担保有限公司通过降低担保条件，继续执行优惠担保费率，最大限度地降低企业融资成本，年内新增担保金额31.42亿元，受惠企业157户。新增的168笔业务中，工业企业项目59笔，占35%；中小微企业项目138笔，占比82%。降低企业经营成本。市住房公积金中心出台减轻企业负担的优惠政策，非公企业可结合自身的经济效益状况弹性确定缴存比例，对有困难的非公企业实行缓缴、停缴或按最低标准缴存住房公积金等措施，以降低非公企业的经营成本。开展降成本优环境专项行动。落实降成本优环境90条政策措施，每年为企业减负80.7亿元。

统筹财政资金，构建扶贫投入新格局。紧扣“五个一批”工程建设，加大财政扶贫投入力度，年内，预算安排脱贫攻坚专项资金3.95亿元，增长54%，占一般公共预算9.4%。整合各级涉农扶贫资金44项，财政涉农扶贫资金72.8亿元，用于推进精准扶贫工作，形成“多个渠道引水、一个龙头放水”的扶贫投入新态势。撬动金融资金投入扶贫，筹资10亿元作为风险缓释基金，撬动80亿元“产业扶贫信贷通”贷款帮助贫困群众发展产业。引入人保财险，开展“金信保”产业扶贫贷款保证保险，解决银行业安全放款的后顾之忧。

【保障民生】 全年全市民生类支出552.54亿元，增长10%。完善教育、文化、医疗卫生、社保救助和社会管理等方面的财政保障机制，确保50个民生工程和40件民生实事的支出需要。

保障教育事业发展。完善城乡义务教育经费保障机制，支持农村义务教育薄弱学校改造和标准化建设。市本级安排1.97亿元，继续支持赣州职教园区建设。完善贫困学生支助体系，秋季开始对建档立卡的贫困家庭高中生免学费，全市共下达免学费补助资金220.9万元，受益学生1.6万人。继续实施教育精准扶贫政策，对义务教育阶段家庭贫困寄宿生生活补助和贫困家庭高考入学政府资助标准分别提高500元/(人·年)、1000元/(人·年)，市本级落实提标部分配套资金491万元，全市受助贫困中小学生近4万名。做好市直高中、中职助学金及中职免学费补助工作，落实相关资金2.36亿元，受益学生近13.3万人次。做好中小学代课教师奖补资金落实下达工作，全市落实省、市级奖补资金1.23亿元，涉及代课教师65898人，维护教师队伍的稳定。

提高社会保障水平。开展贫困人口疾病医疗商业补充保险。在全国首创第4道健康保障线做法，市、县两级财政每年出资1亿元，为全市所有建档立卡贫困对象购买医疗商业补充保险，贫困户负担费用由40%左右降到10%以内，及时下达市级补助资金2095.8万元，确保农村和城镇贫困人口疾病医疗商业补充保险的顺利开展。提高面向全民的基本保障水平。调整企业退休人员基本养老金，市本级退休人员月人均基本养老金增加158元，达到每人每月1989元；继续做好城乡低保的提标扩面工作，全市城市低保标准提高到每人每月480元，农村低保标准提高到每人每月270元，财政补助资金达11.14亿元。统筹安排资金2亿元支持县（市、区）全面完成农村保障房建设住房8661户。继续提高城乡居民基本医疗保障水平，财政补助标准每人每年从380元提高到420元，补助资金达36.93亿元。启动机关事业单位工作人员养老保险改革。确保财政全额供款的市直机关事业单位退休人员退休待遇由财政统发向市本级机关事业单位基本养老保险基金发放的平稳过渡。落实社会保障市级配套，全年共下达15项社会保障市级配套资金1.33亿元。

支持文化惠民工程。落实相关专项资金8990万元，用于实施公共文化服务体系标准化建设，落实博物馆、图书馆、文化馆等免费开放政策，支持农村文化5项活动、文化惠民周活动、中心城区文体活动和广播电视户户通工程等。支持城区公益事业发展。年内预算安排基建专项资金3.09亿元，重点支持垃圾中转站、中心城区景观提升、小游园、小广场等社会公益项目建设。支持城市净水工程统筹安排截污干管建设资金和污水处理厂建设资金2.31亿元，安排1.03亿元改善市民出行条件全力支持公交事业发展。保障人民群众安居事业。促进中心城区房地产市场健康发展，累计安排购房契税补贴资金2.74亿元，享受契税补贴的购房户达2.91万户。全市全年归集住房公积金39.18亿元，增长18.04%；发放贷款13460户，金额57.9亿元；为职工办理住房公积金提取290929笔（含按月提取），金额19.55亿元，增长47.55%。支持农村环境改善。安排农村生活垃圾专项治理专项经费7300万元，着力提高全市村庄生活垃圾无害化、减量化、资源处理化程度。安排示范镇专项资金1.7亿元，用于示范镇公共服务设施和基础设施建设。下达新农村建设市级配套资金9775万元。

【财政改革】 财税改革。预算管理制度改革，实现部门绩效目标管理全覆盖，绩效评价重点由项目支出向部门整体支出、政策效果等方面拓展，建立市本级预算绩效管理专家库。盘活存量资金，加大财政资金统筹使用力度。将市本级5项基金2015年年末结转结余1.02亿元全部调入一般公共预算，对2015年年末市本级2项政府性基金结余超过当年收入30%的4203万元调入一般公共预算，全部用于补充预算稳定调节基金。组织市直部门开展财政结转结余资金清理工作，对2年以上结转结余的项目一律收回总预算，盘活存量资金5500万元。扩大财政专项资金竞争性分配范围。按'两权不变、绩效优先”的原则，市本级确定重点工业项目技改扶持、柑桔黄龙病防治等14个项目开展竞争性分配试点，涉及资金3.3亿元，增长244%。政府预决算公开内容不断细化。按照《中华人民共和国预算法》要求及时公开政府预决算及“三公”经费预决算，新增公开经济分类支出明细情况，督促市直各部门按要求公开部门预决算及“三公”经费预决算情况。赣州市级财政透明度居全省首位。

国库集中支付和公务卡改革。10月1日起，将市直医疗机构、科研院所和交通系统下属等17个差额拨款事业单位由主管部门代请款支付方式转变为标准化的国库集中支付方式。市本级305个预算单位实行改革资金达147.79亿元。市本级259个预算单位实施公务卡制度改革，发放公务卡数量7660张，全年公务卡报销金额1.07亿元。

财政资金保值增值措施。首次将市本级机关事业单位养老金账户和职业年金账户通过政府采购方式公开选择开户银行，2家中标银行将上缴市财政国有资源有偿使用费共计660万元/年，社保资金活期存款利率按6个月定期利率计息。赣州市农业信贷担保有限责任公司基本户通过公开招标方式确定承办银行。

政府向社会力量购买服务改革。通过内部控制及外部激励措施督促和引导市直各部门及各县(市、区)开展政府购买服务工作。全市全年共完成购买公共服务项目395个，采购资金177.72亿元。PPP工作持续深入。全市进入财政部综合信息平台的PPP项目108个，总投资721亿元。制定奖补政策，对列入国家、省级、市级项目库的新建项目按总投资规模给予奖励。全市落地PPP项目32个，总投资179.12亿元。在公布的第三批PPP国家示范项目中，全市有5个项目入选，总投资34.86亿元，入选项目数和投资额分别占全省35.71%和27.22%。其做法被《中国经济周刊》(2016年第42期)刊发推广。

【优化财政管理】 坚持依法理财，以建立健全财政监督机制为保障，不断提高监督质量和绩效水平，构建起效率与效益双向优化的财政资金使用模式。开展全市违反财经纪律问题专项整治工作、全市民生资金监督检查工作、彩票公益金支持项目专项检查、全市转移支付结余结转资金核查工作及开展政府投资项目专项检查等多项检查。全面实施内部控制，制定《赣州市财政局内部控制制度建设工作方案》《赣州市财政局内部控制基本制度(试行)》，印发预算编制、预算执行等3个风险防控制度，推进财政内部控制体系建设。部署开展局机关各科室和局属各单位固定资产管理使用、2015年度财务收支和业务科室财政资金管理使用情况的内部监督检查工作。强化政府采购监管，对政府采购各环节流程进行梳理和完善，简化程序，建立限时办结制和跟踪服务机制，提高采购效率和服务预算单位水平。全市全年政府采购预算金额419.2亿元，采购金额413.43亿元，节约资金5.77亿元。创新评审思路，打破常规“面对面”评审，引入“背靠背”模式，选取资质等级高、相关专业能力强的评审中介机构，使“评审资源”扩展至全国、全专业。全市全年完成338个工程预(结)算项目评审，送审金额78.93亿元，审定金额72.52亿元，纠偏6.41亿元，纠偏率8.12%。

【自身建设】 结合“两学一做”学习教育活动，以作风建设为根本，持续开展“理财精细实、为政忠公能”主题活动和“五力增效能”竞赛活动，推动干部素质与工作效能双提高。运用党建QQ群、微信群等新兴传媒及时推送“两学一做”学习教育内容，提升教育时效性针对性。累计集中学习讨论64次，上党课38次(其中处级干部上党课15次)，撰写心得体会226篇，分专题编印《学习小结和个人心得体会》150本。机关文化建设。围绕学习文化、廉政文化、人文文化、服务文化、才艺文化“五个文化”建设，组织开展“财政青年说”年轻干部交流论坛、“财政咏·青年诵”朗诵比赛、全市财政系统“七一”书画摄影展览、全市乡镇财政所“遵规守纪 勤廉为民”专题知识抢答赛等一系列文化活动。落实党风廉政建设责任制。明确责任清单，组织局领导、各科室(单位)负责人签订责任状，层层抓好落实。正确运用“四种形态”，强化监督执纪问责，坚决落实财政干部“五严禁、六不准”，注重抓早抓小，经常“体检”，使咬耳扯袖、红脸出汗成为常态。严格执行中央八项规定，开展“红包”治理、违规插手干预工程项目整治工作，组织开展全市财政系统党风廉政建设社会满意度评价工作，营造风清气正的政治生态。配合市委第五巡察组，做好对市财政局的巡察工作，并对巡察中指出的问题逐一整改到位并向社会公示。开展2015年优秀理论文章的评选活动，编印“赣州财政调研文集”“勤履财政职能服务主攻工业调研文集”。组成11个重点课题组，分成6个片会课题组集中开展理论调研。印发《市财政局关于落实〈关于改进工作作风提高工作效率的意见〉的实施方案》，开展集中整治干部职工“庸懒散、不作为、乱作为”等问题，激发全局干部职工主动作为、率先作为、靠前作为。严格选人用人程序，把工作实效作为选人用人的关键因素，营造“能者上、庸者让、劣者汰”的用人导向。

(撰稿 刘洪婷 审稿 戴笑慧)

【领导名单】

党组书记、局长：陈水连

党组成员、住房公积金管理中心主任：王芳春

党组成员、政府融资监督局局长：郭国荷

党组成员、副局长：陈玉英(女) 吴良灿 黄京山(8月任) 孔小媛(女) 赖德炎

党组成员、财检局(财检办)局长(主任)：周邦春

党组成员、副局长：董水平(5月任、挂职)

调研员：曾鸣华(10月任、女) 蔡 智(10月退休) 谢建珠(1月退休、女)

副调研员、省信用担保公司赣州分公司总经理：甘华智

国家税收

【概况】 全市国家税收系统围绕实现税收现代化目标，以组织收入为中心，以深化改革为主线，凝心聚力，奋发有为，各项工作取得新的成绩，实现“十三五”良好开局。市国税局继续保持“全国文明单位”称号，获评全市“绩效管理考核优秀单位”“综合治理先进单位”，全省国税系统业务大比武单项第一名、团体第三名，全省国税系统体育运动会团体第二名等荣誉。

【组织收入】 始终坚持收入原则，推进“可变税源”管理，在确保总量的同时，进一步提升质量。从发票清查、新增项目投资、出口企业转型等9个方面制定挖潜增收举措，增加税收15亿元。深化风险评估，强化汇算清缴，入库税款近8亿元。加强非居民企业税收管理，收入增长152%。积极培植、挖掘新兴税源，总部经济企业新增税收7100余万元。全年组织国税收入152亿元、增收26亿元、增长21%，圆满完成收入任务。

【服务大局】 简化规范审批备案程序，全面跟踪督导政策落实。执行西部大开发税收优惠政策，将政策红利转化为“真金白银”，落实政策性减免税34.6亿元，有力扶持小微企业、高新技术产业、资源综合利用企业和“三农”事业发展。及时测算营改增行业税负，科学研判收入走势。推动市政府出台鼓励企业本地注册的政策，制定建筑行业管理规定。联合地税部门，对固定资产加速折旧效应、资源综合利用增值税即征即退政策执行情况等进行调研分析。开展“十大产业”集群专题调研，为市委市政府及时提供有益的决策参考。深入开展“降成本、优环境”专项行动，制定18条税收扶持措施，帮助企业解决实际问题37个，减免所得税7.63亿元，《中国新闻网》头条报道工作成效。开展出口企业分类管理，简化退税审核办理流程，退税指标向本地生产型出口企业倾斜。扩大纳税信用等级评定效应，签订银税互动协议，帮助19户小微企业获得授信贷款3888万元。

【便民办税】 与市工商联、市地税局联合成立纳税人维权中心。落实便民办税“春风行动’，推进“四位一体”便民办税升级工程，4个单位实现全天候自助办税，13个单位实现国地税办税“一体整合”，10个单位共驻政务服务大厅，办税质效明显提升、征纳成本大幅下降。提升窗口服务质量，实现集中受理、内部流转、限时办结、窗口出件。推行省内通办和同城通办，扩大免填单范围，办税效能极大提升。

【改革创新】 营改增试点扩围顺利实施，从政策宣传、户数迁移确认、系统保障、办税服务等方面精心部署，打赢“营改增”4场战役。持续深化国地税合作，落实合作规范3.0版，明确51项国地税合作事项，突出抓好大厅办税、网上办税、风险应对、税务稽查等“四联合”事项；“金三”系统按期上线，强化上线基础管理，出台上线5项制度，清理完善各类数据，双轨运行业务完成率超过97%，排名全省第一，并顺利实现单轨运行。强化系统运维管理，通过优化平台，集中处理问题1306条，各系统运行稳定。

【依法治税】 建立和推行行政执法全过程记录制度等3项规定，规范依法行政领导小组会议制度及议事规则，定期召开专题会议研究重大事项，将行政决策合法性审查纳入议事范围，促进决策科学化、民主化。落实“谁执法、谁普法”责任制，制定公职律师工作实施方案和管理办法，组织2批次公职律师团成员到事务所实习，市国税局被评为法治赣州建设先进单位。在全省率先启动漏征漏管户清查工作，补办税务登记2673户。深化警税协作，成立公安派驻国税联络机制办公室。开展税收执法督察，查出7大类165个具体问题。开展打击虚开骗税专项行动，组织涉税信息风险识别和应对，强化增值税发票升级版数据分析应用，查补入库税款3.6亿元，震慑涉税违法行为，净化税收征管环境。

【队伍建设】 坚持以人为本，优化人力资源配置，激发干部队伍活力。坚持实施领导干部能上能下制度，2名县国税局班子成员、4名中层副科干部退出领导岗位。组织科级以上领导干部赴厦门大学培训学习，对4个县国税局开展常规巡察，对5个县国税局开展巡察“回头看”。全南县、石城县局先行先试，创新推行大股室制改革，探索破解基层单位人少事多难题。注重干部培养，继续实施青年英才规划，举办财会班培训，鼓励参加“三师”考试。加大督查督办力度，开展2次全覆盖实地督查，推动重点工作有效落实。落实绩效管理，狠抓过程控制，强化结果运用；开展首批‘四优国税”基层建设验收，6个单位评为示范单位；关心关爱干部，局领导与干部职工谈心交心1230人次，增强干部归属感；开展向先进人物学习活动，评选“身边好人”“最美国税家庭”，举办道德讲堂，精神文明建设成果丰硕。

(撰稿　高　赟　审稿　吴光禄)

【领导名单】

党组书记、局长：徐建波(9月免)
刘荣军(9月任)
党组副书记、副局长：李日胜
党组成员、副局长：黄　澈
党组成员、纪检组长：洪锦平
党组成员、副局长：欧阳升
党组成员、总经济师：何相信
调研员：谢立军(8月退休)
副调研员：杨　勇　曾传洪

2016年全市国税系统分税种收入情况

表7 单位：万元

项目	年累计数		
	本年累计	同比增减	同比 ±%
一、税收收入合计	1521887	267976	21.37
其中：国有企业	411389	34631	9.19
集体企业	19335	-6566	-25.35
股份公司	593259	170326	40.27
私营企业	196126	65086	49.67
涉外企业	138509	4470	3.33
其他企业	163269	29	0.02
(一)"两税"	1220522	313437	34.55
其中：国内增值税	937826	283866	43.41
国内消费税	282696	29571	11.68
(二)所得税	193068	-45689	-19.14
其中：企业所得税	193064	-45688	-19.14
利息个人所得税	4	-1	-20.00
(三)车辆购置税	96330	-3170	-3.19
二、出口退税	158975	22512	16.50
其中：免抵调增值税	60775	1312	2.21
三、其他收入	1165	187	19.12
附：1. 稽查查补税款	19616	-15396	-43.97
2. 提退税款	83274	35478	74.23
3. 海关代征	11967	3398	39.65

地方税收

【概况】 2016年，面对"营改增""金三"上线等重大税制、征管改革带来的减收压力，全市地税系统认真贯彻中央《深化国、地税征管体制改革方案》要求，落实市委市政府打好"六大攻坚战"和省地税局"二次创业"决策部署，始终聚焦组织收入主业，千方百计挖潜增收，圆满完成各项工作任务。市地税局继续保留"全国文明单位称号"，全市系统有17个单位荣获第十四届省级文明单位，16个单位继续保留赣州市第八届文明单位荣誉称号；市局以驻市单位第一名的成绩评为"市政府绩效考评先进单位"。

【组织收入】 全年全市共组织地方税收147.04亿元，减收13.6亿元，下降8.5%；剔除"营改增"因素，地税收入增收7.04亿元，增长6.7%，收入总量位居全省第二，增速列全省第六，剔除营改增后增速列全省第五。地税收入占同期地方财政收入的40.1%，剔除"营改增"因素后占地方财政收入的30.6%，与2015年同期持平。代征教育费附加及各项基金(费)收入9.33亿元，增收2254万元，增长2.5%。全市地税收入的持续稳定增长，为赣南苏区振兴发展提供坚实的财力保障。坚持依法征收原则，严把行政决策关、执法过程控制关、重大税款入库审核关"三个关口"，加大执法督查力度，严格执行大额税款先审核后入库制度，确保不收"过头税"。加大清理清欠工作力度，重点抓好营业税和企业所得税、土地增值税"三个税种"的清理清欠，全年累计清收税款35.12亿元，占同期税收总量的23.9%。大力开展稽查执法，提高稽查选案精准度和结案率，强化大要案的查结力度，全年检查和组织企业自查302户，查补入库各项收入3.88亿元，其中查处百万元以上大案要案28个，千万元以上大案要案3个，稽查收入总额位居全省前列，确保有税必收。

【服务发展】 策应供给侧改革，围绕全市经济社会发展大局，主动作为提站位，倾心尽力助发展。开展“降成本、优环境”活动，全面落实“支持主攻工业30条”“降成本优环境”等一系列政策服务措施。主动对接市领导挂点联系工业园区企业活动，深入企业进行专题政策宣讲，切实为企业降成本、减负担、增效益提供政策支持。全年全系统累计减免各项税费16.6亿元，有效释放政策红利，全市182户企业享受西部大开发企业所得税优惠政策，全年累计减免企业所得税2.58亿元。大力支持“大众创业、万众创新”活动，累计减免小微企业各项税收2539万元，惠及纳税人1312户，受益面100%。落实房地产税收新政，通过降低房产原值计税比例，下调土地增值税预征率、核定征收率和契税税率，加快城镇土地使用税计税面积扣减速度，支持房地产企业降成本、去库存。推进“银税互动”战略合作，帮助18户企业解决3808万元免抵押信用贷款，为纳税人谋得实惠。深化经济税收分析，围绕房地产税收新政开展的税收专题调研，得到市委书记李炳军的批示肯定；关于营改增、资源税改革等政策效应的意见建议，在国务院《国办信息专报》、新华社《国内动态清样》和国家税务总局《简报》发表。

【征管改革】 “三大改革”任务顺利落地。全面推进“营改增”试点改革，按照时间节点做好9.18万户“营改增”管户资料的移交，全力做好“二手房”交易及个人出租不动产增值税代征工作，实现“营改增”工作与全国同步顺利到位，至12月底，全系统累计代征增值税1.09亿元。全面推开资源税从价计征改革，7月1日起全市除矿泉水等3种非金属矿外的其余23种资源品目全部实行从价计征，下半年入库资源税3.3亿元，增长96%。7月8日，“金三”系统一次性单轨成功上线，“金三”上线期间，做好岗责、流程、权限等系统初始化配置，开展数据清理、采集和补录工作，累计修改错误数据11.65万条，采集补录缺失数据11万余条，完成80个岗位、3348个系统功能全量、225个工作流的配置，为新旧系统业务衔接和工作流程的应用提供有力支撑，全年通过“金三”系统征收税款54.2亿元、代开发票1.25万份。国地税合作实现纵深拓展，10个县(市、区)共驻行政服务中心，3个县(市)共建实体办税厅，7个县(区)互设窗口实行“一体化”办公，顺利推行国地税业务“一人通办”模式。综合治税优化升级，信息平台网络覆盖45个市本级单位及330个县属单位，获得财政部调研组的肯定。税收风险管理质效大幅提升，税收风险识别准确率提高至94.8%，借助这3个平台，全年实现税款30.49亿元，税收贡献率达20.7%。率先在全省推行自然人实名制办税，自主开发的“自然人数据库”荣获全省系统创新项目一等奖，“赣州市自然人税收监控系统”代表省局参加国家税务总局“互联网＋税务”应用软件项目评选。

【队伍建设】 坚持以情待人、制度管人，干部队伍的凝聚力、向心力不断增强。深化人事管理，优化层级管理，完善科级领导干部管理办法，规范干部选拔任用，提拔、重用科级干部14名，树立干部职工凭个人能力、学习成绩和工作业绩成长进步的正确用人导向。强化绩效考核，统一市、县两级的系统和机关绩效考核口径，将省地税局考核指标、市地税局重点工作全部分解到部门、压实到个人，实现单位绩效、部门绩效、个人绩效之间的联动考核。全员练兵比武，大力推行“互联网＋税务教育”模式，深入开展分级分类教育培训，全员参与“金三”业务操作培训与测试，干部综合能力得到明显提升。在全省地税系统业务大比武中，市地税局获团体三等奖，3人被评为省地税局业务骨干，2人参加全国业务大比武。

【党风廉政建设】 坚持标本兼治，大力倡导省地税局“四种风气”、市地税局“五个要求”，着力营造风清气正的政治生态。与市文明办、市国税局联合开展首次“赣州市纳税服务标兵”评选活动，举办道德讲堂和“金三”表彰大会等，在全市系统评选出“最美家庭”10户、“身边好人”12名，营造争先创优的良好氛围。深入开展“两学一做”学习教育、“思想大解放和思想政治建设”和“二次创业”主题大讨论等，众筹众创推进“二次创业”的做法得到省地税局局长张和平的批示肯定。强化廉政教育，推行单位“一把手”带头上廉政党课制度，对28名新进公务员进行勤政廉政集体约谈，实现廉政档案管理全覆盖。推行国地税联合作风督查，深入开展“四个问题”专项治理，严肃查处纳税人身边的“四风”和腐败问题，切实发挥执纪监督的综合效应和治本能力。

2016年全市地方税收收入分税种完成情况

表8　　单位：万元

项目	12月收入				全年收入			
	合计	上年同期	增减额	同比增减%	合计	上年同期	增减额	同比增减%
总　计	157931	229516	-71585	-31.2	1563701	1697950	-134249	-7.9
一、税收合计	146826	203506	-56680	-27.9	1470413	1606916	-136503	-8.5
(一)营改增税收	11807	55687	-43880	-78.8	348294	554663	-206369	-37.2

续表8

项目	12月收入				全年收入			
	合计	上年同期	增减额	同比增减 %	合计	上年同期	增减额	同比增减 %
1. 代征增值税	1800	0	1800	—	10853	0	10853	—
2. 营业税	10007	55687	-45680	-82.0	337441	554663	-217222	-39.2
其中：建筑业	1421	25153	-23732	-94.4	118825	174783	-55958	-32.0
交通运输业	0	33	-33	-100.0	0	41	-41	-100.0
邮政通信业	0	0	0	平	0	0	0	平
金融保险业	2117	1832	285	15.6	47773	83385	-35612	-42.7
娱乐业	0	64	-64	-100.0	156	422	-266	-63.0
服务业	219	3727	-3508	-94.1	22008	34125	-12117	-35.5
转让无形资产	4	-588	592	-100.7	1113	9235	-8122	-87.9
销售不动产	5166	24818	-19652	-79.2	144219	249520	-105301	-42.2
文化体育业	3	7	-4	-57.1	1109	1818	-709	-39.0
其他	1077	641	436	68.0	2238	1334	904	67.8
(二)营改增后地方税收合计(剔除营业税和增值税)	135019	147819	-12800	-8.7	1122119	1052253	69866	6.6
3. 个人所得税	15737	17812	-2075	-11.6	159923	142242	17681	12.4
工资、薪金所得	4335	4363	-28	-0.6	58049	46194	11855	25.7
个体户生产、经营所得	3232	2643	589	22.3	25722	23281	2441	10.5
其他	8170	10806	-2636	-24.4	76152	72767	3385	4.7
4. 资源税	11545	4012	7533	187.8	57860	42952	14908	34.7
5. 城市维护建设税	12217	10181	2036	20.0	93570	85846	7724	9.0
6. 房产税	1376	3059	-1683	-55.0	37548	32401	5147	15.9
7. 印花税	2275	1480	795	53.7	17798	15285	2513	16.4
8. 土地使用税	3280	9216	-5936	-64.4	36031	37538	-1507	-4.0
9. 土地增值税	21546	32949	-11403	-34.6	150925	183329	-32404	-17.7
10. 车船税	1646	1541	105	6.8	17885	15673	2212	14.1
11. 企业所得税	19194	29659	-10465	-35.3	264736	258966	5770	2.2
制造业	1858	1803	55	3.1	17705	20625	2920	-14.2
房地产业	11932	18198	-6266	-34.4	156165	133739	22426	16.8
建筑业	4307	8137	-3830	-47.1	61071	59665	1406	2.4
其他	1097	1521	-424	-27.9	29795	44937	-15142	-33.7
12. 烟叶税	0	0	0	平	10878	9316	1562	16.8
13. 耕地占用税	15504	17711	-2207	-12.5	87631	65993	21638	32.8
14. 契税	30699	19698	11001	55.8	187137	161908	25229	15.6
15. 其它税收(固调税等)	0	501	-501	-100.0	197	804	-607	-75.5
二、其他收入	11105	26010	-14905	-57.3	93288	91034	2254	2.5
1. 教育费附加	5966	5017	949	18.9	47684	43444	4240	9.8
2. 文化事业建设费	-1	24	-25	-104.2	100	232	-132	-56.9
3. 残疾人保障基金	279	293	-14	-4.8	964	951	13	1.4
4. 税务部门罚没收入	12	175	-163	-93.1	447	354	93	26.3
5. 地方教育附加	3977	3351	626	18.7	32150	28903	3247	11.2
6. 其他非税收入(防洪、工会、库区基金等)	872	17150	-16278	-94.9	11943	17150	-5207	-30.4

（撰稿　伍振佼　审稿　文　超）

【领导名单】

党组书记、局长：李祖彬(5月免)
　　　　　　　　吴汉江(6月任)
党组副书记、调研员：李　强
党组成员、副局长：黄新华　黄宇平
　　　　　　　　陈北斗　邓龙炳　何小川
党组成员、总经济师：彭剑夫
党组成员(副处级)：刘焕莘
党组成员、纪检组长：刘和洪
调研员：钟圣生
副调研员：刘昌生　谭　敏　赖华旗
　　　　　陈昌远　李祖彬(11月任)

（本栏编辑　廖伟东）

银行业

金融服务

【概况】 2016年，全市金融业积极服务“六大攻坚战”，有力支撑实体经济发展，金融业呈现稳健和加快发展态势。主要金融指标创“四个新高”，即年末金融业增加值126.65亿元，增加23.44亿元，占GDP比重5.77%，提高0.54个百分点，增长21.50%，拉动GDP增长1.1百分点；新增贷款544.63亿元，增加171.16亿元，增长23.70%，提高4.28个百分点；直接融资187.27亿元，增加137.43亿元，增长275.74%，提高196.52个百分点；保费收入96.12亿元，增加17.69亿元，增长22.56%，增速均高于江西省平均水平。

【金融政策】 对口支援。全国政协副主席陈元、中国银监会副主席曹宇、中国证监会副主席李超、国家开发银行行长郑之杰等先后到赣州市指导、调研金融工作。规划编制。完成“十三五”金融专项规划、区域性金融中心和全省次金融中心等规划的编制，完成《赣州市党政领导干部金融知识读本》的编纂。金融发展政策。出台防范和处置非法集资工作、“两权”抵押贷款试点工作实施方案，印发促进私募投资基金业发展、证券机构服务赣州市企业上市挂牌及融资的奖励办法等激励政策。

【金融业态】 地方法人。法人寿险公司(瑞京人寿)组建工作稳步推进，筹建申请材料由江西省政府递交中国保监会，进入联审程序。加快推动法人公募基金管理公司(瑞京基金)设立工作，基金公司名称预核准工作获国家工商总局通过，筹建材料报送中国证监会。各类分支机构设立。年内，引进光大银行在赣州市设立分行，引进平安养老、华夏人寿、恒邦财险3家保险公司以及兴业证券、安信证券、长江证券等3家证券机构入驻。

中小金融机构。农信社改制农商行全面完成，注册资本10亿元的江西省省级法人金融机构——江西金发公司落户赣州市，设立赣州市普惠金融协会，新设立国有出资的融资担保机构7家、网络小额贷款公司1家。全市拥有各类金融机构166家，涵盖银行、证券、保险、期货、基金、小贷担保、要素市场、典当、商业保理等多种金融业态。

【融资规模】 信贷规模。争取银行上级机构信贷倾斜，推动“十三五”期间市政府与各银行机构签订1675亿元信贷投放协议，着力提高储蓄资金利用率，抑制资金外流。至年末，全市金融机构人民币存款余额4141.84亿元，比年初增加785.93亿元，增长23.42%，高于全省平均增速6.85个百分点，增速排全省第一位；贷款余额2842.18亿元，比年初增加544.62亿元，提前2个月完成省定任务(417亿元)，增长23.70%，增速连续4年是GDP增速2倍以上，继续列全省第一位，高于全省平均增速5.31个百分点，存贷比68.62%。

直接融资。全市直接融资突破百亿元大关，达187.27亿元，创历史新高。其中，企业债券融资50亿元，商业银行债券融资13亿元，股权融资4.17亿元，同业存单融资120.1亿元。

民间融资。发挥融资租赁、小贷公司等中小金融机构的补充作用，引导更多民间资金流入实体经济。全年，赣州发展融资租赁公司新增业务19.31亿元，累计业务余额37.82亿元；全市小额贷款公司20家，注册资本22.9亿元，累计发放贷款30.33亿元。政府性担保机构。发展政府出资的融资担保机构，年末，全市现有政府出资的担保机构17家，注册资本31.46亿元，占全市融资担保机构注册资本的97.31%，为2212户小微、“三农”企业提供担保余额34.33亿元。

【资本市场】 企业上市挂牌。推动10家企业在“新三板”挂牌，赣州市累计挂牌企业25家，排江西省第二，另有28家企业与中介机构签订“新三板”挂牌辅导协议；邀请上交所、深交所等专家到企业实地把脉问诊，推动10家企业与中介机构签订上市辅导协议，全年8家上市挂牌企业实现股权融资4.17亿元。推动69家企业在江西联合股权交易中心挂牌，累计挂牌企业399家，累计实现融资2.61亿元。

债券融资。全市债券融资50亿元，增长78.57%，涵盖非公开定向债务融资工具、集合债、资产证券化等债务融资工具，实现债务融资工具三大交易市场全覆盖。

要素市场。全省首家金融资产交易中心——赣南金融资产交易中心成功引进北汽产业投资作为战略投资者，年内新增交易额157亿元，累计交易额275亿元。私募股权基金和产业基金。在中国证券投资基金业协会备案的基金管理机构15家；设立政府产业基金51只，签约规模1417.78亿元，累计投放222.13亿元。

【金融改革】 绿色金融。举办首届南北“4+8”地区绿色发展座谈会，推动赣州市与“4+8”地区在绿色金融方面的协同发展，与中国开发性金融促进会签订战略合作协议，就设立绿色发展基金、江西绿色金融资产交易中心、消费金融公司等事项开展深入地沟通与对接。

金融创新试点。在全国首创通过要素市场“险资支农支小”模式，落实资金规模1.5亿元，中国人民保险集团股份有限公司在全国范围推广；引进太平洋资产管理有限公司公司18亿元“险资支大”项目支持棚户区改造；信丰县、赣县区列入国家农村土地承包经营权抵押贷款试点县(区)，会昌县列入国家农民住房财产权抵押贷款试点县，至年底，全市累计发放“两权”抵押贷款3.25亿元，累计发放1982笔；开展民间融资登记服务机构试点，全市现有民间融资借贷登记服务机构3家，累计登记借贷资金4270万元；推广“财园信贷通”“财政惠农信贷通”“小微信贷通”“创业信贷通”“产业扶贫信贷通”，全年累计撬动银行贷款222.87亿元。

【金融扶贫】 信贷扶贫。推动各银行根据自身业务特点，推出适合贫困户的金融产品，构建金融扶贫产品的“组合拳”。至年底，全市新增扶贫贷款241.54亿元。其中，“产业扶贫信贷通”发放81.51亿元，支持15万户贫困户和2054家新型农业经营主体。

保险扶贫。从扶贫资金中安排1亿元专项资金，为105万人农村建档立卡的贫困人群，按人均90元的标准，向商业保险机构购买补充医疗保险，贫困户住院医疗费用保障率达90%以上。推出“金信保”产业扶贫贷款保证保险，为扶贫贷款建立政、银、保三方风险共担机制，发放“金信保”产业扶贫贷款保证保险79万元。

资本市场扶贫。全力对接资本市场扶贫政策，落实“一司一县”结对帮扶，帮助贫困地区推进企业上市挂牌等工作。

【合作交流】 对外合作。推动市政府与深交所签订战略合作协议，出台《深圳证券交易所服务赣州产业整合升级方案》，在深圳举办赣州企业专场路演活动；开启与上交所的合作，邀请上交所有关人员到赣州调研，现场指导企业上市工作。推动市政府与国开行、农发行、农行、邮储银行、省农信联社、江西银行、工商银行等省级金融机构签订战略合作协议。

金融人才队伍建设。开展江西省省级金融机构与赣州市干部双向挂职，互派19名干部交流挂职。依托市金融研究院，开展各类金融知识培训7次，培训各级党政领导干部700余人次，成功组织领导干部和企业家开展走进深交所、上交所等培训活动。举办10期证券、基金、期货从业资格考试，吸引龙岩、韶关等地6300余人次到赣州参加考试。

【融资环境】 落实帮扶企业融资的银行抽贷定期报告、问题企业贷款处置协调、地方政府倒贷基金、金融案件快速处置等“四项制度”，地方政府建立倒贷基金20支，规模14.2亿元，实现市县两级全覆盖，累计帮扶企业1933家，发放“过桥”资金101.49亿元，在全省率先设立金融审判合议庭。从全市银行、证券、保险、担保等机构中选派97名金融专业人才，组成金融专家服务团，对企业反映“融资难、融资贵”等问题进行到户帮扶，帮助企业提高金融意识，全年累计到户帮扶企业181家，帮扶融资金额12.2亿元。产融对接活动。举办金融机构支持“六大攻坚战”产融对接会，现场签约金额610.68亿元，每月通报签约落实情况，督促履约进度，至年末，各金融机构完成项目授信履约377.82亿元，用信履约163.31亿元。

【金融稳定】 加强对非法集资危害的宣传，组织开展防范非法集资集中宣传月活动，开展大型户外宣传、咨询、讲解活动2次。设立非法集资热线举报电话，开展非法集资风险排查整治活动4次，稳妥推进宝葫芦等已发案件的处置工作。对辖内P2P网络借贷中介平台及私募基金进行风险排查摸底。

(撰稿 汪文斌 审稿 蓝应尚)

【领导名单】
党组书记、局长：蓝应尚
党组成员、副局长：杨晓斌 何志玲
张 鹏(挂职)
党组成员、局长助理：
李康平(4月任，挂职)
陈 超(4月任，挂职)
局长助理：包任时(6月任，挂职)
康晓然(6月任，挂职)
明 建(12月任，挂职)

银行业监管

【概况】 赣州银监分局内设8个职能科室、17个县监管办事处，在岗员工98人，担负着全市1219家银行业机构、4814.66亿元银行资产的监管职责。2016年，赣州银监分局履行银行监管职责，引领和督促全市银行业围绕市委、市政府和各级银监部门的决策部署，着力加大有效信贷投入，推进金融改革创新，改善金融服务水平，坚守各类风险底线，全市银行业经营规模、信贷投放、资产质量等主要经营及监管指标“增量增速”均在全省10个地市中实现“多个全省首位”。资产和负债总额分别为4814.66亿元、4620.82亿元，双双突破“4000亿”大关，均列全省第1位；存贷款余额分别为4016.60亿元、2847.60亿元，均位居全省首位；不良率1.62%，低于全省平均水平0.62个百分点，连续4年处于全省最低水平。

【主攻工业】 策应地方战略部署，印发《赣州银行业支持“六大攻坚战”的指导意见》。围绕“三去一降一补”重点任务，结合赣州产业发展实际，在引领全市银行业支持制造业和采矿业等传统行业中有市场、有潜力的工业企业技术改造和转型升级的同时，强化13类重点行业和特色产业的动态监测，督促银行业加大对稀土、钨、生物制药、新能源汽车等工业主导产业的信贷支持，协助地方政府举办金融机构支持“六大攻坚战”产融对接会。将全省“降成本、优环境”专项行动、赣州市企业精准帮扶与银行业债权人委员会组建有机结合，帮扶困难企业渡过难关。到挂点帮扶的大余县工业园区15户企业上门宣讲政策，“一对一”提出帮扶建议，成立银行债权人委员会，集体研究增贷、稳贷、减贷措施。成立4批、118家债委会，实现县(市、区)全覆盖，涵盖稀土、钨、铜、制造业等多个支柱产业。推动落实小微企业“续贷”“减费让利”各项政策落地，全市小微企业到期续贷率达91.10%。

【精准扶贫】 联合市金融局和市扶贫办等部门召开全市金融扶贫工作会议，牵头召开全市银行业精准扶贫工作推进会，形成金融精准扶贫的共识与合力。协助省银监局举办江西银行业支持赣南精准扶贫座谈会暨政银合作签约仪式，促成省国开行、省农发行等5家银行与赣州市政府签订《精准扶贫战略合作协议》。出台以落实省银监局精准扶贫“16条”意见和小额扶贫信贷分片包干责任制为核心的实施意见，构建强化包干乡镇、信贷任务、责任人员、工作进度“四落实”工作机制，协同市政府建立金融扶贫工作协调督导机制、信息报送机制、月度通报机制，并适时对金融扶贫推进进度较为缓慢的银行机构高管人员开展约谈。至年末，辖区内农行、邮储银行、农商行等3类19家责任银行对全市296个乡镇实现全覆盖，对全市建档立卡贫困户信贷需求调查实现全覆盖，向有信贷需求且符合条件的12.74万户贫困户发放扶贫小额信贷57.90亿元，贫困户贷款覆盖率58.81%，“三个覆盖”均高于全省水平。与市金融局等部门联合形成的《关于金融扶贫工作进展情况的通报》得到省委常委、市委书记李炳军批示肯定。协助市政府率先在全省推出“产业扶贫信贷通”，筹集10亿元财政资金设立风险缓释基金，以“1∶8”的杠杆比例撬动银行80亿元资金用于发展农村产业。辖内11个贫困县各项贷款增幅、增量实现“两个高于”目标。辖内各银行业机构推出“易地搬迁贷”“油茶贷”“光伏贷”“电商贷”等几十个契合赣州实际的特色产品及‘财园信贷通”“财政惠农信贷通”“小微信贷通”“创业信贷通模式”等服务模式，先后在中央电视台、中央人民广播电台等10余家中央媒体进行专题报道，赣州金融扶贫好声音得到宣扬。

【金融普惠】 联合税务部门开展“银税互动”战略合作，实现市县两级“银税互动”全覆盖；联合团市委开展“青年创业我来扶”系列活动，汇聚各方力量搭建银企对接沟通平台，持续提升小微企业金融服务水平。开展小微企业续贷政策执行情况检查和银行业支持“双创”暨小微企业金融服务宣传周等活动，督促落实小微企业金融服务有关政策落地。继续加强涉农贷款的监测和按季通报，督促辖内主要涉农机构加大涉农贷款投放力度。辖内银行机构小微、涉农贷款分别实现“三个不低于”“持续增长”目标。从维护金融消费者合法权益出发，出台信访和消费者投诉处理操作规程，持续做好信访和消保投诉处置工作。组成20个督查组连续3个月不定期对辖内银行理财“双录”工作开展现场督查，及时传导理财“专区”建设新要求。

【金融改革】 指导赣州银行找准精准扶贫、服务创新和管理创新“三大突破口”，“一体四翼”转型发展格局初步形成。全力推进农商行改制，13家农商行上半年全部完成挂牌。推广农民住房财产权抵押贷款，在信丰县、赣县区开展农村土地承包经营权抵押贷款试点。至年末，发放农民住房财产权抵押贷款1053户、金额1.52亿元，农村土地承包经营权抵押贷款40户、金额773万元。支持辖内银行有序开办同业存单、资产证券化、PPN、参与政府产业引导基金等10余项新业务，重点支持赣州市“六大攻坚战”战略项目，较好满足多元化投融资需求。

【风险管控】 协助赣州银行开展“信用风险专项整治年”活动，有力遏制不良贷款集中暴露势头；明确法人机构利润分配落实“少分红、多留存”监管要求，促使赣州银行将2015年利润分配分红比例严控在10%以内，下调5个百分点。17家农合机构分红比例平均下调6个百分点。对辖内7家机构开展“两加强、两遏制”回头看监管检查，对5家机构存在的违法违规问题实施行政处罚130万元，全年共计处罚170万元，是处罚金额最大的年度。坚持“双罚”制度，对1家机构予以警告，取消3名高管人员任职资格，并对8名相关责任人和管理人员进行严肃问责。开展“雷霆行动”，贷款押品风险清理排查“回头看”，银行卡安全管理专项整治，防范非法集资和打击电信网络违法犯罪宣传等风险排查；联合相关部门组织开展处置非法集资宣传教育，防范非法集资普及金融知识万里行，打击治理电信网络违法犯罪等宣传活动；联合市公安局建立涉案账户资金网络查控联系机制，协助成立反电信诈骗中心。妥善处置大余农商行案件风险事件，首次实行“监审联动”，有效降低负面影响。

（撰稿　孙思超　审稿　周兴林）

【领导名单】
局长：彭华峰
纪委书记：温雁萍(女)
副局长：陈　勇　伍　峰
副调研员：李子庚

人民银行

【概况】 2016年，人民银行赣州市中心支行围绕“立足新起点、谋求新作为”工作主线，坚持稳中求进总基调，坚定争创一流中心支行的总目标，蓄势而上，奋发作为，各项工作有序开展，成效明显。全年开展重点、亮点、创新项目34项，得到上级行或地方党政领导批示肯定的工作20项，获得上级行和地方政府各项荣誉25项。

赣州市中心支行管辖17个县(市)支行，内设办公室(党委办公室)、货币信贷管理科、金融稳定科、调查统计科、会计财务科、支付结算科、科技科、货币金银科、国库科、内审科、人事科(组织部)、征信管理科、反洗钱科、外汇管理科、宣传群工部(机关党委)、纪委监察室、保卫科、后勤服务中心18个科(部、室、中心),全市人民银行系统有在职职工512人,其中高级职称人员16人。

【货币发行与金银管理】 着眼现金总量与券别供应"两个确保"、货币发行与钞票处理"两个安全",加强发行基金管理,大力推进人民币净化工程。全年回笼货币450.1亿元,投放货币295.7亿元,净回笼154.4亿元,分别增加20.5亿元、20.1亿元和0.4亿元,分别增长4.77%、7.29%和0.26%。其中,回笼残损币157.1亿元,回笼20元及以下面额残损币6.8亿元,分别减少36亿元和1.5亿元,分别下降18.6%和18.1%。

保障现金供应,优化券别结构。发行基金调拨按照"保证总量、调整结构、合理调拨"的要求,编制发行基金调拨计划并组织实施。根据县(市)支库的库存量,采取"双车双库"满载调拨,做到县(市)支库残损券和大部分回笼完整券一调一清。春节前后,对所有县支行发行库进行调、清,确保辖内现金供应总量有保障、结构更合理。

改革纪念币发行工作。与有关发行工作承办银行加强沟通协调,强化督促检查,开展纪念币预约、兑换工作,全程做到公开、透明、合规,顺利完成"猴年生肖币"纪念币暨孙中山纪念币发行工作,保证纪念币发行工作的安全有序。

人民币净化流通工程。开展对全市银行业机构全额清分工作的检查,强化回笼现金的质量管理,建立并完善冠字号码查询涉假投诉处理流程,实现规范化管理。加大对金融机构交存回笼钱捆的抽查力度,督促抓好回笼钱捆清分及组织残损人民币回收工作,提高钱捆质量,把好钱捆入库关,保证钞票处理中心"货源"质量。挖掘潜能,改进操作流程,提高残币清分效率。全年处理现金金额1.05亿张,联机销毁9656万张,联机销毁金额88.85亿元,联机销毁占比88.54%。

硬币自循环。落实《江西省硬币自循环工作实施意见》要求,建立符合赣州实际的硬币自循环模式。全年全市布放硬币自助兑换机15台。1月—9月,实现硬币自循环数量为3144万枚,其中1元硬币3042万枚、5角硬币32万枚、1角硬币70万枚。

反假标准化示范区建设。制定《2016年赣州市反假货币标准化示范区建设工作要点》,推进站点建设,增加站点覆盖面,建成反假宣传监测网络;完善警银合作机制,全程参与由公安部门主导的赣粤"雷霆1209"专项收网行动,相关工作得到公安部和"国务院反假办"的肯定;创新宣传模式,实现反假货币知识宣传与赣州公共文化建设的有机结合,组织金融机构、人民银行系统的青年志愿者结合"3·15"主题在辖内各地开展特色反假宣传,与公安等部门联合建立常态化的反假宣传工作机制。

【货币信贷管理】 贯彻稳健货币政策,做大金融支持总量。有效落实宏观调控手段,加大支持地方经济发展力度。至年末,全市各项贷款余额2842.18亿元,比年初增加544.63亿元,增长23.5%,同比多增166亿元;各项存款余额4141.84亿元,比年初增加785.93亿元,增长23.41%。存、贷款增量再创历史新高,增速在全省10个地市中继续保持前列。执行好存款准备金率政策,调整符合要求的金融机构存款准备金率,释放可用资金22.6亿元。落实宏观审慎政策框架要求,对辖内21家地方法人金融机构开展宏观审慎评估(MPA)工作,对13家机构进行约见谈话。

强化货币政策工具运用。建立覆盖18个县(市、区)的再贷款示范点46个,引导金融机构对接"六大攻坚战"。至年末,累计向21家地方法人金融机构发放再贷款49.27亿元,增加25.03亿元,增长1.03倍。其中,扶贫再贷款余额24亿元,占48.86%。推进实体经济融资服务。配合市政府开展"降低企业成本、优化发展环境"专项行动和挂点联系园区企业帮扶活动,及时办结企业反映的问题清单17件。联合有关部门开展产城融合调研和申报工作,推动赣州市顺利获批国家级产城融合示范区。持续推进小微企业信贷指数监测和发布工作,引导、推动金融机构和相关部门做好小微企业融资服务。开展中小微企业融资对接活动,促成全市签约企业达1440家,签约金额145亿元,全年履约金额128.04亿元,履约率88.30%。

创新扶贫模式,提升精准扶贫实效。在全省首创"产业扶贫信贷通"精准扶贫模式,推动市政府出资10亿元设立担保基金,撬动80亿元精准扶贫贷款支持建档立卡贫困人员及相关新型农业经营主体发展。全年全市累计发放"产业扶贫信贷通"贷款54.97亿元,直接支持建档立卡贫困户9.59万户,带动建档立卡贫困户1.37万户,共占全市在册贫困户的55.49%。首创"金融精准扶贫工作站+观察员"扶贫模式,实现金融扶贫精准对接。会昌县建立全省首个金融精准扶贫工作站,南康区成为全省首个"十三五"贫困村工作站全覆盖的区域,全市建成工作站582个,"十三五"贫困村工作站覆盖率达到62.45%。创建精准扶贫联动协作机制,参与罗霄山片区金融扶贫工作机制,建立市县两级金融精准扶贫联合引导督导机制。联合相关部门印发《关于加大金融支持精准扶贫工作力度的指导意见》等文件,推动金融扶贫资金对接。加强精准扶贫联合监管,对全市金融精准扶贫工作开展专项核查,督查扶贫贷款近130亿元。

业务创新试点,激活多方金融要素。创新"两权"抵押贷款试点,印发《赣州市深入推进农村"两权"抵押贷款工作实施意见》,完善会昌、信丰、赣县3个试点县(区)的配套建设。至年末,会昌县农房抵押贷款余额1.47亿元,占全省98.09%,信丰县、赣县区累计发放农地承包经营权抵押贷款1738万元。同业大额存单业务。辖内11家地方法人金融机构获得市场利率定价自律机制基础成员资格,全市基础成员达到12家。赣州银行当年发行19期同业存单和5期大额存单，发行金额分别为77亿元和5.6亿元；崇义农商行备案1亿元同业存单发行计划，成为辖内首家完成备案的县域地方法人金融机构。参与地方政府民间融资登记服务机构的筹建指导，撮合民间资金借贷业务。全市批设3家，其中章贡区民间融资登记服务中心撮合对接1177笔融资项目，融资金额达3477万元。

2016年全市金融机构各项存贷款年末余额及构成

表9 单位：万元

项　目	余　额	占比％	比年初增减额
一、各项存款	4141.84	100.00	785.93
(一)境内存款	4140.33	99.96	785.85
1. 住户存款	2342.27	56.55	328.12
(1)活期存款	1122.74	27.11	153.14
(2)定期及其他存款	1219.53	29.44	174.99
2. 非金融企业存款	935.49	22.59	320.77
(1)活期存款	603.33	14.57	274.73
(2)定期及其他存款	332.16	8.02	46.04
3. 广义政府存款	835.35	20.17	131.79
(1)财政性存款	115.20	2.78	28.96
(2)机关团体存款	720.15	17.39	102.82
4. 非银行业金融机构存款	27.23	0.66	5.17
(二)境外存款	1.50	0.04	0.07
二、各项贷款	2842.18	68.62	544.63
(一)境内贷款	2842.15	68.62	544.62
1. 住户贷款	1557.06	37.59	272.47
(1)短期贷款	596.01	14.39	38.39
消费贷款	88.76	2.14	13.45
经营贷款	507.25	12.25	24.94
(2)中长期贷款	961.05	23.20	234.08
消费贷款	706.06	17.05	152.72
经营贷款	254.99	6.16	81.36
2. 非金融企业及机关团体贷款	1285.09	31.03	272.15
(1)短期贷款	452.96	10.94	16.10
(2)中长期贷款	716.90	17.31	243.88
(3)票据融资	113.80	2.75	14.14
(4)融资租赁	0.00	0.00	0.00
(5)各项垫款	1.44	0.03	–1.97
3. 非银行业金融机构贷款	0.00	0.00	0.00
(二)境外贷款	0.04	0.00	0.01

注：表中数据不含外资

【外汇管理】 外汇管理以“防风险、推改革、促发展、强管理”为主线，以“控流出、扩流入”为重心，坚持防范跨境资金流动风险底线思维，强化内部管理。

外汇管理转型。召开外汇指定银行会议，及时传达上级有关政策精神，开展大额购付汇监测和异常购汇约谈工作，履行业务审核“三原则”，外汇指定银行对资本项下特别是直接投资及外债项下的每笔购付汇业务向外汇局事前报备，年内纠正错误信息643笔。强化资本项下外汇业务的监测，完善资本项目非现场主体监测工作。通过资本系统对合规性指标、异常指标、滞留数据的分析，形成以数据为抓手的银企合规监测模式，对资本项目信息系统产生的72笔滞留数据和23笔异常指标及合规性指标进行清理与核查。每周对大额购付汇核查数据进行逐一核查，共涉及企业40家，277笔购付汇业务，其中货物贸易项下237笔，服务贸易项下40笔，合计金额18375.95万美元。加强对外汇银行和机构申报主体的培训、指导和管理力度，提高金融机构办理涉汇业务的能力。至年末，辖区内实际应参加FDI存量权益登记的境内直接投资企业437家，完成申报的391家，申报企业达89.47%；应参加ODI存量权益登记的境内直接投资企业17家，完成申报的16家，申报企业达94.12%。加强企业名录管理，落实“谁出口谁收汇”的外汇管理政策，从严名录登记管理，通过核查名录，确保企业名录信息登记的可靠性，准确性。

严厉打击违法违规行为。开展“控流出、扩流入”专项核查，对“出口不收汇”企业、企业的异地购付汇、预付货款、多付汇及少收汇、离岸转手买卖多付汇等情况进行重点核查。查处5起外汇违规案件，涉案金额近1000万美元，分别对违规的企业和个人处行政罚款65万元人民币和6.7万元人民币，结案率和罚没款收缴率均为100%。全年，赣州市银行结售汇顺差12.11亿美元，增长23.40%；售汇4.5849亿美元，下降25.80%。成为全省最大顺差的地级市。

【国库管理】 以“全面经理国库”的总体思路为抓手，推动国库事业全面、协调、可持续发展，大力支持当地经济、社会的快速发展。全年全市累计完成各级财政预算收入493.3亿元，增加11.86%。其中，一般预算收入365.02亿元，预算内基金收入127.53亿元；国有资本经营预算收入0.75亿元。分级次看，实现中央级预算收入115.12亿元，增速为10.39%；省级预算收入12.13亿元，增幅为77.07%；地方级预算收入366.06亿元，增幅为10.97%。其中，地市级预算收入67.55亿元，增加30.30%；区县级预算收入298.51亿元，增加7.36%。

以社会经济发展对国库服务提出的新需求为导向，创新国库服务方式。开展会计B级标准支库核查验收工作，完成对大余支库的会计标准化A级核查申报工作。做好“营改增”试点工作，过渡阶段相关收入划分、缴库、退库、调库的前期准备工作和科目参数设置维护工作。5月30日完成辖区内20个国库2000多条科目参数的维护，做到精准到位，参数校验一次通过，圆满完成相关收入调库工作。建立完善国库事中监督机制，制定《赣州市国库业务事中监督管理办法(试行)》，强化履行国库监督职能，实现辖内国库核算系统安全运行率达到100%。推进国库信息化建设，加强对商业银行横向联网业务的检查指导，实现全市收入电子缴库业务量占比85%以上。做好国债管理工作，全市发行储蓄国债3.54亿元，增长30.24%。其中，凭证式国债1.39亿元，增长16.56%；电子式国债2.13亿元，增长41.02%。

【支付结算管理】 开展打击网上非法买卖银行卡专项整治行动。建立金融防诈骗联席协调机制，确保与金融机构和公安部门案情信息互通，及时为公安民警解答支付结算相关知识，为辖内村镇银行搭建电信网络新型违法犯罪交易风险事件管理平台，完善地方性金融机构风险管理机制，提高地方性金融机构在紧急止付、迅速冻结机制的防控能力。督办账户改革新规的执行情况，确保账户改革落实到位。对金融机构落实261号文件进行现场督办，对落实不到位的金融机构，约见高管谈话。支付业务咨询与业务投诉。全年接待与回复业务咨询360余次，其中非金融机构支付业务许可10余次、预付卡发行业务20余次、汇款结算45余次、账户管理200余次；全年受理金融与非金融机构支付业务投诉10余次，并进行妥善地处理。

建立健全风险监测评估机制。细化ACS网点机构业务差错考核办法，将考核成绩纳入对县市支行业务综合考评，降低业务记账失败率。提升优先服务，全市单位银行开立账户2.80万户，销户4.04万户。支持货币政策落地，全年调整存款准备金率4次，发放再贷款21笔，再贴现54笔；发起支付业务2.05万笔，各项业务监督13.9万笔。各支付系统安全正常运行，实现会计核算“零差错、零风险、零事故”。

【金融管理与金融稳定】 稳步推进存款保险制度实施。开展投保机构基础数据采集工作，严格数据审核，确保数据准确性。组织对辖内21家法人金融机构开展存款保险评级工作，对投保机构的风险状况进行全面评价。做好风险差别费率实施工作，强化对辖内投保机构保费基数核算、保费缴纳工作指导，督促辖内投保机构及时、足额、准确缴纳保费，完成保费征收工作。

加强金融风险监测评估。做好地方法人金融机构风险监测，对其财务数据、资产质量、风险状况、流动性和营利性等方面开展监测分析。加强对重点领域风险监测与排查，关注实体经济存在的风险隐患，在市中心城区和南康区选取31户企业开展监测试点。组织对赣州银行、民生银行赣州分行开展不良资产真实性现场评估工作，摸清被评估机构的不良资产真实底数，掌握银行业金融机构在经济下行背景下掩盖不良资产真实性。对赣州银行开展同业业务督查，掌握赣州银行同业业务的总体规模、合规情况和风险状况。

提升金融管理水平。开展辖内16家银行业金融机构执行人民银行政策和管理规定综合评价工作，采取非现场管理与现场检查相结合、综合评价与分项评价相结合的原则，实施综合评价结果异议申辩制度，科学合理确定评价等级。加强新设银行业金融机构开业管理，全年全市新设机构网点22家，受理并办结金融服务项目222项。严格执行重大事项报告制度，密切关注并及时上报辖区金融机构各类重大事项和突发事件，及时跟进辖内金融机构网点停业、非法集资案件、员工涉嫌传销等事件，受理金融机构重大事项报告97件。与郴州市中心支行、韶关市中心支行建立湘粤赣“红三角”金融稳定协作机制，10月21日在湖南汝城举行签约仪式，推进相互间的工作联动、信息联通和风险联防。联合赣州市处置非法集资办公室等相关部门，开展第三方支付机构非法集资风险排查和全市非法集资风险排查整治工作“回头看”，消除风险隐患。加大“反洗钱”监管力度，对4家金融机构开展“反洗钱”现场检查，督促限期整改5类68个问题；对63家金融机构“反洗钱”履职情况开展考核评级，发出质询监管通知书63份。对赣州银座村镇银行“反洗钱”工作情况开展风险评估，针对存在的风险点发出监管意见书，提升法人金融机构的风险防范能力。规范辖内金融机构和人民银行县(市)支行“反洗钱”岗位人员报告、接收、处理重点可疑交易报告程序，提升重点可疑交易报告的有效性，全年接收重点可疑交易报告8份，其中1份移送至当地公安部门。主动与司法机关开展“反洗钱”情报会商，跟进4起涉嫌洗钱案件的侦办、诉讼情况；根据金融机构报告的异常开卡、ATM异常取款等风险事件，发布3起洗钱风险提示，防范洗钱风险。

推动金融诉讼案件快速处置。加强与市中级人民法院的沟通和协调，推动设立全省首家金融审判合议庭，集中审理金融诉讼案件。从缩短案件审理期限、适用标准化格式化法律文书、简化资产保全程序等方面着手，优化金融诉讼案件立案、审判和执行程序，提高诉讼案件处置效率。牵头建立联席会议制度和信用激励约束联动机制，加强多部门定期联合协作，形成处置诉讼案件整体合力。相关做法获得省政府、南昌中心支行和市政府等领导的肯定性批示，并分别在总行办公厅《分支行工作动态》、总行条法司《金融法治动态与参考》《金融时报》刊用推介。在瑞金市开展创建全省普惠金融示范区工作，印发《关于创建瑞金市普惠金融示范区的工作方案》《瑞金市普惠金融示范区建设工作实施方案》，创新设立“片区＋工作站＋服务点”的三级网络普惠金融新模式，建成普惠金融工作站2个和普惠金融服务点10个，相关工作得到南昌中心支行领导的肯定，被《金融时报》刊用推介。

【金融统计与调查研究】 针对金融扶贫、房地产去库存、企业降成本、宏观审慎管理等热点问题开展调查分析，形成研究报告70余篇，其中1篇获省委主要领导肯定性批示，1篇获总行领导肯定性批示，2篇获南昌中心支行领导肯定性批示，1篇获武汉分行青年课题一等奖。围绕产业投资基金、数字货币等领域开展信息调研，全年共有82篇政务信息被上级行采用，其中总行采用11篇，国务院办公厅采用1篇。创新实施调查统计业务矩阵式管理制度，增加横向管理系统，全面提升调查统计业务能力和人才储备。与全市21家金融机构签订数据共享协议，落实调查数据“三级审核”制度，创新“统计核查＋检查”金融统计数据质量管理新模式，对辖内12家金融机构开展现场执法检查和核查。完善金融业综合统计对象扩容工作，首次将赣州市住房公积金中心纳入统计范围。编制统计系统操作手册和数据集中系统操作手册，得到南昌中心支行的肯定，并在全省推广。严格征信查询管理，加强征信异常查询监测，开展征信信息泄露风险排查，出台相应管理措施，保障征信信息安全。推进农村信用体系建设，建立“政府主导，人民银行和发改委双牵头，各方参与”的工作模式，切实加强农村信用体系建设的组织领导、统筹协调和督促落实，全面启动辖内农村信用体系建设工作。至年末，全市农村信用信息数据库共录入80.24万户农户数据，评定信用农户41.64万户，信用村179个，信用乡(镇)33个。推进中小企业信用体系建设，实现中小企业信用信息服务平台在全市范围内推广运用，收录13.42万家企业38万多条信用信息。

(撰稿　叶赣华　审稿　杨庆明)

【领导名单】

行长：刘　葵

副行长：刘国昆　刘惟煌

　　　　刘德林　杨　晖

工会主任：赖红栋

纪委书记：徐文华

农业发展银行

【概况】 2016年，中国农业发展银行赣州市分行(简称农发行)围绕总行“一二三四五六”总体发展战略，坚持以服务脱贫攻坚为统揽，抓实加快发展、加强党建、防控风险、强化管理、提质增效、带好队伍等工作。年末，各项存款余额171.4亿元，比年初增加124.2亿元，增幅263%；各项存款日均余额124.1亿元(不含同业)，增加95.4亿元，增幅331.6%；同业存款余额0.36亿元，日均同业存款5.27亿元，减少2.21亿元；人平日均存款5324万元，增加3999万元，增幅302%。各项贷款余额208.2亿元(其中政策指令性贷款37亿元；政策指导性贷款168.4亿元；自营性贷款2.8亿元)，比年初增加88.3亿元，增幅73.6%。累放各项贷款118.7亿元，增加76.2亿元，增幅179.3%。完成中国农发专项建设基金投资项目156个、金额75.5亿元。实现中间业务收入43万元，减少140万元；国际业务结算费收入13万元，减少11万元。年度经营利润3.04亿元，增加1.21亿元，增幅66.7%。不良贷款余额3711.6万元。

【存款组织】 以存款组织"百日竞赛"活动为契机，通过"抓实贷后管理、抓实政银合作、抓实同业合作"三项措施，不断强化存款组织工作，成为全省农发行系统首个各项存款余额和各项存款日均余额"双突破"百亿元大关的二级分行。

贷后管理。依托项目贷款、基金投资等业务，全面推行"存贷投一体化"营销，抓实中长期贷款项目资本金、严格贷款资金支付，有效防止各类存款"跑、冒、滴、漏"。执行CM2006资金支付制度规定，根据贷款项目建设进度，全面审核资金支付凭证合理性和真实性，确保贷款项目资金支付合规、使用得当、专款专用。

政银合作。利用服务赣南老区脱贫攻坚的影响力，通过政府地方债置换，争取非税收入账户的开立，千方百计挖掘财政性存款资金资源。全市财政部门提前存入农发行债券置换资金8.6亿元，各级财政在农发行的账户存款余额达4.1亿元，其中定期存款1.35亿元。累计开立非信贷客户账户145户，日均存款达6.8亿元。其中，新增非贷非基金账户22户，日均存款1.6亿元。

同业合作。先后与市本级中的农业银行、农村商业银行、中国银行、交通银行等单位签订《全面合作战略协议》，并通过电话、微信等平台，与辖内商业银行保持密切联系，及时准确掌握同业存放及同业利率执行情况。吸收同业存款日均余额达5.3亿元，超额完成省分行下达的目标任务。

【粮油信贷】 做好中央政策性粮食跨省移库、省内跨县移库、跨省串换、竞价销售以及中储粮轮换的信贷服务与监管工作，促成各县全面完成县级储备粮管理办法修订，确保对县级储备粮贷款动态的有效管理，确保国家宏观调控目标实现，保障地区粮食安全。针对国有粮食收储企业仓容紧张、仓储设施陈旧的情况，审批发放粮食建仓贷款4600万元，建设新增粮食仓储能力3.1万吨。全年发放最低收购价早籼稻贷款2.4亿元，减少1.4亿元，收购最低收购价早籼稻0.9亿千克，减少0.45亿千克；发放最低收购价中晚稻贷款1.2亿元，减少0.7亿元，收购最低收购价中晚稻0.45亿千克，减少0.15亿千克。全面完成1600万元中晚稻收购贷款"双结零"工作。

【扶贫攻坚】 全市农发行累计投放支农扶贫资金192.2亿元，其中发放支农扶贫贷款118.7亿元，完成基金投资项目156个73.5亿元。支农扶贫资金投放量在全省农发行系统和全市金融系统排名首位，成为赣南老区金融扶贫的主力银行。

健全服务体系。市农发行成立扶贫业务部，在11个国定贫困县支行成立扶贫金融事业部，建立健全服务赣南老区脱贫攻坚组织体系，制定《农发行赣州市分行服务脱贫攻坚统揽全行工作方案》，保障农业政策性金融扶贫工作顺利开展。先后发放全省农发行首笔农村土地流转与规模经营贷款，营销全省首个PPP模式项目贷款，在全省系统试点棚户区改造项目贷款统筹购买模式，率先开展易地扶贫同步搬迁项目贷款，推进支农转贷业务和旅游、光伏、网络扶贫业务开展。

重点项目扶贫。支持易地扶贫搬迁。易地扶贫搬迁贷款项目19个、申请贷款金额86亿元，实现18个县(市、区)全覆盖，批复贷款金额71.8亿元，发放贷款金额33.7亿元，搬迁贫困人口10.3万人，其中建档立卡贫困人口5.1万人。支持棚户区改造。棚户区改造项目24个、申请贷款金额186亿元，批复贷款金额156亿元，发放贷款金额38.4亿元。重点支持市重点工程49亿元章贡区棚户区改造项目和45亿元蓉江新城棚户区改造项目。支持农村基础设施建设。支持农村路网、水利、改善人居环境项目等农业农村基础设施建设项目30个、申请贷款金额96亿元，批复贷款项目25个、金额74.5亿元，发放贷款项目17个、金额34.5亿元。支持农业现代化。优化客户结构，支持农业产业化龙头企业发展。支持农业产业化龙头企业贷款客户32户，贷款余额2.8亿元，推动赣南脐橙、黄鸡、板鸭等特色农业产业的持续稳定健康发展。

【内部管理】 开展"贷后管理年"活动。以"查问题摸底数、强整改打基础、控风险促发展"为目标，印发《关于做好2016年贷后管理年活动的工作意见》。3月，组成5个检查组，对辖区内贷后管理工作进行现场检查；5月，省分行对市分行营业部、赣县、兴国、于都、会昌和上犹等6个县级支行进行专项检查；11月，组织验收小组对辖内12个县级支行进行验收，验收面100%。活动期间发布《贷后管理年工作简报》11期，发现问题819个，现场整改问题587个。对不能现场整改的232个问题，建立三级台账落实整改。

强化基金投后管理。协助寻乌县、石城县政府出台《农发重点建设基金资金使用管理办法》，明确资金使用流程、规范资金使用效率。建立政银联合督查机制，11月与市发改委组成联合督查组，按照《专项建设基金监督管理暂行办法》规定，对全市237个基金投资项目开工建设情况、资金使用管理情况等进行检查，共检查发现问题95个，涉及金额43亿元，及时下发督促整改意见。

创新财务会计管理。制定《县级支行财务开支风险等级评定试行办法》，设立3个风险等级，实行一年一评，评定结果与财务资源配置、财务审批授权和检查频率挂钩。做好财会岗位突击对接检查和会计辅导检查，通过检查，发现问题48个，现场整改24个。做好"营改增"有关工作，全辖12个机构全部完成"三证合一"登记、增值税税控点设置和一般纳税人资格认定工作。完成全辖内机房路由器软、硬件升级改造工作，保障各项系统平稳运行，提高信息科技运维水平。

【风险防控】 坚持"规模、质量、效益"相统一原则，认真总结近年来出现的不良贷款成因和处置工作经验，实施自营性贷款"三预"(预警信息、预判风险、预案处置)工作方案，抓实“四个三”现场核查，实现信贷风险早发现、早行动、早化解，管控遏制信贷风险。受经济下行大环境影响，全市农发行先后出现16笔1.29亿元风险贷款，通过地方政府支持、处置企业资产、组建债权人委员会等方式，成功清收处置风险贷款13笔8529.4万元。年末尚有逾期贷款企业1户721万元，不良贷款企业2户3711.6万元。

【队伍建设】 青年员工培养。对新入行的36名新员工，实施“一对一”师徒制跟班培养，促进新员工的快速成长。强化岗位交流锻炼，对优秀青年员工进行市、县分支行上下交流20人次，岗位交流46人次。注重员工培训实效。举办各类培训班17期，培训一线员工1114人次。其中，业余党校培训2期130人次，信贷管理培训7期342人次，财会培训1期30人次，消防安全培训1期224人次，办公室综合及行政服务培训1期50人次。

【党建工作】 开展“两学一做”学习教育和“加强党建大家谈”活动。市分行召开党委中心组专题学习33次、中心发言63人次，党委成员带头讲党课5次。落实党委抓党建主体责任，成立党建工作领导小组，实施党委成员联系下属行和穿透式管理制度，选任12名专(兼)职党建组织员负责联络支部党建。制定《党建工作目标考核办法》《党员量化考核办法》，定期对全市11个支行进行评议检查，做到年初有目标、年中有考评、年底有考核。强化纪委监督责任。纪委聚焦中心任务，突出主业主责，实施市分行纪委花名册管理制度，配齐配强基层党支部纪检监察委员，延伸党内监督触角，实现党内监督全覆盖、无盲区。约谈所辖支行行长10人、员工2人，走访企业25户，召开廉政共建座谈会12次。

【企业文化】 突出视觉形象建设。对营业网点的门楣招牌、接待台、便民箱、灯箱、门牌、宣传架、雨伞架等进行规范，提升农发行的知名度、美誉度。抓实“家园”设施建设。在“五小”工程和“职工之家”创建上下功夫，对所辖支行的党员活动室、荣誉室、阅览室、职工活动室、小花园、小运动场等进行改造，开展“星级”食堂评比，为员工创造优美舒适的工作生活环境，增强“家”的归属感。以5个兴趣小组为平台，开展各类文体活动，先后举办迎新春文体活动、元宵文艺晚会、女职工“阅美人生”读书活动、员工健步走活动，选送优秀相声节目《农发行礼赞》参加赣州银行业文艺汇演，举办市分行成立20周年暨“讲讲咱们农发行的扶贫事”比赛。加大新闻宣传力度，拍摄扶贫主题宣传片，在国家级、总行级媒体刊稿397篇，增幅14.8%。其中，在《农业发展与金融》、粮油市场报等主流媒体刊稿55篇。

(撰稿　陈焕文　审稿　万利龙)

【领导名单】
行长：李　力
副行长：黎春生　龚新发　万利龙

工商银行

【概况】 2016年，中国工商银行股份有限公司赣州分行(简称工行赣州分行)全面落实闯“三关”(资产质量关、经营转型关、改革创新关)的工作要求，围绕“三个坚持”(坚持加快转型发展、坚持改革创新、坚持改进作风)的总体方针，按照“拓市场，调结构；促改革，强动力；防风险，保稳定；抓党建，促发展；转作风，抓落实”的工作思路，努力在日益复杂的经营条件下，开创赣州分行“双领型、三高于、三稳三强”经营发展新局面。效益稳定增长。实现拨备前利润7.81亿元，完成计划的105.12%；实现净利润4.17亿元，完成省行确保计划的101.46%。实现中间业务收入2.59亿元，完成省行确保计划的100.39%。系统贡献得到提升。各项存款增加34.42亿元，完成计划的171.24%，系统贡献度23.91%，列全省第一。其中，储蓄存款增加18.17亿元，系统贡献度16.28%，列全省第二；对公存款增加16.25亿元，系统贡献度44.92%，列全省第一。各项贷款比年初增加28.42亿元，系统贡献度15.67%，列全省第三。资产质量有效控制。清收转化和处置不良资产4.81亿元，退出潜在风险客户贷款5.49亿元，完成年度计划的166.42%。不良率1.43%，较年初下降0.02个百分点。年内，被省工行评为党建工作先进单位，全省行长经营目标管理考评优胜单位和内控案防先进单位。

工行赣州分行设办公室、人力资源、财务会计、公司金融业务、机构金融业务、个人金融业务、电子银行、信贷与投资管理部、风险管理、内控合规、监察室、运行管理、小微企业经营中心、银行卡中心、业务营运中心、现金管理中心等16个内设机构。下辖36个支行，57个营业网点。现有在岗从业人员1259人，其中女性578人，大专以上学历1009人。

【改革创新】 突出营业贡献考核，推进客户经理、产品经理改革，增强对优质客户和产品的营销维护；产品经理从日常事务中解放出来，加大上门帮扶指导力度，推动各项产品的销售。完善《全面绩效管理实施办法》，实行市分行对支行(部门)管理人员直通式考核办法，正向激励作用进一步发挥。配套实施城区大客户集中和大零售业务改革，客户承接、营销稳步推进。推进南康、于都、瑞金、信丰等县级支行综合化改革，成效明显。深化网点运营标准化改革，柜员转岗22人，计划完成率129%，新建智能银行网点28个，总量达到38个，占网点数68%。

【市场拓展】 拓展农村市场，探索石城“工行＋互助社”、崇义农村生活消费市场链等模式，中储粮项目发放惠农卡、福农卡15.49万张，新增卡上存款10.09亿元。拓展信贷市场，营销“六大攻坚战”等重大项目贷款25.60亿元，其中政府购买服务项目贷款14.2亿元，储备贷款66亿元。个人住房贷款较年初净增15.04亿元，全省系统贡献度排名第二；“财园信贷通”贷款较年初净增3.2亿元，全省系统贡献度排名第一。拓展大资管市场，新增金融资产服务项目4个、业务规模5.7亿元；赣州银行购买区域性理财10亿元、农商行购买工银聚富5亿元，并与农商银行签订10亿元专户理财协议。拓展国际业务，新增客户37家，办理国际业务结算11.33亿美元、结售汇4.23亿美元、国际贸易融资0.98亿美元、跨境人民币业务量4.77亿元，国际贸易融资业务保持同业第一。拓展信用卡市场，信用卡净增发卡2.4万张，增加5767张，新增有效客户1.47万户，分期付款较年初增加1.2亿元。提速发展互联网金融业务，相继开展全员融e联营销体验、青年员工融e联营销竞赛、“青年先锋队、百日大会战”二维码营销竞赛等阶段性活动。在融e购设立苏区馆，融e行移动端客户新增13.88万户，完成计划119.86%；融e联客户注册数19.35万户，完成计划的69.11%；“青年先锋队”拓展二维码2378户，取得全国二级分行第六名的成绩。

【助力“六大攻坚战”】 累计投放贷款276.33亿元，各项贷款净增28.42亿元，支持“六大攻坚战”贷款项目56个、发放贷款34.34亿元，其中基础设施项目贷款15个、贷款金额20.66亿元，主攻工业项目贷款33个、贷款金额7.04亿元，现代服务业项目7个、贷款金额4.15亿元，现代农业项目1个、贷款金额0.5亿元，小微贷款支持现代农业44户、金额1.9亿元。储备24.84亿元项目贷款。成立专项工作小组，将金融支持赣州“六大攻坚战”列入2016年发展的核心工程，制定《关于支持赣州工业做优做强工作实施方案》，在信贷政策、信贷规模以及创新融资产品上给予优先支持。争取省行支持将2016年信贷规模总量调增至74亿元，最大限度地满足支持赣州“六大攻坚战”重点项目、产业的融资需要。与市政府签订战略合作协议，承诺未来3年对“六大攻坚战”项目提供不少于人民币400亿元的意向性新增融资支持。筛选重点项目85个、金额400亿元，将重点项目落地列入“一把手工程”，狠抓进度落实。提高审贷效率，按照“准入快、审批快、发放快”要求，授信审批部门对项目实行预审制。创新贷款品种，率先办理全省首笔理财资金直投业务，率先审批发放全省首笔政府与社会资本合作项目贷款，办理全省首笔境内成员公司外汇资金集中归集业务。将并购贷款、股权融资、金融租赁、产业引导基金、PPP项目、收益权信托计划、组合式基金、资产管理计划、核心企业供应链融资业务、网贷通和标准厂房按揭业务等作为主推产品，满足项目资金需求。

【客户发展】 以营销竞争性客户和发债项目为重点，成功挖转市财政发展资金、章贡区财政失地农民保险资金等账户，营销华融赣南产融公司、瑞金城投公司等资金。全年日均5万元以上优质客户新增324户，日均20万元以上对公客户新增155户，日均100万元以上对公客户新增58户。通过产品配置、私银客户集中签约以及非金融服务，私人银行达标客户达122户，较年初增加17户，私人银行产品时点余额比年初增加2.88亿元，增幅26.77%；日均余额增加8.78亿元，增幅182.85%，业务考核全省第一。围绕建材、家居等市场开展批量、集群式营销，以“薪金溢”“节节高2号”“存管通”等为抓手拓展客户，代发工资客户“薪金溢”签约率34.09%，完成计划170.45%，“节节高”“薪金溢”等产品余额较年初分别增加8.5亿元、3.71亿元。

【质量管理】 完善风险管理机制，制定《信贷资产质量稳控考核办法》，实行风险融资管理与支行绩效考核挂钩联动。持续开展“公司贷款存续期和‘四色’客户风险排查”“大额个人经营、消费贷款风险排查”，加强对82户、金额11.07亿元潜在风险客户实行动态管理。分3个片区召开风险贷款资产分析会，指导支行逐户、逐笔制定清收处置方案，明确清收处置责任人，通过调整还款计划、借新还旧、存续期管理、贷款展期等方式缓释风险贷款5.42亿元。发挥特殊资产处置团队作用，落实“五定”要求，加快不良贷款处置进度，通过批量债权转让方式处置不良贷款5673.34万元，未受偿部分通过呆账核销1.3亿元，较好地稳定资产质量。

【内控案防】 落实党风廉政建设责任制，逐级签订内控案防建设责任状和承诺书。建立合规经理审查，内控专管员监督管控，内控、监察、保卫等专业牵头负责的“三位一体”内控案防体系。对24个一级支行(含市行营业部)和滨江支行进行巡察，对3个支行开展管理人员履职待遇、财务支出情况的执法监察，对30名管理人员交流进行责任审计，党纪政纪处分29人。重点抓好“两加强两遏制”回头看工作，扎实抓好171个问题的整改。强化员工异常行为管控，对排查中发现的个别员工信用卡高额度透支和为他人担保等异常行为，进行严肃处理。整治业务运营风险，“十大违规”和一类风险事件保持为零。抓好常态化内控案防教育，相继开展“从严治党、从严执纪”警示教育，“遵守党纪行规、保持廉洁从业”主题教育和“树正气、控风险”知识竞赛及送教下基层活动，组织员工参观警示教育基地、赣州好人馆，观看《永远在路上》警示教育片等，做到防患未然。

【党建工作】 切实抓好党建主体责任落实，较好地履行政治责任、经营管理责任以及抓班子带队伍责任。落实党建工作会议精神，分片区召开交流督导会，抓好“三会一课”等11项制度落实，开展“党员先锋岗”评比活动，抓好党建联系点工作，基层党组织战斗堡垒作用和党员先锋模范作用进一步发挥。表彰的“青年之星”中87%是青年党员或入党积极分子，“服务明星”中有80%是党员，参加省行业务技能比赛获奖人员中有75%为党员、25%为入党积极分子。扎实开展“两学一做”学习教育，召开中心组学习会12次，班子成员带头上党课、写心得体会，持续抓好“四风”问题整治回头看，严格执行中央八项规定。从经营执行力和服务保障力着手，抓好执行意识、服务意识提升。按照德才兼备、业绩突出、群众公认的原则，提拔、调整32名中层管理人员。强化思想文化引导，搭建融e联工作群，开展企业文化进基层、进网点活动，推进文明单位创建和企业文化建设工作，瑞金支行被评为全省企业文化建设“十佳支行”。开展劳动与技能岗位竞赛活动，在全省第三届22个专业技能比赛中，获得8个专业第一名和团体第二名。

（撰稿　廖振荣　审稿　袁　颖）

【领导名单】
行长：赵乘南
副行长：谢建国(5月免)　李明红
　　萧邦富　温博华(8月任)
　　许含放(11月任)
纪委书记：邱旭东(11月免)
　　熊建钢(11月任)
行长助理：温博华(8月免)
　　许含放(11月免)
资深经理：邱旭东(11月任)
高级经理：许含放(12月免)　钟文华
　　袁　颖

农业银行

【概况】 2016年，中国农业银行赣州分行(简称市分行)牢固树立“依法合规经营，科学稳健发展”经营理念，围绕党建为魂、发展为本、创新为径、管理为要的“四为方略”，持续推进零售、对公和县域业务“三大转型”，着力打好风险、成本和案件“三个宣战”，努力提升服务“三农”、市场竞争、风险管控和队伍建设“四种能力”，各项业绩持续攀高。至年末，人民币核心存款日均增量35.97亿元，本外币各项存款增量49.42亿元，各项贷款净增63.85亿元。中间业务收入、拨备前利润、拨备后利润分别为2.96亿元、10.76亿元和9.6亿元，综合绩效考核保持全省第一，荣获省分行综合绩效考核优胜单位、“全国金融五一劳动奖状”等。

市分行内设公司业务部、农村产业金融部、个人金融部、农户金融部、国际业务部、特殊资产经营部、计划财会部、运营管理部、信贷管理部、办公室、人力资源部、内控与法律合规部、信息技术管理部、监察部、安全保卫部、机构业务部、信用卡与电子银行部等。下辖20个支行级单位，120个营业机构，年末在编员工1928人。

【党建工作】 始终把党建工作列为“四大中心”工作之首，作为把方向、带队伍、谋发展的“一号工程”，纳入市分行的综合绩效考核和班子考核体系。成立党建工作领导小组，印发年度党建工作要点，完善党建工作联系制度，辖属20个支行全部都有机关部室挂点帮扶党建工作。至年底，二级支行单独成立党支部、行长任支部书记、运营主管负责纪检工作三项指标分别达到100%、100%和93%。扎实开展“两学一做”学习教育活动，严格落实“三会一课”，开展形式多样党日活动，党组织生活正常化、规范化。以“三线一网格”改革为切入点，强化员工行为管理，推动党建工作与业务发展相融合，有效发挥“三个作用”。

【县域业务】 坚持金融扶贫，精准对接地方政府，省分行与赣州市政府签订精准扶贫框架合作协议，把政府增信机制扩展到全市18个县(市、区)支行。市县两级行成立金融扶贫领导小组，组建专门团队，明确扶贫责任，严格考核奖惩，实行分片包干、整村推进。至年末，发放各类扶贫贷款47亿元，重点扶持近4万户建档立卡贫困农户，其中“产业扶贫信贷通”贷款占全省农行系统90%。创新设立油茶贷、脐橙贷、蔬菜贷和烟叶贷等金穗系列产品，贷款余额超过12亿元，信丰县、会昌县农村“两权”抵押贷款试点取得圆满成功。加快互联网金融与惠农通工程的融合应用，以惠农卡发卡、“益农信息社”共建、e农管家上线为抓手，推进“金穗惠农通”工程转型升级，在金融服务空白的乡镇新设物理网点3个，建成“金穗惠农通”工程服务点3050个，电子机具行政村覆盖率为90%，全省e农管家推进会在赣州市召开，兴国支行作经验介绍。全年农户贷款增量占到全省的三分之二，增速高于全行各项贷款增速36个百分点，17个县域支行平均增贷2亿元。

【对公业务】 按照“存量业务抓份额，新兴业务抓账户”的要求，全年新增147户机构类账户、2442户有效结算账户，对公核心存款日均增量7亿元。

2016年3月11日，赣州市举行江西银行业支持赣南精准扶贫座谈会暨政银合作签约仪式

发挥重点城市行"百城强行"政策优势，加强与市、县(区)政府及市城投公司、市铁投公司联系，对接"两城两谷一带"、赣州港等产业平台、城市快速路、赣州高铁等重大基础设施的建设，生态环保建设及民生工程，不断加大信贷投放，做好重点目标客户名单制考核、重大项目储备库管理、行领导联系营销重点客户和重大项目制度，逐级建立和强化银政企合作高层对接机制，支持一批县域新型城镇化、综合医院、政府购买服务等重大项目，及房地产、电力等重点企业，实体贷款净增63亿元，多增33亿元，40亿元赣南苏区振兴发展产业投资基金成功获批并提款5亿元。

【零售业务】 淡化存款时点概念，强化存款抓流量、存款看日均、存款靠服务理念，把握"春天行动"有利时机，抢先抓早，个人存款提质增效，时点净增33亿元、日均增量29亿元，均居系统和同业"四大行"(即工商银行、农业银行、中国银行、建设银行)首位。根据国家对房地产市场调控要求，适时调整房地产信贷政策，以住房贷款、随薪贷等消费类产品作为发展重点，助力房地产"去库存"，支持房地产市场平稳健康发展和新型城镇化建设，积极稳妥推进个贷业务。年末，个人贷款净增32亿元，多增16亿元，分别占系统和同业"四大行"的30%、40%，其中发放个人住房贷款35亿元，同业"四大行"增量份额37%，跃居第一位。加大重点产品营销推广力度，新增掌上银行有效客户、消息服务客户、信用卡有效客户、个人加权贵宾客户、有效收单商户均居全省第一。

【内部管理】 建立风险提示反馈机制，落实贷款售后电话回访、前后台与基层定期会晤、贷审例会制度，加大风险监测、风险排查、风险化解力度。按照清收处置"二十字"方针，以系列活动为契机，充分运用批量转让、上门清收、诉讼清收、呆账核销等手段，委托资产处置圆满实现"清零"目标，不良贷款控制在省分行要求之内。强化运营操作管理，持续深推"三化三铁"创建活动，有效杜绝各类操作风险。将员工行为管理列入"一把手"管理工作的重点，严格落实"三个严禁"，采取纪检监察部门全程参与、聘请行外监督员、公布举报电话等方式，持续做好重要岗位、重点人员特别是高管及各种涉贷人员的行为排查，切实把各种隐患消除在萌芽状态。加强"职工之家"管理，开展"送温暖"工程和"慈善一日捐"活动，抓实"六件实事"落地，切实维护职工合法权益。

(撰稿　陈晰瑶　审稿　韩小波)

【领导名单】

党委书记、行长：彭志远(10月免)
明爱萍(10月任)

党委副书记、副行长、纪委书记：
陈建和

党委委员、副行长、工会主席：
卢小铭

党委委员、副行长：练炳雄(10月免)
董海华　邹明东　魏细文

党委委员、行长助理：严　许(10月任)

中国银行

【概况】 2016年，中国银行赣州市分行贯彻国家经济金融方针政策和上级行发展战略，坚持"担当社会责任，做最好的银行"发展理念，积极响应市委市政府"打好"六大攻坚战""发展战略，抢抓发展机遇，争创"最佳服务、最佳形象、最佳业绩"，各项业务在2015年高位发展的基础上再上新的台阶，荣获省分行2016年度绩效考核先进单位。

中国银行赣州市分行内设综合管理部、人力资源部、财务管理部、风险管理与内控部、公司业务部、个人金融部、贸易金融部、银行卡部、财富管理中心、运营部、监察部、渠道管理部等。在南康、信丰、龙南、定南、兴国、于都、宁都、瑞金、石城、上犹、崇义、大余、赣县、会昌等14个县(市、区)设有支行；在章贡区设有营业部和城东支行、城南支行、城中支行、香江支行、三康庙支行、登峰大道支行、红旗大道支行、长征大道支行、客家大道支行、车站支行、迎宾支行，共辖35个经营机构。全行员工总数752人。

【存款业务】 围绕银监部门的贷存比监管规定和上级行"稳市场"管理要求，把发展存款作为筹集信贷资金来源、改善贷存比、提升支持地方经济发展能力的源头性工作来抓。坚持抓早与抓紧，向黄金时段要存款。全面推进开门红战役，抓住元旦、春节黄金旺季的吸存机会，一季度末新增人民币存款24.42亿元，提升全口径市场份额0.22个百分点。坚持立体营销与组合销售，向市场要存款。整合集聚资源向重点产品、重点区域、重点机构、重点行业、重点客户倾斜，努力扩大增存优势。坚持精细化过程管理，向管理要存款。以跑赢大市为准则，以发展核心存款为主线，实行严格的销控目标动态管理和"洼地"帮扶制度，促进存款的持续快速发展。至年末，人民币各项存款余额216.2亿元，新增24.22亿元，其中公司存款新增10.94亿元，个人存款新增13.28亿元。人民币各项存款日均新增23.64亿元。

【贷款业务】 贯彻落实国家宏观调控政策、产业政策和中国银行授信业务指引，用足用好用活各项政策资源，支持振兴发展，担当社会责任。继续加大对重大基础设施建设项目、钨稀土等资源型优势行业龙头企业及医疗卫生等民生行业的支持力度，把"扶小助微"作为转变业务增长方式、优化客户结构的重要工作来抓，着力提升"中银信贷工厂"运营效率，着力贴近市民日益增长的住房、汽车、家装消费及投资创业融资需求，着力提升金融扶贫力度，保持信贷的持续稳定增长。至年末，人民币各项贷款余额224.26亿元，新增22.37亿元。

【支持苏区振兴】 围绕推进赣南苏区振兴发展重大项目营销、支持县域经济发展，先后成立重大项目营销推进小组、“一县一策”领导小组、“走出去”一站式服务小组，着力加大金融扶贫力度，制定《中国银行赣州市分行2016年金融扶贫工作实施意见》。加强与上级行的沟通联系，推动相关政策红利和授信项目落地，积极与市县两级政府领导和对口部门沟通，促进对接服务工作有序推进。服务下沉，实施精准扶贫。与于都县政府签订全面战略合作协议，协助省分行对扶贫挂点村——于都县下坪村开展多次帮扶活动，先后向村小学捐助助学金、文具，翻修校舍，建立电脑教室等。与相关同业签订战略合作协议，钨、稀土主导行业年新增贷款3.4亿元，向赣州高速、赣南医学院附属医院发放贷款1.3亿元。中小企业授信余额达9.63亿元、户数225户，分别比上年新增2.70亿元和38户。

【内控与风险管理】 继续实施内控“一把手”工程，严格执行内控防案“一票否决”，持续开展“双十禁”“双九禁”“四公开”“七不准”“八不得”等制度，规范教育并内化为员工自觉行为，构建集心防、人防、物防、技防、联防“五位一体”的立体安全防护网，实现全年安全无事故、无案件的目标。依托现代科技和资源投入推进运营“前台操作后台化、后台操作集中化、集中操作专业化”建设，以科技为引领的运营管控能力显著提升。加强全流程授信风险管理，有效防范新增贷款风险，做实贷后管理，严格把好资产质量关。至年末，本外币资产优良率达99.22%。

【经营效益】 以扩大客户、业务规模和优化收入结构为主线，开源与节流并重，提升经营效益。至年末，实现净收入9.53亿元；实现拨备前利润7.17亿元，增加1968.46万元；实现净利润4.19亿元，增加1684.58万元；实现非利息收入1.97亿元，增加24.39万元。

【基础建设】 持续推进5个业务发展“一把手”工程。利用代发薪业务拓展客户群，新增代发薪单位超200个，累计代发薪资金量45.74亿元。第四季度，成功拓展6000余户养老金代发业务，月代发金额2200万元，全年代发量突破2.7亿元。发挥“工商E线通”源头营销作用，至年末，公司基础客户数10267户，占全省系统内总数的14.95%。其中，有效客户为1921户，在全省系统内占比13.11%，均排名全省系统二级分行第一位。至年末，实现国际贸易结算量9.04亿美元，绝对额位列全省系统内二级分行第一，占总量的20%，在当地国际贸易结算市场份额为40.06%，高出全省平均水平的3.46个百分点．实现跨境人民币结算业务量10.14亿元，绝对额列全省系统内二级分行第二，占总量的22%；全年信用卡新增有效卡4.02万张，信用卡年新增有效客户2.18万户。

【改革创新】 在保理池融资、海内外联动贸易融资、利率掉期、非标理财投资存单收益权、中银茶企通宝、中银税贷通、农民住房财产权抵押贷款等多个产品上，实现服务模式创新和全省首发。推进智能化、自助化网点地建设，充分融合“互联网+”新趋势，成立市分行数字小组，通过高规格、高频度、高质量的推动，运用“易惠通”“车友惠”等主打产品，促进智力资本的深化，力求实现打造百万级的客户、千万级的效益的目标。

【队伍建设】 坚持以人为本带队伍，积极为员工成长搭建平台，年度业务技能测评中，综合能手率实现100%；辖属长征大道支行荣获“全省青年文明号”，为省中行系统内唯一；辖属营业部再次荣获2015年“中国银行业文明规范千佳示范网点”；辖属于都支行荣获中国银行“先进基层党组织”。

（撰稿　吴　昊　审稿　李振瑶）

【领导名单】

党委书记、行长：程学文

党委委员、纪委书记：付亮平

党委委员、副行长：钟　华　刘　广　黄　平　肖恢池

建设银行

【概况】 2016年，中国建设银行股份有限公司赣州市分行贯彻省分行战略部署，狠抓“4816”工程，扎实推动转型发展落地，切实加强内部管理和党建工作，取得良好的经营业绩。一般性存款日均余额231.16亿元，日均新增29.23亿元，对公存款日均新增18.17亿元，个人存款日均新增11.89亿元。各项贷款余额265.85亿元，比年初新增39.08亿元，同业“四大行”排名第二。不良贷款实现双降，不良贷款余额1.90亿元，比年初压缩3729万元，不良贷款率0.72%，比年初压缩0.29个百分点。实现中间业务净收入2.64亿元，增加492万元。实现税前利润6.73亿元，增加1546万元；实现拨备前利润7.76亿元，增加2543万元。

【党建工作】 扎实开展“两学一做”学习教育，落实班子成员上党课和专题研讨等制度，提升班子成员的党性修养。注重在一线和业务骨干中发展党员，全年发展党员8人。全面落实“两个责任”，抓实廉政建设和反腐工作，落实纪委书记专职化的要求。严格执行“三重一大”制度，加强关键环节的监督。严格执行中央八项规定，总行党委“10项要求”，省分行党委“12条意见”，年内未发现违反廉洁自律的问题。注重选拔任用品德好、有实绩、懂经营、善管理的干部充实基层，选拔6名年轻大学生到基层挂职锻炼，聘任专业技术岗位职务25人。

【存款业务】 坚持“存款立行”的思想不动摇。以满足客户需求、做实金融服务为切入点，拉动存款业务快速发展。定期开展走进社区、走进专业市场专题服务推广活动，普及金融知识，宣传金融产品。

【信贷业务】 贯彻国家经济金融政策，找准信贷政策和地方经济发展的契合点，重点加大对基础设施的支持力度，持续加大信贷投入，重点支持

"六大攻坚战"项目，全年投放对公贷款37.28亿元。加快发展个人信贷业务，积极发放公积金贷款、自营性住房按揭贷款和公积金组合贷款，满足群众多样化购房的需求，有力支持赣州市房地产去库存工作。小企业信贷坚持"以小为主、以微为重"，与全市19个工业园区签订"财园贷""小微贷"合作协议，推出发展"平台类"贷款、圈链平台等产品，巩固发展"财园贷""小微贷""科贷通"等类助保贷业务，发挥小企业信贷业务的带动作用，小企业信贷全部达到监管部门"三个不低于"的目标要求。全力管控资产质量，做实信贷基础管理，扎实开展"两加强、两遏制"活动，每月召开信贷风险预警例会，每季组织信贷风险排查，逐户分类"贴标签"。

【战略业务】 转型发展成效显著。对公结算账户实现进位，对公人民币结算账户总量18124户，同业"四大行"排名第二，账户新增同业"四大行"排名第一。借记卡发卡净新增36.17万张，同业"四大行"占比排名第一，借记卡总量201.03万张，同业"四大行"占比排名第二。信用卡净增发卡61219张，新增客户44505户，实现消费交易额158.5亿元，全口径分期交易额15.73亿元，新增商户4544户，均超额完成省分行计划，净增发卡、净增客户、信用卡消费额、贷款余额、中间业务收入等核心业务指标保持同业第一，分期交易额、累计发卡同业排名第二。电子银行一票否决考核名列前茅，移动金融柜面替代率为69.46%，全省排名第二，手机银行当年活跃客户、个人网银当年活跃客户、个人短信金融用户新增、企业短信金融用户新增均全省排名第一。电子银行中间业务净收入1411.62万元，全省排名第三。房改金融业务保持同业第一，市场份额进一步提升。住房资金全年归集33.05亿元，创历史新高，当年公积金贷款新增28.4亿元。住房资金归集市场份额80.5%，比年初提升9.9个百分点。资金结算业务活跃结算卡新增、单位结算卡净新增、一户通客户收费主账户新增、电子商业汇票客户同比新增、国内信用证客户新增等考核指标均完成省分行计划。"4816"客户战略成效显著，全行发展基础进一步夯实。

【风险管理】 开展"两加强、两遏制"专项自查"回头看"和"雷霆行动"专项排查活动、安全生产大检查活动，有效堵塞管理漏洞。案件防控工作措施落实有力，员工行为排查持续开展。各类基础管理有序高效，荣获信息技术、营运管理考评第一名，被人民银行赣州中心支行评为"执行外汇管理规定考核情况A类行"。合规建行、平安建行创建取得实效，"反洗钱"工作得到加强，安保防控体系不断完善，消费者权益保护、舆情监测、印章保密和信访维稳工作持续加强，行务政务及后勤保障运行平稳，全力做好维稳工作，认真防控声誉风险，全年未发生声誉风险事件，保持安全稳定。

【金融服务】 全渠道金融服务的稳步提升，完善理财专区建设。发展普惠金融服务，积极推广工会龙卡，实现全市17县(市、区)工会龙卡发卡全覆盖。加大网点改造力度，完成迁址装修营业网点3个．加大自助设备投放力度，新建自助银行1个，离行式自助银行总量已达97个，服务能力显著增强。用卡环境进一步改善，全年布放4544台商户POS终端，累计布放11760台商户POS终端。加大智慧设备投放和应用力度，投入智慧机48台，累计达到145台；投入现金类设备82台，累计现金类设备353台，提高人机替代率和工作效率，提升客户全渠道服务体验。

【金融创新】 持续推进"零售优先""移动优先"战略，重点打造金融生态圈建设。大力推动善融商务、善付通、悦生活、银企直联等业务发展。大力发展电子支付活跃商户，打好善融商务战役，加大善付通营销，提升个人商城交易额和个人买家客户数的增长。加快智能替代推广，提高智慧柜员机迁移率。全面推广"悦生活云"服务平台，建立网络金融生态圈，通过互联网为具有收费需求的单位，量身定制行业云应用服务，提供线上费用缴纳、行业管理等金融和非金融服务的缴费平台，解决缴费单位没有自建系统的技术壁垒。

【企业文化】 先后开展"有效客户营销能手"评选，"合规与我同行"主题竞赛，"稽核监测推进全行合规文化建设竞赛""学COS-T、用COS-T、促渠道转型竞赛""新型媒体网络H5页面设计比赛""资金结算产品覆盖度提升劳动竞赛"，小企业业务"拓客户、促转型"和"七贷一透产品"劳动竞赛等活动，竞赛活动成为员工施展才华的舞台，提高技能的"练兵场"。在市银行业协会、市金融团工委举办的市银行业金融知识与业务技能竞赛中，市分行获团体总分第一，丘芳玲获"数据录入比赛"第一名，张彩虹获"点钞比赛"第一名。彭聪获总行"青年创新建行强"金点子大赛优胜奖。组织青年骨干自创诗朗诵、情景剧参加市银行业协会主办的"赣州银行业支持苏区振兴'一号工程'普惠金融"文艺晚会和人民银行赣州市中心支行主办的市金融系统"庆祝"反洗钱法"颁布实施10周年文艺汇演。积极组织员工参与"金融人写金融事"系列活动，为全行转型发展营造良好舆论氛围，徐晓兰获总行"建行人写建行事"征文比赛优胜奖。

(撰稿　冯世文　审稿　刘建华)

【领导名单】

党委书记、行长：邓近华

党委委员、副行长：赵劲松　朱安根　张　俭　丁九胜(10月免)

党委委员、纪委书记：何林清

高级专员：丁九胜(10月任)

交通银行

【概况】 2016年，交通银行赣州分行贯彻落实总行、省分行工作会议精神，坚持"做大规模、做强存款、挣好利润、控好风险”工作方针，团结一致、奋发有为，圆满完成全年各项目标任务。至年末，资产规模首次突破50亿元。本外币资产规模达到53.05亿元，增加14.45亿元，增幅37.43%；人民币各项贷款余额为53.24亿元，增加14.72亿元，增幅38.21%；人民币贷款日均47.84亿元，增加14.04亿元，增幅41.53%。经营利润达到1.52亿元，增长4840万元，增幅46.5%，完成计划的131.23%，人均经营利润237万元，绩效考核列全省交通银行系统第一名，综合竞争力列第二名，全年实现零不良、零案件、零事故，各项业务持续健康快速发展。获全省交行2016年度经营管理先进集体、资产质量突出贡献奖、赣州市平安赣州建设暨综治责任先进单位等称号。

【客户指标】 坚持围绕客户提升工程，抓业务、抓考核、抓拓展，客户指标亮点频现。全年，对公有效用户净增15.8户，完成计划的226%；达标沃德客户新增91户，完成计划的151.67%；交银客户数新增1829户，完成计划的406.44%；私人银行客户数新增4户，完成年度计划133.33%，私人银行客户户均资产达到1698.28万元；个人消费贷客户净增233户，超任务33户，个人消费贷款达到2.01亿元，超任务1.31亿元；个人住房按揭客户新增1737户，新增1258户；小微企业贷款户净增9户，完成计划的225%；源头代发客户净增934户，完成计划的116.74%；信用卡激活户新增4367户，完成计划的114.92%。全年的客户指标完成较好，特别是个金指标较上年有进一步的好转，凸显转型发展的成效。

【风险控制】 资产质量管控。在宏观经济持续疲软、实体经济增长乏力、有效的信贷需求不足等大环境下，分行小微企业客户授信数量、个人贷款客户数量成倍增长的风控压力提升，按照“依法合规、稳健经营、守土有责”的原则，抓好信贷风险管控，继续实现不良资产为零的目标。出台授信管理精细化实施细则，明确存量授信客户流贷续贷申报的时间要求、贷款到期前的临期管理要求、授信业务应急预案处理以及日常基础管理等方面，做到责任到人，层层压实责任，有效管控授信风险。及时清收南康通达汽贸公司逾期贷款500万元及赣州经济技术开发区万佳动物保健品有限公司潜在风险贷款420万元；切实做好按揭贷款逾期的催收工作，全年收回按揭逾期贷款3笔13余万元，6笔潜在风险贷款的正常还款。

专项风险控制。抓好“五大领域”“两加强两遏制”“雷霆行动”和案件防控“长剑行动”等专项整治，签订岗位承诺书92份、自查承诺书108份、谈心谈话200余次，检查覆盖面100%，内部合规秩序更加趋好。落实安保工作责任制，开展常规检查和突击检查，做到立行立改，提升安全水平和安全意识。全年化解信用卡风险3起、自助银行风险1起、柜面诈骗1起，为客户挽回资金近5万元，实现全年零案件、零风险、零事故的成绩。

【零售业务】 抓好个贷客户、卡客户、代发工资客户及交易型零售客户等客户群的提升和拓展工作。在营业部设立按揭团队，在人力、物力及财力方面给予一定的倾斜，新增的10亿元的按揭贷款和1700多户的按揭客户，提供大量中高端客户，为零售业务的转型加重砝码。拓展卡客户，加强信用卡营销，保持较好的新增量；与各大型超市、影院、酒店、餐饮等商户合作，完善用卡环境，提升用卡体验。打响卡品牌，提升知名度，全年信用卡业务代收的佣金收入达700万元。发展家易通客户，充分利用“客户经理＋外拓团队”模式重点围绕南康家具商圈进行拓展，家易通团队成立4个月，营销商户达到260多户，贡献储蓄日均存款5000多万元。

【金融扶贫】 发挥自身特点，开展金融扶贫工作，联合市金融局、江西银行赣州分行等在兴国县，对接产业扶贫项目。做好扶贫挂点村的精准扶贫工作，对29户贫困户进行摸底调查，制定脱贫规划，以油茶贷等方式帮助5户贫困户通过产业脱贫。为扶贫挂点村贫困学生进行“助学捐赠”。组织员工走进敬老院，开展“关注老年群体，交行与爱同行”为主题的送温暖、献爱心活动。

【党建工作及工会活动】 抓实“两学一做”学习教育，组织党委中心组学习8次，各党支部开展集中学习20余次，领导干部上专题党课5次，开展“传承五四精神，焕发青春风采，助力改革发展”主题活动，组织观看纪念建党95周年专题片，到瑞金市、于都县等红色革命传统教育基地进行现地教育4次。组织开展先进基层党组织和优秀共产党员的评选活动，培树先进典型。坚持每季度开展一次全员大型活动，全年开展“赣州分行首届秋季运动会”“重温交行史 续走改革路”“户外拓展”“相约圣诞 诞愿有你”“青春印记 激情交行”等20多次各类有益于员工身心发展、团结互助和凝心聚力的企业文化活动，营造风清气正、和谐求进、精诚团结助发展的良好氛围。

(撰稿 孙健平 审稿 饶文亮)

【领导名单】

党委书记、行长：陈　枭

党委委员、副行长：田国强

招商银行

【概况】 2016年，招商银行赣州分行贯彻落实招商银行总行“建设‘轻型银行’转型”战略目标和南昌分行年初各项工作会议精神，围绕打好“四大战役”的目标，坚持开拓创新，坚决真抓实干，较好地完成各项工作任务。

招商银行赣州分行内设行长室、综合管理部、公司银行部、零售银行部、个人信贷部、风险管理部、信用卡部等，下辖分行营业部、长征大道支行、南康支行、瑞金支行、贸易广场小微支行、南康家具城小微支行等6个营业网点。

【主营业务】 以调结构为核心促进资产投放，以严控风险为重点管控资产质量，以合规守纪为底线稳健经营，千方百计推动业务发展。至年末，各项存款余额63.89亿元，较年初增加2.03亿元、增长3.29%；各项贷款余额首次突破百亿大关，达102.4亿元，较年初增加13.79亿元、增长15.56%。存、贷款总量居赣州当地股份制银行及南昌异地分行首位，零售贷款余额居全国89家招商银行二级分行（不含自贸区，南阳分行）首位。严把信贷资产质量关，不良贷款余额为1.45亿元，不良率1.42%，低于赣州银行业的平均不良率水平。实现考核利润1.04亿元。

【资产组织】 坚持有进有退的策略，成功应对年初资产投放乏力的不利形势。调整信贷结构，根据《南昌分行2016年拟压退客户名单》，大企业拟压退7户敞口金额2776万元，实际压退1.63亿元；小金部上报总行压退企业51户拟压退6828万元，实际压退1.28亿万元，超额完成分行下达的压退目标任务，风险客户得到及时退出、信贷结构调整到位。紧盯重大项目，打好资产投放战役，大中企业贷款余额较年初新增10.33亿元，增幅70.59%。

【零售信贷】 至年末，零售贷款余额69.85亿元，增加11.18亿元、增长19.07%，总量、增量居赣州各股份制银行首位，超过浦发银行赣州分行、兴业银行赣州分行、民生银行赣州分行、中信银行赣州分行和光大银行赣州分行的总和，增量为南昌分行增量的30%。零售信贷中按揭贷款业务高速发展，按揭贷款余额49.27亿元，增长41.32%，占各项贷款余额的48.11%，按揭贷款业务在当地及全国89家招商银行的二级分行（不含自贸区，南阳分行）占绝对优势，余额居首位。

【信用卡产品】 完成发卡有效户29041户，提前5个月率先完成年度信用卡推广指标，人均产量居全国23家内置卡部第一，卡部平衡记分卡得分列全国23家内置卡部第五，年度新户达成率第一。积极推动商务合作，与赣州当地226家商户达成营销合作，形成集主流餐饮、主流休闲娱乐、主流生活于一体的商务消费体系，提升招商银行信用卡的品牌优势。

【风险防控】 加强贷款“三查”管理、评估管理，及时处置化解风险贷款，切实保障资产质量。成立资产管控工作小组，新增3名清收保全专岗人员，专职专岗负责资产保全和清收工作。年内召开风险处置会19次，研究讨论74户信贷客户（68户对公、6户个贷）的不良处置或风险转化方案，完成重组贷款16户、金额7110万元。至年底，完成对公不良贷款现金清收3204.73万元，南昌分行排名第二；完成零售不良贷款清收1434.41万元。

【党建工作】 抓好“两学一做”学习教育活动，自觉加强对《中国共产党廉洁自律准则》和中共中央总书记习近平系列讲话精神等内容的学习，增强党性修养。主要领导上党课（合规课）3次。坚持民主集中制，凡重大事项都经过党委会和行班子会集体讨论，发扬民主，集思广益，正确决策，增强班子的感召力和凝聚力。班子成员带头学习“10项铁律”和总行、分行纪委系列通报，全面推进“学案例守底线见行动”、员工行为排查等活动，培育合规文化，营造风清气正的行风。

（撰稿 彭金梁 审稿 李成果）

【领导名单】

党委书记、行长：王 华

南昌分行银行部副总经理（驻赣州分行）、赣州分行纪委书记：曾琦生

赣州分行副行长：赵 静 雷娟娟

南昌分行风险管理部总经理助理（驻赣州分行审贷官）：张 良

浦东发展银行

【概况】 2016年，浦东发展银行赣州分行面对“授信业务上民营类客户比重过大，不良资产占授信总资产比例较大”造成的发展困境，制定“调结构，控风险，实现‘二次创业’”的发展路径。对业务结构的调整、分类营销架构的设置、支行业务半径的明晰以及经营重点、产品设置、营销队伍、完善项目营销配套资源、领导挂点帮带等方面，重新进行规划设计，有效解决困扰全行转型发展中工作机制上的问题。具体实施中以“梳理流程、专题部署风险化解、行领导带头营销、制定综合考评办法”等组合拳的方式，解决经营痛点，促使各项经营指标企稳回升，闯出低谷。

【主营业务】 全年全行一般性存款余额27.58亿元，增加5.59亿元。其中，公司存款余额22.22亿元，增加4.65亿元。储蓄存款余额5.36亿元，增加0.94亿元。一般性存款日均29.92亿元，增加4.67亿元，完成年度计划30.9亿元的96.83%。其中，公司存款日均24.56亿元，增加4.96亿元，完成年度计划24.79亿元的99.07%；储蓄存款日均5.36亿元，下降0.29亿元，完成年度计划6.11亿元的87.73%。全行基础存款余额24.63亿元，增加6.72亿元。其中，公司基础存款余额19.57亿元，增加4.95亿元，储蓄基础存款余额5.06亿元，增加1.77亿元。基础存款日均26.61亿元，增加2.98亿元。其中，公司基础存款日均21.93亿元，增加2.53亿元；储蓄基础存款日均4.71亿元，增加0.45亿元。

至年末，全行各项贷款余额39.84亿元，增加5.12亿元。其中，公司贷款余额14.49亿元，减少0.59亿元；个人贷款余额25.35亿元，增加5.71亿元。

全年营业收入1.74亿元，减少3897万元；各项支出1.43亿元，增加1470万元（主要是逾期贷款计提的资产损失）。实现经营利润3040万元。实现模拟利润1.74亿元，完成年度计划2.30亿元的75.8%。实现中间业务收入7352万元，完成年度计划1.23亿元的59.59%。其中，实现对公中间业务收入2440万元，完成年度计

划6878万元的35.48%；实现个人中间业务收入4912万元，完成年度计划5460万元的90%。

【改革创新】 国有项目营销。促成赣州经济技术开发区建设投资有限公司15亿元PPN项目落地，浦银·赣南苏区城市发展基金22.5亿元投放成功。托管南康区政府10亿元中小企业集合债和赣州市城投首期10亿元险资债权投资计划。资产业务结构逐步向好。国有客户、无贷户的比重逐步增加。至年末，国企表内授信客户7户，金额5.26亿元，新增5户3.15亿元；国企委贷客户21户，金额9.85亿元。公司贷款国有客户授信余额占比由年初的13.97%提升35%，增长21.03%；中长期贷款的占比由年初的3.71%提升至31.76%，增长28.05%。交易银行特色业务、同业代理业务都取得较好成绩。拓展渠道建设，以无贷优质户，新兴弱周期客户作为突破口，实行全员营销策略，取得较好成绩。至年底，成功拓展无贷优质户109户，新增36户，完成144%。加强外部合作渠道，先后与太平洋保险、德邦创新资本、常熟农商行、浦耀信晔、浦银租赁、长江养老保险、上海国际信托等第三方的资金，共同营销客户，实现项目落地和项目储备的公司业务发展新基础和新机会。至年末，储备表内授信客户3户金额35亿元，创新资管项目3户金额47.5亿元。

【零售业务】 围绕“增效益”的核心，大力发展个贷、信用卡及财富管理业务，快速提升零售业务创利能力。个贷余额突破20亿元大关，达到25.35亿元，增长5.71亿元；信用卡活跃账户总量35098户，增加16173户；财富业务中收487万元，增长73.9%。全行零售业务营收1.96亿元，增加2649万元，增幅15.6%；全行零售业务中收4912万元，增加2137万元，增幅77%。实现赣州新能源汽车城拆迁代发业务和龙南县棚改项目拆迁代发业务，促进全行零售负债的规模增长。全行储蓄基础存款日均增长8226万元，金融资产日均增长1.58亿元。全年投放住房按揭贷款7.6055亿元，占南昌分行总投放量的18%；投放量系统内排名首位，完成年度投放计划的169%。全年增信用卡活跃账户3704户(不含信用卡团队)，完成全年计划的149%，是南昌分行唯一达成目标的机构，增量在南昌分行各机构中贡献占比达39%；累计实现信用卡营业收入7552万元，信用卡中收4339万元，信用卡净收入5653万元。

【自身建设】 完善党建工作机制。成立赣州分行党委，下设3个支部，组建兼职纪检监察队伍。党务干部队伍配置完整，党建工作得到强化。深入开展“两学一做”教育活动，党组织书记带头讲党课，重温入党誓词，观看廉政警示教育片、撰写理论调研文章等，确保教育效果。分行党委书记、行长万小敏被总行评为优秀党务工作者。企业文化活动经常。倡议员工爱心善举，募集资金3万余元购买文具等爱心物品回访浦发高背希望小学，组织员工为患重疾员工陈红炜义务献血3200毫升，开展“二次创业，我在我拼”文艺汇演等系列活动，获得南昌分行“迎七一红歌赛”二等奖。通过调研座谈、流程梳理、制度制定、机构经营职能调整、业务结构调整、人员调整和风险控制等措施，全行各项工作进入新的轨道，谋事促发展信心更加充足。

(撰稿　熊扬勇　审稿　周　浩)

【领导名单】

行长：陈　强(3月免)　万小敏(3月任)

副行长：程　敏(女)　周　浩

民生银行

【概况】 2016年，民生银行赣州分行贯彻执行中央和国家经济、金融政策，贯彻落实总行、分行年度工作会议精神，坚定战略，狠抓执行，按照做强公司业务、做大零售业务、做优市场业务的经营思路，加快战略转型和业务结构调整，努力成为服务民营企业和小微金融的银行、互联网金融和财富管理领先的银行，不断增强持续发展能力和竞争优势。至年底，各项存款余额28.85亿元，各项贷款余额21.28亿元，金融资产余额15.80亿元。分行继续保持稳健经营态势，资产质量领先同业。连续7年获南昌分行的先进集体、获南昌分行“2016年度优质服务机构”、获评中银协“千家示范单位”、获赣州市银行业协会、赣州金融团工委举办的“赣州市银行业金融知识与业务技能竞赛综合第二名”、分行营业部获总行“2016年度客户服务标杆网点”。分行党委书记、行长李云获南昌分行2016年度先进管理人员。

民生银行赣州分行内设办公室、风险管理部、业务管理部、运营管理部、行业金融部、企业金融部、业务一部、分行营业部、南康支行及于都支行等，其中于都支行于9月8日开业。

【经营管理】 组建创新业务客户经理团队，专司同业业务、资本市场业务和托管业务的营销和推动，促进同业理财、协议存款、托管业务、股票质押业务、定向增发业务、信托业保障基金收受益权业务及票据业务等创利。围绕政府信用机构客户、医院类客户、央企驻赣公司、央企入赣项目、政府类项目、国企改革项目、优秀民营企业客户等目标，精准发力，重点突破，打造管道战略，培育核心客户群体。以传统零售转型为重点，以团队结构优化和项目深耕为抓手，在储蓄存款、财富资产等重点零售指标上取得新突破。通过优化小微团队结构、精选优秀骨干打造“金牌社区团队”“厅堂一体化”等有效措施，紧抓征地拆迁项目，重点推进薪资金融代发项目，在多项重点零售指标方面取得优异成绩。紧抓营销契机，按揭贷款取得新突破。加强前、后台分工协作，实现“按揭材料齐全、1天放款”的目标，树立良好的社会品牌和市场效应。

【风险内控】 围绕内控管理、资产质量和风险退出等方面为重点，通过抓好细节、抓好过程、抓好结果，全力防范合规风险，逐步形成“系统有特色、同业有影响”的合规内控管理品牌。严格落实全年合规内控检查计划，开展内控合规提升年暨业务知识竞赛，以赛代训的方式增强员工的合规意识。顺利通过监管机构“雷霆行动”“两加强、两遏制”回头看内控合规检查。加强人员排查，严控道德风险。定期开展员工异常行为、岗位风险、外部兼职排查，做好年度关键岗位人员轮岗及员工休假工作，组织廉政警示教育，提高全体员工廉洁自律意识，筑牢拒腐防变的防线。层层签订《社会治安综合治理责任书》《消防安全责任书》，明确职责和奖惩，落实隐患整改，提高人防、物防、技防的能力，确保无案件和安全事故发生。南康支行通过总行平安支行验收。加大对小微贷款管理的力度，对问题贷款坚决退出。

【基础管理】 树立“客户第一，真诚服务，创造价值”的服务理念，制定“区域最佳服务银行”目标任务书。开展员工基础培训、交叉金融知识专题培训，增强从业人员相关技能，提升员工业务技能和综合素质。持续开展谈心交心活动，畅通行领导与职工沟通的渠道，切实解决大家关心的热点难点问题，着力打造“风正、气顺、心齐、劲足、绩优”的和谐局面。扎实开展“两学一做”学习教育活动，充分发挥党组织的战斗堡垒作用和共产党员的先锋模范带头作用，凝聚银行全体职工的积极性和创造力。发挥工会、共青团、女工委的纽带和桥梁作用，加强家园文化建设，增强员工的主人翁意识和归属感，极大地激发广大员工爱行、爱岗的工作热情。

【精准扶贫】 制定实施方案，落实对接措施，确定脱贫目标。统筹谋划，强化沟通，开展好贫困户调查走访。摸清底数，准确掌握致贫原因，完成贫困户建档立卡工作。持续加大精准扶贫工作宣传力度，采用张贴精准扶贫标语、制作扶贫工作承诺栏、公示牌宣传栏等，宣传精准扶贫的政策。对因病致贫的，帮助联系县(市)医疗资源，为后续治疗积极提供帮助；对因残致贫的，为其拓宽增收渠道，积极协助甜叶菊等科学种植，联系供销渠道；对因学致贫则发挥银企渠道，积极落实岗位资源。联合驻村单位共同出资修建都口村贯口自然村人行桥的护栏，赢得村民的赞赏。

（撰稿　何雪章　审稿　李　云）

【领导名单】
党委书记、行长：李　云
党委委员、行长助理：林达胜
　　　　　　　　　　刘　君

邮政储蓄银行

【概况】 2016年，中国邮储银行赣州市分行围绕“六大攻坚战”，主动融入全市经济发展大局，践行服务地方责任担当，以自身优质服务和不断增长的投放资金总量，为赣州经济社会发展做出积极的贡献。全年全行贷款余额112亿元，贷款规模列全省邮储银行第二位，各项贷款余额较2013年年末翻番，累计投放信贷资金100亿元。向中小微企业等实体经济发展投放信贷结余67.58亿元，净增9.56亿元，“五通贷款”居全省邮储银行前列，其中“财政惠农信贷通”净增1.8亿元；“财园信贷通”放款2.67亿元，年净增1.8亿元；“产业扶贫信贷通”放款3.78亿元，均列全省第一。“小微信贷通”“创业信贷通”均超额完成全年任务。小企业法人贷款年净增居全国邮储银行二级分行第5位。市分行获2015年度平安赣州建设暨社会治安综合治理目标管理先进单位称号。

【服务实体经济】 强力支持“主攻工业、三年翻番”重大战略，加快信贷资金投放力度，围绕优流程、提效率，进一步释放全行发展活力与创造力。与大型企业、上市企业、入赣央企开展合作协商，向赣州稀土矿业发放流动资金贷款5000万元，为华能瑞金电厂授信10亿元的公司贷款。8月，市分行与新疆乌鲁木齐市分行达成6.5亿元全南县天排山风电项目行内银团贷款。先后与安远、全南、会昌、石城等县人民政府签订全面战略合作协议，积极融入地方战略。加大与市财政局、市委农工部和市工信委的合作，通过“财园信贷通”“财政惠农信贷通”“产业扶贫信贷通”“小微信贷通”“创业信贷通”支持财政资金充分发挥作用。加快消费领域布局，与全市42个“一手房”项目、40家汽车经销商、11家光伏发电供应商建立合作关系，支持农民工进城购房、居民消费升级，南康东山新区额度4亿元的安置房合作项目成为全省邮储银行第一个安置房项目。借力信用卡业务激活消费能力，为客户提供便捷、多样的金融服务，信用卡结存为全国第10个结存卡突破10万张的二级分行。

【精准扶贫】 始终立足“根植城乡、服务“三农”” 企业使命，从赣南产业特色出发，拓展金融扶贫覆盖面。全年投放金融扶贫贷款17.6亿元，实现涉农贷款“两个不低于”目标。小额贷款全年累计发放12亿元，信贷结余13亿元，净增5207万元，放款、结余和净增金额均列全省邮储银行第一位。创新探索“电商＋金融”“电商＋金融＋精准扶贫工作站”金融扶贫新模式，实现资金流、信息流、实物流的“三流合一”合力扶贫，为贫困户产业脱贫提供全方位的金融服务，在72个省级贫困村建立72个精准扶贫工作站。在邮储银行的支持下，瑞金廖奶奶咸鸭蛋成功走出大山打开市场，廖秀英奶奶本人获全国脱贫攻坚“奋进奖”。落实“三个全覆盖”，累计摸底调查建档立卡贫困户56683户，占全市贫困户总户数的18.39%，涉及全市213个贫困乡镇，覆盖所有扶贫包干乡镇。争取产业扶贫信贷通落地，实现放款3.78亿元。依托特色主导产业，制定“三农”金融服务方案，建立烟叶、果业、林权等特色金融服务，通过额度保障、利率优惠、优化放贷手续建设服务现代农业的示范行，为4000多户家庭农场、专业大户、农民专业合作社提供信贷资金支持11.02亿元；发放林权抵押贷款5.18亿元，发放烟农贷款3.9亿元，发放脐橙等果业个人贷款29.98亿元，支持1.36万户果农发展生产。

【普惠金融】 发挥渠道优势，倾情服务城乡居民，全市共设立邮政金融网点301个，县及县以下网点占比达到92%，ATM、CRS布放规模列全省邮储银行第1位，累计服务客户数超过300万户。推广银行卡助农取款服务，与邮政分公司合作，实现农民"足不出村"即可就近取款，方便农民享受现代金融服务，形成"商户乐意、农户如意、政府满意"的多赢局面。全市有605个助农取款点，实现18个县(市、区)全覆盖。拓展"送贷下乡"业务，把贷款送到"田间地头"，不断提升服务薄弱环节的能力。开展"普及金融知识万里行"系列宣传和"防范非法集资""打击电信诈骗""普及金融消费者权益"等主题宣传活动，年内市分行被人民银行南昌中心支行评为2015年度江西省金融机构消费权益保护工作先进单位。品牌形象得到传播，在人民网、新华网、央广网等各级媒体正面宣传达1400余次。

(撰稿　王世琦　审稿　江卫国)

【领导名单】

行长：刘承亚

副行长：吴小起　桑经雨(11月免)

江卫国(12月任)　王建华

张　伟(12月任)

行长助理：龚颖安(11月免)

农村信用社

【概况】 江西省农村信用社联合社赣州辖区党组(简称省联社赣州辖区党组)作为省联社的派出机构，负责对全辖农商行进行管理、指导和服务工作。2016年年末，全辖有17家法人农商行(其中赣州农商行由原章贡区联社和南康区联社合并而成)，463个营业网点，占全市银行业网点总数的39%，网点遍布每个乡镇；在岗员工4562人，其中本科以上学历2400人，占员工总数的53%；资产总额1200亿元，其中各项贷款余额660亿元，占全市银行业的24%；负债总额1120亿元，其中各项存款余额1070亿元，占全市银行业的28%，是全市20家银行中业务规模最大、机构网点最多、税收贡献最大的银行机构。

【贷款业务】 全辖农商行充分发挥"赣州人民自己的银行"作用，坚持扩大投放与精准投向并举，全力支持实体经济发展。全年净增贷款110亿元，多增13亿元，增幅20.19%，占全市银行业的23.35%。信贷投向突出"三大领域"：突出支农支小领域，始终坚持支农支小的市场定位，新增涉农贷款89.7亿元，占新增贷款的81.54%，提高0.35个百分点；新增小微企业贷款60亿元，占新增贷款的54.55%，提高1.22个百分点；突出政策性"五通"贷款，响应市委市政府重大金融创新举措，累计发放"五通"贷款87亿元，占全市银行业的53.16%，"五通"贷款总量和增量均列全市金融机构首位；突出主攻工业方向，出台《全市农商行支持工业发展的金融服务30条措施》，力争3年内投放工业贷款60亿元，全年新增工业贷款23.86亿元，增加4.69亿元。

【金融扶贫】 全年发放精准扶贫贷款51亿元，其中"产业扶贫信贷通"37亿元，完成市政府计划任务的125%，占全市银行业的62.37%。8月，全省农信社精准扶贫现场会在会昌召开，全省25个国定贫困县农商行到赣州学习经验。2月，印发《全市农商行精准扶贫推进工作方案》，召开全市农商行动员大会，就精准扶贫工作进行动员部署。采取"整村推进、分片包干"的模式，全辖农商行共包干229个行政，占全市行政村总数的77.36%。考核严格。将精准扶贫工作纳入辖内各农商行领导班子量化考核内容，采取全市通报批评、取消年度评先、约见谈话等措施，促进精准扶贫工作扎实推进。

【优化服务环境】 全辖农商行落实市委市政府"降成本、优环境"专项行动，持续加大有效金融供给，携手企业共克时艰。积极实施续贷政策。优化小微企业贷款的循环授信方案，累计为2.5万客户办理续贷手续，续贷金额130亿元，有效降低企业过桥还贷成本。大力降低融资成本。贷款年利率同比下降1.59个百分点，主动让利近7.5亿元。以银行承兑汇票等形式为企业免费融资28亿元，减少企业融资成本7500万元。实施尽职免责制度。出台"三农"贷款、小微贷款和精准扶贫贷款尽职免责办法，相应提高不良容忍度1~2个点，有效打消客户经理惧贷、惜贷顾虑，为贷款快速投放提供宽松的信贷环境。

【金融改革】 坚持深化改革与推动创新并驱，不断完善体制机制，进一步释放改革红利。农商行改革全面完成。7月8日前，全市17家农商行全部挂牌开业，走过64年的农信社将成为历史。"两权"抵押贷款取得明显成效。将会昌农民住房财产权抵押贷款试点扩大到瑞金、安远农商行，共发放贷款1268笔2.2亿元。在赣县、信丰农商行试点农村土地承包经营权抵押贷款，发放贷款45笔752万元，上升为全国试点。"村村通"率先完成。在全市3462个行政村设立4050个助农取款服务站，其中年内新设基础服务站111个，精品示范点22个，是全省第一个完成"村村通"工程的设区市。

【社会贡献】 提升纳税贡献度。全年纳税6.38亿元，超过全市金融业税收的三分之一，其中企业所得税5.8亿元，占全市企业所得税总量的14%。支持慈善助学。5年累计资助8000名贫困高中学生，资助金额960万元。2016年又新发起对200名考取一本的大学生开展资助，金额达到100万元。积极参与结对帮扶。全市包括省联社赣州辖区党组、17个成员行，挂点贫困村18个，结对帮扶贫困户450户，投入帮扶资金260万元，实行点对点支持扶贫工作。

（撰稿　张兴东　审稿　邱小宇）

【领导名单】

党组书记：袁秀峰

党组副书记：陈晓军

纪检组长：陈宜盛

赣州银行

【概况】 2016年，赣州银行认真贯彻落实市委市政府全面加快推进赣南苏区振兴发展的决策部署，坚持“立足本土、深耕本地、服务实体、专注小微”的战略定位，深化改革，强化管理，严控风险，加快转型，各项业务保持平稳增长。至年末，全行资产总额达到1333亿元，各项存款余额745亿元，各项贷款余额513亿元，资本充足率12.91%，不良贷款率1.71%，全年实现净利润7.72亿元。获2016年中国金融扶贫突出贡献奖、“金口碑”银行等荣誉。

赣州银行内设27个部(室)，下辖分支机构114个，其中分行8个，支行106个。全行员工2384人，其中拥有本科以上学历人员1684人，拥有专业技术职称人员356人。

【业务发展】 优化审批手续，加快政府类信贷投放，政府平台类贷款比年初增加34.17亿元；降低个人按揭贷款利率，个人按揭贷款比年初增加8.96亿元。与各级政府签订产业基金协议金额达578.2亿元，落地83.59亿元，成为全市产业基金落地最早、落地金额最多、审批效率最快的银行。投资和同业业务快速发展，至年末，金融市场部资产达到268.34亿元，增长71.38%；债券交易量达到9755.78亿元，增长64.68%。金融同业业务稳步增长，金融同业部资产余额达到145.52亿元，增长78.20%；通过优化电票系统，实现数据电子化采集，票据业务管理质量和效率进一步提高，实现高速增长，交易量达到869.15亿元，增长327.04%。负债渠道不断拓宽，规模不断扩大。存款业务保持较快增长，全年新增存款141.47亿元，完成全年计划任务的116.91%。主动负债端取得较大突破，顺利取得同业存单和大额存单发行资格，全年累计发行同业存单120.1亿元；加强同业合作，实现理财产品的自主开发和设计，全年累计发行理财273.72亿元，实现中间业务收入9144.77万元，增长731.34%，超额完成总行下达的任务目标；13亿元二级资本债的发行工作顺利完成，核心资本能力得到进一步强化。

【改革创新】 上海金融同业部、厦门自贸区象屿支行、深圳科技研发与互联网金融中心先后开业，北京金融市场部业务继续稳健发展。机构布局不断完善，全年新增机构7家，机构总数达到114家，转型升级的“一体四翼”格局基本形成。重大基础改革稳步推进，印发《“2016—2018年”3年战略规划》；总行机关部室职责的厘清和A、B岗定岗工作顺利推进，组织架构分别在分行、城区支行和县域支行进行试点改革，为全面推进架构改革总结经验；公司、个人、财务等“8大条线”专业序列认证资格体系着手搭建；完成绩效考核、审计、FTP等重要信息系统开发、上线工作，为转型升级提供有力保障。满足政府、企业特色化的资金需求，为信丰高新技术企业提供贷款授信1.2亿元，首创全市政、银、保合作新模式。作为成员，成功参与中俄金融联盟与俄罗斯外经银行的百亿元人民币银团贷款业务，助力国家“一带一路”建设。成功签署《共建赣州“绿色金融和区块链金融”四方战略合作协议》，标志着赣州银行在区块链技术应用方面走在全国城商行前列。

【金融服务】 围绕业务转型升级，公司条线推出“项融贷”等产品；个人条线推出“个人大额定期存单”“白领贷”等产品，全年累计发“白领贷”590笔；小贷中心开发“虔好贷”等11项“虔城”系列信贷产品，支持小微企业户数超过1800户。完成手机、微信银行的优化改造，电子渠道替代率达到62.04%。大额存单、贵金属销售、理财销售等业务竞相发展，产品和服务多元化态势日益形成。

【内部管理】 完善授信授权管理，出台新的授信授权管理办法，按季计算各机构的贷款逾期率、收息率，对各机构授信授权进行调整，防止过度授权、滥用权限，各机构审慎经营、合规经营意识得到增强。持续推进运营、信贷、内审、科技、风控合规标准化建设。充分利用审计信息系统，应用多种数据模型进行非现场审计，提高问题发现的精准性，促进问题分析从定性到定量的提升，构筑完善的人、财、物防线。加强教育培训。先后分层组织全行各层级培训10余次，邀请专家讲座5次，提升队伍整体素质，筑牢内控的思想和道德防线。全面配合监管部门监管。全方位开展“两加强、两遏制”回头看整治活动，活动中有12个机构受到问责和经济处罚，各类处分处罚200多人，形成强大的震慑作用；认真开展“反洗钱”检查整改工作，吸取教训，“反洗钱”工作水平进一步提升。

【科技建设】 稳步推进信息系统建设工作。全年启动新项目38个，公积金网银集团用户功能系统、大额存单项目、微信银行等27个项目成功上线，后台IT系统功能日益完善，有力地支撑全行各项业务发展。

【队伍建设】 举办赣州银行青年骨干培训班2期，探索青年干部培养提升的新模式。推出“三段式”培训方法，即1个月集中培训、1个月见习、1个月试用的新入职员工培训方法。模拟银行业务系统正式启用，为新入职员工操作提供实践平台，操作风险得到有效防范。

【党建工作】 党建工作不断加强，印发《党建工作3年规划》，积极开展“两学一做”学习教育，全年共组织4个专题8个主题的学习，通过开展主题演讲比赛、开办学习教育提升班等多种形式，掀起“两学一做”学习教育的热潮。顺利上线首个党建考核系统和纪检监察管理系统，扎实有效的党建工作得到市委组织部的肯定，获评市直机关党建工作红旗单位。

【企业文化】 改变长效激励兑现方式、建立补充医疗保险、发放2个月的奖励工资，对员工的人文关怀进一步增强。文化建设工作有新成效，举办15周年行庆晚会，举办第三届“三树”先进典型事迹宣讲会，举行第六届职工运动会，赣银精神得到进一步弘扬。

(撰稿 张青山 审稿 邓志坚)

【领导名单】

党委书记、董事长：谢京华

党委委员、行长：吴 文

党委委员、纪委书记：郑昌宾

党委委员、监事会主席：沈海东

党委委员、副行长：李小平 罗小明 梅小娜 张春秀

总会计师：肖东慧

党委委员、总审计师：谢 凯

行长助理：李 敢

董事会秘书：邓志坚

江西银行

【概况】 江西银行是江西省首家省级法人银行，2015年12月3日经中国银行业监督管理委员会批复，由南昌银行吸收合并景德镇市商业银行，并于2015年12月15日升格更名为江西银行。

江西银行(原南昌银行)于2010年落户赣州。至2016年年末，江西银行赣州分行相继在13个县(市、区)设立27个网点(含社区银行及自助银行)，累计向赣州投放信贷资金超过600亿元。江西银行赣州分行发挥政策灵活、服务高效的优势，紧密结合赣州经济发展实际，支持赣州“4桥9路”等重大工程、重点项目建设，积极扶持中小企业的发展，重点支持有色金属、家具制造、赣南脐橙等特色产业。至年末，分行资产总额达105.23亿元，增长21.38亿元，增幅25.51%。各项存款余额为104.09亿元，增加30.39亿元，增幅41.25%。各项贷款余额为100.93亿元，增长17.05亿元，增长20.33%。

江西银行赣州分行内设“五部一室一中心”，即公司银行部、个人银行部、计划财务部、风险管理部、营运管理部、办公室，内审中心。

【支持地方经济建设】 支持实体经济。围绕重点重大项目建设、棚户区改造及保障房建设，加强与市县政府及国有企业合作，充分运用产业基金、绿色金融债等创新产品，与县(市、区)签署超过200亿元产业基金合作协议。与赣州发展集团签订金额15亿元的战略合作协议，实际发放26.08亿元，履约率达173.87%。与章贡区签订授信金额达100亿元的战略合作协议。

提升服务水平。年末，各类信贷通余额达8.27亿元，新增发放4.68亿元，是入驻赣州的股份制银行中发放数量最多、金额最大的银行。创新推出“虔城贷”产品，重点支持有色金属等地方特色产业。至年末，小微企业贷款余额达63.62亿元，全年新增小微贷款11.77亿元。

坚持续贷降成本。做好企业金融服务，着力解决企业“倒贷”(借助外部高成本搭桥资金续借贷款)问题，降低企业融资成本，减轻财务负担，推动企业健康发展，根据中国银监会《关于完善和创新小微企业贷款服务提高小微企业金融服务水平的通知》精神，江西银行印发《关于做好企业客户续贷工作的通知》《关于做好企业客户“借新还旧”业务放款工作的通知》，着力做好到期贷款的续办工作。江西银行赣州分行积极落实续贷政策。至年末，共办理续贷业务838户，涉及金额43.27亿元，为企业节约融资成本超过1000万元。

【内控管理】 严格按照国家各项法律、法规、条例的规定和银监会的监管要求，以《商业银行内部控制指引》为指导，树立正确的经营理念，优化内控环境，促进全行各项业务的健康、平稳、安全运行。夯实合规制度建设。成立赣州分行内审中心，完善内控管理制度，健全内控制度体系。

加强员工行为管理。按照经营管理人员、财务会计人员、柜面人员、信贷从业人员、风险管理人员和行政管理人员6大类，组织全行员工签订《江西银行从业人员规范行为承诺书》256份。摸清员工行为底数，排查员

江西银行赣州分行积极开展金融消费者权益保护活动

工是否参与民间借贷、非法集资、充当资金掮客、洗钱、涉黄赌毒、经商办企业、过度消费及负债、大范围举债、长期离岗或频繁请假等异常行为。制定《关于加强工作人员8小时以外行为规范监督管理办法》，扩大延伸员工监督管理的视野和范围。

加大风险排查力度。组织开展存款、信贷、票据、同业、理财、员工行为排查以及新业务等重点领域的季度滚动风险排查，全年累计排查网点80家次。开展现金、凭证尾箱、安全保卫突击检查，加强合规风险意识及安防意识。开展"关爱家访"活动，走访员工家庭对300余名。开展"三提两议一评活动"和"雷霆行动"及"两加强、两遏制"排查，形成检查底稿154份。

加大违规问责力度。组织各支行行长签订《2016年度案件防控工作责任状》，全面落实各层级案防责任，持续传导案防压力，激发案防工作的内生动力。明确案防管理责任和案件责任，并将问责与晋升、评先、薪酬等挂钩，加大案防考核和责任追究力度。

【机构拓展】 全力践行普惠金融，江西银行赣州分行加快设立分支机构的步伐。年内，江西银行赣州分行在会昌县、上犹县、崇义县、全南县设立分支机构，并在章贡区政府以及赣州火车站增设2个自助网点。

【社会公益】 全年捐资200万元建设幼儿园1个。捐赠100余万元用于扶贫、救灾及教育事业发展。4月，为推动全市精准扶贫工作，江西银行斥资1000万元，成立全省首个"金融扶贫基金会"。

（撰稿 潘宏伟 审稿 吴丽珍）

【领导名单】

行长：雷红云(女)

副行长：揭千才 梁加亮 郭雄军

赣州银座村镇银行

【概况】 江西赣州银座村镇银行成立于2010年12月20日，由全国中小企业金融服务领先者——台州银行主发起设立，是全国首批、江西省首家总分制村镇银行，是一家地方性法人金融机构，注册资本4.98亿元。全行现有员工786人，内设办公室(保卫部)、人力资源部、渠道营管部、计划财务部、授信营管部、小额信贷营管部、风险管理部、稽核部、储蓄理财营管部，已开设35家支行，其中2016年新增会昌南门支行、南康城西支行、卫府里支行等3家支行。

2016年，江西赣州银座村镇银行坚持"中小企业的伙伴银行"市场定位，致力于为小微企业，"三农"和个体工商户等群体提供"简单、方便、快捷"的优质金融服务。至年底，累计发放各项贷款453亿元，其中保证贷款占80.10%，纯信用贷款占6.52%，抵质押贷款占10.94%，贴现占2.44%。其中，县域投放贷款占比81.4%，涉农贷款占比超过78%，小微贷款占比超过72.8%。

【特色服务】 加大创新产品及服务工作力度，积极探索开发适合小微企业经营和融资特点的金融产品以及服务方式，使金融产品与金融服务真正符合小微企业客户的需求，提高小微企业资金运作成效。

推出"薪易贷""安居贷""畅易贷"等贷款创新产品。"薪易贷"是针对公职人员提供一定额度的人民币预授信业务，在授信期限和授信额度内，借款人可根据需要自助办理贷款。"安居贷"是针对有建房或拆迁安置融资需求的个体工商户和自然人，指定用于个人建房和购买拆迁安置房用途的个人消费贷款。"畅易贷"是一款中长期贷款，贷款采取分期偿还贷款本息的方式，可有效解决贷款人因扩张生产、改进工艺等中长期融资需求，减少一次性还款的压力。

开拓"互联网+"金融。开发客户服务移动工作站，客户经理人手1台Pad，到田间地头以及企业生产一线，利用移动Pad进行信贷调查全流程操作，为客户实时办理贷款业务，现场办理线上开户、转账汇款、理财、生活服务等，将贷款业务的线上申请与线下信贷调查高效地结合起来，新客户贷款业务办理时间从传统作业的1~2天缩减到1~2小时。

【风险管控】 将辖内支行案件防控工作责任明确到人，落实分行班子成员分片包干制度，及时了解情况，解决问题。强化制度执行，加强对制度执行的跟踪检查，每月定时下发前台业务通报和稽核通报，做好节假日和重大事件的安防检查，切实纠正"以习惯操作代替制度、以信任代替制度、以情面代替制度"的行为。定期开展员工道德风险排查。重点排查信贷与前台条线及各级业务部门主管是否存在违规发放贷款用于非法集资、是否与客户有资金来往、是否存在大额资金交易等异常现象，关注员工异常消费行为，有效防范人员内部风险。

【社会责任】 秉承"服务不收费、服务更到位"的服务承诺，继续打造"免费银行"，免除跨行转账汇款手续费、委托(托收)手续费、汇兑查询手续费、ATM跨行取款转账手续费、网上银行/手机银行跨行汇款手续费等。至年底，"免费银行"政策惠及20万名客户，让利近千万元。创新服务方式，打破"朝九晚五"工作时间惯例，主动延长对外服务时间，多设营业柜台有效解决客户办理业务排队等候。积极引导、鼓励员工参与各类公益活动，开展"送金融知识下乡""微孝夕阳，关爱老人""清凉驿站"等系列活动。组织员工到社区和农村开展理财知识讲座、金融产品、支付结算和反假币等金融知识宣传活动，打造百姓身边的"社区银行"。

【企业文化】 以"积极、主动、合作、快乐"为企业文化，致力于打造一支充满活力，团结奋进的团队。为丰富员工业余生活，提升团队凝聚力，成功举办2016年迎春晚会、行庆趣味羽毛球活动、地球熄灯1小时活动、演讲比赛、"积分圆梦，为爱行动"公益活动、警示教育活动等，加强员工间交流，增强企业凝聚力。

（撰稿　赖　慧　审稿　喻　瑜）

【领导名单】

行长：潘再友

副行长：王成明　丁名钦

南康赣商村镇银行

【概况】 2016年，南康赣商村镇银行围绕赣南苏区振兴发展战略，坚持"立足社区乡镇，服务"三农"小微"的市场定位，认真落实党风廉政建设责任制，努力践行"两学一做"，切实履行"一岗双责"，始终坚持党风建设和经济发展"两不误、两促进"，带领全行上下强队伍、控风险、做特色、出业绩，深挖金融资源，走差异化、特色化错位发展道路，实现各项业务的稳健快速发展。

【主营业务】 至年末，资产总额24.29亿元，增长60.44%；负债总额22.21亿元，比年初增长68%。各项存款余额21.24亿元，增长68%；各项贷款余额13.25亿元，增长30.03%，完成每月通报的"三个不低于"监管指标。不良贷款率0.94%；资本充足率17.89%，下降4.48个百分点；日均存贷比83.52%，全年实现利润3497万元，上缴税收1935万元，超额完成各项目标任务。连续9年保持零发案。

【错位经营】 深入农村市场，在经济活跃但金融服务缺乏的乡镇设立机构，实施普惠金融工程。坚持以市场为导向，不断创新业务品种，有效解决南康本土中小企业和市民、农户的信贷需求。秉承"重实质不重报表"的原则，采取贷前调查实地建账法，有效地解决小企业融资难题。发挥地理位置、服务模式、一级法人机构等优势，瞄准小额贷款客户群体，持续加强与南康各家具协会、家居协会、服装家纺协会、物流协会、小家电协会、商会等行业协会、商圈的沟通与交流，为小微企业量身打造融资平台。

【特色服务】 优化信贷审批流程，缩短授信业务审批时间，借新还旧业务得到多方好评。专注解决"短、小、频、急"的信贷需求，为客户提供优质的用信体验。每季度定时召开信贷分析会，及时进行风险提示，规范前台业务操作，加强业务部门的贷后跟踪。注重营销存款业务，借助发起行的科技力量，申请移动开卡机，把柜台服务延伸到各拆迁户家中，深入到村落腹地。坚持动态营销与静态营销相结合，做到"有形有色有声音"，将贴心服务送到家。

【风险防控】 注重风险意识传导，通过案防形势分析会、季度工作总结会及各部门和支行会议、集中学习等方式，确保案防精神及时传达到位，提高员工的风险责任意识。授信审批业务上，优化审批流程，规范各项操作管理，完善风险管理制度，确保审批效率，降低风险。制定各项案件风险排查方案，开展各项案件风险排查活动。采取定期进行员工行为分析、员工账户流水排查、征信记录排查、外部协助查询排查等方式，加大员工行为管理排查力度。

【队伍建设】 实行"不唯文凭、不唯专业、重品行"选人用人模式。新招聘员工实行半封闭式岗前培训，分条线每月测试常态化，通过在线学习平台、行内集中授课平台及外出培训平台，为员工搭建多样化的学习平台，有效增强员工的素质。尊重员工意愿，充分发掘员工潜能，推行岗位双向选择，做到人尽其才、快乐工作。强化员工行为监管，优化员工绩效考核方式。通过运动会、篮球赛、健身、生日聚餐等方式不断丰富员工业余生活，提高团队凝聚力。

（撰稿　巫小军　审稿　陈　荣）

【领导名单】

董事长：张春秀(女)

行长：李启涛

监事长：张小健

副行长：黄玉琴(女)　陈　荣(女)

（本栏编辑　廖伟东）

保险业　证券业

保险业监管

【概况】 2015年，中央编制委员会办公室印发《关于中国保险监督管理委员会在部分地市设置派出机构的批复》，中国保险监督管理委员会印发《关于成立中国保险监督管理委员会江西保险监督管理局赣州保险监督管理分局的通知》。2016年4月，赣州保险监督管理分局(以下简称赣州保监分局)正式挂牌，正处级机构，内设办公室、监管科、统研科3个职能科室。赣州保监分局，坚持“抓服务、严监管、防风险、促发展”，围绕制度建设、人事管理、财务管理等关键环节，扎实推进各项工作。坚持“稳中求进”的工作总基调，完善全市金融监管体系，扎实推进赣南苏区保险业改革创新，辖内保险市场呈现平稳向好的发展态势，为赣州经济社会发展、脱贫攻坚打下坚实基础。

【保险监管】 赣州保监分局将不发生系统性区域性风险，维护和规范辖内保险市场秩序作为监管工作的出发点和落脚点。建立风险监测和预警机制。对全市各县(市、区)、各公司针对满期给付及退保风险、非法集资风险、声誉风险进行监测和排查，组织风险处置现场实战演练。年内赣州保险业未发生群体性事件和案件风险。化解车险市场恶性竞争。通过巡查暗访、约谈高管、调研式检查、“两两”回头看督导等方式重点治理辖内部分财产险公司恶性竞争行为，保证商车费改的平稳过渡。规范寿险市场运行秩序。对辖内银邮代理网点开展持续性巡查工作，全年巡查网点80余家(次)，其中县、乡网点26家(次)。针对农村贫困人口重大疾病商业补充保险招投标中出现的一些苗头性问题，及时协调投标公司，要求保险公司理性竞争，妥善做好客户服务工作，辖区内保险业形象得到不断改善。

【健康扶贫工程】 推动全市商业保险助推精准扶贫工作，加强与市卫计委、市民政局和市扶贫办等部门的沟通联系，推动扩面提标；提升保险公司服务效率和质量，简化手续，缩短时限，方便群众。经贫困人口大病商业医疗补充保险补偿后，农村贫困人口医疗费用保障水平提高至30~40个百分点，达到90%以上。全年承保贫困人口大病商业医疗补充保险金额8689.81万元，累计赔付5194.04万元，共计为4289户贫困户提供医疗保障赔款。在会昌县开展“一站式”办事窗口试点工作，上线同步结算系统，实现群众在定点医院产生的医药费用出院时就能即时结报，非定点医院产生的医药费用在办事窗口就能一次性结清。

【保险扶贫】 完善保险扶贫体系，为贫困人口提供全面的风险保障，与市财政局、市金融局、市扶贫办等部门以及保险机构进行沟通座谈，通过财政出资为群众投保自然灾害公众责任保险、意外险、农房保险，为贫困群众生活的各个方面织起一张“保险网”。年内有于都、南康、兴国、赣县等13个县(区)实现投保，投保总人口达到532万人，占全市总人口的55.7%。农房保险在崇义、章贡、全南等县(区)得到全面推广，由财政出资为每户农民投保1万元农房保险。全年全市各保险机构公益捐赠共计706.71万元。

【保险支农支小】 推动人保集团和赣南金融资产交易中心通过资产证券化形式，在赣州市开展保险支农支小试点，将保险资金的投资特征、保险产品的风险保障作用和小微、涉农企业的天然属性有机融合，向涉农企业和小微企业等提供风险保障、融资增信、保险资金支持等一揽子保险服务，扶持一批贫困人口参与度高的涉农、小微企业和农业生产大户。项目一、二期资金2亿元已按约定用途发放，涉及农业、劳务、电商等行业，综合融资成本控制在10%以内，有效地降低小微和涉农企业的融资成本。

【保险增信】 探索建立政府、商业银行、保险公司多方参与、风险共担的扶贫信贷保证保险，向市政府试点工作方案提出修改建议，建立风险封顶机制，缓释参与各方的风险损失。督促人保公司按要求在定南、于都、会昌等县展开试点，有效解决金融机构“不愿贷”、贫困农户“贷不起”问题。推动信贷资金以贫困户自主发展产业、企业+贫困户、光伏贷、党建+光伏、农村产业合作社投资脱贫等模式投放，为贫困户增加收入。

(撰稿　钟　文　审稿　李小锋)

【领导名单】

党委书记、局长：熊　伟(4月免)
　　　　　　　　李小锋(8月任)

党委委员、纪委书记、副局长：
　文　庆(12月免)

党委委员、副局长：何剑勇(10月任)

党委委员、纪委书记：何剑勇(12月任)

中国人民财产保险公司

【概况】 2016年，中国人民财产保险股份有限公司赣州市分公司贯彻落实上级公司的工作部署，按照全面从严治党的新内涵、新要求，坚持“对标市场、创新驱动、服务制胜”新理念，围绕“一个定位、两个目标、四个关键词、五项重点工作”的整体思路和年初制定的总体发展目标，攻坚克难，勇于进取，市分公司保持持续、健康的发展局面，经营发展取得可喜成绩，确保各项业务发展的稳定有序发展，在中国人保财险总公司组织的重点市级分公司综合经营业绩考评中，列全国第10名。全年实现保费收入14.62亿元，净增2.88亿元，增量为全省第一。公司业务发展增速为24.53%，位居全省第一，是2011年以来保费增速最快的一年。对标五大主体(人保、平安、太平洋、国寿财、大地)的PSR值122.88%；总体市场份额46.3%，上升2.5个百分点。全年实现报表利润1.04亿元，综合成本率56.09%。年内，为全市各领域提供8730亿元风险保障，支付各类赔款9.49亿元。其中，农险赔付5159.6万元，贫困人口疾病医疗商业补充保险赔付3327.3万元。向市国税、地税直接缴纳营业税、增值税等税款7484.93万元，并代收代缴车船税6531.05万元，增长5.82%。

【保险险种】 提供的保险服务产品有财产保险、责任保险、人身意外伤害保险、健康保险、农业保险、保证保险6大类，主要开办机动车辆交强险、机动车辆保险、电动车第三者强制责任险，企业财产保险、个人抵押物贷款保证保险、货物运输保险、建筑工程保险、家庭财产保险、团体人身意外伤害保险、人身意外伤害保险、老年人乘车意外险、建筑施工人员意外险、驾驶人员意外险、学生安康保险、借款人意外保险、母婴安心保险、计划生育手术安心保险、计划生育爱心保险、团体女性特定疾病保险、大病补充医疗保险、校园方责任保险、乘运人责任保险、安全生产责任保险、电梯责任保险、自然灾害公众责任附加见义勇为责任险、大中专院校实习责任险、政策性能繁母猪保险、育肥猪保险、林木综合保险、奶牛养殖保险、农房保险、水稻花生保险、林木火灾保险、社会治安综合保险、政策性农房保险、安居房工程险、鲜活货物货运险、随车行李物品保险、出口信用保证保险、“金信保”保证保险、贫困人口疾病医疗商业补充保险、贫困人口农房保险、光伏产业保险等。

【经营管理】 坚持“目标导向、聚焦问题、缺口管理、过程监控、一跟到底”的工作方法，狠抓精细管理，不断加强理赔管控，优化承保结构，做好财务管理。牢牢把握成本控制和服务提升两大主题，紧紧盯住重点工作和关键环节，突出过程管控，抓好执行落实。健全和完善承保、理赔、财务、会议、事务和绩效考核考评等方面的各项制度，做到制度完善，有章可循。继续开展“猎鹰”行动，吸纳人才，充分发挥个代营销员队伍的作用。持续拓宽农网渠道，加强农村网点建设，抢占农村市场。充分利用政府突出民生工程建设，全力开拓政府、行业系统渠道发展新空间，着力提升保险社会治理现代化水平。完善承保管理和超权限报批程序，从严控制业务源头，调整产品线承保政策，提高风险管理能力。实施费用差异化配置政策，合理配置财务资源，强化财务监控，发挥财务监督职能，取得良好效果。

【保险理赔】 简化手续、优化流程、细化考核，不断压缩理赔周期，提高理赔效率，提升客户满意度，促进业务发展。创新工作流程，推进新技术的应用，开展微信理赔和一站式理赔服务，实施保监会“小额理赔服务细则”，简化理赔环节，优化通赔流程；创新服务手段，把客户“请进来”开展安全教育和车辆基本保养知识培训活动，推出综合修理厂定期优惠保养活动，以及推出为优质客户出险代办理赔手续、提供代步车等服务活动。万元以下理赔周期实现9.44天达到挑战目标；综合赔付率等指标处于全省领先水平；人伤专项考核有5个月排名第一。客户投诉量同比下降122件，下降22%。

【企业文化建设】 抓好企业文化建设，关心员工需求，增强队伍向心力和凝聚力。加强知识管理平台的推广运用，在全司员工中形成“有疑难、问平台，有经验、献平台”的良好习惯，提升员工综合素质，鼓励员工参加各项活动竞赛。注重员工“幸福感工程”建设，制定员工“幸福感工程”承诺。建立爱心团队和爱心基金，开展救助受灾客户、资助困难员工、爱心助学、关爱老人、无偿献血等活动。开展各种业务、技能素质培训，提升员工专业水平。强化基层党组织建设，发挥基层党组织先锋作用，深入开展党员“一对一”活动，切实提高基层员工综合素质，引领公司上下形成良好的文化氛围，推动创先争优活动。

【重大赔案】 于都支公司为见义勇为英雄支付70万元赔款。3月21日，于都县利村乡下渭村因强降雨导致山洪暴发，河背组村民王某某不慎被洪水冲走，正在河边干活的退休教师王某某发现后奋不顾身跳下河去救人，最后双双遇难。经公司及政府相关部门调查核实，退休教师王某某的行为属于见义勇为，按照保险责任限额赔付70万元。

“4·8”特大交通事故理赔。公司承保的赣B08380大客车行驶至鹰瑞高速临近宁都服务区路段时发生侧翻，造成5人死亡，20余人不同程度受伤的特大交通事故，总损失超400万元。

赣县支公司快速支付10万元自然灾害公众责任险赔款。6月12日傍晚始赣县出现大范围的强降雨，导致五云镇上丹村一栋土坯房在13日3时倒塌，1名村民直接被掩埋死亡。赣县支公司第一时间前往现场查勘，经核定属于自然灾害公众责任保险的保险责任范围后，快速支付10万元保险赔款到受害人家属。

7月17日，兴国发生强降雨天气，次日全县多数乡镇发生大面积洪水灾害，农民种植的水稻受损严重，公司及时派员查勘定损，并第一时间赔款到户，水稻赔款共计270.28万元。

南康“9·20”重大火灾事故理赔。9月20日，南康区万家达家具有限公司因意外事故发生重大火灾，造成厂房、办公楼、机器设备及存货等保险标的全部损毁，火灾导致财务账目及财务资料全部损毁。接报后，公司积极帮助被保险人收集相关证明材料，清点损失并制定评估方案，核定损失640万元，于12月20日将赔付到位。

（撰稿　杨东文　上官鸿　审稿　许小民）

【领导名单】

总经理：邱三发

副总经理：刘晖东　许小民

冯章军　陈孝珍

中国人寿保险公司

【概况】 2016年，中国人寿保险股份有限公司赣州分公司坚守“发展第一要务、合规第一责任”的经营理念，坚持科学发展，注重协调发展，立足全面发展，围绕“大赣州小江西”的目标，全年实现总保费20.48亿元，增长24.35%。其中，新单保费11.79亿元，增长27.84%；新单期交3.78亿元，完成比例134.66%。标准保费1.82亿元，完成比例135.57%。10年期保费实现2.37亿元，完成比例134.76%；短期险实现1.63亿元，完成比例108.12%。获中国人寿保险（集团）公司“个险业务发展奖”和中国人寿保险股份有限公司“个险双领先奖”。外挂年公司共处理赔案件42908件，其中短险案件40005件；短险赔款支出7016万元，赔付率43.63%，上升7.59%；理赔案件42660件，获赔率达99.46%。

中国人寿赣州分公司有党委、总经理室成员5人，资深主管2人，市场调研员1人。赣州分公司本部现有职能部门10个，下辖综合县支公司18个、城区专业化支公司5个，营销服务部230个。全市系统在职职工430人，劳务派遣人员53人，有县公司经理助理以上管理干部45人。

【业务发展】 全年公司求真务实，创新转型，各级班子靠前指挥、全市上下互为联动、一线后台密切配合、销售伙伴奋力拓展，提前2个月全面完成全年预期目标任务，创造“四个唯一”“四个第一”“一个领先”的好成绩。即全省唯一全面达成三大渠道业务指标，唯一培育出营销系列区域总监，唯一保持团险信贷保险业务正增长，唯一连续2年开展委托经办业务的市公司；所有业务指标绝对数全省第一，短险保费完成比例全省第一，银保渠道综合考核全省第一，健康险业务综合考评全省第一；始终保持国寿在赣州寿险市场的领先地位。

【客户服务】 改进服务品质，改善服务效率。创新柜面服务，营造温馨柜面、提升柜面现场管理、送服务上客户门，推广电子化服务等。契约核保主动服务销售的能力进一步强化，切实做到组织到位、培训到位、跟进到位、微信提醒到位。保全管理的客户服务功能进一步完善，实现保全集中度提高、运营时效提高、风险管控水平提高、转账给付服务持续提高。收付费的现金管理能力不断加强，提高转帐率，实现零现金付费、加强影像采集、非现场检查及后督核查等。客户回访与增值服务的效能进一步显现。回访工作。新单犹豫期内完成率达到99.75%，新单首访成功率提升到79.09%，回访成功率的提升，有效地防范销售误导、减少合同纠纷，维护公司、销售人员及客户的合法权益。增值服务。举办“3·15”系列活动、“6·16”国寿客户节、第六届少儿绘画活动、国寿大讲堂巡讲、牵手系列等各大类客服活动，开创全省首次专场“牵手国寿　跑迎中秋”5千米跑步赛活动、联合“大风车花艺”连续6年在城区为白金级以上客户提供生日鲜花祝福活动，组织全市VIP（白金级以上）客户在赣州市仁心体检中心开展免费体检活动以及传统节日送祝福等具有当地特色并受大众客户欢迎的增值服务活动。

【风险管控】 纪检监察。党委落实党风廉政建设主体责任，纪检监察部门尽职履责，严格落实监督责任。协助市公司党委与辖区23个营业单位负责人签订党风廉政建设责任书及合规经营责任状并颁发转授书，严明责任主体、责任内容和责任追究，层层传导压力，形成上下联动，促进党风廉政建设责任制的落实。深入开展执行力监察专项整治，公司党委、纪委对12家县支公司进行执行力监察，检查面52%，发现经营管理中存在的问题40余件，全部整改到位。11月，在全市系统开展反对“四风”重点问题专项抽查，从治理“四风”问题制度的制定、“四费”使用、公车使用管理及2016年以来福利发放情况等方面入手，重点对赣县支公司、大余县支公司和信丰县公司进行抽查。认真抓好待（核）查信访及违规问题处理，坚持干部的“三谈两述”及民主测评制度，切实组织好县支公司职场装修的招标、公开选聘人员、竞聘选拔后备干部等，确保各项工作流程合规公正。

内控合规。根据保监会、省公司的要求，扎实开展“两两”自查回头看、非法集资专项治理、互联网保险非法经营风险整治自查、关键岗位检查等工作。全市系统所有人员签订《防范和处置非法集资工作承诺书》《非法集资专项治理工作调查问卷》。配合做好深圳区域审计中心检查组对公司负责人进行的经济责任审计，及时对审计中发现问题进行整改，积极履行“反洗钱”工作，按时完成上年度“反洗钱”年度报告和2016年1季度—3季度“反洗钱”非现场监管报表报送工作，对“反洗钱”可疑交易子系统中抽取的可疑数据进行及时的分析处理和办结。

（撰稿　王　珺　审稿　黄金平）

【领导名单】

党委书记、总经理：李德荣

党委委员、纪委书记、副总经理：

熊春彦(女)
党委委员、副总经理：严济锋
邬兴强
总经理助理：谭云兰(女)

太平洋人寿保险公司

【概况】 2016年，中国太平洋人寿保险股份有限公司赣州中心支公司围绕"强化队伍、夯实基础、合规经营、再创新高"的总体经营思路，坚持问题导向、关注痛点、扭住关键、精准施策，持续深化"两个聚焦"，创新"双轮驱动"，整体经营管理呈现良好发展态势。公司累计完成保费收入8.36亿元，其中个险渠道完成新保期缴保费1.8亿元，法人渠道完成新保保费2935万元；续期保费3.5亿元。内外勤总人力突破万人。

【经营思路】 通过分析业务发展及团队经营情况，运用大数据，科学制定适合公司持续经营的发展思路。不盲目追求大发展，而是选择边跑步、边调整促发展，不断夯实管理基础。通过推广系统性思考、方法论运作、钢钉式落地，剖析经营管理中的"十大痛点"，完善和提升公司管理体系、队伍建设、基础管理、技术创新、合规经营，充分激发内外勤员工的工作热情，公司呈现出"争先进位，进位赶超"的良好局面。

【社会责任及社会服务活动】 在稳健经营的同时，积极履行作为企业公民的责任，热心于社会公益事业。公司拥有15家营销服务部，缴纳税收240.05万元，内外勤员工1万余人，为社会提供大量的就业岗位。公司致力于让员工有收入，有价值，有认同感，促进公司及行业健康发展，推动社会和谐稳定发展。9月向赣州市慈善会捐款1.73万元，12月向于都县高屋村贫困户捐赠保险4.18万元。

【理赔】 秉承"诚信天下、稳健一生、追求卓越"的核心价值观，以"用心承诺，用爱负责"的服务理念，实施以客户需求为导向的战略转型，坚持推动和实现可持续的价值增长，开拓进取，锐意创新，积极为客户提供完善的风险保障服务。持续坚持以"客户感受良好"为服务标准，不断满足不同客户的多层次需求。全年，承保保额971.84亿元，共受理理赔案件1875件，赔付金额2764.95万元，短期险赔付金额595.83万元，长期险赔付金额2169.15万元，发挥保险"经济补偿和社会风险管理"职能，为构建和谐社会做出应有贡献。

(撰稿 钟彦敏 审稿 刘晓华)

【领导名单】
总经理：凌旭鹏
副总经理：李子荣 杨 峰

太平洋财产有限公司

【概况】 2016年，中国太平洋财产保险股份有限公司赣州中心支公司抓住以客户需求为导向的战略转型机遇，始终保持公司可持续价值增长良好势头，圆满完成各项目标任务。全年，实现保费收入3.29亿元，增长9.09%；年内发生赔案34982件，综合赔付率53.10%；车险发生赔案32404件，累计赔付1.26亿元；非车险发生赔案2578件，累计赔付2003万元。全年实际利润3355.41万元。

赣州中心支公司下设大余1个县(级)营销服务部，章贡区、赣州经济技术开发区、赣县、于都、龙南、瑞金、兴国、宁都、南康、信丰、上犹、寻乌、会昌、安远、定南15个县级支公司，全南、崇义、石城3个县的支公司在筹。公司本部设置总经理室、综合管理部、财务部、车险部、非车险部、电网销(续保)团队、交叉(个代)团队、车商团队、法客团队等9个部门，公司劳动合同制人员169人。兼业代理80家，个人营销代理327人。

【险种】 公司承保各种财产险、责任保险、短期健康保险和意外伤害保险等80余个险种。业务范围涵盖电力、汽车、机械、化工、电子、水利、桥梁、建筑、公路、航空以及高科技产品等各行业和各领域。年内，公司主要承办的险种有：机车险、企财险、家财险、短期人意险(含团体和个人)、建工一切险、货运险、责任险等7大类险种。新开办的险种有农业保险。

【展业】 坚持"控品质、强基础、增后劲"总基调和"聚焦、执行、持续、导向"工作要求，坚持"创新、价值、合规、共享"工作方针，实践创新发展道路，实行个人客户、团体客户差异化管理，打造以客户需求为中心的平台化经营模式；坚持价值增长，整合资源配置，优化渠道建设，完善销售组织体系，大力推进县域发展。

【理赔】 继续实行查勘、定损、赔款限时服务，以新技术为牵引，推出客户微信自助查勘，推行手机APP理赔系统，万元以下无人伤案件1小时快赔。开通小额赔款简易赔付绿色通道，为客户提供理赔咨询、索赔提醒、急难救助、急救担保、自选修理厂、提供上门送赔款等客户服务工作；完善工作流程，增加售后服务内容，提高结案率和理赔速度；建立客户信息平台并运行，为客户提供续保提醒、赔款告知、节假日问候等服务。年内，车险发生赔案32404件，累计赔款支出1.26亿元。发生10万元以上的赔案共203起，合计赔付3120.04万元，其中最大一起赔付102.10万元。

2016年度车险重大理赔案件

表10

被保人名称	出险原因	已决赔款(万元)
赣州XX物流有限公司	与电动车相撞，造成三者1死1伤事故	102.10
邓XX	与相对方向车辆相撞，造成三者1人重伤事故	66.65
李XX	车辆失控与三者车相撞，造成三者1人经抢救无效死亡事故	66.00
广昌县XX物流有限公司	与相对方向摩托车相撞，造成双方车损，三者1死1伤事故	63.68
信丰XX物流有限公司	与相对方向车辆相撞，造成三者1人当场死亡事故	61.01
廖XX	与4个行人相撞，造成1死3伤事故	56.29
赣州XX物流有限公司	与前方同向行驶的摩托车追尾相撞，造成双方车损及三者1人死亡事故	54.56
于都XXX商砼有限公司	倒车撞行人，造成三者1人经抢救无效死亡的事故	54.17
林XX	与相对方向摩托车相撞，造成三者1人当场死亡事故	50.45
廖XX	左转弯与相对方向直行的摩托车相撞，造成三者1人死亡事故	50.02

2016年度非车险重大理赔案件

表11

被保人名称	出险原因	已决赔款(万元)
江西XXX旅游用品有限公司	火灾	471.47
南康市XX人造板有限公司	火灾	82.91
李XX	工人工作时意外高处坠落死亡	49.90
杨XX	意外触电死亡	49.90
张XX	上班时突发疾病死亡	48.00
李X	交通事故导致车上人员1人死亡	40.47
南康XX木业有限公司	工伤五级伤残	32.00
江西省XX爆破有限公司兴国分公司	爆炸，工人死亡	30.00
郭XX	工伤七级伤残	22.00
胡XX	交通事故死亡	20.10

非车险发生赔案2578件，累计赔款支出2003.00万元。发生10万元以上的赔案共35起，合计赔付1180.44万元，其中最大一起赔付471.47万元。

【内控管理】　加强基层网点负责人的任期管理，签订《经营目标责任书》《合规经营责任书》《综合治理和安全保卫责任书》，规范负责人的经营行为。完善基层内勤人员的管理，对县(市)级机构的内勤人员统一归集于赣州中心支公司管理和考核。加强财务风险管控，规范银行账户、会计科目、现金、印鉴的管理，加大应收保费清收，实行见费出单后，车险保费实现零应收。大力推进“反洗钱”工作。加强业务风险控制，实行核保前置政策，加强风险因素管理，做好防灾防损工作。加强理赔风险控制，完善理赔工作流程，提高现场查勘率和回勘现场率，强化与公安经侦和金融部门合作，有效防范骗赔事情发生。尝试性对直属业务部进行重组，做大中心城区板块，加快中心城区业务发展步伐。

【诚信体系建设】　根据江西保监局和太平洋财产保险江西公司的诚信体系建设要求，贯彻实施省公司《关于加强营销员代理资格考试管理办法》《关于营销队伍持证率管理考核办法》《营销员信用档案管理办法》《营销员信用考评办法》，严格遵守市行协《车险、非车险自律公约》，组织所属员工参加业务知识学习，提高诚信度。严格财务制度，严禁违规支付代理手续费、佣金和擅自修改条款、调整费率违规开展业务，杜绝假赔案套取资金的行为和设立账外账、"小金库"、截留保费、埋单、违规退费行为。

【企业文化建设】 响应集团公司的"做1家负责任的保险公司"，倡导公司员工"努力做1名对社会负责任员工"。扎实做好上犹县塘角村精准扶贫工作，组织员工参加义务献血等社会公益活动。加强企业文化建设，培育具有地方特色的赣州太平洋财险企业文化。举办非车险培训讲座、"反洗钱"知识竞赛等形式多样培训讲座，提升员工业务素质。

(撰稿 周丽萍 审稿 肖 伟)

【领导名单】
党组书记、总经理：项德葵
总经理助理：李 辉 张水林

平安财产保险公司

【概况】 2016年，中国平安财产保险股份有限公司赣州中心支公司(简称平安产险赣州公司)贯彻落实"抓服务、严监管、防风险、促发展"工作方针，坚持"专业创造价值"，改革创新，稳健经营，全年，平安产险赣州公司保费规模4.70亿元，增长18.9%；实现营业收入4.04亿元，增长20.09%；实现利润7423万元，增长22.57%；上缴税金991万元。

平安产险赣州公司凭借优质的服务推动业务持续发展。至年底，发展县域网点15家，网点覆盖率83%。公司在全市拥有在岗职工219人，具有本科及以上学历的人员104人，各类专业技术人员32人，初级职称17人。公司组织框架分为"四大中心""六大渠道""三个后线管理部门"及15个县域分支机构组成，"四大中心"为个人中心、团体中心、运营中心、共同资源中心；"六大渠道"为新渠道业务部、车商渠道业务部、综拓渠道业务部、代理渠道业务部、直销业务部、银保业务部；"三个后线管理部门"为业务管理部、综合管理部、客服理赔部。在全市范围内基本形成广覆盖而强有力的客户服务网络，拥有专业一流的车险品牌。

【简化理赔流程】 坚守"以人为本""客户为中心"理念，凭借扎实的专业技能和领先的科技平台服务客户，为客户带去极致理赔体验，践行"保险业姓保"的企业社会责任。"9·3"济广高速伤亡事故中，平安产险本着社会"稳定器"和企业公民应尽的职责，配合寻乌交警和定南县相关政府部门处置理赔工作，开庭绿色通道，简化理赔流程，及时支付105.2万元的赔款。

【服务经济发展】 发挥社会保障功能，加强与地方政府沟通，大力推进险资入赣，服务实体经济发展。5月1日，平安产险赣州公司完成"营改增"工作，开具首张增值税发票。5月28日费改新产品系统成功切换上线，推动费改系统平稳过渡。11月17日，平安集团董事长马明哲到赣州市，与江西省政府签署《战略合作协议》，平安集团计划在赣州市投资超1000亿元。

【创新服务模式】 公司围绕客户需求，服务不断创新。3月，组织各机构参与"诚信保险，自主消费"的主题宣传活动，搭建平安产险咨询台，现场接受市民咨询，发放宣传画册等资料，线上线下开展保险知识有奖竞猜活动，通过"平安产险江西"官微向线上用户推送学习内容及活动链接，线下门店通过布置保险知识点宣传物料推荐客户参与有奖竞答，寓教于乐，让客户轻松掌握学习保险知识，掌握保险知识。6月，平安产险赣州公司成功上线"新高铁财产险理赔系统"，助力推进财产险理赔服务3.0时代。12月，增值税电子发票正式上线，践行绿色发展理念。

【履行社会责任】 4月，平安产险出资105万元捐助幸福家庭公益基金"让爱回家、内在平安"留守儿童心理护理师培训公益项目，在赣州18个县(市、区)共举行18期面向乡村教师的儿童心理护理师培训，为1800名乡村教师提供专业辅导。秉承"服务社会、传递关爱"的宗旨，平安产险赣州公司发起"停车关爱"公益活动，至12月，服务关怀包括车辆故障排查、交通指引、救援帮扶、行人关爱等非事故类关怀和事故处理、人伤救助、理赔指引等在内的案例260余起600余人。高考期间，公司客服部在赣州中学设立助考点，备有防暑降温物品、高考专用文具等，为考生提供便利，还派出爱心送考车，接送考生30余名。国庆假期，平安产险赣州公司在信丰高速路口开展国庆护航行动，由理赔人员与客服人员组成专业服务团队为来往车辆提供保险咨询、道路指引、紧急救援、理赔办理等专业的服务，服务案例100余件。

(撰稿 郑立萍 审稿 丁玲玲)

【领导名单】
总经理：陈 智
副总经理：郑 榕 江新沛(挂职)
工会主席：严 云(女)

证券市场

【中信建投证券】 2016年，中信建投证券赣州文清路营业部紧抓业务机遇点，主抓传统业务，发展创新业务，加强存量客户的服务与稳定等均取得可喜成绩。全年实现营业收入3292.43万元(其中手续费净收入1982.49万元，利差收入535.06万元)，累计实现利润2147.83万元。内设客户服务部、证券金融部、公司金融部、财富管理部、市场发展部、投资顾问部、金融衍生品部、综合支持部8个部门。正式员工37人，证券经纪人47人。

市场拓展。根据总公司发展战略，与建设银行赣州市分行、农商行系统、邮储银行赣州市分行、中信银行赣州分行等银行开展形式多样的银证合作活动，取得良好的效果。与腾达电器、天长地久婚纱摄影店及菲尔雪等商超连锁店进行联合营销，取得新增客户效果。年内8次与腾达电器开展客户内购砍价会，实现新增投资者362户；与天长地久婚纱摄影店联合组织赣县樱花婚纱摄影节活动，实现新增114户；通过与菲尔雪开展美食GGG活动，成功营销客户400名。至年底，新增开户数17648户，其中银行渠道来源占比达90%以上，在总公司全体营业部开户数中排名前五名。其中，有效户495户，累计引进资产2.13亿。营业部累计开立融资融券账户1273户，客户激活率61.6%，年内新增信用账户69户，有效激活客户30户，融资余额稳定在2亿元左右。年内推出信e融业务后，累计213户客户开通该项业务，初始交易金额538万元，待购回笔数54笔，待购回金额191万。

创新业务。下半年与赣州农商银行签订完成规模达5亿元的二级资本债项目，签订规模为15亿元的委外投资项目。金融团队主动参与赣州银行资产证券化与绿色金融债的招投标项目。走访市内上市企业、银行同业机构、"新三板"挂牌企业，成功达成挂牌意向企业3家，开立2家"新三板"机构户的股权托管业务。协助江西分公司参与赣州水务集团"新三板"挂牌项目的材料收集及制作工作。

金融衍生品业务。开发IB期货账户累计223户，贵金属业务累计开立客户873户，销售金额21.75万元。港股成绩斐然，新增港股账户30户，托管市值过千万元，个股期权累计开立账户147户。

产品销售。每月制定实施金融产品销售活动计划。3月，结合基金目录及定期债产品的上线，进行标准金融产品销售大赛，完成标准金融产品销售510万元；6月、7月，结合总公司经管委开展的新客户激活活动，销售新客专享理财产品200万元，成功激活客户30余名；8—9月，针对券商、军工ETF、创金合信量化基金等项目基金进行重点营销，实现销售金额340.5万元。注重客户服务工作，通过智多鑫、信天利等现金管理类产品加强与客户黏性，新增智多鑫签约客户500多名，将智多鑫余额稳定在7000万元左右。

品牌宣传。与赣州广播电视台《股市开盘》栏目、赣州晚报《A股一周精彩点评》及赣州金融网合作，实现在广播、报纸、微信公众号等媒体中与投资者"天天见面"的宣传效果，扩大营业部知名度，为营业部营造良好的品牌宣传环境。

合规"反洗钱"。2016年是中信建投证券的合规年，营业部认真履行证券金融机构"反洗钱"义务，未接受人民银行专业检查，也未接受人民银行因"反洗钱"工作不力而得到相应的处罚。开展"反洗钱"宣传活动和"反洗钱"知识培训。在营业部散户大厅设立宣传栏、张贴宣传画、摆放宣传展架、设立咨询台等，组织员工进行"反洗钱"培训。根据监管部门要求，营业部积极落实自查工作，对不符合条件的业务进行及时整改。年内人民银行赣州中心支行对营业部评级为B级。

（撰稿　刘嘉瑶　审稿　黄　珍）

【国盛证券】 国盛证券有限责任公司是2002年12月经江西省人民政府和中国证监会批准设立的证券公司。公司注册地为江西省南昌市，注册资本20.35亿元。2007年2月2日，经中国证券业协会评审通过，公司成为规范发展类证券公司，2015年证券评级为A级。至2016年年底，公司控股江信国盛期货有限责任公司，发起设立江信基金管理有限公司。在北京和新疆拥有2家分公司，共有207家营业部，分布北京、上海、深圳、天津、杭州等国内中心城市及江西省各地市。国盛证券在赣州设有3个中心营业部，3个直管营业部，14个二级网点。

赣龙营业部　2016年实现A股及基金成交量241.4亿元，新增开户862户，新增资产2745万元，市场份额0.0088%。稳固经纪业务基础。关注客户资金流向，注意存量客户维护；推荐服务及产品，维护好各类客户群体；加强与银行等渠道的对接，以及员工、营销人员开户督导。以各种活动为载体，强化客户凝聚力及员工综合素质，增强从业信心。开拓综合金融业务。江西红一种业新三板挂牌，实现收入80万元，市政府奖励25万元。另一家拟挂牌公司已完成首轮新三板尽调，正持续跟进。实现安全合规运营。抓好全员合规学习教育，把合规安全经营理念渗透到各个岗位。完善复核机制，切实防范细节差错事件的发生，确保新业务顺利上线；制定应急预案并适时进行演练，加强对营业场所的巡查，年内未发生监管问责、客户投诉及群体事件。扎实开展"反洗钱"宣传月活动，制作"反洗钱"沙画宣传短片、参加"反洗钱"宣传文艺演出、参与"反洗钱"户外宣传等活动。

履行网点管理职责，每个网点都由中心营业部部门负责人进行一对一的帮扶，解决展业中遇到的困难。通过月督导会对各网点发展中出现的问题及时协调解决，扫清发展障碍。认真做好网点费用支出审核，控制好营销费用支出。"两融"及经纪人业务实现从无到有，"三网点"均实现赢利，其中赣县营业部完成公司下达任务。

（撰稿　李孟熙　审稿　曾　玫）

赣州文清路营业部　围绕年度目标任务，面对激烈的市场竞争，全体员工发扬"忠诚拼搏、艰苦创业"的企业精神，转变观念、不畏困难、勇于挑战、开拓创新。以创收为第一要务，通过苦练内功，夯实基础，全面推动营业部各项工作的平稳有序开展。

以活动开展为载体，维系客户，刺激成交。充分以节日走访客户、投资策略分析会、元宵灯谜、国庆中秋"双节"棋牌赛及"反洗钱法"颁布实施10周年等活动的有利时机，动员员工主动对接客户，做好宣传动员工作和客户的服务工作，增进员工与客户之间的友谊，为实现双赢奠定良好的基础。

选拔专业水平高、服务意识强、有"咨询"资格的高素质人才组建专业投资顾问团队，通过专业团队，去引导客户、培育客户。为更好的服务客户，专业团队建立客服QQ群，团队成员实行在线服务值班制，随时为客户答疑解惑。建立股票池，每个交易日提交股票池调入调出品种，并说明理由、操作策略和适当性管理备注，引起客户的关注和兴趣，股票池对投资热点的准确捕捉，荐股准确率及高收益率，得到客户的充分认可。

做好服务工作。重视新股中签通知工作。把通知新股中签客户、提示客户备足新股认购资金，作为提升客服工作的一项重要措施。中心及二级网点指定专人负责，通过各种方式积极主动联系客户，并做好留痕。

积极引进增量。营业部根据客户的成交及资金情况，对核心客户实施个性化服务，进行一对一维护。坚持盘活存量、促进增量的原则，开展融资融券业务，动员员工要向核心客户重点推介，增强员工营销意识。营业部融资融券业务的开户数、账户总资产、融资授信额度、成交量和佣金收入等各项指标均名列前茅，成为经纪业务收入的有力补充。

以中心营业部为主导，推动二级营业部的建设和发展。7月，赣州经开区——赣州南康路营业部开业。至此有二级营业部7家。充分发挥中心营业部的业务经验优势，及时对二级营业部业务操作和合规培训；依托中心营业部投顾专业团队提供的每日盘前提示和盘后点评，信息资讯、QQ客服群在线值班制度及群股票池、股市操盘等，提升客服内涵；制定“二级营业部‘比学赶超’月度龙虎榜活动方案”，开展“以老带新、比学超越”的业务竞赛活动；定时召开经营分析会，分享成功经验，公布“比学赶超”排名，真正起到表扬先进、鞭策落后的作用。石城、定南、南康营业部的经营业绩居领先地位。全南、安远营业部因地域等方面的因素，业务发展相对滞后，中心营业部及时进行有针对性的帮扶。

做好“反洗钱”工作。组织“反洗钱法”颁布实施10周年宣传活动。与兄弟营业部合作，排练情景剧——《警钟长鸣》在人民银行赣州市中心支行组织的文艺晚会上演出，受到广泛好评。做好人民银行赣州市中心支行对“反洗钱”工作的现场检查，获得较好的检查结果。

（撰稿　彭旭红　审稿　杨松青）

赣州章江南大道营业部　以“忠诚拼搏、艰苦创业”为企业精神，始终以优质高效的服务宗旨，不断满足投资者多方位需求，竭诚为中小企业提供证券金融服务，实现营业部的可持续发展。

营业部位于章贡区章江南大道26号，正式员工13人，90%以上的员工具有5年以上从业经验，设有客户服务部、市场营销部、综合运营部及综合金融部等职能部门。主要经营证券经纪、证券投资咨询、与证券交易、证券投资活动有关的财务顾问、证券承销与保荐(仅限项目推介与承揽)、融资融券、证券投资基金销售、代销金融产品等。

服务地方经济。营业部以服务地方经济为己任，主动联系企业，为企业做好上市挂牌牵线搭桥工作。推介并服务的寻乌县恒源科技开发有限公司在“新三板”市场成功挂牌上市，赣州富尔特电子股份有限公司“新三板”材料进入申报阶段。

发展经纪业务。根据自身业务发展情况制定整体营销活动方案，开展全员营销竞赛，加强渠道建设，与各商业银行合作开展三方存管业务取得实效。全年经纪业务发展平稳，市场份额基本保持稳定。

客户服务和维护。营业部制定以咨询服务为基础的分层服务方式，坚持以客户为中心，加大客户维护力度，举办各种业务培训或专题讲座，做好客户服务工作，为客户提供帮助和指导，培育和提升客户理性投资意识。

开展投资者教育活动。年内，开展以“做理性的投资人——‘3·15’金融消费者权益日”“投资者保护主体系列宣传活动”“投资者权益主体教育活动”“防范打击非法集资”“远离非法证券活动，传递正能量”“金融知识普及月”等投资者教育活动，开展“反洗钱法”颁布实施10周年大型宣传活动，举办“公平在身边”等投资者保护专项活动，受教育投资者数千人次，普及投资者的相关金融知识，增强投资者的金融风险意识，为投资者理性投资打下良好基础。

发挥母体营业部作用。帮扶下辖于都、大余、崇义、上犹、寻乌5家网点合规展业，各网点的业务得到全面发展，为扩大地方居民投资选择，繁荣地方资本市场做出应有的贡献。

风险防控。坚持合规经营理念渗透到各个环节，落实到每一个岗位，通过强抓合规和安全管理，实现年内零风险、无安全事故、无业务差错、无公司通报的目标。

（撰稿　罗俐菁　审稿　唐茂纯）

【领导名单】

中信建投证券

总经理：许旭高(1月任)

副总经理：黄溦滟(女)　邹云斌

国盛证券赣龙营业部

总经理：曾　玫(女)

副总经理(兼合规专员)：邓小英(女)

国盛证券赣州文清路营业部

总经理：杨松青

副总经理：孔丽梅(女)

国盛证券赣州章江南大道营业部

总经理：唐茂纯

副总经理：李春仪(女)

总经理助理：肖建钢

（本栏编辑　廖伟东）

教 育

教育行政管理

【概况】 2016年，赣州市有各级各类学校7189所(含教学点1655个)，学生195.68万人，专任教师10.21万人。其中，幼儿园3275所，幼儿36.05万人，专任教师1.74万人；小学3359所(含教学点1655个)，学生90.93万人，专任教师4.52万人；初中400所，学生41.13万人，专任教师2.41万人；普通高中68所，学生19.99万人，专任教师1.22万人；特殊教育学校15所，学生1607人，专任教师245人；工读学校1所，学生348人，专任教师45人；中等职业学校53所，学生7.39万人，专任教师2487人；进修学校18所，专任教师433人。有市属、驻市高校10所(含2所独立学院)，在校学生15.03万人，专任教师5965人。

投入与支出。年内，赣州市教育支出136.81亿元，增长15.4%，占一般公共预算支出比重为20.2%。其中，支持农村义务教育薄弱学校改造和标准化建设，市本级安排1.97亿元建设赣州职教园区；完善贫困学生资助体系，2016年秋季开始对建档立卡的贫困家庭高中生免学费，全市受益学生1.6万人；实施教育精准扶贫政策，对义务教育阶段家庭贫困寄宿生生活补助和贫困家庭高考入学政府资助标准年人均分别提高500元、1000元，全市近4万名贫困中小学生受助；落实资金2.36亿元发放市直高中、中职助学金及中职免学费补助，受益学生近13.3万人次；落实1.23亿元解决6.59万名中小学代课教师奖补资金问题。

学校安全管理。牢固树立“安全第一”工作理念，推进学校安全工作规范化、制度化、常态化、长效化。加强校园人防、物防、技防、心防建设，创建173所省、市级“平安校园示范校”。加强市直中学日常安全管理，市财政投入近300万元用于市直中学“三防”建设，提升市直中学安防水平。坚持开展“一天一提醒、一周一节课、一月一活动、一学期一演练、一年一测评”等常规教育，开展“综治宣传月”“5·12”“9·18”应急疏散演练，“珍爱生命，远离危险”等主题教育活动，增强师生安全避险意识和自救自护技能。召开全市预防少年儿童溺水工作视频会议，开展为期200天的预防少年儿童溺水专项行动，狠抓防治校园欺凌、校园及周边集中整治等工作，保障师生生命和校园财产安全。在全省教育系统安全稳定暨信访工作会议上，赣州市教育局作为设区市教育局唯一代表作大会交流发言。

督导评估。加强督导机构建设，督促各地成立县级政府教育督导委员会。义务教育均衡发展，“迎国检”取得重大进展。南康、信丰、大余、上犹、崇义等5县(区)通过国家评估认定，如期达到省定进度要求，其中信丰县、上犹县提前实现义务教育发展基本均衡，受到省厅表彰。开展义务教育办学标准化学校评估，有270所学校申报义务教育办学标准化学校评估验收，其中有266所学校通过，通过率为98.5%。配合做好国家、省义务教育质量监测实施工作，4—5月，信丰县、大余县、宁都县接受全省义务教育阶段学生心理健康状况及其影响因素监测；6月，石城县、上犹县接受国家义务教育阶段学生数学和体育健康状况监测。

【教育改革】 3月12日，教育部与江西省政府共建赣州市教育改革发展试验区联席会议在教育部召开，会议对试验区建设启动实施两年多来所取得的成绩给予充分肯定，对试验区建设提出明确要求。教育部将和江西省政府在政策、项目、资金、人才等方面继续对赣州试验区进行倾斜支持，尽力支持赣州市教育事业发展；协调财政部、国家发改委共同给予项目倾斜支持，协调部属院校开展对口帮扶工作。国家、省在赣州市启动实施5项教育改革试点，均取得明显成效。开展“加强义务教育学校标准化建设提升学校品质”试点，促进农村薄弱学校硬件建设和软件建设同步提升；推进教育资源公共服务平台规模化应用工作，依托中国人民大学附属中学开展“1+1慕课”试点，探索利用信息化手段扩充优质教育资源覆盖面新路径；开展义务教育学校校长教师交流轮岗试点、中小学教师资格定期注册试点、教师职称制度改革等；推进“名校办分校”“强校带弱校”等集团化办学模式改革和政府购买学前教育服务、中高职衔接等改革，促进各类教育协调发展。信丰县特殊教育改革实验、赣县区学前教育发展实验稳步推进，兴国县被列为全国研学旅行实验区。

【学前教育】 至年底，全市乡(镇)公办中心幼儿园开办248所，355所拟独立的村小附属幼儿园全部落实到位。加大幼儿教师培训力度，组织全市267名乡(镇)公办中心幼儿园园长(副园长)到省级示范幼儿园进行为期1周的跟岗学习；举办全市幼儿园园长及骨干教师培训班，全市近550名幼儿园园长及幼儿教师参加培训。做好省、市示范幼儿园复评和评估工作，赣州育苗幼儿园顺利通过省级示范幼儿园复评，全年创评市示范幼儿园56所，21所市示范幼儿园通过复评。市教育局联合市财政局、市编办、市人社局出台《关于加强公办幼儿园教职工配备与待遇保障的意见》，保障公办幼儿园的运转。加大学前教育项目建设力度，全面完成省教育厅下达赣州市新建48所公办幼儿园和支持355所农村小学附属幼儿园办成独立园的任务，“入园难”问题得到有效缓解。探索建立扶持民办幼儿园发展机制，通过大力扶持普惠性民办幼儿园发展，以向有资质的民办幼儿园购买学前教育服务的方式，引导和支持民办幼儿园提供普惠性服务，至年底，认定普惠性民办幼儿园92所。

【义务教育】 坚持立德树人，深入开展社会主义核心价值观、中共中央总书记习近平系列重要讲话精神、苏区精神进校园和“书香校园”、校园文化建设示范校创建活动。启动2016年全市文明校园的评选活动，评选出110所市级文明校园，表彰一批中小学校园文化示范学校。赣州市文清路小学、赣县城关小学、大公路第一小学创新工作方法培育和践行社会主义核心价值观工作被评为全国优秀典型工作案例。开展首批红色教育基地和苏区好少年评选活动，评选表彰30个红色教育基地和100名苏区好少年。有32所中小学校被教育部确定为第二全国青少年校园足球特色学校，至年底，全市全国青少年校园足球特色学校达到74所。赣州市文清路小学等8所中小学被教育部认定为全国学校体育工作示范校。开展赣州市第十四届“英东杯”中小学幼儿园文体、科技竞赛活动，成功举办赣州市第十四届“英东杯”中学生田径运动会、中小学足球赛、跳绳比赛和文艺节目展演活动。在全国“一师一优课、一课一名师”活动中，赣州市教师在国家平台晒课34319节，其中有126件入选部级“优课”名单。年内，赣州市选手参加全国、全省青少年科技创新大赛均取得历史最好成绩。有4所学校被评为省级心理健康教育特色校，赣州市省级以上心理健康教育特色校达9所，其中赣州中学被评为全国心理健康教育示范校。保障特殊群体受教育权利，落实进城务工人员随迁子女坚持以流入地为主、以公办学校为主的政策，市政府制定印发《关于加强进城务工人员随迁子女平等接受义务教育工作的意见》。2015—2016学年，全市随迁子女在公办学校接受义务教育的比例达96.5%，全市义务教育阶段农业转移人口随迁子女5.22万人，其中小学3.39万人，初中1.83万人，市中心城区农业转移人口随迁子女2.54万人。建成特殊教育学校15所，开设随班就读班级34个，残疾儿童少年义务教育入学率达86.5%；建设留守儿童管护中心283所，惠及留守儿童20余万人。

【高中教育】 推进新课程教学改革。鼓励普通高中开设特色课程，推动普通高中全面实施教育教学改革和课程改革，支持各校不断完善学校课程建设规划方案，构建具有学校自身特色的课程体系和办学模式。加大校本选修课程的开发和地方特色课程建设力度，形成一批具有区域和学校特色的校本课程和地方课程。组织开展特色高中中期评估，赣州市有7所普通高中进行中期总结。规范和加强全市普通高中学生学籍管理，完成全市2013级57000余名普通高中学生毕业证验印发放工作。2016年，赣州市普通高考创历史最好成绩，有33名考生考分达到北京大学、清华大学录取线，其中26名考生填报这两所高校并被录取，为赣州市考取这两所高校人数最多的一年。

【职业教育】 全市春秋季完成中职招生3.4万余人，比上年增长15%。做好赣州市一职校、石城职校、赣州市育才职业中专申报为中等职业达标学校工作。制定全市2016—2018年普通中专设置规划，争取3年内将符合条件的中等职业学校全部申办成普通中专学校。推进中高职对接试点工作，新增6校与6所高职院校对接14个专业，至年底，全市有24所学校33个专业与15所高职院校建立对接，全市共录取中高职对接培养生2636人。加强中职技能竞赛工作，市赛设学生组和教师组14大类47项，37个学校1000余人参赛，评出学生组一等奖65个、二等奖114个、三等奖205个，教师组一等奖12个、二等奖16个、三等奖19个；参加省赛获一等奖学生组10个、教师组2个，市教育局获设区市组团体总分二等奖；参加国赛获二等奖1个，三等奖3个。策应“主攻工业”战略部署，推动大中专院校专业设置与园区企业对接，深化校企合作、产教融合，38所中等职业学校与企业签订合作协议，在企业建实训基地151个，举办企业冠名班161个。推进职业教育基础能力建设，推动6所中职学校整合优化办学资源，培育17所省级达标中职学校。推进中高职衔接工作，有24所中职学校33个专业与15所高职院校实现对接。推进赣州职教园区建设，确定7所首批入园院校。推动市属高职院校建设，赣南卫生健康职业学院获江西省政府批复设立，秋季开始招生教学。

【民办教育】 支持民办教育发展，年内统筹安排1000万元对全市民办学校进行奖补，有68所民办学校获得奖补，其中民办幼儿园55所、民办义务教育学校6所、民办普通高中3所、民办中职学校4所。根据《中华人民共和国民办教育促进法》的有关要求，批复设立赣州市文清外国语学校、赣县汽车职业技术学校，至年底，全市市批民办学校达到54所。10月，在北京召开的2016年江西省教育合作项目(北京)对接会上，赣州市有崇义县阳岭示范幼儿园等3个项目完成签约，另有15位客商有意向到赣州市投资兴办教育。加强对民办教育机构的管理与指导，民办学校管理更加规范，上半年，市、县两级组织对全市教育行政部门审批设立的各类民办教育机构，包括民办中小学、民办职校、民办幼儿园、民办教育培训机构，进行年度工作检查，并将年度检查结果在“赣州教育网”进行公示，引导规范各级各类民办学校发展。

【招生考试】 全市普通高考报名总数为70665人，除保送生、高职单招录取考生不参加统一高考外，有67400人参加统一高考，录取58772名。其中，本科(含独立学院) 29883名、高职(专科)院校28889名，录取率为83.17%；一本上线7242人，比上年增加1653人，增长29.58%，首次高于全省平均增幅并达7.33个百分点；二本以上上线26258人，比上年增加10894人。一本上线人数占全省18.7%，比上年提高1.05个百分点；二本以上上线人数占全省21.13%，比2015年提高2.2个百分点，上线人数占全省比例创历史新高。二本以上上线人数与户籍人口万人比例全省第二，二本以上上线人数占考生比例全省第三；文、理科各学科均分全面高于省均分。全年组织两次自学考试，报名人次数为14653人次，科次数为32847科次。组织2016年全国硕士研究生招生考试，赣州市考生人数6723人。完成2017年研究生考试报名现场确认工作，现场确认考生信息8006人。全年成人高考全市报考人数13829人，其中专科起点升本科5970人(含免试生70人)，高中起点升本科2552人，高中起点升专科5307人。参加普通高中毕业学业水平考试689606人科次。中考人数112851人，比上年增加7279人。招收初中毕业生的中等学校在赣州市录取新生107795人，其中普通高中录取69368人(其中重点高中录取44446人，一般高中录取24922人)，职业高中(职业中专)录取26405人，高职、中专录取12022人(其中高职3388人，转录生2574人)。

【学生就业】 全年有25114名离校未就业高校毕业生回赣州市待就业，经过社会各界的关注关心与共同努力，其中有65人响应国家号召应征入伍；有1366人考入各级各类行政事业单位；有137人进入到国企工作；有97人选择继续深造；有6681人选择在全国各级各类人才服务机构挂编。驻市高校有870名硕士毕业生，526名硕士毕业生签约，签约率为60.50%；有15252名本科毕业生，12094名本科毕业生签约，签约率为79.30%；有7791名专科毕业生，6296名专科毕业生签约，签约率为80.81%。

【教师队伍建设】 强化师德建设。出台《赣州市中小学教师违反师德行为问责办法(试行)》，集中开展师德集中学习和评议，查处违反师德行为的人和事。教师队伍壮大。全市招聘特岗计划教师2870人、“三区”(边远贫苦地区、边疆民族地区、革命老区)人才支教计划教师767人、学前教育巡回支教计划教师505人，参加全省统一招聘计划招聘中小学教师5335人。教师培训得到加强。连续9年举办高质量的教育局局长、中学校长培训班及新任职校长培训班，组织重点中学校长赴江浙学习高考改革经验，完成教师培训10余万人次，重点加强信息化教学应用培训。加强乡村教师队伍建设，制定《赣州市乡村教师支持计划(2015—2020)实施办法》，在全省率先全面实施校长教师交流轮岗，2798名教师、325名校长从优质学校交流到薄弱学校。开(竣)工农村教师周转宿舍1500余套，发放艰苦边远地区农村中小学教师特殊津贴7000余万元，发放集中连片特困地区乡村教师生活补助8000余万元，稳定农村教师队伍。会同人力资源和社会保障部门启动中小学教师职称改革，完成正高级申报人员评审推荐工作。教育合作持续深化，派出200余名中小学校长、骨干教师到教育发达地区名校跟班学习、挂职锻炼。邀请30余位国内知名教育专家到赣州市上门培训，惠及2700余名中小学校长和教师。

【教育民生】 制定《赣州市教育脱贫工作实施方案》，建立从学前教育到高等教育全覆盖的济困助学体系，建档立卡贫困家庭学生实现应助尽助。全年落实义务教育“两免一补”资金7.9亿元，免除132.24万名义务教育阶段学生的学杂费、教科书费，资助6.8万名义务教育阶段学校家庭经济困难寄宿生生活费；资助学前、普通高中、中职等各类家庭经济困难学生13.9万人，资助金额12.2亿元。继续推进学生营养改善计划试点工作，在11个县(市、区)为2709所农村中小学校的63万余名学生提供营养膳食补助。其中，实行食堂供餐的学校数1663所、学生43.60万人，食堂供餐学校数及学生数占营养改善计划总数的比例分别为61%、69%。兴国等县创新学生营养餐供应模式，与脱贫攻坚相结合，促成配餐企业与农村蔬菜生产合作社签订供销合同，带动大批贫困农户就业，国务院教育督导办给予高度评价。改善城乡办学条件，统筹落实资金15.28亿元，推进赣州市第一中学扩建工程建设、新(改、扩)建城区学校，薄弱学校改造、改善普通高中教育办学条件等项目。妥善安排流动人口子女就学，流动人口子女在公办学校就读比例达96.5%；破除户籍限制，允许流动人口子女在升学考试中与当地户籍学生享受同等待遇，每年惠及近万名中、高考考生。争取省属普通高校连续4年面向赣州降分录取定向培养大学生，累计获得定向招生计划1529个，为赣南苏区振兴发展作好人才储备。

【党风廉政建设】 推进“两学一做”，坚持打牢“学”的基础、把握“做”的关键、狠抓“改”的根本。先后举行中心组理论学习15次，分管市领导到局机关党支部作专题党课报告。结合全市“主攻工业，三年翻番”战略部署，局委领导到挂点帮扶的瑞金经济技术开发区及对口的15家工业企业走访调研，推动市直中职学校与企业开展深层次合作，把“两学一做”学习教育与教育教学相结合。在全市开展集中整治和查处侵害群众利益行为专项整治活动，重点整治中小学教师违规有偿家教、违规征订教辅材料、违规乱补课等增加学生课业负担和教育乱收费等问题，以学习教育的实际成效惠及广大群众。全面推进“党建+”工作，推动各地各校把党建工作与教育中心工作、重点任务、日常工作有机统筹、深度融合、始终贯穿。做好“四进四联”“五星创评”“典型选树”等工作，6所直属学校107名党员干部分别与974名贫困群众结对帮扶，帮扶资金达190万元；评选表彰先进基层党组织12个、优秀共产党员30人和优秀党务工作者11人，赣州中学欧阳卫红被表彰为全省优秀共产党员。全面完成基层党组织换届工作，所辖各直属学校党组织和局机关党委均按要求进行换届选举。有序推进党费收缴工作专项检查，市委教育工委所属45个党支部全部完成党费清查收缴整改工作。抓好市委巡察组反馈意见整改工作，所有反馈的意见建议均得到整改。

(撰稿　刘　晖　何延平　刘旭东　审稿　余　炜　张卫民)

【领导名单】

赣州市委教育工委

书记：邝先元

副书记：余　炜(女)

委员：刘昌明　陈相飞

丁流长(9月免)　罗　璘　张卫民

陈宗炫(3月免)　潘元生　仲年萍(女)

郭　强(3月任)　熊伯彦(12月任)

赣州市教育局

局长：余　炜(女)

副局长：刘昌明

纪工委书记：丁流长(9月免)

副局长：罗　璘　张卫民

总督学：仲年萍(女)

市纪委驻市教育局纪检组组长：

熊伯彦(12月任)

副调研员：余振柳　彭　珍(10月免)

谢跃文

江西理工大学

【概况】 2016年，江西理工大学师生员工凝心聚力、开拓创新、艰苦奋斗，学校实施《江西理工大学“十三五”发展规划》，学校教育事业实现又好又快发展。有效推进校院两级管理、绩效工资、二级单位绩效评价、职员制等改革工作。校区优化与功能调整基本到位。学校入选国家中西部高校基础能力建设工程项目。

【人才培养】 组织实施博士人才培养项目，做好迎接验收准备工作。精心做好迎接教育部本科教学工作审核评估工作，专家组对学校本科教学工作给予高度评价。全面修订人才培养方案。规范实践教学过程管理。获批教育部产学研合作项目2项，获批省级教改课题26项。招收各类博、硕士研究生847人。硕士毕业生一次就业率达92.57%，研究生考博录取率6.32%。与赣州经济技术开发区共建“赣州市大学生创新创业园”，获200万元经费支持，有20多个创新创业团队和创业公司入驻。在第二届中国“互联网+”大学生创新创业大赛中获得国赛铜奖，获批国家级大学生创新创业训练计划项目20项。全校本专科招生计划7490人，录取8528人，报到8202人。全校本专科毕业生7322人，2016届本科生就业率94.97%。孔子学院正式运行，列入江西省服务国家“一带一路”战略重点项目之一。全年引进高层次人才3名，新引进博士66名，全校博士人数超过400人。入选省级“百千万人才工程”3人，入选国务院特殊津贴2人、省政府特殊津贴1人。

【学科与科技】 推进博士学位授权单位申报。组织17个一级学科全面参加国家第四轮学科评估。学校一级学科点达到19个，二级学科点达到88个，专业学位点和专业领域达到6个。获省部级以上科技奖励13项，位居全省高校前列，其中万林生再次获国家科技进步二等奖。新增科研项目355项，经费6040.93万元。获批国家自然科学基金41项、国家社科基金3项。获批牵头承担国家“十三五”重点专项计划项目1项，经费660万元。发表高档次论文327篇，余长林4篇论文被确定为ESI3%高被引论文。获授权国家发明专利72件，获批软件著作权55项。申报的江西省自然科学一等奖通过奖励委员会评审。获批江西省高功率动力电池工程研究中心。科技平台获批国家、省级资金支持650万元。挂牌成立江西理工大学科技园。

【社会服务】 出台服务区域经济社会发展专项行动实施方案，夯实“五院两中心一基地”多元服务体系。全面对接、积极融入赣州“六大攻坚战”，与赣州市政府共同打造“中国·稀金谷”，深度融入和服务赣州新能源汽车科技城建设。近100名博士、教授为赣州市100多家企业提供常态化科技服务。有色金属产业发展研究中心入选中国智库索引首批来源智库。钟震晨等提出的赣州打造“中国·稀金谷”建议，得到国家、省、市相关部门和领导的认可，市校合作大力推进“中国·稀金谷”建设。赖丹、吴一丁撰写的《赣州市执行西部大开发税收优惠政策的效应及对策》获得省委常委、常务副省长毛伟明等领导批示。

召开江西理工大学校友会成立大会，成为教育部主管、民政部登记的第45个、全省唯一的全国高校校友会。成立江西理工大学教育基金会。

【队伍建设】 领导班子建设全面加强。充实、优化校级领导班子，新提拔2名校级领导，调入1名民主党派领导，清华大学1名教授到校挂任副校长、北京科技大学1名教授到校挂任校长助理。坚持和完善党委领导下的校长负责制，继续实行校领导A、B角分工，充实一批年富力强的二级党委书记，强化监督制约和责任追究。干部队伍建设稳定有效。加强干部能力建设，强化“四个意识”教育。从严从实从细规范干部选任工作程序。全年选任正处级干部6名、副处级干部2名，调整交流处级干部20名，做好13名试用期满处级干部考核。组织13名干部赴外单位挂职。聘请6名优秀干部到校挂(任)职。

【党建工作】 开展“两学一做”学习教育。成立“两学一做”学习教育协调小组，创新“三会一课”形式，“两学一做”学习教育和接受省委巡视相关工作得到媒体的广泛关注和好评，中央电视台《新闻联播》《焦点访谈》等栏目先后报道。加强思想建设。夯实理论武装工作，推进以校内自主和校外专家宣讲为主要形式的理论学习，开展大学生思想政治教育。推进“1+2+2”大学生主题教育模式，探索大学生思想政治教育工作的新思路、新方法。全校学风得到改善，毕业生考研率达15.77%，毕业率达95.9%，学生考试违纪率为0.31%。涌现一批“向善、敬业、见义勇为”的“理工好人”，其中3人入选“赣州好人榜”、2人入围“中国好人榜”。推进师德师风教育。健全师德师风示范学院的考评和奖励体系，涌现一批“示范学院”和师德标兵。新增2名思政课博士，1人获2016年辅导员职业能力大赛全国二等奖。夯实组织建设。推进以“三联系”工程为主线的“连心”工程特色项目建设。强化“模范”工程示范引领作用，评选一批优秀共产党员、优秀党务工作者、先进基层党支部，首次评选“十大模范党员”。

【综合保障】 新校区建设项目获赣州市政府批复同意，省教育厅、省发改委批准立项，在新能源汽车科技城教育园区划拨新校区建设用地107.07公顷。全年财务收入9.64亿元，较上年增长48.36%，人均年收入13.48万元。顺利开展并较好完成政府采购工作。教职工周转房建设项目顺利开工。推行绩效工资改革，提高职工收入。实施发放误餐补贴、建设教工餐厅、调增住房公积金、参加养老保险、启动师生爱心基金等举措，突出学校人文关怀。

（撰稿 黄东明 审稿 徐忠麟）

【领导名单】

党委书记：罗嗣海

党委副书记、校长：杨 斌

党委副书记：张建中

纪委书记：肖文群（10月免）

副校长：钟健生（11月任） 温和瑞

邱廷省 伍自强 何舜平 李国金

刘祖文 徐盛明（6月任，挂职）

校长助理：何维达（9月任，挂职）

赣南师范大学

【概况】 2016年，赣南师范大学，按照省委、省政府“高等教育争创一流”等部署要求，实施品牌立校、科研兴校、人才强校、依法治校战略，围绕推进内涵发展、特色发展、创新发展、和谐发展，着力提高教育质量、开拓办学视野、深化综合改革、加强党的建设，实现“十三五”发展良好开局。

【党建思政】 开展“两学一做”学习教育，推进党支部优化设置和建设等工作，开展基层党组织书记抓党建工作述职评议以及“一支部一特色”优秀案例评选、最佳主题党日活动奖评选、党性教育实践学习等活动，推动全面从严治党向基层延伸。配合省委第三巡视组工作，巡视及整改工作“走在全省高校前列”，得到省委巡视组肯定。学校领导班子被省委评定为好班子，学校获全省大学生党员“两学一做”电视竞答赛第二名，高淑京获“全省优秀共产党员”称号，有2名党员、1名党务工作者、1个支部、3项基层组织建设创新成果获得省委教育工委表彰，获批11项省高校党建研究项目。学校被评为全国“三下乡”社会实践活动先进单位、全国2015—2016年度西部计划优秀项目办，受邀在全国高校共青团新媒体工作培训班上作典型发言；有1个项目获评教育部辅导员工作精品项目、2个团支部获评2016年全国高校“活力团支部”、1名学生被团中央选派参加第三届中越青年大联欢活动。学校被评为“2011—2015年全省法治宣传教育先进单位”“全省高校国防教育先进单位”，连续3年获评“全省高校平安校园示范学校”“全省综治工作（平安建设）先进单位”。

【教育教学】 召开创新创业教育改革推进大会，初步构建起创新创业教育体系。获批1项教育部产学合作专业综合改革项目、1个“江西省示范性研究生联合培养基地”；大学生创业园入选“江西省大学生创业孵化基地创建单位”；与闽南师大签订联合培养博士研究生的合作协议，并正式启动招生工作；新增3个本科专业，并有3个专业首次列入一本招生；教师参加全国高校微课程教学设计竞赛、全省高校青年教师教学竞赛各获一等奖1项。在校研究生获省级以上各类奖励52项，其中获全国一等奖3项；研究生常规就业率达到91.91%，其中考取博士15人、占毕业生总数的10%；作为6个获邀单位之一在全国教育专业学位研究生教育改革与发展研讨会上作大会报告。本科生参加国际大学生数学建模竞赛、全国师范院校师范生教学技能大赛等省级以上竞赛有900余人次获得等级奖，其中陈华琳在2016年全国田径大奖赛上夺得女子短跑100米冠军；连续6年应邀参演“五月的鲜花”全国大学生校园文艺汇演（全省唯一）；交响合唱《长征组歌》入选省高雅艺术进校园活动；学校毕业生就业工作在全省评估中获评“优秀”和先进单位。

【学科科研】 组织7个学科参加全国第四轮学科评估；4个省级重点学科全部通过终期验收；评定19个校级重点学科。获省部级以上课题立项205项，其中获批24项国家自然科学基金项目、8项国家社科基金项目。多篇研究论文发表在《美国化学会志》《Science》子刊，或入选世界ESI高被引论文。新增科研经费3200余万元，其中横向课题经费650万元。邀请90多位国内外知名专家学者到校讲学，举办100余场学术报告；派出260余人次教师参加各类国际、国内学术会议。投入1300多万元加强脐橙中心硬件建设，新增进口仪器设备23台套；成功举办“脐橙产业发展国际学术研讨会”，来自美国、巴西、西班牙等9个国家的200余名专家学者和行业代表参加会议；分别与阿根廷国家农业技术研究院和泰国清迈大学签署技术合作备忘录；研发的“赣南早脐橙”获批国家植物新品种（证书），实现国家级植物新品种培育零的突破。学校教育部人文社科重点研究基地获批创办全国高校首个专门研究红色文化的学术刊物《红色文化学刊》，成功举办第二届全国“高校党史教育论坛”，先后与中国社科院、复旦大学签订共建博士后创新实践基地合作协议，获批为首批“江西省博士后创新实践基地”。新增1个省级科研平台“江西省中国革命历史题材文艺创作研究中心”、1个江西省社科普及宣传基地“王阳明与地域文化研究中心”；文旅学院与广西民族大学合作共建博士后流动站。完成白塔校区科技园功能布局，出台支持科技园建设发展和规范园区管理运营系列文件，加强科技园建设与管理工作，引进包括13个大学生创业项目在内的35家企业、8家中介服务机构入园孵化，与赣州经济技术开发区、高新技术产业开发区及科技创业服务中心签订战略合作协议，顺利通过省级大学科技园现场考察。

【人才队伍】 人事管理制度改革。出台(修订)关于建立健全师德建设长效机制的实施意见、退休教授返聘工作实施办法、特聘教授岗位设置与管理办法、专业技术岗位聘期考核办法等制度。评选表彰第九届“师德标兵”10人、“师德先进个人”12人，“党建+师德师风建设”优秀创新案例12个。完成第三次专业技术岗位聘用工作，受到省人社厅表扬。推进薪酬制度改革，完成国家基本工资调标工作，规范劳务酬金、加班费和工作奖励发放管理，推进社保、医保、职业年金等改革工作。选派8名教师参加出国研修项目，新增享受国务院津贴专家1名、享受省政府津贴专家1名、“江西省百千万人才工程”人选2名、江西省杰出青年人才资助计划人选1名、江西省现代农业产业技术体系岗位科学家1名、“百人远航工程”支持计划人选1名。新增18名博士和1名高端外国专家，有39名教师晋升高一级职称，其中正高职称8名、副高职称26名、中级职称5名。获批第二批省级人才工作示范点1个、省教育系统劳模创新工作室1个，1人被国际乒联认定为国际级裁判。教师参加全国高校微课程教学设计竞赛、全省高校青年教师教学竞赛各获1项一等奖。学校被评为全省高校人才人事工作先进集体。

【综合改革】 3月，教育部和省政府先后行文批准学校更名为赣南师范大学。省委书记鹿心社、省长刘奇专门做出重要批示，对学校的建设发展给予充分肯定，为学校的改革发展提出要求、指明方向。举办“‘双一流’建设与地方高校发展研讨会暨更名大学工作总结会”，时任副省长殷美根、中国高教学会副会长范文曜以及中山大学院士陈小明等莅会指导。根据高等教育改革发展新形势新任务新要求，科学编制“十三五”教育事业发展规划及学科专业、师资、科研、校园建设4个专项规划，明确学校的发展目标和思路。修订学校章程，对各项规章制度开展全面清理和修订，推进现代大学制度建设。与北京大学联合举办正处级干部“高校综合改革与创新发展”专题研修班。实施学生公寓物业、科技园物业与安保、黄金校区安保等服务外包工作。加大对科技学院、附中的办学支持。附中小班制教学改革成效显著，科技学院毕业生就业率连续两年名列全省独立学院第一。加强基建和资源配置工作。完成南大门新校名石、第一田径场翻新等工程建设，在赣州市高校中率先实现学生公寓空调安装全覆盖，持续改善学校的教学科研条件以及师生的工作、学习、生活条件。

2016年5月8日，赣南师范大学校名石正式启用

【开放办学】 成功举办塞拉利昂大学孔子学院第三次理事会、高层教育工作者中国行以及“平等、尊重、共享、发展——孔子学院对中塞教育文化交流的促进”中塞教育高层论坛等活动，首次受国家汉语国际推广领导小组办公室委派实施“三巡”活动，赴非洲塞拉利昂、摩洛哥、塞内加尔等国家开展中国文化巡演巡讲巡展取得圆满成功。与俄罗斯奔萨国立大学合作举办音乐学专业本科教育项目获得教育部批准，实现对外合作办学零的突破。招收69名留学生，其中国家奖学金生8人、孔子学院奖学金生16人、省政府奖学金生20人，涉及汉语培训、本科教育、硕士教育三种学生类别，国别数达14个。拓展国际交流与合作，接待12批47人来访，聘任外籍教师7人，组织学生出国留学25人、赴日实习15人。

【社会服务】 推动落实与章贡区有关战略合作协议，与赣州经济技术开发区、高新技术产业开发区、崇义县及科技创业服务中心等签订战略合作协议，选派4名教师到赣州经济技术开发区、市科技局挂职锻炼。承担南康区政府委托的《南康甜柚品质提升》等重大横向项目，“赣南早”脐橙品种在赣南、广西壮族自治区等地大面积推广种植。承担“江西省中学教学质量状态监测”和“县域义务教育均衡发展差异系数测算”省教育委托招标项目，牵头成立赣州市外语学会，与地方联合主办“赣州首届家庭教育高峰论坛”，举办“韶关市武江区小学班主任班级管理”“会昌县教育系统后备干部”等专题培训班。做好定点包扶贫困村和精准扶贫工作，组织“连心”小分队开展党员志愿服务活动10余次。发挥文化传承创新高地作用，挖掘宣传区域优秀传统文化，成立河源市赣南师范大学文化促进会，开展“地域文献建设暨服务地方图书文化”活动，积极组织引导“教授·博士服务团”成员及广大师生到各县(市、区)开展讲学辅导、文艺演出、志愿服务、法治教育、禁毒宣传、节能领跑等活动。

(撰稿　刘科荣　审稿　肖笃森)

【领导名单】

党委书记：孙弘安(4月任)

党委副书记、校长：曾志刚(4月任、9月免党委副书记，5月任、10月免校长)　范小林(12月任)

党委副书记：胡龙华(4月任)

党委委员、副校长：

曾泽鑫(4月任党委委员、5月任副校长)

胡　海(9月任党委委员、10月任副校长)

副校长：陈　勃(5月任)　陈春生(5月任)

党委委员、副校长：

邱小云(4月任党委委员、5月任副校长)

吴剑波(4月任党委委员、5月任副校长)

党委委员、纪委书记：幸跃凌(4月任)

校长助理：姚　力(挂职，12月免)

赣南医学院

【概况】 2016年，赣南医学院以“两学一做”学习教育为抓手，以巡视整改为契机，以立德树人为根本任务，以“五大发展理念”为引领，以“一流大学、一流学科”建设要求为目标，全面从严管党治党，大力推进“更名大学”工作，强化内涵建设，推动学校各项事业迈上新台阶。

【教育教学】 教育教学质量提高。年内，新增本科专业2个、专科专业1个，有23个本科专业、16个专科专业。推动医学教育发展与改革，探索“互联网+医学教育”的新模式，完成与人民卫生出版社共建“中国医学数字教育项目示范基地”的签约、授牌。开展教学质量监控，编制本科教学质量报告，开展“教学质量评价月活动”，督导组全年完成98位教师课堂教学质量评价，并对4门实验课教学质量情况进行督查。成为全省首家医师资格考试(临床类别)分阶段考试实证研究第一阶段考试试点工作获批单位。《医用化学》获省级精品资源在线开放立项建设课程。80部教材(专著)立项，学校资助14项。联合申报物联网产教研实训平台建设项目获教育部产学合作协同育人项目。首届双学位双专业学生顺利毕业，15人获得主、辅修专业毕业证书和双学士学位证书继续强化实践教学管理。新增1所非直属附属医院，拥有11所附属医院(含3所直属、8所非直属)。免费医学生培养模式得到优化，承办全国免费医学生培养工作研讨会，参加教育部免费医学生培养座谈会并作中心发言。招收研究生61人，新遴选硕士生导师49名，学位与研究生教育教学改革研究项目省级立项3项。2门课程获批江西省研究生优质课程。

师生综合素质增强。组织教师参加各类教学竞赛获第二届全省青年教师教学竞赛二等奖1项、三等奖2项；全国医学院校来华留学生MBBS项目青年教师英文讲课大赛优秀奖、省首届高校网络宣传思想教育优秀作品评选活动优秀工作案例二等奖、粤桂琼赣滇五省(区)高校思政课青年教师基本功比赛三等奖、第六届全国高等医学院校青年教师基本功比赛三等奖各1项。学校获省普通高等学校国防教育先进单位，1人获省普通高等学校国防教育先进工作者，1人成为第四届全国普通高校军事教学指导委员会委员。1人担任全国康复医学会康复治疗学教育专业委员会委员、省康复医学会康复治疗教育专业委员会主任委员，1人担任中国康复医学会康复医学教育专业委员会第三届委员会运动康复教育学组副组长。获第四届全省高校辅导员技能竞赛二等奖1项、三等奖2项。组织学生200余人次参加各级各类竞赛获得165个奖项，其中获第七届全国高等医学院校大学生临床基本技能竞赛华东分区团体三等奖；获第三届全国大学生康复技能比赛运动康复组第三名；获“外研社杯”全国英语写作大赛二等奖1项，获“外研社杯”全国英语写作大赛省赛区特等奖1项、一等奖1项，阅读比赛省赛区二等奖2项，演讲比赛省赛区三等奖1项；获首届江西省生物化学与分子生物学综合技能大赛二等奖2项、三等奖3项；获省第二届大学生化学竞赛一等奖1项。毕业生参加临床执业医师资格考试连续10年考生平均成绩及通过率均高于全国考生平均水平。

【科学研究】 油茶专项研究团队完成赣南油茶产业开发协同创新中心医药保健品开发平台建设，课题项目招标PI项目13项，开放基金项目15项。全年获国家自然科学基金项目8项，科技厅科技计划项目13项，教育厅科技计划项目40项，省社会科学规划项目1项，其他各类市厅级、校级课题400余项。获市科技进步三等奖2项，学校获授权专利5项，申请专利总数12项。全年教职工发表论文600余篇，被SCI、EI、ISTP等三大检索工具收录80余篇。

【学科建设】 学校通过省教育厅向教育部提交心脑血管疾病防治教育部重点实验室建设申报书；获批江西省结石防治工程技术中心；学校第一附属医院获批为江西省博士后创新实践基地(省级博士后工作站)，与湖南中医药大学博士后科研流动站签订联合招收博士后研究人员协议书，招收中医学、中西医结合博士进站开展工作；医学生物化学与分子生物学、医用药理学2个二级学科通过国家备案，将正式列入2018年研究生招生简章。拥有省2011协同创新中心1个，省博士后创新实践基地(省级博士后工作站)1个，省高校“十二五”重点一级学科

2个，省重点实验室1个，省高校重点实验室2个，省工程技术研究中心1个，省高校人文社科重点研究基地1个，省软科学研究基地1个，省医学领先学科1个，省尿路结石现代治疗中心1个。

【人才队伍建设】 年内，学校引进博士6人、硕士80人，校本部教师具有硕士、博士学位者1021人，占教师总数的77.6%。新增享受国务院特殊津贴1人，全校享受国务院和省政府特殊津贴专家17人；入选省百千万人才工程人选2人，全校18人。获批国家留学基金项目1人，获批省公派出国留学地方合作项目资助对象3人，获批"百人远航工程"项目资助对象1人。3人获得博士学位、6人获得硕士学位，培养博士研究生5人。派出的国外访学、研修6人，国内访学、进修19人，12位教师参加美国林肯纪念大学英语培训项目，52位教师参加省高校中青年教师发展计划培训项目，4位教师参加公派出国外语培训项目，28位教师参加广州外国语大学英语培训。

【基础建设】 继续加强校园基本建设，第二教学楼(逸夫楼)整体完工。完成第二教学楼室外配套广场和道路工程、第二教学楼钢结构雨棚工程的检测及施工工作和第二教学楼洗漱台工程。完成赣南医学院司法鉴定中心及章贡校区法医病理实验室改造工程、黄金校区科研中心油茶研究中心土建改造工程。继续推进黄金校区"西湖"园林景观、校大门、网球场二期工程、大学生活动中心、解剖楼至学海湖主干道等工程建设。

【党建工作】 校党委于3月8日至4月24日接受省委第三巡视组的巡视。5月24日，省委第三巡视组向学校通报巡视工作情况，重点反馈巡视中发现的主要问题，对做好整改、加强和改进工作提出意见建议。学校党委按照整改工作部署，制定《整改工作方案》，将反馈的6个方面主要问题分解成74项具体整改任务，逐项研究整改措施。除4件要长期坚持整改外，其他基本完成整改。校党委严格遵循"两学一做"学习教育要求，将"两学一做"学习教育与落实立德树人根本任务相结合，与提高教育教学质量相结合，与省委巡视工作整改要求相结合，与推进医科大学建设相结合，从实、从细、从严推进学习教育扎实开展。4个党支部在教育部举办的全国高校"两学一做"支部风采展示活动中获得表彰。学校制定《关于进一步坚持和落实"三会一课"制度的实施意见》《赣南医学院党建工作例会制度》等，完善党建工作制度体系，以"党建+"理念为引领，深入推进三大工程建设。开展学校首批党建创新特色项目申报，立项54项。举办各级各类党员培训班33期，培训学员3920人，制作入党宣传册3100份；全校各级党员干部带头讲党课30余场次，普通党员轮流讲党课100余场，各级党组织开展专题学习讨论60余场次。

【招生就业】 普通高考实际招生人数3201人，完成计划总数111.8%，第一志愿录取率94.83%，学校有全日制在校本科生10510人、专科生1605人。招收研究生61人，研究生在线人数达到145人。成人教育实际录取人数3975人，与2015年招生数相比降幅38.6%，基本达到学校的控制目标。本科初次就业率86.16%，专科初次就业率85.43%。考取研究生比率达14.09%。做好"农村教师特岗计划""西部计划""大学生村官""三支一扶"等各类基层服务项目。

【扶困助学】 年内，学校发放国家奖助学金783.9万元、国家助学贷款约1010万元。发放学校各类奖学金87.945万元。为贫困生提供3000人次勤工助学岗，发放工资33万元，减免困难学生学费10.8万元。发放韩济生院士教育教学奖(优秀学生奖)等各类社会团体及爱心人士奖助学金6.99万元。

【国际交流】 派出16个团组、42人次赴国外开展合作与交流，其中13名教师交流访学，13人次境外参加学术会议。派出3名在校本科生前往美国林肯纪念大学参加为期1学期的交换生项目。第一附属医院成为美国林肯纪念大学临床教学基地，美国林肯纪念大学成为赣南医学院师生培训基地。与3个国家4所学校跨国合作申报课题获得欧盟伊拉斯谟资助立项。

【社会服务】 通过省卫计委关于"住院医师规范化培训管理"工作现场评估，招收住院医师规范化培训学员95人。学校志愿者先后开展青年志愿者社区援助计划，义诊、120急救，生态环保宣传，关爱共巢老人，关注留守儿童，树木命名挂牌，为弱势群体捐献爱心等一系列志愿者服务活动100余次；无偿献血人数达1500多人次，献血量35万毫升。1人被国家卫生计生委等部门联合授予"无偿献血促进奖个人奖"，学校被评为"省无偿献血促进奖单位奖"。康复学院40名青年志愿者在赣州市慧聪儿童康复训练中心做志愿服务时，得到共青团中央领导的充分肯定。一附院全年累计救治"光明·微笑"工程、尿毒症患者免费血透、白血病(先心病)患儿、妇女两癌患者1064例。一附院成功举办国家级继续医学教育项目23项、省、市两级继续医学教育项目76项。学校司法鉴定中心完成更名，修订章程，通过资质认定，管理逐步规范，鉴定质量明显提高，业务收入快速增长，与2015年相比增长17.56%。学校投入资金102.13万元，与会昌县人民政府开展对口帮扶，实施医务人才免费培养工程、卫生服务水平提升工程、科研项目合作共建工程、精准扶贫合力攻坚工程；完善会昌县罗田村基础设施、利用优势开展教育与医疗扶贫、成立农民读书组织、加强文化建设、鼓励和引导产业发展。

(撰稿 张 俊 审稿 陈 新 赖传景 温金英 王春华)

【领导名单】

党委书记：黄林邦

校长、党委副书记：韩立民(8月免)

党委副书记：陈 新

党委委员、副校长：刘　潜
副校长：王柏群
党委委员、副校长：刘　民
党委委员、纪委书记：张裕生
党委委员、副校长：陈　亮

江西应用技术职业学院

【概况】 2016年，江西应用技术职业学院围绕建设国家优质高职院校的目标，加强党的建设，积极推进教育教学改革，各项事业成绩斐然。获“全省高校平安校园示范学校”“江西省第十四届文明单位”“全省2013—2015年度普通高校毕业生就业工作评估优秀等级学校”称号。被教育部评为“2015年高等职业院校服务贡献50强”，被中国教育发展联盟评为“中国职业教育就业百强”。学生创新创业成果入选全国典型案例，被省教育厅确立为国家优质高职院校立项建设单位。

【人才培养】 全面实施“职业技能达标制”，初步形成“面向人人”的特色职业教育教学模式。年内，全校学生在国家及全省技能大赛中获奖168项，其中国际冠军1项、国家级一等奖18项、二等奖20项、三等奖37项，省级一等奖17项、二等奖26项、三等奖49项。学院品牌项目攀岩继续保持全国领先水平，在国内外攀岩系列比赛中获13金10银12铜。制定《专业预警实施办法》《学业预警实施办法》，调整增加5个专业，修订实施高职三年制、五年制和“三定向”人才培养方案，全面深化人才培养模式改革。

【校企合作】 完善《关于开展校地合作增强学校服务区域经济社会发展能力专项行动的实施方案》等制度，促进校企合作。3月，与深圳龙图教育科技有限公司签订校企合作办学协议，共同成立“江西应用技术职业学院龙图数字艺术学院”；4月，与广东新航线跨境电商服务有限公司达成合作协议；7月，与江西望诺国际商务电子有限公司签署校企合作协议，共建“望诺跨境电子商务创新创业孵化基地”“跨境电子商务人才培育基地”“望诺订单班”；9月，与赣州森森汽配有限公司、赣州正汇汽车服务中心合作成立汽车检测与维修技术职业现代学徒制试点班；10月，与深圳讯方技术股份有限公司共建计算机应用技术科研创新中心（ICT）和创客中心；12月，与深圳市好易家装饰工程有限公司共建人才培养基地，成立订单班。

【教师队伍建设】 组织“十佳教师”“优秀辅导员（班主任）”评选和先进事迹报告会，开展“四有”“三热爱”活动，建设师德师风；组织152名教师参加信息化教学达标，69名教师参加19项专业实践技能达标，81名青年教师暑期赴企事业或结合生产项目实践锻炼，50余名青年骨干教师参加职业教育课程开发、实训条件建设等专题培训；组建3个校级科研创新团队，4个校级教学团队，申报4个校级现代学徒制试点项目，完成3个省级11个校级精品课程在线开放。年内，学校专任教师有21项国土资源职教课题立项，在江西省信息化教学竞赛中获1项一等奖、1项二等奖和1项三等奖。

【招生就业】 及时调整招生政策，创新招生工作方法，提高招生工作质量。年内学院面向29个省市区招生3919人（其中普通高职3238人、五年制高职612人、应用本科69人），在校生人数净增1085人。

成立创业学院，建立就业创业指导体系，完成2017届2409名毕业生的就业推荐工作，初次就业率超90%，名列全省同类高校前茅；顺利通过全省高校就业工作评估，获得2013—2015年“就业优秀等级学校和就业先进单位”；学生在第二届“互联网＋”大学生创新创业大赛中获全国铜奖1项，江西省银奖1项，铜奖3项；在2016年“创青春”全国大学生创业大赛江西赛区比赛中荣获全省金奖；在“挑战杯——彩虹人生”全国职业学校创新创效创业大赛获二等奖；学校创新创业成果案例入选《2016年高等职业教育质量年度报告》，是全国47所入选院校之一、也是江西唯一入选的高职院校。

【教育教学改革】 创新教学方法和教学手段，普及推广项目教学、案例教学、信息化教学等，首次试用尔雅通识课教学平台，启动云课堂录播教室建设；加强教学流程监控和质量管理，编制和修订《教师教学工作考评办法》《教学事故、教学失误认定及处理办法》《外聘教师管理办法》等一系列教学工作制度，明确督导工作目标，改革知识考核和技能考核的考核标准及考核方式，建立“三点监控、四方评价”教学质量保障与监控体系，提高教学质量。

【服务经济社会发展】 成立江西省国土资源勘测规划院赣南分院，完成测绘资质的扩项，全年立达公司和测试研究所累计新签合同363份，合同金额1934万元，完成11名教师生产实践锻炼和近2000名学生工学结合的工作任务。

承办江西省国土资源厅第三期矿产资源干部管理培训班、第三期“全省国土资源管理干部培训班”、3期南昌市新建区国土资源管理业务培训、2期赣州市信丰县国土资源管理业务培训班、首期浙江省国土资源系统地矿行政管理干部地质专业知识培训班，培训学员500多人次，培训内容实用、方式灵活、管理到位。

做好精准扶贫工作。学院精准扶贫联系龙南县杨村镇坶下村，学院发挥职业教育资源优势，开展教育扶贫、科技扶贫、就业扶贫，开展“‘圆梦’助学基金”等捐款活动和节日走访慰问，扶持挂点村基础设施建设。

【平安和谐校园创建】 抓好人防、物防、技防和心防四位一体的安全工作防控体系建设，推进校园安防监控系统升级，夯实平安校园的基础；制定《创建平安校园行动方案》，层层签订综治、消防工作责任书；组织学生学习《江西省学校学生人身伤害事故预防与处理条例》，坚持“三个排查”制度，完成2016级2700多名高职新生心理排查工作，确保全年校园和谐平安稳定。获得“全省高校平安校园示范学校”“2015年全省国土资源系统社会治安综合治理工作先进单位”称号。2016年全省高校公共安全教育骨干教师教学能力展示活动获一等奖。

(撰稿　曾　洁　审稿　宋东东)

【领导名单】

党委书记：吴福才

党委副书记、院长：李国清

党委副书记、副院长：徐有华

党委委员、副院长：陈传胜　罗诗文

党委委员、纪委书记：甘宏礼

党委委员、副院长：胡堪东

赣州广播电视大学

【概况】 2016年，赣州广播电视大学围绕“学历提升的平台、学习培训的基地、社区教育的载体”办学定位，秉持“育人为本、开放办学、服务优先、质量立校”办学理念，坚持学历教育和非学历教育“两条腿”走路，建立覆盖全市的电大办学网络，致力构建终身教育体系、建设学习型社会，各项工作得到较大提升，为加快赣南苏区振兴发展提供强有力的人才支撑和智力支持。学校有在职在编人员33人、离退休人员8人，其中教授2人，副教授13人、讲师9人，党员24人(含离退休)。设有党政办、教务处、招生处、考务处、继续教育处、总务处、科研处、直属班管理处8个处室。在全市建立21个县(市、区)电大教学点(含3个开放大学试点学习中心)，基本形成覆盖全市的远程教育网络。

【对口支援】 5月，国家开放大学党委书记兼副校长李凌莅临学校调研，专题研究对口支援事宜。5月和7月，学校先后被列为第三批国家开放大学社区教育实验中心(基地)、首批非学历教育试点学校。学校作为全国9所参与试点的市级电大之一，与国家开放大学签署非学历教育合作协议。

【政策支持】 市政府出台《关于加快电大转型升级办好开放大学的意见》，提出明晰发展定位、改善办学条件、推进系统建设、提高教学水平、强化质量保障、提升队伍素质、建设学分银行、完善治理结构等8项工作任务。学校以此为契机，加速推进电大转型升级，探索切合赣州实际、体现时代特征的开放大学办学模式。

【非学历教育培训】 学校在完成继续教育大楼改造、实现“吃住学一体化”基础上，拓展培训工作。围绕服务基础教育，承办赣州市中小学教师心理健康教育骨干教师初级和中级实战班培训，培训中小学心理健康教育骨干教师468人。积极开展行业培训、职业技能培训。开展地税系统、邮政银行、人民银行及财政系统的多项培训；与赣州银行和市地税局签订战略合作框架协议。年内，开展社会化培训20期，培训人数1056人次。

【开放教育办学】 年内，招收开放教育学生4006人，其中本科1060人，专科2946人，超额完成省校下达的3980人的任务。在招生难度加大的情况下，开放教育招生绝对数增加，招生人数位列全省第三名。“一村一名大学生工程”招收873人，超过省委农工部下达的830人的招生计划，完成率105%，位居全省第一。

探索开展社区教育。以“书香赣州·电大讲坛”为平台，邀请专家学者面向市民讲学，开展社区教育，建设书香社会。国家开放大学、江西广播电视大学、《赣南日报》等予以报道。

【体系建设】 秉持“电大的优势在系统，系统的优势在基层”理念，抓好学校出台的《关于进一步加强全市电大系统建设的意见》贯彻实施，夯实基础、巩固优势。服务基层务求实效，完成省电大布置的各项工作任务，组织各教学点一并做好迎接省电大对学校系统办学综合考评年度考核工作，被省校评为优秀等次。4月，学校举办全市电大系统业务培训会，规范办学各环节，提升管理水平和工作效率。

【文明单位创建】 学校开展文明帮扶、勤俭节约、优质服务、读书学习、我们的节日活动以及道德建设诚信建设专题教育、践行价值观文明我先行主题系列活动。开展网络文明传播活动。与赖家围社区、市交警支队等单位联合开展志愿服务活动。在《中国电大报》《赣南日报》等中央、市级重要媒体加强宣传，共发表文章37篇。《办好开放教育 服务振兴发展》等一批报道在党报媒体刊发，多篇文章被光明网等有影响力的媒体转载。在赣州文明网等媒体刊发3篇报道学校的精神文明创建工作。学校被评为赣州市第九届文明单位。

【制度建设】 坚持制度治校。先后出台《赣州广播电视大学工作规则》《赣州广播电视大学校长办公会议事决策规则》《国内公务接待管理暂行办法》《财务管理规定》《教职工奖惩考评实施意见》《关于加强对外宣传工作的实施意见》等文件，提高工作水平和服务质量。

(撰稿　赖秀冬　审稿　余妹蓉)

【领导名单】

党总支书记、校长：陈相飞

副校长：王　强　卢旗英(女)

　　　　王　嫩(女)

副调研员：钟贤才

赣州师范高等专科学校

【概况】 赣州师范高等专科学校位于蓉江新区高校园区。校园按照万人学生规模本科院校标准规划设计，校园占地总面积68.93公顷，建筑面积25万平方米。建有图书馆、网络中心、教学楼、实验楼、音乐楼、体育馆、美术楼、校医院、游泳池、大学生活动中心等教育教学楼群，有先进的实验室、计算机机房、微格教室、多媒体教室、语音教室、普通话训练与测试中心、汉字书写训练中心、幼儿教育实训中心、大学生心理健康教育与咨询中心等设施设备，教学科研仪器设备总值5509万元。有稳定的实习实训基地80个，其中小学教育实习基地69个，学前教育实习基地（幼儿园）11个。

2016年，学校有教职工466人，专任教师345人，其中教授29人，副高职务教师134人。有10余名教师分别获江西省高校教学名师、江西省高校中青年骨干教师、江西省师德标兵、江西省模范教师、江西省十大体育明星等称号；学校设有普通话测试站，有6名国家级普通话测试员，10名省级普通话测试员；设有语文教育、数学教育、英语教育、科学教育、学前教育、特殊教育、商商务英语、美术教育、艺术设计、体育教育、音乐教育、计算机应用技术等12个专业。学校有全日制在校生11500余人，成人教育学生800多人。

学校被评为2015年度法治赣州建设先进单位、赣州市第九届文明单位，办公室党支部、中文系党支部、外语系党支部、学工党支部被市委教育工委评为2016年度“先进基层党组织”，校团委被授予“全市五四红旗团委”称号。加强与江西师范大学、赣南师范大学、江西理工大学交流频次和交流范围；成功承办“江西省规范汉字书写大会”省级现场书写决赛、赣州市数学年会等活动，学校知名度得到提高。

【制度建设】 贯彻落实学校章程。通过网络宣传、召开班会、教职工座谈会，举行演讲比赛、论文比赛等形式学习宣传《赣州师范高等专科学校章程》；以学习贯彻学校章程为主线，对学校现有的规章制度进行梳理，开展废改立工作，新出台《赣州师范高等专科学校临聘人员管理办法》和《赣州师范高等专科学校专职辅导员管理办法》等制度。完成学校教育事业发展“十三五”规划编制工作。

【教学工作】 积极推进教改。深入推进学校教育教学改革，更新教育教学理念，创新教育教学方法和途径，逐步构建起提高教育教学质量的长效机制，学校教育教学质量和人才培养质量稳步提升。加强日常教学管理。在扎实做好教学常规管理和教学检查工作的基础上，坚持并完善在线网络课程（慕课）学习制度，改革教材发放模式和教材费用结算方式，严抓期末考风考纪，从完善制度、广泛动员和营造氛围着力，全方位、多角度严肃考风考纪。实施“赣南采茶戏振兴”工程。积极谋划实施“采茶戏进校园”、赣南采茶戏表演人才定向培养、建设赣南采茶戏展览馆和组建赣南采茶戏研究中心等工作，形成“组合拳”，着力保护好、传承好和发展好赣南采茶戏。加强专业建设和课程建设。制定学校“十三五”规划学科（专业）建设规划，继续强化师范教育特色，着力凸显学前教育、书法教育特色，新增特殊教育专业，专业建设扎实开展；开设创新创业教育课程，试行公共选修课在线网络课程学习制度，建设“学前心理学”省级精品资源共享课等，课程建设不断完善。抓好成人教育。积极谋划推进与高层次大学联合办学，拓展合作办学领域，扎实推进自考（综改）各项工作，完成函授生课程学习和毕业等有关工作。

【学术与科研】 举办“知行讲坛”活动，组织、承办全市数学年会等一批专业技术会议和学术活动，提高教职工的学术能力和水平。年内，学校共举办学术讲座45场，其中“知行讲坛”学术报告13场。学校教师申报课题达90多人次，比上年增加10%；省级课题立项10项，市级课题立项23项，比2015年增加21%，省、市两级课题结题36项，教师公开发表论文数量比2015年增加17%，教师编写论著（教材）6部。

【队伍建设】 加强师德师风建设。倡导建设以仁爱、尚义、礼仪、崇智、诚信、谦和为内涵的“赣州师专君子之风”，形成向善向上、风清气正的校风。提高教师业务水平。开展新教师教育与培训，安排部分教师参加业务进修、培训；组织开展优质课竞赛等活动，提升教师业务能力和水平。加强骨干教师队伍建设。推进聘请外教专家工作，开展高层次人才引进计划；推动校级学科带头人、中青年骨干教师的培养工作，开展学校教学团队建设；推进双师型教师培养和引进工作，积极培养骨干教师队伍。完善教师招聘和管理。改进教师招聘办法，完成教师及其他人员的招聘工作；完善绩效工资分配办法和年度考核办法，落实考核奖励工资机制。

【招生就业】 招生工作。高招原始计划1930名，录取到校人数为1867名，到校率96.7%，省高招计划基本一次性完成，文史类和理工类最低录取分分别比上年提高50分和71分；省外招收高考考生352名，较上年增加141名，招生省份扩大至16个；五年制学生招生质量得到提升，其中定向招生达763名，较上年增加93名，社招录取新生245名，较上年减少498名，社招录取分数高出省考试院划定的五年制最低控制线100多分，音乐教育招生进行面试加试，招收一批具有良好音乐基础和音乐潜质学生。

就业工作。2016届大专毕业生2300人，初次就业率为89.96%，比2015年提高4.7个百分点。学校首次召开针对2016届学前教育毕业生的双选会，邀请52家用人单位到校招聘，提供工作岗位近600个。加强实习就业工作，组织学生赴泉州、厦门等地实习就业的联系安排和跟踪服务工作。

【学生培养】 坚持“立德树人”根本任务。强化“立德树人”意识，引导和教育广大学生自觉践行社会主义核心价值体系，树立正确的世界观、人生观、价值观，增强社会责任感，做道德高尚的社会主义建设人才。加强学生管理。学生日常管理制度更加完善，落实更加有效；社团文化艺术节、校园文化艺术节、志愿者活动、秋季运动会等丰富多彩；定期举办最美寝室、最美教室等系列评比活动等，学生“自我教育、自我管理、自我服务”的能力持续提升。加强专职辅导员建设，制定专职辅导员管理办法，完成第一批专职辅导员公开招聘工作。

【安全工作】 逐步建立起以行政值周、班主任值班、宿舍楼栋24小时值守、节假日值班值守等为主的日常安全值班值守体系。根据设备使用周期以及具体情况，加大物防、技防建设投入，总投入达80多万元。开展安全教育宣传实践工作，以开展综治宣传月、安全生产月、预防艾滋病宣传月、心理健康教育周、国家安全教育日等大型宣传教育活动为主线，积极策划开展涵盖交通、食品、网络、防盗抢骗等内容的主题宣传教育实践活动，营造安全教育浓厚氛围。

【党建工作】 开展“两学一做”学习教育活动。在完成各项规定动作的基础上，开展党章书法展、党规党纪知识竞赛等活动，带头践行井冈山精神和赣南苏区精神。加强宣传思想工作。倡导“进了师专门，便是师专人，就是一家人”，教职员工团结精神得到巩固；加大宣传力度，联合江西教育电视台《职教风采》栏目，宣传报道学校书法和学前教育特色。深化作风建设。落实中央八项规定要求，加强公务接待管理和公务车辆管理，加强“两条例一准则”的学习宣传和贯彻落实，坚决贯彻执行“两报告一承诺”及“两个责任”制度，加大校务公开力度，积极推进节约型校园创建活动。加强组织建设。落实党委领导下的校长负责制，坚持和贯彻落实党的民主集中制，校党委民主决策和科学决策的水平不断提高。加强干部队伍培训，完善干部培训和考核机制。严把党员发展关，全年发展预备党员160人，预备党员转正35人。

(撰稿　江声玉　廖　平　审稿　凌发忠)

【领导名单】

党委书记：孔德然(12月免)

校长：姜在东

纪委书记：赵金霞(女)

副校长：凌发忠(4月任)

陈和生(4月任)

李方柏(10月任)

黄　鹏(10月任)

江西环境工程职业学院

【概况】 2016年，江西环境工程职业学院全面贯彻落实党和国家的教育方针，持续深入推进综合改革，提升内涵建设水平，各项事业科学发展、和谐发展。获江西省第十四届文明单位、2015年度江西省高校最美校园、江西省首批生态文明示范基地、江西省高等学校人才人事工作先进集体、江西省2013—2015年度普通高校毕业生就业工作先进单位、林业厅“2015年度社会治安综合治理先进单位”、2015年度赣州市共青团工作优秀单位、2015年度江西省林业厅公共机构节能工作先进单位、2016年度江西汽车流通行业产教融合十佳高职院校等。

【创新创业】 申报职业教育产教融合发展工程项目，形成以生态产业创新工程建设为突破口的国家产教融合发展项目申报规划方案。省项目管理中心对该项目进行可研性评估，评审结果良好，获得原则上通过，以全省排名第一推选报送国家发改委等有关部委审批。推进工学交替、翻转课堂、教学做一体化等形式的教学改革，探索工学结合的多种实现形式，继续推进2014级部分专业创新人才培养模式改革。强化师资队伍建设，举办第三届青年教师教学技能大赛，评选出2016年度30余名优质课堂教师，并在暑期进行集中职业能力培训。积极开展创新创业教育实践活动，培养学生创新创业能力。撰写《江西环境工程职业学院创新创业实施办法》，完成电子商务创新实验区建设、电子商务培训等创新创业工作，完成江西省创新创业督导评估准备工作。

【产学研用】 开展科学研究，年度内立项各类课题67项，其中中央财政支持的林业推广项目、江西省林业科技创新项目、全国高等教育工委项目各1项，教改课题申报10项，立项7项。省教育厅自然科研项目申报10项，获批10项，均名列江西省高职院校前茅。

【招生就业】 争取新增原始招生计划325人，学院原始招生计划达到2575人，联办本科办学招生指标80人，全年全省林业定向培养计划94人。招收大专2445人，联办本科生78人，林业定向培养93人，五年制大专546人。做好全省高校毕业生就业工作评估，得到省教育厅评估专家好评，获“江西省就业先进单位”称号。做好毕业生就业工作。2016届毕业生有2489人，就业人数2119人，就业率85.13%，为全省高校就业率第一梯队高校。参加赣州市章贡区就业局2016年度SYB创业培训招投标工作，获得250个培训名额。

【技能大赛】 提高内涵建设水平，人才培养质量得到提升。在全国职业院校技能大赛中，获一等奖2项、二等奖4项、三等奖2项，在江西省高职院校排名第二。在2016年“高教社杯”全国大学生数学建模竞赛中获二等奖3个，省一等奖1个，省二等奖4个，省三等奖2个，在江西省同类院校位居前列。

【队伍建设】 先后选派4人到江西省教育工委党校学习，2人到江西省直工委党校学习。新引进人员5人，完成2015年下半年高层次人才招聘录用的20名事业单位工作人员的岗位备案，完成270名在编在岗人员、214名编外人员的薪级工资晋级调整工作和在编在岗专业技术人员的岗位等级聘用与工资调整工作。完成机械与电子学院和汽车学院合并、林业与环境学院拆分等相关机构调整，所涉人员调整落实到位。组织召开二届四次教职工代表大会，积极听取教职工意见和建议，保障和维护教职工参与学院事务权利。组织庆祝“三八”妇女节活动、“生态杯”教职工乒乓球团体赛、“六一”亲子活动、以“节能领跑 绿色发展”为主题的2016年全国节能宣传周及全国低碳日活动等，丰富教职工的业余生活。

【安全与后勤保障】 安全稳定。召开2015年度综治工作表彰暨2016年综治工作部署会议，制定综治工作要点，积极开展综治安全宣传活动和法制安全教育，提高师生的安全意识和法律意识。开展“人车分流管理”，维护校园交通安全。重视保卫队伍建设，开展校园视频监控改造，提高人防、技防能力。11月，接受省教育厅2016年度安全稳定工作检查，获得好评。

后勤保障。第一食堂连续3年被评为赣州市食品安全信誉A级单位。扩容变压器整体提高供电能力，缓解用电紧张问题。围绕生态校园和AAA景区建设要求，完善校园环境亮点工程，提升绿化管理水平。校园一卡通建设进入第二期后续建设阶段，各项工作进入平稳运行阶段。与于都县人民政府签订《蔬菜基地产销对接框架协议》，优化蔬菜等食品的供应渠道。

【开放办学】 组织选派6名教师参加三区人才支持计划科技特派员工作，组织专业教师到赣州市崇义县、安远县，吉安市安福县、遂川县开展技术服务。加强江西林业职业教育集团建设，申报全国骨干职业教育集团。

【校园文化】 加强生态文明教育，开设生态文明专题网站和公众号，组建生态文化协会，出版《生态文明知与行》校本教材，实现大一新生生态文明课程全覆盖。积极适应宣传工作新常态，为学院发展造良好舆论氛围。在主流媒体发表新闻稿件200多篇次，在人民网、新华网等网络媒体发稿800多篇次，其中《江西首个高校校园获批为国家AAA级旅游景区》《高校女大学生成立“情感工作室”月收入过万》等引起众多传统媒体以及网络媒体的关注报道，世界技能大赛参赛选手朱晓瑶被中央电视台新闻联播报道。官方微信公众号影响力多次进入全国高职百强排行榜。在广大团员青年中开展“我的中国梦——奋斗的青春最美丽”系列分享活动、“三走”（走下网络、走出宿舍、走向操场）活动以及博雅文化广场等活动。

【党的建设】 把党建工作贯穿在教学、科研、管理、服务等各项工作中，推动教育事业新发展，形成在全省有地位、全国有声誉的良好局面。2016年全国高职高专党委书记论坛主任委员会第一次工作会议于5月底在学院召开，促进学院党建工作科学化发展，扩大学院的影响。结合“党建+”工作要求，着力抓好“两规范一提升”，即规范基层组织生活、规范党员发展和提升党建文化品位，推进党建品牌特色化、系列化发展。学院党委认真贯彻落实全面从严治党的主体责任，自觉接受驻厅纪检组对学院的监督。院领导、各部门（二级学院）负责人分层签订党风廉政建设责任书，层层传导责任。召开3次党风廉政建设工作会议，集中学习传达中央、省纪委会议精神，组织全体党员干部收看大型电视专题片《永远在路上》并进行学习讨论，做到自律监管与风险防范相结合。开展“两学一做”学习教育。成立学习教育领导小组，召开学习教育动员部署会，邀请赣州市委党校副校长张卿均、新疆农业职业技术学院教授王学利等多位专家学者做专题讲座。学院制定党委理论学习中心组学习制度、教职工政治理论学习制度，促进理论学习深入、持久开展。

（撰稿　郑新瑜　审稿　曾东东　曾　毅）

【领导名单】

党委书记：肖忠优
党委副书记、院长：武来成
党委副书记、纪委书记：宋墩福
党委委员、副院长：曾东东　张孝全
调研员：徐　飞　钟建华　金志芳

江西赣州技师学院

【概况】 2016年，江西赣州技师学院坚持稳中求进工作总基调，主动适应赣南地方经济发展新常态，在学院内涵建设、党组织建设、人才培养、教学改革、学生教育管理、基建后勤保障、招生就业等工作中取得新成绩。学院有在编在册（含合同制）教职工316名，其中县处级领导6人、科级（含副科）干部53人，高级职称44人、高级技师41人，享受国务院特殊津贴人员、全国优秀教师、江西省首席技师、江西省高技能人才、江西省技术能手、江西省“赣鄱英才555工程”高技能领军人才、江西省优秀中青年专家、江西省技术能手、江西省青年岗位能手、获江西省市五一劳动奖章等40余人。录取新生3524人，在校生达10039人，时隔9年，重返全国万人技校行列。

【党建工作】 以“党建在线”考核为抓手，采取有力措施，开展党建各项工作。结合开展的“两学一做”学习教育，先后开展民主评议党员、先锋创绩、党建+、党员活动室建设等相关工作；学院党委成员分别挂点到各支部，参加支部生活，指导支部工作，党委的核心凝聚力作用、党支部的战斗堡垒作用和党务干部的中坚骨干作用显著增强；各党支部月初制定当月计划，月末在例会上汇报工作，并接受组织部门检查考核，“三会一课”成为支部一项正常工作得到有效落实；党建带工建、团建工作成效显著，成功召开学院三届一次教职工代表大会，审议通过学院“十三五”教育事业发展规划，凝聚学院发展共识。发展中共预备党员8名，培养发展对象5名，入党积极分子6名，学院被市直机关工委评为“市直机关党建红旗单位”和“市直机关党建工作先进网络区召集单位”，学院工会被市直机关工委与市妇联联合授予“全市三八标兵岗”，学院团委被团市委授予“五四红旗团委”。

【承办世界技能大赛江西选拔赛】 承办第44届世界技能大赛江西选拔赛机械工业装调、车身修理、网络系统管理、制造团队挑战赛4个项目的比赛，学院获机械工业装调第1名、车身修理第1名、网络系统管理第1名、制造团队挑战赛第1名和第2名，并代表江西省参加全国选拔赛，获工业机械装调项目第7名，网络系统管理项目第10名。

【学生管理】 严格“一日三点”制度。实施“学生个人操行百分制考核”，增强学生的纪律意识。学生主题教育效果显著。开展“四严禁、两养成”主题教育，即：严禁学生打架斗殴、严禁学生下河游泳、严禁学生早恋和严禁学生攀爬围墙，让学生养成不乱扔杂物和主动向师长问好的习惯。班主任队伍能力水平不断提高。先后举办‘国家资助政策宣讲培训”“党建+精品班会观摩交流活动”等，拟定“出彩‘四严禁、两养成’主题班会”“出彩师生谈心活动”“出彩‘一日三点’活动”及“出彩资助”四项活动方案，开展“我能出彩”专题活动。学生心理咨询机制不断健全。完善“心理咨询室”建设，举行“女生青春期生理卫生”讲座，开展班级心理委员培训，先后举办“心理健康教育”等讲座，心理咨询室累计接待学生100余人次。

【教学教研】 “我能出彩”系列活动不断覆盖。先后开展“出彩教案”和“出彩说课”的专题培训讲座和评比活动，全院超过800人次教师参加活动，实现参与教师全覆盖。积极对接省人社厅2016年“我能出彩”活动，组织各系教师积极参与，向省人社厅报送“出彩教学改革”2项(1项入围汇报)、“出彩教学设计”3项(2项入围汇报)、“出彩教学论文”19篇。获全省“出彩教学设计”三等奖1项，“出彩论文”二等奖1项，三等奖4项。其中，梁琦获全省“出彩教师”二等奖；胡剑、符照方、刘华敏获三等奖。教学制度不断完善。修订和完善《教学事故认定及处理办法》《教研室主任工作办法》《制定各专业技能人才培养方案的指导意见》《教学工作规范》。加大师资培训力度。选派7人参加专业骨干教师省级培训，28人在暑期参加省“双师”素质提高培训，18人在暑期到广州工贸技师学院和江苏常州技师学院参加全国技工院校一体化师资研修培训。提升教学研究。引导和支持教师围绕职业教育教学改革、教学问题探讨和教学方法创新等开展教研活动，教师申请立项院级课题7项(获批3项)，市级课题3项(获批3项)、省级课题2项(获批1项，重点课题)，申报中国职协2016年度优秀科研成果14项(获二等奖2项、三等奖1项、优秀奖11项)。

【文明校园建设】 加强师德师风建设。开展“师德师风建设活动”，强化校园日常管理，推进家长、学校、教师之间的联系和沟通，涌现一批爱岗敬业、爱生如子的师德标兵。开展文明单位创建活动。加强组织领导，强化督促检查，层层落实责任，高标准、严要求地做好精神文明创建的各项工作。维护校园和谐稳定。推进平安校园、文明校园、和谐校园建设，多次召开会议安排部署安全稳定工作，严格落实安全稳定工作责任制，建立健全各种工作预案和防范机制，排查和化解安全隐患，集中整治校园周边环境。加强法制宣传教育。制定《关于全面推进依法治校的规章制度》，组织学院广大党员干部教职工参加普法考试，加强领导干部法制教育，开展国家宪法日、国家安全教育日等主题活动。推动校园文化建设。成立“校园文化建设领导小组”，拨出专项资金，对学院的校园环境进行整体规划和维修改造，提升“环境育人”文化功效。编辑整理校史画册、校史简史展板，加强校内广播、黑板报、宣传橱窗等的建设，开拓校园文化建设的新载体，建设融思想性、知识性、趣味性、服务性于一体的校园网站。

【新校区建设】 新校区建设加速推进。严格按照工作程序及计划进度开展校园建设工作，进行招标文件编制、规划与方案设计单位等招标、用地规划手续的办理、施工围墙建设及用地清表等工作。成功申报作为国家发改委重点调度的赣州综合型公共实训基地建设项目，该项目规划建设在赣州职教园区内，占地1.34公顷，建设总投资9688.74万元，建设内容包括稀土钨加工实训中心、现代制造技术实训中心、现代服务业实训中心、信息技术实训中心、新能源汽车技术实训中心等5个实训中心。

【30周年校庆】 学院按照“隆重、热烈、节俭、务实”的原则，11月18日举办校庆30周年系列活动。总结建校30年的办学成果和办学经验，制作校史画册、校史简史展板等相关资料，通过相关媒体，积极宣传学院30年发展成果。以师生为主体，以教学为中心，彰显文化、突出技能，组织开展丰富多彩的文化文艺活动，加强优秀毕业生的跟踪联系工作。

【服务中心工作】 主动策应市委、市政府“主攻工业、三年翻番”及“打好“六大攻坚战””战略决策，立足赣州经济建设与社会发展，为企业培养生产、管理、服务等一线岗位的技能应用型人才。优化专业结构。围绕赣州市稀土、钨、新能源汽车、电子信息、红色旅游等重点产业集群，开设现代物流、新能源汽车制造、工业机器人等重点和特色专业，并完善和强化电子商务、旅游与酒店管理等专业。培养输送技能人才。围绕新能源汽车产业新建一所汽车实训中心，在赣州飞天产业园建立可容纳300人的实习实训基地，为赣州飞天产业园等工业园提供电商人才，为工业企业输送2000名以上的技能实用人才。提升培训能力。坚持面向城乡初高中毕业生、青年求职人员开展学制教育和劳动预备制培训的同时，扩展培训对象，面向企业在职职工、农村转移就业劳动者、失业人员、高校毕业生、退役士兵等群体，积极开展各类职业技能培训，强化培训促进就业和稳定就业功能。与重点产业集群的工业企业加强联系，有重点地为工业企业开展员工岗位技能提升培训，开展各类培训达6000人次以上。加强校企合作。与企业合作招收4个定向培养的“冠名班”，帮助企业解决招工难问题。与企业共同开发教材、构建产学研融合的新模式。建立现代学徒制，通过教师和师傅的联合传授，与企业共同培养掌握新技术、新工艺的高技能专业人才。

(撰稿 陈 曦 审稿 凌远方)

【领导名单】
院长：钟昭锋
党委书记：黄国杰
副院长：凌远方　谢尉明　陈健鸣(女)
工会主席：熊晓林

赣南卫生健康职业学院

【概况】 2016年3月，江西省人民政府批准设立赣南卫生健康职业学院，4月，经教育部备案，市编委会批复同意与赣州卫生学校合署办公，实行“两个机构、一套人马”。学院在暑期完成高职专业课程建设和师资选拔培养，9月份完成首批招生工作。

学院秉承“崇德敬业”校训，坚持“以立德树人为根本，以服务发展为宗旨，以促进就业为导向”的办学理念，提出“立足赣州、面向全国、走出国门、办出特色、打造品牌”的办学思路，着力进行机构改革。设立党政办公室、组织统战部、党委宣传部、纪检监察审计室、工会办公室、团委、人事处、计财处、教务处、教育督导处、科研处(高校研究室、学报编辑部)、学生工作处、招生就业处、后勤管理服务处、保卫处、护理系、药学系、医学技术系、医学基础部、人文社科部(思政部)、继续教育部、图书馆、信息中心、附属医院等24个部门。

学院拥有一支年龄和学历结构合理、教育教学水平较高的师资队伍。有教职工366人，在编人员252人，其中博士研究生3人、硕士研究生88人，具有正高职称的教师8人、副高职称的教师73人，“双师型”教师88人，全国职业教育名师1人，省级优秀教学团队1个，获省、市级“五一劳动奖章”4人，省级“巾帼标兵”1人，赣州市特殊津贴专家和教育专家8人，13名教师在国家、省、市各类学术团体和协会担任重要职务。

学院开设护理、助产、药学、医学检验技术、康复治疗技术等5个高职专业，年内首批招收高招高职生479人，初中五年制高职生286人。开设护理、涉外护理、助产、药剂、中医康复保健、医学影像技术、医学影像技术、医学检验技术、口腔修复工艺、中药、制药技术、康复技术和农村医学13个中专专业。与南昌大学医学院、江西中医药大学、中南大学继续教育学院等联合办学，举办本、专科成人高等教育及自学考试助考；与上海交通大学医学院继续教育部联合举办网络远程学历教育。年内，各级各类全日制在校学生1.1万人，继续教育学生4700余人。

【教育教学】 学院以对接医药卫生产业为切入点，突出卫生职业教育特色，实施“产教融合、校企合作”办学模式改革。牵头组建赣州卫生职业教育集团；开发构建与职业标准及国家执业资格考试相对接的卫生职业课程体系；实施项目教学、案例教学、情景教学等教学方法改革，强化实践教学，重视职业素养养成；开设“3＋2”相关医学类教育专业，初步构建中高职衔接职业教育体系；构建学校、医院(企业)、社会、学生四方“以评代促、多元监控”的多维度教学质量评价体系；实施“一督二巡三检四谈五评六结合”教学质量监控工程；对接人才市场需求，积极推进人才培养模式改革，以“冠名班”“订单班”“定向班”“厂中校”等形式与医院、企业开展合作，先后与赣州市人民医院、市肿瘤医院合作，以“定向班”形式培养护理人才；与江西青峰药业合作，以“冠名班”形式培养药剂人才；与泰康人寿旗下子公司泰康之家合作，以“订单班”形式培养养老护理人才；分别与香港五色石集团有限公司、深圳金悠然科技有限公司合作，分别采取“1.5＋1.5”“1＋1＋1”校企合作分段教学模式，实施现代学徒制教育，为企业培养技术人才。

学院制定《诊改工作实施方案》，将各类质量监控体系建设项目全部纳入诊改项目建设，促进学校建立完整且相对独立的自我质量保证机制，形成全要素网络化的内部质量保证体系。学院教科研成绩显著。全年发表论文65篇，申报课题31项，结题7项；有55人参与人民卫生出版社“十三五”规划教材、江西科技出版社医药卫生类教材等56门教材编写，其中担任主编5人、副主编16人。4人参加全国中等职业学校英语、物理、化学课程“创新杯”教师信息化教学设计和说课大赛中获一等奖3名、二等奖1名。

【精准扶贫】 发挥学院卫生和教育资源优势，实施健康扶贫、教育扶贫、项目扶贫、产业扶贫、公益扶贫等。组织开展“送医送药送健康”义诊暨走访联系活动，为龙南县关西镇翰岗村100余名村民开展健康咨询指导，宣传疾病防治知识，向村民发放疾病防治宣传材料200余份、各类药品总价值3800余元；提供5万元帮扶项目资金用于青山小组修筑挡土墙和枫树小组维修加固水库土坝工程建设；资助1万元用于关西镇精准扶贫清洁工程工作经费；对考入大学和就读中专的翰岗村籍贫困户子女进行资助，共计资助3600元；指导帮助20户贫困户提交产业补助申请，开展鸡鸭养殖，新增养殖户近10户，新增鸡鸭3000只，为贫困户争取产业帮扶补助资金3.45万元；通过学校“赣卫天使之翼”慈善团队经常性开展爱心助学帮扶活动。

(撰稿　罗俊忠　审稿　赖晓琴)

【领导名单】
院(校)长、党委副书记：林　莉(女)
党委书记：赖卫国
党委副书记：谢晓华
副院(校)长：赖晓琴(女)　邓鼎森
工会主席：廖　瑜(女)
纪委书记：潘建忠

赣州农业农校

【概况】 2016年，赣州农校围绕年初制定的工作目标，秉承“崇德尚技务实创新”校训，推进学风、校风建设，坚持以示范校创建经验为引领，创新教育教学改革，解放思想，狠抓落实，发扬传统和改革创新“双轮驱动”，丰富学校发展内涵。学校制定出台、完善和优化教育教学、学生管理、后勤保障等规章制度，教职工的责任感、荣誉感，工作积极性、主动性增强。

【教育教学】 技能竞赛获国赛三等奖1个，省赛团体奖2个、个人奖3个，市赛组织奖2个、个人奖53个，承办7个市技能竞赛项目。调整顶岗实习管理办法，强化规范化管理，加大往赣州本土企业派送学生力度，完成2014级学生顶岗实习工作。投资近120万元改善实训条件。增设电子商务专业，学校专业总数达17个。开展“第二届职业教育活动周”活动。举办多媒体课件大赛。汇编2015年度教师优秀论文集。5个省级研究课题立项实施。选派25人参加省级“双师型”培训。组织37人参加省技能鉴定考评员培训。组织部分专业骨干教师赴广州番禺职业技术学校、广州市工贸技师学院等职教先进学校考察学习。组织教师参加全国“创新杯”说课大赛，其中刘燕娜获二等奖，甘贤禾、吴旺获三等奖，欧阳春荣被评为“组织先进个人”，学校获“优秀组织奖”。以立德树人为核心，强化师德师风建设，全体教师签订《师德师风承诺书》，增强依法执教、爱岗敬业意识。

【学生管理】 实施“两会一课”制度，修订《优秀教师和优秀班主任评选办法》《班级考核办法》，优化《班主任工作管理办法》《学生奖学金评定办法》等规章制度。召开第十三次团代会和第二十一次学代会。开展国学经典晨读活动，加强传统文化教育。成立心理咨询中心，举办心理健康宣传周活动。全年有14人被评为省市“三好学生”和“优秀学生干部”；18人被评为市“优秀团员”和“优秀中专生”；4个班级被评为市“雷锋班级”。

【行政管理】 坚持以科室管理目标考核、中层干部考评、教学工作量化考核为抓手，日常管理逐步规范。根据学校《固定资产管理制度》，全面完成固定资产造册登记工作。改造教职工食堂，改善用餐环境，提高中餐标准，为值班人员、班主任下班免费提供早晚餐。食堂、水电管理和疾病防控工作正常开展，尤其加大学生食堂食品安全监管力度，未出现食品安全事件。制定《综治工作方案》，开展综治宣传月专题活动。校园重点部位增加25个监控摄像头，加大校园安全技防力度。完善《财务管理办法》《暑期值班管理制度》。根据学校发展需要和人员结构情况，优化学校岗位设置。

【招生工作】 2016年秋季招生仅用短短的11天时间，超额完成1500人招生计划，招录新生1796名，取得近年来招生工作最好成绩。与省中招办和各对接学校积极沟通协调，顺利完成602名学生的录取工作，为学生提升学历奠定基础。

【培训成教】 继续承担好新型职业农民、退役士兵等培训，全年举办培训班31期，培训3296人。成教工作按政策有序推进，成教在籍学生达1450人。制定2014级、2015级“三定向”班大专考试计划。

【校园文化】 举办第六届校园才艺大赛、第二十一届校田径运动会、第七届校园文化艺术节、学科篮球赛、唱红歌活动。组建9个学生社团，开展形式多样的社团活动，丰富学生第二课堂。开展教职工羽毛球、乒乓球比赛和教职工大合唱。组织教职工积极参加赣州市举办的趣味体育比赛、男子篮球赛和健步走等活动，营造浓厚的校园文化氛围。

【党建工作】 “两学一做”扎实开展。召开10次集体学习会，观看《永远在路上》等廉政警示教育片，组织全体在职党员赴瑞金开展体验式党课活动，开设网上学习专栏，制作专题宣传展板。完成第四轮科级干部聘任工作。做好党支部人员调整及支委改选工作。制定《精神文明创建工作要点》。发布9次“身边好人榜”。举办2期道德讲堂。开展“母亲节”等6次志愿者进社区活动，学校被评为江西省“文明单位”。举办第十九期业余党校培训。组织党员干部参加“市直机关大讲堂”等学习培训达50人次。修订《新闻宣传管理办法》，更新42块校园宣传展板内容，发布新闻稿件165篇，编印6期《校园简报》，开通学校微信公众号。与市电视台、江西大江网合作，播发学校形象宣传片和优秀毕业生事迹。加强党风廉政建设，班子成员认真履行“一岗双责”，筑牢防腐拒变思想防线。校党委加大对工会、共青团、妇联等群团建设的指导力度，把群团建设作为重要内容纳入党建工作，学校工会工作受到上级好评，马雪梅、欧阳春荣被市教育工会评为“全市教育工会工作先进个人”。

【社会服务】 学校选派骨干教师参与“科技特派团”，主动服务市委“主攻工业”和“现代农业”战略。校领导带队到赣州经济技术开发区专题调研，实地考察企业，深化校企合作。积极开展“精准扶贫”工作，在扶贫点举办农业科技知识讲座，出资近5万元修建村宣传栏、村排水渠和通村公路。

（撰稿　吴　旺　审稿　林青春）

【领导名单】

校长、党委副书记：邹志华

党委书记：孙爱平

副校长：曾传龙　汤晓军

工会主席：谢　敏

赣州中学

【概况】 2016年，赣州中学以“建好队伍，搭建平台，提升内涵”为发展重点，突出“精细管理，内涵发展，质量提升”3个关键词，优化校园育人环境，促进学校全面协调可持续发展，提高学校办学品位。按时、保质、保量完成全国文明城市创建工作任务，并以文明城市创建为载体，以养成教育为切入点，开展“做文明学生，建文明学校”活动。学校先后被评为“全国中小学心理健康教育特色学校”“全国足球特色学校”“全国绿化模范单位”“全国最美校园书屋”“全省文明单位”等。

【教学质量】 学校在全市教学质量综合评估中均列中心城区第一名，全市前两名；连续4年被评为“全市中学教学质量综合评价先进单位”。高考再创佳绩。刘仕阳被北京大学录取；全省文理科前1000名赣州中学29人，占中心城区46%，列中心城区第一；一本上线人数450人，二本以上上线人数1133人，首次突破千人大关，均列中心城区第一；各科平均成绩均列中心城区第一，其中理科数学、理综、文科数学、文科英语、文综5门学科列全市第一。首届摇号录取初中学生中考取得佳绩，刘卿、李展鹏分别以734分、733分得赣州市中考裸分第一名和第二名，高分段700分以上20人，680分以上52人，663分以上97人。

【党建工作】 开展“两学一做”学习教育和党员“五个带头”活动，弘扬校园正能量，党员意识得到强化，初中文科、高三文科支部被市委教育工委评为先进基层党组织，欧阳卫红被江西省委授予“全省优秀共产党员”荣誉称号，并当选市第五次党代会、省第十四次党代会代表。

【队伍建设】 组织教师赴北京、上海、浙江、深圳等地培训学习，培训人次、投入力度创新高。暑假时间，组织安排9人赴中国人民大学附属中学考察学习，与老牌名校“零距离”对接。足球教练赖昆栋被公派到法国进行短期集训。刘世耀代表江西省参加全国优秀课例展示，胡道豪、欧润生、刘人华、张亦军、卢璐、李艳红获中央电教馆2015—2016年度“一师一优课、一课一名师”活动部级“优课”，刘海香获全国中学生水科技比赛优秀指导教师奖，刘陈香获全省中小学实验教学说课一等奖，刘世耀、汪焰登、张亦军等教师获全省教学大赛一等奖。余国栋教师魔灯(moodle)网络教学平台作为江西省唯一一个优秀信息技术应用案例入选中央电教馆全国60个优秀应用案例，并在武汉展出。

【自主招生】 年内，学校有74人次获得北京大学、复旦大学、中国科大等著名高校自主招生降分优惠，优惠人数及力度均列全市第一，全省前茅。中国自主招生网发布的《2016年全国自主招生500强中学排行榜》，赣州中学名列其中，是全市2所、全省7所上榜中学之一。

【学科竞赛】 学校入选《2016年全国竞赛500强中学排行榜》《江西50强高中之学科竞赛排行榜》，均列全市第一名。在第31届全国青少年科技创新大赛上，严友希摘得全省唯一的一枚银牌，这是全省学生在此次比赛中获得的最高奖。在全省青少年科技创新大赛中，有5人参赛，获得4个一等奖，1个二等奖，遥居全省首位。在连续3年学科奥赛创赣州市历史最好成绩的基础上，年内再次刷新纪录。有13人获全国(江西赛区)一等奖，其中化学2人(全市仅2人)；物理4人(全市仅5人，其中王次天成功进入省队)；信息技术7人。学校获全国高中应用物理竞赛团体一等奖。14人获第十五届全国创新英语大赛一、二、三等奖，获奖人数列全省第一，连续四届被评为“全国创新英语大赛优秀生源基地”。

【社团活动】 郑涛在国际环境小记者大赛中荣获全国三等奖，曾子烨等6人在2016年CCTV“中国好学生”英语大赛中分别获省级一、二、三等奖，在第六届“全国青少年历史记录大赛”中继续保持优势，连续四年蝉联全省普通高中综合实践活动现场展示一等奖。学校足球队代表江西省参加在广西北海举行的“中国中学生校园足球联赛”(西南赛区)并获道德风尚奖。在赣州市第十四届“英东杯”比赛中，赣州中学选送节目分别获得初中组第一名、第二名。在江西省第四届中小学生合唱节中，赣州中学选送节目获初中组一等奖(全市唯一)、高中组二等奖。

(撰稿 杨东冬 戴 虹 罗超群
审稿 郭 强 陈宗炫)

【领导名单】
校长：郭 强
党总支书记：陈宗炫

赣州市第一中学

【概况】 2016年，赣州市第一中学全校师生强化质量意识、发展意识、创新意识，推进学校持续健康和谐发展。学校在省普通高中评估、省平安示范校园、市文明校园评估中获得评估组充分肯定与高度评价，在迎接赣州市创建全国文明城市检查中，多次得到上级领导表扬。学校加强社会主义核心价值观教育，美化校园环境，提升学生核心素养，促进学生全面发展。学校获“省普通高中评估优秀等级”“赣州市文明单位”“赣州市文明校园”“全市法制建设先进单位”“全市共青团工作优秀单位”等荣誉称号。

【教学科研】 教师参加各级优质课、说课、教学设计评比、课件评比等竞赛活动中获全国奖99人次、省级奖31人次、市级奖53人次。“一师一优课”活动中，录制优课70多节，网上晒课堂60多节，其中9节被推荐为省、部级优课评选。课题立项省级2个、市级1个、校级12个；课题结题省级7个、市级15个，课题研究居全市前列。有148篇论文在市级以上刊物发表，其中国家级10篇；122篇论文获国家级奖、82篇论文获省级奖、30篇论文获市级奖。肖淑如获“苏步青数学教育奖”、王秀娣获市“从教三十年模范园丁”荣誉称号。

学生参加各类竞赛活动。获国家奖889人次、省级奖652人次、市级奖100人次，特别是高三(9)班方承强获得2016年高中物理奥林匹克竞赛全国一等奖，初三(7)班朱卓远获得2016年第二十二届信息学奥赛(普及组)全国一等奖。

【素质教育】 年内，校女篮参加江西省青少年篮球锦标赛得亚军，校田径队参加市“英东杯”田径比赛获市直中学团体总分第一名、全市第二名的佳绩，并获体育道德风尚奖。在2016年省中学生田径运动会比赛中，校代表队夺得金牌5枚、银牌8枚、铜牌6枚，获高中团体总分第二名、男子团体总分第二名、女子团体总分第二名，取得该项比赛校史有记载以来的最好成绩。

【教育教学】 高考捷报频传，勇创新高。唐铃杰、杨雅雯分别夺得中心城区理、文科状元；高考理科总分640分以上8人，列中心城区第一；文化一本上线163人，二本上线515人，一本生源升学率高达516%，二本生源升学率达260%，呈现高效教育特点；PGA中美班15人均被世界一流大学录取，其中王业欣、王小琦录取到世界排名39的加州大学欧文分校，有10人共获得25万美元奖学金。

中考保持较高水平。710分以上尖优生3人，其中姚景翰732分(位列中心城区第5、赣州市前10)，700分以上特优生12人，680分以上高分33人；650分以上96人，640分以上126人；624分以上优生176人，600分以上238人。

【办学条件】 办学条件得到改善。学校扩建工程进展顺利，完成拆迁工作，进入工程施工图设计、工程招标等工程建设前期准备阶段。对广场、校门、田径场司令台、阅览室、心理咨询室和舞蹈室等进行修缮和添置；完善师生食堂设施及其管理；完成校园绿地平整及校园零星维修工程；完成高中评估迎检设备、阅览室和云工程等教育设施设备采购；更新完善现代化教育教学设施设备；充实大量报刊、图书，筹建学生电子阅览室和期刊室，增设学生阅报栏，并在各班设立图书角。年内，用于改善办学条件投入达600多万元。

【校园文化】 年内，实施《校园文化建设提升工程工作方案》，启动校园文化建设第二期工程，全面推进校园文化建设，对润身园、文清楼前广场、食堂前广场等进行美化、硬化修建。全市中小学校园文化建设示范学校评估组对学校校园文化建设取得的成果给予充分肯定。

(撰稿　刘东荣　刘小宝　审稿　刘文蛟)

【领导名单】

校长：刘文蛟

党总支书记：王达全

赣州市第三中学

【概况】 2016年，赣州市第三中学坚持“以人为本、全面发展——让师生受到尊重、让师生充分发展、让师生感悟成功”的办学理念，以全市领先、全省一流、国内知名、国际接轨为长远办学目标，以巩固、提升赣州“第一名校”的地位为近期办学目标，拓展教师专业成长空间，拓宽学校民主管理渠道，晋升173人职称岗位，学校内涵发展实现新提升。教学质量有新提高，校风校貌有新变化，办学条件有新改善，队伍建设呈现新面貌.师生幸福指数有新提高。

【教育教学】 中高考成绩继续保持全市领先。中考方面，彭轩宇夺得赣州市中考状元，700分以上高分段人数等多项指标一直保持全市前列。高考方面，录取到清华大学2人、香港中文大学2人、国外名牌大学12人，录取到“985工程”大学以上高校84人，“211工程”大学以上高校236人；600分以上有63人，一本和二本上线率保持全市前列。学生竞赛有新突破，2名学生在全国青少年信息学奥林匹克竞赛中，分别获得银牌和铜牌。第11届全国高中应用物理竞赛中获团体一等奖，3人获全国一等奖。410人次获市级以上奖励。

【办学条件】 改善办学条件。通过抓项目建设，美化校园，完善教学设施，扩大教学场所，提高办学能力。完成本部科技楼、实验室等维修改造，完成本部教学楼“拆三建二”、两校区3个食堂改造、南区电力增容、两校区教学楼修缮、云工程等8个项目。

【校风校貌】 以《赣州三中过程管理量化考核方案》为主抓手，优化校风校貌。开展各种文体活动，丰富校园生活，学生女排夺省赛“十三连冠”等。打造安全、整洁的学习生活环境，开设基础年级心理健康课、实施社会化物业管理、优化食宿条件等，全年无重大安全事故。通过探讨“内涵式发展”“内外结合相促进”的各类活动提升学校学风、教风、校风，举办全市教育工作座谈会、省田家炳中学专题年会等省市高级别教育教学活动，通过内涵丰富的迎教、请教活动、多彩主题活动、打造名师工作室、制定教师专业成长计划等提升教学质量，丰富师生生活。年内，被评为赣州市文明校园和全市综治先进单位，在全国文明单位复核检查中顺利过关，在全国文明城市创建国检中评价较高，连续两年被评为全国文明单位。

【队伍建设】 抓好名师队伍建设。通过加强学习交流、拓展国际合作空间等方式加强教师师德师风、教育教学、科研等方面的水平和能力。学校有150多人次教师参加市级以上比赛，取得荣誉120余项，其中全国二等奖以上9人次，省级一等奖以上40多人次。新增省级学科带头人1人，骨干教师4人。开展业务干部“重实干、比能力”活动，学校以备课组、教研组为单位考核评价，增强教学管理力度。班主任队伍以“全面发展、平衡协调”为目标，在团结协调本班学科教师、科学管理学生、合理分配学习时间等方面抓努力，促进学生全面发展。

【党建工作】 开展“两学一做”专题教育，切实抓好党员干部教学思想建设，通过学习提升修养，发挥其战斗堡垒作用。开展“党建+”活动，通过“党建+干部队伍建设”“党建+群团建设”“党建+德育校园文化建设”等活动提高教育教学水平。加强党风廉政建设，全面贯彻落实党风廉政建设责任制、中央八项规定等上级文件精神，规范学校办学行为，依法治教，依法执教。加强群团、统战工作，受市级以上表彰的群团干部20人次，学校团委获“江西省2015年度五四红旗团委”光荣称号。

（撰稿　吴　寒　审稿　张晓林）

【领导名单】
校长：潘元生
党总支书记：何　强

赣州市第四中学

【概况】　赣州市第四中学是赣州市教育局直属的省重点中学。2016年，赣州市第四中学坚持立德树人，坚持“文化立校、特色强校、经典治校”的办学思路，以构建校园文化和强化阅读体验为抓手，推动学校可持续发展。学校有48个教学班；在校生2700余人；有教职工201人，其中高级教师101人、一级教师44人，研究生以上学历19人、本科学历151人，特级教师3人，省级学科带头、骨干教师8人，市级学科带头人15人，市级骨干教师56人。校长刘爱平当选为赣州市第五次党代会代表、江西省第十四次党代会代表。

【教育教学】　教学常规越抓越细，紧抓教学13条，教务处通过多层次、多角度、多形式加大了检查力度、检查范围，对早读、按时上下课、课本笔记、听默写本、教师在岗、试题命制质量等的检查、指导、跟踪、考评尤为严密。高考文化一本上线16人，其中600分以上1人；文化二本上线97人；体艺二本过双控线216人，其中30余人次通过中国美术学院、中国传媒大学、上海戏剧学院等一流艺术院校的专业测试。中考700分以上5人，最高分733分；680分以上14人，663分以上28人，624分以上73人。

【办学条件】　学校硬件设施得到提升。学校钢琴房、齐贤室、4个备课室、至诚室装修投入使用，新建书吧“日知堂”投入使用，对东西两个卫生间进行全方位改造。教育云一期工程建设基本完工，2套广播系统、会议系统、网站重建等基本完成。

【教师队伍建设】　实施“蓝青结对”工作。青年教师的成长受到高度重视，开展近5年“出师”青年教师“游艺杯”教学竞赛。推出“特级教师培养机制”，开展“做最好的老师”读书沙龙、开展“上犹社溪中学”送教下乡等活动，打造一批有影响力的名师。年内，1名教师被评为省级学科带头人，1名教师被评为省骨干教师，一批优秀老师被评为市级骨干教师。教师参加各类教学竞赛获全市一等奖5人，省一等奖1人，省级课题立项2个，市级课题立项4个。辅导学生竞赛获国家级奖励2人，省级10人，市级10人。

【体艺特色办学】　学校是赣州市体艺示范学校，体艺高考培训形成较大的规模，美术培训人数遥居全市首位。特长培训硬件过硬、软件不软，特色强校步入良性发展态势。年内，开展“红五月”艺术节、体育节、阳光体育篮球赛、参加英东杯足球赛、参加英东杯文艺比赛、音乐沙龙等活动。2016年，高考有多名学生通过中国美术学院、中国传媒大学、上海戏剧学院等一流艺术院校的专业测试，被一流艺术院校录取。艺术类竞技比赛获得多项一等奖，学校足球队在英东杯足球比赛中获得冠军，声乐、器乐、舞蹈均获得优异成绩。由康泰源、刘慧琴指导的合唱获全省合唱大赛一等奖。

【校园文化】　坚持开展“国旗下的诵读”“校园文化释义”“弘毅杯辩论赛”等国学经典浸润活动，以经典文化浸润学生心田。暑期选派一批优秀教师赴国家教育行政学院参加国学经典学习。开展全校阅读活动。推动教师带头阅读，将教师读书体会文章汇编成《暑思熟想集》。各班开设阅读课，打造最优质的环境、购买最受欢迎的书籍，加大阅读表彰力度。寒暑假期间，学校图书馆每天上下午开放，平均每天吸引100多人次看书、写作业。新建的3个读书长廊投入使用，并从图书馆选送一批优质书籍进入读书长廊，方便师生随时阅读。

（撰稿　司马雄伟　杨千千　审稿　刘爱平　周　玮）

（本栏编辑　徐井生）

科学技术

科学技术管理

【概况】 2016年，全市科技工作围绕全市“六大攻坚战”决策部署，大力实施创新驱动发展战略，深化产学研合作，激发创新创业活力，培育发展新动能，科技支撑引领作用得到增强，实现“十三五”全市科技工作良好开局。在市人大常委会组织的省、市、县、乡人大代表对市政府17个工作部门2016年度工作满意度测评中，市科技局测评满意度100%；获全市综治工作先进单位、全市公共机构节能工作先进单位、全市绩效考核综合评价良好单位等系列荣誉称号。

【科技创新体系】 深化科技体制改革。树立创新发展理念，主动适应和引领经济发展新常态，立足工业企业转型升级，制定出台深化财政科技计划管理改革、加强校地合作、加快赣州高新技术产业开发区发展、推动重大科研基础设施和大型科研仪器向社会开放、促进钨新材料及应用产业发展、科技创新券实施办法、专家团精准帮扶企业等系列政策措施，初步形成以《关于加快推进创新驱动发展战略建设创新型赣州的实施意见》为总领的创新驱动“1+N”政策体系。以体制创新促进创新创业。注重创新布局规划，组织编制《赣州市“十三五”科技发展规划》《赣州市钨新材料及应用产业“十三五”发展规划》。推进科技金融改革。开展“科贷通”、专利权质押融资、科技创新券等工作，设立首期规模2000万元的科技创业引导基金，拓宽科技型中小企业融资渠道，促进科技成果资本化、产业化。开展专家团精准帮扶企业活动。围绕主导产业发展，落实“降成本优环境促发展”专项行动要求，联合市教育局、市工信委、市科协制定《赣州市专家团精准帮扶企业活动工作方案》，建立全市帮扶专家数据库，分批组织10个“专家帮扶团”80余人次赴县(市、区)园区开展现场咨询、集中答疑、引进技术、协同攻关、项目合作等精准服务，帮助企业解决技术难题91项，专家与企业达成合作意向13项，准备转让先进技术成果6项，为37户企业解决需求103项。

2016年12月16日，全市科技创新大会暨全市科学技术奖励大会在赣州召开

【创新平台建设】 充分发挥“国字号”平台作用，提升企业自主创新能力。积极推进赣州高新技术产业开发区“中国稀金谷”建设，编制《赣州高新区(稀土和钨新材料科技城)产业发展规划》《“中国稀金谷”总体建设规划》。国家离子型稀土资源高效开发利用工程技术研究中心、国家脐橙工程技术研究中心等研发平台建设进展顺利。青峰药业创新天然药物与中药注射剂国家重点实验室正式启用。赣州国家农业科技园区引进建设一批农产品加工企业，形成主导产业“公司+农户”的“订单农业”发展模式。申报省级工程技术研究中心、重点实验室19个，获认定6个，均居全省设区市第一。

【主攻工业】 围绕稀土钨新材料、新能源汽车、生物制药、电子信息等战略性新兴产业，以企业为主体，组织实施重大科技专项和科技工程，申报省级以上科技计划项目179项，获国家、省级立项101项，争取项目资金4800多万元；申报省“5511”工程项目42项，获重大专项支持3项。新组织申报高新技术企业111家，通过评审认定83家(其中新增64家、重新认定19家)，全市高新技术企业达201家，居全省设区市第二，两年实现高新技术企业数倍增。牵头推动全市钨新材料及应用产业发展，做好产业“四个十”工作，10个重点推进项目全部开工，成功举办第七届赣州钨产业高峰论坛，组织编制《赣州市钨新材料及应用产业五年发展规划(2016—2020年)》，明确钨产业“两个翻番、三个提升、四个突破”发展目标。

【科技成果产业化】 在全省率先设立市级自然科学奖、技术发明奖、科技进步奖。评定2016年度市级科技奖37项，12项科技成果获省科技奖(其中一等奖3项)，由江西理工大学、崇义章源钨业股份有限公司和赣州海创钨业有限公司共同完成的“铵盐体系白钨绿色冶炼关键技术和装备集成创新及产业化”项目获国家科技进步二等奖。全市认定登记技术合同318项，技术合同成交额4.25亿元，技术交易额4.04亿元，比上年增加37%，居全省设区市前列。举办重大科技成果对接活动。成功举办“百家院校科技成果走基层”赣州站活动，从全国百家院校的科技成果中筛选1000多项技术含量高、市场前景广阔的技术和项目，组织3名院士、50多位专家深入园区企业开展个性化指导和技术服务，签订合作协议10余项，建立专家帮扶企业的长效机制，助力经济发展和产业升级。

【创新创业】 推动科技开放合作，引导企业与高校、科研院所开展产学研，邀请中国科学院、中国工程院、清华大学、北京航空航天大学、北京有色金属研究总院等高校、院所和企业专家到赣州市对接洽谈合作事宜，一批科企联姻项目取得实质性进展。组织开展赣州市创新创业大赛，参赛人数630多人、项目139个。推荐申报国家级众创空间4家、国家级企业孵化器4家、省级众创空间26家、省级科技企业孵化器7家，新增认定省级众创空间12家、省级科技企业孵化器4家，批准立项市级众创空间30家。联合市人社局、市财政局出台《赣州市科技创新券实施办法(试行)》，由市财政安排专项资金1000万元，采取事前引导企业需求、事后兑现创新券的方式，补助企业、创新团队、创客购买科技服务，支持开展科技研发活动，降低企业研发成本和风险，真正让企业成为技术创新决策、研发投入、科研组织、成果转化的主体，激发企业创新活力。

【知识产权保护和应用】 实施“知识产权入园强企”工程，3项专利成果获省专利奖，争取国家、省知识产权局支持，启动钨和稀土产业专利导航项目。全市专利申请受理13061件，比2015年增长128%，增幅居全省设区市第一；专利授权5216件，比上年增长20%。通过《专利合作条约》途径向国外申请专利5件。全市拥有有效发明专利649件，每万人口发明专利拥有0.74件，比上年增加0.24件。9家企业被认定为国家知识产权优势企业，21家企业被认定为省级优势(培育)企业，赣州高新技术产业开发区、赣州经济技术开发区被评为“专利过千件园区”，信丰工业园被认定为省级知识产权示范园区，龙南经济技术开发区被认定为省级知识产权试点园区，赣州国际知识产权孵化中心被认定为省级知识产权孵化中心。市知识产权局获全省知识产权工作先进集体、全省知识产权入园强企“十百千万”工程工作先进集体称号，赣县区知识产权局获全省知识产权金融工作先进集体称号。

【精准扶贫】 发挥工作职能，创新思路，制订《赣州市科技局2016年结对帮扶工作方案》，组织全体干部职工开展结对帮扶，全面完成49户贫困户的建档立卡工作。指导编制《会昌县庄口镇禾坑村产业发展规划》，年度扶贫工作计划、三年发展规划和五年奋斗目标。积极培育养牛、油茶、莲子种植等致富产业，给予产业发展扶持资金20余万元，筹措第一期入股资金19.2万元。争取项目支持，推动帮扶村进行通组路硬化、水利设施修复，组织医务专家和热心公益事业的企业家赴帮扶村开展“同心·博爱行”送医助学慰问活动。

【“两学一做”学习教育】 科学制定方案，推进“两学一做”学习教育落到实处。严格执行“三会一课”制度，抓好专题学习，促进知行合一，持续深入推进党的思想政治建设和作风建设。围绕“坚定执着追理想、实事求是闯新路、艰苦奋斗攻难关、依靠群众求胜利”4个主题开展专题学习研讨，深化对党的理论创新成果的理解和把握，增强贯彻落实的主动性。围绕“两学一做”学习教育要求，结合苏荣案开展警示教育，召开党组专题民主生活会，会议坚持问题导向，联系局领导班子和班子成员思想、工作、生活、作风实际，深入查摆突出问题，严肃认真开展批评和自我批评，推动局班子解放思想，提升新常态下务实担当的能力。

(撰稿　李干洲　审稿　杨远俊)

【领导名单】
党组书记：钟小平(10月免)
谢定强(11月任)
局长：蓝　赟
副局长：李　云　黄　敏　杨远俊
彭文灵(4月因公牺牲)
纪检组长：黄隆聚(12月免)
调研员：黄德辉
副调研员：曾荣长

赣南科学院

【概况】 2016年，赣南科学院(江西省科学院赣南分院)辖赣州市农业科学研究所、赣州市畜牧研究所、赣州市林业科学研究所(江西省林业科学院赣州分院)、赣州市柑桔科学研究所(江西省脐橙研究所)、赣州市科技情报研究所、赣州市烟草科学研究所(赣州市旱作物科学研究所)、赣州市花卉研究所(江西省甘蔗研究所、赣州市甘蔗研究所)、赣州市水产研究所、赣南树木园、赣州市农机化研究所、赣州市钨业研究所、赣州市稀土研究所、中心实验室、科技发展中心等14个科研机构。职工总数1195人，其中在职人员622人，博士在读2人、硕士46人，在职正高级专业技术人员

15人、副高级专业技术人员35人，享受国务院特殊津贴专家3人，省政府特殊津贴专家3人，市政府特殊津贴专家4人，省“百千万人才工程”人选5人，获市青年科技奖9人，西部访问学者1人，江西林业科普人物奖1人。

【科研管理】 加强科研项目实施过程的规范管理。开展科研项目大检查，累计对承担实施的21个国家、省或市级项目进行检查(其中抽查10个国家、省或市级项目，检查11个必查的省、市级项目)，21个项目的研究进度、经费支出等技术、经济指标，以及科研成果与进展等，达到预期的要求，各项目经费支出使用合理。加强科研安全生产检查。4月14日至8月2日，开展全院安全生产大检查工作，整改排除安全生产隐患76项(次)，全院范围内安全生产零事故发生，科研、生产形势持续稳定。

【科研项目与经费】 组织实施科研攻关项目165项，其中国家级项目9项、省部级项目45项、市级项目68项、自选项目43项；新增项目59项，新增项目资金1452.76万元。

【科技成果】 通过验收、鉴定6个项目，其中中央财政林业科技推广示范跨区域重点推广示范项目“‘赣州油2号’等8个油茶良种繁育及丰产栽培技术示范”通过国家林业局验收，甘蔗新品种赣蔗20号以蔗糖糖分位居参试品种第一通过国家品种鉴定，“土壤中除草剂残留对烟叶生产的影响与应对措施”“江西省烟草有害生物调查研究”“赣南脐橙园蓟马防治研究与推广”和“全小麦饲用改良剂及其猪饲料配方的创制与应用”等6个项目通过省、市级鉴定或验收，成果达到国内领先水平；推广应用脐橙、油茶、水稻、生猪、花生、水产等科技成果，创造经济效益9.57亿元；撰写发表《柑桔木虱成虫产卵习性研究》等科技论文42篇。

【科技奖励】 获省、部级科技奖励4项，其中省级科技进步三等奖1项、市科技进步奖三等奖2项、全国农牧渔业丰收奖三等奖1项。“黑尾近红鲌规模化育苗与健康养殖技术研究示范”项目获2015年度江西省科技进步奖三等奖，“黑尾近红鲌育苗与增养殖技术示范推广”获2014—2016年度全国农牧渔业丰收奖成果奖三等奖；“花生新品种仲恺花1号引进与示范”和“早熟高糖甘蔗新品种赣南02-70的选育与应用”获2015年度赣州市科技进步奖三等奖。

【专利申报】 获授权、申请专利7项，制定技术规范1项。其中，“一种同时测定土壤中五种不同结构除草剂残留量的方法”等2个专利获授权，申报“一种利用尿泡粪自然氧化发酵处理猪场粪污的方法”等5项专利，申报“赣南脐橙产区柑橘黄龙病综合防控技术规程”省级技术规程。

【科研条件及基地建设】 科技平台建设。赣南科学院博士后科研工作站获国家人力资源和社会保障部、全国博士后管理委员会授牌，江西省油茶产业综合开发工程研究中心获江西省发改委批复成立；市级赣州市畜牧研究所院士工作站、赣州市柑桔科学研究所院士工作站获准设立。产业体系建设。水稻、脐橙、花生3个国家现代农业产业技术体系综合试验站和国家油茶科学中心赣南试验站，蔬菜、水禽、水产、生猪4个省级试验站继续列入“十三五”建设。科研基地建设。中央财政补助地方专项项目“赣州市林木良种繁育中心提升改造”竣工验收；市水产所新科研基地完成80%建设工程；赣南树木园景区旅游基础设施建设项目进展迅速，其中全长3.4千米的林区四级公路完成路面硬化；赣州市现代畜牧科技园暨赣州市畜牧研究所中试与产业基地建设进展顺利。

【科技服务】 承办以“创新引领 共享发展”为主题的“赣州市2016年科技活动周”活动。组织参加科技下乡活动。在农业送科技下乡活动中，派出水稻、生猪、烟叶、植保专业科技专家6名，发放技术资料和书籍400余份。开展科技服务助力精准扶贫。5月，组织直属单位脐橙、水稻、水产、畜禽、油茶、蔬菜等产业的12名科技专家，深入上犹县营前镇开展科技科普宣传活动，制作高产油茶、畜牧水产养殖技术、瓜果蔬菜新品种等内容的科普宣传展板30余块，发放科普资料1800余份。参加江西省科技富民强县工程，派出科技特派员75人次，参与承担脐橙、水稻、油茶、畜禽、水产、蔬菜、食用菌、花卉苗木等26个特派团的工作，其中作为团长单位16个、参与单位10个。

【科技合作与交流】 主动服务主攻工业中心工作，联合江西省科学院、青峰药业集团开展稀土、钨、现代中药及小流域生态治理等项目攻关；加入江西省农业科技创新联盟并任副理事长单位，承办江西省农业科技创新联盟2016年度工作会；承办科技交流研讨会3次，其中市畜牧所承办江西农业科技创新联盟“畜禽健康养殖关键技术研究与示范”项目现场会及年度工作总结会，市柑桔科研所承办“赣南脐橙重大病害综合防控技术及优质高效栽培技术研究与示范”项目现场会，邀请中国农业科学院专家“把脉”脐橙产业发展，市水产所承办江西省大宗淡水鱼产业技术体系2016年工作年终推进会暨年终考评会；与云南省农业科学研究院、中国林科院资源昆虫研究所、贵州铜仁科学院等国内科研院所开展科技合作与学习交流；在第二届中国—南亚技术转移与创新大会上，《“赣州油”系列高产油茶良种繁育及推广示范》等3个成果入选大会展示，为院所科技成果与技术转移开启新的窗口。

(撰稿　黄　赟　审稿　施要斌)

【领导名单】

院长：黄林海(10月免)

党委书记：王　兵(10月免)

　　　　　江树华(10月任)

副院长：刘义生　吴海洋　朱恩华

纪委书记：黄小荣(12月免)

副调研员：李建新　邓志昌

农业科学研究

【概况】 2016年，赣州市农业科学研究所农业科研工作保持良好发展态势，较好完成年度计划任务和目标。内设办公室、财务室、科研办公室等10个研究科室和部门。职工总数214人，在职职工111人，退休职工103人；专业技术人员54人，其中高级职称12人，中级职称10人，初级职称32人。拥有国家水稻产业技术体系赣州综合试验站、国家级(南方稻区)水稻区试工作站，江西省蔬菜产业体系赣南综合试验站，并在海南三亚建有南繁育种基地。

【科研项目】 全年实施项目21项，其中国家级2项，省级11项，市级8项。全年发表科技论文6篇。国家级科研项目有国家水稻产业技术体系赣州综合试验站、全国(南方稻区)水稻新品种区域试验。省级科研项目有水稻种质资源开发与超级稻创制、江西省水稻提质增效新品种新技术研究与应用、聚合水稻种质资源的研究与利用、江西省双季晚粳品种生产力比较试验、江西省种子市场专项检查纯度鉴定、江西省现代农业技术体系蔬菜产业赣南片区综合试验推广站、优质丰产冬瓜品种选育与利用、赣南生态区蔬菜新品种、新技术试验示范、江西省水稻新品种区域试验、赣南高效种植模式集成研究与示范、赣南中低产田丰产增效关键技术研究。市级科研项目有海南冬繁育种、两系法杂交水稻产业化开发研究；水稻功能基因创制与利用；优质香型水稻新品种选育及丰产技术研究；水稻超高产品种选育技术创新与集成；太空育种；景观农业高效种植模式研究与应用；赣州市农科所人才平台建设；优质丰产青皮冬瓜品种选育与利用。

【科技成果】 依托"2站1联盟"等项目支撑，各科研团队项目进展取得显著成效，水稻综合试验站完成万亩示范，海南水稻制种优质组合双元九香A、金谷4号、双元兴A、金谷4号等取得良好表现，选育"五云冬瓜"地方品种获省农作物品种审定委员会办公室现场考察通过认定，蔬菜新品种引进和示范推广成效初现，赣南脚板薯综合开发利用项目顺利启动。

【科技服务】 年内，在宁都县、兴国县、信丰县、南康区、章贡区、崇义县、上犹县、于都县开展科技服务工作28余次，培训基层农技人员700余人次、种粮大户30户、农民600余人次，发放资料2000余册。

（撰稿　宋　洁　审稿　肖林长）

【领导名单】
所长：肖林长

科技情报研究

【概况】 2016年，赣州市科技情报研究所坚持以提高科技信息服务能力为中心，依靠深化改革，科技创新，推动科研事业又快又好发展。在全所党员中开展"两学一做"学习教育活动。采取新颖活泼、灵活多样的学习形式，丰富学习内容，落实学习制度。强化责任，加大从源头上预防治理腐败的力度，推进党风廉政建设和反腐败工作深入发展。

【科技服务】 通过《赣州科技服务平台》《赣南科学院网》为政府和企业提供产品、技术交易和发布科技综合信息服务，为赣州经济产出较大的效益。《赣州科技服务平台》是与省情报所联作的一个综合科技成果转化交易平台，建值350万元以上，有企业会员760多家，专家220多人，发布科技最新动态、科技政策2500多条，搜集上传企业供需、科技成果等信息2000余条。构建"一站式"文献信息服务网站，购买并开通万方数据知识资源总库，免费对全市有关领导、部门、机构和企业开放使用。

【科技活动】 承办"百家院校科技成果走基层行动"赣州站活动，中国工程院、清华大学、北京航空航天大学、北京工业大学等知名高校、院所的30多位专家学者齐聚赣州，与赣州相关产业和企业建立技术需求对接服务长效机制，开展不同形式的技术对接服务，并深入部分企业，解决发展难题。促成全国技术转移服务平台与赣州市科技局、北京天作创新科技孵化器有限公司与赣州高新技术产业园区签署战略合作协议，有关专家与赣州市企业签署5个技术项目合作协议。该活动推动研究开发机构、高等院校与地方产业、企业的具体需求相结合，实现科技成果转移转化，为地方和企业在技术、项目、人才、资金、产品营销等方面提供服务；促进人才合理流动，为科技园区、企业组建智库提供服务，为"双创"工作提供全方位服务。参加以"创新引领·共享发展"为主题的"赣州市2016年科技活动周"活动。制作科技宣传展板，开展科技宣传和咨询。

【项目申报】 继续实施完成2015年立项的延续项目《赣州科技资料与文献信息资源库服务平台建设》和《赣州市科技创新文献共享支撑服务平台建设及维护》。申报新的科研项目《赣州市科技创新文献共享支撑服务平台建设及维护》和《国防科技动员保障工作研究》等；完成《赣南科学院网站建设与维护》《赣南科学院网站建设、完善、发展与维护》2个项目的结题工作。

【科技入园】 派出科技人员组织全市70多家企业，分别参加在鹰潭、吉安、萍乡、南昌等地组织的"江西省(鹰潭)科技创新成果在线对接会""苏赣科技合作暨成果对接会""赣西科技成果在线对接会"等在线对接会，会上实现线上技术对接400余次，达成意向100余次；对接会吸引2万余访客的在线观摩，并针对园区企业开展服务，精准对接企业需求，协同促进国际、国内高校院所及科研机构、科技企业的科技成果就地转化、落地生根。

【建言献策】 围绕市委市政府主攻工业中心工作，组织人员深入企业，与有关专家合作，开展科技调研工作。撰写《对赣州稀土产业向深层次发展的研究与建议》《对赣州钨产业向深层次发展的研究与建议》《对赣州建设中国“稀金谷”的思考与建议》《对赣州氟盐化工产业向深层次发展的研究与建议》《关于赣州生物制药产业深层次发展的建议》《赣州新能源汽车发展的现状分析及对未来发展提出的建议》《对赣州电子信息产业的现状分析和向深层次发展的思考建议》《对赣州家具产业向深层次发展的分析思考与初浅建议》8篇调研报告，上报市委、市政府和有关部门主要领导作决策参考。

【国防动员】 按照赣州市国防动员委员会要求，开展科技动员办公室工作，参加江西省国防动员委员会组织的“2016——红土地”国防动员演习。组织全市7个县(市、区)科技动员办迎接省科技动员办《建立全省科技支前保障站建设工作》验收检查，其中4个县(市、区)科动办被评为省先进单位。

(撰稿 王欣婷 审稿 郑德勤)

【领导名单】
党支部书记、所长：郑德勤

林业科学研究

【概况】 2016年，赣州市林业科学研究所内设党政办公室、计划财务科、科研管理科、资源管理科、经济林研究室、用材林研究室、引种驯化研究室、森林保护研究室、茶叶产业研究室、分析化验室等10个科室。全所有职工169人(在职89人、退休80人)，其中在职科技人员38人(高级职称11人、中级职称16人，硕士及以上研究生12人)。所辖国有林地635.52公顷，其中国家重点生态公益林208.48公顷；自有育苗圃地4公顷，育苗大棚1600平方米；建有年产组培苗1000万株的组培中心1座；有馆藏野生动、植物标本3万余件的展览馆1座；建有省级林木(油茶)良种基地63公顷(其中采穗圃45.2公顷，种质资源收集区1.8公顷，试验区16公顷)，收集保存国内油茶良种种质124份，可年产1万千克优质穗条；收集保存大量优良绿化树种，仅桂花就收集保存4个品种群20余份种质资源。

【科研攻关】 年内，实施各级下达各类林业科研项目27项，其中国家级1项、省级11项(含合作项目)、市级13项，新立项11项、验收国家级项目2项。

【科技平台】 国家油茶科学中心赣南试验站、江西省油茶产业综合开发工程研究中心、赣南油茶产业开发协同创新中心、全国科普教育基地等创新平台稳步运行，充分利用平台开展科研项目及基础设施建设，先后共争取平台建设资金400余万元。

【科技产业】 油茶苗木产业。全面完成省林业厅下达的定点育苗计划，为各县(市、区)以及广东、福建等省内外地区油茶产业基地建设提供充足的良种保障。绿化苗木产业。收集保存观赏植物密花树，紫花含笑、娜塔栎、沼生栎、琴叶栎等珍贵树种苗木，家具用材榉树、檫木，建设其他各类绿化苗木收集区圃地6.67公顷。生物农药产业。在做好马尾松毛虫、竹蝗防治的同时，探索白僵菌对松褐天牛、杨树天牛、蔬菜食叶害虫、土传害虫、油茶蓝翅天牛等的防治试验，以期扩大生物农药的使用范围、防治途径。年内，提供各县(市、区)20余吨微生物农药白僵菌。

【科技服务】 开展科技下乡。先后派出13名中级以上林业专业技术人员参加江西省富民强县科技特派团，在石城、于都、上犹、寻乌、瑞金、赣县、兴国等县(市、区)开展科技服务工作，为当地林农、林业企业在油茶种植、园林绿化树种培育、野生动物保护、困难立地修复、林业有害生物防治、高效农业园区规划等领域进行技术指导，培训林农1000余人次，发放技术资料5000余份。开展科普活动。发挥全国科普教育基地平台和科普人才优势，开展生态知识讲座，为中心城区各大专院校师生教学实习、广大中小学学生生态科普教育、广大市民生态观光与生态休闲活动提供服务。5月，在章贡区南门广场和上犹县营前镇等地开展以“创新引领·共享发展”为主题的“赣州市2016年科技活动周”科普活动，通过资料发放及专家解答等方式宣传野生动物保护，油茶病虫防控、丰产栽培，低产林改造等知识。完成《赣南林业科技》期刊的编纂出版工作，刊登论文30余篇，发挥《赣南林业科技》服务林业、科学普及的平台和窗口作用。

(撰稿 钟培星 审稿 王兰英)

【领导名单】
所长：王兰英(女)

柑桔科学研究

【概况】 2016年，赣州市柑桔科学研究所围绕“六大攻坚战”，将科研工作与市中心工作紧密结合，真抓实干，承担或参与科研项目19项，其中国家级科研课题1项、省级科研课题11项、市级科研课题5项、横向联系及自选课题2项。新增省级科研项目4项，市级项目4项。科研、技术推广和科技富民强县科技特派团工作取得较好进展。

【科研工作】 围绕“现代农业产业(柑橘)技术体系综合试验站——赣南脐橙综合试验站”“赣南脐橙重大病害综合防控技术及优质高效栽培技术研究示范—柑橘黄龙病综合防控技术集成与示范”等国家级、省级重大项目，开展相关试验研究与技术示范推广等工作。赣南脐橙试验站开展柑橘新优品种选育，收集优良变异材料5份；柑橘专用肥布点试验研究；柑橘木虱年周期内世代发育与发生规律研究等科研工作。柑橘黄龙病生物防控关键技术研究、脐橙高品质栽培技术研究、脐橙采后商品化处理技术研究等工作有序开展。年内，新增省级科研项目“赣南脐橙重大病害综合防控技术及优质高效栽培技术研究示范——柑橘黄龙病综合防控技术集成与示范”(江西现代农业科研协同创新专项，经费18万元)、“赣南脐橙重大病害综合防控技术及优质高效栽培技术研究示范——柑橘木虱年周期内世代发育与发生规律”(江西现代农业科研协同创新专项，经费17万元)、“龙回红脐橙中试、育苗与标准化栽培研究”(省现代种业专项，经费2.5万元)、“盆景柑桔品种筛选及栽培技术集成与示范”(省星火计划项目，经费5万元)4项。新增市级项目“土壤酸碱度对脐橙吸收养分规律的影响及其调控技术研究与推广”(经费10万元)、无病毒柑橘种质资源库的建立(经费10万元)、“‘安远早’脐橙种质开发与利用”(经费5万元)、“赣州市柑桔科学研究所院士工作站”(经费20万元)4项。

【科研成果】 与华中农业大学合作选育的早熟变异脐橙品种——“赣南1号”获农业部植物新品种权证书。“赣南脐橙园蓟马防治研究与推广”项目顺利通过专家鉴定，该项目达到国内同类研究先进水平。申请“一种适用于家庭自制果汁的高效榨汁机”“一种柑橘木虱的人工饲养方法”“烟草对柑桔木虱成虫控制作用的应用”；参与申报发明专利“一种高纯度柑橘果皮精油的制备方法”3项专利。《赣南脐橙产区柑橘黄龙病综合防控技术规程》申报省级技术规程。科技人员发表专业论文7篇。

【科技合作与服务】 选派13名科技人员参加江西省富民强县科技特派团，对龙南、寻乌、南康、瑞金、崇义等县(市、区)进行科技指导和帮扶，并与服务县初步达成合作项目2个。继续加强与江西安远橙皇果业公司、信丰绿萌农业等企业的合作，为其提供技术服务与指导。发挥自身技术优势，抓好技术推广和技术示范，开展送科技下乡活动，到于都、寻乌、瑞金、龙南等县(市)开展技术培训、技术服务，培训22次，培训果业技术人员1131人次。

(撰稿　胡晓菊　审稿　方贻文)

【领导名单】
所长：方贻文

花卉与甘蔗研究

【概况】 2016年，赣州市花卉研究所内设育种、栽培、土肥、植保、生理生化研究室，拥有连栋薄膜温室大棚、自控杂交温室、组织培养室、育苗基地和遮荫大棚等育种、繁殖设施，配套设施完善，有完备的土壤肥料和糖分分析室。全所有事业编制120名，在职职工63人，退休职工57人。其中，科技人员29人，有高级职称4人、中级职称4人，拥有硕士学位和学士学位人数分别为6人和7人，1人享受市政府特殊津贴。内设行政办公室、财务室、科研室。

【新品种引进与繁育】 “虎舌红等花卉组织培养技术研究”2001年获第五届中国花卉博览会优秀科技成果奖、2002年获江西省首届花卉园艺博览交易会铜奖、赣州市科技进步优秀奖、江西省农业科教人员突出贡献三等奖，“无土栽培绿巨人”2006年获江西省第二届花卉园艺博览交易会银奖等。“十三五”规划期间，以花卉苗木科研为主，发挥品种选育优势，加强对花卉种质资源保存和利用研究，创新种质资源，开发有赣州特色的新品种，做好花卉苗木种质资源搜集与开发利用、品种繁育推广技术研究等，逐步完善“育、繁、推”一体化服务体系，使科研与生产紧密结合，加速科技成果转化，促进花卉产业化发展，提高农民收入。

【甘蔗品种选育】 育成赣蔗系列品种20个(赣蔗1号至20号)，其中赣蔗18号、19号、20号通过国家品种鉴定。选育的甘蔗新品种赣蔗07-538(赣蔗20号)2014—2015年参加第十轮全国甘蔗品种区域试验和生产试验(二新一宿)中，5省自治区14个区试点各期蔗糖分均列全国所有参试品种第一，不但早熟，而且高峰期持续时长。表现早熟高糖特性突出，丰产性好，抗黑穗病和花叶病，经农业部甘蔗及制品质量监督检验测试中心检验，该品种在正常年份的2014—2015榨季11—12月的蔗糖分比对照高1.9个百分点，全期蔗糖分比对照高1.63个百分点，工业效益显著，并且在抗黑穗病、抗花叶病和抗寒性的抗性上强于对照。2016年5月通过全国甘蔗品种鉴定委员会鉴定(鉴定编号：国品鉴甘蔗2016007)。适宜在中国大部分蔗区种植，在有霜冻蔗区种植更有优势。为全国甘蔗生产提供综合性状良好又节能的新品种，降低农户种植和企业生产成本，有利于节能、减耗、环保。

【成果与推广】 江西省甘蔗研究所、赣州市甘蔗研究所与国内科研院所、企业保持密切联系，在省内外建立甘蔗良种繁育基地，为科研成果的推广打下基础。选育的甘蔗良种推广范围遍及广西、广东、湖南、浙江、云南、闽西等蔗区，推广种植面积66.67万公顷，取得显著经济、社会效益。十几个品种(系)引入云南国家种质资源圃和海南甘蔗育种场保存。承担国家、省部、地市科研项目100多项。获得国家科委、农业部、江西省科技进步奖、江西省农业科教人员贡献奖、赣州市科技进步奖等50多项。

(撰稿　林盛文　审稿　张远福)

【领导名单】
所长：刘小平

畜牧研究

【概况】 赣州市畜牧研究所为赣州市直属副县级科研事业单位，是江西省农业科研创新联盟成员单位，2015年被确立为江西省现代农业产业技术体系生猪产业赣南山区综合试验站；

2016年被列为江西省水禽产业技术体系赣南综合试验站、赣州市市级院士工作站。所内设党政办公室、计划财务审计科、畜牧研究室、兽医兽药研究室、动物营养研究室、产业化办公室、农产品加工研究室、社区管理办公室、保卫科等9个科室。2016年，有在职职工201人(其中专业技术人员85人，含高级职称9人、中级职称22人)，退休职工176人。

2016年1月，完成"全小麦饲用改良剂及其猪饲料配方的创制与应用"成果鉴定，并申报2016年度赣州市科技进步奖和全国农牧渔业丰收奖。"一种利用尿泡粪自然氧化发酵处理猪场粪污的方法"申请国家发明专利。5月，参加江西省现代农业产业技术体系工作会议并交流生猪产业体系的工作成效和做法，同时被列为水禽产业技术体系赣南试验站。作为水禽产业体系赣南试验站承担单位，参加江西省农科院江西省水禽产业体系工作研讨会，汇报拟开展的工作计划，并就水禽产业体系在2016—2020年的主要工作方向进行探讨。7月，被列为赣州市院士工作站，"赣州市畜牧研究所院士工作站"正式挂牌。

【科研工作】 年内，实施科研项目15项(其中省部级项目11项，市级项目4项)，主要有与江西农业大学合作的"藏猪和巴马香猪近交系培育"；江西省现代农业产业体系赣南山区生猪产业综合试验站建设；与中国农科院北京畜牧兽医研究所和江西农业大学合作的国家科技部"十二五"农村领域项目"松针、葛根中黄酮等功能性提取物的创制与应用"；江西省水土保持攻关项目"中草药在赣南稀土尾砂治理的适应性研究"；江西现代农业科研协同创新专项"畜禽健康生态养殖技术及模式研究"；省科技支撑计划项目"利用猪粪无害化产物——蚯蚓粪开发脐橙专用生物有机肥的研究"和"猪场粪污—牧草—蝗虫高效生态生产模式研究"；省星火重点项目"全小麦养猪技术示范与推广"；省星火计划"三黄鸡生态养殖关键技术"；利用微生态制剂与中草药综合防治仔猪腹泻技术；省科技特派团工作；市科技计划项目"丘陵山区生猪生态养殖模式研究与示范"；赣州市现代畜牧科研中试基地建设；"赣中南花猪与藏猪杂交的效果研究"；"猪—油茶—牧草"生态循环种养模式研究。

【产业平台建设】 加强与相关部门沟通、协调，赣县区清溪"赣州市现代畜牧科技园暨赣州市畜牧研究所中试与产业基地"建设卓有成效。年内，1号园区放养猪栏投入使用并放养约100头各品种小猪；2号园区两座山塘水坝设计完毕；千坑放养区猪场建设初具成效，进入审批、招投标阶段；猪场道路路基工程及土地平整工程完工，平整土地近6000平方米，建设猪栏20间。"赣州绿科农业专业合作社"完成换证及信息公示，并带领当地村民开展家禽养殖。

【科技服务】 组织由18名高、中级专业技术人员组成的科技特派员队伍，为大余、上犹、南康、兴国、安远、定南6个县(区)开展畜牧技术咨询和服务工作。参与科技特派团下乡服务工作60余次，开展科技培训4次。参加送科技下乡服务和科技活动周4次，发放畜牧兽医技术资料600余份，接待科技咨询300余人次。强化技术人员科研攻关，在省级以上期刊发表论文13篇。

【企业管理】 加强合同管理，盘活所属资产，确保国有资产保值增值。针对部分租赁企业合同到期，积极做好合同管理工作，续签企业租赁合同13份，新签租赁合同2份。做好各类统计普查工作，完成所内公共机构能耗统计上报和定期或不定期土地巡查及登记工作。1月—12月辖区内企业实现产值19.84亿元，销售收入19.78亿元。

(撰稿　赖晨岚　审稿　刘　峥)

【领导名单】
所长：苏　州
党总支书记：李建军

水产研究

【概况】 赣州市水产研究所成立于1973年，为赣南科学院直属正科级差额拨款事业单位，是一个集科研、科普教育、技术培训与示范于一体的水产科研院所。2016年，实行科研项目任务目标责任制，制定明确的目标，创新体制机制，提高项目实施质量，工作效率明显提高。有职工76人，其中在职职工35人，退休职工41人；专业技术人员19人，其中高级职称3人，中级职称7人，硕士研究生4名。

【科技攻关】 实施科研项目10个。其中，省部级3个，分别是《江西省大宗淡水鱼产业技术体系赣南综合试验推广站》《江西省科技特派团富民强县工程》《西杂鲟苗种培育与人工养殖技术研究》；市厅级和自选7个，分别是《丰产鲫高产高效养殖技术研究》《集约化养殖西杂鲟高产高效技术研究》《观赏鱼引种与养殖示范》《"猪—沼—果—鱼"生态农业模式研究》《红鲴养殖与繁殖技术开发》和《乌苏里拟鲿苗种培育技术研究》。

【科技成果】 获省部级奖2项，与省水产科学研究所等单位合作的《黑尾近红鲌规模化育苗与健康养殖技术研究示范》和《黑尾近红鲌育苗与增养殖技术示范推广》项目分别获2015年度江西省科技进步三等奖、2014—2016年度全国农牧渔业丰收奖三等奖；申报国家发明专利1项，申报的发明专利"一种提高草鱼亲鱼怀卵量和产卵率的方法"进入实质审查阶段；发表论文9篇，其中核心期刊3篇，省级期刊6篇；通过省级验收项目1个，与省水产科学研究所等单位合作完成的《黑尾近红鲌育苗与增养殖技术示范推广》项目通过省农业厅验收。

【技术服务】 参加江西省科技特派团富民强县工程，挂点宁都县和龙南县，义务提供产业调研、项目申报、技术培训等服务。在龙南县、宁都县、全南县等地开展送科技下乡活动3次，技术培训2期，累计培训学员88人，发放资料700余份，提供咨询服务100余人次。引进锦鲤、乌苏里拟鲿等水产新品4个，推广斑点叉尾鮰、刺鲃、黑尾近红鲌等良种5万余尾，服务产业发展。

（撰稿　黄雅贞　审稿　钟颖良）

【领导名单】
所长：刘小全

有色冶金研究

【概况】 2016年，赣州有色冶金研究所有总资产5.93亿元，净资产3.76亿元。拥有一支实力雄厚涵盖地质、采矿、选矿、冶金、材料、环保、机电、自动化、分析等专业技术的人才队伍。有职工451人。其中，工程技术人员259名，占员工总数的57.4%；教授级高级工程师17人，高级工程师49人；博士3人，硕士88人；享受国务院特殊津贴1人，享受省、市政府津贴2人，江西省百千万人才4人。

【科研项目】 在研科研项目有78项(含博士后工作站、井下6+1系统)，其中国家"十二五"科技支撑计划项目1项，国家科技部科研院所技术开发研究专项资金项目3项，省科技厅项目5项，省发改委创新能力建设项目1项，省安监局项目1项，市矿管局项目2项，市科技局项目1项，博士后工作站项目3项，江钨集团公司项目24项，横向项目37项。全年新增科研项目30项，其中省发改委创新能力建设项目1项，博士后工作站项目2项，集团公司项目10项，赣州市科技局项目1项，横向项目16项。新增科研经费1243万元。

【科研成果】 完成验收或结题项目17项，其中科研院所项目2项，省人保厅项目1项，集团公司项目6项，横向项目8项；完成科技成果鉴定或评价6项，其中省科技厅鉴定1项，行业协会评价1项，全国稀标委鉴定4项；承担制(修)订国家标准任务11项，其中新增2项；获得授权实用新型专利12件，软件著作1件；公开发表省部级以上科技论文18篇。获得6项科技成果奖励。其中，《稀土生产无氨化工艺技术及应用》项目获江西省科技进步二等奖；参与制定的《稀土废渣、废水化学分析方法(共5部分)》项目获全国稀土标准化技术委员会科技进步一等奖；主持制定的《离子型稀土矿原地浸出开采技术规范》获全国稀土标准化技术委员会科技进步二等奖；《香炉山钨业采矿方法及开采地压控制研究》项目获中国质量评价协会科技创新成果优秀奖；2项获中国有色金属工业协会科技进步奖。

【平台建设】 国家离子型稀土工程技术研究中心取得阶段性进展，完成研发大楼及人才宿舍项目的基础部分建设，完成稀土材料中试线、稀土金属(合金)制备中试线、机电自动化装备中试线、稀土萃取分离中试线、稀土二次资源综合利用中试线的建设。获得省发改委创新能力项目《高品质钨与稀土纳米材料制备实验室制备能力提升》专项财政资金70万元；获国土资源部"甲级地质实验测试(选冶试验)"资质证书，获批建设"省钨与稀土功能合金材料工程实验室"；博士后科研工作站第一位进站博士按时完成博士后项目研究，顺利出站。

（撰稿　曾　菲　审稿　蓝贤苏）

【领导名单】
党委书记：杨新华
所长：管建红
纪委书记：潘建忠
副所长：郭小斌

（本栏编辑　徐井生）

文化 传媒

文化广电新闻出版

【概况】 2016年，全市文化广电新闻出版事业蓬勃发展，成绩显著。倾心关注文化民生，增强群众获得感。国家公共文化服务体系示范区创建不断深化。“文化+电商”成为文化惠民升级版。公共文化设施建设开辟新路径。群众文化活动迸发新活力。潜心挖掘文化资源，打造艺术精品。投入1400多万元，创排大型赣南民俗音画《客家儿郎》。悉心保护文化遗产，夯实传承利用的基础。9月，《客家文化(赣南)生态保护实验区总体规划》获文化部专家组论证通过。谋划改革发展，激发内生动力。深化文化体制改革取得新成就。建立公益性文化事业单位法人治理结构。组建文化馆联盟。扎实推进图书馆总分馆制。加快实施地方戏曲振兴工程。推动文化产业和文化市场转型发展。全年文化产业主营业务收入达230亿元，增长18%。文化交流激发新动能。扩大赣南文化的影响力。在西藏拉萨举办的“赣南采茶歌舞”专场演出，被文化部评为“春雨工程”——全国文化志愿者边疆行典型案例。赣州市文化广电新闻出版局被省文化厅评为“2016年度设区市文化工作目标管理考评综合先进单位”；全面完成直播卫星“户户通”工程建设任务。

赣州市文化广电新闻出版局是市人民政府工作部门，挂市版权局牌子。内设办公室、艺术科、社会文化科、文物科、政策法制科(版权科、宣传科)、科技科(市广播电视监测中心、市广播电视安全播出调度中心)、公共服务科、文化市场科(市“扫黄打非”工作办公室)、产业发展科、新闻出版科、人事科、机关党委、纪检组(监察室)等职能科室。市文化广电新闻出版局有市文化市场稽查支队、市文物管理局(市博物馆、赣南客家博物馆)、市图书馆、江西省七〇七电视台、市群众艺术馆、赣州美术馆(赣南画院)、赣州八五一台、赣州八五二台、兴国微波站、赣南艺术创作研究所、市通天岩文物管理所、市广播电视人员培训站、市广播电视节目传输中心、市文化音像发行站、市文化演出服务公司、赣州广播电视服务公司、赣州南方美术学校、赣南文艺培训中心18个下属单位，其中1个副县级参公事业单位，3个副县级全额拨款事业单位，8个正科级全额拨款事业单位，6个正科级自收自支事业单位。市文化广电新闻出版局核定行政编制31名、工勤编制5名；实有在编人员35人，其中行政在编人员31人，工勤在编人员4人。

【国家公共文化服务体系示范区建设】 完成第一批102个公共文化服务标准化示范单位验收，启动第二批158个基层文化单位开展试点单位建设。推动市委、市政府印发《关于加快构建现代公共文化服务体系的实施方案》，用五年时间基本建成覆盖城乡、便捷高效、保基本、促公平的现代公共文化服务体系。推动赣州市文化艺术中心建设。实施江西贫困地区村综合文化服务中心示范工程，推动全市第一批102个村综合文化服务中心示范点按照“七个一”标准建设。文化惠民工程深入实施。完善公共文化服务数字化网络化，按方案推进数字文化馆建设，市群艺馆初步建立统一信息平台；提升数字图书馆工程，市图书馆建立客家主题图书馆并试运行开放。“两馆一站”免费开放、农家书屋等重大文化惠民工程服务水平得到提升。

创新打造“文化+电商”的文化惠民升级版模式。5月，市委办、市政府办印发《赣州市推进“农家书屋+电商”建设工作方案》，市委、市政府在寻乌县、安远县召开现场经验交流会，推广典型，要求3年内在全市乡镇和较大的行政村建立“文化+电商”服务站。此项工作得到中宣部、文化部及省有关部门的支持和肯定。中共中央政治局委员、中央书记处书记、中宣部部长刘奇葆，中共中央政治局委员、国务院副总理刘延东，省委书记鹿心社，等等有关领导分别深入有关县现场调研视察，给予高度评价。至年底，全市建成800多个服务站，“文化+电商”显现独特的“赣州效应”。

公共文化设施建设。寻乌县于2014年开始，乡村(社区)文化广场统一按“七个一”标准建设，这种投资少、见效快的文化广场如雨后春笋，迅速在全市推开，形成文化广场建到哪里，群众文化活动就开展到哪里的喜人局面。2016年，中宣部将寻乌县农村文化服务中心建设的“七个一”标准在全国贫困地区推广。

完成直播卫星“户户通”工程建设。全市“户户通”安装开通408072户，超额完成省下达的计划任务，江西省新闻出版广电局向市委、市政府发来贺信，称赞赣州市为全省加快直播卫星户户通建设创造经验、树立榜样。

全省首创组建赣州市文化馆联

盟。召开全市文化馆联盟成立大会，组建文化馆联盟，以市群艺馆为龙头，各县(市、区)文化馆按加盟条件自愿加盟，第一批有10个馆加入。联盟按照统筹谋划、整合资源、上下联动、共建共享的原则，共同谋划全市文化馆事业发展，推动公共文化服务标准化、均等化、数字化、社会化建设，打造文艺精品和文化活动品牌，实现文化惠民。

推进图书馆总分馆制。市图书馆与中心城区所辖图书馆开展图书通借通还工作。各试点县图书馆制定实施方案，启动总分馆制建设。按照省文化厅统一部署，推荐上犹县、会昌县、大余县申报全省县级图书馆总分馆制建设试点。

【艺术创作】 艺术创作生产取得新成果。创作生产文艺精品大型赣南民俗音画《客家儿郎》。市文化广电新闻出版局把筹排该剧作为落实市委、市政府部署的头等大事，打造一台赣州市文化旅游大戏，一张亮丽的赣南客家文化名片。在全国范围遴选编导、作曲、舞美等，组建一支优秀的创作团队。邀请主创人员七进赣州，深入体验客家文化，作品更接地气。《客家儿郎》完成编本创作、演员遴选、分块设计和第一次集中排练。启动大型赣南采茶歌舞剧《贫穷的富翁》的前期编创工作，编制剧本初稿。实施赣南采茶戏传承与创新工程，制定艺术创作年度计划，分别举办赣南采茶戏司鼓、专业演员2期研修班。谋划启动新一轮赣南采茶戏人才专业院校定向培养工作。举办罗晓航少儿音乐获奖作品音乐会、庆国庆张红英赣州演唱会，承办赣南采茶戏领军人物龙红《赣韵·红情》专辑首发式暨赣南采茶戏音乐传承发展研讨会、龙红赣南采茶戏音乐演唱会等系列活动。举办2016年度全市赣南采茶精品展评活动和赣南采茶小戏剧本创作征集大赛。全市各级院团坚持以人民为中心，创作各类健康向上的文艺作品。全市有《永远的歌谣》等5个优秀剧目入选2016年度文艺创作与繁荣工程(舞台艺术类)项目；6个节目参加全省优秀舞蹈作品展演，1个被推荐参加全国舞蹈展演；5首歌曲参评文化部举办的主题歌曲创作和推广活动。年内，全市美术创作生产工作成绩显著。在《“毛泽东同志在信丰”——纪念毛泽东同志诞辰123周年全国书画作品展》中，赣州市作者获得美术类二等奖2个、优秀奖6个，书法类三等奖2个；通过组织动员会、学术讲座、改稿会等，组织赣州市美术家参加江西重大题材美术创作，在江西省2016—2017年重大主题美术创作优秀提名作品评选中取得优异成绩，何志华、李佳佳、龚紫青、张德光等作者创作的22幅作品入选，占全省80件总量的27.5%，创全市美术作品获奖情况历史新高。刘自坤篆刻作品入选中国艺术节书法作品展。

【文化遗产保护】 搞好文化遗产保护，推进客家文化(赣南)生态保护实验区建设。非遗传承保护成效显著。9月，《客家文化(赣南)生态保护实验区总体规划》获文化部专家组论证通过，赣州市成为全省首个地市级综合性国家级文化生态保护区。建立国家、省、市、县四级非遗名录体系和传承机制，至年底，全市收集、整理非遗项目2207个，其中国家级10个、省级96个、市级165个，3个项目列入国家“十三五”非遗保护利用设施建设储备库。建设一批非遗传习所，印发全市“非遗”代表性项目传习所建设方案，组织做好申报建设工作，全市有21个“非遗”代表性项目传习所(点)，获中央补助210万元。开展非遗宣传活动，举办生态保护区建设成果展、第六届江西艺术节·江西省非物质文化遗产展演展示展览活动赣州专场等。文物保护利用扎实推进。赣南等原中央苏区革命遗址群修缮利用工程获国家文物局立项，覆盖赣州市56个革命遗址点，有关革命旧址旧居按文物维修方案要求进行保护修缮。七里镇窑址考古发掘获重大发现。年内，大余吉村年歌等11项非遗项目入选江西省第五批省级非物质文化遗产代表性项目名录推荐名单，钟石金等12人入选第三批非物质文化遗产项目代表性传承人推荐名单。举办市非遗摄影大赛，历时4个多月，收到全市300余名摄影爱好者、非遗工作者770余幅摄影作品，并组织410幅作品报省参赛。12月30日，省文化厅公布第三批省级非遗代表性传承人，赣州市11人列入第三批省级非遗代表性传承人名单。举办赣南采茶戏司鼓研修班、专业演员研修班。提高学员们赣南采茶戏技艺水平，拓宽眼界、形成“比、赶、帮、超”的浓厚学习氛围，保护、传承和发展国家级非物质文化遗产赣南采茶戏。

2016年10月15—16日，赣州市在南昌举办第六届江西艺术节·江西省非物质文化遗产展演展示展览活动赣州专场

【群众文化活动】 文化活动。组织全市各类节目参加省第六届艺术节各项赛事，取得优异成绩。赣州市3个作品获江西省第二届“赣鄱群星奖”。全省文化科技卫生“三下乡”活动在于都县举行。开展2016赣州首届文化惠民周活动。面向市民免费举办赣南采茶“歌·舞·戏”周末剧场惠民演出18场，受到群众好评。扎实开展全市农村文化“三项活动”和“百姓大舞台”主题群众文化活动，“百姓大舞台”活动开展60余场次演出活动，观众达10万余人。举办全民阅读活动60多场，全市6个家庭获第二届全国“书香之家”称号，获奖数量居全省设区市之首。完成全市2045个农家书屋出版物补充更新工作。全市博物馆(纪念馆)、图书馆、文化馆(群艺馆)、美术馆利用节日、纪念日等，举办免费开放活动，组织文艺人才深入基层、走近群众，开展丰富多彩的群众文化活动。

文化志愿服务。年内，在赣县区、南康区、章贡区等留守孩集中的学校开展培训85次，培训人数2600余人次；在农民工、外来务工人员较集中的开发区开展培训35次，培训人数600余人次；走进养老院进行各类演出和服务30次；走进南康区、赣县区、上犹县等地偏远社区、乡镇开展“送戏进社区”“送戏下乡”25次；对服刑人员培训30多次，培训12000多人次，举行文艺演出3场，让服刑人员感受到社会的温暖。

美术展览。用弘扬主旋律、传播正能量的美术作品服务市民，全年策划举办《江西写意油画展》《江西省第二届漫画展》《赣州客家中堂书画展》《“美丽赣州”美术作品展》《“宋城古韵”写生作品展》《中国山水画邀请展》等24场形式多样、内容丰富的书画展览，吸引近10万名市民参观，取得良好的社会效益。并将《“情系客家”伍子溪国画作品展》交流到马来西亚吉隆坡、《“赣州客家”美术作品展》交流到新余市展出，推进文化交流。

公共教育。年内，开展“聚力振兴发展”书画进村入户、“送书画进校园”“特别关爱在行动”等公共教育活动10余次，服务2000余人次，累计为基层创作书画作品5600余件，将佳作送到兴国、于都、会昌、宁都、寻乌等有关县(市、区)基层建设点和农家，开辟美术家服务基层、服务人民的新形式，深受群众喜欢。

【文化产业】 现代文化产业建设。2016年赣州市文化产业继续保持快速增长，全年全市文化产业法人单位主营业务收入达230亿元，增长18%；实现增加值58亿元，增长16%。有入库文化产业法人单位2300家，其中三上文化产业单位有117家。重点打造“宋城壹号”文化创意产业园、赣纺文化创意产业园等园区。引进60位俄罗斯等国外艺术家、118位国内知名艺术家、569位常驻画师和68家文化创意企业签约入驻上犹油画创意产业园。支持3家文化企业成功挂牌上市“新三板”。组织3家文化企业申报中央文化产业发展资金，协助建设江西省文化产业公共服务平台。

龙头文化企业发展。发挥文化龙头企业的引领带动作用，培育更多有实力、有活力、有竞争力的文化企业，引导社会资本和资源型企业转型进入文化产业领域，形成一批特色鲜明、创新能力强、产业链完整的文化企业。重点培育和扶持赣州国家印刷包装产业基地，赣州印刷业总产值位居全省前列，同时对勤业工业(龙南)有限公司、赣州东宏锡制品公司、赣州五龙客家风情园、宁都飞天工艺品公司、赣州市华邦红木艺术有限公司等企业进行扶持，延伸产业链，实施重大文化产业项目带动战略，进一步优化产业结构，合理配置资源，推动产业集聚，形成规模效益，加快构建结构合理，门类齐全、科技含量高、富有创意、竞争力强的现代文化产业体系。

文化产业招商。组织全市文化企业参加北京、深圳、厦门文博会。制作《江西省赣州市重点文化产业项目招商手册》，积极组织相关人员外出招商，以重点产业、重点区域、重要客商为主线，整合资源，创新方式，发挥赣州市文化元素多元化，尤其是宋城文化、客家文化、红色文化、生态文化等的资源优势。全年全市文化产业签约资金5亿元。

数字影院建设。到年底，赣州市建成数字影院42家，银屏178块，影院建设总投资达2.8亿元，实现赣州市18个县(市、区)三厅数字影院全覆盖，满足城市居民的电影文化需求。10月，完成赣南剧院改造，改名为冷杉欢腾影城(文清路店)，每月观影人数达25000人次左右。全年全市票房收入1.1亿元，创历史新高。

软件正版化工作。制定印发《关于明确软件正版化工作相关单位职责的通知》，明确各有关部门的工作职责。印发《关于组织开展对机关软件正版化工作进行检查的通知》，对18个县(市、区)政府及市直各部门单位开展软件正版化工作进行检查，查缺补漏，健全制度，如实登记。建立软件正版化工作考核与责任追究等长效机制。

【文化市场监管】 文化行政审批改革。取消行政审批项目2项，承接行政审批项目20项。深化文化市场综合执法改革，完善文化市场技术监管与服务平台应用，推进互联网上网服务行业转型升级工作。做好《全国文化市场技术监管与服务平台》和《江西省“两法衔接”信息共享平台》建设，完成全市互联网上网服务场所技术监管系统的升级工作。全面走上正规化运用技术服务平台轨道，各项技术指标及市场监管数据登录均列全省前茅。全市上报执法案卷68个、执法信息178条。

出版物市场及网络环境监管。全市563家网吧全部转型升级。公布常年举报电话12318，欢迎社会各界提供线索。保持“扫黄打非”举报电话在假期全天候有人值守，接报线索能够及时转办、查处。全年全市出动检查75540人次，检查经营单位34871家次，责令改正397家次，警告101家次；依法办理行政处罚案件59件，责令停业整顿56家次，行政罚款35.4万元(其中市支队依法办案13起，责令停业整顿1家次，行政罚款12.8万元)。未发生行政复议案件、行政诉讼案件。

“扫黄打非”专项行动。开展“清源·2016”“净网·2016”“护苗·2016”“秋风·2016”以及“剑网2016”等专项行动。净化文化市场和互联网文化环境，维护意识形态安全和文化安全。全年全市出动“扫黄打非”专项行动检查48942人次，检查经营单位22708家次，受理群众举报65家次，责令改正339家次，警告80家次；依法办理行政处罚案件21件，责令停业整顿10家次，行政罚款143500元；收缴销毁非法出版物2165件。全市文化市场和社会文化环境得到净化。

非法卫星电视广播地面接收设施和境外电视网络接收设备专项整治。全年整治行动出动人员7670人次，整治行动出动车辆1062辆次，查处非法销售点40个，收缴非法接收设施65套，自行拆除非法接收设施1524套，强制拆除非法接收设施583套，追究当事人40人，罚款14万余元。

校园周边文化经营场所专项整治。组织3次整治行动，集中检查26个中小学周边的文化经营场所，现场下达整改通知书5份。会同赣州经济技术开发区社会事务管理局文化市场综合执法人员，对位于高校新区的高校内及其附近的打字复印店开展专项检查。出动执法人员256人次，检查打字复印经营单位和个人132家次，与业主签订《诚信公约》42份；查获违法违规复印等经营行为10起。

【文化交流】 赣南特色文化传播。赣州市文化志愿者首次走进西藏拉萨举办“赣南采茶歌舞”专场演出，赣南采茶调唱响雪域高原，深受藏区群众喜爱，荣获文化部“春雨工程”——全国文化志愿者边疆行典型案例。于都县长征源合唱团在全国巡演。赣州客家联谊会艺术团出访马来西亚交流文化艺术；由马来西亚伍氏宗亲会、赣州美术馆主办的《情系客家——伍子溪国画作品展》在马来西亚吉隆坡举行；蓝文参加江西省文化名家暨“四个一批”赴美文化交流；费国芝演唱的《我爱你中国》在洛杉矶第五届中国国际文化交流周获一等奖。非物质文化遗产传承传播。在全国非物质文化遗产博览会举办客家文化(赣南)生态保护实验区建设成果展；在厦门举办的“共同推进文化生态保护区建设研讨会”上，专题介绍赣州市推进客家文化(赣南)生态保护实验区建设的经验做法。国内外一流文化团体、名人到赣州传播文化。邀请中国煤矿文工团到赣州市举行庆祝建党95周年专场演出。邀请中国文联、中国剧协梅花奖艺术团开展“送欢乐、下基层”赣州行慰问演出。邀请国家一级编导、编剧、作曲家及国内一流服装设计、灯光音响、舞台设计等专家多次到赣州市各地采风。邀请国家级专家到赣州市授课，集中培训全市赣南采茶戏专业人才。引进台湾导演赖声川经典话剧《暗恋桃花源》在会昌民俗旅游文化节上演；引进俄罗斯等国内外艺术家及文化企业入驻上犹油画创意产业园。

（撰稿　王晓燕　审稿　姚富桂）

【领导名单】

党组书记、局长：赖俊贤

党组成员、市图书馆馆长：张　伟

党组成员、副局长：周丽萍(女)
　　　　　　　　　朱小宁

副局长、市文物局(博物馆)局(馆)长：董玉宝

党组成员、副局长：黄宗清　姚富桂

党组成员、纪检组长：陈小青

副局长：蓝　文(女)

调研员：彭　玲(女)

副调研员：刘祖君　汤齐华(女)

图书发行

【概况】 2016年，江西新华发行集团赣州市分公司狠抓企业经济发展，积极开展捐资助学、科普图书进校园、“暑假读一本好书”、“扫黄打非2016护苗行动”、送科普读物下乡、捐建社区及农家书屋等多项社会公益活动，受到社会各界的好评，社会效益和经济效益协调发展。

【教材、教辅发行】 2016年，全市教材、教辅完成销售4583.69万元，增长522.17万元，增长12.86%。免费教材实现销售1236.25万元，占总销售的26.97%；其中小学免费教材实现销售632.62万元，初中免费教材实现销售603.63万元；收费教材实现销售531.68万元，占总销售的11.60%；其中幼儿园教材实现销售20.96万元，小学收费教材、教参实现销售63.80万元，初中收费教材、教参实现销售20.29万元；高中教材实现销售426.63万元；教辅实现销售2815.59万元，占总销售的61.43%；其中小学教辅实现销售662.07万元，初中教辅实现销售724.53万元，高中教辅实现销售1429.16万元。

教材征订。按照市教育局下发的《中小学教学用书征订工作的通知》文件中规定的版本先用情况进行版本的审核；循环使用教材，按学生数的三分之一进行征订，做到不多订不漏订；把好高中实验版教材征订关，确保学校不重复征订。做好教材的调剂工作，对学校追加的订数及时上报，最大限度帮助学校进行课本调剂，急学校之所急，解决学生转学无课本的问题。给每个学校制定追加、调剂册，方便学校老师做好补、退书登记。

教辅销售。小学一至三年级的同步类教辅销售保持稳步增长态势，除文清实验和厚德实验两所私立学校没有使用外，其余所有城区、乡镇学校均使用分公司推荐的《一课一练创新练习》，配套率达95%以上。阅读及课堂操作材料、写字等非同步类教辅，每季年级平均销售达2000册以上。高三一轮、二轮总复习用书，基本抢占市场，除赣州中学外，高中学校的总复习用书均委托分公司征订，全年销售318.22万元。

【拓展店外营销】 赣州书城全年完成销售1310万元，增长93万元，递增7%。其中一般图书销售800万元，增长134万元，递增20%，数码销售517万元，减少55万元，递减9.6%。

及时掌握时政动态，加大对政治读物宣传力度。联系市委组织部、市

委宣传部等相关部门，推荐全市配发《总体国家安全观干部读本》1600册、《习近平总书记重要讲话精神读本》2.4万册、《全面法制热点面对面》1万册、《习近平关于严明党的纪健和规矩》1.3万册、《胡锦涛文选》1000套、《第四批全国干部培训教材》3200套。

配合省教育厅及省扫黄打非办等九部门发起“扫黄打非2016护苗行动”。4月27—29日，邀请中央电视台少儿节目著名主持人“芝麻”到章贡区文清路小学、大公路一小及滨江一小等6所小学进行科普知识宣讲、举行“书香校园、正版生活、绿色阅读”万人签名仪式。活动现场签售图书1.56万册。5月20日，书城邀请全国著名国学素读第一人、浙江大学教授陈琴到西津路小学作题为《在诗律中构建童心秩序》的讲座，配合学校普及和弘扬国学传统文化教育。6月中下旬，“假期读好书”活动在全区中小学展开。书城分组到村小以上35所中小学校摆摊售书，服务上门，销售活动用书40万元。邀请全国著名儿童文学家、德籍童话作家朱奎走进天竺山小学、铁路小学作题为《走进约克先生的童话世界》的讲座。10月16日，邀请全国著名书法家、国标教材《书法练习指导》副主编、九年义务教育《写字》教材范字书写者、全国欧体书法命题联展第一名获得者、多次担任全国书法赛事评委的荆霄鹏走进赣州市厚德外国语学校作题为《书法教与学的基本知识》的讲座。通过活动，销售字帖7415册。

（撰稿　王健萍　审稿　曾　辉）

【领导名单】

经理：曾　明

书记：曾　辉

副经理：王景年　刘　晨

赣南日报社

【概况】 赣南日报社是中共赣州市委直属正县级事业单位，《赣南日报》是中共赣州市委主办、主管的市委机关报。《赣南日报》创刊于1949年8月17日，国内统一刊号CN 36-0003，周一至周日出刊，对开八版，全国发行。下属赣州晚报社为副县级事业单位。《赣州晚报》创刊于1994年7月1日，国内统一刊号CN 36-0047，周一至周六出刊，每天16个版。

2016年，赣南日报社发挥市委机关报及其子报、新媒体的新闻宣传优势，坚持政治家办报方向，坚持正确舆论导向，舆论引导强劲有力，媒体融合发展进程加快，办报质量稳步提升，报业经营不断拓展，内部改革全面深化，队伍建设常抓不懈，各项工作保持积极进取、健康向上的良好态势，为打好“六大攻坚战”，同步奔小康营造良好的舆论氛围。

赣州晚报社主动适应媒体融合发展新形势，秉持“本土、深度、原创”的办报理念，围绕市委、市政府中心工作和宣传重点，做足做深地方新闻，弘扬主旋律，传递正能量，取得良好的社会效果。

赣南日报社有自收自支事业编制173个，其中赣南日报社133个，赣州晚报社40个。2016年，职工309人，其中在编职工125人，人事代理121人，劳务派遣11人，离退休52人[其中人事代理退休3人(其中1人社会人员退休)]。有正高职称1人，副高职称28人，中级职称42人，初级职称66人。在编内和聘用制职工中有中共党员173人，其中预备党员2人。

赣南日报社内设机构有党政办公室、编辑委员会办公室、经营管理委员会办公室、计划财务部、人力资源部、技术管理部、综合办公室、要闻编辑部、时政新闻部、社会新闻部、视觉新闻部、经济新闻部、副刊编辑部、民生新闻部、专刊编辑部、理论评论部、广告中心、出版印务中心、发行中心、新媒体中心、平面媒体创意包装中心、监察室(2016年8月不再保留)和12个县(市)记者站。赣州晚报社为赣南日报社下属的副县级事业单位。内设综合办公室、新闻编辑部、专刊编辑部、经济新闻部、社会新闻部、图片新闻部、时政新闻部、民生新闻部。

【队伍建设】 开展“两学一做”学习教育。报社党委通过召开中心组学习，各总支、支部通过召开党员大会开展4个专题8个主题的集中学习。结合“两学一做”学习教育要求，在全社开展“我的岗位我负责，我的工作请放心，我的责任我担当”专题教育活动，针对报社存在的“政治意识不强、岗位履责不力、精神状态不佳、能力水平不足、工作作风不实、纪律执行不严”等6个方面的24个问题，进行自查自纠，整改完善和建章立制，全面提高新闻队伍的政治意识、大局意识、核心意识、看齐意识。

加强报社党委班子建设。完善中心组学习机制，重新修订《赣南日报社中心组学习制度》，组织班子成员学习政治理论、新闻宣传法规、报业经营管理知识、新媒体技术和新闻业务知识。重点加强对中共十八大和十八届六中全会精神、中共中央总书记习近平系列重要讲话精神，以及省第十四次党代会和市第五次党代会精神的学习，牢固树立政治家办报的意识，牢记48字党的新闻舆论工作职责使命。通过走出去，到深圳报业集团、杭州报业集团、温州日报报业集团、常州日报、萧山日报等媒体参观学习，特别是学习其报业转型融合发展、新媒体编采流程、构建统一的大采访大编辑格局、报业经营管理、资本运作等方面的先进经验、好的思路、发展模式，并加以借鉴。全年班子成员30余人次先后参加中宣部、省委宣传部、市委组织部、市委宣传部举办的全国宣传干部学院第十二期新任县委宣传部部长培训班、全省马克思主义新闻观高级研修班、赣州市宣传思想文化系统领导干部综合能力提升高级研修班、“强化互联网思维，提高宣传思想文化业务能力高级研修班”等培训，增强综合业务能力，提高理论水平和新闻宣传把关能力，掌握媒体融合发展的新理念、新知识。

强化业务技能培训。组织5期业务技能和生活技能培训，培训员工600余人次。年内，为13人申报专业技术职称，其中申报正高1人、副高1人、中级8人、初级2人，职称系列转换1人。为8人申报工勤技能等级晋升考核。组织5名正科级干部参加并通过全市政治理论水平考试。组织137名专业技术人员参加并通过全市专技人员继续教育考试。组织在编的76名干部参加江西干部网络学院的在线学习并按时完成学习任务。组织48名领导干部参加网上法律知识考试和181名员工参加全市法律知识考试，通过率均达100%。

盘活内部人才资源。夯实人才队伍建设，畅通员工发展渠道，通过考核将7名劳务派遣人员转人事代理，15名人事代理见习人员转报社正式聘用人员。

加强机关党建工作。抓基层党组织建设，完成各党总支、党支部换届选举工作。实施“连心、强基、模范”三大工程，健全党的组织生活，执行“三会一课”制度，强化党员干部教育培训，开展党员“先锋创绩”活动。重视对党的后备力量的培养。全年发展预备党员1名，发展对象2名，入党积极分子8名。认真做好老干部工作，各项经费全面到位。

【采访 编辑】 新闻宣传。围绕市委、市政府中心工作和阶段性报道重点，突出主线，明确重点，把握导向，全面提高舆论引导水平和新闻宣传质量。2015年，全社获得省级以上新闻奖57个，其中全国报纸副刊奖一等奖1个、江西省新闻副刊奖一等奖1个、江西省报刊新闻奖一等奖2个、中国地市报新闻奖(摄影奖)一等奖2个。

时政报道。年内，中共中央政治局常委、国务院总理李克强，中共中央政治局委员、中央书记处书记、中宣部部长刘奇葆，中共中央政治局委员、国务院副总理刘延东，以及郭声琨、陈元、卢展工、马飚、周强、曹建明等领导先后在赣州市考察调研，赣南日报发挥党报作用和集团所属新媒体的传播优势，形式新颖、报道及时、效果良好。所属新媒体在保证新闻安全前提下，积极发声，微信所制作的报道专题多次被中国政府网、人民网、新华网及其客户端转载。

中心工作报道。当好市委市政府喉舌，围绕“解放思想、内外兼修、北上南下”“六大攻坚战”等市委重大决策部署做好宣传解读，年内，解放思想、主攻工业、脱贫攻坚，以及“十三五”规划、创建全国文明城市、“创新创业”、菜篮子工程、城市管理、棚改等各项中心工作均得到充分呈现。特别是经济新闻报道有分量、有热度。全媒体先后推出“主攻工业 赣商回归”“主攻工业 三年翻番”“数读赣州”“降低企业成本、优化发展环境”“媒体进民企”等经济报道栏目，全面展示赣州市经济发展进程和成就。

专题报道。作为长征出发地的地市级党报，赣南日报社在致力做好长征故事、长征精神和红色文化挖掘报道的同时，首次派出五路记者开展“重走长征路”融媒体主题采访活动，探寻长征沿线的红色故事与今昔变化，适时推出由“长征路”“长征魂”“长征情”“长征颂”“新长征”5个篇章组成的人型特刊《致敬长征》。国家新闻出版广电总局主管的《中国新闻出版广电报》在相关专题中重点介绍赣南日报的创新实践和经验做法，并展示赣南日报《致敬长征》特刊版面。《用一生来致敬英雄》《黄飞玉33年照顾瘫痪丈夫》等典型报道，在全国引起广泛关注。《用一生来致敬英雄》刊出后，中央电视台“等着你”栏目为此专门做一期寻亲栏目，全国400多家媒体转载报道。

言论引导。配合“六大攻坚战”，《赣南日报》3月21—26日在头版刊发《没有工业大发展就没有经济大提速——再论打好“六大攻坚战”系列评论之一》等6篇评论员文章。3月29日，在全市领导干部学习贯彻中共十八届五中全会精神专题研讨班上，省委常委、市委书记李炳军点赞《赣南日报》6篇“再论打好“六大攻坚战””系列评论，并向大家推荐阅读。7月13日，《赣南日报》在头版头条推出评论员文章《让思想的阳光照亮实践的园地》，市委主要领导向全市荐读此文，市委解放思想主题教育活动领导小组办公室印发通知，要求各县(市、区)委、市直(驻市)单位党组(党委)，纳入中心组学习讨论。12月16日，《赣南日报》推出评论员文章《以优良作风开创发展新局面》，再次受到市委主要领导的好评。

舆论监督。赣南日报社承担市委交办的全市各县(市、区)、农村脏、乱、差等现象的暗访调查任务，开办专栏曝光农村垃圾治理不力现象，农村卫生现象得到改善。《赣南日报》开设“城市文明创建监督哨”栏目，对全国文明城市创建中不和谐现象进行舆论监督。《赣州晚报》推出“路上那些事”系列报道，开辟“文明大家谈”专栏，督促相关单位对一些不文明现象及时进行整改。市委副书记、市长曾文明先后在两篇《内部参考》中做出重要批示，为相关问题的解决起到推动作用，为全市的重大决策提供参考。

【媒体融合】 新媒体建设。9月12日，前端新闻客户端正式上线，至年底，注册用户超过5万，用户体验反映较好。赣南日报社致力打造拥有自身采编力量和自主技术支撑客户端，在全媒格局下，前端成为继党报、党台、党网之后的又一主流媒体，成为延伸和承载党报主流舆论的新载体。持续做好“两报”微信、微博创新推广工作，赣南日报微信粉丝量突破8万人次，赣州晚报微信粉丝量突破16万人次，赣州晚报微博粉丝超过100万人次。赣南日报微信被江西省新媒体协会授予“江西十佳微媒体”。

新媒体影响力。始终坚持以用户为中心，开拓创新新媒体产品，力求贴近性和互动性，突出本土化，把内容建设放在第一位，致力提供更丰富更精彩更个性化的用户体验。在传播上，做到多样化、立体化，充分整合资源，对重大新闻报道，实现全媒体参与、全媒体呈现、多渠道发声，优势互补，确保新闻宣传报道更具吸引力和影响力。赣州市第五次党代会期间，首次采取全媒融合报道，取得很好效果。年内，赣南日报社新媒体各类产品发布文章34970篇，阅读总量1.89亿人次，平均阅读量6%，超过全国新媒体平均阅读指数5%。12月7日，赣州晚报微信公号发布的《点了赞！回了信！捎了钱！克强总理跟赣南老表说……》一文阅读量超10万人次，中国政府网客户端首页头条转载，新华网、人民网、凤凰网等媒体转载。

组建赣州新媒体联盟。以前端新闻客户端上线为契机，举办江西(赣州)首届新媒体峰会，吸引国内新闻媒体代表、移动互联网行业专家和新媒体从业者300余人参加。与江西省新媒体协会联合组建赣州新媒体联盟。至年底，赣州新媒体联盟成员有100多家，有效地整合全市新媒体资源，推动赣州新媒体行业自律和媒体繁荣发展。举办首届江西省新媒体记者原创微信大赛，吸引省内各地市及《梅州日报》《河源日报》《郴州日报》《闽西日报》和全市新媒体记者参与，提升新媒体传播影响力。

建立全媒体采访中心。顺应传媒发展的新形势，加快传统媒体与新兴媒体的融合发展，实现“一次采集、多种生成、多元发布”的新闻运营，重构采编流程，推进“中央厨房”建设。按照“分步实施、稳妥推进”的原则，在打通新媒体、创意包装、组版校对的基础上，从2017年1月起打通日报、晚报所有采访部室，通过人力资源整合重组和稿件编审平台重构，建立集团层面的全媒体采访中心，为后续打通全社编辑平台、最终实现全媒体深度融合奠定基础。

【对外宣传】 重视外宣工作，重点在统筹上做文章，统筹亮点新闻的内宣与外宣、日报力量与晚报力量、重大时间节点的重头外宣与日常外宣供稿、对外汇报联络与对内提升写稿质量、文字新闻与图片新闻、提升工作效率。增加人员力量和经费投入，外宣工作取得显著成效，在全省各设区市竞争明显加剧的情形下，仍保住在全省排名第二的位次。全年在《人民日报》《光明日报》《经济日报》等中央三大报发稿452条，比上年增长252%。《人民日报》发稿167条，其中头版头条2条(含综合头条)，其他版面头条46条；《光明日报》发稿127条，其中头版头条4条(含综合头条)，其他版面头条27条；《经济日报》发稿158条，其中头版头条3条(含综合头条)，其他版面头条28条。新华社发表报道赣州市的新闻通稿81条。

【广告 发行 印务】 2016年，积极拓展经营市场，实现经营收入8362.41万元，比年度计划增加25万元。

广告经营。广告经营多措并举，月月有活动，节节有策划，积少成多，做大总量。年内，推出“支持赣南苏区振兴发展一号工程优秀银行展示”等一系列特刊，以及“赣县樱花节”“龙舟赛”“首届少儿博览会”“前端上线”“第十三届读者节”“车展”“好家风·正能量”主题征文大赛等一系列活动，遏止广告经营下滑势头。产业经营部门利用重大活动、重要节点做好专题策划，创新思路，除与市直部门联合办周刊外，推出与县(市、区)的战略合作，与兴国县、于都县、瑞金市、龙南县、赣县区及赣州经济技术开发区签订战略合作协议，成为稳定报业经济的支柱力量。

新媒体经营。全年实现收入211.5万元，成为报业经营的生力军。年初，成立新媒体运营部，负责新媒体经营工作。“两会”及党代会期间，制作40余本“行进”“新征程”系列微杂志，通过新媒体宣传推荐南康家具博览会、会昌旅游文化节，打开新媒体与县市合作的良好局面。发挥专业优势开拓业务，对外承接微信代理运营业务，为广告客户提供全方位的服务。

“两报”发行。《赣南日报》发行量稳定在9万份以上，发行收入成为报业收入的主要来源。全年日平均有效发行《赣南日报》90232份、《赣州晚报》29648份。狠抓投递质量，做到有诉必果，定期回访，随机抽查。向邮政局提出合理化建议，减少投诉，提升“两报”的时效性。

印刷业务。完成报纸印刷任务，有序安排生产，保证印刷质量与发行时效。针对印前、印刷设备进入故障高发期，做好设备维护保养，确保安全生产。

跨界经营。年内，赣南日报社大胆探索、积极布局，以资源参股的方式，涉足非报经济。教育培训、文化产权交易、大余大龙山漂流、“壹号当铺”等项目成功落地，跨界经营格局初步形成。

【新闻宣传安全】 规范采编工作流程，堵塞新闻宣传安全漏洞。各媒体严格执行稿件三审制，强化新闻安全意识，提高危机处理能力，在把握大局、把握导向、避免重大错误上重点用力。全面加强新闻稿件的审核把关，《赣南日报》《赣州晚报》新媒体严格执行选稿用稿操作细则，实行严格的稿件审签制度，引导采编人员重视细节，从源头上减少差错，提高质量。严格执行责任追究制度。严格差错登记通报制，做到有错必改、有责必究。加大对未见报差错的监管和处罚力度。年内，调查和处理3起新闻责任事故，对责任人予以通报批评、经济处罚等处理。加强新媒体管理。制定《赣南日报社新媒体采编工作管理规定》，报社微信公众号、微博和新闻客户端稿件实行三审制，规范新媒体发稿、用稿程序。

(撰稿 胡瑞谊 审稿 刘润发)

【领导名单】

党委书记、社长：刘润发
党委副书记、总编辑：钟义勇
党委副书记、报业集团总经理：王子琨
党委委员、副总编辑：谢运胜 王晓光 李忠生
党委委员、副社长：谢万军
党委委员、纪委书记：李泽泉(12月免)
党委委员、赣州晚报社总编辑：张明冠

江西日报赣州分社

【概况】 2016年，江西日报赣州分社围绕中心，服务大局，锐意进取，攻坚克难，推动新闻报道、报刊发行、社站建设等各项工作取得新业绩，好

稿、亮点稿增多，完成各项任务。

【新闻报道】 年内，超额完成新闻报道任务，亮点稿、好稿数量比往年增多，在分社记者站中名列前茅。采写的《牢记总理嘱托 走上小康之路》《你"点菜"，我"买单"——赣州棚改货币化安置的启示》《源头活水引领千江绿》《龙南：村村保障房变处处"致富泉"》《你的获得，是我一生的追求》等16篇稿件获评报社好稿，其中A等稿1篇、B等稿7篇、C等稿8篇。

围绕中心，推出重点重大报道。分社聚焦主攻工业、生态文明建设、"六大攻坚战"等赣州市委重点中心工作，做到不漏报、深度报，抓亮点、出精品。分社采写的《勇立潮头展新姿——赣州举全市之力主攻工业纪实》《富"脑袋"又富"口袋"的新模式——赣州"农家书屋+电商"建设纪实》《最是文化能致远——2016赣州首届文化惠民周掠影》等市本级重点稿件，得到市委、市委宣传部领导的高度肯定。

坚持"三贴近"，深化拓展"走转改"。派出分社副社长参加全省新闻战线"学讲话、走基层、出精品、强队伍"主题实践活动，积极到最偏远山区乡村采访，进乡村、入厂矿，接连采写《一个蔬菜专业村的"供给侧改革实验"》《小溪的"长寿密码"》等精品稿件。年内，分社全体记者深入基层，深入群众扎实采访，做到多、新、实、活，不断发现和挖掘新经验、新做法，完成《美丽中国江西样板的安远行动》《赣州开通首条至省外家具专列》《谭志明六年免费赠苗2000万株带富乡邻》等典型报道。

【廉政建设】 开展"两学一做"学习教育活动，坚持原原本本学、创新形式学，把握关键动作，层层落实责任，坚持领导带头，带头抓好整改落实，带头普通党员学习提高，坚持以学促做、知行合一，凝心聚力助推发展，思想作风更加严格扎实。落实全面从严治党主体责任，推进党风廉洁建设，突出"把纪律挺在前面"。贯彻《中国共产党廉洁自律准则》《中国共产党纪律处分条例》，严格遵守党章、《廉政准则》、中央八项规定精神等廉政纪律规定，坚持依规、依纪、依法办事。强化道德操守，坚守职业道德、社会公德和家庭美德，维护党报记者的良好形象。全年没有发生违纪违法、违反作风建设和道德规范的行为。

（撰稿 唐 燕 审稿 鄢朝晖）

【领导名单】
分社长：鄢朝晖

广播电视

【概况】 赣州广播电视台为市委、市政府直属正处级差额拨款事业单位，2014年8月21日挂牌成立。2016年，在职干部职工315人(其中在编78人，台聘及部聘、临时聘用等人员237人)，有退休人员45人。全台有正高职称1人、副高职称20人、中级职称76人；硕士研究生6人、本科学历236人、大学专科学历53人；有江西省"百千万"人才1人、省委宣传部"四个一批"人才3人、赣州市政府特殊津贴专家1人。

全台内设新闻综合频率(FM937)、交通频率(FM992)、音乐频率(FM945)3个广播频率，新闻综合频道(赣州一套GZTV-1)、经济生活频道(赣州二套GZTV-2)、科教农业频道(赣州三套GZTV-3)、中心城区频道(赣州四套ZGTV)4个电视频道，以及9个部室(中心)和机关党委，1个网站(时空赣州网)。

全台广播频率全天播出节目74小时，有自办栏目15个。新闻综合频率定位新闻资讯、民生服务，推出《赣州新闻联播》《937最新闻》《阳光热线》《心灵相约》4档广播节目；交通频率推出《新闻早知道》《一路顺心》《吃遍赣州》《了不起的晚高峰》等以交通资讯、休闲娱乐为主要内容的栏目；音乐频率推出《绝对意外》《钟情此声》等休闲娱乐、音乐资讯类节目。

全台4个电视频道全天播出节目72.5小时，有自办栏目12个。新闻综合频道定位"时政、民生、爱心、监督、服务"，重点精办时政新闻栏目《赣州新闻联播》《赣州午新闻》、民生新闻栏目《630播报》和法制栏目《警视传真》；经济生活频道以自办栏目《第1关注》打造民生资讯版块，以《财经时间》《爱生活》《有房有车》栏目打造都市经济版块；科教农业频道面向农村群众和青少年人群，主打《城乡直通车》《成长路上》《采茶花开》《周末采茶剧场》等栏目；中心城区频道以中心城区市民及城区时尚男女为收视群，全天播出多部经典影视剧集和《章贡新闻》，打造生活影视频道。

2016年中国好人榜一月入选名单发布仪式在赣州广播电视台800平米演播大厅举行

【新闻宣传】 内宣工作。发扬“不讲条件、不惜代价、不打折扣”的“三不”作风，履行主流媒体职责使命，服务市委市政府中心工作，当好党和政府的喉舌。完成学习贯彻中共中央总书记习近平和国务院总理李克强视察江西时的重要讲话精神、省市党代会及全国省市“两会”、建党95周年、纪念红军长征胜利80周年和市政府上线省台党风政风热线节目等重大宣传任务。开设《主攻工业 三年翻番》《打好精准扶贫攻坚战》《服务攻坚战 改革在行动》《主攻工业 赣商回归》《来自“六大攻坚战”的报道》《降成本 优环境 稳增长》等多个专栏，承担重大采访报道活动85项(137场)，其中新闻类大约50项，在广播电视及新媒体开设各类重大新闻专栏近60个，录制、制作各类电视专题类节目140个、广播类专题节目81个，为突出打好“六大攻坚战”营造良好舆论氛围。

外宣获全省先进。讲好赣州故事，传播赣州好声音。全年对外宣传工作，上稿数量突破历史。电视方面，全年在中央电视台发稿110条，其中《新闻联播》发稿47条；在江西卫视发稿1414条，其中《江西新闻联播》发稿925条，上稿数量突破历史，联播发稿数列全省各设区市台第二。广播方面，全年在中央人民广播电台发稿90篇，其中《新闻和报纸摘要》播发稿件60篇。在江西人民广播电台用稿1754篇，其中《联播》868篇，头条77条，名列设区市台第二名。年内，获中央人民广播电台新闻节目中心“优秀供稿奖”，中央电视台、江西卫视电视新闻“协作奖”。

【节目创优】 把导向意识、创新创优意识、精品意识、团队意识、问题意识、新媒体意识贯穿宣传工作始终。年内，组织188件作品参加2015年度江西省广电奖、江西新闻奖等20多个类别的奖项评选，获省级一等奖5件、二等奖7件、三等奖16件、组织一等奖1个、先进个人8人。获市委宣传部颁发的全市宣传报道工作先进集体奖。争取2015—2016年度国家新闻出版广电总局关于广播电视公益广告传播机构类三类扶持项目的专项资金扶持。

【经营创收】 加强经营管理，规范经营秩序。把广告部主要职能从直接负责广告业务调整为负责全台经营工作调度、经营监管和监审工作，对合同管理及审查、广告价格管理、业务提成发放标准和产业经营项目报备等事项制订更加详尽的制度规定，防止和杜绝监管漏洞。深挖市场，拉动活动增收。加强与县市区、市直部门合作，创收超过预期。围绕旅游产业发展，策划组织赣州旅游博览会，拉动周边地市和县市旅游部门在频道投放旅游形象宣传广告，年内新增旅游品牌广告近200万元。车展、采茶戏大赛和好声音歌曲大赛等老的品牌活动热度不减，涌现出群众广场舞电视大赛、青少年才艺大赛和少儿春晚等各具特色、影响力大的大型活动。深化改革，拓宽创收渠道。成立赣州电广传媒有限公司，合作成立赣州广电搜易生活服务有限公司，实行自主经营、自负盈亏、独立核算。

【干部队伍管理】 人力资源管理。招聘一批劳务派遣记者，解决部分频道一线人员紧缺的问题；做好台聘身份人员管理、专业技术和工勤技能岗位聘用的工作；妥善解决实行人事代理的台聘人员岗位聘用问题，激发台聘人员工作积极性；继续推进未使用编制上编工作，完成人员信息摸底、公示以及上编政策咨询等基础工作。台工会、妇女委员会、青年工作委员会和团支部组建完成，组织开展慰问困难职工、健步走、瑜伽课、篮球赛、足球赛和保龄球赛等活动。

学习培训。参加省及市主管部门举办的清华大学、复旦大学等专题培训，并组织到广州、上海、杭州等先进地区、其他媒体学习考察。年内全台参加各级各类培训和外出学习近20批近100人次，学习培训的对象涵盖台领导、中层干部和一线编辑记者主持人。

党员活动。“七一”前夕，组织全体党员干部到市革命烈士馆接受教育洗礼，请党史专家授课，坚定理想信念，筑牢精神支柱。对困难党员和老党员进行调查摸底和走访慰问，组织新党员宣誓和老党员重温入党誓词，对2个支部、8名优秀党务工作者和21名优秀党员进行表彰。

【技术保障】 广播新机房整体投入运行，设备先进，数字化程度高，达到省内一流水平。电视编辑系统完成全高清改造，编辑站点从30个增加到44个，容量从6 TB扩容到200 TB，提高电视后期编辑的质量。保障全国网络扶贫现场推进会、全国森林质量提升工作会、赣州市主攻工业攻坚战重大项目集中开工暨赣州新能源汽车科技城项目建设动员会等全国、全省、全市、性会议的直播或连线工作。节目覆盖有新突破。电视四个频道全部进入移动HITV，进入电信IPTV进展顺利。争资引项有重大进展，争取国家专项扶助资金700万元，升级改造广播电视技术设备和新媒体。

【媒体融合】 新媒体运营和管理。加大对新媒体的人力、财力倾斜，把新媒体建设列入对各频道频率的重要考核指标，促进广播、电视、新媒体联动宣传，扩大影响。新媒体建设。全台已形成“1+1+N”的新媒体矩阵，即1网(时空赣州网)、1端(时空赣州网客户端)、N微(各频道频率及栏目有微信公众号20个、官方微博23个)，扩大节目网络覆盖率，提升节目影响力。新媒体影响力提升。9月，中国共产党赣州市第五次代表大会开幕式，进行全媒体现场直播。全台所有微信、微博及网站同时发布，聚合直播党代会开幕及原创快讯，出现刷屏效应。《630播报》微信公众号在全省位居前列，时空赣州网、992等微信公众号阅读量明显提升。

【精准扶贫】 自筹帮扶资金47万元，有10万元用于贫困户的光伏发电建设。争取上海东方卫视阿基米德公司向白口村和长岭村所有小学生300多人每人捐赠学习文具1套；协助白口村26户村民申请国家贷款；协助引进外商成立种植辣木合作社；对通户路建设、村保障房的规划、设计、建设以及村空心房的测量、登记、拆除等做好记录工作，累计拍摄100多分钟视频素材。

【2016年度优秀及热播节目】《630播报》，播出时间，首播：18：00—19：00；重播：7：00—8：00，12：20—13：20，22：00—23：00。节目特色，做有温度的新闻，专注新闻现场、爱心公益、深度调查、舆论监督、民生咨询、观众互动。《630播报》栏目是赣州广播电视台一档重点电视民生新闻栏目，该栏目以平实、轻松的语言，独特的视角，再现平民生活，注重展现新闻第一现场，聚集社会大众关注的重大事件。“市民热线”让百姓与栏目零距离，栏目在赣州市民中拥有很高的收视率。

《阳光热线》是赣州广播电视台新闻综合频率（FM 93.7）一档舆论监督类直播节目，节目采用“主持人、听众、职能部门三方通话的模式”，现场接听热线、现场解决问题，较好地解决服务群众“最后一公里”的问题。年内，先后邀请赣州市卫计委基卫药政科、江西高速交警八支队、赣州市工商局消保局、赣州市城管局、赣州市公交总公司、赣州市高招办、赣州市农村养老保险局等11家单位做客《阳光问政》，提升节目的影响力。节目受众广泛，除赣州当地外，远在广东、福建等地工作的赣州人通过节目QQ、微信留言等渠道参与节目。全年节目组接听热线近3000个，问题处理率达85%以上。《阳光热线》直播时段为每天上午10：00—11：00。

【工作亮点】由中央文明办主办，中国文明网、江西省文明办、中共赣州市委、赣州市人民政府承办，赣州市委宣传部、赣州市文明办、赣州广播电视台、赣南日报社、客家新闻网协办的中国好人榜一月入选名单发布仪式暨全国道德模范与身边好人（江西·赣州）现场交流活动于2016年1月29日在赣州广播电视台演播大厅顺利举行，得到中央文明办肯定。制作的《赣州》系列外宣片、十大平台建设汇报片、全省创新创业现场会汇报片和配合全国性会议等专题片，以及农村贫困户贫困状况实录、中心城市及周边违章建筑实录、农村垃圾乱象调查等暗访专题片，得到市委、市政府主要领导和有关领导的充分肯定。

（撰稿　邓海明　邓炜烜　丁　忠
审稿　朱家柏　张凤杨）

【领导名单】
党委书记、台长：朱家柏
党委副书记、总编辑：许　勇
党委委员、副台长：张凤杨　黎庆琮

广电网络

【概况】江西省广播电视网络传输有限公司成立于2002年1月，是由江西广播电视台控股的大型国有文化企业，实行省管设区市、市管县的二级管理体制。赣州市分公司设有党政办公室、计划财务处、资产管理处、工程技术处、集团客户处和导视频道6个职能部门，辖东城区片区、西城区片区、水南区片区和开发区片区4个片区和17个县级分公司。市公司设立党委，辖20个党支部，近300名党员，隶属市直机关工委和省公司党委双重领导。公司负责规划、建设和运营以有线电视为主的全市广播电视节目传输以及相关数字电视信息服务、视频点播、高清电视、双向互动电视等业务，承载有线电视、宽带接入、智慧城市、智慧社区、智能家庭等综合信息服务。全市广电网络有在职员工1082人，其中市本级166人。具有硕士研究生学历6人，大学本科学历67人，大学专科学历238人；副高职称有4人，中级职称有46人。45岁以下员工有637人，其中35岁以下员工有230人。

赣州广电网络开通市到县的环网光缆1400多千米，下设17个SDH传输机房，可传输数字电视、付费电视节目、高清电视、数据业务，赣州城区的有线电视网络形成个设备先进、标准较高、质量可靠、规模较大的以公司办公楼机房为中心，联接东门、三康庙、黄金等7个分中心的环形光缆网络系统。

【网络覆盖】赣州各广电网络分公司以“加快文化产业发展、服务地方经济”为宗旨，积极拓展有线电视业务发展，有线电视覆盖范围由城区为中心逐步向广大农村、山区辐射，丰富广大市民的精神生活和文化品质。在履行普遍服务职责的同时，有线电视网络各项业务取得长足的发展。2002年市广电网络公司成立之初，赣州联网的有线电视用户只有县城以上的城区用户约20余万户，经过10多年的发展，截至2016年12月31日，赣州市（含所辖县级分公司）有在册有线电视基本用户105万户，其中市本级在册用户22万户。全市有线电视覆盖乡镇数268个，覆盖率达到91.16%；覆盖行政村数2531个，覆盖率达到71.96%。2016年，全市广电网络完成经营收入3.49亿元，完成省公司下达任务的102.71%。其中主营业务收入完成1.84亿元。

【网格化管理】按照省广电网络公司提出的“网格化、平面化、精细化”网格化管理思路，将赣州市中心城区划分为四个片区，实行包干责任制，即人员包干、经费包干、业务发展包干，公司与各片区签订责任状，各片区将片区目标任务分解到员工，通过将经营业绩、用户流失数、服务质量与绩效挂钩，实现责任到人、任务到人、考核到人，确保服务的网格化和优质化，贴近用户，满足用户的多元化需求。所辖各县级分公司按照要求实行网格化分片管理。

【网络改造】为使广大用户能够享受高清、互动点播等电视功能，从2016年起赣州广电网络推进双向化网络改造工作，按照“业务优先，城网优先”的原则，精心设计施工方案，统筹调动施工队伍，保证双向网改造工作的有序开展。全年全市累计开通双向光节点17544个，累计布放光缆12371

千米，完成省公司下达的双向网改造总任务的53.72%。

【业务转型】 抓住赣州市委、政法委牵头开展天网视频监控项目建设的契机，通过借鉴江苏省常熟模式，结合赣州市实际情况，在全省广电网络率先提出“市委政法委牵头，广电网络+企业搭建，政府购买服务、广电网络+企业逐年收回投入成本”的模式和“整合已有社会面监控资源，以最小的代价获得更多的监控资源”的接入链路模式，获得赣州市政法委、市公安局等部门认可。南康、于都、上犹等县(区)分公司利用县政府精准扶贫的契机，推出“有线电视+宽带”模式助推文化扶贫项目，由政府利用扶贫专项资金为贫困地区精准扶贫对象购买有线电视服务。得到当地党委、政府的支持和政策倾斜。会昌、定南等县分公司在政府购买公共文化服务招投标项目上取得进展，开辟业务转型的新路径。

(撰稿 黄君君 审稿 陈顺平)

【领导名单】
党委副书记、总经理：黄　刚
党委书记：陈顺平
纪委书记、副总经理：李永生
党委委员、副总经理：欧阳澔
党委委员：赖德阳　潘忠民
　　　　　杨小春　彭光华
党委委员、总经理助理：廖美华

赣州客家新闻网管理中心

【概况】 2016年，赣州客家新闻网管理中心围绕打好“六大攻坚战”、实施“十三五”规划等重大部署和中心工作，以“立足客家摇篮赣州，面向全国，辐射海内外客家族群，致力把客家新闻网打造成全球客属世界知名新闻网站”为办网宗旨，以创新的精神、务实的作风，大力宣传推介赣州，网站和“两微一端”成为市委、市政府传递政策和信息、掌握舆论主动权、实施舆论监督的重要平台，展示赣州良好形象的重要窗口。网站承办的“赣州发布”政务微博获“2015年度江西十佳政务微博”荣誉称号；制作的原创微视频《黄义宽和九狮拜象》，在由中央网信办网络新闻信息传播局指导、央视网主办的“新春·变化·乡愁”微视频主题征集活动中，获优秀作品奖和最佳人气作品奖；制作的《“长征路上奔小康”网络媒体“走转改”大型主题采访活动专题》获2016年度中国城市新闻网站联盟优秀创意奖；制作的《专题：苏区振兴三年大变样》《网页设计：百里橙乡》分别获第十八届江西报刊网络新闻奖网络新闻网类二、三等奖。

赣州客家新闻网管理中心是中共赣州市委直属正处级事业单位，2014年6月28日批准成立。客家新闻网由中共赣州市委主办、经国务院新闻办公室批准的国家一类新闻网站。下设办公室、编辑组、专题组、技术组、评论组、新媒体部、采访部、运营发展部等8个部室(组)，实有工作人员37人。

【新闻宣传】 坚持正确的舆论导向，发挥网络媒体和移动新媒体宣传的优势，运用网络编辑手法和网络技术手段，结合图、文内容和音视频，通过PC端首页、“两微一端”等平台，及时发布各类信息权威、时效性强、导向正确的稿件，展示丰富多彩的专题。年内，完成学习贯彻中共中央总书记习近平系列重要讲话精神、中国共产党建党95周年、纪念红军长征胜利80周年、全国和省及市“两会”宣传、“长征路上奔小康”网络媒体“走转改”、全国网络扶贫现场推进会、赣州市第五次党代会、“六大攻坚战”、公车改革、赣商回归、降成本优环境等重点宣传任务，取得良好的宣传效果。网站PC端累计发布各类稿件6万余条，发布各类图片新闻4000多个链接，采编原创稿件4100多条，制作推出各类网络专题和H5页面126个，一批重点热点稿件被全国网络媒体纷纷转载，PC端日均访问量达80万人次。“赣州发布”政务微信和客家新闻网微信公众号推送文章2000多篇，“赣州发布”政务微博推送微博5000多条，“掌上赣南”党政客户端内容发布及时、权威。

【原创生产】 推出原创微视频。投资添置航拍无人机、360°全景相机、摄像机等设备，并在客家新闻网8月改版推出《客网航拍》《客网视听》《客网高清》等视频图片类栏目。摄制航拍《长征路上奔小康》《“舒克”飞进红都》《客家大桥身姿矫健》《古巷悠悠灶儿巷》等20多个具有地方特色的航拍视频类节目，实现视频节目的天上地下联动衔接，填补赣州市市级媒体在视频航拍领域的空白。在市“两会”期间，开设《客网会客厅》视频访谈节目，邀请全市各地党政主官做客网站接受访谈，采取双向互动的“场景对话”的模式，录制17期节目，与网友分享“六大攻坚战”中取得的突出成绩和宝贵经验。专访在客家新闻网PC端、“两微一端”等多媒体平台同步推出，各县(市、区)政务微信公众号纷纷转载，形成强大的宣传矩阵效应。原创微视频《黄义宽和九狮拜象》在由中央网信办网络新闻信息传播局指导、全国新闻网站和主要商业网站支持、央视网主办的“新春·变化·乡愁”微视频主题征集活动中，获优秀作品奖和最佳人气作品奖，成为江西省唯一获优秀作品奖的作品。

开办“我有料”全民记者栏目。客家新闻网挖掘“草根”新闻，9月推出以亲民为主线的“我有料”栏目，每个网友都可以在该栏目报道突发事件、交通路况、城乡新鲜事、新风新貌、客家民俗活动、民生故事、感动瞬间、曝光不文明行为等来自身边的新闻。一大批草根记者出现，增加网站用户黏性，提升网友在新闻事件中的参与度。栏目收集各类稿件1000多件，精选刊出300多篇，不少稿件一经刊出便被“今日头条”转发，成为热点新闻。

【客家品牌】 打造客家频道。利用图文、音视频、互动等形式，通过天下客家、客家非遗、风情客家、风景独好、客家社团、舌尖客家、客家人、客家研究等栏目内容建设，把频道打造成汇纳客家文化资源的宝库、传播客家新闻资讯的重要网络平台；在网站首页开设“客网视听”专栏，挖掘赣南客家精彩小故事和优美传说，策划300集客家系列精品视频节目；利用网站“两微一端”平台，每天推送客家内容，通过跨界融合提升客家文化对外传播穿透力；8月，网站派出记者赴马来西亚参加马来西亚客家公会联合会创会38周年会庆的宣传报道，实现网站记者走出国门采访报道客家资讯零的突破，擦亮网站“客”字招牌，扩大赣州知名度，凝聚全球客属乡亲。年内，客家新闻网刊发有关客家的文字内容超2000万字，图片超1万张。

【媒体融合】 整合平台资源和信息资源，坚持融合、高效、创新原则，把全媒体建设作为搭建主流声音传播平台、建言献策参政议政平台和便民利民服务平台的主抓手，打造集新闻宣传、政务公开、资讯服务、广告发布等为一体的网络传播“综合体”。5月，组建成立新媒体部，抽调专人专职负责“两微一端”平台建设。组织承办赣州政务新媒体培训班、赣州首届正能量微信作品评选、“忆长征 爱赣南 赞校园”赣州发布政务微信进校园等活动，提升网络媒体的服务能力和竞争力；通过新闻采编“中央厨房”生产模式，有机衔接网站主页、官方微博、微信公众号、新闻客户端和客家论坛等平台，根据各媒体平台特点实现一稿多发、一稿多编，以及对数据图表的生成和视频、交互式程序的流转，全网覆盖、同频共振、共同发声，壮大主流舆论。在2016年市“两会”和市第五次党代会的新闻报道中，客家新闻网提前谋划策、采、编、发，采用“中央厨房”式的报道机制，实行新闻素材一次采集、多次生成、多元传播，实现PC互联网、移动客户端、社交媒体平台多渠道发布、多形式呈现、多媒体互动的立体式报道格局，并利用数据、图表、视频、观点摘录等适合网络传播的报道手段和形式，为网友立体呈现会议信息。至年底，“赣州发布”微博粉丝60万人，“赣州发布”微信粉丝16万多人，客家新闻网微信粉丝2万多人，“掌上赣南”下载量超过1万。“赣州发布”政务微博获“2015年度江西十佳政务微博”称号；在中央网信办主办的《网络传播》杂志发布的12月中国新闻网站传播力榜之地方城市网站传播力总榜中，客家新闻网移动端传播力位列第24名，微信传播力位列第39名，双双进入全国前50强；江西地方移动媒体9—12月的传播指数排行榜中，“赣州发布”政务微信在全省各设区市中的排名从上半年的倒数第三跃升至第三位。

【理论交流】 结合形势、把握理论动态、紧跟理论焦点，打造网上权威的理论展示和交流平台。理论频道开设学习进行时、党委中心组学习、理论动态、权威声音、理论前沿、社科讲堂、学习实践、苏区精神等12个栏目，从不同的侧面展示理论领域的最新动态、论文专著、经典文粹，促进理论学术的研究与交流。运用H5理论秀、图解理论等形式增强理论宣传的趣味性和亲和力。年内，转发1300多篇理论评论文章，编发《谱写赣南发展新篇章》《弘扬长征精神 建好文明城市》《坚持问题导向要“真、准、狠”》《赣南干群齐努力 全面同步奔小康》《巧用电商助力脱贫攻坚》等350多篇原创评论。

【队伍管理】 抓实“两学一做”学习教育。组织开展动员部署、专题集中学习和个人自学，参加市委组织部、市直机关工委组织的专题培训，深入查摆突出问题，开展党员“先锋创绩”等活动。按照“方案先行、监督跟进”原则，突出问题导向，强化教育整顿，树立看齐意识，引领党员勇于担当，提升网络宣传水平，确保“两学一做”学习教育出实效。

引进专业人才。4月，面向社会公开招聘年轻专业人员。一批功底扎实、理论和专业水平较高的人才充实到队伍中。重视员工教育培训。坚持落实每周业务学习培训制度，提高员工综合素质，积极探索培训常态化、日常化管理，实施“内强素质”工程。采取“沉下来、走出去”学习理念，在强化内部员工培训的基础上，派出员工赴南昌、上海、北京、深圳、杭州、南京、泉州、佛山、青岛、烟台等地参加行业交流培训和学习考察调研，向先进学，向发展好的、有自己特色的城市网盟单位学习。全年派出10批20余人次分别赴龙虎网、深圳新闻网、广佛都市网、泉州网、杭州网、青岛新闻网、胶东在线等兄弟媒体学习。

实施蓝青结对帮扶、学习经验分享计划。通过制定主副岗制度，培养一专多能型人才。安排外出学习员工开设内部学习交流会，分享外出学习经验，增强知识自我消化、转化能力，发挥员工的传帮带作用。

（撰稿　肖怡蕙　审稿　钟　耿）

【领导名单】

总监：边　斌

总编辑：曾德军

副总监：傅志群　何　敏(8月免)　梁　飞

（本栏编辑　徐文菁）

档案　地方志

档案管理

【概况】 2016年，赣州市档案局贯彻落实中共中央办公厅、国务院办公厅《关于加强和改进新形势下档案工作意见》和省委办公厅、省政府办公厅《关于进一步加强和改进新形势下全省档案工作实施意见》，围绕中心、服务大局，积极响应市委、市政府"主攻工业、三年翻番"，突出打好"六大攻坚战"决策部署，把握"加快完善档案治理体系、提升档案治理能力"目标要求，明确发展方向、厘清发展思路、落实发展措施、破解发展难题，较好完成全年工作目标和任务，开创全市档案事业科学发展新局面。赣州市档案局获2016年度全省设区市档案局(馆)工作先进单位、中国档案报社2015—2016年度发行先进单位、全省2015—2016年度档案报刊宣传先进单位、2016年度全省档案信息报送工作先进单位、2016年度全省档案工作规范化管理优秀组织单位。

【依法治档】 围绕"创新、协调、绿色、开放、共享"五大发展理念，结合实际，编制出台《赣州市档案事业发展"十三五"规划纲要(2016—2020年)》，科学谋划全市档案工作的总体发展思路、发展目标、主要任务和保障措施，目标是到2020年，初步实现以信息化为核心的档案管理现代化，基本建成与全市经济社会发展相适应、有效服务赣南苏区振兴发展的档案事业发展体系，力争全市档案工作在全省达到先进行列；按照《江西省"七五"档案系统法制宣传教育规划》，制定《赣州市档案系统"七五"法治宣传教育规划(2016—2020年)》，明确指导思想、主要目标和工作原则，并提出推进法治赣州建设、档案法治文化建设、依法治档全方位多领域深入开展等七大工作任务，弘扬档案法治精神，营造全市档案事业科学发展良好的法治环境；推行"双随机一公开"规范档案行政执法检查工作，建立"一单两库"，印发《赣州市档案局行政执法责任制实施方案》，并与赣南苏区振兴发展工作办公室联合开展赣南苏区振兴发展档案行政执法检查；根据市法宣办《关于启动实施赣州市法治文化精品工程通知》要求，挖掘档案文化资源，突显赣南地方文化特色，展现档案元素魅力，市档案局采用国家非物质文化遗产——兴国山歌形式，创作普法山歌《档案法律很重要》，在赣南日报、赣州晚报微信公众号进行推送，并制作光碟上报省档案局，分发各县(市、区)档案局和市档案局全体工作人员。

【服务中心工作】 制定出台《赣州市档案局关于充分发挥档案工作职能，支持主攻工业，服务企业发展的五条措施》，加大对企业档案工作指导，点对点开展企业档案业务咨询，开展对全市53家企业的80余名档案员的档案业务知识培训，并发放培训合格证；指导赣州稀土集团、赣州稀土矿业公司、赣州林业集团等编制《企业文件材料归档范围和保管期限表》，并进行审核批复，全面完成赣州市市属国有企业文件材料归档范围和保管期限表编制审核工作。

围绕"全面改革深化到哪里，档案工作就服务到哪里"，找准档案工作融入全面深化改革大局切入点。代市委办、市政府办起草《关于做好赣南苏区振兴发展档案工作通知》，及时制定并印发苏区振兴发展文件材料归档范围和保管期限表，指导、督促各县(市、区)、各部门、各单位履行职责，把苏区振兴发展工作全过程中所形成档案资料齐全完整地保留下来，及时整理归档，推动档案工作与苏区振兴发展工作同步进行。11月16—18日，与赣南苏区振兴发展工作办公室组成联合执法检查组，对全市17个全宗单位开展赣南苏区振兴发展档案行政执法检查，并对检查情况进行通报，推动全市苏区振兴发展档案工作，增强档案意识和法治意识。

市档案局作为全市农地确权工作协调指导小组成员单位，加强与农业部门沟通协作，制定赣州市农地确权档案工作验收评分表和评分细则，并列入全市农地确权颁证成果验收工作方案，印发《关于做好农地确权登记颁证档案市级验收迎检准备通知》，调度和督促各县(市、区)档案局指导做好农地确权登记颁证档案工作。市档案局派出业务人员全程参与市级检查验收工作，确保农地确权颁证档案工作规范管理。

参与于都县跃洲水电站、峡山水电站，信丰县五洋水电站工程移民安置档案专项验收工作，专门成立档案验收组，形成档案验收专项意见书，并纳入验收报告重要内容，贯彻落实《水利水电工程移民档案管理办法》，推动移民档案工作与移民安置工作同部署、同实施、同检查、同验收。

按照中央、江西省、赣州市关于打赢脱贫攻坚战各项决策部署，帮助驻点村(赣县江口镇龙舌村)找准致富路子，落实发展项目，拓展增收途径，扶到点子上、扶到根上。开展全覆盖集中大走访3次，为龙舌村53户建档立卡贫困户帮扶1.6万元慰问金和慰问物资；组织爱心人士资助贫困学子3名6000元就学；争取赣州市老龄委居家养老服务资金3万元、龙舌村小学饮水项目资金2.98万元；市档案局从业务经费中划拨5万元用于村部建设、村档案室建设和农家书屋建设。

【档案资源建设】 把好进馆档案质量关，推进档案资源体系建设。年内，接收14个全宗单位档案资料进馆，合计4413卷、19889件，资料80册、光盘14盒，进馆数量较上年增长7.2%。加大特色馆藏征集力度，局主要负责人参加省档案学会赴台湾考察交流团，重点征集蒋经国主政赣南期间档案资料近200万字，丰富特色馆藏。推进馆藏纸质档案数字化加工工作。赣州市档案局对馆藏档案进行全面摸底和整理，基本完成《赣州市档案馆指南》编纂工作。全面完成民国时期重点档案信息普查工作。按照《"十二五"时期国家重点档案保护与开发工作总体规划》要求，抓好项目实施。组织开展储备项目的选题申报工作，兴国县、于都县、全南县档案馆成为第一批国家重点档案保护与开发项目实施单位。

【档案信息化建设】 完成档案集成管理系统研发、馆藏中华人民共和国成立后档案文件级目录数据库及馆藏所有档案案卷级目录数据库建设，并组织数字档案馆集成管理系统培训；年底，搭建在政务内网的赣州市数字档案馆立档单位档案管理系统基本建成，完成与赣州市数字化OA统一办公平台数据对接，确定7家单位进行试点运行。9月28日，完成纸质档案数字化第一期项目招标工作，年底启动重点纸质档案数字化加工。年内，市档案局新增目录数据2.4万余条，累计完成案卷级目录4413条，文件级目录19889条。

【档案规范化建设】 年内，完成对全市24家市直、驻市单位和县直单位档案工作规范化管理审核评估和复查，复查评估单位数列全省第二。完成对信丰、上犹2县综合档案馆档案工作规范化管理晋升省二级评估工作，协助完成赣州市检察院、信丰县公安局、龙南县公安局等单位档案工作规范化管理晋升省特级指导评估。加大档案工作业务指导力度，全年现场指导市纪委、市公安局、市人民医院、赣州经济技术开发区法院、赣州城投集团、江西青峰医药集团、华融赣南产融集团等35家市直机关、企(事)业单位的档案业务。首次采取"校地合作"办训模式，与江西理工大学文法学院合作办训，开展2016年全市档案业务知识培训，来自全市各系统、领域的750余名档案工作者参加培训。

【档案宣传】 全市档案部门干部职工在报纸杂志上发表各类消息、通讯、业务论文等各类文章320篇，其中中国档案报、中国档案信息网、中国档案网、赣档信息、江西档案、江西档案信息、赣南日报等媒体采用稿件270篇。加强市档案局信息网站建设，落实专人负责网站内容更新和网络维护，截至年底，上传市档案局网站信息340条，上传市政府政务信息公开平台340条，上传省档案局网站信息132条，扩大档案工作影响力，成为宣传赣州、宣传赣州档案工作的重要窗口。配合各级新闻媒体做好宣传报道工作。协助中国档案报社采访百岁红军王承登等三亲人士，为中国档案报社制作纪念专版，并做好后续宣传报道，为中央电视台制作长征系列报道提供详实档案资料。

【基础设施建设】 市档案馆新馆建设项目列入市"十三五"规划和重大项目库。9月，市城乡规划局就新馆选址函复赣州市档案局，建议在章江新区C10地块规划建设新馆。9月20日，市政府主要领导签署同意意见。年底，市档案局着手开展编制项目可研报告工作。赣县区等8个县(区)档案馆新馆建设项目列入中央"十三五"预算内投资计划，投资额3714万元。年内争取到中央预算内资金576万元，补助建设信丰县档案馆新馆项目，争取110万元省财政专项资金支持建设上犹县、石城县数字档案馆项目，争取国家重点档案保护与开发项目资金98万元支持全南、于都、兴国等3个县保护与开发重点档案。全年向上争取资金784万元。市档案局通过专题调研指导，结合档案行政执法检查和档案工作规范化管理评估等方式，对各县(市、区)档案局"两馆"建设进行指导。围绕县级档案馆新馆建设，市档案局到大余、兴国就新馆建设进展情况、功能用房科学布局等进行调研指导，帮助落实上犹县数字档案馆县级配套资金到位情况等。截至年底，建成新馆并投入使用的有上犹、信丰、寻乌、石城、章贡区等5个县(区)；新馆主体工程竣工并进行装修的有大余、兴国、会昌、龙南、定南等5个县；建设中的有全南、崇义、上犹(二期工程)等3个县；于都、安远、赣县、瑞金等4个县(市、区)前期工作有序开展。

【馆藏档案】 截至年底，全市市县两级19家各级国家综合档案馆馆藏档案、资料2224992卷(册、件)。其中市档案馆馆藏档案有162个全宗，档案119559卷(件)，资料23532册。

(撰稿 肖赣军 杨盼云 审稿 肖 红)

【领导名单】

党组书记、局长：谢芳桂

党组成员、副局长：毛瑞林

副调研员：肖 红(女) 黄学森

地方志工作

【概况】 2016年，赣州市地方志办公室深入实施《地方志工作条例》和《江西省实施〈地方志工作条例〉办法》，落实国务院办公厅《关于印发全国地方志事业发展规划纲要(2015—2020年)的通知》精神和"一纳入、八到位"的要求，按照"存史、资政、育人有新进展，志鉴编纂有新成果，自身建设有新提高，服务中心工作有新作为”的思路，自觉围绕中心工作，主动服务大局，开展志鉴编纂、理论研究、信息化建设、方志馆建设、旧志整理及开发利用等各项工作，地方志工作取得新成效。

【《赣州市志(1986—2000)》编纂】《赣州市志(1986—2000)》验收。4月19日，《赣州市志(1986—2000)》验收会在赣州市召开。市地方志办、市委办、市政府办、市统计局、市财政局、市发改委、市工信委、市法制办、市保密局、市档案局、市党史办、市委党校、赣州军分区等部门的领导、专家、学者20余人参加会议。与会领导和专家一致同意《赣州市志(1986—2000)》通过终审验收。

“中国精品志书工程”申报。为树立精品意识、提高志书质量、打造精品佳志，根据中国地方志指导小组办公室《关于实施“中国志书精品工程”的通知》(中指办字〔2015〕70号)要求，省地方志办推送《赣州市志(1986—2000)》参加“中国精品志书工程”进行评选。5月18—19日，江西省“中国志书精品工程”《赣州市志(1986—2000)》专家评审会在赣州市安远县召开。6月12—14日，为确保《赣州市志(1986—2000)》成功申报中国志书精品工程，赣州市地方志办组织召开“中国志书精品工程”《赣州市志(1986—2000)》审校会，提升《赣州市志(1986—2000)》质量。9月17—21日，由中国地方志指导小组办公室组织的“中国志书精品工程”《赣州市志(1986—2000)》初审会在北京召开，为提升志书质量再次打下坚实基础。《赣州市志(1986—2000)》是江西省设区市唯一一部推荐申报“中国志书精品工程”的志书。江西省委常委、赣州市委书记李炳军亲自为该书作序。《赣州市志(1986—2000)》精品志书稿，共26篇173章782节，400多万字，有图片123张、表格390张。

【地方综合年鉴编纂】《赣州年鉴(2016)》编辑出版。按照市政府办公厅《关于做好〈赣州年鉴(2016)〉编纂工作的通知》要求，做好《赣州年鉴》(2016)资料征集和编纂工作，创新编纂方法，实行催稿、编辑、总纂分工负责制，按时保质完成年鉴编辑工作任务。11月，《赣州年鉴(2015)》由方志出版社出版。全书设36个类目，269个分目，1532个条目，约100万字。《赣州年鉴(2016)》全面、系统、准确地反映赣州市政治经济和社会各项事业的基本情况，记录全市在主攻工业、打好“六大攻坚战”，加快推进苏区振兴发展，以及推进全市与全国同步全面建成小康社会进程中的新变化、新进展、新成效。发挥年鉴存史、资政、育人功能，为国内外各界人士了解、研究、投资赣州提供服务。

完成《江西年鉴·赣州市》分目撰写。根据《江西年鉴》编辑委员会文件精神，完成《江西年鉴》2016卷赣州市分目的撰写任务，并按文件要求的时间节点按时交稿。指导、督促18个县(市、区)和赣州经济技术开发区如期完成《江西年鉴》编辑部下达的组稿任务。

【《赣州市2015年度大事记》编辑出版发行】《赣州市2015年度大事记》全面客观记述赣州市2015年度在主攻工业、打好“六大攻坚战”，加快推进苏区振兴发展，推进全市与全国同步全面建成小康社会进程中的大事、要事、新事。珍存历史资政育人，为赣州经济社会发展服务。全书约33万字，四色印刷，图文并茂。年初，确定专人负责收集大事记资料。3月，开始编纂。6月，完成出版发行。

【启动中国名村志文化工程(赣州市部分)申报工作】 10月31日，中国名村志文化工程启动仪式在安徽省绩溪县举行。根据国家安排，中国名村志文化工程(第一批)在全国每个省(自治区、直辖市)只推选一个村进行编纂。赣州市宁都县田埠乡东龙村被省推荐代表全省参加中国名村志文化工程，是全省唯一一个。中国名村志文化工程是客观记录全面建成小康社会进程的重要载体，是在新型城镇化进程中抢救村落文化的重要举措，是地方志工作的深化和创新。

【《江西省志·市县概况》和《江西方志文化丛书》赣州篇编写】 完成《江西省志·赣州市概况》的撰写任务和图片收集，10月10—11日，参加省地方志办组织的《江西省志·市县概况》初审会，《江西省志·赣州市概况》受到好评。督促18个县(市、区)地方志办及赣州经济技术开发区党政办完成并上报江西省志·县(市、区)概况以及五幅图片，市县概况约30万字。完成《江西方志文化丛书》(10部)赣州篇约40万字文字稿和约400幅图片的撰稿收集任务和上报工作。

【地方志资源开发利用】 做好《赣州年鉴》2015卷和《赣州市2015年度大事记》宣传工作。加大年鉴工作宣传力度，拓宽《赣州年鉴》宣传渠道，扩大《赣州年鉴》《赣州市大事记》赠阅范围，《赣州年鉴(2015)》《赣州市2015年度大事记》于2016年7月基本完成赠送全市各有关单位的任务，较好地满足社会各界查阅、掌握、利用年鉴资料信息的需要，实现经济效益与社会效益的同步提升。

加强赣州市方志馆建设。市政府批复同意将原赣州市博物馆三楼展厅(建筑面积约450平方米)划作赣州市方志馆，赣州市方志馆于7月挂牌。完善馆内规划设计，进行书架、书柜等招投标工作。

服务市委、市政府中心工作。为市委、市政府主要领导提供《赣州基础市情》。为各界领导和社会各界提供地情资料服务。热情接待上门查阅地情资料人员，每年为省内外高等院校、科研机构和市有关部门(单位)及社会各界人士300余人提供资料查询服务。参与中心城区地名命名，协助办好赣州市政府网地情栏目等等。

向有关媒体宣传赣州地方志工作。发挥地方志资源和地方志工作者的作用，积极向《中国地方志》《中国地方志通讯》《江西地方志》《江西省地方志工作动态》《赣南日报》及赣州市政府网、赣州人民广播电台等媒体宣传赣州市地方志成果及动态，刊发稿件91篇。其中，向《中国地方志》投稿1篇，向《江西地方志工作动态》投稿25篇，介绍赣南历史与人文等地情，引起社会反响和关注。

【地方志工作指导】　政治理论学习和业务能力培训。市地方志办坚持工作与学习培训两手抓，定期组织全体工作人员，开展政治理论和业务知识的学习，提高政治素质和业务能力。完善学习制度，每半月集中学习一次，实行自主学习与集中学习相结合，不断提高机关干部政治理论和业务水平。市地方志办派出1名县级干部参加省委党校举办的县处级公务员培训班学习、1名县级干部参加中直机关党校举办的"学习中共十八届六中全会精神暨党的建设"专题培训班学习。4月中旬，派出1名县级干部参加省地方志办公室组织的江西省地方志专业考察团赴台湾进行文化考察与交流。

全市地方志办公室主任培训。3月3日，赣州市地方志机构主任会议在赣州召开。以会代训，总结2015年全市地方志工作，规划2016年全市地方志工作。学习市政府副市长胡聚文对地方志工作的批示和《赣州市贯彻落实〈全国地方志事业发展规划纲要（2015—2020）〉实施方案》。各县（市、区）地方志机构负责人围绕该实施方案，就如何做好各类志书、年鉴编纂出版工作，以及机构问题、人员问题、经费问题、人才培养等方面畅所欲言、各抒己见，交流好的做法和存在的问题，提出具体意见和建议。会上，各县（市、区）地方志机构负责人对全面做好2016年地方志重点工作向市地方志办公室签订承诺书。

县（市、区）、市直单位地方志工作培训指导。派员参加指导市纪委、市烟草专卖局、赣州监狱等第二轮部门志编纂工作。对《宁都县志》的编纂工作进行指导。继续对章贡区、赣县、南康、信丰、崇义、全南、兴国、大余、于都、瑞金、会昌、石城、寻乌、宁都、安远、龙南、定南等17个开展一年一鉴工作的县（市、区）进行指导，对市直单位编纂年鉴工作进行指导。

依法治志。聘请专业法律顾问，依法开展地方志工作。7月23—29日，市地方志办公室组成3个调研组，到全市18个县（市、区），对各县（市、区）贯彻落实国务院办公厅《全国地方志事业规划发展纲要（2015—2020年）》、江西省政府办公厅《全省地方志事业发展规划纲要（2016—2020年）》和赣州市政府办公厅《赣州贯彻落实〈全国地方志事业发展规划纲要（2015—2020年）〉实施方案》情况等进行专项调研，推动赣州市地方志工作法制化、规范化建设。

【精准扶贫】　市地方志办在人员不足10人的情况下，独立组队参加由市委统一组织的精准扶贫工作，选派专人专职常驻于都县梓山镇山峰村（合河村）挂点，组织全办干部联系挂点村贫困户19户。筹措22万元资金支持精准扶贫，其中3万元直接给付于挂点村。市地方志办扶贫工作多次受市、县领导的肯定。

【"两学一做"教育活动】　按照市委的统一部署，在全体党员中开展"学党章党规、学系列讲话，做合格党员"学习教育活动，全面提升党员队伍思想政治素质，引导全体党员增强政治意识、大局意识、核心意识、看齐意识，成为讲政治、有信念，讲规矩、有纪律，讲道德、有品行，讲奉献、有作为的"四讲四有"合格党员。落实第一责任人责任，班子带中层，中层带党员。做到统筹兼顾，将教育活动与推进"四个全面"战略布局、推动赣州经济社会发展、地方志工作结合起来，两手抓、两不误、两促进，开创地方志事业新局面。

（撰稿　徐文菁　审稿　陈昌保）

【领导名单】

党组书记、主任：陈昌保

党组成员、副主任：廖伟东　徐井生

副调研员：朱　俊

（本栏编辑　徐文菁）

卫生计生　体育

卫生与计划生育

【概况】 2016年，市卫生计生委主动适应群众健康幸福需求新常态，坚持稳中求进总基调，着力深化改革、发展升级、民生改善、从严治党，开创全市卫生计生事业振兴发展新局面。全市主要卫生资源指标大幅改善，人民群众健康水平显著提高，年内，全市孕产妇死亡率10.13/10万(全国19.9/10万)，婴儿死亡率4.07‰(全国7.5‰)，5岁以下儿童死亡率6.52‰(全国10.2‰)，3个指标均低于全国平均水平。全国农村居民重大疾病医疗保障工作现场推进会、全国健康促进县(区)经验技术交流会、全省基层卫生信息化现场会等在赣州市召开。健康扶贫、公立医院综合改革、卫生应急等一系列工作在全国、全省作经验介绍。省委办公厅督查组充分肯定赣州市深化医改工作取得的积极成效，认为赣州市将深化医改纳入重大民生工程，主动聚焦难点问题，立足实际，勇于探索，大胆实践，呈现出“全面播种、次第开花”的良好局面。

【深化医改】 县级公立医院综合改革。于都县被省卫生计生委选定为县级公立医院综合改革示范单位，在上犹县、兴国县开展县级公立医院综合改革市级示范工作。在完善分级诊疗标准和流程、全面推开县(市、区)分级诊疗的基础上，重点推进高血压和糖尿病分级诊疗工作。在会昌、全南、崇义、瑞金、宁都5县(市)开展分级诊疗示范工作。鼓励各地开展医疗联合体建设试点工作，市人民医院分别与龙南县、定南县签订合作协议，市第五人民医院与14个基层医疗卫生机构成立“城西医联体”。在章贡区、南康区开展家庭医生签约服务示范工作。省委办公厅医改督查组对赣州市医改工作给予肯定。

全民医保体系建设。新型农村合作医疗人均筹资水平提高到540元，参合率98.13%，超过省定95%的目标任务。将日间手术纳入报销范围，将地中海贫血(含输血)纳入门诊大病保障范畴，门诊治疗按住院办法进行补偿。市级医疗机构住院报销比例提高5个百分点，即按55%补偿。复合型付费支付方式改革实现县级全覆盖。在赣南医学院第一附属医院试点，与瑞金、宁都、兴国、寻乌、赣州经济技术开发区、全南和会昌等7县(市、区)实现互联互通。新农合大病保险补偿6739人次，补偿金额5661.36万元。按照医保整合部署，8月31日起，新农合管理工作移交人社部门负责。

基层医疗机构综合改革。市政府就加强乡村医生队伍建设出台专门文件。启动8个国家贫困县二级以上医疗卫生机构对口支援乡镇卫生院工作，每县6所乡镇卫生院，共48所，补助资金288万元。下达乡村医生养老生活保障资金244万元。推进基本药物制度实施，截至9月，乡镇卫生院药品收入3.823亿元，基本药物收入3.608亿元，占比为94.38%；社区卫生服务中心药品收入376.06万元，基本药物收入339.60万元，占比为90.31%。全市乡镇卫生院完成基本诊疗路径病例数16677例，完成80.76%，平均治疗天数由入径前7.45天减为入径后5.97天，平均治疗费用由入径前1055.85元减为入径后832.68元。

医养结合工作。赣州市为第一批50个国家级医养结合试点单位之一。试点启动后，赣州市在社区医疗机构、养老机构兴开展医养结合，全市医养结合工作“形式多样，内容丰富”，全市建成并投入使用的医养结合项目18个，有26家医疗机构准备开展医养结合服务，尚未运行的医养结合机构6家，其中规模较大的有赣州市祥瑞老年中心、市杨仙岭养老中心、赣南医学院第三附属医院、市添福养老服务中心、兴国田庄上养老中心、兴国第二医院医养结合中心、大余西华山职工医院。

【健康扶贫】 实施卫生计生精准扶贫。推进卫生计生精准扶贫一系列专项政策，尤其是聚焦农村贫困人口看病就医负担过重问题，在全国创新实行农村贫困人口疾病医疗商业补充保险政策，市、县财政出资9455.23万元，为全市70.24万贫困人口建档立卡，年初初步实现脱贫的人口105万人，统一购买补充保险，构筑起新农合补偿、新农合大病保险补偿、农村贫困人口疾病医疗商业补充保险、民政医疗救助四道保障线，减轻贫困人口的医药费用自负比例，遏制和减少农村群众“因病致贫、因病返贫”。1—10月，全市补偿2462人次，住院医疗总费用10543.65万元，其中新农合补偿5348.36万元、大病保险补偿1382.58万元、补充保险补偿2853.56万元，个人自负959.15万元，个人自负比例9.10%（如果没有实施补充保险，则个人自负比例为36.17%），享受民政医疗救助后，可降低个人自负比例。国务院副总理刘延东、国家卫生计生委主任李斌到赣州视察调研时充分肯定赣州市做法，赣州市在全国2016年扶贫日减贫与发展论坛——健康扶贫论坛、全国健康扶贫政策培训班上作典型发言，中央电视台《经济半小时》"健康中国"栏目进行专题报道，于都县代表赣州市在全国健康扶贫工作会议上作典型发言，省委、省政府要求在全省推广。

重大疾病免费救治。继续对重性精神病、尿毒症等8种重大疾病实行免费救治或免费手术治疗。截至11月，全市免费救治白内障患者4251例、白血病患儿19例、血透4971例、重性精神病患者22874例、乳腺癌患者107例、先天性心脏病患儿180例、唇腭裂患者180例、宫颈癌患者1例。落实农村居民耐多药肺结核、儿童苯丙酮尿症和儿童尿道下裂等17类重大疾病救治。

基本和重大公共卫生服务项目。基本公共卫生服务项目经费人均补助提高到45元。截至年底，全市城乡居民电子建档726.88万份，电子建档率达到85.7%。65岁以上老年人健康管理率88.2%，7岁以下儿童健康管理率89.4%，孕产妇管理率59.7%，高血压病人管理率43.2%，控制满意率62.7%，2型糖尿病患者管理率21.4%，控制满意率62%，重型精神病人登记管理率39.9%，随访率92.8%。落实农村孕产妇住院分娩补助、农村妇女两癌检查、艾滋病、梅毒和乙肝母婴阻断等重大公共卫生服务项目。

利益导向政策。对独生子女伤残、死亡家庭扶助标准实行城乡一体化。扩大"失独"家庭再生育辅助人群范围，取消再生育辅助年龄上限规定，将49周岁以上有生育愿望且有生育医学指征的"失独"家庭纳入服务范围。对49周岁以上独生子女三级以上伤残和40周岁以上独生子女死亡的计划生育家庭特扶对象每年开展一次免费体检。开展创建幸福家庭活动。继续开展爱心救助、爱心保险、中考加分工作。截至年底，全市走访慰问计生困难户7422户，资金412.33万元，送油、米、面等1万多千克。办理计生爱心保险44380人，金额133.14万元。完成全市4169名符合条件的农村计生家庭子女中考加10分的审核工作。

【支持工业和服务企业】 实施帮扶企业"三个一"活动。组织机关30多名干部到兴国县工业园区的15家企业，开展一次政策宣讲、一次调查研究、梳理一次涉企困难的帮扶企业"三个一"活动，下车间宣讲省及市降低企业成本优化发展环境的相关政策，帮助企业解决发展难题。市卫计委共对兴国工业园区15家企业开展对口联系，收集40条问题，帮助1家企业解决2个问题，争取资金300万元。

实施医疗保健服务企业活动。开展上门体检义诊。组织市人民医院等9家医疗卫生单位，先后到赣州经济技术开发区金进实业(赣州)有限公司、绿野包装公司、瑞嘉达电子有限公司进行，医院专家义诊1600人次。各县(市、区)积极开展义诊活动。落实户籍制度改革和服务进企业工作要求。全市所有转户农民及办理居住证的居民、辖区内在现居住地连续居住半年以上的流动人口、在企业务工6个月以上的符合国家基本公共卫生服务项目要求的职工免费享受与城市居民同等的基本公共卫生服务。发放健康服务VIP卡。对全市588家规模以上企业投资人发放赣州市企业家健康服务VIP卡，并在经济技术开发区、兴国县进行发卡仪式。

企业卫生计生服务渠道。通过推进工业园区企业或工业园区所在乡镇设立企业务工人员专门服务窗口建设和组织人员到企业开展卫生政策宣讲、健康教育、咨询指导和疾病诊疗服务等方式，将政策、服务、健康送到企业，为在企业务工6个月以上符合国家基本公共卫生服务项目要求的职工建立电子健康档案。推进15个县(市、区)设立17个企业务工人员服务窗口；进机关150个，服务3265人次；进企业164个，服务9009人次；进学校1169个，服务119870人次；进社区326个，服务21073人次；进乡村2812个，服务393765人次；为流动人口免费发放叶酸5187瓶、避孕药68046盒，建立电子健康档案13788份、流动孕产妇保健管理档案431份、流动儿童保健管理档案2948份，开展流动儿童预防接种12232人、孕前优生健康检查1280人次、高血压和糖尿病诊治175人。

【生育政策】 实施全面两孩政策。始终坚持党政一把手亲自抓、负总责不动摇，坚持"一票否决"制度不动摇。《关于实施全面两孩政策改革，完善计划生育服务管理的意见》经市政府常务会议审议通过。狠抓计划生育工作督查考核，对全市前三季度计划生育工作进行专项考核，对安远县龙布镇给予"一票否决"，对于都县新陂乡、兴国县梅窖镇、宁都县田埠乡等3个乡镇给予"警示"。加大计划生育"一票否决"工作力度，评先创优、干部任用的计划生育审核达5368人次，否决1人的评先资格。巩固党政重视的工作格局，生育水平总体保持稳定。2015年10月1日至2016年9月30日，全市出生130423人(男婴69853人、女婴61470人)，人口出生率13.18‰(省下达控制指标14.81‰)，人口自然增长率7.79‰(省下达控制指标8.47‰)，符合政策生育率84.59%，政策外多孩生育率9.82%(省下达控制指标9.5%)。

改革生育服务证制度。按时启用全省计划生育服务系统并实现应用全覆盖，统一印制生育服务卡20万份并分发各地，推动一孩、二孩生育登记网上办理和生育证审批工作。全市受理生育登记(审批)64701例，办结55635例，办结率达85.99%。

综合治理出生人口性别比。开展整治"两非"专项行动，查处"两非"案件136例，出生人口性别比110.06(省考核指标115以下)。

流动人口服务管理和计生协会工作。推进流动人口基本公共卫生计生服务均等化。春节期间为流动人口提供计生技术服务948例、生殖健康检查6846人、避孕药具发放38215盒。走访慰问流入人口1195人，发放慰问金(含实物折款)29.95万元。

【卫生计生服务能力】 医疗卫生项目建设。做好泰康人寿保险股份有限公司、北京环球医疗金融与技术咨询服务有限公司等金融机构对赣州市卫生计生项目投资等对接服务工作。修改完善"十三五"卫生计生项目储备库。推进市人民医院新院建设，启动市妇幼保健院新院建设，做好市中医院规划整体迁建。推进产权公有村卫生计生服务室建设。

县级医院服务能力。协助完成三级综合医院和专科医院评审，召开全市医院评审现场推进会，开展二级综合医院评审，完成石城、赣县、信丰、南康、于都、兴国、瑞金、会昌等8县(区)人民医院现场评价。组织12个贫困县县级医院与城市三级医院对口帮扶，派出187名医务人员到10家城市三级医院学习。争取北京中医医院对口帮扶市中医院、天津肿瘤医院对口帮扶赣州市肿瘤医院、北京朝阳医院对口帮扶瑞金市人民医院。新增1所县级综合医院获批建设三级综合医院。

妇幼健康服务。推进全市妇幼保健和计划生育技术服务资源优化整合，县级整合率61.11%，乡级整合率67.7%。推进妇幼健康服务机构规范化、标准化建设，指导市妇幼保健院成功创建省级儿童早期发展示范基地、市级听力筛查中心。深化妇幼健康优质服务示范工程创建工作，推荐会昌县、于都县、龙南县为省级妇幼健康优质服务示范县。赣州市妇幼保健院顺利通过省级人类辅助生殖技术校验评估，赣州市人民医院正式运行试管婴儿技术，赣南医学院第一附属医院试运行夫精人工授精技术。医疗机构普遍开设二孩和高龄孕产妇门诊。推进贫困地区儿童营养改善项目和地中海贫血防控项目。赣州市成为江西省第三个全面实施免费婚检的设区市。

医疗服务。开展"规范临床诊疗行为 改善群众就医体验"活动。召开全市DRGs工作推广启动暨培训会，逐步实现二级及以上公立医院相关信息数据定期传输，加强数据质量管理。加强院感管理，成立赣州市医院感染管理专业质量控制中心。推进医疗责任保险，有效处置医患纠纷，全年全市发生医患纠纷124起、赔偿234.9万余元，分别减少37起、229.3万余元。开展优质护理服务，增强医院护理管理能力建设。强化血液管理，制定《赣州市无偿献血考核细则(2016年版)》。完善医疗急救网络。

人才队伍建设和科教工作。成功争取赣州市成为全国唯一的贫困地区卫生计生人才综合培养工程试点市，市政府印发方案启动试点工作。安排76名县级公立医院骨干医师赴北上广等地进修、6名县级公立医院院长赴新加坡与中国台湾地区参训，全市卫生计生系统招聘812名本科及以下人员和36名硕士研究生，招录中央和省培养定向医学生67人。加强18个省市共建学科及30个赣州市领先学科建设。完成卫生中初级专业技术资格考试。建立卫生计生系统优秀人才推荐和选拔工作评审机制，出台《赣州市卫生计生委"优秀人才推选"专家评审暂行办法》。

卫生计生信息化建设。18个县级人口健康平台投入使用。完成全市321个乡镇卫生院的HIS安装、调试、培训等工作。市级人口健康平台、全市移动医疗、远程医疗协作系统建设等顺利推进。年底，发行全市居民健康卡并普及使用。开展远程医疗协作系统建设。

中医药事业。市政府出台《关于加快中医药事业发展的实施意见》。开展"全国基层中医药工作先进单位"创建活动，上犹县、龙南县通过全省基层中医药工作先进单位验收，报送国家中医药管理局审核验收。开展中医院示范创建。在全市乡镇卫生院开展中医馆建设。推进赣县、安远县、龙南县中医馆建设，石城县实现乡镇卫生院中医馆建设全覆盖。中医服务在医疗服务中的占比不断提升，上犹县、南康区中医院工作成效更加明显。中医特色治疗技术得到推广。

【公共卫生服务】 卫生应急工作。科学有效处置1例人感染H7N9禽流感确诊病例、1例输入性人感染H5N6禽流感病例，成功处置全国首例输入性寨卡病毒感染病例，得到国家、省、市的充分肯定。完成16起重大突发事故的紧急医学救援。推动信丰、赣县、兴国、崇义、龙南等5县争创2016年省级卫生应急综合示范县。

重大疾病预防控制。严格规范管理二类疫苗采购使用。开展预防接种星级门诊创建工作，全市三星级以上预防接种门诊有242家。加大传染病疫情防控，无甲类传染病发生，乙丙类传染病无大面积流行。加强手足口病的防治，未出现重症和死亡病例。强化重大疾病预防控制，全市有1138名艾滋病患者享受免费体检服务，医疗机构体检率为111.9%；有263名符合条件的救治对象享受救治服务，救治完成率为175.3%；完成1238名随访对象的随访管理服务，随访管理率为162.7%。开展结核病防治工作，启动礼来耐多药结核病防控项目。推进南康区、瑞金市创建慢性病综合防治示范区。

开展爱国卫生运动和健康教育。完成"健康苏区行 律动赣鄱地"——江西省2016年"健康中国行"主题宣传活动。与赣州广播电视台联合启动2016寻找赣州最美健康卫士公益活动。与有关单位合作，开办《健康赣州》《爱生活、爱健康》电视栏目。石城县成为赣州市第三个国家健康促进项目县，通过国家健康促进县评估组对寻乌县、于都县的评估。

【法治卫生计生建设】 开展《中华人民共和国职业病防治法》《中华人民共和国人口与计划生育法》《放射性同位素与射线装置安全和防护条例》2法1条例落实情况监督检查。在全市卫生计生监督执法机构范围内开展"转职能、转方式、转作风、转形象"的"四转"工作。开展全市卫生计生系统网上分类学法考法活动，全市卫生计生系统有1441人参加考试，参考率100%。推进依法行政，健全卫生监督执法责任制，对市本级及县级卫生监督机构及卫生监督员在卫生行政执法活动中依法履责和遵纪守法情况进行专项稽查。

卫生计生综合监督执法。年内立案1594件，罚没款总额167万元，移送公安机关案件7件。开展打击非法行医、整顿基层医疗市场专项行动，联合市综治办等五部门联合印发《关于印发赣州市集中整治“号贩子”和“网络医托”专项行动实施方案的通知》，开展集中整治“号贩子”和“网络医托”专项行动。深化行政审批制度改革，开展优质服务活动。市卫计委窗口受理3711件，办结3711件，办结率100%，投诉率为0。

（撰稿 严华博 审稿 钟玉平）

【领导名单】

主任、党组书记：廖 伟
党组成员、副主任：梁铁民
党组成员、计生协会常务副会长：谢会荣
党组成员、副主任：杨 铮
刘群英（女）
党组成员、市五医院院长：刘春文
党组成员、副主任：李小才
党组成员、副主任：刘远飞 薛 斌
党组成员、纪检组长：聂瑞和（12月免）
党组成员、市纪委驻市卫生计生委纪检组长：金 春（12月任）
爱卫会副主任：戴艳春（女）
调研员：谢会荣（5月任）
副调研员：张春玲（女） 方惠清（女）
谢 瑛（女） 刘欣君
邱伟民 曹洪敏
计生协会副调研员：邱林英（女）

赣州市人民医院

【概况】 2016年，赣州市人民医院全面贯彻落实全国卫生与健康大会精神，积极融入赣州经济社会发展大局，稳步推进“服务能力提升年”的“九篇‘精’字文章”战略，以勇担公益责任、改善患者就医体验和推动事业进步为目标，克服空间狭小、新院建设任务繁重、医改步入深水区带来巨大挑战和压力等重重困难，康复院区和新院6个专科中心相继启用，各项工作取得重大成效。全年医院门急诊量94万余人次，增长18.04%；出院人数6.89万余人次，增长15.74%；手术3.7万余台，增长15.6%；平均住院日9.2天，减少0.6天；药占比降至37%，低于2015年同期水平；在全省三级综合医院DRGs评价综合排名中，取得总量全省第四、组数全省第二、CMI值全省第三的成绩，低风险死亡率、费用指数、时间指数、百元耗材比等，控制水平均稳定保持在全省前列，实现医院“十三五”规划的良好开局。

【医院形象】 高分通过“全国百姓放心示范医院”第5周期动态管理考核评价；获评“全国改善服务创新医院”称号；医院、护理部分别被国家卫计委表彰为“改善医疗服务示范医院”“改善医疗服务优质服务岗”；获“江西省第十四届文明单位”称号；在江西省首届“老百姓满意的医疗卫生机构”评选中，社会评价得票数排名全省第一；胸痛中心成为全省第三家、赣州唯一一家通过中国胸痛中心认证的专业救治中心；体检科成为“全国健康管理示范基地”；护理部获“赣州市三八红旗集体”荣誉称号；泌尿外科“钻石圈”获第四届全国医院品管圈大赛一等奖；肾内科“乾坤圈”获全省护理品管圈大赛二等奖，护理团队获全省临床实践技能大比武团体第二名，罗琦、邓赵新分获医疗、护理个人二等奖；杨佳获全省《手术室护理实践指南》操作大赛个人三等奖；廖晓飞获第一届江西省药师职业技能大赛个人三等奖。涌现“全国三八红旗手”宋燕、“全国脑卒中筛查和干预项目先进个人”谢圣瑞、“全国百姓放心示范医院优秀管理者”袁源佩、“省百千万工程人选”蒋秋华、赣州“2016最美健康卫士”许辰阳、赣州市“三八红旗手”钟琼等先进典型。

【管理内涵】 完善各领域大质管质量检查评价标准，将大质管质量检查评价情况纳入综合目标管理考核、中层干部考核及评先评优，建立科学合理的质量评价和管理体系；全市11个医疗质量控制中心有院感科、病理科、康复医学科、急诊科、普外一科、医学影像科、病案室7个落户赣州市人民医院，医院各专业的质量管理标准走在全市医疗行业前列；质量管理工具应用重点从QCC、PDCA转为RCA、FMEA、HVA，全年实施质量改进项目230余项，全员参与率达到50%以上，其中对全院突发停电事件进行全方位、无死角的再分析，第三次修订涵盖全院各部门和各科室的应急预案；健全不良事件与近似错误无责呈报制度、奖励措施和信息平台，不良事件年报告件数达到51.22件/百床，不良事件漏报率控制在2.74%以下。

全院由18个科室成立59个诊疗小组，推动科室亚专业的发展；有12个专业科室49个病种开展日间手术，全年开展日间手术1044例，增长126.46%，在同类手术病种中，日间手术占比45%以上；以“共同交班、共同查房、共同讨论、共同科教，共同质管”为主要措施的“医护一体化”工作模式运行平稳；将血液、肿瘤、内分泌、心血管等学科的更多病种纳入多学科诊疗范畴；新增22个临床路径病种，实施22个专业106个临床路径病种，符合入径管理总例数达15381例，增长61.2%；有1986例病例纳入单病种质量管理，增长16.8%；ICD编码准确率为95.4%，病历7天归档率提升至99.9%，病案首页符合率提升至96.8%；手术准点率和手术风险评估率均提升至98%以上；建立囊括医疗行为、医疗能力、三基水平、科研能力等指标在内的全方位、可量化的层级导师考核体系；对2015年内新进的129名临床医技人员进行10次集中培训、3次考核，培训率99%，考核合格率100%。

护理方面，推行病情早期预警评分系统（MEWS）和标准病情交流模式（SBAR）；康复医学科被确定为全省康复护理专科护士培训实训基地，接收首批学员；急诊科作为江西省急诊急救专科护士培训实训基地已接收6批学员；出台《护理行政组长轮训急诊科或重症医学科的管理办法》，8名护理骨干获得国家级或省级专科护士培训合格证；实施全程优质护理服务模式，并根据不同的岗位开展各具特色的护理服务；依托青苑护理沙龙开展“护理技能操作英语情景会话竞赛”“应急救治护理技能竞赛”等丰富多彩的沙龙活动；有43名男护士在全院各护理岗位。

药事方面，构筑阳光医药网上监察、医师用药积分制考核、处方负面清单管理和处方点评制度、药品品种和用药情况季度排名等“四道屏障”；开展药物临床试验基地申报前期准备工作，为争取成为国家药物临床试验基地奠定基础；强化对Ⅰ类切口手术抗菌药物预防使用率的监管，Ⅰ类切口手术预防性使用抗菌药物比例达标；加强对医院抗菌药物使用强度的监管，抗菌药物使用强度低于全省平均值；10名临床药师参与10个病区的临床诊疗工作；开展丙戊酸、甲氨蝶呤、万古霉素的血药浓度监测。

依托挂靠在医院的全市院感质量控制中心，制定和出台全市医院感染质控考核标准。在多重耐药菌管理方面，采取临床责任包干制，点对点与经管医师利用平台留言，进行电话沟通，严格临床督导、药前送检，并每季度联合多部门公布多重耐药菌发展趋势；引进手卫生用品竞争机制，三个院区免费配置100多台手消自动感应器，对手卫生依从性实行“飞行检查”，不定期对临床医务人员进行抽查；制定医院环境清洁与消毒考核标准，与临床联手打造院感防控新屏障。

【患者体验】 出台作风建设、服务行为、患者需求等多个方面的“八项承诺”，在强化内部监督的同时引入外部监督，对9个科室和23名个人进行通报处理，全“八项承诺”成为全院干部职工的优质服务纲领和指南；全面上线全预约、分时段挂号系统，通过现场、电话、短信、微信、大象就医APP等9种方式，有效分流患者；全面推行诊间缴费并试点开展床旁结算和医疗、护理移动查房；打造大型检查预约平台；更新“一卡通”自助服务设备，对功能进行全面重新设计和优化，患者使用自助设备进行各种操作的比例实现较大增长。

中共中央政治局委员、国务院副总理刘延东在赣州市人民医院视察和指导期间，对医院改善医疗服务、改善患者就医体验的举措和做法给予高度评价。全市“改善群众就医体验暨医疗安全管理现场会”在赣州市人民医院召开。

【学科建设】 引进和推广各类新技术新项目，以腔镜、微创、介入为代表的高精尖新技术、新项目取得重大进展。疼痛科成功开展“鞘内吗啡输注系统植入手术”，心胸外科成功开展ECMO技术并独立开展心脏停搏冠状动脉搭桥手术。全院完成三、四级手术8717台，增长26%，抢救人次增长77.98%。神经外科学科科技影响力全省排名第三；重症医学科、肾内科、检验科通过打擂成为省、市共建学科，医院省、市共建学科增至21个；中标4项省部级课题，1项省自然基金；举办“全面质量管理和持续改进学习班”“医院感染规范化管理知识培训班”等50余项国家或省、市级继续教育项目；坚持每月两次的科室业务学习和晨间学术活动。

【人才队伍】 全年引进硕士以上学位毕业生105人，其中博士生5名；副高以上专业技术人才新增37名，神经外科主任蒋秋华获“省百千万人才工程人选”称号，是赣州市医疗卫生单位唯一一名入选者，医院获得该称号者增至5人；在省卫计委组织的赴德、英、法、美等国家研修的英语考试中，全市有12人通过，有9人是市人民医院医务人员。选派16名硕士到湘雅二院进行为期半年的规范化培训，选派20名职能科室干部挂职科室秘书，安排55名医务人员先后在医务部和急诊科轮岗。选派部分管理及技术骨干到台湾马偕纪念医院研修。

【协作交流】 与北京医院签订对口帮扶协议，并制定有实质性内容的帮扶计划；与北京阜外医院签订技术帮扶合作协议；与华西医院、浙医二院、上海瑞金、北京阜外等知名医院开展的远程会诊进入常态化，外派近百名医护人员到以上国内名院进修学习；组织部分中层干部到华西医院、南大二附院、上海瑞金医院进行短期跟班学习。派出技术骨干下沉基层医院，采取轮驻、讲座、技术指导、教学查房、疑难病例讨论等方式开展帮扶工作。与赣州市所有县级医院建立远程视频系统、心电远程会诊系统协作关系，托管的龙南县人民医院、定南县第一人民医院均实现业务增长和学科建设发展的目标。在“医养结合”方面，与市内祥瑞老年公寓和红星老年公寓(翡翠谷)签署合作协议，采取定时巡诊、上门义诊、健康咨询等多种形式为老年人提供服务；拟定“医联体”章程，按照区位布局筛选一批县级医院、乡镇卫生院和社区医院并签订协议。

【系统建设】 设备优势得到巩固。引进Revolution CT、3.0T磁共振、PET-CT、直线加速器、DSA、STORZ高清腹腔镜、德尔格麻醉系统等百余项各类先进设备，其中Revolution CT和德尔格麻醉系统为国际上最先进，全省第一家引进。信息化优势凸现。上线床旁结算系统、人事请销假系统、MIS系统、教学视频点播系统、职能科室满意度测评系统、住院医保特殊用药管理系统，提供更为强大的信息化支撑。夯实后勤管理。规范物资采购管理办法，重新招标引进管理更加规范的物业、食堂、保安、洗涤等外包类专业公司；保诚绩效作用显现，促进全院各科室深挖潜力、开源节流。

【精神文明】 策应赣州市争创“全国文明城市”这项重点工作，完成涉及医院的各项迎检材料、氛围营造和现场考核等工作；开展“十大好医生”“十大好护士”“十大好技术”“十大优质服务举措”等系列评选，营造“比、学、赶、超”的浓郁氛围；举办“文明风采百姓舞台”文明单位广场专场文艺汇演；“红歌、院歌大家唱”大合唱比赛、第八届职工运动会等一系列活动，提升全院职工的凝聚力、向心力、战斗力。

【公益性质】 在应对突发事件方面，

成功应对三江重大交通肇事和渡口路突发火灾烧伤人员紧急医疗救助，做好面向社会公众的H7N9禽流感的健康宣教及防护知识普及工作；在服务工业企业方面，为企业提供“名医点对点”“开通绿色通道”“上门体检”以及健康宣教等特色服务；在“精准扶贫”方面，通过开展“精准扶贫一日捐”“慈善一日捐”等活动，为定南县天九镇洋田村和油田村筹措资金10余万元，先后10余次组织党员干部开展产业扶贫、医疗扶贫活动，为千余名村民提供免费健康咨询并发放部分常用药品；在民生工程方面，继续开展“光明·微笑”工程、儿童“两病”、妇女“两癌”、免费血透等民生工程，救助微笑列车患者91人次，儿童两病患者105人，“两癌”患者100人，减免费用520余万元，免费血透9039人次；在“万名医师支援农村工程”方面，派出50余名专家对口支援上犹县、会昌县、于都县等6家县级医院，接收60余名受援医院卫技人员免费轮训或进修，为受援医院授课近百次。组织医疗骨干和退休老专家到社区和乡镇，开展义诊和讲座30余次。

【新院建设】 面对新院建设工期紧张、设计变更大、交叉施工调度难等诸多不利因素时，医院迅速调整策略，实行工期倒排、限期办结、每周调度、进度日报、延误惩罚等5项制度，在保证工程质量和安全的前提下，要求各施工队加班加点，推进工程进度，确保6个专科中心如期投入运营，新增病床647张。开放运营包括综合康复、神经康复、儿童康复、肌肉骨骼及运动创伤康复等4个病区的康复院区，打造全省规模最大、设备最先进、设置最齐全的康复医疗专科中心。

【党建工作】 “两学一做”扎实推进。严格按照上级要求开展各主题的学习教育，院领导按联系点到各党支部上党课20余场，开展12次党委中心组学习，全院党员的理想信念、宗旨意识、理论水平得到提升。“创先争优”注重实效。结合医疗工作实际，设立107个党员示范岗，引导党员干部立足岗位，注重实效创先争优，要求全院党员全部亮牌履职接受监督。志愿服务深得人心。各党总支、党支部发挥医疗行业特点，经常性组织党员医疗专家、团员青年骨干深入社区、农村开展志愿服务，为居民和村民免费诊疗和普及健康知识。“两个责任”有效落实。实施党员干部约谈制度，推动“两个责任”落到实处，深入推进“把纪律挺在前面”“违插”问题专项治理、“红包”问题专项整治、集中整治和查处基层侵害群众利益不正之风及腐败问题等活动。

（撰稿　段德正　彭飞龙　审稿　刘　亮）

【领导名单】

院长、党委副书记：

党委书记：夏来阳（10月退休）

副院长：曾康华（女）

党委副书记：揭怀亮

党委委员、纪委书记：张攀才

党委委员、副院长：聂宇波　李广生

党委委员、工会主席：林　峰

党委委员、副院长：何春明　杨明福

副院长：刘建生

党委委员、副院长：罗　骁

副院长：孙　涛（挂职，12月免）

正处级干部：彭力辉

党委委员、院长助理：吉　灵

王祥贵

党委委员：许自兴　蒋秋华

赣南医学院第一附属医院

【概况】 2016年，赣南医学院第一附属医院坚持以新发展理念为引领，牢牢把握稳中求进、内涵发展的工作原则，按照国家城市公立医院改革和学校更名大学的要求，以“两学一做”学习教育和巡视整改为契机，强化制度建设，狠抓内涵管理，提升卫生服务能力，求真务实，锐意进取，各项事业取得重大成就，完成医院的各项目标任务，实现“十三五”良好开局。门急诊量100.5万人次（黄金院区门急诊量6.52万人次，增长57.5%），出院病人8.17万人次，平均住院日10.3天，药品比例40.34%，耗材比例16.6%，各类手术2.82万台次。

年内有在职职工2400余人，其中专业技术人员2200余人，高级职称人员360余人，博士及博士后30余人、硕士500余人。医院有获“中国医师奖”专家1人，全国卫生系统先进工作者1人，享受国务院及省、市政府特殊津贴专家10人。入选省“赣鄱英才555工程”领军人才培养计划专家1人、省新世纪百千万人才工程专家5人、省高校中青年学科带头人6人、省卫生厅有突出贡献中青年专家5人等。开放病床2300余张，全年出院人数8.17万人次，门急诊人数100.5万人次。

医院科室设置齐全，专业优势突出。医院临床医学学科为硕士学位授权学科（学术学位和专业学位），系省高校“十二五”重点学科；泌尿外科、疼痛医学科系国家临床重点专科入围科室、江西省医学领先学科；心血管内科、普外科、神经外科、重症医学科为省级临床重点专科建设项目；普外科、心血管内科、消化内科、骨科为省医学学科省县共建计划项目援建学科。泌尿外科、心胸外科、骨科、眼科、神经外科、麻醉科、心脏介入学、超声诊断学、心内科、妇科、皮肤科、病理科被确定为赣州市医学领先学科。

【党建工作】 “两学一做”学习教育。成立学习教育领导小组，突出党委书记、各总支书记、支部书记主体责任，层层传导压力，强化指导督查，从严从实抓好学习教育活动。以中心组学习、班子成员讲党课等形式，专题学习党章党规和中共中央总书记习近平系列重要讲话，开展集中研讨，深化学习效果。全年组织党委中心组学习14次，开展“四讲四有”专题讨论4次。调整提任41名临床科室干部，调整部分职能科室干部，优化干部队伍结构。

党员发展。严格把关发展党员的

培训、政审、考察、审批、转正等各个环节，提升党员发展质量。全年发展教职工党员12名、学生党员65名。

改进作风。班子成员以上率下，带领职能科室每月至少参加两次定点联系的临床医技科室早交班或其他形式走访，主动收集临床的意见、建议，及时发现和解决问题。机关干部主动改变"门难进、脸难看、事难办"的被动局面，院办为临床一线人员及患者家属代传需由领导签字的文书、票据等。

全年有1人被江西省委教育工委评为"高校优秀共产党员"；47人被学校评为优秀共产党员，7人被评为"优秀党务工作者"，9个支部被评为"先进基层党组织"。

精准脱贫。选派3名机关干部长期驻点宁都县梅江镇赖坑村开展脱贫帮扶工作。院领导及结对帮扶干部多次赴点进行调研和帮扶。全年资助赖坑村脱贫经费40余万元用于改善基础设施。其事迹被《赣南日报》《今日宁都》等市县主流媒体报道，获得当地政府和群众的高度评价。

廉政建设。医院围绕党章党规党纪开展监督执纪问责，用纪律尺子衡量党员干部的行为，真正把纪律和规矩挺在前面。针对巡视过程中发现的问题和薄弱环节，加强对重点部门和重要岗位人员的监督，加强对干部约谈，及时进行提醒，督促整改。根据省委第三巡视组反馈的整改意见及问题线索，对相关人员开展立案调查，党、政纪处理，诫勉谈话，通报批评等，以严格的问责倒逼责任的落实。5月，省委第三巡视组反馈巡视意见，医院成立整改工作小组，按照学校的统一部署，迅速组织开展整改，取得阶段性成效。

【黄金院区建设】 主体工程建设完成。医院各部门强化内部管理、加强外部协调、科学谋划、积极化解风险。黄金院区医疗综合大楼完成土建主体结构施工和外墙装饰，室内装饰、消防、水电工程安装完成大约95%的建设总量。水电气全部接通，医疗配套工程气动物流系统、医用气体系统和制氧系统等设备完成安装。成功申报"儿童医学中心"建设项目，争取中央财政专项资金3500万元用于该项目建设；争取江西省地方债项目资金5000万元。提前邀请消防支队现场指导消防工作，做好消防验收基础工作。主动协调，取得赣州经济技术开发区管委会的支持，有关费用得到减免，医院主入口大门绿化带如期拆除，黄金院区增挂"赣州经济技术开发区人民医院"牌并将享受相应政策。

【内涵建设】 医疗质量。围绕"病历、用药、病种、路径"标准要求，狠抓落实；强化"三基、三严"培训，加大核心制度培训考核力度；坚持合理检查、合理用药、合理治疗，落实《处方管理办法》，严格审批处方权限，依托全省"阳光医药"网上监察系统治理不合理用药；健全制度建设，落实医疗质量与医疗安全核心制度；推行临床路径和单病种，强化技术创新；加强环节管理，推进全程医疗质量监控；提高医疗质量，确保医疗安全。

流程管理。开展"质量安全生产季"活动和"门诊管理工作专项整治"活动，查摆问题，优化门、急诊流程，加强临床多学科综合治疗团队(MDT)建设，提供预约、节假日、分时段办理出院结算服务，医技科室实行全天候服务，提高8小时外服务水平，改善门诊服务的效率；改善群众就医等待体验、诊疗体验、环境体验、费用体验。设立"入院一站式服务中心"，在保证患者安全的前提下，开展"日间手术"，实现"预约住院有登记，床位紧张可调控"的工作机制，提高床位使用率，缩短平均住院天数，减少患者住院治疗手术等待时间，缓解患者住院难的问题。

技术创新。加强院内新技术准入管理，严格新技术申报制度，杜绝盲目开展准备不充分、不成熟的新技术，审批新技术18项；对人工膝、髋关节，心血管疾病介入诊疗技术，内镜治疗技术等二类医疗技术向省卫计委进行备案审批；完善新技术激励机制，鼓励技术创新，提高诊疗水平；重症医学科成功开展体外膜肺氧合(ECMO)技术(人工肺)，泌尿外科继续在国内独家开展经阴道纯NOTES和混合NOTES手术，心胸外科在全市率先独立开展胸腔镜下食管部分切除术、率先在全市独立开展深低温停循环下升主动脉及弓部置换术。

【人才队伍建设】 拓宽人才培养渠道，采取出国留学、进修、培训、参加学术会议和合作研究、攻读在职研究生、挂职等多种形式，大力培养优秀青年骨干、高层次、领军型人才。年内，选派5名临床骨干教师到美国林肯纪念大学学习交流；选派15人次到美国、日本、澳大利亚、新加坡等国家做访问学者、交流学习；有2人获得博士学历、学位，4人考取在职博士，选送1人参加省卫生服务团赴吉安市中心人民医院挂职副院长；选送卫生专业技术人员53人次到北京、上海、广州、武汉等地医院进修培训。新增百千万人才1人，新增国务院特殊津贴对象1人。医院与湖南中医药大学博士后科研流动站签订联合招收博士后研究人员协议书，获省委组织部批准设立省级博士后创新实践基地。做好人才储备。全年招聘279人，其中博士和硕士75名。

【教学、学生管理】 临床教学。年内承担各年级各专业各层次课程132门17782学时，参与授课教师605人。承担学校各年级各层次见习4302学时(其中留学生见习学时占1/10) 2798人，各专业各层次实习生736人。注重教学方法、技巧，教学水平得到提高，1名教师获全国第六届医学(医药)院校青年教师教学基本功比赛三等奖。

专业课程建设。加强口腔医学专业建设，口腔医学实验室投入使用，完善麻醉学、医学检验等本科专业建设。年内有省级精品课程5门、校级精品课程7门和校级精品建设课程1门。鼓励教师积极申报教改课题，全年中标校级教改课题3项，获校级教学成果二等奖1项。

基地培训工作。继续完善住院医师规范化培训管理和临床药师培训基地管理制度，保障“住培”、临床药师基地培训工作顺利进行。年内，招收住院医师规范化培训学员95人，75人次结业。通过省卫计委对“住培”工作的现场评估。

继续教育。规范继续医学教育项目经费使用管理，举办国家级继续医学教育项目23项(项目数增长近3倍)、省级继续医学教育项目32项、市级继续医学教育项目44项，单位级继续医学教育项目71项。

研究生管理。全年有26位教师被遴选为赣南医学院硕士研究生导师，共37名指导教师上岗，扩充研究生教育的师资队伍。做好研究生管理工作，修订研究生管理制度，加强临床医学专业研究生招生、培养、学位、学位点建设、研究生管理以及研究生导师工作职责的制定等工作，配备专职管理人员，构建研究生管理体系，促进学位与研究生教育工作逐渐走上规模适度、结构合理、管理科学、质量稳定、效益明显的协调发展。全年招收临床医学专业47名研究生。

本科学生培养。以“两学一做”主题教育活动为契机，开展践行社会主义核心价值观系列活动，开展以纪念长征胜利80周年主题活动、感动中国主题班会、祭奠革命先烈活动、征文比赛、科技创新申报、社区义诊、文艺活动等活动，加强和改进大学生的思想政治教育。加强辅导员队伍建设，提升兼职班主任的管理水平；推进以家校合作的学生管理“家委会”活动，倡导课堂手机进“驿站”的集中管理模式在部分班级得到成功尝试。提高本科生的专业教育质量。年内，本科毕业生就业率名列全校第一。

【科研、学科建设】 科研管理。加强对科研课题的申报、执行、结题、成果的转化等各环节管理，科研水平稳步提升。年内，中标国家自然科学基金项目1项，省科技厅社会发展支撑计划课题3项，省自然科学基金项目3项，省教育厅科研课题17项，省卫生厅一般课题62项、中医药课题5项，校级科研课题11项，市科技局指导性课题68项；获资助经费122.6万元。发表学术论文200余篇，其中核心期刊50余篇；通过市科技局鉴定2项，申报省科学技术进步奖4项、赣州市科学技术进步奖3项。

学科建设。获批中华医学会泌尿外科腹腔镜培训基地、江西省工程技术研究中心(江西省结石防治工程技术研究中心)和江西省临床医学研究中心[江西省泌尿系统疾病临床医学研究中心(培育)、恶性肿瘤临床医学研究中心(培育)、脉管性疾病临床医学研究中心(培育)]。组织优势学科参加学校第六届重点学科遴选和评审。外科学(普外)、外科学(泌尿外科)、影像医学与核医学获批为高水平学科，内科学(心血管内科)、眼科学获批为重点学科，外科学(骨外)、麻醉学获批为重点建设学科，临床检验诊断学、中西医结合及儿科学获批为重点扶持学科。积极参加省县共建援建学科单位的遴选，省卫生计生委筛选出内分泌科、肾内科、泌尿外科、麻醉科为2016年度江西省医学学科省县共建计划项目，并通过评审确定医院为援建学科单位之一。泌尿外科连续3年进入中国医院科技影响力排行榜泌尿外科学科排行前100位(2014年名列第75位，2015年名列第61位，2016年名列第84位)。

【交流协作】 帮扶协作。全年派出56名高年资医生对口支援9家医院，新增7家帮扶协作医院，接收300余名医务人员到院进修。做好骨干医师培训任务。应广东省南雄市卫计委和南雄市中医院邀请，选派专家团队技术帮扶提高其专科医疗服务能力。被国家卫计委授予“医疗扶贫贡献奖”。

国内交流。全年迎接湖南中医药大学、南昌大学等多所高等院校和上海交通大学附属新华医院、中南大学湘雅医院、南大一附院以及江西省内、广东省医院等30多家医院、90余批次参访团队到院学习交流；院领导、评审专家、技术骨干到相关地市县医院现场指导医院管理、评审、诊疗技术等工作；医院组织相关部门到上海、南京、南昌、萍乡等地学习考察医院后勤物业管理运行经验，提高后勤物业管理水平。

国际协作。2016年医院挂牌成为美国林肯纪念大学医学院的临床教学基地，接收4批共12名医学博士在医院实习，双方前期友好高效的合作交流取得成果，标志着美国林肯纪念大学医学院与医院的合作提升到更高层次。

【文化建设】 文化活动。推出“身边好人”12个、江西省“我最喜爱的健康卫士”和赣州市“最美健康卫士”，向中国江西网和江西手机报推荐“寻找2016感动江西十大医护瞬间”人物事迹。做好职工体检、慈善捐款、文明家庭推选工作，提升医院社会形象；开展单位联谊活动、“青春杯”篮球赛、师生足球赛等各种文娱活动。发动退休人员为医院建设和发展建言献策，老科协坚持连续多年到定点基层卫生院义诊，实现老有所为。增强职工集体荣誉感。

民生工程。全年累计救治“光明·微笑”工程、尿毒症患者免费血透、白血病(先心病)患儿、妇女两癌患者1064例。组织参加全国、全省大型义诊活动周、乡镇卫生院义诊等各类义诊20余次。利用义诊、志愿者服务，老科协和老体协面向社区、面向卫生院的宣传力量，提高健康宣教水平。加大院内外宣传，出台宣传工作考核办法、通讯员管理办法，利用报纸、电视台、网站、微信公众号等各级媒体加强宣传报道，提升医院的影响力和美誉度。

综治工作。加强法律法规的学习教育，增强全院职工的知法、守法意识；树立大消防意识，加大消防投入，注重消防演练，严格日常排查，及时消灭火灾隐患；加强对特种药品、危化品的管控，落实安全措施；重视对医患纠纷的调解，化解风险危机；推荐心理学专家参加全市“心防工程”，支持对全市特殊人群的帮教；创新工作方式，参加章贡区公安局“反扒队”工作联系群，及时通报信息，成功实施反扒行动。医院获2014—2015年度学校综治工作(平安建设)先进集体。

文明创建。贯彻《赣州市文明单位动态管理测评体系(试行)》文件精神，按照市卫计委统一的行业创建要点，调动全院力量配合赣州市创建全国文明城市工作，从社会主义核心价值观宣传抓起，突出窗口服务、规范职业道德、保持环境整洁、维护院内秩序，强化文明行为。结合医院的实际开展道德讲堂、推荐“身边好人”、扶助困难群众、传播网络文明等。

医院获“2013—2014年度全省无偿献血促进奖”“2015年单位决算和2016年度单位预算编制先进单位”“第一届江西省药师职业技能大赛二等奖”“中华护理学会全国门诊护理学术2016内镜清洗消毒视频制作三等奖”“赣州市五四红旗团委”等荣誉，涌现出江西省“我最喜爱的健康卫士”“2016中国中青年医师乳腺手术视频大赛浙闽赣站区域赛一等奖”“首届大中华地区腔镜疝修补手术视频大赛(江苏江西赛区决赛)二等奖”“江西省药师职业技能大赛二等奖”“江西省腹股沟腔镜手术视频比赛三等奖”“江西省青年五四奖章提名奖”“2013—2014年度全省无偿献血奉献奖金牌”“赣州市优秀团干”“赣州市优秀团员”等一批优秀个人。

(撰稿　吴先群　审稿　张自翔　邱悦群)

【领导名单】

党委书记：张自翔

党委副书记、院长：邱悦群

党委委员、副院长：邹晓峰　叶　军　高　辉

副院长：危小军

党委委员、纪委书记：曾祥贵

党委委员、副院长：王小农　钟秋明

党委委员、第一临床医学院学生党总支书记：彭　磊

赣州市妇幼保健院

【概况】 2016年，赣州市妇幼保健院加强医院妇幼保健服务能力建设，抓好“环境精致化、专科领先化、管理信息化、服务人性化”，以开展等级医院评审工作为契机，加强医院内涵建设，提高医疗质量，持续改善服务态度及优化就医环境，妇幼保健服务能力得到提升。

【业务情况】 年内，医院服务的门诊人次64.1万人次，增长8.1%；医院服务的住院人次2.74万人次，增长16%；分娩人数7096人次，增长25.9%；医院业务总收入3.27亿元，增长28.42%；手术台次4916台，增长8.1%；床位使用率91.1%，增长7.7%。

【设施设备】 调整病理、检验、遗传实验科、产前诊断科等科室功能布局，对超声医学科和遗传实验科进行升级改造，增加其业务用房和服务能力。提升医院微信就医平台，优化就医流程。做好新院建设和准备工作；计生服务大楼装修也于11月25日完成招标。

【内涵建设】 等级医院评审工作实现常态化和全覆盖。综合质量目标管理考核方案、总查房及总值班制度、不良事件报道等医疗质量建设和医疗核心制度的落实，防范医疗风险，减少医疗纠纷；临床路径、DGRS、病历质控和管理、院感管理的加强，促进改善医疗质量；开展三基三严训练和临床技能大比武等教学活动，加强医护人员的实践能力，在全市临床技能大比武活动中取得优异的成绩。

【学科建设】 加强对妇女常见病的预防、普查和治疗，推进“两癌”筛查；开展婚前健康教育、医学检查和计划生育服务，落实计划生育服务项目免费政策；举办赣州市妇产科内分泌学习班；妇科各类手术稳中求精，其中腹腔镜下各种妇科恶性肿瘤的根治术得到广泛推进，95%以上的手术可在腹腔镜下完成。

辅助生殖、优生优育工作。获得第三代试管婴儿(PGD)筹建资格(全省仅两个指标)。全年试管婴儿取卵加解冻周期1000个，其中新鲜周期560个。

儿童保健。建成赣州市唯一一家听力诊断筛查中心并获省卫计委验收通过。加强眼视光中心建设，抓好新生儿数字化广域眼底成像系统筛查及儿童鼻咽喉镜检查等特色服务；加强儿童口腔问题的诊断与治疗，产科－新生儿科、新生儿科－儿童保健科、新生儿科－儿童康复科衔接合作。

产前诊断及新生儿出生缺陷筛查能力建设。加强高危孕产妇的孕期管理，开设妊娠期高血压和糖尿病门诊，开设孕前优生优育保健门诊；提高全市新生儿疾病筛查率和覆盖率；开展胎儿染色体非整倍体无创基因检测、地中海贫血、耳聋基因检测、串联质谱技术、产前唐氏综合征的筛查等技术，将出生缺陷防线前移，提升人口出生素质。

开展碳13呼气检测幽门螺杆菌检测，小儿肠镜诊疗、小儿胃镜下治疗出血等，完善儿童消化疾病诊治手段；加强电子支气管镜使用和人员培训；做好神经系统疾病患者的登记随访工作；加强全市及周边儿童危急重症转运网络建设，将儿童危急重症救治延伸到基层医院，实现无缝对接；外聘骨科专家，促进小儿骨科发展；医院被确认为国家先天性结构畸形免费救助定点医疗机构。

儿童神经康复建设。开展儿童运动体质监测、训练、评估与指导，行为异常矫治与训练，开办高危儿门诊、发育行为障碍性疾病门诊。

开展镇痛分娩及气囊助产技术，促进自然分娩，降低剖宫产率。产科家化服务。开展VIP病房如点名接生等特色服务。加强危重孕产妇妊娠并发症的诊治、预防，抓好病理产科建设；做好母乳喂养指导和心理咨询指导，打造国家爱婴医院典范。

加强产后访视等产后保健服务；开展产后营养门诊，指导产后营养和行为；开展超声盆底检查，完善盆底疾病诊疗筛查流程，促进盆底康复技术的临床运用。

【党建工作】 开展“两学一做”教育活动，推进党建工作；加强医务人员收受“红包”问题治理，扎牢制度的笼

子；推进精准扶贫工作，通过组织医院专家义诊、助学留守儿童、助学贫困大学生、改善村民饮水、建设村医务室、对点帮扶贫困家庭等方式，改善贫困家庭生活条件。

（撰稿 夏 兰 审稿 丁 乐）

【领导名单】

院长：廖 敏

党总支书记：丁 乐

赣州市第三人民医院

【概况】 2016年，赣州市第三人民医院把开展“两学一做”学习教育和推动医院健康快速发展紧密结合，坚持把追求社会效益、维护群众利益、构建和谐医患关系放在首位，强化内部管理、构建长效机制、提高竞争实力、提升医院形象，团结拼搏、开拓创新，朝着建设一流医院的目标稳步迈进。年内，医院门诊113211人次，增长10.76%；住院10701人次，增长3.95%；出院患者平均住院45日，降低0.40%；门诊均次费用384.48元，增长6.58%；住院均次费用11328.19元，增长3.34%；业务收入16990.41万元，增长12.58%。

赣州市第三人民医院（赣州市心理康复中心、赣南医学院附属老年医院）拥有东芝16排螺旋CT，澳大利亚进口多导睡眠监测仪，美国进口的40通道双视频/睡眠脑电图仪、经颅多普勒血流诊断仪、经颅磁刺激治疗仪、脑功能治疗仪、脑电生物反馈治疗仪、无抽搐电休克治疗仪（MECT）、日本岛津高效液相色谱仪、计算机X线摄影系统（CR）、全进口骨密度测定仪、罗氏e601全自动电化学发光仪、日立全进口彩超仪、日立7600全自动五分类血液分析仪、全自动生化分析仪、全自动微生物鉴定药敏分析仪、全进口岛津血清药物浓度测定仪等一大批先进医疗设备。

【医院管理】 开展“践行‘三严三实’，争当文明优质服务标兵”活动。把“三严三实”要求融入全院的日常工作学习中，按文明、优质、高效、廉洁、满意服务等内容，制定检查标准、处罚标准、评比标准，由院办、监察审计室牵头组织督查各科室、病区质量与服务落实情况，做到每月检查、每月考核、每月通报。通过活动的开展，将文明优质服务落到实处，将“三严三实”的要求转化为干部职工的自觉行动，提高服务能力水平，提升文明服务质量和医院的整体形象。

强化质量管理。结合等级评审要求，围绕强化医院管理、提高质量、改进服务、保障安全的评审目的，将质量管理由原来的以医疗质量为中心的小质控模式，拓展为全院参与、全过程舰队、全院覆盖的全面质量管理模式，并成立质量管理办公室，完善质量与安全管理委员会的工作制度和工作职责，制定不良事件上报制度，明确上报的流程、时限以及处理方式。

业务竞赛和科室评比。全年举办两届全院性业务竞赛，并在2015年的基础上改革竞赛办法，通过采取推荐与随机抽取相结合的选手选拔机制、公开统一答题的现场竞赛方式，使业务竞赛更加公平、公正，体现选手的综合实力。年内，女一区胡文芳、六病区黄龙杰分别获市第三人民医院第七届、第八届业务竞赛“业务标兵”称号。做好科室评比和星级科室评比活动，完善评比细则，通过科室季度综合评比、质量安全、等级管理、生活监管、满意度等指标，每季度进行一次星级科室评比。

【学术科研】 学术科研管理。通过制定任务、完善考核、有效激励，引导广大职工积极投身学术科研活动。全年全院发表专业期刊论文99篇，省级期刊54篇，国家级期刊43篇，核心期刊2篇。组织申报省级科研课题1项，市级科研课题15项。

继续医学教育项目。发挥医院精神、心理、睡眠、精神心理护理等4个专科分会的平台作用，做好各项继续医学教育项目，全年开展6项国家级继续医学教育项目，10项省级继续医学教育项目，8项市级继续医学教育项目，邀请中南大学、北大六院等国内一流医院的专家到院授课。通过继续医学教育项目，营造浓厚的学术科研氛围，强化对外学术科研交流。

规范教学管理。设立教学办，负责院内外的教学管理。在院内教学中，从现场教学病例讨论、教学论文、教学课题等多方面均突出医院的业务特点，结合医院的业务实际。在院外教学中，积极安排医疗业务骨干到赣南医学院、赣南卫生职业健康学院长期任教，并协同院校做好监督考核工作。

【沟通协作】 加强与各县（市、区）卫计委、农医中心、医保局、民政局等部门的联络与沟通，定期安排人员下乡协调各部门关系，全年下乡202人次，涵盖全市所有的县（市、区）。抓好对口帮扶。与全市各县（市、区）人民医院精神科门诊开展对口帮扶工作，全年派出骨干医师坐诊345人次，接诊病人1725人次。派出业务骨干下乡开展各类专题讲座、业务指导等，加强与基层的密切联系。

【民生工程】 贫困家庭重性精神病患者免费救治。加大对贫困家庭重性精神病患者的收治力度，完善收治流程，改进服务方式，扩大宣传力度。全年收治免费救治病人9751人（其中门诊6042人，住院3709人），免费救治住院人数占到住院总人数的34%。赣州市贫困家庭重性精神病患者费救治总人数完成任务达223.74%，位列全省第1位。

重性精神病管理治疗。年内，开展“发病报告”和“出院信息报告”工作，全年上报3168例。以“分片包干”的形式安排人员对各县（市、区）重性精神病管理治疗进行督导，深入基层做好社区重性精神病管理培训，加强对各乡镇精防人员的业务指导。对各县（市、区）的重性精神病管理治疗情况进行分析汇总，牵头制定《赣州市严重精神障碍信息管理月报》。

肇事肇祸及民政患者收治。全年收治肇事肇祸及民政患者590人次，肇事肇祸及民政患者收治的做法与经验作为先进典型得到市政法委等上级部门的肯定。国内同行多次参观学习，扩大医院的知名度和影响力。

“心防”工程建设。组织人力、物力开展“心防”服务。成立“赣州市社会治安特殊人群心防工程专家服务团队”和“赣州市社会治安特殊人群心防工程志愿者服务团队”，安排41名专业的心理治疗师、心理咨询师和15名志愿者投入“心防”服务。开展“心防”知识业务培训8次，提高医院“心防”工作的业务水平与应对能力。

【文化建设】 廉洁文化建设。落实中央八项规定要求，倡导廉洁从医，加大宣传教育，在每月的中层干部会上均有分管领导组织廉洁教育，并在《院内通讯》上开辟“警示教育”专栏；将“红包”、回扣治理不断引向深入，扎实落实“红包”、回扣清退机制。全院医务人员拒收、主动清退“红包”109人次、36131元。

开展“寻找身边好人”活动。弘扬社会正气，经群众推荐、民主评议，廖梅蓉、李水兰、刘典英、卢圣林、曹三妹、谢光平、肖涛、陈宣丽8人被评为“敬业奉献好人”，谢建芳被评为“助人为乐好人”。

开展两届全院业务竞赛活动。胡文芳、黄龙杰2人分别获第七届、第八届“业务标兵”；开展“元旦”拔河比赛、“红五月”职工联欢晚会、“金十月”职工运动会等文体活动。

年内，医院被评为“2016全国最佳群众满意示范医院”“赣州市平安医院”“2015—2016年度优秀实践教学基地”“敬老文明号单位”，在全市中医知识竞赛中荣获团体三等奖；全年各科室、病区收到锦旗52面、感谢信5封；刘典英被评为2016年赣州市“最美健康卫士”，唐斯伟、胡明双、廖鸿钊3人分别被评为“服务振兴发展走在前行动标兵”“结对精准扶贫作表率行动标兵”“推进深化改革和法治赣州建设当先锋行动标兵”，谢建芳荣获“赣州市优秀妇委会干部”荣誉称号。

（撰稿　肖　燕　审稿　谢　鹏）

【领导名单】
院长：张晓云
党总支书记：钟裕民

赣州市第五人民医院

【概况】 2016年，赣州市第五人民医院围绕“一个核心”，纵深推进“一个目标、两个重点、三个提高、四个加强、五型医院创建”的发展战略，持续改进医疗服务质量，改善群众就医体验。借助“三甲”医院创评，以评促建，使医院各方面迈上新台阶，各项指标稳步提升。医院资产总额增长20.36%，职工人均收入增长20.87%。全年未发生重大医疗纠纷和事故。

【学科建设】 优势学科。医院被中国科技部评为“全国肝胆病防治技术示范基地”，肝病学科继续保持全市领先地位。开展重型肝病患者收治和肝脏介入治疗技术，肝病学科保持强劲发展势头。肝三区投入使用，肝脏介入治疗学科群初具规模，胃镜下介入治疗技术形成区域影响力，肝病学科形成快速发展格局。

传统学科。结核科两课题分别在省技术厅、省卫生计生委立项，中盖结核病项目、全省耐药结核病培训班项目落户医院，举办非结核分枝杆菌新进展学习班，结核病诊疗技术优势增强。呼吸科课题获江西省自然科学基金资助项目，实现医院层面零的突破，开展尘肺治疗、肺癌介入治疗、气管镜介入技术，胸腔镜在呼吸疾病治疗中广泛运用，治疗更加微创。

重症医学。ICU诊疗服务能力及社会影响力提升，在救治重症传染病、大咯血、多脏器功能衰竭、头部贯穿伤等患者的医疗救治工作中发挥重要作用，成功处置多起重大车祸的伤员。

新设学科。创伤外科、妇产科引进学科带头人，带领团队在两学科开创新的局面。创伤外科主打脊柱结核等脊柱疾病治疗和多发、重大创伤救治技术；肝胆外科(普外)在各常规手术的基础上，年内推进肝胆微创手术；妇产科自9月份开科收治病人在不断增加，妇产科各类治疗技术逐步开展，为传染病孕妇的母婴阻断及城西片区的孕产妇服务打下基础。

应急救治。建立60多个院级应急预案，举行多次应急救援演练和急救技术比武活动，提升应急处置能力。成功救治H7N9、登革热、流脑等传染病人。在3起连环交通事故的处理中，医院做到反应快速、成功救治。做好艾滋病和其他急性传染病的应急救治工作。

前沿技术。肝肿瘤的介入治疗、胸腔镜、腹腔镜微创治疗、胃镜下的粘膜硬化治疗消化道大出血、大咯血的栓塞治疗、冠状动脉造影等新技术逐渐成熟。肝穿活检术、支气管结核介入治疗2个项目入选赣州市适宜技术推广计划项目。新项目和新技术的开展为临床增添新的治疗和检测手段，提高医疗技术水平和服务能力。

【医教研发展】 2016年，挂牌赣南医学院附属赣州市第五人民医院、赣南医学院第九临床医学院，由单纯的临床型向医研结合型转变。9名医生被聘为赣南医学院兼职教授和讲师，临床医师参加“2016年度附属医院临床教师技能竞赛”取得团体三等奖。全年接受26批次1200余名见习生，满意度达到99.6%。承担高职护理定向班的教学任务。加大继续教育投入，购置多媒体设备、建立电子图书库。年内，申报国家级继续医学教育项目3项，省级继续医学教育项目学术会议4个，专题讲座14个，召开肝病、感染病、结核病专业委员高质量的学术年会，承担省疾控中心组织的“礼来耐多药结核病全球合作项目现场驻训班”任务培训医师13名。实现自然科学基金项目“零”的突破，省卫生计生委指导性计划项目1项，市科技局指导性计划项目3项，市卫计委科研计划项目7项，发表论文19篇。形成科研、临床与教学并重的局面。

【城西医联体建设】 组建城西医联体提升城西片区老百姓服务能力。年内扩大协作范围，新增至14个基层卫生院签订医联体协议，继续在实践中完善医联体建设机制，以灵活的协作方式，紧密的工作形式，实现资源共享、分级诊疗、为患者提供更优质的服务。全年派出专家270余人次，到14个城西医联体合作单位坐诊查房120余次，技术培训授课100余次；开展活动10余次。开通检查绿色通道2000余次；接收医联体上转患者278人，增长104%。

【五型医院】 建设“五型”医院，深化医院内涵建设。4月，启动“书香五院”活动以推进学习型医院建设；编印医院文化手册《医魂》，医院治院理念、行为规范、服务标准、制度文化通过文化手册的实施外化于行，内化于心；转变服务理念，创新服务举措。11月7日，取消普通门诊输液，倡导世界卫生组织确定的合理用药原则，深入医改实践，成为全市首家取消门诊输液的三级公立医院。年内，医院通过周期考核，被中国医院协会继续授予“全国百姓放心示范医院”称号。

【科学管理】 制订医院2016—2020年中长期发展规划，明确未来五年发展思路。推进信息化建设和精细化管理。抓好信息化、数字化医院建设，年内建立院长查询、OA办公、手麻、院感、不良事件报告、财务核算查询系统等50多个医院管理子系统。院区Wi-Fi全覆盖，开通医院的“微官网”及银医通自助服务项目，实现医院信息管理的数字化。扩大对外协作。借鉴中山三院、北京佑安医院等大医院的先进技术和管理经验，加入中山三院医疗联盟。加入一脉阳光远程会诊系统，使广大患者享受远程医疗系统工作服务。加强县域协作，和于都、石城、瑞金等13个县(市)的人民医院、中医院和结防所共25家签订医疗合作与双向转诊协议。

【党群工作】 精准扶贫。全年上户走访220余次、完成一户一档资料收集整理工作。帮助村民申请产业直补23次、教育补助26次。为8户拆旧建新的精准扶贫户争取土坯房改建指标。接诊和接受扶贫点咨询1200余人次，发放健康处方800余份。手术治疗3位患者，自费医疗费5369.48元全部从医院职工捐献的“暖医救助金”支付。免费安排基层卫生院人员进修3人次，组织义诊4次，上门服务46人次。落实帮扶资金24万元，帮助扶贫点建设公路出资2万元。组织全院干部职工向石门村小学的27位学生捐赠近万元衣物及文具，为学生实现微心愿。协助村“两委”利用整村推进项目硬化田湾—九栋通村公路约6000平方米，解决村民生产、生活出行难的问题，对促进村经济发展、村民致富增收发挥作用。

作风建设。廉政建设与文化建设结合，加强党风廉政建设和医德医风教育，开展抗生素专项整治活动，落实两级回访、医德医风查房、医德考评、党风廉政建设巡查制度，推进民主管理和院务公开，提高医院决策的透明度和职工的参与意识。规范医院公开招聘工作人员程序，规范岗位管理和考核。推行药品、设备、一次性耗材、易耗品等大宗物资的集中招标采购，运用网上平台确保采购阳光操作。

纪律建设。教育干部“明底线”，督促干部“守规矩”，引导党员、干部职工牢固树立理想信念和宗旨观念。开展红包治理、违插工作清理、办公用房清理等工作，及时做好投诉案件和违纪违规问题的查处工作，维护医院的利益和声誉。

（撰稿　何　苹　审稿　包月妃）

【领导名单】
院长：刘春文
党总支书记：李　凌

赣州市肿瘤医院

【概况】 赣州市肿瘤医院占地面积76000平方米，医疗用房面积37979平方米，设有23个临床、医技科室，职能科室21个，2016年床位426张。有职工467人，卫生技术人员408人，其中卫生高级专业技术人员35人、中级职称88人，硕士24人，兼职教授20人。

医院前身为中国人民解放军362医院；1999年，创建赣州市肿瘤医院；2011年1月，医院被批准设置赣州市肿瘤防治研究所；2012年11月，医院牵头成立赣州市抗癌协会；2013年9月，医院被省教育厅、省卫生厅批准成为赣南医学院附属肿瘤医院(非直属)；2016年11月，市卫计委成立赣州市肿瘤诊疗质量控制中心并挂靠医院。医院拥有当代世界上最先进的IGRT直线加速器、核磁共振、核通模拟定位机、GE全数字化多用途可变角ECT等高精尖设备，全数字化乳腺钼靶机，拥有100万以上的设备13台(套)，10万元上的设备78台(套)。医院开展肿瘤防治的设备达到全省一流。医院成为赣南及周边地区唯一一所集医疗、教学、科研、预防为一体的三级肿瘤专科医院。

【学科建设】 牵头成立赣州市肿瘤质量控制中心，并挂靠医院，提高医院在全市乃至全省肿瘤领域的知名度；成立放射介入科介入治疗病区。肿瘤内科、肿瘤放疗科、头颈肿瘤外科3个领先学科年度考核成绩合格；乳腺肿瘤科获评2016年度省及市共建学科，塑造赣南乳腺肿瘤学科群，放射肿瘤科按省及市共建计划完成建设要求；开展第二批首席专家评选活动，叶永强、蔡联明、吴伟分别被聘任为肺癌、肝癌、鼻咽癌首席专家；主动向上对接，加强学科平台建设，成为天津市肿瘤医院、广州医科大学附属肿瘤医院临床协作医院；年内新增国家级各类专业委员会委员3名，常委1名，省级医学专业委员会常务委员12名，省级医学专业委员会委员8名，李金伟获评赣州市第四届青年科技奖。

【科研工作】 年内，在省级以上期刊发表论文95篇，其中SCI收录2篇，EI收录1篇，核心期刊论文2篇，国家级期刊论文29篇。成功申报江西省科技支撑计划项目1项，江西省卫生计生委科技计划项目5项，赣州市科技局指导性科技计划项目10项，赣州市卫计委科技计划项目6项，比2015年新增科研经费6万元。完成国家自然基金项目结题1项，省自然基金项目结题2项，省科技支撑计划项目1项。完成首届院级科技计划项目申报评审工作，评选重点科技计划项目10个，指导性科技计划项目20个。

【技能培养】 加强"三基"技能培训考核工作。建立"三基"师资队伍，制定培训计划，临床医生开展为期3个月的"三基"技能操作培训，分层次培训优化护理队伍，定期对全院各层级护士进行三基训练和考核。在全市临床技能大比武活动中，医院代表队获优胜单位二等奖1项、三等奖1项，岗位技能标兵一等奖1项、二等奖2项、三等奖6项。教学和继续教育工作。年内，医院有20人取得赣南医学院实践教学基地兼职教师资格，张相民聘任为赣南医学院硕士生导师；赣南医学院附属医院临床教师技能竞赛中，医院代表队以总分第2名的成绩获团体二等奖；与赣南卫生健康职业学院协作，开设高职护理(肿瘤专科护理)定向班，培养实用的肿瘤护理人才；举办国家级继续教育学习班1项、省级继续教育项目(学习班) 7项、专题讲座12项，市级继续教育项目12项，院级学术活动12次。

【肿瘤防治】 4月15—21日，医院在第22届全国肿瘤防治宣传周期间将开展肿瘤筛查费用减半、"两癌"免费筛查、义诊巡讲等系列公益活动。在宣传周7天时间里，患者在医院免挂号费，肿瘤筛查费用减半，关注"赣州市肿瘤医院"微信公众号，回复"科学抗癌，关爱生命"的前100名用户获得"两癌"(乳腺癌、宫颈癌)免费筛查名额。4月16日、17日，分别在赣县区湖江卫生院、章贡区黄金广场开展肿瘤防治义诊活动；20日、22日分别在医院、全南县开展肿瘤防治知识讲座。

【乳腺肿瘤学科群】 10月27—29日，天津市肿瘤医院医疗技术帮扶暨临床协作医院签约揭牌仪式活动在医院举行。10月28日，医院正式成为天津市肿瘤医院临床协作医院。天津市肿瘤医院在医院时有肿瘤专科资源基础上，帮助塑造赣南乳腺肿瘤学科群，涵盖手术、放疗、化疗、影像及病理等多个学科，每季度指派2至3名专家到医院开展专题讲座、教学查房、专家门诊、多学科会诊及手术等医疗教学活动，并指导开展新技术项目。优先接受医院专业技术人员中长期进修，推荐医院医务人员参加各种高水平全国会议，并帮助医院引进肿瘤学硕博人才。

【对口帮扶】 与各县(市、区) 18家医院签订肿瘤放射治疗双向转诊协议，与6家基层卫生院签订帮扶协议，建立三级与二级医院医疗共同体，探索医疗发展新路子，减轻患者经济负担。年内，完成妇女"两癌"免费手术治疗44例，减免费用66万元。大型设备检查减免5886人次，减免费用93万元。

【精准扶贫】 医院联系帮扶所驻贫困村36户贫困户，驻村工作队和挂点帮扶干部开展实地调研走访。开展产业扶贫，组织一批有能力、懂经营、善管理、有技术的贫困户合作经营，成立养殖合作社；实施就业扶贫，通过"雨露计划""阳光工程"等劳动力转移培训项目，对贫困劳动力进行免费培训，外出务工，实行有序转移；开展卫生扶贫，组织医疗专家深入所驻贫困村开展义诊和慰问活动，并为当地村民免费发放药品；先后筹资硬化村内道路3000多米，援建水渠1000米，解决当地村民出行难和农田灌溉等问题。减免精准扶贫对象自费费用190人次，减免费用4635元。

(撰稿 刘联斌 谢淑坚 审稿 李韶今)

【领导名单】
院长、党委副书记：李韶今
党委书记：钟金平(女)

赣州市中医院

【概况】 2016年，赣州市中医院结合医院实际，强化科学管理，提升医院服务能力，提高医疗服务水平，推进医院各项工作。全年门急诊190557人次，增长33.1%；出院7890人次，增长18.6%；业务收入10799.87万元，增长24.4%；药占比39.85%。各项事业得到健康发展。

【医院管理】 实行业务查房制度，参与科室交班、三级查房，促进各项医疗核心制度落到实处；规范病历管理，每月对各临床运行病历进行检查，检查结果及时反馈通报；落实抗菌药物分级管理制度，明确各级医师使用抗菌药物的处方权限，对不合理使用抗菌药物的医务人员严肃处理，促使临床用药安全、有效、合理；加强院感质量控制，落实医院感染病例监测，加强医疗废弃物管理、手术外来器械和植入物的管理、传染病、死亡及肿瘤报告管理和医务人员职业暴露防护管理等。医院感染现患率1.89%。年内未发生医院感染暴发事件及聚集性事件；严格执行各项护理质量控制评价标准，不定期追踪评价，促进护理质量持续改进；深化优质护理服务模式，实施目标管理，开展优质护理服务工作覆盖率100%。

【人才建设】 年内，医院引进中医内科博士1人、急诊科高级职称专业技术人员1人，公开招录硕士研究生5人，在职医务人员获博士学历1人，充实高级人才队伍。完成第六轮中层干部岗位竞聘工作，增强干部队伍活力。论文发表方面，入选首届国际中医治未病学术大会论文汇编论文1篇，为江西省唯一入选论文。科研课题方面，市科技局课题立项8项。坚持每月开展1次学术讲座和技能培训。举行护理、医疗、医院感染等实践技能操作培训与考核。在2016年度全市临床技能大比武活动中获二等奖4名、三等奖3名。

【专科建设】 发展医院国家级重点专科——骨伤科专科，按病种划分为关节方向、脊柱方向、创伤方向，学科发展更具专业化和精细化；开展重点病种骨蚀(股骨头缺血性坏死)的治疗研究，成立“股骨头缺血性坏死区域治疗培育中心”；预防保健科年内被省卫计委评为省级临床重点专科，提高中医特色专科建设能力。

【交流协作】 与安远县人民医院建立糖尿病分级诊疗协作；与上犹县中医院、会昌县中医院、宁都县中医院、安远县中医院、南康骨科医院等5家基层医院建立协作关系，在学科建设，人才培养，医疗护理，新技术、新项目推广等方面开展合作，建立上下转诊通道，形成同频共振，借助中医医联体的构建，扩大医院影响，提升中医药服务能力。与北京中医医院、广东省中医院成为协作医院，在管理、医疗、教学、科研方面开启全面合作，提升常见病、多发病、部分疑难复杂病的诊疗能力和医疗水平。年内选派57名中层干部到广东省中医院轮训学习，提高业务管理能力；与北京中医医院开展师承带教学习，培养青年骨干中医师；与江西省中医院建立对口帮扶联系，重点加强人才培养和综合能力建设。省中医院下派中医内科博士1名到医院对口帮扶，为医院内科学科建设水平和业务能力的提升提供人才支持。

【医疗服务】 深入实施中医治未病健康工程，医院将中医药优势与健康管理结合，探索融治未病服务、健康管理、中医药文化传播为一体的中医治未病模式。拓展服务领域，为群众提供中医健康咨询评估、干预调理、随访管理等治未病服务；门急诊开展小儿捏背推拿、拔火罐、刮痧、穴位按摩、中药贴敷等中医传统特色疗法；连续第8年开展“三伏天灸”活动，疗效确切，近2000名市民接受三伏天灸。新开展小儿捏脊、中药湿敷联合蜡疗治疗方、手持热敏灸、中药热奄包治疗等中医特色治疗项目。住院病人中医特色项目使用率100%，实施中医护理方案21种，进入中医临床路径管理的患者649人次，入径率50.23%，中药饮片药占比19.22%，住院病人中医治疗率98%。

【设施建设】 8月，市委、市政府在蓉江新区划定约5.33公顷的医疗用地用于医院新院建设。医院获市发改委《关于赣州市中医院新院建设项目建议书的批复》，完成新院建设项目可行性研究报告招标和土地预审工作。11月，启动手术室改造项目。

【文化建设】 组织职工参加市直机关工委组织的气排球比赛、篮球比赛，其中气排球比赛取得第6名；参与市直卫生计生系统“七一”表彰文艺演出，选送的小品《家有护士长》获得好评；举办“三八”妇女节踏青游、职工趣味运动会和职工羽毛球比赛，开展离退休干部职工健康体检工作；开展社会志愿服务活动，组织干部职工义务献血，组建创建文明城市创建志愿服务队，组织文明劝导活动。推进中医药文化建设，协助市卫计委举办赣州市中医药知识竞赛，创新开展香囊自制、中药枕研制、拍摄药枕文化宣传片等活动，制作、赠送、售出各类香囊近4000个，丰富群众对中医药文化的需求。开展“健康虔城”大型科普活动，深入社区、企业、学校、社会福利院举办不同主题大型中医健康科普活动20余场次，受众2000余人。在于都县中医院、南康区横市中心卫生院、宁都县蔡江乡中心卫生院举行免费义诊送健康活动。开展中医药养生、保健、医疗、康复服务等活动，弘扬中医药文化，服务群众健康，助推健康赣州建设。

【党风廉政】 抓好党总支每月1次的集中学习、党支部的“三会一课”开展专题学习讨论；通过专家辅导、专题党课、撰写心得体会、“两学一做”知识竞赛等形式，提高学习教育成效，营造良好的学习教育氛围；开展“先锋创绩”承诺，在学做结合上务求实效。落实党风廉政建设“两个责任”，建立党风廉政建设主体责任清单，抓好责任落实。党政主要负责人与领导班子成员、各科室负责人层层签订党风廉政建设目标责任状，保障各项工作有效落实。执行中央八项规定和省市有关规定，完善公务接待管理制度，规范公务接待审批流程。执行追究问责制，强化监督执纪问责，将‘两个责任”落到实处。推进行风建设，开展集中整治和查处基层侵害群众利益不正之风和腐败问题工作。全体党员对照集中整治9个方面突出问题和“四风问题”13种表现开展自查自纠，通过召开组织生活会开展集中整治批评与自我批评，力求整改到位；开展集中整治廉政谈话，共约谈中层干部60余人。

（撰稿　谢裕刚　审稿　雷武兵）

【领导名单】
院长：刘少华
党总支书记：马仲华

疾病预防控制中心

【概况】 2016年，赣州市疾病预防控制中心主动适应新形势，展现新作为，落实赣州市疾控和卫生应急工作决策部署，以发展为主题、创新为动力、能力建设为主线、作风建设为抓手，扎实工作，各项工作取得良好成效。

市疾控中心内设办公室、传染病预防控制科、应急办、免疫规划管理科、地方病与慢性病科、结核病预防控制科、艾滋病性病预防控制科、卫生监测科、食品卫生科、预防门诊部、检验科等11个科室，承担全市疾病预防与控制、突发公共卫生事件应急处置、疫情及健康相关因素信息管理、职业病诊断与职业健康监护及健康危害因素监测与干预、实验室检测检验与评价、健康教育与促进技术管理与应用研究指导等7大基本职责、26大工作任务、78项工作项目、266项主要工作内容。中心有正式职工83

人，其中专业人员比例达88%。

【急性传染病防控】 2月9日，中心发现并成功处置国内首例输入性寨卡病毒感染确诊病例。病例出现后，中心与赣县区疾控中心迅速开展流行病学调查，落实防控措施。疫情发现及时、处理得当，控制迅速，未出现蔓延情况。

【重大疾病防控】 6月2日，江西省耐多药结核病防治管理师资培训班启动。国家疾控中心11位专家授课，江西省11个地市及黑龙江省哈尔滨市和大庆市、吉林省吉林市的66位耐多药结核病防治工作人员接受为期3天的师资培训。9月19—20日，中盖结核病项目国际专家在赣州市考察。中心成功争取中国政府与比尔及梅琳达·盖茨基金会结核病患者治疗管理项目，南康区在全国率先进行小规模试点。盖茨基金会国际技术专家Katherine Fielding等3人亲临赣州南康现场访问、督导。此项目的研究将为在全球推广应用电子药盒管理肺结核患者提供科学依据。

艾滋病防控。中心在全国率先启动艾滋病病毒感染者和病人的“心防”工程，并实现全市全覆盖。在全省领先开展“感染到我为止”自我管理项目试点工作。检测网络密织，检测点覆盖近90%的乡镇中心卫生院。年内，贫困家庭艾滋病机会性感染患者免费救治工作救治范围广，扶贫效果好，减轻患者的经济负担，减少艾滋病患者因艾致贫返贫。

【地方病慢性病防控】 1月13日，由省卫计委、省疾控中心组成的专家考评组对赣州市章贡区创建省级慢性病综合防控示范区工作进行调研评审。章贡区顺利通过评审，成为全市首个省级慢性病综合防控示范区。2月22日，信丰县被国家确定为心血管病高危人群早期筛查与综合干预项目点，筛查工作于2月全面启动。项目工作由卫计委牵头，疾控、综合医院、乡镇卫生院三方协作，对信丰县嘉定镇和大塘镇35岁至75岁，1.2万名居民开展免费的心血管病筛查，进行精准防控。5月25日，中心和中心主任医师杨静分别被授予全国“十二五”地方病防治工作先进集体和个人称号。10月26日，龙南县在全国率先启动中国成人主要慢性病风险评估体系研究工作。国家慢病中心和省疾控中心慢病所专家对龙南县进行现场督导。全省有5个监测点，赣州市有龙南县、章贡区2个监测点。国家慢病中心专家组高度认可龙南此项工作的开展。

【卫生应急】 完善应急装备，修订完善《应急预案》。7月15日，在赣县韩坊乡小坪管理区组织开展为期2天的自然灾害救灾防病卫生应急拉练，中心17名应急队员参加。拉练项目包括应急启动、户外生存和灾后防病卫生应急技术3个科目，动用中心所有种类的应急装备。12月14日，中心突发急性传染病防控队在2016年全省卫生应急队伍集结拉动演练中，率先实兵演练“地震灾害灾民安置点卫生应急处置”。年度有效预警10次，处置中国首例赣县区寨卡病毒病病例、瑞金市野蘑菇中毒事件、兴国县细菌性痢疾暴发疫情等突发公共卫生事件3起。

【卫生服务能力建设】 多方筹资添置多重微生物核酸检测系统、气相色谱仪、电感耦合等离子体质谱等一批高尖端检测设备，引进“甲型H1N1流感奥斯他韦耐药株筛查”等多项新技术，能力验证达标率100%，考核成绩均为100分。争取实验室改扩建、食品安全风险监测体系建设2个中央投资重大项目，项目资金1000多万元。新获省卫计委科研项目立项5个，多篇论文在核心期刊上发表，中心作品《职业病知识小科普》荣获国家科普大赛优秀奖。3月31日，中心质量体系文件实现转版，建立完善的检验标准跟踪体系和已检样品的唯一识别系统，于4月1日实施。

【免疫规划管理】 4月29日，根据国家卫计委停用三价脊髓灰质炎减毒活疫苗的要求，自5月1日起，中心及各县级疾控机构、预防接种单位开展tOPV封存、停用和回收工作，由赣州市威绿达医疗废物处理公司统一销毁，并在全市范围内实施新的脊灰疫苗免疫策略，停用三价脊灰减毒活疫苗（tOPV），用二价脊灰减毒活疫苗（bOPV）替代tOPV，并将脊灰灭活疫苗（IPV）纳入国家免疫规划。9月8—12日，省卫生计生委对赣州市开展预防接种门诊星级评定现场复核评定。对赣州市4家五星级门诊和1家四星级门诊进行预防接种门诊星级评定现场复核。至年底，全市创建262家三星级门诊，创建率达76.61%；11家四星级、4家五星级门诊通过省级验收复评。11月份，中心在章贡区、龙南县、石城县3个县（区）对全市370余名乡级预防接种人员和县CDC业务骨干进行专项培训，培训覆盖全市县乡级预防接种门诊。提高全市预防接种人员的业务理论水平和实际工作能力，规范全市免疫规划工作。

【保障性任务】 完成国务院总理李克强赣州调研、市党代会、市“两会”3次重大接待期间饮用水应急保障任务。承担国家重大监测项目，成功争取赣州市成为2016年全国首批、全省唯一的公共场所健康危害因素监测试点地市，第一轮监测工作高质量完成。坚持上门服务，为43家企业及餐饮单位，5582人提供优质上门体检服务，优化职业病诊断受理流程，诊断周期，由原先2个月/次，调整为20天/次，提高受理和诊断效率。

【作风建设】 开展“两学一做”主题教育活动，开设网站专栏、建立微信学习群，请专家作专题辅导，组织赴井冈山现场学习教育，二支部创新“五个一”集中学习平台。全年开展集中学习26次，学习讨论6次，专题党课9次。在市直机关工委组织的“两学一做”线上竞赛中，中心取得第16名，其中袁志平、雷琼获个人奖。在活动开展和问题查摆上，发挥疾控专长，开展进社区、进基层、进农村志愿服务活动6次，四项重点任务落实到位。坚持问题导向，开展整改落实工作，查摆问题16个，全部整改到位。6月，结合纪念建党95周年活动，组织中心全体党员到井冈山进行现场学习教育。8月5日，中心第二党支部组织全体党员，开展首个"党员活动日"活动。开展结合"两学一做"学习教育集中整治和查处基层侵害群众利益不正之风和腐败问题、集中整治基层干部"庸懒散、不作为、乱作为"等问题、违反中央八项规定精神及"吃空饷"问题等多个专项治理活动，深挖细找自身存在的问题，对2人进行批评教育等问责，廉政约谈81人次。制定整改措施，完善工作流程和工作制度，发现问题12个，全部整改到位。

【中心工作】 服务企业。落实市委市政府主攻工业的决策部署，制定服务工业服务企业的8条服务措施。年内，挂点联系服务112家企业，免费指导15家企业开展建立健康档案工作，免费为14家企业开展职业健康和职业病、艾滋病、结核病、慢性病防治知识宣传培训及重点职业病监测现场指导，为赣州启明星眼科医院等12家企事业单位降低职业卫生评价等收费，降费幅度达50%，为佳华电池(瑞金)有限公司等50多家企业提供上门服务。扶贫攻坚。调整充实精准扶贫工作队力量，制定帮扶规划，推进"精准扶贫"工作。为农户办实事、解难事。在春节前对贫困户进行走访，为10名儿童实现"微心愿"。在"七一"前，对南坑村的10名老党员和困难党员进行走访慰问。全国第三个扶贫日10月17日，中心联合会昌县疾控中心和站塘乡政府深入精准扶贫帮扶村开展精准扶贫免费体检和健康知识宣传下乡活动。为南坑村精准扶贫对象85余人进行免费健康体检义诊，发放2000余份健康宣传资料。扶贫攻坚取得成效，26户帮扶任务有19户实现脱贫。

（撰稿　赖妍彦　审稿　刘承彬）

【领导名单】

主任：杨健平

书记：温江鸿

赣州市中心血站

【概况】 赣州市中心血站成立于1995年，是赣州市卫生和计划生育委员会主管的卫生事业单位，位于兴国路51号，与赣州市临床检验中心实行"两块牌子，一套人马"的管理，年采血量20吨。主要职责和服务范围为：赣州市范围内无偿献血者的招募、血液采集、检测与制备，保障全市临床用血供应，指导医疗用血业务等。内设供血科、献血科、成分科、机采科、检验科、质管科教科、临床服务科、血源管理科、办公室、信息宣传科、总务科、设备科、人事科、财务科。在职人数153人，在编职工53人，聘用职工100人，退休职工14人。卫生技术人员108人。其中，高级4人，中级15人，初级89人；专业技术人员112人，其中药师1人、临床医师6人、注册护士74人、检验27人、其他4人。

2002年全市全面启动公民无偿献血工作以来，得到社会各界大力支持，无偿献血占临床用血比率从不足2%发展到现在的100%。用血医院236家，中转血库17家，二甲以上医院全部实现输血联网，18个县(市、区)及赣州经济技术开发区实现医院用血网络直报。赣州市获2014—2015年度"全国无偿献血先进城市"荣誉称号。

2016年，血站围绕血液管理工作"采得到、供得上、质量优、用得好"总要求，落实市卫生计生工作会议关于血液工作"开源节流"方针，以无偿献血工作为中心，确保临床用血安全、及时、有效，全站员工齐心协力，开拓进取，强化内部管理，优化服务质量，完善采供血服务体系和质量管理体系建设，完成血液采供任务。血源管理科获2016年度赣州市"三八红旗集体"荣誉称号。何晓明获赣州市卫生计生委、赣州电视台主办的"2016年寻找赣州最美健康卫士"公益活动"最美健康卫士"特别关注奖。

【采供血服务能力】 年内，全市医疗服务总量增加，临床输血需求量大幅增长，血站能满足全市各医疗机构的用血需求，保障临床患者及时用血、安全输血。全市无偿献血52824人，采血量20吨，采集机采血小板4549人次。供血总量231009.5单位，其中红细胞93186.5单位，血小板7813单位，血浆84950单位，冷沉淀45060单位。急救送中转血库血662趟，取血838趟，市内急救送血4666趟。报销用血费用1980人次，金额141.3万元。分离去白悬浮红细胞92579 U，制备FFP 5554100毫升，血浆病毒灭活8472600毫升，制备洗涤红细胞3467 U，冰冻红细胞86.5 U，冰冻解冻去甘油红细胞75 U；隔离放行血液3500多批次，准确率100%。制作《输血不良反应》《临床输血免疫反应及对策》课件，培训覆盖全市18个县(市、区)临床用血单位。设有血型参比实验室。年内，实验室发现一例献血者类孟买血型并进行建档。

【血液质量管理】 对331袋血液产品、69批次的检验试剂和132批次的原辅材料进行质量抽样检测，抽检结果均合格。监测采供血过程工艺卫生2241项次、关键仪器设备1340次，结果均合格；对各业务科室、采血点巡查268次；制作《质量简报》12期。10月，对先行版质量管理体系文件进行内部审核，对体系进行全面检查和梳理。按照相关法规对血液质量、原辅材料、关键设备、工艺卫生进行质量监控和测量。

【科教培训】《新鲜冰冻血浆制备冷沉淀的时限对效能的影响》《冰冻解冻去甘油红细胞改良制备方法》《冷上清进行亚甲蓝光化学病毒灭活时滤器堵塞处理对策的研究》项目在市科技局立项。对17名新进人员进行岗前培训，开展14次全站培训，培训2156人次，考试3次，平均通过率98%；安排职工参加外出培训学习15次。组织市级继续医学教育专题讲座3次。

【血液检测与临床检验】 实验室完

成血液标本检测57663份，阳性淘汰率2.13%；核酸检测数56632份，阳性淘汰率0.35%；发现RH阴性标本119例，血型不符38例，HIV阳性确认8例；完成12000余份标本HTLV项目的监测检测工作，筛查出2份可疑标本，送国家卫计委临床检验中心确认检测。年度实验室检测结果报告准确率100%。1月1日启动核酸检测室内质量控制，1月16日通过省卫计委技术验收，取得NAT检测资格。年内，实验室参加卫生临床检验中心、省临床检验中心及省CDC组织的7次采供血系统传染病指标、血型及核酸检测盲样标本的外部质量评价活动，全年检测结果符合率100%。

年内，完成143家基层医疗机构室间质量评价、统计及回报工作，并召开全市检验医学质量管理工作会议，全市基层医疗机构临床检验水平得到提升。

【无偿献血宣传】 科学安排献血车采血，下县400多天次，下乡镇宣传100多次，进校园90多次，进入单位400多家；举办“血液连接你我”等大型无偿献血宣传活动6次，印制无偿献血宣传海报1000多张，无偿献血知识手册20万余份、悬挂横幅1100余条、宣传单5.6万余张。策划制作《赣南献血》11期。运用新媒体微信、网站平台开展无偿献血宣传。7月17日，《赣南日报》头版头条刊载《让点滴热血汇成大爱之河——赣州市无偿献血工作采访记》及市电视台新闻联播的头条报道无偿献血工作。

(撰稿　吴　艳　审稿　江　帆)

【领导名单】

站长：熊烜俊

体　育

【概况】 2016年，赣州市体育系统贯彻“解放思想、内外兼修、北上南下”实践路径，结合体育部门职能积极服务“六大攻坚战”，各项工作有序推进，“十三五”体育事业发展开局良好。市体育局内设办公室、群众体育科、竞技体育科、体育经济科(另设有机关党总支4个职能科室)，行政编制12人。所属事业单位5个，核定事业编制68人；赣州市体育总会编制4人；赣州体育中心编制15人；赣州市少儿体校编制46人；赣州市老年体协编制3人；赣州市体育产业管理中心(自收自支事业单位)。

【规划编制工作】 12月，市政府印发《赣州市全民健身计划(2016—2020年)》，落实全民健身国家战略，构建与全市经济社会发展水平相适应的全民健身公共服务体系，推动全民健身与全民健康的深度融合。各县(市、区)结合实际制定当地全民健身实施计划，指导全民健身工作开展。编制出台全市“十三五”体育事业发展规划、体育产业发展规划、足球事业发展规划3个专项规划。

【服务“六大攻坚战”】 配合做好健康养老产业发展规划及具体项目推进工作，有8个体育项目列入全市健康养老产业攻坚战项目，总投资22.75亿元，年内计划完成投资2.92亿元，开工建设项目7个，完成投资1.51亿元。服务全市主攻工业。印发《赣州市体育局关于贯彻落实全市工业工作会议精神的实施意见》，组织乒乓球、羽毛球、篮球、瑜伽等协会赴青峰药业有限公司进行为期两个月的实地指导。扶贫挂点工作成效显著。支持瑞金市九堡镇密溪村精准扶贫工作直接投资15.5万元，完成承诺的11件实事好事，争资争项修复水渠600米，硬化道路12.6千米，推进贫困户脱贫等工作。

【苏区振兴对口支援】 争取国家体育总局出台《国家体育总局对口支援赣州崇义县振兴发展2016年重点工作方案和责任分工》，拓宽赣州市争资争项渠道。年内，国家体育总局机关司局及各直属单位领导到赣州市开展调研、帮扶及捐赠活动十余次，持续增加项目资金投入，开办6个培训班，参训人数达500余人。协调支持崇义县开展体育社会组织服务全民健身试点工作。

【体育基础设施建设】 推进体育设施建设规划落实，编报各类体育项目200余个，争取上级补助项目176个，获得补助资金6710.4万元，其中中央集中彩票公益金支持地方体育事业项目132个(全民健身活动中心项目1个、乡镇农民体育健身工程5个、行政村农民体育健身工程113个、社区多功能运动场3个、社区笼式足球场3个、健身器材更新项目7个)，获专项资金1644.5万元；田径场及标准足球场项目7个，获中央预算内补助资金2640万元；省公共文化服务体系建设专项资金基层群众健身场所补助项目27个，获补助资金917.9万元；省公共体育场馆免费低收费开放补助项目9个，获补助资金508万元；市体育设施专项建设项目1个，获专项建设基金1000万元。市本级红旗大道田径场、赣州体育中心室外网球场等改造工程完工。采取民建民营方式建设章江足球主题公园，走出引入社会资本建设运营管理体育设施的第一步。

【群众体育与竞技体育】 开展“体彩公益少年儿童”免费游泳培训活动，培训200名8到9周岁小学生。组队参加第五届省全民健身运动会全部16个比赛项目并获最佳组织奖、优秀赛区、体育道德风尚奖、团体总分第二名。参加第二届江西省青少年“未来之星”阳光体育大会获一等奖。参加2016年江西省青少年锦标赛18个项目，其中9个项目获得团体总分前三名(第一名1个，第二名3个，第三名5个)。参加全国高水平赛事8人获前三名，其中陈华琳获2016年全国田径大奖赛系列赛(郑州站)女子100米冠军，林慧群获2016年全国皮划艇(静水)锦标赛200米双人皮艇赛冠军。市瑜伽协会组织参加2016年全国健身瑜伽总决赛获社会组女子双人冠军。举办(承办) 2016年全国夏季游泳锦标赛暨奥运会资格赛、环鄱阳湖国际自行车大赛、中国山地自行车公开赛、中国“三对三”篮球联赛及全省游泳、足

2016年6月6日，“华东城杯”2016年全国夏季游泳锦标赛暨奥运会资格赛在赣州市章江游泳馆开赛

球、乒乓球锦标赛等10余项大型赛事活动。年内，市级新增体育社会组织10个，市级单项体育社会组织达57个。培训社会体育指导员1249名（其中一级58名，二级234名，三级957名），选派12名一级社会体育指导员参加国家级培训。成立赣州市全民健身志愿服务人队，成立6个市直体育社会组织党支部，推动、规范全民健身活动的组织开展。

【体育产业】 江西嘉宏体育产业发展有限公司申报并获批江西省乒乓球项目后备人才南康训练基地，创新体育+旅游方式，发起《南康体育旅游》活动，有效宣传赣州，推动项目融合发展。引进中国知名体育产业会员社群和体育产业资源共享平台——斯迈夫会员社群分会落户赣州。上线体育彩票销售网点680个，销售总额达到6.06亿元，实现公益金约3881万元，超额完成全年销售任务。赣州体育中心年接待体育健身人数40多万人次。获评全国体育旅游精品项目3个［瑞金红区运动休闲旅游（十佳）、崇义上堡客家梯田露营、赣州南康区乒乓旅游］。完成体育产业专项调查工作。章贡区游泳、山地自行车项目，南康区乒乓球项目，大余县运动休闲旅游区，定南县气排球项目，崇义县户外运动基地等“一县一品”发展特色初显。

【党建工作】 开展“两学一做”学习教育。结合实际制定和实施学习教育方案，坚持周二集中学习制度，开展重温入党誓词等活动，丰富学习形式，党员领导干部在联系的支部、精准扶贫点带头上党课，在学习教育中解决实际问题。讲政治、守规矩，贯彻执行《中华人民共和国体育法》《全民健身条例》等国家、省体育有关法律法规，坚持学法用法，公布权力清单和责任清单，聘请法律顾问，规范行政行为。守清廉、扬正气，组织观看反腐倡廉警示教育片，邀请市纪委领导到体育局开展“一准则、两条例”专题学习讲座，落实中央八项规定精神，落实党风廉政建设责任制，推动“转作风，提效率”。

（撰稿　张画龙　审稿　袁华英）

【领导名单】

党组书记、局长：袁华英（女）

党组成员、副局长：刘桂林　涂毅敏　黄　群　钟　涛　温为辅

副调研员：吕继湖　潘志超

（本栏编辑　徐文菁）

民政　扶贫移民

民　政

【概况】 2016年，赣州市民政局围绕市委、市政府“打好攻坚战，同步奔小康”的全面部署，积极履行民政职能，兜好底线、改善民生、服务国防、创新治理、强化服务，全面落实从严治党要求，民政事业发展实现“十三五”良好开局。赣州市民政局被评为2016年度全省民政工作综合评估优秀单位、全省信访维稳工作优秀单位、全省社区服务体系建设优秀单位。

【社会救助】 兜底保障。按照脱贫攻坚“五个一批”的要求，把兜底保障脱贫作为首要政治任务，推进提标扩面等工作。全市农村低保保障标准、月人均补差水平提高至每人每月270元、195元，分别提高12.5%和18.2%；农村五保对象集中和分散供养标准提高至每人每年4380元、3480元，分别提高19.7%和11.5%。农村低保、五保保障标准全面高于贫困线标准。年内，全市新增农村低保对象4.4万人。

两项制度衔接。加强农村低保与扶贫开发制度衔接，全市纳入建档立卡范围的农村低保对象29.67万人，占低保总人数的80.13%，高于全国、全省平均水平。

低保管理。开展低保申报制试点，实现低保对象精准识别、高效救助。开展农村低保专项治理，低保“人情保”“关系保”“错保”“群体保”“漏保”现象得到有效治理。

医疗救助。加强医疗救助与基本医疗保险、大病保险、贫困人口疾病医疗补充保险等制度的有效衔接，全年实施医疗救助59.15万人次，发放医疗救助资金2.61亿元，贫困人口就医自付费用比例控制在10%以下，较好解决贫困群众因病致贫、因病返贫问题。

【减灾救灾】 3月和8月，赣州市先后遭受较为严重的洪涝灾害，造成赣县、于都等9个县56.92万人受灾，因灾死亡11人，直接经济损失10亿元。灾害发生后，民政部门迅速行动，紧急转移安置灾民47410人，争取上级救灾资金8910万元，救助受灾群众148万余人次，全市1008户因灾倒、损房全部完成重建或修缮，有效保障灾民的基本生活。积极引导社会力量参与救灾，成立赣州市应急救援协会等公益救援队伍10个，参与防灾减灾救灾活动100余次，赣南救援支队被民政部收录为社会力量参与救灾组织。

【社会福利和慈善事业】 落实养老规划。成功把赣州市2340个规划项目纳入《江西省社会养老服务体系建设规划(2016—2020年)》，总投资66.87亿元，床位6.77万张。将中心城市养老机构、城乡日间照料点建设纳入《赣州中心城市公共服务设施布局规划(2014—2030)》。将护理院、康复医院等涉及老年人健康服务的医疗机构设置列入《赣州市社会办医投资指南(2016—2020年)》。

加大政府投入。从2016年起，市财政每年预算1500万元，对中心城区新(改、扩)建养老机构、养老机构60周岁以上失能老人护理服务等予以补助。年内，全市开工建设“三院”项目60个、农村老年人颐养之家18个、示范性居家养老服务中心20个。全市有养老机构341家、床位4.7万张，每千名老年人拥有养老床位数达到36张。加强养老信息服务平台建设，建成中心城区居家养老服务12349呼叫热线等一批服务平台。

深化养老改革。创新运营方式，市福利中心老年公寓等一批政府投资养老机构实行公建民营。推进医养结合，赣州市入选首批国家级医养结合试点单位，全市有护理型养老机构床位9380张，23家养老机构纳入医保定点范围，164家养老机构与当地医疗机构建立合作关系。探索政府与社会资本合作，章贡区居家养老服务中心PPP项目总投资1.6亿元，建设和运营72个居家养老服务中心网点，列入民政部首批养老服务和社区服务信息惠民工程试点项目、财政部第二批PPP示范项目、2015年江西省第一批政府与社会资本合作项目。

保障孤儿、残疾人。全市有儿童福利机构9家，总床位数935张，孤儿基本生活费制度惠及4522名孤儿和艾滋病毒感染儿童。落实残疾人两项补贴制度，惠及6.41万困难残疾人和4.38万重度残疾人，发放补贴资金6039.34万元。

【拥军优抚安置】 优抚政策落实。全市享受国家抚恤和生活补助的对象8.2万人，抚恤补助金平均提高10%，发放抚恤和补助资助4.2亿元。实施市革命烈士纪念馆改造提升工程，市财政投入1200万元，对纪念馆牌坊周边环境进行整治。

安置工作。采取岗位安置与货币安置相结合的办法，较好完成年度退役士兵安置任务。年内，全市接收退役士兵2638人，其中符合政府安排工作条件退役士兵200人。参加政府免费就业培训退役士兵1668人，培训率68%，推荐就业率86.7%。

"双拥"创建。年内，赣州市被评为"全国双拥模范城"，实现"三连冠"。原市民政局副局长、双拥办主任梁卫被评为"全国爱国拥军模范"。按照"四化"(规模化、常态化、规范化、个性化)要求，创造性做好随军家属安置工作，《中国国防报》《解放军报》《中国双拥》杂志等多家媒体进行报道。

军供军休工作。完成过往部队军供保障任务，闽赣两省军供站长座谈会在赣州市召开。做好军休工作。推进社区、军休干部家庭和军休所"三位一体"服务网络建设，军休干部"两个待遇"有效落实。

【社会组织登记管理】 全面实施社会组织统一信用代码。支持社会组织参与社会建设，争取中央财政资助项目3个，资金123万元。按照八个"一律不得"规范涉企社团收费，有效减轻企业负担。精简行政审批程序，审批时间由原来的10个工作日缩短为5个工作日。推进社会组织党建工作，市属社会组织纳入党建基数236个，建立党组织143个，实现社会组织党的组织和党的工作"两个全覆盖"。加强社会工作，培育社工机构5个，实施专业社工服务项目12个，资金160万元。

【基层政权和社区建设】 推进农村社区建设试点工作。安排市级福彩公益金180万元，支持省、市、县三级共建试点社区9个。推进城市社区标准化建设。完成2个街道、12个居委会标准化建设。推进城乡社区协商和减负工作。完善智慧社区服务平台建设，章贡区智慧社区服务平台累计服务群众40万余人次。

【社会事务管理】 行政区划调整。赣县撤县设区获国务院批复，重新上报龙南撤县设市区划调整方案，奠定赣州构建区域性副省级中心城市基础。完成南康区、赣州经济技术开发区事权调整和蓉江新区设置。

地名标志设置。开展第二次全国地名普查工作。结合地名普查开展地名文化宣传工作，采编灶儿巷、游仙等46个优秀地名文化视频。修复、更换地名标牌65块次，发布公益广告725块次。

边界管理。开展界线联检和"平安边界"创建。完成设区市间3条县界界线和市内7条县界线第四轮联检工作。开展平安边界创建，确保边界地区社会稳定。

绿色殡葬建设。将绿色殡葬建设纳入赣州市"十三五"发展规划，纳入市对县(市、区)科学发展综合考核评价体系。召开专题电视电话会议，部署开展全市主要交通沿线乱埋乱葬和文明乡风突出问题专项治理，巩固殡葬系统"红包"问题专项治理成果，实现群众"零投诉"，赣州市殡葬管理所被评为全国殡葬工作先进集体。

农村留守儿童关爱保护。落实国务院工作部署，市政府出台《关于农村留守儿童关爱保护工作的实施意见》，开展"合力监护、相伴成长"专项行动，摸底排查农村留守儿童219769人，重点干预帮扶对象28178人。

流浪乞讨人员救助。救助生活无着、流浪乞讨人员10000余人次。全市AAA级婚姻登记机关达到5家。

(撰稿　康仁禄　罗香星　审稿　康仁禄)

【领导名单】

党组书记、局长：黄丽红(女)
党组成员、副局长：史方现　邱小林　丁　毅　杨爱群　陈玉川
党组成员、纪检组长：杨文洪
副调研员：衡京南　陈佛招(女)

扶贫和移民

【概况】 2016年是全市脱贫攻坚首战之年。全市认真贯彻落实中央、省、市三级系列脱贫攻坚决策部署，凝心聚力，攻坚克难，精准扶贫十大项目累计完成投资200.53亿元，占年度计划投资的117.58%；全市扶贫对象由2015年年底的70.24万人减少到43.14万人；全市贫困发生率由2015年底的9.3%降至5.7%；全年农民人均纯收入由2015年年底的7786元提高到8721元，增长12.1%。健康扶贫、金融扶贫、产业扶贫、安居扶贫、网络扶贫、农村低保与扶贫开发两项制度衔接等多项工作走在全省前列，得到国务院扶贫办和省领导的充分肯定，脱贫攻坚取得良好开局。赣州市精准扶贫办被评为"全国扶贫系统先进集体"；瑞金市扶贫和移民办主任曾能贵被评"全国扶贫系统先进工作者"；瑞金市壬田镇凤岗村农民廖秀英被评为"全国脱贫攻坚奋进奖"。

【产业扶贫】 全面落实产业扶贫"五个一"机制，坚持"长短结合、种养互补、三产融合"的思路，推动扶贫产业项目落实到村到户到人。全市产业扶贫覆盖带动9.93万户36.1万贫困人口增收，占建档立卡贫困人口的51.4%。其中直接发展农业产业5.9万户20.25万人；各类新型经营主体联结带动4.03万户15.85万人。其中通过新增或改造脐橙、油茶、林下经济产业分别带动3万、5万、2万贫困人口增收。建成贫困户光伏户用电站7020户，贫困村光伏村级电站415个，总装机约53.3兆瓦，总投资约4.13亿元，覆盖贫困人口约4万人。建成农村电商县级运营中心18个、乡级服务中心100个、村级服务站300个，辐射贫困人口约8.5万人。全市建成97个扶贫车间。

【安居扶贫】 实施安居扶贫工程，坚持整体搬迁、梯度安置和差别化扶持，引导搬迁对象立足长远，一步搬迁到位，全市规划三年(2016—2018)易地搬迁扶贫集中安置点399个，年内全部开工，其中2016年度计划易地搬迁54725人，规划的180个安置点90%以上均在春节前竣工。创新推进农村保障房建设，对在农村危房改造政策支持下仍没有能力解决住房安全的特困群众，采取新建、购买或

修缮等多种方式，由政府全部兜底安置。全市新建保障房8314户，开工率105.31%，基本竣工验收，确保特困群众春节前“拎包入住新居”。

【金融扶贫】 综合采取贷款风险补偿、贷款贴息、贷款证保险等多种方式，创新“产业扶贫信贷通”“油茶贷”“移民搬迁贷”、农房抵押贷款等金融产品，破解扶贫投入不足的难题。“产业扶贫信贷通”，由财政筹集10亿元风险缓释基金，撬动银行80亿元信贷资金，以免抵押、免担保的形式投向贫困户和新型农业经营主体，贫困户信用贷款每户最高额度5万元，享受政府三年全额贴息，解决贫困户融资难问题。年内，全市累计发放扶贫贷款241.54亿元，“产业扶贫信贷通”贷款81.51亿元。

【兜底扶贫】 兜底保障提标扩面。农村低保平均保障标准提高到每人每月270元，月人均补差水平提高至195元；农村五保对象集中供养标准提高至每人每年4380元，分散供养标准提高至每人每年3480元。全市农村低保对象19.58万户、39.37万人，累计支出农村低保金9.18亿元。农村五保对象48631人，累计支出供养金1.81亿元。两项制度有效衔接。加快全市农村低保与扶贫开发两项制度有效衔接，衔接率80.3%，列全省第一。12月15日，赣州市在全省农村低保制度与扶贫开发政策有效衔接工作电视电话会议上作典型发言。

【就业扶贫】 创办扶贫车间。全市建成290多家扶贫车间，吸纳贫困劳动力就业4000余人，家门口就业比重达30%。全市帮助贫困劳动力实现家门口就业1.13万人，完成年度任务的125.6%。开发公益岗位。对无法输送到企业就业的贫困劳动力，整合交通、城管、水利、农办、人力资源和社会保障等部门，开发公益性岗位安置贫困劳动力就业9300人。扶持农民创业。推进农民创业园建设，支持贫困劳动力通过自主创业脱贫，全年通过自主创业实现脱贫192人，能人创业带动就业2100人。开展技能培训，组织贫困劳动力参加就业技能培训8500人次。

【教育扶贫】 建立健全从学前教育到高等教育的学生资助体系，加大对贫困子女的资助力度。落实学前教育资助政策。贫困户子女学前教育资助金标准由800元每人每年提高到1000元，资助14667人次、729.2万元。落实义务教育阶段“两免一补”政策，免除学杂费、免费提供教科书，资助68101名贫困生，其中建档立卡贫困家庭寄宿生34100人。落实普通高中国家助学金政策，发放36130名贫困生3613万元。落实中等职业教育免学费和国家助学金政策，发放36134名贫困生3613.4万元。落实高考入学政府资助金政策，为5427名贫困生发放2685万元。为就读大学的4.6万名贫困户子女办理生源地信用助学贷款。

【健康扶贫】 在新型农村合作医疗、大病保险、医疗救助的基础上，市、县财政出资近1亿元，按照每人每年90元的筹资标准，以政府购买服务的方式为建档立卡贫困人口购买疾病医疗商业补充保险，构筑起健康扶贫的“第四道保障线”。年内，全市补偿商业补充保险3305人次，其中住院医疗总费用14850.92万元，新农合补偿7373.93万元、大病保险补偿2058.27万元、疾病商业补充保险补偿4086.24万元，个人自付1332.48万元，个人自付比例降至8.98%。部分重病患者自付比例不到5%。针对因灾因意外事故致贫、返贫的问题，统筹整合社会各类救助资源，开展“救急难”综合试点，累计救助14440户次，发放救助资金(含实物折合)2466.59万元。

【整村扶贫】 坚持以贫困村为单位，将各类产业发展项目，水、电、路、通信等基础设施项目，农家书屋、村级卫生室、广电网络等社会事业项目，垃圾污水处理等环境整治项目，以及山水林田湖生态保护与修复项目等捆绑打包，整村推进、同步实施，探索整村推进扶贫与新农村建设有机结合的新路子。全市175个预退出贫困村“七改三网”基础设施和“8+4”公共服务全面完成，基本实现有序退出。

【水利扶贫】 加大对贫困地区的水利项目投入，推动贫困村水利薄弱环节建设，小农水重点县或项目县建设项目总投资36497万元，受益贫困村119个，受益贫困户12918户、39617人。农村安全饮水巩固提升项目180个累计完成投资1.18亿元，项目完工率100%。瑞金灌区续建配套与节水改造项目投资5100万元，改善灌溉面积800公顷，受益贫困村7个，受益贫困户645户，受益贫困人口1979人。

【信息扶贫】 农村信息化基础设施项目年内投入8.25亿元，新建基站5909个，完成全年计划的102%。其中，4G网络建设项目投入5.89亿元，完成全年计划投入，行政村4G网络覆盖率99%，贫困村4G网络覆盖率99%，2015年预退出贫困村全部完成覆盖。宽带覆盖和宽带提速项目实际投入2.35亿元，完成全年计划投入，行政村光宽带覆盖率70%，贫困村光宽带覆盖率67%，2015年预退出贫困村全部完成覆盖。

(撰稿 王峰 审稿 龚升炬)

【领导名单】

党组书记、主任：黄建平
党组成员、副主任：钟小春 龚升炬
正处级干部：罗开莲(女)
副调研员：欧阳叶兵

老龄工作

【概况】 2016年，赣州市老龄工作委员会办公室按照年初制定的工作目标，抓基层、抓重点、抓落实，圆满完成全年目标任务。全市新建示范性居家养老服务中心(站)20个，争取中央财政及省福彩公益金扶持赣州市地方居家养老服务类项目32个，投资1750万元；发放80周岁以上老人高龄补贴1.56亿元，创新举措整合资源抓好基层老年协会规范化建设，为70周岁以上老年人购买乘车意外伤害保险；宣传调研工作取得进展，敬老助老活动广泛开展。市老龄办获2016年度全省老龄工作综合评估先进单位。市老龄办内设综合科和事业发展科，核定编制8名。

【居家养老】 与市民政局联合发文部署抓好示范性居家养老站点建设，全市建成示范性居家养老服务中心20个。组织4个调研组深入实地对城乡居家养老服务工作进行交叉检查，督促指导各地居家养老服务工作。积极争取资金项目，全市有13个居家养老项目获得中央预算内投资1550万元；有6个居家养老项目获得中央福彩公益金资助60万元；有13个居家养老项目获得省级福彩公益金资助140万元；争取市本级福彩公益金90万元用于居家养老服务工作。章贡区PPP模式建设运营居家养老服务站点试点工作取得成效，19个PPP项目网点建成并投入使用，8个网点采取公建民营等模式，该项工作荣获省创新奖。

【基层工作】 基层老年协会规范化建设。联合市委老干部局、市民政局、市体育局、市老年人体育协会等单位，整合资源共同打造基层老年协会“示范工程”，2016年打造100个，市民政局从市本级福彩公益金安排20万元，市体育局从体彩公益金预算安排100万元，市委老干部局投入20万元，用于100个基层老年协会示范点的建设。抓好骨干培训，举办基层老年协会骨干培训班，同时专门制作PPT软件进行远程培训，提高基层老龄干部和老年协会骨干业务水平。

【维权优待】 足额发放高龄补贴，全年发放高龄补贴资金1.56亿元，惠及16万80周岁以上老年人，发放率达100%。市老龄办联合承保公司举办业务培训暨工作交流会，并多次开展老年人乘车意外伤害保险宣传活动，及时办理乘车保险，为46.88万70周岁以上老年人办理乘车意外伤害保险，全市拨付保费468.93万元，理赔10起理赔金额15万元，未出现老年人投诉事件。树立维权先进典型，赣州市中级人民法院民事审判第三庭、龙南县公安局龙南镇派出所获“全国老年法律维权工作先进集体”。做好老年优待证免费办理和老年信访工作。

【宣传调研】 加强老龄工作宣传报道，主动联系、积极配合新闻媒体，广泛深入报道全市涉老工作，《赣南日报》《赣州晚报》开设专题专刊，集中报道“敬老月”期间敬老助老活动。年内，在《中国老年报》《江西老龄工作》、全国老龄门户网和江西老龄网站等老龄媒体刊稿50余篇。开展老年法律法规宣传，印制发放新修订《江西省实施〈中华人民共和国老年人权益保障法〉办法》单行本5万份。开展老龄政策理论调研，市本级评出优秀调研文章6篇。积极配合省政府法制办、省民政厅做好《江西省实施〈中华人民共和国老年人权益保障法〉办法》立法调研工作。评选推荐“敬老爱老助老模范人物”，推荐钟德时等9人参加全国“敬老爱老助老模范人物”评选。

【敬老活动】 开展为老志愿服务活动。联合市急救中心开展4期“急救知识进社区”志愿服务活动；举办老年保健养生知识讲座；部署开展“关爱空巢老人”志愿服务活动。开展第二届赣州市“敬老文明号”评选表彰活动，20个单位荣获市级“敬老文明号”称号。开展“敬老月”和“老年节”庆祝活动，市老龄委发文部署开展“敬老月”活动；省委常委、市委书记李炳军等领导看望慰问百岁老红军王承登、吴清昌；市老龄办联合人保财险赣州市分公司慰问100名贫困老人和30个为老服务组织；联合市老年书画协会举办“敬老爱老，全民行动”主题书画展，在全市征集老年书画作品126幅，评选表彰优秀作品27幅；联合市老年钓鱼协会举办离退休干部庆重阳垂钓健身活动。

（撰稿 严 涛 审稿 黄雪梅）

【领导名单】
主任：黄雪梅（女）

（本栏编辑 徐井生）

县(市、区)概况

章贡区

【简况】 章贡区辖5个镇和4个街道办事处，57个行政村，57个街道社区居委会和18个镇辖居委会。国土面积375.52平方千米。耕地面积 0.35万公顷，有林面积2.11万公顷，森林覆盖率60.54 %。总人口49.50万人，其中城镇人口45.09万人；人口自然增长率10.07 ‰。2016年，实现地区生产总值328.37亿元，增长10.3%。其中，第一产业增加值4.76亿元，增长3.8%；第二产业增加值 109.98亿元，增长8.9%；第三产业增加值213.63亿元，增长11.2 %。财政总收入35.18亿元，增长4.6%，税收占财政总收入的比重82.84%；公共财政预算收入21.86亿元，增长20.7%；公共财政预算支出21.83亿元，与上年持平。工业总产值340.32亿元，增长13.3%。规模以上工业增加值80.84亿元，增长9.7%；固定资产投资362.97亿元，增长17.5%；实际利用外资1.18亿美元，增长11.4%；实际利用省外资金58亿元，增长15.4%；出口总额5.17亿美元。主要工业产品有水泥159.58万吨、钢材12.58万吨、精制茶1224吨、机制纸及纸板9.41万吨等等。农业总产值 7.86亿元，增长8.0%。粮食总产量2.98万吨。主要农产品有油料637吨、水果产量2260吨、肉类产量14535吨、水产品7136吨。社会消费品零售总额255.53亿元，增长9.9%。城镇居民人均可支配收入31881元，增长9.1%；农村居民人均可支配收入12768元，增长11.6%。金融机构人民币存款余额1671.94亿元，增长41.0%；贷款余额1337.85亿元，增长38.3%。基本养老保险年末参保职工人数10.51万人，增长12.2%，较上年提高8.3个百分点；城镇基本医疗保险年末参保人数达27.08万人，增长2.7%。

【项目建设】 实施“六大攻坚战”项目87个，总投资533.55亿元，年度完成投资130.32亿元。青峰药谷列为全市“两城两谷一带”重点主攻项目，超跃科技、中盛隆电子、秋田微电子等一批项目竣工投产。完成项目征地104.85公顷，拆迁2915户、28.2万平方米；新增可建设用地规模308.84公顷，建设用地报批343.29公顷，保障昌吉赣客专等重大项目建设。华东商贸物流城一期项目建成运营，承接五龙蔬菜批发市场整体腾退经营户300余家；赣州冷链物流基地项目完成征地。争取上级各类补助资金12.62亿元、债券9.56亿元。实施民企入赣、赣商回归工程，举办电子信息、硬质合金、金融产业等多场专题招商会，新引进亿元以上项目25个，总投资189亿元；龙川极地海洋世界、时光赣州(七里古镇)、赣州复兴之路文化科技主题园等大型文旅项目正式启动。落地实施PPP项目3个，其中环卫工程提升暨停车场建设运营项目成为章贡区第二个国家财政部示范项目。

【产业发展】 新增规上工业企业16家，实现增加值80.84亿元，增长9.7%；主营业务收入354.15亿元，增长14.5%。完成工业固投65.86亿元，增长56.1%；工业企业上缴税收9.85亿元，占财政总收入28%。生物医药和有色金属及新材料两大首位产业实现主营业务收入140亿元，占规模以上工业比重达40%；电子信息产业主营业务收入增长28%。新增规上服务业企业26家、总数达102家，其中省级服务业龙头企业5家。服务业增加值213.63亿元，增长11.2%，占 GDP比重65.1%。创建全省首家并购基金园，入园企业110家，实现税收4625万元。章贡经济技术开发区物流园获评省重点商贸物流园区。飞天电商产业园评为省级电子商务示范基地，软件产业孵化园列为省级小微企业创业园、省级服务外包示范园；全区线上规模电子商务企业交易额142亿元。启动福寿沟博物馆规划设计。宋城壹号文化创意产业园开业运营，并列为全省重点文化产业园和省级现代服务业集聚区。全年接待游客及旅游收入均增长22.4%。农业与服务业融合发展，花溪间乡旅庄园、花田小镇等21家乡村旅游项目初显成效，培育省级农业示范合作社3家、市级10家，省市农业龙头企业达9家。

【改革深化】 深化“放、管、服”改革，408项许可审批事项集中办理、83个审批项目网上审批。开展“降成本、优环境”专项行动，全面推进“营改增”试点，累计为企业减负30.64亿元。百丰建材“去产能”通过国家验收。组建区金融服务中心，为企业提供融资、担保等一条龙服务。五个“信贷通”放款15亿元，全市排第一。其中，财园信贷通贷款列全省第一；提供融资担保1亿元、还贷周转金5.9亿元，惠及企业(农户) 2324家。在全市率先设立民间融资登记服务机构，撮合融资需求5170万元。经纬科技、科睿特软件、红一种业在“新三板”成功挂牌。

区建投集团与江西中煤集团合作组建新一建公司，并落户全省第一家装配式建筑生产企业。

【创新创业】 青峰药业创新天然药物与中药注射剂国家重点实验室揭牌，华劲纸业等2家企业入选国家“两化”融合贯标试点，深联电路等3家企业评为省级“两化”融合示范企业，科睿特软件获批全省首家智慧城市软件工程研究中心，群星机械技改项目列为全省智能制造试点示范，金环磁选科技项目获第十八届中国专利奖，网联科技研发产品获第二十届中国国际软件博览会金奖。全年专利申请量4213件，增长226%，居全省第一；万人发明专利拥有量列全市第一。申请注册商标980件，其中，11家企业获省“著名商标”，5家企业获市“知名商标”，1家企业获评市长质量奖。宋城壹号、创客咖啡工场等10个众创平台被评为省、市众创空间。设立创业投资基金，发放创业贷款7513万元。

【城乡建设】 完成南市街、灶儿巷等地块5607户棚改征收任务，私房货币化安置率达95%，启动原航运公司等11个地块返迁安置房建设，完成水轮机厂等4个地块148套、1.37万平方米安置房的分配。三康庙冶机厂宿舍等4个老旧小区改造全面完成，惠及居民728户。启动姚府里29号狮子塘和青年路3号、8号黑臭水体治理。和谐大道二标段、峰山大道沙石段及13条农村公路建设进展顺利。改造农村危旧房8000平方米，拆除农村危旧“空心房”2.2万平方米。

【生态建设】 全区空气质量优良率大道89.3%，推行“河长制”，“清河行动”开局良好；全面开展饮用水源专项整治和农村环境综合整治，关闭超标排放企业及畜禽养殖场23家，集中式饮用水源达标率100%。新造油茶林116.26公顷，超额完成市下达任务，林业有害生物防治“四率”总体达标。实现市级生态村全覆盖，沙河镇获省级生态镇称号。

【社会管理】 全面实施城市管理市场化运作。推动城乡环卫一体化，实现农村生活垃圾处理全覆盖，获全省农村清洁工程工作先进单位。创新全民参与城市管理新机制，水南马路市场、中联商城、五龙蔬菜批发市场等一批长期影响市容环境的顽疾得到根治。“数字化城管”建成运营，智能停车系统实现城区主干道全覆盖。持之以恒打击“两违”，拆除违法违规建筑1832处19.95万平方米。推动“智慧社区”向“智慧章贡”升级，获评2016年中国智慧城市优秀案例。赣江街道社区公共服务体系建设成为全市唯一的省试点。打造立体化社会治安防控体系，“全球眼”视频监控系统延伸至农村。成立全市首家城市少数民族服务中心。水西和乐等3个社区被评为全国无邪教创建示范基地。新建赣州市禁毒教育基地、交通安全警示教育基地；重点青少年群体的服务管理经验在全国综治工作“南昌会议”上交流。

【民生事业】 全年民生支出27.58亿元，占财政总支出73.2%。高质量完成脱贫攻坚任务，实现8个省、市贫困村摘帽，1495名贫困人口脱贫。新增社区蔬菜便利店54家。开工建设居家养老服务中心22个，建成10个。水西敬老院、翡翠谷养老基地试运营，获评全省支持社会资本兴办养老机构优秀单位和全省居家养老服务工作优秀单位。完成社区活动场所标准化改造3个；整合城乡居民医保，新增城镇就业9489人。

【社会事业】 投入校建资金3.09亿元，完成新(改、扩)建中小学项目14个，新增校舍4.4万平方米、学位5835个；一职校通过省达标评估认定，中考成绩连续9年蝉联全市第一。成功举办全国夏季游泳锦标赛暨奥运资格赛、中国山地自行车公开赛和江西省“体彩杯”青少年游泳锦标赛等赛事，罗坑山地自行车赛道被授予江西省全民健身活动山地自行车运动基地。客家根雕成功申报第五批省级非遗项目名录。推行家庭医生签约服务，在全市率先开展唐氏筛查免费检查。市立医院顺利通过三级甲等综合医院复评。

（撰稿　温林波　审稿　马远旗）

【领导名单】

中共赣州市章贡区委员会

书记：刘文华

副书记：赖正文(8月免)
连天浪(8月任)　张　永(3月免)
赖纯平(8月任)　付海东(3月任，挂职)

常委：刘铭忠(8月免，纪委书记)
杨忠万(8月任，纪委书记)
温江涛(8月免)　李志坚(8月任)
刘智武(3月免)　谢庚福(8月任)
宋怡萍(女，8月免)　朱建华(8月免)
许　伟(女，8月任)
陈　艳(女，1月免，挂职)
傅永宝(3月免，挂职)
李国泉(8月免，挂职)
肖　兰(女，8月免)　王子康(8月任)
曾传赣(8月免)　张小东(8月任)
郑成功(8月任)　薛忠友(8月免)
黄正财(8月任)　樊小骥(3月任，挂职)

区人大常委会

主任：谢春明(9月免)　刘铭忠(9月任)

副主任：陈孝伟(9月免)
欧阳斌(9月免)　陈明庆(9月免)
邱启发(9月任)　何建清(6月任)
孙光明(6月任)　钟晓伟(6月任)
何景炎(9月任)　刘俊平(9月任)

区人民政府

区长：赖正文(8月免)
连天浪(8月任)

副区长：付海东(3月任，挂职)

常务副区长：朱建华(8月免)
许　伟(女，8月任)

副区长：宋怡萍(女，8月免)
李国泉(8月免，挂职)
张小东(8月任)　郑成功(8月任)
樊小骥(5月任，挂职)　陈昌立
陈应庭(8月任)　张家斌(8月任)
易新维(8月任)　肖　立(8月任)
陈　利(5月任，挂职)

区政协

主席：曾伟林(9月免)　廖小波(9月任)

副主席：吴金华　陈　钊　雷　鸣
郭才斌(9月任)　何　玲(9月任)
刘艳琼(9月任)　邱启发(9月免)
钟　斌(9月免)

区人民法院院长：曾祥全
区人民检察院检察长：杜世助(8月免)
方立春(8月任)

赣县区

【简况】 赣县区辖12镇、7乡。总面积2993.09平方千米。耕地2.15万公顷，林地231561.5公顷，新增公园绿地面积15公顷，达490.5公顷，绿地率达35.6%。年末总人口652528人，其中乡村人口536566人，城镇人口115962人。2016年，全县地区生产总值完成145.6亿元，增长9.2%；财政总收入21.19亿元，增长3%；同口径完成一般公共预算收入17.94亿元，增长3.49%；实现规模以上工业增加值77.3亿元，增长9.4%；实现规模以上工业主营业务收入349.5亿元，增长12.7%；固定资产投资165亿元，增长18.2%；实现社会消费品零售总额32.73亿元，增长13.5%；实际利用外资9883万美元，增长10.3%；出口总额2.76亿美元，超额完成年初任务；城镇居民人均可支配收入达到24432元，增长8.5%；农民人均纯收入达到8588元，增长10.85%。主要经济指标总量、增幅继续保持全市第一方阵。

【"六大攻坚战"建设】 全区围绕"六大攻坚战"，狠抓项目建设，设立3支产业基金，总规模66亿元；争取各类资金133亿元。累计消化地方债务11.8亿元。"五个信贷通"累计发放14亿元，位居全市前列。全年实施"六大攻坚战"项目60个大项164个子项，总投资382亿元，2016年完成75亿元，竣工项目126个。赣县区在全市"六大攻坚"流动现场会评比排第六，河东片第一。

【"稀金谷"建设】 完成工业固投39.23亿元，增长56%。实现工业利税28.7亿元，增长25.3%。平台建设实现新突破。"中国稀金谷"被列入《中国制造2025》重大项目库，以及国家《稀土行业发展规划》和《有色金属工业发展规划》。投入7.6亿元用于"稀金谷"核心区建设。"五路两桥"(即赣储路、幸福路、储鱼路、赣水路、储君大道和赣水桥、赣储桥)建设全面拉开，9号桥、城北大道北段、江口塘路东段等工业平台重点项目完工。开工在建标准厂房31万平方米。项目建设实现新突破，永骏泰等14个工业项目竣工投产或试生产，稀土低温锂电池、永磁电机、移动机器人等一批重大项目相继落地开工。珐玛珈智能设备入驻一个月就生产出第一台自动化设备产品，实现从签约到投产前所未有的赣县区速度。创新能力实现新突破，高新区科技企业孵化器获批省科技企业孵化器。全年申请专利887件，授权710件。新增高新技术企业6家，总数达到22家。帮扶企业实现新突破，深入开展"降成本优环境"专项行动，累计为企业减负5.6亿元。为企业担保贷款近7亿元，帮助困难企业解决2.2亿元还贷周转金。新增规模企业17家，达98家。腾远钴业上市挂牌取得阶段性成效。

【脱贫攻坚】 对照23项脱贫指标，整合各类涉农资金近3亿元，撬动社会资本13.8亿元，11个贫困村退出，1.96万贫困人口脱贫，贫困发生率下降3.79个百分点。突出产业扶贫，投入5062万元，带动发展蔬菜、甜叶菊、脐橙、油茶等主导产业，受益贫困户8110户、24762人。突出就业扶贫，开发3000个乡村"十大员"公益性岗位，实现"家门口"就业脱贫。突出搬迁扶贫，14个易地扶贫搬迁集中安置点全部开工建设，10个安置点竣工。768户农村特困群众喜迁保障新居。突出保障扶贫。贫困人员通过"四道保障线"(即新农合基本保障、新农合大病保险、疾病医疗商业补充保险、城乡医疗救助政策)累计补偿16886人次、6642万元，各类医疗补偿比例达到94.6%。突出社会扶贫。深入推进"百企帮百村"行动，168个企业投入资金853万元，帮扶产业项目12个，开展技能培训463人，安置就业700人。

【城乡建设】 新增城区面积2平方千米，新增城镇人口9900人，城镇化率提高1.5个百分点，达到48.8%。加快对接融入。投入9.29亿元，城市出入口和廊道靓化、文体中心等9个项目竣工。投入2.5亿元，新建梅林湿地公园二期、马口生态公园等14个城市绿地。加快完善提升。完成棚户区改造362户，全部实行货币安置补偿。投入5500万元实施梅林大街升级改造示范工程，梅林大街美化绿化靓化提升。打通梅林大街东延、城南大道东延等9条城市"断头路"。完成梅林、光彩农贸市场升级改造。加快业态集聚。实现服务业增加值42.97亿元，增长11.9%；净增规模以上服务业企业8家。完成投资5.15亿元，红创星空创意创业园、梅林O2O产业园等5个项目建成运营。加快城乡整治。开展查违拆违集中整治百日攻坚活动，拆除违法违章建筑25.7万平方米。拆除20.64万平方米农村"空心房"。投入5500万元实施农村生活垃圾专项治理，配备1500名乡村保洁员，90%村庄生活垃圾得到有效处理。推进新农村建设，完成109个行政村148个村点的整治建设任务。

【改革创新】 改革红利加速释放。实施"五证合一、一照一码"(即营业执照、组织机构代码证、税务登记证、社会保险登记证和统计登记证五证合一。简化企业登记注册的手续，由原来五个证变成一个营业执照和一个统一社会信用代码)登记制度改革。实施全区首个PPP项目，资金总额8.68亿元。全面推进公务用车制度改革。开展农村承包土地经营权抵押贷款试点，发放贷款56笔2117万元。各项存款余额突破200亿元大关，总量达207.7亿元，增长26.7%；各项贷款余额144.2亿元，增长36.5%。"北上南下"动力不断，争取上级各类补助资金30.33亿元，增长19.5%。华能瑞金电厂二期、中广核赣县高峰山风电场等项目加快推进。"百日招商"活动成果丰硕，引进项目29个、资金140.56亿元，其中工业项目16个、资金69.34亿元。现代农业活力迸发。在全省率先推出智慧农业，建设蔬菜新品种新技术示范推广基地、铭宸蔬菜科技产业园等在省及市有较大影响力的现代农业重点项目。新建蔬菜基地206公顷；新种植脐橙333.33公顷；新造油茶林773.33公顷；种植烟叶307.73公顷；种植甜叶菊533.33公顷。生态环境优化。全面实施"河长制"，依法关停17个违法采砂场，主要河流断面水质达标率为100%。全面启动4200公顷低质低效林改造。实施"净空、净水、净土"环保专项行动，投入200万元建成首个空气自动监测站，督促企业建设酸雾吸收塔53套。

【民生工程】 全年财政民生类支出36.2亿元，增长16.25%，占财政支出的88.35%，提高30.35个百分点，高出全市占比8个百分点。突出解决民生问题，投入1.48亿元，新改扩建校舍5万平方米，运动场7.6万平方米。投入1.53亿元，改建城市道路12.3千米，完成歧岭至阳埠、大田至三江等4个县道升级改造项目34.88千米。投入1600万元，推进韩坊、五云、储潭等乡镇10个农村饮水安全工程建设，解决近2万人饮水问题。投入4500万元，实施白鹭乡、江口镇防洪工程建设。投入7800万元，新建白鹭乡、三溪乡2座35千伏输变电工程及电网建设。统筹推进社会事业，改扩建10个乡镇敬老院，集中供养1129名五保对象。五大保险参保人数达到46.39万人，征缴社保基金3.63亿元。完成赣县中医院住院部一期、门诊大楼一期主体工程。投入1600万元，完成40380户广播电视直播卫星"户户通"工程；以赣县红色文化为题材的电视剧《破阵》荣获"金鹰奖"。推动全民健身，举办首届残疾人运动会。巩固和谐稳定基础，建成区级综治中心1个、乡镇综治中心19个。投入5000万元，升级智能卡口等"天网"视频监控系统，累计建成社区警务室22个。全面完善城乡道路交通电子监控系统。建成南塘镇、沙地镇专职消防队。建成应急处突大队营房，新招录50名特警队员。开展安全隐患大排查大整治，全年未发生较大以上安全生产事故。

【执政能力建设】 推进"改作风、提效率、优环境、促发展"主题活动。效能建设持续提升。深入推进"六单一网"建设，保留行政审批事项218项，精简率60.7%，行政服务中心入驻40个行政服务单位、设置105个窗口，实行"一站式"服务，办结期限由原来的平均7个工作日缩短至平均3.9个工作日以内，行政效率提高40%。赣州高新技术产业开发区企业服务综合受理中心组建运行。法治建设全面加强。严格按照法定权限和程序行使权力、履行职责。办理人大代表建议42件、政协委员提案71件，办结率达100%，满意率达99%。启动"七五"法治宣传教育工作。区、乡、村三级普遍建立法律顾问制度。在全市率先启动"两法衔接"工作。推进执法司法规范化建设。作风建设纵深推进。扎实开展"两学一做"学习教育，集中开展专项治理和专项督查。坚持把纪律和规矩挺在前面，持续落实中央八项规定精神，常态化做好"红包"问题、"违插"问题专项治理。坚持厉行节约，"三公"经费支出同比持续下降。

（撰稿　朱祥福　审稿　刘盛春）

【领导名单】

中共赣县区委员会

书记：胡晓平

副书记：张景霖　黄海军(8月免)
　皮仄郑(3月任，挂职)
　杨永刚(3月任，挂职)
　罗红梅(女，8月任)

常委：李　雷(8月免)　陈贵周(8月免)
　申　云(8月免)　周光仁(8月任)
　丁振胜　赖彦辰(纪委书记，8月免)
　肖年生(纪委书记，8月任)
　廖新宇(8月任)　肖承椿(8月任)
　陈铁球　孙　权(3月任，挂职)
　冯健全(8月任)　廖　伟(8月任)

区(县)人大常委会

主任：刘吉龙

副主任：曾跃纲(8月免)
　熊秋建(8月免)　吴丽娟(女，8月任)
　卢和兴　陈火生(8月任)　曾克峰
　杨　英(女)　谢志坚

调研员：温生平(8月任)　熊秋建(8月任)

区(县)人民政府

区长(县长)：张景霖

常务副区长(常务副县长)：申　云(8月免)

区长(副县长)：罗红梅(女，8月免)
　何凯涛(挂职，3月免)
　黄严生(2月免)　汤久泉(10月免)
　杨　柳(女，10月免)　刘文秋(10月免)
　赵小冬(挂职，3月免)
　秦　筑(挂职，3月免)
　皮仄郑(5月任，挂职)
　杨永刚(5月任，挂职)
　肖承椿(8月任)　孙　权(3月任，挂职)
　廖肇洲(3月任)　谢　琨(5月任，挂职)
　汤荣福(10月任)　钟晓斌(10月任)
　朱隆泽(10月任)　谭晓芳(女，10月任)

区(县)政协

主席：黄　辉(8月免)　罗宗祺(8月任)

副主席：吴丽娟(女，8月免)
　谭新境　钟国华　陈火生(8月免)
　潘振华　张　军　徐平华(8月任)
　潘清生(8月任)

区(县)人民法院院长：董　健

区(县)人民检察院检察长：
　方立春(8月免)　陈京东(8月任)

南康区

【简况】 地理。位于江西省南部章江中下游流域，地处北纬25°28′—26°14′24″、东经114°29′9″—114°55′24″。辖6镇、12乡、2个街道办事处。行政区域面积1722.35平方千米(凤岗镇、三江乡和唐江、太窝9个村共10万人119平方千米，于2016年划归赣州经开区管理)，其中城区面积34.8平方千米。耕地面积3.23万公顷、有林面积92875公顷、森林覆盖率62.46%、城区覆盖绿化率42.23%。

人口。总人口760741人，其中城区人口39.24万人，非农业人口211865人，人口自然增长率7.78%。有汉、畲等民族。2013年10月，南康撤市设区获批。2014年2月25日，赣州市南康区揭牌仪式在南康行政中心举行，南康区正式对外办公。2016年3月，唐江镇章良、村尾、横江村以及太窝乡太窝、洋田、龙潭、高山、范塘、中边村调整至赣州经济技术开发区管理。2016年8月，凤岗镇、三江乡调整至赣州经济技术开发区管理。

经济数据。2016年，南康区实现生产总值(GDP)188.24亿元，增长10.2%，增速排位比上年同期前移1位，居全市第2位；其中，第一产业增加值25亿元，增长4.2%；第二产业增加值93亿元，增长9.6%；第三产业增加值69亿元，增长13.4%。完成财政总收入25.82亿元，增长4.5%，增速排位比上年同期前移5位，居全市第5位；完成公共财政预算收入18.83亿元，增长2.2%，增速排位比上年同期前移6位，居全市第8位；地方财政支出48.12亿元，增支3.58亿元，增长8%。工业总产值850亿元，增长13.9%。实现规模以上工业增加值77.61亿元，增长10.1%，增速排位比上年同期前移3位，居全市第1位；完成固定资产投资171.65亿元，增长18.4%，增速排位保持上年同期水平居全市第1位。主要工业产品产值：家具630亿元、矿产品145亿元、服装28.9亿元、电子27.5亿元。外贸出口16506万美元。实际利用外商投资15433万美元、省外投资45.03亿元。农业总产值40.3975亿元，增长8.5%。主要农产品产量：粮食产量24.08万吨、生猪出栏81.73万头、油料作物产量2.3735万吨(含油茶5600吨)、蔬菜产量25.26万吨、瓜果产量1.3万吨、茶叶产量20吨。实现社会消费品零售总额42.15亿元，增长13.8%，增速排位比上年同期前移1位，居全市第1位；电商交易额达118亿元，增长110.6%，其中家具电商107.1亿元，仅双“11”当天就达到了2.2亿元，占全省网络零售额总额20亿元的十分之一强。

环境保护。二氧化硫排放总量1230吨，削减率52.3%、城市污水处理总量1095万吨。

人民生活。实现城镇居民人均可支配收入25720元，增长8.6%，增速排位比上年同期前移7位，居全市第2位。农村居民人均纯收入9166元，增长11.3%。金融机构存款余额364亿元，增长20.31%；贷款余额280亿元，增长22.38%。存贷比达到76.83%。

社会保障。城镇新增就业5248人，新增转移农村劳动力14079人，城乡居民养老保险参保40.2万，城镇基本医疗保险实际参保人数12.74万人。新增棚户区改造1179户。全年脱贫3.3万人、9个贫困村退出。

南康是中国甜柚之乡。

【赣州港建设】 2016年，赣州港建设取得重大突破。围绕繁荣赣州港，推动多口岸直通、多品种运营、多方式联运。港口功能日趋完善，赣州国际港站一期投入使用，建成5万平方米货物监管仓。关检协作顺畅，通关通检效率明显提升。“一带一路”顺利对接，开通至成都、海口家具班列，至盐田、厦门铁海联运外贸五定专列，年吞吐量达6.3万标箱，其中进出口2.8万标箱。外贸服务体系健全，家具进出口外贸服务中心运转良好，新引进报关报检、船代货代、供应链金融等各类外贸服务企业8家，总数达到22家。开放型经济快速发展，外贸企业扎堆涌入，全区外贸登记企业由原来的3家猛增至280家。以木材、家具为主的外贸进出口逆势增长。完成外贸进出口1.97亿美元，增长30.9%；其中出口1.65亿美元，增长23.3%。

【脱贫攻坚】 脱贫攻坚强势推进。产业扶贫成效明显。发放产业发展、土地流转等奖补资金3200多万元，发放“产业扶贫信贷通”等各类扶贫贷款13.91亿元。3981户贫困户安装分布式光伏发电系统，25个“十三五”贫困村实现村级光伏发电站全覆盖。结对帮扶精准对接。严格落实干部结对帮扶和单位定点帮扶责任，累计实施帮扶项目294个。发动社会力量积极参与扶贫工作，“百企帮百村”活动深入推进。整村推进加快实施。整合投入扶贫资金3827万元，浮石乡窝坑村、龙回镇九江村等预退出贫困村基础设施条件明显改善。其他扶贫工程同步推进。建成3个易地扶贫搬迁安置点，累计实现就业培训3.1万人次，提供公益性岗位332个，发放贫困助学补助资金1810万元，贫困人口医疗费用自负比例降至10%以内。全年脱贫3.3万人、9个贫困村退出。

【振兴发展】 南康区“六大攻坚战”看特色看变化流动现场会综合评分全市第一。港口建设取得重大突破，赣州港获批永久对外开放，成为全国第八个、江西第一个内陆对外开放临时口岸，全国内陆地区首个国检监管试验区挂牌运行。“转企升规”创造南康工业发展新速度，有428家家具企业申报入规，申报上级核准108家，审核通过101家。家具产业集群产值突破千亿元，达1020亿元，增长22.9%，获批国家新型工业化产业示范基地、全国第三批产业集群区域品牌示范区，连续六年被中国家具协会评为“全国优秀家具产业集群”。“一年改变面貌”取得历史性突破，拆违控违力度空前。以大拆促大建，一大批市政基础设施项目快速推进，城市品质得到新提升。

【家具产业“个转企、小升规”】 推动家具产业“个转企、小升规”。南康区“转企升规”工作启动45天就有1000多家企业有意向“入规”，400家达到“规上”标准并申报入规，申报省级核准108家，通过101家。为解决南康家具产品档次不高、家具企业“小弱乱”、缺乏龙头标杆企业等问题，打破家具产业转型升级的瓶颈，南康区印发《关于加快推进家具产业“个转企、小升规”工作的实施意见》，依托临港经济区发展规划，开辟“依港而立、依港而兴”发展新路径，加快工业强区步伐，实现家具向家居延伸、实木向多元扩张、纯内贸向外贸转变，推动南康家具由“南康制造”迈向“南康智造”，计划用3年时间，推动2100家个体工商户转为企业、300至500家小微企业达到规模以上企业标准。出台政策优惠、财税奖励、入园优惠、税费减免、水电优先、金融奖励等6个方面共18条扶持政策，重点培育2000家左右的优质家具企业，在土地集约利用、企业环保水平、家具对外贸易、产业科技创新四个方面有较大提升。

【现代服务业】 打好现代服务业攻坚

战，以港口、金融、物流、电商、旅游等为代表的现代服务业蓬勃发展。把赣州港作为“六大攻坚战”的主战场，实现多口岸直通、多方式联行和多品种运营。除与深圳盐田、蛇口直通外，推动与满洲里、阿拉山口、广州等地的多口岸直通。开通南康—成都、海口家具2个内贸专列和赣州港—深圳盐田、蛇口和厦门的铁海联运3个外贸专列，推动开通至厦门、昆明、香河等地的快速货运班列和俄满赣、赣蓉欧等“一带一路”中欧班列。在实现进口木材报关报检基础上，实现粮谷饲料的直通运营。2016年，全区金融机构存贷款余额达到364亿元、280亿元，存贷比达到76.83%；引进总部经济7家，基金管理公司9家，基金5支；家具物流融入全国物流大循环系统，拥有物流企业370多家，规上物流企业6家，总线路突破1000条，年货物吞吐量1200万吨以上，纳税超亿元。电商及相关配套企业达到1200家，办公面积超过10万平方米，从业人员10000多人。全年电商交易额达118亿元，增长110.6%，其中家具电商107.1亿元。年内，光明电商创业孵化园获全国“十佳电子商务园区”，南康家具市场被国家商务部授予“全国电子商务示范基地”称号。南康区通过实施“旅游+”，大力发展农家乐，推进南山、大山脑等特色旅游休闲体验区建设。赣南汽车城建成4S店12家，在建9家，年销售汽车超1万辆。

【工业经济】 打好主攻工业攻坚战，大力推进家具千亿产业集群和矿产品、电子、服装、战略性新兴产业4个百亿产业集群建设，工业经济质效提升。家具首位产业集群效应凸显。完善“9+2”公共服务平台，快速推进“转企升规”工作，实现家具企业由“小散乱”向集约、规模、规范发展。年内，家具产业主营业务收入突破千亿元。矿产品产业转型升级初见成效。南山锡业、正浩锡业异地技改项目开工建设，将与开源矿业奥斯麦特炉项目，在龙华工业园形成一个年产值达到100亿元、税收超过5亿元的新型矿产品冶炼加工基地。服装产业焕发新彩。以康意服饰上市为带动，推进集服装研发设计、生产批发、展示展销等为一体的服装创意设计生产中心建设，产业形象得到提升。战略性新兴产业加速崛起。电子科大在德普特设立“电子薄膜与集成器件国家重点实验室”赣州分室，通过“腾笼换鸟”“筑巢引凤”，占地133.34公顷、总投资60亿元的电子信息科技园启动建设；总投资6亿元的赣州市光电智造项目开工，玖发新能源纯电动专用车型进入国家推广目录；格棱电子等一批获批国家高新技术企业；华源新材实现扩股增资，年产2500万米工业布生产项目进展顺利。

【项目攻坚】 全年实施“六大攻坚战”项目152个，其中列入省重点项目9个、市级重点调度项目19个，完成投资166.62亿元，超额完成年度计划。爱格森人造板、开源矿业澳斯麦特锡冶炼技术改造、博士家居、德普特科技二期等工业攻坚项目即将投产；苏访贤大道、通港大道、东山北路北延等新型城镇化攻坚项目开工建设；赣州港多式联运物流园、金融中心、赣南汽车城等重大现代服务业项目加快推进；大广高速南康南互通、赣州港铁路专用线等重大基础设施项目如期竣工；区妇幼保健院新院、体育公园体育场等民生工程项目建设进展顺利。全年多渠道筹集资金51.19亿元，保障重大项目建设支出。

（撰稿　倪贵清　审稿　倪贵清）

【领导名单】

中共南康区委员会

书记：徐　兵

副书记：何善锦　赵鹏高(挂职)　刘文彦

常委：黄　琨　陈钰滢(女)　赖彦辰(纪委书记)　李千东　张　东　钟春莲(女)　茅俊杰(挂职)　陈　刚(挂职)　李咪珍(女，挂职)　李松柏　李赣兴　李春平

区人大常委会

主任：彭秀生

副主任：吴　健　黄绍莲(女)　赖剑鸣　张祥明　蓝希高

区政府

区长：何善锦

副区长：陈钰滢(女)　茅俊杰(挂职)　陈　刚(挂职)　李咪珍(女，挂职)　郭声宏　钟定岩　李成胜　徐丽清(女)　王　俊

区政协

主席：严国雄

副主席：谢　康　刘小玉(女)　倪　静(女)　曹世明　刘乘波　蓝希华

区人民法院院长：黄亚珍(女)

区人民检察院检察长：吴永河

信丰县

【简况】 信丰县辖13镇、3乡、1个工业园区管理委员会。总面积2878平方千米。耕地面积3.17万公顷，森林覆盖71.3%。总人口77.07万人。2016年，全县地区生产总值170.69亿元，增长10%。其中，第一产业增加值29.57亿元，增长4.4%；第二产业增加值68.73亿元，增长9.6%；第三产业增加值72.39亿元，增长12.9%。财政总收入16.38亿元，增长2.4%。公共财政收入11.43亿元，增长0.3%。500万元以上固定资产投资162.09亿元，增长15.5%。实际利用外资9843万美元，增长10.4%。社会消费品零售总额44.44亿元，增长9.7%。规模以上工业增加值57.01亿元，增长9.8%。主要工业产品有水泥250.01万吨，饮料酒(白酒)3.83万千升，纸制品4.96万吨，饲料41.3万吨。农业总产值45.66亿元，增长5.9%。主要农副产品有烤烟3128吨，脐橙16.47万吨，蔬菜48.47万吨，生猪出栏80.12万头。粮食总产量26.71万吨。农村居民人均可支配收入10803元，增长11.4%；城镇居民可支配收入25664元，增长8.6%；城乡居民年末储蓄余额156.74亿元，增长13.4%。在赣州市“主攻工业、精准扶贫、新型城镇化、现代农业、现代服务业、基础设施建设”的“六大攻坚战”流动

现场会评比中获第三名。全县16个乡镇均设立奖教助学基金，为全市首创，募集基金1600多万元。

【振兴发展】 争资争项。全年争取项目355个、到位资金45.38亿元、用地指标384公顷，神华信丰电厂等13个项目纳入国家发展规划，农网升级改造工程等73个项目纳入省级发展规划，信雄高速公路等14个项目纳入市级发展规划。招商引资。全年签约项目59个，签约资金123.8亿元，签约亿元项目26个，引进投资超5亿元的强达电路、五洋洲电子等电子信息企业落户该县。项目建设。大广高速北互通等119个重大项目加速推进，全年竣工投产项目82个，完成投资124.95亿元。赣深客专信丰段顺利动工，农夫山泉、桃江湿地公园等一批重大项目投产或投入使用。

【转型升级】 三次产业结构调整为17.3∶40.3∶42.4，第三产业比重同比提高1.6个百分点，产业结构得到优化。工业经济势头良好。规模以上企业实现主营业务收入188.08亿元，增长10.4%；实现税收3.1亿元，增长30.6%。工业投入大幅增长，完成投资84.72亿元，推进工业重点项目50个，骏达电路、领创电路等35个项目开工建设，文峰电子、瑞信新能源等22个项目竣工或投产，新增入规企业18家。首位产业不断壮大。出台电子信息产业发展特别优惠政策16条和激励高新技术企业创新发展政策9条，在赣州市率先设立1.2亿元高新技术企业增信基金；电子信息产业实现主营业务收入60亿元，增长16.5%。精准帮扶成效明显。开展"降成本、优环境"专项活动，出台惠企政策100条，为企业减负8.58亿元。完善园区平台。投入1.2亿元建设近50千米的园区路网，工业一路等3条道路提升工程全面完成，诚信大道二期等15条道路建设加快推进，工业园区被列为2016年全市唯一的省级知识产权示范园区。发展现代农业。完成农业增加值29.57亿元，增长4.4%，被评为全省农业和农村工作先进县。国家现代农业示范区建设基本完成总体规划编制。柑橘黄龙病防控措施有力，普查清除病株数88.3万株，举办全国柑橘黄龙病机械防控现场会。全县蔬菜播面4.46万公顷，新(扩)建3.33公顷(50亩)以上规模蔬菜基地17个。新型农业经营主体发展迅速。新增农民合作社95家，总数达518家，新发展家庭农场176家，总数达417家。现代服务业加快发展。实现第三产业增加值72.39亿元，增长12.9%。金融对经济发展贡献度加大，金融机构期末存款余额249.92亿元，比年初增加53.91亿元；贷款余额145.23亿元，比年初增加42.88亿元，为112户工业企业发放贷款4.46亿元；"五个信贷通"发放贷款12.94亿元，完成年度任务的122.31%，财政惠农信贷通工作被评为全省先进。农村承包土地经营权抵押贷款试点工作顺利推进，发放贷款1004.2万元。电商产业进村入户，完成电子商务销售额20亿元，增长317%。旅游业发展提速，编制《信丰县西部生态文化旅游聚集区总体规划》等旅游发展规划，谷山—同年寨森林公园启动建设，景区内2条旅游道路加快推进；重点打造正平镇球狮畲族特色小镇、大塘埠镇"云台山花海"等一批乡村景点。

【城乡建设】 "三城两区"扩容提质，县城建成区面积达31平方千米，县城人口达31万人，城镇化率达54.8%。城市规划更趋完善。完成社会停车场、农贸市场、垃圾中转站等6个专项规划选址，编制"三馆两中心""花园大桥"等设计方案，高铁新城、嘉定老城区、站前大道片区、体育中心周边控规编制抓紧实施。提升城市品位。投入14.36亿元，快速推进桃江湿地公园、城南大道东延等22个项目，桃江湿地公园、嘉定廊桥等14个项目竣工，尤其是桃江湿地公园古木参天、风景优美，成为市民休闲娱乐的好去处。市容市貌明显改观。城乡"两违"整治力度加大，制止和查处"两违"建筑844宗，捣毁拆除639处、面积10.5万平方米。城区绿化、亮化、美化水平不断提升，投入1亿多元，新增绿地32.7公顷、路灯2094盏；改造污水管网26.01千米；维修道路1.53万平方米；新建或改造农贸市场4个。和谐秀美乡村建设纵深推进。建成大阿镇太平围、大桥镇禾溪等6个中心村和83个一般自然村点，拆除农村空心房10.69万平方米；农村垃圾治理深入开展，新建垃圾填埋场18座、焚烧炉9座、压缩中转站2座、乡(镇)村垃圾中转站100座，采购农村垃圾设备2196.4万元。

【社会事业】 坚持新增财力重点向民生事业倾斜，民生投入达19.35亿元，60件民生实事全面完成。脱贫攻坚全面推进。整合涉农资金4.3亿元，实现1.2万贫困人口脱贫，5个省级贫困村脱贫摘帽。抓实产业脱贫，培育西牛镇曾屋蔬菜等扶贫示范基地30多个，辐射带动贫困群众2000多人，与4016户贫困户签订每户0.33公顷(5亩)的油茶林认领合同，探索发展山稻、藤茶等林下经济以短养长的扶贫路子。紧抓安居脱贫，建成古陂悦心苑等6个移民搬迁集中安置点，完成997人搬迁任务；农村保障房建设顺利完成，795户对象春节前喜入新居。推进就业脱贫，完成贫困劳动力各类技能培训519人，帮助1360名贫困对象实现就业，其中公益性岗位安置388人。增强健康脱贫，为贫困对象购买每人120元的新农合保险，政府拨款413万元办理疾病医疗商业补充保险，全面筑牢居民基本医疗保险、大病保险、疾病医疗商业补充保险和医疗救助"四道保障线"。社会保障更加有力。发放长寿补贴1067万元、城乡医疗救助金3767.45万元；农村低保、五保对象供养及医疗救助全面提标，基本实现应保尽保；城镇职工、城乡居民基本养老、医疗及工伤、生育、失业保险均超额完成目标任务。教育强县迈出坚实步伐。制定《关于打造教育强县的实施意见》等政策文件，全年教育投入达7.82亿元。农村薄弱学校改造全面实施，城乡教育基础设施不断夯实，顺利通过国家义务教育均衡发展评估认定。全县16个乡镇均设立奖教助学基金，为全市首创，募集基金1600多万元；控辍保学有效落实，570名学生返回课堂；启动城北教育小区公租房项目，完成教师进修学校、信丰四中运动场一期主体建设，铁石口中学等13所学校216套教师周转宿舍、115所农村学校标准化项目全部完工。卫生养老事业统筹推进。县公立医院综合改革扎实推进，人民医院、妇保院全面实行基本药物制度，改革红利直接让利于民1800余万元；黄泥、九渡等撤并乡镇卫生院改扩建进展顺利，建成100个村卫生计生服务室，荣获“全国计划生育优质服务先进单位”；县综合社会福利院暨重度残疾人康复托养中心一期项目竣工，天华生态休闲老年公寓项目顺利推进，打造大塘埠镇等7所“三星敬老院”。提高公共文化服务水平。建成全市第一家好人模范馆、家风家训馆；打造18个公共文化服务和32个“农家书屋+电商”示范点；启动信丰乡镇史话丛书编纂工作；完成3.02万户直播卫星“户户通”任务；华夏橙乡演艺公司喜获“全国优秀基层戏曲院团”荣誉并获2016年第一批文化产业基金资助；安西田垅村和正平球狮畲族村成功申报第二批“中国少数民族特色村寨”。生态环境保持良好。开展环境综合整治，强化农业面源污染、水污染治理以及水库退包跟踪监管；“河长制”工作深入推进，完成4个农村饮用水水源地保护区划定工作，主要河流断面均达到Ⅲ类以上水质标准。环境空气自动监测站投入试运行，城区大气环境质量达到国家二级标准。生态功能区建设取得实效，成功申报桃江省级湿地公园和金盆山省级自然保护区。社会更加和谐稳定。平安信丰、法治信丰建设深入推进，县、乡、村三级信访平台得到完善，立体化治安防控体系加快形成，安全生产形势总体平稳，获“第五届全国法律援助工作先进集体”荣誉称号，公众安全感测评排名全省第35位、全市第8位，同比分别前移25位和5位。

【20万吨脐橙生产线项目正式投产】 12月8日，信丰农夫山泉果业有限公司年加工20万吨脐橙生产线项目正式投产并召开全国性的新产品发布会。该项目位于信丰县工业园区脐橙产业基地。一期项目占地20.66公顷，完成投资10亿元，其中固定资产投资6.8亿元，建设脐橙分选、榨汁及包装生产线和666.67公顷(1万亩)以上晚熟脐橙生产基地。完成厂房建筑面积13.8万平方米，购买国际最先进的美国产榨汁线1条，法国产鲜果分选线1条，美国产鲜果包装线4条，国产大型注塑机1台，冷冻库8000余平方米及其相应生产辅助设备。

该项目是农夫山泉股份有限公司迄今为止单体面积最大的工厂，采用全球最先进的榨汁技术，是全亚洲乃至全球最大的脐橙加工企业。项目脐橙生产基地采用生态化、肥水一体化、全程机械化新技术，将成为赣南脐橙高标准栽培、新技术集成应用基地。年内，项目一期实际完成总投资10亿元。

【高端多层线路板项目投产】 12月18日，信丰迅捷兴电路科技有限公司年产160万平方米高端多层线路板项目正式投产。该项目总投资8亿元，其中固定资产投资6亿元，占地4.66公顷。深圳迅捷兴科技股份公司为国家高新技术企业，主要生产样板、中小批量高端多层高密度线路板，产品主要应用于军工、安防、自动化控制及消费类电子产品。信丰迅捷兴电路科技有限公司从台湾、德国购买最先进生产设备，自动化程度高。公司采用环保无铅制程工艺，高起点、高规格建设环保设施，由上市公司东江环保设计承建污水处理站，确保做到达标排放，为做大绿色环保的线路板产业起到引领示范作用。公司计划一期投产后6个月内入规，两期投资完成后，公司将成为该县线路板行业的重点企业。一期项目达产达标后，可年产80万平方米高密度印制电路板，实现年销售收入7亿元，年创税4000多万元。

【桃江湿地公园对外开放】 12月，桃江湿地公园对外开放，为信丰县首个湿地公园。该项目与老城区连成桃江河主轴景观带，是信丰市民休闲娱乐的重要场所。项目规划面积约69万平方米，全长约4.424千米，项目总投资3.78亿元。规划内容为“一带、三区、十景”，其中“一带”为滨江生态绿带，“三区”为桃水拖蓝滨江休闲区、花园早春人文生态区和七里滩声湿地游赏区，“十景”为叠翠台、杉林花镜、水木琉光、千樟欢趣、花湾广场(山容水态)、濯鳞石矶、柳浪翠堤、清风幽篁、芦荻问踪、晨曦广场十大功能突出、景色各异的“桃江十景”。

【嘉定廊桥改造竣工投入使用】 年内，嘉定廊桥改造工程正式竣工投入使用。嘉定桥始建于北宋年间，其间历经多次重建，现在的嘉定桥重建于1981年，为钢筋水泥结构，桥长148.2米，桥宽6.8米。嘉定桥改造仿宋代人行廊坊桥，廊阁采用耐火耐腐蚀轻钢合金材料进行施工，桥身为2层，高7.53米，局部3层。桥面边沿设游眺廊抚，桥面改造工程于2015年7月动工。

【旅游业发展提速】 重视旅游业发展，明确以谷山—同年寨区域为主体，以油山镇、正平镇球狮区域为两翼的“一体两翼”旅游产业发展工作思路。编制《谷山—同年寨—油山区域旅游发展总体规划》和《球狮特色小镇旅游发展总体规划》。策划包装焦坑滨水度假村、走马垅国际旅游度假区项目、球狮畲族乡村旅游景区、三宫山生态农业度假区赣粤边军垦文化体验园、五渡港绿色旅游度假区等11个项目，借助在长三角、珠三角、港澳等区域举办专门的旅游产业项目推介会，宣传推介信丰旅游项目，多渠道做好招商引资工作。以球狮畲族文化乡村旅游点、“醉美大桥”、嘉定镇“十里花海”、大塘埠镇“云台山花海”、西牛镇曾屋农家乐等一批特色景点为代表，推进特色旅游小镇建设。推进谷山—同年寨森林公园、球狮畲族特色旅游小镇等旅游重大项目建设工作。

(撰稿　罗才胜　审稿　卢冠南)

【领导名单】

中共信丰县委员会

县委书记：张　逸(1月免)　刘　勇(1月任)

副书记：黄　蕙(女)　张　琳(女，9月免)
　　　　袁　炎(9月任)

县委常委：孙　晖(纪委书记、9月任)
张　伟(9月免)　陈文新(9月免)
廖永平(9月免)　唐芳茂(9月免)
隋守鑫(挂职)　舒　帆(挂职)
王晓升(9月免)　刘章宏　黄一新(9月任)
刘鸿懿(纪委书记，9月免)
杨北钦(9月任)　时彦民(挂职，3月任)
夏　兴(挂职，3月任)
沈宝春(9月任)　钟雪姣(9月任)
黄　强(9月任)

县人大常委会

主任：邹长东

副主任：谢永清(9月免)　曾　勇(9月任)
赖天相(9月免)　郭迪善(9月免)
曾志忠　沈君兰(女)　康诗平
殷志敏(9月任)　宋裕华(9月任)

县政府

县长：黄　蕙(女)

副县长：时彦民(挂职，3月任)
夏　兴(挂职，3月任)
廖永平(9月免)　陈文新(9月免)
叶金华(9月任)　李海华(9月任)
隋守鑫(挂职)　舒　帆(挂职)
黎训全(9月免)　胡　烈(9月任)
钟雪姣(女，9月免)　朱新梅(9月任)
赖根生(9月任)　邝冬明(8月任)
程金山(9月免)　黄　刚(9月任)

县政协

主席：张克喜(9月免)　何文庆(9月任)

副主席：张俊山(9月免)　王晓升(9月任)
刘兰玉(女，9月免)　钟骏华(9月免)
殷钟亮(9月免)　肖承洪　王兴亿(9月任)
王孚明(9月任)　林　蓉(9月任)

县人民法院院长：兰业福(9月免)
　　　　　　　　莫　然(9月任)

县人民检察院检察长：江　炜(9月免)
　　　　　　　　　　王小荣(9月任)

大余县

【简况】 大余县辖8个镇、3个乡、105个村。土地总面积1367.63平方千米，其中耕地面积1.3万公顷，林地面积10.73万公顷，森林覆盖率72.56%，城区绿化率13.6%。全县总人口31.36万人，其中乡镇人口14.24万人，增长6.1%。人口出生率12.24%，自然增长率12.24‰，计划生育率86.65%；少数民族有畲族、状族、苗族等19个，人口以畲族居多，有池江镇九水、青龙镇元龙、黄龙镇黄龙、内良乡李洞4个畲族民族行政村。2016年，实现地区生产总值100.11亿元，增长9.2%(按可比价格计算，下同)；人均地区生产总值33963元/人，增长8.7%。其中，第一产业11.89亿元，增长4.2%；第二产业49.11亿元，增长8.4%；第三产业39.11亿元，增长11.8%。三次产业结构由2015年的11.9∶49∶39.1调整为12∶50.4∶37.6。实现财政总收入11.03亿元，增长4%，人均财政总收入3521元/人；财政支出23.9亿元，增长10.6%。全社会固定资产投资108.56亿元，增长5.8%。其中，500万元以上固定资产投资100.47亿元，增长16.3%。实际利用外资1亿美元，增长10.3%。进出口总额0.44亿美元，增长70.5%。其中，出口总额0.4亿美元，增长81%。全年农林牧渔总产值20.05亿元，增长4.4%。粮食总产量9.2万吨，增长1.3%，粮食单产5505千克/公顷(367公斤/亩)，增长1.1%，人均粮食产量294千克/人，增长1%。社会消费品零售额27.66亿元，增长12.9%。居民消费指数102.3%，比上年增加0.4个百分点。全年接待旅游观光人数300.47万人次，增长34.9%；旅游综合收入18.68亿元，增长32.5%。金融机构存款余额98.02亿元，增长12.7%，人均储蓄存款23846元/人，增长14.5%；金融机构贷款64.19亿元，增长21%。城镇居民人均可支配收入23963元/人，增长8.3%；农村居民人均可支配收入9664元，增长11.4%。城镇新增就业2769人，新增转移农村劳动力4448人。新增各类保障性住房23套，棚户区改造安置房81套。全年减贫9886人，完成扶贫移民搬迁860人。

【棚户区改造】 抓好城南片区棚户区改造的决策，并将其列为基础设施攻坚战的重大项目。年内征收土地363公顷，拆迁1937栋897户，征拆资金6亿多元。不论亩数、户数和资金额是前10年的总和。在项目实施过程中，实现12天签约100户，1个月签约163户，不到3个月就全面完成200余户的目标，开创大余征地拆迁工作“四无”新常态，即无一起上访投诉，无一起群体性事件，无一起安全事故，无一起强制拆除，创造大余拆迁速度，打造城南拆迁样板。

【扶贫车间】 采取“企业+车间+贫困户”的模式，引导县内企业在有条件的乡镇创建就业扶贫车间(加工点)，由乡镇组织当地贫困家庭劳动力进车间务工，为贫困群众在家门口就业创造条件，实现“农民变工人”“厅堂变车间”“麻将手变编织手”的三大转变，促进贫困群众就业一人，脱贫一家，为贫困村和贫困户如期摘帽、如期退出提供坚实保障。针对贫困户普遍存在没有一技之长、文化水平较低，难以远离家乡，但是有劳动能力和就业意愿的情况，出台《大余县就业扶贫车间工作实施方案》《大余县“百企帮百村带千户”精准扶贫行动实施方案》等系列政策文件，以乡镇为责任主体，负责本乡镇范围内扶贫车间的统筹、协调、建立、宣传等工作，做到贫困村、贫困户在哪里，扶贫车间就建在哪里。扶贫车间注意满足以下条件：劳动密集型；就业门槛低，技术要求低，中老年人、残疾人能干；增收效果好，能保证从业人员的基本收入；工时灵活，能让从业人员兼顾家事、农活。扶贫车间严格按照“十个一”标准建设，即一个不少于80平米的“扶贫车间”场所、一个统一的“扶贫车间”标识牌、一份“扶贫车间”的基本情况简介、一套完整的安全生产制度、一条统一的对外扶贫就业宣传形象标语、一个产品展示区、一台优化工作环境的音响设备、一个贫困户就业情况公示栏、一张工艺制作流程图和光碟、一个挂点单位帮扶机制，为从业贫困户营造规范、舒适、安全的就业环境。扶贫车间于7月先行在全县22个省级贫困村实现全覆盖，通过示范引领，辐射带动全县更多的村(居)设立扶贫车间。县财政安排600万元专项资金，用于支持扶贫车间的贫困户手工费补助；每一个扶贫车间财政补助1万元用于标识牌、音响、茶壶等相关设施完善；挂点扶贫单位补助车间租金、水、电等费用3年；县精准办、相关金融部门加大对扶贫车间企业信贷扶持力度，企业享受或参照享受"产业扶贫信贷通"政策，为扶贫车间办理100万元的贷款；县人力资源和社会保障局积极为扶贫车间提供劳动就业创业贴息，并提供100个就业岗位补贴，给所有车间主任每人每月700元，一年可贴补84万元。

【融资服务】 全县全年融资8.0875亿元，其中通过赣州发展融资租赁有限公司和北京银行为大余中学新校区融资1亿元；通过工商银行为标准厂房建设融资1亿元；通过农业银行为"三园两路一桥"建设融资1亿元；通过农发行为异地搬迁扶贫融资2亿元；通过九江银行设立产业基金融资3.0875亿元。"五通一贷"全年发放贷款69086万元。其中，"财园信贷通"发放37户，发放贷款28390万元，"小微信贷通"发放70户、发放贷款7641万元；"创业信贷通"发放38户，发放贷款1506万元；"产业扶贫信贷通"共向2178户贫困户13家企业、126个合作社发放贷款18051万元，完成全年信贷计划的100.85%；"财政惠农信贷通"发放贷款9203万元；"助保贷"发放5户，发放贷款4295万元。做好政银企融资对接工作。组织县内50家企业与8家银行签订4.49亿元贷款合同，年内全部履约到位。积极组织中小企业转贷资金工作，为42余家企业完成99笔6.59亿元的"还旧续贷"。

【蔬菜基地建设】 蔬菜基地建设是现代农业攻坚战重点建设工程之一，项目规划总面积200公顷，分二期建设，需投入资金3.5亿元。第一期规划100公顷，分蔬菜集约化育苗中心、蔬菜新品种引进试验展示中心、无公害蔬菜标准化生产示范基地、休闲观光体验区、综合服务区等五大功能区，建设内容包括高标准温控育苗大棚、连体钢结构塑料大棚、简易单体大棚、露天无公害蔬菜种植基地、综合服务区、果蔬观光基地和全部配套喷滴灌等现代农业设施建设，经过6个月时间的建设，基本成形。基地全部实行绿色种植技术，可输出西红柿、黄瓜、白菜、萝卜、辣椒、茄子等新鲜蔬菜20余种品种，产品主要供应赣州市场，保障赣州蔬菜供应，每年输出产量达1.2万吨，经济收入近5000余万元。到年底，基地完成土地流转66.66公顷，涉及3个行政村650户农户。成立2个蔬菜种植农民专业合作社，社员达900名。通过免费提供幼苗、解决就业以及回购农产品等方式为新城镇532户贫困户落实精准扶贫帮扶措施，户均年可增加收入4200元。通过"龙头企业+合作社+农户"的方式打造高产高效蔬菜种植示范基地、休闲农业观光基地、特色精准扶贫基地。集蔬菜种植、新品种引进试验展示、集约化育苗、标准化生产为一体，建设成为赣州市一流的蔬菜种植龙头企业。对接新城周屋的乡村观光旅游，打造以特色蔬菜为主的观光以及体验式农业基地。带动能力强，为贫困户提供土地流转租金、就业、入股分红、返租倒包、蔬菜保护价回购等多重利益联结机制，使贫困户获得多重收入来源。带动周边6个村3000多户农户发展蔬菜产业，带动电商物流、农村运输、餐饮、观光、合作社、土地流转中心建设，间接带动就业1000多人。

【全省最美基层图书馆】 大余县图书馆获"2016年全省最美基层图书馆"称号，系赣州唯一一家。截至年底，大余县图书馆纸质图书总藏量19.2万册，其中用于流通的图书131666册(含分馆图书)。全年大余县图书馆书刊外借册次126344册，比去年增长20.55%；新办读者证1165个，增长15.3%，办理读者证8814个，其中活跃读者证数4545个。营造全民阅读氛围。年内，县图书馆网站更新全民阅读信息40条，微信平台上发布信息36条，制作专题宣传栏4期，制作宣传短片1则，在全县上下营造出浓厚的阅读氛围，唤起群众读书热情；"数字图书馆移动阅读平台推广"活动成效显著。大余县图书馆于2016年3月建成并运行移动图书馆手机阅读平台和微信平台，每月推出一期好书推荐目录，发布信息36条，成功吸粉1600多人；"青少年经典阅读推广"活动卓有成效。全年图书馆举办48场次读者活动，重点围绕"青少年经典阅读推广""数字阅读推广""公共文化服务下基层"等主题展开，鼓励和吸引一大批青少年朋友加入阅读队伍，打造"青少年经典阅读推广"活动品牌。年内，青少年读者数量和外借图书量都有明显提升，其中青少年读者年外借册次9.56万(含少儿阅览室外借册次7.66万)，占全馆外借总数的75.69%，提高36.5%，青少年经典阅读推广活动效果显著。

(撰稿　谭景毅　审稿　刘福山)

【领导名单】

中共大余县委员会

书记：曹爱珍(女)

副书记：邱　凌(8月免)　钟旭辉(8月任)
李　兵(8月免)　邓增师(8月任)

常委：黄　刚(挂职，3月任)
邹志华(8月免)　肖惜才(8月免)
杨运武(8月免)　李志坚(8月免)
陈晓斌(纪委书记，8月免)
黄文发(8月免)　包礼斌(8月任)
廖　军(8月任)
聂为民(纪委书记，8月任)
温岩松(8月任)　赖定铭
刘裕裕(女，8月任)　何选明(8月任)

县人大常委会

主任：李细妹(女)

副主任：陈少华(8月免)　刘晓明
周红英(女)　陈俊贤　朱晓明
谢　海

县人民政府

县长：邱　凌(9月免)　钟旭辉(9月任)

常务副县长：温岩松(9月任)

副县长：邹志华(9月免)　李志坚(9月免)
肖桂西(8月免)　廖君侦(9月免)
刘裕裕(女，9月免)　何选明(9月免)
黄　刚(挂职，3月任)　彭民生(9月任)
侯　霄(挂职，3月任)

邓芳琴(女，挂职，6月任)
陈伟生(9月任) 罗少贵(9月任)
吴晓慧(女，9月任) 邹隆春(9月任)

县政协

主席：吴昌星(9月免) 邓金健(9月任)
副主席：刘安荣(9月免) 邱昌河(9月免)
彭民生(9月免) 赵海远
廖君侦(9月任) 周风来(9月任)
刘传福(9月任) 李 武(9月任)
曾 毅(女，9月任)

县人民法院院长：伍振海(9月免)
陈剑平(9月任)
县人民检察院检察长：郭复彬(9月免)
钟福英(女，9月任)

上犹县

【简况】 上犹县辖6镇、8乡，总面积1543.87平方千米。耕地面积8666.7公顷，森林面积1.2万公顷，森林覆盖率81.4%。总人口32.22万人，其中农业人口26.8万人。人口自然增长率5‰。2016年，地区生产总值57.11亿元，增长9.6%。三次产业结构比为19.2∶37.4∶43.4，三产比重提高2.5个百分点。财政总收入8.35亿元，增长4%。其中，一般公共预算收入6.02亿元，财政收入税占比达77%。固定资产投资53.34亿元，增长16.2%。其中，工业固定资产投资21.64亿元，增长42.8%；规模以上工业增加值15.04亿元，增长9%。完成社会消费品零售总额16.22亿元，增长13.3%。完成限额以上消费品零售额3.73亿元，增长27.4%。实际利用外资6820万美元，增长10.2%；进出口总额1.06亿美元。全年安排实施93个攻坚战项目，年度完成投资63.44亿元。全年争取上级各类无偿资金16.24亿元，增长10.8%，争取地方政府债券转贷收入5.13亿元；争取国家发改委核定专项建设基金项目18个计9.28亿元。全年征收土地311.66公顷、房屋12.3万平方米。全年安排民生支出18.46亿元，占公共财政支出的78.5%，发放城乡低保金3098.3万元、五保供养金708.6万元。城镇、农村居民人均可支配收入达2.23万元和8494元，获评“全省涉法涉诉信访创建示范县”“全省安全生产工作优秀县”“全国基层中医药工作先进单位”“2016—2020年全国科普示范县”“全国美丽乡村创建先进县”。

【上犹县获评“全国美丽乡村创建先进县”】 11月，在北京举行的第二届全国生态文明建设高峰论坛暨城市与景区、美丽乡村成果发布会上，上犹县经过“提名推荐、媒体评议、公众投票、专家评议”等遴选环节，最终被评为“全国美丽乡村创建先进县”，是继陡水湖景区获“全国十佳生态文化旅游景区”后又一殊荣。活动由新华社《半月谈》杂志社、中国国情调查研究中心共同主办，以“促进生态文明建设·共建绿色美好家园”为宗旨，在全国开展百佳生态文明城市与景区、美丽乡村推选活动，总结和表彰各入选地域生态文明建设成果，推介宣传各入选地域生态文明与区域经济和谐绿色发展先进经验，共同推进生态文明建设。

上犹县围绕赣州市“十三五”旅游产业发展规划“一核三区”中生态休闲度假旅游区定位，以“建成赣州都市区的休闲旅游、居住养生后花园”“打造江南最美乡愁旅游目的地”等为目标，树立“全域旅游”发展理念，把“美丽城镇、诗画乡村”融入城乡一体化建设，纵深推进“保护一江清水”，发展以采摘、垂钓、餐饮、民宿、赏石为特色的犹梅乡村旅游产业带，打造柏水寨、社溪沙塅等多个“基地景区化”农旅结合精品示范点，招商签约天沐温泉度假小镇、桃花源旅游开发、中华油茶文化园、齐云原舍精品度假村等项目，主攻旅游业为龙头的现代服务业攻坚战项目，旅游产业发展空间多面延伸、旅游业态及产品不断丰富、旅游产业集聚效应逐渐增强，旅游带动脱贫致富彰显活力，旅游业成为实施“同城发展、绿色赶超”战略，建设“宜居、宜业、宜游上犹”的支柱型产业之一。全年接待游客突破200万人次，增长48%，实现旅游综合收入12.9亿元，增长49.2%。

【上犹双溪风力发电项目首台风机顺利组装完成】 8月12日，双溪仙鹅塘风力发电第一期项目首台风机顺利组装完成。双溪乡仙鹅塘风力发电项目由中电投江西电力有限公司投资兴建，动态投资4.35亿元，项目装机容量为4.8万千瓦。该项目分为3期，一期安装24台单机，项目年底并网发电，待三期全部建成投产后，将成为赣南最大的风力发电群。与同等规模火电厂相比，每年可减少使用标准煤3.10万吨，置换成原煤为4.35万吨，而且风力发电不需要消耗其他能源，也不会产生辐射或空气污染，是一个优质环保项目。

【全国玻璃纤维及复合材料行业工作会在上犹召开】 4月26—29日，全国玻璃纤维及复合材料行业2016年工作会在上犹县召开。工信部、省、市领导，协会领导及全国行业企业家等300余人相约上犹陡水湖，解读纤维复合材料行业“十三五”发展规划，共商行业未来发展方向。

借助丰富的水电资源，上犹县逐渐发展成为江西重要的玻纤生产基地，其坩埚纱约占全省玻纤纱产能的10%。经国内权威行业专家指导，通过规划先行、特殊优惠政策扶持、技术力量支撑、产业链项目引进等创新做法，上犹县成为中国中部地区重要的复材生产基地，并与周边地区形成差异化发展格局。根据江西省工信委工业经济发展“十三五”规划，玻纤复材行业在全省规划形成“2+2”(即：九江玻纤拉丝、上犹玻纤复材两个基地和江西省黄金玻纤有限公司、江西大华玻纤集团有限公司两个重点企业)的发展格局。集群拥有企业近50家(其中规模以上企业7家)，沿湖玻纤、广建玻纤、南河玻纤、龙泰塑料等企业为产业发展的重点企业，有签约及在建项目十余个，引进池窑拉丝、复升复合材料、直立方复合材料等多个产业重点项目，通过项目的落实，产业向绝缘材料、热塑热固性复材、阻燃性防火材料、玻璃钢制品等下游制品方向延伸。

(撰稿 谢东才 审稿 曾德忠)

【领导名单】

中共上犹县委委员会

书记：赖晓岚

副书记：余业伟　黄文发

余有根(挂职，4月任)　袁　炎(8月免)

常委：林　星(8月任)　李过春(8月任)

何善祥　陈济才(8月任)

刘鸿懿(纪委书记，8月任)

李　伟(挂职)　邓晓光(挂职，3月任)

董显明(8月任)　刘晓龙(8月任)

陈林平(8月任)　钟旭辉(8月免)

韩相云(8月免)

孙　晖(纪委书记，8月免)

谢庚福(8月免)　董　军(8月免)

赖道德(8月免)　尧金娣(8月免)

蒋志峰(8月免)

县人大常委会

主任：蓝　青(9月任)　吴增京(9月免)

副主任：曾祥荣　吴　哲　徐能旭

张志兴　何继胜(9月任)　罗桂明(9月任)

蓝超才(9月免)

县人民政府

县长：余业伟

常务副县长：何善祥(8月任)

钟旭辉(8月免)

副县长：余有根(挂职)　李　伟(挂职)

邓晓光(挂职)　杨　进(挂职)

刘道军　赖爱民　钟勍华(挂职)

卢杜林　李高华　李茂进

胡敦祥(8月免)

县政协

主席：钟恢森(9月任)　陈卫国(9月免)

副主席：田克广　刘显尧　黄建华

陈世干(9月任)　邹华声(9月任)

王丽玉(9月任)　黄　新

田允洲(9月免)　李美术(9月免)

董显明(8月免)　范木园(9月免)

县人民法院院长：张文洲(9月任)

罗　松(9月免)

县人民检察院检察长：温　斌(9月任)

蔡晓荣(9月免)

崇义县

【简况】　崇义县土地总面积2206.27平方千米，人口21万人，辖16个乡(镇)，124个行政村，3个居委会。2016年，崇义县聚焦“六大攻坚战”，攻坚克难，全年实现生产总值71.16亿元，增长9.3%；财政总收入10.7亿元，公共财政预算收入8.36亿元，分别增长4.1%和16.9%；规模以上工业增加值23.8亿元，增长8.9%；固定资产投资45.38亿元，增长16.5%；社会消费品零售总额15.32亿元，增长12.5%；城镇居民人均可支配收入23427元，增长10.4%；农村居民人均可支配收入8600元，增长12.7%。完成民生支出17.56亿元，增长27.6%，占公共财政支出的83.9%。

【三大产业】　农业产业。实施20个现代农业攻坚项目，完成投资5.06亿元。新增刺葡萄137.74公顷、南酸枣66.67公顷，新增(低改)油茶林0.09万公顷，改造毛竹低产林0.18万公顷。柑橘黄龙病防控有力，砍除病树49万株。农村土地承包经营权确权登记颁证工作率先通过市级验收。新增家庭农场34家、农民合作社10家。齐云山食品公司南酸枣资源库列入第二批国家级种质资源库，为全省首批入选项目。农旅加速融合，被评为省级休闲农业示范县，君子谷列为省级休闲农业示范点。

工业经济。实施20个主攻工业项目，其中7个试投产，完成工业固投10.9亿元。实现主营业务收入92.49亿元，增长9.07%；利税总额12.17亿元，增长6.25%。新增规上工业企业8家。开展“降成本、优环境”专项行动，兑现政策奖励资金2.1亿元，利用财园信贷通、小微信贷通等平台为企业发放贷款4.7亿元，办理企业续贷基金3.04亿元。在全市率先搭建钨矿产品仓储服务平台，收储钨矿1096吨，实现税收1000余万元。成功获批设立省级产业园，建设标准厂房10.9万平方米。

现代服务业。全域旅游成效初显，累计接待游客186.7万人次，实现旅游综合收入11.5亿元，分别增长14.2%和16.1%。电子商务发展迅速，打造农村电子商务服务站80家，培育交易额千万元以上电商企业10家，实现销售额7.4亿元，增长192%。总部经济持续壮大，引进基金企业20家，认缴基金规模13.1亿元，实现税收2670万元。新增贷款2.86亿元，存贷比为77.1%。

【开放性经济】　争资争项。争取上级各类资金15.1亿元，增长13.6%。争取14个专项基金项目6.03亿元，国家政策性低息长期贷款21.2亿元，与江西银行、赣州银行、九江银行设立产业发展基金32亿元。赣郴永兴铁路列入国家《中长期铁路网规划》，崇义通用机场列入省“十三五”规划纲要，省天然气管网工程上犹—崇义段获省能源局核准。争取环保部和体育总局安排陡水湖生态环境保护、重金属污染治理、全民健身活动中心、体育设施改造等项目资金2.3亿元。

项目建设。安排实施“六大攻坚战”项目98个，总投资180亿元。列入市级考核的54个项目全部开工建设，完成投资58.5亿元，超额完成年度投资计划。精亿灯饰LED、威骏高分子无纺布等项目投入试产，源升锡业、益佳木业等项目加快推进。

招商引资。组建产业招商小分队8个，引进高岭土综合开发、生物制药等重大项目14个，总投资达75.8亿元，已落地开工6个。实现出口总额9408万美元，实际利用外资1680万美元。

【新型城镇化】　城市发展扩容提质。完成县城控规修编，启动全域旅游、城市设计、特色小镇规划编制。投入5.95亿元实施10个新型城镇化攻坚项目，县城建成区面积扩大至7平方千米，城镇化率达42.6%。阳岭新城“四纵五横”骨架路网建成通车，阳明社区公园、文化活动综合楼完成主体工程，北门、南门农贸市场升级改造，县城自来水厂回购、污水管网新建等项目稳步实施。推进“四城同创”，市容市貌明显向好，被评为国家卫生县城，为全市第一个获此殊荣的县(市、区)；市民素质提升，被提名为省级文明城。

城乡环境。启动乡(镇)总规修编、控规编制工作，完成37个新农村建设点和6个中心村建设。过埠示范镇建设加快推进，滨江大道初具雏形，自来水、污水处理等配套设施建成完工，“梦想家园”新型农村集中安置社区312套住房交付使用。农村环境整治工作扎实推进，拆除“空心房”928栋。在全市率先开展农村污水处理，陡水湖水面整治全面完成，被评为全省农村清洁工程工作先进县。

生态文明。生态文明先行示范成效显著，省级生态考核督导位列全省第三，阳明山、铅厂镇被评为全省首批生态文明示范基地，阳明湖国家湿地公园申报成功。累计创建国家级生态乡(镇) 1个，省级生态乡(镇) 10个、生态村10个，市级生态村83个。生态环保项目稳步实施，关田下关河道底泥清淤及处置、陡水湖生态环境保护与综合治理等项目扎实推进。环保监管与执法能力提升，节能减排任务全面完成。改善森林生态环境，更新造林0.26万公顷。承办全国森林质量提升工作会议。

（撰稿　郭文良　审稿　黄　萌）

【领导名单】

中共崇义县委员会

书记：许　斌

副书记：邱　凌

副书记(正处级)：王明良　张　涛

副书记：赖木生

常委：曾　雷(纪委书记)　曾　帅　何　琳　边建忠　党生维　王　豪　刘春香

县人大常委会

主任：郭　兰

副主任：汤名东　刘立伟　郭远君　刘向民　陆芳锋　肖鸿斌

县人民政府

县长：邱　凌

副县长：张祥兰(挂职)　黄　硕　吴忠浩　黄小波　朱志勇　张小兰

县政协

主席：陈金发

副主席：黄义华　黄名兰　刘文泽　罗福生　刘事明

副调研员：肖青云

县人民法院院长：李舒文

县人民检察院检察长：曾　涛

安远县

【简况】　安远县辖10乡、8镇，151个行政村、16个居委会。总面积2374.59平方千米，其中城区面积10平方千米，耕地面积1.08万公顷，森林面积20.05万公顷，森林覆盖率84.25%，城区绿化率35.3%。全县总人口40.27万人，其中农业人口32.50万人，非农业人口7.77万人。2016年，全年完成生产总值58.54亿元，增长9.0%。财政总收入7.23亿元，剔除营改增减收等因素，同口径增长8.6%。其中，公共财政收入5.13亿元；固定资产投资36.54亿元，增长18%，连续三年排在全市前列；社会消费品零售总额18.12亿元，增长12.6%；外贸出口3824.73万美元，增长122.1%，增幅列全市第1位；城镇居民人均可支配收入达到21251元，增长8%；农民人均可支配收入达到8371元，增长11.1%。

【项目投资】　全年争取各类资金和融资46.6亿元，与赣州银行合作设立旅游和工业产业发展投资基金30亿元。实行“五个一”运行机制，全力推进“六大攻坚战”，实施重大项目68个、子项目171个，总投资212.2亿元，其中投资过亿元项目52个，项目开工率90.1%，完成年度投资98.4亿元。开展招商引资，引进招商项目16个，签约资金17.3亿元，增长6.4%。央企入赣项目投产率位列全市第一。城南大道PPP项目顺利实施。年度投资规模、投资过亿元项目数、项目开工率均创历史新高。尤其是宁定高速建成通车，车头220千伏输变电站建成送电，安远通用机场建设纳入省“十三五”规划，G358虎岗至和务和G238塘村到龙布等国省县道升级改造、中国供销·赣南脐橙交易中心、狮头山风力发电等重大项目顺利实施。

【产业发展】　工业经济发展实现新突破。工业园区调区扩区获省政府批准，园区总面积由33.3公顷扩大至464公顷，实现当年获批、当年入企、当年投产，“一园三区”格局基本形成。120公顷平台平整、标准厂房、污水处理厂等一批项目快速推进。出台‘降成本、优环境”专项政策39条，扶持企业发展，开展政银企对接，帮助企业解决融资、用工等难题。培育规模以上工业企业4家，新认定高新企业2家。完成规模以上工业增加值8.3亿元，增长8.1%，完成年度目标情况居全市第一；实现主营业务收入31.26亿元、利税总额3.3亿元，分别增长17%、24.5%。现代农业实现新发展。粮食总产实现“十三连丰”。持续开展黄龙病防控，在全市率先组建脐橙产业联合会，稳住脐橙产业，安远成为全国脐橙类首个国家级出口食品农产品质量安全示范区。转产种植猕猴桃、百香果0.11万公顷。全县蔬菜播种面积0.35万公顷，凤山有机蔬菜产业园蔬菜批量供应市场。种植烟叶0.17万公顷，收购烟叶367.5万千克(6.35万担)，实现烟叶产值7800万元，增长5.2%。发展高产油茶0.1万公顷。培育新增专业大户15户、家庭农场18家、农民专业合作社148个。现代服务业开创新局面。三百山景区创AAAAA、东生围景区创AAAA工作有序推进。三百山景区木栈道、旅游公路、东生围游客服务中心等基础设施逐步完善，东生围四季花海等景点对外开放，三百山景区提质升级。全县接待旅游总人数180万人次、实现综合收入8.4亿元，分别增长35.4%、29.2%，东江源旅游度假区获评全市唯一省级旅游度假区。金融业稳健运行，金融机构各项存、贷款余额分别达到109亿元和65.9亿元，存贷比为60.46%，为历年最高水平。“五个信贷通”放贷11亿元，提供企业信贷周转资金1.9亿元，发放农房抵押贷款1025万元。全县电商年交易额突破8亿元，电商创业孵化园被评为省级科技企业孵化器，安远获“江西县域电商十大领军县”称号。特色小吃产业快速发展，创建“安远三鲜粉”标准店462家。房地产市场平稳健康发展，销售商品住房1491套，增长33.9%。物流、金融、养老等现代服务业蓬勃兴起，形成新的经济增长点。

【城乡建设】 城市总规调整获赣州市政府批复同意，全域规划编制全面启动。教育园区一期、濂江河“一江两岸”景观改造一期、文体公园二期、宁定高速安远南连接线、腾飞路、三百山大道改造等项目竣工并投入使用，城南大道、城西路等项目启动实施，“一园二场三系统”工程推进。筹资8亿元实施沿江东西路景观改造二期、西街坝、拥军路等连片棚户区改造土地房屋征收工作，35天完成903户征拆工作，再次刷新和谐征收的“安远速度”。推动“三城同创”，18个乡镇均成立乡镇“两所一队”，强力整治“两违”乱象，推进城乡环卫一体化，加大圩镇环境治理力度，开展农村“空心房”和公路沿线村庄整治，深化农村生活垃圾专项治理，城乡环境明显改观。安远获得全市第四届文明城市创建工作第一名。推进美丽乡村、民房改造和农家乐“三个示范点”建设，实施新农村建设点94个，打造虎岗、老围等一批特色秀美乡村。安远县被省委、省政府评为全省农业和农村工作先进县、全省新农村建设工作先进县。健全完善“三禁、三停、三转”举措，构建县、乡、村三级“河长制”组织体系，推进非法开采稀土矿山恢复治理、河流污染、水土流失防护等综合治理工作。加大造林绿化力度，实施低质低效林改造0.41万公顷。先行先试生态文明执法体制改革，组建全省首支县级生态综合执法大队，生态资源保护成效明显，改革经验得到省、市认可和推介。

【社会事业】 全年民生支出22.08亿元，占公共财政预算支出86.9%。全面落实“3315”扶贫工作要求和“五看”脱贫理念，突出打好精准脱贫攻坚战。通过易地搬迁扶贫、原址改建、农村保障房安置、敬老院养老、子女赡养等方式，基本解决一家两代、一家三代居住在危旧土坯房贫困户的安全住房问题。实施产业扶贫，发放产业直补资金305.6万元、产业扶贫贷款3.6亿元，建立紫薯种植、肉兔养殖等一批产业扶贫基地。完成70个贫困村进村主干道畅通工程和25户以上自然村通组公路建设，其中实施56个贫困村进村主干道“油化”工程。推进所有贫困村公有产权卫生室建设。农村低保与扶贫开发实现有效衔接。推进大病医疗救助工作。全年实现建档立卡贫困人口1.28万人脱贫、10个贫困村退出。大力支持就业创业，新增城镇就业2520人，新增转移农村劳动力5180人。实施残疾人“两补”政策，持续扩大“五险”覆盖面，实现失地农民参加基本养老保险全覆盖。社会救助力度不断加大，被评为省、市社会救助工作先进县。完成第五批小农水重点县项目建设，新增农田水利项目、抗旱应急引调提水工程全面完工。县第二自来水厂全面投入运行，彻底解决县城居民的安全饮水问题。巩固提升农村饮水安全工程，4.65万山区群众喝上安全的饮用水。完成义务教育学校标准化建设和乡镇公办中心幼儿园建设。教育教学质量得到提高，中、高考成绩保持全市前列。成功举办有史以来规模最大、水平最高、影响最深远的第六届县运会。全面二孩政策稳妥有序实施。全面实施广播电视“户户通”工程。深入实施赣南采茶戏振兴计划，一大批优秀赣南采茶戏曲目登陆央视、走进基层。“文化＋电商”特色做法在全市推广、全国推介。全县安全生产形势平稳，被评为全省安全生产工作先进县。推进“法治安远”“平安安远”建设，严厉打击各种违法犯罪行为，“禁毒禁赌”工作列全市前列，社会大局保持和谐稳定。

【改革创新】 推进简政放权，深入推进“六单一网”改革，县本级行政审批事项精简至87项，县行政服务中心行政审批事项进驻率达93.4%、审批时限缩减59.8%。“五证合一、一照一码”等商事制度改革全面实施。建立权责清单动态调整机制，“双随机、一公开”工作有序推进。推行政府资金投资建设工程预决算委托中介机构审核审计制度。深化供销合作社综合改革试点，并顺利通过省供销社验收。推进房地一体农村集体土地确权登记、农村“两权”抵押贷款工作。在全市率先推行农房抵押贷款“四合一”测绘工作。完成行政机关及参公事业单位公务用车制度改革。县农信社成功改制为农商银行，中国农业发展银行安远支行批准设立。建立政府主导的东江源融资担保公司。新组建机关事务管理局、电商办等部门。完善“三重一大”行政决策议事规则，实行重大决策终身责任追究制度和责任倒查机制。在全市率先建立法律顾问制度，实现法律顾问制度全覆盖。自觉接受县人大法律监督和政协民主监督，人大建议和政协提案的办结率、满意率均为100%。深入开展“两学一做”学习教育，自觉履行全面从严治党“两个责任”，严格落实中央八项规定精神，大力整治侵害群众利益的不正之风，严格监督执纪问责，干部作风明显好转，行政效能不断提升。

【宁定高速通车】 12月27日，宁定高速全线项目主体工程以及所有附属设施全部完工，与建成通车的寻全高速将组成的“十”字形高速公路网，使安远北上南昌南下广东时间缩短至4小时。宁定高速公路是江西省“四纵六横八射”公路网主骨架的“第四射”——南昌至定南高速公路的一部分，也是全国率先启动的第一条智慧高速公路。

【举办安远第六届运动会】 12月3日，县第六届运动会在体育中心隆重开幕，15000余人观看开幕仪式。运动会设乡镇组、县直系统组、学校组3个组别，包括田径、拔河、篮球等13个竞赛大项目、103个小项目，来自各乡镇、县直系统的41支代表团，4000余名运动员参赛，是安远历史以来规模最大、人数最多、水平最高、效果最好的运动会。

【“六大攻坚战”建设】 围绕主攻工业、精准扶贫、新型城镇化、现代农业、现代服务业、基础设施等“六大攻坚战”，编制68个重大项目、171个子项目，总投资212.2亿元。安远县通过争取用地指标、开展土地房屋征收和积极与银行开展融资对接等方式，解决土地、资金等难题。创新运用“六个一”项目推进机制，采取挂图作战、责任倒逼等方式，促使“六大攻坚战”重点项目按下“快进键”。截至年底，开工项目155个，年度完成投资83.73亿元，建成县文体园区、教育园区、城北工业园区、濂江河两岸(景观)改造、凤山乡有机蔬菜产业园、220千伏输变电站等重大项目。在全市“六大攻坚战”工作流动现场会评分中，安远县综合排名第九。

【“三个标准化”建设】 12月26日，安远县召开为期4天的“三个标准化”建设流动现场会，县人大代表、政协委员到18个乡镇的义务教育学校、乡镇卫生院、农村敬老院标准化建设点实地考察，全面了解建设成效。从2014年起，安远连续三年投入7.8亿元加大农村学校、敬老院、卫生院的“三个标准化”建设，通过改造硬件、提升软件等措施，乡村发生变化，群众获得感倍增。2016年是安远乡村学校、敬老院、卫生院“三个标准化”建设的收官之年。3年完成168所义务教育学校、11所乡镇敬老院的标准改造，以及10所乡镇卫生院的新建或扩建、70所村卫生计生服务室的新建工作，基本实现“把最漂亮的房子建在学校，把最温暖的关爱送给老人，把最优质的服务带给患者”的既定目标。

（撰稿　叶春泉　审稿　钟朝阳）

【领导名单】

中共安远县委员会

书记：严水石

副书记：肖斐杰　吕俊山(挂职)
　罗洪波(挂职)　赵　培(挂职)
　华晓斌(8月免)　何清平(女，8月任)

常委：方　飞(8月任)　宁　群
　王泽明(畲族，8月任)　李小龙
　肖福云(8月免)　黄正发(8月任)
　张继田(纪委书记，8月免)
　邱　坚(纪委书记，8月任)
　李森彪(8月免)　潘少平(8月免)
　吴　昊(8月免)　许　伟(女，8月免)
　曾清勇(挂职，9月免)
　施志福(8月任)　陈国庆(8月任)

县人大常委会

主任：曹志坚

副主任：杜进春　肖　旺　刘惠静
　刘　飞(8月免)　唐日全
　李荣奇(3月任)　欧阳绍进(8月任)
　刘旺清(8月任)　唐伟霖(8月任)

调研员：谢　静

县人民政府

县长：肖斐杰

常务副县长：李森彪(8月免)
　　陈国庆(8月任)

副县长：吕俊山(挂职)　罗洪波(挂职)
　赵　培(挂职)　吴　昊(8月免)
　曾清勇(挂职，9月免)　施志福(8月免)
　陈国庆(8月免)　刘　飞(8月任)
　叶日山　陈建伟(8月任)
　钟思全(8月任)　钟　琳(女，8月任)

县政协

主席：袁志勇(8月免)　刘惠宗(8月任)

副主席：廖家玲(女)　钟小平(8月免)
　钟金华　叶　强　凌素英(女)
　刘京海　林象森

县人民法院院长：汪　清

县人民检察院检察长：
　钟福英(女，8月免)
　叶成霖(8月任)

龙南县

【简况】 龙南县辖8个镇、5个乡和2个林场及黄沙、东坑2个管委会。全县国土面积1641平方千米，其中城区面积18.96平方千米。耕地面积1.24万公顷，有林面积12.53万公顷，森林覆盖率82.16%。总人口33.49万人，其中非农人口13.98万人。人口自然增长率9.29‰。2016年，实现地区生产总值134.85亿元，增长9.2%。其中，第一产业12.73亿元，增长4.2%；第二产业73.63亿元，增长9.2%；第三产业48.49亿元，增长10.6%。完成财政总收入16.75亿元、增长1.0%，人均5460元；地方财政收入12.45亿元，同口径增长3.3%；地方一般预算支出29.79亿元，增长10.0%。工业增加值65.55亿元，增长9.3%。规模以上工业增加值65.1亿元，增长9.7%。进出口总额6.59亿美元，增长8.5%。其中，出口5.74亿美元，增长8.9%；进口8543万美元，增长6.03%。500万元以上固定资产投资150.1亿元，增长16.5%。实际利用外资10314万美元，增长11.0%；实际利用省外5000万元以上项目资金56.6亿元，增长15.1%。工业用电量71268万千瓦时，增长7.3%。农业总产值19.89亿元，增长6.7%。粮食总产量65444吨，增长0.5%；柑桔类水果总产59036吨，增长0.7%；肉类总产量28830吨，增长6.8%；家禽出笼486万只，增长5.2%。实现社会消费品零售总额31.18亿元，增长11.7%。城镇居民人均可支配收入25160元，增加1974元，增长8.51%；农村居民人均可支配收入9506元，增加934元，增长10.9%。金融机构年末存款余额1377563万元，增长30.1%。其中，住户存款余额773285万元，增长23.3%。

【主攻工业】 实施招商引资攻坚行动，全年签约项目40个，总签约金额近210亿元，签约金额和项目平均投资额分别是2015年的2倍、3倍。赣州电子信息产业科技城落户龙南县，龙南保税物流中心获国家批复并开工建设。志浩电子、优信普科技、骏亚精密等17个项目相继开工，恋伊工业、新正耀新能源汽车配件、汇森明达等20个项目试投产。新增规模以上工业企业11家，总数达89家。深化“降成本优环境”专项行动，为企业减负3.92亿元，帮助企业融资39.14亿元，为29家企业提供还贷周转金1.68亿元。科技创新步伐加快，新增高新技术企业8家、省级“专精特新”企业3家；专利授权量354个，增长399%。龙南经济技术开发区被评为全省知识产权试点园区。

【现代服务业】 全省旅游强县建设。成功列入第二批国家全域旅游示范区创建单位。编制完成《龙南县旅游产业发展总体规划》。南武当山、关西围屋、程龙温泉等景区管理体制逐步理顺。首届旅游文化节筹备工作有序展开。与新华社、《中国企业报》集团、福建天沐集团等开展战略合作，引进大型涉旅集团参与旅游开发。虔心小镇跻身省级旅游风情小镇。全年接待游客262.1万人次，实现旅游综合收入20.1亿元，分别增长24.2%、23.7%。江西银行、太平寿险正式进驻，农商银行挂牌营业。新设立工业、旅游产业发展投资基金。辖区内银行机构实现存款余额137.76亿元，贷款余额91.51亿元，分别比年初增长29.33%、25.1%。电商产业园成功开园，全年电商交易额达30.56亿元。

【现代农业】 省级现代农业示范园区渡江核心区建设快速推进。新造高产油茶林200公顷，发展茶叶种植0.08万公顷，建成各类农业产业基地53个。"龙南蜂蜜""江东莩荠"获国家地理标志证明商标。促进农业"接二连三"，引进投资1.7亿元的油茶深加工项目，提高农业综合效益。

【脱贫攻坚】 始终把脱贫攻坚作为最大民生工程，在全市率先出台精准脱贫工作绩效考评办法。建立贫困户产业奖补机制，探索投资收益性扶贫方式，发放产业奖补资金230.81万元。完成易地搬迁贫困人口2026人，528套农村保障房抓紧实施。帮扶6816名贫困群众实现稳定就业。圆梦助学基金资助贫困学生3673人。发放各类金融扶贫贷款14.43亿元。完成扶贫和民政两项制度衔接，为6.7万人次贫困群众补偿赔付医疗费用3962.6万元。全年脱贫3680户9883人，11个省级贫困村摘帽退出。

【新型城镇化】 城区建成面积达18.96平方千米，城镇化率达48.6%。城市总体规划修编有序推进，完成桃江片区、杨坊片区、东湖新区控规编制及修编工作，高铁新区控规、近期建设规划等通过专家评审，历史文化名村、传统村落保护发展规划实现全覆盖。实施"五桥十路"［即金龙大桥、人民大桥、龙南大桥、阳明大桥、演教寺桥景观改造，杨坊大道、人民大道、龙南大道、金龙大道、阳明路、石峡山路、金塘大道北段、玉岩大道东段、五星级酒店周边道路、濂江路(寨背段)］、迎宾大道改造三期工程等117个城建项目，城市功能完善。赣深高铁开工建设。棚户区改造强力推进，两个月时间完成棚改征迁1306户31.2万平方米，是前五年拆迁量的总和。"三城同创"深入开展，市容市貌整洁有序，城市精细化管理水平提升，龙南被评为省级森林城市，县建设局和县城管局被评为全省住房城乡建设系统先进集体。撤县设市新标准发布后，启动新一轮撤县设市申报工作，龙南县成为全省唯一呈报国务院审批的县。推进杨村全国重点镇、里仁市级示范镇和汶龙边际重点镇建设。九连山镇获批设立。拆除农村"空心房"9.4万平方米，投入资金1200多万元深入开展农村生活垃圾专项治理，农村人居环境极大改善。传统文化保护传承得到加强，乌石村跻身中国传统村落，古村落保护利用工作走在全市前列。全面落实国家主体功能区规划，县域生态环境质量持续变好。

【基础设施建设】 全年向上争取项目388个，实际到位上级无偿资金14.31亿元。争取中央专项建设基金下达额度7.83亿元，实现融资项目落地9个，签约投放到位3.13亿元。与华融赣南等金融机构签订战略合作协议，资金规模达200多亿元，实际到位融资49.7亿元。争资额和融资额实现历史性突破，为攻坚战提供强劲动力。富康、新圳工业园及电子信息产业园市政道路完工，园区道路、水电管网加快延伸，综合承载能力得到增强。临塘220千伏、杨坊110千伏输变电工程竣工运营。推进农村饮水安全、中小河流治理等水利工程，新建防洪堤30千米。农村公路网得到完善，新修(改造)乡村公路114.4千米，实施新杨大桥等危桥改造3座。日供5万吨自来水工程加紧实施，城乡供水能力稳步增强。

(撰稿　赖日金　审稿　徐柏胜)

【领导名单】

中共龙南县委员会

书记：薛　强(副厅级，7月免)
　缪兰英(女，副厅级，7月任)
副书记：刘定辉(1月免)
　邱建军(副厅级，7月任)
　刘文杰(8月任)　孙　敏(8月免)
常委：王慧君(8月免)
　江树华(女，8月免)　叶金华(8月免)
　曾　平(8月免)　刘　屾(8月免)
　黄玉鹏(8月免)
　王喜龙(纪委书记，8月免)
　林建杭(3月任)
　廖耀军(纪委书记，8月任)
　赖道德(8月任)　李森彪(8月任)
　谢建林　吴　昊(8月任)　刘建华(8月任)
　何　敏(8月任)　曹　鑫(女，3月任)
　何中育(4月任)　滕宗超(8月任)

县人大常委会

主任：李德恭(9月免)　曾明健(9月任)
副主任：廖生成(9月退休)
　廖荣明(10月退休)　曾宪章(9月免)
　钟辉阳　刘榕生　陈春华
　叶雪平(9月任)　陈宝权(9月任)
　余美华(女，9月任)
调研员：赖黎明(10月退休)
　钟　敏(9月免)
副调研员：许月星(7月退休)

县人民政府

县长：刘定辉(1月免)
　缪兰英(女，副厅级，1月任，7月免)
　邱建军(副厅级，7月任)
副县长：曾　平(8月免)　李森彪(8月任)
　林建杭(挂职，3月任)
　曹　鑫(女，挂职，3月任)
　何中育(挂职，4月任)
　王慧君(8月免)　叶　为(女)
　刘日辉(8月任)　林　峰
　李明海(8月免)　谢房才(8月免)
　王育军(8月任)　王　冰(8月任)

县政协

主　席：曾明健(9月免)
　王慧君(9月任)
副主席：蔡舒勇(9月免)　陈德智(9月免)
　谢恒兴(9月任)　钟　万
　宗　崇(9月免)　胡　雁(9月免)
　王惠敏(女)　刘建荣(9月任)
　廖承房(9月任)　曾学文(9月任)
市政协办公厅调研员：陈德智(9月任)
副调研员：林学群(8月退休)

县人民法院院长：刘章伟(8月免)
　廖　迪(8月任)

县人民检察院检察长：王小荣(8月免)
邓荣平(8月任)

全南县

【简况】 全南县辖6镇、3乡、2个公司1个林场。总面积1535平方千米，其中城区面积8.78平方千米，耕地面积10602.16公顷，森林覆盖率82.87 %。总人口198017人，其中男102749人，女95268人。人口出生率12.75‰。2016年，实现地区生产总值581470万元，增长8.5%。其中，第一产业增加值88063万元，增长4.2% ；第二产业增加值292032万元，增长9.0% ；第三产业增加值201375万元，增长9.7%。三次产业结构由15.4∶51.1∶33.5调整为14.9∶50∶35.1。财政总收入90048万元，增长2%，其中，公共财政预算收入68134万元，增长 –3.1% ；公共财政预算支出195800万元，增长14%。规模以上工业增加值225468万元，增长9.6%。500万元以上固定资产投资405735万元，增长15.6%。完成外贸出口13321万美元，增长9.2%。实际利用内资35.13亿元，增长10.5%。实际利用外资6576万美元，增长10.2%。社会消费品零售总额163843万元，增长12.2%。全年物价涨幅稳定在1.7% 左右。城镇居民人均可支配收入22631元，增长7.9%。农村居民人均可支配收入6839元，增长14%。城镇居民年末储蓄存款427951万元。

【产业发展】 主攻工业。实施“主攻工业、三年翻番”战略，开展重点工程“百日大会战”，全县71项重点工程完成总投资40.9亿元，比上年增长4.88倍。主攻工业开工项目11个，累计完成投资13.13亿元。实现规模以上工业主营业务收入94.5亿元，增长7.9% ；完成利税9.4亿元，增长10% ；完成工业固定资产投资19.5亿元，增长17.9%。工业用电量23544.36万千瓦时，增长23.4%。开展“降成本、优环境”专项行动，出台降成本优环境惠企政策90条，帮助企业减负1.28亿元，全县83家重点企业实现结对帮扶全覆盖；发放“五个信贷通”贷款5.22亿元，提供搭桥资金2.78亿元。成立全南县企业投诉举报受理中心，全年收集企业各类具体问题119个，落实119个，问题办结率100%。年内，新资源氧化镝产品被评为“江西名牌”，超亚科技被评为“省级知识产权优势企业”。

主攻农业。现代农业示范园区建设快速推进，新引进山东寿光三江菜业投资4亿元兴建高山蔬菜科技产业园。全年现代农业产业项目开工10个，完成投资6.72亿元，建成面积800公顷。全县蔬菜播种面积6800公顷。铁之梁薯业被评为省级示范社，清香蔬菜、石古葡萄获评省、市示范家庭农场。

现代服务业。开工项目10个，完成投资2.69亿元。推进电子商务进农村综合示范县建设，创新创业(电商)园建成试运营，全南县被评为“市级电商扶贫示范县”。组建注册资本5000万元的桃江源融资担保公司，农发行全南办事处、九江银行全南支行开业运营，赣州新财富资本管理、善润达在县设立私募投资基金，县农村信用合作联社改制为农商行。启动天龙山、南迳古韵梅园创国家AAA级旅游景区工作；全年接待旅游人数、旅游综合收入分别增长15.2%、15.6%。服务业实现增加值20.24亿元，增长10.1%。

【城乡建设】 提升城市品位。年内，开工建设项目13个，完成投资9.48亿元。绕城公路竣工通车，沿线景观带工程快速推进，拉大县城框架，城区面积达8.78平方千米，城镇化率为42.2%，比上年提升1.5个百分点。路住坝桥至四小道路工程全面完工，“一江两岸”解放桥至路住坝桥棚户区改造取得重大进展，二期、三期房屋征收工作基本完成，城区污水管网、管道天然气等市政工程加快推进。通过实行“网格化”管理模式，城市管理更加精细高效。推进“三城联创”，改善县城面貌，启动乡镇总规和控规编制工作，统筹推进重点镇、中心镇、中心村建设，建成新农村建设点30个。推广“政府购买服务”市场化保洁机制，推行城乡环卫一体化市场化运作，农村生活垃圾治理成效明显。整治农村“空心房”，拆除面积13.14万平方米。加大生态乡镇创建和传统村落、历史文化名村名镇保护力度，金龙镇入选全国重点镇，雅溪村被评为全国第四批传统村落和全国第四批、全省首批美丽宜居村庄。生态环境优越。新增市级生态村11个，总数达到79个，占比92%。整治生态环境，实施“净空、净水、净土”工程。完成人工造林1806.67公顷；桃江湿地公园成功申报为国家级湿地公园；厚朴生态林业被评为省级生态文明示范基地；国家主体生态功能区、木材战略储备基地建设进度加快，省级生态县创建工作进展顺利；开展“河长制”试点工作，分别实施桃江流域和龙兴水库水环境综合整治，县城空气自动监测站建成并投入使用。年内，地表水达到Ⅲ类或优Ⅲ类，空气质量达到国家标准Ⅰ级。

【项目建设】 开展争资争项。全年争取500万元以上项目16个，到位资金14亿元；争取专项建设基金项目7个，到位资金4.51亿元。瑞隆科技、荣峰纱业及工业园区污水处理厂、标准厂房等项目建设快速推进，争取大广高速新建复线经过龙下乡并设立互通；大吉山钽铌钨矿体开发利用等14个项目竣工，天排山风电一期25台机组先行并网发电。寻全高速西延项目列入市“十三五”高速公路规划，并与广东省有关部门协同推进项目前期工作。全县71项重点工程完成总投资40.9亿元，比上年增长4.88倍。开展“百日招商”，举办佛山现代农业招商引资推介会等大型招商活动，引进首期投资15亿元的不锈钢产业基地和投资33亿元的声影华夏大文化云数据中心等重大产业项目23个。全年新引进5000万元以上项目11个，其中亿元以上项目3个。

【民生事业】 全县民生支出15.2亿元，占一般公共预算支出的77.7%，省、市90项民生实事全部达到进度要求。

全县84套农村保障房完工；城乡低保对象、精简退职老弱残职工、农村五保对象救助标准全面提标，新增城乡低保1127户2243人，发放低保金2305.78万元；发放慈善救助、临时救助、救急难资金共100余万元。新农合参合人数13.5万人，参合率95.6%；城镇新增就业2026人，城镇就业率96.5%；实施全南二中改扩建和职业学校实训大楼建设工程，龙下小学等6所学校新建校舍工程竣工投入使用。老年人文体活动中心、陂头中心光荣敬老院改扩建及城西居家养老服务中心等项目加快推进；统筹推进公共文化服务均等化，完成全南县第一个中共党小组成立旧址维修工程。覆盖城乡的社会保险体系基本建成，城乡居民医保整合工作顺利完成。全面落实二孩政策，促进人口科学均衡发展。全县社会大局和谐稳定，公众安全感指数为98.5%，位列全市第一。

【林下经济】 全南县是国家南方48个重点林业县之一，林地面积127333.33公顷，有林地面积111333.33公顷，被省评为2012—2017年度省级林下经济发展重点县，被国家林业局评为国家林下经济示范基地。全南县利用林业优势，围绕“发展现代林业、建设生态文明、促进科学发展”战略，创新林业经营理念，改革林业管理方式，重点发展以森林药材种植为主导的林下经济，带动林下种植、林下养殖、林下产品采集加工产业协调发展，打造“全国有特色、江西有规模、全南有产值、林农有效益”的现代林下经济发展模式。截至年底，全县发展林下经济总面积15520公顷，其中，国家级示范基地、省级林下经济发展重点县示范基地建设面积467公顷，形成以森林药材为主的百亩以上各类林下经济基地25个，基地总面积5667公顷；全县林下经济种养专业户107家，累计带动林区1.2万户参与发展林下经济产业，年产值2.41亿元。其中，林下种植药材厚朴、黄柏、杉木石蒜、金银花、罗汉果和生物菌灵芝、金线莲、香菇、木耳等面积4667余公顷；林下养殖鸡、鸭、鹅等30万只，山羊、黄牛等1.2万头，石蛙、乌龟等2万只，中华鲟年出水20万尾；套种蔬菜等133.33公顷；林下松脂采集模式1333.33公顷，竹笋采挖模式8000公顷。利用森林景观兴办农家山庄、专业合作社，引进企业开发森林特色文化景区，初步形成以桂花产业园和梅花景观园为龙头，省级桃江源自然保护区、省级桃江源湿地公园、省级梅子山森林公园赣江源生态示范基地、森林温泉休闲养生度假区，野生桂花观赏区等为主要景点的森林旅游产业雏形。

【长寿之乡——小溪村】 全南县大吉山镇小溪村千余人的村子有80岁以上老人25位，其中百岁以上老人4位，年寿最长者104岁，成为远近闻名的长寿村，新华网、凤凰网均有报道。小溪村最大的优势是生态环境良好，气候温和湿润，冬无严寒，夏无酷暑，空气中负氧离子含量极高，是名副其实的“天然氧巴、养生福地”，民风淳朴，社会和谐。

小溪村珍惜生态环境。村民从细微入手，从小事做起，不随意砍伐林木，不往河里扔倒垃圾，爱护山村的一草一木。小溪村委会为民办实事好事。引导村民发展芳香苗木、灵芝、桂花等新产业，打造村里幸福经济圈；联系有关部门免费为村里老人体检、建立健康档案，并推出一系列人性化措施，老人们无忧无虑安享幸福晚年。珍惜大自然的馈赠，人与自然和谐相处，是小溪人的长寿秘诀。2016年“重阳节”，全南县在小溪村举行“为百岁老人庆生”活动。

(撰稿　江裕来　王立之　审稿　叶祥财)

【领导名单】

中共全南县委员会

书记：邱建军(7月免)
　　余钟华(7月任)

副书记：温扬汉　邓增顺(8月免)
　　温江涛(8月任)

常委：李德明(8月免)　廖耀军(8月免)
温荣喜(8月免)　边建忠(8月免)
王红雨(8月免)　陈济才(8月免)
杨　柳(女，挂职，8月免)
韩相云(8月任)　肖　兰(女，8月任)
王加卿(女，8月任)
刘文秋(纪委书记，8月任)
黄　健(8月任)　谢房才(8月任)
罗红辉(8月任)　程　柏(3月任，挂职)
姜成森(3月任，挂职)

县人大常委会

主任：曹东春

副主任：林启文(9月免)
陈启生(9月免，10月退休)
李建华　钟元亨　赖槐海(9月任)
谌　平(9月任)

副调研员：肖运亮(9月免，11月退休)

县人民政府

县长：温扬汉

常务副县长：温荣喜(8月免)
　　韩相云(8月任)

副县长：李德明(8月免)
杨　柳(女，挂职，8月免)
程　柏(3月任，挂职)
姜成森(3月任，挂职)
黄圣勇(9月免)　王加卿(女，9月免)
吕　波(9月免)　李国泉(9月免)
刘震民　钟思勇(9月任)
龚红卫(9月任)　刘婷婷(女，9月任)
张　毅(9月任)

县政协

主席、党组书记：黄立忠(9月免)
　　马石旺(9月任)

副主席：肖运发
王福才(9月免，12月退休)
赖槐海(9月免)　曾春平
黄　健(9月免)　曾国平
李素贞(女，9月任)　贺利民(9月任)
黄忠明(9月任)

县人民法院院长：熊　程(8月免)
　　廖永华(9月任)

县人民检察院检察长：吴永河(8月免)
　　段文冬(8月任)

定南县

【简况】 定南县辖7个镇，119个行政村、16个居委会。总面积1321.13平方千米。耕地面积71.47平方千米。有林面积10.08万公顷，森林覆盖率80.9%。2016年年末，总人口222125

人，其中城镇人口50530人。人口自然增长率6.76‰。2016年，实现地区生产总值66.47亿元，增长7.1%；规模以上工业增加值19.79亿元，增长7.9%；500万元以上固定资产投资62.7亿元，增长4.4%；财政总收入11.11亿元，增长1%，其中一般公共预算收入9.25亿元，增长2.6%；社会消费品零售总额15.32亿元，增长11.6%；实际利用外资7277万美元，增长10.21%；外贸出口5631万美元，增长4.96%；城镇居民人均可支配收入24726元，增长9%；农村居民人均可支配收入7558元，增长11.2%。

【项目建设】 洋前坝水库等40个项目列入国家、省、市三级"十三五"规划，新坚科技、云台山风电等10个项目列入省、市重点工程调度。城乡供水一体化、集镇垃圾处理等4个项目成功争取国家专项建设基金。东江流域上下游横向生态补偿机制启动，东江源生态补偿试点工作取得实质性进展。全年向上争取项目资金12.1亿元，增长9.1%。实施"六大攻坚战"项目117个，完成投资76.6亿元。福垄科技、三南大道、宁定高速及联络线等70个项目全面竣工，锂致实业、鑫盛钨业技改搬迁等项目加快推进。

【改革创新】 行政审批制度改革。"三单一网"建设全面完成。精简行政审批事项78件，精简率达30%。产权制度改革深入开展，林业产权交易实现常态化，不动产登记改革全面落实，土地确权颁证工作基本完成。实施财税体制改革，开展"营改增"工作。金融体制改革步伐加快，农商行挂牌运营，获批全省政策性农业保险试点县。商事制度、医药卫生、社会信用体系、城乡居民医疗保险等改革有序推进。科技创新成效明显。鑫磊稀土与南京大学合作成立省级院士工作站。推进"引智借力"工程，聘请8位专家学者担任政府顾问，与江西理工大学达成长期战略合作。实施"人才回归"和"赣商回归"工程，新增个体工商户1350户、私营企业353家。

【工业经济】 工业园调区扩区工作有序推进。废弃矿区土地平整一期、定富标准厂房一期等项目全面完工。首位产业发展规划启动编制。招商引资工作力度加大，成功举办宁波、深圳招商推介会，邀请香港中华厂商会、深圳定南商会到定南县考察，签约项目26个，其中5亿元以上项目12个，签约资金138.6亿元。民定丰纺织产业园、智能助残科技城两个全产业链项目整体落户。服务企业。全面落实降成本优环境各项政策措施，为企业减负1.2亿元。鑫磊稀土与宝安集团、北汽集团达成战略合作，并在新三板挂牌。鑫鸿光、中垣林业等企业竣工投产，明高电路板、元邦摩擦、赣悦光伏、中大保利等企业完成技改扩能。新入规企业5家，新增高新技术企业3家。

【现代服务业】 现代物流加快发展，物流产业园被评为省重点商贸物流园区，康雅冷链项目主体竣工，公路港一期投入运营。金融服务业创新发展，金融服务中心成立运营。与赣州银行、江西银行合作设立40亿元产业发展投资基金。发放各类信贷通贷款6.94亿元，为157家企业提供还贷周转资金5.3亿元。电商产业提速发展，推进电子商务进农村综合示范县建设，电商孵化园入驻企业32家，建成2个电子商务运营中心和27个村级服务网点。房地产业健康发展，发放购房契税补贴1852万元，商品房销售30.42万平方米，房地产库存大幅下降。

【精准扶贫】 精准识别贫困户5038户、贫困人口11789人。4126名贫困人口有序退出，贫困发生率下降至3.5%。大风、含水2个省级贫困村实现整村脱贫。实施产业扶贫。新造油茶林0.21万公顷，改造低产油茶林133.33公顷，种植茭白533.33公顷。打造康之源蔬菜、龙塘花卉苗木、万佳诚双孢菇等一批产业扶贫示范基地。发放产业扶贫信贷通贷款1.71亿元，向4795户贫困户发放产业扶贫补助资金1988.2万元。推进就业扶贫和教育扶贫，转移培训贫困劳动力3600人，发放贫困生助学金1611万元。实施易地搬迁扶贫，移民搬迁316户1348人，建成农村保障房198套。开展兜底扶贫，15825名贫困人口免费纳入疾病医疗"四道保障线"。

【城乡建设】 新型城镇化进程加快。新增城区面积0.36平方千米，城镇化率达45%。实施城市总体规划评估，天九、老城、鹅公集镇总体规划完成修编。文体中心、定南四中、城区市政道路改造等项目基本完成。城市公交站场、东互通连接线、老城水西至岿美山金鸡公路、东江湿地公园、天九示范镇、龙塘商贸城等项目有序推进。市容环境专项整治卓有成效，城区"脏、乱、差"现象得到明显改善。实施"两违"整治，拆除违法违章建筑4.56万平方米。推进新农村建设。打造龙塘、蕉坑、天花等3个中心村和42个新农村建设点。硬化通组公路162.1千米。拆除农村"空心房"45.55万平方米，完成年度任务的478.16%。启动无害化垃圾填埋场改造和"两站一中心"建设，聘请村级保洁员538名。小农水项目有序推进，新一轮农村电网改造升级工程全面实施。

【生态建设】 加大生态保护力度，建成环境空气质量自动监测体系。新增造林0.28万公顷，实施生态公益林项目4.19万公顷，建设珠江防护林0.15万公顷，改造低质低效林266.67公顷。加快污水处理设施建设，完成城区污水管网建设27.86千米，天九镇污水处理厂基本完工。全面落实"河长制"。下历河、岭北流域水环境专项综合整治初见成效。礼亨水库水源水质长期稳定达标。主要交通沿线和县城周边山地生态环境突出问题集中整治工作有序推进。划定生态红线503.4平方千米。开展矿山环境专项整治。督促企业完善减排设施，降低主要污染物排放。淘汰黄标车465辆。淘汰鹰翔钢铁落后炼钢产能50万吨。

【打造全域旅游示范县】 建设"三南"

客家文化体验区、南方生态屏障，打造全域旅游示范县，把旅游业打造成重要的经济增长点。高起点布局全域旅游产业，启动全域旅游和乡村旅游规划编制。先后与江西甯客惠家达成总投资30亿元的开花小镇项目建设合作协议，与幸福时代集团签订5亿元的绿野仙谷(白水寨)投资协议，与江西慧虎达成总投资约6亿元的定南自驾车房车露营地项目意向协议。推进莲塘古城、山地体育公园、客家风情村等景区景点建设，改造提升九曲度假村，培育发展一批乡村旅游点，完善旅游公路、星级酒店和旅游星级公厕等旅游基础配套设施建设。拓展“智慧旅游”平台，为游客提供智能化、个性化旅游服务。2016年，全县接待国内旅游人数92.44万人次，增长5.52%，接待入境旅游人数0.16万人次，增长4.88%；实现旅游总收入6.30亿元，增长10.80%。

【民生及社会事业】 全年民生支出达17.73亿元，占财政总支出的86%。加快教育发展步伐，出台教育优先发展实施意见。教育信息化建设扎实推进。城北公办幼儿园建成并投入使用，富田小学、柱石学区小学完成整体搬迁。开展文化下乡惠民工程，客家儿童吉祥花帽制作技艺列入第五批省级非遗名目。“农家书屋＋电商”工作全面启动。群众文化和体育事业蓬勃发展。公共卫生基础不断夯实，岿美山卫生院、车步卫生院、龙头卫生院启动建设。智慧药房和互联网医院一期启动运营。二孩政策全面落实。健全社会保障制度，新增城镇就业1921人，农村劳动力转移就业2634人，养老、医疗、工伤、失业、生育保险覆盖范围不断扩大，提高城乡最低生活保障、农村五保供养标准，困难残疾人生活补贴和重度残疾人护理补贴得到落实。“救急难”工作扎实推进。“医养结合”养老新模式取得实质进展。光荣楼主体工程全面完工。残疾人康复托养中心建成使用。烈士陵园完成修缮改造。城乡居民居住条件不断改善，完成棚户区改造158户、农村危房改造715户。“法治定南”“平安定南”建设扎实推进，“七五”普法启动实施，社会治安防控体系不断完善，安全生产、应急处突、矛盾化解、防震减灾工作平稳有序，公众安全感和满意度不断提升。

（撰稿　赖春梅　审稿　胡东汉）

【领导名单】

中共定南县委员会

书记：陈阳霞(女，7月免)
　　赖正文(7月任)
副书记：吴建平　刘文杰(8月免)
　　温学延(8月任)
常委：马石旺(8月免)　袁　建(8月免)
　廖新宇(8月免)　黄正发(8月免)
　颜叙平　倪朝兵　陈文新(8月任)
　叶富安(8月任)
　杨　健(女，纪委书记，8月任)
　何春林(8月任)　罗高波(8月任)
　朱　颢(挂职，3月任)
　李敢峰(挂职，3月任)

县人大常委会

主任：曾小良
副主任：黄纯芳(9月免)
　罗立明(12月免)　刁少勇　李愈强
　周平滔　李柳琴(女)　郭迪艳(9月任)
调研员：郭小兰(女，9月免)

县人民政府

县长：吴建平
常务副县长：袁　建(8月免)
　　陈文新(8月任)
副县长：伍春华(女，8月免)
　冯健全(8月免)　温铮(8月免)
　魏更新　杨祥文(8月任)
　邹芬芬(女，8月任)　赖晓强(8月任)
　李小勇(8月任)　朱　颢(挂职，3月任)
　李敢峰(挂职，3月任)
　程　刚(挂职，3月任)

县政协

主席：魏明耕(9月免)　袁　建(9月任)
副主席：缪治平(9月免)　范子平(9月免)
　李小菊(女，9月免)
　赖康勤(女，12月免)
　徐美清(女)　杨逢春
　胡东胤(9月任)　黄立忠(9月任)

县人民法院院长：熊赣周(8月免)
　　谢万安(8月任)
县人民检察院检察长：廖信明

兴国县

【简况】 兴国县辖25个乡镇、1个经济技术开发区，304个行政村，国土总面积3215平方千米，是全国著名的红军县、烈士县、将军县、苏区模范县。2016年，全县经济社会发展呈现平稳增长的良好态势，实现地区生产总值141.56亿元，增长9.3%。财政总收入15.04亿元，增长10.2%。其中，公共财政预算收入7.6亿元，增长5.6%；500万元以上固定资产投资115.3亿元，增长17.2%；实现规模以上工业增加值49亿元，增长9.9%；实现社会消费品零售总额38.5亿元，增长13.7%；城乡居民人均可支配收入达23872元、8794元，分别增长8.39%和12.04%。

【项目建设】 实施“六大攻坚战”项目60个(子项目171个)。兴赣高速建成通车，昌赣客专加速推进，兴泉铁路顺利开工，兴赣高速北延项目落地，“四纵四横”交通格局初步形成。茶园风电场并网发电，大水山、莲花山风电项目即将开工，云峰嶂风电项目顺利核准。市政建设扎实推进。整体打包营利性好的人民医院迁扩建和纯公益性的文化艺术中心、体育公园项目，成功在全市率先实施PPP融资，实现社会效益和经济效益双赢。坝南路网、兴赣高速连接线、和睦农贸市场、开发区农贸市场停车场等13个市政项目全面竣工。累计完成长冈灌区渠道改造42千米，新建埠头、高兴防洪工程堤防7.7千米，实施病险水库除险加固7座。

【产业发展】 完成开发区扩区调区46.67公顷，标准厂房建设20万平方米。实现工业用电量2.35亿千瓦时，增长5.5%。全年新增规模以上工业企业17家，达到92家，实现规模以上工业增加值49亿元、增长9.9%。围绕机电首位产业，大力推行行业招商、协会招商、代理招商，引进投资5000万元以上项目22个、亿元以上项目

13个，新开工、投产项目13个，完成500万元以上工业固定资产投资45.91亿元、增长36.7%。高标准建设潋江现代农业示范园、杰村含田千亩蔬菜基地、杰村万亩油茶基地、古龙岗万溪100万只蛋鸡养殖基地等一批现代农业示范基地，发展商品蔬菜0.32万公顷，新植、低改油茶0.34万公顷，肉牛养殖5.6万头，收购烟叶4.5万担，新增农民合作社217家、家庭农场62家。被评为省级绿色有机农产品示范县。全年接待游客234.8万人次，实现旅游综合收入16.5亿元，分别增长23.1%、22.6%。江西军区旧址维修及陈列布展全面完成并开馆，苏园(将军园)成功创国家AAAA级旅游景区。电商产业孵化园入驻企业62家，建成乡镇电商服务中心11个、村级电商服务站186个，电商交易额达14.6亿元。金融中心开工建设，上市综合服务产业园挂牌成立。

【城乡建设】 城镇人口达41.28万人，城镇化率达48.9%。文明大道、苏区大道绿化亮化工程全面竣工，"一江两岸"景观改造一期工程进展顺利，新建一批便民蔬菜超市、社区式小游园。开展城区环境集中整治和"两违"清理活动，拆除违法建筑5.26万平方米，顺利通过省级卫生县城复查。高兴省级示范镇及古龙岗、良村特色镇建设有序推进。打造和谐秀美乡村建设点162个(金叶新村42个)，全面完成首批10个中心村"8+4"配套公共服务建设。农村"空心房"整治累计拆除65.61万平方米、占任务的300.2%，修缮33.34万平方米。全县农村生活垃圾无害化处理75%以上。25户以上自然村基本实现通水泥路。高兴110千伏、均村35千伏输变电工程和农网改造扎实推进，解决低电压用户5613户。完成农村饮水安全巩固提升工程21处，受益群众5万人。

【民生事业】 扎实办好40件民生实事，全年安排民生支出36.53亿元，增长7.1%，占公共预算支出比重上升至90.3%。全年减少贫困村32个、贫困户6754户24554人，贫困发生率由9.7%下降到6.3%。探索创新产业扶贫"五个一"模式，唱好"营养餐里的扶贫经"，带动近万户贫困户增收。在市里提出4条保障线基础上增加年终新农合二次补偿，构建"4+1"健康扶贫体系，贫困户医疗费自负比例由35%降至5.9%。央视《新闻联播》4次报道精准扶贫工作经验。兴国中学如期开学，25所乡镇公办幼儿园全部完工，61所薄弱学校改造项目全面建成。在全市率先建立"医学影像诊断系统"和婚育"一站式"服务中心。"医养结合"养老模式成为省及市示范。双拥工作深入开展，被中央军委、国家民政部授予"全国双拥模范县"称号。完成农村特困户保障房建设495套、棚户区改造6.7万平方米，发放公共租赁住房补贴500户。全县城镇职工养老保险、城乡居民养老保险、城镇基本医疗保险、新型农村合作医疗保险指标全面落实。县儿童福利院、救灾救助中心正式投入运营。高兴、江背等乡镇敬老院改造提升工程全面完成。兴国山歌剧《老镜子》代表全市参演省第六届艺术节，荣获中国(张家港)戏剧艺术节优秀剧目奖。首批10个"百县万村综合文化服务中心示范工程"建设进展顺利。完成直播卫星"户户通"3.6万户。成功举办兴国县第五届老年人健身体育运动会。

【改革创新】 "放管服"改革深入推进，调整和更新全县行政权力、责任清单各4868项，精简行政审批事项196项、转办46项，精简率达37%。营改增全面推开。"五证合一、一照一码"登记制度启动实施，新登记市场主体增长28.2%。开展"降成本、优环境"专项行动，帮助企业解决困难165个、减负3.23亿元。政府融资创新不断拓展，争取国家专项债券基金6.3亿元、农发行江西省分行贷款授信88亿元、与赣州银行合作设立政府产业投资基金20亿元、与江西银行合作设立城市发展产业基金10亿元。机关事务管理局成功组建运行，党政机关公务用车制度改革全面完成，城乡居民基本医疗保险制度顺利整合，机关事业单位工资改革全面落实，养老保险改革稳步推进，供销社综合改革正式启动。依法行政不断加强，"双随机、一公开"监管模式全面推行，政府法律顾问制度、规范性文件和重大行政决策合法性审查、重大决策社会稳定风险评估制度不断完善。自觉接受人大和政协监督，认真办理人大代表建议222件、政协委员提案193件。"两学一做"学习教育深入开展，政府自身建设进一步加强。

(撰稿 刘文忠 审稿 李 文)

【领导名单】

中共兴国县委员会

书记：赖晓军

副书记：陈 黎(女) 罗瑞华(8月任)
杨 昆(3月任，挂职)
李 伟(3月免，挂职)
刘文彦(8月免)

常委：王喜龙(纪委书记，8月任)
李新维(3月任) 曾令峰 蓝贤林
杨志正(8月任)
胡诣升(1月任，挂职)
廖柏华(3月任，挂职)
王正颐(4月任，挂职)
李明海(8月任) 邹焕铁(8月任)
李 敏(8月任) 杨其信(8月任)
郭闽军(8月免) 赖 伟(8月免)
杨小妹(女，8月免) 包礼斌(8月免)
曾繁中(8月免) 温岩松(8月免)
李 伟(女，3月免，挂职)
刘 洋(8月免)

县人大常委会

主任：陈文俊

副主任：夏唐耀(8月任)
吴晓文(女，8月任) 刘玉林(8月任)
范景元(8月任) 吕 敏(8月任)
江 华(8月任) 黄 青(8月免)
练继祥(8月免) 邓习群(女，8月免)
谢庆兰(女，8月免) 黄小光(8月免)
邓新华(8月免)

县人民政府

县长：陈 黎(女)

常务副县长：邹焕铁(8月任)
杨小妹(女，8月免)

副县长：杨 昆(5月任，挂职)
胡诣升(3月任，挂职)
廖柏华(5月任，挂职)

王正颐(5月任，挂职)
桑　健(1月任，挂职)
张聪华(女，7月任，挂职)
李亮生(8月任)　曾军威(8月任)
邓冬猛(8月任)　曹　东(8月任)
谢燕九(女，8月任)
李　伟(3月免，挂职)　温岩松(8月免)
李　伟(女，3月免，挂职)
吴晓文(女，8月免)　陈应庭(8月免)
刘玉林(8月免)　邹焕铁(8月免)

县政协
主席：魏国寿(8月任)　董世倬(8月免)
副主席：叶　方(8月任)
谢庆兰(女，8月任)　王丽娟
庄　敏(女，8月任)
雷从华(女，8月任)
钟贺雄(8月免)　郭修昌(8月免)
刘素华(女，8月免)　黄友源(8月免)
夏唐耀(8月免)

县人民法院院长：兰业福(8月任)
　　　　　　　　廖永华(8月免)
县人民检察院检察长：王井平

宁都县

【简况】　宁都县总面积4053.16平方千米，县城建成区面积21平方千米，常住人口22.2万人。总人口84.9万人，其中城镇人口15.2万人。辖12乡、12镇。2016年，全县地区生产总值142.38亿元，增长9.1%。三次产业结构比为21.8:39.1:39.1。其中，第一产业增加值31.05亿元，增长4.3%；第二产业增加值55.72亿元，增长8.1%；第三产业增加值55.61亿元，增长13%。全县规模以上工业增加值29.01亿元，增长8.5%；利税总额11.27亿元，增长12.1%。500万元以上固定资产投资79.41亿元，增长16.8%；社会消费品零售总额41.19亿元，增长12.7%。财政总收入10.42亿元，增长3%；一般公共预算收入7.68亿元，增长2.6%；城镇居民人均可支配收入20785元，增长8.3%；农村居民人均可支配收入8609元，增长11.9%；金融机构存款额260亿元，增长26.6%；贷款余额127亿元，增长18%。实际引进内资27.2亿元，增长12.1%；实际利用外资6418万美元，增长10.5%；外贸出口3494万美元，增长46.5%。

【项目带动】　全年争取上级各类项目补助资金30亿元；争取国家专项建设基金项目22个，资金总额12.25亿元；与省农业发展银行、省建设银行、江西银行、赣州银行等金融机构签订总规模182亿元的金融战略合作协议；争取赣江源头流域生态补偿和重点生态功能转移支付资金6390万元；宁都县被列为全国首批结合新型城镇化开展支持农民工等人员返乡创业、全国残疾预防综合实验区创建、特色农业保险以奖代补试点县。

【产业升级】　规模以上工业企业新增14家、达到90家，实现主营业务收入106.75亿元、利税总额11.27亿元，分别增长10.5%、12.1%；完成工业固定资产投资29亿元，增长31.9%；工业园区主营业务收入突破100亿元；8家企业在江西联合股权交易中心挂牌。建成高标准农田0.13万公顷，被列为全省整合资金建设粮油生产和农机化工作综合示范区，评为全省粮食生产先进县；全县种植脐橙1万公顷，实现年产值8亿元；宁都黄鸡出笼3500万只，获国家生态原产地产品保护保护标志，江西地方鸡品牌建设工作启动会在宁都召开；种植蔬菜0.77万公顷，建成标准化示威基地5个；发展农民合作社、家庭农场等新型生产经营主体696家。成功举办首届美食文化旅游节；江西银行、九江银行等金融机构入驻宁都；建成村级电商服务站点216个，“农村淘宝”运营业绩居全省第三，全年实现网交额53.8亿元，增长65.3%。

【城乡建设】　启动全域规划编制，完成城市绿地系统、电力等专项规划编制和梅江“一江两岸”景观设计。城市功能不断完善。完成翠微路、博生西路等城市道路“白改黑”；新建3个农贸市场，新建绿地2.3万平方米，宝塔路和东门垃圾中转站投入使用；拆除建筑162户1.16万平方米。实施新农村58个中心村、39个自然村、88个市县自建点建设，拆除空心房69万平方米，修缮55.6万平方米，开发3.3万平方米，获评2016年度全省新农村建设先进县，黄陂镇杨依村入选第四批中国传统村落。完成生态红线区划定、21个省级生态乡镇创建规划设计，小布镇9个村获批市级生态村；空气自动监测站投入使用，超额完成上级下达黄标车淘汰任务；启动实施“河长制”，农村饮用水源划分保护工作基本完成，水土保持科技示范园获批国家级示范园。

【精准扶贫】　全年减少贫困人口26683人，退出贫困村7个，贫困发生率下降3.8%。全国网络扶贫工作现场推进会在宁都县召开，田埠乡东龙村、湛田乡李村村、东韶乡辛野村、东山坝镇小源村等4个村列入全国乡村旅游扶贫重点村。争取产业扶贫贷款9.3亿元，建成一批产业扶贫示范基地，带动1.5万贫困人口脱贫。完成贫困村整村推进村庄整治项目136个；进城进园一期工程安置住房装修326套；建成易地移民搬迁集中安置房525套，搬迁810户2980人；新建407套农村特困户保障性住房，解决585户农村特困户住房问题。建立贫困人口城乡居民医疗保险、大病保险、商业补充保险和民政医疗救助四道保障线，累计发放各类救助款1.08亿元；实现7.4万名贫困对象新农合参合财政兜底和政府资助全覆盖；建成33所贫困村公有产权卫生计生服务室。

【社会保障】　提高城乡低保、农村五保和城市三无人员等困难群体生活保障水平，城乡居民基本医疗保险制度改革稳步推进，机关事业单位养老保险制度改革基本完成，基本养老、基本医疗等“五大保险”参保人数达126.18万人次。“救急难”救助54例、医疗救助20764人次，发放救助款2000余万元。推进大众创业、万众创新，发放创业贷款1.23亿元。县社会福利中心投入使用；新建6个乡镇敬老院，15个村级颐养之家（幸福院）、居家养老中心。残疾人康复中心一期主体工程完工，获评2016年度全国残疾人工作先进单位。

（撰稿　刘红彦　审稿　邱新民）

【领导名单】

中共宁都县委员会

书记：王四华

副书记：刘定辉　李良东　魏青山
刘云波（挂职）

常委：张小川　黄先栋（挂职）
郭闽军（纪委书记）　谢志斌
廖东根　李少刚　黄菊兰（女）
饶秋平　陈德慧　谈宇德（挂职）
张人富

县人大常委会

主任：余路晓

副主任：杨跃辉　李绮春（女）
黄　娟（女）　杨　斌　揭晓鸿
刘晓宝

县人民政府

县长：刘定辉

常务副县长：黄菊兰（女）

副县长：刘云波（挂职）　黄先栋（挂职）
谈宇德（挂职）　张爱荣（女）
王华聪　段万平（挂职）
黄勇鹏　张活生　黄继芊

县政协

主席：黄海印

副主席：谢帆云　温　琳　杨南生
舒地发　李松茂　肖荣华（女）

县人民法院院长：肖　峻

县人民检察院检察长：晏利民

于都县

【简况】　于都县是著名的中央红军长征集结出发地。辖9镇、14乡，353个行政村。总面积2892.32平方千米，其中城区面积26.42平方千米。总人口110.94万人，其中城市人口27.08万人。人口自然增长率为7.3‰。2016年，全县地区生产总值183.24亿元，增长9.5%。其中，第一产业25.35亿元，增长4.3%；第二产业89.31亿元，增长8.8%；第三产业68.58亿元，增长12.6%。财政总收入16.9亿元，增幅2%；公共财政预算收入12.29亿元。工业总产值253.54亿元，增长10.7%。规模以上工业增加值64.2亿元；外贸进出口总额1.36亿美元，增长5.4%。500万元以上固定资产投资168.73亿元，增长16.6%。实际利用外资9409万美元，增长10.3%；出口总额1.2亿美元，增长7.8%。主要工业产品及产量：铜精矿1567吨；钨精矿7565.52吨%；乳制品9436.8吨；纸制品4981.45吨；水泥185.42万吨。农业总产值39.81亿元，增长8.62%；粮食总产量25.83万吨，减少0.42%。主要农产品及产量：稻谷24.56万吨；花生1.21万吨%；油菜籽2071吨；蔬菜20.95万吨；瓜果1.05万吨。社会消费品零售总额49.2亿元，增长12.7%；工业用电量3.48亿千瓦时；城镇居民人均可支配收入24266元，增长8.3%；农村居民人均可支配收入8799元，增长11.9%；金融机构存款余额273.99亿元，比年初增长18.0%；贷款余额139.94亿元，比年初增长22.7%。

【“六大攻坚战”纵深推进】　安排重点项目53个，有子项目147个，开工项目119个、竣工项目26个，完成投资78.3亿元。推进瑞兴于经济振兴试验区建设，争取国家卫生计生委、国家粮食局、国土资源部、火箭军、上海浦东新区、中国银行江西分行、省科学院等帮扶单位的支持，与世纪证券公司签订“一司一县”结对帮扶合作协议。争取上级无偿资金32.9亿元，启动规模达15亿元的发债工作，组建政府出资的融资性担保公司。与中国银行江西分行、农业银行赣州分行、农业发展银行赣州分行、邮储银行赣州分行、工商银行赣州分行签订总额约270亿元的扶贫框架协议。争取建设用地规模213.34公顷、建设用地指标286.2公顷、农村土地综合整治项目规模0.07万公顷、“增减挂”试点规模80公顷、“低丘缓坡”试点规模84.8公顷。

【精准扶贫】　实现8个贫困村退出、30089人脱贫，贫困人口减少到55305人，贫困发生率由9.8%降为6.13%。整合各类涉农扶贫资金9.7亿元，落实政策性信贷资金18.6亿元用于脱贫攻坚项目，通过“产业贷”“油茶贷”“光伏贷”等信贷产品为贫困户发放贷款9.8亿元。上欧工业小区移民安置示范区（二期）进展顺利，9个中心镇、中心村移民安置区开工建设。每个村安排200万元，在全市率先启动125个行政村“六个一”整村推进项目。首批890套农村保障房全面完成，第二批384套加快推进。在赣州市健康扶贫“四道保障线”的基础上，设立500万元的“健康暖心”救助基金，构建“五道保障线”（即城乡居民基本医疗保险、城乡居民大病医疗保险、贫困人口疾病医疗商业补充保险、民政医疗救助、健康暖心救助），并开发出院“一站式”电子报账系统，贫困人口大病住院费用报账比例平均达95%，比实施前提高近30个百分点，于都县在全国健康扶贫工作会议上作典型发言。推进产业扶贫，为建档立卡贫困户发放种养补贴5637万元；建成光伏产业扶贫示范点10个、户用电站3229个、村级电站357个；开发“五统一分”油茶、脐橙、蔬菜共0.07万公顷，吸收贫困户参与2000余户。建立贫困户劳动力资源信息库，扩大企业用工信息宣传，培训贫困劳动力1001人，帮助4247名贫困劳动力实现就业创业。

【城乡建设】　县城建成区面积达26.42平方千米，城市人口达27.08万人，城镇化率提高到48.98%。贡江大道、于都大道实现通车，323国道绕城改线、盘古大道基本成型。体育中心、贡江南岸路堤景观工程（二期）基本完工，“五馆一中心”、贡江新区安置房统建工程等项目启动建设。完成棚户区改造755户，永红片区棚改项目实现货币化补偿的转变。长征大道（一期）改造基本完工。文明城市创建深入开展。岭背、禾丰2个百强中心镇建设有序推进，寒信、澄江等传统村落保护得到加强。完成181个新农村建设点建设，拆除“空心房”147.9万平方米，改造农村土坯房2515户。农村生活垃圾清理整治取得明显成效。推进生态文明建设，“河长制”启动实施，完成水土流失综合治理31平方千米，9个乡镇、16个村分别获得省级生态乡镇、生态村荣誉称号。

【社会事业】 完成民生支出43.57亿元，50件民生实事全面完成。宁安高速建成通车，兴泉铁路(于都段)开工建设。葛坳至曲洋公路竣工通车，仙下至澄江等4个项目进展顺利，长潭至马安等7个项目前期工作基本完成。完成25户以上通自然村公路482千米，完成农村危桥改造8座。禾丰、利村、新陂圩镇防洪工程和农村饮水安全巩固提升工程、小农水重点县等水利项目全面完工。新(改)建输电线路918千米，35千伏马头输变电改造、靖石“整乡整镇”电网改造等工程全面完工。返乡创业园(服装服饰产业孵化园)、灯饰产业园、天键电子产业园建设有序推进；开工建设标准厂房28万平方米，工业园区污水处理厂投入运营，金山大道、兴乐路等一批园区路网PPP项目基本完工。新增个体工商户2651户、私营企业796户。为企业发放“财园信贷通”“小微信贷通”“创业信贷通”贷款7.1亿元；中小企业续贷周转金额度增加到5000万元，为企业提供周转资金1.86亿元。城乡居民基本养老保险参保人数达35.06万人，发放养老金1.06亿元。为全县60周岁以上户籍在册人口购买疾病医疗商业补充保险。启动敬老院改(扩)建13所，城乡低保标准分别提高到每人每月480元、270元，安置残疾人就业265名，脑瘫儿童关爱公益项目获评全国优秀公益项目。完成53所义务教育学校标准化建设，新(改、扩)建校舍面积6.05万平方米，25所乡镇公办幼儿园建成并投入使用，站前小学、思源实验学校等城区教育项目建设进展顺利。高考二本以上上线人数突破3000人大关，实现全市“五连冠”，3人考取北京大学。新区人民医院、新区妇保院建设和县第二人民医院整体搬迁项目进展顺利，完成9个乡镇卫生院升级改造和70个村卫生计生服务室标准化建设。成功承办纪念红军长征胜利80周年、“永远的红飘带”合唱艺术节等系列活动，荣获国家旅游局授予的“重走长征路”红色旅游主题活动优秀组织奖。组织开展送戏下乡演出180场。长征源合唱团完成55场全国巡演。成功举办全国溯溪越野大赛、江西省第五届全民健身运动会(于都赛区)暨于都县第八届运动会等大型体育活动。

【于都县长征源合唱团《长征组歌》传播巡演启动】 1月8日，于都县长征源合唱团《长征组歌》传播巡演启动仪式在中央红军长征出发地于都纪念园纪念广场举行。国家艺术基金理事会理事张雅芳为启动仪式致辞并向于都县长征源合唱团授旗。仪式上，长征源小学红娃唢呐队开场表演《十送红军》，长征源合唱团进行“《长征组歌》传播巡演”首场表演。《长征组歌》通过合唱的形式塑造长征队伍的群体形象，热情颂扬老一辈无产阶级革命家不怕困难、不怕牺牲、勇于担当、勇于胜利的精神品格，以及于都人民支援抗战、投身抗战的奉献精神，是集思想性、艺术性、观赏性于一体的优秀艺术作品。2015年，于都县长征源合唱团的“《长征组歌》传播巡演”项目被确定为国家艺术基金资助项目。

【于都屏山旅游区获评国家AAAA级旅游景区】 2月17日，江西省旅游景区质量等级评定委员会批准于都屏山旅游区为国家AAAA级旅游景区。于都屏山旅游区位于靖石乡黄沙村，屏山属武夷山余脉，海拔1312米，是于都县内最高峰。景区内有被称为“江南第二大牧场”的屏山牧场，草场总面积5万多亩，春、夏、秋三季绿草成被，延绵起伏数十千米。景区山顶终日云锁雾绕，有极为罕见的天然盆景树带、河西走廊壁墙，保存完好的原始森林、高山草原风光等。

【纪念长征胜利80周年系列活动在于都举行】 7月25日，由解放军报社、解放军电视宣传中心、江西省军区、江西省委宣传部联合主办的《雄关漫道——纪念长征胜利80周年》主题宣传融媒体报道启动仪式在于都长征广场举行。解放军报社、解放军电视宣传中心将派出融媒体报道记者采访团重走红军长征路，深入红军部队进行采访，联合推出“雄关漫道·不忘初心再出发”“雄关漫道·走进红军连队”等栏目。《解放军报》从8月初至10月下旬推出60个版的纪念长征胜利80周年特刊。中国军网、中国军视网及相关新媒体平台将开设纪念红军长征胜利80周年专栏专题，通过视频和图文实时报道记者采访团重走红军长征路的所见所闻，开办党史专家、著名学者的访谈节目，集中展示红军长征纪念物、文献史料、图片视频、研究成果等，并将开展“天天两万五”网上长征接力活动和“为老红军传递祝福”等公益活动。

10月21日，由省委宣传部、省文化厅主办，赣州市委宣传部和于都县共同承办的第六届江西艺术节之“永远的红飘带——长征之歌”纪念红军长征胜利80周年合唱艺术节在于都县文化艺术中心举行。来自江西、四川、福建、广州、湖南、广西、贵州等长征沿线省份的12支合唱队伍集结在这里，同台唱响“长征之歌”，千余名观众观看晚会。整场晚会以大型情景史诗的形式，综合运用音乐、舞蹈、戏剧、情景表演、多媒体等舞台手段，突出表现红军将士在长征途中浴血奋战、克服艰难险阻的战斗生活，突出表现中国共产党人坚定信仰、追求理想、敢于牺牲、勇于胜利的精神品格，突出表现长征精神的历史传承和新的时代内涵，凸显中国共产党挽救民族危难的历史担当和引领民族复兴的中流砥柱作用，凝聚起全党全军全国各族人民不忘初心、继续前进的信念与力量。

【举办2016中国溯溪越野挑战赛】 7月30—31日，2016中国溯溪越野挑战赛在于都县靖石乡屏山景区举行。挑战赛由国家体育总局登山运动管理中心、中国登山协会主办，于都县人民政府承办。共有来自全国的25支队伍计120余名队员参加此次挑战赛。挑战赛设奖金10万元，设有“优秀运动员奖”“体育道德风尚奖”“顽强拼搏奖”等奖项。

【《承诺2020》栏目组走进于都】 11月21—26日，凤凰卫视《承诺2020》栏目组走进于都县，就脱贫攻坚工作进行采访、录制，于都县委书记蓝捷接受节目专访。栏目组通过观察、体验、感受的方式，围绕于都县贫困之源、基础设施改善及移民搬迁扶贫、油茶产业扶贫、光伏产业扶贫、农村电商扶贫等工作，与贫困户、产业大户和部门负责人进行交流。该访谈节目共两集，节目于12月在凤凰卫视中文台播出。《承诺2020》栏目是2016年凤凰卫视新开办的一个节目，围绕中共中央总书记习近平提出的2020年全部脱贫奔小康这一主旨，通过对全国各地贫困县走访，展示各地扶贫攻坚的经验和成果。

（撰稿 黄育坚 审稿 黄育坚）

【领导名单】

中共于都县委员会

书记：蓝 捷(畲族)

副书记：陈阳山 段 勇(1月免，挂职)

刘 勇(3月任，挂职) 钟玉良(11月免)

吴 虹(8月任)

常委：黄海印(8月免) 何清平(女，8月免)

肖年生(8月免) 梁敏辉

叶富安(8月免) 刘春林(8月任)

李仲涛(8月任) 郭佩群

黄红民(纪委书记，8月任) 刘秋天

何新平(8月任) 周 辉(1月免)

王子康(8月免) 袁艳宏

冯靖哲(3月任) 李 红(3月任)

李翔林(5月任) 李云飞(8月任)

县人大常委会

主任：黄小龙

副主任：钟培林(9月免) 高子华(9月免)

高卫民(9月免) 张晓荣 谢久智

邓小兰(女) 邓晓斌(9月任)

朱寿福(9月任)

县人民政府

县长：陈阳山

常务副县长：刘秋天

副县长：段 勇(1月免，挂职)

刘 勇(3月任，挂职)

梁敏辉(8月免) 周 辉(1月免)

冯靖哲(3月任) 李 红(3月任)

李翔林(5月任) 王子康(8月免)

杨北钦(8月免) 刘晓阳(8月免)

蔡兰芳(女) 廖旭东(8月任)

刘晓龙(9月免) 幸 伟(8月任)

陈运明(8月任) 管 宏(9月任)

县政协

主席：曾庆银(9月免) 肖惜才(9月任)

副主席：段绍银 谢 赟(9月免)

王呈长 熊永红(9月免) 刘立新

蓝淑娟(女、畲族) 蓝地寿(9月任)

袁尚贵(9月任)

县人民法院院长：赖先才(8月免)

伍振海(8月任)

县人民检察院检察长：曹胜民

瑞金市

【简况】 瑞金市国土面积2441平方千米，其中城市建成区面积27.7平方千米。耕地面积2.9万公顷，有林地面积18.69万公顷，森林覆盖率74.58%。辖10乡、7镇和240个村(居)委会。总人口70.38万人，其中非农人口15.27万人。2016年，实现地区生产总值134.47亿元，同比增长9.1%。其中，第一产业20.33亿元，增长4.3%；第二产业44.72亿元，增长9.1%；第三产业69.92亿元，增长4.3%。旅游收入29.7亿元，增长32%。财政收入17.5亿元，增长10.1%；财政支出43.30亿元，增长16.9%。社会消费品零售总额38.29亿元，增长13%。全社会固定资产投资总额80.15亿元，增长17.8%。城镇居民人均可支配收入25304元，增长8.6%；农村居民人均可支配收入9211元，增长11.6%。

【现代农业产业园被评为国家农业产业示范基地】 瑞金市现代农业产业园成立于2007年，园区区域范围包括叶坪、黄柏、壬田、沙洲坝、武阳等5个乡镇及瑞金市食品产业园，规划面积8793.3公顷。市委、市政府先后出台《关于推进农业产业化发展的实施意见》《关于加快农民专业合作社发展的实施意见》《关于印发瑞金市2013年蔬菜等7个产业发展工作方案的通知》等系列文件，制定系列扶持产业基地建设、龙头企业培养、农民专业合作社发展政策，对园区基层建设集中安排各类项目扶持，仅2012年扶持园区资金达3.2亿元，2016年政府实际投资4200万元。至2016年，园区建成10万头和3万头生猪养殖基地各1个，20万只鸡蛋养殖基地3个，千亩以上脐橙基地13个，千亩花卉苗木基地1个，200公顷蔬菜生产基地1个。拥有县级以上龙头企业35家，省级5家，国家级1家，初步建成质量检测、物流信息平台。园区有农业产业化组织总数156个，带动农户21025户，其中农业专业合作社108个。建有高标准农产品生产基地63个，面积3000公顷，规模以上农产品加工企业35家，有完善的仓储、包装、运输等配套产业，足量满足园区内农产品仓储、包装、运输的需要。注重品牌建设，先后获“三品一标”认证产品14个，省著名农产品、著名商标5个。全年实现生产总产值48亿元，其中农产品产值9亿元，农产品加工产值30.2亿元。被农业部认定为国家农业产业示范基地。

【新农村建设评为全省先进县】 出台《2016年全市新农村建设工作方案》，编制完成《县域村镇布局规划》及《全市农村生活垃圾治理专项规划》，筹集新农村建设资金2.7亿元(其中省财政专项款1105万元，赣州市财政专项资金662万元，瑞金市各部门涉农资金1.4亿元)，开展壬田示范镇和10个中心村、69个一般自然村新整治。推进点上“七改三风”基础设施和‘8＋4’公共服务建设。完成外墙装修57万平方米，单项改坡项目15万平方米，新修道路84千米，改水7410户，改厕7530户，拆除破旧猪牛栏、残垣断壁3.7万平方米，改塘21口，新修水沟91千米，电力‘广电’电信等线路架设基本到点。新建小学、幼儿园、卫生室、农家书屋、文体活动场所、便民超市、农村电商等公共设施。积极开展连线连片组团推进村庄整治，田坞片区(包括田坞、朱坊、新院、腰布、叶坪、洋溪等6个行政村、53个自然村、86个村民小组)，先后实施3个中心村点和20个一般自然村点的三期村庄整治工程，对1300余户民房进行改造升级。实施产业发展战略，建成供港蔬菜基地26.7公顷，大棚蔬菜基地20.7公顷，生态观光园及农业体验园73公顷，优质稻生产供应基地133公顷。建成叶坪卫生院医技楼及职工周转房和小学2所，公办幼儿园2所，可容500人养老的敬老院、5个老年颐养之家、5个文化活动中心。开展存量垃圾清理，推行"户分类'村收集、乡转运、市处理"的城乡环卫一体化处理模式，乡容村貌得到更加整洁有序，被评为全省新农村建设先进县(市)。

【瑞金扶贫攻坚模式成为江西典型】 始终把脱贫攻坚作为重要政治任务和第一民生工程，坚持扶贫工作优先部署，失贫项目优先实施，抚贫资金优先安排，扶贫力量优先保证，积极探索可复制、可推广的经验做法，打造全国革命老区扶贫攻坚示范区。2016年，在精准识别的基础上，严格落实"六个精准""五个一批"，全面推广村级"五个一"工作法，整合投入涉农扶贫资金6.1亿元，撬动各类金融资金13.6亿元，统筹实施产业扶贫、健康扶贫、搬迁扶贫、教育扶贫、保障扶贫、就业扶贫、生态保护扶贫、危房改造、村庄整治、基础设施建设扶贫等十大项精准扶贫。坚持宜农则农、宜果则果的种养为主、其他为辅的原则，瞄准"短平快"项目，帮助贫困村制定产业发展规划，因地制宜在各个村发展蔬菜、油茶、脐橙、烟叶、白莲、养蜂等特色产业，形成"一村一品"，培育龙头企业或合作社、家庭农场及致富带头人等新型农业经营主体，利用龙头优势，吸纳贫困户就业，带动贫困户创业，引导贫困户抱团发展，采用"龙头企业＋基地＋贫困户""合作社＋基地＋贫困户"等多种经营模式，发挥龙头企业的示范引领作用，农户以扶贫资金、山林、土地入股，享受分红，获得稳定收益。组建信贷担保风险基金，创新"扶贫信贷通""油茶贷""移民搬迁贷"、农户抵押贷等金融产品，帮助贫困户发展解决融资难问题。对生产生活条件差，就地脱贫难的贫困户，叠加各类补助政策，坚持整体搬迁、梯度安置和差别化扶持，高标准建设移民集中安置点10个，558户2568人实现整体搬迁。推广梦想家园贫困户保障房兜底建设模式，实施24个移民安置点建设和村级保障房建设，对异地搬迁的贫困户补助标准达2万元/人，并按23万元/人的标准统筹资金配套基础公共服务设施建设，开工建设农村保障房827套，村级组织活动场所26个，村级文化活动中心55个，卫生计生服务室214个，并结合新农村建设，实施"七改三网"工程建设。

全面落实低保应保尽保，构筑医疗四道保障线(贫困对象享受新农合基本医疗补偿、新家中合大病保险补偿、商业补充、保险和民政大病医疗求助)，城乡最低生活保障标准分别达到480元/(人·月)和270元/(人·月)，贫困人口住院费用承担部分控制在10%以内。推进光伏扶贫、旅游扶贫、电商扶贫、健康扶贫模式，走出多元化扶贫的新路子。860户贫困户、41个贫困村建设光伏电站，扶持群众发展休闲农业、农家乐等就业创业，依托全国电子商务进村综合示范，全国农村"邮政e邮"工程等国家级试点示范，大力塌商发展，廖妈妈咸鸭蛋合作社的廖妈妈咸鸭蛋成为扶贫攻坚品牌。

探索扶贫连片开发，在贫困村比较集中的区域实施2条精准扶贫示范带建设，田坞片区(含腰布、新院、田坞、朱坊、洋溪、叶坪等6个村)，实行水利、交通、村庄整治、文化、医疗等各方面的综合推进，片区发展面貌一新，仅发展产业一项就增加人均纯收入1200元，带动周边267户贫困户实现脱贫致富。年内全市实现减贫2.8万人，退出贫困村29个，贫困发生率降至5.02%，扶贫攻坚经验做法在中央电视台专题报道，被《人民日报》《经济日报》等媒体刊登关注。

【再次荣膺全省旅游强县】 强化旅游项目支撑，推进文化旅游重点项目建设。增加旅游发展专项资金1000万元，总量达2000万元，市政府与江西银行合作建立规模20亿元的旅游发展基金，确定共和国摇篮旅游区提升工程、罗汉岩休闲度假区、九堡镇密溪古村维修保护工程、星洲湾国际大酒店等12个文化旅游产业发展重点项目，争取旅游厕所建设、星级酒店、特色农家旅馆等品牌创建奖励资金510万元，夯实旅游发展基础。出台《瑞金市旅游产业发展扶持奖励办法》，编制《瑞金市文化旅游招商项目册》，推进旅游产业招商，与中绿投资集团、中天汇融(北京)投资有限公司、深圳晶辉煌集团、贵州九丰现代农业科技有限公司等旅游企业对接洽谈，成功签约文化旅游项目5个，签约资金64亿元，高效农业体验园项目完成工程70%，红色文化创意产业园、长征主题公园等4个项目完成项目立项。先后编制乡村旅游发展规划及部分节点修建性详规9个。出台乡村旅游扶贫政策，实施叶坪黄沙华屋、叶坪乡田坞华厦农业观光园、日东乡木鱼山景区、沙洲坝镇印象洁源、壬田镇香满园家庭农场等5个乡村旅游示范点建设工程，配套出台《瑞金市旅游产业发展扶持若干政策》和《瑞金市发展农家乐旅游扶贫政策》，发展龙潭山庄、稻花香、鱼香食府、华屋红军乐等11家江西特色三星级农家旅馆。争取中潭村、密溪村乡村旅游点富民工程项目各100万元，整合部门资源扶持黄沙华屋、木鱼山等乡村旅游点基础设施建设。开展罗汉岩景区创建国家AAAA级旅游景区工作，完善基础设施和服务设施建设，完成游客服务中心精装修、公交站台、外部交通标识、游览标识标牌等工程及上山电瓶车道等项目。成功举办第二届美食文化节、首届乡村旅游节。瑞金红区运动休闲旅游线路入选2016中国体育旅游十佳精品线路，瑞金市列入国家第二批全城旅游示范区创建名单，共和国摇篮旅游区被评为国庆假期全国旅游市场秩序最佳景区。全年接待旅客752万人次。实现旅游收入29.7亿元，再次荣膺全省旅游强县称号。

【赣州市首支县(市)级城投债券发行】 8月17日，瑞金市城投集团获国家发改委批复发行企业债券12亿元，成为赣州市首支县(市)级城投债券。本期债券期限7年，采用固定利率形式，单利按年计息。由赣州发展投资控股集团有限责任公司提供全额无条件不可撤销连带责任保证担保。主承销商为华融证券股份有限公司，分销商首创证券有限责任公司、中信建设证券股份有限公司组成。

(撰稿　黄育坚　审稿　黄育坚)

【领导名单】

中共瑞金市委员会

书记：许　锐

副书记：赖联春　吴　虹(女，8月免)
　韩相云(挂职，8月免)
　孙智宏(挂职，2月免)　曾　平(8月任)

常委：林　星(8月免)　钟振林
　何文庆(纪委书记，8月免)
　李德伟(8月免)　肖承椿(8月免)
　胡立安　李史萍　张顺尧(挂职，2月免)
　周　杰(挂职，2月免)
　陈晓斌(纪委书记，8月任)
　曾宪柏(8月任)　潘少平(8月任)
　伍春华(8月任)　杨北林(8月任)
　罗　猛(挂职，3月任)
　何　宏(挂职，3月任)

市人大常委会

主任：李学通

副主任：刘运富(8月免)　彭小平(8月免)
　杨建华(8月免)　朱建军　朱　敏
　章　芸(女)　李　光(8月任)
　赖　林(8月任)　刘剑平(8月任)

市人民政府

市长：赖联春

副市长：胡立安　张顺尧(挂职，2月免)
　周　杰(挂职，2月免)　郭声宏(8月免)
　葛传生(8月免)　李　光(8月免)
　杨北林(8月免)　罗　猛(挂职，3月任)
　何　宏(挂职，3月任)　钟　铮(8月任)
　罗俊腾(8月任)　宋平荣(8月任)
　许晓龙(8月任)　谢江溪(8月任)
　苏爱龙(挂职，4月任)

市长助理：范秀刚(挂职，11月免)

调研员：曹瑞荣

市政协

主席：彭　强

副主席：陈小石(8月免)　邱俭云(8月免)
　钟天雨　陈家祥　陈上海
　温家振(8月任)　陈殷鸿(8月任)
　刘瑞林(8月任)

副调研员：刘美春

市人民法院院长：陈剑平(8月免)
　温金来(8月任)

市人民检察院检察长：邓荣平(8月免)
　葛振瑞(8月任)

瑞金中央革命根据地历史博物馆
　馆长：周景春

党支部书记：赖　军

会昌县

【简况】　会昌县国土总面积2709.91平方千米，其中城区面积13.5平方千米，城镇化率43.57%。耕地面积2.18万公顷，有林地面积20.5万公顷，森林覆盖率79.84%。辖6镇、13乡，268个村(居)委会、3121个村民小组。2016年年末，全县总户数144942户，总人口529077人，其中乡村人口433737人，城镇人口95340人。人口自然增长率8.18‰。2016年，实现地区生产总值90.04亿元，增长10.1%。其中，第一产业增加值17.09亿元，增长4.1%；第二产业增加值34.55亿元，增长8.6%；第三产业增加值38.40亿元，增长14.5%。财政总收入12.12亿元，增长2.4%；人均财政收入2659元，实现税收8.68亿元，税收占财政总收入的比重为71.7%。地方财政收入8.92亿元，增长2.9%。财政总支出29.36亿元，增长3.82%。工业总产值135.32亿元，增长15.1%。规模以上工业增加值35.34亿元，增长8.9%。外贸出口7450万美元，实际利用外资5761万美元。500万元以上固定资产投资52.91亿元，增长17.3%。城市污水处理率83%。城镇居民人均可支配收入23117元，增长8.24%。农村居民人均可支配收入8714.8元，增长12.25%。城乡居民年末储蓄存款余额89.56亿元，增长15.2%。

【工业经济】　全县规模以上工业企业实现工业总产值135.32亿元，增加值35.34亿元，分别增长15.1%和8.9%；实现主营业务收入134.61亿元、利税18.11亿元，分别增长10.1%和10.8%。石磊氟材料六氟磷酸锂、九二盐业离子膜烧碱、亚泰钨业(二期)超细碳化钨粉等12个工业项目竣工投产。首位产业氟盐化工年主营业务收入实现30亿元。工业园扩区调区通过省政府审批，园区面积扩至367公顷。九二氟盐化工基地1000米安全卫生防护距离拆迁全面完成。“降成本　优环境”专项行动深入开展，全年累计为企业减负2亿元。华达昌公司、亚泰钨业公司被科技部认定为高新技术企业，实现零的突破。培育中小成长型企业，全年净增规上企业14家。加大企业产品品牌、商标培育力度，新增江西名牌产品2个、省著名商标4件。

【农业经济】　全年实现农业总产值27.10亿元，增长8.51%；粮食总产16.9万吨，下降1.25%。全年种植烟叶2333.3公顷，收购4528吨，产值8700万元。种植高产油茶453.33公顷，新增蔬菜种植733.33公顷。年末果园面积18653.1公顷，增长0.1%。其中，脐橙、桔柚面积11572.93公顷，总产量13.31万吨，增长3.7%。开发脐橙(桔柚)666.67公顷，建设市级脐橙标准化生态示范园5个，会昌桔柚成为国家地理标志保护产品。会昌酱干注册成为国家地理标志证明商标。开展飞机洒药防治柑橘木虱作业，柑橘黄龙病防控取得成效。生猪出栏71.01万头，增长39.07%。家禽出笼470.69万只，水产品产量16198吨。年末有市级以上农业产业化龙头企业25家，家庭农场120家，农民合作社567家，规模以上农家乐48家。五丰公司被省委、省政府评为全省优秀农业产业化龙头企业，被市政府授予市长质量奖。农村集体资产管理被国家农业部评为全国农村集体“三资”管理示范县。生态建设成效明显。麻州镇被评为省级生态镇，66个行政村被评为市级生态村。会昌湘江国家湿地公园通过国家验收授牌。湘江源自然保护区升为省级自然保护区，完成第九次全国森林资源连续清查工作获先进县称号。全县19条河流实施“河长制”管理。超额完成淘汰黄标车及老旧车任务。矿产资源执法监察工作连续两年被市政府评为全市第一。全年完成森林抚育8533.33公顷、人工造林2066.67公顷、低质低效林补植改造266.67公顷。综合治理水土流失面积30平方千米。

【第三产业】 全年实现第三产业总产值38.40亿元，增长14.5%。实现社会消费品零售总额28.65亿元，增长12.7%。旅游产业发展迅速，汉仙岩、汉仙湖旅游人数增长38%，举办2016江西·会昌民俗文化旅游节，乡村旅游洞头雪莲山景点被评为省AAAA级乡村旅游点。年内，江西银行入驻会昌，县域有金融机构10家，年末，金融机构各项存款余额128.38亿元，存贷比57.1%。电商产业蓬勃发展，建成农产品交易中心暨颐高电商产业园区(一期)，电子商务进农村深入推进，县域物流配送体系逐步健全。房地产市场平稳运行，全年商品房销售面积40.8万平方米，增长114%。

【重点项目】 年内，重点项目开工125个，竣工50个。争取项目421个，实际到位资金20.3亿元。强化用地保障，推进征地拆迁，全年完成征地337.13公顷、拆迁13.9万平方米；成功争取省政府支持土地利用总体规划调规600公顷。全年签约引进项目15个，总投资34.8亿元。省外2000万元以上项目实际进资18.1亿元，增长10.9%；实现出口总额7450万美元，增长14%。优化发展环境，被评为江西省第二届最佳优化民营经济发展环境县。城市公共服务向农村延伸，农村基础设施得到改善。全年建成农村安全饮水巩固提升工程9座，解决18.6万农村居民安全饮水问题。维修改造渠道75.5千米，新(改)建水陂25座，完成通自然村公路硬化294.9千米。实施农网升级改造工程，新(改)建10千伏线路82千米，完成低电压线路改造132千米。赣龙铁路会昌北站开通动车客运业务。

【城乡建设】 县城建成区面积13.5平方千米，城镇化率43.57%。推进月亮湾新区建设，新区道路、公园、绿化等基础设施和学校、商店、餐饮、宾馆、银行网点等配套设施基本完善。老城区西北街棚户区改造，完成420户、10.24公顷征拆。全面完成城区亮化工程，建成文园路等城市道路，城区功能、市容环境得到改善。全年完成圩镇整治项目35个，总投资1600万元。"空心房"整治百日会战取得成效，拆除"空心房"201万平方米，拆除进度全市第一，三年拆除任务三个月完成，创造"会昌速度"。农村生活环境明显改善。

【民生事业】 全年民生工程投入25亿元，占财政一般公共预算支出85.2%。实施完成惠民实事60件。年内，落实就业创业政策，帮扶困难群体就业，完成城乡低保救助、五保供养、养老保险补助等政策的提标提补工作。创办全县首个公建民营养老机构会昌县老年福利中心、首家医养融合民办养老机构会昌县老年护理院。流浪乞讨人员救助管理站升级改造基本完成。全年完成农村危旧土坯房改造2440户，建设农村保障性住房427套。教育事业再攀新高，高考二本以上上线突破千人，达到1614人，其中会昌中学文化类二本以上上线人数在全市20所重点高中名列第8位。14个乡(镇)公办幼儿园投入使用。筠门岭等7个乡(镇)卫生院改扩建项目全面完工，建成88所贫困村卫生计生服务室。开展公共文化服务标准化、均等化示范县创建。启动"农家书屋+电商"建设工作，在全市率先完成直播卫星"户户通"设备安装任务。艺术创作成效显著。县岚山传媒文化演艺公司被评为"全国优秀基层戏曲院团"。双拥工作被省委、省政府、省军区命名为"双拥模范县"。

【脱贫攻坚】 年内，出台《关于全面打赢脱贫攻坚战的实施意见》及23个配套政策文件，全方位推进产业扶贫、教育扶贫等各项扶贫，实现6个贫困村退出、1.6万人脱贫目标。完成88个"十三五"贫困村村庄修建性详细规划编制工作。开展文武坝镇古坊村、珠兰乡大西坝村、庄埠乡正坑村整村推进示范点建设和15个移民集中安置点建设，全年完成移民搬迁4594人。构筑医疗扶贫"四道保障线"，创新推出"一站式"同步结算就医报账服务。

【获评最佳优化民营经济发展环境县】 会昌县民营经济依托非公经济发展良好势头，开展"百企帮百村"行动，结合"产业扶贫、就业扶贫、公益扶贫"等帮扶方式，县内56家非公企业筹资100万元用于各挂点村产业发展，助力精准扶贫取得显著实效。利用各种融资平台，破解融资难题，13家企业与银行业金融机构签订融资意向协议，签约金额5.6亿元。年末，全县非公经济组织1.68万户，其中非公企业1877户。非公经济实现增加值45.65亿元，占全县生产总值的58.2%，成为推动经济增长，吸纳社会就业，促进群众增收的主渠道。在全省第二届推选和宣传最佳优化民营经济发展环境县评选活动中，会昌县微信投票居全省第一，入选并被评为全省第二届最佳优化民营经济发展环境县。在11月28日举行的全省表彰大会上，会昌县代表获奖先进县作典型经验发言。

【会昌桔柚成国家地理标志产品】 12月，国家质检总局发布公告，批准会昌桔柚为国家地理标志保护产品，这是赣州市第9个国家地理标志保护产品。"公告"明确，会昌桔柚产地范围为江西省会昌县文武坝镇、筠门岭镇、周田镇、麻州镇、右水乡、高排乡、晓龙乡、西江镇、小密乡、庄口镇、珠兰乡、站塘乡、洞头乡、富城乡、清溪乡、永隆乡、庄埠乡、白鹅乡、中村乡19个乡镇现辖行政区域。以上范围内会昌桔柚的生产者，可向县市场和质量监督管理局提出使用"地理标志产品专用标志"申请。

会昌县积极调整果业发展思路，引进桔柚进行试验栽培，并在开发、营销、产业管理等方面制定专项扶持政策，培植龙头企业，对具备发展潜力的种植大户、专业合作社和龙头企业给予信贷扶持，全县种植桔柚面积3067公顷，其中连片千亩以上种植基地5个，年产量5万吨，是全国桔柚的主产区。同时，实施“产业兴龙头，龙头带产业”战略，支持龙头企业创建标准化桔柚基地，对具备发展潜力的种植大户、专业合作社和龙头企业给予信贷扶持，做大做强一批桔柚产业龙头企业，在果业抵押贷款、营销扶持、产业管理扶持上给予倾斜。引导企业跨区域连锁经营，发展农超对接、物流配送和电子商务等措施，扩大桔柚的市场份额，鼓励和扶持各类农民专业合作社发展，培育农村经纪人队伍，促进桔柚的生产销售。在周田镇中桂村优质桔柚产区组织380余户种植户打造万亩桔柚基地，提纯桔柚“血统”，创建正宗会昌桔柚种植标准，保证桔柚产业的良性发展。2014年，会昌桔柚被列入第八批国家农业综合标准化示范项目。2015年，中国果品流通协会授予会昌县“中国桔柚之乡”称号。

【洞头雪莲山景点被评为省AAAA级乡村旅游点】 洞头乡依托国家质检总局对口支援重大机遇，大胆先行先试，结合当地自然生态资源优势和畲族民俗文化特色，以雪莲山生态旅游度假区建设为平台，启动美丽乡村建设和乡村旅游开发，把资源优势转变为发展优势。雪莲山生态旅游度假区位于会昌县洞头乡，距县城48千米，与福建省相邻。景区内森林覆盖率88%，平均海拔600米以上。有洞头畲族特色风情小镇、梯田花海、太平飞瀑、枫情谷四大景点，有联班第、苞茂第、千年红豆杉林、枫情谷溪流徒步道等人文、生态景观。景区内常年平均温度比县城低2—3度，是养生休闲避暑的好去处。年内，雪莲山景点被评为省AAAA级乡村旅游点。

【获评全国农村集体“三资”管理示范县】 年内，会昌县重点加强农村集体“三资”管理方面的积极探索，以强化村级集体“三资”管理推进强农惠农政策落实，助力精准扶贫工作，成效显著。围绕加强领导、完善制度、队伍建设、督导检查、强化培训等方面开展系列工作，在规范档案管理方面，县里每年组织对主管会计进行业务培训3次以上，县、乡开展农村集体“三资”管理信息平台建设工作，实行会计档案专人管理、专柜保管，建立档案查阅制度，严格管理；开展农村集体资产股份权能改革，完成行政村试点工作。全县农村集体“三资”管理实现核算电算化、管理规范化、监管网络化、公开制度化。会昌县被国家农业部认定为2016年第三批全国农村集体“三资”管理示范县，成为赣州唯一入选的县(市、区)。

(撰稿　曾礼国　审稿　王常青)

【领导名单】

中共会昌县委员会

书记：蔡小卫

副书记：余学明　廖小波(8月免)
霍　伟(挂职，3月任)
李国生(8月任)

常委：刘　清(挂职，3月任)
姜　涛(挂职，10月任)　陈　琨
刘惠宗(8月免)　黄　杰(5月免)
黄建煌(8月任)　赖纯平(3月免)
何国杰(3月任)　李仲涛(8月免)
尧金娣(女，8月任)
黄红民(纪委书记，8月免)
朱钦军(纪委书记，8月任)
吴惠平　胡敦祥(8月任)
周建华(8月免)　徐诗荣(8月任)

县人大常委会

主任：郭贤富

副主任：吴泽圣(9月免)　钟水石(9月免)
唐晓敏　肖鹏程　朱鑫华(9月免)
李跃龙　宋流民(9月任)
李义荣(9月任)　华水石(9月任)

县人民政府

县长：余学明

副县长：霍　伟(挂职，9月任)
刘　清(挂职，9月任)
姜　涛(挂职，11月任)

常务副县长：陈　琨

副县长：刘惠宗(9月免)　管长达(9月免)
邹　冲(9月免)　赖松林(9月免)
张翠梅(女，9月免)　朱鑫华(9月任)
邱春凡(9月任)　周文孝(9月任)
蒋小英(女，9月任)　邹时敏(9月任)

县政协

主席：刘为民

副主席：钟永忠　吴光周　卢邦宁
周小毛　李启安　刘俊英(女，8月任)

县人民法院院长：傅勇辉(8月免)
徐　俊(8月任)

县人民检察院检察长：
俞　萍(女，8月免)
谢　灯(女，8月任)

寻乌县

【简况】 寻乌县辖7镇、8乡，有173个村民委员会(其中少数民族村2个)、6个居民委员会。2016年年末，全县有96117户330514人。其中，女性156865人，非农业人口59676人。人口出生率为15.3‰，人口自然增长率为11.9‰。人口密度为143人/平方千米。境内居民以汉族为主，少数民族16个，有少数民族人口3680人。其中，畲族人口占少数民族人口的95%以上，主要分布在澄江镇的汶口村、北亭村和桂竹帽镇的龙归村。2016年，全县财政总收入68600万元，比上年增收2984万元，增长4.5%。地方财政收入48251万元，比上年减少1110万元，下降2.2%。财政总支出240200万元，比上年增支7385万元，增长3.2%。全县社会消费品零售总额194727万元，比上年增加20553万元，增长11.8%。农村居民人均可支配收入8444元，增长11.2%，人均增加727元。城乡居民年末储蓄余额539112万元，比上年增加45661万元，增长9.2%。全县实现地区生产总值622345万元(现价，下同)，增长9.4%。其中，第一产业178014万元，第二产业183629万元，第三产业260702万元，分别比上年增长4.3%、9.5%、13.1%。规模以上工业总产值471598万元，增长16.6%；农林牧渔业总产值367511万元，增长4.12%。

【脱贫攻坚】 全面推行“2+10864”工作机制，实现“县领导包村、单位帮村、干部帮户”全覆盖，精准脱贫措施对路、成效明显。全面落实“1+1+N”系列帮扶政策，确保每户贫困户至少享受两项帮扶政策。实施产业、就业、教育等“十大工程”，累计发放“产业扶贫信贷通”贷款3.76亿元，发放产业奖补资金1779万元，19个村703户贫困户安装光伏发电设备，资助贫困学生11278人次1074万元，确定移民搬迁对象8081人。推进农村低保与扶贫开发制度衔接。出资436万元为48500名贫困人口购买疾病医疗商业补充保险，报销金额同比提高29.1%。围绕贫困村退出8大指标体系，实施整村推进工程，整合涉农资金4.47亿元，在65个贫困村安排扶贫项目713个，完工426个，29个脱贫村8大指标基本达标。拆除“空心房”49万平方米，336套农村保障房基本实现“拎包入住”。全年减少贫困村29个，减少贫困人口15936人。

【工业经济】 聚焦“主攻工业、三年翻番”目标，开展招商引资活动。全年累计外出招商1138人次，签约项目20个，合同金额68.3亿元，其中，亿元以上项目12个，实际利用内资18.07亿元，增长12.6%。基隆嶂风电场、世纪陶瓷、环球陶瓷二期等项目投入使用，洛锡节能电机、富阳生物科技等项目开工建设，累计完成工业固投14.7亿元，增长37.6%，增幅居全市第8位。省级产业园区正式获批，新增工业用地面积141公顷，新建标准厂房17.5万平方米。全面落实“降成本、优环境”专项行动，兑现政策红利1.83亿元，解决企业诉求83条。全年新增规上企业7家，规上企业总数达37家。新增高新技术企业1家，新增省级重点新产品20个。完成主营业务收入47.2亿元，增长16.6%；规模以上工业增加值12.02亿元，增长10%，增幅居全市第2位；工业用电量3.29亿千瓦时，增长34%，增幅居全市第1位。

【产业结构】 三次产业结构比由29.5∶30.4∶40.1调整至28.6∶29.5∶41.9，第三产业占GDP比重提高1.8个百分点。推进农业产业转型，全年新种植猕猴桃、蔬菜、百香果等各类果蔬面积近5333公顷，其中规模蔬菜基地及大棚建设完成情况位居全市前列。清理失管果园3391个，清除病树387万株，柑橘黄龙病防控取得阶段性成效。“寻乌蜜桔”被认定为中国驰名商标，并被评为2016全国果菜产业百强地标品牌。现代服务业加快发展，杨氏果业、恒源科技在新三板挂牌，“五个信贷通”累计放贷10.8亿元，其中财政惠农信贷通工作被评为全省先进县。青龙岩旅游度假区和东江源温泉养生小镇及东江源生态公园旅游开发项目签订投资合同，留车雁洋石崆寨旅游景点投入运营。综合物流园、汽车城项目开工建设，电商产业园加快推进，引入“供销e家”电商平台，全年电商交易额达8亿元，增长60%，电子商务进农村工作被国家商务部评为江西省第二名。文化产业进步明显，新引进文化创意企业2家，建成乡村综合文化服务中心示范点42个，完成“农家书屋+电商”示范点建设30个。

【城乡建设】 按照“山水客家韵、灵秀寻乌城”城市发展定位，完成县城总体策划、城市设计和城市导则编制。制定县城规划区、村镇、公共区域规划管控办法，实现县城规划区集体土地房屋征收由宅基地安置向货币化安置的历史性转变。全县拆除“两违”建筑3.19万平方米，保持存量加快消化、增量严格控制、总量持续减少的良好态势。推进中山西路、新东大道等区域棚户区(城中村)改造，完成签约379户，拆除面积5.4万平方米。实施黄岗山至长举大桥三级拦水坝、长乐农贸市场改造、滨河西路马蹄河木栈道、益寿桥至石圳桥道路等一批市政配套设施和路网工程，城市发展由横向扩展转为纵向提升，城镇化率达43.5%。推进“整洁美丽，和谐宜居”新农村建设，完成改路91千米、改水9118户、改厕9010户，寻乌县被评为全省新农村建设工作综合先进县、全省农业和农村工作先进县。东江流域上下游横向生态补偿协议正式签订。淘汰黄标车536辆。投入生态建设资金1.67亿元，率先在全市启动全流域“河长制”试点，在10个乡(镇)人口集中区开展污水集中处理，治理废弃稀土矿山2.9平方千米，治理水土流失22平方千米，出境断面水水质达标率为100%。

【“七大攻坚”建设】 坚持把打好“七大攻坚战”(生态攻坚、基础设施建设攻坚、脱贫攻坚、工业攻坚、城镇建设攻坚、现代农业攻坚、现代服务业攻坚)作为振兴发展的主线，集聚发力、强势推进，全年安排“七大攻坚”项目(事项)224个，开工建设214个，开工率95.5%；完工项目82个，实际完成投资43亿元。实施基础设施先行工程，G206绕城公路、晨光至主人路面改造等项目全面完工，G236、S458改扩建工程加快推进，新建农村公路251.7千米。瑞梅铁路线路走向基本明确，南桥至龙川高速被列为第二批省级PPP示范项目。太湖水库枢纽工程成功实现截流，大坝填筑加快推进。新解决1.1万人饮水安全问题。新(改)建低压线路254千米，治理低电压用户1083户。20090套“户户通”直播卫星设备全部安装到位。全年争取各类资金26.8亿元，增长11.6%。完成宽带光网覆盖行政村37个。推进土地(灾毁园地)开发项目试点，新增耕地面积431.27公顷，征收土地179.4公顷、房屋1.8万平方米。

【社会事业】 新建(改造)薄弱学校校舍面积2.48万平方米。高考一本上线218人，二本以上上线776人，36人考取“985”工程名牌大学。全年新增城镇就业1865人，发放创业担保贷款6752万元。积极开展城乡低保、精简退职人员提标扩面工作。审批大病医疗救助对象3302人次，发放救助资金836.2万元。全县新农合参保人数26.6万人，参合率达97.7%，城乡居民社会养老保险参保人数15.1万人。全面落实二孩政策。坚持“一周一通报一排名”制度，推进计生工作重心下移，寻乌县被国家卫生计生委评为“2014—2016年全国计划生育优质服务单位”。完善乡(镇)村接访平台，开展干部“入户听诉”，信访总量下降16.9%。抓好防震减灾工作，寻乌被评为全国县级防震减灾业务工作考核先进单位。推进县、乡、村综治“三项”建设，社会保持和谐稳定，群众安全感测评居全市第7位、全省第31位。

【自身建设】 纵深推进"放管服"改革，承接行政权力事项38项，精简行政审批事项69项，办结时限压缩到5个工作日内。行政机关公务用车、农信社改制全面完成。"营改增"改革稳步实施。发放农村土地承包经营权证书5.76万本。加大创新创业扶持力度，实施"五证合一"登记制度改革，新增企业745家，新增注册资本23.95亿元。全县专利授权量443件，增长409%，增幅居全省第一位，并被评为全省专利十强县。贯彻中央八项规定，开展"两学一做"学习教育，政府系统干部作风和行政效能得到新提升。推进政务公开，全年公开各类政务信息16万条。法治政府建设不断加强，县、乡、村法律顾问制度基本实现全覆盖，全年审查规范性文件和合同草案126件。开展基层侵害群众利益不正之风和腐败问题集中整治，查处侵害群众利益不正之风和腐败问题59件72人。自觉接受县人大的法律监督和县政协的民主监督，办理人大代表建议150件，政协委员提案138件，办复率达100%。

(撰稿 钟玉华 审稿 刘 斌)

【领导名单】

中共寻乌县委员会

书记：柯岩松

副书记：杨永飞 吴祖平(挂职)

邓旺华(8月免) 李德伟(8月任)

常委：朱 敏(8月免) 廖丽萍(8月免)

温学延(8月免) 曾 雷(8月免)

曾 帅(8月免) 沈宝春(8月免)

罗承彩(8月任) 皮红杰 钟小刚

温 琦(2月任，挂职)

侯守国(3月任，挂职)

谢清泉(8月任) 张翠梅(8月任)

严志林(8月任) 廖芳珍(8月任)

李建华(纪委书记，8月任)

县人大常委会

主任：黄志高

副主任：陈超平 钟名亮

古林峰(9月免) 何小萍(女)

邓德先(9月免) 黎海锋(9月免)

赖剑锋(9月任) 钟运梅(女，9月任)

王 平(9月任) 陈 敏(9月任)

县人民政府

县长：杨永飞

常务副县长：廖丽萍(8月免)

严志林(8月任)

副县长：刘玉春(挂职，4月免)

王全众(挂职，4月免)

吴祖平(挂职，4月任)

温 琦(挂职，2月任)

侯守国(挂职，4月任)

温学延(8月免) 刘荣平(8月免)

廖肇洲(4月免) 廖芳珍(8月免)

汪上红(8月任) 雷 鸣(4月任)

梅旭军(8月任) 王双喜(8月任)

王晓东(8月任)

县政协

主席：刘琼招

副主席：凌育杰(9月免)

黎海锋(9月任) 彭玲莉(9月免)

邝 羽 陈文华(9月任)

黄世标(9月免) 赖剑锋(9月免)

林红宣(9月免) 许 伟(9月任)

钟 杰(9月任)

副调研员：刘元春 方明标(3月免)

县人民检察院检察长：温 斌(8月免)

孔小毛(8月任)

县人民法院院长：谢万安(8月免)

吕纲翔(8月任)

石城县

【简况】 石城县辖5乡、5镇，22个居委会、131个村委会，1881个村民小组，县政府驻地琴江镇。辖区总面积1581.53平方千米。城区常住人口10.9万人，城镇化率38.2%。耕地面积2.26万公顷，森林覆盖率75.1%。全县总人口33.3万人。实现地区生产总值46.25亿元，增长9.1%。其中，第一产业增加值13.04亿元，增长4.4%。第二产业增加值13.55亿元，增长8.3%。其中工业实现增加值9.79亿元，增长7.6%；建筑业实现增加值3.76亿元，增长10.1%。第三产业增加值19.66亿元，增长13.1%。规模以上工业实现增加值8.19亿元，增长8.1%。财政总收入6.8亿元，增长4.9%，同口径增长10.4%；一般预算公共财政收入4.98亿元，增长3.9%，同口径增长11.2%。500万元以上固定资产投资30.7亿元，增长18.3%。社会消费品零售总额12.1亿元，增长13.1%。外贸出口3313万美元，增长13.3%。城镇居民、农村居民人均可支配收入分别增长8%、11%。大部分指标高于全省、全市平均水平，其中财政总收入、500万元以上固定资产投资、社会消费品零售总额等指标增幅居全市前列。扩投入、稳增长措施有力，争资争项、项目建设成效明显，共争取上级资金15.74亿元，增长14.1%；争取新增建设用地规模233.34公顷，解决项目用地指标537.40公顷，增长127%；实施"六大攻坚战"项目100个，完成投资62.8亿元，项目规模、投资增幅、推进力度为历年之最，位居全市同类县前列。降成本、优环境"100条"全面落实，实体经济获得有力支持。"营改增"试点全面实施，行业税负有效减轻。城居人均收入21081元，增长8%；农居人均收入7398元，增长11%；在岗职工人均工资55314元，增长17.4%。人均居民储蓄存款余额18931元，增长17.9%。

【石城县第十四次党代会召开】 8月30日至9月1日，中国共产党石城县第十四次代表会在县行政中心举行。会议应到代表236名，实到代表232名。会上，鲍峰庭代表中国共产党石城县第十三届委员会向大会做工作报告，提出建设"快速赶超的实力石城、勇立潮头的时尚石城、和谐平安的幸福石城"，至2018年消除绝对贫困现象，至"十三五"末实现与全国同步全面建成小康社会目标。会议选举产生由37名县委委员、7名候补委员组成的中国共产党石城县第十四届委员会，选举产生中国共产党石城县纪律检查委员会委员25名，选举产生出席赣州市第五次党代会代表20名。会议通过《中国共产党石城县第十四次代表大会关于中共石城县第十三届委员会工作报告的决议》《中国共产党石城县第十四次代表大会关于中共石城县第十三届纪律检查委员会工作报告的决议》。大会以书面形式作党费收缴、管理、使用情况的报告。会议号召全县上下把思想统一到大会精神上，将党代会精神落到实处，为建设实力时尚幸福石城目标而努力奋斗。

【“六大攻坚战”强力推进】 全县以““六大攻坚战”战”为抓手，全力推动项目建设，带动经济社会发展全局。4月15日，举行温泉养老基地建设项目、通天寨景区AAAAA提升等“六大攻坚战”项目集中开工仪式，十大项目集中开工，总投资达68亿元，项目涵盖城建、基础设施、工业、农业、现代服务业、扶贫等多个领域。10月28日，启动“决战六十天 打赢攻坚战”活动，开工项目有效增加，工程建设进度明显加快。年内，全县谋划实施重大项目100个，实施子项目建设157个，完成投资46.3亿元，项目开工113个，竣工26个。

【石城县被命名为“中国温泉之乡”】 12月27日，石城县被中国矿业联合会命名为“中国温泉之乡”，成为继宜春温汤镇之后的江西省第二个中国温泉之乡。石城县位于武夷山隆起带西溪，屏山红层盆地沉降带核心部位，县内已探明的温泉有7处。常年喷涌出水量300万吨以上，地热流体温度介于40—63℃之间。全县境内地热水自流量+可采资源量突破10000立方米每天，预期后期勘查总开采量可达15000立方米每天。石城地热资源含矿物元素丰富，富含偏硅酸、硫、氟、氡等元素，具有多种理疗用途，对皮肤病、肌肉劳损、心血管疾病等具有良好的治疗和保健作用。

【石城县工业园获批省级产业园】 园区获批总体规划面积338.25公顷，重点发展轻纺鞋服、机械制造、绿色食品、矿产品精深加工等产业，逐步改造提升传统产业，积极拓展配套产业，打造产业集聚。年内，全县新入规工业企业16家，全县规模以上工业企业主营业务收入24.67亿元，增长14.8%；实现增加值8.2亿元，增长8.1%；固定资产投资14.35亿元，增长35.9%，超额完成市下达任务。鞋服首位产业集群加速形成，总产值达到25亿元，占工业总产值的60%。总投资31.3亿元的鞋服产业园初显规模，新百伦领跑、斯哌纹奇、阿迪达斯、奇酷等重大项目加快推进，中国鞋材网在全国设立6个省级分部，入驻平台企业11.4万家。

【石城县旅游文化活动多姿多彩】 石城县围绕旅游强县战略，开展丰富多彩的旅游宣传推介活动，知名度和美誉度不断提升。4月2日，为期90天的2016中国江西·石城“石泉石美·花朝天下”花朝节在雍和文园开幕。活动以花朝园、八卦脑景区、通天寨旅游文化艺术馆、古戏台等为主要区域。同日开园的石城县花朝园展示百年杜鹃、海棠、樱花、紫荆等多种珍稀名贵花卉品种。7月23日，中国石城第四届旅游文化节开幕式在县市民公园举行。以“夏韵莲香欢乐石城”为主题，开展环球旅游小姐国际大赛中国总决赛暨第四届“莲乡靓妹”评选大赛、石城县“国家全域旅游示范区”创建动员大会、创建头脑风暴大会、2016中国候鸟石城健康旅居论坛、旅游产业招商会暨石城县夏季产业推介会等“五场大会”，自位佳丽角逐石城代言人、百里乡村欢乐游、百件旅游商品展评、百米客宴迎新人、百位名家画石城等“五个一百”系列旅游营销活动。中国文化发展集团、声彩投资管理有限公司等企业现场签约文化产业园、旅游开发、绿色食品加工、电商产业园开发等项目13个，项目签约额93.1亿元。11月9日，以“传承千年客家灯彩文化，建设实力时尚幸福石城”为主题的石城县第二届灯彩艺术节在县市民公园举行，主要包括灯彩灯具展和灯彩节目汇演两大项目。从10月初开始，已在雍和文园至文化艺术中心广场路段展出荷花灯、杜鹃灯、茶篮灯等10组灯彩灯具。经过初赛进入决赛的10支灯彩表演队一一登台献艺，大展风采。

【“废弃电子产品资源化系列成套设备研发与产业化”项目获得江西省科学技术进步一等奖】 6月29日，江西省人民政府发布2015年度江西省科学技术奖励的决定，由江西铭鑫冶金设备有限公司和江西理工大学，华东交通大学共同完成的“废弃电子产品资源化系列成套设备研发与产业化”项目被授予江西省科学技术进步一等奖。该项成果整体技术达到国际先进水平，其中废弃线路板的破碎技术达到国际领先水平，项目成果在中国境内15个省和美国、印度、加拿大等17个国家建设70余条生产线，使大量报废的电子产品能够得到环保、高效、有序的机械化处理，支持国家电子产业政策的发展，创造出显著的社会效益、环境效益和经济效益。

（撰稿 曾 燕 审稿 刘善泳）

【领导名单】

中共石城县委员会

书记：鲍峰庭

副书记：尹 忠 伍小华(3月任)
胡振毅(3月任) 杨小妹(女，8月任)

常委：宋怡萍(女，纪委书记，8月任)
刘群楷 刘晓方 黄晓明
刘晓阳(8月任) 丁胜早 赖松林(8月任)
唐祎泾(8月任)

县人大常委会

主任：刘晓波(10月任)

副主任：陈小荣 魏标根 许 俊
廖水明(10月任) 黄建伟(10月任)

县人民政府

县长：尹 忠

常务副县长：刘晓方

副县长：伍小华(3月任) 胡振毅(3月任)
刘荣平(10月任) 范云松
廖丽萍(女，10月任) 陈全焘(10月任)
李正鹏(10月任) 杜隆郁(10月任)

县政协

主席：黄运群

副主席：谭超美(女) 黄景长 段求明
赖继红 董外院(10月任)

县人民法院院长：陈文春(10月任)

县人民检察院检察长：赖长涧(10月任)

（本栏编辑 徐文菁）

人物　荣誉录

2016年 换届当选的市领导

李炳军　男，汉族，1963年2月出生，山东临朐人，1984年3月加入中国共产党，1984年7月参加工作，大学学历，工学学士。江西省委常委，赣州市委书记，赣州军分区党委第一书记。

1980年9月至1984年7月，在山东化工学院有机化工专业学习；1984年7月至1991年6月，任化工部办公厅科员、副主任科员、部长办公室副主任；1991年6月至1997年8月，任国务院办公厅秘书二局一组二秘、一组副组长、一组一秘兼副组长；1997年8月至2000年11月，任国务院办公厅副局级秘书；2000年11月至2007年9月，任国务院办公厅正局级秘书；2007年9月至2013年7月，任国务院办公厅副部长级秘书；2013年7月至2015年6月，任江西省政府副省长、党组成员；2015年6月至2015年7月，任江西省委常委，省政府副省长、党组成员；2015年7月至2015年8月，任江西省委常委，省政府副省长、党组成员，赣州市委书记；2015年8月至2016年9月，任江西省委常委，赣州市委书记，赣州军分区党委第一书记。

在2016年9月中共赣州市第五届委员会第一次全体会议上，当选为赣州市委书记。

曾文明　男，汉族，1963年2月出生，江苏江都人，1993年11月加入中国共产党，1984年11月参加工作，大学学历，理学学士。赣州市委副书记，市政府市长候选人、党组书记。

1980年9月至1984年11月，在江西大学数学系数学专业学习；1984年11月至1993年1月，任南昌市统计局干部；1993年1月至1994年9月，任南昌市统计局综合统计科副科长；1994年9月至1997年4月，任南昌市统计局综合统计科科长；1997年4月至2000年7月，任南昌市统计局副局长；2000年7月至2002年12月，任南昌市统计局局长；2002年12月至2003年10月，任南昌市西湖区委书记；2003年10月至2008年5月，任新建县委书记(其间，2004年9月至2005年1月，在中央党校县委书记班学习)；2008年5月至2014年3月，任江西省发展和改革委员会副主任、党组成员(其间，2009年9月至2009年11月，在国家行政学院厅局级任职培训班学习；2009年11月至2010年11月中组部选派赴上海世博会挂职)；2014年3月至2016年2月，任江西省发展和改革委员会副主任、党组成员，江西省鄱阳湖生态经济区建设办公室(江西省赣南等原中央苏区振兴发展工作办公室)常务副主任(正厅级)；2016年2至2016年9月，任江西省统计局局长、党组书记；2016年9月，任赣州市委副书记，市政府市长候选人、党组书记。

在2016年9月中共赣州市第五届委员会第一次全体会议上，当选为赣州市委副书记；在2016年11月赣州市五届人大一次会议上，当选为赣州市政府市长。

王林云　男，汉族，1965年7月出生，江西东乡人，1987年6月加入中国共产党，1987年9月参加工作，大学学历，文学学士。赣州市委副书记，市委党校校长、校委会主任，赣州行政学院院长。

1983年9月至1987年9月，在江西大学新闻专业学习；1987年9月至1991年8月，任江西省经委《企业导报》社助理编辑；1991年8月至1999年5月，任江西省委台办宣传处科员、副主任科员、主任科员；1999年5月至2005年1月，任江西省委台办宣传处助理调研员、副处长；2005年1月至2008年12月，任江西省委台办宣传处处长、秘书处处长；2008年12月至2010年3月，任江西省旅游局副局长(试用期一年)、党组成员；2010年3月至2011年1月，任江西省旅游局副局长、党组成员；2011年1月至2011年3月，任赣州出口加工区管理委员会党委书记；2011年3月至2011年8月，任赣州出口加工区管理委员会党委书记，赣州开发区党委副书记、纪委书记；2011年8月至2011年9月，任赣州出口加工区管理委员会党委书记，赣州开发区党委书记；2011年9月至2012年10月，任赣州市委常委，赣州出口加工区党委书记，赣州开发区党委书记；2012年10月至2015年4月，任赣州市委常委，章贡区委书记；2015年4月至2015年5月，任赣州市委副书记；2015年5月至2016年9月，任赣州市委副书记，市委党校校长、校委会主任，赣州行政学院院长。

在2016年9月中共赣州市第五届委员会第一次全体会议上，当选为赣州市委副书记。

陈晓春　男，汉族，1960年5月出生，江西安远人，1979年7月参加工作，1979年4月加入中国共产党，省委党校研究生学历。赣州市人大常委会主任、党组书记。

1979年7月至1979年12月，任安远县甲江林场工人；1979年12月至1982年12月，任安远县公安局民警；1982年12月至1983年3月，任安远县城关镇党委委员；1983年3月至1984年3月，任安远县城关镇政府副镇长；1984年3月至1984年9月，任安远县欣山镇党委副书记；1984年9月至1986年7月，在赣州地委党校马列主义基础理论大专班脱产学习(1984年10月，转为国家干部)；1986年7月至1989年12月，任安远县镇岗乡党委书记；1989年12月至1992年10月，任安远县委常委、副县长；1992年10月至1994年11月，任龙南县委副书记；1994年11月至2001年1月，任定南县委副书记、县长(其间，1996年8月至1998年12月，在中央党校函授学院经济管理专业学习)；2001年1月至2004年3月，任赣州市计划生育委员会主任(1999年9月至2001年9月，在江西师范大学思想政治教育专业研究生课程班学习)；2004年3月至2006年5月，任信丰县委书记；2006年5月至2006年11月，任瑞金市委书记；2006年11月至2011年6月，任赣州市委常委，瑞金市委书记(其间，2008年8月至2010年12月江西省委党校中共党史专业学习)；2011年6月至2011年8月，任赣州市委常委；2011年8月至2011年9月，任赣州市委常委，市政府党组成员；2011年9月至2013年10月，任赣州市委常委，市政府副市长、党组成员；2013年10月至2013年11月，任赣州市四届人大常委会主任人选、党组书记；2013年11月至2016年10月，任赣州市四届人大常委会主任、党组书记。

在2016年11月赣州市五届人大一次会议上，当选为赣州市人大常委会主任。

刘建平 男，汉族，1959年10月出生，江西会昌人，1977年8月加入中国共产党，1975年7月参加工作，中央党校研究生学历，法学学士。赣州市政协党组书记。

1975年7月至1979年7月，任瑞金县合龙知青队知青；1979年7月至1979年9月，任瑞金县化肥厂工人；1979年9月至1982年8月，在赣南师范专科学校化学科化学专业学习；1982年8月至1984年6月，任赣南师范专科学校教师；1984年6月至1985年9月，任瑞金县委组织部干部；1985年9月至1987年11月，任瑞金县委办公室干事、秘书；1987年11月至1990年6月，任瑞金县委组织部副部长；1990年6月至1992年3月，任瑞金县委组织部副部长、组织员办公室主任；1992年3月至1992年10月，任瑞金县象湖镇党委书记；1992年10月至1995年3月，任宁都县委常委、组织部部长；1995年3月至1996年11月，任宁都县委副书记；1996年11月至1998年12月，任兴国县委副书记(其间，1998年2月至1998年7月，在江西省委党校第十二期青干班学习；1996年8月至1998年12月，在中央党校函授学院经济管理专业学习)；1998年12月至2002年9月，任江西省兴国县委副书记、县长(其间，1998年9月至2000年12月，在江西师范大学马克思主义理论与思想政治教育专业研究生课程班学习；1999年5月至2001年4月，在江西师范大学思想政治教育专业主要课程教师进修班学习，获法学学士学位)，2002年9月至2006年1月，任大余县委书记(其间，2004年3月至2004年7月，在中央党校县委书记培训班学习)；2006年1月至2006年12月，任南康市委书记(其间，2004年9月至2006年7月，在中央党校经济学经济管理专业学习)；2006年12月至2007年1月，任赣州市政府副市长、党组成员，南康市委书记；2007年1月至2012年6月，任赣州市政府副市长、党组成员；2012年6月至2015年5月，任赣州市政府副市长、党组成员，市计生协会会长；2015年5月至2015年11月，任赣州市政府副市长、党组成员；2015年11月至2015年12月，任赣州市委常委，市政府副市长、党组成员；2015年12月至2016年1月，任赣州市委常委，市政府党组成员；2016年1月至2016年9月，任赣州市委常委；2016年9月至2016年11月，任赣州市政协党组书记。

在2016年11月政协赣州市五届一次会议上，当选为赣州市政协主席。

张圣泽 男，汉族，1964年4月出生，江西余干人，1993年5月加入中国共产党，1986年7月参加工作，大学学历，农学学士。赣州市委常委、组织部部长。

1982年8月至1986年7月，在华中农业大学农业经济系土地利用与规划专业学习；1986年7月至1988年6月，任江西省农牧渔业厅土地利用管理局土地勘测规划队干部；1988年6月至1993年7月，任江西省农牧渔业厅土地利用管理局土地勘测规划队助理农艺师；1993年7月至1995年12月，任江西省土地管理局土地勘测规划院农艺师；1995年12月至2000年11月，任江西省土地管理局办公室副主任(正科级)；2000年11月至2004年2月，任江西省国土资源厅人事教育处(国际合作与科技处)副处长(主持工作)(其间，2003年9月至2003年12月，在江西省委党校第23期中青年领导干部培训班学习)；2004年2月至2007年8月，任江西省国土资源厅人事教育处(国际合作与科技处)处长；2007年8月至2008年12月，任江西省国土资源厅规划处处长；2008年12月至2012年1月，任江西省国土资源厅总规划师；2012年1月至2013年6月，任江西省国土资源厅副厅长、党组成员；2013年6月至2013年7月，任赣州市委常委，市政府副市长人选；2013年7月至2015年7月，任赣州市委常委，市政府副市长、党组成员；2015年7月至2015年8月，任赣州市委常委、组织部部长，市政府副市长；2015年8月至2016年9月，任赣州市委常委、组织部部长。

在2016年9月中共赣州市第五届委员会第一次全体会议上，当选为赣州市委常委。

刘文华 男，汉族，1968年4月出生，江西宜黄人，1990年2月加入中国共产党，1990年10月参加工作，中央党校研究生学历，经济学学士。赣州市委常委，章贡区委书记。

1986年9月至1990年10月，在江西财经学院财政金融系金融学专业学习。1990年10月至1992年11月，任江西省政府经济研究中心干部(其间，1990年11月至1992年10月，在修水县桃平乡锻炼)；1992年11月至1995年4月，任江西省政府办公厅工交处干部；1995年4月至1997年9月，任江西省政府办公厅工交处副主任科员；1997年9月至2001年3月，任江西省政府办公厅工交处主任科员；2001年3月至2002年11月，任江西省政府办公厅涉外处副处长；2002年11月至2003年5月，任江西省外经贸厅外经处副处长(主持工作)；2003年5月至2004年4月，任江西省外经贸厅外经处处长(其间，2003年9月至2003年12月，在江西省委党校第23期中青班学习)；2004年4月至2005年2月，任江西省外经贸厅政策法规处处长；2005年2月至2009年6月，任江西省外经贸厅外资促进处处长；2009年6月至2009年7月，任江西省商务厅外资促进处处长；2009年7月至2015年12月，任江西省商务厅副厅长、党组成员(其间，2012年3月至2013年1月，在中央党校第12期中青班学习；2012年3月至2015年1月，在中央党校经济管理专业学习；2014年10月至2015年12月，挂职任景德镇市委常委、副市长)；2015年12月至2016年9月，任赣州市委常委，章贡区委书记。

在2016年9月中共赣州市第五届委员会第一次全体会议上，当选为赣州市委常委。

马玉福 男，汉族，1964年8月出生，江西赣县人，1984年5月加入中国共产党，1980年12月参加工作，中央党校大学学历，法学学士。赣州市委常委、政法委书记。

1980年12月至1983年11月，任赣县田村公社干事；1983年11月至1987年5月，任赣县田村公社团委副书记(其间，1984年9月至1986年9月，在江西电大党政干部管理专业学习；1984年12月转为国家干部)；1987年5月至1990年1月，任赣县长洛乡党委委员、纪委书记；1990年1月至1992年3月，任赣县长洛乡党委副书记、乡长；1992年3月至1992年10月，任赣县茅店乡党委副书记、乡长；1992年10月至1996年7月，任赣县茅店镇党委书记；1996年7月至1996年11月，任赣县茅店镇党委书记、人大主席；1996年11月至1997年11月，任赣县县委常委，茅店镇党委书记、人大主席；1997年11月至1998年7月，任信丰县委常委；1998年7月至2001年1月，任信丰县委副书记(其间，1997年8月至1999年12月，在中央党校函授学院政法专业学习；1998年9月至2000年6月，在江西师范大学马克思理论和思想政治教育专业研究生课程班学习；1999年5月至2001年4月，在江西师范大学法学院思想政治教育专业学习，获法学学士学位)；2001年1月至2005年12月，任寻乌县委副书记、县长；2005年12月至2008年8月，任赣州市章贡区委副书记、区长；2008年8月至2011年6月，任寻乌县委书记、县人大常委会主任；2011年6月至2011年9月，任赣州市委副秘书长(正处级)；2011年9月至2016年9月，任赣州市委常委、政法委书记。

在2016年9月中共赣州市第五届委员会第一次全体会议上，当选为赣州市委常委。

彭业明 男，汉族，1962年5月出生，江西宁都人，1982年12月加入中国共产党，1980年11月参加工作，省委党校研究生学历。赣州市委常委，市政府副市长、党组成员。

1978年9月至1980年8月，在宁都师范学校中文专业学习。1980年8月至1980年11月，任宁都县会同公社鹧鸪中小学初中部实习教师；1980年11月至1983年1月，任石城县高田公社党委宣传干事；1983年1月至1986年10月，任石城县委宣传部理论干事(其间，1984年2月至1984年5月，在赣州地委党校理论进修班学习；1984年9月至1986年7月，在江西省委党校理论班党史专业学习)；1986年10月至1989年3月，任赣州地委党史办干事；1989年3月至1990年12月，任赣州地委党史办副主任科员；1990年12月至1993年3月，任赣州地委党史办秘书科科长；1993年3月至1995年2月，任赣州地委组织部正科级组织员；1995年2月至1997年1月，任赣州地委组织员办公室副主任；1997年1月至1998年1月，任赣州地委组织部办公室主任；1998年1月至1999年7月，任赣州地委组织部副县级组织员、办公室主任；1999年7月至2000年1月，任赣州市委组织部副县级组织员、办公室主任；2000年1月至2000年9月，任崇义县委副书记、政法委书记；2000年9月至2002年12月，任崇义县委副书记(其间，1999年9月至2001年12月，在江西省委党校研究生班经济学专业学习；2002年3月至2002年6月，在江西省委党校第20期中青班学习)；2002年12月至2005年12月，任赣州市委组织部副部长(正处级)；2005年12月至2007年1月，任崇义县委书记、县人大常委会主任；2007年1月至2008年8月，任崇义县委书记；2008年8月至2008年10月，任赣州市发展和改革委员会党组书记；2008年10月至2011年1月，任赣州市发展和改革委员会主任、党组书记；2011年1月至2011年9月，任赣州市委秘书长、市直机关工委书记；2011年9月至2013年9月，任赣州市委常委、秘书长，市直机关工委书记；2013年9月至2013年10月，任赣州市委常委，市政府党组成员；2013年10月至2016年9月，任赣州市委常委，市政府副市长、党组成员。

在2016年9月中共赣州市第五届委员会第一次全体会议上，当选为赣州市委常委。

李恭进 男，汉族，1963年10月出生，江西石城人，1985年9月加入中国共产党，1984年8月参加工作，省委党校研究生学历，哲学学士。赣州市委常委、秘书长，市直机关工委第一书记，市委全面深化改革领导小组办公室主任。

1980年9月至1984年8月，在江西大学哲学系哲学专业学习；1984年8月至1985年9月，任信丰县坪石乡政府干部；1985年9月至1988年12月，任赣州地委宣传部干部；1988年12月至1992年7月，任赣州地委组织部电教科副科长；1992年7月至1993年11月，任赣州地委组织部电教科科长；1993年11月至1994年8月，任赣州地区港澳同胞接待办公室主任；1994年8月至1996年3月，任赣州地区旅游局党组成员、地区港澳同胞接待办公室主任；1996年3月至1999年7月，任赣州地区旅游局(旅游总公司)副局长(副总经理)、党组成员；1999年7月至2002年11月，任赣州市旅游局(旅游总公司)副局长(副总经理)、党组成员；2002年11月至2003年7月，任赣州市政府副秘书长(正处级)、办公室党组成员(其间，2000年9月至2002年12月，在江西省委党校经济学专业学习)；2003年7月至2004年5月，任赣州市政府副秘书长(正处级)、办公厅党组成员；2004年5月至2006年3月，任上犹县委副书记、县长；2006年3月至2007年1月，任全南县委书记；2007年1月至2011年6月，任全南县委书记、县人大常委会主任；2011年6月至2011年9月，任兴国县委书记、县人大常委会主任；2011年9月至2012年2月，任赣州市人大常委会副主任、党组成员，兴国县委书记、县人大常委会主任；2012年2月至2012年3月，任赣州市人大常委会副主任、党组成员，兴国县委书记；2012年3月至2012年4月，任赣州市人大常委会副主任、党组成员，市委副巡视员；2012年4月至2012年6月，任赣州市委副巡视员；2012年6月至2013年9月，任赣州市委副巡视员、教育工委书记；2013年9月至2014年5月，任赣州市委常委、秘书长，市直机关工委书记；2014年5月至2014年6月，任赣州市委常委、秘书长，市直机关工委第一书记；2014年6月至2016年9月，任赣州市委常委、秘书长，市直机关工委第一书记，市委全面深化改革领导小组办公室主任。

在2016年9月中共赣州市第五届委员会第一次全体会议上，当选为赣州市委常委；在2016年11月赣州市五届人大一次会议上，当选为赣州市政府副市长。

唐舒龙　男，汉族，1968年10月出生，江西永新人，1998年12月加入中国共产党，1988年7月参加工作，在职研究生学历，史学硕士。赣州市委常委、市纪委书记。

1984年9月至1988年7月，在武汉大学历史系考古学专业学习；1988年7月至1997年10月，任江西省博物馆干部(其间，1992年9月至1995年6月，在江西师范大学历史系中国地方史专业研究生脱产学习)；1997年10月至1998年9月，任南昌市政府办公厅干部；1998年9月至2000年12月，任南昌市政府办公厅主任科员；2000年12月至2001年6月，任南昌市政府办公厅调研处副处长、主任科员；2001年6月至2002年7月，任江西省纪委办公厅干部(正科级)；2002年7月至2003年12月，任江西省纪委办公厅主任科员；2003年12月至2007年9月，任江西省纪委办公厅副主任(副处级)；2007年9月至2009年9月，任江西省纪委办公厅副主任(正处级)；2009年9月至2010年7月，任江西省纪委办公厅副主任、机关党委专职副书记；2010年7月至2011年12月，任江西省纪委机关党委专职副书记；2011年12月至2012年2月，任江西省纪委副秘书长、办公厅主任；2012年2月至2014年5月，任江西省纪委副秘书长、办公厅主任(副厅级)；2014年5月至2016年4月，任江西省纪委副秘书长、办公厅(省预防腐败局办公室)主任(副厅级)(其间，2014年9月至2016年4月，挂职任九江市委常委、副市长)；2016年4月至2016年9月，任赣州市委常委、市纪委书记。

在2016年9月中共赣州市第五届委员会第一次全体会议上，当选为赣州市委常委。

陈庆阳　男，汉族，1963年7月出生，江苏高邮人，1985年4月加入中国共产党，1981年10月参加工作，在职大学学历。赣州市委常委，赣州军分区政治委员。

1981年10月至1984年4月，任南京军区陆军学校汽车队战士；1984年4月至1984年12月，任南京军区汽车技工训练大队学员；1984年12月至1986年10月，任解放军工程兵舟桥31旅1营舟车连排长；1986年10月至1987年11月，任解放军工程兵舟桥31旅政治部干部科正排职干事；1987年11月至1989年12月，任解放军工程兵舟桥31旅政治部干部科副连职干事；1989年12月至1991年2月，任解放军工程兵舟桥31旅政治部干部科正连职干事；1991年1月至1992年12月，任南京军区司令部直属工作部干部处正连职干事；1992年12月至1995年12月，任南京军区司令部直属工作部干部处副营职干事；1995年12月至1998年12月，任南京军区司令部直属工作部干部处正营职干事；1998年12月至1999年4月，任南京军区司令部直属工作部干部处副团职干事；1999年4月至2001年12月，任南京军区司令部直属工作部干部处副处长(1996年9月至2000年7月，在工程兵指挥学院函授行政管理专业学习)；2001年12月至2002年9月，任南京军区司令部直属工作部干部处正团职干事；2002年9月至2005年9月，任南京军区司令部直属工作部干部处处长；2005年9月至2007年12月，任南京军区三界训练基地政治部主任；2007年12月至2010年9月，任南京军区司令部第一技术侦察局副政治委员；2010年9月至2012年5月，任南京军区兵种训练基地政治委员；2012年5月至2015年4月，任赣州军分区政治委员、党委书记；2015年4月至2016年9月，任赣州市委常委，赣州军分区政治委员。

在2016年9月中共赣州市第五届委员会第一次全体会议上，当选为赣州市委常委。

胡雪梅　女，汉族，1967年8月出生，江西玉山人，1989年10月加入中国共产党，1988年8月参加工作，在职研究生学历，法学博士。赣州市委常委、宣传部部长。

1982年9月至1985年9月，在鹰潭师范学校学习；1985年9月至1988年8月，在上饶师专数学系数学专业学习；1988年8月至1989年9月，在上饶县罗桥中学教师；1989年9月至1993年3月，任上饶县政府办科员；1993年3月至1993年10月，任上饶县政府办副科级秘书；1993年10月至1996年4月，任上饶市(县级)委宣传部副科级宣传员(其间，1992年8月至1994年12月，在中央党校函授学院经济专业学习)；1996年4月至1996年10月，任上饶市(县级)妇联副主任；1996年10月至1997年7月，任上饶行署办工作人员；1997年7月至1998年3月，任上饶行署办经济研究室副主任；1998年3月至2001年8月，任上饶行署(市政府)办经济研究室主任(其间，1998年9月至2000年12月，在江西省委党校经济学专业学习)；2001年8月至2002年10月，任上饶市信州区政府副区长(其间，2002年4月至2002年7月，挂职任上海市嘉定区嘉定镇街道党工委副书记)；2002年10月至2004年3月，任江西省委组织部研究室(政策法规处)副主任(副处长)(其间，2001年9月至2003年7月，在江西师范大学政法学院思政专业学习)；2004年3月至2013年2月，任江西省委组织部人才工作处处长(其间，2007年9月至2010年6月，在江西师范大学政法学院马克思主义基本原理专业学习，获法学博士学位；2011年1月至2013年1月，在北京大学政府管理学院博士后工作站工作)；2013年2月至2013年3月，任江西省妇女联合会党组成员；2013年3月至2015年7月，任江西省妇女联合会副主席、党组成员；2015年7月至2016年9月，任赣州市委常委、宣传部部长。

在2016年9月中共赣州市第五届委员会第一次全体会议上，当选为赣州市委常委。

李明生 男，汉族，1967年8月出生，江西宁都人，1987年11月加入中国共产党，1989年7月参加工作，中央党校研究生学历，软件工程硕士。赣州经济技术开发区党工委书记。

1985年9月至1989年7月，在华中农业大学农业工程系农业机械化专业学习。1989年7月至1990年10月，任赣州地区科技情报所干部；1990年10月至1991年1月，任赣州地区科委干部；1991年1月至1993年3月，任共青团赣州地委科员；1993年3月至1993年12月，任赣州地委办公室科员；1993年12月至1995年1月，任赣州地委办公室副科级秘书；1995年1月至1996年6月，任赣州地委办公室正科级秘书；1996年6月至1998年1月，任赣州地委办公室信息科科长；1998年1月至1999年7月，任共青团赣州地委副书记、党组成员；1999年7月至2002年4月，任共青团赣州市委副书记、党组成员(其间，1998年9月至2000年12月，在江西师范大学在职研究生课程班学习)；2002年4月至2004年3月，任共青团赣州市委书记、党组书记(其间，2002年3月至2002年6月，在江西省委党校第20期中青班学习)；2004年3月至2008年8月，任定南县委副书记、县长(其间，2002年9月至2005年7月，在中央党校经济管理专业学习；2005年9月至2007年6月，在武汉大学专业学位研究生班软件工程电子政务专业学习，获工程硕士学位；2007年3月至2007年6月，在江西省委党校第30期中青班学习)；2008年8月至2009年2月，任赣县委副书记、县长；2009年2月至2011年6月，任赣县县委书记；2011年6月至2012年12月，任赣州开发区党委副书记、管委会副主任(正处级)；2012年12月至2014年9月，任赣州出口加工区管委会主任，赣州开发区党委副书记、管委会主任；2014年9月至2015年12月，任赣州经济技术开发区党工委副书记、管委会主任；2015年12月至2016年9月，任赣州经济技术开发区党工委书记(其间，2015年3月至2016年1月，挂职任国土资源部规划司副司长)。

在2016年9月中共赣州市第五届委员会第一次全体会议上，当选为赣州市委常委。

廖成铭 男，汉族，1959年12月出生，江西宁都人，1976年10月参加工作，1988年2月加入中国共产党，中央党校大学学历。赣州市人大常委会副主任、党组成员。

1976年10月至1978年10月，任宁都县小布公社高田大队知青；1978年10月至1981年4月，在江西省农业机械技工学校学习；1981年4月至1989年9月，任赣南机械总厂工人、团委干事、副书记、厂办副主任(其间，1983年9月至1986年8月，在江西广播电视大学工业企业管理专业脱产学习；1984年12转为国家干部)；1989年10月至1989年12月，任赣南机械总厂党委宣传部部长；1990年1月至1991年4月，任赣州地委政研室干部；1991年4月至1992年3月，任赣州地委政研室副科级政研员；1992年3月至1993年3月，任赣州地委政研室正科级政研员；1993年4月至1995年3月，任赣州地委政研室经济研究二科科长；1995年3月至1996年7月，任赣州地委政研室秘书科科长；1996年7月至1998年7月，任赣州地委政研室副主任；1998年7月至1998年8月，任龙南县委副书记；1998年8月至2001年1月，任龙南县委副书记、政法委书记；2001年1月至2002年9月，任龙南县委副书记、县长(其间，2000年9月至2002年12月，在中央党校函授学院经济管理专业学习)；2002年9月至2005年12月，任信丰县委副书记、县长；2005年12月至2011年6月，任会昌县委书记、人大常委会主任；2011年6月至2011年9月，任赣州市政府副秘书长(正处级)、市政府办公厅党组成员；2011年9月至2013年9月，任赣州市四届人大常委会副主任、党组成员；2013年9月至2016年10月，任赣州市四届人大常委会副主任、党组成员，瑞金干部学院(瑞金廉政教育学院、瑞金国家公务员培训中心)党委书记。

在2016年11月，赣州市五届人大一次会议上，当选为赣州市人大常委会副主任。

欧阳世麟 男，汉族，1963年11月出生，江西萍乡人，1984年8月参加工作，民盟盟员，大学学历，农业推广硕士。赣州市政协副主席，民盟市委会主委。

1980年9月至1984年8月，在南京林学院林学系林业专业学习；1984年8月至1986年7月，任信丰县林业技术推广站干部(其间，1985年5月至1985年8月，在江西省林业厅英语专业干部培训班学习)；1986年7月至1987年5月，任信丰县林业技术推广站站长；1987年5月至1989年11月，任信丰县人大常委会委员、县林业技术推广站站长；1989年11月至1993年1月，任信丰县林业局副局长；1993年1月至1994年5月，任信丰县政府县长助理(副县级)；1994年5月至2002年11月，任信丰县政府副县长(其间，1997年7月至1999年7月，在南京林业大学森林资源与环境学院森林培育专业研究生课程进修班学习)；2002年11月至2003年11月，任赣州市林业局副局长；2003年11月至2004年4月，任赣州市林业局副局长兼民盟市委会副主委(其间，2002年3月至2004年3月，在南京林业大学森林资源与环境学院森林培育专业学习，获农业推广硕士学位)；2004年4月至2016年10月，任赣州市政协副主席，民盟市委会主委(其间，2008年2月至2008年7月，在中央社会主义学院第19期民主党派干部培训班学习；2013年3月至2014年1月，挂职任国家进出口银行公司业务部副总经理)。

在2016年11月，赣州市五届人大一次会议上，当选为赣州市人大常委会副主任。

孙黎明 女，汉族，1962年11月出生，上海市人，1981年9月参加工作，1986年3月加入中国共产党，中央党校大学学历。赣州市政府副市长、党组成员。

1979年9月至1981年7月，在江西政法学校公安政保专业学习；1981年9月至1988年1月，任信丰县公安局干警；1988年1月至1990年12月，任赣州市(县级)公安局赣江分局干警(其间，1986年4月至1989年6月，在江西省自学考试公安刑侦专业学习)；1990年12月至1992年3月，任赣州市(县级)公安局赣江分局副主任科员；1992年3月至1995年9月，任赣州市(县级)公安局干部、户政科副科长；1995年9月至1996年11月，任赣州市(县级)公安局党委委员、副科级侦察员(政工科科长)；1996年11月至1997年4月，任赣州市(县级)纪委副书记；1997年4月至1998年7月，任赣州市(县级)纪委副书记、监察局局长；1998年7月至1999年5月，任赣州市(县级)委常委、宣传部部长；1999年5月至2000年12月，任赣州市章贡区委常委、宣传部部长(其间，1999年5月至2000年10月，在南昌大学马列主义教研部研究生课程班学习；1998年8月至2000年12月，在中央党校函授学院党政管理专业学习)；2000年12月至2002年11月，任赣州市章贡区委常委、组织部部长；2002年11月至2006年3月，任赣州市章贡区委副书记；2006年3月至2007年3月，任赣州市委组织部副部长(正处级，试用一年)；2007年3月至2011年9月，任赣州市委组织部副部长(正处级)；2011年9月至2012年6月，任赣州市政府副市长、党组成员；2012年6月至2014年3月，任赣州市政府副市长、党组成员，市红十字会会长；2014年3月至2016年10月，任赣州市政府副市长、党组成员。

在2016年11月，赣州市五届人大一次会议上，当选为赣州市人大常委会副主任。

廖长荣 男，汉族，1962年8月出生，江西安远人，1982年9月参加工作，1985年3月加入中国共产党，中央党校研究生学历，工程硕士。赣州市政协副主席、党组成员。

1979年9月至1982年9月，在赣南师范专科学校化学科学习；1982年9月至1983年8月，任安远县龙布中学教师、团委书记；1983年8月至1984年3月，任共青团安远县委干事；1984年3月至1985年5月，任共青团安远县委副书记；1985年5月至1988年3月，任共青团安远县委书记；1988年3月至1989年3月，任安远县新龙乡党委副书记、乡长；1989年3月至1990年2月，任安远县天心镇党委副书记；1990年2月至1992年10月，任安远县崠坑乡党委副书记、乡长；1992年10月至1994年1月，任安远县双芫乡党委书记；1994年1月至1995年5月，任安远县重石乡党委书记；1995年5月至1996年1月，任安远县委办公室主任；1996年1月至1997年1月，任龙南县委常委、纪委书记；1997年1月至2002年1月，任龙南县委常委、副县长(其间，1997年7月至1999年7月，在北京大学硕士研究生课程班区域经济学专业学习，1996年8月至1998年12月，在中央党校函授学院经济管理专业学习)；2002年1月至2002年11月，任龙南县委副书记、副县长；2002年11月至2006年5月，任全南县委副书记(其间，2002年9月至2005年7月，在中央党校经济管理专业学习)；2006年5月至2009年2月，任崇义县委副书记、县长；2009年2月至2009年7月，任赣州市章贡区委副书记、区长；2009年7月至2011年6月，任赣州市章贡区委副书记、区长，赣州开发区党委委员、管委会副主任(兼)；2011年6月至2012年10月，任信丰县委书记；2012年10月至2014年9月，任赣州出口加工区党工委书记、赣州开发区党委书记(其间，2010年12月至2012年11华中科技大学软件工程专业学习，获工程硕士学位)；2014年9月至2015年12月，任赣州经济技术开发区党工委书记；2015年12月至2016年1月，任赣州市政协副主席提名人选；2016年1月至2016年2月，任赣州市政协副主席提名人选、党组成员；2016年2月至2016年10月，任赣州市政协副主席、党组成员。

在2016年11月，赣州市五届人大一次会议上，当选为赣州市人大常委会副主任。

郑世飘 男，汉族，1962年2月出生，江西兴国人，1983年8月参加工作，1984年9月加入中国共产党，大学学历，农学学士。赣州市农业和粮食局局长、党组书记。

1979年9月至1983年7月，在江西农业大学农学系植物保护专业学习；1983年8月至1985年4月，任南康县麻双公社党委宣传干事(其间，1984年10月至1985年4月，借调赣州地委办公室秘书科工作)；1985年4月至1986年9月，任南康县凤岗乡政府副乡长，党委副书记；1986年9月至1987年7月，任宁都县委组织员；1987年7月至1989年4月，任宁都县委组织部副部长；1989年4月至1992年4月，任宁都县委组织部副部长兼县委组织员办主任；1992年4月至1992年10月，任宁都县委组织部副部长(其间，1992年3月至1992年7月，在赣州地委党校中青班学习)；1992年10月至1994年7月，任石城县委常委、组织部部长；1994年7月至1997年11月，任石城县委常委、副县长；1997年11月至1997年12月，任石城县委副书记；1997年12月至2000年1月，任石城县委副书记、政法委书记，县委党校校长(其间，1999年9月至2000年1月，在江西省委党校中青班学习)；2000年1月至2002年6月，任瑞金市委副书记；2002年6月至2002年9月，任瑞金市委副书记、市委党校校长(其间，2000年9月至2000年11月，在赣州市委党校第2期县干班学员；1999年9月至2001年8月，在江西师范大学马克思主义与思想政治教育专业研究生课程班学习)；2002年9月至2002年11月，任赣州市政府法制办公室主任；2002年11月至2006年5月，任赣州市政府法制办公室主任、党组书记；2006年5月至2011年6月，任信丰县委书记；2011年6月至2012年6月，任赣州开发区党委委员、管委会副主任(正处级)；2012年6月至2012年8月，任赣州市农业和粮食局党组副书记；2012年8月至2014年2月，任赣州市农业和粮食局局长、党组副书记；2014年2月至2016年10月，任赣州市农业和粮食局局长、党组书记。

在2016年11月，赣州市五届人大一次会议上，当选为赣州市人大常委会副主任。

刘建明　男，汉族，1964年3月出生，江西赣县人，1984年8月参加工作，1986年10月加入中国共产党，省委党校研究生学历，工学学士。赣州市政府秘书长、党组成员，市政府办公厅党组书记。

1980年9月至1984年7月，在江西工学院机械工程系锻压工艺及设备专业学习；1984年8月至1988年8月，任赣南机械总厂技术员、助理工程师；1988年8月至1989年5月，任赣南机械总厂团委副书记；1989年5月至1994年11月，任赣南机械总厂开发部副部长、党委宣传部副部长、厂办副主任、主任；1994年11月至1997年9月，任赣州地区外经贸局驻京办事处干部(其间，1993年8月至1995年12月，在中央党校函授学院本科班经济管理专业学习；1996年7月至1997年8月，借调赣州地区行署办公室工作)；1997年9月至1998年3月，任赣州地区行署办公室科员；1998年3月至1999年7月，任赣州地区行署办公室副主任科员；1999年7月至2000年7月，任赣州市政府办公室综合科副主任科员；2000年7月至2000年12月，任赣州市政府办公室人事科科长；2000年12月至2001年12月，任赣州市经贸委副主任(试用期一年)(其间，2001年3月至2001年5月，在第1期县处级领导进修班培训)；2001年12月至2004年6月，任赣州市经贸委副主任、党组成员；2004年6月至2005年4月，任赣州市政府副秘书长，市政府办公厅党组成员；2005年4月至2009年10月，任赣州市政府副秘书长(正县级)，市政府办公厅党组成员；2009年10月至2011年1月，任赣州市政府副秘书长，市政府发展研究中心(市十大体系办公室)主任、党组书记；2011年1月至2011年8月，任赣州市委政策研究室主任；2011年8月至2012年6月，任赣州市委副秘书长、政策研究室主任；2012年6月至2012年9月，任赣州市政府党组成员，市政府办公厅党组书记；2012年9月至2016年10月，任赣州市政府秘书长、党组成员，市政府办公厅党组书记(2010年9月至2012年12月，在江西省委党校区域经济学专业研究生学习)。

在2016年11月，赣州市五届人大一次会议上，当选为赣州市人大常委会副主任。

王四华　男，汉族，1968年4月出生，江西乐安人，1990年7月参加工作，1993年2月加入中国共产党，大学学历，法学学士。宁都县委书记。

1986年9月至1990年7月，在江西师范大学政教系政教专业学习；1990年7月至1993年6月，任江西财经大学党委宣传部校报编辑室干部；1993年6月至1995年6月，任江西财经大学党委宣传部校报编辑部副主任；1995年6月至1996年10月，任江西财经大学党委宣传部校报编辑部主任(其间，1995年7月至1996年10月，借调省委宣传部工作)；1996年10月至1999年7月，任江西财经大学党委办公室秘书科科长；1999年7月至2000年11月，任江西财经大学工商管理学院党总支副书记；2000年11月至2002年4月，任泰和县政府副县长；2002年4月至2002年11月，任井冈山市政府副市长；2002年11月至2006年6月，任井冈山市委副书记；2006年6月至2007年3月，任井冈山市委副书记(正县级)；2007年3月至2007年4月，任万安县委副书记、县长候选人；2007年4月至2011年6月，任万安县委副书记、县长；2011年6月至2016年10月，任宁都县委书记。

在2016年11月，赣州市五届人大一次会议上，当选为赣州市人大常委会副主任。

胡聚文　男，汉族，1963年5月出生，江西赣县人，1982年9月参加工作，省委党校研究生学历。赣州市政府副市长。

1980年9月至1982年9月，在江西商业学校物价专业学习；1982年9月至1989年9月，任赣县供销社、生资公司干部，业务股副股长（其间，1985年9月至1987年6月，在江西经济管理干部学院对外贸易专业大专班学习）；1989年9月至1994年1月，任赣县供销社副主任（其间，1991年12月至1992年11月，挂职任赣县小坪乡乡长助理兼烤烟生产队队长）；1994年1月至1995年3月，任赣县供销社副主任兼赣县农资公司经理；1995年3月至1996年1月，任赣县政府县长助理（任职期享受副县级政治、生活待遇）；1996年1月至1999年6月，任赣县政府副县长；1999年6月至1999年10月，任赣州市政协常委、副秘书长，赣县政府副县长；1999年10月至2003年1月，任赣州市政协常委、副秘书长，市工商业联合会会长（其间，1997年8月至1999年12月，在中央党校函授学院本科班经济管理专业学习）；2003年1月至2006年12月，任赣州市政协副主席，市工商业联合会会长；2006年12月至2011年9月，任赣州市人大常委会副主任，市工商业联合会主席（其间，2004年8月至2006年12月，在江西省委党校区域经济学专业学习）；2011年9月至2012年9月，任赣州市政府副市长，市工商业联合会主席；2012年9月至2014年3月，任赣州市政府副市长（其间，2013年03月至2014年01月，挂职任国家发改委社会发展司副司长）；2014年3月至2015年5月，任赣州市政府副市长，市红十字会会长；2015年5月至2016年10月，任赣州市政府副市长，市红十字会会长，市计生协会会长。

在2016年11月，赣州市五届人大一次会议上，当选为赣州市政府副市长。

何福洲 男，汉族，1963年9月出生，江西瑞金人，1984年8月参加工作，1984年6月加入中国共产党，省委党校研究生学历，经济学学士。赣州市四届人大常委会副主任、党组成员。

1980年9月至1984年8月，在兰州大学经济系经济管理专业学习；1984年8月至1985年8月，任瑞金县委农工部干部；1985年8月至1986年4月，任瑞金县委办公室秘书；1986年4月至1988年1月，任瑞金县委办公室副主任（其间，1987年2月至1988年1月，兼任瑞金县合龙乡合龙村党支部副书记）；1988年1月至1989年4月，任瑞金县叶坪乡党委副书记；1989年4月至1990年6月，任瑞金县财政局副局长；1990年6月至1992年11月，任瑞金县计委副主任；1992年11月至1994年9月，任瑞金市财政局局长；1994年9月至1996年1月，任瑞金市财政局局长兼市地税局局长；1996年1月至1997年11月，任会昌县政府副县长；1997年11月至2001年1月，任会昌县委常委、副县长；2001年1月至2004年5月，任上犹县委副书记、县长（其间，1999年9月至2001年12月，在江西省委党校行政管理专业学习；2003年9月至2003年12月，在江西省委党校第23期青干班学习）；2004年5月至2009年2月，任上犹县委书记；2009年2月至2009年4月，任赣州市劳动和社会保障局党组书记；2009年4月至2010年1月，任赣州市劳动和社会保障局局长、党组书记；2010年1月至2010年2月，任赣州市人力资源和社会保障局党组副书记；2010年2月至2011年9月，任赣州市人力资源和社会保障局局长、党组副书记；2011年9月至2012年4月，任赣州市四届人大常委会副主任、党组成员，市人力资源和社会保障局局长、党组副书记；2012年4月至2016年10月，任赣州市四届人大常委会副主任、党组成员（其间2013年3月至2014年1月，挂职任工业和信息化部财务司副司长）。

在2016年11月赣州市五届人大一次会议上，当选为赣州市政府副市长。

邓忠平 男，汉族，1964年7月出生，江西兴国人，1983年8月参加工作，1986年1月加入中国共产党，中央党校大学学历。赣州市政府副市长、党组成员，市公安局局长、党委书记、督察长，市委政法委副书记（兼）。

1981年9月至1983年8月，在江西省政法学校公安专业学习；1983年8月至1985年6月，任泰和县公安局治安科民警；1985年6月至1986年1月，任泰和县公安局万合派出所副所长；1986年1月至1992年12月，任泰和县公安局副局长；1992年12月至1994年4月，任泰和县公安局林业分局局长；1994年4月至1996年3月，任泰和县公安局副局长；1996年3月至1998年3月，任泰和县公安局副局长兼交警大队教导员；1998年3月至2001年2月，任泰和县公安局政委(1997年8月至2000年6月，在江西省委党校函授学院政法专业学习)；2001年2月至2002年10月，任泰和县公安局局长、党委书记(期间，2000年9月至2002年5月，在中国社科院法学系经济法专业研究生课程班学习)；2002年10月至2002年11月，任于都县公安局局长、党委书记；2002年11月至2005年6月，任于都县委常委、公安局局长；2005年6月至2007年5月，任赣州市章贡区委常委，市公安局党委委员、章贡分局局长；2007年5月至2007年9月，任赣州市第8期领导干部离岗考察培训班学员；2007年9月至2007年12月，任赣州市公安局副局长、党委副书记，市维稳办主任；2007年12月至2011年9月，任赣州市公安局副局长、党委副书记；2011年9月至2015年7月，任萍乡市政府副市长、公安局局长；2015年7月至2015年8月，任赣州市政府副市长人选、党组成员，市公安局局长人选、党委书记、督察长，市委政法委副书记(兼)；2015年8月至2016年10月，任赣州市政府副市长、党组成员，市公安局局长、党委书记、督察长，市委政法委副书记(兼)。

在2016年11月赣州市五届人大一次会议上，当选为赣州市政府副市长。

赵多仙 男，汉族，1965年11月出生，江西赣州人，1985年8月参加工作，1986年8月加入中国共产党，大学学历，哲学学士。2016年9月任赣州市政府党组成员，赣南苏区振兴发展工作办公室主任(副厅级)。

1981年9月至1985年8月，在江西大学哲学系哲学专业学习；1985年8月至1986年12月，任瑞金县黄柏乡政府宣传干事、司法员；1986年12月至1990年12月，任赣州地委宣传部干部；1990年12月至1993年3月，任赣州地委宣传部副科级宣传员；1993年3月至1994年12月，任赣州地委宣传部理论科副科长；1994年12月至1998年3月，任赣州地委宣传部党教科科长；1998年3月至2000年4月，任赣州市委宣传部理论科科长；2000年4月至2000年12月，任赣州市委办公室助理调研员；2000年12月至2002年11月，任赣州市委办公室副主任；2002年11月至2006年5月，任赣州市委副秘书长(正处级)；2006年5月至2008年6月，任南康市委常委、副市长(正处级)；2008年6月至2008年8月，任赣州市第11期领导干部离岗考察培训班学员；2008年8月至2009年1月，任全南县委副书记、代县长；2009年1月至2011年6月，任全南县委副书记、县长(其间，2009年3月至2009年7月，在江西省委党校第34期中青班学习)；2011年6月至2012年3月，任寻乌县委书记、县人大常委会主任；2012年3月至2013年10月，任寻乌县委书记；2013年10月至2015年12月，任龙南经济技术开发区党工委副书记、管委会主任(其间：2014年3月至2015年2月，挂职任国家卫生和计划生育委员会规划信息司副司长)；2015年12月至2016年9月，任赣南苏区振兴发展工作办公室主任(副厅级)；2016年9月至2016年10月，任赣州市政府党组成员，赣南苏区振兴发展工作办公室主任(副厅级)。

在2016年11月赣州市五届人大一次会议上，当选为赣州市政府副市长。

郭素芳　女，汉族，1971年9月出生，江西兴国人，1989年10月参加工作，1994年4月加入中国共产党，中央党校大学学历。赣州市政府党组成员，市监察局局长。

1986年9月至1989年9月，在吉安地区卫生学校中医护理专业学习；1989年10月至1991年6月，任兴国县中医院护士、副护士长；1991年7月至1992年10月，任共青团兴国县委办公室主任；1992年11月至1997年2月，任共青团兴国县委副书记(其间，1993年9月至1996年7月，在中央党校函授学院大专班经济管理专业学习)；1997年2月至1999年3月，任兴国县妇联主席(其间，1996年9月至1998年12月，在中央党校函授学院本科班经济管理专业学习)；1999年3月至1999年12月，任兴国县江背镇党委副书记、镇长；1999年12月至2002年1月，任赣州市妇联副主席；2002年1月至2002年10月，任会昌县委常委、组织部部长；2002年10月至2007年6月，任龙南县委副书记、县长(其间，2003年9月至2003年12月，在江西省委党校第23期中青班学习)；2007年6月至2008年6月，任赣州市旅游局局长、党组副书记；2008年6月至2011年6月，任赣州市旅游局局长、党组书记；2011年6月至2011年9月，任赣州市旅游局局长、党组副书记；2011年9月至2011年11月，任赣州市纪委副书记；2011年11月至2012年3月，任赣州市纪委副书记，市政府党组成员；2012年3月至2015年4月，任赣州市纪委副书记，市政府党组成员，市监察局局长；2015年4月至2016年9月，任赣州市纪委常务副书记，市政府党组成员，市监察局局长；2016年9月至2016年10月，任赣州市政府党组成员，市监察局局长。

在2016年11月赣州市五届人大一次会议上，当选为赣州市政府副市长。

徐　兵　男，汉族，1967年11月出生，江西赣县人，1989年8月参加工作，1989年5月加入中国共产党，中央党校大学学历。赣州市南康区委书记。

1987年9月至1989年7月，在赣州农业学校农学专业学习；1989年8月至1990年6月，任赣县大埠乡团委书记；1990年6月至1992年3月，任赣县王母渡镇团委书记、组织干事；1992年3月至1993年12月，任赣县大埠乡党委委员；1993年12月至1995年12月，任赣县小坪乡党委副书记；1995年12月至1997年11月，任赣县沙地镇党委副书记、镇长(其间，1995年1月至1996年12月，在辽宁刊授党校经济管理专业理论大专班学习)；1997年11月至2002年6月，任赣县沙地镇党委书记、人大主席(其间:1999年8月至2001年12月，在中央党校函授学院本科班经济管理专业学习)；2002年6月至2002年11月，任赣县政府县长助理(正科级)，沙地镇党委书记、人大主席；2002年11月至2003年1月，任信丰县政府副县长人选；2003年1月至2006年5月，任信丰县政府副县长；2006年5月至2009年1月，任宁都县委常委、宣传部部长；2009年1月至2011年6月，任宁都县委常委、副县长；2011年6月至2013年6月，任崇义县委副书记、县长；2013年6月至2014年2月，任南康市委书记；2014年2月至2016年10月，任赣州市南康区委书记。

在2016年11月赣州市五届人大一次会议上，当选为赣州市政府副市长。

曾　凡　男，汉族，1962年6月出生，广东梅州人，1987年1月加入中国共产党，1980年7月参加工作，中央党校大学学历。赣州市政协副主席，赣州市政协党组成员。

1980年7月至1985年9月，任南康县土产公司营业员、出纳(1984年12月转为国家干部)；1985年9月至1987年8月，在南康县委党校马列主义基础理论中专班学习；1987年8月至1987年10月，任南康县土产公司文书；1987年10月至1988年3月，任南康县供销社文书；1988年3月至1989年6月，任南康县委办公室秘书；1989年6月至1991年10月，任南康县委办公室副科级秘书(其间，1989年9月至1991年7月，在江西行政管理干部学院行政系秘书专业学习)；1991年10月至1992年4月，任南康县平田乡党委副书记；1992年4月至1994年2月，任南康县平田乡党委副书记、乡长；1994年2月至1997年1月，任南康市政府办公室主任；1997年1月至1997年11月，任赣县人民政府副县长；1997年11月至2000年12月，任崇义县委常委、副县长(其间，1995年8月至1997年12月，在中央党校函授学院经济管理专业学习)；2000年12月至2003年6月，任崇义县委副书记(其间，2001年5月至2001年7月，在赣州市委党校第2期县级干部理论培训班学习；2002年10月至2003年1月，在省委组织部选派在浙江省嘉兴市海宁市挂职锻炼)；2003年6月至2006年5月，任崇义县委副书记、县长；2006年5月至2007年1月，任龙南县委书记；2007年1月至2011年6月，任龙南县委书记、县人大常委会主任；2011年6月至2011年9月，任赣州开发区管委会副主任(正处级)、党委委员；2011年9月至2012年4月，任四届赣州市政协副主席，赣州市政协党组成员，赣州开发区管委会副主任、党委委员；2012年4月至2016年11月，任四届赣州市政协副主席，赣州市政协党组成员(其间，2014年3月至2015年2月，挂职任民政部区划地名司副司长)。

在2016年11月政协赣州市五届一次会议上，当选为赣州市政协副主席。

肖明华　男，汉族，1961年9月出生，江西万安人，1984年3月加入中国共产党，1981年11月参加工作，中央党校大学学历。赣州市政协副主席，赣州市政协党组成员。

1977年9月至1979年10月，在崇义共大农学专业学习；1979年10月至1981年11月，在江西第一林业学校水电专业学习；1981年11月至1984年6月，任上犹县双溪公社司法员；1984年6月至1986年9月，任上犹县双溪乡副乡长(其间，1984年9月至1986年9月，在江西广播电视大学党政管理专业学习)；1986年9月至1987年10月，任上犹县社溪乡党委委员、乡企办主任；1987年10月至1989年1月，任上犹县社溪镇党委副书记、镇企办主任；1989年1月至1994年7月，任上犹县社溪镇党委书记、人大主席；1994年7月至1996年1月，任石城县委常委、组织部部长；1996年1月至2000年1月，任寻乌县委常委、副县长(其间，1996年8月至1998年12月，在中央党校函授学院政法专业学习)；2000年1月至2000年12月，任寻乌县委副书记；2000年12月至2001年2月，任赣州市商业银行筹备办公室主任；2001年2月至2003年7月，任赣州市商业银行党委书记、董事长；2003年7月至2004年5月，任赣州市政府副秘书长，市商业银行党委书记、董事长；2004年5月至2008年11月，任赣州市商业银行党委书记、董事长；2008年11月至2011年9月，任赣州银行党委书记、董事长；2011年9月至2013年10月，任四届赣州市政协副主席，赣州市政协党组成员，赣州银行党委书记、董事长；2013年10月至2013年11月，任四届赣州市政协副主席，赣州市政协党组成员，赣州银行董事长；2013年11月至2016年11月，任四届赣州市政协副主席，赣州市政协党组成员。

在2016年11月政协赣州市五届一次会议上，当选为赣州市政协副主席。

姚　勇　男，汉族，1965年9月出生，江西兴国人，农工党党员，1981年10月参加工作，中央党校大学学历，法学学士。赣州市政协副主席，农工党赣州市委会主委。

1981年10月至1982年9月，任兴国县方太供销社职工；1982年9月至1985年9月，在赣南医学院医疗专业学习；1985年9月至1987年9月，任兴国县人民医院医生；1987年10月至1988年9月，任兴国县卫生局干部；1988年9月至1990年3月，任兴国县卫生局医政股副股长、股长；1990年3月至1997年3月，任兴国县卫生局副局长；1997年3月至1998年1月，任兴国县卫生局副局长、红十字会会长；1998年1月至2000年12月，任兴国县政协副主席，县卫生局副局长、红十字会会长(其间，1996年8月至1998年12月，在中央党校函授学院经济管理专业学习)；2000年12月至2004年4月，任兴国县政府副县长(其间，1999年5月至2001年4月，在江西师范大学思想政治教育专业学习，获法学学士学位)；2004年4月至2004年8月，任兴国县政府副县长、二届赣州市政协常委；2004年8月至2009年12月，任赣州市卫生局副局长、三届赣州市政协常委；2009年12月至2010年2月，任赣州市第16期领导干部离岗考察培训班学员、三届赣州市政协常委；2010年2月至2010年4月，任赣州市卫生局局长人选、三届赣州市政协常委；2010年4月至2011年9月，任赣州市卫生局局长、三届赣州市政协常委；2011年9月至2012年1月，任四届赣州市政协副主席，赣州市卫生局局长；2012年1月至2015年12月，任四届赣州市政协副主席(其间，2013年3月至2014年1月，挂职任国家工商总局反垄断和反不正当竞争执法局副局长)；2015年12月至2016年11月，任四届赣州市政协副主席，农工党赣州市委会主委。

在2016年11月政协赣州市五届一次会议上，当选为赣州市政协副主席。

谢宝河　男，汉族，1961年10月出生，江西南康人，1983年12月加入中国共产党，1982年9月参加工作，中央党校大学学历，法学学士。赣州市政协党组成员。

1979年10月至1982年7月，在赣南师范专科学校化学专业学习；1982年7月至1982年9月，毕业待分配；1982年9月至1984年3月，任南康县赤土中学教师、团委书记；1984年3月至1985年1月，任共青团南康县委副书记(其间，1984年4月至1984年7月，在江西省团校学习)；1985年1月至1990年5月，任共青团赣州地委组织部副部长、部长；1990年5月至1991年10月，任共青团赣州地委副书记；1991年10月至1994年12月，任赣州地区文明办副主任；1994年12月至1999年7月，任瑞金市委副书记(其间，1996年8月至1998年12月，在中央党校函授学院党政管理专业学习；1999年3月至1999年7月，在江西省委党校中青班学习)；1999年7月至2003年7月，任赣州市政府副秘书长(正县级)、办公室党组成员；(其间，1999年5月至2001年4月，在江西师范大学课程进修班思想政治专业学习，获法学学士学位)；2003年7月至2004年5月，任赣州市政府副秘书长(正县级)、市政府办公厅；党组成员；2004年5月至2004年6月，任赣州市城市规划建设局局长；2004年6月至2006年5月，任赣州市城市规划建设局局长、党委书记；2006年5月至2009年4月，任赣州市政府副秘书长，市城市规划建设局局长、党委书记；2009年4月至2009年12月，任赣州市城市管理局党委书记；2009年12月至2011年6月，任三届赣州市政协秘书长，赣州市政协党组成员、机关党组书记；2011年6月至2013年8月，任龙南县委书记；2013年8月至2016年10月，任江西省赣南等原中央苏区振兴发展工作办公室副主任；2016年10月至2016年11月，任赣州市政协党组成员。

在2016年11月政协赣州市五届一次会议上，当选为赣州市政协副主席。

华旭明 男，汉族，1963年11月出生，江西寻乌人，无党派，1984年8月参加工作，大学学历。赣州市工商联主席，四届赣州市政协常委。

1980年2月至1984年7月，在江西农业大学林学专业学习；1984年8月至1986年12月，任寻乌县林业技术推广站技术员；1986年12月至1994年2月，任寻乌县林业调查设计队副队长、队长；1994年2月至1997年1月，任寻乌县林业局副局长(其间，1994年6月 至1994年9月， 在赣州地委党校第5期中青班学习)；1997年1月至2002年1月，任寻乌县政协副主席、县林业局副局长(其间，2001年6月至2001年7月，在赣州市委党校县干班学习)；2002年1月至2002年11月，任寻乌县政协副主席、县林业局局长；2002年11月至2003年2月，任寻乌县政府副县长、县林业局局长；2003年2月至2006年12月，任寻乌县政府副县长；2006年12月至2007年8月，任寻乌县政府副县长，三届赣州市政协常委；2007年8月至2007年12月，任赣州市第9期领导干部离岗考察培训班学员，；三届赣州市政协常委；2007年12月至2016年4月，任赣州农业学校(市农业干部学校、赣州机电工程职业中等专业学校)校长，三届、四届赣州市政协常委；2016年4月 至2016年11月， 任赣州市工商联主席，四届赣州市政协常委。

在2016年11月政协赣州市五届一次会议上，当选为赣州市政协副主席。

廖志刚 女，汉族，1967年4月出生，江西龙南人，1985年4月加入中国共产党，1985年8月参加工作，中央党校大学学历。赣州市委组织部常务副部长，市人大常委会委员。

1982年9月至1985年7月，在赣州师范学校幼师班学习；1985年8月至1986年7月，任龙南县幼儿园教师；1986年7月至1987年7月，任龙南县第二职业技术学校教师；1987年7月至1987年9月，任龙南县幼儿园副园长；1987年9月 至1990年12月，任共青团龙南县委干事、办公室主任；1990年12月至1992年11月，任共青团龙南县委副书记(其间，1989年8月至1992年8月，在中国青年政治函授学院行政管理专业学习)；1992年11月至1998年12月，任共青团龙南县委书记(其间，1996年8月至1998年12月，在中央党校函授学院经济管理专业本科班学习)；1998年12月至2002年11月，任龙南县黄沙乡党委书记；2002年11月至2006年5月，任宁都县人民政府副县长；2006年5月至2009年2月，任赣县县委常委；2009年2月至2011年6月，任寻乌县县委常委、组织部部长；2011年6月至2011年9月，任赣州市委组织部副部长；2011年9月至2015年4月，任赣州市委组织部副部长(正处级)，市人大常委会委员；2015年4月至2016年11月，任赣州市委组织部常务副部长，市人大常委会委员。

在2016年11月政协赣州市五届一次会议上，当选为赣州市政协副主席。

邹 军 男，汉族，1964年3月出生，江西于都人，民建会员，1983年8月参加工作，大学学历，工学学士。民建赣州市委会主委。

1979年9月至1983年7月，在无锡轻工业学院食品工程系制糖专业学习；1983年8月至1987年4月，任江西第三糖厂车间技术员；1987年4月至1992年9月，任江西第三糖厂生产科副科长、科长；1992年9月至1997年7月，任江西第三糖厂副厂长；1997年7月至1999年7月，任赣州地区食品工业局生产流通科科长；1999年7月至1999年10月，任赣州市食品工业局生产流通科科长；1999年10月至2001年6月，任赣州市工商联副会长，民建赣州市委会副主委(兼)，市人大常委会委员；2001年6月至2004年4月，任宁都县政府副县长，民建赣州市委会副主委(兼)；2004年4月至2004年8月，任宁都县政府副县长，民建赣州市委会副主委(兼)，二届赣州市政协常委；2004年8月至2011年9月，任赣州市监察局副局长，民建赣州市委会副主委(兼)，二届、三届赣州市政协常委；2011年9月至2012年6月，任赣州市监察局副局长，民建赣州市委会副主委(兼)；2012年6月至2016年11月，任民建赣州市委会主委。

在2016年11月政协赣州市五届一次会议上，当选为赣州市政协副主席。

蓝 赟 男，畲族，1965年1月出生，江西于都人，民革党员，1983年9月参加工作，在职大学学历。赣州市科技局局长，民革赣州市委会主委，十一届江西省政协常委，四届赣州市政协常委。

1983年9月至1989年8月，任于都县城郊中学教师(其间，1984年12月，吸收为国家干部，1987年9月至1989年8月，在赣州教育学院政教系学习）；1989年8月至1990年12月，任于都县城郊中学副校长；1990年12月至1994年8月，任于都县广电局副局长（其间，1990年9月至1993年7月，在江西师范大学政教系政教专业学习）；1994年8月至1997年3月，任于都县教育局副局长；1997年3月至1998年1月，任于都县教师进修学校校长；1998年1月至1999年9月，任于都县政府副县长；1999年9月至2002年11月，任于都县政府副县长，一届赣州市政协常委（其间，1999年5月至2000年10月，在南昌大学马列理论与思政教育研究生主要课程进修班学习）；2002年11月至2010年8月，任赣州市教育局副局长，九届、十届江西省政协常委；2010年8月至2011年9月，任赣州市教育局副局长，赣州市第三中学校长，十届江西省政协常委；2011年9月至2012年7月，任赣州市教育局副局长，赣州市第三中学校长，十届江西省政协常委，四届赣州市政协常委；2012年7月至2013年8月，任赣州市教育局副局长，赣州广播电视大学校长，赣州市第三中学校长，十届江西省政协常委，四届赣州市政协常委；2013年8月至2015年6月，任赣州市教育局副局长，赣州广播电视大学校长，十一届江西省政协常委，四届赣州市政协常委（其间，2014年3月至2015年2月，在教育部财务司挂职，任教育经费占GDP4%办公室主任助理）；2015年8月至2015年12月，任赣州市科技局局长，十一届江西省政协常委，四届赣州市政协常委；2015年12月至2016年11月，任赣州市科技局局长，民革赣州市委会主委，十一届江西省政协常委，四届赣州市政协常委。

在2016年11月政协赣州市五届一次会议上，当选为赣州市政协副主席。

孔刃非 男，汉族，1963年9月出生，江西石城人，民进会员，1987年7月参加工作，大学学历，文学学士。赣州市民政局局长，民进赣州市委会主委，赣州市政协常委。

1983年9月至1985年9月，在赣南师范学院中文系汉语言文学专业学习；1985年9月至1987年7月，任江西师范大学中文系汉语言文学专业学习；1987年7月至1995年3月，任赣南师范学院中文系助教；1995年3月至2000年11月，任赣南师范学院中文系讲师；2000年11月至2003年1月，任赣南师范学院中文系副教授；2003年1月至2006年4月，任赣南师范学院中文与新闻传播系副教授；2006年4月至2008年11月，任赣南师范学院文学与新闻传播学院副教授；2008年11月至2011年7月，任赣南师范学院文学与新闻传播学院教授；2011年7月至2012年8月，任赣南师范学院文学院教授；2012年8月至2013年1月，任赣州市监察局副局长（正处级，试用一年）；2013年1月至2013年2月，任赣州市监察局副局长（正处级，试用一年），四届赣州市政协常委；2013年2月至2013年8月，任赣州市监察局副局长（正处级，试用一年），民进赣州市委会副主委（兼），四届赣州市政协常委；2013年8月至2014年4月，任赣州市监察局副局长（正处级），民进赣州市委会副主委（兼），四届赣州市政协常委；2014年4月至2014年5月，任赣州市民政局局长，四届赣州市政协常委；2014年5月至2016年11月，任赣州市民政局局长，民进赣州市委会主委，四届赣州市政协常委。

在2016年11月政协赣州市五届一次会议上，当选为赣州市政协副主席。

2016年换届当选的市“两院”主要领导

邹宇平 男，汉族，1973年4月出生，江西乐安人，1995年9月参加工作，1998年6月加入中国共产党，大学学历，法律硕士。赣州市中级人民法院副院长、代院长、党组书记。

1991年9月至1995年7月，在西南政法大学刑事司法专业学习；1995年7月至1995年9月，毕业待分配（参加公务员招考）；1995年9月至1996年9月，任江西省高级人民法院干部；1996年9月至1999年3月，任江西省高级人民法院科员；1999年3月至2000年1月，任江西省高级人民法院助理审判员；2000年1月至2000年2月，任江西省高级人民法院副主任科员、助理审判员；2000年2月至2002年6月，任江西省高级人民法院党组秘书、副主任科员、助理审判员；2002年6月至2003年3月，任江西省高级人民法院党组秘书、主任科员、助理审判员；2003年3月至2006年4月，任江西省高级人民法院院长秘书、办公室督查科科长、主任科员、助理审判员；2006年4月至2006年12月，任江西省高级人民法院江西法官培训学院院长助理、主任科员、助理审判员；2006年12月至2008年11月，任江西省高级人民法院江西法官培训学院副院长（副处）、助理审判员（其间，2005年4月至2008年1月，在江西财经大学在职法律硕士专业学习）；2008年11月至2010年3月，任江西省高级人民法院法官培训学院副院长（副处）、副调研员、审判员；2010年3月至2010年8月，任江西省高级人民法院监察室主任、审判员；2010年8月至2015年5月，任江西省高级人民法院纪检组副组长、监察室主任、审判员（其间，2012年9月至2014年9月，挂职任都昌县委常委、副县长；2013年9月至2013年11月，在九江市委党校县处班学习）；2015年5月至2015年11月，任江西省高级人民法院纪检组副组长、组织人事处处长、审判员；2015年11月至2016年9月，任江西省高级人民法院组织人事处处长、审判员；2016年9月至2016年10月，任赣州市中级人民法院副院长、代院长、党组书记。

在2016年11月赣州市五届人大一次会议上，当选为赣州市中级人民法院院长。

江阶虎 男，汉族，1963年10月出生，江西丰城人，1985年7月参加工作，中共党员，大学学历，法学学士。赣州市人民检察院党组书记、代检察长、副检察长。

2000年7月至2002年12月，任江西省新余市中级人民法院党组成员、副院长；2002年12月至2004年5月，任江西省新余市中级人民法院党组成员、副院长；2004年6月至2004年10月，任江西省新余市人民检察院党组成员、副检察长；2004年10月至2007年4月，任江西省新余市人民检察院党组副书记、副检察长、反贪局局长；2007年4月至2007年5月，任江西省人民检察院民事行政检察处处长；2007年5月至2010年11月，任江西省人民检察院民事行政检察处处长、检察委员会委员、检察员；2010年11月至2016年9月，任江西省人民检察院检察委员会副厅级专职委员；2016年9月至2016年11月，任赣州市人民检察院党组书记、代检察长、副检察长。

在2016年11月赣州市人大五届一次会议上，当选为赣州市人民检察院检察长。

全国五一劳动奖章获得者

（以姓氏笔画为序）

李卫民 男，43岁，江西信丰人，大学本科学历，中共党员，现任江西青峰药业有限公司设备工程部长。李卫民诚实勤勉、爱岗敬业，自2002年加入江西青峰药业有限公司以来，14年如一日奋战在生产一线，为保障设备的正常运行刻苦钻研、夜以继日，团结带领他的团队，在青峰的发展中展现出劳动者的光彩。在李卫民及其团队的共同努力下，设备设施的性能被充分的挖掘和利用，发挥最大的效能，为企业的增产和产品质量的提高提供有力保障，在原有设备设施基本不变的情况下，满足从产值几千万元扩展到30多亿元的产品生产需要。2016年，李卫民获全国五一劳动奖章、江西省劳动模范荣誉称号。

赖永胜 男，47岁，江西安远人，大学本科学历，中共党员，现任安远县中等职业技术学校校长。赖永胜自2001年10月起担任安远职校校长16年以来，工作兢兢业业，任劳任怨，敢于创新，善于开拓，使当初仅127名学生、31名教工濒临倒闭的安远职校几年一个新台阶，先后被建设为省示范、省重点、国家级重点职校，国家中等职业教育改革发展示范学，全日制普通中专学校，全国职业教育先进单位。2016年，安远职校中专学历学生达3890人，年培训短训学员8000人以上，走出一条农村贫困山区县抓职业教育的成功典范。2016年，赖永胜获全国五一劳动奖章、江西省劳动模范荣誉称号。

江西省五一劳动奖章获得者

（以姓氏笔画为序）

邝志红 女，48岁，大学专科学历，现任赣州市寻乌县教育局教研室主任；赣州市二届政协委员，市三届、四届人大代表。邝志红从事小学数学教学21年，教学工作勤勤恳恳，形成自己一套独特的教学理论。当选为赣州市数学教育专业委员会理事、江西省小学数学专业委员会会员。2008年后调任县教研室工作，潜心教学研究，她倡导的高效课堂新理念得到同行认可，创新开展教师体验式研训活动，积极参加课题研究，主持3个省级课题，在全国、省、市刊物发表科研论文18篇，其中2篇获国家级一等奖，5篇获省级奖，7篇获市级奖。主持出台教学奖励办法，调动教师积极性，2015年、2016年中考、高考成绩创历史新高，全市排名第九名。在担任市人大代表、政协委员期间，撰写提案建议17个，其中1个建议被市人大常委会评为优秀建议。邝志红被评为2013年省教育厅“骨干教师”，2009年省教育厅“优秀教研员”。2012年市教育局“优秀教研员”，2013年省教育学会数学专业委员会“先进工作者”。2016年，获江西省五一劳动奖章荣誉称号。

刘相道 男，江西崇义人，1969年11月出生，初中文化，江西漂塘钨业有限公司风钻机工。刘相道1998年参加工作到漂塘钨矿，一直奋战在艰苦的生产一线。17年来，他先后为漂塘钨业有限公司328防洪工程，448东部掘进以及616、448竖井进路等重要工程做出突出的贡献。2015年，他凭着娴熟的凿岩技术和扎实的工作作风，攻克一个又一个难关，月月超额完成班组任务指标。完成平巷掘进量为计划的158.92%，出勤率为100%，成本节约9.46万元，实现安全生产。刘相道被评为2014年中国五矿集团先进工作者，2015年赣州市劳动模范、江西钨业集团有限公司劳动模范。2016年，获江西省五一劳动奖章荣誉称号。

刘　琳 女，42岁，大学本科学历，赣州中学教师。刘琳25年工作在教学一线，科研成果显著，先后主持和参与课题研究6个；所撰论文在核心期刊、省级以上公开发表10余篇；教育教学业绩突出，先后获得省骨干教师、省五一巾帼标兵、省工会工作先进个人、市学科带头人等称号；她热心公益，扶贫济困，服务师生，创新工作方法，拓展工作思路，为学校凝心聚力长足发展做出重大贡献。2016年，获江西省五一劳动奖章荣誉称号。

阳　洁 男，35岁，大学专科学历，赣州水务集团上犹县自来水有限公司职工。阳洁15年来，由一名管道外行慢慢地成长为一名业务素质高、动手能力强的供水人。时间、环境虽然发生变化，他工作的热忱没有改变，为用户服务的态度没有改变，以企为家、以岗为荣、以苦为乐、实现自身价值，自我奉献的“升华”精神没有变，自始至终都坚持奋战在保证供水的第一战线上。阳洁获公司2012—2015年度先进个人；2015年度“最美犹江之子”称号。2016年，获江西省五一劳动奖章荣誉称号。

李　力 男，49岁，大学本科学历，现任中国农业发展银行赣州市分行行长。李力自2012年1月担任中国农业发展银行赣州市分行行长以来，以超凡卓越的精神和锐意进取的勇气，带领赣州市农发行信贷支农团队，紧紧围绕服务赣南苏区振兴发展战略主动作为、实干苦干，倾力服务“三农”发展。单位2012年荣获中国银监会小微企业金融服务优秀团队，2013年荣获全国普法办“六五”普法中期先进单位，2012—2014年连续3年被总行评为优秀信贷管理行；多次被市政府评为支持地方经济先进单位。李力被评为农发行江西省分行优秀共产党员、先进个人。2016年，获江西省五一劳动奖章荣誉称号。

杨绿英 女，40岁，研究生学历，现任瑞金市第一中学副校长，中学英语高级教师，省骨干教师。杨绿英自参加工作18年来，爱岗敬业，勤奋耕耘。担任副校长期间负责管理高一年级教学，直至该年级到高三毕业教学工作中，她带领全年级师生负重拼搏，咬定高考奋斗目标，呕心沥血求质量，瑞金一中在2015年高考中取得文化二本以上上线人数列赣州市21所重点中学第4名；二本以上录取人数(含特长生)首次过1000人，有4人次达到或超过清华大学、北京大学(国家专项)投档线的好成绩。杨绿英2013年7月被评为江西省“高中英语骨干教师”；2015年9月被瑞金市委、市政府评为“高考先进个人”。2016年，获江西省五一劳动奖章荣誉称号。

邱建民 男，47岁，大学本科学历，现任赣州嘉通新材料有限公司研发中心副主任。邱建民作为高新技术企业研发中心的副主任，建立研发工作相关的项目立项、经费保障、研发投入核算等基本制度，使公司研发工作不断创新。近些年他参与公司的多个项目分别被国家科技部、国家工信部、省科技厅等肯定和支持。他主持和参与公司3个发明专利和10项实用新型专利的创新研发，提升稀土合金和磁性材料在工艺技术和工艺设备的创新能力，对促进稀土产业的加快发展有着显著的推动作用。2016年，获江西省五一劳动奖章荣誉称号。

何启菲 女，51岁，大学本科学历，现任崇义县地税局局长。何启菲以组织收入为己任，强化征管，2015年组织入库各项收入4.24亿元，同比增收2774万元，增长7%，占财政总收入38.9%，税收总量和增幅分别位居财税三家第一和第二。她全力服务纳税人，落实税收优惠政策，全年依法减免地方各税4655万元，惠及纳税人648户，连续两年获得全国纳税人满意度调查先进单位；她重视地税文化建设，精心打造“知行”文化品牌，连续两届“全省地税文化建设示范单位”。她关心青年干部的成长，创办“青年干部学习班”，连续两年在全市地税综合业务考试排名第一。单位获江西省文明单位、全省地税系统先进单位、全市地税系统“四好”领导班子等称号。何启菲2012年、2015年度被评为“全省地税系统先进工作者”；2012年、2013年、2014年、2015年连续四年被评为“全市地税系统优秀领导干部”；2014年、2015年连续两年被评为优秀公务员。2016年，获江西省五一劳动奖章荣誉称号。

罗焕佣 男，42岁，高中学历，现任赣州市市政工程管理处路灯管理所维修队队长。罗焕佣负责的维修队担负着市中心城区2万余盏路灯的日常巡查、维修和管理工作；中心城区新改建路灯建设以及汛期防汛电机抢险照明的安装、维修工作。2015年，他放弃节假日，完成安装小街小巷路灯2187盏，占路灯安装量的25%，为历年来之最；维修中心城区5012余盏路灯，铺设线路531米，维修路灯控制柜47台；处理市民来电来访路灯设施故障200余起。在他的努力下，赣州市中心城区路灯设施完好率达到97%以上，亮灯率达到98%以上，“亮灯率”位居全省前列。罗焕佣2004年获市劳动竞赛委授予的“明星职工”，客属第十九届恳亲大会、中国(赣州)客家文化节组织服务工作先进个人。2016年，获江西省五一劳动奖章荣誉称号。

赵文华 女，43岁，大学专科学历，信丰县国土资源局职工。赵文华2001年以来，一直抽调参与陈毅广场、迎宾大道扩建、南门危旧房改造、山塘路、“一江两岸”B段等县委、县政府重点工程项目拆迁工作。10多年来，她工作兢兢业业、坚持原则、情系群众，负责的拆迁工作得到顺利推进。作为一名拆迁工作人员，赵文华在工作中始终把拆迁对象的合法权益作为工作的出发点，放在心上。只要在政策的范围内，力所能及地帮助拆迁户解决实际困难。不管拆迁户是谁，赵文华首先会去了解拆迁户家里的情况，主动嘘寒问暖，每当拆迁户遇到困难，她总是竭尽全力帮助解决。对政策不理解的，她不厌其烦，耐心解释，直至他们可以接受，一次次将矛盾化解。赵文华2010年被县委、县政府评为“全县信访工作先进个人”，2011年被县委、县政府评为“综治、维稳先进个人”，2015年7月获赣州市职工职业道德建设标兵五一劳动奖称号。2016年，获江西省五一劳动奖章荣誉称号。

钟名燕 女，37岁，大学专科学历，赣州高速和畅运营管理公司南康征费管理所收费员。钟名燕工作中脚踏实地，任劳任怨，用自己执着追求和无私奉献，谱写一曲高速公路收费员的青春之歌。钟名燕于2004年进入赣定高速公路从事收费工作，12年来，累计收费35万多车次、收费额达1.67亿元，未出现任何收费差错和服务投诉。睿智出自平实，魅力缘于真诚，昼夜车流不息的车道里，过往的司乘带走的是满意的微笑，留下的是她对青春拭亮“窗口”的赞誉。“以友爱之心迎过客，以满腔热忱对路人”是她青春的宣言。钟名燕2014年获赣州市“五一”巾帼标兵岗、2015年赣州市“道德模范”称号。2016年，获江西省五一劳动奖章荣誉称号。

郭莹芳 女，40岁，大学专科学历，现任赣县国土局副局长。郭莹芳先后分管局法规监察、地籍、综治信访、工会以及新农村建设等相关工作。她理想信念坚定，工作思路清晰，奉献意识强，抓要害、强落实、推动工做出实效。分管综治信访工作期间，获全省信访工作先进单位；分管工会工作期间，组织单位职工参与全县文体比赛，多年、多项赛事获一、二、三等奖，单位多年获县工会工作先进单位；分管新农村建设工作期间，单位获县新农村建设工作先进单位。郭莹芳因业绩表现突出，获全省信访工作先进个人，省总工会“优秀工会工作者”，多年被市局评为全市土地管理先进个人，全县信访工作先进个人，全县优秀党务工作者，工会先进个人以及优秀公务员等称号。2013年获省优秀工会工作者，2014年获全省信访工作先进个人，2012—2015年获全市土地管理先进个人称号。2016年，获江西省五一劳动奖章荣誉称号。

曾　强　男，34岁，贵州思南人，土家族，大学本科学历，现任江西大吉山钨业有限公司地测科科长。曾强从一线普通技术人员成长为地质测量负责人，他无私奉献，靠着一股子坚毅、耐力和闯劲，实现他从一名普通的职员到优秀管理者的人生转变。他首次在公司内采用GPS RTK技术进行野外数据采集，为加快项目建设赢得时间和节省近20万元的经费，并为未来测绘矿区地形图积累宝贵的经验。曾强2013年获江钨集团劳动模范称号，2014年7月被评为中国五矿集团优秀共产党员，2015年被授予‘赣州市劳动模范”称号。2016年，获江西省五一劳动奖章荣誉称号。

2016年获正高级专业技术职务资格人员

姓　名	工作单位	资格名称	姓　名	工作单位	资格名称
潘建平	江西理工大学	教授	钟宝元	赣南医学院	主任医师
叶信宇	江西理工大学	教授	杨少春	赣南医学院	主任医师
游维雄	江西理工大学	教授	谢　军	赣南医学院	主任医师
潘春荣	江西理工大学	教授	黄文峰	赣南医学院	主任医师
黄开启	江西理工大学	教授	罗志方	赣南医学院	主任医师
吴君钦	江西理工大学	教授	温优良	赣南医学院	主任医师
刘立刚	江西理工大学	教授	郑保平	赣南医学院	主任中医师
邓显超	江西理工大学	教授	郭春钰	赣南医学院	主任药师
王观石	江西理工大学	教授	韩清波	赣南医学院	主任护师
钟震晨	江西理工大学	教授	黄海燕	赣南医学院	主任护师
赵永红	江西理工大学	教授	谢艳梅	赣南医学院	主任护师
于仲安	江西理工大学	教授	伊秀英	赣南医学院	主任护师
肖　锋	江西理工大学	主任中医师	杨　琼	赣南医学院	主任护师
曾荣玉	江西理工大学	研究馆员	张桂兰	赣南医学院	主任护师
樊国敬	赣南师范大学	教授	温常青	江西环境工程职业学院	教授
武海军	赣南师范大学	教授	梁泉生	江西环境工程职业学院	教授
钟福民	赣南师范大学	教授	古发辉	江西应用技术职业学院	教授
徐国海	赣南师范大学	教授	张冬梅	江西应用技术职业学院	教授
王兴泽	赣南师范大学	教授	谢静如	江西应用技术职业学院	教授
左志德	赣南师范大学	教授	梁造禄	赣州师范高等专科学校	高校教授
肖　灵	赣南师范大学	教授	陈　健	赣州师范高等专科学校	高校教授
张　军	赣南师范大学	教授	朱扬寿	赣州师范高等专科学校	高校教授
陈同强	赣南医学院	教授	钟建新	赣州师范高等专科学校	高校教授
陈懿建	赣南医学院	教授	许五军	赣州市城乡规划设计研究院	教授级高级工程师
李　峰	赣南医学院	主任医师	邓建宇	赣州市建设工程质量监督管理站	教授级高级工程师
伍耿青	赣南医学院	主任医师	江　军	全南县林业技术推广站	教授级高级工程师

姓　名	工作单位	资格名称	姓　名	工作单位	资格名称
杨　军	赣南医学院	主任医师	熊以俊	赣州逸豪优美科实业有限公司	教授级高级工程师
王建忠	赣南医学院	主任医师	杨　清	龙南龙钇重稀土科技股份有限公司	教授级高级工程师
林朝楷	崇义县林木种苗站	教授级高级工程师	邱湖海	石城县人民医院	主任医师
赵立夫	崇义章源钨业股份有限公司	教授级高级工程师	曾春生	赣州市肿瘤医院	主任药师
徐国钻	崇义章源钨业股份有限公司	教授级高级工程师	王松云	赣州市第三人民医院	主任技师
杨小玲	江西青峰药业有限公司	教授级高级工程师	肖九长	赣州市人民医院	主任技师
周军平	赣州市公路管理局大余分局	教授级高级工程师	黄月红	赣州市立医院	主任护师
李立锋	江西铭鑫冶金设备有限公司	教授级高级工程师	陈永华	于都县中医院	主任护师
杨　俊	赣南艺术创作研究所	一级演员	徐金萍	赣南日报社	高级编辑
黄林海	赣南科学院	研究员	杨杏元	瑞金市教师进修学校	中小学正高级教师
陈荣华	赣州市烟草科学研究所（赣州市旱作物科学研究所）	研究员	刘艳琼	赣州市文清路小学	中小学正高级教师
钟云平	赣州市畜牧研究所	研究员	肖　莉	赣州市章贡区教学研究室	中小学正高级教师
郭玉芳	赣州文学院	文学创作一级	王会有	崇义县章源实验中学	中小学正高级教师
邓宜楚	赣县人民医院	主任医师	陈宗炫	赣州中学	中小学正高级教师
刘春云	赣州市第五人民医院	主任医师	郭训盛	信丰中学	中小学正高级教师
谢宝强	赣州市立医院	主任医师	刘毓球	赣州市南康区第三中学	中小学正高级教师
钟瑞平	赣州市皮肤病医院	主任医师	谢泽源	赣州市教学研究室	中小学正高级教师
袁文金	赣州市人民医院	主任医师	谢芳青	赣州中学	中小学正高级教师
游　辉	赣州市人民医院	主任医师	黄慧英	安远县第三中学	中小学正高级教师
欧阳远辉	赣州市人民医院	主任医师	黄水根	石城中学	中小学正高级教师
涂家金	赣州市人民医院	主任医师	刘明海	信丰中学	中小学正高级教师
刘德慧	赣州市人民医院	主任医师	周卫华	赣县中学	中小学正高级教师
董显燕	赣州市人民医院	主任医师	陈余华	大余中学	中小学正高级教师
叶永强	赣州市肿瘤医院	主任医师	肖　中	南康中学	中小学正高级教师
王跃武	赣州市立医院	主任医师	欧阳荣明	兴国平川中学	中小学正高级教师
钱　锐	赣州市人民医院	主任医师	何　强	赣州市第三中学	中小学正高级教师
周青美	赣州市人民医院	主任医师	曾广湖	赣州市南康区新世纪中英文学校	中小学正高级教师
徐　颖	信丰县人民医院	主任医师	黄　冰	定南县第三中学	中小学正高级教师
肖修志	信丰县小河镇中心卫生院	主任医师	王万春	会昌实验学校	中小学正高级教师
王述华	兴国县人民医院	主任医师	刘瑷琏	赣州市第七中学	中小学正高级教师
钟伟建	赣州市南康区第一人民医院	主任医师	卢加英	宁都中学	中小学正高级教师
张远平	赣州市南康区第一人民医院	主任医师			

2016年获省部级以上表彰的先进集体

单位名称	荣誉称号	颁奖部门
赣州市精准扶贫办公室	全国扶贫系统先进集体	人社部、国务院扶贫办
赣州市财政局	全国文明单位	中央文明委
赣州市地方税务局	全国文明单位	中央文明委
信丰县地方税务局	全国文明单位	中央文明委
赣州市经济技术开发区财税办证大厅	全国文明单位	中央文明委
赣州经济技术开发区	2016年度全省“三年强攻”专项奖：主营业务收入首次突破500亿元的工业园区	省政府
赣州市文化广电新闻出版局	新闻出版统计工作先进单位	国家新闻出版广电总局
赣州市	全国无偿献血先进城市	国家卫计委联合中国红十字会总会、中央军委后勤保障部卫生局
赣州市疾病预防控制中心	全国“十二五”地方病防治工作先进集体	中国疾控中心
赣州市皮肤病医院	“十二五”全国麻风畸残矫治手术先进单位	中国疾控中心
赣州市防震减灾局	全国地市级防震减灾工作业务工作考核先进单位	中国地震局
兴国县防震减灾局	全国县级防震减灾工作业务工作考核先进单位	中国地震局
寻乌县防震减灾局	全国县级防震减灾工作业务工作考核先进单位	中国地震局
赣州银监分局	银监会系统信息报送先进单位	中国银监会
中国银行赣州分行辖属于都支行	先进基层党组织	中国银行总行
建设银行赣州支行	“平安建行”创建活动先进集体	建设银行总行
赣州市烟草专卖局(公司)	全国烟草行业“六五”普法先进单位、“十二五”科技创新工作先进集体	国家烟草专卖局、中国烟草总公司
江西应用技术职业学院	2015年高等职业院校服务贡献50强	教育部
江西理工大学	全国无偿献血先进单位	国家卫计委、中国红十字会
江西理工大学团委	2016年全国大中专学生志愿者暑期“三下乡”社会实践活动优秀单位	共青团中央
赣县区	2016—2020年度全国科普示范县	中国科协
赣县区百家乐蔬菜专业合作社(鹭溪农场)	全国“合作社+农户”旅游扶贫示范项目	国家旅游局
赣县区	全国休闲农业和乡村旅游示范县	农业部
赣县区梅林镇白鹭湾社区	2016年度全国综合减灾示范社区	国家减灾委员会、民政部
赣县区江口镇中心卫生院	2015—2016年度群众满意的乡镇卫生院	国家卫计委
赣县区王母渡镇中心卫生院	2015—2016年度群众满意的乡镇卫生院	国家卫计委
赣县区五云镇卫生院	2015—2016年度群众满意的乡镇卫生院	国家卫计委
赣州市	全国双拥模范城	中央军委、民政部
兴国县	全国双拥模范县	中央军委、民政部
兴国县公安局	全国公安机关执法示范单位	公安部
兴国县公安局	全国维护妇女儿童权益先进集体	全国妇联
兴国县潋江镇东河社区	全国综合减灾示范社区	国家减灾委
石城县	“国家全域旅游示范区”首批创建单位	国家旅游局
石城县	纳入“国家重点生态功能区”	国务院
石城县	全省新农村建设工作先进县	省政府

单位名称	荣誉称号	颁奖部门
石城县	省级产业园	省政府
石城县琴江镇沙堩河背自然村	入选“第四批中国传统村落名录”	住建部、国家旅游局
石城县小松镇丹溪村	入选“第四批中国传统村落名录”	住建部、国家旅游局
石城县大畬村	全国美丽宜居村庄	住建部
石城县铭鑫冶金设备有限公司	全省科技进步一等奖	省政府
石城县协发选矿设备厂	全省科技进步三等奖	省政府
赣州市人防办	全国人民防空先进集体	人社部、中央军委国防动员部
瑞金市人防办	全国人民防空先进单位	人社部、中央军委国防动员部
瑞金市公安消防大队	集体一等功	省政府
赣州市人民政府	“十二五”期间全省安全生产先进单位	省政府
赣州市安监局	“十二五”期间全省安全生产先进单位	省政府
宁都县人民政府	“十二五”期间全省安全生产先进单位	省政府
信丰县人民政府	“十二五”期间全省安全生产先进单位	省政府
章贡区人民政府	“十二五”期间全省安全生产先进单位	省政府
江西中烟工业有限责任公司赣州卷烟厂	“十二五”期间全省安全生产先进单位	省政府
虔东稀土集团股份有限公司	“十二五”期间全省安全生产先进单位	省政府
江西下垄钨业有限公司	“十二五”期间全省安全生产先进单位	省政府
江西赣州南方万年青水泥有限公司	“十二五”期间全省安全生产先进单位	省政府
赣州市公安局交警支队	2011—2015年全国法治宣传教育先进单位	中宣部、司法部
赣州市中级人民法院办公室	2015—2016年度全国青年文明号	全国创建“青年文明号”活动组委会
国家电网公司江西省电力公司赣州供电分公司大客户经理班	2015—2016年度全国青年文明号	全国创建“青年文明号”活动组委会
安远县教师进修学校团总支	2015年度全国五四红旗团委（团支部）	共青团中央
章贡区检察院	全国先进基层检察院	最高人民检察院
赣州市食品药品监督管理局	全国食药监系统先进集体	人社部、食药监总局
南康区人民法院	全国模范法院	人社部、最高人民法院
赣县区人民法院	全国优秀法院	最高人民法院
赣县区人民法院	全国法院党建工作先进集体	最高人民法院
赣州市中级人民法院民三庭	全国老年法律维权工作先进集体	全国老龄办、最高人民法院、最高人民检察院、公安部、民政部、司法部
赣州市妇联	全国维护妇女权益先进集体	全国妇联
赣县区	第三届“全国国土资源节约集约模范县”	国土资源部
全南县	第三届“全国国土资源节约集约模范县”	国土资源部
赣州市水利局	全国水利系统“六五”普法先进集体	水利部
中国人民武装警察部队江西省总队赣州市支队	百日安全竞赛活动优胜单位	武警总部
中国人民武装警察部队江西省总队赣州市支队	纪念红军长征胜利80周年知识竞赛先进单位	武警总部
中国人民武装警察部队江西省总队赣州市支队	拥政爱民工作先进单位	省政府
中国人民武装警察部队江西省总队赣州市支队	全省无偿献血先进部队奖	省政府
赣州市江西新世纪汽运集团有限公司	全国五一劳动奖状	全国总工会
江西金力永磁科技股份有限公司风电磁钢机加工组	全国工人先锋号	全国总工会

单位名称	荣誉称号	颁奖部门
赣州市妇女联合会	农民工工作先进集体	国务院农民工工作领导小组

2016年获省部级以上表彰的先进个人

姓名	工作单位	荣誉称号	颁奖部门
梁　卫	赣州市民政局	全国爱国拥军模范	中央军委、民政部
曾能贵	瑞金市扶贫和移民办公室	全国扶贫系统先进工作者	人社部、国务院扶贫办
董显祥	赣州市文化广电新闻出版局	全国查处侵权盗版案件有功个人三等奖	国家版权局
董显祥	赣州市文化广电新闻出版局	“扫黄打非”工作先进个人	全国“扫黄打非”工作小组
李媛媛	赣州市文化广电新闻出版局	全省优秀党务工作者	省委
李兵飞	赣州市妇幼保健院	中国儿科基层医师奖	国家卫计委
杨　静	赣州市疾病预防控制中心	全国“十二五”地方病防治工作先进个人	中国疾控中心
宋　燕	赣州市人民医院	全国三八红旗手	全国妇联
胡　萍	赣州市防震减灾局	全国市县防震减灾人员考核先进工作者	中国地震局
邓富民	兴国县防震减灾局	全国市县防震减灾人员考核先进工作者	中国地震局
吴功涛	寻乌县防震减灾局	全国市县防震减灾人员考核先进工作者	中国地震局
刘英焕	赣州银监分局	银监会系统信息报送先进个人	中国银监会
周兴林	赣州银监分局	银监会系统信息直报点先进个人	中国银监会
叶小林	建设银行赣州支行	“平安建行”创建活动先进个人	建设银行总行
欧阳卫红	赣州中学	全省优秀共产党员	省委
周旋辉	江西环境工程学院	“中国电信奖学金·飞Young奖”暨“践行社会主义核心价值观先进个人”	共青团中央、中国电信集团公司和全国学联
廖春发	江西理工大学	全国优秀科技工作者	中国科协
刘少鹏家庭	赣县区	2016全国“最美家庭”	全国妇联
陈建民家庭	赣县区	全国五好文明家庭标兵户	全国妇联
朱德英	赣县区江口镇蕉林村村委会	全省优秀共产党员	省委
廖志斌	赣州市人防办	全国人民防空先进个人	人社部、中央军委国防动员部
谢卫东	赣州市人民政府	“十二五”期间全省安全生产工作先进个人	省政府
连天浪	南康区人民政府	“十二五”期间全省安全生产工作先进个人	省政府
张向东	赣县区安全生产监督管理局	“十二五”期间全省安全生产工作先进个人	省政府
李　建	寻乌县安全生产监督管理局	“十二五”期间全省安全生产工作先进个人	省政府
谢连生	于都县安全生产监督管理局	“十二五”期间全省安全生产工作先进个人	省政府

姓名	工作单位	荣誉称号	颁奖部门
李　煌	龙南县安全生产监督管理局	“十二五”期间全省安全生产工作先进个人	省政府
刘康生	赣州市安全生产监督管理局	“十二五”期间全省安全生产工作先进个人	省政府
张建峰	赣州市矿山救护支队	“十二五”期间全省安全生产工作先进个人	省政府
饶勇平	赣州江钨新型合金材料有限公司	“十二五”期间全省安全生产工作先进个人	省政府
刘　波	信丰县包钢新利稀土有限责任公司	“十二五”期间全省安全生产工作先进个人	省政府
肖燕鸿	江西新世纪汽运集团有限公司	“十二五”期间全省安全生产工作先进个人	省政府
兰恩桂	江西漂塘钨业有限公司	“十二五”期间全省安全生产工作先进个人	省政府
欧阳常伦	江西赣州南方万年青水泥有限公司	“十二五”期间全省安全生产工作先进个人	省政府
罗才亮	赣州市安全生产监督管理局	全国安全生产监管监察系统先进工作者	人社部、国家安全监管总局
谭红鸣	赣州市残联	全国残疾人工作先进个人	国务院残工委
陈景新	赣州市司法局	2011—2015年全国法治宣传教育先进个人	中宣部、司法部、全国普法办公室
蒙雪梅	上犹县法律援助中心	全国法律援助工作先进个人	司法部
钟明辉	龙南县经贸法律服务所	全国法律援助工作先进个人	司法部
郭名亮	江西耀升钨业股份有限公司	全国优秀农民工	国务院农民工工作领导小组
俞　娟	江西青峰药业有限公司	全国优秀农民工	国务院农民工工作领导小组
王贤莲	崇义章源钨业股份有限公司	全国优秀农民工	国务院农民工工作领导小组
温春生	赣州龙树实业有限公司	全国优秀农民工	国务院农民工工作领导小组

（本栏编辑：徐文菁）

附 录

赣州市2016年国民经济和社会发展统计公报

赣州市统计局

2016年，全市上下认真贯彻落实五大发展理念和上级系列重大决策部署，坚持解放思想、内外兼修、北上南下，突出打好"六大攻坚战"，着力抓项目、扩投资、补短板、降成本、优环境，经济运行总体平稳、稳中有进、稳中提质、稳中向好，社会保持稳定，民生福祉得到明显改善。

一、综合

初步核算，全年地区生产总值(GDP)2194.34亿元，比上年增长9.5%。其中，第一产业增加值320.12亿元，增长4.2%；第二产业增加值936.87亿元，增长8.9%；第三产业增加值937.35亿元，增长12.1%。三次产业结构由2015年的15.0∶44.1∶40.9调整至2016年的14.6∶42.7∶42.7。非公有制经济实现增加值1298.86亿元，增长9.6%，占GDP比重为59.2%。

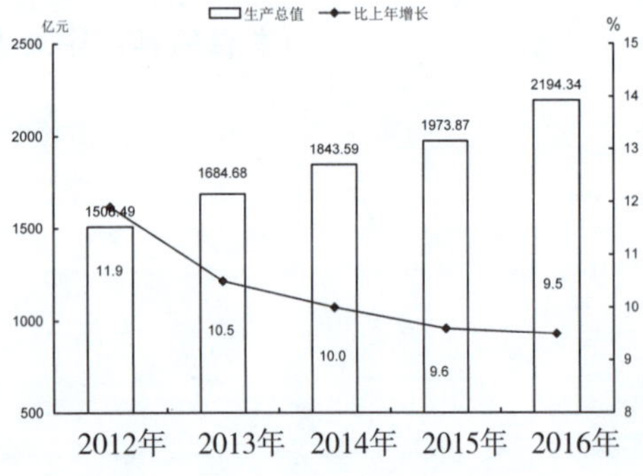

图1　2012—2016年生产总值及其增长速度

全年居民消费价格比上年上涨2.0%，其中食品烟酒价格上涨4.2%。商品零售价格上涨0.9%。工业生产者购进价格下降1.1%，其中有色金属材料及电线类下降0.9%，黑色金属及材料类下降6%，建筑材料及非金属类下降5.7%，木材及纸浆类下降1.6%。工业生产者出厂价格下降2.2%，其中冶金工业下降2.5%，煤炭及炼焦工业下降4.7%，纺织工业下降8.1%，皮革工业上涨1.3%。

2016年居民消费价格比上年涨跌幅度

表12

指　标	比上年涨跌(%)	指　标	比上年涨跌(%)
居民消费价格	2.0	生活用品及服务	-0.3
食品烟酒	4.2	交通和通信	-0.5
衣着	1.4	教育文化和娱乐	2.5
居住	1.1	医疗保健	1.6

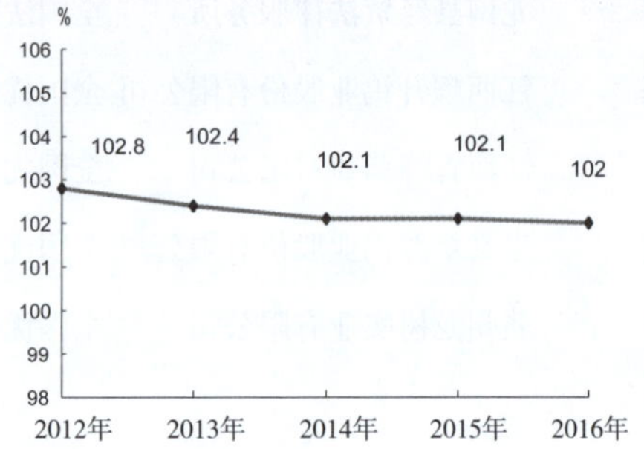

图2　2012—2016年居民消费价格总指数(以上年为100)

全年财政总收入366.32亿元，比上年增长3.7%。其中，一般公共预算收入243.18亿元，下降0.9%。财政总收入占GDP的比重达16.7%，下降1.2个百分点。全年各项税收收入299.23亿元，增长1.7%。一般公共预算支出676.83亿元，增长10%。其中，民生类支出552.54亿元，增长11.6%，占财政总支出的比重达81.6%，比上年提高1.1个百分点。

2016年税收及其增长速度

表13

	指标值(亿元)	比上年增长(%)
税收合计	299.23	1.7
第一产业	1.54	123.2
第二产业	132.84	3.7
#工业	98.85	13.1
第三产业	164.85	5.4

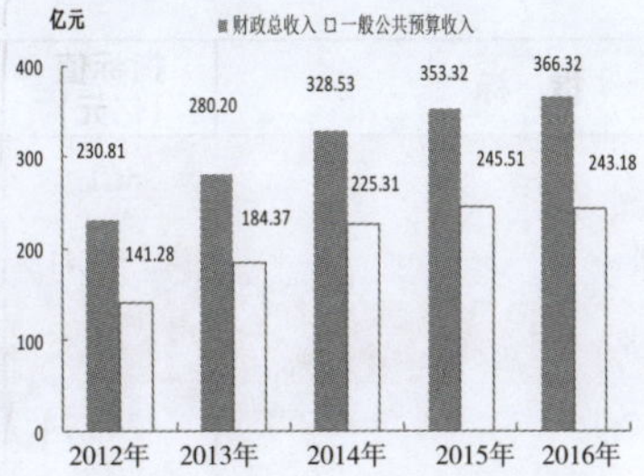

图 3 2012—2016 年全市财政收入

二、农业

全年粮食种植面积513320公顷，比上年增加106.67公顷；烤烟面积11786.67公顷，增加1013.33公顷；蔬菜及食用菌类120560公顷，增加5920公顷；花生面积33380公顷，减少66.67公顷。茶园面积13506.67公顷，增加740公顷；果园面积165206.67公顷，减少7666.67公顷。其中，脐橙面积103233.33公顷，减少1273.33公顷。

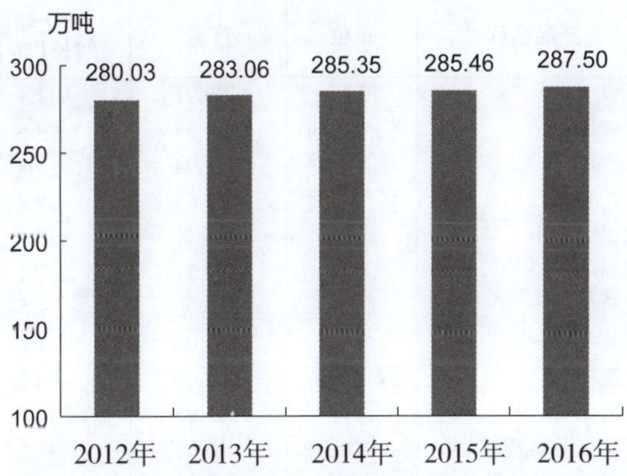

图 4 2012—2016 年粮食产量

全年粮食产量287.5万吨，比上年增长0.71%；蔬菜及食用菌类产量299.61万吨，增长5.01%；瓜果产量23.38万吨，下降9.49%；水果产量142.78万吨，下降14.32%。其中，脐橙产量107.92万吨，下降15.36 %。

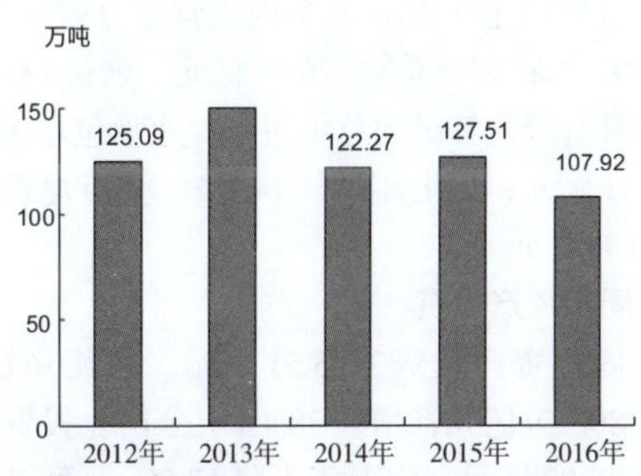

图 5 2012—2016 年脐橙产量

2016 年主要农产品产量及其增长速度

表 14

产品名称	单位	产 量	比上年增长(%)
粮 食	万吨	287.50	0.71
#早稻	万吨	111.17	0.30
二晚	万吨	133.61	-0.66
油 料	万吨	10.21	1.03
#花生	万吨	9.37	1.05
烤 烟	万吨	2.20	11.17
蔬菜类(含菜用瓜)	万吨	299.61	5.01
西 瓜	万吨	20.16	-11.12
莲 子	吨	11017.00	10.08
茶 叶	吨	4856.00	6.98
水 果	万吨	142.78	-14.32
#脐橙	万吨	107.92	-15.36

全年肉类总产量71.14万吨，比上年下降0.27%。生猪年末存栏347.01万头，下降3.96%。其中能繁殖母猪存栏34.65万头，增长3.04%。生猪出栏611.67万头，下降3.45%。全年水产品产量31.27万吨，下降1.86%。

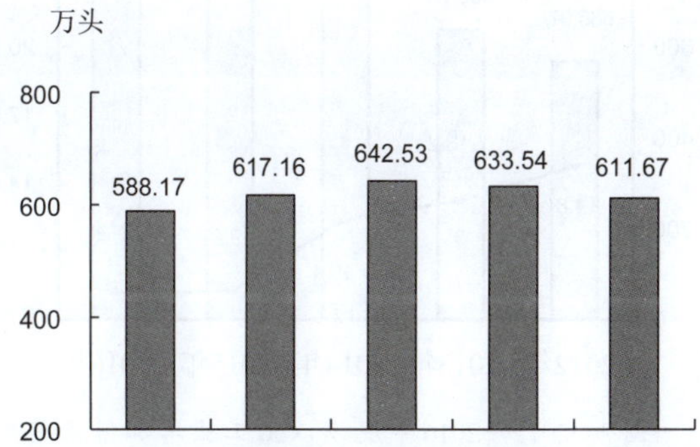

图 6 2012—2016 年生猪出栏头数

2016 年主要畜牧、水产品产量及其增长速度

表 15

产品名称	单位	产量	比上年增长(%)
肉类总产量	万吨	71.14	-0.27
#猪肉	万吨	50.81	-2.64
牛肉	万吨	3.86	5.04

续表15

产品名称	单位	产量	比上年增长(%)
禽肉	万吨	16.00	6.66
牛奶	万吨	4.22	5.29
禽蛋	万吨	6.72	5.09
出栏肉猪	万头	611.67	-3.45
家禽出笼	万只	12010.02	9.18
水产品产量	万吨	31.27	1.86

全市造林面积195520公顷。年末实有封山育林面积90420公顷。全市建成大型水库5座，中型水库44座，小型水库1000座，全年有效灌溉面积288360公顷。年末机械总动力338.16万千瓦，比上年末增长5.08%。

三、工业与建筑业

全年规模以上工业增加值847.9亿元，增长9.2%。在规模以上工业企业中，轻工业增加值346.37亿元，增长11.0%；重工业增加值501.53亿元，增长8.3%。分企业类型看，国有企业增加值57.41亿元，增长4.2%；集体企业增加值1.85亿元，增长17.3%；股份制企业增加值248.74亿元，增长8.7%；私营企业增加值343.05亿元，增长12.2%；外商投资及港澳台企业增加值195.96亿元，增长7.9%。

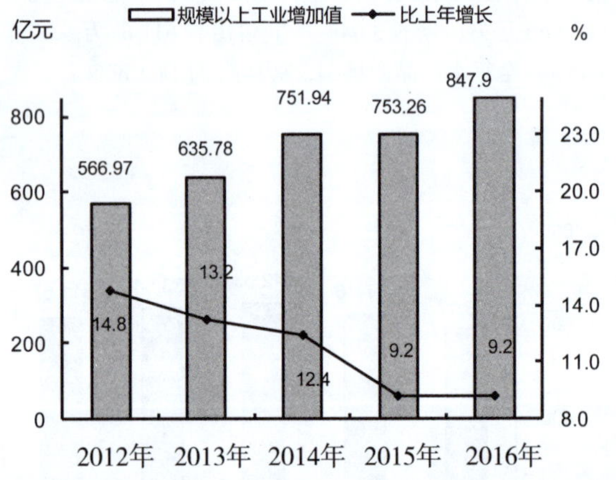

图7　2012—2016年规模以上工业增加值及其增长速度

2016年规模以上工业增加值主要分类情况

表16

指　标	指标值(亿元)	比上年增长(%)
合　计	847.90	9.2
#中央、省属企业	3.07	-2.8
地方企业	844.84	9.3
#轻工业	346.37	11.0
重工业	501.53	8.3
#国有企业	57.41	4.2
集体企业	1.85	17.3
股份制企业	248.74	8.7
私营企业	343.05	12.2
外商及中国港澳台地区投资企业	195.96	7.9
其他经济类型企业	0.89	16.5
#国有控股企业	134.07	3.9
#非公有制工业	742.48	9.9
#工业园区企业	755.15	9.0

2016年规模以上工业主要产品产量及其增长速度

表17

产品名称	单位	产量	比上年增长(%)
原煤	万吨	29.91	-11.4
发电量	亿千瓦时	61.68	9.6
#火电	亿千瓦时	37.94	-3.4
水电	亿千瓦时	21.65	29.8
钢材	万吨	114.71	-19.1
饲料	万吨	267.51	7.7
饮料酒	千升	83316.00	-4.54
服装	万件	20052.00	7.2
人造板	万立方米	206.03	6.2
家具	万件	1505.95	20.5
机制纸及纸板	万吨	15.52	-41.3
水泥	万吨	1762.26	0.4
灯具及照明装置	万套(台，个)	477.25	14.7
十种有色金属	吨	27027.00	-7.4
电力电缆	千米	187670.00	5.1
矿山专用设备	吨	19245.00	9.3
发电机组(发电设备)	万千瓦	18.53	-14.7
自来水生产量	万立方米	33736.00	21.7

全年规模以上工业企业实现主营业务收入3577.33亿元，增长9.3%；利润总额226.52亿元，增长13.1%。

全市具有资质等级的总承包和专业承包建筑企业完成产值305.31亿元，比上年增长14.1%。全市建筑业企业上缴税收20.46亿元。

四、固定资产投资

全年固定资产投资2205.51亿元，增长16.6%，其中工业投资808.59亿元，增长38.4%。分产业投资看，第一产业投资39.02亿元，比上年下降17.5%；第二产业投资808.57亿元，增长38.8%；第三产业投资1357.92亿元，增长7.6%。分企业类型看，国有企业投资630.69亿元，下降10.5%；有限责任公司投资849.59亿元，增长69.8%；

股份有限公司投资44.35亿元，增长54.6%；私营企业投资577.69亿元，增长12.0%；中国港澳台地区企业投资49.42亿元，增长171.5%；外商投资25.57亿元，下降57.0%；个体经营投资3.34亿元，下降62.1%。

2016年分行业固定资产投资及其增长速度

表18

行 业	投资额(亿元)	比上年增长(%)
总 计	2205.51	16.6
农林牧渔业	50.02	-4.6
#农、林、牧、渔服务业	11.00	113.6
采矿业	15.09	39.8
#有色金属矿采选业	7.90	26.8
制造业	687.49	33.7
#农副食品加工业	27.38	6.1
纺织服装和服饰业	30.70	62.0
家具制造业	30.86	34.2
化学原料及化学制品制造业	28.46	44.0
非金属矿制品业	48.80	-4.8
有色金属冶炼及压延加工业	95.86	47.1
电气机械及器材制造业	80.42	58.4
计算机、通信及其他电子设备制造业	100.82	65.3
电力、燃气及水的生产和供应业	106.01	79.3
#电力、热力的生产和供应业	60.91	60.6
水的生产和供应业	40.62	160.3
批发和零售业	56.29	-5.2
交通运输、仓储和邮政业	213.98	20.1
住宿和餐饮业	4.33	-25.5
信息传输、软件和信息技术服务业	4.09	6.5
金融业	10.09	4.7
房地产业	507.43	2.8
租赁和商务服务业	15.45	-26.5
科学研究和技术服务业	9.37	139.5
水利、环境和公共设施管理业	429.62	35.9
居民服务、修理和其他服务业	3.77	-53.1
教育	37.48	-34.8
卫生和社会工作	25.59	-37.3
文化、体育和娱乐业	13.30	-63.9
公共管理、社会保障和社会组织	16.10	-23.4

全年房地产开发投资291.24亿元，比上年增长6.2%。房地产房屋施工面积2879.29万平方米，增长2.9%；房地产房屋竣工面积232.75万平方米，下降30.4%；商品房销售面积835.56万平方米，增长24.8%；商品房待售面积161.30万平方米，下降9.8%。商品房销售额452.35亿元，增长25.2%。

全年保障性住房完成投资22.87亿元，其中市辖区完成投资12.45亿元；保障性住房开工面积14.5万平方米；保障性住房竣工面积29.95万平方米。

五、国内贸易

全年社会消费品零售总额790.24亿元，增长11.5%。按经营地统计，城市消费品零售额658.33亿元，增长11.5%；乡村消费品零售额131.91亿元，增长11.6%。

在限额以上批发零售业零售额中，粮油、食品类增长39.1%，饮料类增长16.1%，烟酒类增长16.2%，服装、鞋帽、针纺织品类增长113.8%，化妆品类增长1.8%，金银珠宝类下降2.9%，日用品类增长10.0%，五金、电料类增长17.7%，体育、娱乐用品类增长4.4%，书报杂志类增长5.3%，电子出版物及音像制品类增长16.7%，家用电器和音像器材类增长11.1%，中西药品类增长23.6%，文化办公用品类增长40.9%，家具类增长43.0%，通信器材类增长29.3%，石油及制品类下降9.4%，建筑及装潢材料类增长24.3%，机电产品及设备类增长14.5%，汽车类增长16.1%，其他类商品增长25.1%。

六、对外经济

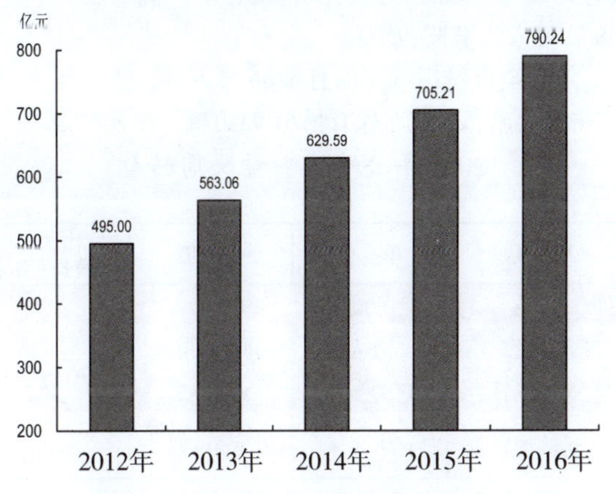

图8 2012—2016年社会消费品零售总额

全年货物进出口总额411239万美元，比上年下降0.9%。其中，货物出口339080万美元，增长0.1%；货物进口72159万美元，下降5.4%。主要出口国家(地区)是：APEC成员国249952万美元，增长1.8%；美国93312万美元，增长11.0%；香港地区66831万美元，下降9.1%；东盟40256万美元，下降2.4%；欧盟(28国)36700万美元，下降2.8%；日本16341万美元，下降8.0%；马来西亚13152万美元，下降17.2%；韩国13617万美元，增长23.7%；德国8742万美元，下降9.3%；英国7764万美元，下降1.6%。主要出口产品有：机电产品出口12.5亿美元，增长1.8%；家具产品出口4.1亿美元，增长12.1%；高新技术产品出口3.0亿美元，下降9.9%；服装及衣着附件出口2.9亿美元，下降6.2%；集成电路出口2.2亿美元，下降14.9%；鞋类出口1.4亿美元，下降23.1%。

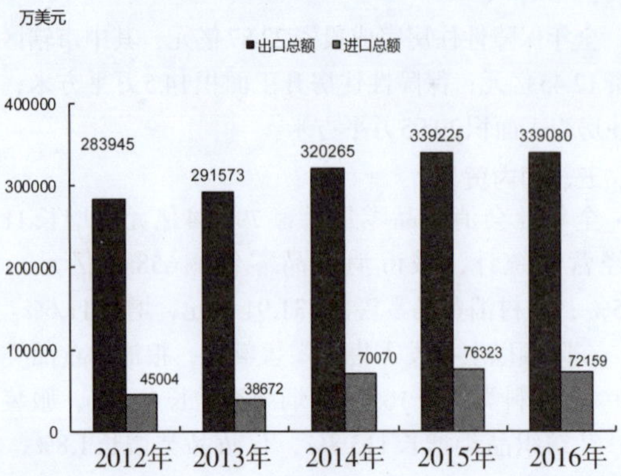

图9 2012—2016年进出口情况

全年实际使用外资15.15亿美元，增长10.6%；实际利用省外项目资金676.75亿元，增长12.7%。

七、交通、邮电和旅游

全年交通运输、仓储及邮政业增加值102.15亿元，比上年增长3.7%。全市公路通车里程30641.38千米。其中，高速公路(赣州境内)通车里程1441千米。全年公路货物运输量9302万吨，比上年增长6.5%；旅客运输量8801万人，下降0.6%。铁路货物运输量203.28万吨，增长2.9%；旅客运输量1088.44万人，增长21.5%。机场旅客吞吐量108.32万人，增长17.1%。

年末全市民用汽车保有量66.35万辆，比上年末增长18.3%。年末私人汽车保有量61.93万辆，增长20.3%。

2016年公路运输量及周转量

表19

指 标	单 位	指标值	比上年增长(%)
货物运输量	万吨	9302.00	6.5
旅客运输量	万人	8801.00	-0.6
货物运输周转量	亿吨千米	226.32	4.1
旅客运输周转量	亿人千米	60.17	-0.9

全年邮政业务总量14.28万元，增长43.4%；电信业务收入46.64亿元，增长7%。年末全市固定及移动电话用户总数达702.33万户，其中固定电话用户87.37万户，移动电话用户614.95万户。电话普及率81.8部/百人。互联网上网用户162.32万户，增加13.66万户。

全年入境旅游人数31.66万人次，比上年增长23.6%；旅游外汇收入1.03亿美元，增长29.5%。国内旅游人数6709.86万人次，增长40.5%。旅游总收入588.88亿元，增长50.9%。

八、金融和保险

年末金融机构人民币各项存款余额4141.84亿元，比

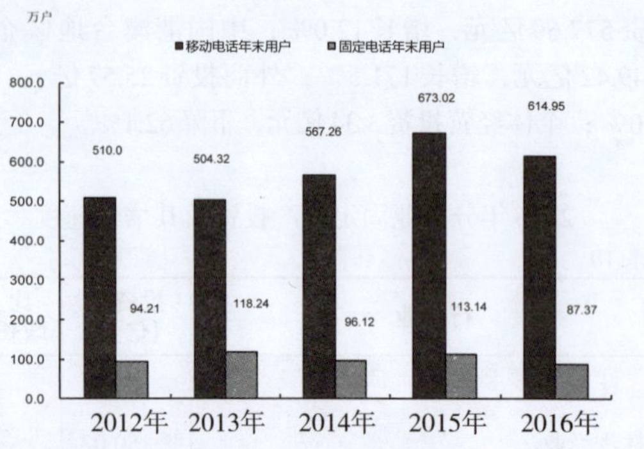

图10 2012—2016年年末电话用户数

年初增加785.93亿元。其中，单位存款835.35亿元，增加131.79亿元；储蓄存款2342.27亿元，增加328.12亿元。各项贷款余额2842.18亿元，比年初增加544.63亿元。其中，短期贷款1048.96亿元，增加54.49亿元；中长期贷款1677.95亿元，增加477.96亿元。存贷比68.6%，提高0.1个百分点。

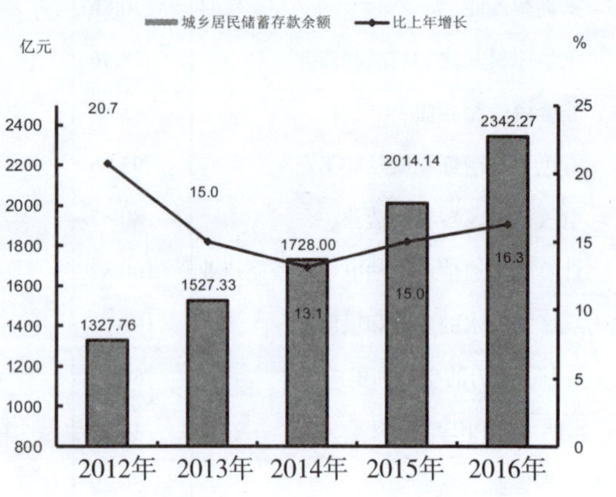

图11 2012—2016年城乡居民储蓄存款余额及其增长速度

全年实现保费收入96.76亿元。其中，财产险保费收入31.58亿元，人寿险保费收入65.18亿元。

九、教育和科学技术

全年研究生教育招生1107人，在校研究生3176人，毕业生800人。普通高等教育招生2.94万人，在校学生9.78万人，毕业生2.26万人。各类中等职业教育(包括中等专业和中等职业学校)招生2.81万人，在校学生7.39万人，毕业生1.98万人。普通高中招生7.12万人，在校学生19.99万人，毕业生5.98万人。普通初中招生14.55万人，在校学生41.13万人，毕业生13.36万人。普通小学招生13.98万人，在校学生90.93万人，毕业生13.89万人。

全年通过鉴定的科技成果15项，其中达到国内先进水平的8项。获省级科技成果奖7项，地区科技成果奖37项。受理专利申请13016项，批准授权专利5216项。

十、文化、卫生和体育

电视人口覆盖率99.4%。广播人口覆盖率98.5%。

全市有群艺馆、文化馆19个，组织文艺活动839次；乡镇文化站283个，组织文艺活动1185次；艺术表演团体19个，演出场次3040次；图书馆19个，有藏书332.57万册，图书流通225.21万人次；博物馆20个，文物藏品4.85万件(套)，参观人数627.7万人次。

年末全市共有卫生机构8876个，其中医院66个，社区卫生服务中心(站) 34个，卫生院320个，村卫生室7350个，诊所、卫生所、医务室986个，疾病预防控制中心20个，专科疾病防治院(所、站) 27个，妇幼保健院(所、站) 19个。卫生技术人员3.77万人，其中执业医师和执业(助理)医师1.25万人，注册护士1.64万人。卫生机构床位3.87万张。

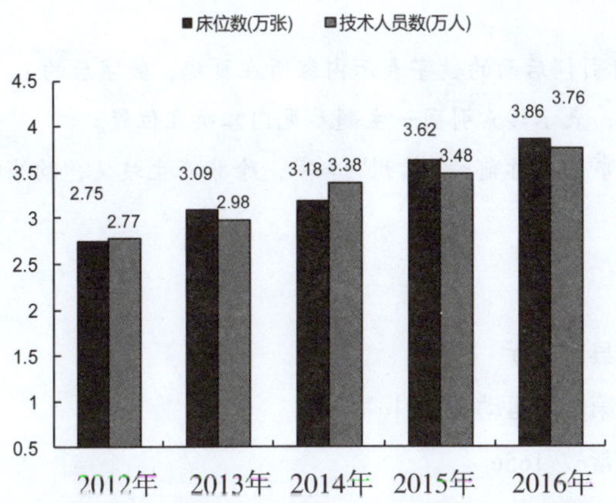

图12 2012—2016年卫生机构床位与技术人员情况

全年举办群众体育活动3200次，人数210万人；青少年俱乐部7个，市级体育协会39个；等级裁判员发展人数2286个，等级运动员发展人数111个；公共体育场地(市本级体育局管理使用) 1个，其中田径场3个，体育馆1个，全民健身广场1个，游泳池1个。少儿体育学校1个，在校学生203人，专职教练员35人。

十一、人口、人民生活与社会保障

年末全市户籍总人口为970.78万人，比上年末增加10.15万人。

2016年人口主要构成情况

表20

指　标	年末数(万人)	比重(%)
全市总人口	970.78	100.0
#男	503.19	51.8
女	467.59	48.2
#18岁以下	259.95	26.8
18—34岁	234.91	24.2
35—59岁	339.50	35.0
60岁及以上	136.41	14.1

全年农村居民人均可支配收入8729元，比上年增长12.1%；城镇居民人均可支配收入27086元，增长8.3%。农村居民家庭恩格尔系数为37.5%，城市居民家庭恩格尔系数为34.3%。

2012-2016年城乡居民生活改善情况

表21

指　标	单位	2012年	2013年	2014年	2015年	2016年
农村居民人均可支配收入	元	5301.0	6224.0	6946.0	7786.0	8729.0
城市居民人均可支配收入	元	18704.0	20797.0	22935.0	25001.0	27086.0
农村居民家庭恩格尔系数	%	45.4	38.1	38.6	38.1	37.5
城市居民家庭恩格尔系数	%	40.0	36.2	35.1	34.5	34.3

年末全市参加城镇基本养老保险人数114.92万人，比上年末增加26.03万人。其中参保职工82.28万人，参保离退休人员32.64万人。参加职工基本医疗保险人数为69.32万人，增加1.08万人。参加城镇居民基本医疗保险人数为140.71万人，增加1.04万人。参加失业保险人数为36.21万人。参加工伤保险人数为53.41万人。参加生育保险人数为34.38万人，增加3.18万人。7.91万城镇居民和39.37万农村居民得到政府最低生活保障。全市有综合福利院、敬老院和光荣院共341个，民办养老服务机构31个。

十二、资源、环境和安全生产

全市有森林公园31个，面积为14.55万公顷。其中，国家森林公园9个，面积为11.74万公顷；省级森林公园21个，面积2.81万公顷。全市有自然保护区53处，面积26.05万公顷，占全市国土面积的6.6%。其中，国家级自然保护区3处，面积4.66万公顷。全市森林覆盖率76.2%。

空气质量稳定在国家二级标准，主要河流断面水质达标率保持在95%以上。全市有空气自动监测站37个，环境监测站18个，污水处理厂19座。

开展了“打非治违”行动和“小矿山整治”专项行动，全市发生各类生产安全事故44起，死亡46人，比上年分别下降73.7%和67.6%。

注：1.2013年年报开始，根据《国民经济行业分类》(GB/T4754-2011)，第一产业剔除农林牧渔业中的农林牧渔服务业，第二产业剔除工业中的开采辅助活动和金属制品、机械和设备修理业，这三个行业大类划入第三产业范围。

2. 部分数据因四舍五入的原因，存在着与分项合计不等的情况。

3. 生产总值(GDP)、各产业增加值绝对数按现价计算，增长速度按可比价计算。

4. 税收收入为国税与地税合计数。

5. 房地产业投资除房地产开发投资外，还包括建设单位自建住房以及物业管理、中介服务和其他房地产投资。

6.2013年国家实施城乡住户调查一体化改革，收入、支出口径均有所变化。农村居民人均纯收入调整为农村居民人均可支配收入，城乡居民恩格尔系数也相应调整。

7. 城镇基本医疗保险人数包括参保职工和参保退休人员。城镇居民基本医疗保险的参保对象是指不属于城镇职工基本医疗保险覆盖范围的城镇非从业人员。

(本栏编辑　赖　芳)

索 引

说 明

一、索引采用主题分析法编制，大部分选用关键词。

二、索引按标引词汉语拼音字母顺序排列。

三、由类目、分目提取的索引采用黑体字，条目采用宋体字。标引词后面的数字表示内容所在页码，数字后的a、b、c分别表示页码从左至右的第一、二、三栏。标引词后第二个页码起，表示该索引同一主题参见内容所在位置。

四、为便于读者检索，在赣州市的企事业单位和在赣州发生的事件名称前的“赣州”二字，除非产生歧义，均省略。特载、专辑、专记、大事记及人物等内容未作索引。

条目索引

A

B

E

F

G

K

L

M

N

P

Q

R

S

T

W

(本栏编辑　徐文菁)